Kerstin Reiserer (Hrsg.)

Kündigung und Personalabbau

De Gruyter Praxishandbuch

Kündigung und Personalabbau

Herausgegeben von
Rechtsanwältin und Fachanwältin für Arbeitsrecht Dr. iur. Kerstin Reiserer, Geschäftsführende Gesellschafterin, RB Reiserer Biesinger Rechtsanwaltsgesellschaft mbH, Heidelberg

Bearbeitet von
Rechtsanwalt und Fachanwalt für Arbeitsrecht Florian Christ, Geschäftsführender Gesellschafter, RB Reiserer Biesinger Rechtsanwaltsgesellschaft mbH, Heidelberg; **Rechtsanwalt Christian Diener**, RB Reiserer Biesinger Rechtsanwaltsgesellschaft mbH, Heidelberg; **Rechtsanwältin Dr. iur. Simone Evke de Groot**, Geschäftsführende Gesellschafterin, RB Reiserer Biesinger Rechtsanwaltsgesellschaft mbH, Heidelberg; **Rechtsanwältin Katharina Heinz**, RB Reiserer Biesinger Rechtsanwaltsgesellschaft mbH, Heidelberg; **Rechtsanwältin Dr. iur. Annette Mroß**, Arbeitgeberverband Chemie Rheinland-Pfalz, Ludwigshafen; **Rechtsanwältin Melanie Posselt**, Siemens AG, München; **Rechtsanwalt und Fachanwalt für Handels- und Gesellschaftsrecht Oliver Peters**, Geschäftsführender Gesellschafter, RB Reiserer Biesinger Rechtsanwaltsgesellschaft mbH, Heidelberg; **Vorsitzender Richter Gerhard Pfeiffer**, Landesarbeitsgericht Baden-Württemberg, Stuttgart; **Rechtsassessor Dr. iur. Ulrich Polzer**, MVV Energie AG, Mannheim; **Rechtsanwalt und Fachanwalt für Arbeitsrecht Dr. iur. Arnim Powietzka**, Geschäftsführender Gesellschafter, RB Reiserer Biesinger Rechtsanwaltsgesellschaft mbH, Heidelberg; **Rechtsanwalt und Fachanwalt für Arbeitsrecht Dr. iur. Christian Röck**, Lead Senior Legal Counsel, SAP SE, Walldorf; **Rechtsanwältin und Fachanwältin für Arbeitsrecht Dr. iur. Kerstin Reiserer,** Geschäftsführende Gesellschafterin, RB Reiserer Biesinger Rechtsanwaltsgesellschaft mbH, Heidelberg; **Rechtsanwältin Verena Weiss-Bölz**, RB Reiserer Biesinger Rechtsanwaltsgesellschaft mbH, Heidelberg

DE GRUYTER

Zitiervorschlag: Reiserer/Bearbeiter, Kap. 5 Rn 2.

Hinweis:
Alle Angaben in diesem Werk sind nach bestem Wissen unter Anwendung aller gebotenen Sorgfalt erstellt worden. Trotzdem kann von dem Verlag und den Autoren keine Haftung für etwaige Fehler übernommen werden.

ISBN 978-3-11-033451-7
e-ISBN 978-3-11-033455-5

Bibliografische Information der Deutschen Nationalbibliothek
Die Deutsche Nationalbibliothek verzeichnet diese Publikation in der Deutschen Nationalbibliografie; detaillierte bibliografische Daten sind im Internet über http://dnb.d-nb.de abrufbar.

Einbandabbildung: Bratovanov/iStock/Thinkstock
Autorenfoto: Timo Volz
Datenkonvertierung/Satz: jürgen ullrich typosatz, Nördlingen
Druck: CPI books GmbH, Leck
♾ Gedruckt auf säurefreiem Papier
Printed in Germany

www.degruyter.com

Vorwort

Ein Unternehmerhandbuch zum Thema Kündigung und Personalabbau führt den Leser direkt und unmittelbar in das Herzstück des Arbeitsrechts. Denn das Kündigungsrecht ist nach wie vor das wichtigste Gebiet des Arbeitsrechts. Ca. $^1/_3$ der jährlich über 600 Arbeitsgerichtsprozesse betreffen Kündigungsschutzstreitigkeiten, wobei es neben Befristungsfragen vor allem um Kündigungsschutzklagen im Zusammenhang mit dem Ausspruch von Arbeitgeberkündigungen geht. Das Unternehmerhandbuch: Kündigung und Personalabbau wendet sich an Arbeitgeber und damit Unternehmer und erläutert umfassend alle Fragen aus dem Individual- und Kollektivarbeitsrecht, die sich mit der Beendigung von Arbeitsverhältnissen im Einzelnen oder Personalabbaumaßnahmen im Größeren darstellen. Der Leser wird eingeführt in die allgemeinen Regularien zur Kündigung durch den Arbeitgeber. Er erhält Überblick über die vom Gesetzgeber vorgesehenen Kündigungsgründe im Bereich der ordentlichen aber auch der außerordentlichen Kündigung. Das Buch führt durch den Dschungel prozessualer Besonderheiten beim Kündigungsschutzprozess und anderen Klagearten vor dem Arbeitsgericht und gibt wichtige Hinweise zum Sonderkündigungsschutz von besonderen Arbeitnehmergruppen, aber auch zu Fragen des Compliance, der betrieblichen Altersversorgung und des sogenannten Betriebsüberganges. Auch alternative Beendigungsformen zur Kündigung, die wirksame Befristung des Arbeitsverhältnisses oder die einvernehmliche Aufhebung eines bestehenden Arbeitsverhältnisses werden erläutert. Schließlich wird Einblick gewährt in die Beteiligungsrechte des Betriebsrates. Dabei geht es vor allem um Personalabbaumaßnahmen in größerem Stil in Verbindung mit der Stilllegung ganzer Betriebe oder einzelner Abteilungen und in Sozialplänen.

Das Handbuch ist von „Praktikern"-Rechtsanwälten, Richtern, Verbandsjuristen und Unternehmensjuristen – für den Unternehmer konzipiert, der sich mit arbeitsrechtlichen Fällen und Problemen im Bereich des Personalabbaus konfrontiert sieht. Aufbau und Konzeption des Handbuchs sind so angelegt, dass viele Praxishinweise die Lebenswirklichkeit in Unternehmen berücksichtigen. Dabei sind die Darstellungen im Wesentlichen an der Rechtsprechung orientiert. Die Rechtslage ist mit dem Stand 1.7.2014 berücksichtigt.

Danken möchte ich an dieser Stelle allen Mitwirkenden, die mit großem Einsatz zum Erscheinen des Unternehmerhandbuchs beigetragen haben. Dies gilt selbstverständlich in erster Linie für die Autorinnen und Autoren, deren Beiträge unverzichtbar sind. Zu danken ist auch den Anstrengungen und der Unterstützung von Herrn Ulrich Wittek vom De Gruyter Verlag und der sorgfältigen Arbeit des Lektorats. Besonders hervorheben möchte ich die außergewöhnliche Mitarbeit meiner Referendarin, Frau Deborah Stäbler, die sich begleitend zu ihrer Dissertation fachkundig, geduldig aber auch nachdrücklich als Redaktionsassistentin in unserem Hause für alle Autoren aber vor allem auch für mich als Herausgeberin unverzichtbar gemacht hat.

Die Autorinnen und Autoren, die Herausgeberin und der Verlag sind für Anregungen und Kritik stets offen und dankbar.

Heidelberg, im August 2014 Kerstin Reiserer

RB Reiserer Biesinger Rechtsanwaltsgesellschaft mbH
Dr. Kerstin Reiserer
Sofienstraße 21
69115 Heidelberg
Tel: 06221/434160
Fax: 06221/4341661
E-Mail: k.reiserer@rb-heidelberg.com

Inhaltsübersicht

Inhaltsverzeichnis

Kapitel 4
Ordentliche Kündigung

Kapitel 5
Betriebsbedingte Kündigung

Kapitel 6
Verhaltensbedingte Kündigung

Kapitel 8
Außerordentliche Kündigung

Kapitel 9
Sonderkündigungsschutz

Kapitel 10
Kündigungsschutzprozess

Kapitel 11
Änderungskündigung

Kapitel 12
Kündigungsschutz bei Änderungskündigungen

Kapitel 14
Beendigung des Arbeitsverhältnisses durch Betriebsübergang

Kapitel 15
Betriebliche Altersversorgung

Kapitel 16
Pflichten bei der Beendigung des Arbeitsverhältnisses

Kapitel 17
Befristung von Arbeitsverhältnissen

Kapitel 18
Entfristungsklage

Kapitel 19
Aufhebungsverträge

Kapitel 20
Kündigung und Abberufung von Organmitgliedern

Kapitel 21
Beendigung atypischer Beschäftigungsverhältnisse

Kapitel 24
Zustimmungsersetzungsverfahren

Kapitel 27
Massenentlassungen

Kapitel 28
Unterrichtung und Verhandlung

Kapitel 29
Interessenausgleich

Kapitel 31
Einigungsstellenverfahren und Beschlussverfahren vor dem Arbeitsgericht

Abkürzungsverzeichnis

§	Paragraph
€	Euro
%	Prozent
a.A.	anderer Ansicht
a.F.	alte Fassung
Abs.	Absatz
AEVU	Allgemeiner Europäischer Verbund für Umweltschutz
AFG	Arbeitsförderungsgesetz
AFRG	Arbeitsförderungs-Reformgesetz
AG	Aktiengesellschaft
AGB	Allgemeine Geschäftsbedingungen
AGG	Allgemeines Gleichbehandlungsgesetz
AktG	Aktiengesetz
Alt.	Alternative
amtl.	amtlich
AO	Abgabenordnung
AP	Arbeitsrechtliche Praxis
ArbG	Arbeitsgericht
ArbGG	Arbeitsgerichtsgesetz
ArbRAktuell	Arbeitsrecht aktuell (Zeitschrift)
ArbSchG	Arbeitsschutzgesetz
ArbuR	Arbeit und Recht (Zeitschrift)
ArbZG	Arbeitszeitgesetz
ARGE	Arbeitsgemeinschaft
Art.	Artikel
AuA	Arbeit und Arbeitsrecht (Zeitschrift)
AÜG	Arbeitnehmerüberlassungsgesetz
AuR	Arbeit und Recht (Zeitschrift)
Az.	Aktenzeichen
BA	Bundesagentur für Arbeit
BAG	Bundesarbeitsgericht
BAGE	Entscheidungen des Bundesarbeitsgerichts
bAV	Betriebliche Altersversorgung
BB	Betriebs-Berater (Zeitschrift)
BeckRS	Beck'sche Rechtsprechung
BeschFG	Beschäftigungsförderungsgesetz
Beschl.	Beschluss
BetrAVG	Gesetz zur Verbesserung der betrieblichen Altersversorgung (Betriebsrentengesetz)
BetrVG	Betriebsverfassungsgesetz
BFH	Bundesfinanzhof
BFH/NV	Entscheidungen des Bundesfinanzhofs/Nicht veröffentlicht
BFHE	Entscheidungen des Bundesfinanzhofs
BGB	Bürgerliches Gesetzbuch
BGBl.	Bundesgesetzblatt

BR-Drucks	Bundesrat-Drucksache
BSG	Bundessozialgericht
BSGE	Entscheidungen des Bundessozialgerichts
BStBl.	Bundessteuerblatt
BT-Drucks	Bundestag-Drucksache
BVerfG	Bundesverfassungsgericht
bzw.	beziehungsweise
CDU	Christlich-Demokratische Union
CGZP	Tarifgemeinschaft Christlicher Gewerkschaften für Zeitarbeit und Personal-Service-Agenturen
CSU	Christlich-Soziale Union
DB	Der Betrieb (Zeitschrift)
DEÜV	Datenerfassungs- und -übermittlungsverordnung
DGB	Deutscher Gewerkschaftsbund
DRV	Deutsche Rentenversicherung Bund
DStR	Deutsches Steuerrecht (Zeitschrift)
DStRE	Deutsches Steuerrecht – Entscheidungsdienst (Zeitschrift)
e.V.	eingetragener Verein
eG	eingetragene Genossenschaft
EntgFG	Entgeltfortzahlungsgesetz
EStG	Einkommenssteuergesetz
etc.	et cetera
EuGH	Europäischer Gerichtshof
EuZA	Europäische Zeitschrift für Arbeitsrecht
EuZW	Europäische Zeitschrift für Wirtschaftsrecht
EWiR	Entscheidungen zum Wirtschaftsrecht (Zeitschrift)
EzA	Entscheidungen zum Arbeitsrecht
EzAÜG	Entscheidungssammlung zum Arbeitnehmerüberlassungsgesetz
FA	Beilage zu Fachanwalt Arbeitsrecht (Zeitschrift)
FG	Finanzgericht
GbR	Gesellschaft bürgerlichen Rechts
gem.	gemäß
GewO	Gewerbeordnung
GG	Grundgesetz
ggf.	gegebenenfalls
GHfBetrG	Gesamthafenbetriebsgesetz
GmbH	Gesellschaft mit beschränkter Haftung
GmbH & Co. KG	Gesellschaft mit beschränkter Haftung & Compagnie Kommanditgesellschaft
GüKG	Güterkraftverkehrsgesetz
HGB	Handelsgesetzbuch
Hs.	Halbsatz

i.d.F.	in der Fassung
i.S.d.	im Sinne des
insb.	insbesondere
i.V.m.	in Verbindung mit
iGZ	Interessenverband Deutscher Zeitarbeitsunternehmen
JR	Juristische Rundschau (Zeitschrift)
Kap.	Kapitel
KG	Kommanditgesellschaft
KH	Das Krankenhaus (Zeitschrift)
KHEntgG	Krankenhausentgeltgesetz
krit.	kritisch
KrV	Die Krankenversicherung (Zeitschrift)
KSchG	Kündigungsschutzgesetz
LAG	Landesarbeitsgericht
LAGE	Entscheidungen der Landesarbeitsgerichte
LG	Landgericht
Lkw	Lastkraftwagen
LSG	Landessozialgericht
LStDV	Lohnsteuer-Durchführungsverordnung
m. Anm.	mit Anmerkung
m^2	Quadratmeter
MDR	Monatsschrift für deutsches Recht
MedR	Medizinrecht (Zeitschrift)
MuSchG	Mutterschutzgesetz
n.v.	nicht veröffentlicht
NJOZ	Neue juristische Online-Zeitschrift
NJW	Neue Juristische Wochenschrift
NJW-Spezial	Neue juristische Wochenzeitschrift spezial
Nr.	Nummer
NWB	Neue Wirtschaftsbriefe
NZA	Neue Zeitschrift für Arbeitsrecht
NZA-RR	Neue Zeitschrift für Arbeitsrecht- Rechtsprechungs-Report Arbeitsrecht
NZS	Neue Zeitschrift für Sozialrecht
o.ä.	oder ähnlich
OHG	Offene Handelsgesellschaft
OLG	Oberlandesgericht
OP	Operation
OVG	Oberverwaltungsgericht
PBefG	Personenbeförderungsgesetz
PflR	Pflegerecht (Zeitschrift)
Pkw	Personenkraftwagen

RdA	Recht der Arbeit (Zeitschrift)
RVO	Reichsversicherungsordnung
S.	Satz; Seite
SE	Societas Europaea (Europäische Gesellschaft)
SG	Sozialgericht
SGB	Sozialgesetzbuch
SGB I	Allgemeiner Teil
SGB II	Grundsicherung für Arbeitsuchende
SGB III	Arbeitsförderung
SGB IV	Gemeinsame Vorschriften für die Sozialversicherung
SGB V	Gesetzliche Krankenversicherung
SGB VI	Gesetzliche Rentenversicherung
SGB VII	Gesetzliche Unfallversicherung
SGB VIII	Kinder- und Jugendhilfe
SGB IX	Rehabilitation und Teilhabe behinderter Menschen
SGB X	Sozialverwaltungsverfahren und Sozialdatenschutz
SGB XI	Soziale Pflegeversicherung
SGG	Sozialgerichtsgesetz
SPD	Sozialdemokratische Partei Deutschlands
StGB	Strafgesetzbuch
TzBfG	Teilzeit- und Befristungsgesetz
u.a.	unter anderem
u.ä.	und ähnlich
UG	Unternehmergesellschaft
Urt.	Urteil
UStAE	Umsatzsteuer-Anwendungserlass
UStG	Umsatzsteuergesetz
UV-Recht Aktuell	Unfallversicherung-Recht Aktuell (Zeitschrift)
v.H.	vom Hundert
vgl.	vergleiche
VwGO	Verwaltungsgerichtsordnung
VwVfG	Verwaltungsverfahrensgesetz
WiB	Wirtschaftsrechtliche Beratung
z.B.	zum Beispiel
ZFA	Zeitschrift für Arbeitsrecht
Ziff.	Ziffer
ZPO	Zivilprozessordnung
ZTR	Zeitschrift für Tarifrecht
ZUM	Zeitschrift für Urheber- und Medienrecht
zust.	zustimmend
ZVertriebsR	Zeitschrift für Vertriebsrecht

Literaturverzeichnis

Andrezejewski, Laurenz, Trennungs-Kultur und Mitarbeiterbindung, 3. Aufl., Neuwied 2008 (zit.: *Andrezejewski*, Trennungs-Kultur und Mitarbeiterbindung)

Annuß, Georg/Thüsing, Gregor, Kommentar zum Teilzeit- und Befristungsgesetz, 3. Aufl., Frankfurt am Main 2012 (zit.: Annuß/Thüsing/*Bearbeiter*)

Ascheid, Reiner/Preis, Ulrich/Schmidt, Ingrid, Kündigungsrecht, Großkommentar zum Kündigungsrecht, 4. Aufl., München 2012 (zit.: Ascheid/Preis/Schmidt/*Bearbeiter*)

Barnhofer, Gabriele, Kurzarbeit zur Vermeidung betriebsbedingter Kündigung, Frankfurt am Main 1995 (zit.: *Barnhofer*)

Bauer, Jobst-Hubertus, Festschrift Arbeitsgemeinschaft Arbeitsrecht im Deutschen Anwaltverein, Bonn 2006 (zit: *Bearbeiter* in: FS Arbeitsgemeinschaft Arbeitsrecht 2006)

Baumbach, Adolf/Hueck, Alfred, Kommentar zum Gesetz betreffend die Gesellschaften mit beschränkter Haftung, 20. Aufl., München 2013 (zit.: Baumbach/Hueck/*Bearbeiter*)

Becker, Friedrich/Wulfgramm, Jörg, Kommentar zum Arbeitnehmerüberlassungsgesetz, 3. Aufl., Neuwied 1985 (zit.: Becker/Wulfgramm/*Bearbeiter*)

Blank, Hubert/Börstinghaus, Ulf P., Miete, Kommentar, 3. Aufl., München 2008 (zit.: Blank/Börstinghaus/*Bearbeiter*)

Blomeyer, Wolfgang/Rolfs, Christian/Otto, Klaus, Kommentar zum Betriebsrentengesetz, 5. Aufl., München 2010 (zit.: Blomeyer/Rolfs/Otto/*Bearbeiter*)

Boemke, Burkhard/Lembke, Mark, Kommentar zum Arbeitnehmerüberlassungsgesetz, 3. Aufl., Frankfurt 2013 (zit.: Boemke/Lembke/*Bearbeiter*)

Däubler, Wolfgang/Hjort, Jens Peter/Schubert, Michael/Wolmerath, Martin, Kommentar zum Arbeitsrecht, 3. Aufl., Baden-Baden 2013 (zit.: Däubler/Hjort/Schubert/Wolmerath/*Bearbeiter*)

Däubler, Wolfgang/Kittner, Michael/Klebe, Thomas/Wedde, Peter, Kommentar zum Betriebsverfassungsgesetz, 14. Aufl., Frankfurt am Main 2014 (zit.: DKK/*Bearbeiter*)

de Groot, Simone Evke, Der deutsche Pensionsfonds als Instrument der betrieblichen Altersversorgung im Spannungsfeld zwischen Betriebsrenten- und Versicherungsrecht, München 2010 (zit.: *de Groot*)

Doetsch, Peter A./Hagemann, Thomas/Oecking, Stefan/Reichenbach, Rita, Betriebliche Altersversorgung, 4. Aufl., München 2013 (zit.: *Doetsch/Hagemann/Oecking/Reichenbach*)

Dornbusch, Gregor/Fischmeier, Ernst/Löwisch, Manfred, Fachanwaltskommentar Arbeitsrecht, 6. Aufl., Köln 2014 (zit.: DFL/*Bearbeiter*)

Düwell, Franz-Josef/Lipke, Gert-Albert, Kommentar zum gesamten Arbeitsverfahrensrecht, 3. Aufl., Köln 2012 (zit.: Düwell/Lipke/*Bearbeiter*)

Etzel, Gerhard/Bader, Peter/Fischmeier, Ernst/Friedrich, Hans-Wolf/Gallner, Inken/Griebeling, Jürgen/Kreft, Burghard/Link, Christian/Lipke, Gert-Albert/Rost, Friedhelm/Spilger, Andreas Michael/Treber, Jürgen/Vogt, Norbert/Weigand, Horst, Gemeinschaftskommentar zum Kündigungsschutzgesetz und zu sonstigen kündigungsschutzrechtlichen Vorschriften, 10. Aufl., Köln 2013 (zit.: KR/*Bearbeiter*)

Fiebig, Stefan/Gallner, Inken/Griebeling, Jürgen/Mestwerdt, Wilhelm/Nägele, Stefan, Handkommentar zum Kündigungsschutzgesetz, 4. Aufl., Baden-Baden 2012 (zit.: HaKo/*Bearbeiter*)

Fitting, Karl/Engels, Gerd/Schmidt, Ingrid/Trebinger, Yvonne/Linsenmaier, Wolfgang, Kommentar zum Betriebsverfassungsgesetz, 27. Aufl., München 2014 (zit.: *Fitting*)

Fleischer, Holger/Goette, Wulf, Münchener Kommentar zum Gesetz betreffend die Gesellschaften mit beschränkter Haftung, Bd. 2, München 2012 (zit.: MüKo-GmbHG/*Bearbeiter*)

Friedemann, Hartmut, Das Verfahren in der Einigungsstelle für Interessenausgleich und Sozialplan, 1. Aufl., Köln 1997 (zit.: *Friedemann*)

Förster, Wolfgang/Cisch, Theodor/Karst, Michael, Kommentar zum Betriebsrentengesetz, 13. Aufl., München 2012 (zit.: Förster/Cisch/Karst/*Bearbeiter*)

Gaul, Björn, Das Arbeitsrecht der Betriebs- und Unternehmensspaltung, Köln 2002 (zit.: *Gaul*)

Germelmann, Claas-Hinrich/Matthes, Hans-Christoph/Prütting, Hans, Kommentar zum Arbeitsgerichtsgesetz, 8. Aufl., 2013 (zit.: Germelmann/Matthes/Prütting/*Bearbeiter*)

Gola, Peter/Schomerus, Rudolf, Kommentar zum Bundesdatenschutzgesetz, 11. Aufl., München 2012 (zit.: *Gola/Schomerus*)

Graf von Westphalen, Friedrich/Thüsing, Gregor, Vertragsrecht und AGB-Klauselwerke, 34. Ergänzung, München 2013 (zit.: Graf von Westphalen/Thüsing/*Bearbeiter*)

Grobys, Marcel/Panzer, Andrea, Stichwortkommentar zum Arbeitsrecht, 1. Aufl., Baden-Baden 2012 (zit.: Grobys/Panzer/*Bearbeiter*)

Hannemann, Thomas/Wiegner, Michael, Münchener Anwaltshandbuch Mietrecht, 3. Aufl., München 2010 (zit.: Münchener Anwaltshandbuch Mietrecht/*Bearbeiter*)

Hennige, Susanne, Das Verfahrensrecht der Einigungsstelle, 1. Aufl., Köln 1996 (zit.: *Hennige*)

Henssler, Martin/Busche, Jan, Münchener Kommentar zum Bürgerlichen Gesetzbuch, Schuldrecht Besonderer Teil II, Bd. 4, 6. Aufl., München 2012 (zit.: MüKo-BGB/*Bearbeiter*)

Henssler, Martin/Willemsen, Heinz/Kalb, Heinz-Jürgen, Kommentar zum Arbeitsrecht, 5. Aufl., Köln 2012 (zit.: HWK/*Bearbeiter*)

Höfer, Reinhold/Reinhard, Barbara/Reich, Torsten, Kommentar zum Betriebsrentenrecht (BetrAVG), Loseblatt, 15. Aufl., München 2014 (zit.: *Höfer*)

Hoyningen-Huene, Gerrick von/Linck, Rüdiger, Kommentar zum Kündigungsschutzgesetz, 15. Aufl., München 2013 (zit.: *v. Hoyningen-Huene/Linck*)

Hromadka, Wolfgang/Maschmann, Frank, Arbeitsrecht Bd. 2, 6. Aufl., Berlin Heidelberg 2014 (zit.: *Hromadka/Maschmann*)

Hromadka, Wolfgang/Sieg, Rainer, Kommentar zum Sprecherausschussgesetz, 2. Aufl., Köln 2010 (zit.: *Hromadka/Sieg*)

Hüffer, Uwe, Kommentar zum Aktiengesetz, 10. Aufl., München 2012 (zit.: *Hüffer*)

Hümmerich, Klaus/Boecken, Winfried/Spirolke, Matthias, Das arbeitsrechtliche Mandat, 6. Aufl., Bonn 2012 (zit.: Hümmerich/Spirolke/*Bearbeiter*)

Hümmerich, Klaus/Lücke, Oliver/Mauer, Reinhold, Formularbuch Arbeitsrecht, 8. Aufl., Baden-Baden 2014 (zit.: Hümmerich/Lücke/Mauer/*Bearbeiter*)

Kemper, Kurt/Kisters-Kölkes, Margret, Arbeitsrechtliche Grundzüge der betrieblichen Altersversorgung, 7. Aufl., Köln 2013 (zit.: *Kemper/Kisters-Kölkes*)

Kemper, Kurt/Kisters-Kölkes, Margret/Berenz, Claus/Huber, Brigitte, Kommentar zum Betriebsrentengesetz mit Insolvenzsicherung und Versorgungsausgleich, 5. Aufl., Köln 2013 (zit.: Kemper/Kisters-Kölkes/Berenz/Huber/*Bearbeiter*)

Kittner, Michael/Däubler, Wolfgang/Zwanziger, Bertram, Kommentar zum Kündigungsschutzrecht, 6. Aufl., Köln 2004 (zit.: KDW/*Bearbeiter*)

Leupold, Andreas/Glossner, Silke, Münchener Anwaltshandbuch IT-Recht, 3. Aufl., München 2013 (zit.: Münchener Anwaltshandbuch IT Recht/*Bearbeiter*)

Liebers, Hans-Joachim, Formularbuch des Fachanwalts Arbeitsrecht, 2. Aufl., Köln 2013 (zit.: Liebers/*Bearbeiter*)

Lingemann, Stefan, Kündigungsschutz, München 2011 (zit.: *Lingemann*)

Maschmann, Frank/Sieg, Rainer/Göpfert, Burkard, Vertragsgestaltung im Arbeitsrecht, München 2012 (zit.: Maschmann/Sieg/Göpfert/*Bearbeiter*)

Moll, Wilhelm, Münchener Anwaltshandbuch Arbeitsrecht, 3. Aufl., München 2012 (zit.: Münchener Anwaltshandbuch Arbeitsrecht/*Bearbeiter*)

Moosmayer, Klaus/Hartwig, Niels, Interne Untersuchungen, 1. Aufl., München 2012 (zit.: Mossmayer/*Hartwig*)

Müller-Glöge, Rudi/Preis, Ulrich/Schmidt, Ingrid, Erfurter Kommentar zum Arbeitsrecht, 14. Aufl., München 2014 (zit.: ErfK/*Bearbeiter*)

Musielak, Hans-Joachim, Kommentar zur Zivilprozessordnung, 10. Aufl., München 2013 (zit.: Musielak/*Bearbeiter*)

Oetker, Hartmut, Der auswahlrelevante Personenkreis im Rahmen von § 1 Abs. 3 KSchG, Festschrift für Günther Wiese zum 70. Geburtstag, Neuwied 1998 (zit.: *Oetker* in: FS Wiese 1998)

Oppenländer, Frank/Trölitzsch, Thomas/Baumann, Thomas, Praxishandbuch der GmbH-Geschäftsführung, 2. Aufl., München 2011 (zit.: Oppenländer/Trölitzsch/*Bearbeiter*)

Powietzka, Arnim, Kündigungsschutz im Kleinbetrieb und in der Wartezeit, Köln 2003 (zit.: *Powietzka*)

Pünnel, Leo/Wenning-Morgenthaler, Martin, Die Einigungsstelle, 6. Aufl., Köln 2012 (zit.: *Pünnel/Wenning-Morgenthaler*)

Reiserer, Kerstin/Bölz, Verena, Werkverträge und Selbständigkeit – Die Problematik der Scheinwerkverträge und der Scheinselbstständigkeit, Berlin 2014 (zit.: *Reiserer/Bölz*)

Reufels, Martin J., Prozesstaktik im Arbeitsrecht, 2. Aufl., Baden-Baden 2012 (zit.: *Reufels*)

Richardi, Reinhard, Kommentar zum Betriebsverfassungsgesetz mit Wahlordnung, 14. Aufl., München 2014 (zit.: Richardi/*Bearbeiter*)

Richardi, Reinhard/Wißmann, Hellmut/Wlotzke, Otfried/Oekter, Hartmut, Münchener Handbuch zum Arbeitsrecht, Bd. 1, 3. Aufl., München 2009 (zit.: Münchener Handbuch Arbeitsrecht/*Bearbeiter*)

Richardi, Reinhard/Wißmann, Hellmut/Wlotzke, Otfried/Oekter, Hartmut, Münchener Handbuch zum Arbeitsrecht, Bd. 2, 3. Aufl., München 2009 (zit.: Münchener Handbuch Arbeitsrecht/*Bearbeiter*)

Rolfs, Christian/Giesen, Richard/Kreikebohm, Ralf/Udsching, Peter, Beck'scher Online-Kommentar Arbeitsrecht, München, Edition 31 Stand: März 2014 (zit.: BeckOK/*Bearbeiter*)

Röller, Jürgen, Küttner Personalbuch 2014, 21. Aufl., München 2014 (zit.: Küttner/*Bearbeiter*, Personalbuch)

Roth, Günther/Altmeppen, Holger, Kommentar zum Gesetz betreffend die Gesellschaften mit beschränkter Haftung, 7. Aufl., München 2012 (zit.: Roth/Altmeppen/*Bearbeiter*)

Säcker, Franz Jürgen/Rixecker, Roland, Münchener Kommentar zum Bürgerlichen Gesetzbuch, Bd. 1, 6. Aufl., München 2012 (zit.: MüKo-BGB/*Bearbeiter*)

Schaub, Günter/Koch, Ulrich/Linck, Rüdiger/Treber, Jürgen/Vogelsang, Hinrich, Arbeitsrechts-Handbuch, 15. Aufl., München 2013 (zit.: Schaub/*Bearbeiter*)

Schaub, Günter/Schrader, Peter/Straube, Gunnar/Vogelsang, Hinrich, Arbeitsrechtliches Formular- und Verfahrenshandbuch, 10. Aufl., München 2013 (zit.: Schaub/Schrader/Straube/Vogelsang/*Bearbeiter*)

Schmidt, Ludwig/Drenseck, Walter/Glanegger, Peter u.a., Kommentar zum Einkommensteuergesetz, 32. Aufl., München 2013 (zit.: Schmidt/*Bearbeiter*)

Schmidt, Karsten/Lutter, Marcus, Kommentar zum Aktiengesetz, 2. Aufl., Köln 2010 (zit.: Schmidt/Lutter/*Bearbeiter*)

Schüren, Peter/Hamann, Wolfgang/Brors, Christiane, Kommentar zum Arbeitnehmerüberlassungsgesetz, 4. Aufl., München 2010 (zit.: Schüren/Hamann/*Bearbeiter*)

Schwab, Norbert/Weth, Stephan, Kommentar zum Arbeitsgerichtsgesetz, 3. Aufl., Köln 2011 (zit.: Schwab/Weth/*Bearbeiter*)

Spengler, Bernd/Hahn, Frank/Pfeiffer, Gerhard, Betriebliche Einigungsstelle, 1. Aufl., Baden-Baden 2010 (zit.: Spengler/Hahn/Pfeiffer/*Bearbeiter*)

Thüsing, Gregor, Beschäftigtendatenschutz und Compliance, 2. Aufl., München 2014 (zit.: *Thüsing*)

Tschöpe, Ulrich, Anwaltshandbuch Arbeitsrecht, 8. Aufl., Köln 2013 (zit.: Tschöpe/*Bearbeiter*)

Ulber, Jürgen/Dohna-Jaeger, Verena zu, Kommentar zum Arbeitnehmerüberlassungsgesetz, 4. Aufl., Frankfurt am Main 2011 (zit.: Ulber/*Bearbeiter*)

Weyand, Joachim, Interessenausgleich und Sozialplan, 1. Aufl., Köln 2009 (zit.: *Weyand*)

Wiese, Günther/Kreutz, Peter/Oetker, Hartmut/Raab, Thomas/Weber, Christoph/Franzen, Martin/Gutzeit, Martin/Jakobs, Matthias, Gemeinschaftskommentar zum Betriebsverfassungsgesetz, 10. Aufl., Köln 2014 (zit.: GK/*Bearbeiter*)

Willemsen, Heinz-Josef/Hohenstatt, Klaus-Stefan/Schweibert, Ulrike/Seibt, Christoph H., 3. Aufl., München 2008 (zit.: Willemsen/Hohenstatt/Schweibert/Seibt/*Bearbeiter*)

Wolff, Heinrich Amadeus/Brink, Stefan, Beck'scher Online-Kommentar Datenschutzrecht, München, Edition 7 Stand: Februar 2014 (zit.: BeckOK/*Bearbeiter*)

Bearbeiterverzeichnis

Florian Christ, Studium der Rechtswissenschaften in Tübingen, Straßburg und Sydney; Wissenschaftlicher Mitarbeiter im Arbeitsrecht bei Clifford Chance LLP in Düsseldorf; Rechtsanwalt seit 2005; seit 2006 Rechtsanwalt, Partner und Geschäftsführender Gesellschafter bei der RB Reiserer Biesinger Rechtsanwaltsgesellschaft mbH in Heidelberg im Referat Arbeitsrecht; Fachanwalt für Arbeitsrecht; Diverse Veröffentlichungen und Vorträge im Arbeitsrecht.

Christian Diener, Studium der Rechtswissenschaften an der Johannes Gutenberg-Universität, Mainz und University of Dublin, Trinity College; Rechtsanwalt seit 2009, zunächst als Syndikusrechtsanwalt bei der BASF SE in Ludwigshafen im Fachbereich Compensation & Benefits; seit 2012 Rechtsanwalt bei RB Reiserer Biesinger Rechtsanwaltsgesellschaft mbH in Heidelberg; Schwerpunkte betriebliche Altersversorgung, Wirtschaftsrecht, Gewerblicher Rechtschutz.

Simone Evke de Groot, Dr. iur., Studium der Rechtswissenschaften an der Universität Bielefeld, dort auch Promotion (s.c.l.) zum deutschen Pensionsfonds; Rechtsanwältin, seit 2010 bei RB Reiserer Biesinger Rechtsanwälte im Wirtschaftsrecht, Schwerpunkte Gesellschaftsrecht & betriebliche Altersversorgung, tätig, seit 2014 dort auch Geschäftsführende Gesellschafterin; 2012–2013 zudem Akadem. Rätin a.Z. an der Universität Köln; Autorin zahlreicher Fachbeiträge, u.a. in der Kommentierung Höfer, BetrAVG, und im Handbuch Betriebliche Altersversorgung der aba, Referentin auf Fachtagungen.

Katharina Heinz, Studium der Rechtswissenschaften an der Universität Mannheim; seit 2012 Rechtsanwältin bei RB Reiserer Biesinger Rechtsanwaltsgesellschaft mbH in Heidelberg mit Schwerpunkt Arbeitsrecht.

Annette Mroß, Dr. iur., Studium der Rechtswissenschaften an der Universität Mannheim; Rechtsanwältin, seit 2006 beim Arbeitgeberverband Chemie Rheinland-Pfalz tätig, zuvor beim Bundesarbeitgeberverband Chemie, davor Referentin beim Verband der Metallindustriellen Niedersachsens.

Oliver Peters, Studium der Rechtswissenschaften an den Universitäten Heidelberg, Nottingham und Oxford; Rechtsanwalt seit 2005; Fachanwalt für Handels- und Gesellschaftsrecht; 1999–2001 wissenschaftliche Mitarbeit an der Forschungsstelle Bundessteuergesetzbuch und dem Lehrstuhl von Prof. Dr. Paul Kirchhof, Bundesverfassungsrichter a.D., an der Universität Heidelberg; 2006–2007 tätig als Rechtsanwalt in einer überörtlichen wirtschaftsberatenden Sozietät; seit März 2007 tätig in der RB Reiserer Biesinger Rechtsanwaltsgesellschaft mbH in Heidelberg, seit 2011 als Geschäftsführender Gesellschafter; Veröffentlichungen und Vorträge zum Handels- und Gesellschaftsrecht.

Gerhard Pfeiffer, seit 1991 Richter in der Arbeitsgerichtsbarkeit Baden-Württemberg, 1995 und 1996 Abordnung als wissenschaftlicher Mitarbeiter an das Bundesarbeitsgericht, dort insbesondere zuständig für das Betriebsverfassungsrecht, 2002 Erprobungsabordnung an das Landesarbeitsgericht Baden-Württemberg, seit Mitte 2004 Vorsitzender Richter am Landesarbeitsgericht Baden-Württemberg; langjährige Referenten- und Dozententätigkeit, derzeit insbesondere Lehrbeauftragter der Universität Heidelberg; Vorsitzender von zahlreichen Einigungsstellen; Veröffentlichungen in den Bereichen Kündigungsschutz-, Tarifvertrags-, Verfahrens- und Zeugnisrecht, insbesondere Mitherausgeber des Handbuches Betriebliche Einigungsstelle und eines Handkommentars zum Arbeitszeitrecht.

Ulrich Polzer, Dr. iur., Studium der Rechtswissenschaften an der Ruprechts-Karls-Universität Heidelberg; Promotion zum Dr. iur. bei Prof. Dr. Dr. von Hoyningen-Huene, Heidelberg; 1998–2002 wissenschaftlicher Angestellter am Lehrstuhl für Bürgerliches Recht, Arbeitsrecht und Sozialversicherungsrecht der Universität Heidelberg (Prof. Dr. Dr. von Hoyningen-Huene); seit 2002 Tätigkeit im Personalbereich der MVV Energie AG, Mannheim, seit 2007 als Leiter Grundsatzfragen HR/ Arbeitsrecht.

Melanie Posselt, Studium der Rechtswissenschaften in Mannheim und San Diego, USA; seit 2009, zunächst tätig als Rechtsanwältin im Bereich Arbeitsrecht bei PWC Legal Rechtsanwaltsgesellschaft in Frankfurt a.M.; seit 2012 Sydikusrechtsanwältin bei der Siemens AG in München im Bereich Internationales Arbeitsecht und Immigrationsrecht.

Arnim Powietzka, Dr. iur., Studium der Rechtswissenschaften an der Ruprecht-Karls-Universität Heidelberg; Rechtsanwalt seit 2000; Fachanwalt für Arbeitsrecht; 1998–2002 wissenschaftlicher Mitarbeiter am Lehrstuhl für Bürgerliches Recht, Arbeits- und Sozialversicherungsrecht, Prof. Dr. Dr. von Hoyningen-Huene, Heidelberg; 2000–2005 Gleiss Lutz Rechtsanwälte in Stuttgart; seit 2005 RB Reiserer Biesinger Rechtsanwaltsgesellschaft mbH, seit 2009 Geschäftsführender Gesellschafter; Lehrbeauftragter an der Universität Heidelberg; Veröffentlichungen und Vorträge zum Arbeitsrecht.

Christian Röck, Dr. iur., Studium an den Universitäten zu Bayreuth und Heidelberg; seit 1999 Rechtsanwalt und Fachanwalt für Arbeitsrecht; mehrjährige Anwaltstätigkeit bei einer internationalen Wirtschaftskanzlei sowie bei einer der führenden Arbeitsrechtskanzleien in Frankfurt a.M. und Düsseldorf; Promotion an der Universität Gießen; seit 2007 Lead Senior Legal Counsel in der Arbeitsrechtsabteilung der SAP SE, seit Mitte 2012 im Global Compliance Office der SAP SE, verantwortlich für die MENA Region (Middle East North Africa) und einem Tätigkeitsschwerpunkt bei „Internal Investigations/Whistleblower“; Co-Autor in verschiedenen arbeitsrechtlichen und Compliance-relevanten Handbüchern und Aufsätzen; seit mehreren Jahren Referent an der Frankfurt School of Finance and Management in Frankfurt am Main sowie an der Dualen Hochschule in Mannheim.

Kerstin Reiserer, Dr. iur.; Studium der Rechtswissenschaften an den Universitäten Regensburg und München; Promotion zum Dr. iur. bei Prof. Dr. Henrich; 1990–1991 Richterin beim Landgericht Mosbach; 1991–1992 Wissenschaftliche Assistentin am Lehrstuhl für Bürgerliches Recht, Arbeits- und Sozialversicherungsrecht, Prof. Dr. Dr. von Hoyningen-Huene, Heidelberg; 1992–2005 tätig als Rechtsanwältin, ab 1999 auch Gesellschafterin einer überörtlichen, wirtschaftsberatenden Sozietät; seit 1996 Fachanwältin für Arbeitsrecht; 2005 Gründung der Kanzlei RB Reiserer Biesinger Rechtsanwälte; Autorin und Referentin zahlreicher Veröffentlichungen, Vorträge, Seminare und Konferenzen.

Verena Weiss-Bölz, Studium der Rechtswissenschaften an der Universität Mannheim; seit 2011 Rechtsanwältin bei RB Reiserer Biesinger Rechtsanwaltsgesellschaft mbH in Heidelberg mit Schwerpunkt Arbeitsrecht; berufsbegleitende Promotion zum Dr. iur. seit 2013; Veröffentlichungen und Vorträge zum Arbeits- und Sozialversicherungsrecht, speziell zur Scheinselbständigkeit.

Kapitel 1
Einführung

1 Ein Unternehmerhandbuch zum Thema Kündigung und Personalabbau führt den Leser direkt und unmittelbar in das Herzstück des Arbeitsrechts. Das Arbeitsrecht präsentiert sich zwar im ersten Schritt als ein **Teil des besonderen Schuldrechts.** Denn das Arbeitsverhältnis zwischen Arbeitgeber und Arbeitnehmer begründet sich auf einem **Arbeitsvertrag**, den Beide zu Beginn des Arbeitsverhältnisses abschließen. Arbeitsrecht ist daneben aber vor allem auch geprägt durch Arbeitnehmerschutzbestimmungen. Dies lässt sich damit begründen, dass der Arbeitnehmer sich in zweierlei Hinsicht gegenüber dem Arbeitgeber in einem Abhängigkeitsverhältnis befindet. Für Arbeitnehmer ist ihre Arbeit die **wesentliche Daseinsgestaltung** und **Existenzgrundlage**, aus der sie den Lebensunterhalt für sich und ihre Familie bestreiten. Aus diesem Grund wird von der **wirtschaftlichen Abhängigkeit des Arbeitnehmers** gesprochen. Denn geht der Arbeitsplatz verloren, so wird aus dem Arbeitnehmer ein **Arbeitsloser**, der auf staatliche Hilfe angewiesen ist wie Arbeitslosengeld oder Hartz-4-Unterstützung.

2 Arbeitnehmer sind daneben aber regelmäßig auch **persönlich abhängig** von ihrem Arbeitgeber. Sie müssen ihren arbeitsvertraglichen Pflichten nachkommen, Weisungen ihres Vorgesetzten befolgen und während ihrer Arbeitszeit ist ihre persönliche Freiheit eingeschränkt. Arbeitnehmer leisten also **unselbstständige Arbeit** und sind **weisungsgebunden.**

3 Aus dieser **persönlichen und wirtschaftlichen Abhängigkeit** des Arbeitnehmers vom Arbeitgeber ergibt sich folgerichtig die **Aufgabe des Arbeitsrechtes.** Der Gesetzgeber kreiert **Schutzbestimmungen** zu Gunsten des Arbeitnehmers und verpflichtet den Arbeitgeber, diese einzuhalten. Diese Schutzbestimmungen – man könnte sie auch Spielregeln nennen – betreffen Fragen wie den Inhalt des Arbeitsverhältnisses, Lohnschutz, Persönlichkeitsschutz, Gesundheitsschutz und Arbeitszeitschutz. Von ganz großer Bedeutung ist daneben auch der sogenannte **Bestandsschutz**, also die Sicherheit um den Erhalt des Arbeitsplatzes. Das Herzstück des Individualarbeitsrechts ist dabei sicherlich das **Kündigungsschutzgesetz** mit den allgemeinen Kündigungsschutzbestimmungen, welches ergänzt wird durch viele Sonderkündigungsschutzregelungen.

4 Kombiniert wird dieser **individuelle Arbeitsschutz** mit **kollektivem Schutz**, den das Arbeitsrecht zur Verfügung stellt. So sind **Gewerkschaften** und **Arbeitgeberverbände** grundrechtlich gesichert und dürfen – im beschränkten Rahmen – sogar Arbeitskämpfe führen, um die Arbeitsbedingungen für die Arbeitnehmerschaft positiv zu gestalten. Eine wahrscheinlich noch wichtigere Rolle für die Arbeitnehmer spielt der **Betriebsrat**, der für den Arbeitgeber auf betrieblicher Ebene Hauptverhandlungspartner für alle Fragen ist, welche die Arbeitnehmer betreffen. Die **Beteiligungsrechte des Betriebsrates** reichen von bloßen Unterrichtungs- und

Informationsrechten über Antragsbefugnisse und Vetorechte bis hin zu den eigentlichen Mitbestimmungsrechten, die sogar über den Spruch der Einigungsstelle erzwungen werden können.

5 Gerade im Bereich der Kündigung und des Personalabbaus liegt ein Schwerpunkt für den Betriebsrat. Denn **vor jeder Kündigung** muss der **Betriebsrat angehört** werden und wenn die Kündigung ganze Betriebe oder Teile von Betrieben betrifft, kann der Betriebsrat sogar **Abfindungszahlungen** erzwingen durch **Sozialplanverhandlungen**.

6 Zum besseren Verständnis von **Kündigungsrecht und Sozialplanverhandlungen** mit dem Betriebsrat dient sicherlich ein Blick zurück in die Geschichte: Das Arbeitsrecht des 19. Jahrhunderts wurde noch von den Ideen des wirtschaftlichen Liberalismus beherrscht, so dass folgerichtig auch der Grundsatz der Kündigungsfreiheit galt. Erst seit dem Ende des ersten Weltkrieges trat ein grundlegender Wandel ein und Kündigungsbeschränkungen wurden eingeführt.[1] Am 14.8.1951 ist das **Kündigungsschutzgesetz** in Kraft getreten, mit welchem erstmals Kündigungsschutz gewährt wird für Mitarbeiter, die länger als 6 Monate beschäftigt sind unter der Voraussetzung, dass in dem Betrieb mehr als (damals) 15 Arbeitnehmer tätig sind. Wesentliche Änderungen und Ergänzungen hat das Kündigungsschutzgesetz 1969 erfahren durch das erste Arbeitsrechtsbereinigungsgesetz. Das bisher bestehende Mindestalter für den Kündigungsschutz wurde von 20 auf 18 Jahre reduziert – inzwischen ist die Altersgrenze gänzlich aufgehoben –, Regelungen zur Änderungskündigung wurden aufgenommen sowie die Beweispflicht des Arbeitgebers für Kündigungsgründe, um nur die wesentlichen Neuregelungen zu skizzieren.[2]

7 Auch das **Betriebsverfassungsgesetz** wurde Anfang der 50er-Jahre eingeführt, genauer gesagt zum 11.10.1952. Das Betriebsverfassungsgesetz 1952 war gekennzeichnet durch die Betonung der betrieblichen Partnerschaft, wobei der Schwerpunkt der Regelungen im Bereich der personellen Angelegenheit lag, unter denen die Kündigung naturgemäß einen wichtigen Platz einnimmt. § 102 BetrVG verpflichtet den Arbeitgeber, den Betriebsrat bei jeder einzelnen Kündigung einzubeziehen und macht dieses Anhörungsverfahren zur Wirksamkeitsvoraussetzung für die Kündigung. Widerspricht der Betriebsrat dem Ausspruch der Kündigung, wird dem gekündigten Arbeitnehmer sogar ein Weiterbeschäftigungsanspruch zugeordnet bis zum rechtskräftigen Abschluss eines Kündigungsschutzprozesses. Da **Kündigungsschutzverfahren** jedenfalls über zwei Instanzen geführt werden können und damit eine Verfahrensdauer von 1 ½ bis 2 Jahren nicht ungewöhnlich ist, Kündigungsfristen aber in der Regel nur wenige Monate betragen, stellt dies eine besondere Annehmlichkeit für gekündigte Arbeitnehmer dar.

1 Sehr übersichtlich ist die Entwicklung und Zielsetzung des Kündigungsschutzes beschrieben bei von Hoyningen-Huene/Linck, Kündigungsschutzgesetz, 15. Auflage, Rn 1 ff.

2 Ausführlich hierzu von Hoyningen-Huene/Linck, AaO, Einleitung Rn 39 ff.

Geht man nun noch einen Schritt weiter und befasst sich mit **Personalabbaumaßnahmen**, welche die ganze Belegschaft oder jedenfalls Teile der Belegschaft betreffen, nimmt das **Mitwirkungs- bzw. Mitbestimmungsrecht des Betriebsrats** weiter zu, oder anders ausgedrückt, in diesen Fällen warten auf den Unternehmer weitere Aufgaben: Er muss nicht nur die einzelnen Kündigungen vorbereiten, in dem er nach den Kriterien des § 1 KSchG die Auswahl der zu kündigenden Arbeitnehmer – insbesondere die Sozialauswahl – gestaltet. Er muss daneben auch den **kollektiven Schutz** der vom Personalabbau betroffenen Mitarbeiter berücksichtigen, indem er den Betriebsrat rechtzeitig in die Personalabbaumaßnahme mit einbezieht. Er muss mit dem Betriebsrat Verhandlungen zum **Abschluss eines Interessenausgleichs** und **Sozialplans** aufnehmen. Dabei darf er nie aus dem Blick verlieren, dass der individuelle Kündigungsschutz des Einzelnen einerseits und die Einhaltung der Mitbestimmungsrechte des Betriebsrats anderseits nebeneinanderstehen und beide einzuhalten sind. Denn im Bereich des Personalabbaus gilt die Grundregel: Die Wirksamkeit der einzelnen Kündigung reicht nicht aus, um den Personalabbau einer Arbeitnehmergruppe durchzuführen. Und im Umkehrschluss gilt: Die ordnungsgemäße Beteiligung bzw. gar die Einigung mit dem Betriebsrat auf Interessenausgleich und Sozialplan rechtfertigt an sich noch nicht den Ausspruch der einzelnen Kündigung. Oder nochmals anders formuliert: Auch wenn Arbeitgeber und Betriebsrat sich über den Personalabbau eines bestimmten Arbeitnehmerkreises einig sind und die Einzelheiten hierzu im Interessenausgleich und Sozialplan festlegen, steht es jedem von der Kündigung betroffenen Arbeitnehmer frei, die Wirksamkeit seiner individuellen Kündigung im Wege des Kündigungsschutzprozesses überprüfen zu lassen. 8

Das Unternehmerhandbuch Kündigung und Personalabbau wendet sich an Arbeitgeber und damit Unternehmer und erläutert umfassend alle Fragen aus dem **Individual- und Kollektivarbeitsrecht**, die sich mit der Beendigung von Arbeitsverhältnissen im Einzelnen oder Personalabbaumaßnahmen im Größeren stellen. In den folgenden Kapiteln wird der Leser eingeführt in die allgemeinen **Regularien zur Kündigung** durch den Arbeitgeber. Er erhält Überblick über die vom Gesetzgeber vorgesehenen Kündigungsgründe im Bereich der **ordentlichen** aber auch der **außerordentlichen Kündigung**. Der Unternehmer wird geführt durch den Dschungel prozessualer Besonderheiten beim **Kündigungsschutzprozess** oder **anderer Klagearten** vor dem Arbeitsgericht und erhält wichtige Hinweise zum **Sonderkündigungsschutz** von besonderen Arbeitnehmergruppen, aber auch zu Fragen des **Compliance**, der **betrieblichen Altersversorgung** und des sogenannten **Betriebsüberganges. Die alternativen Beendigungsformen zur Kündigung**, die wirksame Befristung des Arbeitsverhältnisses oder die einvernehmliche Aufhebung eines bestehenden Arbeitsverhältnisses, werden erläutert. Schließlich wird Einblick gewährt in den **Personalabbau**, der die ganze Belegschaft oder jedenfalls Teile der Belegschaft betrifft. Dieser ist etwa denkbar, wenn ein ganzer Betrieb stillgelegt werden soll oder einzelne Bereiche, eine Abteilung etwa oder verschiedene Be- 9 triebsteile geschlossen werden. Denn hier hat der Unternehmer neben den Kriterien zur betriebsbedingten Kündigung auch den kollektiven Schutz der Mitarbeiter unter Einbeziehung des Betriebsrates zu berücksichtigen.

Kapitel 2
Die Kündigung durch den Arbeitgeber

A. Bedeutung in der Praxis

Die Kündigung durch den Arbeitgeber ist eine der Hauptursachen für die Beendi- 1
gung von Arbeitsverhältnissen. Nach einer Befragung der Hans Böckler Stiftung aus dem Jahr 2001[1] enden 32% aller Arbeitsverhältnisse durch arbeitgeberseitige Kündigung. Die Kündigung durch den Arbeitgeber ist danach zwar nicht die häufigste Ursache für die Beendigung von Arbeitsverhältnissen,[2] in der Praxis ist sie aber meist die einzige Möglichkeit für den Arbeitgeber, ein Arbeitsverhältnis ohne Zustimmung des Arbeitnehmers zu beenden. Die hohe Bedeutung der arbeitgeberseitigen Kündigung schlägt sich auch in der Tätigkeit der Arbeitsgerichte nieder: 2012 betrafen nach der vom Bundesministerium für Arbeit und Soziales veröffentlichten Statistik zur Arbeitsgerichtsbarkeit[3] ca. 95% aller vor den Arbeitsgerichten anhängigen Bestandsstreitigkeiten[4] Kündigungen.

B. Vorüberlegungen zur Kündigung

Die Aussprache einer Kündigung durch den Arbeitgeber sollte – nicht nur im 2
Hinblick auf einen drohenden Kündigungsschutzprozess[5] – sorgfältig vorbereitet werden. Zum einen stellt eine solche Kündigung oftmals die wirtschaftliche und soziale Existenz des betroffenen Arbeitnehmers in Frage. Zum anderen sind die Auswirkungen von Kündigungen auf den Betriebsablauf und die verbleibenden Arbeitnehmer nicht zu unterschätzen. Deshalb sollte sich der Arbeitgeber vor dem Ausspruch von Kündigungen Gedanken über ein sinnvolles Trennungsmanagement machen.[6]

1 Siehe http://www.boeckler.de/pdf/wsi_regam_projektvortrag_forum_13_03_2003.pdf.

2 Dies soll mit 38% die Kündigung durch Arbeitnehmer sein.

3 Siehe http://www.bmas.de/DE/Themen/Arbeitsrecht/Statistik-zur-Arbeitsgerichtsbarkeit/inhalt.html.

4 Bestandsstreitigkeiten im Sinne von § 61a ArbGG sind alle Rechtsstreitigkeiten über das Bestehen, das Nichtbestehen oder die Kündigung von Arbeitsverhältnissen.

5 Dazu Kap. 23.

6 Vgl. zu den Kosten unprofessioneller Trennungsversuche *Andrzejewski*, Trennungs-Kultur und Mitarbeiterbindung, S. 132ff.

C. Die Arbeitgeberkündigung

I. Begriff der Kündigung

3 Unter einer Kündigung ist eine einseitige empfangsbedürftige rechtsgestaltende Willenserklärung zu verstehen, durch die das Arbeitsverhältnis für die Zukunft aufgelöst werden soll.[7] Kennzeichnend für die Kündigung durch den Arbeitgeber ist in Abgrenzung zu anderen Möglichkeiten, Arbeitsverhältnisse zu beenden,[8] dass
- eine Mitwirkung des Arbeitnehmers, etwa eine „Annahme der Kündigung", nicht erforderlich ist, und
- das Arbeitsverhältnis bis zum Zeitpunkt seiner Beendigung als Rechtsgrundlage für alle bis zu seiner Beendigung entstandenen Ansprüche bestehen bleibt.

II. Kündigungsarten

4 Die zu unterscheidenden Kündigungsarten knüpfen im Wesentlichen an zwei Unterscheidungskriterien an, nämlich
- dem Zeitpunkt des Wirksamwerdens der Kündigung (sofortiges Wirksamwerden oder Wirksamwerden nach Ablauf der Kündigungsfrist) und
- dem mit der Kündigung verfolgten Ziel (Beendigung des Arbeitsverhältnisses oder Änderung von Arbeitsbedingungen).

1. Ordentliche und außerordentliche Kündigung

5 Mit der **ordentlichen Kündigung** kündigt der Arbeitgeber das Arbeitsverhältnis fristgerecht. Das Arbeitsverhältnis endet nach Aussprache einer ordentlichen Kündigung mit Ablauf der Kündigungsfrist[9].

Beispiel
„Sehr geehrter Herr Mustermann,
hiermit kündigen wir das zwischen Ihnen und der XYZ GmbH seit dem ... bestehende Arbeitsverhältnis ordentlich fristgemäß zum 30.6.2014. ..."

---

7 Schaub/*Linck*, Arbeitsrechtshandbuch, § 123 Rn 1; zum Inhalt der Kündigungserklärung Kap. 3 Rn 1 ff.

8 Dazu ausführlich Rn 11 ff.

9 Zur Kündigungsfrist Kap. 4 Rn 4 ff.

Praxishinweis
Die „Freiheit“ des Arbeitgebers, ein Arbeitsverhältnis ordentlich unter Einhaltung der Kündigungsfrist zu kündigen, ist durch den gesetzlichen Kündigungsschutz – insbesondere das KSchG – erheblich eingeschränkt.[10] Wenn der Arbeitgeber im Anwendungsbereich des KSchG[11] eine wirksame ordentliche Kündigung aussprechen will, muss ein betriebs-,[12] verhaltens-[13] oder personenbedingter[14] Kündigungsgrund vorliegen. Für bestimmte Personengruppen ist darüber hinaus – unabhängig davon, ob das KSchG anwendbar ist – der in zahlreichen Gesetzen geregelte Sonderkündigungsschutz[15] zu beachten.

Gemäß § 626 Abs. 1 BGB kann jedes Dienstverhältnis und damit auch jedes Arbeitsverhältnis unter bestimmten Voraussetzungen „ohne Einhaltung einer Kündigungsfrist“ gekündigt werden. Die sog. **außerordentliche** oder fristlose **Kündigung** führt damit grundsätzlich zur Beendigung des Arbeitsverhältnisses mit dem Zugang der Kündigung.[16] Allerdings ist bei der Kündigung von sog. „Unkündbaren“ auch die Aussprache einer außerordentlichen Kündigung mit einer sozialen Auslauffrist möglich und auch erforderlich.[17] 6

Eine außerordentliche Kündigung kann gemäß § 626 Abs. 1 BGB nur **„aus wichtigem Grund“** ausgesprochen werden bzw. „wenn Tatsachen vorliegen, auf Grund derer dem Kündigenden unter Abwägung der Interessen beider Vertragsteile die Fortsetzung des Dienstverhältnisses bis zum Ablauf der Kündigungsfrist oder bis zur vereinbarten Beendigung des Dienstverhältnisses nicht zugemutet werden kann.“ Darüber hinaus ist die Aussprache einer außerordentlichen Kündigung nur innerhalb von zwei Wochen ab Kenntnis der für die Kündigung maßgeblichen Ursachen möglich (sog. Kündigungserklärungsfrist).[18] 7

Praxishinweis
Die außerordentliche Kündigung ist zwar grundsätzlich aus denselben Gründen möglich wie eine ordentliche Kündigung im Anwendungsbereich des KSchG. Aufgrund ihrer unmittelbaren Folgen muss der Kündigungsgrund gegenüber der ordentlichen Kündigung aber graduell schwerwiegender sein.

10 Anmerkung: Der Arbeitnehmer braucht zur Aussprache einer ordentlichen Kündigung keinen Kündigungsgrund.
11 Vgl. dazu Kap. 4 Rn 25 ff.
12 Dazu Kap. 5.
13 Dazu Kap. 6.
14 Dazu Kap. 7.
15 Dazu Kap. 9.
16 Zum Zugang der Kündigung Kap. 3 Rn 31 ff.
17 Zur Kündigung Unkündbarer Kap. 8 Rn 48 ff.
18 Vgl. § 626 Abs. 2 BGB; ausführlich zur außerordentlichen Kündigung Kap. 8.

2. Beendigungskündigung und Änderungskündigung

8 Mit jeder Kündigung wird, wie sich schon aus dem Begriff der Kündigung ergibt, das Ziel verfolgt, das Arbeitsverhältnis zu beenden. Verfolgt der Arbeitgeber mit der Kündigung kein darüber hinausgehendes rechtliches Ziel,[19] wird von einer **Beendigungskündigung** gesprochen. Die Ausführungen in diesem Buch beziehen sich deshalb grundsätzlich auf die Beendigungskündigung als „Grundbestandteil" jeder Kündigung.

9 Mit der **Änderungskündigung**[20] versucht der Kündigende, in der Praxis meist der Arbeitgeber, eine Veränderung der Arbeitsbedingungen zu seinen Gunsten herbeizuführen. Hierzu wird dem Arbeitnehmer „im Zusammenhang mit der Kündigung die Fortsetzung des Arbeitsverhältnisses zu geänderten Arbeitsbedingungen"[21] angeboten. Die Änderungskündigung ist demnach ein aus zwei Willenserklärungen zusammengesetztes Rechtsgeschäft: Zur Kündigung kommt als zweites Element das Angebot zur Fortsetzung des Arbeitsverhältnisses zu geänderten Arbeitsbedingungen hinzu.[22]

Beispiel

„Sehr geehrter Herr Mustermann,

hiermit kündigen wir das zwischen Ihnen und der XYZ GmbH seit dem ... bestehende Arbeitsverhältnis ordentlich fristgemäß zum 30.6.2014.

Gleichzeitig bieten wir Ihnen an, das Arbeitsverhältnis nach Ablauf der Kündigungsfrist mit folgenden Änderungen gegenüber den bisherigen Arbeitsbedingungen fortzusetzen:

1. Sie werden am Standort Offenbach als Controller beschäftigt.

..."

Praxishinweis

Das Änderungsangebot kann zwar schon vor Ausspruch der Kündigung abgegeben werden. In diesem Fall muss der Arbeitgeber aber beim späteren Ausspruch der Kündigung klarstellen, dass er das Änderungsangebot aufrecht erhält.[23]

---

10 Der Arbeitnehmer kann das Angebot zur Fortsetzung des Arbeitsverhältnisses zu geänderten Arbeitsbedingungen unter dem Vorbehalt annehmen, dass die Änderung der Arbeitsbedingungen nicht sozial ungerechtfertigt ist.[24] Im (Änderungsschutz-) Prozess wendet er sich dann nur noch gegen die Veränderung der Arbeitsbedingun-

---

19 Sonstige mit der Kündigung verfolgte Ziele wie z.B. die Wiederherstellung des Betriebsfriedens sollen hier außer Betracht bleiben.

20 Ausführlich zur Änderungskündigung Kap. 11.

21 Vgl. § 2 Abs. 1 S. 1 KSchG.

22 ErfK/*Müller-Glöge*, § 620 BGB Rn 48.

23 Vgl. BAG, Urt. v. 21.4.2005 – 2 AZR 132/04 – BAGE 114, 243.

24 Vgl. § 2 Abs. 1 KSchG.

gen. Die Änderungskündigung unterliegt grundsätzlich denselben Kündigungsbeschränkungen wie die Beendigungskündigung, im Anwendungsbereich des KSchG[25] muss also ein betriebs-, verhaltens- oder personenbedingter Kündigungsgrund vorliegen. Der Maßstab für ihre Wirksamkeit ist jedoch ein anderer: Anstatt der Beendigung die Änderung der Arbeitsbedingungen.[26]

III. Abgrenzung von sonstigen Beendigungstatbeständen

Die Kündigung ist insbesondere[27] von den nachfolgend aufgeführten Tatbeständen 11
abzugrenzen, die ebenfalls zur Beendigung des Arbeitsverhältnisses führen können:[28]

1. Anfechtung

Die auf Abschluss eines Arbeitsvertrages gerichteten Willenserklärungen können 12
gemäß § 119 BGB wegen **Irrtums** und gemäß § 123 BGB wegen **Täuschung oder Drohung** angefochten werden, wenn die Voraussetzungen für diese Anfechtungsgründe vorliegen.[29] Wird ein anfechtbares Rechtsgeschäft angefochten, so ist es gemäß § 142 Abs. 1 BGB als von Anfang an nichtig anzusehen. Nach der Rechtsprechung kann ein bereits in Vollzug gesetzter Arbeitsvertrag abweichend von § 142 Abs. 1 BGB aber grundsätzlich nicht mit rückwirkender Kraft angefochten werden.[30] Die nach der Arbeitsaufnahme erklärte Anfechtung wirkt damit ebenso wie die Kündigung nur für die Zukunft. Das erfolgreich angefochtene Arbeitsverhältnis wird von dem Zeitpunkt an unwirksam, in welchem die Anfechtungserklärung beim Vertragspartner eingeht. Die erfolgreiche Anfechtung hat in Folge dessen im Ergebnis die Wirkung einer außerordentlichen Kündigung. Da die Anfechtung im Unterschied zur Kündigung an den Abschluss des Arbeitsvertrages anknüpft, muss der Anfechtungsgrund bereits zum Zeitpunkt des Vertragsschlusses vorgelegen haben.

---

25 Vgl. dazu Kap. 4 Rn 25 ff.

26 Dazu Kap. 11 Rn 43 ff.

27 Zur Abgrenzung von weiteren Beendigungstatbeständen vgl. ErfK/*Müller-Glöge*, § 620 BGB Rn 33 ff.

28 Zur Abgrenzung der Änderungskündigung von sonstigen Änderungstatbeständen vgl. Kap. 11 Rn 3 ff.

29 Ausführlich zur Anfechtung der Willenserklärungen zum Abschluss von Arbeitsverträgen z.B. ErfK/*Preis*, § 611 BGB Rn 345 ff.

30 BAG, Urt. v. 16.9.1982 – 2 AZR 228/80 – BAGE 41, 54.

Praxishinweis
Die kündigungsrechtlichen Vorschriften sind auf die Anfechtung nicht anwendbar. So wird z.B. die Anfechtung gegenüber einer schwangeren Arbeitnehmerin nicht durch § 9 MuSchG ausgeschlossen.[31]

Beispiel
Der Arbeitgeber fordert im Bewerbungsverfahren die Vorlage eines „eigenhändig handgeschriebenen Lebenslaufes". Der vom Bewerber vorgelegte Lebenslauf wurde nicht von ihm selbst geschrieben, sondern von einer anderen Person. Der Arbeitgeber holt mit Zustimmung des Bewerbers ein graphologisches Gutachten ein und schließt daraufhin einen Arbeitsvertrag mit dem schwerbehinderten Bewerber. Was kann der Arbeitgeber tun, nachdem der Bewerber seine Tätigkeit aufgenommen hat und er von diesem Sachverhalt Kenntnis erlangt?[32] – Lösung: Der Arbeitgeber kann den Arbeitsvertrag wegen arglistiger Täuschung anfechten. Da der Sonderkündigungsschutz für schwerbehinderte Menschen[33] für die Anfechtung nicht gilt, ist hierzu die Zustimmung des Integrationsamts gemäß §§ 85, 91 SGB IX nicht erforderlich.

2. Aufhebungsvertrag

13 Durch einen Aufhebungsvertrag[34] wird einvernehmlich die Aufhebung des Arbeitsverhältnisses vereinbart. Entscheidend ist die von den Arbeitsvertragsparteien angestrebte Rechtsfolge, das Arbeitsverhältnis einvernehmlich aufheben zu wollen, nicht die Wortwahl. Im Gegensatz zur einseitigen Kündigung erfolgt die Aufhebung des Arbeitsverhältnisses durch Aufhebungsvertrag also durch zwei korrespondierende Willenserklärungen.

3. Befristung

14 Befristet beschäftigt ist ein Arbeitnehmer mit einem auf bestimmte Zeit geschlossenen Arbeitsvertrag.[35] Ein kalendermäßig befristeter Arbeitsvertrag endet mit Ablauf der vereinbarten Zeit[36]. Ein zweckbefristeter oder unter einer auflösenden Bedingung abgeschlossener Arbeitsvertrag endet mit dem Erreichen des Zwecks bzw. dem Eintritt der auflösenden Bedingung, frühestens jedoch zwei Wochen nach Zugang der schriftlichen Unterrichtung des Arbeitnehmers durch den Arbeitgeber über den Zeitpunkt der Zweckerreichung bzw. des Bedingungseintritts[37]. Im Unterschied zur

31 ErfK/*Preis*, § 611 BGB Rn 346.
32 Vereinfacht nach BAG, Urt. v. 16.9.1982 – 2 AZR 228/80 – BAGE 41, 54.
33 Dazu Kap. 9 Rn 82 ff.
34 Vgl. zu Aufhebungsverträgen Kap. 19.
35 Siehe § 3 Abs. 1 TzBfG; ausführlich zur Befristung von Arbeitsverhältnissen Kap. 17.
36 Siehe § 15 Abs. 1 TzBfG.
37 Vgl. §§ 15 Abs. 2, 21 TzBfG.

Kündigung endet das Arbeitsverhältnis also ohne dass es einer rechtsgestaltenden Willenserklärung bedarf, entweder durch bloßen Zeitablauf oder durch Mitteilung der Zweckerreichung bzw. des Bedingungseintritts.

4. Tod des Arbeitnehmers

Da der Arbeitnehmer seine Dienste im Zweifel in Person zu leisten hat,[38] endet 15
das Arbeitsverhältnis mit dem Tod des Arbeitnehmers.[39] Im Zeitpunkt des Todes entstandene, aber noch nicht erfüllte Ansprüche aus dem Arbeitsverhältnis sind vererblich, soweit sich aus den Anspruchsvoraussetzungen nicht etwas anderes ergibt.

Beispiel
Spricht der Arbeitgeber eine betriebsbedingte Kündigung verbunden mit einem „Abfindungsangebot“ gemäß § 1a KSchG aus, und verstirbt der Arbeitnehmer vor Ablauf der Kündigungsfrist, entsteht kein Abfindungsanspruch gemäß § 1a KSchG, der auf die Erben des Arbeitnehmers übergeht. Denn der Abfindungsanspruch nach § 1a Abs. 1 KSchG entsteht erst mit dem Ablauf der Kündigungsfrist.[40]

IV. Vereinbarungen zur Kündigung

1. Kündigungsbeschränkungen

Als Beschränkung des Kündigungsrechts ist in der Praxis vielfach der **Ausschluss** 16
der ordentlichen Kündigungsmöglichkeit anzutreffen. Ein solcher Ausschluss kann in Tarif-[41] und Arbeitsverträgen[42] vereinbart werden. Ist die ordentliche Kündigungsmöglichkeit ausgeschlossen, kann das Arbeitsverhältnis nur durch außerordentliche Kündigung gemäß § 626 Abs. 1 BGB gekündigt werden. Das Recht zur außerordentlichen Kündigung lässt sich dagegen grundsätzlich nicht wirksam ausschließen.[43] Zu Lasten des Arbeitnehmers kann über § 15 Abs. 4 S. 1 TzBfG[44] hin-

38 Vgl. § 613 S. 1 BGB.
39 Schaub/*Linck*, Arbeitsrechtshandbuch, § 123 Rn 7.
40 BAG, Urt. v. 10.5.2007 – 2 AZR 45/06 – BAGE 122, 257.
41 Vgl. BAG, Urt. v. 8.11.2007 – 2 AZR 314/06 – NJW 2008, 1336.
42 Vgl. BAG, Urt. v. 25.3.2004 – 2 AZR 153/03 – BB 2004, 2303.
43 Vgl. zu den Ausnahmen zu diesem Grundsatz BAG, Urt. v. 25.10.2001 – 2 AZR 216/00 – EzA § 626 BGB Änderungskündigung Nr. 2.
44 § 15 Abs. 4 TzBfG hat nachfolgenden Wortlaut: „Ist das Arbeitsverhältnis für die Lebenszeit einer Person oder für längere Zeit als fünf Jahre abgeschlossen, so kann es von dem Arbeitnehmer nach Ablauf von fünf Jahren gekündigt werden. Die Kündigungsfrist beträgt sechs Monate.“

aus die ordentliche Kündigung durch den Arbeitnehmer vertraglich nicht ausgeschlossen werden.[45]

Beispiel
Ein Tarifvertrag enthält nachfolgende Regelungen zur Kündigung:

„§ 22
Probezeit, ordentliche Kündigung

...

(4) Nach einer Betriebszugehörigkeit von 15 Jahren ist der Arbeitnehmer unkündbar.

§ 23
Außerordentliche Kündigung

(1) Der Arbeitgeber und der Arbeitnehmer sind berechtigt, das Arbeitsverhältnisaus einem wichtigen Grund fristlos zu kündigen, wenn ...“[46]

In diesem Fall ist das Recht zur ordentlichen Kündigung durch den Arbeitgeber durch § 22 Abs. 4 des Tarifvertrages ausgeschlossen, der Arbeitnehmer darf dagegen auch nach einer Betriebszugehörigkeit von mehr als 15 Jahren ordentlich kündigen. Unabhängig hiervon besteht für beide, wie sich aus § 23 des Tarifvertrages ergibt, das (grundsätzlich nicht ausschließbare) Recht zur außerordentlichen Kündigung.

---

17 Darüber hinaus kann das Kündigungsrecht des Arbeitgebers z.B. beschränkt werden, indem unabhängig von der Anwendbarkeit des KSchG die **Anwendung** der materiellen Regelungen **des KSchG vereinbart** wird, z.B. auf Vertragsverhältnisse von Organmitgliedern.[47]

18 Der Arbeitgeber kann auf den Ausspruch einer ordentlichen Kündigung auch **einseitig verzichten**, z.B. mit dem Ausspruch einer Abmahnung. Denn mit dem Ausspruch einer Abmahnung verzichtet der Arbeitgeber in der Regel zugleich auf das Recht zur Kündigung aus den Gründen, wegen derer die Abmahnung erfolgt ist. Dies gilt allerdings dann nicht, wenn der Abmahnung selbst oder den Umständen zu entnehmen ist, dass der Arbeitgeber die Sache mit der Abmahnung nicht als „erledigt“ ansieht.[48]

---

45 Vgl. BAG, Urt. v. 25.3.2004 – 2 AZR 153/03 – BB 2004, 2303.

46 Anmerkung: der weitere Text entspricht § 626 BGB.

47 BGH, Urt. v. 10.5.2010 – II ZR 70/09 – DStR 2010, 1390; zur Kündigung von Organmitgliedern Kap. 20.

48 BAG, Urt. v. 13.12.2007 – 6 AZR 145/07 – BAGE 125, 208.

2. Kündigungserweiterungen

Eine Erweiterung des Kündigungsrechts zum Nachteil des Arbeitnehmers durch Arbeitsvertrag, Tarifvertrag oder Betriebsvereinbarung ist nichtig, da sie gegen zwingendes Kündigungsschutzrecht verstößt. Der zwingende Kündigungsschutz verbietet es auch, bestimmte Gründe festzulegen, die stets eine Kündigung rechtfertigen sollen.[49] Dagegen sind Erweiterungen des Kündigungsrechts zu Gunsten des Arbeitnehmers, z.B. Verkürzungen der Kündigungsfrist nur für den Arbeitnehmer, grundsätzlich zulässig. 19

49 Vgl. ErfK/*Oetker*, § 1 KSchG Rn 13 mit weiteren Nachweisen.

Kapitel 3
Der Ausspruch der Kündigung

A. Inhalt der Kündigungserklärung

I. Kündigen

1 Die Kündigung ist eine einseitige empfangsbedürftige rechtsgestaltende Willenserklärung, durch die das Arbeitsverhältnis für die Zukunft aufgelöst werden soll.[1] Notwendiger Inhalt einer Kündigungserklärung ist zwar nicht, dass in ihr Wort **„kündigen"** gebraucht wird. Der Erklärende muss aber eindeutig seinen Willen kundgeben, das Arbeitsverhältnis einseitig lösen zu wollen.[2] Eine Kündigung liegt nicht vor, wenn zwar der Wille des Erklärenden erkennbar ist, das Arbeitsverhältnis zu beenden, diese Erklärung aber die Deutungsmöglichkeit einschließt, diese Wirkung solle nicht durch eine Kündigung, sondern durch einen anderen Beendigungstatbestand wie z.B. durch Ausübung eines Widerrufsrechts eintreten.[3]

Praxishinweis
Zur Klarstellung sollte das Wort „kündigen" in jeder Kündigungserklärung verwendet werden.

Beispiel
„Sehr geehrter Herr Mustermann,
hiermit kündigen wir das zwischen Ihnen und der XYZ GmbH seit dem ... bestehende Arbeitsverhältnis ..."

II. Bestimmtheit und Bedingungsfeindlichkeit

2 Eine Kündigung ist **bestimmt und unmissverständlich** zu erklären. Der Erklärungsempfänger muss aus dem Wortlaut und den Begleitumständen der Kündigung erkennen können,
- ob eine ordentliche oder außerordentliche Kündigung gewollt ist, und
- zu welchem Termin das Arbeitsverhältnis enden soll.[4]

1 Schaub/*Linck*, Arbeitsrechtshandbuch, § 123 Rn 1; dazu auch Kap. 2 Rn 3.
2 Vgl. BAG, Urt. v. 20.9.2006 – 6 AZR 82/06 – BAGE 119, 311.
3 BAG, Urt. v. 5.2.2009 – 6 AZR 151/08 – BAGE 129, 265.
4 BAG, Urt. v. 20.6. 2013 – 6 AZR 805/11 – DB 2013, 2093.

3 Die Erklärung einer **außerordentlichen Kündigung** aus wichtigem Grund muss für den Erklärungsempfänger zweifelsfrei den Willen des Erklärenden erkennen lassen, von der sich aus § 626 Abs. 1 BGB ergebenden besonderen Kündigungsbefugnis Gebrauch zu machen. Dieser Wille kann sich aus der ausdrücklichen Bezeichnung der Erklärung (z.B. als fristlose Kündigung) oder aus sonstigen Umständen der Erklärung selbst, insbesondere einer beigefügten Begründung, ergeben.[5]

Beispiel
„Sehr geehrter Herr Mustermann,
hiermit kündigen wir das zwischen Ihnen und der XYZ GmbH seit dem ... bestehende Arbeitsverhältnis außerordentlich fristlos. ..."

4 Bei einer **ordentlichen Kündigung** genügt für die erforderliche Erkennbarkeit des Beendigungstermins regelmäßig die Angabe des Kündigungstermins oder der Kündigungsfrist. Ein Hinweis auf die maßgebliche gesetzliche oder tarifliche Regelung reicht aus, wenn der Erklärungsempfänger dadurch unschwer ermitteln kann, zu welchem Termin das Arbeitsverhältnis enden soll.[6]

Beispiel
Mit Angabe des Kündigungstermins:
„Sehr geehrter Herr Mustermann,
hiermit kündigen wir das zwischen Ihnen und der XYZ GmbH seit dem ... bestehende Arbeitsverhältnis ordentlich fristgemäß zum 30.6.2014. ..."

Mit Angabe der Kündigungsfrist:
„Sehr geehrter Herr Mustermann,
hiermit kündigen wir das zwischen Ihnen und der XYZ GmbH seit dem ... bestehende Arbeitsverhältnis ordentlich unter Einhaltung der gesetzlichen Kündigungsfrist. Die gesetzliche Kündigungsfrist beträgt zwei Monate zum Ende eines Kalendermonats. ..."

Praxishinweis
Um dem Bestimmtheitsgebot zu genügen, ist die vielfach verwendete Kündigung zum nächstzulässigen Zeitpunkt um die Angabe des Kündigungstermins oder der Kündigungsfrist zu ergänzen.

Beispiel
„Sehr geehrter Herr Mustermann,
hiermit kündigen wir das zwischen Ihnen und der XYZ GmbH seit dem ... bestehende Arbeitsverhältnis ordentlich fristgemäß zum nächstzulässigen Zeitpunkt. Der nächstzulässige Zeitpunkt ist nach unseren Berechnungen der 31.12.2014. ..."

5 BAG, Urt. v. 13.1.1982 – 7 AZR 757/79 – BAGE 37, 267.
6 BAG, Urt. v. 20.6.2013 – 6 AZR 805/11 – DB 2013, 2093.

Als einseitiges Rechtsgeschäft ist die Kündigung eines Arbeitsverhältnisses grundsätzlich **bedingungsfeindlich**. Die Verbindung mit einer unzulässigen Bedingung führt zur Unwirksamkeit der Kündigung.[7] 5

Fettnapf

Der Arbeitgeber kündigt mit nachfolgender Erklärung:[8] „Sehr geehrter Herr X, das mit Ihnen bestehende Arbeitsverhältnis müssen wir leider aus betrieblichen Gründen fristgemäß zum 30.4.2014 kündigen. Der Bewachungsvertrag für die Kaserne O wurde zum 30.4.2014 gekündigt und neu ausgeschrieben. Sollten wir erneut den Zuschlag erhalten, beschäftigen wir Sie selbstverständlich weiter. Die Kündigung wird bei Neubeauftragung unserer Firma gegenstandslos. ..." – Lösung: Aus dem Wortlaut des Kündigungsschreibens ergibt sich, dass die rechtsgestaltende Wirkung der Kündigungserklärung entfallen soll, wenn es zu einer Neubeauftragung des Arbeitgebers kommt. Damit wurde die Kündigung unter einer unzulässigen auflösenden Bedingung erklärt und ist deshalb unwirksam.

Von der bedingten Kündigung ist die unbedingte **vorsorgliche Kündigung** zu unterscheiden. Die vorsorgliche Kündigung spricht der Kündigende in der Regel aus, wenn er sich nicht sicher ist, ob eine bereits erklärte Kündigung rechtswirksam ist. 6

Beispiel

„Sehr geehrter Herr Mustermann,
hiermit kündigen wir das zwischen Ihnen und der XYZ GmbH seit dem ... bestehende Arbeitsverhältnis ordentlich fristgemäß zum 31.12.2014.
Die Kündigung erfolgt vorsorglich für den Fall, dass das Arbeitsverhältnis nicht bereits durch die Kündigung vom 17.4.2014 zum 30.9.2014 beendet wurde. ..."

III. Angabe des Kündigungsgrundes

Die Mitteilung des Kündigungsgrundes in der Kündigungserklärung ist **grundsätzlich keine Wirksamkeitsvoraussetzung** einer Kündigung, eine Kündigung ist also auch ohne Angabe der Kündigungsgründe in der Kündigungserklärung grundsätzlich wirksam.[9] 7

Gemäß § 1 Abs. 3 S. 1 Hs. 2 KSchG muss der Kündigende allerdings bei einer ordentlichen betriebsbedingten Kündigung auf Verlangen des Arbeitnehmers die 8

---

7 BAG, Urt. v. 15.3.2001 – 2 AZR 705/99 – BAGE 97, 193; zu ausnahmsweise zulässigen bedingten Kündigungen vgl. z.B. Ascheid/Preis/Schmidt/*Preis*, Rechtsgeschäftliche Grundlagen der Kündigung Rn 14.

8 Vereinfacht nach BAG, Urt. v. 15.3.2001 – 2 AZR 705/99 – BAGE 97, 193.

9 Vgl. für die ordentliche Kündigung BAG, Urt. v. 21.3.1959 – 2 AZR 375/56 – BAGE 7, 304; für die außerordentliche Kündigung BAG, Urt. v. 17.8.1972 – 2 AZR 415/71 – BAGE 24, 401.

Gründe angeben, die zu der getroffenen sozialen Auswahl geführt haben, gemäß § 626 Abs. 2 S. 3 BGB muss er dem Arbeitnehmer bei einer außerordentlichen Kündigung auf Verlangen den Kündigungsgrund unverzüglich schriftlich mitteilen.[10]

9 **Ausnahmsweise** kann die Angabe des Kündigungsgrundes in der Kündigungserklärung nach tariflichen[11] oder gesetzlichen[12] Sonderregelungen Wirksamkeitsvoraussetzung für eine Kündigung sein. So muss die Kündigung von Berufsausbildungsverhältnissen nach Ablauf der Probezeit gemäß **§ 22 Abs. 3 BBiG** „unter Angabe der Kündigungsgründe erfolgen". Die die Kündigung begründenden Tatsachen müssen dabei so eindeutig beschrieben werden, dass der fragliche Lebenssachverhalt auch im Prozess nicht ernsthaft zweifelhaft sein kann und die Erfolgsaussichten einer Klage erkennbar sind.[13] Fehlt die Angabe der Kündigungsgründe in der Kündigungserklärung oder ist sie nicht ausreichend, ist die Kündigung gemäß § 22 Abs. 3 BBiG in Verbindung mit § 125 BGB nichtig.[14] Entsprechendes gilt im Rahmen von **§ 9 Abs. 3 S. 2 MuSchG.**[15]

10 Unabhängig davon, ob die Angabe des Kündigungsgrunds in der Kündigungserklärung Wirksamkeitsvoraussetzung für die Kündigung ist oder nicht, kann es sinnvoll sein, den Kündigungsgrund in der Kündigungserklärung anzugeben. Denn dem Arbeitnehmer droht gemäß § 159 Abs. 1 S. 2 Nr. 1 SGB beim Bezug von Arbeitslosengeld eine Sperrzeit, wenn er durch arbeitsvertragswidriges Verhalten Anlass für die Kündigung gegeben hat.[16] Da dies bei personen- und betriebsbedingte Kündigungen nicht der Fall ist, kann in diesen Fällen durch die Angabe des Kündigungsgrundes in der Kündigungserklärung ggf. eine Sperrzeit und damit auch ein Kündigungsschutzprozess vermieden werden.

Beispiel

„Sehr geehrter Herr Mustermann,
hiermit kündigen wir das zwischen Ihnen und der XYZ GmbH seit dem ... bestehende Arbeitsverhältnis ordentlich fristgemäß zum 30.6.2014.
Die Kündigung erfolgt aus personenbedingten/verhaltensbedingten/betriebsbedingten Gründen. ...
(Anmerkung: Hier sollte der fragliche Lebenssachverhalt kurz dargestellt werden)"

10 Dazu Kap. 8 Rn 65f.

11 So bedurften z.B. nach § 54 BMT-G II Kündigungen durch den Arbeitgeber nach Ablauf der Probezeit der Schriftform unter Angabe der Gründe; dazu BAG, Urt. v. 10.2.1999 – 2 AZR 176/98 – NZA 1999, 602.

12 Vgl. §§ 22 Abs. 3 BBiG, 9 Abs. 3 S. 2 MuSchG.

13 ErfK/*Schlachter*, § 22 BBiG Rn 7 mit weiteren Nachweisen.

14 BAG, Urt. v. 22.2.1972 – 2 AZR 205/71 – BAGE 24, 133.

15 § 9 Abs. 3 S. 2 MuSchG hat nachfolgenden Wortlaut: „Die Kündigung bedarf der schriftlichen Form und sie muss den zulässigen Kündigungsgrund angeben."

16 Dazu z.B. ErfK/*Rolfs*, § 159 SGB III Rn 4ff.

IV. Abfindungsanspruch bei betriebsbedingter Kündigung

Gemäß § 1a Abs. 1 KSchG hat der Arbeitnehmer mit dem Ablauf der Kündigungsfrist Anspruch auf eine Abfindung, wenn 11

- der Arbeitgeber **in der Kündigungserklärung darauf hinweist**, dass die Kündigung auf dringende betriebliche Erfordernisse gestützt ist und der Arbeitnehmer bei Verstreichenlassen der Klagefrist eine Abfindung beanspruchen kann (§ 1a Abs. 1 S. 2 KSchG), und
- der Arbeitnehmer bis zum Ablauf der Frist des § 4 S. 1 KSchG **keine Klage** auf Feststellung erhebt, dass das Arbeitsverhältnis durch die Kündigung nicht aufgelöst ist.[17]

Die **Höhe der Abfindung** beträgt 0,5 Monatsverdienste für jedes Jahr des Bestehens 12
des Arbeitsverhältnisses (§ 1a Abs. 2 S. 1 KSchG), wobei ein Zeitraum von mehr als sechs Monaten auf ein volles Jahr aufzurunden ist (§ 1a Abs. 2 S. 3 KSchG). Hinsichtlich der Berechnung des Monatsverdienstes verweist § 1a Abs. 2 S. 2 KSchG auf § 10 Abs. 3 KSchG.[18]

Praxishinweis

In Bezug auf den Hinweis in der Kündigungserklärung ist zu beachten, dass eine Bezifferung der Abfindung durch den Arbeitgeber gesetzlich nicht vorgesehen ist. Mit Erfüllung der Anforderungen des § 1a Abs. 1 KSchG entsteht der Abfindungsanspruch ohne Weiteres in der von § 1a Abs. 2 KSchG vorgegebenen Höhe.[19] Der Arbeitgeber kann sich deshalb vor Ausspruch der Kündigung die unter Umständen aufwändige Berechnung „ersparen“ und abwarten, ob ein Abfindungsanspruch entsteht. Will er – um einen deutlicheren Anreiz zur Nichterhebung einer Kündigungsschutzklage zu geben – dennoch einen Betrag nennen, sollte klar gestellt werden, dass im Zweifel der gesetzlich geregelt Betrag gelten soll.

Beispiel

„Sehr geehrter Herr Mustermann,
hiermit kündigen wir das zwischen Ihnen und der XYZ GmbH seit dem ... bestehende Arbeitsverhältnis ordentlich fristgemäß zum 30.6.2014. ...
Die Kündigung erfolgt wegen dringender betrieblicher Erfordernisse. Wir weisen Sie gemäß § 1a Abs. 1 KSchG darauf hin, dass Sie, sofern Sie keine Klage auf Feststellung erheben, dass das Arbeitsverhältnis durch die Kündigung nicht aufgelöst ist, einen Anspruch auf Zahlung einer Abfindung in der in § 1a Abs. 2 KSchG geregelten Höhe haben. Die Höhe der Abfindung beträgt gemäß § 1a Abs. 2 KSchG 0,5 Monatsverdienste für jedes Jahr des Bestehens des Arbeitsverhältnisses. Bei

---

17 Ausführlich zur Reaktion des Arbeitnehmers z.B. v. Hoyningen-Huene/Linck/*Krause*, § 1a KSchG Rn 9 ff.

18 Ausführlich zur Berechnung der Abfindung z.B. v. Hoyningen-Huene/Linck/*Krause*, § 1a KSchG Rn 15 und v. Hoyningen-Huene/Linck/*Linck*, § 10 KSchG Rn 9 ff.

19 BAG, Urt. v. 19.6.2007 – 1 AZR 340/06 – BAGE 123, 121.

der Ermittlung der Dauer des Arbeitsverhältnisses ist ein Zeitraum von mehr als sechs Monaten auf ein volles Jahr aufzurunden.
Wir haben die Höhe der Abfindung danach wie folgt berechnet: 0,5 Monatsverdienste in Höhe von 3.845,78 € brutto multipliziert mit aufgerundet 8 Jahren für jedes Jahr des Bestehens des Arbeitsverhältnisses. Daraus ergibt sich ein Abfindungsbetrag in Höhe von 15.383,12 € brutto. ..."

V. Hinweis zur Verpflichtung zur Arbeitssuche und zur Meldung bei der Agentur für Arbeit

13 Gemäß **§ 2 Abs. 2 S. 2 Nr. 3 SGB III** sollen Arbeitgeber Arbeitnehmer vor der Beendigung des Arbeitsverhältnisses frühzeitig über die Notwendigkeit eigener Aktivitäten bei der Suche nach einer anderen Beschäftigung sowie über die Verpflichtung zur Meldung nach § 38 Abs. 1 SGB III bei der Agentur für Arbeit informieren. Die umstrittene Frage, ob das Unterlassen des nach § 2 Abs. 2 S. 2 Nr. 3 SGB III gebotenen Hinweises einen Schadensersatzanspruch des Arbeitnehmers gegen den Arbeitgeber begründet, hat das BAG verneint.[20] Gleichwohl sollte in die Kündigungserklärung ein entsprechender Hinweis aufgenommen werden.

Beispiel
„Sehr geehrter Herr Mustermann,
hiermit kündigen wir das zwischen Ihnen und der XYZ GmbH seit dem ... bestehende Arbeitsverhältnis ordentlich fristgemäß zum 30.6.2014. ...
Wir weisen Sie darauf hin, dass Sie bei der Suche nach einer anderen Beschäftigung eigene Aktivitäten zu entfalten haben und Sie gemäß § 38 Abs. 1 SGB III verpflichtet sind, sich spätestens drei Monate vor Beendigung Ihres Arbeitsverhältnisses persönlich bei der Agentur für Arbeit arbeitsuchend zu melden. Liegen zwischen Kenntnis des Beendigungszeitpunkts und der Beendigung des Arbeitsverhältnisses weniger als drei Monate, hat die Meldung innerhalb von drei Tagen nach Kenntnis des Beendigungszeitpunktes zu erfolgen. ..."

VI. Sonstiger Inhalt

14 Ob vor Ausspruch der Kündigung eine **Betriebsratsanhörung** erfolgt ist und wenn ja, wie der Betriebsrat regiert hat, kann in der Kündigungserklärung mitgeteilt werden, erforderlich ist dies jedoch nicht. Kündigt der Arbeitgeber, obwohl der Betriebsrat nach § 102 Abs. 3 BetrVG der Kündigung widersprochen hat, so hat der Arbeitgeber der Kündigung allerdings gemäß § 102 Abs. 4 BetrVG eine Abschrift der Stellungnahme des Betriebsrats zuzuleiten. Die Verletzung der Mitteilungspflicht

20 BAG, Urt. v. 29.9.2005 – 8 AZR 571/04 – BAGE 116, 78.

führt zwar nicht zur Unwirksamkeit der Kündigung, kann aber einen Schadensersatzanspruch des Arbeitnehmers begründen.[21]

Praxistipp !

Widerspricht der Betriebsrat der Kündigung, sollte mit der Kündigungserklärung, um diesbezüglich jedes Schadensersatzrisiko auszuschließen, eine Kopie der Stellungnahme des Betriebsrats übersandt werden. Da der Arbeitnehmer in der Praxis ohnehin Kenntnis von dem Widerspruch haben wird, dürfte ihm dadurch in taktischer Hinsicht meist auch kein „unnötiger Vorteil" verschafft werden.

Darüber hinaus können in der Kündigungserklärung noch **weitere Sachverhalte** 15
aufgenommen werden, z.B. die Gewährung des Resturlaubs am Ende der Kündigungsfrist zur Vermeidung eines Urlaubsabgeltungsanspruchs. Dabei ist allerdings darauf zu achten, dass durch diese Ausführungen die Kündigung nicht – wie z.B. durch eine Bedingung[22] – „in Frage gestellt" werden darf.

B. Schriftform

Gemäß **§ 623 BGB** bedarf die Beendigung von Arbeitsverhältnissen durch Kündi- 16
gung oder Auflösungsvertrag der **Schriftform**. Damit unterliegt jede Kündigung eines Arbeitsverhältnisses der Schriftform,[23] also

- die Kündigung durch den Arbeitgeber und die Kündigung durch den Arbeitnehmer,
- die Beendigungs- und die Änderungskündigung sowie
- die ordentliche und die außerordentliche Kündigung.

Da § 623 BGB nur Kündigungen erfasst, unterliegt dagegen z.B. die Anfechtung einer 17
auf Abschluss eines Arbeitsvertrages gerichteten Willenserklärung[24] nicht der Schriftform.[25]

Um der Schriftform zu genügen, ist die Urkunde „Kündigungserklärung" gemäß 18
§ 623 BGB in Verbindung mit § 126 Abs. 1 BGB vom Kündigenden **eigenhändig durch Namensunterschrift** oder mittels notariell beglaubigten Handzeichens **zu**

---

21 Vgl. Richardi/*Thüsing*, § 102 BetrVG Rn 191 mit weiteren Nachweisen.

22 Zur Bedingungsfeindlichkeit Rn 2ff.

23 § 623 BGB ist mit Wirkung zum 1.5.2000 in Kraft getreten, bis dahin war die Kündigung von Arbeitsverhältnissen grundsätzlich formfrei möglich.

24 Dazu Kap. 2 Rn 12.

25 ErfK/*Müller-Glöge*, § 623 BGB Rn 3.

unterzeichnen. Die elektronische Form im Sinne von § 126a BGB genügt gemäß § 126 Abs. 3 BGB in Verbindung mit § 623 BGB nicht.

Praxishinweis

Nicht der Schriftform genügen z.B. Kündigungen
- durch Telefax,[26]
- durch SMS,[27]
- durch E-Mail,[28]
- nur mit eingescannter Unterschrift,[29]
- durch Übergabe einer Kopie des Kündigungsschreibens.[30]

Dagegen wird die Schriftform durch einen gerichtlichen Vergleich gewahrt.[31]

---

19 Das Erfordernis der eigenhändigen Unterschrift verlangt nicht die Lesbarkeit des Namenszugs. Vielmehr genügt ein die Identität des Unterschreibenden ausreichend kennzeichnender Schriftzug, der individuelle und charakteristische Merkmale aufweist, welche die Nachahmung erschweren.[32]

20 Die eigenhändige Unterschrift kann entweder, wenn der Arbeitgeber z.B. eine natürliche Person ist, **durch den Arbeitgeber selbst oder durch einen Vertreter** geleistet werden. Unterzeichnet die Kündigungserklärung ein Vertreter, muss das Vertretungsverhältnis in der Urkunde deutlich zum Ausdruck kommen, was insbesondere durch einen entsprechenden Zusatz bei der Unterschrift erfolgen kann. Wenn der Unterzeichner ersichtlich im Namen eines anderen die Kündigung erklärt hat, ist von einem Handeln als Vertreter auszugehen. Ob der Unterzeichner tatsächlich bevollmächtigt war, ist dabei für die Wahrung der Schriftform unerheblich.[33]

Praxistipp

Bei Unterzeichnung der Kündigungserklärung durch einen Vertreter sollte die Unterzeichnung mit einem Unterschriftszusatz erfolgen, der eindeutig ein Vertretungsverhältnis zum Ausdruck bringt, also z.B. „ppa."[34] bei Unterzeichnung durch einen Prokuristen oder „i.V."[35] bei Unterzeichnung durch einen Handlungsbevollmächtigten. Mangels Eindeutigkeit vermieden werden sollte die Un-

---

26 So für die vergleichbare Fragestellung in Bezug auf Bürgschaftserklärungen BGH, Urt. v. 28.1. 1993 – IX ZR 259/91 – BGHZ 121, 224.
27 LAG Hamm, Urt. v. 17.8.2007 – 10 Sa 512/07 – MMR 2008, 252.
28 Ascheid/Preis/Schmidt/*Greiner*, § 623 BGB Rn 16.
29 LAG Köln, Urt. v. 19.6.2001 – 13 Sa 1571/00 – NZA-RR 2002, 163.
30 Vgl. LAG Hamm, Urt. v. 4.12.2003 – 4 Sa 900/03 – LAGE § 623 BGB 2002 Nr. 3.
31 Vgl. §§ 126 Abs. 4, 127a BGB sowie BAG, Urt. v. 23.11.2006 – 6 AZR 394/06 – BAGE 120, 251.
32 BAG, Urt. v. 24.1.2008 – 6 AZR 519/07 – BAGE 125, 325.
33 BAG, Urt. v. 13.12.2007 – 6 AZR 145/07 – BAGE 125, 208.
34 Abkürzung für lat. „per procura".
35 Abkürzung für „in Vertretung".

terzeichnung mit dem Zusatz „i.A."[36], auch wenn das BAG[37] diesen Zusatz im Einzelfall ebenfalls als einen ein Vertretungsverhältnis kennzeichnenden Zusatz angesehen hat.

Die Kündigung muss grundsätzlich **in einer Urkunde** festgehalten sein. Besteht die Kündigung aus mehreren Blättern, ist ihr Zusammenhang kenntlich zu machen, z.B. durch das Zusammenheften der einzelnen Blätter. Erforderlich ist eine solche feste körperliche Verbindung aber nicht. Ausreichend ist vielmehr, dass sich die Einheit der Kündigung aus fortlaufender Paginierung, einheitlicher graphischer Gestaltung oder dem inhaltlichen Zusammenhang des Textes ergibt.[38] 21

Praxistipp
Besteht die Kündigung aus mehreren Seiten, bietet es sich an, die Einheit der Urkunde „Kündigungserklärung" durch fortlaufende Seitenzahlen (z.B. „Seite X von Y") deutlich zu machen. !

Die Unterschrift muss die voranstehende Kündigungserklärung decken und deshalb **unterhalb des Textes** stehen, diesen also räumlich abschließen.[39] 22

Die Kündigung muss schließlich nicht nur in der durch § 623 BGB vorgeschriebenen Form „erstellt" werden, sondern **auch in dieser Form zugehen.**[40] Es reicht deshalb z.B. nicht aus, dass das Schriftstück dem zu kündigenden Arbeitnehmer nur zum Durchlesen überlassen wird.[41] 23

C. Kündigungsberechtigung/Vertretung

I. Kündigungsberechtigung

Die Kündigung muss durch die zur Kündigung berechtigte Person ausgesprochen werden. Dies sind grundsätzlich die **Parteien des Arbeitsvertrages.** Insbesondere bei Arbeitsverhältnissen mit Drittbezug muss deshalb sorgfältig festgestellt werden, wer Vertragspartner des Arbeitnehmers und damit zur Kündigung berechtigter (Vertrags-)Arbeitgeber ist. 24

36 Abkürzung für „im Auftrag".
37 Vgl. BAG, Urt. v. 13.12.2007 – 6 AZR 145/07 – BAGE 125, 208.
38 MüKo-BGB/*Einsele*, § 126 Rn 8 mit weiteren Nachweisen.
39 Ascheid/Preis/Schmidt/*Greiner*, § 623 BGB Rn 14.
40 Zum Zugang Rn 31ff.
41 LAG Hamm, Urt. v. 4.12.2003 – 4 Sa 900/03 – LAGE § 623 BGB 2002 Nr. 3.

Praxishinweis
Zur Kündigung berechtigt ist danach
- bei Leiharbeitsverhältnissen nur der Verleiher,[42]
- in Konzernen nur diejenige Konzerngesellschaft, die den Arbeitsvertrag mit dem betroffenen Arbeitnehmer abgeschlossen hat,
- in sog. gemeinsamen Betrieben mehrerer Unternehmen[43] nur das Trägerunternehmen des gemeinsamen Betriebes, das mit dem betroffenen Arbeitnehmer den Arbeitsvertrag abgeschlossen hat.

25 Der Kündigungsberechtigte kann im Wege der Einwilligung einem Dritten die Befugnis zur Kündigung im eigenen Namen gemäß § 185 Abs. 1 BGB übertragen. Die Einwilligung als vorherige Zustimmung[44] muss dem Dritten vor Aussprache der Kündigung erteilt worden sein. Die Kündigungserklärung kann vom Arbeitnehmer zurückgewiesen werden, falls die Einwilligung nicht in schriftlicher Form vorgelegt wird oder der Kündigungsberechtigte den Arbeitnehmer von der Einwilligung in Kenntnis gesetzt hat, § 182 Abs. 3 BGB in Verbindung mit § 111 S. 2, 3 BGB.[45]

Praxishinweis
Die Übertragung der Befugnis zur Kündigung im eigenen Namen auf einen Dritten spielt in der Praxis – im Gegensatz zur Vertretung – nur eine untergeordnete Bedeutung.[46]

II. Vertretung

26 In der Regel wird der zur Kündigung berechtigte Arbeitgeber beim Ausspruch der Kündigung vertreten. Für die Vertretung bei der Aussprache von Kündigungen **gelten die allgemeinen Vorschriften über die Stellvertretung** bei Rechtsgeschäften, also die §§ 164 ff. BGB. Gemäß § 164 Abs. 1 S. 1 wirkt eine Willenserklärung,[47] die jemand[48] innerhalb der ihm zustehenden Vertretungsmacht im Namen des Vertretenen[49] abgibt, unmittelbar für und gegen den Vertretenen.[50] Das **Vertretungsverhältnis** als Tätigwerden im fremden Namen muss dabei in der Kündigungserklärung durch einen

42 Schaub/*Koch*, Arbeitsrechtshandbuch, § 120 Rn 63.
43 Zum gemeinsamen Betrieb mehrerer Unternehmen z.B. Richardi/*Richardi*, § 1 BetrVG Rn 60 ff.
44 Vgl. § 183 S. 1 BGB.
45 Ascheid/Preis/Schmidt/*Preis*, Rechtsgeschäftliche Grundlagen der Kündigung Rn 65.
46 Ausführlich dazu z.B. Ascheid/Preis/Schmidt/*Preis*, Rechtsgeschäftliche Grundlagen der Kündigung Rn 66 ff. sowie BAG, Urt. v. 16.12.2010 – 2 AZR 485/08 Rn 13 – NZA 2011, 571.
47 In diesem Zusammenhang die Kündigung.
48 In diesem Zusammenhang der Unterzeichner der Kündigung.
49 In diesem Zusammenhang im Namen des Arbeitgebers.
50 In diesem Zusammenhang für den kündigenden Arbeitgeber.

entsprechenden Zusatz bei der Unterschrift deutlich zum Ausdruck kommen.[51] Kommen mehrere Vertretene in Betracht, in deren Namen der Vertreter eine Kündigungserklärung abgegeben haben kann, so ist entscheidend, wie der Gekündigte die Erklärung nach Treu und Glauben und unter Berücksichtigung der Verkehrssitte verstehen musste.[52]

Juristische Personen werden, soweit nicht von der Möglichkeit der Bevollmächtigung Gebrauch gemacht wird, bei der Aussprache einer Kündigung von ihren **vertretungsberechtigten Organen** vertreten. 27

Praxishinweis !

Vertretungsberechtigt sind z.B. bei

- einer GmbH die Geschäftsführer,[53]
- einer Aktiengesellschaft der Vorstand,[54]
- einem Verein der Vorstand.[55]

Sind zwei Geschäftsführer nur zusammen zur Vertretung einer GmbH berechtigt (sog. Gesamtvertretung),[56] können sie die GmbH im Rahmen ihrer gesetzlichen Vertretungsmacht auch nur gemeinsam vertreten, indem sie beide die Kündigung unterzeichnen. Allerdings können sie ihre Gesamtvertretung in der Weise ausüben, dass ein Gesamtvertreter[57] den anderen formlos zur Abgabe einer Willenserklärung ermächtigt, und der zweite Gesamtvertreter allein die Willenserklärung abgibt.[58] 28

Die Vertretung des Arbeitgebers bei der Aussprache von Kündigungen erfolgt regelmäßig durch einen oder mehrere **Bevollmächtigte**. Die Erteilung der Vollmacht erfolgt gemäß § 167 Abs. 1 BGB durch Erklärung gegenüber dem Bevollmächtigten[59] oder dem Dritten, dem gegenüber die Vertretung stattfinden soll.[60] Die Bevollmächtigung bedarf zwar gemäß § 167 Abs. 2 BGB nicht der Schriftform, sie sollte aber in der Praxis gleichwohl schriftlich erteilt werden. Die Vollmacht zur Aussprache von Kündigungen kann in einer umfassenden Vollmacht wie einer Prokura[61] oder Generalvollmacht enthalten sein oder in einer Handlungsvollmacht, die sich 29

---

51 Dazu Rn 20.

52 BAG, Urt. v. 19.4.2007 – 2 AZR 180/06 – NZA-RR 2007, 571.

53 Vgl. § 35 GmbHG.

54 Vgl. § 78 AktG.

55 Vgl. § 26 BGB.

56 Vgl. § 35 Abs. 2 GmbHG.

57 D.h. ein Geschäftsführer.

58 BAG, Urt. v. 18.12.1980 – 2 AZR 980/78 – DB 1981, 1044; dann gelten nach BAG allerdings auch die §§ 174, 180 BGB.

59 In diesem Zusammenhang gegenüber dem Unterzeichner von Kündigungen.

60 In diesem Zusammenhang gegenüber dem zu kündigenden Arbeitnehmer.

61 Vgl. zur Prokura §§ 48 bis 51 HGB.

gemäß § 54 Abs. 1 HGB auf alle Geschäfte und Rechtshandlungen erstreckt, die der Betrieb eines Handelsgewerbes gewöhnlich mit sich bringt.[62]

! **Praxistipp**

Um die Zurückweisung der Kündigung nach § 174 HGB[63] auszuschließen, sollte die Kündigung möglichst durch einen Prokuristen des Arbeitgebers ausgesprochen werden, dessen Prokura im Handelsregister eingetragen und vom Registergericht gemäß § 10 Abs. 1 HGB bekannt gemacht worden ist.[64]

---

30 Beim Ausspruch einer Kündigung ist eine sog. **Vertretung ohne Vertretungsmacht** gemäß § 180 S. 1 BGB **unzulässig**. Beanstandet der gekündigte Arbeitnehmer die vom Unterzeichner der Kündigung behauptete Vertretungsmacht nicht „bei der Vornahme des Rechtsgeschäfts", findet gemäß § 180 S. 2 BGB unter anderem § 177 BGB entsprechende Anwendung, d.h. die Kündigung wird genehmigungsfähig. Die Genehmigung kann sowohl gegenüber dem (bisher ohne Vertretungsmacht) kündigenden Vertreter als auch dem gekündigten Arbeitnehmer als Erklärungsempfänger erklärt werden.[65] Da die Beanstandung bei der Vornahme des Rechtsgeschäfts zu erfolgen hat, muss der gekündigte Arbeitnehmer bei persönlicher Übergabe des Kündigungsschreibens sofort beanstanden, in sonstigen Fällen unverzüglich im Sinne von § 174 S. 1 BGB.[66]

! **Praxishinweis**

In der Praxis hat die Regelung des § 180 BGB in Bezug auf Kündigungen von Arbeitsverhältnissen nur eine untergeordnete Bedeutung. Besondere kündigungsrechtliche Bedeutung hat dagegen die Zurückweisung wegen fehlender Vorlage der Vollmachtsurkunde gemäß § 174 BGB.[67]

D. Zugang der Kündigung

31 Die Kündigung wird erst dann wirksam, wenn sie dem zu kündigenden Arbeitnehmer zugeht.

---

62 Vgl. Ascheid/Preis/Schmidt/*Preis*, Rechtsgeschäftliche Grundlagen der Kündigung Rn 75 mit weiteren Nachweisen.

63 Dazu Rn 52ff.

64 Vgl. BAG, Urt. v. 11.7.1991 – 2 AZR 107/91 – DB 1992, 895.

65 Vgl. § 182 Abs. 1 BGB.

66 MüKo-BGB/*Schramm*, § 180 Rn 9; zum Merkmal „unverzüglich" im Rahmen von § 174 BGB Rn 56.

67 Dazu Rn 52ff.

Praxishinweis

!

Der Zeitpunkt des Zugangs einer Kündigung hat erhebliche praktische Bedeutung, da mit ihm z.B.
- die Kündigungsfrist[68] und
- die Klagefrist des § 4 KSchG[69]

zu laufen beginnen.

Darüber hinaus
- ist die Kündigung nur dann innerhalb der Wartezeit des § 1 Abs. 1 KSchG[70] oder Frist des § 626 Abs. 2 BGB[71] erklärt, wenn sie dem Arbeitnehmer innerhalb dieser Fristen zugeht;
- sind die objektiven Verhältnisse zum Zeitpunkt des Zugangs der Kündigung maßgebliche Beurteilungsgrundlage für die Rechtmäßigkeit einer Kündigung.[72]

Den Zugang der Kündigung und den Zeitpunkt des Zugangs hat derjenige zu beweisen, der sich auf den Zugang bzw. den Zugangszeitpunkt beruft.[73] Bei der Kündigung von Arbeitsverhältnissen durch den Arbeitgeber muss deshalb im Regelfall der **Arbeitgeber Zugang** und **Zugangszeitpunkt beweisen.** 32

Zu unterscheiden ist der Zugang der Kündigung bei an- und abwesendem Kündigungsempfänger. 33

I. Zugang bei anwesendem Kündigungsempfänger

Das einem anwesenden Arbeitnehmer übergebene Kündigungsschreiben geht diesem **mit der Übergabe** zu. Der Übergabezeitpunkt ist damit auch der Zugangszeitpunkt. Unerheblich ist, ob der zu kündigende Arbeitnehmer die Verfügungsgewalt über das Schriftstück „Kündigung" dauerhaft erlangt hat. Es genügt die Aushändigung und Übergabe des Schriftstücks, so dass er in der Lage ist, vom Inhalt der Kündigungserklärung Kenntnis zu nehmen.[74] 34

68 Dazu Kap. 4 Rn 4ff.
69 Dazu Kap. 10 Rn 6ff.
70 Dazu Kap. 4 Rn 33ff.
71 Dazu Kap. 8 Rn 33ff.
72 BAG, Urt. v. 25. 11. 2010 – 2 AZR 984/08 – BAGE 136, 213.
73 Vgl. MüKo-BGB/*Einsele*, § 130 Rn 46 mit weiteren Nachweisen.
74 BAG, Urt. v. 4.11.2004 – 2 AZR 17/04 – BB 2005, 1007.

Praxishinweis
Für den Zugang einer Kündigung bei anwesendem Kündigungsempfänger ist es deshalb unerheblich, ob
- der Arbeitnehmer das in einem verschlossenen Briefumschlag übergebene Kündigungsschreiben dem Überbringer ungeöffnet zurückgibt,[75]
- der Arbeitnehmer das Kündigungsschreiben kurze Zeit nach seiner Aushändigung zurückgibt,[76]
- der Arbeitnehmer das Original-Kündigungsschreiben tatsächlich gelesen hat,[77]
- der Arbeitnehmer die Kündigung aufgrund fehlender Sprachkenntnisse verstehen kann.[78]

35 Die Übergabe des Kündigungsschreibens an den Arbeitnehmer kann durch einen (Erklärungs-)Boten am Arbeitsplatz oder einem sonstigen Ort, z.B. an der Haustür des Arbeitnehmers, geschehen. Der Bote kann dann im Kündigungsschutzprozess den Zugang des Kündigungsschreibens und den Zugangszeitpunkt bezeugen.

Praxistipp
Die Übergabe des Kündigungsschreibens direkt an den zu kündigenden Arbeitnehmer stellt aus Sicht des Autors die für den Arbeitgeber sicherste Art dar, den Zugang einer Kündigung herbeizuführen. Als Bote bieten sich Mitarbeiter des Arbeitgebers an, z.B. der Vorgesetzte des zu kündigenden Arbeitnehmers. Nicht als Bote tätig werden sollten allerdings die vertretungsberechtigten Organe juristischer Personen, da diese im Kündigungsschutzprozess nicht als Zeugen benannt werden können. Selbstverständlich kann die Übergabe auch durch einen Botendienst erfolgen.
Wichtig ist in allen Fällen, dass
- die Person des Boten mit ladungsfähiger Anschrift bekannt ist,
- der Bote bezeugen kann, wann und wo er dem zu kündigenden Arbeitnehmer das Kündigungsschreiben übergeben hat und
- der Bote oder eine andere Person[79] bezeugen können, dass das übergebene Schreiben auch tatsächlich das in Frage stehende Kündigungsschreiben war.

Es bietet sich an, den Boten ein Übergabeprotokoll mit den genannten Inhalten erstellen zu lassen.

II. Zugang bei abwesendem Kündigungsempfänger

36 Nach **§ 130 Abs. 1 S. 1 BGB** wird eine unter Abwesenden abgegebene Willenserklärung in dem Zeitpunkt wirksam, in welchem sie dem Empfänger zugeht. Ein Kündigungsschreiben ist zugegangen, sobald es in verkehrsüblicher Weise in die tatsäch-

75 So Ascheid/Preis/Schmidt/*Preis*, Rechtsgeschäftliche Grundlagen der Kündigung Rn 40; zur Zugangsvereitelung Rn 47 ff.
76 LAG Köln, Beschl. v. 4.9.2007 – 14 Ta 184/07 – juris.
77 BAG, Urt. v. 4.11.2004 – 2 AZR 17/04 – BB 2005, 1007.
78 Vgl. LAG Köln, Beschl. v. 4.9.2007 – 14 Ta 184/07 – juris.
79 Z.B. ein Mitarbeiter des Arbeitgebers, der dem Boten das Schreiben übergeben hat.

liche **Verfügungsgewalt des Kündigungsempfängers** gelangt ist und für diesen **unter gewöhnlichen Verhältnissen** die **Möglichkeit** besteht, von dem Schreiben **Kenntnis zu nehmen.**[80]

Praxishinweis !

In die Verfügungsgewalt des zu kündigenden Arbeitnehmers gelangt das Kündigungsschreiben z.B. durch

- den Einwurf des Kündigungsschreibens in den Briefkasten des Kündigungsempfängers,[81]
- das Einlegen des Kündigungsschreibens in ein Postfach des Kündigungsempfängers,[82]
- das Niederlegen des Kündigungsschreibens im Bereich der Haustür, wenn kein Hausbriefkasten vorhanden ist,[83]
- die Aushändigung des Kündigungsschreibens an eine Person, die nach der Verkehrsanschauung als ermächtigt anzusehen ist, den Empfänger in der Empfangnahme zu vertreten (sog. Empfangsbote),[84] auch außerhalb der Wohnung von Kündigungsempfänger und Empfangsboten.[85]

Praxishinweis !

Als sog. Empfangsboten sind insbesondere anzusehen

- Familienangehörige,[86]
- Ehegatten,[87]
- Lebensgefährten[88] oder
- Vermieter.[89]

Dagegen sind Kinder, ein gerade im Büro tätiger Handwerker oder ein Nachbar nach der Verkehrsanschauung nicht als ermächtigt anzusehen, den Empfänger in der Empfangnahme zu vertreten, und damit keine Empfangsboten.[90] Wird das Kündigungsschreiben an einen solchen sog. Erklärungsboten übergeben, geht es erst dann zu, wenn der Erklärungsbote das Kündigungsschreiben dem Erklärungsempfänger übergibt oder anderweitig in die Verfügungsgewalt des Kündigungsempfängers verbringt.[91]

---

80 BAG, Urt. v. 22.3.2012 – 2 AZR 224/11 – EzA § 5 KSchG Nr. 14 mit weiteren Nachweisen.
81 BAG, Urt. v. 22.3.2012 – 2 AZR 224/11 – EzA § 5 KSchG Nr. 14.
82 LAG Köln, Urt. v. 4.12.2006 – 14 Sa 873/06 – NZA-RR 2007, 323.
83 LAG Hamm, Beschl. v. 25.2.1993 – 8 Ta 333/91 – MDR 1993, 658.
84 BAG, Urt. v. 11.11.1992 – 2 AZR 328/92 – AP Nr. 18 zu § 130 BGB.
85 BAG, Urt. v. 9.6.2011 – 6 AZR 687/09 – BAGE 138, 127.
86 BAG, Urt. v. 11.11.1992 – 2 AZR 328/92 – AP Nr. 18 zu § 130 BGB.
87 BAG, Urt. v. 9.6.2011 – 6 AZR 687/09 – BAGE 138, 127.
88 Ascheid/Preis/Schmidt/*Preis*, Rechtsgeschäftliche Grundlagen der Kündigung Rn 47 mit weiteren Hinweisen.
89 BAG, Urt. v. 16.1.1976 – 2 AZR 619/74 – AP Nr. 7 zu § 130 BGB.
90 BeckOK/*Wendtland,* § 130 BGB Rn 18.
91 Ascheid/Preis/Schmidt/*Preis*, Rechtsgeschäftliche Grundlagen der Kündigung Rn 49.

37 Besteht unter gewöhnlichen Verhältnissen die Möglichkeit der Kenntnisnahme, ist es unerheblich, ob und wann der Kündigungsempfänger das Kündigungsschreiben tatsächlich zur Kenntnis nimmt.[92] Das Kündigungsschreiben geht zu dem **Zeitpunkt** zu, **zu dem mit der Kenntnisnahme gerechnet** werden kann, also bei

- Einwurf des Kündigungsschreibens in den Briefkasten des Kündigungsempfängers am Tag des Einwurfs, wenn zu diesem Zeitpunkt unter Berücksichtigung der ortüblichen Postzustellzeiten mit der Leerung gerechnet werden kann,[93]
- bei Aushändigung des Kündigungsschreibens an einen Empfangsboten nach Ablauf der Zeit, die der Empfangsbote für die Übermittlungstätigkeit unter den gegebenen Umständen normalerweise benötigt.[94]

! **Praxishinweis**
Insbesondere zu der Frage, ob das Kündigungsschreiben bei Einwurf in den Briefkasten des Kündigungsempfängers noch am selben Tag oder erst am Folgetag zugeht, sind – da auf den Einzelfall abzustellen ist – keine allgemein gültigen Aussagen möglich. Das BAG hat z.B. angenommen, dass das Kündigungsschreiben bei Einwurf gegen 13:00 Uhr noch am selben Tag zugeht,[95] bei Einwurf gegen 16:30 Uhr dagegen erst am Folgetag.[96]

! **Praxistipp**
Soll das Kündigungsschreiben bei Einwurf in den Briefkasten des Kündigungsempfängers noch am selben Tag zugehen, sollte der Einwurf am Vormittag erfolgen, möglichst vor 10:00 Uhr.

38 Besteht unter gewöhnlichen Verhältnissen die Möglichkeit der Kenntnisnahme, ist es **unerheblich**, ob der Kündigungsempfänger daran durch Krankheit, **zeitweilige Abwesenheit** oder andere besondere Umstände gehindert war. Ein an die Heimatanschrift des Arbeitnehmers gerichtetes Kündigungsschreiben kann diesem deshalb selbst dann zugehen, wenn der Arbeitgeber von einer urlaubsbedingten Ortsabwesenheit weiß.[97]

39 Ist im Arbeitsvertrag der Hauptwohnsitz des Arbeitnehmers aufgeführt und unterhält dieser einen **Zweitwohnsitz** am Arbeitsort, so kann ein Arbeitgeber ohne Hinzutreten besonderer Umstände nicht annehmen, dass der Arbeitnehmer in jeder dieser Wohnungen Vorkehrungen getroffen hat, die es ihm ermöglichen, sich zeitnah Kenntnis von einem Kündigungsschreiben zu verschaffen.[98]

---

92 BAG, Urt. v. 22.3.2012 – 2 AZR 224/11 – EzA § 5 KSchG Nr. 41 mit weiteren Nachweisen.
93 Vgl. z.B. BGH, Urt. v. 5.12.2007 – XII ZR 148/05 – NZM 2008, 167.
94 BAG, Urt. v. 9.6.2011 – 6 AZR 687/09 – BAGE 138, 127.
95 BAG, Urt. v. 22.3.2012 – 2 AZR 224/11 – EzA § 5 KSchG Nr. 41.
96 BAG, Urt. v. 8.12.1983 – 2 AZR 337/82 – NZA 1984, 31.
97 BAG, Urt. v. 22.3.2012 – 2 AZR 224/11 – EzA § 5 KSchG Nr. 41 mit weiteren Nachweisen.
98 LAG Düsseldorf, Urt. v. 7.12.1995 – 5 Sa 1035/95 – LAGE § 130 BGB Nr. 20.

Praxistipp
Hat der Arbeitnehmer mehrere Wohnsitze angegeben, sollte die Kündigungserklärung im Zweifel an den Erst- bzw. Hauptwohnsitz des Arbeitnehmers adressiert werden. **!**

Durch wen der Arbeitgeber das Kündigungsschreiben in die Verfügungsgewalt des Kündigungsempfängers verbringen lässt, ist unerheblich. In der Praxis erfolgt dies üblicherweise entweder durch einen **Boten** oder einen **Postdienstleister**. Dabei ist zu beachten, dass den Arbeitgeber die **Beweislast** in Bezug auf den Zugang der Kündigung und den Zeitpunkt des Zugangs trifft.[99] 40

Praxistipp
Das „Beförderungsmittel" für ein Kündigungsschreiben sollte unter Berücksichtigung der den Arbeitgeber treffenden Beweislast für Zugang und Zugangszeitpunkt ausgewählt werden. Aus Sicht des Autors stellt auch in dieser Fallgruppe die Beauftragung eines Boten, der das Kündigungsschreiben entweder dem Kündigungsempfänger übergibt, wenn er ihn persönlich antrifft,[100] oder es z.B. durch Einwurf in den Briefkasten des Kündigungsempfängers in die Verfügungsgewalt des Kündigungsempfängers verbringt, die sicherste Art dar, den Zugang einer Kündigung herbeizuführen. Die Ausführungen zur Beauftragung eines Boten bei anwesendem Kündigungsempfänger[101] gelten entsprechend. **!**

III. Nutzung von Postdienstleistungen

Entscheidend für die Wahl einer Postdienstleistung als „Beförderungsmittel" für ein Kündigungsschreibens sind aus Sicht des Autors nachfolgende Fragestellungen: 41
- Unter welchen Voraussetzungen und zu welchem Zeitpunkt geht das Kündigungsschreiben dem Kündigungsempfänger bei Nutzung der Postdienstleistung zu?
- Können Zugang und Zugangszeitpunkt angesichts der den Arbeitgeber treffenden Beweislast nachgewiesen werden?

Nach der Rechtsprechung besteht bei **normalen Briefen** kein sog. Anscheinsbeweis[102] dahingehend, dass ein zur Post gegebener Brief typischerweise beim Adres- 42

99 Dazu Rn 32.
100 Dann handelt es sich um einen Zugang bei anwesendem Kündigungsempfänger.
101 Dazu Rn 35.
102 Zur „Beweiserleichterung" durch den sog. Anscheinsbeweis vgl. Musielak/*Foerste*, § 286 ZPO Rn 23: „Die Praxis zieht ihn heran, wenn im Einzelfall ein typischer Geschehensablauf vorliegt, der nach der Lebenserfahrung auf eine bestimmte Ursache oder Folge hinweist und derart gewöhnlich und üblich erscheint, dass die besonderen individuellen Umstände an Bedeutung verlieren. Diese

saten ankommt.[103] Der Kündigungsempfänger kann sich deshalb im Streitfall auf die Behauptung beschränken, dass bei ihm kein Kündigungsschreiben angekommen ist.

! **Praxistipp**
Da der Arbeitgeber der Behauptung eines Arbeitnehmers, kein Kündigungsschreiben erhalten zu haben, im Regelfall nichts entgegensetzen kann, sind **normale Briefe** als „Beförderungsmittel" für Kündigungsschreiben **nicht zu empfehlen**.

---

43 Vielfach diskutiert ist der Zugang von Kündigungsschreiben mittels verschiedener Varianten des Einschreibens.

44 Beim Einschreiben der Deutschen Post erhält der Absender einen Einlieferungsbeleg. Der Zusteller übergibt die Sendung an den Empfänger, seinen Bevollmächtigten oder einen anderen Empfangsberechtigten, weshalb diese Variante des Einschreibens auch **Übergabe-Einschreiben** genannt wird.[104] Bei Nutzung der Zusatzleistung „Eigenhändig" wird die Sendung nur dem Empfänger persönlich oder einem zum Empfang besonders Bevollmächtigten übergeben. Der Zusteller lässt sich den Empfang der Sendung durch Unterschrift bestätigen. Bei Nutzung der Zusatzleistung „Rückschein" bekommt der Absender die Bestätigung der Auslieferung durch den Empfänger als Original zugesandt. Wird die Annahme des Einschreibens verweigert, wird die Sendung an den Absender zurück gesandt. Ist der Empfänger nicht zu Hause und nimmt auch kein Ersatzempfänger das Einschreiben an, erhält der Empfänger eine Benachrichtigung und kann die Sendung innerhalb von 7 Werktagen bei der benannten Postfiliale abholen. Wird die Sendung nicht abgeholt, wird sie an den Absender zurück gesandt[105] Ein Übergabe-Einschreiben geht **mit der Aushändigung des Originalschreibens durch die Post zu**, entweder durch Übergabe des Zustellers an den Kündigungsempfänger oder einen Empfangsberechtigten oder durch Abholung aus der Postfiliale.[106] Von besonderer Bedeutung sind beim Übergabe-Einschreiben die Ausführungen zur Zugangsvereitelung und Zugangsverzögerung.[107]

Voraussetzungen hat zu beweisen, wer den Hauptbeweis führen will. Sind sie bewiesen, so scheitert der Anscheinsbeweis erst, wenn der Gegner Tatsachen behauptet und beweisen kann, aus denen sich die ernsthafte Möglichkeit eines abweichenden (atypischen) Ablaufs ergibt."

103 Vgl. BAG, Urt. v. 14.7.1960 – 2 AZR 173/59 – DB 1961, 1232.

104 Vgl. Schaub/*Linck*, Arbeitsrechtshandbuch, § 123 Rn 43, 44.

105 Vgl. hierzu „http://www.deutschepost.de/de/e/einschreiben.html".

106 BAG, Urt. v. 25.4.1996 – 2 AZR 13/95 – BAGE 83, 73.

107 Dazu Rn 47 ff.

Praxistipp

Vorteil des Übergabe-Einschreibens ist, dass der Arbeitgeber, wenn das Schreiben vom Zusteller übergeben wird, insbesondere bei Nutzung der Zusatzleistungen „Eigenhändig" und „Rückschein" Zugang und Zugangszeitpunkt nachweisen kann. Nachteil ist, dass der Zugang, wenn der Empfänger nicht zu Hause ist, grundsätzlich erst mit der Abholung in der Postfiliale erfolgt. Aufgrund dieses Aspekts ist von dieser Zustellungsart **abzuraten, wenn es auf die Wahrung einer Frist ankommt.**[108]

Beim Einschreiben Einwurf, auch **Einwurf-Einschreiben** genannt,[109] erhält der Absender einen Einlieferungsnachweis. Bei der Auslieferung der Sendung wird das Einwurf-Einschreiben durch die Zusteller der Deutschen Post in den Briefkasten bzw. das Postfach des Empfängers eingelegt. Der Zusteller bescheinigt dies auf dem Auslieferungsbeleg. Ist die Zustellung nicht möglich, wird der Empfänger benachrichtigt; er kann die Sendung dann in der benannten Postfiliale abholen. Den Sendungsstatus und damit auch die Einlegung in den Briefkasten bzw. das Postfach kann der Arbeitgeber im Internet abrufen.[110] Beim Einwurf-Einschreiben erfolgt der **Zugang zu dem Zeitpunkt, zu dem mit der Leerung des Briefkastens bzw. des Postfachs gerechnet werden kann.**[111] 45

Praxishinweis

Die Frage, ob das Einwurf-Einschreiben als „Beförderungsmittel" für ein Kündigungsschreiben empfohlen werden kann, hängt aus Sicht des Autors davon ab, ob die Rechtsprechung bei Vorlage von Einlieferungsnachweis und Ausdruck des Auslieferungsbelegs einen Anscheinsbeweis[112] für den Zugang des Kündigungsschreibens anerkennt. Bei Einwurf-Einschreiben ist in der Rechtsprechung umstritten, ob die Vorlage von Einlieferungs- und Auslieferungsbeleg zu einem entsprechenden Anscheinsbeweis führt.[113] Das LAG Berlin-Brandenburg lässt die Frage offen, verlangt aber vom Kündigungsempfänger, der einen vom Auslieferungsbeleg abweichenden Zugang behauptet, einen Geschehensablauf darzulegen, der eine gewisse Wahrscheinlichkeit für einen späteren Zugang beinhaltet.[114]

Praxistipp

Angesichts der in der Rechtsprechung umstrittenen Frage des Anscheinsbeweises kann es im Streitfall – falls das zuständige Gericht die Voraussetzungen für einen Anscheinsbeweis verneinen

108 So z.B. auch Münchener Anwaltshandbuch Arbeitsrecht/*Vossen*, § 42 Rn 46.

109 Vgl. Schaub/*Linck*, Arbeitsrechtshandbuch, § 123 Rn 45, 46.

110 Vgl. hierzu „http://www.deutschepost.de/de/e/einschreiben.html".

111 Vgl. dazu die Ausführungen zum Zugang bei abwesendem Kündigungsempfänger Rn 36 ff.

112 Dazu Rn 42.

113 Für einen Anscheinsbeweis z.B. LAG Köln, Urt. v. 14.8.2009 – 10 Sa 84/09 – juris, und OLG Saarbrücken, Urt. v. 20.3.2007 – 4 U 83/06 – juris; gegen einen Anscheinsbeweis z.B. LG Potsdam, Urt. v. 27.7.2000 – 11 S 233/99 – NJW 2000, 3722.

114 LAG Berlin-Brandenburg, Urt. v. 12.3.2007 – 10 Sa 1945/06 – juris.

sollte – dazu kommen, dass sich der Kündigungsempfänger wie beim normalen Brief[115] auf die Behauptung beschränken kann, bei ihm sei kein Kündigungsschreiben angekommen. Aufgrund dieser Unsicherheit ist das Einwurf-Einschreiben als „Beförderungsmittel" für Kündigungsschreiben aus Sicht des Autors dann nicht zu empfehlen, wenn es wie z.B. bei einer Kündigung in der Wartezeit des § 1 Abs. 1 KSchG[116] besonders darauf ankommt, dass das Kündigungsschreiben vor einem bestimmten Zeitpunkt zugeht.[117] Anders ist dies aus Sicht des Autors, wenn in zeitlicher Hinsicht „zur Not" noch eine Kündigung nachgeschoben werden kann. Allerdings sollte der Arbeitgeber die Auslieferungsmitteilung dann zum Anlass für die (ggf. telefonische) Nachfrage beim Arbeitnehmer nehmen, ob er das Kündigungsschreiben erhalten habe. Bejaht der Arbeitnehmer diese Frage, kann der fragende Mitarbeiter des Arbeitgebers hierfür als Zeuge benannt werden, falls der Arbeitnehmer den Zugang später bestreiten sollte. Wird die Frage verneint oder ist der Arbeitnehmer nicht zu erreichen, sollte „zur Sicherheit" eine durch Boten übermittelte zweite Kündigung nachgeschoben werden.

46 Neben Einschreiben der Deutschen Post kommen als Postdienstleistungen zur Übermittlung von Kündigungen auch **Express-Versand-Produkte** verschiedener Anbieter in Betracht, mit denen zum Teil auch ein internationaler Versand möglich ist. So bietet die Firma DHL Express-Versand-Produkte an, bei denen z.B. eine Zustellung zu bestimmten Zeitpunkten[118] oder eine Express-Zustellung nach einer Identitätsprüfung[119] erfolgt.[120] Für diese Express-Versand-Produkte gelten im Hinblick auf ihre Eignung als „Beförderungsmittel" für Kündigungsschreiben die Ausführungen zu Einschreiben entsprechend.

Praxistipp
Für jedes Express-Versand-Produkt muss gesondert festgestellt werden, unter welchen Bedingungen die Zustellung erfolgt.[121] Allgemein gültige Empfehlungen zu entsprechenden Produkten sind deshalb nicht möglich.

IV. Zugangsvereitelung und Zugangsverzögerung

47 Geht ein Kündigungsschreiben aufgrund des Verhaltens des Kündigungsempfängers nicht oder verzögert zu, kann es dem Kündigungsempfänger nach **Treu und**

115 Dazu Rn 42.

116 Zur Bedeutung des Zeitpunkts des Zugangs einer Kündigung Rn 31.

117 Allgemein kritisch zur Verwendung von Einwurf-Einschreiben zur Übermittlung von Kündigungen z.B. Ascheid/Preis/Schmidt/*Preis*, Rechtsgeschäftliche Grundlagen der Kündigung Rn 55.

118 Z.B. DHL DOMESTIC EXPRESS 9:00: Zustellung vor 9:00 Uhr am nächsten Werktag.

119 Sog. DHL EXPRESS IDENT.

120 Vgl. zu den Express-Versand-Produkten der Firma DHL http://www.dhl.de/de/express.html.

121 Fragestellungen sind z.B.: Wird die Sendung übergeben oder in den Briefkasten eingeworfen? Was passiert, wenn der Empfänger nicht angetroffen wird?

Glauben (§ 242 BGB) verwehrt sein, sich darauf zu berufen. Der Kündigungsempfänger muss sich dann so behandeln lassen, als ob ihm die Kündigungserklärung zugegangen bzw. zu einem normalen Zeitpunkt zugegangen wäre.[122] Dabei ist zwischen Fällen zu unterscheiden, in denen das Kündigungsschreiben überhaupt nicht zugeht (sog. Zugangsvereitelung), und Fällen, in denen der Zugang lediglich verzögert wird (sog. Zugangsverzögerung).

Geht das Kündigungsschreiben überhaupt nicht zu, liegt also ein Fall der **Zugangsvereitelung** vor, muss sich der Kündigungsempfänger nur unter engen Voraussetzungen so behandeln lassen, als ob ihm das Kündigungsschreiben zugegangen wäre. Denn der Kündigende kann nach den Grundsätzen von Treu und Glauben aus seiner nicht zugegangenen Kündigung Rechtsfolgen nur dann ableiten, wenn er selbst alles Erforderliche und ihm Zumutbare getan hat, damit seine Kündigung den Adressaten erreichen konnte. Dazu gehört in der Regel, dass er nach Kenntnis von dem nicht erfolgten Zugang unverzüglich einen erneuten Versuch unternimmt, seine Kündigung derart in den Machtbereich des Kündigungsempfängers zu bringen, dass diesem ohne weiteres eine Kenntnisnahme ihres Inhalts möglich ist.[123] 48

Nach der Rechtsprechung kann danach eine Zugangsfiktion nur dann angenommen werden, wenn 49

- der Kündigungsempfänger die Annahme der an ihn gerichteten Kündigung grundlos verweigert, obwohl er, z.B. aufgrund eines Verfahrens vor dem Integrationsamt, mit dem Eingang einer Kündigung rechnen muss,[124]
- ein als Empfangsbote anzusehender Familienangehöriger des abwesenden Kündigungsempfängers die Annahme des Kündigungsschreibens ablehnt, wenn der Arbeitnehmer auf die Annahmeverweigerung Einfluss genommen hat,[125] oder
- der Kündigungsempfänger den Zugang der Kündigung in anderer Weise arglistig vereitelt.[126]

Der Umstand, dass der Kündigungsempfänger ein Übergabe-Einschreiben trotz Zugang des Benachrichtigungsscheins nicht bei der im Benachrichtigungsschein benannten Postfiliale abgeholt hat, begründet allein noch keine Zugangsfiktion.[127]

---

122 Vgl. z.B. BAG, Urt. v. 18.2.1977 – 2 AZR 770/75 – AP Nr. 10 zu § 130 BGB und BAG, Urt. v. 3.4.1986 – 2 AZR 258/85 – AP Nr. 9 zu § 19 SchwbG.

123 So BGH, Urt. v. 26.11.1997 – VIII ZR 22/97 – BGHZ 137, 205 mit weiteren Nachweisen.

124 BGH, Urt. v. 26.11.1997 – VIII ZR 22/97 – BGHZ 137, 205; vgl. auch BAG, Urt. v. 7.11.2002 – 2 AZR 475/01 – BAGE 103, 277.

125 BAG, Urt. v. 11.11.1992 – 2 AZR 328/92 – AP Nr. 18 zu § 130 BGB.

126 BGH, Urt. v. 26.11.1997 – VIII ZR 22/97 – BGHZ 137, 205.

127 Ascheid/Preis/Schmidt/*Preis*, Rechtsgeschäftliche Grundlagen der Kündigung Rn 59; offen gelassen wird die Frage in BAG, Urt. v. 25.4.1996 – 2 AZR 13/95 – BAGE 83, 73.

Praxistipp
Erlangt der Arbeitgeber Kenntnis davon, dass das Kündigungsschreiben dem Kündigungsempfänger nicht zugegangen ist,[128] sollte der Kündigende umgehend einen zweiten Zustellungsversuch unternehmen.

50 Bei einer **Zugangsverzögerung** kann sich der Kündigungsempfänger nach Treu und Glauben nicht auf den verspäteten Zugang der Kündigung berufen, wenn er die Zugangsverzögerung selbst zu vertreten hat. Er muss sich dann so behandeln lassen, als habe der Erklärende die entsprechenden Fristen gewahrt.[129] Diese Voraussetzungen können z.B. gegeben sein, wenn der Kündigungsempfänger eine falsche Anschrift mitgeteilt hat.[130]

51 Unklar ist, welcher Zeitpunkt nach Treu und Glauben für den Zugang eines **Übergabe-Einschreiben**s in der im Benachrichtigungsschein benannten Postfiliale anzusetzen ist, wenn der Erklärungsempfänger die Sendung nicht unverzüglich abholt. Zum Teil wird davon ausgegangen, dass dann im Regelfall auf den Tag nach dem Einwurf des Benachrichtigungsscheins in den Briefkasten des Kündigungsempfängers abzustellen ist.[131] Das BAG führt dazu aus, dass der Kündigungsempfänger dem Arbeitgeber gegenüber grundsätzlich nicht verpflichtet sei, durch eine unverzügliche Abholung des Einschreibebriefs für einen alsbaldigen Zugang des Kündigungsschreibens und damit für eine Abkürzung der ihm auf dem Benachrichtigungszettel mitgeteilten Aufbewahrungsfrist zu sorgen.[132]

Praxishinweis
Auf der Grundlage der Rechtsprechung des BAG kann nicht davon ausgegangen werden, dass der Zugangszeitpunkt eines Übergabe-Einschreibens nach Treu und Glauben auf einen Zeitpunkt vor der tatsächlichen Abholung des Übergabeeinschreibens vorzuziehen ist. Es ist vielmehr zu unterstellen, dass das Übergabe-Einschreiben auch unter diesem Aspekt grundsätzlich erst mit der tatsächlichen Abholung zugeht.

E. Zurückweisung der Kündigung

52 Gemäß **§ 174 S. 1 BGB** kann der zu kündigende Arbeitnehmer eine Kündigung, die ein Bevollmächtigter ausgesprochen hat, zurückweisen, wenn der Bevollmächtigte

128 Z. B. durch den „Rücklauf" eines Einschreibens.
129 BAG, Urt. v. 22.9.2005 – 2 AZR 366/04 – AP Nr. 24 zu § 130 BGB.
130 Vgl. BAG, Urt. v. 22.9.2005 – 2 AZR 366/04 – AP Nr. 24 zu § 130 BGB.
131 So z.B. Münchener Anwaltshandbuch Arbeitsrecht/*Vossen*, § 42 Rn 48.
132 BAG, Urt. v. 25.4.1996 – 2 AZR 13/95 – BAGE 83, 73.

eine Vollmachtsurkunde nicht vorlegt und der Arbeitnehmer die Kündigung aus diesem Grunde unverzüglich zurückweist.

§ 174 Satz 1 BGB gilt nach seinem Wortlaut und seiner Stellung im BGB **nur für rechtsgeschäftlich bevollmächtigte Vertreter**. Beruht die Vertretungsmacht nicht auf der Erteilung einer Vollmacht, sondern wie bei den vertretungsberechtigten Organen einer juristischen Person auf gesetzlicher Grundlage, scheidet eine Zurückweisung aus.[133] Wird eine Kündigung, obwohl eine Gesamtvertretung vorliegt, nur von einem Geschäftsführer einer GmbH unterzeichnet, handelt der Geschäftsführer allerdings nicht mehr allein auf gesetzlicher Grundlage.[134] § 174 BGB ist deshalb in einem solchen Fall anwendbar.[135] 53

§ 174 BGB erfordert die Vorlage der **Vollmachtsurkunde im Original**.[136] Nicht ausreichend ist deshalb 54

- die Vorlage einer Kopie bzw. Fax-Kopie einer Vollmachtsurkunde[137] oder
- eine per Telefax übermittelte Vollmachtsurkunde.[138]

Nach § 174 Satz 1 BGB muss der Arbeitnehmer die Kündigung „aus diesem Grunde“, also **wegen der fehlenden Vorlage der Vollmachtsurkunde**, zurückweisen. Die Zurückweisung der Kündigung braucht zwar nicht ausdrücklich aus diesem Grunde zu erfolgen. Er muss sich aber aus der Begründung oder aus anderen Umständen eindeutig und für den Kündigenden zweifelsfrei erkennbar ergeben.[139] 55

Praxishinweis !

Für eine Zurückweisung im Sinne von § 174 S. 1 BGB reicht es deshalb nicht aus, wenn der gekündigte Arbeitnehmer

- lediglich der Kündigung widerspricht oder
- die Kündigung deswegen anzweifelt, weil das Kündigungsschreiben wahrscheinlich mit dem Mangel der nicht rechtsverbindlichen Unterzeichnung behaftet sei.[140]

Mit letztgenannter Begründung wird letztendlich nur die Kündigungsbefugnis (§ 180 Satz 1 BGB) bestritten, was im Rahmen des § 174 S. 1 BGB nicht ausreicht.[141]

133 BAG, Urt. v. 10.2.2005 – 2 AZR 584/03 – AP Nr. 18 zu § 174 BGB.
134 Vgl. dazu auch Rn 28.
135 Vgl. BAG, Urt. v. 18.12.1980 – 2 AZR 980/78 – DB 1981, 1044 und BAG, Urt. v. 10.2.2005 – 2 AZR 584/03 – AP Nr. 18 zu § 174 BGB.
136 BGH, Urt. v. 10.2.1994 – IX ZR 109/93 – NJW 1994, 1472; LAG Düsseldorf, Urt. v. 12.12.1994 – 12 Sa 1574/94 – MDR 1995, 148.
137 LAG Düsseldorf, Urt. v. 22.2.1995 – 4 Sa 1817/94 – LAGE § 174 BGB Nr. 7.
138 OLG Hamm, Urt. v. 26.10.1990 – 20 U 71/90 – NJW 1991, 1185.
139 BAG, Urt. v. 18.12.1980 – 2 AZR 980/78 – DB 1981, 1044; bestätigt durch BAG, Urt. v. 18.2.1993 – 2 AZR 482/92 – juris.
140 Schaub/*Linck*, Arbeitsrechtshandbuch, § 123 Rn 32.
141 Vgl. BAG, Urt. v. 18.2.1993 – 2 AZR 482/92 juris.

56 Die Zurückweisung muss schließlich **unverzüglich** erfolgen. Unverzüglich in diesem Sinne ist nach der Rechtsprechung nicht gleichbedeutend mit „sofort“, dem Kündigungsempfänger ist vielmehr eine gewisse Zeit zur Überlegung und zur Einholung von Rechtsrat einzuräumen. Innerhalb welcher Zeitspanne die Zurückweisung erfolgen muss, richtet sich nach den Umständen des Einzelfalls. Gemäß der neueren Rechtsprechung des BAG ist die Zurückweisung nach einer Zeitspanne von **mehr als einer Woche** ohne Vorliegen besonderer Umstände **nicht mehr unverzüglich** im Sinne des § 174 S. 1 BGB. Die Frist beginnt mit der tatsächlichen Kenntnis des Empfängers von der Kündigung und der fehlenden Vorlage der Vollmachtsurkunde.[142] Zum Teil wird in der Rechtsprechung auch davon ausgegangen, dass eine unverzügliche Zurückweisung nicht mehr vorliegt, wenn eine Frist von 10 Tagen[143] bzw. mehr als zwei Wochen[144] verstrichen ist.

! **Praxistipp**

Liegen zwischen dem Zugang der Kündigung beim Arbeitnehmer und dem Zugang der Zurückweisung beim Arbeitgeber mehr als eine Woche, kann der Arbeitgeber mit guten Erfolgsaussichten geltend machen, dass die Zurückweisung nicht unverzüglich erfolgt ist.

57 Rechtsfolge der Zurückweisung ist die **Unwirksamkeit** der Kündigung.[145]

58 Gemäß § 174 S. 2 BGB ist die Zurückweisung ausgeschlossen, wenn der Vollmachtgeber[146] den anderen[147] von der Bevollmächtigung **in Kenntnis gesetzt** hat. Durch § 174 BGB soll der Erklärungsempfänger vor der Ungewissheit geschützt werden, ob eine bestimmte Person bevollmächtigt ist, das Rechtsgeschäft vorzunehmen. Darum muss das Inkenntnissetzen nach § 174 Satz 2 BGB ein gleichwertiger Ersatz für die fehlende Vorlage der Vollmachtsurkunde sein.[148] Nach ständiger Rechtsprechung des BAG liegt ein Inkenntnissetzen im Sinne des § 174 Satz 2 BGB vor,

- wenn der Arbeitgeber bestimmte Mitarbeiter, z.B. durch die Bestellung zum Prokuristen, Generalbevollmächtigten oder Leiter der Personalabteilung, in eine Stelle berufen hat, die üblicherweise mit dem Kündigungsrecht verbunden ist, und
- der Erklärungsempfänger davon in Kenntnis gesetzt wird, dass der Erklärende diese Stellung tatsächlich innehat.[149]

---

142 BAG, Urt. v. 8.12.2011 – 6 AZR 354/10 – BAGE 140, 64.

143 LAG Düsseldorf, Urt. v. 22.2.1995 – 4 Sa 1817/94 – LAGE § 174 BGB Nr. 7.

144 BAG, Urt. v. 16. 12. 2010 – 2 AZR 485/08 Rn 13 – NZA 2011, 571.

145 MüKo-BGB/*Schramm*, § 174 Rn 11.

146 In diesem Zusammenhang also der kündigende Arbeitgeber.

147 In diesem Zusammenhang also den zu kündigenden Arbeitnehmer.

148 BAG, Urt. v. 14.4.2011 – 6 AZR 727/09 – BAGE 137, 347.

149 BAG, Urt. v. 14.4.2011 – 6 AZR 727/09 Rn 25 – BAGE 137, 347 mit weiteren Nachweisen.

Praxishinweis

Das Inkenntnissetzen über eine mit dem Kündigungsrecht verbundene Stellung kann in ganz unterschiedlicher Weise erfolgen, etwa durch
- Information im Arbeitsvertrag,[150]
- öffentlich bekannt gemachte Erlasse und Satzungen[151] oder
- Unterrichtung der Belegschaft in Rundschreiben, Aushängen sowie Bekanntmachungen im Intranet.[152]

Beschränkt sich die Mitteilung des Arbeitgebers darauf, dass der jeweilige Inhaber einer bestimmten Funktion kündigen darf, ist ein **zusätzliches Handeln des Arbeitgebers erforderlich**, aufgrund dessen es dem Empfänger der Kündigungserklärung möglich ist, dieser Funktion die Person des jeweiligen Stelleninhabers zuzuordnen,[153] was z.B. anhand eines Intranets oder ausgehändigter Unterlagen geschehen kann.[154] 59

Kündigt ein **Prokurist**, wird die nach § 174 S. 2 BGB erforderliche **Kenntnis** des Kündigungsempfängers von der Bevollmächtigung nach der Eintragung der Prokura in das Handelsregister durch § 15 Abs. 2 HGB **fingiert**. Aufgrund dieser Regelung muss sich der Dritte so behandeln lassen, als ob er die länger als 15 Tage eingetragene Tatsache kennt.[155] 60

Praxistipp

Will der Arbeitgeber eine Zurückweisung der Kündigung gemäß § 174 S. 2 BGB ausschließen, sollte er Kündigungen
- entweder durch einen oder mehre Prokuristen unterzeichnen zu lassen oder
- betriebsöffentlich über die kündigungsberechtigten Funktionen und die Funktionsinhaber zu informieren, z.B. in einem Intranet.

F. „Rücknahme" der Kündigung

Nach § 130 Abs. 1 S. 2 wird die Kündigung nicht wirksam, wenn dem Kündigungsempfänger vor dem Zugang der Kündigung oder gleichzeitig mit der Kündigung ein Widerruf zugeht. **Nach dem Zugang** der Kündigung beim Kündigungsempfänger ist ein einseitiger Widerruf bzw. eine **einseitige Rücknahme** durch den Kündigenden 61

150 Vgl. BAG, Urt. v. 14.4.2011 – 6 AZR 727/09 – BAGE 137, 347.
151 Vgl. BAG, Urt. v. 20.9.2006 – 6 AZR 82/06 – BAGE 119, 311.
152 Schaub/*Linck*, Arbeitsrechtshandbuch, § 123 Rn 21.
153 BAG, Urt. v. 14.4.2011 – 6 AZR 727/09 – BAGE 137, 347.
154 Vgl. BAG, Urt. v. 20.9.2006 – 6 AZR 82/06 – BAGE 119, 311.
155 BAG, Urt. v. 14.4.2011 – 6 AZR 727/09 Rn 27 – BAGE 137, 347 mit weiteren Nachweisen.

nicht mehr möglich.[156] Die Rücknahme der Kündigung und damit die Fortsetzung des Arbeitsverhältnisses kann ab diesem Zeitpunkt **nur noch durch** eine einvernehmliche **Vereinbarung** herbeigeführt werden. Eine Erklärung des Arbeitgebers, die Kündigung zurückzunehmen, wird regelmäßig als Angebot, das Arbeitsverhältnis zu den bisherigen Bedingungen fortzusetzen, auszulegen sein.[157] Dieses Angebot bedarf der Annahme durch den gekündigten Arbeitnehmer. Entscheidend ist demnach, wie der gekündigte Arbeitnehmer auf die „Rücknahme" reagiert. Nach der Rechtsprechung liegt z.B.

- in der Erhebung der Kündigungsschutzklage nicht ohne weiteres eine vorweggenommene Zustimmung des Arbeitnehmers zur Rücknahme der Kündigung des Arbeitgebers,[158]
- in der Ankündigung des Antrags, den Rechtsstreit nach Rücknahme der Kündigungserklärung durch die Beklagte für erledigt zu erklären, eine konkludente Annahme des Angebots zur Rücknahme der Kündigung.[159]

Praxistipp
Will der Arbeitgeber die Kündigung nach deren Zugang „zurücknehmen", sollte er versuchen, mit dem Arbeitnehmer ausdrücklich die Fortführung des Arbeitsverhältnisses zu vereinbaren.

---

62 Nimmt der Arbeitgeber im Einvernehmen mit dem Arbeitnehmer eine Kündigungserklärung zurück, so gehen die Arbeitsvertragsparteien, sofern keine abweichende Regelung erfolgt, von der Unwirksamkeit der Kündigung und damit auch für die Frage des Annahmeverzuges (§ 615 BGB) vom Fortbestand des Arbeitsverhältnisses aus.[160] Der Arbeitgeber hat dem Arbeitnehmer deshalb für den Zeitraum, in welchem er aufgrund der Aussprache der Kündigung nicht gearbeitet hat, **Vergütung** unter dem Gesichtspunkt des Annahmeverzugs zu zahlen.

G. Besonderheiten bei nicht voll Geschäftsfähigen

63 Bei der Aussprache von Kündigungen gegenüber nicht voll geschäftsfähigen Arbeitnehmern ist zu beachten, dass Kündigungen, die gegenüber einem Geschäftsun-

---

156 So z.B. BAG, Urt. v. 29.1.1981 – 2 AZR 1055/78 – BAGE 35, 30; ausführlich zur Rücknahme der Kündigungserklärung z.B. Ascheid/Preis/Schmidt/*Preis*, Rechtsgeschäftliche Grundlagen der Kündigung Rn 123 ff.

157 Vgl. BAG, Urt. v. 29.1.1981 – 2 AZR 1055/78 – BAGE 35, 30.

158 Vgl. BAG, Urt. v. 19.8.1982 – 2 AZR 230/80 – BAGE 40, 56.

159 BAG, Urt. v. 17.4.1986 – 2 AZR 308/85 – DB 1986, 2240.

160 BAG, Urt. v. 17.4.1986 – 2 AZR 308/85 – DB 1986, 2240.

fähigen[161] oder einer in der Geschäftsfähigkeit beschränkten Person[162] ausgesprochen werden sollen, **gemäß § 131 Abs. 1, 2 S. 1 BGB** nicht wirksam werden, bevor sie **dem gesetzlichen Vertreter zugehen**. Soll also z.B. einem minderjährigen Auszubildenden gekündigt werden, wird die Kündigung erst dann wirksam, wenn sie im Sinne des § 131 Abs. 1, 2 S. 1 BGB seinem gesetzlichen Vertreter zugeht.

In Rechtsprechung und Schrifttum ist umstritten, unter welchen Voraussetzun- 64
gen eine Willenserklärung im Sinne von § 131 Abs. 1 BGB dem gesetzlichen Vertreter zugeht. Zum Teil wird verlangt, dass die Willenserklärung an den gesetzlichen Vertreter gerichtet bzw. adressiert ist, zum Teil wird davon ausgegangen, dass ein Zugang bei dem gesetzlichen Vertreter dann gegeben ist, wenn dieser von der Erklärung tatsächlich Kenntnis erlangt.[163] Nach der neueren Rechtsprechung des BAG[164] setzt ein **Zugang bei dem gesetzlichen Vertreter** im Sinne von § 131 Abs. 1 BGB voraus, dass die **Willenserklärung** nicht nur zufällig in dessen Herrschaftsbereich gelangt ist, sondern auch **an ihn gerichtet oder zumindest für ihn bestimmt** ist. Die Willenserklärung muss mit dem erkennbaren Willen abgegeben werden, dass sie den gesetzlichen Vertreter erreicht. Ob das bei einer schriftlichen Erklärung stets voraussetzt, dass diese (auch) an den gesetzlichen Vertreter adressiert ist, lässt das BAG offen.

Praxistipp

Unabhängig von der aufgeführten Streifrage sollte die Kündigungserklärung eindeutig an den bzw. die gesetzlichen Vertreter gerichtet werden, indem eine Adressierung an diese erfolgt.

Beispiel

„Sehr geehrte Frau Mustermann,
sehr geehrter Herr Mustermann,
hiermit kündigen wir das zwischen Ihrer Tochter Caroline Mustermann und der XYZ GmbH seit dem ... bestehenden Ausbildungsverhältnis außerordentlich fristlos.
Die Kündigung erfolgt aus verhaltensbedingten Gründen.[165] ... (Anmerkung: Hier sollte der fragliche Lebenssachverhalt kurz dargestellt werden)[166]
...“

---

161 Geschäftsunfähig ist gemäß § 104 BGB, wer nicht das siebente Lebensjahr vollendet hat oder wer sich in einem die freie Willensbestimmung ausschließenden Zustand krankhafter Störung der Geistestätigkeit befindet, sofern nicht der Zustand seiner Natur nach ein vorübergehender ist.

162 Beschränkt geschäftsfähig ist gemäß § 106 BGB ein Minderjähriger, der das siebente Lebensjahr vollendet hat.

163 Vgl. BAG, Urt. v. 28.10.2010 – 2 AZR 794/09 Rn 21 ff. – BAGE 136, 131 mit weiteren Nachweisen.

164 BAG, Urt. v. 28.10.2010 – 2 AZR 794/09 – BAGE 136, 131.

165 Die Angabe des Kündigungsgrunds ist gemäß § 22 Abs. 3 BBiG erforderlich, dazu Rn 9.

166 Die Mitteilung des Kündigungsgrunds ist an den bzw. die gesetzlichen Vertreter zu richten, vgl. BAG, Urt. v. 25.11.1976 – 2 AZR 751/75 – AP Nr. 4 zu § 15 BBiG.

65 Übergibt ein Arbeitgeber einem minderjährigen Arbeitnehmer das an die Eltern gerichtete Kündigungsschreiben mit der Bitte, dies den Eltern zu übergeben, so handelt der Minderjährige als **Erklärungsbote** des Arbeitgebers.[167] Das Kündigungsschreiben geht den Eltern deshalb erst dann zu, wenn der minderjährige Arbeitnehmer das Kündigungsschreiben den Eltern übergibt oder anderweitig in die Verfügungsgewalt der Eltern verbringt.[168]

167 LAG Schleswig-Holstein, Beschl. v. 20.3.2008 – 2 Ta 45/08 – LAGE § 130 BGB 2002 Nr. 6.
168 Zum Erklärungsboten Rn 35 f.

Kapitel 4
Ordentliche Kündigung

A. Einführung

I. Begriff

Eine ordentliche Kündigung ist die **einseitige Erklärung** des Arbeitgebers oder des Arbeitnehmers, die das Arbeitsverhältnis unter **Einhaltung der maßgeblichen Kündigungsfrist** beenden soll. Dadurch unterscheidet sich die ordentliche Kündigung von der außerordentlichen Kündigung, die in der Regel fristlos ausgesprochen wird und das Arbeitsverhältnis sofort zur Beendigung bringt. 1

II. Ordentliche Kündigung durch den Arbeitnehmer

Eine ordentliche Kündigung durch den Arbeitnehmer ist grundsätzlich immer möglich. Besondere Gründe sind in der Regel nicht erforderlich. Lediglich im Falle einer Befristung des Arbeitsverhältnisses nach § 14 TzBfG ist eine ordentliche Kündigung durch den Arbeitnehmer nur möglich, wenn dies durch die Arbeitsvertragsparteien vereinbart wurde.[1] 2

III. Ordentliche Kündigung durch den Arbeitgeber

Will ein Arbeitgeber das Arbeitsverhältnis ordentlich kündigen, dann unterliegt er dabei – im Gegensatz zum Arbeitnehmer – zahlreichen Einschränkungen. In diesem Zusammenhang ist u.a. von Bedeutung, ob auf das Arbeitsverhältnis des Arbeitnehmers das Kündigungsschutzgesetz (KSchG) Anwendung findet oder nicht. Bei Anwendung des KSchG hat der Arbeitgeber die Regeln der §§ 1ff. KSchG einzuhalten, was eine Kündigung erschwert. Fällt das Arbeitsverhältnis nicht unter die Vorschriften des KSchG ist eine Kündigung durch den Arbeitgeber unter erheblich leichteren Bedingungen möglich.[2] 3

---

1 Siehe § 15 Abs. 3 TzBfG; siehe dazu auch ausführlich Kap. 17.

2 Siehe dazu ausführlich unter Rn 41ff.

B. Kündigungsfristen

4 Wesentliches Merkmal einer ordentlichen Kündigung ist die Einhaltung und Beachtung der Kündigungsfrist. Die maßgebliche Kündigungsfrist kann sich aus **gesetzlichen, tariflichen oder arbeitsvertraglichen Regelungen** ergeben. **Sinn und Zweck** von Kündigungsfristen ist in erster Linie der Schutz des Vertragspartners, der sich frühzeitig auf die Beendigung des Arbeitsverhältnisses einstellen können soll.[3]

I. Gesetzliche Kündigungsfristen

1. Grundkündigungsfrist

5 Nach § 622 Abs. 1 BGB kann das Arbeitsverhältnis mit einer Frist von vier Wochen zum 15. oder zum Ende eines Kalendermonats gekündigt werden. Diese Grundkündigungsfrist gilt sowohl für die Kündigung des Arbeitnehmers als auch für die Kündigung des Arbeitgebers. Die Grundkündigungsfrist stellt ein Mindestmaß dar und darf in der Regel nicht unterschritten werden. Eine Ausnahme ist lediglich in der Probezeit des Arbeitnehmers und aufgrund von Vereinbarungen in Tarifverträgen möglich.[4]

2. Verlängerte Kündigungsfrist

6 Die verlängerten Kündigungsfristen sind in § 622 Abs. 2 BGB geregelt und richten sich nach der zunehmenden **Beschäftigungsdauer.** Für die Berechnung der Beschäftigungsdauer kommt es einzig und allein auf den **rechtlichen Bestand** des Arbeitsverhältnisses an. Zeiten anderer Vertragsverhältnisse (z.B. freie Mitarbeiterverhältnisse) bleiben unberücksichtigt. Vorangehende Ausbildungszeiten werden allerdings berücksichtigt.[5] Da der rechtliche Bestand des Arbeitsverhältnisses von entscheidender Bedeutung ist, spielen **tatsächliche Unterbrechungen** des Arbeitsverhältnisses (z.B. während der Elternzeit) **keine Rolle.**[6] Die verlängerten Kündigungsfristen gelten in der Regel nur für die Kündigung durch den Arbeitgeber, bei der Kündigung durch den Arbeitnehmer bleibt es bei der Grundkündigungsfrist.

---

3 Zu den Folgen der Angabe einer fehlerhaften Kündigungsfrist durch den Arbeitgeber siehe ausführlich Kap. 10 Kündigungsschutzprozess Rn 14 ff.

4 Siehe dazu Rn 8, 12 und Rn 18.

5 BAG, Urt. v. 2.12.1999 – 2 AZR 139/99 – AP § 622 BGB Nr. 57.

6 Grobys/Panzer/*Powietzka*, Kap. 104 Rn 5.

Praxistipp
Dem Arbeitgeber ist es ggf. zu empfehlen, die verlängerten Kündigungsfristen durch eine Regelung im Arbeitsvertrag auch auf die Kündigung durch den Arbeitnehmer auszudehnen. Zu beachten ist allerdings, dass für den Arbeitnehmer keine längeren Kündigungsfristen als für den Arbeitgeber vorgesehen werden dürfen.

Muster
„Das Arbeitsverhältnis wird auf unbestimmte Zeit geschlossen und ist ordentlich kündbar. Für die Kündigung gelten die gesetzlichen Kündigungsfristen. Eine Verlängerung der Kündigungsfrist zugunsten des Mitarbeiters führt auch zu einer Verlängerung der Kündigungsfrist des Unternehmens."

Bei einem Verzicht des Arbeitgebers auf eine solche Regelung könnte der Arbeitnehmer auch nach einer Beschäftigungsdauer von mehr als 20 Jahren sein Arbeitsverhältnis unter Einhaltung der Grundkündigungsfrist von vier Wochen zum Monatsende oder zur Monatsmitte kündigen.[7] 7

Checkliste
Die verlängerten Kündigungsfristen richten sich nach folgender **Staffelung**:

Bestand des Arbeitsverhältnisses mindestens ...	Kündigungsfrist
2 Jahre	1 Monat zum Ende eines Kalendermonats
5 Jahre	2 Monate zum Ende eines Kalendermonats
8 Jahre	3 Monate zum Ende eines Kalendermonats
10 Jahre	4 Monate zum Ende eines Kalendermonats
12 Jahre	5 Monate zum Ende eines Kalendermonats
15 Jahre	6 Monate zum Ende eines Kalendermonats
20 Jahre	7 Monate zum Ende eines Kalendermonats

Bei der Berechnung der Kündigungsfrist sollen gemäß § 622 Abs. 2 Satz 2 BGB Beschäftigungszeiten, die vor der Vollendung des 25. Lebensjahres des Arbeitnehmers liegen, nicht berücksichtigt werden. Diese Vorschrift ist nach Auffassung des EuGH wegen Verstoßes gegen das Verbot der Altersdiskriminierung **europarechtswidrig** und muss somit unangewendet bleiben.[8] Durch die Vorschrift werden generell jüngere Arbeitnehmer gegenüber älteren benachteiligt, da die jüngeren Arbeitnehmer

7 Liebers/*Reiserer*, B. I. Rn 35.
8 EuGH, Urt. v. 19.1.2010 – Rs. C-555/077 – NZA 2010, 85.

trotz identischer Betriebszugehörigkeit von der stufenweisen Verlängerung der gesetzlichen Kündigungsfristen ausgeschlossen sind. Die Rechtsprechung des EuGH ist für die nationalen Gerichte bindend.

3. Sonderfälle

a) Probezeit

8 Gemäß § 622 Abs. 3 BGB kann das Arbeitsverhältnis mit einer Frist von **zwei Wochen** während einer vereinbarten Probezeit gekündigt werden. Diese Sonderkündigungsfrist von zwei Wochen ist allerdings auf die Probezeitdauer von längstens sechs Monaten beschränkt. Nach dem Ablauf von sechs Monaten gilt die vierwöchige Grundkündigungsfrist des § 622 Abs. 1 BGB. Auch wenn arbeitsvertraglich eine längere Probezeit vereinbart wird, findet nach Ablauf von sechs Monaten die Grundkündigungsfrist Anwendung, d.h. die verkürzte Sonderkündigungsfrist während der Probezeit ist zeitlich auf sechs Monate beschränkt.

b) Schwerbehinderung

9 Die gesetzliche Mindestfrist zur Entlassung eines schwerbehinderten Menschen beträgt gemäß § 86 SGB IX **vier Wochen.** Diese Sonderkündigungsfrist gilt lediglich für Kündigungen des Arbeitgebers. Bei einer Kündigung durch den Arbeitnehmer kann ggf. aufgrund einer tarif- oder arbeitsvertraglichen Regelung eine kürzere Kündigungsfrist greifen. Für schwerbehinderte Menschen, die sich in der Probezeit befinden, gilt abweichend von § 86 SGB IX ebenfalls die verkürzte Kündigungsfrist von zwei Wochen gem. § 90 Abs. 1 Nr. 1 SGB IX.

c) Insolvenz des Arbeitgebers

10 Im Falle der Insolvenz des Arbeitgebers kann das Arbeitsverhältnis mit einer erleichterten Kündigungsfrist von **drei Monaten zum Monatsende** gekündigt werden, wenn keine kürzere Kündigungsfrist an sich maßgeblich ist (§ 113 Satz 1 InsO).[9] Diese ggf. verkürzte Kündigungsfrist findet sowohl auf die Kündigung des Insolvenzverwalters als auch auf die des Arbeitnehmers Anwendung.

---

9 Siehe dazu ausführlich Rn 49 ff.

II. Arbeitsvertragliche Kündigungsfristen

Eine **Verkürzung** der gesetzlichen Mindestkündigungsfristen gemäß § 622 Abs. 1 und Abs. 2 BGB ist grundsätzlich aufgrund einer Vereinbarung im Arbeitsvertrag nicht möglich. 11

Beispiel
Im Arbeitsvertrag (kein Kleinbetrieb, keine Probezeit, kein Aushilfsarbeitsverhältnis) ist für beide Parteien eine dreiwöchige Kündigungsfrist vereinbart. Diese Vereinbarung ist unwirksam. Es gilt die gesetzliche Grundkündigungsfrist.

Lediglich während der vereinbarten Probezeit kann die Kündigungsfrist auf zwei Wochen verkürzt werden.[10] 12

Nach § 622 Abs. 5 Satz 1 Nr. 1 BGB kann einzelvertraglich eine kürzere Kündigungsfrist als die Grundkündigungsfrist vereinbart werden, wenn ein Arbeitnehmer **zur vorübergehenden Aushilfe** beschäftigt wird, es sei denn das Arbeitsverhältnis besteht über einen längeren Zeitraum als drei Monate. 13

Zudem kann gemäß § 622 Abs. 5 Satz 1 Nr. 2 BGB eine kürzere Kündigungsfrist vereinbart werden, wenn der Arbeitgeber in der Regel **nicht mehr als 20 Arbeitnehmer** ausschließlich der Auszubildenden beschäftigt und eine Kündigungsfrist von mindestens vier Wochen eingehalten wird. 14

Checkliste: Ausnahmen
- Gemäß § 622 Abs. 5 BGB:
  - Einstellung zur vorübergehenden Aushilfe (bis zu drei Monaten)
  - Mindestkündigungsfrist von vier Wochen bei nicht mehr als 20 Arbeitnehmern
- gemäß § 622 Abs. 3 BGB: während der Probezeit

Eine arbeitsvertragliche **Verlängerung** der gesetzlichen Mindestkündigungsfristen ist unproblematisch möglich. Gemäß § 622 Abs. 6 BGB dürfen jedoch für den Arbeitnehmer keine längeren Kündigungsfristen wie für den Arbeitgeber vereinbart werden. 15

Fettnapf
Dem Arbeitgeber ist zu empfehlen, die Vereinbarung einer längeren Kündigungsfrist für den Arbeitnehmer gegenüber dem Arbeitgeber zu vermeiden, da die Rechtsfolge eines Verstoßes nicht lediglich die Unwirksamkeit der längeren Kündigungsfrist für den Arbeitnehmer bewirkt, sondern die längere Kündigungsfrist in diesem Fall auch für den Arbeitgeber gilt.[11]

16

10 Siehe unten Rn 8.
11 BAG, Urt. v. 2.6.2005 – 2 AZR 296/04 – NZA 2005, 1176.

Eine **Höchstgrenze** für eine Kündigungsfrist besteht zwar nicht, doch ist in Anlehnung an § 15 Abs. 4 TzBfG der Grundsatz zu beachten, dass das Kündigungsrecht des Arbeitnehmers nicht länger als fünf Jahre ausgeschlossen werden kann.[12]

17 Bei unterschiedlicher gesetzlicher oder arbeitsvertraglicher Kündigungsfrist ist ein **Günstigkeitsvergleich** durchzuführen. Je nach dem Zeitpunkt der Kündigung kann z.B. eine vertragliche Kündigungsfrist von sechs Wochen zum Quartalsende länger oder kürzer sein als eine Frist von zwei Monaten zum Monatsende. Somit ist in jedem Einzelfall ein konkreter Günstigkeitsvergleich durchzuführen.

Beispiel

Das Arbeitsverhältnis besteht fünf Jahre. Im Arbeitsvertrag ist eine beidseitige Kündigungsfrist von sechs Wochen zum Quartalsende vereinbart. Zugang der Kündigung erfolgt am 2.2. In diesem Fall ist die gesetzliche Kündigungsfrist (gemäß § 622 Abs. 2 Nr. 2 BGB zwei Monate zum Ende eines Kalendermonats) mit der vertraglichen Kündigungsfrist (sechs Wochen zum Quartal) zu vergleichen. Nach der vertraglichen Kündigungsfrist endet das Arbeitsverhältnis zum 31.3., unter Anwendung der gesetzlichen Kündigungsfrist erst zum 30.4. Für den Arbeitnehmer ist somit die gesetzliche Kündigungsfrist und eine Beendigung zum 30.4. günstiger.

III. Tarifvertragliche Kündigungsfristen

18 Die gesetzlichen Kündigungsfristen und -termine sind **tarifdispositiv**, sie können zugunsten wie auch zu Lasten des Arbeitnehmers durch Tarifvertrag geändert werden gemäß § 622 Abs. 4 BGB. Die tariflichen Bestimmungen gelten bei beiderseitiger Tarifgebundenheit. Die abweichenden tariflichen Bestimmungen können im Geltungsbereich eines Tarifvertrages auch für nicht tarifgebundene Arbeitgeber und Arbeitnehmer gelten, wenn die Anwendung zwischen ihnen vereinbart ist. Voraussetzung dafür ist die Bezugnahme auf den gesamten Tarifvertrag oder zumindest auf den gesamten Regelungskomplex Kündigung.

IV. Fristberechnung

19 Für die Berechnung der Kündigungsfristen gelten die §§ 186 ff. BGB.

1. Fristbeginn

20 Gemäß § 187 Abs. 1 BGB wird insbesondere der Tag der Zustellung der Kündigung bei der Berechnung der Frist nicht mitgerechnet. Somit **beginnt** die Kündigungsfrist erst am Tage, der auf den Zugang der Kündigung folgt.

12 Grobys/Panzer/Powietzka, Kap. 104 Rn 15.

2. Fristende

Gemäß § 188 Abs. 2 BGB endet die nach Wochen oder Monaten zu berechnende Frist im Falle des § 187 Abs. 1 BGB mit dem Ablauf desjenigen Tages der letzten Woche oder des letzten Monats, welcher durch seine Benennung oder seine Zahl dem Tage entspricht, indem das Ereignis oder der Zeitpunkt fällt. 21

Endet die Kündigungsfrist an einem Samstag, Sonntag oder Feiertag ist dies im Gegensatz zu der Berechnung prozessualer Fristen bei der Fristberechnung der Kündigungsfrist unbeachtlich. § 193 BGB gilt **nicht** entsprechend.[13] Die Kündigungsfrist kann somit problemlos auch an einem Samstag, Sonntag oder Feiertag enden. 22

3. Berechnungsbeispiele

Soll mit der Grundkündigungsfrist des § 622 Abs. 1 BGB gekündigt werden, so muss die Kündigung bei Monaten mit 30 Tagen spätestens am 2. Tag bzw. am 17. Tag des Monats zugehen, um den Kündigungstermin zum Monatsende bzw. zum 15. des Folgemonats einzuhalten. Bei Monaten mit 31 Tagen entsprechend am 3. Tag bzw. am 18. Tag des Monats.[14] 23

Beispiel: Grundkündigungsfrist 4 Wochen
Arbeitnehmer A arbeitet seit einem Jahr bei Arbeitgeber B. Er erhält am 1. März eine schriftliche Kündigungserklärung zum 31. März. Die Kündigungsfrist beginnt am 2. März zu laufen und beendet das Arbeitsverhältnis zum 31. März.

Beispiel verlängerte Kündigungsfrist: Monatsfrist
Arbeitnehmer A ist zwei Jahre beim Arbeitgeber B beschäftigt und erhält am 1. März eine schriftliche Kündigungserklärung zum 31. März. Die Kündigungsfrist beginnt erst am 2. März. Die Kündigung wird in diesem Fall erst zum 30. April wirksam, da im Gegensatz zum obigen Beispiel die Monatsfrist maßgeblich ist.

V. Kündigungsfrist und Kündigungserklärung

Kündigungen müssen **deutlich** und **zweifelsfrei** erklärt werden. Danach muss sich auch der Zeitpunkt der Beendigung – nach Auslaufen der Kündigungsfrist – eindeutig aus der Kündigungserklärung ergeben. Dabei stellt eine ordentliche Kündigung **„zum nächst zulässigen Termin“** aber auch eine hinreichend bestimmte Kündi- 24

---

13 BGH, Urt. v. 28.9.1972 – VII ZR 186/71 – NJW 1972, 2083.
14 Grobys/Panzer/*Powietzka*, Kap. 104 Rn 22.

gungserklärung dar, wenn der Arbeitnehmer in der Lage ist, aufgrund eigenen Wissens oder ergänzender Angaben im Kündigungsschreiben den Kündigungstermin und die Kündigungsfrist selber zu berechnen.[15]

Beachte
Beim Ausspruch einer ordentlichen Kündigung hat der Arbeitgeber die Kündigungsfristen zu beachten. Die Nichteinhaltung der maßgeblichen Kündigungsfrist macht die Kündigung jedoch nicht automatisch unwirksam. Die Kündigung ist im Zweifel in eine Kündigung zum nächstmöglichen Termin umzudeuten.[16]

Praxistipp
Aus Sicht des Arbeitgebers ist zu empfehlen, in der Kündigungserklärung den Zusatz aufzunehmen, dass die Kündigung in jedem Fall zum nächstmöglichen Termin greifen soll und zu einer Beendigung des Arbeitsverhältnisses führt.

Musterkündigungserklärung
„Hiermit kündigen wir Ihr Arbeitsverhältnis ordentlich unter Einhaltung der vertraglichen/gesetzlichen Kündigungsfrist zum *[... Datum]*, hilfsweise zum nächstmöglichen Zeitpunkt."

C. Kündigungsschutz des Arbeitnehmers

I. Kündigungsschutz innerhalb des Kündigungsschutzgesetzes

25 Für den Arbeitgeber ist es vor Ausspruch einer (ordentlichen) Kündigung von Bedeutung, ob dem Arbeitnehmer überhaupt der allgemeine Kündigungsschutz nach den Vorschriften der §§ 1ff. KSchG zukommt und ob eine gerichtliche Überprüfung der ordentlichen Kündigung anhand dieser Vorschriften erfolgt, sich seine Kündigung somit an der Einhaltung dieser Vorschriften messen lassen muss. Der Bestandsschutz durch die Vorschriften des Kündigungsschutzgesetzes greift nicht in jedem Arbeitsverhältnis, vielmehr muss das Arbeitsverhältnis dem **persönlichen, zeitlichen und betrieblichen Geltungsbereich** des Kündigungsschutzgesetzes unterfallen, damit der Arbeitnehmer vor sozialwidrigen Kündigungen geschützt ist. Für eine Berufung des Arbeitnehmers auf die Vorschriften des Kündigungsschutzgesetzes müssen folgende **allgemeine Voraussetzungen** vorliegen.

15 BAG, Urt. v. 15.3.1991 – 2 AZR 516/90 – NZA 1992, 452; vgl. auch BAG, Urt. v. 20.6.2013 – 6 AZR 805/11 – BeckRS 2013, 70880; siehe zur Kündigungserklärung ausführlich Kap. 3.
16 Siehe dazu ausführlich Kap. 10.

1. Persönlicher Anwendungsbereich des Kündigungsschutzgesetzes

Der persönliche Anwendungsbereich des allgemeinen Kündigungsschutzes findet sich in den §§ 1 Abs. 1, 14 KSchG. 26

a) Arbeitnehmer

Gemäß § 1 Abs. 1 KSchG ist die Kündigung des Arbeitsverhältnisses gegenüber einem Arbeitnehmer rechtsunwirksam, wenn sie sozial ungerechtfertigt ist. Das heißt, dass sich lediglich ein **Arbeitnehmer** auf den allgemeinen Kündigungsschutz nach dem KSchG berufen kann. Der Arbeitnehmerbegriff richtet sich nach den allgemeinen arbeitsrechtlichen Grundsätzen. Danach ist Arbeitnehmer, wer aufgrund eines privatrechtlichen Vertrages im Dienste eines anderen zur Leistung weisungsgebundener, fremdbestimmter Arbeit in persönlicher Abhängigkeit verpflichtet ist.[17] 27

Nicht unter den persönlichen Geltungsbereich des Kündigungsschutzgesetzes fallen Arbeitnehmer in der **Berufsausbildung**. Für sie gelten die §§ 20 bis 22 BBiG. Ebenso wenig unterliegen **arbeitnehmerähnliche Personen** sowie Heimarbeiter und Hausgewerbetreibende, **Handelsvertreter** und **freie Mitarbeiter** dem persönlichen Geltungsbereich des KSchG. 28

b) Organvertreter, § 14 Abs. 1 KSchG

Gemäß § 14 Abs. 1 Nr. 1 KSchG gelten die Vorschriften des ersten Abschnitts (§§ 1 bis 14 KSchG) des KSchG in Betrieben einer juristischen Person **nicht** für **Mitglieder des Organs**, das zur **gesetzlichen Vertretung** der juristischen Person berufen ist. Darunter fallen u.a. Vorstandsmitglieder einer Aktiengesellschaft, Vorstandsmitglieder einer Genossenschaft, Geschäftsführer einer GmbH. § 14 Abs. 1 Nr. 2 KSchG enthält eine entsprechende Regelung für Vertreter von Personengesellschaften. Diese Personen fallen allein wegen ihrer organschaftlichen Stellung aus dem Anwendungsbereich des allgemeinen Kündigungsschutzes heraus, da die unwiderlegbare Vermutung besteht, dass der gesetzliche Vertreter das ausführende Willensorgan der juristischen Person oder Personengesamtheit ist. Das Organ übt damit Arbeitgeberfunktion aus und unterliegt somit nicht den Schutzvorschriften des KSchG.[18] 29

---

17 St. Rspr., vgl. etwa BAG, Urt. v. 20.1.2010 – 5 AZR 99/09 – AP Nr. 119 zu § 611 BGB Abhängigkeit; BAG, Urt. v. 25.5.2005 – 5 AZR 347/04 – AP Nr. 117 zu § 611 BGB Abhängigkeit; vgl. auch im Umkehrschluss § 84 Abs. 1 S. 2 HGB.

18 Vgl. BAG, Urt. v. 17.1.2002 – 2 AZR 719/00 – NZA 2002, 854.

c) Leitende Angestellte, § 14 Abs. 2 KSchG

30 Für Geschäftsführer ohne Organstellung, Betriebsleiter und ähnliche **leitende Angestellte** gilt das Kündigungsschutzgesetz mit Ausnahme des § 3 KSchG grundsätzlich **uneingeschränkt**. Allerdings bedarf ein Auflösungsantrag des Arbeitgebers nach § 9 Abs. 1 Satz 2 KSchG keiner Begründung, wodurch der Bestandsschutz des Kündigungsschutzgesetzes bei leitenden Angestellten auf einen Abfindungsschutz minimiert wird.[19]

31 Eine einheitliche Definition des leitenden Angestellten ist im Arbeitsrecht nicht vorhanden, vielmehr verwendet der Gesetzgeber diesen Begriff in unterschiedlicher Weise. So ist zum Beispiel der Begriff des leitenden Angestellten im Sinne von § 14 Abs. 2 KSchG nicht mit dem des leitenden Angestellten in § 5 BetrVG identisch. § 14 Abs. 2 KSchG zählt beispielshaft für einen leitenden Angestellten den Geschäftsführer und den Betriebsleiter auf. Unter dem Begriff des **Geschäftsführers** im Sinne von § 14 Abs. 2 KSchG sind Angestellte zu verstehen, die eine Leitungsfunktion im Unternehmen wahrnehmen, z.B. im kaufmännischen, organisatorischen, personellen oder wissenschaftlichen Bereich.[20] Unter einem **Betriebsleiter** ist eine Person zu verstehen, die innerhalb eines Unternehmens einen selbständigen Betrieb eigenverantwortlich führt und dabei unternehmerische und bedeutende Aufgaben oder Teilaufgaben wahrnimmt, Vorgesetzter der im Betrieb Beschäftigten ist, das Weisungsrecht ausübt und bei seiner Tätigkeit einen erheblichen Entscheidungsspielraum hat.[21]

Beispiel
Der Leiter eines einzelnen Restaurants einer Restaurantkette kann je nachdem, ob er innerhalb des Unternehmens das Restaurant **eigenverantwortlich** führt, dabei bedeutungsvolle unternehmerische Aufgaben wahrnimmt, Vorgesetzter der im Restaurant Beschäftigten ist und einen erheblichen Entscheidungsspielraum hat, Betriebsleiter in leitender Stellung sein.[22] Im Gegensatz dazu ist die Leitung eines Filialbetriebs, der im Wesentlichen von der Zentrale aus gesteuert wird und dem Filialleiter lediglich Aufsichtsfunktion zukommt, keine leitende Tätigkeit im Sinne von § 14 Abs. 2 KSchG.

32 Für die Bejahung eines **ähnlichen leitenden Angestellten** müssen die Personen innerhalb des Unternehmens oder Betriebs **Führungsaufgaben** wahrnehmen und Vorgesetzte einer nicht ganz geringen Zahl von Arbeitnehmern sein.[23] Zudem müssen alle in § 14 Abs. 2 KSchG genannten Personen eine entsprechende **Einstellungs-**

19 Siehe dazu Kap. 10 zum Kündigungsschutzprozess.
20 h.M., vgl. etwa KR/*Rost*, § 14 KSchG Rn 27; Ascheid/Preis/Schmidt/*Biebl*, § 14 KSchG Rn 17.
21 Vgl. BAG, Urt. v. 25.11.1993 – 2 AZR 517/93 – NZA 1994, 837.
22 BAG, Urt. v. 25.11.1993 – 2 AZR 517/93 – NZA 1994, 837.
23 BAG, Urt. v. 28.9.1961 – 2 AZR 428/60 – AP KSchG § 1 Personenbedingte Kündigung Nr. 1; KR/*Rost*, § 14 KSchG Rn 27; ErfK/*Kiel*, § 14 KSchG Rn 13.

oder Entlassungsbefugnis besitzen. Der leitende Angestellte muss somit in seiner Position in tatsächlicher Hinsicht Mitarbeiter einstellen oder entlassen können. Er muss seine Einstellungs- oder Entlassungsbefugnis **selbständig** wahrnehmen und diese muss einen **wesentlichen** Teil der Tätigkeit ausmachen.

Beispiel
- Bejahung des § 14 Abs. 2 KSchG:
  - Leiter eines Zentralbereichs eines Unternehmens mit über 2000 Beschäftigten[24]
  - Gesamtpersonalleiter für etwa 1000 Arbeitnehmer[25]
- Verneinung des § 14 Abs. 2 KSchG:
  - Chefarzt, der zur Einstellung von Mitarbeitern eine Unterschrift vom Verwaltungsdirektor benötigt[26]

---

2. Zeitlicher Anwendungsbereich des KSchG

Gemäß § 1 Abs. 1 KSchG muss das Arbeitsverhältnis des Arbeitnehmers im Betrieb oder Unternehmen länger als **sechs Monate** bestanden haben, damit dieser in den Genuss des allgemeinen Kündigungsschutzgesetzes kommt (**Wartezeit**). 33

In den ersten sechs Monaten des Arbeitsverhältnisses, die der Arbeitgeber regelmäßig nutzt, um den Arbeitnehmer zu erproben, soll es diesem möglich sein, ohne besondere Voraussetzungen das Arbeitsverhältnis in dieser Zeit jederzeit wieder zu lösen.[27] Nach der Wartezeit erhält der Arbeitnehmer – bei Vorliegen der weiteren Voraussetzungen – den allgemeinen Kündigungsschutz, auch wenn ggf. eine arbeitsvertragliche Probezeit zwischen Arbeitgeber und Arbeitnehmer einen längeren Zeitraum als sechs Monate umfasst. Die gesetzliche Wartezeit im Sinne von § 1 Abs. 1 KSchG ist nicht mit der vereinbarten arbeitsvertraglichen Probezeit identisch bzw. muss nicht zwingend mit dieser identisch sein. Im Gegensatz dazu sind Abweichungen zugunsten des Arbeitnehmers – somit eine Verkürzung der oder gar ein Verzicht auf die sechsmonatige Wartezeit im Sinne von § 1 Abs. 1 KSchG – zulässig. 34

Zudem knüpft der allgemeine Kündigungsschutz an den Bestand des **Arbeitsverhältnisses** an. Ist der Arbeitnehmer zum Beispiel aufgrund eines freien Mitarbeiterverhältnisses für den Arbeitgeber tätig geworden, ist diese Beschäftigungszeit für den sechsmonatigen Bestand des Arbeitsverhältnisses ohne Bedeutung. Dagegen wird nicht notwendigerweise ein ununterbrochener Bestand des Arbeitsverhältnisses gefordert. Es genügt, wenn ein früheres Arbeitsverhältnis in einem **engen zeitli-** 35

---

24 BAG, Urt. v. 27.9.2001 – 2 AZR 176/00 – NZA 2002, 1277.

25 LAG Niedersachsen, Urt. v. 8.1.2004 – 7 Sa 219/03 – NZA-RR 2004, 524.

26 BAG, Urt. v. 18.11.1999 – 2 AZR 903/98 – NZA 2000, 427.

27 BAG, Urt. v. 3.12.1964 – 2 AZR 104/64 – AP § 1 KSchG Nr. 79.

chen Zusammenhang steht, was allerdings eine Einzelfallentscheidung darstellt und sich nicht anhand starrer zeitlicher Grenzen festlegen lässt.[28]

Beispiel
Das BAG hat bei Unterbrechungen von 2 $^2/_3$ Monaten bzw. von einem Monat und 10 Tagen einen sachlichen Zusammenhang verneint.[29]

3. Betrieblicher Anwendungsbereich des Kündigungsschutzgesetzes

36 Nach § 23 Abs. 1 Satz 3 KSchG setzt die Anwendbarkeit des allgemeinen Kündigungsschutzes zudem grundsätzlich voraus, dass in dem Betrieb **in der Regel mehr als 10 Arbeitnehmer** beschäftigt sind (**sog. Kleinbetriebsklausel**).

37 Gemäß § 23 Abs. 1 Satz 2 KSchG gilt ein abweichender Schwellenwert von **fünf** Arbeitnehmern für Arbeitnehmer, deren Arbeitsverhältnis schon seit dem **31.12.2003** besteht.

38 § 23 KSchG geht dabei von dem allgemeinen arbeitsrechtlichen Arbeitnehmerbegriff aus, welcher sich durch die Weisungsgebundenheit und damit durch die persönliche Abhängigkeit des Arbeitnehmers vom Arbeitgeber auszeichnet. Die gesetzliche Regelung spricht von **„In-der-Regel-Beschäftigten"**, das heißt zufällige oder kurzfristige Schwankungen werden nicht berücksichtigt, da es auf die allgemeine kennzeichnende Situation im Betrieb ankommt.

39 In der folgenden Checkliste werden die zu berücksichtigenden Beschäftigungsverhältnisse erläutert.

Checkliste
- **Auszubildende** werden schon vom Wortlaut der Vorschrift eindeutig ausgenommen und sind somit **nicht** mitzuzählen.
- **Leiharbeitnehmer** im Entleiherbetrieb sind zu berücksichtigen, wenn ihr Einsatz auf einem in der Regel vorhandenen Personalbedarf beruht.[30]
- **Teilzeitbeschäftigte** zählen, aber nur im Verhältnis ihres Beschäftigungsumfangs. Bei einer wöchentlichen Arbeitszeit bis zu 20 Stunden sind diese mit **0,5**, bei einer wöchentlichen Arbeitszeit bis zu 30 Stunden mit **0,75** zu berücksichtigen.
- **Aushilfsarbeitnehmer** sind zu berücksichtigen, wenn mit einer derartigen Beschäftigung auch zukünftig zu rechnen ist.[31]

---

28 BAG, Urt. v. 20.8.1998 – 2 AZR 76/98 – NZA 1999, 481; BAG, Urt. v. 9.2.2000 – 7 AZR 730/98 – NZA 2000, 721; BAG, Urt. v. 27.6.2002 – 2 AZR 270/01 – NZA 2003, 145.

29 BAG, Urt. v. 11.11.1982 – 2 AZR 552/81 – AP BGB § 620 Befristeter Arbeitsvertrag Nr. 71; BAG, Urt. v. 15.12.1983 – 2 AZR 166/82 – BeckRS 1983, 04770.

30 BAG, Urt. v. 24.1.2013 – 2 AZR 140/12 – NZA 2013, 726; ErfK/*Kiel*, § 23 KSchG Rn 19.

31 ErfK/*Kiel*, § 23 KSchG Rn 15.

Beispiel

Im Betrieb B sind fünf vollzeitbeschäftigte Arbeitnehmer, zwei Auszubildende, zwei Mitarbeiter mit einer wöchentlichen Arbeitszeit von 18 Stunden, ein Mitarbeiter mit einer wöchentlichen Arbeitszeit von 25 Stunden und ein Leiharbeitnehmer beschäftigt, welcher auf einem Arbeitsplatz tätig ist, der ständig mit einem Leiharbeitnehmer besetzt wird.

Zusammengerechnet sind somit im Betrieb B 11 Personen eingesetzt. **Aber nur 7,75 Arbeitnehmer** (5 Vollzeitarbeitnehmer = 5, zwei Teilzeitarbeitnehmer (18 Stunden) × 0,5 = 1, ein Teilzeitarbeitnehmer (25 Stunden) × 0,75 = 0,75, 1 Leiharbeitnehmer × 1 = 1; insgesamt somit 7,75 Arbeitnehmer). Somit besteht im Betrieb B **kein** Kündigungsschutz.

Für Arbeitsverhältnisse, die bereits am 31.12.2003 bestanden haben, gilt nach § 23 Abs. 1 Satz 2 noch der frühere Schwellenwert von fünf Arbeitnehmern. Bei Arbeitnehmern, die zum Zeitpunkt der gesetzlichen Anhebung des Schwellenwertes auf 10 Arbeitnehmer Kündigungsschutz hatten, bleibt dieser zunächst erhalten. Voraussetzung ist allerdings, dass die Arbeitnehmerzahl des Betriebs zwischenzeitlich nicht unter fünf Arbeitnehmer abgesunken ist. Ersatzeinstellungen für ausgeschiedene Alt-Arbeitnehmer reichen in diesem Fall nicht aus, um zu einer Anwendung des § 23 Abs. 1 Satz 2 zu gelangen. Der Bestandsschutz gilt demnach nur so lange, wie der aus „Alt-Arbeitnehmern“ bestehende Altbetrieb durchgängig mehr als fünf Arbeitnehmer aufweist.[32] 40

Beispiel

Der Betrieb B hat am 31.12.2003 vier vollzeitbeschäftigte Arbeitnehmer. Diese Arbeitnehmer können erst dann Kündigungsschutz in Anspruch nehmen, wenn aufgrund der nach dem 31.12.2003 erfolgten Neueinstellungen der Schwellenwert von 10 Arbeitnehmern überschritten wird.

Beispiel

Der Betrieb B beschäftigt am 31.12.2003 mehr als fünf Arbeitnehmer. So lange mehr als fünf Arbeitnehmer beschäftigt werden, die bereits am 31.12.2003 beschäftigt gewesen sind, bleibt unabhängig von Neueinstellungen der Kündigungsschutz gewahrt.

Sinkt die Beschäftigtenzahl auf fünf oder weniger, so geht der Kündigungsschutz allerdings verloren. Neueinstellungen nach dem 31.12.2003 sind bei der Feststellung der Zahl der beschäftigten Arbeitnehmer erst wieder bei Überschreiten der Schwellengrenze von 10 Arbeitnehmern zu berücksichtigen. Ein Wiederaufleben des einmal bestehenden Kündigungsschutzes ist damit ausgeschlossen.[33]

32 Vgl. BAG, Urt. v. 21.9.2006 – 2 AZR 840/05 – NZA 2007, 438; BAG, Urt. v. 27.11.2008 – 2 AZR 790/07 – NZA 2009, 484; BAG, Urt. v. 5.11.2009 – 2 AZR 383/08 – NZA-RR 2010, 325.

33 Vgl. BAG, Urt. v. 21.9.2006 – 2 AZR 840/05 – NZA 2007, 438; BAG, Urt. v. 27.11.2008 – 2 AZR 790/07 – NZA 2009, 484; BAG, Urt. v. 17.1.2008 – 2 AZR 840/05 – AP KSchG 1969 § 23 Nr. 41.

! **Checkliste: Anwendung des KSchG**
Für die Anwendung des KSchG müssen folgende Voraussetzungen vorliegen:
- der zu kündigende **Arbeitnehmer** ist schon **länger als sechs Monate** im Betrieb oder Unternehmen beschäftigt
  und
- im Betrieb werden (nach dem 31.12.2003) ausschließlich der Auszubildenden **in der Regel mehr als 10 Arbeitnehmer** beschäftigt (bzw. mehr als **fünf** Arbeitnehmer im „Altbetrieb")

II. Kündigungsschutz außerhalb des Kündigungsschutzgesetzes

41 Auch wenn die allgemeinen Voraussetzungen des Kündigungsschutzgesetzes nicht gegeben sind und somit das Arbeitsverhältnis des Arbeitnehmers nicht in den Schutzbereich des Kündigungsschutzgesetzes fällt, ist dieser gegenüber der Kündigung des Arbeitgebers nicht de facto schutzlos gestellt. Auch **außerhalb des Kündigungsschutzgesetzes** unterliegt der Arbeitgeber bezüglich des Ausspruchs einer ordentlichen Kündigung gewissen **Beschränkungen.**

42 Während der ersten sechs Monate des Arbeitsverhältnisses (Wartezeit) sowie im Kleinbetrieb kann in der Regel ein Verstoß gegen die Grundsätze von Treu und Glauben (§ 242 BGB) und/oder die Sittenwidrigkeit (§ 138 BGB) zur Nichtigkeit der Kündigung führen.[34]

1. Treu und Glauben, § 242 BGB

43 Ein Verstoß gegen Treu und Glauben kann sich aus dem **Umstand des Kündigungsausspruchs** ergeben oder auch aus dem **Kündigungsgrund** selbst.

44 Zum einen darf sich der Arbeitgeber mit dem Ausspruch der Kündigung nicht in **Widerspruch** zu seinem eigenen bisherigen Verhalten setzen. Dies kann der Fall sein, wenn der Arbeitgeber einen kündigungswilligen Arbeitnehmer von einer Eigenkündigung abhält, um dann kurze Zeit später seinerseits zu kündigen.[35] Ein widersprüchliches Verhalten kann nach der Rechtsprechung zudem dann vorliegen, wenn bereits bei der Einstellung der künftige Wegfall des Arbeitsplatzes von Arbeitgeberseite feststand[36] oder wenn der Arbeitgeber dem Arbeitnehmer nur wenige Tage vor dem Ausspruch der Kündigung ein ausnahmslos positives Zeugnis erteilt hat.[37]

---

34 Vgl. BVerfG, Beschl. v. 21.6.2006 – 1 BVR 1659/04 – NZA 2006, 913.

35 Vgl. BAG, Urt. v. 8.6.1972 – 2 AZR 336/71 – AP § 13 KSchG 1969 Nr. 1; Grobys/Panzer/*Powietzka*, Kündigung, allgemein Kap. 99 Rn 32.

36 BAG, Urt. v. 21.3.1980 – 7 AZR 314/78 – AP § 17 SchwbG Nr. 1.

37 LAG Bremen, Urt. v. 22.11.1983 – 4 Sa 167/82 – BB 1984, 473.

Eine Kündigung kann gemäß § 242 BGB grundsätzlich auch dann unwirksam sein, wenn der Arbeitgeber sein Recht zum Ausspruch der Kündigung **verwirkt** hat. Verwirkung setzt voraus, dass der Kündigende längere Zeit trotz Vorliegens eines Kündigungsgrundes die Kündigung nicht ausgesprochen hat (**Zeitmoment**) und er dabei beim Kündigungsempfänger das Vertrauen erweckt hat, die Kündigung werde unterbleiben (**Umstandsmoment**).[38] 45

Fettnapf !

Die generelle Möglichkeit, dass das Kündigungsrecht des Arbeitgebers verwirken kann, darf allerdings nicht dazu führen, dass der Arbeitgeber immer sofort nach Bekanntwerden des Kündigungsgrundes kündigen muss. Vielmehr hat er das Recht einige Zeit zuzuwarten, ggf. den Sachverhalt aufzuklären und seine Entscheidung zum Kündigungsausspruch ordnungsgemäß zu überdenken.

Des Weiteren kann eine Kündigung zur **Unzeit** oder in **verletzender Form** zum Beispiel unter Bezugnahme auf beleidigende Äußerungen im Kündigungsschreiben gegen den Grundsatz von Treu und Glauben verstoßen.[39] 46

Die Treuwidrigkeit kann sich zudem aus dem Kündigungsgrund selbst ergeben. 47
An die Kündigungsgründe sind zwar – außerhalb des Kündigungsschutzgesetzes – keine hohen Anforderungen zu stellen. Zur Rechtfertigung der Kündigung genügt außerhalb des Anwendungsbereichs des KSchG jeder **„irgendwie einleuchtende Grund"**.[40] Insbesondere kann die Kündigung im Kleinbetrieb bzw. während der Wartezeit auf subjektive Gründe wie Vertrauensverlust gestützt werden, ohne dass der Arbeitgeber nachweisen müsste, worauf dieser beruht. Gegen § 242 BGB verstößt die Kündigung aber, wenn sie grundlos und somit willkürlich ausgesprochen wird, wobei eine Verhältnismäßigkeitsprüfung grundsätzlich in diesem Zusammenhang nicht stattfindet.[41]

2. Sittenwidrigkeit, § 138 BGB

Eine Kündigung ist sittenwidrig, wenn sie auf einem verwerflichen Motiv, wie zum Beispiel Rachsucht oder Vergeltung, beruht oder aus anderen Gründen dem Anstandsgefühl aller billig und gerecht Denkenden widerspricht.[42] Die Sittenwidrigkeit ist aufgrund einer Gesamtwürdigung aller Umstände des Einzelfalls festzustellen. 48

38 BAG, Urt. v. 25.11.1982 – 2 AZR 21/81 – AP KSchG 1969 § 9 Nr. 10.

39 Vgl. dazu Grobys/Panzer/*Powietzka*, Kündigung, allgemein Kap. 99 Rn 35 f.

40 Vgl. BAG, Urt. v. 25.4.2001 – 5 AZR 360/99 – NZA 2002, 87; BAG, Urt. v. 22.4.2010 – 6 AZR 828/08 – NZA 2010, 1199.

41 Vgl. BAG, Urt. v. 22.4.2010 – 6 AZR 828/08 – NZA 2010, 1199; *Powietzka*, S. 176 ff.

42 BAG, Urt. v. 19.7.1973 – 2 AZR 464/72 – AP § 138 BGB Nr. 32.

Die Rechtsprechung stellt insoweit jedoch **hohe Anforderungen.**[43] Das BAG verlangt zur Vermeidung des Vorwurfs der Sittenwidrigkeit der Kündigung die Einhaltung eines ethischen Minimums. Sittenwidrigkeit wird damit nur in krassen Ausnahmefällen angenommen.[44]

Beispiel
Keine Sittenwidrigkeit hat das BAG im Falle einer Kündigung eines HIV-infizierten Arbeitnehmers angenommen, der noch nicht die Voraussetzungen des KSchG erfüllt und nach einem Selbstmordversuch mit langer Arbeitsunfähigkeit entlassen wurde.[45] Anders wurde unter Heranziehung von § 242 BGB entschieden, wenn eine Kündigung allein wegen des privaten Sexualverhaltens des Arbeitnehmers erfolgte.[46]

Fettnapf
Auch wenn das KSchG nicht anwendbar ist, dürfen Arbeitgeber nicht völlig willkürlich kündigen. Ein **sachlicher Grund** für den Ausspruch der Kündigung gegenüber dem Arbeitnehmer ist stets erforderlich.

D. Besonderheiten einer ordentlichen Kündigung

I. Kündigung in der Insolvenz

1. Einleitung

49 Grundsätzlich gelten die **allgemeinen Regelungen des Arbeitsrechts** über die Beendigung von Arbeitsverhältnissen auch in der Insolvenz des Arbeitgebers. Die Eröffnung eines Insolvenzverfahrens über das Vermögen des Arbeitgebers stellt in der Regel **keinen Grund** für eine ordentliche oder gar außerordentliche Kündigung des Arbeitsverhältnisses dar.[47] Mit der Eröffnung des Insolvenzverfahrens nimmt der Insolvenzverwalter die Position des Arbeitgebers ein. Die Arbeitsverhältnisse bleiben bestehen. Beim Vorliegen bestimmter Voraussetzungen ist der Insolvenzverwalter aber berechtigt, betriebsbedingte Kündigungen auszusprechen. Dabei sieht die Insolvenzordnung (InsO) insbesondere in § 113 InsO eine Erleichterung des Kündigungsrechts vor.

---

43 BAG, Urt. v. 24.4.1997 – 2 AZR 268/96 – NZA 1998, 145.
44 BAG, Urt. v. 21.2.2001 – 2 AZR 15/09 – NZA 2001, 833.
45 BAG, Urt. v. 16.2.1989 – 2 AZR 299/88 – AP KSchG 1969 § 1 Krankheit Nr. 20.
46 BAG, Urt. v. 23.6.1994 – 2 AZR 670/93 – NZA 1994, 1080.
47 BAG, Urt. v. 29.9.2005 – 8 AZR 647/04 – NZA 2006, 720.

2. Gesetzliches Kündigungsrecht nach § 113 Satz 1 InsO

§ 113 Satz 1 InsO bestimmt, dass das Dienstverhältnis ohne Rücksicht auf eine vereinbarte Vertragsdauer oder einen vereinbarten Ausschluss des Rechts zur ordentlichen Kündigung gekündigt werden kann. Die Vorschrift überwindet somit die durch eine Befristung oder eine Vereinbarung bestehende ordentliche Unkündbarkeit sowie einen tarifvertraglichen Ausschluss des ordentlichen Kündigungsrechts.[48] 50

Weitere Kündigungserleichterungen werden durch die Vorschriften der Insolvenzordnung nicht begründet, insbesondere ist auch das Kündigungsschutzgesetz bei einer Kündigung eines Arbeitsverhältnisses durch den Insolvenzverwalter weiterhin zu beachten und in vollem Umfang anzuwenden.[49] 51

3. Kündigungsfrist nach § 113 Satz 2 InsO

Die Kündigungsfrist gemäß § 113 Satz 2 InsO beträgt **drei Monate** zum Monatsende, wenn nicht eine kürzere Frist maßgeblich ist. Das heißt, die gesetzliche Höchstkündigungsfrist im Falle der Insolvenz beträgt drei Monate, andere Kündigungsfristen werden durch die Regelung in § 113 Satz 2 InsO ersetzt.[50] Die verkürzte Kündigungsfrist gilt sowohl für Kündigungen des Arbeitgebers als auch für Kündigungen des Arbeitnehmers. 52

4. Schadensersatz nach § 113 Satz 3 InsO

Der Arbeitnehmer kann nach § 113 Satz 3 InsO den durch die vorzeitige Kündigung durch den Insolvenzverwalter entstandenen Schaden als Insolvenzforderung geltend machen. Dieser Schadensersatzanspruch des Arbeitnehmers gegenüber dem Arbeitgeber besteht in erster Linie aus dem **Verdienstausfall**, den der Arbeitnehmer durch die vorzeitige Kündigung gemäß § 113 Satz 2 InsO erleidet. Ist die ordentliche Kündigung vertraglich ausgeschlossen, ist der Schadensersatzanspruch auf die maßgebliche längste ordentliche Kündigungsfrist beschränkt.[51] 53

II. Kündigung vor Dienstantritt

Nach allgemeiner Auffassung ist eine ordentliche Kündigung auch bereits **vor Dienstantritt** möglich. Dies ist allerdings nur dann der Fall, wenn die Parteien dies 54

---

48 BAG, Urt. v. 20.9.2006 – 6 AZR 249/05 – NZA 2007, 387; BAG, Urt. v. 16.6.2005 – 6 AZR 476/04 – NZA 2006, 270.

49 BAG, Urt. v. 25.4.2007 – 6 AZR 622/06 – BeckRS 2007, 46522.

50 Vgl. BAG, Urt. v. 22.9.2005 – 6 AZR 526/04 – NZA 2006, 658.

51 BAG, Urt. v. 16.5.2007 – 8 AZR 772/06 – BeckRS 2007, 46523.

nicht ausdrücklich ausgeschlossen haben oder sich der Ausschluss einer solchen Kündigung aus den Umständen ergibt.[52]

55 Oft findet sich zu Beginn des Vertrages eine Regelung, welche eine ordentliche Kündigung vor Beginn des Arbeitsverhältnisses ausdrücklich ausschließt. Eine solche ist meist mit der Festlegung einer Vertragsstrafe verbunden, die der Arbeitnehmer leisten muss, wenn er das Arbeitsverhältnis rechtswidrig und schuldhaft nicht oder nicht rechtzeitig aufnimmt. Aber auch ohne den ausdrücklichen Ausschluss der Kündigung vor Dienstantritt ist durch die Vereinbarung einer Vertragsstrafe allein auch von einem Verbot auszugehen. Dies ergibt sich sodann aus dem Umstand der Vereinbarung einer Vertragsstrafe.

56 Im Zusammenhang mit einer Kündigung vor Dienstantritt stellt sich regelmäßig die Frage, wann die **Kündigungsfrist** zu laufen beginnt. Diese könnte bereits mit Zugang der Kündigungserklärung oder aber erst an dem Zeitpunkt beginnen, in dem der Arbeitnehmer die Arbeit vertragsgemäß aufzunehmen hatte. Im Ergebnis ist der maßgebliche Wille der Vertragsparteien im Einzelfall entscheidend, wobei im Zweifel davon auszugehen ist, dass die Kündigungsfrist auch bei einer Kündigung vor Dienstantritt mit dem Zugang der Kündigungserklärung beginnt.[53]

E. Die soziale Rechtfertigung der ordentlichen Kündigung

I. Einführung

57 Gemäß § 1 Abs. 1 KSchG ist die Kündigung des Arbeitsverhältnisses gegenüber einem Arbeitnehmer rechtsunwirksam, wenn sie **sozial ungerechtfertigt** ist. Nach § 1 Abs. 2 KSchG ist eine Kündigung sozial ungerechtfertigt, wenn sie nicht durch Gründe, die in der **Person** oder in dem **Verhalten** des Arbeitnehmers liegen oder durch **dringende betriebliche Erfordernisse**, die einer Weiterbeschäftigung des Arbeitnehmers in diesem Betrieb entgegenstehen, bedingt ist.[54] Unabhängig vom Kündigungsgrund unterliegt eine ordentliche Kündigung gewissen **Mindestanforderungen**. Die Kündigung muss auf einer negativen Prognose beruhen, dem Verhältnismäßigkeitsgrundsatz entsprechen und einer umfassenden Interessenabwägung standhalten.

---

52 BAG, Urt. v. 25.3.2004 – 2 AZR 324/03 – NZA 2004, 1089; BAG, Urt. v. 9.2.2006 – 6 AZR 283/05 – NZA 2006, 1207.

53 BAG, Urt. v. 25.3.2004 – 2 AZR 324/03 – NZA 2004, 1089; BAG, Urt. v. 9.2.2006 – 6 AZR 283/05 – NZA 2006, 1207.

54 Siehe dazu ausführlich ab Kap. 5 ff.

II. Grundprinzipien des Kündigungsschutzes

1. Prognoseprinzip

Jeder Kündigungsgrund erfordert eine **negative Prognose** für die Zukunft. Maßgeblicher Zeitpunkt für das Aufstellen einer sog. negativen Prognose ist der Zugang der Kündigung.[55] Die Prognoseentscheidung ist für jeden Kündigungsgrund gesondert zu treffen. Bei der personenbedingten, zumeist krankheitsbedingten Kündigung, ist eine negative Prognose dahingehend erforderlich, dass auch in Zukunft mit erheblichen krankheitsbedingten Fehlzeiten des Arbeitnehmers zu rechnen ist. Bei betriebsbedingten Kündigungen muss für die Bejahung einer negativen Prognose auch in Zukunft der Arbeitsplatz auf Dauer wegfallen. Bei einer verhaltensbedingten Kündigung muss auch in Zukunft mit erheblichen weiteren Pflichtverletzungen des Arbeitnehmers zu rechnen sein.[56] 58

2. Verhältnismäßigkeitsgrundsatz

Das Ziel des Kündigungsschutzgesetzes ist es in erster Linie, den Bestand des Arbeitsverhältnisses zu sichern (**Bestandsschutz**).[57] Eine Kündigung ist daher nur dann sozial gerechtfertigt, wenn sie verhältnismäßig ist. Nach dem Grundsatz der Verhältnismäßigkeit kommt eine Kündigung somit erst dann in Betracht, wenn sie zur Beseitigung betrieblicher Beeinträchtigungen **geeignet** und **erforderlich** ist und im Verhältnis zu dem verfolgten Zweck **angemessen** erscheint. Daraus lässt sich die Anforderung herleiten, dass eine Kündigung nur als **ultima ratio**, d.h. als **letztes Mittel** in Betracht kommen sollte. 59

Der Arbeitgeber hat somit stets zu prüfen, ob es kein für den Arbeitnehmer milderes, also weniger belastendes, Mittel gibt und durch diese Maßnahme eine Kündigung ausgeschlossen werden kann.[58] Als mildere Mittel für den Arbeitgeber kommen zum Beispiel die Möglichkeit der **Weiterbeschäftigung auf einem freien Arbeitsplatz**, ggf. zu geänderten Arbeitsbedingungen sowie zumutbaren Umschulungs- und Fortbildungsmaßnahmen in Betracht. Des Weiteren umfasst der Grundsatz der Verhältnismäßigkeit auch den grundsätzlichen **Vorrang der Änderungskündigung** vor der Beendigungskündigung[59] sowie im Rahmen der verhaltensbedingten Kündigung den Ausspruch einer vorhergehenden **Abmahnung**. 60

55 Vgl. BAG, Urt. v. 10.6.2010 – 2 AZR 541/09 – NZA 2010, 1227.

56 Vgl. dazu ausführlich Kap. 5 ff.

57 Siehe dazu ausführlich auch Kap. 10 zum Kündigungsschutzprozess.

58 St. Rspr. BAG, Urt. v. 23.6.2009 – 2 AZR 474/07 – AP Nr. 47 zu § 626 BGB; BAG, Urt. v. 27.11.2008 – 2 AZR 98/07 – AP Nr. 90 zu § 1 KSchG 1969.

59 Siehe dazu ausführlich Kap. 11 zur Änderungskündigung.

Praxistipp
Der Arbeitgeber hat vor Ausspruch einer ordentlichen Kündigung – gleichgültig auf welchem Kündigungsgrund der Kündigungsentschluss beruht – das Bestehen einer anderweitigen Beschäftigungsmöglichkeit des Arbeitnehmers zu überprüfen, die dieser ggf. auch mittels einer Änderungskündigung dem Arbeitnehmer anzubieten hat.

3. Interessenabwägung

61 Zuletzt ist im Rahmen einer ordentlichen Kündigung eine **umfassende Interessenabwägung** und eine jeweilige Prüfung des **Einzelfalls** erforderlich. Bei dieser Interessenabwägung sind die Interessen des Arbeitgebers an der Beendigung des Arbeitsverhältnisses und die Interessen des Arbeitnehmers an dem Bestand des Arbeitsverhältnisses gegeneinander abzuwägen.

Praxistipp
In der Praxis ist an dieser Stelle meist die **Schwere** des Kündigungsgrundes mit den **Sozialdaten** des Arbeitnehmers (Alter, Unterhaltsverpflichtungen, Betriebszugehörigkeit, ggf. Schwerbehinderung) abzuwägen.

Beachte
Im Rahmen der betriebsbedingten Kündigung tritt anstelle der Interessenabwägung die Sozialauswahl, d.h. die Frage, ob es nicht Arbeitnehmer im Betrieb oder Unternehmen des Arbeitgebers gibt, denen eine betriebsbedingte Kündigung unter sozialen Gesichtspunkten (Alter, Unterhaltsverpflichtungen, Betriebszugehörigkeit, ggf. Schwerbehinderung) eher zuzumuten wäre.[60]

60 Vgl. dazu ausführlich Kap. 5.

Kapitel 5
Betriebsbedingte Kündigung

A. Einführung

Die Generalklausel des § 1 Abs. 2 S. 1 KSchG unterscheidet bei der sozialen Rechtfertigung einer ordentlichen Kündigung zwischen personen-, verhaltens- und betriebsbedingten Kündigungsgründen. Der gesetzlichen Regelung liegt dabei der Gedanke zu Grunde, dass sich jeder Kündigungssachverhalt einem der genannten Kündigungsgründe zuordnen lässt. Jede Kündigung ist daher zunächst entsprechend einzuordnen; die einzelnen Kündigungsgründe sind gegeneinander abzugrenzen.[1] 1

Während der Arbeitgeber mit der *verhaltensbedingten Kündigung*[2] auf eine Pflichtverletzung des Arbeitnehmers reagiert, steht bei der *personenbedingten Kündigung*[3] der Wegfall der Fähigkeit des Arbeitnehmers zur Erbringung der geschuldeten Arbeitsleistung im Vordergrund. Mit der nachfolgend behandelten **betriebsbedingten Kündigung** verfolgt der Arbeitgeber dagegen den Zweck, seinen vorhandenen Personalbestand an den gegebenen oder zukünftigen Personalbedarf anzugleichen. Ihr liegt daher vor allem die Wechselbeziehung von Personalbestand und Personalbedarf zu Grunde.[4] Anders als bei personen- und verhaltensbedingten Gründen ist es bei der betriebsbedingten Kündigung somit ausschließlich der Arbeitgeber, der die Ursache für die Beendigung des Arbeitsverhältnisses setzt. Vor diesem Hintergrund bietet sich folgende allgemeine Definition an: 2

Definition !

Die betriebsbedingte Kündigung ist die vom Arbeitgeber ausgesprochene Kündigung, mit der Arbeitnehmern, auf die das KSchG Anwendung findet, ordentlich gekündigt werden kann, wenn dem Arbeitgeber die Fortsetzung des Arbeitsverhältnisses nicht zumutbar ist, weil der Weiterbeschäftigung dringende betriebliche Erfordernisse entgegenstehen.

---

1 In der Praxis kann diese Abgrenzung gleichwohl Schwierigkeiten bereiten. Denn einerseits ist die Bildung von Mischtatbeständen möglich; andererseits kann ein Arbeitgeber die Kündigung u.U. auf mehrere Kündigungssachverhalte stützen.

2 Vgl. Kap. 6: Die verhaltensbedingte Kündigung.

3 Vgl. Kap. 7: Die personenbedingte Kündigung.

4 Münchener Anwaltshandbuch Arbeitsrecht/*Ulrich*, § 43 Rn 109.

B. Soziale Rechtfertigung

3 Eine betriebsbedingte Kündigung setzt daher voraus, dass der Beschäftigungsbedarf für einen oder mehrere Arbeitnehmer in dem bisher wahrgenommenen Aufgabenbereich dauerhaft wegfällt und eine Weiterbeschäftigung auf einem anderen freien Arbeitsplatz nicht möglich ist.[5] Nur wenn diese beiden Kriterien gleichermaßen vorliegen, ist die Kündigung auch **durch dringende betriebliche Erfordernisse** i.S.d. § 1 Abs. 3 S. 1 KSchG gerechtfertigt.

4 Wenn von mehreren Arbeitnehmern, die vom Wegfall des Beschäftigungsbedarfs betroffen sein können, nur einer geringeren Anzahl gekündigt wird oder gekündigt werden soll, muss gemäß § 1 Abs. 3 S. 1 KSchG zudem eine Auswahl erfolgen. Wird die Sozialauswahl nicht ordnungsgemäß getroffen, ist die Kündigung unabhängig vom Vorliegen betrieblicher Gründe gegenüber dem ausgewählten Arbeitnehmer sozialwidrig.

5 Für eine betriebsbedingte Kündigung gelten daher folgende

! **Voraussetzungen:**
- der Wegfall des Beschäftigungsbedarfs (I.)
- das Fehlen anderer Weiterbeschäftigungsmöglichkeiten (II.)
- der vorrangige Rückgriff auf mildere Mittel (III.)
- ggf. die ordnungsgemäße Sozialauswahl (IV.).

I. Wegfall des Beschäftigungsbedarfs

6 Der Begriff des „dringlichen betrieblichen Erfordernisses" ist im Gesetz selbst nicht definiert. Vielmehr ergibt sich aus der Zusammenschau des vorauszusetzenden betrieblichen Erfordernisses und der fehlenden Möglichkeit einer Weiterbeschäftigung der wesentliche Grund: Der dauerhafte Wegfall des Beschäftigungsbedarfs.

7 Zu einem dauerhaften Wegfall von Beschäftigungsbedarf kommt es zumeist im Rahmen der Umsetzung eines neuen oder der Anpassung eines bestehenden unternehmerischen Konzepts. Dabei ist entscheidend, dass ein dauerhafter Überhang an Arbeitskräften im Betrieb besteht, der das Bedürfnis zur Fortbeschäftigung eines oder mehrerer Arbeitnehmer entfallen lässt.

5 St. Rspr. vgl. nur BAG, Urt. v. 18.5.2006 – 2 AZR 412/05 – DB 2006, 1962; Schaub/*Linck*, Arbeitsrechtshandbuch, § 134 Rn 1.

1. Inner- und außerbetriebliche Ursachen

Ursache hierfür können sowohl inner- als auch außerbetriebliche Faktoren sein. 8
Hierbei handelt es sich aber nicht um eine rechtlich zwingende Differenzierung – denn inner- und außerbetriebliche Ursachen sind stets nur die Grundlage einer **unternehmerischen Entscheidung** (siehe sogleich 2.). Die Einordnung der Ursachen für den Wegfall von Beschäftigungsbedarf ist nur deskriptiv und dient einer systematischen Erfassung der unternehmerischen Entscheidung.[6] Besondere Bedeutung erlangt sie aber für die Darlegungs- und Beweislast bei der Unterscheidung von gestaltender unternehmerischer Entscheidung und außerbetrieblichen Ursachen für die betriebsbedingte Kündigung.

a) Außerbetriebliche Gründe

Als außerbetriebliche Gründe für den Wegfall von Beschäftigungsbedarf sind bspw. 9
Auftragsmangel oder *Umsatzrückgang* zu nennen. In der Regel beruht das betriebliche Erfordernis aber nicht allein auf einer bestimmten ungünstigen Änderung der wirtschaftlichen Lage, sondern auf einer hierdurch motivierten gestaltenden Unternehmerentscheidung. Der Wegfall von Beschäftigungsbedarf lässt sich nur dann direkt auf außerbetriebliche Faktoren wie etwa einen dauerhaften Umsatzrückgang zurückführen, wenn diese Faktoren *unmittelbar* zur Verringerung einer bestimmten Arbeitsmenge führen.

Grundsätzlich steht es also zur Disposition des Arbeitgebers, wie Ursache und 10
unternehmerische Entscheidung verknüpft werden. So kann er sich einerseits unmittelbar auf den konkreten Auftragsrückgang als Kündigungsgrund berufen und damit eine direkte Kausalität zum Wegfall des Beschäftigungsbedarfs herstellen (sog. selbstbindende unternehmerische Entscheidung). Andererseits kann der Arbeitgeber den Auftragsrückgang aber auch zum Anlass nehmen, eine gestaltende unternehmerische Entscheidung zu treffen, indem er z.B. eine Arbeitsplatzverdichtung vornimmt.

Praxistipp !

Zu beachten ist, dass der Arbeitgeber, sofern er sich nur auf außerbetriebliche Gründe stützt, nachteilige Folgen bei der Darlegungs- und Beweislast zu tragen hat. Denn mit der unmittelbaren Verknüpfung des Arbeitsaufkommens und des Beschäftigungsbedarfs bindet sich der Arbeitgeber selbst und muss sich an der gewählten Relation messen lassen. Er muss dann also nicht nur den Auftragsrückgang **darlegen und beweisen**, sondern auch den daraus resultierenden Wegfall des konkreten Beschäftigungsbedarfs für den gekündigten Arbeitnehmer **rechnerisch begründen.**[7] Da diese Anforderungen in der Praxis schwer zu erfüllen sind, ist zu diesem Vorgehen nur dann zu raten, wenn der Zusammenhang zwischen Wegfall des Beschäftigungsbedarfs und dem außer-

---

6 Münchener Anwaltshandbuch Arbeitsrecht/*Ulrich*, § 43 Rn 116.
7 BAG, Urt. v. 15.6.1989 – 2 AZR 600/88 – NZA 1990, 65.

betrieblichen Grund offensichtlich ist.[8] Ein solch offensichtlicher Zusammenhang ist etwa gegeben, wenn die Arbeitsleistung eines Arbeitnehmers zu 100% nur für Aufträge eines bestimmten Kunden eingesetzt worden ist und dieser Kunde nunmehr keine Aufträge mehr erteilt.

b) Innerbetriebliche Gründe

11 Die außerbetrieblichen Faktoren bilden regelmäßig nur ein *Motiv* für die unternehmerischen Entscheidungen des Arbeitgebers. Hierzu zählen – vom BAG als sog. innerbetriebliche Umstände bezeichnet[9] – alle betrieblichen Maßnahmen auf technischem, organisatorischem oder wirtschaftlichem Gebiet, durch die der Arbeitgeber seine Vorstellungen von der Betriebsausführung verwirklicht und die sich auf den betrieblichen Beschäftigungsbedarf auswirken. Hierzu zählen beispielsweise:

Beispiele
- Rationalisierungen wie die Zusammenlegung von Abteilungen,[10]
- Verdichtung von Arbeitsplätzen,[11]
- Änderung des Anforderungsprofils für eingerichtete Arbeitsplätze,[12]
- sog. Outsourcing, also Übertragung von Aufgaben auf externe Dienstleister,[13]
- Umstellung, Einschränkung oder Verlagerung der Produktion.[14]

12 Bei den innerbetrieblichen Faktoren handelt es sich also um Umstände, die sich vor allem **aus dem Betrieb selbst ergeben**. Dabei korrespondieren innerbetriebliche Ursachen regelmäßig mit der unternehmerischen Entscheidung. Denn führt der Arbeitgeber etwa eine neue Produktionsmethode ein, in deren Folge der Arbeitsbedarf für eine bestimmte Anzahl von Arbeitnehmern wegfällt, gestaltet der Arbeitgeber den Beschäftigungsbedarf durch die Entscheidung selbst. In diesem Fall ist daher die unternehmerische Entscheidung das Maß für den Wegfall von Beschäftigungsbedarf und nicht die innerbetriebliche Ursache.

2. Unternehmerische Entscheidung

13 Außer- und innerbetriebliche Faktoren führen also nicht bereits aus sich heraus zu einem Wegfall an Beschäftigungsbedarf. Vielmehr bedarf es i.d.R. zusätzlich einer

8 Münchener Anwaltshandbuch Arbeitsrecht/*Ulrich*, § 43 Rn 123.
9 BAG, Urt. v. 16.12.2004 – 2 AZR 66/04 – NZA 2005, 761.
10 BAG, Urt. v. 6.11.1997 – 2 AZR 94/97 – NZA 1998, 143.
11 BAG, Urt. v. 17.6.1999 – 2 AZR 522/98 – NZA 1999, 1095.
12 BAG, Urt. v. 7.11.1996 – 2 AZR 811/95 – NZA 1997, 253.
13 BAG, Urt. v. 13.3.2008 – 2 AZR 1037/06 – NZA 2008, 878.
14 BAG, Urt. v. 12.11.1998 – 2 AZR 91/98 – NZA 1999, 471.

gestaltenden unternehmerischen Entscheidung, mit der der jeweilige Unternehmer betriebswirtschaftlich auf die geänderten Rahmenbedingungen reagiert.

a) Unternehmerische Entscheidungsfreiheit

Dabei garantieren die Art. 12 und 14 GG, dass der Arbeitgeber im Rahmen der unternehmerischen Entscheidungsfreiheit selbst darüber bestimmen kann, ob und wie er einen Betrieb führt, insbesondere was produziert oder welche Dienstleistung erbracht und mit wie vielen Arbeitnehmern dieser Betriebszweck erreicht werden soll. 14

b) Zuständigkeit

Die unternehmerische Entscheidung wird von dem für die betreffende Entscheidung zuständigen Organ getroffen. Einerseits ist somit die Rechtsform des Unternehmens, andererseits die Art der Maßnahme ausschlaggebend. Bei juristischen Personen (z.B. einer GmbH oder einer AG) handeln regelmäßig der Geschäftsführer oder der Vorstand. Ihre Befugnis zur Geschäftsführung richtet sich nach dem jeweiligen Gesellschaftsvertrag sowie dem Dienstvertrag – üblicherweise sind hier aber alle Maßnahmen innerhalb des gewöhnlichen Geschäftsbetriebs des Unternehmens erfasst. 15

Praxistipp !
Zu Maßnahmen innerhalb des gewöhnlichen Geschäftsbetriebs zählen unter anderem die Stilllegung einzelner Fertigungslinien, die Anschaffung neuer Maschinen oder die Fremdvergabe von Aufträgen.[15]

Entscheidungen, die über den gewöhnlichen Geschäftsbetrieb hinausgehen, dürfen Geschäftsführer und Vorstand dagegen nur im Einvernehmen mit den Gesellschaftern treffen. Dazu gehört insbesondere die Entscheidung über die Stilllegung des gesamten Unternehmens, die üblicherweise nur von den Gesellschaftern getroffen werden kann. 16

Praxistipp !
Vor diesem Hintergrund ist aber zu beachten, dass es für die Wirksamkeit der unternehmerischen Entscheidung nicht zwingend auf die gesellschaftsrechtliche Wirksamkeit der jeweiligen Maßnahme ankommen muss.[16]

15 Münchener Anwaltshandbuch Arbeitsrecht/*Ulrich*, § 43 Rn 125.
16 Münchener Anwaltshandbuch Arbeitsrecht/*Ulrich*, § 43 Rn 125.

17 Denn entschließt sich beispielsweise der Geschäftsführer im Alleingang dazu, einen Betriebsteil stillzulegen, obwohl er hierfür nach dem Dienstvertrag die Zustimmung der Gesellschafter benötigt, ist die unternehmerische Entscheidung gleichwohl arbeitsrechtlich bindend, wenn sie tatsächlich umgesetzt wird. So kann z.B. die unternehmerische Entscheidung zur Stilllegung des Betriebes einer GmbH auch dann die Kündigung eines in dem Betrieb beschäftigten Arbeitnehmers sozial rechtfertigen, wenn ihr kein wirksamer Beschluss der Gesellschafter zugrunde liegt.[17] Dies gilt nur dann nicht, wenn die gesellschaftsrechtliche Kompetenzverteilung zum Schutz der Arbeitnehmer besteht, also die im Beispielsfall durch den Geschäftsführer verletzte Norm gerade dem Inhalts- oder Bestandsschutz des Arbeitsverhältnisses dient. Dies dürfte jedoch nur im Ausnahmefall zu bejahen sein, weil die gesellschaftsrechtlichen Bindungen in erster Linie die Gesellschafter schützen.

c) Form

18 Die unternehmerische Entscheidung bedarf grundsätzlich keiner besonderen Form. Betrifft die Unternehmerentscheidung zum Beispiel den Entschluss, einen Betrieb stillzulegen, ist hierfür bei einer juristischen Person bzw. einer Kommanditgesellschaft nicht erforderlich, dass das zuständige Organ einen formellen Beschluss herbeiführt.[18]

d) Sonderfall: Unternehmerische Entscheidung im öffentlichen Dienst

19 Auch im öffentlichen Dienst kann es zu einem der Unternehmerentscheidung vergleichbaren Entschluss kommen. Dieser kann darin liegen, dass in einem Haushaltsplan ein sog. kw-Vermerk („künftig wegfallend“) ausgewiesen wird oder aus dem Personalbedarfsplan der Wegfall einer Stelle ersichtlich wird.[19] Kommt es zur konkreten Stellenstreichung im Haushaltsplan, ist hierin die von den Arbeitsgerichten nicht nachprüfbare (siehe sogleich e)) unternehmerische Entscheidung zu sehen, dass die bezeichnete Stelle für die Dienststelle künftig entbehrlich sei.[20]

Beispiel

Beschließt ein Gemeinderat wegen des anhaltenden Geburtenrückgangs die Verwaltung zu beauftragen, unter Berücksichtigung des gesetzlichen Betreuungsschlüssels die Kündigung einer bestimmten Anzahl von Erziehern/innen in den städtischen Kindergärten vorzubereiten, handelt es sich um einen innerdienstlichen Kündigungsgrund, der auf außerbetriebliche Faktoren zurückzu-

---

17 BAG, Urt. v. 5.4.2001 – 2 AZR 696/99 – NZA 2001, 949.

18 BAG, Urt. v. 25.3.2004 – 2 AZR 295/03 – NZA 2004, 1064.

19 BAG, Urt. v. 23.11.2004 – 2 AZR 38/04 – NZA 2005, 986; LAG Sachsen-Anhalt, Urt. v. 21.7.2005 – 10 (4) Sa 382/04 – BeckRS 2011, 66489.

20 BAG, Urt. v. 18.9.2008 – 2 AZR 560/07 – NZA 2009, 142.

führen ist. Die Entscheidung des Arbeitgebers begrenzt das Beschäftigungsvolumen hier in einem bestimmten Bereich; hierdurch wird der Beschäftigungsbedarf für alle Arbeitnehmer dieses Bereiches herabgesetzt.

e) Arbeitsgerichtliche Überprüfung

Ob und welche individuellen Maßnahmen ein Arbeitgeber ergreift, um auf inner- 20
oder außerbetriebliche Faktoren zu reagieren, hängt in erster Linie davon ab, wie er die wirtschaftliche Lage und ihre Perspektiven sowie seine wirtschaftliche Strategie und die von ihm definierten Betriebsziele einschätzt. Die Führung eines Unternehmens ist also maßgeblich durch *subjektive Erwägungen* geleitet, bei der es dem Arbeitgeber auch freisteht, im Vertrauen auf eine wirtschaftliche Erholung seine derzeitige Personalstärke beizubehalten.

aa) Grundsatz der freien Unternehmerentscheidung

Vor diesem Hintergrund stellt sich die Frage nach der gerichtlichen Überprüfbarkeit 21
der unternehmerischen Entscheidung. Dabei ist ebenfalls zu berücksichtigen, dass die Unternehmensführung dem Arbeitgeber als Ausfluss seiner grundrechtlich geschützten Position aus Art. 12 und 14 GG obliegt[21].

Grundsatz !
Nach ständiger Rechtsprechung des BAG ist vom sog. **Grundsatz der freien Unternehmerentscheidung** auszugehen.

Die unternehmerische Entscheidung ist **nur eingeschränkt überprüfbar**. Insbe- 22
sondere dürfen die Arbeitsgerichte die sachliche Rechtfertigung oder die Zweckmäßigkeit der jeweiligen Entscheidung grundsätzlich nicht hinterfragen. Die gerichtliche Überprüfbarkeit erstreckt sich nur auf darauf, ob eine unternehmerische Entscheidung *offenbar unsachlich, unvernünftig oder gar willkürlich* ist (sog. Missbrauchskontrolle).[22]

Die unternehmerische Entscheidung des Arbeitgebers wird ferner nicht auf ihre 23
wirtschaftliche Effektivität hin überprüft.[23] Es daher nicht relevant, ob die durch die Kündigung zu erwartenden Vorteile in einem vernünftigen Verhältnis zu den Nachteilen für die Arbeitnehmer stehen. Ebenfalls ohne Bedeutung ist, ob der Ar-

21 Siehe oben Rn 14.
22 Vgl. nur BAG, Urt. v. 16.12.2010 – 2 AZR 770/09 – NZA 2011, 505; BAG, Urt. v. 27.1.2011 – 2 AZR 9/10 – NZA 2011, 1248; BAG, Urt. v. 13.3.2008 – 2 AZR 1037/06 – NZA 2008, 878.
23 Prägnant ist folgender Merksatz: „Die Betriebsführung obliegt dem Unternehmer, nicht den Arbeitsgerichten", Münchener Anwaltshandbuch Arbeitsrecht/*Ulrich*, § 43 Rn 130.

beitgeber mit der Kündigung auf eingetretene Verluste reagiert oder lediglich seine Gewinne steigern will. Von der freien Unternehmerentscheidung umfasst ist letztlich auch der Entschluss, einen eigentlich florierenden Betrieb einzustellen.[24]

24 Der Grundsatz der freien Unternehmerentscheidung gilt gleichermaßen für unternehmerische Entscheidungen im öffentlichen Dienst (s.o. d)). Denn auch der öffentliche Arbeitgeber entscheidet letztlich selbst, welche Haushaltsmittel er für welche Aufgaben zur Verfügung stellt.

bb) Offenbar unsachliche, unvernünftige oder willkürliche Entscheidungen

25 Eine offenbar unsachliche, unvernünftige oder willkürliche unternehmerische Entscheidung wird von den Arbeitsgerichten angenommen, wenn sie rechts**missbräuchlich** ist, etwa weil sie gesetzwidrig ist, der Umgehung von Gesetzen dient, zu Tarif- oder Vertragsverstößen führt[25] oder wegen sonst eintretender Überlastung der verbleibenden Arbeitnehmer tatsächlich nicht umgesetzt werden kann. Mit Blick auf die europarechtskonforme Auslegung[26] des KSchG ist wegen des gebotenen Diskrimierungsschutzes von den Arbeitsgerichten ebenfalls zu prüfen, ob die unternehmerische Entscheidung eine Benachteiligung aufgrund eines diskriminierenden Differenzierungsmerkmals darstellt.

26 Ein solcher Fall ist etwa denkbar, wenn gezielt ein Betrieb stillgelegt werden soll, weil dort ältere, weibliche, farbige oder behinderte Arbeitnehmer die Mehrzahl der Beschäftigten stellen.[27]

cc) Darlegungs- und Beweislast

27 Im Kündigungsschutzprozess hat der Arbeitgeber darzulegen und im Streitfall zu beweisen, dass er vor Ausspruch der Kündigung eine unternehmerische Entscheidung getroffen hat.[28] Dabei ist durch die Arbeitsgerichte voll überprüfbar, ob die Entscheidung, die zum Wegfall von Arbeitsplätzen führt, vor dem Zugang der Kündigung getroffen wurde und zum Wegfall von Beschäftigungsmöglichkeiten führt. Daher muss der Arbeitgeber konkrete Angaben dazu machen, wer die Entscheidung welchen genauen Inhalts wann getroffen hat, wie sie sich auf die anfallende Ar-

---

24 *Gilberg*, NZA 2003, 819.

25 BAG, Urt. v. 29.11.2007 – 2 AZR 763/06 – DB 2008, 1756.

26 Zwar enthält § 2 IV AGG insoweit eine Bereichsausnahme für Kündigungen. Unabhängig davon, dass diese Bereichsausnahme selbst vielfach für europarechtswidrig gehalten wird, ist jedenfalls eine europarechtskonforme Auslegung des KSchG geboten: Münchener Anwaltshandbuch Arbeitsrecht/*Ulrich*, § 43 Rn 39, 49, 132.

27 Vgl. *Hamacher/Ulrich*, NZA 2007, 661.

28 BAG, Urt. v. 13.6.2002 – 2 AZR 589/01 – NZA 2003, 608.

beitsmenge auswirkt und in welchem Umfang hieraus ein reduzierter Beschäftigungsbedarf resultiert.[29]

Praxistipp

Der Arbeitgeber muss im Kündigungsschutzprozess also plausibel darlegen, inwieweit die bisher vom betreffenden Arbeitnehmer erledigten Aufgaben zukünftig entfallen. Dem kommt der Arbeitgeber nach, indem er eine näher **konkretisierte Prognose** abgibt.[30]

Nach den Regeln der **sog. abgestuften Beweislast** ist es dann Sache des Arbeit- 28
nehmers, zu erwidern und die Umstände darzulegen und zu beweisen, aus denen sich ergeben soll, dass die getroffene unternehmerische Entscheidung offenbar unsachlich, unvernünftig oder willkürlich ist bzw. tatsächlich nicht umgesetzt wurde oder gar nicht umgesetzt werden kann.[31]

Praxistipp

Dabei gilt nach ständiger Rspr. des BAG grundsätzlich, dass für die unternehmerische Entscheidung die Vermutung spricht, dass sie aus sachlichen Gründen erfolgte.[32] Macht ein Arbeitnehmer aber Tatsachen glaubhaft, die für eine Unsachlichkeit, Unvernünftigkeit oder Willkürlichkeit der getroffenen Entscheidung sprechen oder die das Vorliegen einer Diskriminierung (vgl. § 22 AGG) wahrscheinlich machen, findet wiederum ein Wechsel in der Darlegungslast zum Nachteil des Arbeitgebers statt.[33]

---

f) Einzelne Fallgruppen

In der Praxis sind für die unternehmerische Entscheidung und ihre gerichtliche 29
Überprüfung vor allem folgende Fallgruppen relevant:

aa) Betriebsstillegung

30

Beispiel

Der Arbeitgeber entscheidet sich aus wirtschaftlichen Gründen, den gesamten Betrieb stillzulegen – keine gerichtliche Überprüfbarkeit auf Notwendigkeit und Zweckmäßigkeit.

---

29 Schaub/*Linck*, Arbeitsrechtshandbuch, § 134 Rn 31.

30 BAG, Urt. v. 10.10.2002 – 2 AZR 598/01 – DB 2003, 506.

31 BAG, Urt. v. 13.3.2008 – 2 AZR 1037/06 – NZA 2008, 878.

32 Vgl. nur BAG, Urt. v. 27.1.2011 – 2 AZR 9/10 – NZA 2011, 1248; BAG, Urt. v. 23.4.2008 – 2 AZR 1110/06 – NZA 2008, 939; BAG, Urt. v. 29.11.2007 – 2 AZR 388/06 – NZA 2008, 523.

33 Münchener Anwaltshandbuch Arbeitsrecht/*Ulrich*, § 43 Rn 132.

31 Als Betriebsstillegung wird die Auflösung der zwischen Arbeitgeber und Arbeitnehmern bestehenden Betriebs- und Produktionsgemeinschaft bezeichnet. Die Entscheidung des Unternehmers, seinen gesamten Betrieb stillzulegen, ist regelmäßig ein dringendes betriebliches Erfordernis für die Kündigung der im Betrieb beschäftigten Arbeitnehmer. Erforderlich ist der ernsthafte und endgültige Entschluss, die Betriebsgemeinschaft dauernd oder für einen längeren, wirtschaftlich nicht unerheblichen Zeitraum aufzulösen.[34] Ein solcher ernstlicher Entschluss äußert sich beispielsweise darin, dass der Arbeitgeber seine Stilllegungsabsicht unmissverständlich äußert, indem er gegenüber allen Arbeitnehmern Kündigungen ausspricht, etwaige Mietverträge zum nächstmöglichen Zeitpunkt auflöst, die vorhandenen Betriebsmittel veräußert oder zurückgibt und die Betriebstätigkeit vollständig einstellt.[35]

Praxistipp
Dabei braucht der Arbeitgeber mit dem Ausspruch der Kündigungen nicht bis zur endgültigen Stilllegung des Betriebs zu warten. Eine ordentliche Kündigung ist vielmehr schon dann möglich, wenn die auf die Betriebsstilllegung gerichtete Unternehmerentscheidung zum Zeitpunkt des **Zugangs der Kündigung** bereits greifbare Formen angenommen hat und nach einer vernünftigen wirtschaftlichen Prognose feststeht, dass der betreffende Arbeitnehmer bis zum Auslaufen der Kündigungsfrist entbehrlich ist.[36]

32 Des Weiteren ist eine Betriebsstillegung auch in der durch Gesetz angeordneten Auflösung einer Körperschaft des öffentlichen Rechts und der damit verbundenen Einstellung ihrer Tätigkeiten zu sehen. Diese vom Gesetzgeber getroffene Entscheidung ist gerichtlich nicht nachprüfbar; sie ist stattdessen als verantwortliche Entscheidung hinzunehmen.[37]

bb) Betriebsübergang

33 Die geforderte Stilllegungsabsicht besteht aber dann nicht, wenn der Arbeitgeber beabsichtigt, seinen Betrieb lediglich zu veräußern:

Beispiel
Der Inhaber eines Betriebs oder eines Betriebsteils wechselt; der Betrieb geht auf neue Inhaber über – Die betriebsbedingte Kündigung ist mangels Wegfalls des Beschäftigungsbedarfs unwirksam; das Gericht kann die Kündigung voll überprüfen.

34 BAG, Urt. v. 8.11.2007 – 2 AZR 418/06 – NZA 2008, 848; BAG, Urt. v. 7.7.2005 – 2 AZR 399/04 – NZA 2006, 266; BAG, Urt. v. 27.11.2003 – 2 AZR 48/03 – NZA 2004, 477.
35 BAG, Urt. v. 26.4.2007 – AP Nr. 4 zu § 125 InsO; BAG, Urt. v. 24.8.2006 – AP Nr. 152 zu § 1 KSchG 1969.
36 BAG, Urt. v. 8.11.2007 – 2 AZR 418/06 – NZA 2008, 848.
37 BAG, Urt. v. 10.5.2007 – 2 AZR 263/06 – JR 2008, 44.

Denn in diesem Fall stellt die Veräußerung des Betriebs keine Betriebsstillegung dar, weil die wirtschaftliche Identität gewahrt bleibt; es findet lediglich ein Inhaberwechsel statt. Ein solcher Betriebs- oder Betriebsteilübergang kann eine betriebsbedingte Kündigung **nicht rechtfertigen**. Soweit der Betriebsübergang der *alleinige Beweggrund* für den Wegfall des Beschäftigungsbedarfs ist, besteht ein sog. eigenständiges Kündigungsverbot, § 613a Abs. 4 S. 1 BGB.[38] 34

Das Recht zur Kündigung des Arbeitsverhältnisses aus anderen Gründen bleibt allerdings unberührt, vgl. § 613a Abs. 4 S. 2 BGB. Widerspricht ein Arbeitnehmer bei einem Betriebsübergang bspw. dem Übergang des Arbeitsverhältnisses auf den neuen Arbeitgeber, ist die betriebsbedingte Kündigung durch den Veräußerer zulässig, wenn keine andere Beschäftigungsmöglichkeit mehr besteht.[39] 35

Die Prüfung, ob eine Kündigung wegen eines Betriebsübergangs i.S. des § 613a Abs. 4 BGB erfolgt ist, beurteilt sich nach den Verhältnissen zum **Zeitpunkt der Kündigung**. Kommt es bei einer zum Zeitpunkt der Kündigung bereits endgültig geplanten und bereits (teilweise) eingeleiteten Betriebsstilllegung wider erwarten doch zu einem (nachträglichen) Betriebsübergang, ist die Kündigung also nicht nach § 613a Abs. 4 BGB unwirksam.[40] In diesem Fall kann der Arbeitnehmer allerdings einen *Wiedereinstellungsanspruch* geltend machen.[41] 36

cc) Streichung einzelner Arbeitsplätze/Wegfall einer Hierarchieebene

37

Beispiel
Durch die Straffung der Betriebsorganisation fällt die mittlere Hierarchieebene eines Betriebes komplett weg – Keine Überprüfung der unternehmerischen Entscheidung, aber gerichtliche Überprüfung der tatsächlichen Umsetzung in der Praxis.

Besondere Anforderungen an die Darlegung der unternehmerischen Entscheidung bestehen im Fall der **sog. Leistungsverdichtung**, etwa beim Wegfall von Hierarchieebenen oder bei der Streichung von einzelnen Arbeitsplätzen im Zuge von Rationalisierungsmaßnahmen des Arbeitgebers. 38

Eine Leistungsverdichtung liegt insbesondere vor, wenn sich die Organisationsentscheidung des Arbeitgebers und sein Kündigungsentschluss ohne nähere Konkretisierung nicht voneinander trennen lassen. 39

38 Siehe auch Kap. 15 Rn 62ff. zu Beendigung des Arbeitsverhältnisses durch Betriebsübergang.
39 BAG, Urt. v. 7.12.2000 – 2 AZR 391/99 – NZA 2001, 495.
40 BAG, Urt. v. 13.11.1997 – 8 AZR 295/95 – NZA 1998, 251.
41 BAG, Urt. v. 29.9.2005 – 8 AZR 647/04 – NZA 2006, 720.

40 In diesen Fällen muss der Arbeitgeber konkret darlegen, in welchem Umfang und aufgrund welcher Maßnahmen die bisher vom gekündigten Arbeitnehmer ausgeübten Tätigkeiten für diesen zukünftig entfallen. Er muss – im Rahmen einer abgestuften Darlegungslast – die Auswirkungen der unternehmerischen Vorgaben und Planungen auf das erwartete Arbeitsvolumen anhand einer schlüssigen Prognose im Einzelnen darstellen und angeben, wie die in Zukunft anfallenden Arbeiten vom verbliebenen Personal ohne überobligationsmäßige Leistungen erledigt werden können. In welcher Weise der Arbeitgeber darlegt, dass z.B. die Streichung einer Hierarchieebene und die damit verbundene Umverteilung von Arbeitsaufgaben nicht zu einer überobligatorischen Beanspruchung im Betrieb verbliebener Arbeitnehmer führt, bleibt ihm überlassen. Handelt es sich um sog. nicht taktgebundene Arbeiten, muss nicht in jedem Fall und minutiös dargelegt werden, welche einzelnen Tätigkeiten die fraglichen Mitarbeiter künftig mit welchen Zeitanteilen täglich zu verrichten haben. Es kann – je nach Einlassung des Arbeitnehmers – unter Umständen ausreichend sein, wenn der Arbeitgeber die getroffenen Vereinbarungen zu Umfang und Verteilung der Arbeitszeit darstellt und darlegt, dass in Zukunft Freiräume für die Übernahme zusätzlicher Aufgaben vorhanden sind.[42]

dd) Änderung des Stellenprofils

41

Beispiel
Durch die Gewinnung neuer Geschäftspartner werden für eine Arbeitsstelle besondere Sprachkenntnisse erforderlich – Freie unternehmerische Entscheidung, eine gerichtliche Überprüfung ist lediglich auf offenbare Unsachlichkeit möglich.

42 Die unternehmerische Entscheidung, bestimmte Tätigkeiten nur von Arbeitnehmern mit bestimmten Qualifikationen ausführen zu lassen, wird von den Arbeitsgerichten nicht überprüft, sofern die Qualifikationsmerkmale einen nachvollziehbaren Bezug zur Organisation der auszuführenden Arbeiten haben.

43 Ändert der Arbeitgeber durch eine unternehmerische Entscheidung das Anforderungsprofil für Arbeitsplätze, die bereits mit (ggf. langjährig) beschäftigten Arbeitnehmern besetzt sind, hat er hinsichtlich einer zusätzlich geforderten Qualifikation für die nunmehr auszuführenden Tätigkeiten darzulegen, dass es sich nicht nur um „wünschenswerte Voraussetzungen“, sondern um nachvollziehbare, arbeitsplatzbezogene Kriterien für eine Stellenprofilierung handelt. Außerdem ist die Möglichkeit zu prüfen, die Kenntnisse und Fähigkeiten des Arbeitnehmers den durch die unternehmerische Entscheidung geänderten Umständen anzupassen – denn gerade

42 BAG, Urt. v. 24.5.2012 – 2 AZR 124/11 – NZA 2012, 1223.

wenn der Arbeitgeber neue Fertigungsmethoden eingeführt hat, soll der Arbeitnehmer in der Lage sein, seine Leistung auch unter den geänderten Rahmenbedingungen zu erbringen und sich damit die Möglichkeit einer Weiterbeschäftigung erhalten zu können.

Ungeeignet ist insoweit die Festlegung rein persönlicher Merkmale ohne hinrei- 44
chenden Bezug zur Arbeitsaufgabe oder solcher Merkmale, die an das Verhalten oder die Leistung des Arbeitnehmers anknüpfen. Erfüllt ein Arbeitnehmer diese speziell festgelegten Anforderungen nicht (und lassen sich diese auch nicht innerhalb einer zumutbaren Zeit erwerben), fällt die jeweilige Beschäftigungsmöglichkeit für ihn weg. Darüber hinaus muss der Arbeitgeber darlegen, dass für die Änderung ein betrieblicher Anlass besteht. Die Stellenprofilierung muss dann im Zusammenhang mit einer organisatorischen Maßnahme stehen, die nach ihrer Durchführung angesichts eines veränderten Beschäftigungsbedarfs auch die Anforderungen an den Inhaber des Arbeitsplatzes erfasst.[43]

Wird bei einer im Wesentlichen gleich bleibenden Tätigkeit der Arbeitsplatz da- 45
gegen dergestalt umgestaltet, dass dieser zu einer Beförderungsstelle wird, entfällt dadurch nicht ohne weiteres der bisherige Beschäftigungsbedarf. Zwar wird dem Arbeitgeber durch den im KSchG gewährten Bestandsschutz regelmäßig kein Anspruch auf Beförderung gewährt.[44] Wenn der Arbeitgeber jedoch für eine bestimmte Tätigkeit eine Einstellungsentscheidung getroffen hat und diese Tätigkeit im Wesentlichen so erhalten bleibt, dann besteht nach Ansicht des BAG allein in der Umwidmung dieser Stelle in eine Beförderungsstelle kein betriebliches Erfordernis, sofern der Arbeitnehmer nach wie vor geeignet ist, seine Arbeitsleistung auf dem nun umgestalteten Arbeitsplatz zu erbringen.[45]

ee) Auftragsvergabe an Dritte

46

Beispiel
Durch die Auftragsvergabe an einen externen Dienstleister fällt der Arbeitsbedarf für einzelne Arbeitsplätze weg – Freie unternehmerische Entscheidung, eine gerichtliche Überprüfung ist lediglich auf offenbare Unsachlichkeit möglich.

Die unternehmerische Organisationsentscheidung, bisher im Betrieb durchgeführte 47
Arbeiten an ein anderes externes Unternehmen zu vergeben, ist eine die Arbeitsgerichte grundsätzlich bindende Entscheidung.[46]

43 BAG, Urt. v. 10.7.2008 – 2 AZR 1111/06 – NZA 2009, 312.
44 BAG, Urt. v. 21.9.2000 – 2 AZR 385/99 – NZA 2001, 535.
45 BAG, Urt. v. 18.10.2000 – 2 AZR 465/99 – NZA 2001, 473.
46 Schaub/*Linck*, Arbeitsrechtshandbuch, § 134 Rn 38.

Beispiel
- So ist die Entscheidung eines Krankenhausträgers, das eigene Labor zu schließen und die bislang dort erbrachten Laborarbeiten von einem Fremdlabor erbringen zu lassen, eine wirksame freie Unternehmerentscheidung. Denn hierdurch kommt es zu einer Änderung im Betriebsablauf der betroffenen Abteilung und der Arbeitsbedarf für die bisher im Krankenhaus tätigen Labormitarbeiter fällt weg.[47]

48 Die unternehmerische Entscheidung zur Fremdvergabe kann aber nach Ansicht des BAG im Einzelfall **rechtsmissbräuchlich** und damit kündigungsrechtlich unbeachtlich sein, wenn der Arbeitgeber ein unternehmerisches Konzept zur Kostenreduzierung wählt, das faktisch aber nicht zu Änderungen im Betriebsablauf führt, sondern bei allen Arbeitnehmern der betroffenen Abteilungen trotz (fortbestehenden) Beschäftigungsbedarfs zum Arbeitsplatzverlust führen soll.[48]

49 Entscheidend für die Zulässigkeit der gewählten Vertragsgestaltung ist daher der Umstand, dass nicht nur einzelne Personen ausgetauscht, sondern die zu Grunde liegenden Verträge in eine andere Vertragsform überführt werden. Werden bislang von Arbeitnehmern ausgeübte Tätigkeiten selbstständigen Dienstleistern übertragen, rechtfertigt dies die betriebsbedingte Kündigung; dies gilt aber nur, wenn es sich tatsächlich um Selbstständige handelt, die nicht weisungsgebunden tätig werden.[49] Das dürfte auch dann nicht der Fall sein, wenn ein Arbeitgeber seine regulären Beschäftigten durch Leiharbeitnehmer ersetzt. In diesem Fall bestehen wesentliche Merkmale des bisherigen Arbeitsverhältnisses (insb. das Weisungsrecht des Arbeitgebers und die Eingliederung in die Betriebsorganisation) fort, so dass von der Unzulässigkeit einer betriebsbedingten Kündigung des zu ersetzenden Arbeitnehmers auszugehen ist.

Praxistipp
Der Arbeitgeber kann also die wirksame unternehmerische Entscheidung treffen, die Arbeitsaufgaben nicht mehr durch Arbeitnehmer, sondern nur noch durch selbstständig unternehmerische Personen durchzuführen. Dagegen führt die Entscheidung eines Reeders, die von ihm bereederten unter ausländischer Flagge fahrender Schiffe nicht mehr mit eigenen Arbeitnehmern zu besetzen, sondern durch eine ausländische Crewing-Gesellschaft besetzen zu lassen, nicht zum Wegfall von Beschäftigungsmöglichkeiten für die bisherigen Mitarbeiter, wenn der Reeder weiterhin die erforderlichen Weisungen erteilt.[50]

47 BAG, Urt. v. 27.6.2002 – 2 AZR 367/01 – BB 2003, 314.
48 BAG, Urt. v. 26.9.2002 – 2 AZR 636/01 – NZA 2003, 549.
49 BAG, Urt. v. 13.3.2008 – 2 AZR 1037/06 – NZA 2008, 878.
50 BAG, Urt. v. 26.9.1996 – 2 AZR 200/96 – NZA 1997, 202.

II. Fehlen anderer Beschäftigungsmöglichkeiten

Die Kündigung ist nur sozial gerechtfertigt, wenn die betrieblichen Erfordernisse dringend sind, § 1 Abs. 2 KSchG. Das Merkmal der **Dringlichkeit** räumt dem Interesse des Arbeitnehmers am Fortbestand seines Arbeitsverhältnisses also zusätzliches Gewicht ein und führt damit zu einer Konkretisierung des Grundsatzes der Verhältnismäßigkeit.[51] Nach diesem Grundsatz ist insb. zu prüfen, ob die betriebsbedingte Kündigung vermeidbar ist, es also **mildere Mittel** gibt (vgl. auch Kap. III: Abbau von Überstunden und Kurzarbeit als mildere Mittel). 50

Dem Arbeitgeber darf es somit aufgrund der betrieblichen Umstände nicht möglich sein, die unternehmerische Entscheidung durch andere Maßnahmen auf technischem, organisatorischem oder wirtschaftlichem Gebiet als durch eine Kündigung umzusetzen. In der Praxis bedeutet dies, dass für den Arbeitgeber eine Situation bestehen muss, die eine Kündigung unvermeidbar macht.[52] 51

Grundsatz !
Der Grundsatz der Verhältnismäßigkeit gilt im gesamten Kündigungsrecht und besagt, dass die Kündigung geeignet und erforderlich sein muss, um das angestrebte Ziel zu erreichen. Sie darf dabei nicht unverhältnismäßig im engeren Sinne sein und darf daher stets nur als ***ultima ratio***, das heißt als letztes Mittel in Betracht kommen.

Durch den Grundsatz der Verhältnismäßigkeit wird der oben geschilderte Grundsatz der freien Unternehmerentscheidung zwar eingeschränkt, nicht aber entwertet. Der Unternehmer darf die von ihm entwickelten unternehmerischen Planungen und Konzepte verfolgen, muss aber versuchen, dem Wegfall von Arbeitsplätzen durch andere Maßnahmen als Kündigungen zu begegnen. 52

Praxistipp !
Dabei ist allerdings zu beachten, dass die unternehmerische Entscheidung als solche keiner Angemessenheitsprüfung durch die Arbeitsgerichte unterliegt. Insbesondere bedarf es keiner Prüfung, ob die vom Unternehmer angestrebten Vorteile in einem vernünftigen Verhältnis zu den Nachteilen für die Arbeitnehmer stehen. Das Merkmal der Dringlichkeit schützt den Arbeitnehmer also nicht vor rentabilitäts- oder kostenneutralen Umstrukturierungen.[53]

Der Unternehmer entscheidet also grundsätzlich selbst, mit welchem Personalbestand er seine unternehmerischen Ziele erreichen will. Der Grundsatz der Verhältnismäßigkeit führt aber zu einer **Rangfolge** bei der Durchführungen von be- 53

---

51 Vgl. BAG, Urt. v. 29.3.1990 – 2 AZR 369/89 – NZA 1991, 181.

52 BAG, Urt. v. 17.6.1999 – 2 AZR 141/99 – NZA 1999, 1098.

53 Münchener Anwaltshandbuch Arbeitsrecht/*Ulrich*, § 43 Rn 137.

trieblichen Maßnahmen im personellen Bereich. Denn über den Wegfall des Beschäftigungsbedarfs hinaus erfordert die soziale Rechtfertigung einer betriebsbedingten Kündigung das **Fehlen anderweitiger Beschäftigungsmöglichkeiten** für die in Rede stehenden Arbeitnehmer.

54 Keinen Einfluss auf die nähere Bestimmung des Merkmals „Dringlichkeit" aus § 1 Abs. 2 S. 1 KSchG hat dagegen die Regelung des § 2 Abs. 2 Nr. 2 SGB III. Danach haben Arbeitgeber bei ihren Entscheidungen zwar verantwortungsvoll zu handeln und neben den Auswirkungen auf die beschäftigten Arbeitnehmer auch die Anzahl der Arbeitslosen und damit die Inanspruchnahme von Leistungen der Arbeitsförderung zu berücksichtigen. Hintergrund ist aber eine rein sozialversicherungsrechtliche Verpflichtung, die kündigungsrechtlich keine Auswirkungen hat.[54]

! **Praxistipp**

In der Praxis haben sich zur Konkretisierung des Merkmals „dringendes betriebliches Erfordernis" bestimmte Fallgruppen gebildet. Danach ist die Dringlichkeit zu verneinen, wenn:
- der Arbeitnehmer auf einem freien, gleichwertigen Arbeitsplatz weiterbeschäftigt werden kann, § 1 Abs. 2 S. 1 KSchG (vgl. 1. und 2.),
- die Weiterbeschäftigung nach einer Änderung der Arbeitsbedingungen möglich ist (vgl. 3.),
- oder sonstige mildere Mittel vorhanden sind (siehe dazu Kap. III.).

---

1. Freier, gleichwertiger Arbeitsplatz im Betrieb oder im Unternehmen

55 Nach § 1 Abs. 2 S. 1 KSchG ist die betriebsbedingte Kündigung sozial ungerechtfertigt, wenn die Beschäftigungsmöglichkeiten auch nach der unternehmerischen Entscheidung fortbestehen, insbesondere, wenn der Arbeitnehmer an einem anderen Arbeitsplatz in demselben Betrieb oder einem anderen Betrieb desselben Unternehmens weiterbeschäftigt werden kann und der Betriebsrat der Kündigung widersprochen hat. Eine betriebsbedingte Kündigung scheidet also aus, wenn eine Weiterbeschäftigung zu unveränderten Arbeitsbedingungen möglich ist.[55]

! **Praxistipp**

Falls in dem betreffenden Unternehmen kein Betriebsrat besteht (oder er der Kündigung nicht widersprochen hat), ist die Möglichkeit einer Weiterbeschäftigung des Arbeitnehmers auf einem freien, gleichwertigen Arbeitsplatz gleichwohl zu untersuchen. Denn der individuelle Kündigungsschutz des Arbeitnehmers gemäß § 1 Abs. 2 S. 2 KSchG ist nicht davon abhängig, ob ein Betriebsrat besteht oder tätig wird.[56]

---

54 *v. Hoyningen-Huene/Linck*, § 1 Rn 725.

55 Münchener Anwaltshandbuch Arbeitsrecht/*Ulrich*, § 43 Rn 139.

56 BAG, Urt. v. 29.3.2007 – 2 AZR 31/06 – NZA 2007, 855; BAG, Urt. v. 25.4.2002 – 2 AZR 260/01 – NZA 2003, 605; BAG, Urt. v. 21.9.2000 – 2 AZR 385/99 – NZA 2001, 535.

Vor diesem Hintergrund muss der Arbeitgeber zur Rechtfertigung der betriebsbedingten Kündigung nicht nur den Wegfall des Arbeitsbedarfs berücksichtigen, sondern er ist auch **verpflichtet** zu überprüfen, ob der Arbeitnehmer anderweitig weiterbeschäftigt werden kann.[57] Dabei ist jedoch zu beachten, dass eine Kündigung nicht schon allein dadurch **unwirksam** wird, dass der Arbeitgeber es vor dem Ausspruch der Kündigung unterlassen hat, die Möglichkeit einer gleichwertigen Weiterbeschäftigung zu überprüfen. Vielmehr ist die Kündigung nur dann unwirksam, wenn tatsächlich ein entsprechender vorhanden Arbeitsplatz gewesen ist, der mit dem Arbeitnehmer hätte besetzt werden können.[58] 56

Praxistipp !

Für die Frage, ob ein freier, gleichwertiger Arbeitsplatz vorhanden ist, ist nicht etwa die subjektive Einschätzung des Arbeitgebers, sondern die **objektive Lage** maßgeblich.[59]

Abzugrenzen ist das Kriterium der Weiterbeschäftigung von der Voraussetzung einer ordnungsgemäßen *Sozialauswahl* (vgl. IV.). Reduziert sich aufgrund der unternehmerischen Entscheidung die anfallende Arbeitsmenge in einem Bereich des Betriebs, in dem mehrere Arbeitnehmer beschäftigt werden, dient die Durchführung der Sozialauswahl dazu, unter den betroffenen Arbeitnehmern denjenigen zu ermitteln, der nach sozialen Kriterien am stärksten erscheint. Die Überprüfung der Frage einer möglichen Weiterbeschäftigung zielt dagegen darauf ab, in welchem Umfang betriebsbedingte Kündigungen vermieden werden können. Die Suche nach einem freien, gleichwertigen Arbeitsplatz im Betrieb ist der Sozialauswahl also vorgelagert – ist eine Weiterbeschäftigung zu den genannten Bedingungen möglich, verringert sich die Anzahl der in die Sozialauswahl einzustellenden Arbeitnehmer.[60] 57

Grundsätzlich kommen bei der Überprüfung einer anderweitigen Beschäftigungsmöglichkeit alle freien und geeigneten Arbeitsplätze auf der gleichen Hierachieebene eines Unternehmens in Betracht. Hierbei sind folgende Besonderheiten zu berücksichtigen: 58

---

57 Ascheid/Preis/Schmidt/*Kiel*, § 1 KSchG Rn 589; Schaub/*Linck*, Arbeitsrechtshandbuch, § 134 Rn 20.

58 Münchener Anwaltshandbuch Arbeitsrecht/*Ulrich*, § 43 Rn 139.

59 BAG, Urt. v. 7.2.1991 – 2 AZR 205/90 – NZA 1991, 806.

60 Münchener Anwaltshandbuch Arbeitsrecht/*Ulrich*, § 43 Rn 140.

a) Unternehmensbezug

59 Die Prüfung anderweitiger Beschäftigungsmöglichkeiten für die betroffenen Arbeitnehmer ist grundsätzlich auf das gesamte Unternehmen zu erstrecken; es handelt sich also um eine **unternehmensbezogene Prüfungspflicht.**[61]

Praxistipp
Hierin liegt ein wesentlicher Unterschied zur *betriebsbezogenen* Sozialauswahl, die im Folgenden unter Kapitel IV. behandelt wird.

---

60 Bei der Suche nach einer Weiterbeschäftigungsmöglichkeit müssen daher nicht nur freie bzw. frei werdende Arbeitsplätze im Betrieb der betroffenen Arbeitnehmer, sondern auch alle anderen freien Arbeitsplätze in anderen Betrieben des Unternehmens – also desselben Rechtsträgers – berücksichtigt werden.

Praxistipp
Auch wenn Weiterbeschäftigungsmöglichkeiten nur an räumlich weit entfernten Standorten bestehen (etwa bei Filialbetrieben), ist eine betriebsbedingte (Beendigungs-)Kündigung nicht gerechtfertigt.

---

61 Einen Sonderfall bildet insoweit der sog. **Gemeinschaftsbetrieb.** Ein solcher Betrieb liegt vor, wenn mehrere Unternehmen Betriebsmittel für einen einheitlichen arbeitstechnischen Zweck anwenden und der Einsatz der Arbeitnehmer von einem einheitlichen Leitungsapparat gesteuert wird. Es muss also für mehrere Unternehmen oder Unternehmensteile eine gemeinsame Führung vorhanden sein, die die Arbeitgeberfunktion für alle Unternehmen wahrnimmt.[62] Liegt ein derartiger Gemeinschaftsbetrieb mehrerer Unternehmen vor, müssen die Weiterbeschäftigungsmöglichkeiten innerhalb des gemeinsamen Betriebs unternehmensübergreifend geprüft werden (zur konzernweiten Weiterbeschäftigungsmöglichkeit vgl. 4.).[63]

b) Freier Arbeitsplatz

62 Die Möglichkeit einer anderweitigen Beschäftigung setzt das Vorhandensein eines „freien" Arbeitsplatzes voraus. Hierunter fallen zunächst solche Arbeitsplätze, die **tatsächlich unbesetzt** sind.[64]

---

61 BAG, Urt. v. 26.6.2008 – 2 AZR 1109/06 – NZA-RR 2009, 205; BAG, Urt. v. 23.4.2008 – 2 AZR 1110/06 – NZA 2008, 939.
62 BAG, Beschl. v. 13.8.2008 – 7 ABR 21/07 – NZA-RR 2009, 255.
63 BAG, Urt. v. 13.6.1985 – 2 AZR 452/84 – NZA 1986, 600.
64 BAG, Urt. v. 27.9.1984 – 2 AZR 309/83 – NZA 1985, 493.

aa) Maßgeblicher Zeitpunkt

Maßgeblicher Zeitpunkt ist grundsätzlich der Zugang der Kündigung beim Arbeitnehmer.[65] Zudem ergibt sich aus dem Prognoseprinzip, dass auch solche Arbeitsplätze Berücksichtigung finden müssen, **die im Laufe der Kündigungsfrist** (etwa wegen eines Ausscheidens aus Altersgründen) **sicher frei** werden. Denn dann besteht tatsächlich kein Überhang an Arbeitskräften, mit dem der Arbeitgeber die betriebsbedingte Kündigung rechtfertigen könnte.[66] Darüber hinaus gelten aber auch solche Arbeitsplätze als frei, bei denen feststeht, dass sie in absehbarer Zeit **nach Ablauf der Kündigungsfrist** frei werden – jedenfalls wenn die Überbrückung des Zeitraums dem Arbeitgeber zumutbar ist. Für die Prognose ist allerdings ein hoher Grad an Wahrscheinlichkeit erforderlich. Es muss also mit hinreichender Sicherheit vorherzusehen sein, dass ein konkreter Arbeitsplatz bis zum Ablauf der Kündigungsfrist oder in absehbarer Zeit danach frei wird. Ein Verweis auf die normale Personalfluktuation genügt demgegenüber nicht.[67] Grundlage hierfür ist das Verhältnismäßigkeitsprinzip, das dem Arbeitgeber eine zumutbare zeitliche Überbrückung vor Ausspruch der betriebsbedingten Kündigung abverlangt. Bei der Frage, welcher Zeitraum vom Arbeitgeber bis zum Freiwerden des Arbeitsplatzes überbrückt werden muss, ist jedenfalls ein Zeitraum zumutbar, den ein neuer Arbeitnehmer zur Einarbeitung benötigen würde.[68] 63

Praxistipp !

Der Arbeitgeber ist allerdings nicht dazu verpflichtet, einem anderen Arbeitnehmer **zu kündigen** oder durch andere Organisationsmaßnahmen einen (neuen) freien Arbeitsplatz zu schaffen.

Ebenfalls zu beachten ist, dass es in besonderen Fällen rechtsmissbräuchlich sein kann, wenn sich der Arbeitgeber darauf beruft, dass ein Arbeitsplatz tatsächlich besetzt sei. Besetzt der Arbeitgeber beispielsweise nach einer offensichtlich unwirksamen Kündigung einen Arbeitsplatz neu, um damit die Weiterbeschäftigungsmöglichkeit des unwirksam gekündigten Arbeitnehmers zu unterlaufen, ist dieses Vorgehen rechtsmissbräuchlich.[69] Der Arbeitgeber kann sich nach dem in § 162 BGB normierten Rechtsgedanken (Verhinderung oder Herbeiführung des Bedingungseintritts) also nicht auf den von ihm selbst verursachten Wegfall der freien Stelle berufen.[70]

Ein rechtsmissbräuchliches Verhalten auf Arbeitgeberseite ist also insb. dann anzunehmen, wenn ein Arbeitsplatz „sehenden Auges" besetzt wird, obwohl zum Zeitpunkt der Stellenbesetzung aufgrund der unternehmerischen Entscheidung bereits 64

---

65 BAG, Urt. v. 29.3.2007 – 2 AZR 31/06 – NZA 2007, 855.
66 BAG, Urt. v. 1.3.2007 – 2 AZR 650/05 – DB 2007, 1540.
67 BAG, Urt. v. 15.12.1994 – 2 AZR 327/94 – NZA 1995, 521.
68 BAG, Urt. v. 15.12.1994 – 2 AZR 327/94 – NZA 1995, 521.
69 BAG, Urt. v. 25.4.2002 – 2 AZR 260/01 – NZA 2003, 605.
70 BAG, Urt. v. 12.2.2004 – 2 AZR 307/03 – AP Nr. 39 zu § 322 ZPO.

ein Auslaufen des Arbeitsbedarfs für den später betriebsbedingt gekündigten Arbeitnehmer erkennbar war.[71] Der Arbeitgeber darf die Weiterbeschäftigung dann nicht dadurch **unmöglich machen**, dass er vor einer Kündigung Stellen durch Neueinstellungen besetzt, um dann unter Berufung auf fehlende Weiterbeschäftigungsmöglichkeiten mangels freier Arbeitsplätze betriebsbedingte Kündigungen aussprechen zu können.[72]

65 Im Falle eines **Betriebsübergangs** muss der Arbeitgeber nach Ansicht des BAG damit rechnen, dass die betroffenen Arbeitnehmer dem Betriebsübergang *widersprechen* können (§ 613a Abs. 6 BGB), sodass ihre Arbeitsverhältnisse nicht auf den neuen Arbeitgeber übergehen, sondern beim alten Arbeitgeber verbleiben.[73] Der Möglichkeit einer zumutbaren, anderweitigen Beschäftigung dieser Arbeitnehmer kann sich der Arbeitgeber nicht dadurch verschließen, dass er bei der Umsetzung eines geplanten Konzepts zur Umstrukturierung neue Arbeitnehmer einstellt. Denn auch in diesem Fall ist der in § 162 BGB niedergelegte Grundgedanke durch die Neueinstellungen verletzt.[74]

bb) Vorübergehend freie Arbeitsplätze

66 Als problematisch kann sich die Frage erweisen, ob auch solche Arbeitsplätze als unbesetzt anzusehen sind, deren Inhaber ihre Arbeitsleistung nur vorübergehend nicht erbringen. Dies ist zum Beispiel der Fall bei einem Arbeitnehmer, der Elternzeit in Anspruch nimmt, oder bei Arbeitnehmern, die wegen einer Krankheit für längere Zeit arbeitsunfähig sind. Hier ist ausschlaggebend, dass es für das Merkmal „freier Arbeitsplatz“ nicht darauf ankommt, ob eine Arbeitsleistung als solche erbracht wird, sondern inwieweit **arbeitsvertragliche Beziehungen** für die fragliche Stelle vorhanden sind. Für die beiden genannten Fälle bedeutet dies, dass der Arbeitsplatz nicht als „freier“ Arbeitsplatz im Sinne des § 1 Abs. 2 S. 2 KSchG heranzuziehen ist. Dies gilt selbst dann, wenn die Dauer der Erkrankung des Arbeitnehmers nicht absehbar sein sollte oder gar feststeht, dass er nicht auf seinen Arbeitsplatz zurückkehren wird.[75] Die geschilderten Grundsätze gelten auch für alle anderen Vertretungs- oder sonstigen Abwesenheitsfälle wie etwa Urlaub oder Sonderurlaub. Würden die Gerichte diese Arbeitsplätze ohne weiteres als „frei“ bewerten, würde unvertretbar in die unternehmerische Entscheidungshoheit eingegriffen.[76] Etwas

71 BAG, Urt. v. 5.6.2008 – 2 AZR 107/07 – NZA 2008, 1180.
72 Münchener Anwaltshandbuch Arbeitsrecht/*Ulrich*, § 43 Rn 143.
73 BAG, Urt. v. 15.8.2002 – 2 AZR 195/01 – NZA 2003, 430.
74 A.A. *Lunk/Möller*, NZA 2004, 9; *Pomberg*, DB 2003, 2177.
75 BAG, Urt. v. 2.2.2006 – 2 AZR 38/05 – NZA 2007, 352.
76 BAG, Urt. v. 1.3.2007 – 2 AZR 650/05 – DB 2007, 1540.

anderes gilt nur dann, wenn der Arbeitgeber die fraglichen Stellen mit Aushilfskräften besetzt oder gar als „freie Arbeitsplätze“ ausschreibt.

cc) Mit Leiharbeitnehmern besetzte Arbeitsplätze

Sehr umstritten ist die Frage, ob eine mit **Leiharbeitern** besetzte Stelle als frei zu 67 bewerten ist. Nach der wohl überwiegenden Ansicht ist die Arbeitnehmerüberlassung grundsätzlich vorrangig zu beenden, da die Leiharbeitnehmer keine Arbeitnehmer des entleihenden Betriebs sind.[77] Ein Arbeitsplatz kann somit auch dann als frei angesehen werden, wenn er mit einem Leiharbeitnehmer besetzt ist.[78] Nach anderer Ansicht ist zu unterscheiden, ob der Einsatz der Leiharbeitnehmern auf einer unternehmerischen Entscheidung beruht, bestimmte Tätigkeiten nicht von eigenen Arbeitnehmern, sondern von Leiharbeitern ausführen zu lassen.[79]

dd) Möglichkeit der Zuweisung des freien Arbeitsplatzes

Weitere Voraussetzung eines freien Arbeitsplatzes im Sinne des § 1 Abs. 2 S. 2 KSchG 68 ist, dass die Zuweisung des betreffenden Arbeitnehmers dorthin auch **tatsächlich und rechtlich möglich** ist.

Praxistipp !

Eine solche Zuweisung ist etwa dann nicht zulässig, wenn sie eine Versetzung im Sinne des § 99 BetrVG darstellt und die erforderliche Zustimmung vom Betriebsrat nicht erteilt wird. Hierfür reicht bereits aus, wenn der Betriebsrat seine Verweigerung zur Zustimmung im Vorfeld angekündigt hat. Eine Pflicht des Arbeitgebers zur Durchführung des Zustimmungsersetzungsverfahrens besteht nicht.[80]

---

c) Gleichwertigkeit des Arbeitsplatzes

Der Verhältnismäßigkeitsgrundsatz schützt das Arbeitsverhältnis nur in seinem 69 bisherigen Bestand und Inhalt. Dem Arbeitgeber obliegt es daher lediglich, eine freie Arbeitsstelle anzubieten, die **gleichwertig** ist. Sind solche Arbeitsplätze nicht vorhanden, muss die Weiterbeschäftigung ggf. auf einer Stelle mit **schlechteren Konditionen** angeboten werden (vgl. unten 2.). Eine Pflicht zur Weiterbeschäftigung auf einer **höherwertigen Stelle** besteht dagegen nicht. Der Arbeitnehmer hat

---

77 LAG Bremen, Urt. v. 2.12.1997 – LAGE § 1 KSchG 1969 Nr. 47; *Düwell/Dahl*, DB 2007, 1699.

78 Schaub/*Linck*, Arbeitsrechthandbuch, § 134 Rn 22.

79 vgl. ErfK/*Oetker*, § 1 KSchG Rn 256; HaKo/*Gallner*, § 1 KSchG Rn 661; *Simon/Greßlin*, DB 2007, 2454.

80 BAG, Urt. v. 29.1.1997 – 2 AZR 9/96 – NZA 1997, 709.

also keinen Anspruch auf Beförderung oder Weiterbeschäftigung auf einem höherwertigen Arbeitsplatz.[81]

d) Anforderungsprofil des Arbeitsplatzes

70 Für die Weiterbeschäftigung müssen die Qualifikationen des Arbeitnehmers grundsätzlich dem **Stellenprofil** des freien Arbeitsplatzes entsprechen.

aa) Festlegung des Anforderungsprofils

71 Dabei ist zunächst festzustellen, dass die Festlegung des Anforderungsprofils eines Arbeitsplatzes dem Arbeitgeber als Ausfluss seiner **freien unternehmerischen** Entscheidung obliegt. Die Gestaltung des Anforderungsprofils für den freien Arbeitsplatz unterliegt somit der lediglich auf offenbare Unsachlichkeit zu überprüfenden Unternehmerdisposition des Arbeitgebers. Soweit für die sachgerechte Erledigung der Arbeitsaufgabe bestimmte persönliche oder sachliche Voraussetzungen erforderlich sind, kann die unternehmerische Entscheidung, welche Anforderungen an den Stelleninhaber zu stellen sind, also gerichtlich nur auf offenbare Unsachlichkeit überprüft werden. Die Entscheidung des Arbeitgebers, bestimmte Tätigkeiten nur von Arbeitnehmern mit bestimmten Qualifikationen ausführen zu lassen, ist von den Arbeitsgerichten grundsätzlich jedenfalls dann zu respektieren, wenn die Qualifikationsmerkmale einen **nachvollziehbaren Bezug** zur Organisation der auszuführenden Arbeiten haben.[82]

! **Praxistipp**

In der Praxis besteht durch die Festlegung des Anforderungsprofils für den Arbeitgeber somit eine erhebliche Einflussmöglichkeit. Deren Grenzen sind nur dann überschritten, wenn es im Rahmen der Festlegung zu einem Anforderungsprofil mit rein persönlichen Merkmalen ohne hinreichenden Bezug zur konkreten Arbeitsaufgabe kommt.[83]

---

bb) Zumutbare Umschulung oder Fortbildung

72 Der Arbeitgeber ist unter bestimmten Umständen aber auch dann zur Weiterbeschäftigung des Arbeitnehmers auf dem freien Arbeitsplatz verpflichtet, wenn sie erst nach zumutbarer Umschulung oder Fortbildung möglich ist, vgl. § 1 Abs. 2 S. 3 KSchG.

---

81 BAG, Urt. v. 18.10.2000 – 2 AZR 465/99 – NZA 2001, 437.

82 BAG, Urt. v. 24.6.2004 – 2 AZR 326/03 – NZA 2004, 1268.

83 *Preis*, AuR 1997, 60, 64.

Praxistipp

!

Eine „Umschulung" soll den Arbeitnehmer gemäß § 1 Abs. 4 BBiG zu einer anderen beruflichen Tätigkeit befähigen. Dagegen dienen Maßnahmen der Fortbildung nach § 1 Abs. 3 BBiG dazu, die beruflichen Kenntnisse und Fähigkeiten der Arbeitnehmer zu erhalten, zu erweitern, an die technische Weiterentwicklung anzupassen oder beruflichen Aufstieg zu ermöglichen.

Die Verpflichtung des Arbeitgebers zu einer Weiterbeschäftigung des Arbeitnehmers 73
nach Umschulung besteht grundsätzlich nur, solange sie zumutbar ist. Dabei ist darauf abzustellen, wie sich die Zumutbarkeit für den *Arbeitgeber* darstellt.[84] In der Praxis wird dies durch die **Interessenabwägung im Einzelfall** ermittelt. Hierbei sind die Betriebszugehörigkeit, die voraussichtliche restliche Beschäftigungsdauer sowie die persönliche und fachliche Eignung des Arbeitnehmers mit den Schulungskosten, den Erfolgsaussichten und der wirtschaftlichen Leistungsfähigkeit des Arbeitgebers in Einklang zu bringen.

Praxistipp

!

Umschulung und Fortbildung sind dem Arbeitgeber jedenfalls dann unzumutbar, wenn sie mit Blick auf die bisherige Dauer der Beschäftigung des Arbeitnehmers nicht mehr in vertretbarer Zeit und Aufwand möglich sind. Einen Anhaltspunkt hierfür kann die Probezeit bilden.[85] Ferner sind bei der Frage der Zumutbarkeit zu berücksichtigen:
- das Alter des Arbeitnehmers,
- die Kosten der Fortbildungs- oder Umschulungsmaßnahme,
- der Nutzen für den Betrieb und
- der Qualifikationsstand des Arbeitnehmers.

Es wird freilich nur selten der Fall sein, dass dem Arbeitgeber Umschulungen oder 74
Fortbildungen allein aufgrund des Alters oder des Bildungsgrades des Arbeitnehmers nicht mehr zugemutet werden können – dies dürfte in der Regel nur dann der Fall sein, wenn die Maßnahme aussichtslos erscheint. Andererseits kann eine Unzumutbarkeit für den Arbeitgeber auch begründet werden, wenn der betreffende Arbeitnehmer sich nicht umschulungswillig zeigt.[86]

2. Vorrang der Änderungskündigung

Damit der Arbeitnehmer auf einem anderen Arbeitsplatz im Unternehmen weiterbe- 75
schäftigt werden kann, muss die Zuweisung des Arbeitsplatzes vom Weisungsrecht des Arbeitgebers gedeckt sein oder ein wirksamer arbeitsvertraglicher Versetzungsvorbehalt vereinbart worden sein. Trifft das nicht zu, fordert der Verhältnismäßig-

84 Münchener Anwaltshandbuch Arbeitsrecht/*Ulrich*, § 43 Rn 148.
85 Münchener Anwaltshandbuch Arbeitsrecht/*Ulrich*, § 43 Rn 148.
86 Münchener Anwaltshandbuch Arbeitsrecht/*Ulrich*, § 43 Rn 148.

keitsgrundsatz vorrangig den Ausspruch einer Änderungskündigung als sog. milderes Mittel. Andernfalls ist die betriebsbedingte Kündigung nach § 1 Abs. 2 S. 3 KSchG sozial ungerechtfertigt. Nach neuer Rspr. ist der Arbeitgeber zur Abgabe eines Angebots auf Weiterbeschäftigung an anderer Stelle im Rahmen einer Änderungskündigung selbst dann verpflichtet, wenn er diese dem Arbeitnehmer zuvor ohne Erfolg freihändig angeboten hatte.[87]

Praxistipp
Dies hat zur Folge, dass der Arbeitgeber heute nicht mehr versuchen muss, vor Ausspruch der Änderungskündigung zwangsläufig eine einvernehmliche Lösung herbeizuführen. Gleichwohl kann dies bei größeren Maßnahmen im Betrieb sinnvoll sein, um die Bereitschaft der Arbeitnehmer zu einem Arbeitsplatzwechsel zu erfahren.

76 Das bedeutet aber nicht, dass dem Arbeitnehmer Arbeitsplätze angeboten werden müssen, für die er völlig ungeeignet ist. Allerdings müssen alle freien Arbeitsplätze angeboten werden, die der Arbeitnehmer aufgrund seiner Qualifikation ausüben kann – selbst wenn der Arbeitnehmer sie persönlich als „Degradierung" empfinden mag. Eine Ausnahme besteht insoweit nur in Extremfällen, wenn der Arbeitgeber bei vernünftiger Betrachtung schon deshalb nicht mit der Annahme des Angebots rechnen konnte, weil es einen geradezu beleidigenden Charakter hat. Dies dürfte etwa der Fall sein, wenn dem bisherigen Personalchef nunmehr eine freie Pförtnerstelle angeboten würde.[88]

Praxistipp
Von diesen Extremfällen abgesehen gibt es keine Ausnahmefälle, in denen es eines Weiterbeschäftigungsangebots auf der freien geringwertigen Stelle nicht bedarf. In der Praxis ist es dem Arbeitgeber daher stets zu raten, auch solche freie Arbeitsplätze anzubieten, die nach seiner Meinung unzumutbar sind. Denn andernfalls trägt er das Risiko, dass die betriebsbedingte Kündigung unwirksam ist.

77 Dem Vorrang einer Änderungskündigung kann der Arbeitgeber mit zwei Vorgehensweisen genügen. Zum einen kann der Arbeitgeber den Weg wählen, **sogleich eine Änderungskündigung** ohne vorheriges Angebot an den Arbeitnehmer auszusprechen. Zum anderen kann er dem Arbeitnehmer **vor dem Ausspruch der Kündigung** auch ein konkretes Angebot einer Weiterbeschäftigung zu geänderten vertraglichen Bedingungen unterbreiten. Geht der Arbeitnehmer hierauf ein, wird der Arbeitsvertrag durch einen Änderungsvertrag einvernehmlich abgeändert. Lehnt

87 BAG, Urt. v. 21.4.2005 – 2 AZR 132/04 – NZA 2005, 1289.
88 BAG, Urt. v. 26.6.2008 – 2 AZR 1109/06 – NZA-RR 2009, 205; BAG, Urt. v. 21.4.2005 – 2 AZR 132/04 – NZA 2005, 1289.

der Arbeitnehmer das Änderungsangebot ab, muss der Arbeitgeber die Änderungskündigung auf der Grundlage des Änderungsangebots aussprechen. Nur wenn der Arbeitnehmer das Angebot *vorbehaltlos* ablehnt, ist der Arbeitgeber ausnahmsweise berechtigt, eine betriebsbedingte (Beendigungs-)Kündigung auszusprechen.

Praxistipp
Hierfür muss der Arbeitnehmer jedoch **eindeutig** und vorbehaltlos erklären, unter gar keinen Umständen zur Erbringung seiner Arbeitsleistung zu den geänderten Arbeitsbedingungen bereit zu sein. Lehnt er das Angebot der einvernehmlichen Änderung des Arbeitsvertrags auf sonstige Weise ab, muss der Arbeitgeber eine Änderungskündigung aussprechen. Eine Beendigungskündigung wäre unwirksam.
Wie der Arbeitgeber dem Arbeitnehmer das Angebot auf Weiterbeschäftigung zu veränderten Arbeitsbedingungen unterbreitet, richtet sich nach den allgemeinen Gepflogenheiten des Betriebs, rechtliche Vorgaben existieren insoweit nicht. Wichtig ist, dass der Arbeitnehmer genau wissen muss, was auf dem freien Arbeitsplatz von ihm erwartet wird – das Angebot muss also sorgfältig und **hinreichend konkret** formuliert werden. In der Praxis scheitern hieran dennoch viele Angebote, weil oftmals lediglich lapidar auf eine Weiterbeschäftigung auf einem anderen Arbeitsplatz hingewiesen wird. Eines ausführlichen Angebots bedarf es freilich dann nicht, wenn der Arbeitnehmer den freien Arbeitsplatz und seine spezifischen Arbeitsbedingungen bereits kennt.[89]

Dem Arbeitgeber muss in jedem Fall geraten werden, genauestens zu ermitteln, inwieweit in seinem Betrieb freie Arbeitsplätze vorhanden sind. Diese sollten dem Arbeitnehmer dann vor dem Ausspruch einer betriebsbedingten Kündigung angeboten werden – selbst wenn die Tätigkeit auf dem freien Arbeitsplatz geringerwertig ist. Kommen mehrere freie Arbeitsplätze in Betracht, ist zu raten, sie alle anzubieten. 78

3. Konkurrenz um Weiterbeschäftigung/Stellenbesetzungsverfahren

Tritt aufgrund der unternehmensbezogenen Weiterbeschäftigungspflicht[90] nach § 1 Abs. 2 Satz 2 Nr. 1 KSchG die Situation ein, dass mehrere Arbeitnehmer verschiedener Betriebe eines Unternehmens um einen oder mehrere freie Arbeitsplätze in einem dieser Betriebe konkurrieren, so ist – jeweils für sich betrachtet – keine der Kündigungen i.S.d. § 1 Abs. 2 KSchG durch dringende betriebliche Erfordernisse bedingt. Welche Kündigungen nach § 1 Abs. 2 KSchG sozial gerechtfertigt sind, lässt sich vielmehr erst nach einer sog. **Auswahlentscheidung** des Arbeitgebers beurteilen.[91] Diese Auswahlentscheidung hat zumindest nach § 315 BGB und § 106 GewO 79

89 BAG, Urt. v. 18.10.2000 – 2 AZR 465/99 – NZA 2001, 437.
90 Schaub/*Linck*, Arbeitsrechthandbuch, § 134 Rn 24.
91 *v. Hoyningen-Huene*/*Linck*, § 1 Rn 767.

die sozialen Belange der betroffenen Arbeitnehmer mit zu berücksichtigen. Nach neuer Rspr. des BAG sprechen sogar gewichtige Argumente dafür, in derartigen Fällen eine **Sozialauswahl** entsprechend § 1 Abs. 3 KSchG vorzunehmen – zumindest wenn um freie Arbeitsplätze in einem Betrieb des Unternehmens ausschließlich Arbeitnehmer aus verschiedenen anderen Betrieben des Unternehmens konkurrieren.[92]

Praxistipp

Zwar führen beide Vorgehensweisen in der Praxis zumeist zu übereinstimmenden Ergebnissen. Der Arbeitgeber geht aber auf Nummer sicher, wenn er die Auswahlentscheidung unter Berücksichtigung der Sozialdaten nicht lediglich an dem Maßstab billigen Ermessens (§ 315 BGB) beurteilt, sondern insoweit die Grundsätze der Sozialauswahl nach § 1 Abs. 3 KSchG entsprechend anwendet.[93] Dabei ist dem Arbeitgeber zu empfehlen, freie Arbeitsplätze in der Reihenfolge der sozialen Schutzwürdigkeit der Arbeitnehmer gemäß den Sozialkriterien (vgl. Kap. IV) anzubieten.

4. Konzernweite Weiterbeschäftigung

80 Die Prüfung von Weiterbeschäftigungsmöglichkeiten für die betroffenen Arbeitnehmer ist grundsätzlich auf das gesamte Unternehmen zu erstrecken; es handelt sich also um eine unternehmensbezogene Prüfungspflicht (s.o. Rn 59 ff.).[94] Freie Arbeitsplätze in einem **anderen Konzernunternehmen** müssen dagegen im Regelfall nicht angeboten werden. Denn der Kündigungsschutz besteht grds. nicht konzern-dimensional.[95]

a) Arbeitsverhältnisse mit Konzernbezug

81 Ausnahmen gelten allerdings bei Arbeitsverhältnissen, die einen Bezug auch auf andere Unternehmen des Konzerns haben. Ein solcher kann sich etwa aus besonderen individualvertraglichen Abreden wie sog. **Konzernversetzungsklauseln** ergeben. Denn diese beinhalten den arbeitsvertraglichen Vorbehalt, dass der betreffende Arbeitnehmer auch bei anderen Konzernunternehmen eingesetzt werden kann.[96] Beachtlich sind darüber hinaus auch entsprechende Regelungen in Tarifverträgen und Betriebsvereinbarungen.

92 BAG, Urt. v. 21.9.2000 – 2 AZR 385/99 – NZA 2001, 535.

93 BAG, Urt. v. 22.9.2005 – 2 AZR 544/04 – NZA 2006, 558.

94 BAG, Urt. v. 26.6.2008 – 2 AZR 1109/06 – NZA-RR 2009, 205; BAG, Urt. v. 23.4.2008 – 2 AZR 1110/06 – NZA 2008, 939.

95 Grundlegend BAG, Urt. v. 14.10.1982 – 2 AZR 568/80 – DB 1983, 2635.

96 BAG, Urt. v. 23.11.2004 – 2 AZR 24/04 – NZA 2005, 929.

Praxistipp !
Ein konzernweiter Bezug des Arbeitsverhältnisses kommt auch durch eine in der Vergangenheit geübte Praxis in Betracht, zum Beispiel wenn der betreffende Arbeitnehmer tatsächlich bereits mehrfach in ein anderes Unternehmen des Konzerns versetzt wurde und dort auf Arbeitsplätzen eingesetzt war, deren Verlagerung in dieses Unternehmen nun die betriebsbedingte Kündigung rechtfertigen soll.[97]

b) Einflussmöglichkeiten auf anderes Konzernunternehmen

Weitere Voraussetzung einer derartigen unternehmensübergreifenden Weiterbeschäftigungspflicht ist ein **bestimmender Einfluss** des Beschäftigungsbetriebs bzw. des vertragsschließenden Unternehmens auf die „Versetzung". Die Entscheidung darüber darf grundsätzlich nicht dem zur Übernahme bereiten Unternehmen vorbehalten bleiben.[98] Dies kann in der Praxis zum Beispiel bei einem Mutterkonzern im Verhältnis zu seinen Tochterunternehmen der Fall sein. Umgekehrt ist dies bei Tochterunternehmen im Verhältnis zu ihrem Mutterkonzern oder zu Schwesterunternehmen jedoch regelmäßig zu verneinen – es sei denn, diese haben ausdrücklich die Bereitschaft zur Übernahme des Arbeitnehmers erklärt. Dabei spielt es allerdings keine Rolle, ob die Möglichkeit der Einflussnahme auf Grund eindeutiger rechtlicher Regelungen oder nur faktisch besteht.[99] 82

III. Abbau von Überstunden und Kurzarbeit als mildere Mittel

Fraglich ist, welche sonstigen Mittel vom Arbeitgeber ergriffen werden müssen, um die Unwirksamkeit der Beendigungskündigung nach dem Grundsatz der Verhältnismäßigkeit zu vermeiden. Eine einheitliche Beurteilung existiert nicht. 83

Praxistipp !
Unter Umständen kann der Abbau von Mehrarbeit oder Überstunden ein milderes Mittel zur betriebsbedingten Kündigung darstellen (2.). Dies gilt ebenfalls für die Einführung von Kurzarbeit, sofern den Arbeitnehmern Kurzarbeitergeld nach Maßgabe des dritten Sozialgesetzbuchs gewährt wird (3.).

---

97 BAG, Urt. v. 27.11.1991 – 2 AZR 255/91 – NZA 1992, 644.
98 BAG, Urt. v. 26.6.2008 – 2 AZR 1109/06 – NZA-RR 2009, 205.
99 BAG, Urt. v. 21.2.2002 – 2 AZR 749/00 – NZA 2002, 1416; BAG, Urt. v. 23.4.2008 – 2 AZR 1110/06 – NZA 2008, 939.

1. Allgemeine Arbeitszeitverkürzungen

84 Grundsätzlich kommen allgemeine Arbeitszeitverkürzungen als milderes Mittel nicht in Betracht. Denn hierbei muss berücksichtigt werden, dass die Verkürzung der Arbeitszeit **aller Arbeitnehmer** nur durch einen Eingriff in die Rechte anderer Arbeitnehmer erfolgen kann. Eine Verpflichtung des Arbeitgebers zu solchen Eingriffen besteht aber nicht.[100]

! **Praxistipp**

Etwas anderes gilt, wenn im Betrieb eine sog. **Jahresarbeitszeitregelung** existiert, die gerade mit dem Ziel geschaffen wurde, durch die flexible Regelung der Jahresarbeitszeit betriebsbedingte Kündigungen in Zeiten mit geringerem Arbeitsbedarf zu verhindern. In diesen Fällen muss der Arbeitgeber von den Möglichkeiten der flexiblen Arbeitszeit zunächst Gebrauch machen, bevor er betriebsbedingte Kündigungen ausspricht.[101]

---

85 Dies kann zum Beispiel in sog. **Saisonbetrieben** der Fall sein, in denen der Arbeitsanfall je nach Jahreszeit erheblichen Schwankungen unterliegt. Die Vereinbarung der flexiblen Jahresarbeitszeit erfolgt durch die Tarifvertragsparteien und die Betriebspartner.

2. Abbau von Überstunden

86 Zu den Maßnahmen, die der Arbeitgeber vor Ausspruch und zur Vermeidung der Kündigung grundsätzlich ergreifen muss, gehört der Abbau von Mehrarbeit und Überstunden. Denn die dauerhafte Erbringung von Überstunden bringt einen offenkundig bestehenden Personalbedarf zum Ausdruck – und spricht somit gegen das dringliche betriebliche Erfordernis als Voraussetzung der betriebsbedingten Kündigung. Ihr Abbau stellt daher ein milderes Mittel im Vergleich zur betriebsbedingten Kündigung dar.

! **Praxistipp**

Dabei ist zu beachten, dass allein der Umstand, dass im betreffenden Betrieb Überstunden geleistet werden, noch nicht automatisch zur Unverhältnismäßigkeit der betriebsbedingten Kündigung führen muss. Vielmehr ist entscheidend, dass der Abbau von Überstunden Auswirkungen auf den Erhalt der jeweils betroffenen Arbeitsplätze hat.[102]

---

87 Fallen in dem von der Kündigung betroffenen Betriebsbereich dennoch Überstunden an, hat der Arbeitgeber im Kündigungsschutzprozess die Möglichkeit darzule-

---

100 BAG, Urt. v. 19.5.1993 – 2 AZR 584/92 – NZA 1993, 1075.
101 BAG, Urt. v. 8.11.2007 – 2 AZR 418/06 – NZA 2008, 848.
102 BAG, Urt. v. 17.10.1980 – 7 AZR 675/78 – NJW 1981, 1686.

gen, dass ihr Anfall im Einzelfall unverzichtbar oder nur vorübergehend ist.[103] Dies ist etwa ausnahmsweise dann zu bejahen, wenn das Zustandekommen der Überstunden auf die kurzfristige Abdeckung eines nur vorübergehenden Engpasses zurückgeführt werden kann.[104]

3. Kurzarbeit

Darüber hinaus muss der Arbeitgeber zumindest berücksichtigen, dass im Einzelfall 88
auch die Einführung von Kurzarbeit ein milderes Mittel gegenüber betriebsbedingten Kündigungen darstellen kann.[105] Zwar wird die Frage, ob der Arbeitgeber vor Ausspruch der betriebsbedingten Kündigung Kurzarbeit anordnen muss, von der Rspr. des BAG bislang nicht einheitlich beantwortet.[106]

Praxistipp !
Vor diesem Hintergrund ist dem Arbeitgeber zu raten, dass die Anordnung von Kurzarbeit grundsätzlich der betriebsbedingten Kündigung vorgeht. Er sollte die Möglichkeit im Voraus also prüfen und dokumentieren.

Dies gilt allerdings nur in Ausnahmefällen, da Kurzarbeit regelmäßig nur bei einem 89
vorübergehenden Arbeitsmangel in Betracht kommt – die betriebsbedingte Kündigung aber den *dauerhaften* Wegfall von Beschäftigungsbedarf voraussetzt. Fallen Beschäftigungsmöglichkeiten also dauerhaft weg, ist der Arbeitgeber nicht darauf verwiesen, Kurzarbeit als milderes Mittel einzuführen.[107]

Praxistipp !
Es bleibt dem Unternehmer also unbenommen, eine unternehmerische Entscheidung zu treffen, die eine Einführung von Kurzarbeit nicht zulässt und aufgrund derer die Beschäftigungsmöglichkeiten **dauerhaft** entfallen. Auch die nunmehr verlängerte Bezugsdauer des Kurzarbeitergeldes ändert hieran nichts. Maßgeblich ist lediglich, dass der Arbeitgeber darlegen kann, dass der prognostizierte Arbeitsausfall endgültig ist. Kurzarbeit würde demgegenüber voraussetzen, dass der Arbeitgeber die ernsthafte und durch sichere Anhaltspunkte nachgewiesene Absicht hat, den Betrieb mit den

---

103 Münchener Anwaltshandbuch Arbeitsrecht/*Ulrich*, § 43 Rn 159.
104 *v. Hoyningen-Huene/Linck*, § 1 KSchG Rn 764.
105 Vgl. hierzu: *Rolf/Riechwald*, BB 2010, 1597.
106 Vgl. einerseits die Entscheidungen BAG, Beschl. v. 4.3.1986 – 1 ABR 15/84 – NZA 1986, 224 sowie BAG, Urt. v. 11.9.1986 – 2 AZR 564/85 – BB 1987, 1882, in denen das BAG es ablehnte, die Möglichkeit von Kurzarbeit von den Arbeitsgerichten untersuchen zu lassen. Dagegen wurde diese Frage in BAG, Urt. v. 15.6.1989 – 2 AZR 600/88 – NZA 1990, 65 ausdrücklich offengelassen; in BAG, Urt. v. 26.6.1997 – 2 AZR 494/96 – NZA 1997, 1286 als mildestes Mittel sogar scheinbar bejaht.
107 BAG, Urt. v. 15.6.1989 – 2 AZR 600/88 – NZA 1990, 65.

bisherigen Arbeitnehmern wiederaufzunehmen und sein unternehmerisches Konzept auch mit nur vorübergehender Arbeitszeitreduzierung umsetzen zu können. Kann der Arbeitgeber hiervon nicht ausgehen, liefe das Kurzarbeitergeld andernfalls auf eine nicht gewollte Subventionierung hinaus, die dem Arbeitgeber nur das Unternehmerrisiko abnehmen würde.[108]

90 Bei der Einführung von Kurzarbeit ist ferner zu beachten, dass der Arbeitgeber das Mitbestimmungsrecht des Betriebsrats nach § 87 Abs. 1 Nr. 3 BetrVG wahren muss. Wird die Einführung von Kurzarbeit in diesem Zusammenhang vom Betriebsrat abgelehnt, liegt eine Unverhältnismäßigkeit der betriebsbedingten Kündigung nicht vor. Dies gilt auch, wenn sich die Mehrzahl der Arbeitnehmer im Rahmen einer Betriebsversammlung gegen die Einführung von Kurzarbeit ausspricht.[109]

! **Praxistipp**
Hat der Arbeitgeber bereits Kurzarbeit eingeführt, ist eine betriebsbedingte Kündigung gemäß § 1 Abs. 2 KSchG nur dann gerechtfertigt, wenn über die Gründe der Einführung der Kurzarbeit hinaus weitere (neue) inner- oder außerbetriebliche Gründe vorliegen, die auf Dauer den für den gekündigten Arbeitnehmer bestehenden Beschäftigungsbedarf wegfallen lassen.[110]

4. Arbeitnehmerüberlassung

91 Als milderes Mittel kann schließlich auch die **Arbeitnehmerüberlassung** in Betracht kommen. Allerdings ist der Arbeitgeber zur Überlassung seines Arbeitnehmers an einen Dritten nicht verpflichtet und zwar selbst dann nicht, wenn die Arbeitnehmerüberlassung innerhalb eines Konzerns versucht werden könnte.[111]

IV. Sozialauswahl

92 Kommen mildere Mittel nicht in Betracht, hat der Arbeitgeber unter Berücksichtigung der Grundsätze der Sozialauswahl zu entscheiden, welchem Arbeitnehmer betriebsbedingt gekündigt werden kann, § 1 Abs. 3 KSchG.

! **Praxistipp**
Dabei darf die Bedeutung der Sozialauswahl keinesfalls unterschätzt werden. Im Rahmen der Vorbereitung von betriebsbedingten Kündigungen ist sie von zentraler Bedeutung und muss unbedingt

108 *Rolf/Riechwald*, BB 2010, 1597.
109 KR/*Etzel*, § 1 KSchG Rn 531.
110 BAG Urt. v. 26.6.1997 – 2 AZR 494/96 – NZA 1997, 1286.
111 Münchener Anwaltshandbuch Arbeitsrecht/*Ulrich*, § 43 Rn 163.

sorgfältig durchgeführt werden. Unterlaufen dem Arbeitgeber bei der Sozialauswahl Fehler, wirkt sich dieser oft auf eine Vielzahl von gekündigten Arbeitnehmern aus.[112]

Ausgangspunkt der Sozialauswahl ist die gesetzgeberische Wertentscheidung, dass, 93
wenn für eine betriebsbedingte Kündigung mehrere Arbeitnehmer in Betracht kommen, der Arbeitgeber bei der Auswahl der jeweils zu kündigenden Arbeitnehmer **soziale Gesichtspunkte** berücksichtigen muss. Die Sozialauswahl dient der personellen Konkretisierung der zur Kündigung führenden dringenden betrieblichen Erfordernisse des § 1 Abs. 2 S. 1 KSchG. Daneben ist die Sozialauswahl auch ein Ausdruck des Sozialstaatsprinzips.[113]

Die Regelungen zur Sozialauswahl waren in den letzten Jahren Gegenstand 94
mehrerer Gesetzesänderungen. Dennoch ist das Spannungsverhältnis zwischen einer möglichst „fairen" Verteilung der Nachteile der Kündigung und dem Interesse der Arbeitgeber an einer besseren Vorhersehbarkeit der Sozialauswahl noch nicht vollständig gelöst.

Praxistipp !
Es ist nicht gerechtfertigt, immer automatisch denjenigen Arbeitnehmer zu entlassen, dessen konkreter Arbeitsplatz weggefallen ist. Vielmehr ist zu ermitteln, welchen Arbeitnehmer die Kündigung am wenigsten hart trifft.

1. Anwendungsbereich

Die Sozialauswahl ist nur bei betriebsbedingten Kündigungen, nicht aber bei ver- 95
haltens- oder personenbedingten Kündigungen durchzuführen. Sie hat auch dann zu erfolgen, wenn eine außerordentliche, betriebsbedingte Kündigung tariflich unkündbarer Arbeitnehmer in Rede steht.[114] Sie gilt auch, wenn eine Betriebsstillegung etappenweise erfolgt[115], es zu Massenentlassungen[116] (vgl. hierzu Kap. Massenentlassungen) oder einer Insolvenz[117] kommt.

Praxistipp !
Etwas anderes gilt jedoch, wenn der Arbeitgeber den Betrieb schnellstmöglich stilllegen und allen Arbeitnehmern zum Ablauf ihrer individuellen Kündigungsfrist kündigen will. In diesem Fall ist kei-

112 Vgl. Kap. 5: Rechtsfolgen fehlerhafter Sozialauswahl.
113 Münchener Anwaltshandbuch Arbeitsrecht/*Ulrich*, § 43 Rn 166.
114 BAG, Urt. v. 5.2.1998 – 2 AZR 227/97 – NZA 1998, 771.
115 BAG, Urt. v. 20.1.1994 – 2 AZR 489/93 – NZA 1994, 653.
116 BAG, Urt. v. 25.4.1985 – 2 AZR 140/84 – NZA 1986, 64.
117 BAG, Urt. v. 26.5.1983 – 2 AZR 477/81 – NJW 1984, 627.

ne Sozialauswahl durchzuführen, wenn der Arbeitgeber allen Arbeitnehmern sofort mit der jeweils einschlägigen Kündigungsfrist kündigt.[118]

96 Bestehen in einem Unternehmen freie Arbeitsplätze, reichen diese aber nicht für alle zu kündigenden Arbeitnehmer aus, muss zwischen den in Betracht kommen den Arbeitnehmern eine Sozialauswahl analog § 1 Abs. 3 KSchG durchgeführt werden.[119]

Praxistipp
Die Sozialauswahl wird von der Rspr. in **drei Schritten** überprüft:
- Zunächst ist zu ermitteln, welche Arbeitnehmer vergleichbar und damit in die Sozialauswahl einzubeziehen sind (2.),
- sodann ist prüfen, welche Arbeitnehmer mit Blick auf § 1 Abs. 3 S. 2 KSchG unberücksichtigt bleiben können (3.) und
- schließlich sind die Sozialdaten festzustellen und zu gewichten (4.).

2. Vergleichbare Arbeitnehmer

97 Erste und in der Regel schwierigste Frage im Rahmen der Sozialauswahl ist die Bestimmung der Arbeitnehmer, die in die Auswahl einzubeziehen sind. Erst im Anschluss kann die Sozialauswahl anhand der ihr eigenen Kriterien durchgeführt werden.

a) Arbeitnehmer des Betriebs

98 Im Unterschied zur Prüfung anderweitiger Beschäftigungsmöglichkeiten[120] ist die Sozialauswahl nicht unternehmens- sondern betriebsbezogen. Denn das dringende betriebliche Erfordernis bezieht sich nach § 1 Abs. 2 KSchG auf ein Erfordernis, das der Weiterbeschäftigung des Arbeitnehmers „in diesem Betrieb" entgegensteht. Die Sozialauswahl ist daher auf die Arbeitnehmer des Betriebs beschränkt, in dem die dringenden betrieblichen Erfordernisse zum Wegfall der Beschäftigungsmöglichkeiten geführt haben.

Definition
Ein **Betrieb** ist die organisatorische Einheit, innerhalb derer ein Unternehmer allein oder in Gemeinschaft mit den Mitarbeitern mithilfe von sachlichen oder immateriellen Mitteln fortgesetzt bestimmte arbeitstechnische Zwecke verfolgt, die über die Befriedigung des Eigenbedarfs hinausgehen.

118 BAG, Urt. v. 7.7.2005 – 2 AZR 447/04 – NZA 2005, 1351.
119 Vgl. Rn 79.
120 Vgl. Rn 59 ff.

Entscheidend ist die organisatorische Eigenständigkeit der Einheit, auf die die Sozialauswahl beschränkt werden soll. Dabei ist maßgebend, ob eine konstituierende Leitungsmacht existiert, also der Kern der Arbeitgeberfunktionen in personellen und sozialen Angelegenheiten im Wesentlichen selbstständig ausgeübt wird.[121] Dies ist in der Praxis etwa bei einzelnen Filialen eines Unternehmens nur dann der Fall, wenn diese eine eigenständige Personalleitung besitzen, also bspw. ein Marktleiter vorhanden ist, der über personelle Maßnahmen selbstständig entscheiden kann.[122] 99

Eine Beschränkung auf nur eine Betriebsabteilung oder einen Betriebsteil[123] ist nicht zulässig. Andererseits wird die Sozialauswahl aber auch nicht auf andere Betriebe des Unternehmens oder des Konzerns ausgedehnt.[124] Etwas anderes gilt selbst dann nicht, wenn der Arbeitsvertrag ein betriebsübergreifendes Direktionsrecht oder eine sog. Konzernversetzungsklausel enthält.[125] 100

Praxistipp !
Schwierig wird die Abgrenzung allerdings, wenn ein Arbeitnehmer in mehreren Betrieben eines Unternehmens arbeitet. Die Sozialauswahl dürfte sich hier auf sämtliche Betriebe erstrecken, in denen der Arbeitnehmer tätig ist. Ausgenommen hiervon sind nur Betriebe, in denen ein völlig unbedeutender Zeitraum gearbeitet wurde.

In diesem Zusammenhang ist der Sonderfall des sog. **gemeinsamen Betriebs** zu berücksichtigen. Bei dieser Betriebsform haben sich die beteiligten Trägerunternehmen zumindest stillschweigend über eine einheitliche Betriebsleitung, einschließlich der Ausübung der wesentlichen Arbeitgeberfunktionen in sozialen und personellen Angelegenheiten, verbunden. Die Sozialauswahl ist in diesen Fällen unternehmensübergreifend für den gemeinsamen Betrieb durchzuführen.[126] 101

Praxistipp !
Beim gemeinsamen Betrieb müssen also auch diejenigen Arbeitnehmer in die Sozialauswahl einbezogen werden, deren Arbeitsvertrag mit einem anderen Trägerunternehmen geschlossen wurde.

Ob ein gemeinsamer Betrieb besteht, ist zum Zeitpunkt des Zugangs der Kündigung zu ermitteln. Wenn der Gemeinschaftsbetrieb zu diesem Zeitpunkt nicht mehr besteht, entfällt die Pflicht einer unternehmensübergreifenden Sozialauswahl.[127] Ist 102

121 Münchener Anwaltshandbuch Arbeitsrecht/*Ulrich*, § 43 Rn 180.
122 BAG, Urt. v. 31.5.2007 – 2 AZR 276/06 – NZA 2008, 33.
123 BAG, Urt. v. 31.5.2007 – 2 AZR 276/06 – NZA 2008, 33.
124 BAG, Urt. v. 15.12.1994 – 2 AZR 327/94 – NZA 1995, 521.
125 BAG, Urt. v. 5.6.2008 – 2 AZR 907/06 – BB 2008, 1460.
126 BAG, Urt. v. 29.11.2007 – 2 AZR 763/06 – DB 2008, 1756.
127 Schaub/*Linck*, Arbeitsrechtshandbuch, § 135 Rn 5.

zum Zeitpunkt der Kündigung einer von mehreren Betrieben, die einen Gemeinschaftsbetrieb gebildet haben, stillgelegt, hat dies zur Folge, dass dem vormals einheitlichen Leitungsapparat der beteiligten Unternehmen die Arbeitgeberfunktionen im Bereich der sozialen und personellen Angelegenheiten entzogen sind. Der Gemeinschaftsbetrieb ist also aufgelöst; damit entfällt die Pflicht zur unternehmensübergreifenden Sozialauswahl. Dies gilt auch, wenn im Zeitpunkt der Kündigung zwar einer der beteiligten Betriebe noch nicht stillgelegt, aber die unternehmerische Entscheidung bereits getroffen ist, so dass seine Stilllegung bei Ablauf der Kündigungsfrist sicher ist.[128]

b) Räumliche Vergleichbarkeit

103 Insbesondere bei größeren Betrieben mit mehreren Standorten stellt sich mit Blick auf die Betriebsbezogenheit der Sozialauswahl ferner die Frage der sog. **räumlichen Vergleichbarkeit.**

104 Hierbei gilt regelmäßig, dass die Arbeitnehmer des betroffenen Betriebs ohne Rücksicht auf die jeweilige Betriebsgröße und ohne Rücksicht darauf, ob die Arbeitsplätze weit voneinander entfernt liegen, in die Sozialauswahl einbezogen werden müssen. Denn auch bei räumlich weit entfernt liegenden Betriebsteilen erstreckt sich die Sozialauswahl auf alle Betriebsteile.

Beispiel
So steht der Notwendigkeit der Sozialauswahl beispielsweise nicht allein die räumliche Entfernung einzelner **Filialen eines Einzelhandelbetriebs** entgegen, solange ein einheitlicher Betrieb vorliegt. Läuft in einer zentral geführten Reinigungsfirma mit mehreren Reinigungsobjekten ein Reinigungsauftrag aus, muss der Arbeitgeber im Rahmen der Sozialauswahl berücksichtigen, ob in den anderen Reinigungsobjekten vergleichbare Arbeitskräfte eingesetzt werden und denjenigen kündigen, die nach der Sozialauswahl am wenigsten schützenswert sind.[129]

105 Dies gilt selbst dann, wenn an verschiedenen Standorten ein jeweils eigenständiger Betriebsrat gewählt ist.[130] Denn nach Ansicht des BAG unterscheidet das KSchG nicht zwischen Betrieben und räumlich entfernten Betriebsteilen, die im Sinne des § 4 Abs. 1 BetrVG als selbstständige Betriebe gelten. Das KSchG stelle nicht auf die räumliche, sondern nur auf die organisatorische Einheit ab, mit der ein Unternehmer mit Hilfe seiner Mitarbeiter bestimmte arbeitstechnische Zwecke verfolgt.[131] In

128 BAG, Urt. v. 21.5.2008 – 8 AZR 84/07 – NZA 2008, 753.
129 Münchener Anwaltshandbuch Arbeitsrecht/*Ulrich*, § 43 Rn 180.
130 BAG, Urt. v. 31.5.2007 – 2 AZR 276/06 – NZA 2008, 33.
131 BAG, Urt. v. 28.10.2004 – 8 AZR 391/03 – NZA 2005, 285; BAG, Urt. v. 3.6.2004 – 2 AZR 577/03 – NZA 2005, 175.

diesen Fällen ist eine einheitliche und standortübergreifende Sozialauswahl geboten, obwohl unterschiedliche Betriebsratsgremien bestehen.

Die Pflicht zur übergreifenden Sozialauswahl besteht allerdings nicht, wenn die Arbeitnehmer nach dem Arbeitsvertrag nicht in die weit entfernten Betriebsstandorte versetzt werden können.[132] 106

c) Arbeitnehmer mit Sonderkündigungsschutz

aa) Ausschluss ordentlicher Kündigung

Nicht in die Sozialauswahl einzubeziehen sind bestimmte Arbeitnehmergruppen, deren Kündigung ausgeschlossen ist. 107

Praxistipp !

Hierzu zählen alle Arbeitnehmer, die dem gesetzlichen Sonderkündigungsschutz unterliegen, also hauptsächlich

- Betriebsratsmitglieder (§ 15 Abs. 1 KSchG),
- Schwangere (§ 9 MuSchG),
- Personen in Elternzeit (§ 18 BEEG) sowie
- Schwerbehinderte (§ 85 SGB IX).

Besteht ein gesetzlicher Sonderkündigungsschutz, sind die geschützten Arbeitnehmer nicht in die Sozialauswahl einzubeziehen, da Ihnen nicht ordentlich gekündigt werden kann. Dies ist selbst dann zu beachten, wenn der jeweilige Sonderkündigungsschutz in absehbarer Zeit ausläuft und klar ist, dass das Arbeitsverhältnis mit dem besonders geschützten Arbeitnehmer nach Ende des besonderen Kündigungsschutzes zum gleichen Zeitpunkt beendet werden könnte wie das Arbeitsverhältnis mit einem konkurrierenden und sozial schwächerem Arbeitnehmer. Die noch verbleibende Dauer des Sonderkündigungsschutzes ist also grundsätzlich ohne Belang.[133] Maßgeblich ist das Bestehen des Sonderkündigungsschutzes im Zeitpunkt des Zugangs der Kündigung. 108

bb) Behördliches Zustimmungserfordernis

Erfordert der Tatbestand des Sonderkündigungsschutzes eine vorherige Zustimmung einer Behörde (etwa des Integrationsamts bei schwerbehinderten Arbeitnehmern), können die betroffenen Arbeitnehmer **nach Zustimmung der Behörde** gleichwohl in die Sozialauswahl einbezogen werden.[134] Wird die Zustimmung der 109

---

132 Vgl. hierzu unten Rn 119 ff.

133 BAG, Urt. v. 21.4.2005 – 2 AZR 241/04 – NZA 2005, 1307.

134 BAG, Urt. v. 24.3.1983 – 2 AZR 21/82 – NJW 1984, 78.

Behörde bis zum Ausspruch der Kündigung nicht erteilt, scheiden die Betroffenen aus der Sozialauswahl aus. Eine Verpflichtung des Arbeitgebers, den für die Sozialauswahl in Frage kommenden Personenkreis zu vergrößern und die behördliche Zustimmung einzuholen, besteht nicht.

Praxistipp
Der Arbeitgeber kann also entscheiden, ob er schwerbehinderte Arbeitnehmer von vornherein nicht in die Sozialauswahl einbezieht oder die erforderliche Zustimmung zur Kündigung sozial weniger schutzwürdiger schwerbehinderter Arbeitnehmer einholt.

cc) Tariflicher Sonderkündigungsschutz

110 Umstritten ist, ob Arbeitnehmer, deren ordentliche Kündigung durch **Tarifverträge** ausgeschlossen ist, in die Sozialauswahl einzubeziehen sind.[135] Nach überwiegender Ansicht sind sie aufgrund der tariflichen Unkündbarkeit aus der Sozialauswahl auszunehmen. Dagegen spricht weder die zwingende bundesrechtliche Vorschrift des § 1 Abs. 3 KSchG noch das Argument, dass solche tarifvertraglichen Vereinbarungen einen unzulässigen Vertrag zu Lasten Dritter darstellen würden. Denn solche tarifvertraglichen Kündigungsverbote richten sich nicht gegen die anderen Arbeitnehmer und deren Kündigungsschutz. Sie verfolgen vielmehr primär – bis zur Grenze des Missbrauchs, vor allem bei einzelvertraglichen Kündigungsbeschränkungen – den Zweck, bestimmte Arbeitnehmergruppen vor einer ordentlichen Kündigung zu schützen. Diese vom Gesetz abweichenden, zugunsten von Arbeitnehmern geltenden Regelungen sind deshalb zulässig. Ihre gleichzeitig belastende Wirkung für andere Arbeitnehmer im Fall einer betriebsbedingten Kündigung stellen sich lediglich als ein – rechtlich unbeachtlicher – Reflex und nicht als ein unzulässiger Vertrag zu Lasten Dritter dar. Ein unzulässiger Vertrag zu Lasten Dritter liegt nämlich nur dann vor, wenn durch ihn unmittelbar eine Rechtspflicht eines am Vertrag nicht beteiligten Dritten entstehen soll. Die übrigen Arbeitnehmer werden lediglich dadurch belastet, dass sich der Auswahlkreis bei einer möglichen betriebsbedingten Kündigung verkleinert. Ihnen werden deshalb aber keine „Pflichten" auferlegt, sondern eine Chance, nicht von der Kündigung betroffen zu werden, – lediglich mittelbar – eingeschränkt, ihre Belastung besteht also lediglich in der Einschränkung einer „Begünstigung".[136]

135 Gegen die Einbeziehung sind u.a.: LAG Brandenburg Urt. v. 29.10.1998 – 3 Sa 229/98 – NZA-RR 1990, 360; KR/*Griebeling*, § 1 KSchG Rn 666; *Weller*, RdA 1986, 220 [230].

136 LAG Brandenburg, Urt. v. 29.10.1998 – 3 Sa 229/98 – NZA-RR 1999, 360.

Praxistipp !

Entzündet hat sich die Diskussion u.a. an der Unkündbarkeitsregelung des § 4.4 MTV der Metallindustrie Nordwürttemberg/Nordbaden. Danach sind Arbeitnehmer nach Vollendung des 53. Lebensjahres und einer Betriebszugehörigkeit von mindestens 3 Jahren nur noch aus wichtigem Grund kündbar. In der Praxis kann dies nun dazu führen, dass etwa ein 52 Jahre alter Arbeitnehmer mit einer Betriebszugehörigkeit von 30 Jahren und 4 unterhaltsberechtigten Kindern vor einem 53 Jahre alten Arbeitnehmer zu kündigen wäre, der ledig ist und dem Betrieb erst 3 Jahren angehört.[137] In einem solchen Fall ist – so das BAG – zu erwägen, die Regelung des Tarifvertrags im Hinblick auf die unionsrechtliche Regelung der Altersdiskriminierung gemeinschaftskonform einzuschränken. Denn auch wenn Unkündbarkeitsvereinbarungen grundsätzlich zulässig sind, liegt die Grenze dort, wo die Fehlgewichtung durch den durch die ordentliche Unkündbarkeit eingeschränkten Auswahlpool an einzubeziehenden Arbeitnehmern zu einer **grob fehlerhaften** Auswahl führt.[138]

d) Arbeitnehmer in der Probezeit

Besonderheiten gelten auch für Arbeitnehmer, die vom allgemeinen Kündigungsschutz nicht erfasst sind, also entweder das KSchG im Kleinbetrieb (§ 23 Abs. 1 KSchG) keine Anwendung findet oder die Arbeitnehmer dem Unternehmen noch nicht länger als sechs Monate angehören und daher ihre Wartezeit (§ 1 Abs. 1 KSchG) noch nicht erfüllt haben. Denn Voraussetzung der Vergleichbarkeit im Rahmen der Sozialauswahl ist nach herrschender Meinung, dass der Arbeitnehmer **Bestandsschutz** genießt.[139] 111

Praxistipp !

Die Nichtberücksichtigung von Arbeitnehmern ohne allgemeinen Kündigungsschutz bei der Sozialauswahl bedeutet, dass sie stets vor Arbeitnehmern mit Kündigungsschutz zu kündigen sind.[140]

Solange keine konkreten Anhaltspunkte einer Umgehung vorliegen, ist es auch zu berücksichtigen, wenn die Vertragsparteien vereinbart haben, dass der Kündigungsschutz bereits innerhalb der ersten sechs Monate gelten soll – etwa durch einen Verzicht auf die Wartezeit gemäß § 1 Abs. 1 KSchG oder die Vereinbarung des allgemeinen Kündigungsschutzes ab dem ersten Arbeitstag (bspw. bei einem Wechsel des Arbeitgebers im Konzern).[141] In diesen Fällen sind die betreffenden Arbeit- 112

137 BAG, Urt. v. 5.6.2008 – 2 AZR 907/06 – NZA 2008, 1120.

138 BAG, Urt. v. 20.6.2013 – 2 AZR 295/12 – NZA 2014, 208.

139 Münchener Anwaltshandbuch Arbeitsrecht/*Ulrich*, § 43 Rn 185.

140 BAG, Urt. v. 25.4.1985 – 2 AZR 140/84 – NZA 1986, 64; nach a.A. verlangt die Vorschrift des § 1 Abs. 1 KSchG lediglich die Berücksichtigung sozialer Gesichtspunkte, ordnet aber keine Pflicht zur vorrangigen Kündigung der vom KSchG nicht geschützten Arbeitnehmer an, so noch BAG, Urt. v. 20.1.1961 – 2 AZR 495/59 – NJW 1961, 940; ebenso *Powietzka*, S. 219; *Oetker* in: FS Wiese 1998, 337.

141 Münchener Anwaltshandbuch Arbeitsrecht/*Ulrich*, § 43 Rn 185.

nehmer in die Sozialauswahl einzubeziehen. Eine Umgehung von § 1 Abs. 3 KSchG ist allerdings anzunehmen, wenn die Vereinbarung im zeitlichen Zusammenhang mit den in Rede stehenden Kündigungen getroffen wird.

e) Befristet beschäftigte Arbeitnehmer

113 Daneben ist zu beachten, dass auch **befristet beschäftigte Arbeitnehmer** im Grundsatz nicht in die Sozialauswahl einzubeziehen sind.[142] Denn ihr Arbeitsverhältnis endet mit Ablauf der vereinbarten Befristung, ohne dass es einer Kündigung bedarf. Dies gilt nur dann nicht, wenn die Parteien nach § 15 Abs. 3 TzBfG die Zulässigkeit der ordentlichen Kündigung des Arbeitsvertrags auch während der Laufzeit der Befristung vereinbart haben.[143]

114 Dagegen sind **teilzeitbeschäftigte Arbeitnehmer** grundsätzlich in die Sozialauswahl einzubeziehen – der zeitliche Umfang der Tätigkeit ist insoweit zunächst irrelevant, weil es bei der Bestimmung der Vergleichsgruppe maßgeblich auf tätigkeitsbezogene Kriterien ankommt.[144]

! **Praxistipp**

Etwas anderes gilt aber, wenn der Arbeitgeber eine sog. **Organisationsentscheidung** getroffen hat, mittels der er aufgrund allgemeiner betriebswirtschaftlicher Überlegungen festgelegt hat, dass er in einem bestimmten Bereich nur noch mit Vollzeitkräften arbeiten möchte. Hier kann es sich um eine freie Unternehmerentscheidung handeln, die vom Arbeitsgericht nur eingeschränkt überprüfbar ist. Das Arbeitsgericht kann sie nur dann unberücksichtigt lassen, wenn sie offenbar unsachlich, unvernünftig oder völlig willkürlich ist. Waren etwa bisher in einem Unternehmensbereich sowohl Vollzeit- wie auch Teilzeitkräfte tätig und hat sich aufgrund betrieblicher Erfahrungen ergeben, dass der Einsatz von Teilzeitkräften zu gravierenden Problemen im Betriebsablauf führt, kann der Arbeitgeber die unternehmerische Entscheidung treffen, diese Tätigkeit in Zukunft nur noch durch Vollzeitkräfte erbringen zu lassen. Er kann daher allein den Teilzeitbeschäftigten kündigen.[145]
Kommt es dagegen zu einem bloßen Abbau der vorgehaltenen Personalkapazität **ohne** spezifische Unternehmerentscheidung, sind alle Arbeitnehmer ohne Rücksicht auf Teilzeitarbeit zu berücksichtigen. Will ein Arbeitgeber beispielsweise nur die Zahl der insgesamt etwa für Reinigungsarbeiten geleisteten Arbeitsstunden abbauen, ohne dass eine Organisationsentscheidung mit dem Inhalt vorliegt, bestimmte Arbeiten nur durch Vollzeit- oder Teilzeitkräfte erledigen zu lassen, sind alle mit diesen Arbeiten beschäftigten Arbeitnehmer in die Sozialauswahl einzubeziehen.[146]

---

142 Münchener Anwaltshandbuch Arbeitsrecht/*Ulrich*, § 43 Rn 189.
143 BAG, Urt. v. 19.6.1980 – 2 AZR 660/78 – BB 1980, 1692.
144 BAG, Urt. v. 12.8.1999 – 2 AZR 12/99 – NZA 2000, 30.
145 BAG, Urt. v. 3.12.1998 – 2 AZR 341/98 – NZA 1999, 431.
146 BAG, Urt. v. 17. 1. 2002 – 2 AZR 15/01 – NJOZ 2002, 1617.

f) Gleichwertigkeit der Arbeitsplätze

Für die Sozialauswahl kommen grundsätzlich nur gleichwertige Arbeitsplätze in Betracht. Daher erfolgt die Einbeziehung von Arbeitnehmern in die Sozialauswahl nur auf **derselben Hierachieebene** eines Betriebs. Ein Vergleich zwischen Arbeitnehmern unterschiedlicher Ebenen, also geringerer- und höherwertiger Arbeitsplätze, findet nicht statt (sog. horizontale Vergleichbarkeit).[147] 115

Beispiel
Eine Sozialauswahl zwischen einem Abteilungsleiter und einem Gruppenleiter ist daher genauso wenig möglich wie eine Sozialauswahl zwischen einem Gruppenleiter und einem Sachbearbeiter.

g) Austauschbarkeit der Arbeitnehmer

Weitere Voraussetzung der Einbeziehung ist die Austauschbarkeit. Die betroffenen Arbeitnehmer müssen rechtlich und tatsächlich austauschbar sein, also gleichsam „ausgewechselt" werden können. 116

aa) Arbeitsplatzbezogene Austauschbarkeit

Grundsätzlich besteht eine arbeitsplatzbezogene Austauschbarkeit, wenn der Arbeitnehmer, dessen Beschäftigungsbedarf entfallen ist, auch die Tätigkeit eines anderen Arbeitnehmers im Betrieb ausüben kann. Der jeweilige Arbeitnehmer muss also aufgrund seiner Tätigkeit und Ausbildung unter Berücksichtigung seiner Qualifikationen, Fähigkeiten und Kenntnisse *persönlich und fachlich* in der Lage sein, nach angemessener Einarbeitungszeit die andersartige, aber gleichwertige Tätigkeit des anderen Arbeitsplatzes auszuführen. Dabei ist auf objektive und subjektive Merkmale abzustellen.[148] 117

Praxistipp
Objektiv kommt es hierbei in erster Linie auf die **arbeitsplatzbezogenen Merkmale** an. Dies bedeutet aber nicht, dass die in Betracht kommenden Arbeitsstellen völlig identisch sein müssen.[149] Vielmehr ist entscheidend, dass sich die verrichteten Arbeiten als gleichwertig erweisen. Anhaltspunkte liefert das *Stellenprofil*, das selbst der freien unternehmerischen Entscheidung unterliegt.[150]
Subjektive Merkmale sind die Berufsausbildung des Arbeitnehmers und die erworbenen Kenntnisse und Erfahrungen. Dabei kommt es auf einen Berufsabschluss der zu vergleichenden Arbeitnehmer nur an, wenn dieser der Austauschbarkeit des Arbeitnehmers auch tatsächlich oder vertraglich

147 BAG, Urt. v. 18.10.2000 – 2 AZR 465/99 – NZA 2001, 437; BAG, Urt. v. 17.9.1998 – 2 AZR 725/97 – NZA 1998, 1332.
148 BAG, Urt. v. 5.5.1994 – 2 AZR 917/93 – NZA 1994, 1023.
149 Schaub/*Linck*, Arbeitsrechtshandbuch, § 135 Rn 11.
150 Vgl. Rn 41 ff. zur Änderung des Stellenprofils.

entgegensteht. Arbeiten nach der organisatorischen Entscheidung des Arbeitgebers dagegen in der jeweiligen Tätigkeit Arbeitnehmer mit und ohne abgeschlossene Berufsausbildung, dann können sie regelmäßig auch miteinander verglichen werden.[151] Gesundheitliche Leistungsmängel stehen der Vergleichbarkeit von Arbeitnehmern nicht entgegen.[152]

118 Bei der Frage der dem Arbeitnehmer einzuräumenden Einarbeitungszeiten kommt es grundsätzlich auf eine „alsbaldige Substituierbarkeit" an, der Arbeitnehmer muss die andere Arbeitsstelle also im Grundsatz sofort übernehmen können. Ein Routinevorsprung des bisherigen Stellinhabers ist dabei jedoch unbeachtlich, dem Arbeitnehmer ist also eine angemessene Einarbeitungszeit zuzugestehen.[153] Hierunter fallen aber keine Fortbildungs- und Weiterbildungsmaßnahmen. So hat das BAG etwa eine dreimonatige Einarbeitungszeit zum Erwerb der auf der Stelle erforderlichen System- und PC-Kenntnisse als zu lange bewertet.[154]

Praxistipp
Als problematisch kann es sich erweisen, wenn dem bisherigen Stelleninhaber **Sonderaufgaben** mit speziellen Anforderungen übertragen worden waren. Dieses Problem tritt beispielsweise auf, wenn bei zwei grundsätzlich vergleichbaren Arbeitnehmern einer der Arbeitnehmer eine spezielle Zusatzaufgabe wahrgenommen hat, die nur er erfüllen konnte. Eine Austauschbarkeit ist in diesen Fällen erst dann ausgeschlossen, wenn die betriebliche Spezialisierung und die aktuellen besonderen Umstände einen solchen Grad erreicht haben, dass ein Einsatz der zu kündigenden Arbeitnehmer auf dem Arbeitsplatz des „Spezialisten" auch nach einer angemessenen Einarbeitungsfrist nicht möglich ist. Hierfür ist es aber nach der Rechtsprechung des BAG noch nicht ausreichend, dass der Arbeitnehmer nur einen bestimmten, insbesondere untergeordneten Arbeitsvorgang nicht ausüben kann. Sein Arbeitseinsatz muss vielmehr insgesamt nicht mehr wirtschaftlich erfolgen können.[155]

bb) Rechtliche Austauschbarkeit

119 Weiter ist erforderlich, dass der Arbeitgeber den Arbeitnehmer einseitig – also ohne die Notwendigkeit einer Vertragsänderung oder Änderungskündigung – auf den anderen Arbeitsplatz versetzen kann.

Praxistipp
In der Praxis ist die arbeitsvertragliche Austauschbarkeit somit vor allem eine Frage **Direktionsrechts.**[156] Vor allem das Bestehen eines etwaigen Versetzungsvorbehaltes im Arbeitsvertrag kann an dieser Stelle Bedeutung erlangen – insbesondere wenn es um die Versetzung eines Arbeitneh-

151 BAG, Urt. v. 6.7.2006 – 2 AZR 442/05 – NZA 2007, 139.
152 Ascheid/Preis/Schmidt/*Kiel*, § 1 KSchG Rn 683.
153 Schaub/*Linck*, Arbeitsrechtshandbuch, § 135 Rn 11.
154 BAG, Urt. v. 5.5.1994 – 2 AZR 917/93 – NZA 1994, 1023.
155 BAG, Urt. v. 5.6.2008 – 2 AZR 907/06 – NZA 2008, 1120.
156 Münchener Anwaltshandbuch Arbeitsrecht/*Ulrich*, § 43 Rn 174.

mers auf eine Stelle mit einer neuen Tätigkeit oder an einen anderen, weiter entfernten Betriebsstandort geht.

Die Vergleichbarkeit von Arbeitnehmern scheidet vor diesem Hintergrund aus, wenn der Arbeitgeber dem Arbeitnehmer den neuen Arbeitsplatz nur nach einer Vertragsänderung oder Änderungskündigung zuweisen könnte. Die Sozialauswahl ist also umso enger gefasst, desto eingeschränkter das Direktionsrecht des Arbeitgebers ist. Die Einschränkung des Direktionsrechts ergibt sich dabei aus dem Arbeitsvertrag mit dem Arbeitnehmer, etwa wenn in diesem in räumlicher Hinsicht ein Einsatz an einem anderen Standort ausgeschlossen oder eine enge Umschreibung der vertraglich geschilderten Tätigkeiten enthalten ist. Darüber hinaus ist das Direktionsrecht insoweit eingeschränkt, als dass der Arbeitnehmer nicht einseitig an einen geringwertigeren Arbeitsplatz versetzt werden kann, selbst wenn die Vergütung dabei nicht reduziert werden soll. 120

Wenn ein Arbeitnehmer nach seinem Arbeitsvertrag überhaupt nicht oder lediglich begrenzt innerhalb eines spezifischen Tätigkeitsbereiches versetzt werden kann, muss bei Wegfall dieses Tätigkeitsbereiches somit keine soziale Auswahl durchgeführt werden.[157] 121

Beispiel
Ist etwa in einem Arbeitsvertrag die Zeitschrift, für die der Arbeitnehmer als Redakteur zu arbeiten hat, konkret festgelegt und haben die Parteien nicht von der Möglichkeit Gebrauch gemacht, die Arbeitsverpflichtung des Arbeitnehmers auf mehrere Zeitschriften oder andere Verlagswerke des Arbeitgebers zu erstrecken, dann begründet dies eine Einschränkung des Direktionsrechts des Arbeitgebers. Die damit verbundene Begrenzung des auswahlrelevanten Personenkreises bzw. das gänzliche Entfallen des Erfordernisses der Sozialauswahl bei Einstellung dieser Zeitschrift ist dann die rechtliche Konsequenz der Vertragsgestaltung.[158]

Im Rahmen der Prüfung des Direktionsrecht muss allerdings beachtet werden, dass nach der Rspr. des BAG die sog. **Konkretisierung der Arbeitspflicht**[159] aufgrund eines langjährigen Einsatzes eines Arbeitnehmers auf einer bestimmten Arbeitsstelle zwar einer Versetzung des Arbeitnehmers auf einen anderen Arbeitsplatz entgegenstehen kann, die Sozialauswahl aber dennoch nicht schon von vornherein einschränkt.[160] 122

157 BAG, Urt. v. 15.8.2002 – 2 AZR 195/01 – NZA 2003, 427, 430.
158 BAG, Urt. v. 17.2.2000 – 2 AZR 142/99 – NZA 2000, 822.
159 Münchener Anwaltshandbuch Arbeitsrecht/*Ulrich*, § 43 Rn 174.
160 BAG, Urt. v. 3.6.2004 – 2 AZR 577/03 – NZA 2005, 175.

3. Ausnahmen gemäß § 1 Abs. 3 S. 2 KSchG

123 Das Gesetz lässt es in eng begrenzten Ausnahmen zu, bestimmte Arbeitnehmer bei der Sozialauswahl unberücksichtigt zu lassen. Dies ist namentlich in den Sonderfällen eines sog. **entgegenstehenden berechtigten betrieblichen Interesses** der Fall, vgl. § 1 Abs. 3 S. 2 KSchG.

a) Leistungsträger

124 So müssen Arbeitnehmer, deren Weiterbeschäftigung insbesondere wegen spezieller Kenntnisse, Fähigkeiten und Leistungen im Betriebsinteresse liegt, nicht in die Sozialauswahl einbezogen werden.[161]

Praxistipp
- Besondere *Kenntnisse* beziehen sich auf besonderes erworbenes Wissen wie etwa Sprachkenntnisse, Ausbildungsberechtigungen oder besondere EDV-Kenntnisse.
- Besondere *Fähigkeiten* beschreiben Eigenschaften des Arbeitnehmers, die losgelöst von erworbenen Kenntnissen bestehen, wie zum Beispiel besondere soziale Kompetenzen, Verkaufstalente, Fleiß oder Führungsqualitäten.
- Besondere *Leistungen* sind dagegen auf die geschuldete Arbeitsleistung und das qualitativ erzielte Arbeitsergebnis bezogen, hierunter fallen etwa besonders hohe Umsätze eines Außendienst- oder Verkaufsmitarbeiters.

125 Dabei ist zu berücksichtigen, dass die Aufzählung des § 1 Abs. 3 S. 2 KSchG nicht abschließend ist (vgl. den Wortlaut „insbesondere"). Auch andere Gründe können daher zur Weiterbeschäftigung des sozial schwächeren Arbeitnehmers führen.[162]

126 Bei der Frage, wann ein Arbeitnehmer als schützenswerter Leistungsträger eingestuft werden kann, muss stets auf den Einzelfall abgestellt werden. Die Rspr. nimmt insoweit eine einzelfallbezogene Interessenabwägung vor, die mehr als eine reine Nützlichkeitserwägung begründen muss.[163]

Praxistipp
Die Weiterbeschäftigung des betreffenden Arbeitnehmers muss dabei von besonderer Bedeutung für den Betrieb sein, dem Arbeitgeber also einen nicht unerheblichen Vorteil bringen.[164] Die Interessen des Betriebs sind nicht objektiv, sondern mit Blick auf die unternehmerische Entscheidungsfreiheit subjektiv zu bestimmen. Es ist also **Sache des Unternehmers**, festzulegen, welche Kenntnisse, Fähigkeiten und Leistungen speziell für seinen Betrieb von besonderer Bedeutung sind.[165]

161 Schaub/*Linck*, Arbeitsrechtshandbuch, § 135 Rn 42.
162 BAG, Urt. v. 7.12.2006 – 2 AZR 748/05 – NZA-RR 2007, 460.
163 BAG, Urt. v. 24.3.1983 – 2 AZR 21/82 – NJW 1984, 78.
164 Münchener Anwaltshandbuch Arbeitsrecht/*Ulrich*, § 43 Rn 212.
165 KR/*Griebeling*, § 1 KSchG Rn 631.

Aufgrund der Einzelfallbezogenheit ist bei Durchführung der Sozialauswahl allerdings zumeist nur schwer abschätzbar, ob eine Herausnahme bestimmter Personengruppen im Rahmen des Kündigungsschutzverfahrens gerichtlichen Bestand haben wird. Da die Rspr. dem Arbeitgeber aber einen Gestaltungsspielraum[166] bei der Festlegung des Stellenprofils zubilligt, ist zu empfehlen, sich nicht alleine auf die jeweilige Leistungsträgereigenschaft zu berufen, sondern Qualifikationsanforderungen von besonderer Bedeutung zusätzlich in der Stellenbeschreibung festzuhalten. In diesem Fall scheidet schon die arbeitsplatzbezogene Vergleichbarkeit aus.[167]

Da die Herausnahme von Arbeitnehmers aus der Sozialauswahl gemäß § 1 Abs. 3 S. 2 KSchG einen **Ausnahmetatbestand** darstellt, ist die Grenze einer unzureichenden Abwägung im Einzelfall ist jedenfalls dann überschritten, wenn der Arbeitgeber in der Summe 70% der Belegschaft[168] oder aber eine ganze Gruppe von Arbeitnehmern lediglich aufgrund ihrer Berufsausbildung[169] von vornherein aus der Sozialauswahl ausnimmt. Der Arbeitgeber kann also nicht einfach die Mehrheit seiner Arbeitnehmer zu Leistungsträgern erklären. 127

Praxistipp !

Dabei ist zu beachten, dass die Bestimmung der Anzahl der Arbeitnehmer, die nicht in die Sozialauswahl einbezogen werden sollen, unter Berücksichtigung der Belange der sozial schwächeren Arbeitnehmer zu erfolgen hat, die ohne die Berufung des Arbeitgebers auf § 1 Abs. 3 Satz 2 KSchG ihren Arbeitsplatz nicht verlieren würden. Nach Rspr. des BAG ist das Interesse des sozial schwächeren Arbeitnehmers im Rahmen des § 1 Abs. 3 Satz 2 KSchG gegen das berechtigte Interesse des Arbeitgebers an der Herausnahme bestimmter Arbeitnehmer **abzuwägen**; je schwerer dabei das soziale Interesse wiegt, umso gewichtiger müssen die Gründe für die Ausklammerung des „Leistungsträgers" sein.[170] Auch dies ist vom Arbeitgeber darzulegen.[171]

Da der Gestaltungsspielraum beim Arbeitgeber liegt, folgt im Umkehrschluss, dass ein *Arbeitnehmer*, der in die Sozialauswahl einbezogen wurde, sich nicht darauf berufen kann, dass seine Weiterbeschäftigung im berechtigten betrieblichen Interesse liege.[172] 128

b) Sicherung der Personal- und Altersstruktur

Als berechtigtes Interesse des Arbeitgebers kommt auch die Beibehaltung einer ausgewogenen betrieblichen Personal- und Altersstruktur in Betracht, vgl. § 1 Abs. 3 S. 2 KSchG. 129

166 KR/*Griebeling*, § 1 KSchG Rn 631.
167 Siehe oben Rn 117.
168 BAG, Urt. v. 31.5.2007 – 2 AZR 306/06 – NZA 2007, 1362.
169 BAG, Urt. v. 5.6.2008 – 2 AZR 907/06 – NZA 2008, 1120, zu 16 von 63 Arbeitnehmern.
170 BAG, Urt. v. 12.4.2002 – 2 AZR 706/00 – NZA 2003, 42.
171 BAG, Urt. v. 5.12.2002 – 2 AZR 697/01 – NZA 2003, 849.
172 KR/*Griebeling*, § 1 KSchG Rn 631.

Praxistipp
Nach den Gesetzesmaterialien bedeutet Sicherung der Personalstruktur, dass der Arbeitgeber von der Auswahl nach Sozialkriterien abweichen darf, um die Personalstruktur, so wie sie aufgebaut ist, zu erhalten.[173]

130 Zwar werden durch die Sozialauswahl vor allem die älteren und langjährig beschäftigten Arbeitnehmer geschützt. Dies soll aber nicht dazu führen, dass die betriebliche Altersstruktur in Folge betriebsbedingter Kündigungen gleichsam „veraltert". Ziel der Regelung ist also, die Effekte der Sozialauswahl mit Blick auf die Altersstruktur des Betriebes abzumildern.[174]

131 Der Arbeitgeber hat in diesem Fall nachzuweisen, welche konkreten Nachteile sich ergeben würden, wenn die Sozialauswahl lediglich nach allgemeinen Grundsätzen durchgeführt werden würde.

132 Obwohl vom Wortlaut des § 1 Abs. 3 S. 2 KSchG nur die „ausgewogene" Personalstruktur geschützt ist, kann der Arbeitgeber auch eine vorhandene unausgewogene Personal- und Altersstruktur beibehalten. Auf der anderen Seite darf der Arbeitgeber das Gestaltungsmittel nicht dazu nutzen, überhaupt erst eine ausgewogene Personalstruktur zu schaffen.[175] Geschützt ist also nur der sog. „Status Quo" der Alters- und Personalstruktur.[176]

Praxistipp
Für die Praxis bedeutsam ist hier jedoch eine Ausnahme im Bereich der **Insolvenz**. Denn gemäß § 125 Abs. 1 S. 1, Nr. 2 InsO ist die soziale Auswahl der Arbeitnehmer dann nicht als grob fehlerhaft anzusehen, wenn durch sie eine ausgewogene Personalstruktur erhalten oder geschaffen wird.

133 Ferner werden an die Nachweispflicht des Arbeitgebers keine besonderen Anforderungen gestellt, wenn Massenentlassungen gemäß § 17 Abs. 1 KSchG vorliegen: Denn bei ihnen ist ein betriebliches Interesses regelmäßig anzunehmen. Es ist daher zulässig, bei Massenentlassungen nach sachlich abstrakten Kriterien sog. **Altersgruppen** zu bilden. Für deren Bildung gibt das KSchG dem Arbeitgeber keine inhaltlichen oder zeitlichen Vorgaben, es besteht insoweit also ein gewisser Beurteilungsspielraum.[177]

173 Vgl. BT-Drucks 15/1204, S. 11.
174 Münchener Anwaltshandbuch Arbeitsrecht/*Ulrich*, § 43 Rn 217.
175 BAG, Urt. v. 6.7.2006 – 2 AZR 443/05 – NZA 2007, 197; BAG, Urt. v. 23.11.2000 – 2 AZR 533/99 – NZA 2001, 601.
176 Münchener Anwaltshandbuch Arbeitsrecht/*Ulrich*, § 43 Rn 217.
177 BAG, Urt. v. 18.3.2010 – 2 AZR 468/08 – NZA 2010, 1059; BAG, Urt. v. 6.9.2007 – 2 AZR 387/06 – NZA 2008, 405.

Praxistipp

!

Bislang ist z.B. eine Differenzierung nach folgendem Schema zulässig:[178]
- Arbeitnehmer bis zum 30. Lebensjahr,
- Arbeitnehmer vom 31.–40. Lebensjahr,
- Arbeitnehmer vom 41.–50 Lebensjahr,
- Arbeitnehmer vom 51.–60. Lebensjahr
- und Arbeitnehmer aber dem 61. Lebensjahr.

In diese Altersgruppen muss der Arbeitgeber dann die bei ihm beschäftigten Arbeit- 134
nehmer einordnen und den jeweiligen prozentualen Anteil der Altersgruppe in Bezug auf die Gesamtanzahl der Arbeitnehmer bestimmen. Hiernach hat er die Anzahl der zu kündigenden Arbeitnehmer festzulegen und auf jede Altersgruppe „herunterzubrechen". Die Sozialauswahl findet dann nur auf die jeweilige Altersgruppe bezogen statt.[179]

Praxistipp

!

Dieses Vorgehen verstößt auch nicht gegen die europarechtlichen Vorgaben zur Altersdiskriminierung. Denn nach ihnen ist eine Differenzierung nach dem Alter zulässig, solange sie objektiv, angemessen und durch ein legitimes Ziel gerechtfertigt ist. Daher hält auch das BAG die Bildung von Altersgruppen nach wie vor für zulässig.[180]

Eine Altersgruppenbildung ist zur Erhaltung der Altersstruktur der Belegschaft al- 135
lerdings nur dann geeignet, wenn sie dazu führt, dass die bestehende Struktur bewahrt bleibt. Sind mehrere Gruppen vergleichbarer Arbeitnehmer von den Entlassungen betroffen, muss deshalb eine proportionale Berücksichtigung aller Altersgruppen auch innerhalb der jeweiligen Vergleichsgruppen möglich sein.[181] Probleme können sich im Einzelfall aber ergeben, wenn in einer Vergleichsgruppe eine proportionale Beteiligung aller Altersgruppen bereits deshalb nicht möglich ist, weil beispielsweise bei drei Altersgruppen nur zwei Arbeitnehmer zur Kündigung anstehen. Denn da hier allenfalls zwei Altersgruppen überhaupt an den Entlassungen beteiligt werden können, kommt es bereits notwendigerweise zu einer Verschiebung der Altersstruktur. Damit ist die Altersgruppenbildung in solchen Fällen unzulässig und es muss eine Sozialauswahl ohne Rücksicht auf Altersgruppen erfolgen.[182]

178 Münchener Anwaltshandbuch Arbeitsrecht/*Ulrich*, § 43 Rn 217.
179 Münchener Anwaltshandbuch Arbeitsrecht/*Ulrich*, § 43 Rn 217.
180 Vgl. nur BAG, Urt. v. 12.3.2009 – 2 AZR 418/07 – NZA 2009, 1023.
181 BAG, Urt. v. 19.7.2012 – 2 AZR 352/11 – NZA 2013, 86.
182 BAG, Urt. v. 19.7.2012 – 3 AZR 252/11 – NZA 2013, 86.

Praxistipp
Auch im Fall einer die Zahl der Altersgruppen übersteigenden Anzahl der in einer Vergleichsgruppe zu kündigenden Arbeitnehmer führt die Altersgruppenbildung zwingend zu Verschiebungen in der Altersstruktur, wenn die Zahl der zu kündigenden Arbeitnehmer nicht durch die Zahl der Altersgruppen geteilt werden kann. Werden zum Beispiel bei der Auswahl nach drei Altersgruppen in einer Vergleichsgruppe vier Arbeitnehmer gekündigt, so ist eine proportionale Berücksichtigung aller Altersgruppen innerhalb dieser Vergleichsgruppe nicht möglich.[183] Eine Altersgruppenbildung scheidet daher wohl auch in diesen Fällen aus.

c) Vermeidung von Betriebsablaufstörungen

136 Schließlich ist zu beachten, dass bei größeren Umstrukturierungsmaßnahmen nach der durchgeführten Sozialauswahl unter Umständen eine Vielzahl von unternehmensweiten Versetzungen erforderlich werden können. Es liegt daher im betrieblichen Interesse, auftretende Betriebsablaufstörungen zu verringern, die sich insbesondere im Zusammenhang mit **Massenentlassungen** ergeben können. Die im Zuge einer solchen Massenentlassung auftretenden Probleme erlauben es dem Arbeitgeber allerdings nicht, völlig von einer Sozialauswahl abzusehen.[184]

Praxistipp
Vielmehr muss der Arbeitgeber darlegen und ggf. unter Beweis stellen, wie viele Arbeitnehmer der unterschiedlichen Qualifikationsstufen in der fortgeführten Betriebsabteilung ausgetauscht werden können, ohne dass dadurch der Arbeitsprozess ernsthaft gefährdet wird. Je nach Struktur des Betriebs und der Qualifikationsstufe der vergleichbaren Arbeitnehmer wird die Zahl der Arbeitnehmer, die ohne Beeinträchtigung des ordnungsgemäßen Betriebsablaufs im Rahmen der sozialen Auswahl ausgetauscht werden können, unterschiedlich groß sein. Deshalb spricht grundsätzlich schon eine Vermutung dafür, dass soziale Gesichtspunkte nicht ausreichend berücksichtigt wurden, wenn der Arbeitgeber betriebsweit den größeren Teil der Arbeitnehmer aus betriebstechnischen Gründen von der Austauschbarkeit generell ausnimmt und die Sozialauswahl auf den kleineren, verbleibenden Teil der Restbelegschaft beschränkt.[185]

4. Auswahl nach Sozialkriterien

137 Stehen die einzubeziehenden Arbeitnehmer schließlich fest, muss der Arbeitgeber die Sozialauswahl entsprechend **§ 1 Abs. 3 KSchG** durchführen.

---

183 *Söhl*, ArbRAktuell 2013, 20.
184 Schaub/*Linck*, Arbeitsrechtshandbuch, § 135 Rn 50.
185 BAG, Urt. v. 5.12.2002 – 2 AZR 697/01 – NZA 2003, 849.

a) Gesetzliche Auswahlkriterien

Welche Auswahlgesichtspunkte vom Arbeitgeber im Rahmen der Sozialauswahl berücksichtigt werden müssen, war in der Vergangenheit Gegenstand diverser Gesetzesänderungen.[186] Nach dem Willen des Gesetzgebers sind in diesem Zusammenhang nun aber folgende **vier soziale Grunddaten** der Beschäftigten zu berücksichtigen:[187] 138

Checkliste !
- Betriebszugehörigkeit
- Lebensalter
- etwaige Unterhaltspflichten des Arbeitnehmers sowie
- eine unter Umständen bestehende Schwerbehinderung.

Über die genannten Kriterien hinausgehende soziale Gesichtspunkte müssen vom Arbeitgeber grundsätzlich nicht berücksichtigt werden; bei § 1 Abs. 3 KSchG handelt es sich insoweit um eine **abschließende Aufzählung.**[188] Allerdings ist es keinesfalls verboten, weitere Kriterien für die Sozialauswahl hinzuzuziehen.[189] Dabei muss jedoch beachtet werden, dass eine Pflicht zur „ausreichenden Berücksichtigung" der vier oben genannten Kriterien gegeben ist – daher bleibt für alle anderen etwaigen Kriterien in der Praxis wohl kaum noch eine relevante Bedeutung. Zwar wurde im Zuge des Gesetzgebungsverfahrens teilweise vertreten[190], dass auch solche Tatsachen berücksichtigt werden sollen, die in einem unmittelbaren Zusammenhang mit den genannten Grunddaten stehen und für alle Betriebsangehörigen *evident einsichtig* sind. Doch dies hat keinen Eingang in den Gesetzeswortlaut gefunden. 139

Praxistipp !
Eine erweiterte Einbeziehung zusätzlicher Sozialdaten verkompliziert die Sozialauswahl häufig unnötig. Der sichere Weg ist, lediglich auf die genannten gesetzlichen Grunddaten abzustellen.[191] Dem entspricht auch der Zweck der Neuregelung, mehr **Rechtssicherheit und mehr Rechtsklarheit** zu schaffen.[192]

186 Vgl. nur das Arbeitsrechtliche Beschäftigungsförderungsgesetz vom 25.9.1996, das Korrekturgesetz vom 19.12.1998, sowie das Gesetz zu den Reformen am Arbeitsmarkt vom 24.12.2003.
187 Münchener Anwaltshandbuch Arbeitsrecht/*Ulrich*, § 43 Rn 197.
188 BAG, Urt. v. 31.5.2007 – 2 AZR 276/06 – NZA 2008, 33.
189 KR/*Griebeling*, § 1 KSchG Rn 670; Ascheid/Preis/Schmidt/*Kiel*, § 1 Rn 732; *Willemsen/Annuß*, NJW 2004, 177, 178.
190 Vgl. BT-Drucks 15/1204, S. 11.
191 Vgl. *v. Hoyningen-Huene/Linck*, § 1 KSchG Rn 965.
192 Vgl. BT-Drucks 15/1204, S. 11.

aa) Das Lebensalter

140 Die Berücksichtigung des Lebensalters als Kriterium der Sozialauswahl ist in aller Regel so zu verstehen, dass Arbeitnehmer mit steigendem Alter als zunehmend sozial schutzwürdig angesehen werden. Die Bevorzugung älterer Arbeitnehmer stellt eine an das Alter anknüpfende unterschiedliche Behandlung i.S. von § 1 AGG dar. Eine solche Regelung bevorzugt ältere und benachteiligt jüngere Arbeitnehmer.[193] Denn mit an das steigende Lebensalter anknüpfender höherer Schutzwürdigkeit verringert sich die Wahrscheinlichkeit, im Falle betriebsbedingter Kündigungen gekündigt zu werden. Es stellt sich somit die Frage, ob eine unzulässige Diskriminierung jüngerer Arbeitnehmer vorliegt. Eine unterschiedliche Behandlung kann allerdings durch ein legitimes Ziel gemäß § 10 S. 1 AGG gerechtfertigt sein. Dafür muss die Ungleichbehandlung wegen des Alters objektiv gerechtfertigt und angemessen sein. Der Gesetzgeber verfolgt mit der Regelung das Ziel, ältere Arbeitnehmer, die wegen ihres Alters typischerweise schlechtere Chancen auf dem Arbeitsmarkt haben, besser zu schützen. Dies stellt ein legitimes sozialpolitisches Ziel dar. Dabei reicht eine typisierende Betrachtung der Arbeitsmarktchancen aus, die individuellen Vermittlungschancen müssen nicht bei jeder Sozialauswahl gesondert ermittelt und berücksichtigt werden.[194] Bei der Verwendung von Punkteschemata ist jedoch zu berücksichtigen, dass jedes der Abwägungselemente den Ausschlag geben können muss – nicht nur das Lebensalter. Das Alter darf also gegenüber den anderen Kriterien nicht überbewertet werden.[195]

141 Ein wertungsmäßiger Ausgleich kann beispielsweise durch die Gewichtung der Betriebszugehörigkeit erfolgen. Zwar bevorzugt auch diese tendenziell ältere Arbeitnehmer; sie kann das Kriterium Lebensalter jedoch auch relativieren, wenn jüngere Arbeitnehmer zumindest dann bei der Sozialauswahl gegenüber älteren Arbeitnehmern nicht benachteiligt werden, wenn sie über eine längere Betriebszugehörigkeit verfügen. Es bietet sich daher an, die Betriebszugehörigkeit (zumindest ab einer bestimmten Dauer) stärker zu gewichten als das Lebensalter.[196]

142 Unklar war, ob bei Verwendung von Punkteschemata (s. Rn 153 ff.) die bis zur Einführung des AGG übliche **lineare Punktevergabe** – also z.B. ein Punkt pro Lebensalter – weiterhin genutzt werden kann. Hier hat das BAG zwischenzeitlich aber deutlich gemacht, dass auch unter der Geltung des AGG eine lineare Punkteverteilung zulässig ist.[197] Eine endgültige Klärung wird hier allerdings wohl erst durch den EuGH erfolgen. Da dieser sich hierzu noch nicht geäußert hat, besteht bei einer linearen Punktevergabe für den Arbeitgeber weiterhin ein gewisses Restrisiko.

---

193 BAG, Urt. v. 13.10.2009 – 9 AZR 722/08 – NZA 2010, 327.

194 BAG, Urt. v. 6.9.2007 – 2 AZR 387/06 – NZA 2008, 405; BAG, Urt. v. 6.11.2008 – 2 AZR 523/07 – NZA 2009, 361.

195 *Lingemann/Beck*, NZA 2009, 577, 578.

196 BAG, Urt. v. 6.11.2008 – 2 AZR 523/07 – NZA 2009, 361.

197 BAG, Urt. v. 6.11.2008 – 2 AZR 523/07 – NZA 2009, 361.

Praxistipp !

Zweifel bei der Feststellung des Lebensalters dürften in der Praxis nur im Ausnahmefall etwa bei älteren oder ausländischen Arbeitnehmern bestehen. Sollte es hier Zweifel an einem genauen Geburtsdatum geben, ist entsprechend § 33a SGB I auf das Geburtsdatum abstellen, das sich aus der ersten Angabe des Arbeitnehmers gegenüber einem Sozialleistungsträger oder gegenüber dem Arbeitgeber ergibt.[198]

bb) Die Betriebszugehörigkeit

Für die Dauer der **Betriebszugehörigkeit** ist nicht lediglich die Zeitspanne ausschlaggebend, in der ein Arbeitnehmer in demselben Betrieb arbeitet. Vielmehr kommt es auf die Beschäftigung bei demselben Arbeitgeber an – selbst wenn sie in verschiedenen Betrieben erfolgt.[199] Denn mit der arbeitgeberbezogenen Bindung des Arbeitnehmers sind wirtschaftliche und soziale Wirkungen verbunden, die bei der Sozialauswahl berücksichtigt werden sollen.[200] 143

Praxistipp !

Dabei sind in engen Grenzen auch frühere Beschäftigungen bei demselben Arbeitgeber anzurechnen, wenn das neue Arbeitsverhältnis in engen sachlichen Zusammenhang mit dem früheren Arbeitsverhältnis steht.[201]

Ebenfalls zu berücksichtigen sind Berufsausbildungszeiten und nach § 613a Abs. 1 S. 1 BGB Beschäftigungszeiten vor einem Betriebsübergang beim früheren Arbeitgeber.[202] Auch Zeiten, in denen das Arbeitsverhältnis geruht hat, zählen zur Betriebszugehörigkeit – für den Wehr- und Zivildienst ergibt sich dies aus § 6 Abs. 2 ArbPlSchG i.V.m. § 78 Abs. 1 Nr. 1 ZDG. Dasselbe gilt für die **Elternzeit** nach dem BEEG.[203] 144

cc) Unterhaltspflichten

Bei der Einbeziehung der **Unterhaltspflichten** ist auf bestehende gesetzliche Pflichten abzustellen. Hierzu zählen nicht nur Unterhaltspflichten gegenüber dem Ehegatten und den Kindern, sondern auch solche gegenüber pflegebedürftigen Eltern (§§ 1601 ff. BGB) sowie die gesetzlichen Unterhaltspflichten einer eingetra- 145

198 *Gaul/Lunk*, NZA 2004, 184.
199 BAG, Urt. v. 6.2.2003 – 2 AZR 623/01 – NZA 2003, 1295.
200 *Gaul/Lunk*, NZA 2004, 184.
201 BAG, Urt. v. 27.6.2002 – 2 AZR 270/01 – NZA 2003, 145.
202 Ascheid/Preis/Schmidt/*Kiel*, § 1 KSchG Rn 715.
203 Schaub/*Linck*, Arbeitsrechtshandbuch, § 135 Rn 30.

genen gleichgeschlechtlichen Lebenspartnerschaft. Es sind also weder der Familienstand, noch die Anzahl der vorhandenen Kinder wesentlich. Maßgeblich sind nur die aus der familienrechtlichen Verbundenheit folgenden finanziellen Verpflichtungen, zu denen der Arbeitnehmer aufgrund Gesetz verpflichtet ist.[204] Dabei sind nicht nur Unterhaltspflichten zu berücksichtigen, die zum Zeitpunkt des Ausspruchs der Kündigung bestehen, sondern nach wohl überwiegender Ansicht auch solche, die zu diesem Zeitpunkt fest abzusehen waren. Dies gilt beispielsweise dann, wenn die Ehefrau des gekündigten Arbeitnehmers zum Zeitpunkt der Kündigung schwanger war, der Arbeitgeber hiervon Kenntnis hatte und die Unterhaltsverpflichtung gegenüber dem Kind noch vor Ablauf der Kündigungsfrist entstanden ist.[205]

Praxistipp
Unterhaltszahlungen, die der Arbeitnehmer ohne gesetzliche Verpflichtung leistet, können dagegen nicht berücksichtigt werden.[206] Dies gilt etwa für Unterhaltsleistungen in einer nichtehelichen Lebensgemeinschaft.[207]

146 Bei der Gewichtung der bestehenden Unterhaltsverpflichtungen kommt es auf ihre **Anzahl und Höhe** an. Leisten dagegen andere Personen mit befreiender Wirkung Unterhalt, sind die zu berücksichtigenden Unterhaltspflichten des betreffenden Arbeitnehmers zu mindern.[208] Da der Arbeitgeber die Höhe der Unterhaltspflichten in der Praxis kaum wird ermitteln können, lässt das BAG eine pauschale Betrachtung zu, die darauf abstellt, ob der betreffende Arbeitnehmer verheiratet ist und wie viele Kinder existieren.

dd) Schwerbehinderung

147 In Bezug auf eine etwaige **Schwerbehinderung** gilt die Besonderheit, dass der Arbeitgeber zwar zu einer angemessenen Berücksichtigung verpflichtet ist, er aber Mitarbeiter mit Sonderkündigungsschutz schon nicht zwingend in die Sozialauswahl einbeziehen muss: Denn mangels behördlicher Genehmigung des Integrationsamts kann er sich auf eine fehlende Kündigungsmöglichkeit berufen (dann

---

204 KR/*Griebeling*, § 1 KSchG Rn 675.

205 ArbG Berlin, Urt. v. 16.2.2005 – 9 Ca 27525/04 – BB 2006, 1455; ErfK/*Oetker*, § 1 Rn 333; *Wlotzke*, BB 1997, 414; a.A. *v. Hoyningen-Huene/Linck*, § 1 KSchG Rn 979; Ascheid/Preis/Schmidt/*Kiel*, § 1 KSchG Rn 723, mit dem Argument der Rechtssicherheit.

206 BAG, Urt. v. 5.12.2002 – 2 AZR 549/01 – NZA 2003, 791.

207 Münchener Anwaltshandbuch Arbeitsrecht/*Ulrich*, § 43 Rn 202.

208 Münchener Anwaltshandbuch Arbeitsrecht/*Ulrich*, § 43 Rn 202.

bezieht man Beschäftigte mit Sonderkündigungsschutz nicht in die vergleichbaren Beschäftigten mit ein[209]).[210]

Praxistipp !
Sofern der Arbeitgeber hiervon keinen Gebrauch macht, kommt es für die Schwerbehinderung auf die **Begriffsbestimmung** des § 2 Abs. 2 SGB IX an. Auch wenn der Wortlaut des § 1 Abs. 3 KSchG insoweit keine klare Aussage trifft, müssen behinderte Menschen, die Schwerbehinderten gemäß § 2 Abs. 3 SBG IX gleichgestellt sind, ebenso behandelt werden.[211]

b) Ermittlung der Sozialdaten

Für die Beurteilung der Sozialauswahl kommt es nicht auf den subjektiven Kenntnisstand des Arbeitgebers an. Entscheidend sind vielmehr die objektiven Verhältnisse.[212] Hierzu hat der Arbeitgeber, soweit er über die in Betracht kommenden Umstände nicht schon aufgrund seiner Personalunterlagen informiert ist, die betroffenen Arbeitnehmer zu befragen.[213] Zudem kann der Arbeitgeber zwar regelmäßig auf die Angaben der Arbeitnehmer in den Eintragungen auf der Lohnsteuerkarte zurückgreifen. Nicht endgültig geklärt ist jedoch, ob sich der Arbeitgeber allein auf vorhandene Eintragungen auf der Lohnsteuerkarte verlassen kann. Nach Ansicht des BAG darf er im Ausgangspunkt auf die Angaben auf der Lohnsteuerkarte vertrauen, sofern keine Anhaltspunkte dafür vorliegen, dass die fraglichen Daten unzutreffend sind.[214] 148

Verweigert der Arbeitnehmer auf eine Frage des Arbeitnehmers die Auskunft über seine Sozialdaten (was wegen des Rechts auf informationelle Selbstbestimmung zulässig ist)[215], oder macht er lediglich unvollständige Angaben, kann sich der Arbeitnehmer im Prozess nicht mehr auf solche zunächst verschwiegenen Tatsachen berufen.[216] 149

c) Gewichtung der Auswahlkriterien

Bei der eigentlichen Abwägung der sozialen Gesichtspunkte gibt es keinen allgemeinverbindlichen Bewertungsmaßstab, da es sich um einen sog. **„mehrdimensi-** 150

209 Siehe oben unter Rn 109.
210 *v. Hoyningen-Huene/Linck*, § 1 KSchG Rn 948; Ascheid/Preis/Schmidt/*Kiel*, § 1 KSchG Rn 655.
211 *v. Hoyningen-Huene/Linck*, § 1 KSchG Rn 983.
212 *v. Hoyningen-Huene/Linck*, § 1 KSchG Rn 985.
213 BT-Drucks 15/1204, S. 11, *„durch Befragung des Arbeitnehmers in Erfahrung bringen“*; BAG, Urt. v. 16.2.2012 – 6 AZR 553/10 – NZA 2012, 555.
214 BAG, Urt. v. 28.6.2012 – 6 AZR 682/10 – NZA 2012, 1090.
215 Ascheid/Preis/Schmidt/*Kiel*, § 1 KSchG Rn 734; *v. Hoyningen-Huene/Linck*, § 1 KSchG Rn 988.
216 LAG Köln, Urt. v. 3.5.2000 – 2 Sa 272/00 – NZA-RR 2001, 247.

onalen Abwägungsvorgang“ mit heterogenen Merkmalen handelt. So ist etwa die Unterhaltspflicht eines Arbeitnehmers nicht mit dem Alter oder der Betriebszugehörigkeit in Beziehung zu setzen. Einen einheitlichen Maßstab gibt es insoweit nicht.[217] Nach der Begründung des Gesetzesentwurfs sind alle Sozialkriterien grundsätzlich von gleichem Gewicht; es gebührt also keinem Kriterium *per se* ein Vorrang.[218] Auch in der Rspr. ist die Gewichtung der Sozialkriterien in der Vergangenheit eher uneinheitlich vorgenommen worden. Denn zu Beginn hat das BAG dem Lebensalter eine überwiegende Bedeutung zugestanden.[219] Später wurde der Betriebszugehörigkeit Vorrang vor dem Lebensalter und gegenüber den Unterhaltsverpflichtungen eingeräumt.[220] Dies wurde sodann insoweit korrigiert, dass das Alter und die Betriebszugehörigkeit nicht mehr primär vor den Unterhaltspflichten zu berücksichtigen ist.[221]

151 Das Gesetz räumt dem Arbeitgeber allerdings einen gewissen Wertungsspielraum ein: Denn es verlangt nur eine „**ausreichende Berücksichtigung**“ der sozialen Gesichtspunkte. Daher können sich mehrere – durchaus auch unterschiedliche – Entscheidungen als vertretbar erweisen.[222]

Praxistipp

Die vom Arbeitgeber getroffene Auswahlentscheidung muss also lediglich **vertretbar** sein. Sie muss nicht zwingend der Entscheidung entsprechen, die das Arbeitsgericht nach Abwägung der Sozialdaten getroffen hätte.[223]

152 Vor diesem Hintergrund ist festzuhalten, dass es im Rahmen der Sozialauswahl zu unterschiedlichen Ergebnissen kommen kann, die gleichermaßen vertretbar sind, weil die vier Sozialkriterien ausreichend berücksichtigt wurden. Etwas anderes gilt erst dann, wenn der gekündigte Arbeitnehmer **deutlich schutzwürdiger** als ein anderer (vergleichbarer) Arbeitnehmer ist, dem nicht gekündigt wurde.

Praxistipp

Der eingeschränkte gerichtliche Überprüfungsspielraum bezieht sich nur auf die Gewichtung der jeweiligen Sozialdaten im Verhältnis zueinander. Davon ungeachtet kann die Auswahl der einbezogenen Arbeitnehmer voll überprüft werden.

217 Schaub/*Linck*, Arbeitsrechtshandbuch, § 135 Rn 39.
218 BAG, Urt. v. 5.12.2002 – 2 AZR 549/01 – NZA 2003, 791.
219 BAG, Urt. v. 26.6.1964 – 2 AZR 373/63 – NJW 1964, 2369.
220 BAG, Urt. v. 18.10.1984 – 2 AZR 543/83 – NZA 1985, 423.
221 BAG, Urt. v. 18.1.1990 – 2 AZR 357/89 – NZA 1990, 729.
222 BAG, Urt. v. 9.11.2006 – 2 AZR 812/05 – NZA 2007, 549.
223 Münchener Anwaltshandbuch Arbeitsrecht/*Ulrich*, § 43 Rn 206.

d) Verwendung von Punkteschemata

In der Praxis ist es verbreitet, durch die Vergabe von Punkten die vier sozialen Grunddaten zu bewerten, zu gewichten und bei einer Gegenüberstellung aller vergleichbaren Arbeitnehmer diejenigen mit den wenigsten Sozialpunkten zu kündigen (sog. **Punkteschemata**).[224] Dies hat die Rspr. in der Vergangenheit nur dann für zulässig erachtet, wenn die Punkteschemata nur zu einer Vorauswahl genutzt wurden, an die sich eine sog. „handgesteuerte" Einzelfallprüfung anschließen musste.[225] 153

Praxistipp

Diese Anforderungen hat das BAG nun dahingehend geändert, dass eine abschließende Einzelfallprüfung nicht mehr durchgeführt werden muss. Denn durch die gesetzliche Beschränkung der Sozialauswahl auf die genannten Kriterien stehe fest, dass eine individuelle Abschlussprüfung nicht mehr erforderlich sei. Schließlich seien die zu berücksichtigenden Kriterien der Sozialauswahl nunmehr abschließend im Gesetz normiert.[226]

Zu beachten ist bei der Verwendung von Punkteschematas allerdings, dass alle vier Grunddaten **ausreichend berücksichtigt** und im Verhältnis zueinander **angemessen gewertet** werden müssen. Gemäß § 95 Abs. 1 BetrVG bedarf das verwendete Punkteschemata als „Richtlinie über die personelle Auswahl bei Kündigungen" darüber hinaus der Zustimmung des Betriebsrats. Es empfiehlt sich insoweit, eine Betriebsvereinbarung abzuschließen, wenn das Punkteschema genutzt werden soll. Obwohl die Betriebsparteien in der (angemessenen) Gewichtung der Sozialdaten frei sind, bietet sich die Verwendung eines bislang von der Rechtsprechung für zulässig gehaltenen Punkteschemata an:[227] 154

Beispiel

Kriterium:	**Punkte:**
pro Lebensjahr bis zum vollendeten 55. Lebensjahr	1 Punkt
pro Jahr der Beschäftigung	
– bis 10 Dienstjahre	1 Punkt
– ab dem 11. Dienstjahr (Berücksichtigung nur bis zum vollendeten 55. Lebensjahr und max. 70 Punkte)	2 Punkte

---

224 BAG, Urt. v. 5.12.2002 – 2 AZR 549/01 – NZA 2003, 791.
225 BAG, Urt. v. 5.12.2002 – 2 AZR 549/01 – NZA 2003, 791.
226 Münchener Anwaltshandbuch Arbeitsrecht/*Ulrich*, § 43 Rn 207.
227 Ebenfalls als zulässig erachtete Punkteschemata in: BAG, Urt. v. 6.7.2006 – 2 AZR 443/05 – NZA 2007, 197 sowie LAG Baden-Württemberg, Urt. v. 25.3.2011 – 18 Sa 77/10 – NZA-RR 2011, 407. Im Beispiel wurde auf BAG, Urt. v. 9.11.2006 – 2 AZR 812/05 – NZA 2007, 549 Bezug genommen.

Kriterium:	Punkte:
unterhaltsberechtigte Ehepartner	4 Punkte
unterhaltsberechtigtes Kind	4 Punkte
Schwerbehinderung bis GdB von 50	5 Punkte
Schwerbehinderung über GdB 50, pro 10 GdB	1 Punkt

155 Allerdings geht der Arbeitgeber mit einem Punkteschema auch eine gewisse **Bindungswirkung** ein – denn klagende Arbeitnehmer können sich unter Umständen auf einen Verstoß gegen den Berechnungsmodus berufen.

5. Gerichtliche Überprüfung der Sozialauswahl

a) Rechtsfolgen fehlerhafter Sozialauswahl

156 Unterlaufen dem Arbeitgeber im Rahmen der Sozialauswahl Fehler, führt dies unter Umständen zu weitreichenden Folgen.

Praxistipp
Bis **2006** musste die Sozialauswahl des Arbeitgebers mit Blick auf alle Arbeitnehmer in jeder Hinsicht vertretbar sein. Wurde auch nur ein Fehler bei der Ermittlung oder Gewichtung der Sozialkriterien eines Arbeitnehmers entdeckt, konnte sich jeder, der sozial schwächer als ein im Betrieb verbliebener Arbeitnehmer war, auf die fehlerhafte Auswahl berufen – da alle Kündigungen unwirksam waren, kam es zu **Dominoeffekten.**[228]

157 Insbesondere bei Massenentlassungen stellte das die betroffenen Arbeitgeber vor erhebliche Probleme. Diesen für den Arbeitgeber letztlich unangemessenen Zustand hat die Rspr. korrigiert. Wer sich nun auf eine mangelhafte Sozialauswahl beruft, muss jetzt von dem Fehler *kausal betroffen* sein; der Fehler muss also gerade für die Kündigung des klagenden Arbeitnehmers ursächlich sein.[229]

Praxistipp
Diejenigen Arbeitnehmer, die bei korrekt durchgeführter Sozialauswahl **tatsächlich schutzwürdiger** gewesen wären, können sich auf einen solchen Auswahlfehler berufen. Ist dagegen *zweifelsfrei* belegt, dass sich der Auswahlfehler nicht zugunsten des gekündigten Arbeitnehmers auswirken konnte, kann sich der Arbeitnehmer nicht darauf stützen.[230]

228 Vgl. stv. BAG, Urt. v. 18.10.1984 – 2 AZR 543/83 – NZA 1985, 423.
229 BAG, Urt. v. 9.11.2006 – 2 AZR 812/05 – NZA 2007, 549.
230 BAG, Urt. v. 9.11.2006 – 2 AZR 812/05 – NZA 2007, 549.

Es muss also hypothetisch geprüft werden, welche Rangfolge dem gekündigten Arbeitnehmer ohne den Auswahlfehler zugekommen wäre. Mit Blick auf diese Rangstelle ist sodann zu untersuchen, ob der betreffende Arbeitnehmer aufgrund seiner Sozialdaten ohnehin zur Kündigung angestanden hätte.[231] 158

b) Auswahlrichtlinien

Auswahlrichtlinien beinhalten die Festlegung der materiellen Merkmale für die 159 Auswahl der zu kündigenden Personen sowie das Verfahren zur jeweiligen Feststellung der Auswahlkriterien durch eine Betriebsvereinbarung[232] zwischen Arbeitgeber und Betriebsrat.[233] Dabei müssen die vier sozialen Grunddaten (Betriebszugehörigkeit, Lebensalter, Unterhaltsverpflichtungen und Schwerbehinderung) in einem **angemessenen Verhältnis** berücksichtigt werden – etwa in einer Punktetabelle. Auch hierbei darf keinem der genannten Faktoren ein absoluter Vorrang eingeräumt werden.[234]

aa) Vorteile einer Betriebsvereinbarung

Zwar unterliegen Auswahlrichtlinien einer uneingeschränkten Rechtskontrolle.[235] 160 Für den Arbeitgeber liegt der **Vorteil** einer Betriebsvereinbarung jedoch darin, dass die gerichtliche Überprüfung der Sozialauswahl hinsichtlich der vereinbarten *Gewichtung* ihrer Kriterien nur noch auf grobe Fehlerhaftigkeit erfolgt, vgl. § 1 Abs. 4 KSchG. „**Grobe Fehlerhaftigkeit**" liegt vor, wenn „tragende Gesichtspunkte nicht in die Bewertung einbezogen worden sind, sodass die Bewertung evident unzulänglich oder unausgewogen ist".[236]

Praxistipp !

Dies wurde vom BAG etwa bejaht, wenn einzelne Sozialdaten überhaupt nicht, eindeutig unzureichend oder mit offensichtlich überhöhter Bedeutung berücksichtigt wurden.[237] Darüber hinaus wird eine grobe Fehlerhaftigkeit der Sozialauswahl auch dann angenommen, wenn vorsätzlich von einer vereinbarten Auswahlrichtlinie (auch nur geringfügig) abgewichen wurde.[238]

---

231 Münchener Anwaltshandbuch Arbeitsrecht/*Ulrich*, § 43 Rn 236.
232 Denkbar ist allerdings auch die Vereinbarung in einem Tarifvertrag.
233 Richardi/*Thüsing*, § 95 BetrVG Rn 10.
234 LAG Niedersachsen, Urt. v. 23.5.2005 – 5 Sa 198/05 – NZA-RR 2005, 584.
235 *Bader*, NZA 1999, 64; *v. Hoyningen-Huene/Linck*, § 1 KSchG Rn 1034.
236 ErfK/*Oetker*, § 1 KSchG Rn 358.
237 BAG, Urt. v. 5.6.2008 – 2 AZR 907/06 – NZA 2008, 1120.
238 LAG Hamm, Urt. v. 4.5.2011 – 2 Sa 1975/10 – ArbRAktuell 2011, 648.

161 Rechtstechnisch sind alle Auswahlrichtlinien, die schriftlich und unter den Voraussetzungen der §§ 77, 95 BetrVG geschlossen wurden, als Betriebsvereinbarungen einzuordnen. Diese Schriftform ist zwar nicht zwingend: Denn auch eine mündliche Vereinbarung über die Kriterien der Sozialauswahl ist grundsätzlich möglich (sog. *Regelungsabrede*). Die Vermutungswirkung des § 1 Abs. 4 KSchG tritt in diesem Fall jedoch nicht ein.[239]

162 Eine konkret bevorstehende Betriebsänderung oder ein Interessenausgleich ist als Voraussetzung einer Auswahlrichtlinie nicht erforderlich,[240] sie kann also auch zur „**Vorsorge**" für zukünftige personelle Einzelmaßnahmen wie etwa betriebsbedingte Kündigungen vereinbart werden. Es ist aber zu beachten, dass sich die Auswahlrichtlinie grundsätzlich auf allgemeine Personalmaßnahmen bezieht. Es reicht jedoch aus, wenn bei einem Bezug auf konkrete zukünftige Personalmaßnahmen eine „gewisse Generalisierung" vorhanden ist – die unter Umständen auch bei der Anwendbarkeit auf nur einen Fall gegeben sein kann.[241] Eine solche Generalisierung wird durch einen kollektiven Bezug erreicht, etwa wenn aus einer Mehrzahl vergleichbarer, für die Kündigung(en) in Betracht kommender Arbeitnehmer eine Auswahl getroffen werden muss.[242]

! **Praxistipp**
Auswahlrichtlinien sind nur bei betriebsbedingten Kündigungen vorstellbar, da bei der personen- bzw. verhaltensbedingten Kündigung eine Auswahl zwischen mehreren Arbeitnehmern nicht möglich ist.[243]

bb) Erzwingbarkeit von Auswahlrichtlinien

163 In Betrieben bis zu 500 Arbeitnehmern kann der Arbeitgeber Auswahlrichtlinien über die Einigungsstelle erzwingen, § 95 Abs. 1 BetrVG. In Betrieben über 500 Arbeitnehmern gilt dies auch für den Betriebsrat, der auf diese Weise etwa eine Personalmaßnahme verzögern kann.[244]

! **Praxistipp**
Es empfiehlt sich, in die Auswahlrichtlinie mit aufzunehmen, dass sich die Betriebsparteien eine abschließende Abwägung unter Berücksichtigung aller Umstände des Einzelfalls vorbehalten.[245]

239 *Kempter*, BB 2013, 3061.
240 Kempter, BB 2013, 3061.
241 BAG, Beschl. v. 26.7.2005 – 1 ABR 29/04 – NZA 2005, 1372.
242 Grobys/Panzer/*Ziai-Ruttkamp*, Auswahlrichtlinie Rn 4.
243 BAG, Beschl. v. 18.4.2000 – 1 ABR 28/99 – NZA 2001, 167.
244 *Fuhlrott*, ArbRAktuell 2012, 108; *Rossa/Salamon*, NJW 2008, 1991.
245 *Kempter*, BB 2013, 3061.

Dies vermeidet eine allzu schematische Anwendung des Punkteschemas und gewährt den Betriebsparteien Flexibilität – sodass im Einzelfall auch eine Kündigung gegenüber einem Arbeitnehmer mit höherer Sozialpunktezahl ausgesprochen werden kann.

c) Interessenausgleich mit Namensliste

Die mit Blick auf eine gerichtliche Kontrolle **größtmögliche Sicherheit** erlangt der Arbeitgeber, wenn er die Sozialauswahl anhand eines Interessenausgleichs mit Namensliste vollzieht, § 1 Abs. 5 KSchG. Ziel der Vorschrift ist, bei betriebsbedingten Kündigungen einer größeren Anzahl von Arbeitnehmern (also zum Beispiel bei Massenentlassungen) die Sozialauswahl rechtssicher zu gestalten.[246] Von der Vorschrift sind auch Änderungskündigungen erfasst.[247] 164

Voraussetzung eines Interessenausgleichs mit Namensliste ist, dass eine Betriebsänderung im Sinne des § 111 BetrVG vorliegt.[248] Ein freiwilliger Interessenausgleich ohne Betriebsänderung ist also nicht ausreichend.[249] Die Vereinbarung des Interessenausgleichs hat schriftlich zu erfolgen und ist vom Arbeitgeber und Betriebsrat zu unterzeichnen.[250] Schließlich müssen die Arbeitnehmer in dem Interessenausgleich **namentlich bezeichnet** werden, hierbei ist die konkrete Namensnennung der zu kündigenden Arbeitnehmer mit Vor- und Zunamen erforderlich.[251] Die Namensliste und der Interessenausgleich müssen zudem eine einheitliche Urkunde bilden (dabei reicht eine Heftklammer als Verbindung aus – eine Büroklammer aber nicht). Wenn die Namensliste getrennt erstellt wird, reicht es allerdings aus, wenn sie von den Betriebsparteien unterzeichnet ist und in ihr auf den Interessenausgleich oder im Interessenausgleich auf die Liste Bezug genommen wird.[252] Die Beweislast für die Voraussetzungen der Betriebsänderung und die Wirksamkeit der Namensliste trägt der Arbeitgeber.[253] 165

Praxistipp !

Der Vorteil eines Interessenausgleichs mit Namensliste liegt für den Arbeitgeber in dessen beiden Rechtsfolgen: Zum einen wird gemäß § 1 Abs. 4 S. 1 KSchG in diesen Fällen vermutet, dass die Kündigung durch **dringende betriebliche Erfordernisse bedingt** ist. Zum anderen ist die erfolgte Sozialauswahl zusätzlich nur noch auf **grobe Fehlerhaftigkeit** überprüfbar (§ 1 Abs. 5 S. 2 KSchG).

246 Münchener Anwaltshandbuch Arbeitsrecht/*Ulrich*, § 43 Rn 237.
247 BAG, Urt. v. 19.6.2007 – 2 AZR 304/06 – NZA 2008, 103.
248 BAG, Urt. v. 21.2.2002 – 2 AZR 581/00 – NZA 2002, 1360.
249 *Gaul*, BB 2004, 2687.
250 Schaub/*Linck*, Arbeitsrechtshandbuch, § 136 Rn 3.
251 Münchener Anwaltshandbuch Arbeitsrecht/*Ulrich*, § 43 Rn 240.
252 BAG, Urt. v. 19.6.2007 – 2 AZR 304/06 – NZA 2008, 103.
253 BAG, Urt. v. 21.2. 2002 – 2 AZR 581/00 – NJOZ 2003, 1631.

166 Die Vermutungswirkung kehrt somit die eigentliche Beweislastregel des § 1 Abs. 2 KSchG um. Der Arbeitnehmer muss darlegen und beweisen, dass anderweitige Beschäftigungsmöglichkeiten bestehen oder der Arbeitsplatz nicht weggefallen ist.[254] Die Beschränkung der Überprüfung der Sozialauswahl auf grobe Fehlerhaftigkeit führt dazu, dass nur solche Fehler berücksichtigt werden, die evident sind und jede Ausgewogenheit des Interessenausgleichs vermissen lassen, etwa weil ein Sozialkriterium gar keine Berücksichtigung erfahren hat.[255]

Praxistipp

Daneben stellt sich die Frage des Verhältnisses einer Namensliste zu einer zuvor vereinbarten Auwahlrichtlinie. Hierzu hat BAG entschieden, dass Arbeitgeber und Betriebsräte Auswahlrichtlinien durchaus auch später, etwa bei Abfassung einer Namensliste, ändern – und damit wohl auch ergänzen – können. Denn wenn sich beide Betriebsparteien gemeinsam und einvernehmlich über die beschlossene Auswahlrichtlinie hinwegsetzen, ist dies gleichbedeutend mit einer „Modifizierung" und führe nicht wie gerügt zu einer grob fehlerhaften Sozialauswahl.[256]

254 Münchener Anwaltshandbuch Arbeitsrecht/*Ulrich*, § 43 Rn 244.

255 BAG, Urt. v. 5.11.2009 – 2 AZR 676/08 – NZA 2010, 457.

256 BAG, Urt. v. 24.10.2013 – 6 AZR 854/11 – NZA 2014, 46.

Kapitel 6
Verhaltensbedingte Kündigung

Eine Kündigung kann gemäß § 1 Abs. 2 S. 1 KSchG sozial gerechtfertigt sein, wenn sie durch Gründe, die in dem Verhalten des Arbeitsnehmers liegen, bedingt ist. Das Kündigungsschutzgesetz legitimiert damit verhaltensbedingte Kündigungsgründe, ohne diese allerdings zu definieren oder zu umschreiben. Ausgangspunkt einer verhaltensbedingten Kündigung ist ein vertrags- bzw. pflichtwidriges Verhalten des Arbeitnehmers.[1] 1

Eine ordentliche verhaltensbedingte Kündigung steht in enger rechtlicher Verwandtschaft zur außerordentlichen und fristlosen Kündigung. 2

Durch die verhaltensbedingte Kündigung ist es dem Arbeitgeber möglich, sich auch dann wegen vertragswidrigen Verhaltens von einem Arbeitnehmer zu trennen, wenn die Schwelle des wichtigen Grundes für eine außerordentliche Kündigung nach § 626 I BGB noch nicht erreicht ist. 3

Praxistipp !
Ob ein festgestelltes vertragswidriges Verhalten eines Arbeitnehmers bereits die Schwelle für eine außerordentliche Kündigung überschritten hat oder „nur" den Ausspruch einer ordentlichen verhaltensbedingten Kündigung rechtfertigt, kann im Vorfeld einer Kündigung bzw. eines Kündigungsschutzverfahrens nicht trennscharf prognostiziert werden. In Zweifelsfällen kann der Ausspruch einer außerordentlichen Kündigung mit einer hilfsweise ordentlichen Kündigung die bessere taktische Wahl sein, da die Verhandlungsmasse für einen potentiellen späteren Vergleich vergrößert wird.

A. Kündigungsgrund

Voraussetzung einer verhaltensbedingten Kündigung ist, dass das vertragswidrige Handeln des Arbeitnehmers auf ein steuer- und zurechenbares Verhalten als vorwerfbarer Kündigungsgrund zurückgeführt werden kann.[2] Es muss vereinfacht gesagt ein schuldhafter (d.h. vorsätzlicher oder fahrlässiger) Verstoß gegen Haupt- oder Nebenpflichten aus dem Arbeitsverhältnis durch den Arbeitnehmer vorliegen.[3] 4

Soll die verhaltensbedingte Kündigung Konsequenz einer **außerdienstlichen Pflichtverletzung** sein, ist zudem eine konkrete Beeinträchtigung des Arbeitsverhältnisses erforderlich.[4] 5

---

1 Vgl. BAG, Urt. v. 28.10.2010 – 2 AZR 1008/08 – DB 2010, 1709.

2 Grobys/Panzer/*Mohnke*, Verhaltensbedingte Kündigung Rn 1.

3 BAG, Urt. v. 2.3.2006 – 2AZR 53/05 – DB 2006, 2183.

4 *Lingemann*, Teil 3 Rn 507.

6 Dahinter steht die Regelung des § 1 Abs. 2 S. 1 KSchG, dass eine ordentliche Kündigung dann sozial ungerechtfertigt ist, wenn sie nicht durch Gründe, die in dem Verhalten des Arbeitnehmers liegen, bedingt ist.

7 Zu beachten ist, dass eine verhaltensbedingte Kündigung in rechtsdogmatischer Hinsicht nicht als Strafe oder Sanktion für das Vorliegen einer Vertragsverletzung verstanden werden darf.[5] Ansatz für die Beendigung des Arbeitsverhältnisses ist vielmehr die berechtigte Befürchtung des Arbeitgebers, dass der festgestellte Vertragsverstoß dazu geeignet ist, das Vertrauen in den Arbeitnehmer zu schädigen und davon ausgegangen werden muss, dass vergleichbare Vertragsverstöße auch in Zukunft stattfinden werden. Wie bei allen anderen Kündigungsarten auch ist mithin die vom Arbeitgeber zu treffende **zukunftsbezogene Prognose**, das Arbeitsverhältnis könne in der Zukunft nicht mehr vertragsgemäß bzw. störungsfrei fortgesetzt werden, Anlass für die Vertragsbeendigung.[6]

I. Merkmale einer verhaltensbedingten Kündigung

8 Der Tatbestand einer verhaltensbedingten Kündigung ist erfüllt, wenn

! **Checkliste**

- eine erhebliche und vorwerfbare **Vertragspflichtverletzung** des Arbeitnehmers vorliegt,
- die **Gefahr einer Wiederholung** gegeben ist, falls die Kündigung nicht ausgesprochen wird (sog. *negative Zukunftsprognose*),
- die Wiederholungsgefahr – nach erforderlicher **Abmahnung** – auch in Zukunft zu einer Beeinträchtigung des Arbeitsverhältnisses führt,
- die Möglichkeit einer anderen, eine zukünftige Störung ausschließenden Beschäftigung fehlt
- und die **Interessenabwägung** die Auflösung des Arbeitsvertrags für beide Vertragsteile angemessen erscheinen lässt.

II. Abgrenzung verhaltens- und personenbedingte Kündigung

9 Bei der verhaltensbedingten Kündigung resultiert der Kündigungsgrund aus dem **steuerbaren Verhalten** des Arbeitnehmers.

10 Im Unterschied zur personenbedingten Kündigung kommen bei der verhaltensbedingten Kündigung vorsätzliche und fahrlässige Pflichtverletzungen in Betracht. Den Arbeitnehmer trifft hier also ein **Verschulden** im Sinne einer negativen Vor-

5 v. Hoyingen-Huene/Linck/*Krause*, § 1 KSchG Rn 495.
6 BAG, Urt. v. 10.6.2010 – 2 AZR 541/09 – NZA 2010, 1227.

werfbarkeit seines Verhaltens.[7] Im Gegensatz dazu liegt einer personenbedingten Kündigung kein steuerbares Verhalten des Arbeitnehmers zugrunde. Zwar ist dem Arbeitnehmer in diesem Falle die Vertragsstörung nicht persönlich vorwerfbar, er kann diese aber auch nicht durch eine willentlich gesteuerte Verhaltensänderung abstellen.

Das Bundesarbeitsgericht prägt die Abgrenzung zwischen verhaltens- und personenbedingter Kündigung mit folgender Überlegung: 11

Praxistipp !
Ein in der Person des Arbeitnehmers liegender Grund ist gegeben, wenn der Arbeitnehmer will, aber nicht kann; ein Grund im Verhalten liegt dagegen vor, wenn der Arbeitnehmer kann, aber nicht will.[8]

Die Abgrenzung zwischen personen- und verhaltensbedingten Gründen ist wegen den jeweils unterschiedlichen Voraussetzungen von hoher Bedeutung für die Wirksamkeit der Kündigung. So bedarf die verhaltensbedingte Kündigung regelmäßig der vorherigen **Abmahnung** – bei einem Kündigungsgrund in der Person des Arbeitnehmers ist eine Abmahnung dagegen nur ausnahmsweise notwendig.[9] 12

III. Die einzelnen Tatbestandsmerkmale

1. Vertragliche Pflichtverletzung

Die vom Arbeitnehmer begangene vertragliche Pflichtverletzung muss geeignet sein, die verhaltensbedingte Kündigung zu rechtfertigen. Bejaht werden kann dies regelmäßig, wenn die Verletzung einer Hauptpflicht aus dem Arbeitsvertrag in Rede steht, bzw. es sich sonst um die erhebliche Verletzung einer Nebenpflicht handelt.[10] Erforderlich ist im ersten Schritt das Vorliegen eines vertragswidrigen Verhaltens des Arbeitnehmers. Hierzu muss eine bestimmte Verhaltenspflicht festgestellt werden können, welche durch den Arbeitnehmer konkret verletzt worden ist.[11] Kündigungsrelevant kann hierbei im Grundsatz jede Verletzung einer vertraglichen Pflicht sein, die der Arbeitnehmer grundsätzlich zu erfüllen hat.[12] Hierbei können die Pflichtverletzungen in verschiedene Kategorien eingeordnet werden. 13

7 Zu einer Rechtfertigung durch ausnahmsweise schuldlosen Pflichtverletzungen, vgl. BAG, Urt. v. 21.1.1999 – 2 AZR 665/98 – NZA 1999, 863.
8 v. Hoyningen-Huene/Linck/*Krause*; § 1 KSchG Rn 313.
9 Grobys/Panzer/*Mohnke*, Verhaltensbedingte Kündigung Rn 3.
10 BAG, Urt. v. 28.10.2010 – 2 AZR 293/09 – NZA 2011, 112.
11 v. Hoyningen-Huene/Linck/*Krause*, § 1 KSchG Rn 490.
12 BAG, Urt. v. 17.1.2008 – 2 AZR 536/06 – NZA 2008, 693.

14 Die Pflichtverletzungen können stammen aus

- dem **Leistungsbereich** (z.B. Schlecht- oder Fehlleistung)
- der **betriebliche Ordnung**[13] (z.B. Alkoholkonsum, diskriminierende Äußerungen gegenüber Mitarbeitern)
- dem **Vertrauensbereich**[14] (z.B. Unterschlagung, Diebstahl von Betriebsgegenständen) oder
- den **Nebenpflichten**[15] (z.B. Mitteilung von Nebenbeschäftigungen).

Praxistipp

Dessen ungeachtet ist es problematisch, allgemeingültige Aussagen darüber zu treffen, was genau unter einer erheblichen Pflichtverletzung des Arbeitnehmers zu verstehen ist und unter welcher Kategorisierung diese eine ordentliche Kündigung zu rechtfertigen vermag. Die Praxis zeigt, dass der Wunsch nach Kategorisierungen und die Einteilung in verschiedene Tatbestandsvoraussetzungen letztlich nur die Darlegung und Nachvollziehbarkeit der Kündigungserwägungen im späteren Kündigungsschutzprozess erleichtert. Am Ende wird in den allermeisten Fällen allerdings die richterlich vorzunehmende Abwägung sowie die Gesamtwürdigung des vorliegenden Kündigungssachverhaltes über den Erfolg einer Kündigungsmaßnahme entscheiden.

---

15 Eine bessere Erfolgsprognose bzgl. einer Kündigungsmaßnahme ist trotzdem mit Hilfe der Kenntnis bzgl. der von der Rechtsprechung bislang als Kündigungsgrund anerkannten Pflichtverletzungen möglich. Insbesondere kommen hierfür die folgenden ***Fallgruppen*** in Betracht:

Beispiel

- Alkohol: Wiederholte Trunkenheit am Arbeitsplatz, wenn diese nicht als Alkoholismus im medizinischen Sinne einzustufen ist.[16]
- Arbeitsverweigerung: Wenn sich der Arbeitnehmer unberechtigt weigert, die nach dem Arbeitsvertrag geschuldete Leistung zu erbringen.[17]
- Arbeitskampf/Streik: Die Teilnahme an rechtmäßigen Arbeitskämpfen kann eine verhaltensbedingte Kündigung regelmäßig nicht begründen. Anderes gilt für die Teilnahme an rechtswidrigen Arbeitskampfmaßnahmen, wenn der Arbeitnehmer damit seine Arbeitspflicht verletzt.[18]
- Nebentätigkeit: Wenn durch eine Nebentätigkeit des Arbeitnehmers seine Arbeitsleistung nicht unerheblich beeinträchtigt wird.[19]
- Internet- und Telefonnutzung: Wenn der Arbeitnehmer ohne Erlaubnis exzessiv im Internet surft bzw. telefoniert oder bei erteiltem Einverständnis die Internetnutzung in einem Ausmaß

---

13 BAG, Urt. v. 7.11.2002 – 2 AZR 475/01 – NZA 2003, 719.
14 BAG, Urt. v. 11.3.1999 – 2 AZR 507/98 – NZA 1999, 587.
15 MüKo-BGB/*Müller-Glöge*, § 611 Rn 1074.
16 Vgl. hierzu näher Kap. 8 Personenbedinge Kündigung.
17 BAG, Urt. v. 21.11.1996 – 2 AZR 357/95 – NZA 1997, 487.
18 BAG, Urt. v. 21.10.1969 – 1 AZR 93/68 – NJW 1970, 486.
19 BAG, Urt. v. 28.8.1993 – 2 AZR 154/93 – NZA 1994, 63.

erfolgt, von dem der Arbeitnehmer nicht annehmen durfte, dass diese noch von der Genehmigung gedeckt ist.[20]

- Unpünktlichkeit: Wenn der Arbeitnehmer wiederholt fehlt bzw. zu spät erscheint und ihm dies vorwerfbar ist.
- Belästigungen/Beleidigungen/Tätlichkeiten im Betrieb: Wenn durch Äußerungen oder Handlungen das betriebliche Miteinander nachhaltig gestört wird. Seit Geltung des Allgemeinen Gleichbehandlungsgesetzes (AGG) haben sich (zumindest gefühlt) die Fälle von diskriminierenden Belästigungen in den Betrieben erhöht.[21]
- Falsche Erfassung von Arbeitszeiten: Wenn die vom Arbeitgeber eingeräumte Möglichkeit einer eigenständigen Arbeitszeiterfassung vom Arbeitnehmer missbraucht wird.

Ob die genannten Beispiele letztendlich dazu geeignet sind, eine verhaltensbedingte Kündigung zu tragen, hängt stets von der Beurteilung sämtlicher Umstände des Einzelfalls ab und kann erst nach einer umfassen **Interessenabwägung** abgeschätzt werden.[22] 16

Je nach festzustellender Schwere der Pflichtverletzung rechtfertigt diese über eine verhaltensbedingte ordentliche Kündigung hinaus unter Umständen auch eine *außerordentliche Kündigung* nach § 626 BGB.[23] Sollte hingegen bei Würdigung des Sachverhaltes die festzustellende Pflichtverletzung nicht so schwerwiegend sein, muss gegebenenfalls vom Ausspruch einer verhaltensbedingten Kündigung (noch) abgesehen und der Ausspruch einer Abmahnung vorgezogen werden. 17

2. Verschulden

Eine kündigungsrelevante Vertragspflichtverletzung ist dem Arbeitnehmer nur dann vorwerfbar, wenn es sich bei ihr um ein steuerbares Verhalten gehandelt hat. In der Regel ist hierfür ein schuldhaftes Handeln gemäß § 276 I S. 1 BGB erforderlich. Unter schuldhaftem Handeln ist in diesem Zusammenhang die vorsätzliche oder aber zumindest fahrlässige Begehung der Vertragspflichtverletzung zu verstehen.[24] 18

Ein solcher Schuldvorwurf ist allerdings dann zu verneinen, wenn der Arbeitnehmer nicht hätte anders handeln können bzw. wenn die vorwerfbare Handlung unter Zwang oder als Folge einer Erkrankung stattfand. 19

Als anschauliche Beispiele an dieser Stelle können der von einem Arbeitnehmer begangene Alkoholmissbrauch am Arbeitsplatz bzw. alkoholbedingte Ausfaller- 20

20 BAG, Urt. v. 27.4.2006 – 2 AZR 386/05 – NZA 2006, 977.
21 BAG, Urt. v. 6.2.1997 – 2 AZR 38/96 – juris.
22 Vgl. Gliederungspunkt „Interessenabwägung" in Kap. 6 Rn 78 ff.
23 Siehe hierzu näher Kap. 9 Außerordentliche Kündigung.
24 BAG, Urt. v. 2.2.2006 – 2 AZR 222/05 – NZA 2006, 880.

scheinungen während der Arbeitszeit angesehen werden. Folgen derartige Vorkommnisse aufgrund einer krankhaften Alkoholsucht bzw. einer Alkoholabhängigkeit, kann dies dem Arbeitnehmer in kündigungsrechtlicher Hinsicht gegebenenfalls nicht vorgeworfen werden, sodass der Ausspruch einer verhaltensbedingten Kündigung ausgeschlossen ist. Unter Umständen kann dann allerdings der Ausspruch einer personenbedingten bzw. krankheitsbedingten Kündigung in Betracht gezogen werden.[25]

Praxistipp

Nach der Rspr. können in Ausnahmefällen auch schuldlose Pflichtverletzungen geeignet sein, eine verhaltensbedingte Kündigung zu rechtfertigen – jedenfalls wenn es sich um fortgesetzte Pflichtverletzungen des Arbeitnehmers handelt.[26] Dabei ist jedoch zu beachten, dass das Fehlen des Verschuldens einen gewichtigen Faktor bei der Durchführung der Interessenabwägung darstellt – also die Gründe für eine verhaltensbedingte Kündigung ebenfalls schwerwiegend sein müssen.[27]

21 Ein Sonderfall stellt auch das Vorliegen eines sog. **Verbotsirrtums** dar, bei dem der Arbeitnehmer unverschuldet über die Rechtmäßigkeit seines Handelns irrt. Dies kann zum Beispiel der Fall sein, wenn der Arbeitnehmer von dritter Stelle (Vorgesetzter, Betriebsrat, Gewerkschaft oder Rechtsbeistand) unzutreffende Informationen über das vom Arbeitgeber erwartete pflichtgemäße Handeln erhält und sich der Arbeitnehmer insoweit zur Abwehr der Kündigung auch auf die Unkenntnis der pflichtgemäßen Handlungsweise berufen kann.[28] Häufiger anzutreffen ist dies bei falscher Kenntnis über die Modalitäten der Arbeitszeiterfassung, der Urlaubsgewährung oder auch der (gegebenenfalls privaten) Nutzung von betrieblichen Einrichtungen/Gegenständen. Konnte der Arbeitnehmer seinen Rechtsirrtum nicht vermeiden, fehlt typischerweise das Verschulden, sodass eine verhaltensbedingte Kündigung ausscheidet.

22 Im Falle eines solchen (behaupteten) Verbotsirrtums wird zudem verstärkt auf die Interessenabwägung abzustellen sein; entscheidend ist hier der Grad des Verschuldens bzw. die Vermeidbarkeit des Irrtums über die pflichtgemäße Handlungsweise.[29]

25 Vgl. auch Kap. 7 Personenbedinge Kündigung.

26 BAG, Urt. v. 21.1.1991 – 2 AZR 665/98 – NZA 1999, 863.

27 Grobys/Panzer/*Mohnke*, Verhaltensbedingte Kündigung Rn 10.

28 Vgl. BAG, Urt. v. 10.6.2010 – 2 AZR 541/09 – NZA 2010, 1227.

29 BAG, Urt. v. 27.4.2006 – 2 AZR 415/05 – NZA 2006, 1033; *Lingemann*, Teil 3 Rn 535.

3. Beeinträchtigung des Arbeitsverhältnisses

Früher ging die Rechtsprechung davon aus, dass eine feststellbare Pflichtverletzung eines Arbeitnehmers nur dann den Ausspruch einer verhaltensbedingten Kündigung rechtfertigen könne, wenn diese Pflichtverletzung die betrieblichen Interessen des Arbeitgebers konkret beeinträchtigte. Man ging insoweit davon aus, dass eine in betrieblicher Hinsicht folgenlose Pflichtverletzung sanktionslos bleiben müsse. Heute ist die konkrete Beeinträchtigung betrieblicher Interessen durch die Pflichtverletzung – etwa in Form von betrieblichen Auswirkungen – allerdings keine Kündigungsvoraussetzung mehr.[30] 23

Stattdessen ist anerkannt, dass schon die Verletzung der Vertragspflichten zu einer konkreten Beeinträchtigung des Arbeitsverhältnisses führt.[31] Denn richtigerweise darf der Arbeitsvertragspartner erwarten, dass sich sein Gegenüber an die im Vertrag normierten Pflichten und Leistungsbeschreibungen hält. Ist dies nicht der Fall bzw. missachtet der Vertragspartner die vertraglichen Inhalte, ist demgegenüber ein dauerhaftes Festhalten am Vertrag, selbst wenn die Pflichtverletzungen keine Schäden verursachen, nicht dauerhaft zumutbar. 24

Von Bedeutung ist die Frage des Vorliegens beträchtlicher Beeinträchtigungen aber noch immer für das Vorliegen von sog. ***außerdienstlichen Pflichtverletzungen***. Denn diese können eine verhaltensbedingte Kündigung nur rechtfertigen, wenn das Arbeitsverhältnis durch einen Bezug zur dienstlichen Tätigkeit konkret und erheblich beeinträchtig ist. 25

Als Beispiel hierfür kommt etwa eine Straftat unter Nutzung von Betriebsmitteln in Betracht oder wenn sich das Verhalten des Arbeitnehmers derart auf den Arbeitgeber niederschlägt, dass dieser in der Öffentlichkeit mit einer Straftat in Verbindung gebracht wird.[32] In Betracht kommt hierbei auch eine verbotene oder zumindest fragwürdige politische oder religiöse Betätigung des Arbeitnehmers außerhalb der Arbeitszeit, sofern diese öffentlich oder zumindest betrieblich bekannt wird und ein negatives Licht auf den Arbeitgeber wirft. 26

IV. Einzelfälle

Für die kündigungsrechtliche Einordnung eines Sachverhaltes ist es unerlässlich, einen guten Überblick über die von der Rechtsprechung in der Vergangenheit anerkannten Kündigungssachverhalte zu besitzen. Die Erfahrung zeigt, dass sich Arbeitsrichter entgegen dem im deutschen Recht vorherrschenden dogmatischen Ansatz der Einzelfallbewertung häufig daran orientieren, wie andere obergerichtliche 27

---

30 BAG, Urt. v. 17.3.1998 – 2 AZR 576/87 – BAGE 58, 37.

31 *Lingemann*, Teil 3 Rn 579.

32 *Lingemann*, Teil 3 Rn 581.

Entscheidungen vergleichbare Sachverhalte behandelt haben. Dieser eher dem anglo-amerikanischen *case law* entnommene Ansatz kann oftmals im Vorfeld einer Kündigungsmaßnahme hilfreich sein, um den Erfolg einer Kündigung besser abschätzen zu können.

Verweis
Die Kenntnis bzgl. anerkannter Kündigungssachverhalte kann die Einschätzung des Erfolgs einer Kündigungsmaßnahme im Vorfeld erleichtern. Vergleiche hierzu die Auflistung und Darstellung von außerordentlichen Kündigungsgründen in Kapitel 8 Rn 12.
Die einzelnen Fallkonstellationen, welche einer verhaltensbedingten Kündigung zu Grunde liegen, ähneln denen einer verhaltensbedingten außerordentlichen Kündigung. Wie bereits oben dargestellt wurde, können Gründe in dem Verhalten eines Arbeitnehmers, die an sich als „wichtiger Grund" im Sinne des § 626 Abs. 1 BGB geeignet sind, auch als Gründe für eine verhaltensbedingte ordentliche Kündigung herangezogen werden. Entscheidend sind hierbei immer die Besonderheiten sowie die Schwere des Einzelfalles.

B. Verdachtskündigung

28 Des Weiteren kommt eine verhaltensbedingte Kündigung in besonderen Fällen auch dann in Betracht, wenn nur der dringende Verdacht einer erheblichen Pflichtverletzung durch den Arbeitnehmer besteht (sog. Verdachtskündigung). Denn unter besonderen Umständen kann bereits ein solcher Verdacht dazu führen, dass das für die Fortsetzung des Arbeitsverhältnisses notwendige Vertrauen zwischen Arbeitgeber und Arbeitnehmer nicht mehr gegeben ist.

29 Häufig wird eine Verdachtskündigung vorrangig als außerordentliche Kündigung erklärt. Hintergrund ist, dass es sich bei Verdachtskündigungen oftmals um in Verdacht stehende schwere Pflichtverletzungen oder strafbare Handlungen handelt, welche ein Aufrechterhalten des Arbeitsverhältnisses auch nur für die Dauer einer Kündigungsfrist für den Arbeitgeber nicht mehr zumutbar erscheinen lassen.

Praxistipp
In der Praxis wird eine außerordentliche Verdachtskündigung regelmäßig mit einer hilfsweise ordentlichen Verdachtskündigung verknüpft. Dies ist insbesondere in den Fällen vorteilhaft, in denen die zweiwöchige Kündigungserklärungsfrist des § 626 Abs. 2 BGB bereits abgelaufen sein könnte.

30 Dogmatisch könnte man die ordentliche Verdachtskündigung auch als personenbedingte Kündigung verstehen. Denn strenggenommen ist der Kündigungsgrund hier nur der Verdacht, welcher der Person eines Arbeitnehmers anlastet. Das vermutete pflichtwidrige Verhalten kann dem Arbeitnehmer hingegen gerade nicht nachgewiesen werden.

I. Abgrenzung zwischen Tat- und Verdachtskündigung

Da die Verdachtskündigung eine eigenständige Kündigungsart darstellt,[33] muss der Arbeitgeber offensichtlich machen, ob er den Ausspruch der Kündigung mit einer Tat oder einem bloßen Verdacht begründen will. 31

Praxistipp !

Liegt eine solche eindeutige Äußerung des Arbeitgebers nicht vor, dürfen die Arbeitsgerichte die Kündigung mangels anderer Angaben nur als sog. ***Tatkündigung*** bewerten.[34]

Der Nachteil ist, dass die Tatkündigung stets als unwirksam erklärt wird, wenn die Tatbegehung im Kündigungsschutzprozess nicht bewiesen werden kann. 32

Das Arbeitsgericht darf eine Kündigung also nur mit Blick auf einen Tatverdacht prüfen, wenn sich der Arbeitgeber bei der Kündigung zumindest auch auf den Verdacht beruft. 33

Praxistipp !

Bei Vorbereitung des Kündigungsschreibens ist allerdings nicht zwingend auf den konkreten Anlass der Kündigung oder die Kündigungsart abzustellen. Die Kündigungserklärung kann zunächst kurz gehalten werden und lediglich den Ausspruch der ordentlichen Kündigung enthalten. Die Klassifizierung als Tat- oder Verdachtskündigung kann sodann auch später im Laufe des arbeitsgerichtlichen Verfahrens erfolgen.

Eine nachträgliche Verdachtsbegründung ist grundsätzlich zwar bis zu den Tatsacheninstanzen möglich[35] – allerdings müssen dann die strengen formalen Voraussetzungen einer Verdachtskündigung bereits bei ihrem Ausspruch eingehalten worden sein. 34

II. Dringender Tatverdacht

Auf materieller Seite muss für die Verdachtskündigung eine **Pflichtverletzung** von erheblichem Gewicht und ein **dringender Verdacht** bezogen auf die Person des Arbeitnehmers vorliegen. 35

---

33 BAG, Urt. v. 10.6.2010 – 2 AZR 541/09 – NZA 2010, 1227.

34 BAG, Beschl. v. 8.6.2000 – 2 ABR 1/00 – DB 2000, 2127; *Lingemann*, Teil 3 Rn 633.

35 *Lingemann*, Teil 3 Rn 635.

Praxistipp
Es handelt sich also mit Blick auf das Bestehen von verdachtsbegründenden Indizien zunächst um eine Tatsachenfrage; bezüglich der aus ihnen gezogenen Schlussfolgerungen zudem um eine Frage der Schlüssigkeit. Beide sind im Kündigungsschutzprozess vom Arbeitgeber vorzutragen.[36]

1. Dringlichkeit des Verdachts

36 Die Dringlichkeit ist zu bejahen, wenn der Verdacht durch Tatsachen objektiv begründet ist, so dass auch ein verständiger, gerecht abwägender Arbeitgeber den Ausspruch einer Verdachtskündigung in Betracht ziehen würde.[37] Die Verdachtsmomente müssen also so schwerwiegend sein, dass die Wahrscheinlichkeit für die Begehung der Tat bzw. Pflichtverletzung groß ist.[38] Die vom Arbeitgeber festgestellten Indiztatsachen, auf welche der Verdacht gestützt wird, müssen entweder unstreitig sein oder vom Arbeitgeber bewiesen werden können.

Negativbeispiele
Für die Rechtfertigung einer Verdachtskündigung reichen daher nicht aus:
- bloße Mutmaßungen oder unberechtigter Argwohn,
- die Einleitung eines strafrechtlichen Ermittlungsverfahrens,
- eine Wahrscheinlichkeit des Verdachts auf den Arbeitnehmer im Verhältnis von $^1/_3$.[39]

2. Erhebliche Pflichtverletzung

37 Die in Rede stehenden Verdachtsmomente sowie die Pflichtverletzung, derer der Arbeitnehmer verdächtigt wird müssen dabei von solchem Gewicht sein, dass schon der bloße Verdacht geeignet ist, die Fortsetzung des Arbeitsverhältnisses unzumutbar erscheinen zu lassen, weil das Vertrauen zwischen den Vertragsparteien dauerhaft zerstört ist.

Praxistipp
Von einem solchen Vertrauensbruch kann jedenfalls dann ausgegangen werden, wenn die Pflichtverletzung im Falle ihres Vorliegens geeignet wäre, eine außerordentliche Kündigung zu tragen.[40]

36 BAG, Urt. v. 10.2.2005 – 2 AZR 189/04 – NZA 2005, 1056.
37 BAG, Urt. v. 29.11.2007 – 2 AZR 724/06 – AP Nr. 40 zu § 626 BGB Verdacht strafbarer Handlungen; Grobys/Panzer/*Mohnke*, Außerordentliche Kündigung Rn 15.
38 BAG, Urt. v. 10.2.2005 – 2 AZR 189/04 – NZA 2005, 1056.
39 *Lingemann*, Teil 3 Rn 609.
40 BAG, Urt. v. 25.11.2010 – 2 AZR 801/09 – DB 2011, 880; vgl. insoweit die Beispielsfälle in Kap. 8 Rn 12.

Am häufigsten werden Verdachtskündigungen in Fällen von vermutetem strafbarem bzw. betrügerischem Verhalten von Arbeitnehmern ausgesprochen. Der Verdacht, der Arbeitnehmer habe Betriebseigentum gestohlen oder beschädigt, der Arbeitnehmer habe zum eigenen Vorteil seine Arbeitszeit falsch erfasst oder der Arbeitnehmer habe tatsächlich nicht angefallene Spesen zur Abrechnung gebracht, sind die „Klassiker" der Verdachtskündigung. 38

III. Umfassende Sachverhaltsaufklärung/Anhörung des Arbeitnehmers

Weitere Voraussetzung der Verdachtskündigung ist, dass der Arbeitgeber die ihm bekannten Tatsachen selbst und soweit es ihm möglich ist, aufklärt. Dabei muss alles dem Arbeitgeber Zumutbare unternommen werden, bevor es zum Ausspruch einer Verdachtskündigung kommen kann. Insbesondere gehört hierzu auch die Anhörung des Arbeitnehmers, da ihm die Möglichkeit zu geben ist, Stellung zu nehmen und eigene Entlastungsmomente vorzutragen.[41] 39

1. Form und Umfang der Anhörung

Die Anhörung selbst bedarf zwar keiner Form und kann auch mündlich erfolgen. Allerdings muss der Arbeitgeber den Sachverhalt konkretisiert darlegen, wobei dem Arbeitnehmer keine wichtigen Erkenntnisse vorenthalten werden dürfen. Der Umfang dieser Darlegung ist dabei abhängig vom jeweiligen Kenntnisstand des Arbeitnehmers, da ihm eine substantiierte Einlassung möglich sein soll. Kennt der Arbeitnehmer den Vorgang bereits bzw. verweigert er die Äußerung, sind die Anforderungen an den Umfang der Anhörung geringer.[42] 40

Praxistipp !

Es ist nicht zuletzt aus Dokumentationsgründen in einem späteren Kündigungsschutzprozess vorzugswürdig, die Anhörung stets schriftlich durchzuführen. Zwar kann es im Einzelfall auch einmal vorteilhaft sein, einen Arbeitnehmer mit einem einfach gelagerten Tatverdacht im Rahmen eines spontanen Personalgespräches zu konfrontieren. Denn in diesem Fall wird es dem Arbeitnehmer kaum möglich sein, sich spontan eine prozessbezogene Verteidigungsstrategie zu überlegen und er wird gegebenenfalls den Tatvorwurf spontan einräumen. Auch in diesem Fall kann es allerdings ratsam sein, dem Arbeitnehmer zusätzlich auch eine schriftliche Zusammenfassung der Verdachtsmomente zu übergeben, auf die er sich innerhalb einer kurzen Frist zurückmelden soll. Man beugt so dem Vorwurf vor, man habe den Arbeitnehmer überrumpelt und ihm keine ausreichende Möglichkeit gegeben, zu den Vorwürfen Stellung zu nehmen.

41 BAG, Urt. v. 28.11.2007 – 5 AZR 952/06 – NZA-RR 2008, 344.
42 *Lingemann*, Teil 3 Rn 614.

41 Zudem ist zu beachten, dass das Thema der Anhörung dem Arbeitnehmer bereits in der Gesprächseinladung mitzuteilen ist. So ist die Einladung zu einem *Fach*gespräch nicht ausreichend, wenn in Wirklichkeit eine Anhörung über die Möglichkeit einer Verdachtskündigung im Raum steht bzw. geplant ist. Anders verhält es sich mit der Einladung zu einem *Personal*gespräch, als welches die Anhörung zählt.

42 Einige Arbeitsgerichte vertreten die Auffassung, der Arbeitgeber müsse im Rahmen einer Einladung zu einem Anhörungsgespräch oder auch im Rahmen einer schriftlichen Anhörung dem Arbeitnehmer mitteilen, dass der im Raum stehende Verdacht dazu geeignet ist, den Arbeitgeber zu einer Kündigung des Arbeitsverhältnisses zu veranlassen.[43] Hintergrund dieser Vorgabe ist, dass der Arbeitnehmer nicht über den Anlass bzw. die Dramatik des bevorstehenden Anhörungsgespräches getäuscht werden soll. Er soll sich in angemessener Weise auf ein solches Gespräch vorbereiten und unter Umständen ein Mitglied des Betriebsrates hinzuziehen können. Diese Auffassung erscheint allerdings überzogen, da der Arbeitgeber selbst im Vorfeld einer Anhörung oftmals noch nicht wissen kann, ob ein Tatvorwurf gegenüber dem Arbeitnehmer überhaupt im Raume steht und wie er auf einen solchen reagieren wird.

! **Praxistipp**

In einem schriftlichen Anhörungsschreiben sollte, soweit möglich, klar zum Ausdruck kommen, dass der Arbeitgeber einen ernstzunehmenden Tatverdacht hegt und er bei Bestätigung dieses Verdachtes den Ausspruch einer Kündigung erwägt.

---

43 Ob der Arbeitnehmer berechtigt ist, eine Begleitperson zu einem Anhörungsgespräch hinzuzuziehen, wird unterschiedlich bewertet. Regelmäßig wird ein Mitglied des Betriebsrates zu einem Anhörungsgespräch hinzugezogen werden können. Überwiegend wird auch die Auffassung vertreten, der Arbeitnehmer könne einen Rechtsanwalt hinzuziehen.[44]

44 Insbesondere soweit die Anhörung schriftlich erfolgt, sollte dem Arbeitnehmer eine angemessene **Frist zur Stellungnahme** auf die Vorwürfe eingeräumt werden. Diese Frist sollte zur Einräumung einer angemessenen Äußerungsmöglichkeit nicht zu kurz bemessen sein. Im Hinblick auf die Obliegenheit einer zügigen Sachverhaltsaufklärung sollte die Frist aber auch nicht zu lang bemessen sein. Üblicherweise sollte die Frist somit je nach Schwere und Umfang des Tatvorwurfs zwischen 3 bis 7 Tagen betragen.

---

43 LAG Berlin-Brandenburg, Urt. v. 16.12.2010 – 2 SA 2022/10 – LAGE § 626 BGB 2002 Verdacht strafbarer Handlungen Nr. 10.

44 BAG, Urt. v. 13.3.2008 – 2 AZR 961/06 – NZA 2008, 809.

2. Fortgang des Anhörungsverfahrens

Ob und in welcher Form ein Arbeitnehmer auf eine Anhörung reagiert oder zu dieser Stellung nimmt, ist für den Ausspruch einer Verdachtskündigung nicht von vorrangiger Bedeutung. Auch wenn sich der Arbeitnehmer gar nicht äußert oder jegliche Stellungnahme verweigert, hat der Arbeitgeber seiner Anhörungspflicht genüge getan.[45] Zu beachten ist, dass im Rahmen einer arbeitsrechtlichen Verdachtskündigung keine strafprozessualen Maßstäbe anzulegen sind. Dies bedeutet, dass nicht etwa eine sogenannte **Unschuldsvermutung** den Arbeitgeber davon abhalten müsste, eine Kündigung des Arbeitsverhältnisses auszusprechen. Ebenso wenig kann sich der Arbeitnehmer im Rahmen einer Anhörung wirksam auf ein Aussageverweigerungsrecht berufen. 45

Sofern sich der Arbeitnehmer zu dem Tatverdacht äußert oder eine schriftliche Stellungnahme abgibt, ist diese vom Arbeitgeber kritisch zu würdigen. Da es sich bei Verdachtskündigungen häufig um Fälle außerordentlicher Kündigungen handelt, sollte die Prüfung dieser Stellungnahme allerdings keinen zu langen Zeitraum einnehmen. Der Arbeitgeber ist im Regelfall auch nicht angehalten, allen vom Arbeitnehmer in seiner Stellungnahme vorgetragenen Alternativerklärungen nachzugehen. Die Rechtsprechung lässt es ausreichen, wenn der Arbeitgeber die Einlassungen des Arbeitnehmers zur Kenntnis nimmt und kritisch würdigt. Sofern in der Stellungnahme des Arbeitnehmers kein greifbares Entlastungsvorbringen enthalten ist, kann der Arbeitgeber bei noch immer fortbestehendem Tatverdacht die Verdachtskündigung aussprechen. 46

Praxistipp !

Je nach Fristensituation sollte der Arbeitgeber darauf achten, die Verdachtskündigung nicht unmittelbar oder zeitgleich nach/mit Zugang der Stellungnahme des Arbeitnehmers auszusprechen. Es sollte für einen späteren mit dieser Angelegenheit betrauten Arbeitsrichter erkenntlich werden, dass sich der Arbeitgeber kritisch mit den Inhalten der Stellungnahme des Arbeitnehmers beschäftigt und erst nach deren Würdigung den Entschluss zum Kündigungsausspruch abschließend gefasst hat.

3. Entbehrlichkeit der Anhörung

Da die Anhörung des Arbeitnehmers eine wesentliche Entlastungsmöglichkeit des Arbeitnehmers darstellt, muss der Arbeitgeber sie auch unter erschwerten Umständen durchführen. So ist eine Anhörung auch dann erforderlich, wenn der Arbeitnehmer wegen Krankheit arbeitsunfähig, sich im Urlaub oder gar in Untersuchungshaft befindet. Entbehrlich ist sie lediglich, wenn der Aufenthaltsort des Arbeitnehmers aus unbekannten Gründen nicht ermittelt werden kann.[46] 47

45 BAG, Urt. v. 23.10.2008 – 2 AZR 483/07 – NZA – RR 2009, 362.

46 *Eylert/Friedrichs*, DB 2007, 2205; *Lingemann*, Teil 3 Rn 617.

4. Rechtsfolgen unterbliebener oder fehlerhafter Anhörung

48 Die ohne oder nur mit fehlerhafter Anhörung erfolgte Verdachtskündigung ist grundsätzlich *unwirksam.*

Praxistipp
Etwas anderes gilt freilich, wenn der ursprüngliche Verdacht im Verlauf des Kündigungsschutzprozesses zu einer Gewissheit wird. In diesem Fall kann das Gericht – soweit bereits die Unterrichtung des Betriebsrats dementsprechend erfolgt ist – die Kündigung auch als Tatkündigung anerkennen.[47]

IV. Verdachtskündigung und Tatkündigung

49 Die Tat – wie auch die Verdachtskündigung – bilden zwar eigenständige Kündigungsgründe.[48] Allerdings stehen sie durch die Möglichkeit des Nachschiebens später bekannt gewordener Sachverhaltsumstände nicht ohne jede Beziehung nebeneinander.[49]

Praxistipp
In der Praxis ist es daher ratsam, genau zu prüfen, ob nicht beide Kündigungsgründe herangezogen werden können. So empfiehlt es sich insbesondere, wenn der Arbeitgeber von der Tat durch den Arbeitnehmer überzeugt ist, vorsorglich eine Verdachtskündigung auszusprechen. Kann die Pflichtverletzung im Prozess dann nicht bewiesen werden, ist es unter Umständen dennoch möglich, sofern bereits der objektive und dringende Tatverdacht ausreichend war, das Arbeitsverhältnis zu beenden.[50]

V. Nachschieben von Sachverhaltsumständen

50 Werden dem Arbeitgeber Sachverhaltsumstände erst nach dem Kündigungsausspruch bekannt, obwohl diese bereits vor Ausspruch der Kündigung entstanden sind oder vorgelegen haben, können sie im Kündigungsschutzprozess nachgeschoben werden. Zu beachten ist hierbei allerdings, dass zuvor ein gegebenenfalls bestehender Betriebsrat über diese neuen Tatsachen informiert werden muss, wobei die einwöchige Frist des § 102 Abs. 2 S. 1 BetrVG beachtet werden soll. Nicht erforderlich ist es hingegen,

---

47 BAG, Urt. v. 23.6.2009 – 2 AZR 474/07 – NZA 2009, 436.

48 Im Hinblick auf die Anhörung des Betriebsrats bei Tat- und Verdachtskündigungen vgl. Kap. 23 Rn 54 ff.

49 *Lingemann*, Teil 3 Rn 640.

50 Grobys/Panzer/*Mohnke*, Außerordentliche Kündigung Rn 19.

bei Bekanntwerden neuer Tatsachen den Arbeitnehmer vor Einführung dieser Tatsachen in den bereits laufenden Kündigungsschutzprozess anzuhören. Eine solche Anhörung könnte ihren eigentlichen Zweck, den Arbeitgeber gegebenenfalls vom Ausspruch einer Kündigung abzubringen, nicht mehr gerecht werden. Denn zu diesem Zeitpunkt ist die Kündigung bereits ausgesprochen und kann nicht mehr durch eine entsprechende Stellungnahme des Arbeitnehmers verhindert werden.

VI. Wiederholungskündigung bei Bekanntwerden neuer Verdachtsmomente

Werden dem Arbeitgeber im Laufe des Anhörungsverfahrens oder des späteren Kündigungsschutzverfahrens neue Verdachtsmomente bekannt, können diese geeignet sein, eine weitere Verdachtskündigung mit der Begründung des nunmehr stark untermauerten Tatverdachts auszusprechen. 51

Praxistipp

!

Es ist daher stets zu empfehlen, auch nach Ausspruch der ersten Verdachtskündigung den Sachverhalt nicht ruhen zu lassen und auf den Ausgang des Kündigungsschutzverfahrens zu warten. Bieten sich Möglichkeiten, den Tatverdacht weiter zu erhärten, sollten dementsprechende weitere Ermittlungen durchgeführt werden. Insbesondere im Falle von in Verdacht stehenden Straftaten ist es ratsam, gegebenenfalls wiederholt durch einen Anwalt Einblick in die staatsanwaltschaftlichen Ermittlungsakten zu nehmen. Sofern sich hieraus durch die Ermittlungen der Staatsanwaltschaft/Polizei neue Erkenntnisse zum Tatvorwurf ergeben oder sogar eine Anklage vor dem Strafgericht erhoben wird, sollte dies Anlass zum Ausspruch einer weiteren Verdachts/Tatkündigung sein.

Auch bei einer Wiederholungskündigung ist allerdings streng darauf zu achten, alle formalen Voraussetzungen einer Verdachtskündigung einzuhalten. Insbesondere ist vor Ausspruch einer solchen Wiederholungskündigung der Arbeitnehmer zu den neuen Verdachtsmomenten anzuhören. Gleiches gilt für eine vorzunehmende Betriebsratsanhörung. 52

VII. Betriebsratsanhörung gemäß § 102 BetrVG

Bei der Anhörung des Betriebsrats ist über die allgemeinen Erfordernisse des § 102 BetrVG hinaus zu berücksichtigen, dass dem Betriebsrat auch mitgeteilt werden muss, dass es sich um eine Verdachtskündigung handelt. Daneben ist über den genauen Verlauf der Anhörung und insbesondere über die Einlassungen des Arbeitnehmers zu informieren.[51] 53

51 Vgl. hierzu näher Kap. 23 Rn 60.

Praxistipp
In der Praxis kann es deshalb zu empfehlen sein, ein Mitglied des Betriebsrats bereits zu der Anhörung des Arbeitnehmers einzuladen.[52]

VIII. Wiedereinstellungsanspruch

54 Für den Fall, dass sich der die Kündigung tragende Verdacht später als unbegründet erweist, hat der Arbeitnehmer grundsätzlich einen Anspruch auf Wiedereinstellung.[53]

55 Besonderheiten ergeben sich aber dadurch, dass die Arbeitsgerichte nicht an Einstellungsverfügungen der Staatsanwaltschaft (§ 170 II S. 1 StPO) oder an freisprechende Urteile nach § 267 V StPO gebunden sind.[54]

56 Werden die entlastenden Tatsachen also unmittelbar nach oder noch während eines Kündigungsschutzprozesses vom Arbeitnehmer vorgebracht, muss das Arbeitsgericht diese zwar im Einzelnen würdigen, kann aber dennoch zu einer eigenständigen – u.U. abweichenden – Entscheidung kommen.[55]

57 Denn dogmatisch ist bei der Verdachtskündigung nicht das Vorhandensein einer tatsächlichen Pflichtwidrigkeit Kündigungsanlass, sondern das mit dem Verdacht einer solchen Pflichtwidrigkeit verloren gegangene Vertrauen.

C. Negativprognose und Abmahnungspflicht

58 Die verhaltensbedingte Kündigung ist zukunftsbezogen gestaltet. Eine Vertragsverletzung ist deshalb nur dann als verhaltensbedingter Kündigungsgrund geeignet, wenn aus dieser gefolgert werden kann, dass vom Arbeitnehmer auch zukünftig vergleichbare Vertragspflichtverletzungen erwartet werden müssen.

59 Bei der verhaltensbedingten Kündigung ist es deshalb stets notwendig, dass die Prognose für eine künftige Zusammenarbeit negativ ist und somit das für die Fortsetzung des Arbeitsverhältnisses notwendige Vertrauen nicht mehr vorliegt.

I. Zukünftige Beeinträchtigung des Arbeitsverhältnisses

60 Ziel der verhaltensbedingten Kündigung ist nicht die Sanktionierung von Pflichtverletzungen der Vergangenheit, sondern vielmehr, ebensolche für die Zukunft auszu-

52 *Lingemann*, Teil 3 Rn 642.
53 BAG, Urt. v. 20.8.1997 – 2 AZR 620/96 – NZA 1997, 1340.
54 Ha/Ko/*Gallner*, § 1 KSchG Rn 612ff.
55 *Lingemann*, Teil 3 Rn 641.

schließen. Maßgeblich ist deshalb, ob eine **Wiederholungsgefahr** vom Arbeitgeber festgestellt werden kann.

Praxistipp

Für die Praxis bedeutet das, dass sich die Pflichtverletzung der Vergangenheit auch in der Zukunft noch belastend auswirken muss. Dies ist insbesondere zu bejahen, wenn aus der jeweiligen Vertragsstörung Rückschlüsse möglich sind, dass der Arbeitnehmer seine Vertragspflichten auch zukünftig erneut oder in gleicher Weise verletzen wird.[56] !

Insbesondere die Schwere der Pflichtverletzung durch den Arbeitnehmer kann die Fortführung des Arbeitsverhältnisses als nicht mehr zumutbar erscheinen lassen. Liegt insoweit ein besonders gravierender Pflichtverstoß des Arbeitnehmers vor, kann die negative Prognose bereits regelmäßig bejaht werden. Im Regelfall wird allerdings die negative Prognose erst dann vorliegen, wenn der Arbeitnehmer zuvor darauf hingewiesen wurde, dass ein solcher Vertragsverstoß vom Arbeitgeber nicht toleriert wird. 61

II. Abmahnung

Als objektiver Hinweis für die notwendige **negative Zukunftsprognose** dient die vorhergehende erfolglose *Abmahnung* durch den Arbeitgeber. Denn wenn dieser den Arbeitnehmer bereits ordnungsgemäß abgemahnt hatte, letzterer aber dennoch eine gleichwertige Pflichtverletzung erneut begeht, kann regelmäßig davon ausgegangen werden, dass es auch in Zukunft zu vergleichbaren Pflichtverletzungen kommen wird. Die für die Wirksamkeit einer verhaltensbedingten Kündigung notwendige Wiederholungsgefahr kann insoweit dann als gegeben erachtet werden. 62

Praxistipp

Oftmals scheuen Arbeitgeber davor zurück, in einem laufenden Arbeitsverhältnis, welches aktuell nicht beendet werden soll, eine Abmahnung auszusprechen, um das Betriebsklima nicht zu schädigen und auch den Arbeitnehmer nicht zu erschrecken. Trotzdem ist es empfehlenswert, auf unerwünschte Vertragsverstöße regelmäßig und frühzeitig mit Abmahnungen zu reagieren. Liegen solche Abmahnungen zu einem späteren Zeitpunkt nicht vor, kann selbst bei einem dann entstehenden Kündigungswunsch eine Kündigung selbst bei wiederholten Vertragsverstößen nicht rechtswirksam ausgesprochen werden. !

---

56 *Lingemann*, Teil 3 Rn 537.

1. Sinn und Zweck der Abmahnung

63 Der Abmahnung kommt einerseits eine ***Rüge-* und *Warnfunktion*** zu.[57] Auf der anderen Seite ist die Abmahnung als Ausdruck des Verhältnismäßigkeitsgrundsatzes gleichzeitig als ***milderes Mittel*** einer sofortigen Kündigung vorzuziehen, wenn dadurch das Ziel einer ordnungsgemäßen Vertragserfüllung in der Zukunft erreicht werden kann.[58]

2. Inhalt und Form der Abmahnung

64 Die genannten Zwecke kann die Abmahnung allerdings nur erfüllen, wenn ihr Ausspruch inhaltlich an strenge Anforderungen geknüpft wird. Eine Abmahnung muss eine Rüge-, Warn- und Dokumentationsfunktion enthalten. Ein konkretes Verhalten des Arbeitnehmers muss gerügt und hierdurch dokumentiert werden. Zudem muss der Arbeitnehmer ausdrücklich davor gewarnt werden, ein vergleichbares Verhalten erneut an den Tag zu legen, da er andernfalls mit der Kündigung seines Arbeitsverhältnisses zu rechnen habe. Entscheidend sind zusammengefasst vor allem folgende drei Merkmale:[59]

! **Checkliste**
- In der Abmahnung müssen die **konkreten Tatsachen** genannt sein, die eine Pflichtverletzung begründen sollen.
- Der Arbeitnehmer muss **aufgefordert werden**, das beanstandete Verhalten nicht zu wiederholen; bzw. im Falle eines fortdauernden Verhaltens dieses sofort einzustellen.
- Und der Arbeitgeber muss **ankündigen**, dass der Arbeitnehmer bei erneuter Pflichtverletzung oder bei Fortsetzung des pflichtwidrigen Verhaltens mit einer verhaltensbedingten Kündigung rechnen muss.

65 Die genannten Merkmale müssen kumulativ vorliegen. Dabei ist allerdings zu beachten, dass auch die Abmahnung nicht außer Verhältnis zur Pflichtverletzung stehen darf. Insbesondere bei einmaligen sog. ***Bagatellverstößen*** ist die Abmahnung gegebenenfalls unverhältnismäßig. Dagegen können mehrere, regelmäßig begangene Pflichtverstöße die Abmahnung durchaus rechtfertigen, wenn sie in der Summe über der Bagatellgrenze liegen.[60]

66 Auch ist die beanstandete Pflichtverletzung mit der Abmahnung gleichsam „verbraucht", das heißt, dass der Arbeitgeber mit ihrem Ausspruch regelmäßig und insoweit auf eine verhaltensbedingte Kündigung verzichtet.[61]

---

57 BAG, Urt. v. 27.11.2008 – 2 AZR 675/07 – NZA 2009, 842.
58 BAG, Urt. v. 23.6.2009 – 2 AZR 283/08 – AuA 2009, 726.
59 *Lingemann*, Teil 3 Rn 541.
60 BAG, Urt. v. 16.9.2004 – 2 AZR 406/03 – NZA 2005, 459.
61 BAG, Urt. v. 13.12.2007 – 6 AZR 145/07 – NZA 2008, 403.

Praxistipp

Bei Bekanntwerden einer Pflichtverletzung sollte sich der Arbeitgeber daher, noch bevor er an den Arbeitnehmer herantritt, eine erste Meinung darüber bilden, ob er den festgestellten Vertragsverstoß zum Anlass einer Kündigung nehmen möchte. Sollte der Arbeitgeber den Arbeitnehmer vorschnell mit dem Vertragsverstoß im Rahmen eines Gespräches konfrontieren, könnte dies bereits als Abmahnung gewertet werden, was den Ausspruch einer nachfolgenden Kündigung auf Grundlage desselben Pflichtverstoßes ausschließen würde.

Eine Abmahnung unterliegt keinem **Schriftformerfordernis**. Dies bedeutet, dass 67
eine Abmahnung grundsätzlich auch mündlich ausgesprochen werden kann. Es ist allerdings zu empfehlen, Abmahnungen stets schriftlich zu verfassen, um im Falle eines späteren Rechtsstreits über die Abmahnung oder eines nachfolgenden Kündigungsgeschehens die erfolgte Abmahnung dem Grunde nach sowie auch deren Inhalt dokumentieren und nachweisen zu können.

3. Zeitpunkt und Wirkungsdauer der Abmahnung

Die Abmahnung selbst ist nicht fristgebunden. Die §§ 121, 123, 626 II BGB finden da- 68
her keine Anwendung; dies gilt im Übrigen auch für etwaige tarifliche Ausschlussfristen.[62] Die Möglichkeit zum Ausspruch einer Abmahnung kann jedoch dann verwirkt sein, wenn die Pflichtverletzung bereits lange zurückliegt – die Grenze wird hier in etwa nach Ablauf eines Jahres angenommen.[63]

Ebenfalls ist zu berücksichtigen, dass *zu häufige* Abmahnungen ihre Rüge- und 69
Warnfunktion schwächen können. Wird die angedrohte Kündigung also nach zahlreichen Abmahnungen und sich wiederholenden Verstößen immer noch nicht ausgesprochen, muss die letzte Abmahnung besonders eindringlich formuliert worden sein, wenn die Kündigung nun auf sie gestützt werden soll.[64]

Praxistipp

Im Regelfall sollte beachtet werden, dass ein sich wiederholender Pflichtenverstoß nicht häufiger als dreimal abgemahnt werden sollte, bevor im Wiederholungsfalle sodann eine Kündigung ausgesprochen werden sollte. Formulieren Sie dabei die dritte Abmahnung ausdrücklich als „letzte Abmahnung".

Eine ausgesprochene Abmahnung verliert ihre Wirkung nicht durch **Zeitablauf.** 70
Früher ist die Rechtsprechung noch davon ausgegangen, dass eine Abmahnung in der Regel nach Ablauf von 2 bis 3 Jahren wirkungslos werde, sodass danach der Ar-

62 BAG, Urt. v. 10.11.1988 – 2 AZR 215/88 – NZA 1989, 633; Ha/Ko/*Fiebig*, § 1 KSchG Rn 270.
63 LAG Köln, Urt. v. 28.3.1988 – 5 Sa 90/88 – DB 1988, 1170; *Lingemann*, Teil 3 Rn 552.
64 BAG, Urt. v. 15.11.2001 – 2 AZR 609/00 – BAGE 99, 340.

beitgeber daran gehindert sei, aufgrund eines vergleichbaren Pflichtenverstoßes eine verhaltensbedingte Kündigung ohne erneute Abmahnung auszusprechen. Spätestens seit das BAG in dem bekannt gewordenen „Emmely"-Fall die Auffassung vertreten hat, dass ein Arbeitnehmer durch ein jahrelang beanstandungsfreies Arbeitsverhältnis ein besonderes **Vertrauenskapital** aufbauen könne, dürfen Arbeitgeber für sich in Anspruch nehmen, dass auch in früheren Zeiten ausgesprochene Abmahnungen bei einer Gesamtbetrachtung des Arbeitsverhältnisses nicht außer Acht gelassen werden dürfen, selbst wenn diese schon mehrere Jahre zurückliegen.[65]

Praxistipp

Abmahnungen sind nach den Vorgaben der aktuellen Rechtsprechung daher nicht mehr aus den Personalakten zu entfernen, auch wenn der abgemahnte Vorfall bereits mehrere Jahre zurückliegt.

---

71 Im Rahmen einer Gesamtabwägung wird ein Arbeitsgericht allerdings einen Pflichtenverstoß, welcher bereits vor mehreren Jahren abgemahnt wurde, weniger streng würdigen, sofern der Arbeitnehmer in der Zwischenzeit bzw. über einen längeren Zeitraum hinweg keine vergleichbaren Vertragsverstöße begangen hat.

4. Entbehrlichkeit der Abmahnung

72 Die Abmahnung ist als milderes Mittel ungeeignet und deshalb entbehrlich, wenn aufgrund objektiver Anhaltspunkte nicht mit einer Verhaltensänderung des Arbeitnehmers gerechnet werden kann. Dies ist etwa der Fall, wenn die Einsichts- oder Handlungsfähigkeit des Arbeitnehmers keinen Erfolg verspricht oder aber die Pflichtwidrigkeit seines Handelns ohne Weiteres erkennbar war und die Billigung des Verhaltens durch den Arbeitgeber schon bei der Begehung offensichtlich ausgeschlossen werden konnte. Besagtes ist jedenfalls bei Vermögensdelikten oder anderen vorsätzlichen Eigentumsdelikten der Fall.[66]

5. Muster einer Abmahnung

73 Eine formwirksame Abmahnung könnte wie folgt formuliert werden:

Beispiel

„Sehr geehrter Herr/sehr geehrte Frau ...,

am [Datum] waren Sie laut Dienstplan für die Frühschicht eingeteilt und hätten um 06:00 Uhr Ihre Arbeit aufnehmen müssen. Sie sind allerdings erst um 06:20 Uhr und damit deutlich verspätet zur

---

65 Vgl. die „Emmely"-Entscheidung des BAG, Urt. v. 10.6.2010 – 2 AZR 541/09 – BAGE 134, 349.

66 BAG, Urt. v. 11.12.2003 – 2 AZR 36/03 – NZA 2004, 486; *Lingemann*, Teil 3 Rn 562.

Arbeit erschienen. Auch in der Vergangenheit ist Ihren Vorgesetzten wiederholt aufgefallen, dass Sie insbesondere bei Einteilung in der Frühschicht erst einige Minuten nach Arbeitsbeginn an der Arbeitsstelle erschienen sind. Ihre Pflicht ist es, pünktlich zum vorgegebenen Arbeitsbeginn an Ihrer Arbeitsstelle zu erscheinen, um ebenso pünktlich die Arbeit dort aufzunehmen. Andernfalls ist der reibungslose Betriebsablauf nicht gewährleistet.
Wir weisen Sie mit Nachdruck darauf hin, dass wir nicht bereit sind, diese Verspätungen hinzunehmen und mahnen Sie wegen dieser Pflichtverletzung hiermit ab. Sollte sich ein vergleichbarer Vorfall wiederholen, werden wir das Arbeitsverhältnis mit Ihnen kündigen.
Diese Abmahnung wird in Ihre Personalakte aufgenommen.
Mit freundlichen Grüßen“

D. Ultima-Ratio-Grundsatz

I. Kündigung als letztes zur Verfügung stehendes Mittel

Nach dem *ultima-ratio-Grundsatz* muss der verhaltensbedingten Kündigung in der Regel nicht nur eine Abmahnung vorangehen, sondern zusätzlich ist zu prüfen, ob der Arbeitnehmer nicht auch auf einem anderen Arbeitsplatz in zumutbarer Weise weiterbeschäftigt werden kann.[67] Die Kündigung muss sich zudem als letztes zur Verfügung stehendes Mittel erweisen. Entscheidend sind hierbei Ursache des Fehlverhaltens, Schwere der Vertragsverletzung und das zu erwartende künftige Verhalten. 74

II. Keine zumutbare alternative Beschäftigungsmöglichkeit

Als milderes Mittel zur Vermeidung einer verhaltensbedingten Kündigung kommt typischerweise zunächst die Versetzung des Arbeitnehmers auf einen anderen Arbeitsplatz in Betracht, auf dem die Wiederholung des pflichtwidrigen Verhaltens nicht mehr erwartet werden muss. In Betracht kommen hierbei allerdings nur Arbeitsplätze, die der Arbeitnehmer aufgrund seiner Fähigkeiten und Qualifikationen auch tatsächlich besetzen kann. Fehlt ihm die erforderliche Qualifikation, ist eine Versetzung kein geeignetes milderes Mittel, um eine Kündigung abzuwenden. Insbesondere hat der Arbeitnehmer keinen Anspruch auf Beförderung oder Weiterbeschäftigung auf einem höherwertigen Arbeitsplatz. Das Arbeitsverhältnis wird insoweit nur in seinem bisherigen Bestand geschützt. Zudem kommt eine Weiterbeschäftigung auf einem anderen Arbeitsplatz nur dann in Betracht, wenn dieser andere Arbeitsplatz auch tatsächlich frei und zu besetzen ist. Keinesfalls ist der Ar- 75

67 BAG, Urt. v. 16.1.1997 – 2 AZR 98/96 – juris.

beitgeber dazu verpflichtet, einen neuen Arbeitsplatz zu schaffen oder gar frei zu machen, um eine verhaltensbedingte Kündigung zu vermeiden. Die Anforderungen an die Prüfpflichten des Arbeitgebers sind allerdings nicht sehr hoch zu bewerten.[68] In erster Linie ist lediglich zu untersuchen, ob ein zumutbarer und freier Arbeitsplatz existiert, bei dem keine vergleichbare Zuwiderhandlung mehr begangen werden kann. Die Weiterbeschäftigungsmöglichkeit ist dabei unternehmensbezogen zu prüfen. In Betracht zu ziehen sind deshalb auch freie Arbeitsplätze in anderen Betrieben des Unternehmens. Zu prüfen ist in diesen Fällen allerdings, ob dem Arbeitnehmer ein **freier Arbeitsplatz** in einem anderen Betrieb überhaupt im Wege des Direktionsrechtes zugewiesen werden kann. Sollte dies nicht der Fall sein, ist eine Versetzung durch den Arbeitgeber nicht möglich. Unter Umständen kann dann allerdings der Grundsatz vom Vorrang der Änderungskündigung eingreifen.[69] Denn eine Kündigung soll auch dann sozial ungerechtfertigt sein, wenn die Weiterbeschäftigung des Arbeitnehmers zu geänderten Arbeitsbedingungen möglich ist und der Arbeitnehmer sein Einverständnis zu dieser Weiterbeschäftigung erklärt hat.

! **Praxistipp**

In taktischer Hinsicht sollte in jedem Einzelfall gut abgewogen werden, ob der Ausspruch einer Änderungskündigung der Beendigungskündigung vorzuziehen ist. Aus dogmatischer Hinsicht wäre dies zwar regelmäßig der Fall. Aus prozesstaktischen Überlegungen heraus kann es allerdings im Einzelfall vorzugswürdig sein, bei zweifelhaften Weiterbeschäftigungsmöglichkeiten unmittelbar eine Beendigungskündigung auszusprechen, um Vergleichsverhandlungen im arbeitsgerichtlichen Verfahren effizienter führen zu können.

76 Im Einzelfall kann eine Weiterbeschäftigung auf einem anderen Arbeitsplatz einer Kündigung auch dann vorzuziehen sein, wenn der Arbeitnehmer nur nach entsprechenden **Fortbildungsmaßnahmen** zur Ausübung der geänderten Tätigkeit in der Lage ist. Diesbezüglich ist zwar anerkannt, dass der Arbeitgeber zur Vermeidung einer Kündigung nicht verpflichtet ist, dem Arbeitnehmer eine zeitintensive Umschulung anzubieten. Der Arbeitgeber ist aber zu zumutbaren Maßnahmen verpflichtet. Diese Zumutbarkeit ist nach den Umständen des Einzelfalles zu bewerten. Im Einzelfall wird eine besonders lange Beschäftigungsdauer sowie ein höheres Alter des Arbeitnehmers dazu führen können, dass der Arbeitgeber kürzere Einarbeitungsphasen zur Vermeidung der Kündigung hinnehmen muss. Allerdings ist der Arbeitgeber insoweit nicht verpflichtet, den Arbeitnehmer im Rahmen der Versetzung beruflich weiter zu qualifizieren.

77 Stellt sich die begangene Pflichtverletzung dagegen als besonderer Verstoß im Vertrauensbereich dar, sind weitere Beschäftigungsmöglichkeiten nicht zu prüfen –

68 BAG, Urt. v. 27.9.1984 – 2 AZR 62/83 – NJW 1985, 1797.

69 BAG, Urt. v. 9.9.2010 – 2 AZR 493/09 – ZTR 2011, 45.

hier ist regelmäßig anzunehmen, dass der Arbeitnehmer auch an anderen Stellen bzw. in der Zukunft entsprechende vergleichbare Pflichtverletzungen begehen wird.[70] Selbiges gilt auch für besonders grobe oder schuldhafte Pflichtverletzungen wie z.B. Tätlichkeiten.

E. Interessenabwägung

Als abschließendes Tatbestandsmerkmal der verhaltensbedingten Kündigung ist vor Ausspruch der Kündigung im Rahmen einer umfassenden Interessenabwägung ferner zu prüfen, ob das Interesse des Arbeitgebers an der Beendigung des Arbeitsverhältnisses das Interesse des Arbeitnehmers an dessen Fortsetzung überwiegt. 78

Obwohl § 1 Abs. 2 KSchG nach seinem Wortlaut keine Interessenabwägung voraussetzt, ist die Kündigung nur dann sozial gerechtfertigt, wenn sie bei verständiger Würdigung in Abwägung der Interessen der Vertragsparteien und des Betriebs als billigenswert und angemessen erscheint.[71] Entscheidend ist letztlich aber stets das Gewicht der Pflichtverletzung des Arbeitnehmers. Als abwägungsrelevant können deshalb ausschließlich arbeitsvertragliche und sachverhaltsbezogene Umstände gewertet werden. 79

I. Interessenabwägung im Einzelfall

Da die verhaltensbedingte Kündigung keine sog. absoluten Kündigungsgründe kennt, bedarf es stets einer Beurteilung aller Umstände des Einzelfalls. Zugunsten des Arbeitgebers sind insbesondere Art, Schwere, Umfang und Häufigkeit der Pflichtverletzung sowie der Verschuldensgrad zu berücksichtigen. Zudem sind insbesondere nachteilige betriebliche Auswirkungen der Pflichtverletzung zu berücksichtigen. Als betriebliche Auswirkungen kommen insbesondere Betriebsablaufstörungen, eingetretene Schäden sowie Beeinträchtigungen der Funktionsfähigkeit des Betriebes in Betracht. Auch die Schädigung des Ansehens des Arbeitgebers in der Öffentlichkeit kann insoweit von Belang sein. 80

Auf Arbeitnehmerseite können dagegen das frühere Verhalten, die Dauer der Betriebszugehörigkeit, Lebensalter und Unterhaltspflichten sowie die Chancen auf dem Arbeitsmarkt einbezogen werden.[72] Vereinzelt kann es bei der Interessenabwägung auch eine Rolle spielen, in welcher Situation die Pflichtverletzung begangen wurde und ob es hierfür eine rechtfertigende oder entschuldigende Erklärung gibt. 81

70 *Lingemann*, Teil 3 Rn 585.
71 BAG, Urt. v. 17.1.2008 – 2 AZR 536/06 – NZA 2008, 693.
72 Grobys/Panzer/*Mohnke*, Verhaltensbedingte Kündigung Rn 75.

Praxistipp
Vor diesem Hintergrund ist freilich hervorzuheben, dass der Arbeitgeber bei einer schuldhaften Pflichtverletzung des Arbeitnehmers grundsätzlich das Recht zur ordentlichen Kündigung hat. Die Interessenabwägung kann daher nur dann zu seinen Lasten ausgehen, wenn im Einzelfall eine besondere Schutzbedürftigkeit des Arbeitnehmers gegeben ist.[73]

II. Beurteilungs- und Kündigungszeitpunkt

82 Für die Beurteilung der Wirksamkeit der verhaltensbedingten Kündigung ist der Zeitpunkt des Zugangs der Kündigung maßgeblich; insbesondere gilt das mit Blick auf die negative Zukunftsprognose, die zu diesem Zeitpunkt festgestellt werden bzw. vorliegen muss.[74]

83 Eine Regelausschlussfrist, innerhalb derer der Arbeitgeber nach einer festgestellten Pflichtverletzung die Kündigung aussprechen muss, existiert nicht. Es gelten insoweit lediglich die Grundsätze der Verwirkung.[75] Danach ist ein Recht zum Kündigungsausspruch verwirkt, wenn der Arbeitgeber die Kündigung längere Zeit nach dem Pflichtverstoß nicht ausgesprochen und mit seinem Verhalten insoweit den Eindruck erweckt hat, dass er die Kündigung auch nicht mehr aussprechen werde. Setzt ein Arbeitgeber beispielsweise ein Arbeitsverhältnis nach einer Tätlichkeit eines Arbeitnehmers mehrere Monate fort und beschäftigt er den betreffenden Arbeitnehmer unverändert auf dem bisherigen Arbeitsplatz weiter, kann der Arbeitnehmer im Zweifel berechtigterweise darauf vertrauen, dass der Arbeitgeber infolge der Tätlichkeit keine Kündigung mehr aussprechen wird.

73 BAG, Urt. v. 21.5.1992 – 2 AZR 10/92 – BAGE 70, 262.
74 Grobys/Panzer/*Mohnke*, Verhaltensbedingte Kündigung Rn 78.
75 BAG, Urt. v. 15.8.2002 – 2 AZR514/01 – NZA 2003, 795.

Kapitel 7
Personenbedingte Kündigung

Durch die personenbedingte Kündigung ist es dem Arbeitgeber möglich, sich von einem Arbeitnehmer zu trennen, wenn das Verhältnis von Arbeitsleistung und Vergütungspflicht so erheblich gestört ist, dass ihm die Fortsetzung des Arbeitsverhältnisses nicht länger zugemutet werden kann.[1] 1

A. Kündigungsgrund, § 1 Abs. 2 S. 1 KSchG

Voraussetzung einer personenbedingten Kündigung ist, dass der Arbeitnehmer wegen persönlicher Fähigkeiten, Eigenschaften oder ihm nicht vorwerfbaren Einstellungen zukünftig nicht mehr in der Lage ist, die vertraglich vereinbarte Arbeitsleistung zu erbringen.[2] Der Arbeitnehmer muss also die Fähigkeit oder die Eignung zur Erfüllung der geschuldeten Arbeitsleistung verloren haben.[3] 2

I. Merkmale einer personenbedingten Kündigung

Besonderes Merkmal einer personenbedingten Kündigung ist daher, dass der Grund für die nicht mehr vertragsgemäße Leistungserbringung allein in der Sphäre des Arbeitnehmers und seiner persönlichen Eigenschaften liegt.[4] Es kommen lediglich solche Umstände in Betracht, die aus dem persönlichen Umfeld des Arbeitnehmers herrühren.[5] 3

II. Abgrenzung zu anderen Kündigungsarten

Dabei unterscheidet sich die personenbedingte Kündigung von der **verhaltensbedingten Kündigung** insbesondere dadurch, dass kein Verschulden im Sinn einer negativen Vorwerfbarkeit seitens des Arbeitnehmers vorliegen muss. Vielmehr ist allein entscheidend, dass das Fehlen einer für den Arbeitsplatz vorausgesetzten Eig- 4

1 *Lingemann*, Teil 3 Rn 658.
2 BAG, Urt. v. 18.1.2007 – 2 AZR 731/05 – NZA 2007, 680.
3 Münchener Anwaltshandbuch Arbeitsrecht/*Voss*, § 43 Rn 446.
4 BAG, Urt. v. 11.12.2003 – 2 AZR 667/02 – NZA 2004, 784.
5 BAG, Urt. v. 21.11.1985 – 2 AZR 21/85 – AP KSchG 1969 Nr. 12.

nung nicht oder nicht mehr gesteuert werden kann.[6] Bei der verhaltensbedingten Kündigung geht es dagegen um ein steuerbares Verhalten des Arbeitnehmers, welches in der Regel mit einer vorwerfbaren Verletzung konkreter arbeitsvertraglicher Pflichten verbunden ist.

! **Praxistipp**

Dennoch kann die Abgrenzung der verhaltens- und personenbedingten Kündigung in der Praxis problematisch sein; etwa wenn die Kündigung eines leistungsschwachen Arbeitnehmers in Rede steht.[7]

Dessen ungeachtet ist die Abgrenzung der Kündigungsarten vor allem wegen abweichender Kündigungsvoraussetzungen relevant: So bedarf die personenbedingte Kündigung – anders als die verhaltensbedingte – in der Regel ***keiner vorherigen Abmahnung*** durch den Arbeitgeber,[8] weil eine Abmahnung grundsätzlich ein steuerbares Verhalten des Arbeitnehmers voraussetzt.[9]

---

5 Von der **betriebsbedingten Kündigung** lässt sich die personenbedingte Kündigung durch einen Rückschluss auf die freie unternehmerische Entscheidung des Arbeitgebers abgrenzen. Beruht die nicht mehr bestehende Eignung für den Arbeitsplatz etwa auf einer Änderung des Stellenprofils, kann dies einen betriebsbedingten Grund für eine Kündigung darstellen.[10]

III. Schuldhafte Pflichtverletzung nicht erforderlich

6 Die personenbedingte Kündigung setzt keine schuldhafte Pflichtverletzung des Arbeitnehmers voraus. Schon grundsätzlich sind alle Kündigungsarten nicht als Sanktionierung für ein Fehlverhalten in der Vergangenheit zu verstehen.[11] Während bei der verhaltensbedingten Kündigung jedoch eine zurückliegende Pflichtverletzung zu einer Beeinträchtigung des Arbeitsverhältnisses für die Zukunft führt, sind bei der personenbedingten Kündigung fehlende Fähigkeiten oder Eignungen des Arbeitnehmers der Grund einer zukünftigen Störung.

---

6 Grobys/Panzer/*Mohnke*, Personenbedingte Kündigung Rn 3.
7 Vgl. dazu Kündigung wegen sog. „*low-performance*" Rn 37.
8 Vgl. dazu Kap. 6 Verhaltensbedingte Kündigung Rn 62.
9 BAG, Urt. v. 24.3.2011 – 2 AZR 282/10 – NZA 2011, 1029, 1030.
10 Vgl. dazu Kap. 5 Betriebsbedingte Kündigung Rn 41 ff.
11 Münchener Anwaltshandbuch Arbeitsrecht/*Voss*, § 43 Rn 448.

IV. Beeinträchtigung des Arbeitsverhältnisses

Die personenbedingte Kündigung ist demnach **zukunftsbezogen** und ermöglicht es, zu erwartende betriebliche Beeinträchtigungen durch fehlende Eignung des Arbeitnehmers schon **im Voraus** zu vermeiden.[12] 7

Praxistipp
In der Praxis dürfen die persönlichen Fähigkeiten und Eigenschaften des Arbeitnehmers daher nicht länger die Annahme erlauben, dass der mit dem Arbeitsvertrag verfolgte Vertragszweck noch erreicht werden kann.[13] !

Durch die in der Person des Arbeitnehmers liegenden Gründe muss eine konkrete, nicht unerhebliche Beeinträchtigung betrieblicher oder wirtschaftlicher Interessen des Arbeitgebers vorliegen, die im Zeitpunkt des Zugangs der Kündigung[14] noch andauert und aufgrund der Negativprognose auch zukünftig zu besorgen ist.[15] Hierunter fallen insbesondere Betriebsablaufstörungen, Umsatz- oder Kundeneinbußen, zusätzliche Kosten, Überlastung der anderen Arbeitnehmer oder erhebliche Störungen des vertraglichen Austauschverhältnisses. Die jeweiligen Beeinträchtigungen werden im Rahmen einer Interessenabwägung gegenübergestellt und in Ausgleich gebracht.[16] 8

V. Prognoseprinzip

Grundlage für die Ermittlung der drohenden zukünftigen Beeinträchtigungen ist die Prognose. Nach ihr muss in der Zukunft mit länger anhaltenden Störungen im vertraglichen Austauschverhältnis gerechnet werden; der Arbeitnehmer darf nicht mehr in der Lage sein, künftig eine vertragsgerechte Leistung zu erbringen (sog. **Negativprognose**).[17] Voraussetzung der sozialen Rechtfertigung einer personenbedingten Kündigung ist daher, dass mit einer baldigen Wiederherstellung der Fähigkeit bzw. der Eignung des Arbeitnehmers, seine vertraglich geschuldete Arbeitsleistung zu erbringen, nicht zu rechnen ist.[18] Dabei ist zu überprüfen, ob nicht **mildere Mittel** zur Wiederherstellung der Fähigkeiten und Eignung des Arbeitnehmers in 9

12 BAG, Urt. v. 12.4.2002 – 2 AZR 148/01 – NZA 2002, 1081.
13 Grobys/Panzer/*Mohnke*, Personenbedingte Kündigung Rn 6.
14 Münchener Anwaltshandbuch Arbeitsrecht/*Voss*, § 43 Rn 449.
15 BAG, Urt. v. 26.9.1991 – 2 AZR 132/91 – NZA 1992, 1073.
16 Vgl. dazu Rn 51 f. „Interessenabwägung".
17 Grobys/Panzer/*Mohnke*, Personenbedingte Kündigung Rn 2.
18 Ascheid/Preis/Schmidt/*Dörner*/*Vossen*, § 1 KSchG Rn 124.

Betracht kommen und ob der Arbeitgeber die aufgrund des personenbedingten Kündigungsgrundes eingetretene Störung des Arbeitsverhältnisses billigerweise noch hinnehmen muss oder ob sie bei verständiger Würdigung und Abwägung der beiderseitigen Interessen der Vertragsparteien und des Betriebs angemessen erscheint.[19]

! **Checkliste**

Im Rahmen der **Interessenabwägung** sind über die Wertentscheidungen des Grundgesetzes[20] hinaus vor allem die **arbeitsverhältnisbezogenen Umstände** zu berücksichtigen. Dazu zählen auf Seiten des Arbeitnehmers insbesondere:

- sein Lebensalter,[21]
- die Dauer seiner Betriebszugehörigkeit,[22]
- bestehende Unterhaltspflichten,[23]
- eine etwaige Schwerbehinderung.[24]

---

10 Dabei ist grundsätzlich zu beachten, dass, je länger das Arbeitsverhältnis mit dem betreffenden Arbeitnehmer bislang störungsfrei verlaufen ist, das Ausmaß der betrieblichen Störung umso schwerwiegender sein muss, damit sich der Arbeitgeber erfolgreich auf eine Interessenabwägung zu seinen Gunsten berufen kann.[25] Daneben muss berücksichtigt werden, ob der Kündigungsgrund – also die fehlende Eignung des Arbeitnehmers zur Arbeitsleistung – mittelbar auch auf ein zurechenbares Verhalten des Arbeitgebers zurückgeführt werden kann. Dies ist etwa der Fall bei intern verschuldeten Betriebsunfällen.[26] Zwar ist schuldhaftes Verhalten keine Voraussetzung einer personenbedingten Kündigung, ebenfalls zu berücksichtigen ist aber, ob der Kündigungsgrund auf ein außerbetriebliches Verhalten des Arbeitnehmers zurückgeführt werden kann. In Betracht kommen hier z.B. Straftaten des Arbeitnehmers außerhalb des Arbeitsverhältnisses.[27]

---

19 BAG, Urt. v. 10.10.2002 – 2 AZR 472/01 – AP Nr. 44 zu § 1 KSchG 1969 Verhaltensbedingte Kündigung.

20 BAG, Urt. v. 24.2.2011 – 2 AZR 636/09 – NZA 2011, 1087; BAG, Urt. v. 24.5.1989 – 2 AZR 285/88 – AP Nr. 1 zu § 611 BGB Gewissensfreiheit.

21 BAG, Urt. v. 6.9.1989 – 2 AZR 224789 – AP Nr. 23 zu § 1 KSchG 1969.

22 BAG, Urt. v. 6.9.1989 – 2 AZR 224789 – AP Nr. 23 zu § 1 KSchG 1969.

23 BAG, Urt. v. 20.1.2000 – 2 AZR 378/99 – AP Nr. 38 zu § 1 KSchG 1969 Krankheit.

24 BAG, Urt. v. 5.7.1990 – 2 AZR 154/90 – AP Nr. 26 zu § 1 KSchG 1969 Krankheit.

25 BAG, Urt. v. 6.9.1989 – 2 AZR 224789 – AP Nr. 23 zu § 1 KSchG 1969.

26 Münchener Anwaltshandbuch Arbeitsrecht/*Voss*, § 43 Rn 452.

27 Ascheid/Preis/Schmidt/*Dörner*/*Vossen*, § 1 KSchG Rn 122.

VI. Einzelfälle

In der arbeitsrechtlichen Praxis ist die personenbedingte Kündigung vor allem für nachstehende **Fallgruppen** von Bedeutung: 11

Beispiele

- **AIDS**: Ist ein Arbeitnehmer an AIDS erkrankt, richtet sich die Kündigung im Wesentlichen nach den Rechtsgrundsätzen des BAG zur krankheitsbedingten Kündigung.[28] Alleine die Tatsache, dass sich ein Arbeitnehmer mit HIV infiziert hat, rechtfertigt die (personenbedingte) Kündigung dagegen grundsätzlich nicht.[29] Etwas anderes kann aber gelten, wenn sich aus der jeweiligen Tätigkeit des Arbeitnehmers die Gefahr einer Infizierung anderer Arbeitnehmer oder Dritter ergibt und der betroffene Arbeitnehmer nicht auf einen Arbeitsplatz versetzt werden kann, auf dem ein derartiges Risiko nicht besteht.[30]
- **Alkoholsucht/Drogenmissbrauch**: Ist die Alkoholsucht des Arbeitnehmers eine Abhängigkeit im medizinischen Sinne, kommt eine personenbedingte Kündigung in Betracht, da ein Verhalten vorliegt, das vom Arbeitnehmer nicht mehr gesteuert werden kann. Auch in diesen Fällen greifen daher die vom BAG aufgestellten Grundsätze zur krankheitsbedingten Kündigung. Jedoch werden an die negative Prognose mit Blick auf die weitere Entwicklung der Abhängigkeit geringere Anforderungen gestellt – als milderes Mittel muss aber die Möglichkeit einer Therapie geprüft und gegebenenfalls vom Arbeitgeber abgewartet werden (es sei denn, es liegen dringende betriebliche Gründe vor, den Arbeitsplatz dauerhaft anders zu besetzen).[31] Verweigert der Arbeitnehmer die Teilnahme an einer Therapie, kann unterstellt werden, dass er von seiner Alkoholsucht in absehbarer Zeit nicht geheilt wird.[32] War die Teilnahme an einer Therapie zunächst erfolgreich, genügt ein einmaliger Rückfall – bei weiterhin bestehender Therapiefähigkeit und Therapiebereitschaft – für sich genommen nicht, um eine negative Prognose zu begründen.[33] Führt der Arbeitnehmer dagegen erst nach dem Ausspruch der Kündigung eine Entzugstherapie durch, führt dies nicht zu einer Korrektur der negativen Zukunftsprognose[34]; im Regelfall entsteht hierdurch auch kein Wiedereinstellungsanspruch des Arbeitnehmers.[35]
- **Alter**: Das Erreichen einer Altersgrenze (z.B. die Vollendung des 65. Lebensjahres) rechtfertigt eine personenbedingte Kündigung für sich genommen nicht[36] – wie § 1 AGG bzw. die Richtlinie 2000/78/EG[37] klarstellt. Ebenso reichen weder die Inanspruchnahme von Altersteilzeit (§ 8

---

28 Vgl. dazu die krankheitsbedingte Kündigung Rn 12ff.
29 ErfK/*Oetker*, § 1 KSchG Rn 152.
30 v. Hoyningen-Huene/Linck/*Krause*, § 1 KSchG Rn 317.
31 BAG, Urt. v. 9.4.1987 – 2 AZR 210/86 – NZA 1987, 811.
32 LAG Rheinland-Pfalz, Urt. v. 27.3.2008 – 10 Sa 669/07 – LAGE § 1 KSchG Nr. 41.
33 Münchener Anwaltshandbuch Arbeitsrecht/*Voss*, § 43 Rn 452.
34 LAG Berlin-Brandenburg, Urt. v. 17.8.2009 – 10 Sa 506/09 – LAGE § 1 KSchG Personenbedingte Kündigung Nr. 24.
35 BAG, Urt. v. 17.6.1999 – 2 AZR 639/98 – AP Nr. 37 zu § 1 KSchG 1969 Krankheit.
36 BAG, Urt. v. 28.9.1961 – 2 AZR 428/60 – AP Nr. 1 zu § 1 KSchG Personenbedingte Kündigung.
37 Amtsblatt EG L 303, S. 16.

Abs. 1 ATG)[38] noch die wirtschaftliche Absicherung durch eine Altersrente als personenbedingter Kündigungsgrund aus.[39]

- **Arbeitsgenehmigung**: Fehlt dem Arbeitnehmer dauerhaft eine zur Arbeitsausübung erforderliche Genehmigung (wie etwa die Arbeits-[40] und Aufenthaltserlaubnis, die Fahrerlaubnis oder eine Fluglizenz[41]) kann die personenbedingte Kündigung hierauf auch ohne Störung betrieblicher Interessen gestützt werden, wenn die Arbeitsleistung dadurch rechtlich unmöglich wird.[42] Erforderlich ist, dass in absehbarer Zeit mit einer Erneuerung der Erlaubnis nicht zu rechnen ist[43] oder der Zeitraum bis zu Erteilung vom Arbeitgeber nicht überbrückt werden kann.[44]
- **Ehrenamtliche Tätigkeiten**: Kommt es infolge der Ausübung einer ehrenamtlichen Tätigkeit durch den Arbeitnehmer (z.B. Schöffenamt) zu Einbußen bei der Arbeitszeit, rechtfertigt dies eine personenbedingte Kündigung grundsätzlich nicht, vgl. das Maßregelverbot in § 612a BGB. Darüber hinaus können für politische Mandatsträger gegebenenfalls besondere Kündigungsschutzvorschriften greifen.[45]
- **Eignung**: Die personenbedingte Kündigung kommt in Betracht, wenn wesentliche Anforderungen an die persönliche Eignung des Arbeitnehmers für die von ihm zu verrichtende Arbeit fehlen und diese keine unmittelbare oder mittelbare Benachteiligung nach § 3 Abs. 1 S. 1, Abs. 2 AGG darstellen. Entsprechendes kann z.B. bei fehlender ausreichender Kenntnis der deutschen Schriftsprache der Fall sein.[46] In der Praxis sind personenbedingte Eignungsmängel schwer von vertragswidriger Schlechtleistung abzugrenzen. Es ist daher zu empfehlen, vorsorglich eine Abmahnung auszusprechen.[47]
- **Erwerbsminderung**: Erwerbsminderung ist nicht gleichbedeutend mit Arbeitsunfähigkeit. Sie bildet daher nicht immer einen Grund für eine personenbedingte Kündigung; wenn doch, kommen auch hier die Grundsätze zur krankheitsbedingten Kündigung zur Anwendung.
- **Glaubens- und Gewissenskonflikte**: Stehen Glaubens- bzw. Gewissenskonflikte des Arbeitnehmers nach Art. 4 Abs. 1 GG der Arbeitsausübung entgegen, kann dies – sofern keine anderweitigen Beschäftigungsmöglichkeiten für den betreffenden Arbeitnehmer bestehen – eine personenbedingte Kündigung begründen.[48] Die Kündigung verstößt nicht gegen § 7 Abs. 1 i.V.m. §§ 1, 3 AGG, weil sie nicht wegen der Religionszugehörigkeit erfolgt, sondern weil der Arbeitnehmer die arbeitsvertraglich eingegangenen Verpflichtungen nicht erfüllt.[49]

---

38 Münchener Anwaltshandbuch Arbeitsrecht/*Voss*, § 43 Rn 454.

39 *Leinemann*, DB 1990, 732, 737.

40 BAG, Urt. v. 2.7.1990 – 2 AZR 359/89 – NZA 1991, 341; BAG, Urt. v. 19.1.1977 – 3 AZR 66/75 – DB 1977, 1560.

41 BAG, Urt. v. 7.12.2000 – 2 AZR 459/99 – AP Nr. 23 zu § 1 KSchG 1969 Personenbedingte Kündigung.

42 Grobys/Panzer/*Mohnke*, Personenbedingte Kündigung Rn 28.

43 BAG, Urt. v. 7.12.2000 – 2 AZR 459/99 – NZA 2001, 1304.

44 BAG, Urt. v. 2.7.1990 – 2 AZR 359/89 – NZA 1991, 341.

45 Münchener Anwaltshandbuch Arbeitsrecht/*Voss*, § 43 Rn 457; vgl. hierzu auch die Ausführungen in Kap. 9 Rn 157.

46 BAG, Urt. v. 28.1.2010 – 2 AZR 764/08 – NZA 2010, 625.

47 BAG, Urt. v. 10.9.2009 – 2 AZR 257/08 – NZA 2010, 220; vgl. auch die Ausführungen in Rn 37 ff. zu „low performance".

48 v. Hoyningen-Huene/Linck/*Krause*, § 1 KSchG Rn 354; Münchener Anwaltshandbuch Arbeitsrecht/*Voss*, § 43 Rn 461.

49 BAG, Urt. v. 24.2.2011 – 2 AZR 636709 – NZA 2011, 1087.

- **Krankheit**: Die krankheitsbedingte Kündigung ist in der Praxis der häufigste Fall der personenbedingten Kündigung. Sie wird daher unter Gliederungspunkt B. ausführlich behandelt.
- **Schlechtleistung**: Eine Schlecht- bzw. Minderleistung des Arbeitnehmers kann je nach Sachlage eine personenbedingte oder eine verhaltensbedingte Kündigung rechtfertigen.[50]
- **Straftat/Inhaftierung**: Straftaten im Dienstbereich rechtfertigen eine verhaltensbedingte Kündigung. Im außerdienstlichen Bereich können sie allerdings im Einzelfall dazu führen, dass die vertraglich vorausgesetzte Eignung für die Stelle verloren geht. Dies gilt beispielsweise bei der Verurteilung eines Berufskraftfahrers wegen einer Trunkenheitsfahrt[51] oder bei Vergehen einer angestellten Erzieherin gegen das Betäubungsmittelgesetz.[52] Denkbar ist die personenbedingte Kündigung auch bei einer längeren Inhaftierung des Arbeitnehmers.[53]

B. Die krankheitsbedingte Kündigung

Der in der Praxis wichtigste Anwendungsfall der personenbedingten Kündigung ist die krankheitsbedingte Kündigung.[54] 12

Dabei wurde teilweise zwar vertreten, dass eine krankheitsbedingte Kündigung mit Blick auf das Allgemeine Gleichbehandlungsgesetz unwirksam sein müsse, da eine Ungleichbehandlung wegen Krankheit diskriminierend sei – jedenfalls wenn man sie unter dem Oberbegriff „Behinderung" i.S.d. § 1 AGG versteht. Der EUGH hat jedoch schon 2006 klargestellt, dass eine Erkrankung nicht *per se* als Behinderung anzusehen ist und die Diskriminierungsmerkmale des AGG insoweit abschließend sind.[55] Allerdings können – besonders bei chronischen Krankheiten – die Grenzen zur Behinderung oft nur schwer bestimmt werden. In diesen Fällen sind die bei den Langzeiterkrankungen dargestellten Besonderheiten zu berücksichtigen. Liegt tatsächlich eine Behinderung vor, ist bei der personenbedingten Kündigung zudem das AGG zu beachten.[56] 13

Unter einer **Krankheit** ist jeder regelwidrige Körperzustand zu verstehen, der eine Heilbehandlung erforderlich macht.[57] Daher fallen neben den körperlichen Leiden auch seelische Erkrankungen unter die Grundsätze der krankheitsbedingten Kündigung.[58] 14

50 Zur Abgrenzung vgl. Gliederungspunkt C. Kündigung wegen sog. „*low-performance*" Rn 37 ff.
51 BAG, Urt. v. 30.5.1978 – 2 AZR 630/76 – NJW 1979, 332.
52 v. Hoyningen-Huene/Linck/*Krause*, § 1 KSchG Rn 458.
53 BAG, Urt. v. 22.9.1994 – 2 AZR 719/93 – NZA 1995, 119.
54 HaKo/*Gallner*, § 1 KSchG Rn 546.
55 EuGH, Urt. v. 11.7.2006 – Rs. C-13/05 – NZA 2006, 839.
56 LAG Berlin-Brandenburg, Urt. v. 4.12.2008 – 26 Sa 343/08 – LAGE § 3 AGG Nr. 1.
57 BAG, Urt. v. 5.4.1976 – 5 AZR 397/75 – AP Nr. 40 zu § 1 LohnFG.
58 BAG, Urt. v. 6.10.1959 – 3 AZR 313/56 – NJW 1960, 215.

! **Praxistipp**
Bei den Voraussetzungen krankheitsbedingter Kündigungen sind neben den allgemeinen Anforderungen, die am Hauptanwendungsfall der sog. **häufigen Kurzerkrankungen** dargestellt werden, vor allem die Besonderheiten folgender beider Fallgruppen zu unterscheiden:
- Kündigung wegen **Langzeiterkrankungen** (II.)
- Und Kündigungen aufgrund **dauerhafter krankheitsbedingter Leistungsminderung** (III).

15 Zu den allgemeinen Voraussetzungen einer krankheitsbedingten Kündigung gehört, dass diese **sozial gerechtfertigt** sein muss.

I. Vorrang milderer Mittel

16 Vor Ausspruch einer krankheitsbedingten Kündigung ist somit – wie bei jeder Kündigung – im Rahmen des Verhältnismäßigkeitsgrundsatzes zunächst zu prüfen, ob die Kündigung durch andere, mildere Mittel vermieden werden kann. Als milderes Mittel kommt z.B. eine Umgestaltung des Arbeitsplatzes, eine Verringerung der Arbeitszeit oder eine Weiterbeschäftigung auf einem anderen freien Arbeitsplatz in Betracht.[59] Dies setzt allerdings stets voraus, dass der Einsatz milderer Mittel aller Wahrscheinlichkeit nach zu einer Verringerung der durch die Krankheit bedingten Fehlzeiten führt.

! **Praxistipp**
Bei der Frage der Weiterbeschäftigung auf einem anderen Arbeitsplatz sind freilich nur **gleichwertige, freie Arbeitsplätze** heranzuziehen. Ist im Zeitpunkt des Zugangs der Kündigung ein eigentlich freier Arbeitsplatz wegen der voreiligen Besetzungen mit einem anderen Arbeitnehmer nicht (mehr) vorhanden, ist es dem Arbeitgeber wegen des Rechtsgedankens aus § 162 BGB verwehrt, sich auf die treuwidrige Vereitelung der Weiterbeschäftigungsmöglichkeit zu berufen.[60]

17 Der allgemeine Grundsatz der Verhältnismäßigkeit (Kündigung als *ultima ratio*) wird durch § 84 Abs. 1 und Abs. 2 SGB IX für die Bereiche des sog. **Präventionsverfahrens** und des **betrieblichen Eingliederungsmanagements** konkretisiert. Im Rahmen des Präventionsverfahrens für Schwerbehinderte und ihnen gleichgestellte Personen geht es gem. § 84 Abs. 1 SGB IX um die möglichst frühzeitige Einschaltung der Schwerbehindertenvertretung, des Betriebs- oder Personalrates und des Integrationsamts, mit dem Ziel, bestehende oder sich abzeichnende Schwierigkeiten im Arbeitsverhältnis zu überwinden. Beim sog. betrieblichen Eingliederungsmanagement nach § 84 Abs. 2 SGB IX handelt es sich um ein Verfahren derselben Beteilig-

59 BAG, Urt. v. 10.3.1977 – 2 AZR 79/76 – NJW 1977, 2132.
60 v. Hoyningen-Huene/Linck/*Krause*, § 1 KSchG Rn 365.

ten, in dem aufgeklärt werden soll, wie die Arbeitsunfähigkeit eines Arbeitnehmers, der innerhalb eines Jahres länger als 6 Wochen ununterbrochen oder wiederholt erkrank ist, überwunden werden kann und welche Maßnahmen oder Hilfen ergriffen werden können, um einer erneuten Arbeitsunfähigkeit vorzubeugen.[61]

Im Rahmen der sozialen Rechtfertigung hat sich bei der Prüfung einer krankheitsbedingten Kündigung ein **dreistufiger Prüfungsaufbau** durchgesetzt: 18

1. Negative Gesundheitsprognose

Auf der ersten Stufe bedarf es einer sog. **negativen Gesundheitsprognose.** Sie setzt zum Zeitpunkt des Zugangs der Kündigung objektive Tatsachen voraus, nach denen damit zu rechnen ist, dass der Arbeitnehmer auch in Zukunft wiederholt im bisherigen Umfang arbeitsunfähig sein wird. 19

Praxistipp !

Die krankheitsbedingte Kündigung ist nicht als Sanktion für Fehlzeiten in der Vergangenheit zu verstehen.[62] Krankheitsbedingte Fehlzeiten in der Vergangenheit sind daher nur insoweit von Bedeutung, als sie **die Gefahr zukünftiger Erkrankungen** indizieren können.[63] Da es wegen der privaten Diagnose einer Krankheit für den Arbeitgeber nicht immer möglich ist, eine abschließende Prognose für die Zukunft zu erstellen, ist es also zulässig, die Gesundheitsprognose auf in der Vergangenheit liegende Umstände wie insbesondere Fehlzeiten zu stützen.

Der Zeitraum der Vergangenheit, von dem eine solche „Indizwirkung" ausgehen kann, umfasst in der Regel die zurückliegenden zwei bis drei Jahre. Als Anhaltspunkt für eine negative Gesundheitsprognose können Fehlzeiten von jeweils **mehr als 6 Wochen pro Jahr** herangezogen werden.[64] Entscheidend ist die voraussichtliche jährliche Gesamtbelastung des Arbeitgebers durch die krankheitsbedingten Fehlzeiten des Arbeitnehmers.[65] Der Kündigungsgrund liegt bei der krankheitsbedingten Kündigung somit in der negativen Gesundheitsprognose und den deshalb zukünftig zu erwartenden Beeinträchtigungen der Arbeitsleistung des Arbeitnehmers.

In der Praxis erscheint jedoch fraglich, ob es dem Arbeitgeber wirklich zugemutet werden kann, Erkrankungen des Arbeitnehmers über sechs Wochen in dem „starren" Zeitraum der letzten zwei bis drei Jahre abzuwarten zu müssen, um eine negative Gesundheitsprognose anstellen zu können. Es muss vielmehr ausschlaggebend sein, dass der Arbeitgeber auf **hinreichend prognosefähige Zeiträume** abstellt. Dabei geht man mit einem Beobachtungszeitraum von drei Jahren zwar auf „Nummer sicher". Im Einzelfall kann jedoch sowohl ein kürzerer als auch – bei einzelnen Fehlzeiten – erst ein 20

61 Vgl. dazu unten Rn 36 zu Betriebliches Eingliederungsmanagement.
62 BAG, Urt. v. 23.6.1983 – 2 AZR 15/82 – NJW 1984, 1836.
63 BAG, Urt. v. 16.2.1989 – 2 AZR 299/88 – NJW 1989, 3299.
64 Münchener Anwaltshandbuch Arbeitsrecht/*Voss*, § 43 Rn 467.
65 v. Hoyningen-Huene/Linck/*Krause*, § 1 KSchG Rn 375.

längerer Zeitraum in Betracht kommen. Zu Recht hat das BAG angenommen, dass ein kürzerer Zeitraum dann ausreichen kann, wenn das Arbeitsverhältnis bereits von Beginn an durch krankheitsbedingte Fehlzeiten des Arbeitnehmers geprägt war.[66]

Praxistipp

Aus dem bisher Gesagten folgt, dass zurückliegende Erkrankungen des Arbeitnehmers bei der negativen Gesundheitsprognose nicht berücksichtigt werden dürfen, wenn sie ihrer Natur nach oder aufgrund ihrer Entstehung **keine Wiederholungsgefahr** aufweisen. Aus diesem Grund scheiden u.a. folgende Arbeitsunfähigkeitszeiten des Arbeitnehmers aus:

- Erkrankungen, die auf einem (Betriebs-)Unfall zurückzuführen sind,[67]
- Einmalige Operationen an den Mandeln oder am Blinddarm,[68]
- Andere, einmalige und ausgeheilte Erkrankungen.

21 Wiederkehrende Erkrankungen wie etwa Erkältungs- oder Entzündungskrankheiten lassen dagegen durchaus einen Rückschluss auf die gesundheitliche Anfälligkeit des Arbeitnehmers zu und können daher im Rahmen der negativen Gesundheitsprognose berücksichtigt werden. Sie können eine Wiederholungsgefahr somit selbst dann begründen, wenn die einzelnen Krankheitsfälle ausgeheilt sind.[69] Dies kann auch bei häufigen Fehlzeiten gelten, die auf Unfälle im Rahmen einer regelmäßigen (ggf. gefährlichen) freizeitlichen Sportaktivität des Arbeitnehmers zurückgeführt werden können. Denn hieraus lässt sich unter Umständen der Rückschluss ziehen, dass sich der Arbeitnehmer bei der Sportausübung als besonders verletzungsanfällig oder risikofreudig gezeigt hat.[70] Bei der Frage der zukünftigen Prognose ist es dann die Aufgabe des Arbeitnehmers, darzulegen, warum (trotz seiner sportlichen Tätigkeit) in Zukunft keine weiteren unfallbedingten Fehlzeiten mehr zu erwarten sind. Hierfür kann etwa genügen, wenn der Arbeitnehmer die einzelnen Unfallhergänge schildert und eine Wiederholung derselben künftig nicht mehr droht.[71]

Praxistipp

Für die negative Gesundheitsprognose kommt es auf die Sachlage des Einzelfalls im **Zeitpunkt des Zugangs der Kündigung** an.[72] Eine spätere Korrektur mit Blick auf die tatsächliche Entwicklung der Krankheit bis zum Tag der letzten mündlichen Verhandlung vor dem Arbeitsgericht muss nicht erfolgen – denn nach Zugang eingetretene neue Umstände, die sich auf die Entwicklung des Gesundheitszustandes auswirken können, finden insoweit keine Berücksichtigung mehr.[73] Andererseits

66 BAG, Urt. v. 10.11.2005 – 2 AZR 44/05 – NZA 2006, 655.
67 BAG. Urt. v. 6.9.1989 – 2 AZR 19/89 – NZA 1990, 307.
68 BAG, Urt. v. 14.1.1993 – 2 AZR 343/92 – NZA 1994, 309.
69 BAG, Urt. v. 10.11.2005 – 2 AZR 44/05 – NZA 2006, 655.
70 LAG Baden-Württemberg, Urt. v. 15.12.1987 – 14 Sa 67/87 – NZA 1988, 436.
71 BAG, Urt. v. 2.11.1989 – 2 AZR 335/89 – RzK I 5 g Nr. 32.
72 BAG, Urt. v. 29.7.1993 – 2 AZR 155/93 – NZA 1994, 67.
73 BAG, Urt. v. 29.4.1999 – 2 AZR 431/98 – NZA 1999, 978.

kann eine negative Zukunftsprognose nicht angenommen werden, wenn im Zeitpunkt des Zugangs der Kündigung wegen einer lang anhaltenden Krankheit bereits ein Kausalverlauf in Gang gesetzt war, der die Wiederherstellung der Arbeitsfähigkeit des Arbeitnehmers als zumindest möglich erscheinen lässt.[74]

Im Zuge der Durchführung der negativen Gesundheitsprognose besteht keine **Erkundigungspflicht** des Arbeitgebers über den Gesundheitszustand des Arbeitnehmers.[75] Auf der anderen Seite existiert auf Seiten des Arbeitnehmers allerdings auch keine entsprechende **Auskunftspflicht.**[76] Da der Arbeitgeber bei gerichtlicher Kontrolle der Negativprognose darlegungs- und beweisbelastet ist, kann dies in der Praxis zu Problemen führen. 22

Verweigert der Arbeitnehmer vorprozessual eine Auskunft bzgl. der Ursachen seiner krankheitsbedingten Fehlzeiten und hat der Arbeitgeber keine Informationen hierüber, erfüllt er seine Darlegungspflicht vor Gericht, wenn er zunächst nur die Dauer und Häufigkeit der Fehlzeiten des Arbeitnehmers in der Vergangenheit anführt und daraus einen Rückschluss auf weitere zukünftig zu erwartende Erkrankungen zieht. Gemäß § 138 Abs. 2 ZPO ist es danach Sache des Arbeitnehmers hierauf vorzutragen, weshalb mit seiner baldigen Genesung bzw. keinen weiteren Erkrankungen mehr gerechnet werden muss – beispielsweise indem er seine behandelnden Ärzte von ihrer Schweigepflicht entbindet.[77] 23

Praxistipp !

Für den Arbeitgeber kann es im Vorfeld eines Prozesses von Vorteil sein, wenn eine entsprechende Auskunftspflicht des Arbeitnehmers im Arbeitsvertrag vereinbart wurde.

Keine Bedenken bestehen beispielsweise gegen eine individualvertragliche Vereinbarung, durch die sich der Arbeitnehmer verpflichtet, sich bei wiederholten, krankheitsbedingten Fehlzeiten auf Verlangen des Arbeitgebers vom **Betriebsarzt** auf die Arbeitsfähigkeit untersuchen zu lassen.[78] Insoweit sind auch entsprechende Betriebsvereinbarungen zulässig, da eine solche Regelung der Abstimmung nach § 84 Abs. 2 SGB IX dient. In diesem Fall erhält der Arbeitgeber freilich nur solche Auskünfte, die in einem Zusammenhang mit der arbeitsvertraglich geschuldeten Tätigkeit des Arbeitnehmers stehen und an denen der Arbeitgeber ein berechtigtes Interesse hat. Denn der Betriebsarzt unterliegt nach § 8 Abs. 1 ASiG der ärztlichen Schweigepflicht. Gemäß § 3 Abs. 4 des Tarifvertrags für den öffentlichen Dienst kann der öffentliche Arbeitgeber bei Veranlassung durch wiederholte Fehlzeiten die Dienstfähigkeit des Angestellten durch eine ärztliche Bescheinigung oder den Betriebsarzt untersuchen lassen. Diese Untersuchung erfolgt nach § 3 Abs. 4 TVÖD durch einen Vertrauensarzt oder das Gesundheitsamt. Kommt der Arbeitnehmer dem nicht nach, kann bei vorheriger Abmahnung eine verhaltensbedingte Kündigung in Betracht kommen.

74 BAG, Urt. v. 21.2.2011 – 2 AZR 558/99 – NZA 2001, 1071.
75 BAG, Urt. v. 10.3.1977 – 2 AZR 7976 – NJW 1977, 2132.
76 BAG, Urt. v. 25.11.1982 – 2 AZR 140/81 – NJW 1983, 2897.
77 BAG, Urt. v. 23.6.1983 – 2 AZR 15/82 – NJW 1984, 1836.
78 v. Hoyningen-Huene/Linck/*Krause*, § 1 KSchG Rn 383.

24 Für **schwangere Arbeitnehmerinnen** sind bei Durchführung der Gesundheitsprognose die Besonderheiten der unionsrechtlichen Rechtsprechung zu berücksichtigen. Der EuGH unterscheidet insoweit bei Kündigungen im Zusammenhang mit Schwangerschaften nach dem Zeitpunkt der Kündigung und dem Zeitraum der zugrunde liegenden Erkrankung.[79] Danach dürfen Abwesenheitszeiten, die im Zeitraum vom Beginn der Schwangerschaft bis zum Ende des gesetzlichen Mutterschutzes liegen und mit der Schwangerschaft zusammenhängen, nicht zur Entlassung der betreffenden Arbeitnehmerin führen.[80] Bei Krankheiten, die erst nach dem Ablauf des gesetzlichen Mutterschutzes auftreten, ist dagegen selbst ein möglicher Zusammenhang mit der Schwangerschaft unbeachtlich. Denn insoweit seien Frauen und Männer gleich zu behandeln, auch wenn das Risiko für bestimmte Gesundheitsstörungen jeweils spezifisch für eines der beiden Geschlechter erhöht sein kann.[81]

2. Erhebliche Beeinträchtigung betrieblicher Interessen

25 Auf der zweiten Stufe der sozialen Rechtfertigung einer krankheitsbedingten Kündigung muss der Arbeitgeber nachweisen, dass die Fehlzeiten des Arbeitnehmers zu einer erheblichen Beeinträchtigung betrieblicher oder wirtschaftlicher Interessen führen. Die Beeinträchtigungen zählen ebenso wie die negative Gesundheitsprognose zum Kündigungsgrund.[82]

Beispiel
Kommt es zu einer langanhaltenden Krankheit des Arbeitnehmers, bestehen die betroffenen Interessen des Arbeitgebers nicht schon allein in seiner Entgeltfortzahlungspflicht, da diese nach sechs Wochen endet. Vielmehr kommt es dadurch zu einer Beeinträchtigung der betrieblichen und wirtschaftlichen Interessen, dass die Erfüllung des Arbeitsvertrags (und damit die Ausübung des Direktionsrechts durch den Arbeitgeber) für eine nicht unerhebliche, noch andauernde Zeit gestört ist.[83]

---

26 Zu den Betriebsablaufstörungen zählen daher nicht nur Störungen im Rahmen des Produktions- oder Fertigungsprozesses, wie der Stillstand von Maschinen, sondern auch die Überlastung anderer Arbeitnehmer durch Mehrarbeit und die damit einhergehende Störung des Betriebsfriedens.[84] Des Weiteren sind auch tatsächliche

79 EuGH, Urt. v. 8.11.1990 – Rs. C-177/88 – NJW 1991, 628.
80 Vgl. Art. 10 der Richtlinie 92/85/EWG; EuGH, Urt. v. 29.5.1997 – Rs. C-400/95 – NZA 1998, 25.
81 EuGH, Urt. v.8.11.1990 – Rs. C-177/88 – NJW 1991, 628.
82 BAG, Urt. v. 8.11.2007 – 2 AZR 292/06 – NZA 2008, 593.
83 v. Hoyningen-Huene/Linck/*Krause*, § 1 KSchG Rn 425.
84 BAG, Urt. v. 6.2.1992 – 2 AZR 364/91 – juris.

Verzögerungen bei der Auftragsbearbeitung und die resultierenden Schwierigkeiten mit den Firmenkunden erheblich.

Voraussetzung ist jedoch, dass die Störungen nicht durch Überbrückungs- 27
maßnahmen wie etwa dem kurzfristigen Einsatz einer Personalreserve vermieden werden können. Die Überbrückung durch Vertretungskräfte ist allerdings dann erschwert, wenn unklar ist, wann der Arbeitnehmer zurückkehrt[85] oder der betreffende Arbeitnehmer als Mitarbeiter in einer leitenden Position nur schwer ersetzt werden kann.[86] Auch die jeweilige Betriebsgröße kann hier an Bedeutung gewinnen, da sich die Kompensation einer ausgefallenen Arbeitskraft in kleinen Betrieben regelmäßig schwieriger gestaltet. Hat der erkrankte Arbeitnehmer eine qualifizierte Tätigkeit ausgeübt, lassen sich auf dem Arbeitsmarkt oftmals keine geeigneten (Ersatz-)Fachkräfte finden, die zur Überbrückung ein befristetes Arbeitsverhältnis eingehen. Hier hat der Arbeitnehmer anhand der Stellenabsagen darzulegen, dass eine Überbrückung nicht möglich war.[87]

Praxistipp !

In der Praxis bestimmt sich die Erheblichkeit der betrieblichen oder wirtschaftlichen Beeinträchtigung somit in erster Linie nach der **voraussichtlichen Dauer der krankheitsbedingten Fehlzeit** und der damit einhergehenden Unkenntnis über den Heilungsverlauf. Dabei ist es Sache des Arbeitgebers, im Einzelnen konkret darzulegen, welche erheblichen Betriebsbeeinträchtigungen durch die Fehlzeiten bereits eingetreten sind, bzw. welche Beeinträchtigungen durch die voraussichtlich zu erwartenden Fehlzeiten drohen.[88] Pauschalierungen und stichwortartige Angaben des Arbeitgebers genügen hierzu regelmäßig nicht;[89] erforderlich ist vielmehr eine genaue Beschreibung der konkreten Störung.[90]

---

3. Umfassende Interessenabwägung

Auf der dritten Stufe hat schließlich eine umfassende Interessenabwägung zu erfol- 28
gen.[91] Ihren Hauptteil bildet die Frage, ob die Störung der betrieblichen bzw. wirtschaftlichen Interessen unter Berücksichtigung der Besonderheiten des Einzelfalls dem Arbeitgeber noch zugemutet werden können.[92]

---

85 BAG, Urt. v. 21.5.1992 – 2 AZR 399/91 – NZA 1993, 501.
86 BAG, Urt. v. 12.4.2002 – 2 AZR 148/01 – NZA 2002, 1081.
87 BAG, Urt. v. 12.4.2002 – 2 AZR 148/01 – NZA 2002, 1081.
88 ErfK/*Oetker*, § 1 KSchG Rn 140.
89 BAG, Urt. v. 2.11.1983 – 7 AZR 272/82 – NJW 1984, 1837.
90 BAG, Urt. v. 7.12.1989 – 2 AZR 225/89 – EzA § 1 KSchG Krankheit Nr. 30.
91 BAG, Urt. v. 12.4.2002 – 2 AZR 148/01 – NZA 2002, 1081.
92 BAG, Urt. v. 20.1.2000 – 2 AZR 378/99 – NZA 2000, 768.

Praxistipp
Die Interessenabwägung selbst ist kein Teil des Kündigungsgrundes. Sie erfüllt das bei jeder personen- und verhaltensbedingten Kündigung geltende allgemeine Gebot der umfassenden Abwägung zwischen dem Bestandsschutzinteresse des Arbeitnehmers und dem Arbeitgeberinteresse, das Arbeitsverhältnis zu beenden.[93]

29 Daneben ist im Rahmen der Abwägung auf Seiten des Arbeitgebers neben der konkreten Beeinträchtigung betrieblicher und wirtschaftlicher Interessen auch Anzahl und Dauer der krankheitsbedingten Fehlzeiten der Vergangenheit sowie das sonstige generelle Arbeitsverhalten des betroffenen Arbeitnehmers zu berücksichtigen. Zugunsten des Arbeitnehmers ist neben dem Lebensalter insbesondere die Ursache der Erkrankung, die Dauer der Betriebszugehörigkeit und etwaige Unterhaltspflichten gegenüber Dritten zu beachten.[94] Zudem ist zu berücksichtigen, ob die Erkrankung eine betriebliche Ursache, wie etwa einen Betriebs- oder Arbeitsunfall hat.

30 Wie bei allen personenbedingten Kündigungsgründen gilt auch und vor allem bei krankheitsbedingten Kündigungen das **Ultima-Ratio-Prinzip**. Daher wird es von Seiten der Rechtsprechung dem Arbeitgeber auch abverlangt, vor Ausspruch einer Kündigung nach einem alternativen, leidensgerechten Arbeitsplatz zu suchen.[95]

Praxistipp
Mit Blick auf die Darlegungs- und Beweislast gelten auch im Rahmen der umfassenden Interessenabwägung die bisher geschilderten Grundsätze:
- Der Arbeitgeber muss vortragen, dass der betroffene Arbeitnehmer erkrankt ist und die ihm bekannten Tatsachen darlegen.
- Der Arbeitnehmer muss sodann den Vortrag des Arbeitgebers substantiiert bestreiten und die ihn behandelnden Ärzte von ihrer **Schweigepflicht entbinden**. Weigert sich der Arbeitnehmer hierzu, wird dies als Beweisvereitelung gewertet und der Vortrag des Arbeitgebers gilt als zugestanden.

II. Langzeiterkrankungen

31 Neben häufigen Kurzerkrankungen kann auch eine lang anhaltende Krankheit die personenbedingte Kündigung rechtfertigen. Bei einer dauerhaften Krankheit ist die Gesundheitsprognose negativ, wenn der Arbeitnehmer zum Zeitpunkt des Zugangs der Kündigung[96] seine Arbeitsleistung wegen der Erkrankung bereits für einen län-

93 BAG, Urt. v. 7.11.1985 – 2 AZR 657/84 – NZA 1986, 359.
94 BAG, Urt. v. 10.11.2005 – 2 AZR 44/054 – NZA 2006, 655.
95 BAG, Urt. v. 30.9.2010 – 2 AZR 88/09 – BAGE 135, 361.
96 v. Hoyningen-Huene/Linck/*Krause*, § 1 KSchG Rn 419.

geren Zeitraum nicht mehr erbringen konnte und ein Ende seiner Erkrankung bzw. die Wiederherstellung seiner Arbeitsfähigkeit ungewiss ist.[97] Dabei ist unerheblich, wie lange die Arbeitsunfähigkeit schon bestanden hat; vielmehr kommt es auch hier auf die zukünftig zu erwartende Entwicklung an.[98] Die Ungewissheit der Wiederherstellung der Arbeitsfähigkeit steht einer Dauererkrankung dann gleich, wenn in den **nächsten 24 Monaten** mit einer anderen Prognose nicht gerechnet werden kann.[99]

Praxistipp !
Wenn aufgrund der Art und Schwere der betreffenden Erkrankung eine langfristige negative Gesundheitsprognose gerechtfertigt ist, kann daher auch eine noch nicht lange andauernde Krankheit ausreichen; im Umkehrfall ist die bisherige (lange) Krankheitsdauer unerheblich, wenn in nächster Zukunft mit einer Genesung gerechnet werden kann.

Besonders bei **chronischen Erkrankungen**, die schwer von einer Behinderung im Sinne des AGG abgegrenzt werden können, stellt sich darüber hinaus die Frage, ob die krankheitsbedingte Kündigung gegen das **Diskriminierungsverbot** verstößt. Jedoch setzt eine Diskriminierung im Sinne des AGG in jedem Fall voraus, dass die Kündigung *wegen* der Behinderung ausgesprochen wird. Ist die Kündigung dagegen allein mit den Fehlzeiten des Arbeitnehmers begründet, besteht schon deswegen kein auch nur mittelbarer Kausalzusammenhang zwischen Behinderung und Kündigung. Begründet wird dies dadurch, dass alleine aus dem Vorliegen eines Diskriminierungsmerkmals des § 1 AGG – wie es etwa beim Geschlecht immer der Fall ist – nicht auf einen bestehenden Kausalzusammenhang zum Kündigungsgrund geschlossen werden könne.[100] 32

III. Krankheitsbedingte dauerhafte Leistungsminderung

Als Rechtfertigung einer krankheitsbedingten Kündigung kommt nicht nur der vollständige Ausfall der Arbeitsfähigkeit, sondern auch die krankheitsbedingte dauerhafte Leistungsminderung in Betracht. Erforderlich ist dabei, dass die Leistung des Arbeitnehmers **erheblich gemindert** ist. 33

97 BAG, Urt. v. 24.11.2005 – 2 AZR 514/04 – NZA 2006, 665.
98 BAG, Urt. v. 12.4.2002 – 2 AZR 148/01 – NZA 2002, 1081.
99 BAG, Urt. v. 19.4.2007 – 2 AZR 239/06 – NZA 2007, 1041.
100 BAG, Urt. v. 22.10.2009 – 8 AZR 642/08 – NZA 2010, 282.

Praxistipp
Eine solche erhebliche Minderleistung ist anzunehmen, wenn der Arbeitnehmer die Normalleistung dauerhaft um mindestens **ein Drittel** verfehlt.[101]

34 Die erhebliche betriebliche Beeinträchtigung liegt in diesen Fällen regelmäßig darin, dass das im Arbeitsvertrag vereinbarte Austauschverhältnis nicht mehr gewahrt ist – dem Arbeitslohn steht durch die dauerhafte Leistungsminderung nämlich keine adäquate Arbeitsleistung mehr gegenüber.[102]

35 Im Gegensatz zur dauerhaften Leistungs*unfähigkeit* muss bei der dauerhaften Leistungs*minderung* die Beeinträchtigung betrieblicher Interessen vom Arbeitgeber konkret dargelegt werden. Denn die Feststellung einer solchen Störung orientiert sich an den Kriterien einer Kündigung sog. „*low-performer*".[103]

IV. Betriebliches Eingliederungsmanagement (§ 84 II SGB X)

36 Im Rahmen der krankheitsbedingten Kündigung kommt dem sog. betrieblichen Eingliederungsmanagement nach § 84 II SGB X eine besondere Bedeutung zu. Ein solches Eingliederungsmanagement hat der Arbeitgeber durchzuführen, wenn Arbeitnehmer innerhalb eines Jahres länger als sechs Wochen ununterbrochen oder wiederholt arbeitsunfähig sind.[104] Ziel ist, nach Zustimmung und unter Beteiligung des Arbeitnehmers mit der zuständigen Interessenvertretung nach Möglichkeiten zu suchen, wie die jeweilige Arbeitsunfähigkeit möglichst überwunden und wie ihrem erneuten Auftreten vorgebeugt werden kann. Mit dem betrieblichen Eingliederungsmanagement soll somit ein verlaufs- und ergebnisoffener „Suchprozess"[105] gestartet werden, um individuelle Lösungen zur Sicherung von durch krankheitsbedingte Fehlzeiten bedrohten Arbeitsverhältnissen zu ermitteln. Daher ist das betriebliche Eingliederungsmanagement – trotz seiner Stellung im SGB IX – nicht nur bei Schwerbehinderten, sondern bei allen Arbeitnehmern, die eine längere Arbeitsunfähigkeit als sechs Wochen im Jahr aufweisen, durchzuführen.[106]

Praxistipp
Die Durchführung eines betrieblichen Eingliederungsmanagements ist keine Voraussetzung oder milderes Mittel einer Kündigung. Mit seiner Hilfe können jedoch mildere Mittel erkannt und entwickelt werden, was in einem Kündigungsschutzprozess bei der Darlegungs- und Beweislast zuguns-

101 BAG, Urt. v. 11.12.2003 – 2 AZR 667/02 – NZA 2004, 784.
102 BAG, Urt. v. 26.9.1991 – 2 AZR 132/91 – NZA 1992, 1073.
103 Vgl. Gliederungspunkt „Kündigung wegen *low-performance*" Rn 37 ff.
104 BAG, Urt. v. 24.3.2011 – 2 AZR 170/10 – DB 2011, 1343; *Lingemann*, Teil 3 Rn 779.
105 *Kohte*, DB 2008, 582.
106 BAG, Urt. v. 12.7.2007 – 2 AZR 716/06 – NZA 2008, 173.

ten des Arbeitgebers wirken kann.[107] Dies trifft etwa zu, wenn das betriebliche Eingliederungsmanagement im Einzelfall zu einem negativen Ergebnis geführt hat. Im Kündigungsschutzprozess genügt es dann, dass sich der Arbeitgeber unter Hinweis auf das durchgeführte Verfahren pauschal auf das Nichtbestehen von Alternativen beruft. Umgekehrt muss der Arbeitgeber bei einem positiven Ergebnis des Eingliederungsmanagements die empfohlenen Maßnahmen grundsätzlich vor Ausspruch der Kündigung umsetzen.[108]

C. Kündigung wegen Schlechtleistung („low-performance")

I. Merkmale und Voraussetzungen

Eine personenbedingte Kündigung kann ja nach Sachlage im konkreten Fall auch wegen „*low-performance*" – also unzureichender Arbeitsleistung bzw. **Schlechtleistung des Arbeitnehmers** – ausgesprochen werden. Daneben kann allerdings auch eine verhaltensbedingte Kündigung in Betracht kommen; dies setzt jedoch voraus, dass die mangelhafte Arbeitsleistung eine Pflichtverletzung des Arbeitnehmers darstellt und diesem vorwerfbar ist.[109] 37

Ein Indiz für eine Pflichtverletzung (also verhaltensbedingte Kündigung) kann die länger andauernde deutliche Unterschreitung der durchschnittlichen Arbeitsleistung des Arbeitnehmers sein – der Arbeitnehmer arbeitet also weniger, als er eigentlich könnte. Auf der anderen Seite ist die personenbedingte Kündigung statthaft, wenn bei einem bisher über einen langfristigen Zeitraum erheblich leistungsschwachen Arbeitnehmer auch zukünftig mit einer schweren Störung des vertraglichen Austauschverhältnisses zu rechnen ist, sodass dem Arbeitgeber ein Festhalten an dem unveränderten Arbeitsvertrag nicht mehr zugemutet werden kann.[110] 38

Praxistipp !
Vor Ausspruch der Kündigung ist zu prüfen, ob der berechtigten Gleichwertigkeitserwartung des Arbeitgebers durch eine Beschäftigung zu veränderten Vertragsbedingungen entsprochen werden kann.[111]

107 Grobys/Panzer/*Mohnke*, Personenbedingte Kündigung Rn 51, 76.
108 v. Hoyningen-Huene/Linck/*Krause*, § 1 KSchG Rn 425.
109 *Lingemann*, Teil 3 Rn 675.
110 BAG, Urt. v. 3.6.2004 – 2 AZR 386/03 – NZA 2004, 1380.
111 BAG, Urt. v. 11.12.2003 – 2 AZR 667/02 – NZA 2004, 784.

II. Feststellung kündigungsrelevanter Schlechtleistung

39 Wie bei der krankheitsbedingten Kündigung bedarf auch die Kündigung wegen *„low-performance“* einer **negativen Zukunftsprognose**, die ergeben muss, dass auch in absehbarer Zukunft mit einer anhaltenden, erheblich unterdurchschnittlichen Leistung des Arbeitnehmers und der daraus resultierenden schweren **Störung des Vertragsgleichgewichts** zu rechnen ist. Vor diesem Hintergrund kommt eine Kündigung selbst dann in Betracht, wenn feststeht, dass der Arbeitnehmer sich zwar bemüht, seine Leistung gleichwohl aber entweder völlig erfolglos ist oder sehr deutlich hinter den jeweiligen Leistungen vergleichbarer Arbeitnehmer zurückbleibt.[112]

! **Praxistipp**
Als Richtwert für eine *„low-performance“* kann dabei eine durchschnittliche Arbeitsleistung gesehen werden, die dauerhaft lediglich bei etwa 66% der Normalleistung vergleichbarer Arbeitnehmer liegt – also deren Leistung dauerhaft um etwa **ein Drittel** unterboten wird.[113] Dabei ist allerdings zu beachten, dass ein Nachlassen der Arbeitsfähigkeit im Alter nur dann geeignet ist, eine Kündigung sozial zu rechtfertigen, wenn der individuelle Leistungsabfall erheblich stärker als bei vergleichbaren älteren Arbeitnehmern ausfällt. Denn insoweit hat der Arbeitgeber einen gewissen, altersbedingten Abfall der Arbeitsfähigkeit grundsätzlich hinzunehmen.[114]

40 Hierzu ist es wesentlich, die **berechtigte Leistungserwartung** des Arbeitgebers bestimmen zu können. Nach der Rspr. des BAG ist die sog. *„individuelle Normalleistung“* maßgeblich, die von allen Arbeitnehmern geschuldet wird.[115] Danach ist das vom Arbeitnehmer abgegebene, höchstpersönliche Leistungsversprechen nach dem vom Arbeitgeber im Wege des Direktionsrechts festgelegten Inhalt der Arbeitstätigkeit und dem subjektiven Leistungsvermögen des Arbeitnehmers zu bestimmen. Die Leistungsanforderungen an den Arbeitnehmer sind demnach keine starren objektiven Leistungspflichten, sondern dynamisch an der Leistungsfähigkeit des subjektiven Arbeitnehmers orientiert.[116]

! **Praxistipp**
Zur Bestimmung dieser subjektiven Leistungspflicht kann in der Praxis die folgende Formulierung des zweiten Senats des BAG weiterhelfen: *„Der Arbeitnehmer muss das tun, was er soll, und zwar so gut, wie er kann.“*[117]

---

112 BAG, Urt. v. 3.6.2004 – 2 AZR 386/03 – NZA 2004, 1380.
113 *Lingemann*, Teil 3, Rn 675.
114 MüKo-BGB/*Hergenröder*, § 1 KSchG Rn 178.
115 BAG, Urt. v. 17.1.2008 – 2 AZR 536/06 – NZA 2008, 693.
116 v. Hoyningen-Huene/Linck/*Krause*, § 1 KSchG Rn 448.
117 BAG, Urt. v. 11.12.2003 – 2 AZR 667/02 – NZA 2004, 784.

Dieser individuelle Ansatz ist freilich nicht unproblematisch. Denn macht man die vom Arbeitnehmer geschuldete Normalleistung in Übereinstimmung mit dem BAG nur an dessen persönlichem Leistungsvermögen fest, ist fraglich, wie eine personenbedingte Kündigung wegen Schlechtleistung in den Fällen gerechtfertigt werden kann, in denen der Arbeitnehmer trotz angemessenem Einsatz seiner Fähigkeiten und Arbeitskraft dauerhaft unterhalb der *objektiven Normalleistung* vergleichbarer Arbeitnehmer bleibt. Denn unter dieser Voraussetzung ist das vom Arbeitnehmer abgegebene Leistungsversprechen erfüllt. 41

Praxistipp !
Diesem Problem der individuellen Normalleistung begegnet das BAG, indem es dem Arbeitgeber im Rahmen der Darlegungs- und Beweislast die Möglichkeit eröffnet, die Störung des Gleichgewichts von Leistung und Gegenleistung durch die Darlegung **erheblicher unterdurchschnittlicher Leistungen des Arbeitnehmers** zu begründen.[118] Damit lässt es das BAG im Ergebnis also zu, die Leistungsanforderungen an Arbeitnehmer objektiv zu betrachten. Denn bei der Darlegung unterdurchschnittlicher Leistungen muss sich der Arbeitgeber gerade an der Leistungsfähigkeit vergleichbarer Arbeitnehmer orientieren.[119]

Der Arbeitgeber darf und muss zur Feststellung einer Schlechtleistung also einen Vergleich des Arbeitnehmers mit ihm vergleichbaren Arbeitnehmern durchführen. Dabei können signifikante Abweichungen am besten durch die Bildung zulässiger Vergleichsgruppen ermittelt werden.[120] 42

Praxistipp !
Bei der Bildung solcher **Vergleichsgruppen** ist darauf zu achten, dass es sich bei den Vergleichspersonen sowohl um „Normalleister", als auch um Arbeitnehmer mit einem vergleichbaren Aufgaben- und Stellenprofil handelt. Denn einer der Gruppenangehörigen wird und muss stets das „Schlusslicht" der Gruppe bilden: Auch ein guter Mitarbeiter erzielt in einer Gruppe von „Hochleistern" ein an ihrem Durchschnitt gemessen schlechtes Ergebnis – in einer Gruppe mit „mittelmäßigen" Mitarbeitern wird er dagegen überdurchschnittlich gut abschneiden.[121]

Darüber hinaus ist bei der Bildung einer Vergleichsgruppe zu berücksichtigen, dass gegebenenfalls auftretende Unterschiede, auf die die Arbeitnehmer keinen Einfluss haben, vermieden werden. So kann es zum Beispiel an der örtlichen Vergleichbarkeit fehlen, wenn bei im Verkauf tätigen Arbeitnehmern nicht dieselben Rahmenbedingungen in den einzelnen Verkaufsgebieten vorliegen, weil die Filialen des Be- 43

118 BAG, Urt. v. 11.12.2003 – 2 AZR 667/02 – NZA 2004, 784.
119 Vgl. BAG, Urt. v. 3.6.2004 – 2 AZR 386/03 – NZA 2004, 1380.
120 BAG, Urt. v. 17.1.2008 – 2 AZR 536/06 – NZA 2008, 683.
121 Vgl. BAG, Urt. v. 22.7.1982 – 2 AZR 30/81 – NJW 1983, 700.

triebs etwa nicht nur in großen Städten, sondern auch im ländlichen Raum gelegen sind.[122]

III. Abmahnungserfordernis

44 Da die personenbedingte Kündigung bei Schlechtleistung von Arbeitnehmern stets nur als *ultima ratio* in Betracht kommt, ist zunächst auch hier zu überprüfen, ob als milderes Mittel eine zumutbare Beschäftigung zu geänderten Vertragsbedingungen vereinbart werden kann. Daneben darf auch in der Zukunft nicht mehr mit einer Wiederherstellung des Gleichgewichts von Leistung und Gegenleistung gerechnet werden.[123]

45 Des Weiteren stellt sich für den Arbeitgeber das Problem, dass er bei einer Schlechtleistung durch den Arbeitnehmer nur schwer einschätzen kann, ob es sich um einen verhaltens- oder personenbedingten Kündigungsgrund handelt.

! **Praxistipp**

Vor diesem Hintergrund ist zu beachten, dass vor dem Ausspruch einer verhaltensbedingten Kündigung regelmäßig eine Abmahnung erforderlich ist – insbesondere auch bei einer Kündigung wegen verhaltensbedingter Schlechtleistung. Bei Unsicherheiten des Arbeitgebers über die jeweilige Ursache der Schlechtleistung des Arbeitnehmers empfiehlt es sich daher in jedem Fall, zunächst eine Abmahnung auszusprechen.[124] Diese muss ein konkret zu bezeichnendes Fehlverhalten enthalten, wobei sich die Konkretisierung an den Kenntnissen des Arbeitgebers orientiert.[125]

D. Druckkündigung

I. Merkmale und Voraussetzungen einer Druckkündigung

46 Bei der Druckkündigung fordern **Dritte** wie z.B. Kunden, Geschäftspartner oder auch die eigene Belegschaft unter Androhung von empfindlichen Nachteilen für den Arbeitgeber die Entlassung eines bestimmten Arbeitnehmers.[126] Als solche Druckmittel sind etwa ein drohender Auftragsentzug, Kündigungsdrohungen oder drohende Arbeitsverweigerungen durch andere Mitarbeiter denkbar.

---

122 BAG, Urt. v. 27.11.2008 – 2 AZR 675/07 – NZA 2009, 842.
123 BAG, Urt. v. 20.3.1969 – 2 AZR 283/68 – AP Nr. 27 zu § 123 GewO.
124 *Lingemann*, Teil 3 Rn 687.
125 BAG, Urt. v. 27.11.2008 – 2 AZR 675/07 – NZA 2009, 842.
126 Vgl. BAG, Urt. v. 4.10.1990 – 2 AZR 201/90 – NZA 1991, 468.

Praxistipp

Bei der bloßen Verweigerung einer Zusammenarbeit mit dem betroffenen Mitarbeiter handelt es sich jedoch erst dann um eine Drucksituation für den Arbeitgeber, wenn die betroffenen Mitarbeiter erkennen lassen, dass sie ernstlich darüber nachdenken, den Betrieb zu verlassen.[127]

II. Echte und unechte Druckkündigung

Liegen die Gründe hierfür in fehlender fachlicher oder persönlicher Eignung des Arbeitnehmers, ist eine **personenbedingte Kündigung** grundsätzlich möglich. Wird die Zusammenarbeit mit dem Arbeitnehmer allerdings aus Gründen abgelehnt, die nicht in seiner Person wurzeln, kann bei erheblichem Druck auf den Betrieb eine **betriebsbedingte Kündigung** gerechtfertigt sein.[128] 47

Von einer ***unechten*** **Druckkündigung** spricht man, wenn das Verlangen Dritter durch im Verhalten oder in der Person des Arbeitnehmers liegende Gründe objektiv gerechtfertigt ist (also personen- oder verhaltensbedingte Kündigung). Demgegenüber handelt es sich um eine ***echte*** **Druckkündigung**, wenn sie ausschließlich auf dem ausgeübten Druck basiert (betriebsbedingte Kündigung). 48

III. Erhöhte Schutzpflichten des Arbeitgebers

Zwar muss bei beiden Kündigungsgründen jeweils geprüft werden, ob als milderes Mittel eine Versetzung auf einen Arbeitsplatz möglich ist, bei dem vergleichbare Spannungen und Störungen nicht auftreten. Bei der echten Druckkündigung besteht zusätzlich jedoch auch eine arbeitsvertragliche Fürsorgepflicht des Arbeitgebers. Sind die Spannungen also nicht in der Person des Arbeitnehmers begründet, muss er sich zunächst schützend vor diesen stellen. 49

Dabei muss der Arbeitgeber alles Zumutbare versuchen, um die Drohenden von ihrer Druckausübung abzubringen. Nur wenn dieser Versuch scheitert, keine milderen Mittel zur Verfügung stehen und bei ungehindertem Fortgang mit schweren Schäden für den Betrieb zu rechnen ist, gilt die Druckkündigung als sozial gerechtfertigt.[129] 50

127 LAG Nürnberg, Urt. v. 9.12.2003 – 6 Sa 676/02 – NZA-RR 2004, 298.
128 Grobys/Panzer/*Mohnke*, Personenbedingte Kündigung Rn 31.
129 BAG, Urt. v. 19.6.1986 – 2 AZR 563/85 – NZA 1987, 21.

Praxistipp
Bei der unechten Druckkündigung ist dagegen auf die Besonderheiten der verhaltens- oder personenbedingten Kündigung zu achten. Dabei ist regelmäßig die Betriebsratsanhörung nach § 102 I BetrVG zu beachten.[130]

E. Interessenabwägung

51 Liegen in der Person des Arbeitnehmers Kündigungsgründe vor, müssen die entstandenen erheblichen Beeinträchtigungen betrieblicher oder wirtschaftlicher Art den Interessen des Arbeitnehmers auf Fortsetzung des Arbeitsverhältnisses zu den ursprünglichen Konditionen gegenübergestellt werden. Die Kündigung ist vor diesem Hintergrund sozial gerechtfertigt, wenn die bestehende Störung vom Arbeitgeber billigerweise nicht mehr hingenommen werden muss.

52 Zu berücksichtigen sind dabei auf Seiten des Arbeitnehmers die Sozialdaten, wie beispielsweise Betriebszugehörigkeit, Alter und Dauer des ungestörten Verlaufs des Arbeitsverhältnisses. Auf Arbeitgeberseite sind insbesondere Betriebsablaufstörungen, die wirtschaftliche Belastbarkeit des Betriebs, Umsatz- oder Kundeneinbußen und die Überlastung anderer Arbeitnehmer zu berücksichtigen.

Praxistipp
Maßgeblicher Beurteilungszeitpunkt für die Interessenabwägung ist der Zugang der Kündigung. Die tatsächlichen Entwicklungen nach Ausspruch der Kündigung sind bei einer (gerichtlichen) Überprüfung der Interessenabwägung also nicht heranzuziehen.[131]

130 Vgl. hierzu Kap. 25 Beteiligungsrechte des Betriebsrats.
131 BAG, Urt. v. 21.2.2001 – 2 AZR 558/99 – NZA 2001, 1071.

Kapitel 8
Außerordentliche Kündigung

Im Rahmen eines auf Dauer angelegten vertraglichen Schuldverhältnisses wie dem Arbeitsverhältnis ist es beiden Vertragspartnern unabhängig von kündigungsbezogenen Absprachen im Arbeitsvertrag stets möglich, das Arbeitsverhältnis außerordentlich und mit sofortiger Wirkung zu beenden, soweit dem Kündigenden das weitere Festhalten am Vertrag nicht mehr zugemutet werden kann. Regelmäßig muss daher ein Umstand vorliegen oder bekannt werden, der die drastische Maßnahme einer sofortigen Vertragsbeendigung nach objektiven Kriterien als angemessen erscheinen lässt. 1

A. Kündigungsgrund

Nach der gesetzlichen Vorlage soll eine außerordentliche Kündigung nur dann rechtlich zulässig sein, wenn diese auf einen wichtigen Kündigungsgrund gestützt werden kann. Ein wichtiger Grund liegt nur dann vor, wenn nach den Umständen des Einzelfalles unter Abwägung der Interessen beider Vertragsteile die Fortsetzung des Arbeitsverhältnisses bis zum vorgesehenen Zeitpunkt bzw. bis zum Ablauf der Kündigungsfrist nicht mehr zumutbar ist. 2

I. Merkmale einer außerordentlichen Kündigung

Nach § 626 Abs. 1 BGB können Dauerschuldverhältnisse aus wichtigem Grund ohne Einhaltung einer Kündigungsfrist von beiden Vertragsparteien gekündigt werden. Der Kündigungsberechtigte muss sich aber gemäß § 626 Abs. 2 BGB innerhalb von zwei Wochen ab Kenntnis des Kündigungsgrundes entscheiden, ob er das Arbeitsverhältnis außerordentlich kündigen will. Abweichende Vereinbarungen zu Lasten des Arbeitnehmers sind unzulässig.[1] 3

Eine außerordentliche Kündigung beendet das Arbeitsverhältnis regelmäßig unmittelbar mit Zugang der Kündigungserklärung, d.h. in dem Zeitpunkt, in dem das Kündigungsschreiben in den Machtbereich des Empfängers gelangt. Anders ist dies in den Fällen, in denen eine außerordentliche Kündigung mit einer Auslauffrist verknüpft wird. In diesen Fällen endet das Arbeitsverhältnis im Falle der Wirksam- 4

1 BAG, Urt. v. 24.6.2004 – 2 AZR 656/02 – NZA-RR 2005, 440.

keit der außerordentlichen Kündigung erst mit Ablauf der im Kündigungsschreiben genannten Frist.

5 Die außerordentliche Kündigung ist als einseitiges Gestaltungsrecht bedingungsfeindlich. Dies bedeutet, dass der Kündigungserklärende in der **Kündigungserklärung** eindeutig zum Ausdruck bringen muss, dass das Arbeitsverhältnis durch die Kündigung beendet sein soll.

! **Praxistipp**
Bedingungen oder Bezugnahmen auch auf Sachverhaltsumstände sollten in einer Kündigungserklärung vermieden werden. Zu empfehlen ist, in die Kündigungserklärung schlicht den Kündigungsausspruch aufzunehmen.

6 Die außerordentliche Kündigung kann aber hilfsweise mit einer ordentlichen Kündigung verbunden werden.[2] In diesem Fall bringt der Arbeitgeber zum Ausdruck, dass er für den Fall der Rechtsunwirksamkeit der außerordentlichen Kündigung die Kündigung zugleich auch als ordentliche Kündigung mit Beachtung der Kündigungsfrist gelten lassen möchte. Eine solche Bedingung in der Kündigungserklärung ist deshalb wirksam, weil sie ausschließlich von rechtlichen Umständen abhängig ist, welche im Laufe eines nachfolgenden Kündigungsschutzverfahrens geklärt werden können.

II. Wichtiger Grund im Sinne des § 626 Abs. 1 BGB

7 Ein wichtiger Grund im Sinne des § 626 Abs. 1 BGB ist gegeben, wenn Tatsachen vorliegen, aufgrund derer dem Kündigungsberechtigten unter Berücksichtigung aller Umstände des Einzelfalls und unter Abwägung der Interessen beider Vertragsteile nicht zugemutet werden kann, das Arbeitsverhältnis bis zum Ablauf der Kündigungsfrist oder bis zum vereinbarten Beendigungszeitpunkt fortzusetzen.[3]

8 Vorliegen müssen in der Regel **grobe Vertragspflichtverletzungen** oder grobe Treuwidrigkeiten.[4] Die Pflichtverletzung muss „an sich", d.h. typischerweise geeignet sein, die außerordentliche Kündigung des Arbeitsverhältnisses zu rechtfertigen. Die Anforderungen an außerordentliche Kündigungen sind dabei weitaus strenger als die Anforderungen an ordentliche verhaltensbedingte Kündigungen nach § 1 Abs. 2 KSchG.[5]

2 *Lingemann*, Teil 6 Rn 1–4; vgl. auch Rn 67 f.
3 BAG, Urt. v. 27.4.2006 – 2 AZR 656/02 – NZA 2006, 977; BAG, Urt. v. 13.4.2000 – 2 AZR 259/99 – NZA 2001, 277.
4 Münchener Anwaltshandbuch Arbeitsrecht/*Schulte*, § 44 Rn 8.
5 *Lingemann*, Teil 6 Rn 9.

Das Bundesarbeitsgericht nimmt im Rahmen der Würdigung einer außerordentlichen Kündigung in der Regel eine zwei-stufige Prüfung vor. Im ersten Schritt ist zu prüfen, ob der vorliegende Sachverhalt „an sich" geeignet ist, einen wichtigen Grund zur außerordentlichen Kündigung darzustellen. Im zweiten Schritt ist dann zu fragen, ob auch nach Vornahme einer umfassenden Interessenabwägung aller Aspekte im Einzelfall dem Kündigenden die Fortführung des Arbeitsverhältnisses auch bis zum Ablauf der Kündigungsfrist unzumutbar ist. Nur soweit beide Prüfungsstufen erfüllt werden, stellt sich die außerordentliche Kündigung als wirksam dar. 9

Ob eine festgestellte Pflichtverletzung „an sich" geeignet ist, eine außerordentliche Kündigung zu rechtfertigen, ist nach den Vorgaben der Rechtsprechung zunächst noch ohne Berücksichtigung der weiteren Tatumstände im Einzelfall zu würdigen. Der Sachverhalt muss lediglich typischerweise geeignet sein, die außerordentliche Kündigung zu rechtfertigen. Die Schwere des Kündigungsgrundes bei der außerordentlichen Kündigung muss allerdings weitaus größer sein als bei den Voraussetzungen an eine ordentliche verhaltensbedingte Kündigung nach § 1 Abs. 2 Kündigungsschutzgesetz.[6] 10

Im deutschen Kündigungsrecht gibt es keine absoluten Kündigungsgründe. Deshalb ist in jedem Einzelfall gesondert zu prüfen, ob die abstrakten Voraussetzungen der Rechtsprechung an eine außerordentliche Kündigung gegeben sind. Trotzdem ist es für die Praxis von großem Vorteil, anhand der Kenntnis von bereits in der Vergangenheit anerkannten außerordentlichen Kündigungssachverhalten besser einschätzen zu können, ob ein auftretender Sachverhalt dazu geeignet sein kann, einen wichtigen Grund im Sinne des § 626 Abs. 1 BGB darzustellen. 11

1. Gründe für außerordentliche Kündigung durch den Arbeitgeber

Die nachfolgende Aufzählung von der Rechtsprechung bereits anerkannter „an sich" geeigneter Kündigungssachverhalte betrifft zunächst den in der Praxis am häufigsten auftretenden Fall, nämlich den einer außerordentlichen Kündigung durch den Arbeitgeber. Die Aufzählung ist allerdings exemplarisch und erhebt keinen Anspruch auf Vollständigkeit. Im Einzelfall sind auch anderweitige bzw. verwandte Fallkonstellationen zur Begründung einer außerordentlichen Kündigung möglich. 12

Beispiele

- **Abkehrwille.** Wird dem Arbeitgeber bekannt, dass ein Arbeitnehmer die Absicht verfolgt, sein aktuelles Arbeitsverhältnis demnächst zu beenden, um einer anderweitigen Beschäftigung nachzugehen, wird dieser Abkehrwille nach der heutigen Rechtsprechung nicht mehr als Kün-

6 Vgl. hierzu die Ausführungen in Kap. 6 Rn 4 ff.

digungsgrund anerkannt.[7] Eine andere Bewertung kann ggf. dann berechtigt sein, wenn der Arbeitnehmer auf offene Nachfrage des Arbeitgebers einen Abkehrwillen leugnet, obwohl er bereits zeitgleich mit einem Wettbewerber in Verhandlungen steht oder wenn dem Arbeitgeber durch das Vertrauen in den Fortbestand des Arbeitsverhältnisses bei dem plötzlichen Weggang des Arbeitnehmers Schäden entstehen.

- **Abwerbung**. Wirbt ein Arbeitnehmer andere Arbeitskollegen ab, so dass diese ein Arbeitsverhältnis mit einem anderen Arbeitgeber eingehen, kann dies im Einzelfall als schwerwiegende Pflichtverletzung des abwerbenden Arbeitnehmers angesehen werden. Die Abwerbung muss allerdings mit einer gewissen Ernsthaftigkeit und Beharrlichkeit betrieben worden sein.[8]
- **Alkoholverbot**. Ein wiederholter Verstoß gegen ein betriebliches Alkoholverbot kann jedenfalls nach erfolgloser Abmahnung einen Kündigungsgrund darstellen. Bei Eintreten einer gefährlichen betrieblichen Situation aufgrund des Alkoholgenusses kann auch ein einmaliger Vorfall den Ausspruch einer fristlosen Kündigung rechtfertigen.[9] Bei Fällen von Alkoholmissbrauch im Betrieb ist allerdings stets zu hinterfragen, ob der Alkoholkonsum eines Arbeitnehmers bereits auf einer Suchterkrankung basiert, so dass ggf. die Voraussetzungen einer personenbedingten Kündigung geprüft werden müssen. [10]
- **Arbeitsschutzvorschriften**. Halten Arbeitnehmer betrieblich geltende Arbeitsschutzvorschriften nicht ein, kann eine außerordentliche Kündigung jedenfalls nach einschlägiger Abmahnung berechtigt sein.[11]
- **Arbeitsverweigerung**. Die andauernde und schuldhafte Verweigerung der geschuldeten Arbeitsleistung stellt als unmittelbarer Verstoß gegen die arbeitsvertragliche Hauptleistungspflicht einen wichtigen Grund zur sofortigen Auflösung des Arbeitsverhältnisses dar. Auch eine beharrliche Verletzung von Arbeitspflichten rechtfertigt in der Regel eine außerordentliche Kündigung, zumindest soweit arbeitgeberseitige Aufforderungen zum vertragsgemäßen Verhalten erfolglos geblieben sind.[12] Eine Arbeitsverweigerung ist auch dann anzunehmen, wenn ein Arbeitnehmer die ihm persönlich möglichen Arbeitsleistungen bewusst zurückhält und während der Arbeitszeit nicht unter angemessener Anspannung seiner Kräfte und Fähigkeiten die ihm übertragenen Arbeiten verrichtet („Arbeitsbummelei“). Erfolgt eine Arbeitsverweigerung unter Berufung auf religiöse Überzeugungen ist im Einzelfall zu prüfen, ob der Arbeitgeber bei verfassungskonformer Auslegung dem Arbeitnehmer die diesem aus religiösen Gründen nicht mögliche Tätigkeit zuweisen durfte. Hierbei ist insbesondere unter Abwägung der beiderseitigen Interessen danach zu fragen, ob der Arbeitnehmer bereits bei Eingehung des Arbeitsverhältnisses mit einem derartigen Gewissenskonflikt rechnen musste.[13]
- **Arbeitszeitbetrug**. Unabhängig von der strafrechtlichen Bewertung als Betrugshandlung ist eine Manipulation der Arbeitszeit oder eine sonstige Falscherfassung der Arbeitszeit durch Arbeitnehmer grundsätzlich geeignet, einen wichtigen Grund zur außerordentlichen Kündigung darzustellen.[14] Insbesondere eine falsche Dokumentation der Arbeitszeit im Rahmen flexibler Arbeitszeitmodelle (Gleitzeit, Arbeitszeitkonten) ist in aller Regel als außerordentlicher Kündi-

---

7 LAG Niedersachsen, Urt. v. 29.8.2006 – 1 Sa 1016/06 – juris.
8 LAG Rheinland-Pfalz, Urt. v. 7.2.1992 – 6 Sa 528/91 – LAGE BGB § 626 Nr. 64.
9 LAG Köln, Urt. v. 8.11.2010 – 2 Sa 612/10 – AuA 2011, 304.
10 Vgl. hierzu Kap. 7 Rn 11.
11 LAG Schleswig-Holstein, Urt. v. 14.8.2007 – 5 Sa 150/07 – NZA-RR 2007, 634.
12 BAG, Urt. v. 24.2.2011 – 2 AZR 636/09 – NZA 2011, 1087.
13 BAG, Urt. v. 24.2.2011 – 2 AZR 636/09 – NZA 2011, 1087.
14 BAG, Urt. v. 12.8.1999 – 2 AZR 832/98 – AP BGB § 123 Nr. 51.

gungsgrund anzusehen. Die Rechtsprechung erkennt an, dass sich der Arbeitgeber insbesondere bei Anwendung flexibler Arbeitszeitmodelle auf die Ehrlichkeit seiner Arbeitnehmer verlassen muss und ein bei Zuwiderhandlungen entstehender Vertrauensbruch die weitere Grundlage für das Arbeitsverhältnis entziehen kann.[15] Gleiches gilt, wenn Arbeitnehmer im Betrieb wiederholt Pausenzeiten erheblich überziehen oder durchgeführte Raucherpausen nicht in der Arbeitszeiterfassung dokumentieren.[16]

- **Außerdienstliches Verhalten.** Ein dem Arbeitgeber missliebiges außerdienstliches Verhalten des Arbeitnehmers stellt grundsätzlich keinen Kündigungsgrund in Bezug auf das Arbeitsverhältnis dar. Anders kann dies allerdings sein, wenn die Auswirkungen des außerdienstlichen Verhaltens das Arbeitsverhältnis beeinflussen können. Insbesondere bei strafbarem, politischem oder sonst öffentlich wirksamem Verhalten können mögliche Rufschädigungen oder eine hierdurch eintretende Störung der Belegschaft im Einzelfall eine Kündigung rechtfertigen.
- **Beleidigungen im Betriebsumfeld.** Beleidigungen sowie auch sonstige Bedrohungen oder Verleumdungen zum Nachteil des Arbeitgebers oder von Kollegen können regelmäßig eine außerordentliche Kündigung rechtfertigen.[17] Stellt im Einzelfall ein rüder Umgangston im betrieblichen Umfeld ein noch sozialadäquates Verhalten dar, ist in der Regel eine Abmahnung der Kündigung vorzuziehen. Im Einzelfall werden auch die weiteren Umstände des Geschehens, wie etwa vorangegangene Provokationen oder die Schwere der Beleidigung, eine maßgebliche Rolle bei der Kündigungsbewertung spielen.
- **Bestechlichkeit und Bestechung.** Lässt ein Arbeitnehmer sich bei der Ausführung von arbeitsvertraglichen Aufgaben Vorteile durch Dritte versprechen oder nimmt er solche Vorteile an, handelt er hiermit den Interessen des Arbeitgebers zuwider und verhält sich in besonderem Maße pflichtwidrig.[18] Soweit allerdings lediglich sozialadäquate Gelegenheitsgeschenke oder kleinere Trinkgelder entgegengenommen werden, rechtfertigt dies in aller Regel keine außerordentliche Kündigung.[19]
- **Diebstahl.** Der Diebstahl von im Eigentum des Arbeitgebers stehenden Gegenständen durch den Arbeitnehmer stellt in aller Regel einen wichtigen Grund zur außerordentlichen Kündigung dar.[20] Auch soweit zuletzt in der Öffentlichkeit die Frage diskutiert wurde, ob bei der Entwendung geringwertiger Gegenstände durch Arbeitnehmer eine sofortige Kündigung des Arbeitsverhältnisses als unverhältnismäßig angesehen werden müsste, ist die Rechtsprechung nicht von dem Grundsatz abgerückt, dass Diebstähle stets als an sich geeignet angesehen werden müssen, den Arbeitgeber zu einer fristlosen Kündigung zu berechtigen. Im Einzelfall kann allerdings bei der Frage der Verhältnismäßigkeit, insbesondere nach einer vorangegangenen langjährigen störungsfreien Tätigkeit, eine Abmahnung als vorrangiges Mittel anzusehen sein. [21]
- **Geschäfts- und Rufschädigung.** Verbreiten Arbeitnehmer bewusst wahrheitswidrige Behauptungen oder Gerüchte über die Geschäftsentwicklung des Arbeitgebers kann dies einen wich-

15 BAG, Urt. v. 9.6.2011 – 2 AZR 381/10 – NZA 2011, 1027.
16 LAG Hessen, Urt. v. 24.11.2010 – 8 Sa 491/10 – NZA-RR 2011, 294.
17 BAG, Urt. v. 7.7.2011 – 2 AZR 355/10 – NZA 2011, 1412.
18 BAG, Urt. v. 17.3.2005 – 2 AZR 245/04 – NZA 2006, 101.
19 LAG Schleswig-Holstein, Urt. v. 17.12.2008 – 6 Sa 272/08 – NZA-RR 2009, 397.
20 BAG, Urt. v. 13.12.2007 – 2 AZR 537/06 – NZA 2008, 1008.
21 Vgl. hierzu die sog. Emmely-Entscheidung des BAG, Urt. v. 10.6.2010 – 2 AZR 541/09 – NJW 2011, 167.

tigen Grund zur Kündigung darstellen.[22] Auch kann eine bewusste Geschäftsschädigung die fristlose Kündigung rechtfertigen.[23] Zunehmende Bedeutung erhält in diesem Bereich auch das Verhalten von Arbeitnehmern im Internet. Auch soweit Arbeitnehmer etwa auf sozialen Netzwerken (Facebook, Xing etc.) negative Äußerungen über ihren Arbeitgeber oder über Vorgesetzte/Kollegen verbreiten, kann dies bei Kenntnisnahme einen Grund für eine außerordentliche Kündigung darstellen. [24]

- **Internetnutzung**. Nutzen Arbeitnehmer eine vom Arbeitgeber zur Verfügung gestellte EDV-Einrichtung (Internet, E-Mail-Systeme) pflichtwidrig, kann dies als kündigungsrelevante Pflichtverletzung angesehen werden. Wenn ein solcher (privater) Gebrauch der EDV-Einrichtungen nicht genehmigt bzw. ausdrücklich untersagt war, kann dies, jedenfalls nach einer einschlägigen Abmahnung, als Kündigungsgrund angesehen werden. Insbesondere soweit ein Arbeitnehmer während der Arbeitszeit das Internet in erheblichem zeitlichem Umfange privat nutzt, kann er nicht darauf vertrauen, dass sein Arbeitgeber dies sanktionslos hinnehmen wird.[25] Ebenfalls stark pflichtwidrig verhält sich ein Arbeitnehmer, wenn er, ggf. auch außerhalb der Arbeitszeit, mittels der dienstlichen EDV-Einrichtungen in größerem Umfang pornografische oder strafbare Internetseiten aufruft und derartige Inhalte herunterlädt.[26]
- **Mobbing**. Werden von Arbeitnehmern systematisch Persönlichkeitsrechte oder die Ehre und Gesundheit von Mitarbeitern durch Mobbinghandlungen verletzt, stellt dies einen außerordentlichen Kündigungsgrund dar. In extremen Fällen kann eine Kündigung dann auch ohne vorherige Abmahnung erfolgen.[27]
- **Nebentätigkeit**. Nebentätigkeiten außerhalb der Arbeitszeit sind Arbeitnehmern grundsätzlich erlaubt, soweit diese keine Wettbewerbshandlungen darstellen. Dies kann dann anders gesehen werden, wenn die Nebentätigkeiten aufgrund ihrer Art und Weise dazu geeignet sind, das Ansehen des Arbeitgebers zu schädigen oder der Arbeitnehmer infolge einer übermäßigen Nebentätigkeit nicht mehr in der Lage ist, seine Haupttätigkeiten pflichtgemäß zu erfüllen.
- **Nichtanzeige einer Arbeitsunfähigkeit**. Zeigt der Arbeitnehmer eine eingetretene Arbeitsunfähigkeit wiederholt nicht oder zu spät an, kann dies, nach vorangegangener einschlägiger Abmahnung, als wichtiger Kündigungsgrund angesehen werden. Insbesondere soweit ein Arbeitnehmer betriebswichtige Aufgaben wahrnimmt und die Nichtanzeige seiner Arbeitsunfähigkeit zu Betriebsablaufstörungen führt, kann dies als kündigungsrelevantes Verhalten angesehen werden.
- **Rauchverbot**. Sofern im Betrieb ein Rauchverbot besteht, kann ein Verstoß durch einen Arbeitnehmer zumindest nach vorangegangener Abmahnung eine außerordentliche Kündigung rechtfertigen.
- **Selbstbeurlaubung**. Tritt ein Arbeitnehmer ohne entsprechende Genehmigung seinen Urlaub an, kann dies einen wichtigen Grund zur außerordentlichen Kündigung darstellen. Ein Selbstbeurlaubungsrecht von Arbeitnehmern wird grundsätzlich von der Rechtsprechung abgelehnt.[28] Sofern ein Arbeitnehmer aus einem genehmigten Urlaub nicht rechtzeitig zurückkehrt,

22 BAG, Urt. v. 10.12.2009 – 2 AZR 534/08 – NZA 2010, 698.
23 LAG Köln, Urt. v. 11.9.2012 – 11 Sa 1418/11 – juris.
24 LAG Hamm, Urt. v. 10.10.2012 – 3 Sa 644/12 – BeckRs 2012, 74357.
25 BAG, Urt. v. 31.5.2007 – 2 AZR 200/06 – NZA 2007, 922.
26 BAG, Urt. v. 31.5.2007 – 2 AZR 200/06 – NZA 2007, 922.
27 LAG Thüringen, Urt. v. 15.2.2001 – 5 Sa 102/2000 – NZA-RR 2001, 577.
28 BAG, Urt. v. 20.1.1994 – 2 AZR 521/93 – AP BGB § 626 Nr. 115.

ist bei der Entscheidung über kündigungsrechtliche Maßnahmen danach zu differenzieren, ob dem Arbeitnehmer die Urlaubsüberschreitung vorwerfbar war.

- **Sexuelle Belästigungen.** Vorfälle von sexuellen Belästigungen am Arbeitsplatz sind generell dazu geeignet, eine fristlose Kündigung auch ohne vorangegangene Abmahnung zu rechtfertigen.[29] Im Falle von leichteren Verstößen, wie etwa sexuellen Anspielungen oder unerwünschten Annäherungsversuchen kann gegebenenfalls eine Abmahnung vorzugswürdig sein.
- **Spesenbetrug.** Rechnet ein Arbeitnehmer gegenüber seinem Arbeitgeber Spesen ab, die ihm nicht im Rahmen der Diensttätigkeit entstanden sind, stellt dies als (versuchte) Betrugsstraftat in aller Regel einen fristlosen Kündigungsgrund dar.[30] Auch sonstige Eigentums- oder Vermögensdelikte zu Lasten des Arbeitgebers sind als Kündigungsgründe von der Rechtsprechung anerkannt, auch ohne dass im Vorfeld eine Abmahnung ausgesprochen werden müsste.
- **Tätlichkeiten.** Kommt es innerhalb des Betriebes zu Körperverletzungen oder vergleichbaren Straftaten unter Arbeitskollegen, kann der Täter im Regelfall auch ohne vorherige Abmahnung außerordentlich gekündigt werden. Im Einzelfall wird es allerdings notwendig sein, aufzuklären, welcher der beteiligten Arbeitnehmer die Tätlichkeiten zu verantworten hat oder ob eine Notwehrlage bestand.
- **Unpünktlichkeit.** Sich wiederholende Unpünktlichkeiten eines Arbeitnehmers können den Ausspruch einer außerordentlichen Kündigung dann rechtfertigen, wenn sie den Grad einer beharrlichen Arbeitsverweigerung erreichen.[31] Im Regelfall sind Unpünktlichkeiten aber vor dem Ausspruch einer Kündigung durch entsprechende Abmahnungen zu sanktionieren.
- **Untersuchungshaft.** Das Fernbleiben von Arbeitnehmern aufgrund von zu verbüßender Haftstrafen kann es dem Arbeitgeber erlauben, das Arbeitsverhältnis durch Ausspruch einer Kündigung zu beenden, da der Arbeitnehmer nicht mehr in der Lage ist, seine Arbeitspflichten zu erbringen. Da es sich insoweit allerdings um einen personenbedingten Kündigungsgrund handelt, verlangt die Rechtsprechung von Arbeitgebern, sofern der Anlass der Haftstrafe nicht mit dem Arbeitsverhältnis in Verbindung steht, den Ablauf einer Haftstrafe von bis zu zwei Jahren ohne Kündigung hinzunehmen.[32]
- **Verrat von Betriebsgeheimnissen.** Die schuldhafte Verletzung von Verschwiegenheitspflichten durch Arbeitnehmer kann eine fristlose Kündigung rechtfertigen, insbesondere soweit die Indiskretionen geeignet sind, dem Arbeitgeber einen Schaden zuzufügen.[33]
- **Vortäuschen einer Arbeitsunfähigkeit.** Das Simulieren einer Arbeitsunfähigkeit sowie die hierdurch zu Unrecht erlangte Entgeltfortzahlung sind als typische Gründe für eine fristlose Kündigung anerkannt.[34] Im Einzelfall zeigt sich allerdings in der Praxis, dass es Arbeitgebern schwer fällt, insbesondere bei Vorliegen einer ärztlichen Arbeitsunfähigkeitsbescheinigung das bloße Simulieren einer Arbeitsunfähigkeit nachzuweisen. In Fällen, in denen der Arbeitnehmer als Reaktion auf einen betrieblichen Konflikt den Eintritt seiner Arbeitsunfähigkeit angekündigt hat, kann allerdings der Beweiswert einer vorgelegten Arbeitsunfähigkeitsbescheinigung erschüttert sein.[35] Im Einzelfall kann auch bereits die bloße Ankündigung einer zukünftigen und willentlich gesteuerten Arbeitsunfähigkeit des Arbeitnehmers ausreichen, um aufgrund des

29 LAG Hessen, Urt. v. 27.2.2012 – 16 Sa 1357/11 – NZA-RR 2012, 471.
30 BAG, Urt. v. 6.9.2007 – 2 AZR 264/06 – NZA 2008, 636.
31 BAG, Urt. v. 17.3.1988 – 2 AZR 576/87 – AP BGB § 626 Nr. 99.
32 BAG, Urt. v. 24.3.2011 – 2 AZR 790/09 – NZA 2011, 1084.
33 BAG, Urt. v. 26.9.1990 – 2 AZR 602/89 – juris.
34 BAG, Urt. v. 3.4.2008 – 2 AZR 965/06 – NZA 2008, 807.
35 BAG, Urt. v. 17.6.2003 – 2 AZR 123/02 – NZA 2004, 564.

hierin liegenden Vertrauensbruchs den Ausspruch einer außerordentlichen Kündigung zu rechtfertigen.[36]

- **Wettbewerbstätigkeit.** Arbeitnehmer sind während eines bestehenden Arbeitsverhältnisses dazu verpflichtet, sich jeder Konkurrenztätigkeit zu enthalten.[37] Eine (ggf. nebenberufliche) Wettbewerbstätigkeit kann mithin geeignet sein, eine außerordentliche Kündigung zu rechtfertigen. Eine Abmahnung ist in diesen Fällen zumindest dann entbehrlich, wenn der Arbeitnehmer nicht annehmen durfte, sein Verhalten sei nicht vertragswidrig bzw. werde vom Arbeitgeber toleriert.
- **Whistleblowing.** Eine außerordentliche Kündigung kann dann berechtigt sein, wenn ein Arbeitnehmer seinen Arbeitgeber bei Aufsichtsbehörden oder der Staatsanwaltschaft wegen vermeintlicher betrieblicher Missstände anzeigt. Gleiches gilt bei Beschwerden oder Anzeigen gegen Vorgesetzte oder Kollegen.[38] Ist eine Anzeige von betrieblichen Missständen allerdings objektiv gerechtfertigt und hat der Arbeitnehmer vor der Mitteilung an Dritte zumindest versucht, die Vorkommnisse intern zu regeln, wird der Ausspruch einer außerordentlichen Kündigung ggf. an der nicht mehr vorliegenden Verhältnismäßigkeit scheitern. Nicht vorwerfbar sind Mitteilungen gegenüber staatlichen Behörden, wenn der Arbeitnehmer zu einer Aussage (ggf. als Zeuge) rechtlich verpflichtet ist.

2. Gründe für außerordentliche Kündigung durch den Arbeitnehmer

13 Im Einzelfall können auch Arbeitnehmer in die Lage versetzt sein, das bestehende Arbeitsverhältnis ohne Beachtung der Kündigungsfristen außerordentlich und fristlos zu kündigen. Im Gegensatz zur ordentlichen Kündigungsmöglichkeit, bei der sich nur Arbeitgeber an den Vorgaben des Kündigungsschutzgesetzes messen lassen müssen, benötigen auch Arbeitnehmer im Falle einer außerordentlichen Kündigung einen wichtigen Kündigungsgrund im Sinne des § 626 Abs. 1 BGB. Im Einzelfall kann daher auch der Arbeitnehmer darauf verwiesen sein, vor dem Ausspruch einer außerordentlichen Kündigung eine Abmahnung gegenüber seinem Arbeitgeber auszusprechen.

! **Praxistipp**

Der Ausspruch einer außerordentlichen Kündigung durch Arbeitnehmer kommt in der Praxis vor allem in den Fällen vor, in denen Arbeitnehmer möglichst zeitnah ein Arbeitsverhältnis mit einem anderen Arbeitgeber eingehen wollen, hieran allerdings aufgrund gegebenenfalls auch für sie verlängerter Kündigungsfristen noch eine ganze Weile gehindert sind.

Aus ökonomischen Gesichtspunkten ist es in den wenigsten Fällen sinnvoll, abkehrwillige Arbeitnehmer durch rechtliche Maßnahmen an der vorzeitigen Beendigung ihres Arbeitsverhältnisses zu hindern. Soll allerdings im Einzelfall etwa der schnelle Wechsel zu einem Konkurrenzunternehmen verhindert werden, kann der Arbeitgeber in einem arbeitsgerichtlichen Verfahren die Unterlassung von Wettbewerbstätigkeiten sowie die Feststellung eines noch bestehenden Arbeitsverhältnisses einfordern.

36 BAG, Urt. v. 12.3.2009 – 2 AZR 251/07 – NZA 2009, 779.
37 BAG, Urt. v. 26.6.2008 – 2 AZR 190/07 – NZA 2008, 1415.
38 BAG, Urt. v. 3.7.2003 – 2 AZR 235/02 – NZA 2004, 427.

Die nachfolgende Aufzählung stellt erneut lediglich einen exemplarischen Überblick über die in der Rechtsprechung anerkannten außerordentlichen Kündigungsgründe von Arbeitnehmern dar. Auch diese Übersicht erhebt allerdings keinen Anspruch auf Vollständigkeit und kann die Prüfung und Abwägung der Umstände im Einzelfall nicht ersetzen. 14

Beispiele
- **Arbeitsschutzmaßnahmen.** Unterlässt ein Arbeitgeber es beständig, die zwingenden Regelungen des Arbeitsschutzrechts im Betrieb umzusetzen, kann dies einen Arbeitnehmer, insbesondere soweit Gefahren für seine Gesundheit drohen, zum Ausspruch einer außerordentlichen Kündigung berechtigen.
- **Stellenwechsel.** Der von einem Arbeitnehmer beabsichtigte Stellenwechsel rechtfertigt im Regelfall keine außerordentliche Kündigung unter Missachtung der Kündigungsfristen, da es dem Arbeitnehmer regelmäßig zumutbar ist, die vertraglich vorgesehene Kündigungsfrist abzuwarten.[39]
- **Beleidigungen oder sexuelle Belästigungen.** Wird ein Arbeitnehmer von Kollegen oder Vorgesetzten im Rahmen des Arbeitsverhältnisses beleidigt oder sexuell belästigt, kann dies den Ausspruch einer außerordentlichen Kündigung rechtfertigen soweit diese Vorfälle massiv waren oder der Arbeitgeber auf entsprechenden Hinweis des betroffenen Arbeitnehmers keine Abhilfe schafft.
- **Gehaltsrückstände.** Zahlt der Arbeitgeber nach erfolgloser Abmahnung des Arbeitnehmers nicht die vertraglich vereinbarte Vergütung, kann dies den Arbeitnehmer zum Ausspruch einer außerordentlichen Kündigung berechtigen.[40] Ebenfalls als wichtiger Grund für eine außerordentliche Kündigung ist anerkannt, wenn der Arbeitgeber es für einen längeren Zeitraum unterlassen hat, die von ihm einbehaltenen Lohnsteuer- und Sozialversicherungsbeiträge an die entsprechenden Stellen abzuführen.[41]

3. Verdachtskündigung

In der Praxis kommt es häufig vor, dass die vom Arbeitgeber festgestellten Sachverhaltsumstände, welche ihn zur Erwägung einer außerordentlichen Kündigung veranlassen, ein eklatant pflichtwidriges oder sogar strafbares Verhalten des Arbeitnehmers zum Nachteil des Arbeitgebers oder eines Dritten beinhalten. Gerade in diesen Fällen eines vermuteten strafbaren Verhaltens ist es jedoch häufig schwierig oder auch unmöglich, einen konkreten Tatnachweis zu führen, insbesondere soweit der Arbeitnehmer bei der Tatbegehung nicht beobachtet oder ertappt wurde und dieser ein pflichtwidriges Verhalten zum Selbstschutz abstreitet. Auch wenn der Arbeitgeber nach den allgemeinen kündigungsprozessualen Vorgaben verpflichtet ist, im Rahmen eines Kündigungsrechtstreites das Vorliegen der von ihm behaupte- 15

39 BAG, Urt. v. 1.10.1970 – 2 AZR 542/69 – AP BGB § 626 Nr. 59.
40 BAG, Urt. v. 12.3.2009 – 2 AZR 894/07 – NZA 2009, 840.
41 LAG Baden-Württemberg, Urt. v. 30.5.1968 – 4 Sa 27/68 – DB 1986, 1407.

ten Kündigungsgründe zu beweisen, erkennt die Rechtsprechung im Fall von zu vermutenden stark pflichtwidrigen Handlungen das Institut der sogenannten Verdachtskündigung an.[42]

! **Praxistipp**

Insbesondere bei zu vermutenden strafbaren Handlungen eines Arbeitnehmers, welche dieser allerdings abstreitet, ist der Ausspruch einer außerordentlichen Verdachtskündigung nach Vornahme der entsprechenden Vorbereitungshandlungen möglich und ratsam. Flankierend sollte der Arbeitgeber allerdings versuchen, den Kündigungssachverhalt trotz bereits erfolgtem Kündigungsausspruch weiter aufzuklären, unter Umständen mit Hilfe der Strafermittlungsbehörden. Bei hierdurch erlangten weiteren Sachverhaltskenntnissen kann sodann eine weitere Verdachts- oder sogar Tatkündigung nachgeschoben werden.

---

4. Außerordentliche Kündigung mit Auslauffrist

16 Arbeitgeber sind bei Vorliegen eines wichtigen Grundes nicht verpflichtet, die außerordentliche Kündigung stets fristlos zu erklären.

17 Es besteht die Möglichkeit einer **freiwilligen sozialen Kündigungsfrist**. Der Arbeitgeber muss bei Betriebsratsanhörung und im Kündigungsschreiben aber deutlich machen, dass trotz Gewährung der Auslauffrist rechtlich eine außerordentliche Kündigung vorliegt.

! **Fettnapf**

Erhebliches Risiko für Arbeitgeber bei Gewährung einer Auslauffrist besteht, wenn diese der ordentlichen Kündigungsfrist im Wesentlichen entspricht. Denn: Der Arbeitgeber läuft Gefahr, den für eine außerordentliche Kündigung notwenigen Nachweis nicht mehr bringen zu können, dass ihm ein Festhalten am Arbeitsverhältnis bis zum Ablauf der ordentlichen Kündigungsfrist nicht zumutbar war.[43]

---

18 Die hilfsweise Gewährung einer solchen **Auslauffrist** bei außerordentlicher Kündigung ist grundsätzlich **notwendig**, wenn es sich um Arbeitsverhältnisse von Arbeitnehmern handelt, bei denen das Recht zur ordentlichen Kündigung kraft Gesetzes oder durch Arbeits- oder Tarifvertrag ausgeschlossen ist.[44]

---

42 Das Institut der Verdachtskündigung wird bereits im Kap. 6 Rn 28ff. dargestellt. Auf die dortigen Ausführungen, welche inhaltlich auf die Voraussetzung einer außerordentlichen Kündigung zu übertragen sind, wird verwiesen.

43 *Lingemann*, Teil 6 Rn 14, 15.

44 Vgl. hierzu die Ausführungen in Kap. 9 Rn 1ff.

B. Interessenabwägung

Die zweite Wirksamkeitsvoraussetzung einer außerordentlichen Kündigung ist die Vornahme einer umfassenden Interessenabwägung im Einzelfall. Hierbei ist eine Abwägung der Interessen beider Parteien bei der Prüfung vorzunehmen, ob dem Kündigenden die Fortsetzung des Arbeitsverhältnisses bis zum Ablauf der Kündigungsfrist noch zumutbar ist. Es ist somit das Interesse des Arbeitgebers an der Auflösung dem Interesse des Arbeitnehmers an der Fortführung seines Arbeitsverhältnisses gegenüber zu stellen. 19

Von Bedeutung bei der Interessenabwägung sind insbesondere:
- Art und Schwere der Pflichtverletzung,
- bestehende Wiederholungsgefahr,
- Vorwerfbarkeit und Grad des Verschuldens,
- Lebensalter des Arbeitnehmers,
- arbeitsmarkterschwerende Umstände in der Person des Arbeitnehmers,
- Folgen der Auflösung des Arbeitsverhältnisses für den Arbeitnehmer,
- Größe des Betriebs,
- Dauer der Betriebszugehörigkeit,
- Entstandener Schaden auf Arbeitgeberseite,
- Auswirkungen des Fehlverhaltens auf die Außendarstellung des Unternehmens oder andere Kollegen innerhalb des Unternehmens (Nachahmungsgefahr),
- Verhalten des Arbeitnehmers nach der Pflichtverletzung, wobei ein Täuschen oder Bezichtigen Dritter zum Nachteil des Arbeitnehmers und ein Verhalten zugunsten der Aufklärung bzw. eine entschuldigendes Verhalten zum Vorteil des Arbeitnehmers gereicht,
- Das Verhalten des Arbeitnehmers nach der Kündigung bzw. im später folgenden Kündigungsschutzprozess soll laut dem BAG im Rahmen der Interessenabwägung nicht mehr zu berücksichtigen sein.[45]

Im Falle von vorsätzlichen **Vermögensdelikten** zum Nachteil des Arbeitgebers wird vorherrschend die Auffassung vertreten, dass auch auf Seiten des Arbeitnehmers bestehende Unterhaltspflichten oder ein sonstiger sozialer Besitzstand sich regelmäßig nicht mehr zugunsten des Arbeitnehmers auswirken können. Anders als bei einer festzustellenden beanstandungsfreien Vorbeschäftigungszeit soll hier regelmäßig kein konkreter Bezug zwischen dem Kündigungsgrund und dem privaten Lebensbereich des Arbeitnehmers bestehen. 20

Die Voraussetzungen für die notwendige Unzumutbarkeit einer Fortsetzung des Arbeitsverhältnisses muss der Kündigende im Rahmen des Kündigungsschutzver- 21

45 BAG, Urt. v. 23.6.2005 – 2 AZR 256/04 – NZA 2006, 363.

fahrens vollständig darlegen und beweisen.[46] Die Darlegungslast richtet sich hierbei danach, wie konkret sich der Gekündigte auf die Kündigungsbegründung einlässt. Regelmäßig reicht es hierbei nicht aus, wenn der Gekündigte das Vorliegen des vorgetragenen Kündigungssachverhaltes pauschal und ohne nähere Substantiierung bestreitet.

C. Verhältnismäßigkeit

22 Die außerordentliche Kündigung muss nach dem allgemeinen Grundsatz der Verhältnismäßigkeit die letzte mögliche Maßnahme des Kündigenden darstellen. Sie kommt deshalb nur dann in Betracht, wenn mildere Mittel unmöglich oder unzumutbar erscheinen.

23 Als mildere Mittel kommen insbesondere in Betracht:
- Abmahnung,[47]
- Versetzung,
- Änderungskündigung,
- ordentliche verhaltensbedingte Kündigung.

24 Der Arbeitgeber ist verpflichtet, vor jeder außerordentlichen Kündigungsmaßnahme zu prüfen, ob der betreffende Arbeitnehmer auf einer für beide Parteien zumutbaren anderweitigen Position oder zu geänderten Vertragsbedingungen weiterbeschäftigt werden kann. Eine solche Weiterbeschäftigung auf einem anderen Arbeitsplatz wird allerdings dann regelmäßig ausscheiden müssen, wenn der außerordentliche Kündigungsgrund aus dem Vertrauensbereich des Arbeitsverhältnisses stammt.

25 Anerkannt ist, dass eine Freistellung auch unter Anrechnung eines noch bestehenden Urlaubsanspruchs oder unter Fortzahlung des regelmäßigen Gehaltes bis zum Ablauf der ordentlichen Kündigungsfrist nicht als milderes Mittel anzuerkennen ist. Andernfalls wäre eine bezahlte Freistellung in jedem Fall einer außerordentlichen Kündigung vorzuziehen. Die Arbeitsgerichte erwarten allerdings eine Überprüfung dahingehend, ob das Arbeitsverhältnis zu den bisherigen Bedingungen, d.h. bei tatsächlicher Weiterbeschäftigung des Arbeitnehmers, bis zum Ablauf einer Kündigungsfrist fortgesetzt werden kann.

Im Einzelnen können folgende mildere Maßnahmen vorzugswürdig sein:

46 BAG, Urt. v. 13.8.1987 – 2 AZR 629/86 – juris.
47 Vgl. hierzu die Ausführungen in Kap. 6 Rn 62ff.

I. Abmahnung als milderes Mittel

Sofern wegen einer Störung im Leistungsbereich des Arbeitnehmers fristlos gekündigt werden soll, so ist in aller Regel eine vorherige einschlägige Abmahnung erforderlich.[48] Dies gilt allerdings dann nicht, wenn der Mitarbeiter ausdrücklich oder konkludent deutlich macht, dass er nicht gewillt ist, den arbeitsvertraglichen Pflichten zukünftig gerecht zu werden und ein vergleichbares Verhalten nicht mehr zu zeigen. Es ist deshalb im Einzelfall danach zu fragen, ob eine Wiederholungsgefahr besteht oder ob sich die Pflichtverletzung auch in die Zukunft belastend auswirken wird. 26

Bei einer außerordentlichen Kündigung aus verhaltensbedingten Gründen ist eine Abmahnung jedenfalls dann nicht erforderlich, wenn es sich um eine besonders schwere Pflichtverletzung handelt, welche beispielsweise aus dem Vermögensbereich oder dem Diskriminierungsbereich stammt. Soweit die Rechtswidrigkeit einer solchen Handlung dem Arbeitnehmer ohne weiteres erkennbar sein muss oder der Arbeitnehmer eine Hinnahme dieses Verhalts durch den Arbeitgeber offensichtlich nicht erwarten kann, sieht die Rechtsprechung eine gesonderte Abmahnung nicht als erforderlich an. Dem Arbeitnehmer muss hier klar sein, dass er durch ein solches (gegebenenfalls erstmaliges) Verhalten sein Arbeitsverhältnis in Gefahr bringt. 27

Zu beachten ist, dass durch den Ausspruch einer Abmahnung das beanstandete Verhalten für einen späteren Kündigungsausspruch „verbraucht" ist. Der Arbeitgeber muss deshalb stets darauf achten, dass er bei Bekanntwerden eines Fehlverhaltens noch vor einer Reaktion gegenüber dem Arbeitnehmer darüber entscheidet, ob er das Fehlverhalten zum Anlass einer Kündigung nehmen möchte oder nicht. 28

Praxistipp !

Nach dem Bekanntwerden einer Pflichtverletzung durch einen Arbeitnehmer sollten die Reaktionen gegenüber dem Arbeitnehmer gut abgewogen sein. Bereits ein spontanes Ansprechen des Arbeitnehmers auf die Pflichtverletzung könnte von diesem im Rahmen eines späteren Kündigungsschutzverfahrens als Abmahnungsgespräch und mithin als Ausschlusskriterium für eine Kündigung verwendet werden.

Treten allerdings weitere Pflichtverletzungen hinzu oder werden solche dem Arbeitgeber erst nach Ausspruch der Abmahnung bekannt, so kann der Arbeitgeber diese zur Begründung einer Kündigung verwenden und hierbei die bereits abgemahnten Verstöße unterstützend heranziehen. 29

48 BAG, Urt. v. 12.1.2006 – 2 AZR 179/05 – NZA 2006, 980.

30 Sofern eine (erneute) Pflichtverletzung zum Ausspruch einer Kündigung verwandt werden soll, ist darauf zu achten, dass ein bereits zuvor abgemahnter Pflichtenverstoß gleichartig gewesen sein muss. Gleichartig sind Pflichtverstöße nicht nur dann, wenn der Arbeitnehmer in der Vergangenheit bereits ein identisches Fehlverhalten zu verantworten hatte. Gleichartigkeit liegt auch dann vor, wenn die festgestellten Vertragsverstöße unter einen einheitlichen Gesamtaspekt zusammengefasst werden können. Es ist insoweit ausreichend, wenn der Kündigungsgrund in einem inneren Zusammenhang mit der abgemahnten Pflichtverletzung steht.[49] Ein innerer Zusammenhang zwischen Abmahnungs- und Kündigungsgrund wurde vom BAG beispielsweise dann bejaht, wenn ein abgemahntes Verhalten in einer tätlichen sexuellen Belästigung lag und zu einem späteren Zeitpunkt eine erneute sexuelle Belästigung in verbaler Art erfolgt.[50]

II. Versetzung

31 Als milderes Mittel vor dem Ausspruch einer außerordentlichen Kündigung hat der Arbeitgeber zu prüfen, ob das Arbeitsverhältnis nach einer entsprechenden Versetzung aufrechterhalten werden kann. Ein solcher Arbeitsplatz muss allerdings vorhanden, frei und besetzbar sein. Der Arbeitnehmer hat allerdings keinen Anspruch auf Beförderung oder eine berufliche Weiterqualifizierung. Eine Versetzung stellt allerdings dann kein milderes Mittel dar, wenn die beanstandete Pflichtverletzung bzw. die sich hieraus ergebenden Folgen auch auf dem neuen Arbeitsplatz nicht behoben werden können. Dies ist insbesondere bei Störungen im Vertrauensverhältnis zwischen den Arbeitsvertragsparteien nicht zu erwarten.

III. Änderungskündigung

32 Der Arbeitgeber muss im Weiteren zur Aufrechterhaltung einer Beschäftigungsmöglichkeit zugunsten des Arbeitnehmers prüfen, ob das Arbeitsverhältnis, soweit dieses nicht durch Versetzung einseitig verändert werden kann, zu ansonsten geänderten Vertragsbedingungen fortgesetzt werden kann. Insoweit haben die Arbeitsgerichte den Grundsatz des Vorrangs der Änderungskündigung etabliert. Dies bedeutet, dass der Arbeitgeber zur Vermeidung einer Beendigungskündigung dem Arbeitnehmer als milderes Mittel die Änderung seiner Arbeitsvertragsbedingungen anbieten muss. Dies kann, soweit der Arbeitnehmer dies nicht freiwillig annimmt, im Rahmen einer Änderungskündigung erfolgen. Auch hierbei hat der Arbeitneh-

49 BAG, Urt. v. 9.6.2011 – 2 AZR 381/10 – NZA 2011, 1027.
50 BAG, Urt. v. 9.6.2011 – 2 AZR 323/10 – NZA 2011, 1342.

mer allerdings keinen Anspruch darauf, dass für ihn ein noch nicht existierender oder gar ein betrieblich nicht notwendiger Arbeitsplatz erst geschaffen wird.[51]

D. Kündigungserklärungsfrist nach § 626 Abs. 2 BGB

Eine außerordentliche Kündigung kann nach der Vorgabe des § 626 Abs. 2 BGB nur innerhalb von zwei Wochen ab dem Zeitpunkt der Kenntnis der für sie maßgebenden Tatsachen ausgesprochen werden. Hintergrund dieser Vorgabe ist, dass der Gekündigte so schnell wie möglich Klarheit darüber haben soll, ob der Kündigungsberechtigte den Pflichtenverstoß zum Anlass einer außerordentlichen Kündigung macht. Die enge Fristenvorgabe soll mithin der Rechtssicherheit dienen und stellt rechtlich gesehen einen Verwirkungstatbestand dar. 33

Praxistipp !
Die Zwei-Wochen-Frist stellt ein über jeder außerordentlichen Kündigung schwebendes Damoklesschwert dar. Unabhängig von der Schwere einer Vertragsverletzung ist die Nichteinhaltung der Zwei-Wochen-Frist geeignet, jede außerordentliche Kündigung zu Fall zu bringen. Bei der Vorbereitung einer außerordentlichen Kündigungsmaßnahme ist daher stets ein besonderes Augenmerk auf die Einhaltung der Zwei-Wochen-Frist des § 626 Abs. 2 BGB zu legen.

Sollte die Zwei-Wochen-Frist bei Ausspruch einer außerordentlichen Kündigung nicht eingehalten worden sein, kann die Kündigung ggf. in eine ordentliche Kündigung umgedeutet werden. Im Einzelfall wird es sich anbieten, den Ausspruch einer außerordentlichen Kündigung zugleich hilfsweise mit dem Ausspruch einer ordentlichen Kündigung zu verbinden. 34

Zu beachten ist, dass die zweiwöchige Ausschlussfrist des § 626 Abs. 2 BGB auch für eine außerordentliche Kündigung Anwendung findet, die vom Arbeitnehmer ausgesprochen wird. Ebenso ist im Falle einer außerordentlichen Kündigung mit sozialer Auslauffrist die Zwei-Wochen-Frist zu beachten. 35

I. Fristbeginn (Besonderheiten Kenntniszurechnung/Kollegialorgan)

Die Kündigungserklärungsfrist des § 626 Abs. 2 BGB beginnt zu dem Zeitpunkt, in dem der Kündigungsberechtigte von den für die Kündigung entscheidenden Tatsachen sichere Kenntnis erlangt. Erforderlich ist eine zuverlässige und möglichst vollständige **Kenntnis vom Kündigungssachverhalt**. Eine solche vollständige Kennt- 36

51 Vgl. die Einzelheiten zur Änderungskündigung unter Kap. 11.

nis ist erst dann vorhanden, wenn sie den Kündigungsberechtigten in die Lage versetzt, zu entscheiden, ob das Arbeitsverhältnis aus wichtigem Grund gekündigt werden soll bzw. ob es zumutbar erscheint, das Arbeitsverhältnis noch bis zum Ablauf einer ordentlichen Kündigungsfrist fortzusetzen.[52]

37 **Kündigungsberechtigt** ist diejenige Person, die im konkreten Einzelfall befugt ist, die außerordentliche Kündigung auszusprechen. Dies ist zunächst der Vertragspartner selbst, auf Seiten des Arbeitnehmers also dieser persönlich. Auf der Arbeitgeberseite ist kündigungsberechtigt der Arbeitgeber selbst sowie seine gesetzlichen oder rechtsgeschäftlichen Vertreter. Auch sonstige Personen, welche im Betrieb eine arbeitgeberähnliche Stellung einnehmen und nach der innerbetrieblichen Organisation typischerweise zu einem Kündigungsausspruch berechtigt sind, wie etwa der Personalleiter, sind im vorliegenden Sinne als kündigungsberechtigt anzusehen.[53]

38 Auch wenn diese nicht unmittelbar kündigungsberechtigt sind, kann die bei Dritten vorliegende Kenntnis über einen Kündigungssachverhalt im Einzelfall dem Arbeitgeber zugerechnet werden, so dass bereits ab dem Zeitpunkt der Kenntnis bei diesem Dritten die Kündigungserklärungsfrist zu laufen beginnt.

Praxistipp

Die Zwei-Wochen-Frist des § 626 Abs. 2 BGB kann bereits zu laufen beginnen, wenn der Vorgesetzte oder Abteilungsleiter eines Arbeitnehmers von einem zur außerordentlichen Kündigung berechtigenden Fehlverhalten des Arbeitnehmers Kenntnis erlangt. Sofern dieser das Fehlverhalten erst mit einigen Tagen Verzögerung an die Personalabteilung oder die Geschäftsführung meldet, sollte sicherheitshalber von dem früheren Kenntnisnahmezeitpunkt zur Berechnung der Zwei-Wochen-Frist ausgegangen werden.

39 Der Arbeitgeber muss sich die Kenntnis eines Dritten bei der Berechnung der Zwei-Wochen-Frist dann zurechnen lassen, wenn die Stellung des Dritten im Betrieb nach den allgemeinen Umständen erwarten lässt, dass dieser den Kündigungsberechtigten über den Vertragsverstoß unterrichten wird.[54]

40 Besteht die gesetzliche Vertretung des Arbeitgebers aus einem sog. Kollegialorgan (zum Beispiel mehrköpfiger Vorstand, Gesamtgeschäftsführung), beginnt die Frist des § 626 Abs. 2 BGB erst zu dem Zeitpunkt, in dem das gesamte Kollegialorgan, etwa im Rahmen einer einberufenen Sitzung, Kenntnis von dem Kündigungssachverhalt erlangt.[55]

52 BAG, Urt. v. 6.9.2011 – 2 AZR 232/10 – NZA 2011, 1342; BAG, Urt. v. 25.11.2010 – 2 AZR 171/09 – AP BGB § 626 Nr. 231; BAG, Urt. v. 17.3.2005 – 2 AZR 245/04 – NZA 2006, 101.

53 BAG, Urt. v. 28.10.1971 – 2 AZR 32/71 – AP BGB § 626 Ausschlussfrist Nr. 1.

54 ErfK/*Müller-Glöge*, § 626 BGB Rn 206.

55 BGH, Urt. v. 12.2.2007 – II ZR 308/05 – NJW-RR 2007, 690.

Da es sich bei der Zwei-Wochen-Frist des § 626 Abs. 2 BGB um eine Kündigungserklärungsfrist handelt, soll der Kündigungsberechtigte innerhalb dieser zwei Wochen eine Entscheidung darüber treffen, ob er die außerordentliche Kündigung ausspricht. Die zweiwöchige Kündigungserklärungsfrist billigt der Gesetzgeber dem Arbeitgeber deshalb zu, weil dieser zum einen nicht vorschnell handeln und zum anderen in die Lage versetzt werden soll, den ihm bekannt gewordenen Kündigungssachverhalt soweit wie möglich aufzuklären. Dem Arbeitgeber wird mithin ein Recht zur (zügigen) Sachverhaltsermittlung eingeräumt. 41

Praxistipp !
Ratsam kann es sein, den Arbeitnehmer zum Kündigungssachverhalt anzuhören, auch wenn die Anhörung an sich außerhalb der Verdachtskündigung keine Wirksamkeitsvoraussetzung ist. Räumt der Arbeitnehmer die Pflichtverletzung ein, ist eine weitere Sachverhaltsaufklärung meist entbehrlich und die Ausschlussfrist des § 626 Abs. 2 BGB beginnt zu laufen.[56] Bei Straftaten kann der Arbeitgeber auch die rechtskräftige Verurteilung abwarten und das Arbeitsverhältnis im Anschluss daran innerhalb von zwei Wochen außerordentlich kündigen.[57]

Die Regelung des § 626 Abs. 2 BGB ist als zwingende gesetzliche Regelung anzusehen und kann weder durch Parteivereinbarung noch durch Tarifvertrag oder Betriebsvereinbarung abgeändert oder ausgeschlossen werden. 42

II. Fristablauf und Fristberechnung

Die Berechnung der zweiwöchigen Kündigungserklärungsfrist richtet sich nach den allgemeinen zivilrechtlichen Vorschriften (§§ 187 ff. BGB). Nach diesen allgemeinen Vorschriften zählt der Tag, an welchem der Kündigungsberechtigte von den Kündigungstatsachen Kenntnis erlangt hat, bei der Berechnung der Frist nicht mit. Die zweiwöchige Kündigungserklärungsfrist beginnt deshalb erst an dem Tag nach der Kenntniserlangung und endet sodann zwei Wochen später mit Ablauf des Tages der zweiten Woche, der durch seine Benennung dem Tag entspricht, an dem der Kündigungsberechtigte von dem Kündigungssachverhalt Kenntnis erhalten hat. 43

Praxistipp !
Da die Berechnung der zweiwöchigen Kündigungsfrist für den Erfolg einer außerordentlichen Kündigungsmaßnahme von außerordentlicher Bedeutung ist und mitunter Schwierigkeiten bei der konkreten Fristberechnung auftauchen können, kann der folgende Merksatz hilfreich sein:

56 *Lingemann*, Teil 6 Rn 35.
57 BAG, Urt. v. 5.6.2008 – 2 AZR 25/07 – AP Nr. 45 zu § 626 BGB Verdacht strafbarer Handlung.

Die Kündigung muss spätestens an dem Wochentag ausgesprochen werden, an dem der Kündigungsberechtigte (zwei Wochen zuvor) vom Kündigungssachverhalt Kenntnis erlangt hat. Hat der Arbeitgeber mithin an einem Montag vom Kündigungssachverhalt erfahren, muss er die Kündigung spätestens am Montag zwei Wochen darauf formal wirksam aussprechen.[58]

III. Dauertatbestand

44 Sofern es sich bei dem Kündigungssachverhalt um einen sog. Dauertatbestand handelt, beginnt die Zwei-Wochen-Frist des § 626 Abs. 2 BGB erst mit der Beendigung des Dauertatbestandes.[59] Ein Dauertatbestand ist insbesondere dann gegeben, wenn fortlaufend neue Tatsachen eintreten, welche für den Kündigungssachverhalt ausschlaggebend sind. Als Beispiele für typische Dauertatbestände sind insbesondere eine andauernde krankheitsbedingte Arbeitsunfähigkeit, eine dauerhafte Arbeitsverweigerung oder eine eigenmächtige Selbstbeurlaubung des Arbeitnehmers anzusehen.

45 Kein Dauertatbestand liegt vor, wenn zwei voneinander getrennte Kündigungsgründe lediglich in einem inneren Zusammenhang stehen. Ein an sich verfristeter Kündigungsgrund kann insofern nur dann zu einer außerordentlichen Kündigung unterstützend herangezogen werden, wenn sich während der letzten beiden Wochen vor dem Kündigungsausspruch Vorfälle ereignet haben, die ein unmittelbar zusammenhängendes bzw. letztes Glied in der Kette von Ereignissen bilden, die nunmehr den Kündigungsausspruch rechtfertigen sollen.[60]

IV. Hemmung des Fristablaufs (Ermittlungsmaßnahmen/Anhörung)

46 Die zweiwöchige Kündigungserklärungsfrist kann nicht beginnen, solange der Kündigungsberechtigte die zur Aufklärung des Kündigungssachverhaltes notwendig erscheinenden Ermittlungsmaßnahmen mit der gebotenen Eile durchführt. Dem Kündigungsberechtigten soll hierdurch ermöglicht werden, sich eine umfassende und zuverlässige Kenntnis vom Kündigungssachverhalt zu verschaffen.[61] Zu beachten ist allerdings, dass der Beginn der Ausschlussfrist nicht länger als unbedingt notwendig hinausgeschoben werden darf und die Arbeitsgerichte hierbei sehr restriktiv vorgehen. Die Erklärungsfrist ist nur solange gehemmt, wie der Arbeitgeber aus verständigen Gründen mit der gebotenen Eile Ermittlungen anstellt. So ist es

58 ErfK/*Müller-Glöge*, § 626 BGB Rn 219.

59 BAG, Urt. v. 29.8.2013 – 2 AZR 273/12 – NJW 2014, 1323.

60 LAG Köln, Urt. v. 18.1.2002 – 11 Sa 522/01 – juris.

61 Münchener Anwaltshandbuch Arbeitsrecht/*Schulte*, § 44 Rn 128.

dem Arbeitgeber beispielsweise gestattet, eine für die Beurteilung eines strafbaren Verhaltens eines Arbeitnehmers umfangreiche und mitunter auch zeitaufwendige Sichtung von Unterlagen und Abrechnungen vorzunehmen. Ob die Voraussetzungen einer wirksamen Hemmung erfüllt sind, hängt stets von den Umständen des Einzelfalles ab. Eine Regelfrist wird von der Rechtsprechung hierfür nicht anerkannt. Zur anerkannten Aufklärung der Sachverhaltsumstände zählt allerdings nicht die Einholung von Rechtsrat zwecks Beurteilung der Frage, ob die bislang bekannten Sachverhaltsumstände eine außerordentliche Kündigung rechtfertigen können.

Zum Kündigungssachverhalt zählen regelmäßig auch solche Umstände, welche den Arbeitnehmer entlasten können. Solche entlastenden Umstände können regelmäßig nur durch die Anhörung des Arbeitnehmers ermittelt werden. Eine solche Anhörung ist insbesondere in den Fällen von Verdachtskündigungen auch eine zwingende Voraussetzung einer außerordentlichen Kündigung.[62] Solange der Kündigungsberechtigte dem Kündigungsgegner noch die Möglichkeit zur Sachverhaltsaufklärung im Rahmen einer Anhörung gibt, ist die Kündigungserklärungsfrist des § 626 Abs. 2 BGB regelmäßig gehemmt. Der Kündigungsgegner muss deshalb innerhalb einer kurz bemessenen Frist vom Kündigungsberechtigten angehört werden, wobei die Anhörungsfrist regelmäßig nicht länger als eine Woche betragen sollte. 47

Praxistipp !

Der Arbeitgeber sollte den Arbeitnehmer im Regelfall schriftlich anhören und ihm hierbei im Rahmen der Anhörung bereits verdeutlichen, dass er bei Bestätigung der vermuteten Sachverhaltsumstände ggf. den Ausspruch einer Kündigung erwägt. Im Einzelfall könnte es allerdings auch hilfreich sein, den Arbeitnehmer bereits bei Übergabe des Anhörungsschreibens mit dem zugrunde liegenden Sachverhalt mündlich zu konfrontieren. Manchmal ergeben sich hierdurch bei Spontanäußerungen des Arbeitnehmers bereits erste Rückschlüsse auf den tatsächlichen Sachverhaltshergang.

E. Außerordentliche Kündigung von „Unkündbaren“

Der Ausspruch von außerordentlichen Kündigungen erhält eine besondere Bedeutung bei denjenigen Arbeitnehmern, die landläufig als „unkündbar“ bezeichnet werden, weil sie sich auf einen bestehenden **Sonderkündigungsschutz** berufen können. Neben dem allgemeinen Kündigungsschutz nach dem Kündigungsschutzgesetz bestehen zahlreiche weitere gesetzliche sowie tarifvertragliche Kündigungsschutzregelungen, die einzelnen Gruppen von Arbeitnehmern einen besonderen 48

62 Vgl. hierzu Kap. 6 Verhaltensbedingte Kündigung Rn 28 ff.

Schutz vor Arbeitgeberkündigungen einräumen. Dieser Umstand trägt dem Gedanken Rechnung, dass bestimmte Arbeitnehmer in besonderem Maße schutzbedürftig sind und deshalb nur im Ausnahmefall ihr Arbeitsverhältnis verlieren sollen.

49 Die Ausgestaltung der einzelnen Sonderkündigungsschutztatbestände ist unterschiedlich. Zumeist ist ein Ausschluss der ordentlichen Kündigung oder ein Zustimmungsvorbehalt durch eine dritte Stelle vorgesehen. Die Bedeutung des Sonderkündigungsschutzes für die Praxis hat stark zugenommen und zeigt sich nicht zuletzt durch die entsprechenden Aktivitäten des Gesetzgebers sowie der Tarifvertragsparteien, welche vermehrt zum Mittel der Normierung von Sonderkündigungsschutztatbeständen neigen.

! **Praxistipp**

Für den Arbeitgeber sollte das Bestehen eines Sonderkündigungsschutztatbestandes, insbesondere im Falle von Kündigungsüberlegungen, stets ein Alarmzeichen sein. Die rechtlichen sowie tatsächlichen Hürden einer wirksamen Kündigung erhöhen sich in diesem Fall in besonderem Maße. Nicht zuletzt in Anbetracht der maßgeblichen Kündigungserklärungsfrist von zwei Wochen muss sich der kündigungswillige Arbeitgeber bewusst machen, dass er „nur einen Wurf" hat, um im Falle des Bestehens eines wichtigen Kündigungsgrundes die Kündigung umzusetzen, da ihm das Mittel einer hilfsweise ordentlichen Kündigung nicht zur Verfügung steht.

I. Vertraglich und tariflich unkündbares Arbeitsverhältnis

50 Die ordentliche Unkündbarkeit eines Arbeitsverhältnisses kann zunächst von den Arbeitsvertragsparteien vertraglich normiert werden. Auch wenn dies in der Praxis relativ selten vorkommt, ist es denkbar, dass ein Arbeitgeber im Rahmen des Arbeitsvertrages auf das Recht zum Ausspruch einer ordentlichen Kündigung verzichtet und dass das anschließende Arbeitsverhältnis nur bei Vorliegen eines wichtigen Grundes im Sinne des § 626 Abs. 1 BGB beendet werden kann.

! **Fettnapf**

Der Ausschluss der ordentlichen Kündigungsmöglichkeit im Arbeitsvertrag kann häufig, wenn auch ungewollt, dadurch erfolgen, dass bei Vereinbarung eines befristeten Arbeitsverhältnisses die ordentliche Kündigungsmöglichkeit nicht ausdrücklich vorgesehen wird, vgl. § 15 Abs. 3 TzBfG. Es ist daher stets darauf zu achten, dass bei Abschluss eines befristeten Arbeitsverhältnisses die ordentliche Kündigungsmöglichkeit ausdrücklich in den Vertrag aufgenommen wird.

51 Tarifvertragliche Normen, die einen Ausschluss der ordentlichen Kündigung vorsehen, finden sich in einer Vielzahl von Tarifverträgen. Der Kündigungsausschluss ist hierbei zumeist als **Alterskündigungsschutz** gestaltet und versagt dem Arbeitgeber deshalb die ordentliche Kündigungsmöglichkeit ab einem gewissen Lebensalter der Arbeitnehmer und/oder einer bestimmten Dauer der Betriebszugehörigkeit. Die Altersvoraussetzungen sowie die Dauer der erforderlichen Betriebszugehörigkeiten

variieren hierbei in den verschiedenen Tarifwerken stark. Teilweise wird ein besonderer Kündigungsschutz bereits ab einem Lebensalter von 40 Jahren oder einer Betriebszugehörigkeit von nur drei Jahren vorgesehen. Vielfach diskutiert wird hierbei die Frage, ob die für die einzelnen Arbeitnehmer hieraus resultierenden Privilegien beim Bestandsschutz diejenigen Arbeitnehmer in unzulässigem Maße benachteiligt, welche sich noch nicht auf den tariflichen Sonderkündigungsschutz berufen können. Im Falle von betriebsbedingten Kündigungsmaßnahmen werden die tariflich unter den Sonderkündigungsschutz fallenden Arbeitnehmer regelmäßig nicht in diese Sozialauswahl einzubeziehen sein.[63] Auch in diskriminierungsrechtlicher Hinsicht wird das Eingreifen eines tariflichen Sonderkündigungsschutzes ab einem gewissen Lebensalter sowie nach einer nur kurzen Betriebszugehörigkeit als problematisch angesehen. Insbesondere die geltenden Metalltarifverträge sehen einen entsprechenden Alterskündigungsschutz bereits ab einer Betriebszugehörigkeit von nur drei Jahren vor. Die Arbeitsgerichtsbarkeit sieht derartige **tarifliche Unkündbarkeitsregelungen** allerdings im Regelfall noch mit den Vorgaben des Allgemeinen Gleichbehandlungsgesetzes vor dem Hintergrund des § 10 AGG als gerechtfertigt an.[64]

Im Einzelfall kann ein tariflicher Sonderkündigungsschutz auch anderweitig 52
ausgestaltet sein. In Betracht kommt etwa die Anknüpfung des Sonderkündigungsschutzes an eine bestimmte Betriebsgröße, an bestimmte Kündigungsanlässe (z.B. Ausschluss von Kündigungen bei Betriebsänderungen oder personenbedingten Kündigungsgründen). Insbesondere sog. Beschäftigungssicherungstarifverträge oder Rationalisierungsschutzabkommen sehen oft nur den Ausschluss von ordentlichen betriebsbedingten Kündigungen für einen bestimmten Zeitraum vor. Teilweise sind in Tarifverträgen auch erhöhte Anforderungen an Kündigungsmaßnahmen, wie etwa eine ausdrückliche Zustimmung des Betriebsrates, normiert.

Praxistipp !
Sind auf ein Arbeitsverhältnis Tarifverträge anwendbar, ist bei der Vorbereitung einer Kündigungsmaßnahme stets ein besonderes Augenmerk auf die Ausgestaltung eines ggf. bestehenden Sonderkündigungsschutzes zu legen. Teilweise ist es möglich, durch eine vorzunehmende Auslegung der Tarifvorschrift zum Ergebnis der Nichtanwendbarkeit der Sonderkündigungsschutzvorschrift zu gelangen.

Schließt im Ergebnis ein Tarifvertrag eine ordentliche Kündigung des Arbeitsver- 53
hältnisses aus, stellt sich für den Arbeitgeber die Frage, wie er ein ihm nicht mehr zumutbares Arbeitsverhältnis trotzdem beenden kann. Dies kann zunächst durch Ausspruch einer außerordentlichen Kündigung bei Vorliegen eines wichtigen Grun-

63 Vgl. hierzu Kap. 5 Betriebsbedingte Kündigung Rn 110.
64 BAG, Urt. v. 20.6.2013 – 2 AZR 295/12 – NZA 2014, 208.

des im Sinne des § 626 Abs. 1 BGB erfolgen. Im Falle einer insoweit berechtigten außerordentlichen Kündigung spielt der besondere tarifliche Kündigungsschutz im Ergebnis keine Rolle. Allerdings ist darauf zu achten, dass die Arbeitsgerichte bei der Würdigung einer außerordentlichen Kündigungsmaßnahme bei der Frage der Zumutbarkeit der Fortsetzung des Arbeitsverhältnisses nur von der sog. **„fiktiven Kündigungsfrist“** ausgehen. Nur sofern dem Arbeitgeber eine Weiterbeschäftigung des Arbeitnehmers noch nicht einmal bis zum Ablauf dieser fiktiven Kündigungsfrist zumutbar ist, soll eine außerordentliche Kündigung gerechtfertigt sein. Den Umstand, dass der Arbeitnehmer aufgrund des bestehenden Sonderkündigungsschutzes überhaupt nicht mehr gekündigt werden kann, kann somit vom Arbeitgeber im Kündigungsschutzverfahren nicht zu seinen Gunsten vorgebracht werden.[65]

Ist eine ordentliche Kündigung tarifvertraglich ausgeschlossen und kommt eine außerordentliche fristlose Kündigung nicht in Betracht, könnte dies zu einer „Ewigkeitsbindung“ des Arbeitgebers an den Arbeitnehmer führen, was im Einzelfall zu unbilligen Ergebnissen führen kann. Das BAG erkennt insoweit an, dass von einem Arbeitgeber nichts Unmögliches bzw. evident Unzumutbares verlangt werden darf.[66] Um die sich ergebenden Wertungswidersprüche aufzulösen, erkennt das Bundesarbeitsgericht deshalb eine außerordentliche Kündigung mit notwendiger bzw. **sozialer Auslauffrist** an.[67] Die soziale Auslauffrist entspricht hierbei in ihrer Dauer der fiktiven ordentlichen Kündigungsfrist. Voraussetzung für eine solche außerordentliche Kündigung mit sozialer Auslauffrist ist aber grundsätzlich, dass der Arbeitgeber darlegen und beweisen kann, dass sie wirklich das allerletzte Mittel ist, um ein ansonsten auf Dauer sinnentleertes Arbeitsverhältnis zu beenden. Ob ein solcher Extremfall im Einzelnen vorliegt, ist anhand eines strengen Prüfungsmaßstabes zu beurteilen. So soll es einem Arbeitgeber gegenüber einem tariflich unkündbaren Arbeitnehmer in erheblich weiterem Umfange als in sonstigen Fällen zumutbar sein, die Kündigung durch geeignete anderweitige Maßnahmen zu vermeiden.

54 Bei einer außerordentlichen Kündigung mit sozialer Auslauffrist ist eine Beteiligung des Betriebsrates nach den für ordentliche Kündigungen geltenden Regelungen erforderlich.[68] Im Übrigen gelten für die Betriebsratsbeteiligung bei der Kündigung von tariflich unkündbaren Arbeitnehmern keine weiteren Besonderheiten, sofern der fragliche Tarifvertrag hierzu keine Vorgaben enthält.

---

65 BAG, Urt. v. 27.4.2006 – 2 AZR 386/05 – NZA 2006, 977.
66 BAG, Urt. v. 27.6.2002 – 2 AZR 367/01 – AP BAT § 55 Nr. 4.
67 BAG, Urt. v. 8.4.2003 – 2 AZR 355/01 – NZA 2003, 856.
68 BAG, Urt. v. 8.6.2000 – 2 AZR 638/99 – BAGE 95, 78.

Praxistipp !
Soll ein tariflich unkündbarer Arbeitnehmer außerordentlich und hilfsweise unter Anwendung einer sozialen Auslauffrist gekündigt werden, ist darauf zu achten, dass die Anhörung des Betriebsrates unterschiedlichen Voraussetzungen folgt. Für die hilfsweise außerordentliche Kündigung mit sozialer Auslauffrist ist trotz deren Natur als außerordentliche Kündigung das Anhörungsverfahren mit dem Betriebsrat nach den Vorgaben für ordentliche Kündigungen durchzuführen. Insbesondere sind hierbei die verlängerten Anhörungsfristen zu beachten.

II. Gesetzliche Unkündbarkeit

Im Vorfeld einer Kündigungsmaßnahme ist stets zu prüfen, ob der betroffene Arbeitnehmer sich auf einen gesetzlichen Sonderkündigungsschutztatbestand berufen kann. Diese Sonderkündigungsschutztatbestände sind in verschiedenen Gesetzen vorgesehen und knüpfen an unterschiedliche funktionsbedingte oder persönliche Eigenschaften des jeweiligen Arbeitnehmers an. 55

Amts- und funktionsbezogene Sonderkündigungsschutztatbestände sind insbesondere die Folgenden:

- Betriebs- und Personalräte sowie andere Amts- und Funktionsträger der Betriebsverfassung und Personalvertretung gemäß § 15 KSchG.
- Sonderkündigungsschutz für Betriebsbeauftragte wie den Immissionsschutzbeauftragten (§ 58 BImSchG), den Störfallbeauftragten (§ 58d BImSchG i.V.m. § 58 BImSchG), den Betriebsbeauftragten für Abfall (§ 55 Abs. 3 KrW-AbfG), den Gewässerschutzbeauftragten (§ 21f Abs. 2 WHG) sowie der betriebliche Datenschutzbeauftragte (§ 4f Abs. 3 Satz 5 und 6 BDSG).

Die vorgenannten Sonderkündigungsschutztatbestände sind unterschiedlich ausgestaltet und schließen regelmäßig jede ordentliche Kündigung während der Beauftragung sowie in einem einjährigen Nachwirkungszeitraum aus.[69] 56

Weitere zahlreiche Sonderkündigungsschutztatbestände knüpfen in ihrem Anwendungsbereich an die Person des Arbeitnehmers an. Insbesondere sind hierbei die folgenden Sonderkündigungstatbestände aufzuzählen: 57

- Sonderkündigungsschutz für Schwangere und Mütter (§ 9 MuSchG)
- Sonderkündigungsschutz während der Elternzeit (§ 18 BEEG)
- Sonderkündigungsschutz für Schwerbehinderte und ihnen Gleichgestellte (§§ 85ff. SGB IX)
- Sonderkündigungsschutz während einer Pflegezeit (§ 5 PflegeZG)

69 Vgl. hierzu die ausführlichen Darlegungen in Kap. 9 Rn 141ff.

- Sonderkündigungsschutz für Arbeitnehmer in sonstigen besonderen Gewaltverhältnissen wie beispielsweise Zivildienstleistende (§ 2 ArbPlSchG).

58 Die vorgenannten personenbezogenen Sonderkündigungsschutztatbestände schließen in der Regel eine ordentliche Kündigung des Arbeitsverhältnisses aus und lassen eine außerordentliche Kündigung nur nach vorheriger Zustimmung der zuständigen Aufsichtsbehörde zu.[70]

III. Rechtsfolgen

59 Ist trotz des Bestehens eines Sonderkündigungsschutztatbestandes eine ordentliche Kündigung von Seiten des Arbeitgebers erklärt worden, ist diese gemäß § 134 BGB unwirksam. Im Falle eines tariflichen Sonderkündigungsschutztatbestandes folgt die Unwirksamkeit der außerordentlichen Kündigung nach § 4 Abs. 1 TVG i.V.m. § 134 BGB.

60 Da die Sonderkündigungsschutztatbestände allerdings keine absoluten Kündigungsverbote darstellen, ist der betroffene Arbeitnehmer gehalten, die unwirksame ordentliche Kündigung innerhalb der dreiwöchigen Klagefrist vor dem Arbeitsgericht anzugreifen. Andernfalls wird die entgegen der Sonderkündigungsschutzvorschriften ausgesprochene ordentliche Kündigung als wirksam fingiert (vgl. § 7 KSchG).

61 Anderweitige Beendigungstatbestände werden vom Bestehen eines Sonderkündigungsschutztatbestandes nicht berührt. Arbeitsverhältnisse enden mithin ohne Beschränkungen im Falle einer Eigenkündigung des Arbeitnehmers, eines beidseitig vereinbarten Aufhebungsvertrages oder mit Ablauf einer wirksam vereinbarten Befristung.

F. Besonderheiten bei der Kündigungserklärung

62 Bei Ausspruch einer außerordentlichen Kündigung ist wie bei jedem Kündigungsausspruch ein besonderes Augenmerk auf die Einhaltung der erforderlichen Formalitäten zu legen. Die Folgen von formalen Fehlern beim Ausspruch einer außerordentlichen Kündigung sind allerdings aus arbeitsrechtlicher Sicht meist gravierender, da aufgrund der zweiwöchigen Kündigungserklärungsfrist des § 626 Abs. 2 BGB eine Wiederholung der außerordentlichen Kündigung nicht mehr möglich sein wird.

70 Vgl. hierzu die ausführlichen Darlegungen in Kap. 9 Rn 39 f.

I. Form der Kündigungserklärung

Wie alle Kündigungen unterliegt die außerordentliche Kündigung dem Schriftformerfordernis des § 623 BGB. Die Kündigungserklärung muss daher schriftlich in Papierform verfasst und mit der Originalunterschrift eines formal Kündigungsberechtigten versehen werden.[71] 63

Im Weiteren muss besondere Sorgfalt darauf verwendet werden, dass das Original-Kündigungsschreiben noch innerhalb der zweiwöchigen Kündigungserklärungsfrist dem Kündigungsempfänger tatsächlich zugeht. Unsicherheiten bezüglich des Kündigungszugangs sollten ebenfalls vor dem Hintergrund der ablaufenden zweiwöchigen Kündigungserklärungsfrist zwingend vermieden werden. Sollte daher eine persönliche Übergabe des Kündigungsschreibens nicht möglich sein, sollte alternativ ausschließlich eine Zustellung durch einen Boten durch Einwurf in den Hausbriefkasten des Kündigungsempfängers erfolgen.[72] 64

II. Angabe der Kündigungsgründe

Grundsätzlich gilt, dass der konkrete Kündigungsgrund im Kündigungsschreiben nicht angegeben werden muss. Es gibt allerdings gesetzliche Vorschriften, nach denen im Falle einer außerordentlichen Kündigung der konkrete Kündigungsgrund im Kündigungsschreiben genannt werden muss, so dass bei Missachtung dieser Vorschrift die Kündigung bereits aus diesem Grund unwirksam wäre (vgl. § 9 Abs. 3 MuSchG, § 22 Abs. 3 BBiG). Auch können im Einzelfall in tarif- oder arbeitsvertraglichen Regelungen Vorgaben zur Nennung des Kündigungsgrundes enthalten sein. 65

Praxistipp !

Soweit nicht aus gesetzlichen oder vertraglichen Grundlagen die Nennung des Kündigungsgrundes erforderlich ist, sollte aus taktischen Gründen von der Nennung des Kündigungsgrundes abgesehen werden, um keine Verengung der Kündigungsbegründung bereits vor der Phase des Kündigungsschutzprozesses vorzunehmen. Auch kann im Einzelfall eine erst spätere Offenlegung des konkreten Kündigungsgrundes einen taktischen Vorteil darstellen, um dem Kündigungsempfänger die Vorbereitung einer Verteidigungsstrategie zu erschweren.

Sind im Kündigungsschreiben die konkreten Kündigungsgründe nicht mitgeteilt worden, ist dies auf Verlangen des Kündigungsempfängers gemäß § 626 Abs. 2 Satz 3 BGB unverzüglich schriftlich nachzuholen. Versäumt der Kündigungserklärende diese gesetzlich gesondert normierte Pflicht, kann der Kündigungsempfänger 66

71 Vgl. hierzu Kap. 3 Die Aussprache der Kündigung Rn 16 ff.

72 Vgl. zu den Fragen des Kündigungszugangs Kap. 3 Die Aussprache der Kündigung Rn 31 ff.

ggf. einen hierdurch entstehenden Schaden, zum Beispiel durch überflüssig entstehende Prozesskosten, ersetzt verlangen. Die Wirksamkeit der Kündigung wird hiervon allerdings nicht tangiert.

III. Hilfsweise ordentliche Kündigung/Umdeutung

67 Sofern der Ausspruch einer ordentlichen Kündigung nicht im Einzelfall durch das Bestehen von Sonderkündigungsschutzrechten ausgeschlossen ist, kann der Ausspruch einer außerordentlichen Kündigung regelmäßig mit dem Ausspruch einer hilfsweise ordentlichen Kündigung verbunden werden. Erfolgt dies nicht, kann eine unwirksam ausgesprochene außerordentliche Kündigung allerdings auch regelmäßig hilfsweise in eine (dann wirksame) ordentliche Kündigung umgedeutet werden, wenn es dem Kündigungsempfänger ersichtlich war, dass der Kündigende den erkennbaren Willen hatte, sich in jedem Falle vom Arbeitsverhältnis zu lösen.[73] Ein gesonderter Antrag oder eine ausdrückliche Berufung auf eine solche Umdeutung ist nach Auffassung des Bundesarbeitsgerichtes nicht notwendig.[74]

68 Eine solche **Umdeutung** ist allerdings dann ausgeschlossen, wenn der Kündigungserklärende in der Kündigungserklärung sich durch (ggf. missverständliche) Äußerungen ausdrücklich nur auf den Ausspruch einer außerordentlichen Kündigung bezogen hat oder der Arbeitgeber im Vorfeld der Kündigung den Betriebsrat nur zum Ausspruch einer außerordentliche Kündigung angehört hat (vgl. § 102 Abs. 1 S. 3 BetrVG).

! **Fettnapf**

Der Arbeitgeber sollte im Regelfall den Betriebsrat immer sowohl zur außerordentlichen als auch zur hilfsweise ordentlichen Kündigung im Anhörungsverfahren anhören. Allerdings sind hierbei die laut Gesetz unterschiedlich bestehenden Stellungnahmefristen nach § 102 Abs. 2 Satz 1 BetrVG (Wochenfrist bei ordentlicher Kündigung) und § 102 Abs. 2 Satz 3 BetrVG (Drei-Tage-Frist bei außerordentlicher Kündigung) zwingend zu beachten. Sollte im Einzelfall die Einhaltung der Wochen-Frist zum Ausspruch der hilfsweise ordentlichen Kündigung die Wahrung der zweiwöchigen Kündigungserklärungsfrist des § 626 Abs. 2 BGB nicht mehr ermöglichen, sind die Anhörungsverfahren des Betriebsrates sowie die darauf folgenden Kündigungserklärungen voneinander zu trennen.[75]

---

73 BAG, Urt. v. 12.5.2010 – 2 AZR 845/08 – EzA BGB 2002 § 626 Nr. 31.

74 BAG, Urt. v. 11.12.2003 – 2 AZR 36/03 – NZA 2004, 486.

75 Vgl. zu den Anforderungen des Betriebsratsanhörungsverfahrens die Ausführungen im Kap. 23 Rn 68.

Kapitel 9
Sonderkündigungsschutz

A. Einführung

Vor Ausspruch einer Kündigung sollte der Arbeitgeber gut vorbereitet sein. Ein wichtiges Kriterium hierbei ist das Beachten von Kündigungsverboten bzw. von Beschränkungen der Kündigungsmöglichkeit. Der nachfolgende Teil soll einen Überblick über die Vorschriften zum besonderen Kündigungsschutz und dessen Voraussetzungen geben. 1

I. Gesetzliche Kündigungsverbote

Gesetzliche Kündigungsverbote sind von großer Bedeutung bei der Beendigung von Arbeitsverhältnissen. Sie sind teilweise schwer auffindbar, da sie über viele verschiedene Gesetze verteilt sind. Darüber hinaus sind sie inhaltlich unterschiedlich ausgestaltet: Manche Kündigungsverbote erfassen nur die ordentliche, andere hingegen auch die außerordentliche Kündigung. Das Bestehen eines gesetzlichen Kündigungsverbots hat grundsätzlich die Unwirksamkeit der Kündigung zu Folge. Ausnahmen hiervon kann es im Falle der Zulassung durch eine Behörde geben, falls diese Möglichkeit gesetzlich vorgesehen ist. 2

Alle gesetzlichen Kündigungsverbote haben den Zweck solche Arbeitnehmer zu schützen, die aufgrund einer besonderen Situation **schutzbedürftig** sind. Sie lassen sich grob in drei Gruppen einteilen: 3

1. Kündigungsverbote wegen persönlicher oder familiärer Situation (z.B. Mütter)
2. Kündigungsverbote wegen Übernahme besonderer Ämter (z.B. Betriebsräte)
3. Kündigungsverbote wegen besonderer Arbeitsverhältnisse (z.B. Altersteilzeit)

II. Kündigungsverbote aus Individual- oder Tarifverträgen

Kündigungsverbote können sich auch aus Individual- oder Tarifverträgen ergeben. Etwaige einschlägige Vertragswerke sollten in jedem Fall vor Ausspruch einer Kündigung gesichtet und geprüft werden. 4

B. Schwangere und Mütter

I. Voraussetzungen des Kündigungsschutzes für Schwangere und Mütter

1. Anwendungsbereich des Mutterschutzgesetzes

5 Nach § 1 MuschG sind vom Anwendungsbereich des Mutterschutzgesetzes schwangere Frauen erfasst, die in einem Arbeitsverhältnis stehen. Darunter fällt auch das Ausbildungsverhältnis.[1]

! **Praxistipp**
Seit der „Danosa"-Entscheidung des EuGH können sich auch schwangere Geschäftsführerinnen einer GmbH auf den besonderen Kündigungsschutz des MuSchG berufen.

---

6 Bis zur **„Danosa"-Entscheidung** ging der BGH grundsätzlich davon aus, dass GmbH Geschäftsführer nicht als Arbeitnehmer zu klassifizieren sind und daher auch keine Arbeitnehmerschutzrechte genießen.[2]

7 In der „Danosa Entscheidung" hat der EuGH sehr deutlich gemacht, dass er von einem völlig anderen Arbeitnehmerbegriff ausgeht. Nach Auffassung des EuGH ist die Geschäftsführerin regelmäßig als Arbeitnehmerin im unionsrechtlichen Sinn einzustufen. Dies hatte im konkreten Fall zur Folge, dass er die **Kündigung und Abberufung** einer lettischen Alleingeschäftsführerin als **unwirksam** ansah. Der EuGH hat die Bestimmungen des lettischen Rechts, welche die Abberufung einer Geschäftsführerin zulassen, als europarechtswidrig und damit als unwirksam eingestuft. Er geht in seiner Entscheidung nicht ausdrücklich auf die Thematik der klaren Trennung zwischen Organstellung und Dienstverhältnis beim GmbH-Geschäftsführer ein; dennoch wird in der Entscheidung deutlich, dass sich nach Auffassung des EuGH der Schutz der Geschäftsführerin nicht nur auf die Kündigung ihres Anstellungsvertrages sondern auch auf ihre Abberufung als Organ beziehen soll[3].

8 Es ist davon auszugehen, dass der EuGH die in der Rechtssache „Danosa" zu der Arbeitnehmerstellung von Mitgliedern der Unternehmensleitung aufgestellten Grundsätze zukünftig auch auf andere Vorschriften des europäischen Rechts übertragen wird. In der EuGH-Rechtsprechung ist eine Tendenz zur Entwicklung eines einheitlichen **unionsrechtlichen Arbeitnehmerbegriffs** zu beobachten.[4]

---

1 BVerwG, Urt. v. 26.8.1970 – V C 1.68 – AP Nr. 32 zu § 9 MuschG.
2 BGH, Urt. v. 29.1.1981 – II ZR 92/80 – NJW 1981, 1270.
3 *Reiserer*, DB 2011, 2262.
4 *Kempermann*, NJW-Spezial 2013, 655.

2. Beginn des Kündigungsschutzes nach § 9 MuSchG

Die Kündigung gegenüber einer Frau während der **Schwangerschaft** und bis zum Ablauf von vier Monaten nach der **Entbindung** ist unzulässig. Voraussetzung für das Eingreifen des Kündigungsschutzes ist also, dass die Frau zum Zeitpunkt der Kündigung objektiv **schwanger** oder das Kind nicht älter als 4 Monate ist. Das Kündigungsverbot nach der Geburt gilt innerhalb einer Frist von 4 Monaten nach der Entbindung. 9

Zur Feststellung des Beginns der Schwangerschaft ist von dem Zeugnis eines Arztes oder einer Hebamme auszugehen und von dem darin angegebenen voraussichtlichen Tag der Niederkunft 280 Tage zurückzurechnen[5]. Der voraussichtliche Entbindungstag wird bei der Rückrechnung nicht mitgerechnet.[6] Diese **ärztliche Bescheinigung** über den Beginn der Schwangerschaft hat einen sehr hohen Beweiswert und ist durch den Arbeitgeber faktisch nur sehr schwer zu entkräften. 10

Praxistipp !

Im Falle der **künstlichen Befruchtung** besteht die Besonderheit, dass der Zeitpunkt der Befruchtung genau bestimmt werden kann, da diese durch den Arzt meist in vitro durchgeführt wird. Der Beginn der Schwangerschaft bei einer künstlichen Befruchtung ist aber erst dann anzunehmen, wenn die befruchtete Eizelle auch erfolgreich in die Gebärmutter eingesetzt wurde.[7]

---

3. Ende der Schwangerschaft

Die Beendigung der Schwangerschaft erfolgt im Regelfall durch **Entbindung**. Mutterschutzrechtlicher Sonderkündigungsschutz gilt laut Auffassung des BAG auch nach medizinisch-indizierter Einleitung der Geburt[8]. Auch bei einer **Frühgeburt** oder einer **Totgeburt** liegt eine Entbindung im Sinne des Mutterschutzgesetzes vor, nicht hingegen bei einer **Fehlgeburt**. 11

Die aktuellen Definitionen zur Abgrenzung zwischen Lebendgeburt, Totgeburt und Fehlgeburt finden sich in § 31 der Personenstandsverordnung: 12

Eine Lebendgeburt liegt dann vor, wenn bei dem Kind nach der Trennung vom Mutterleib Herzschlag oder Lungenatmung eingesetzt haben. Ist dies nicht der Fall, handelt es sich um eine Totgeburt, wenn das Kind zu dem Zeitpunkt zu dem es auf die Welt kam 500 Gramm schwer war. Unter 500 Gramm handelt es sich um eine Fehlgeburt – mit der Folge, dass keine Entbindung im Sinne des MuschG vorliegt und der Kündigungsschutz zum Zeitpunkt der Fehlgeburt endet. 13

---

5 BAG, Urt. v. 7.5.1998 – 2 AZR 417/97 – NZA 1998, 1049.
6 BAG, Urt. v. 27.1.1966 – 2 AZR 141/65 – AP Nr. 27 zu § 9 MuSchG.
7 Münchener Anwaltshandbuch Arbeitsrecht/*Schulte*, § 45 Rn 6.
8 BAG, Urt. v. 15.12.2005 – 2 AZR 462/04 – NZA 2006, 994.

14 Das BAG begründet diese unterschiedliche Behandlung von Fehlgeburten und Totgeburten mit dem Sinn und Zweck des Mutterschutzes. § 9 MuSchG soll in Verwirklichung des Verfassungsauftrags des Art. 6 GG mögliche Konflikte der erwerbstätigen Mutter zwischen ihren mütterlichen Aufgaben und ihren Bindungen aus der Erwerbsarbeit ausgleichen und überbrücken. Dieses Ziel ließe sich zwar auch für Frauen nach einer Fehlgeburt rechtfertigen. Gleichwohl besteht ein sachlicher und einleuchtender Grund, die von einer Fehlgeburt betroffene Frau anders zu behandeln. Ist nämlich die Schwangerschaft so weit fortgeschritten, dass sie im Regelfall zu einem lebend geborenen Kinde führt oder – wie im Falle der Totgeburt – hätte führen können, dann ist die körperliche Umstellung der Frau schon so groß und ihre psychische Einstellung auf das erwartete Kind so vorherrschend, dass durchaus ein Unterschied zu sehen ist zu einer Frau im früheren Stadium der Schwangerschaft, die mit einer Fehlgeburt endet.[9]

Praxistipp
Beim medizinisch indizierten **Schwangerschaftsabbruch** liegt keine Entbindung vor. Dies wird damit begründet, dass der Begriff der Entbindung auf die Geburt eines lebenden Kindes gerichtet ist, während der Schwangerschaftsabbruch auf die Tötung des ungeborenen Kindes abzielt. Somit finden die Vorschriften zum Mutterschutz in der Zeit nach dem Schwangerschaftsabbruch keine Anwendung, da das Tatbestandsmerkmal der Entbindung nicht erfüllt ist.

---

15 Der Schutz der Frau beim nicht rechtswidrigen Schwangerschaftsabbruch ist aber durch Entgeltfortzahlung nach § 3 Abs. 2 EFZG und § 24b SGB V gewährleistet, wenn sie arbeitsunfähig ist.

II. Mitteilungspflicht der Arbeitnehmerin

16 Die Kündigung einer schwangeren Arbeitnehmerin ist nur unwirksam, wenn der Arbeitgeber **Kenntnis** von der Schwangerschaft hatte. Woher er die Kenntnis erlangt ist unerheblich. Hat der Arbeitgeber zum Zeitpunkt der Kündigung noch keine Kenntnis kann die schwangere Arbeitnehmerin die Mitteilung innerhalb von zwei Wochen nachholen. Für die Mitteilung der Schwangerschaft ist gesetzlich keine bestimmte Form vorgeschrieben. Sofern im Arbeitsvertrag keine bestimmte Form vorgeschrieben ist, kann sie somit auch mündlich abgegeben werden.

---

9 BAG, Urt. v. 16.2.1973 – 2 AZR 138/72 – BAGE 25, 70.

Fettnapf **!**
Die Kenntnis von Vertretern des Arbeitgebers oder von Personen, denen eine Arbeitgeberfunktion übertragen wurde, ist dem Arbeitgeber zuzurechnen.[10] Nicht zuzurechnen ist hingegen die Kenntnis eines Betriebsrats oder des Betriebsarztes sowie von Kollegen, sofern der Arbeitgeber von diesen nicht über die Schwangerschaft informiert wird.[11]

III. Umfang und Reichweite des Kündigungsschutzes

Der Kündigungsschutz umfasst den Zeitraum **vom Beginn der Schwangerschaft bis 4 Monate nach Entbindung** und hat die Nichtigkeit der Kündigung nach § 134 BGB zur Folge. 17

Erfasst wird sowohl die ordentliche als auch die außerordentliche Kündigung. Der Kündigungsschutz nach MuschG enthält ein **absolutes Kündigungsverbot mit Erlaubnisvorbehalt** gemäß § 9 Abs. 3 MuSchG. Der Kündigungsschutz ist sehr umfassend, er gilt sogar während der 6 monatigen Wartezeit des KschG (Probezeit) und ist nicht an eine Mindestbetriebsgröße gekoppelt. 18

IV. Beendigung des Arbeitsverhältnisses aus anderen Gründen

Das Kündigungsverbot in § 9 MuSchG erfasst nur die arbeitgeberseitige Kündigung. Alle übrigen Beendigungsgründe sind nicht erfasst.[12] 19

Die **Beendigung des Arbeitsverhältnisses durch Befristung** beispielsweise, **ist wirksam.** Auch eine dem Arbeitgeber zum Zeitpunkt des Vertragsschlusses bekannte Schwangerschaft einer Arbeitnehmerin hindert nicht die Wirksamkeit der Befristung des Arbeitsvertrages.[13] 20

Im Falle der Eigenkündigung durch die Arbeitnehmerin ist die Gewerbeaufsichtsbehörde zu informieren. 21

Fettnapf **!**
Der Arbeitgeber kann sich trotz wirksamer Befristung gegenüber der schwangeren Arbeitnehmerin dann nicht auf den Fristablauf berufen, wenn er vergleichbare Arbeitsverhältnisse verlängert oder eine unbefristete Weiterbeschäftigung in Aussicht gestellt hat.[14]

10 BAG, Urt. v. 18.2.1965 – 2 AZR 274/64 – juris.
11 *Linck*, AuA 1992, 176, 178; Münchener Handbuch Arbeitsrecht/*Heenen*, § 306 Rn 40.
12 ErfK/*Schlachter*, § 9 MuSchG Rn 16.
13 BAG, Urt. v. 6.11.1996 – 7 AZR 909/95 – BB 1997, 1797.
14 EuGH, Urt. v. 4.10.2001 – Rs. C-109/00 – NZA 2001, 1241; vgl. auch BAG, Urt. v. 16.3.1989 – 2 AZR 325/88 – NZA 1989, 719.

Praxistipp
Es verbleibt für den Arbeitgeber die Möglichkeit das Arbeitsverhältnis durch einen einvernehmlich abgeschlossenen **Aufhebungsvertrag** zu beenden.

V. Zulassung der Arbeitgeberkündigung durch behördliche Entscheidung

22 In besonderen Fällen kann die zuständige Behörde eine Ausnahme vom absoluten Kündigungsverbot zulassen (Erlaubnisvorbehalt). Ein solcher Ausnahmefall kann nur angenommen werden, wenn die Aufrechterhaltung des Arbeitsverhältnisses für den Arbeitgeber unzumutbar ist. Der Begriff der **Unzumutbarkeit** ist nicht deckungsgleich mit dem der außerordentlichen Kündigung gemäß § 626 BGB. Nur gewichtige Interessen des Arbeitgebers können in Betracht gezogen werden, diese dürfen auf keinen Fall im Zusammenhang mit der Schwangerschaft stehen. Daher kommen personenbedingte Kündigungen eher nicht in Betracht. Verhaltensbedingte Kündigungen sind am ehesten denkbar. Betriebsbedingte Kündigungen kommen nur in Betracht, wenn gar keine Weiterbeschäftigungsmöglichkeit besteht.

23 Die Entscheidung der Behörde hat die Aufhebung des absoluten Kündigungsverbots für Mütter zur Folge, sagt aber noch nichts über die Wirksamkeit der Kündigung an sich aus. Die Arbeitnehmerin kann gegen die Kündigung im Wege der Kündigungsschutzklage vorgehen. Die Frist zur Erhebung der Kündigungsschutzklage beginnt mit Bekanntgabe der positiven Behördenentscheidung zu laufen.

24 Gegen die Entscheidung der Behörde ist parallel der Verwaltungsrechtsweg eröffnet. Sowohl der Arbeitgeber als auch die Arbeitnehmerin können gegen die jeweils für sie negative Entscheidung vorgehen. Anders als im **Zustimmungsverfahren** zur Kündigung von schwebehinderten Arbeitnehmern[15] entfällt die **aufschiebende Wirkung** des Widerspruchs und der Anfechtungsklage hier nicht. Eine analoge Anwendung von § 88 Abs. 4 SGB IX ist nach Auffassung des BAG abzulehnen.[16] Die Erklärung der Behörde ist bis zur Entscheidung über Widerspruch bzw. Anfechtungsklage schwebend wirksam.[17]

Praxistipp
Die Kündigung der schwangeren Arbeitnehmerin kann erst ausgesprochen werden, wenn ein positiver Bescheid vorliegt.

15 Siehe hierzu Kap. 10 Rn 17 f.
16 BAG, Urt. v. 17.6.2003 – 2 AZR 245/02 – NZA 2003, 1329.
17 BAG, Urt. v. 17.6.2003 – 2 AZR 245/02 – NZA 2003, 1329.

C. Elternzeit

I. Voraussetzungen des Kündigungsschutzes in der Elternzeit

1. Bestehen eines Arbeitsverhältnisses

Voraussetzung für die Inanspruchnahme von **Elternzeit** ist das Bestehen eines Arbeitsverhältnisses. Bestehen mehrere Arbeitsverhältnisse kann die Elternzeit in allen oder auch nur in ausgewählten Arbeitsverhältnissen beansprucht werden. Als Arbeitnehmer im Sinne des Bundeselterngeld- und Elternzeitgesetz (BEEG) gelten Arbeitnehmer sowie auch die zur Berufsausbildung Beschäftigten. Die Elternzeit wird auf Berufsbildungszeiten nicht angerechnet. Anspruch auf Elternzeit haben auch die in Heimarbeit Beschäftigten und die ihnen Gleichgestellten, soweit sie am Stück mitarbeiten, § 20 Abs. 2 S. 1 BEEG. 25

2. Betreuung und Erziehung eines Kindes

Im Haushalt des Anspruchnehmers muss ein Kind zu betreuen und zu erziehen sein, das nach dem 31.12.2006 geboren ist. Bei dem Kind muss es sich nicht zwingend um ein leibliches Kind handeln. Alle im Folgenden aufgezählten Konstellationen sind möglich: 26

- Leibliches Kind
- Mit dem Ziel der Annahme aufgenommenes Kind (§ 1 Abs. 3 Nr. 1 BEEG)
- Kind von Ehe- oder Lebenspartnern (§ 1 Abs. 3 Nr. 2 BEEG)
- Ein im Haushalt lebendes Kind, über dessen anerkannte Vaterschaft aber noch nicht entschieden wurde (§ 1 Abs. 3 Nr. 3 BEEG)
- Unter engen gesetzlich beschriebenen Voraussetzungen auch ein bei Verwandten lebendes Kind (§ 1 Abs. 4 BEEG)
- Ein in Vollzeitpflege in den Haushalt aufgenommenes Kind (§ 15 Abs. 1 Nr. 1c BEEG i.V.m. § 33 SGB XIII)

3. Berechtigter Personenkreis

Beide Elternteile haben parallel Anspruch auf Elternzeit bis zu 3 Jahren. Dies gilt entsprechend für die in den oben beschriebenen Konstellationen beteiligten Personen. 27

Praxistipp !

Seit der Änderung des BEEG in 2009 gehören nach § 15 Abs. 1a BEEG auch Arbeitnehmer zum Kreis der Berechtigten, die als **Großeltern** ein Enkelkind in ihren Haushalt aufnehmen und das Kind selbst betreuen und erziehen. Das Recht auf Elternzeit steht in der vorhergehenden Generation lediglich

Verwandten gerader Linie im Sinne von § 1589 BGB zu.[18] Darüber hinaus muss ein Elternteil minderjährig sein, oder schon volljährig und sich noch in der Ausbildung befinden.

II. Inanspruchnahme durch den Arbeitnehmer

28 Der Arbeitnehmer muss die Elternzeit aktiv in Anspruch nehmen. Die Elternzeit beginnt durch Erklärung des Arbeitnehmers. Es handelt sich um eine Gestaltungserklärung, die ohne Mitwirkung des Arbeitgebers die Rechtsfolge des Ruhens der Hauptleistungspflichten aus dem Arbeitsverhältnis nach sich zieht. Der **Antrag auf Elternzeit** kann mit einem Antrag auf Verringerung der Arbeitszeit verbunden werden. Stellt der Arbeitnehmer die Inanspruchnahme von Elternzeit unter die Bedingung der Gewährung von Elternteilzeit und lehnt der Arbeitgeber das Teilzeitbegehren ab, liegt insgesamt kein wirksames Verlangen nach Elternzeit vor.[19]

29 Die Frist zur Inanspruchnahme der Elternzeit richtet sich nach § 16 Abs. 1 BEEG: Demnach muss der Arbeitnehmer die Elternzeit **mindestens 7 Wochen** vor deren Beginn geltend machen. Von dieser Frist kann aus dringenden Gründen abgewichen werden, wenn der Arbeitnehmer nicht in der Lage ist, den Anspruch geltend zu machen. Dann kann die Beantragung binnen einer Woche nach Wegfall des zwingenden Grundes nachgeholt werden.

III. Dauer und Lage der Elternzeit

30 Die Elternzeit beträgt 3 Jahre pro Kind und kann entweder von einem oder von beiden Elternteilen genommen werden. Dies bedeutet, dass beide erwerbstätige Partner zur selben Zeit für dasselbe Kind für 3 Jahre Elternzeit nehmen können. Möglich ist auch, dass jeder Partner nur einen Teil der 3-jährigen Elternzeit in Anspruch nimmt.[20] Der Anspruch bezieht sich grundsätzlich auf die ersten 3 Lebensjahre des Kindes. Bei mehreren Kindern besteht der Anspruch für jedes Kind, auch wenn sich die Zeiträume überschneiden. Der beantragte Zeitraum kann grundsätzlich nur mit Zustimmung des Arbeitgebers verlängert oder vorzeitig beendet werden.

31 Ein Anteil der Elternzeit von bis zu 12 Monaten kann mit Zustimmung des Arbeitgebers bis zur Vollendung des 8. Lebensjahres übertragen werden.

---

18 ErfK/*Gallner*, § 15 BEEF Rn 5a.

19 BAG, Urt. v. 12.5.2011 – 2 AZR 384/10 – NZA 2012, 208.

20 DFL/*Böck*/*Klose*, § 15 BEEG Rn 16.

IV. Teilzeit in Elternzeit

Grundsätzlich gilt während der Elternzeit eine Befreiung von der Arbeitspflicht für den Arbeitnehmer. Der Arbeitnehmer muss sich aber auch nicht ausschließlich der Pflege des Kindes widmen. Er kann bis zu 30 Stunden pro Woche einer Erwerbstätigkeit nachgehen. Dieses Modell wird auch als **„Teilzeit in Elternzeit“** bezeichnet. 32

1. Vereinbarung

Wie auch bei der „normalen Teilzeit“ erwartet der Gesetzgeber von den Arbeitsvertragsparteien eine **Vereinbarung** über die Verringerung der Arbeitszeit. Die Einigungsphase beginnt mit dem Antrag des Arbeitnehmers auf Abschluss einer Vereinbarung über die Verringerung und die Lage der Arbeitszeit. Der Verringerungsantrag muss – vor allem hinsichtlich der Dauer der Arbeitszeitreduzierung – so konkret gefasst sein, dass der Arbeitgeber ihn mit einem schlichten „Ja“ annehmen kann.[21] 33

Diesem Antrag kann der Arbeitgeber in beiden Bereichen entsprechen, auch wenn eine oder mehrere der in § 15 Abs. 7 BEEG genannten Voraussetzungen nicht erfüllt sind. Der Arbeitgeber kann allerdings auch – im Anwendungsbereich des § 15 Abs. 5 BEEG ohne Begründung – ablehnen. Dafür hat der Arbeitgeber nach der Sollbestimmung des § 15 Abs. 5 S. 2 BEEG vier Wochen Zeit.[22] 34

2. Anspruch des Arbeitnehmers gem. § 15 Abs. 6, 7 BEEG

Kommt der Arbeitgeber dem Antrag auf Zustimmung zur Verringerung der Arbeitszeit nicht nach kann der Arbeitnehmer einen Anspruch gemäß § 15 Abs. 6 BEEG geltend machen. 35

Die Voraussetzungen für diesen Anspruch sind in § 15 Abs. 7 BEEG aufgeführt: 36

- Der Arbeitgeber beschäftigt, unabhängig von der Anzahl der Personen in Berufsbildung, in der Regel mehr als 15 Arbeitnehmer und Arbeitnehmerinnen,
- das Arbeitsverhältnis in demselben Betrieb oder Unternehmen besteht ohne Unterbrechung länger als sechs Monate,
- die vertraglich vereinbarte regelmäßige Arbeitszeit soll für mindestens zwei Monate auf einen Umfang zwischen 15 und 30 Wochenstunden verringert werden,
- dem Anspruch stehen keine dringenden betrieblichen Gründe entgegen und
- der Anspruch wurde dem Arbeitgeber sieben Wochen vor Beginn der Tätigkeit schriftlich mitgeteilt.

---

21 BAG, Urt. v. 16.4.2013 – 9 AZR 535/11 – juris.

22 ErfK/*Gallner*, § 15 BEEG Rn 13.

37 Der Anspruch kann sowohl zu Beginn als auch während der Elternzeit geltend gemacht werden. Die Zustimmung wird nicht fingiert. Bei Ablehnung durch den Arbeitgeber oder Verstreichen der Frist kann der Arbeitnehmer gerichtlich vorgehen.

Praxistipp

Die Durchsetzung des Teilzeitbegehrens im Wege der einstweiligen Verfügung scheidet in der Regel aus.[23] Ein regulärer Verfahrenslauf über zwei Instanzen erstreckt sich erfahrungsgemäß auf ein bis eineinhalb Jahre, weshalb das Risiko für den Arbeitgeber aufgrund der naturgemäßen Befristung der Teilzeit in Elternzeit als gering einzustufen ist.

V. Umfang und Reichweite des Kündigungsschutzes

38 Der Arbeitgeber darf das Arbeitsverhältnis ab dem Zeitpunkt, von dem an die Elternzeit schriftlich beantragt worden ist (spätestens 8 Wochen vor Beginn der Elternzeit) und **während der Elternzeit** nicht kündigen. Dies folgt aus § 18 Abs. 1 S. 1 BEEG. Der für die Berechnung des Vorwirkungszeitraumes von 8 Wochen relevante Zeitpunkt des Beginns der Elternzeit ist hierbei der prognostizierte Geburtstermin.[24] Die Voraussetzungen für die Inanspruchnahme müssen vorliegen und der Arbeitnehmer muss den Anspruch geltend gemacht haben. Der Kündigungsschutz gilt entsprechend bei Teilzeit in Elternzeit und ist unabhängig davon anzuwenden, ob ein allgemeiner Kündigungsschutz gemäß § 1 KSchG besteht,[25] was bedeutet, dass der Kündigungsschutz gemäß § 18 BEEG grundsätzlich auch während der 6 monatigen Wartezeit des KschG (Probezeit) gilt. Erfasst sind die ordentliche und außerordentliche Kündigung; auch bei Betriebsstilllegung und in der Insolvenz.[26]

Praxistipp

Das Kündigungsverbot endet meist zeitlich mit der Elternzeit. Die Elternzeit endet im Regelfall am Tag vor dem dritten Geburtstag des Kindes.[27] Dies ist beispielsweise bei einem am 14.5.2011 geborenen Kind am 13.5.2014 um 24.00 Uhr der Fall.

Da im Fall der Kündigung des Arbeitsverhältnisses die ordentliche Kündigungsfrist zu beachten ist, erhält der Arbeitnehmer regelmäßig noch Vergütungsansprüche.

---

23 Münchener Anwaltshandbuch Arbeitsrecht/*Reinfelder*, § 73 Rn 137; *Rolfs*, RdA 2001, 129, 136 lehnt bereits die Zulässigkeit einer einstweiligen Verfügung generell ab.

24 BAG, Urt. v. 12.5.2011 – 2 AZR 384/10 – NZA 2012, 208.

25 ErfK/*Gallner*, § 18 BEEG Rn 1.

26 Münchener Anwaltshandbuch Arbeitsrecht/*Schulte*, § 45 Rn 45.

27 Ascheid/Preis/Schmidt/*Rolfs*, § 18 BEEM Rn 20.

VI. Zulassung der Arbeitgeberkündigung durch behördliche Entscheidung

In besonderen Fällen kann die Kündigung ausnahmsweise für zulässig erklärt werden (Erlaubnisvorbehalt). Die Zulässigkeitserklärung erfolgt gemäß § 18 Abs. 1 S. 2 und 3 BEEG durch die für den Arbeitsschutz zuständige oberste Landesbehörde oder die von ihr bestimmte Stelle. 39

Nach den gemäß § 18 Abs. 1 S. 4 BEEG erlassenen allgemeinen Verwaltungsvorschriften liegt ein besonderer Fall vor, wenn das als vorrangig angesehene Interesse der Arbeitnehmerinnen und Arbeitnehmer am Fortbestand des Arbeitsverhältnisses wegen außergewöhnlicher Umstände hinter die Interessen des Arbeitgebers zurücktritt.[28] 40

Beispiel
Praktisch relevant wird eine Zulassung der Kündigung durch die Behörde vor allem bei der Betriebsstilllegung oder bei besonders schweren Vertragsverstößen des Arbeitnehmers. So lässt etwa nach Ansicht der Rechtsprechung der Fall einer dauerhaften Betriebsstillegung regelmäßig nur die Ermessensentscheidung der Arbeitsschutzbehörde zu, die beabsichtigte Kündigung für zulässig zu erklären.[29]

D. Pflegezeit

I. Voraussetzungen des Kündigungsschutzes nach dem Pflegezeitgesetz (PflegeZG)

1. Persönlicher Geltungsbereich

Ziel des Gesetzes ist nach § 1 PflegeZG, Beschäftigten die Möglichkeit zu eröffnen, pflegebedürftige **nahe Angehörige** in häuslicher Umgebung zu pflegen und damit die Vereinbarkeit von Beruf und familiärer Pflege zu verbessern. Darüber hinaus ergibt sich aus § 2 PflegeZG noch die Möglichkeit, der Arbeit für maximal 10 Tage fern zu bleiben, um die Pflege eines nahen Angehörigen zu organisieren, dessen Pflegebedürftigkeit unerwartet eingetreten ist. 41

28 Allgemeine Verwaltungsvorschriften zum Kündigungsschutz bei Elternzeit: www.verwaltungsvorschriften-im-internet.de.

29 BVerwG, Urt. v. 18.7.1977 – 5 C 8/77 – BVerwGE 54, 276; BVerwG, Urt. v. 20.1.2005 – 2 AZR 500/03 – NZA 2005, 687.

2. Gesetzliche Definitionen im PflegeZG

a) Nahe Angehörige

42 Nahe Angehörige im Sinne des Gesetzes sind
- Großeltern, Eltern, Schwiegereltern,
- Ehegatten, Lebenspartner, Partner einer eheähnlichen Gemeinschaft, Geschwister,
- Kinder, Adoptiv- oder Pflegekinder, Kinder, Adoptiv- oder Pflegekinder des Ehegatten oder Lebenspartners, Schwiegerkinder und Enkelkinder.

b) Pflegebedürftigkeit

43 Pflegebedürftig ist der nahe Angehörige, der mindestens Pflegestufe 1 unterfällt. Die akute Pflegebedürftigkeit kann auch durch plötzlichen Ausfall einer Pflegekraft eintreten, wenn Pflegebedürftigkeit bereits vorher bestand.

c) Beschäftigte

44 Anspruchsberechtigte im Sinne dieses Gesetzes sind Beschäftigte gemäß § 7 PflegeZG. Beschäftigte sind nicht nur Arbeitnehmerinnen und Arbeitnehmer sowie Auszubildende, sondern auch wirtschaftlich unselbstständige arbeitnehmerähnliche Personen.

3. Kurzfristige Arbeitsverhinderung zur Organisation der Pflege

45 Beschäftigte haben das Recht zum Zwecke der Organisation der Pflege eines nahen Angehörigen, dessen akute Pflegebedürftigkeit eingetreten ist bis zu 10 Tage der Arbeit fern zu bleiben.

46 In der Literatur[30] wird derzeit davon ausgegangen, dass es sich bei dem in § 2 PflegeZG eingeräumten Recht um ein einseitiges Leistungsverweigerungsrecht des Arbeitnehmers – ohne Mitwirkungspflicht des Arbeitgebers handelt. Die Rechtsnatur wurde aber vom BAG noch nicht entschieden. Durch das Gesetz soll berufstätigen Personen die Möglichkeit eröffnet werden, sich im Fall einer unerwartet auftretenden Pflegebedürftigkeit einer nahestehenden Person unmittelbar um die Sicherstellung bzw. Organisation einer angemessenen Pflege kümmern zu können. Der Arbeitnehmer ist in einem solchen Fall nur verpflichtet, seine Arbeitsverhinderung und die voraussichtliche Dauer dem Arbeitgeber anzuzeigen sowie auf Verlangen ein ärztliches Attest vorzulegen.

---

30 ErfK/*Gallner*, § 2 PflegeZG Rn 1.

Für den Zeitraum der Arbeitsverhinderung sieht das PflegeZG selbst **keinen Entgeltfortzahlungsanspruch** vor. Dieser kann sich aber aus anderen Normen, z.B. § 616 S. 1 BGB ergeben. In der Rechtsprechung des BAG zeichnet sich ab, dass für den Entgeltfortzahlungsanspruch engere Grenzen gelten als die Voraussetzungen des PflegeZG alleine. Der Anspruch wurde bislang auf sehr nahe Angehörige und in zeitlicher Hinsicht auf 5 Tage beschränkt.[31] 47

4. Pflegezeit

Für die **Übernahme der Pflege** kann ein Beschäftigter eine volle oder teilweise Freistellung für bis zu 6 Monate verlangen. Dieser Anspruch besteht nicht bei Unternehmen mit 15 oder weniger Beschäftigten. 48

Pflegebedürftigkeit muss durch den medizinischen Dienst oder eine Krankenkasse nachgewiesen sein. 49

Der Arbeitnehmer, der Pflegezeit beanspruchen will, muss dies dem Arbeitgeber spätestens zehn Arbeitstage vor Beginn schriftlich ankündigen und gleichzeitig erklären, für welchen Zeitraum und in welchem Umfang die Freistellung von der Arbeitsleistung in Anspruch genommen werden soll. 50

Wenn nur teilweise Freistellung in Anspruch genommen wird, haben Arbeitgeber und Beschäftigte über die Verringerung und die Verteilung der Arbeitszeit eine schriftliche Vereinbarung zu treffen. Hierbei hat der Arbeitgeber den Wünschen der Beschäftigten zu entsprechen, es sei denn, dass dringende betriebliche Gründe entgegenstehen. 51

Das Recht auf Freistellung aus § 3 Abs. 1 PflegeZG hängt im Unterschied zum Leistungsverweigerungsrecht des § 2 PflegeZG nicht von einer akut aufgetretenen Pflegesituation ab.[32] 52

Um die Voraussetzungen für § 5 PflegeZG zu erfüllen, muss der Arbeitnehmer ernsthaft beabsichtigen, einen pflegebedürftigen nahen Angehörigen in häuslicher Umgebung zu pflegen. 53

5. Umfang und Reichweite des Kündigungsschutzes

Der Umfang des Kündigungsschutzes ist an den Sonderkündigungsschutz für Mütter und Eltern angelehnt. Erfasst wird sowohl die ordentliche als auch die außerordentliche Kündigung. Der Sonderkündigungsschutz nach § 5 PflegeZG ist nicht an eine Wartezeit gebunden, d.h. er gilt auch bereits während der Wartezeit des KschG (Probezeit). 54

---

31 BAG, Urt. v. 19.4.1978 – 5 AZR 834/76 – BAGE 30, 240.

32 ErfK/*Gallner*, § 3 Rn 1.

55 Eine Begrenzung des Sonderkündigungsschutzes auf eine Beschäftigtenzahl von 15 oder mehr Beschäftigten besteht nur für die Pflegezeit nach § 3 PflegeZG – nicht hingegen für den Fall der kurzzeitigen Arbeitsverhinderung nach § 2 PflegeZG[33]. Das Kündigungsverbot gilt auch in der Insolvenz des Arbeitgebers.

56 Bei berechtigter Inanspruchnahme von Pflegezeit wirkt das Kündigungsverbot vom Zugang der schriftlichen Ankündigung nach § 3 Abs. 3 S. 1 PflegeZG bis zum Ende der Pflegezeit.[34] Dies gilt entsprechend für die kurzfristige Arbeitsverhinderung zum Zwecke der Organisation der Pflege nach § 2 PflegeZG.

Fettnapf

Das PflegeZG enthält – im Gegensatz zu der in § 18 Abs. 1 S. 1 BEEG vorgesehenen Achtwochenfrist – keine Frist bezüglich der Ankündigung der Pflegezeit. Dies führt dazu, dass das Kündigungsverbot – bis zur Grenze des Rechtmissbrauchs[35] – durch Ankündigung der Pflegezeit auch dann bereits besteht, wenn die Pflegezeit erst Wochen oder Monate später beginnen soll.[36]

---

6. Zulassung der Kündigung durch behördliche Entscheidung

57 Auch das Kündigungsverbot nach dem Pflegezeitgesetz unterliegt einem Erlaubnisvorbehalt. Die für den Arbeitsschutz zuständige oberste Landesbehörde oder die von ihr bestimmte Stelle kann eine Kündigung in besonderen Fällen ausnahmsweise für zulässig erklären.

Beispiel

Die beabsichtigte Betriebsstilllegung rechtfertigt die ordentliche Kündigung trotz Pflegestatus.[37]

II. Voraussetzungen des Kündigungsschutzes nach dem Familienpflegegesetz (FPfZG)

58 Das Familienpflegegesetz ist am 1.1.2012 in Kraft getreten. Es ist keine bloße Erweiterung des Pflegezeitgesetzes sondern ein eigenes Gesetz, das parallel neben dem

---

33 Siehe § 3 Abs. 1 S. 2 PflegeZG.

34 ErfK/*Gallner*, § 2 PflegeZG Rn 3.

35 *Müller*, BB 2008, 1058, 1064; nach *Preis/Nehring*, NZA 2008, 729, 735 ist der Nachweis des Rechtsmissbrauchs bei frühzeitiger Ankündigung für den Arbeitgeber aber nur schwer zu erbringen.

36 Vgl. hierzu ausführlich *Rose/Dörstling*, DB 2008, 2137, 2140, welche sich für die Einschränkung des Kündigungsschutzes aussprechen; *Preis/Nehring*, NZA 2008, 729, 735 sprechen sich ebenfalls für das Erfordernis einer Ankündigungsfrist aus, lehnen aber eine analoge Anwendung von § 18 Abs. 1 BEEG ab.

37 BR-Drucks 718/07, S. 224.

Pflegezeitgesetz steht. Ziel des Gesetzes ist es die Vereinbarkeit von Beruf und Familie zu verbessern.

Aus dem Familienpflegezeitgesetz ergibt sich kein gesetzlicher Anspruch gegen den Arbeitgeber, es ermöglicht lediglich eine vom Staat förderfähige Verringerung der Arbeitszeit von Beschäftigten, die einen pflegebedürftigen nahen Angehörigen in häuslicher Umgebung für die Dauer von längstens 24 Monaten pflegen wollen. 59

1. Situation und persönlicher Geltungsbereich

Familienpflegezeit ist die förderfähige Verringerung der Arbeitszeit von Beschäftigten, die einen pflegebedürftigen nahen Angehörigen in häuslicher Umgebung pflegen. Diese kann für die Dauer von längstens 24 Monaten bei gleichzeitiger Aufstockung des Arbeitsentgelts durch den Arbeitgeber vereinbart werden. 60

Die Definitionen des Pflegezeitgesetzes gelten für das Familienpflegezeitgesetz entsprechend: 61

a) Nahe Angehörige

Nahe Angehörige im Sinne des Pflegezeitgesetzes sind 62
- Großeltern, Eltern, Schwiegereltern,
- Ehegatten, Lebenspartner, Partner einer eheähnlichen Gemeinschaft, Geschwister,
- Kinder, Adoptiv- oder Pflegekinder, Kinder, Adoptiv- oder Pflegekinder des Ehegatten oder Lebenspartners, Schwiegerkinder und Enkelkinder.

b) Pflegebedürftigkeit

Pflegebedürftig ist der nahe Angehörige der mindestens Pflegestufe 1 unterfällt. Die akute Pflegebedürftigkeit kann auch durch plötzlichen Ausfall einer Pflegekraft eintreten, wenn Pflegebedürftigkeit bereits vorher bestand. 63

c) Beschäftigte

Anspruchsberechtigte im Sinne dieses Gesetzes sind Beschäftigte gemäß § 7 PflegeZG. Beschäftigte sind nicht nur Arbeitnehmerinnen und Arbeitnehmer sowie Auszubildende, sondern auch wirtschaftlich unselbstständige arbeitnehmerähnliche Personen. 64

2. Familienpflegezeitvereinbarung

Im Gegensatz zur Pflegezeit nach dem Pflegezeitgesetz besteht **kein Anspruch** auf die Familienpflegezeit. Die Inanspruchnahme der Familienpflegezeit kann nur ein- 65 vernehmlich zwischen dem Arbeitnehmer und dem Arbeitgeber vereinbart werden.

66 Die Vereinbarung muss schriftlich geschlossen werden und ist Voraussetzung für die staatliche Förderung des Arbeitgebers durch ein zinsloses Darlehen. Die Vereinbarung muss folgende Punkte enthalten:

- Persönliche Daten des zu pflegenden Angehörigen
- Verwandtschaftliches Verhältnis des Angehörigen
- Dauer der Familienpflegezeit (maximal 24 Monate)
- Rückkehr des Beschäftigten zu den vor Beginn der Pflegezeit geltenden Bedingungen
- Umfang und Verteilung der Arbeitszeit während der Dauer der Familienpflegezeit (die gesetzliche Mindestwochenarbeitszeit beträgt 15 Stunden)
- Aufstockung des monatlichen Arbeitsentgelts verbunden mit der Erklärung, ob die Aufstockung durch Entnahme von Arbeitsentgelt aus einem Wertguthaben gemäß § 7b SGB IV oder durch Entnahme von Arbeitszeit aus einem Arbeitszeitguthaben gemäß § 116 SGB IV erfolgt.
- Ausdrücklicher Hinweis, dass der Beschäftigte nach dem Ende der Familienpflegezeit mindestens zur vorherigen aber auch zu einer höheren Wochenarbeitszeit zurückkehrt, § 3 Abs. 1 Nr. 1 a FPfZG.
- Erklärung, dass der Ausgleich des durch die Aufstockung entstehenden negativen Wertguthabens auf die Weise erfolgen soll, dass im Anschluss an die Familienpflegezeit bei jeder Entgeltabrechnung derjenige Betrag zu Gunsten des Wertguthabens einbehalten wird, um den während der Familienpflegezeit das Entgelt aufgestockt wurde, § 3 Abs. 1 Nr. 1 e FPfZG (Ausgleich des Wertguthabens oder des Arbeitszeitguthabens).
- Erklärung, dass die Nachpflegephase mit dem Ausgleich des Wertguthabens oder Arbeitszeitguthabens endet. Darin liegt die Verdeutlichung des reinen Vorschusscharakters der Gehaltsaufstockung. Zugleich wird sichergestellt, dass unter den Beteiligten Klarheit über die Modalitäten des Wertguthabenausgleichs besteht.[38]

3. Aufstockungsbetrag

67 Während der Familienpflegezeit erfolgt die Aufstockung des monatlichen Entgelts um die Hälfte des Produkts aus monatlicher Arbeitszeitverkürzung in Stunden und dem durchschnittlichen Entgelt pro Arbeitsstunde. Maßgeblich für die Berechnung des regelmäßigen monatlichen Arbeitsentgelts ist das in den letzten 12 Monaten vor Eintritt in die Familienpflege erzielte Arbeitsentgelt.[39]

---

38 Münchener Anwaltshandbuch Arbeitsrecht/*Schulte*, § 45 Rn 65.
39 Münchener Anwaltshandbuch Arbeitsrecht/*Schulte*, § 45 Rn 68.

4. Nachpflegephase

Die Nachpflegephase beginnt nach Ende der Familienpflegezeit. In der Nachpflegephase arbeitet der Arbeitnehmer wieder in dem Umfang wie vor Beginn der Pflegezeit, erhält aber ein verringertes Gehalt. So gleicht er den Aufstockungsbetrag wieder aus, den er während der Familienpflegezeit erhielt. **68**

5. Umfang und Reichweite des Kündigungsschutzes

Das Familienpflegezeitgesetz vermittelt den Beschäftigten während der Familien- **69**
pflegezeit und in der Nachpflegezeit einen absoluten Kündigungsschutz.

Gemäß § 9 Abs. 3 FPfZG darf der Arbeitgeber das Beschäftigungsverhältnis wäh- **70**
rend Inanspruchnahme der Familienpflegezeit und der Nachpflegephase nicht kündigen.

Anders als nach dem Pflegezeitgesetz beginnt dieser **Kündigungsschutz** nicht **71**
schon mit der Ankündigung der Pflegezeit beim Arbeitgeber sondern erst nach Abschluss der Vereinbarung[40] oder sogar **erst mit der tatsächlichen Inanspruchnahme**[41]. Über den exakten Zeitpunkt des Beginns des Kündigungsschutzes gibt es derzeit noch unterschiedliche Meinungen in der Literatur und noch keine wegweisende gerichtliche Entscheidung. Der Gesetzesbegründung zu Folge wäre der Zeitpunkt der tatsächlichen Inanspruchnahme maßgeblich.[42] Der Sonderkündigungsschutz endet mit dem Auslaufen der Nachpflegephase.

Das Kündigungsverbot knüpft weder an eine Mindestbetriebszugehörigkeit **72**
noch an eine bestimmte Betriebsgröße an. Es gilt somit auch bereits während der Wartezeit des KschG (Probezeit).

6. Zulassung der Kündigung durch behördliche Entscheidung

Ebenso wie bei allen bisher ausgeführten Regelungen zum Sonderkündigungs- **73**
schutz kann auch hier die Kündigung ausnahmsweise zugelassen werden (Erlaubnisvorbehalt).[43] Die Zulässigkeitserklärung erfolgt durch die für den Arbeitsschutz zuständige oberste Landesbehörde oder die von ihr bestimmte Stelle.[44] Die Regelung ist entsprechend zu § 9 Abs. 3 MuSchG, § 18 Abs. 1 S. 2 u. 3 BEEG und § 5 Abs. 2 S. 1 PflegeZG strukturiert.

---

40 ErfK/*Gallner*, § 15 PflegeZG Rn 15; *Göttling/Neumann*, NZA 2012, 119, 126; *Schiefer/Worzalla*, DB 2012, 516, 523.

41 *Liebscher*, ArbRAktuell 2012, 392, 395.

42 BT-Drucks 17/6000, S. 18: während der FPZ und der NachPZ.

43 § 9 Abs. 3 S. 2 FPfZG.

44 § 9 Abs. 3 S. 2 FPfZG.

Praxistipp
Der Beschäftigte behält das Recht, sein Arbeitsverhältnis sowohl in der Familienpflegezeit als auch in der Nachpflegephase zu kündigen. Da nunmehr das Negativguthaben aus der Pflegezeit nicht mehr durch Arbeitsleistung ausgeglichen werden kann, erhält der Arbeitgeber einen Ausgleichsanspruch in Geld, der ratierlich zu zahlen ist[45].
Der Anspruch des Arbeitgebers auf Ausgleich des negativen Wertguthabens erlischt, wenn der Arbeitgeber das Beschäftigungsverhältnis aus nicht verhaltensbedingten Gründen und mit Zustimmung der obersten Landesbehörde kündigt. Dieser Forderungsausschluss gilt nur insoweit der Arbeitgeber nicht gegen andere Forderungen des Arbeitnehmers (z.B. Abfindungsansprüche) aufrechnen kann.[46]

E. Tarifliche Beschränkungen

74 Bestimmungen zum besonderen Kündigungsschutz können sich nicht nur aus gesetzlichen Regelungen sondern auch aus Tarifverträgen ergeben. Einschlägige Tarifverträge sollten daher immer auch geprüft und auf Regelungen zum besonderen Kündigungsschutz analysiert werden.

75 Insbesondere für ältere Beschäftigte enthalten Tarifverträge häufig Regelungen zum Sonderkündigungsschutz. Diese sind meist so ausgestaltet, dass die Möglichkeit zur betriebsbedingten Kündigung tariflich ausgeschlossen ist. Damit ist die Möglichkeit zur ordentlichen Kündigung dieser Mitarbeiter insgesamt erheblich eingeschränkt. In diesem Zusammenhang stellt sich die interessante Frage, ob solche tariflichen Regelungen die erfassten Mitarbeiter grundsätzlich von der Sozialauswahl ausschließen.[47]

Praxistipp
Insbesondere im Zusammenhang mit der Kündigung älterer Mitarbeiter sollte immer auch geprüft werden, ob tarifliche Bestimmungen Kündigungsverbote enthalten.

F. Altersteilzeit

76 Für Arbeitnehmer in **Altersteilzeit** besteht kein umfassendes Kündigungsverbot vergleichbar mit dem bei den bisher dargestellten Kündigungsschutzvorschriften. Dennoch sind Besonderheiten bezüglich der Kündigungsmöglichkeiten zu beachten.

45 § 9 Abs. 2 S. 1 und 2 FPfZG.
46 *Barkow v. Creytz*, DStR 2012, 191, 194; BT-Drucks 17/6000, S. 32.
47 Ausführlich hierzu siehe Kap. 8 Rn 50 ff.

Grundsätzlich ist der Altersteilzeitvertrag ein befristeter Vertrag, der nur ordentlich kündbar ist, sofern dies ausdrücklich vereinbart wurde (§ 15 Abs. 3 TzBfG). Ist die Möglichkeit zur ordentlichen Kündigung vertraglich vereinbart, so bestehen im **Kontinuitätsmodell** und auch in der **Arbeitsphase** des Blockmodells keine besonderen Einschränkungen. Besonderheiten ergeben sich lediglich für Kündigungen während der **Freistellungsphase** im Rahmen eines **Blockmodells.** 77

I. Kontinuitätsmodell

Wurde die Altersteilzeit nach dem Kontinuitätsprinzip vereinbart, so bedeutet dies, 78 dass der Arbeitnehmer über den gesamten Zeitraum der Altersteilzeit hinweg kontinuierlich nur in entsprechend verringertem Umfang – also in Teilzeit – arbeitet. In diesem Fall ergeben sich **keine Besonderheiten** hinsichtlich der Kündigungsmöglichkeiten, sofern die Vereinbarung über die Altersteilzeit die Möglichkeit der ordentlichen Kündigung grundsätzlich vorsieht.

II. Blockmodell

Das Blockmodell hingegen setzt sich zusammen aus einer Arbeitsphase und einer 79 Freistellungsphase.

Während der Arbeitsphase ergeben sich, ebenso wie beim Kontinuitätsmodell 80 keine Besonderheiten. In der **Freistellungsphase** ist die **Kündigungsmöglichkeit** des Arbeitgebers auf die verhaltensbedingte Kündigung **beschränkt.** Dabei müssen die verhaltensbedingten Gründe trotz der Freistellung so schwer wiegen, dass sie die Kündigung gemäß § 2 KschG rechtfertigen bzw. sogar einen wichtigen Grund im Sinne des § 626 BGB darstellen. Verhaltensbedingte Kündigungsgründe, die sich direkt auf die Hauptleistungspflichterbringung beziehen (z.B. unentschuldigtes Fehlen, verspätete Arbeitsaufnahme, Selbstbeurlaubung, Arbeitsverweigerung, Schlechtleistung, Minderleistung) scheiden mangels Bestehens einer Arbeitspflicht aus. Entsprechendes gilt für Nebenleistungspflichten, die an die Arbeitsleistung gekoppelt sind (z.B. Anzeigepflicht bei Krankheit, Verstöße gegen betriebliche Ordnung oder Sicherheitsvorschriften). Somit verbleiben als denkbare Kündigungsgründe nur Verletzungen von Nebenpflichten, die von der Erbringung der Arbeitsleistung unabhängig sind (z.B. Verstöße gegen Konkurrenzverbote; Diffamierung des Arbeitgebers).[48]

Mangels Anwendungsbereich ausgeschlossen sind während der Freistellungs- 81 phase die betriebsbedingte sowie die personenbedingte Kündigung. Die betriebsbedingte Kündigung scheitert an der Möglichkeit des Wegfalls der Beschäftigungs-

48 *Stück*, NZA 2000, 749.

möglichkeit, da der Mitarbeiter ohnehin nicht mehr beschäftigt ist. Sogar die **Stilllegung** des Betriebes stellt kein dringendes betriebliches Erfordernis dar, das die Kündigung eines Arbeitnehmers, mit dem Block-Altersteilzeit vereinbart ist und der sich bereits in der Freistellungsphase befindet, sozial rechtfertigen kann. Der in Altersteilzeit befindliche Arbeitnehmer hat die geschuldete Arbeitsleistung bereits in vollem Umfang erbracht.[49]. Die personenbedingte Kündigung während der Freistellungsphase des Blockmodells scheitert am Bestehen der Arbeitspflicht.

! **Praxistipp**
Auch bei wirksamer Kündigung während der Freistellungsphase behält der Arbeitnehmer seinen Entgeltanspruch, da dieser Anspruch bereits während der Arbeitsphase entstanden ist. Der gesamte Anspruch entsteht während der Arbeitsphase, er ist nur zu diesem Zeitpunkt erst teilweise durchsetzbar. Wie der normale Entgeltanspruch erlischt auch dieser nicht nachträglich durch Kündigung[50].

G. Schwerbehinderte Menschen

I. Voraussetzungen des Kündigungsschutzes für schwerbehinderte Menschen

1. Persönlicher und sachlicher Anwendungsbereich

82 Der Kündigungsschutz nach § 85 SGB IX gilt für Schwerbehinderte und Gleichgestellte.

83 Erfasst sind Arbeitnehmer, leitende Angestellte, Auszubildende sowie in Heimarbeit Beschäftigte.[51] Nicht dem persönlichen Anwendungsbereich unterfallen Mitglieder eines Organs einer juristischen Person, das zur gesetzlichen Vertretung der juristischen Person berufen ist, Gesellschafter einer offenen Handelsgesellschaft sowie die Mitglieder einer anderen Personengesamtheit, weil diese nicht in einem Arbeitsverhältnis stehen.[52] Der Sonderkündigungsschutz besteht unabhängig von der Zahl der beschäftigten Arbeitnehmer.

84 Räumlich gilt der Sonderkündigungsschutz nur für in einem Arbeitsverhältnis im Inland Beschäftigte (Territorialitätsprinzip). Bei Auslandsbeschäftigung gilt § 85 SGB XI nur, wenn diese vorübergehend von einem inländischen Betrieb aus erfolgt. Die Vereinbarung deutschen Arbeitsrechts (Art. 27, 30 Abs. 1 EGBGB) oder eine Anknüpfung gemäß Art. 30 Abs. 2 EGBGB genügen nicht.[53]

---

49 BAG, Urt. v. 5.12.2002 – 2 AZR 571/01 – NZA 2003, 789.
50 BAG, Urt. v. 24.6.2003 – 9 AZR 353/02 – BAGE 106, 353.
51 BAG, Urt. v. 4.2.1993 – 2 AZR 416/92 – NZA 1994, 214.
52 BGH, Urt. v. 9.2.1978 – II ZR 189/76 – BB 1978, 520.
53 BAG, Urt. v. 30.4.1987 – 2 AZR 192/86 – BAGE 55, 236.

a) Schwerbehinderte

Schwerbehinderte Menschen sind nach § 2 Abs. 2 SGB IX Personen mit einem Grad der Behinderung von mindestens 50%. Für die Anwendbarkeit der besonderen Schutzrechte kommt es lediglich auf das Bestehen der Behinderung, nicht hingegen auf den Nachweis gegenüber dem Arbeitgeber [54] an. 85

b) Gleichgestellte

Nach §§ 68 Abs. 2, 2 Abs. 3 SGB IX sollen Personen mit einem Grad der Behinderung von weniger als 50%, aber wenigstens 30% auf Grund einer Feststellung der Bundesagentur für Arbeit den Schwerbehinderten nach § 69 SGB IX den Schwerbehinderten gleichgestellt werden, wenn sie infolge ihrer Behinderung ohne die Gleichstellung einen geeigneten Arbeitsplatz im Sinne des § 73 SGB IX nicht erlangen oder nicht behalten können. Der Kündigungsschutz Gleichgestellter beginnt (bei positiver Entscheidung über die Gleichstellung) mit dem Eingang des Antrags auf Gleichstellung bei der Bundesagentur für Arbeit.[55] Sie kann befristet werden. 86

II. Umfang und Reichweite des Kündigungsschutzes

1. Kündigungsverbot mit Erlaubnisvorbehalt

Der umfassende Kündigungsschutz erfasst sowohl die ordentliche als auch die außerordentliche Kündigung. Es handelt sich um ein **Kündigungsverbot mit Erlaubnisvorbehalt.** Jede Kündigung des Arbeitsverhältnisses mit einem schwerbehinderten Menschen bedarf der vorherigen Zustimmung durch das Integrationsamt (Erlaubnisvorbehalt). Dieser Kündigungsschutz gilt aber – anders als bei den Regelungen zu Mutterschutz und Elternzeit – nicht während der ersten sechs Monate des Bestehens des Arbeitsverhältnisses („Probezeit“). Durch den Abschluss eines Aufhebungsvertrages verzichtet der schwerbehinderte Arbeitnehmer zulässigerweise auf den besonderen Kündigungsschutz nach §§ 85 ff. SGB IX.[56] 87

Praxistipp !

Die Beendigung eines Arbeitsverhältnisses durch Ablauf bei Befristung sowie auch die Beendigung durch Abschluss eines Aufhebungsvertrages bedürfen nicht der Zustimmung durch die Integrationsbehörde.

Der Zugang der Kündigung ist nur bei Vorliegen der **Zustimmung der Integrationsbehörde** wirksam, falls die Zustimmung nicht ausnahmsweise entbehrlich ist.

---

54 BAG, Urt. v. 19.4.1979 – 2 AZR 469/78 – DB 1979, 1560.
55 Münchener Anwaltshandbuch Arbeitsrecht/*Heenen*, § 313 Rn 31.
56 BAG, Urt. v. 11.3.1999 – 2 AZR 461/98 – NZA 1999, 761.

2. Kündigungsfrist gemäß § 86 SGB IX

88 Nach Ablauf von sechs Monaten („Probezeit") beträgt die Frist für alle ordentlichen Kündigungen des Arbeitgebers mindestens vier Wochen. Gemäß § 91 SGB IX gilt diese Frist ausdrücklich nicht für außerordentliche Kündigungen. Für Kündigungen des Arbeitnehmers gilt § 86 SGB IX ebenfalls nicht. Die Vorschrift ist einseitig zwingend und kann weder durch Arbeitsvertrag noch durch Tarifvertrag oder Betriebsvereinbarung zu Lasten des Arbeitnehmers abbedungen werden. Längere Kündigungsfristen (z.B. § 622 Abs. 2 BGB) sind jedoch zu beachten. Die Frist beginnt mit Zugang der Zustimmungserklärung zu laufen und berechnet sich nach den allgemeinen Regeln in §§ 187ff. BGB. [57]

3. Ausnahmen vom Zustimmungserfordernis

89 In den in § 90 SGB IX geregelten Fällen finden die Vorschriften zum Kündigungsschutz keine Anwendung. Der Arbeitgeber braucht weder die Zustimmung des Integrationsamts einzuholen noch die Mindestkündigungsfrist des § 86 zu beachten, wenn:

- Das Arbeitsverhältnis noch keine sechs Monate besteht (In Anlehnung an die Wartezeit („Probezeit") gemäß § 1 Abs. 1 KSchG). Eine Kündigung vor Ablauf der sechs monatigen Wartezeit ist der Integrationsbehörde nur anzuzeigen[58].
- Der Arbeitnehmer auf einer Stelle im Sinne von § 73 Abs. 2 Nr. 2–5 SGB IX (z.B. aus karitativen oder religiösen Gründen) beschäftigt ist
- Der Arbeitnehmer das 58. Lebensjahr vollendet hat und ihm ein Anspruch auf Abfindung, Entschädigung oder ähnliche Leistung auf Grund eines Sozialplanes zusteht, oder er anders abgesichert ist (SGB VI, gesetzliche Rente)
- Die Entlassung aus Witterungsgründen erfolgt (weil ein Anspruch auf Weiterbeschäftigung besteht)
- Kein Nachweis für die Schwerbehinderung erbracht wurde oder das Versorgungsamt die Feststellung wegen fehlender Mitwirkung nicht machen konnte.

4. Nachträglicher Nachweis der Schwerbehinderung

90 Gemäß § 90 Abs. 2a SGB IX bedarf es grundsätzlich keiner Zustimmung zur Kündigung wenn der Nachweis über die Schwerbehinderung nicht erbracht ist.

91 Die Kündigung durch den Arbeitgeber bedarf immer dann der Zustimmung des Integrationsamts, wenn der Arbeitnehmer zum Zeitpunkt des Zugangs der Kündi-

57 ErfK/*Rolfs*, § 86 SGB IX Rn 1.
58 § 90 Abs. 3 SGB IX.

gung entweder bereits als schwerbehinderter Mensch anerkannt, seine Schwerbehinderung trotz fehlender Anerkennung offenkundig[59], er nach § 2 Abs. 3 SGB IX einem Schwerbehinderten gleichgestellt war[60] oder er den **Antrag** auf Anerkennung oder Gleichstellung **mindestens drei Wochen vor der Kündigung** bei der Versorgungsbehörde bzw. der Agentur für Arbeit gestellt hatte[61].

Die Kündigung ist dagegen auch ohne Zustimmung des Integrationsamts wirksam, wenn der Antrag weniger als drei Wochen vor Kündigungszugang gestellt wurde, da in diesem Fall der Nachweis der Schwerbehinderteneigenschaft zum Zeitpunkt der Kündigung nicht erbracht war (sofern die Schwerbehinderung nicht offenkundig war).[62] 92

Wird die rechtzeitig vor Beginn der Vorfrist von drei Wochen vor Zugang der Kündigung nach § 69 Abs. 1 SGB IX beantragte Schwerbehinderung aufgrund von Widerspruch und Klageerhebung im Rechtsmittelverfahren rückwirkend auf den Zeitpunkt der Antragstellung festgestellt, steht damit die Schwerbehinderteneigenschaft im Zeitpunkt des Zugangs der Kündigung fest.[63] Dies hat zur Folge, dass die Kündigung mangels erforderlicher Zustimmung des Integrationsamtes unwirksam war. 93

5. Kenntnis des Arbeitgebers

Dem Arbeitgeber muss die Schwerbehinderung zum Zeitpunkt der Kündigung entweder bekannt gewesen sein oder **vom Arbeitnehmer kurz nach der Kündigung mitgeteilt** worden sein.[64] Im Falle fehlender Kenntnis des Arbeitgebers von der beantragten oder bereits getroffenen Feststellung der Schwerbehinderteneigenschaft zum Zeitpunkt der Kündigung ist der Arbeitnehmer gehalten, nach Zugang der Kündigung innerhalb einer angemessenen Frist, die regelmäßig 3 Wochen (früher: 4 Wochen) beträgt, gegenüber dem Arbeitgeber seine bereits festgestellte oder zur Feststellung beantragte Schwerbehinderteneigenschaft geltend zu machen, wenn er sich den Sonderkündigungsschutz erhalten will.[65] Tut er dies nicht, ist die Kündigung auch ohne Zustimmung der Integrationsbehörde wirksam. 94

59 BAG Urt. v. 7.3.2002 – 2 AZR 612/00 – BAGE 100, 355.
60 BAG, Urt. v. 1.3.2007 – 2 AZR 217/06 – DB 2007, 1702; *Bauer/Powietzka*, NZA-RR 2004, 507.
61 BAG, Urt. v. 1.3.2007 – 2 AZR 217/06 – DB 2007, 1702.
62 ErfK/*Rolfs*, § 90 SGB IX Rn 6.
63 LAG Schleswig-Holstein, Urt. v. 11.12.2007 – 5 Sa 386/07 – NZA-RR 2008, 408.
64 ErfK/*Rolfs*, § 85 SGB IX Rn 4.
65 Münchener Anwaltshandbuch Arbeitsrecht/*Schulte*, § 45 Rn 96.

Praxistipp
Wenn 3 Wochen nach Zugang der Kündigung keine Information zur Schwerbehinderung vorliegt, gilt die Kündigung diesbezüglich als wirksam.

6. Das Zustimmungsverfahren nach § 87 SGB IX

a) Schriftliche Antragstellung

95 In § 87 SGB IX ist das Antragsverfahren des Arbeitgebers auf Zustimmung zur Kündigung eines Schwerbehinderten festgelegt:

- Die Zustimmung zur Kündigung beantragt der Arbeitgeber bei dem für den Sitz des Betriebes zuständigen Integrationsamt schriftlich.
- Das Integrationsamt holt eine Stellungnahme des Betriebsrates und der Schwerbehindertenvertretung ein und hört den schwerbehinderten Menschen an.
- Das Integrationsamt wirkt in jeder Lage des Verfahrens auf eine gütliche Einigung hin.

b) Ermessensentscheidung der Integrationsbehörde

96 Das Integrationsamt soll gemäß § 88 SGB IX **innerhalb eines Monats** nach Eingang des Antrags eine Ermessensentscheidung unter Abwägungen aller Interessen treffen. Eine Überschreitung der Frist darf nur in außergewöhnlichen Fällen erfolgen, wenn zum Beispiel über den Antrag des Arbeitnehmers auf Anerkennung seiner Schwerbehinderung oder Gleichstellung noch nicht entschieden ist. Nach Ablauf von drei Monaten ist eine Untätigkeitsklage möglich.[66]

97 Diese **Ermessensentscheidung** der Behörde erfordert eine Abwägung des Interesses des Arbeitgebers an der Erhaltung seiner wirtschaftlichen Gestaltungsmöglichkeiten gegen das Interesse des schwerbehinderten Arbeitnehmers an der Erhaltung seines Arbeitsplatzes.[67] Die Entscheidung des Integrationsamtes ist auf Basis des Sachverhalts vorzunehmen, der die Kündigung rechtfertigen soll. Zur Ermittlung des Sachverhalts muss das Integrationsamt von Amts wegen alles Notwendige unternehmen, um die Interessensabwägung vornehmen zu können. Falls erforderlich muss das Integrationsamt hierfür eine mündliche Verhandlung einberufen. Das Integrationsamt ist gemäß § 87 Abs. 2 SGB IX verpflichtet die Stellungnahme der Vertrauensperson der schwerbehinderten Menschen, des Betriebsrats sowie eine Stellungnahme des Arbeitsamtes einzuholen, um arbeitsmarktpolitische Bedenken auszuräumen.[68]

66 ErfK/*Rolfs*, § 88 SGB IX Rn 1.
67 VGH Kassel, Urt. v. 17.11.1992 – 9 UE 1765/89 – juris.
68 BVerwG, Urt. v. 28.9.1995 – 5 C 14/94 – NZA-RR 1996, 290; hinsichtlich der Einholung einer Stellungnahme der Agentur für Arbeit vgl. BVerwG, Urt. v. 11.11.1999 – 5 C 23/99 – NZA 2000, 146.

Das Integrationsamt prüft nur die Aspekte im Hinblick auf die Besonderheiten der Schwerbehinderung. Im Zusammenhang mit der personenbedingten Kündigung wird es hierbei insbesondere prüfen, ob dem schwerbehinderten Arbeitnehmer ein leidensgerechter Arbeitsplatz zur Verfügung gestellt wurde oder werden kann. Es prüft hingegen nicht, ob die Kündigung nach den allgemeinen Regelungen des Kündigungsschutzgesetzes sozial gerechtfertigt ist. Dies ist Gegenstand einer nachträglichen Überprüfung, die im Falle einer Kündigungsschutzklage durch die Arbeitsgerichte erfolgt. 98

c) Einschränkungen der Ermessensentscheidung nach § 89 SGB IX

§ 89 SGB IX regelt Sonderfälle, in denen die grundsätzliche freie Ermessensentscheidung der Behörde im Zusammenhang mit der betriebsbedingten Kündigung dahingehend eingeschränkt ist, dass die Zustimmung in der Regel zu erteilen ist: 99

- Das Integrationsamt soll die Zustimmung zur Kündigung bei Betrieben erteilen die nicht nur vorübergehend eingestellt/aufgelöst oder nicht nur vorübergehend wesentlich eingeschränkt werden, wenn die Gesamtzahl der weiterhin beschäftigten schwerbehinderten Menschen zur Erfüllung der Beschäftigungspflicht nach § 71 SGB IX ausreicht.
- Dies gilt nur, wenn zwischen dem Tage der Kündigung und dem Tage, bis zu dem Gehalt gezahlt wird, mindestens drei Monate liegen.
- Dies gilt nicht, wenn eine Weiterbeschäftigung des schwerbehinderten Arbeitnehmers auf einem anderen Arbeitsplatz desselben Arbeitgebers mit Einverständnis des schwerbehinderten Menschen möglich und für den Arbeitgeber zumutbar ist.
- Darüber hinaus soll das Integrationsamt die Zustimmung erteilen, wenn dem schwerbehinderten Menschen ein anderer angemessener und zumutbarer Arbeitsplatz gesichert ist.
- In dem Fall, dass das Insolvenzverfahren über das Vermögen des Arbeitgebers eröffnet ist, soll das Integrationsamt die Zustimmung erteilen:
- Wenn der schwerbehinderte Mensch in einem Interessenausgleich namentlich als einer der zu entlassenden Arbeitnehmer bezeichnet ist (§ 125 InsO),
- Die Schwerbehindertenvertretung beim Zustandekommen des Interessenausgleichs gemäß § 95 Abs. 2 SGB IX beteiligt worden ist,
- Der Anteil der nach dem Interessenausgleich zu entlassenden schwerbehinderten Menschen nicht größer ist als der Anteil der zu entlassenden übrigen Arbeitnehmer und
- Die Gesamtzahl der schwerbehinderten Menschen, die nach dem Interessenausgleich bei dem Arbeitgeber verbleiben sollen, zur Erfüllung der Beschäftigungspflicht nach § 71 SGB IX ausreicht.

d) Mitteilung der Entscheidung durch die Behörde

100 Das Integrationsamt kann auch zu dem Ergebnis kommen, dass die Kündigung nicht zustimmungsbedürftig ist. In diesem Fall erteilt es ein sogenanntes „Negativattest“. Dieses Negativattest beseitigt, ebenso wie die Zustimmung die Kündigungssperre.[69]

e) Sofortige Vollziehung

101 Widerspruch und Anfechtungsklage gegen die ausdrücklich erklärte oder fingierte Zustimmung des Integrationsamtes zur Kündigung haben **keine aufschiebende Wirkung**. Dies ist speziell für den Kündigungsschutz für schwerbehinderte Arbeitnehmer in § 88 Abs. 4 SGB IX geregelt. Das bedeutet, dass der Arbeitgeber trotz eines Widerspruchs des Arbeitnehmers gegen den Zustimmungsbescheid die Kündigung innerhalb der Monatsfrist aussprechen kann. Auch die Arbeitsgerichte sind an die Zustimmungsentscheidung gebunden, auch wenn diese noch nicht rechtskräftig bzw. unmittelbar angefochten ist.

102 Dem Arbeitsgericht verbleibt theoretisch die Möglichkeit, das Verfahren gemäß 148 ZPO bis zur rechtskräftigen Entscheidung über die Anfechtung der Zustimmung des Integrationsamtes auszusetzen. Jedoch kommt in Rechtsstreitigkeiten über die Kündigung eines Arbeitsverhältnisses dem allgemeinen Beschleunigungsgebot des § 9 Abs. 1 ArbGG besondere Bedeutung zu. Demgegenüber hat das Interesse an der Verhinderung einander widersprechender Entscheidungen in den meisten Fällen zurückzutreten, es sei denn, dass die Rechtslage Anlass zu begründeten Zweifeln gibt.[70]

f) Zustimmungsfiktion gemäß § 88 Abs. 5 SGB IX

103 Für die Fälle der Betriebsstilllegung und der Insolvenz (eingeschränktes Ermessen)[71] ist die Zustimmungsfrist von 4 Wochen für das Integrationsamt seit dem 1.5.2004 zwingend vorgeschrieben. Wird diese Frist nicht eingehalten, wird gemäß § 88 Abs. 5 S. 2 SGB IX die Zustimmung des Integrationsamtes fingiert.

104 Durch diese Regelung soll in den beiden Fallgestaltungen, in denen das Ermessen des Integrationsamtes eingeschränkt ist, das Zustimmungsverfahren beschleunigt und dem berechtigten Interesse des Arbeitgebers an möglichst kurzfristiger Klärung der Frage Rechnung getragen werden, ob die öffentlich-rechtlichen Wirksamkeitsvoraussetzungen für eine Kündigung vorliegen.[72]

---

69 BAG, Urt. v. 6.9.2007 – 2 AZR 324/06 – BAGE 124, 43.

70 Münchener Anwaltshandbuch Arbeitsrecht/*Schulte*, § 45 Rn 113.

71 Siehe hierzu Rn 99.

72 Ascheid/Preis/Schmidt/*Vossen*, § 88 SGB IX Rn 12a.

Aus einer entsprechenden Anwendung von § 88 Abs. 3 und 4 SGB IX folgt, dass die Kündigung nur innerhalb eines Monats erklärt werden kann und Widerspruch und Anfechtungsklage auch in den Fällen der Zustimmungsfiktion keine aufschiebende Wirkung haben.[73] 105

g) Besonderheiten bei der außerordentlichen Kündigung

Die Besonderheiten des Zustimmungsverfahrens bei der außerordentlichen Kündigung ergeben sich aus § 91 SGB IX. 106

aa) Verfahren

Insbesondere **unterscheiden sich die Fristen** sowohl für die Antragstellung des Arbeitgebers auf Zustimmung, als auch die Frist der Behörde zur Entscheidung über den Antrag, welche beide zwei Wochen betragen. 107

Der Antrag auf Zustimmung kann nur **binnen zwei Wochen** nach Kenntniserlangung der die Kündigung begründenden Umstände eingehen. 108

Das Integrationsamt muss über den Antrag innerhalb von zwei Wochen endgültig entscheiden. Versäumt das Integrationsamt die Zwei Wochen Frist, gilt die Zustimmung nach § 91 Abs. 3 S. 2 SGB IX als erteilt. Es handelt sich hier wie bei § 88 Abs. 5 SGB IX um eine zwingende Frist mit Zustimmungsfiktion. 109

Nach erfolgter Erteilung der Zustimmung des Integrationsamtes zur außerordentlichen Kündigung (bzw. Eintritt der Zustimmungsfiktion durch Fristablauf) muss der Arbeitgeber gemäß § 91 Abs. 5 SGB IX **unverzüglich** kündigen. Die Kündigungserklärungsfrist für den Arbeitgeber wird im Falle der außerordentlichen Kündigung bereits durch eine formlose Bekanntgabe der Entscheidung des Integrationsamtes in Gang gesetzt. Auch eine mündliche oder telefonische Auskunft ist hierfür ausreichend.[74] 110

bb) Die Ermessensentscheidung bei der außerordentlichen Kündigung

- Konstellation 1: Erfolgt die Kündigung aus einem **Grunde, der nicht mit der Behinderung in Zusammenhang** steht, soll die Zustimmung in der Regel erteilt werden. Nur in atypischen Fällen hat die Behörde einen Ermessensspielraum. Ein atypischer Fall liegt vor, wenn die außerordentliche Kündigung den schwerbehinderten Arbeitnehmer in einer die Schutzzwecke des SGB IX berührenden Weise so hart trifft, dass ihm, im Vergleich zu den der Gruppe der 111

---

73 ErfK/*Rolfs*, § 88 SGB IX Rn 5; BT-Drucks 15/1783, S. 16.

74 *Fuhlrott*, ArbRAktuell 2011, 317, 319.

schwerbehinderten Arbeitnehmer im Falle außerordentliche Kündigung allgemein zugemuteten Belastungen ein Sonderopfer abverlangt wird.[75]

112 – Konstellation 2: **Hängen Kündigungsgrund und Behinderung dagegen zusammen**, entscheidet die Integrationsbehörde grundsätzlich nach Ermessen. Dabei lässt sie sich im Wesentlichen von denselben Maßstäben wie bei der ordentlichen Kündigung leiten[76], berücksichtigt aber die besondere Härte der außerordentlichen Kündigung.[77]

113 Die Kontrolle der allgemeinen arbeitsrechtlichen Wirksamkeitsvoraussetzungen obliegt, ebenso wie im Zustimmungsverfahren zur ordentlichen Kündigung nicht der Prüfungskompetenz der Integrationsbehörde.

---

75 ErfK/*Rolfs*, § 91 Rn 6; BVerwG, Urt. v. 2.7.1992 – 5 C 31/91 – NZA 1993, 123.

76 Vgl. hierzu Rn 97.

77 ErfK/*Rolfs*, § 91 Rn 6.

Klauselmuster[78]

2-seitiger Vordruck

Bezeichnung und Anschrift des Arbeitgebers

Für Rückfragen steht zur Verfügung:

Telefonisch | Telefax

E-Mail-Adresse

ggf. Geschäftszeichen des Arbeitsgebers

Bitte beachten:
Eine Kündigung ist erst zulässig, wenn die Zustimmung des Integrationsamtes vorliegt.
Zutreffendes bitte ☒ ankreuzen oder ausfüllen.
Antrag und Anlagen bitte dreifach einreichen

Antrag auf Zustimmung gemäß §§ 85 ff Sozialgesetzbuch Buch IX (SGB IX) zur beabsichtigten

☐ **ordentlichen fristgerechten Kündigung** ☐ **außerordentlichen fristlosen Kündigung**
☐ **außerordentlichen Kündigung mit sozialer Auslauffrist** ☐ **ordentlichen Änderungskündigung**
☐ **außerordentlichen Änderungskündigung** ☐ **Beendigung nach § 92 SGB IX ohne Kündigung** ☐

1 Angaben zum schwerbehinderten Menschen

Name, Vorname | Geburtsdatum

Anschrift (Straße, Hs.Nr., PLZ, Wohnort)

Familienstand | Zahl der zu unterhaltenden Kinder | Telefonnummer

Grad der Behinderung
☐ schwerbehindert mit einem Grad von (bitte Kopie des Ausweises beigeben) ☐ einem schwerbehinderten Menschen gleichgestellt

☐ hat erst am ☐ Antrag auf Gleichstellung bei der Agentur für Arbeit gestellt
☐ Antrag auf Feststellung beim zuständigen Versorgungsamt gestellt.

Datum und Aktenzeichen ☐ des Feststellungsbescheides ☐ des Gleichstellungsbescheides

Ausstellungsbehörde

Beschreibung der Behinderung (soweit bekannt)

☐ Für den schwerbehinderten Menschen ist ein Betreuer bestellt (soweit bekannt)

2 Beschäftigungsverhältnis

☐ Vollzeit
☐ Teilzeit mit Stunden | beschäftigt seit | Arbeitsentgelt (brutto) monatlich EUR | ggf. Rente monatlich EUR

Art der Tätigkeit

Kündigung

vorgesehen am | Kündigungsfrist | Ein geltender Tarifvertrag ist vorhanden ☐ nein ☐ ja,

Die ordentliche Kündigung ist durch Tarifvertrag ausgeschlossen ☐ nein ☐ ja

3 Sozialleistungen des Betriebes

Eine betriebliche Altersversorgung wird gewährt ☐ nein ☐ ja

☐ Die Anwartschaft ist unverfallbar. ☐ Die Anwartschaft wäre ab unverfallbar.

Andere betriebliche Leistungen zur Kündigung (z.B. Sozialplan)

08/2013

78 Onlineformular des bayrischen Integrationsamtes, abrufbar unter http://www.zbfs.bayern.de/imperia/md/content/blvf/integrationsamt/formulare/kuendigungsschutz_ar07.pdf.

4	**Angaben zum Betrieb des Arbeitgebers**
	Das Unternehmen besteht aus ☐ einer Betriebsstätte. ☐ mehreren Betriebsstätten.
	Betriebsstätte, in der die/der Schwerbehinderte beschäftigt ist ☐ selbständige Betriebsstätte (i.S.d. §§ 1, 4 BetrVG; mindestens 5 Mitarbeiter und betriebsratsfähig) ☐ unselbständige Betriebsstätte
	Bezeichnung der Betriebsstätte/Anschrift
	Die Einstellung bzw. der Arbeitsplatz des schwerbehinderten Menschen wurde/wird mit öffentlichen Mitteln (z.B. Integrationsamt, Agentur für Arbeit) gefördert. ☐ nein ☐ ja, durch
	Anzahl der Arbeitnehmer in der Betriebsstätte/Dienststelle des schwerbehinderten Menschen
	insgesamt: / daraus schwerbehindert einschließlich Mehrfachanrechnungen:
	Sind weitere Entlassungen beabsichtigt? ☐ Nein ☐ Ja / wie viel / Anzahl der schwerbehinderten Menschen
	Ein Betriebsrat/Personalrat ist vorhanden / ggf. abweichende Anschrift
	☐ nein ☐ ja / Name des/der Vorsitzenden / Telefon / Fax / E-Mail
	Eine Schwerbehindertenvertretung ist vorhanden / ggf. abweichende Anschrift
	☐ nein ☐ ja / Name der Vertrauensperson / Telefon / Fax / E-Mail
5	**Detaillierte Begründung der beabsichtigten Kündigung (wenn nötig, bitte auf ein beigefügtes Ergänzungsblatt), auch mit Darlegung der Maßnahmen, die betrieblicherseits zur Verhinderung der Kündigung bereits unternommen wurden, z.B. Prävention gem. § 84 Absatz 1 SGB IX** (bitte entspr. Nachweise beifügen).

Hinweis: Es ist mir bekannt, dass das Integrationsamt verpflichtet ist, vor der Entscheidung über den Antrag eine Stellungnahme des Betriebs-/Personalrats, der Vertrauensperson schwerbehinderter Menschen und des betroffenen schwerbehinderten Menschen/Gleichgestellten einzuholen.
Bitte kennzeichnen Sie die Unterlagen, die nicht weitergegeben werden dürfen.

Ort, Datum Unterschrift

Praxistipp

Bei der außerordentlichen und hilfsweise ordentlichen Kündigung, muss der Arbeitgeber im Verfahren vor dem Integrationsamt deutlich machen, dass er mit seinem Antrag die Zustimmung zu beiden Kündigungen begehrt, da es sich um **zwei Verfahren** handelt, die unterschiedliche Voraussetzungen haben und zu unterschiedlichen Entscheidungen der Behörde führen können.

H. Betriebsverfassungsrechtliche Funktionsträger

Betriebsverfassungsrechtliche Funktionsträger genießen Sonderkündigungsschutz. 114
Durch den Sonderkündigungsschutz soll sichergestellt werden, dass Arbeitgeber nicht die Möglichkeit haben durch personelle Maßnahmen auf die Zusammensetzung der Arbeitnehmervertretungen Einfluss zu nehmen.

I. Voraussetzungen des Kündigungsschutzes

1. Geschützter Personenkreis

Vor Kündigungen des Arbeitgebers besonders geschützt sind nach § 15 Abs. 1 KSchG 115
Mitglieder eines Betriebsrats, einer Jugend- und Auszubildendenvertretung, einer Bordvertretung und eines Seebetriebsrats, der Personalvertretung gemäß § 15 Abs. 2 KSchG sowie nach § 15 Abs. 3 KSchG Mitglieder eines Wahlvorstands und Wahlbewerber. Ebenso sind gemäß § 15 Abs. 3a KSchG die Wahlinitiatoren geschützt.

Nicht geschützt sind hingegen grundsätzlich Mitglieder des Sprecherausschus- 116
ses, Ersatzmitglieder des Betriebsrats oder Stellvertreter, Wahlbewerber für den Wahlvorstand sowie Mitglieder einer Einigungsstelle, Mitglieder des Wirtschaftsausschusses, einer tariflichen Schlichtungsstelle oder einer betrieblichen Beschwerdestelle.

2. Beginn und Nachwirkung des Sonderkündigungsschutzes

a) Beginn

Der Sonderkündigungsschutz beginnt grundsätzlich mit Übernahme der jeweiligen 117
Funktion oder des Amtes durch den Arbeitnehmer und endet mit dessen Verlust bzw. Niederlegung.

b) Nachwirkung

An das Ende des eigentlichen Kündigungsschutzes schließt sich für die durch § 15 118
Abs. 1–3 KSchG geschützten Personen ein nachwirkender Kündigungsschutz an. Zweck der Nachwirkung ist es, eine Zeit zu schaffen, in der sich die während der Amtszeit entstandenen Spannungen zwischen Arbeitgeber und Arbeitnehmer ab-

kühlen können. Die von § 15 Abs. 3a KSchG erfassten Wahlinitiatoren sind vom nachwirkenden Kündigungsschutz hingegen ausgenommen.

Checkliste

1 Jahr nach Beendigung der Amtszeit	Mitglieder eines Betriebsrates, einer Personalvertretung, eines Seebetriebsrates, einer Jugend- und Auszubildendenvertretung sowie einer Schwerbehindertenvertretung (§§ 96 f. SGB IX)
6 Monate nach Beendigung der Amtszeit	Mitglied einer Bordvertretung
6 Monate nach Bekanntgabe des Wahlergebnisses	Mitglieder eines Wahlvorstandes, erfolglose Wahlbewerber

c) Sonderproblem: Nachwirkender Kündigungsschutz auch für Ersatzmitglieder

119 Ersatzmitglieder, die nach Beendigung der Vertretungszeit wieder aus dem Betriebsrat ausgeschieden sind, genießen nachwirkenden Kündigungsschutz für die Dauer eines Jahres. Nach Auffassung des BAG greift dieser nachwirkende Kündigungsschutz allerdings nur ein, wenn das Ersatzmitglied in der Vertretungszeit auch tatsächlich konkrete Vertretungsaufgaben (wie z.B. Teilnahme an einer Betriebsratssitzung) wahrgenommen hat. Auf den Umfang der Tätigkeit kommt es nicht an. In diesem Fall ist das Ersatzmitglied nach Auffassung des BAG ebenso schutzwürdig wie jedes andere Betriebsratsmitglied und es soll dem Arbeitgeber auch im Falle von Ersatzmitgliedern erst nach einer „Abkühlungsphase" die Möglichkeit zur ordentlichen Kündigung wieder eröffnet sein.

120 Hat das Ersatzmitglied hingegen während der Zeit, in der es in den Betriebsrat nachgerückt war, weder an Sitzungen teilgenommen noch sonstige konkrete Betriebsratsaufgaben erfüllt, fehlt es an einer Situation, in der Konflikte mit dem Arbeitgeber hätten entstehen können. Einer durch den nachwirkenden Kündigungsschutz herbeizuführenden „Abkühlung" bedarf es in diesem Falle nicht.[79]

Fettnapf
Sobald ein Ersatzmitglied eingesetzt wird und tatsächlich Aufgaben übernimmt, genießt es, ebenso wie ein „reguläres Betriebsratsmitglied", Kündigungsschutz und sogar nachwirkenden Kündigungsschutz. Es passiert in der Praxis häufig, dass Betriebsräte ihre Ersatzmitglieder sogar gezielt einsetzen, um Ihnen dadurch Kündigungsschutz zu verschaffen.

79 BAG, Urt. v. 18.5.2006 – 6 AZR 627/05 – NJW 2006, 3020; ErfK/*Kiel*, § 15 KSchG Rn 13a; *Uhlmann*, NZA 2000, 576 ff.

3. Umfang und Reichweite des Kündigungsschutzes

a) Ordentliche Kündigung

Gegenüber allen in § 15 KSchG geschützten Personen sind ordentliche Kündigungen ausgeschlossen.[80] Einzige Ausnahme ist die ordentliche Kündigung wegen Betriebs- und Betriebsteilstilllegung. Der Sonderkündigungsschutz erfasst auch die Änderungskündigung[81]. 121

b) Außerordentliche Kündigung

Die außerordentliche Kündigung von Mitgliedern des Betriebsrats, der Jugend- und Auszubildendenvertretung, der Bordvertretung und des Seebetriebsrats, des Wahlvorstands sowie von Wahlbewerbern ist grundsätzlich zulässig, bedarf aber **während der Amtszeit** der oben genannten Personen gemäß § 103 BetrVG der Zustimmung des Betriebsrates oder deren Ersetzung durch das Arbeitsgericht. 122

Anders als bei der ordentlichen Kündigung ist das Zustimmungserfordernis im Falle der außerordentlichen Kündigung auf die Dauer der Amtszeit begrenzt. Es gibt keine Nachwirkungsphase. Bei Ersatzmitgliedern gilt das Zustimmungserfordernis entsprechend für die Dauer ihrer Vertretung.[82] Eine Zustimmung zur außerordentlichen Kündigungen ist bei Wahlinitiatoren nicht erforderlich.[83] 123

aa) Zustimmung des Betriebsrates

Die Zustimmung des Betriebsrates muss vor Ausspruch der Kündigung vorliegen, da die Kündigung sonst nichtig ist. Das betroffene Betriebsratsmitglied ist von der Beratung und Beschlussfassung über die Zustimmung zu seiner eigenen Kündigung wegen Befangenheit ausgeschlossen. 124

Der Arbeitgeber muss nach Kenntniserlangung vom außerordentlichen Kündigungsgrund unmittelbar den Betriebsrat um Zustimmung ersuchen. Für die Entscheidung über die Zustimmung zur Kündigung hat der Betriebsrat drei Tage Zeit. Hat er nach Ablauf der Drei-Tage-Frist keine Entscheidung getroffen, gilt die Zustimmung als verweigert und der Arbeitgeber muss beim Arbeitsgericht die Ersetzung der Zustimmung beantragen.[84] 125

Wichtig ist, dass sowohl der Antrag auf Zustimmung gegenüber dem Betriebsrat als auch der Antrag des Arbeitgebers auf Ersetzung der Zustimmung beim Arbeitsgericht noch vor Ablauf der Zwei Wochen Frist des § 626 Abs. 2 BGB erfolgt. 126

80 BAG, Urt. v. 17.11.2005 – 6 AZR 118/05 – NZA 2006, 370.
81 BAG, Urt. v. 12.3.2009 – 2 AZR 47/08 – NZA 2009, 1264.
82 BAG, Urt. v. 5.11.2009 – 2 AZR 487/08 – NZA-RR 2010, 236.
83 ErfK/*Kiel*, § 15 KSchG Rn 21.
84 BAG, Beschl. v. 18.8.1977 – 2 ABR 19/77 – DB 1978, 109; ErfK/*Kania*, § 103 BetrVG Rn 9.

bb) Verweigerungsgründe

127 Der Betriebsrat darf seine Zustimmung zur außerordentlichen Kündigung nur mit der Begründung verweigern, die Kündigung sei unwirksam, weil entweder ein **wichtiger Grund fehle** oder die Kündigung aus anderen Gründen **nichtig** sei.[85] Für die Beurteilung, ob Tatsachen vorliegen, die den Arbeitgeber zur Kündigung aus wichtigem Grund berechtigen, ist auf die Unzumutbarkeit einer Weiterbeschäftigung bis zum Ablauf der fiktiven Kündigungsfrist abzustellen.[86]

128 Im Übrigen gilt hinsichtlich des Kündigungsgrundes im Grundsatz nichts anderes als für die außerordentliche Kündigung „normaler" Arbeitnehmer.

129 Allerdings ergibt sich aus § 23 BetrVG, dass für reine Amtspflichtverletzungen nur die Möglichkeit des **Ausschlusses** aus dem Betriebsrat in Betracht kommt.

130 Eine **außerordentliche Kündigung** des Betriebsratsmitglieds kommt nur in Betracht, wenn es gegen arbeitsvertragliche Verpflichtungen verstoßen hat. Auch hier ist im Hinblick auf die besondere Konfliktsituation des Betriebsratsmitglieds ein „strengerer Maßstab" an den Ausspruch der außerordentlichen Kündigung anzulegen. Es ist zu prüfen und ggf. zu berücksichtigen, ob ein Funktionsträger gerade in Ausübung seines Amtes in Konflikt mit seinen arbeitsvertraglichen Pflichten geraten ist.[87] Vorbehaltlich der Umstände des Einzelfalls kommt nach der Rechtsprechung eine außerordentliche Kündigung zum Beispiel bei Unterschlagungen und Veruntreuungen[88], der Bereitschaft, in einem Rechtsstreit gegen den AG vorsätzlich falsch auszusagen[89] und der verunglimpfenden und aufhetzenden Wahlwerbung bei einer Betriebsratswahl[90] in Betracht.

cc) Antrag auf Zustimmungsersetzung beim Arbeitsgericht

131 Wenn der Betriebsrat die Zustimmung verweigert bzw. sich innerhalb der Drei-Tage-Frist nicht äußert, kann der Arbeitgeber beim Arbeitsgericht Antrag auf gerichtliche Zustimmungsersetzung stellen. Der Antrag muss noch innerhalb der Zwei-Wochen-Frist des § 626 Abs. 2 BGB gestellt werden; darf aber auch nicht vor Ablauf der Drei-Tage-Frist bzw. der Zustimmungsverweigerung gestellt werden.[91]

132 Das Arbeitsgericht prüft die Zulässigkeit der Kündigung sodann umfassend. Der Arbeitgeber ist erst nach rechtskräftiger Entscheidung des Arbeitsgerichts über die

85 BAG, Urt. v. 25.3.1976 – 2 AZR 163/75 – NJW 1976, 2180.
86 BAG, Urt. v. 19.7.2012 – 2 AZR 989/11 – NZA 2013, 143.
87 ErfK/*Kania*, § 103 BetrVG Rn 12.
88 BAG, Beschl. v. 22.8.1974 – 2 ABR 17/74 – NJW 1975, 181.
89 BAG, Beschl. v. 16.10.1986 – 2 ABR 71/85 – DB 1987, 1304.
90 BAG, Urt. v. 15.12.1977 – 3 AZR 184/76 – DB 1978, 1038.
91 BAG, Urt. v. 24.10.1996 – 2 AZR 3/96 – NZA 1997, 371.

Zustimmungsersetzung zur Kündigung berechtigt.[92] Nach Eintritt der Rechtskraft muss der Arbeitgeber die Kündigung **unverzüglich** aussprechen.[93]

Bis zur Rechtskraft der Entscheidung kann der Arbeitgeber je nach den Umständen des Einzelfalles, insbesondere nach dem Gewicht des angeführten Kündigungsgrundes, zur Suspendierung des Arbeitnehmers von der Arbeitspflicht gemäß § 611 BGB berechtigt sein, wobei grundsätzlich die Pflicht zur Vergütungsfortzahlung nicht tangiert wird. Auch bei einer individualarbeitsrechtlich zulässigen Suspendierung bleibt der Arbeitnehmer aber grundsätzlich berechtigt, den Betrieb weiterhin aufzusuchen, um sein Betriebsratsamt auszuüben.[94] 133

I. Wehrdienstleistende

1. Persönlicher Schutzbereich

Das Arbeitsplatzschutzgesetz[95] schützt Arbeitnehmer die Wehrdienst leisten. Arbeitnehmer im Sinne dieses Gesetzes sind Arbeiter und Angestellte sowie die zu ihrer Berufsausbildung Beschäftigten.[96] 134

Nach Abschaffung der allgemeinen Wehrpflicht in 2011 und Ersetzung durch den freiwilligen Wehrdienst wurde auch das Arbeitsplatzschutzgesetz entsprechend angepasst und ist auf den freiwilligen Wehrdienst weiterhin anzuwenden. 135

Das Arbeitsplatzschutzgesetz gilt bei Einberufung zum Wehrdienst oder einer Wehrübung. 136

Dies galt für Zivildienstleistende entsprechend. Der Zivildienst wurde jedoch mit Wirkung zum 30.6.2011 ausgesetzt. Es gilt nun das Bundesfreiwilligengesetz, wonach sich Frauen und Männer für das Allgemeinwohl, insbesondere im sozialen, ökologischen und kulturellen Bereich sowie im Bereich des Sports, der Integration und des Zivil- und Katastrophenschutzes engagieren können. Da dies jedoch kein Surrogat für eine Wehrpflicht mehr ist, kommt das Arbeitsplatzschutzgesetz auch nicht entsprechend zur Anwendung.[97] 137

92 BAG, Urt. v. 9.7.1998 – 2 AZR 142/98 – NZA 1998, 1273.
93 BAG, Urt. v. 24.4.1975 – 2 AZR 118/74 – BB 1975, 1014.
94 ErfK/*Kania*, § 103 BetrVG Rn 14.
95 In Kraft seit dem 13.4.2013.
96 § 15 ArbPlSchG.
97 Vgl. hierzu näher auch Schaub/*Vogelgesang*, Arbeitsrechtshandbuch, § 177 Rn 22.

II. Umfang und Reichweite des Kündigungsschutzes

1. Ordentliche Kündigung

138 Von der Zustellung des Einberufungsbescheids bis zur Beendigung des Grundwehrdienstes oder der Wehrübung darf der Arbeitgeber nicht ordentlich kündigen[98]. Eine innerhalb dieser Zeitspanne ausgesprochene Kündigung ist nichtig. Auf die Kenntnis des Arbeitgebers von der Zustellung des Einberufungsbescheids kommt es hierbei nicht an.

139 Vor Beginn und nach Beendigung des Wehrdienstes ist eine ordentliche Kündigung zulässig. Diese darf nur nicht aus Anlass des Wehrdienstes erfolgen.

2. Außerordentliche Kündigung

140 Das Recht zur außerordentlichen Kündigung bleibt unberührt. Einen solch umfassenden Kündigungsschutz gewährleistet das Arbeitsplatzschutzgesetz nicht.

J. Beauftragte des Arbeitgebers

I. Betriebsarzt/Sicherheitsbeauftragter

141 Der Kündigungsschutz für Betriebsärzte und Sicherheitsbeauftragte richtet sich nach dem Arbeitssicherheitsgesetz (ASiG).

142 Nach dem ASiG ist der Arbeitgeber verpflichtet Betriebsärzte, Sicherheitsingenieure und andere Fachkräfte für Arbeitssicherheit zu bestellen. Ihre Bestellung und Abberufung ist zustimmungsbedürftig.

1. Betriebsarzt

143 Der Arbeitgeber muss Betriebsärzte schriftlich bestellen und ihnen die in § 3 ASiG genannten Aufgaben übertragen, soweit dies erforderlich ist im Hinblick auf:
- die Betriebsart und die damit für die Arbeitnehmer verbundenen Unfall- und Gesundheitsgefahren,
- die Zahl der beschäftigten Arbeitnehmer und die Zusammensetzung der Arbeitnehmerschaft und
- die Betriebsorganisation, insbesondere im Hinblick auf die Zahl und die Art der für den Arbeitsschutz und die Unfallverhütung verantwortlichen Personen.

---

98 § 2 Abs. 1 ArbPlSchG.

2. Sicherheitsbeauftragter

Nach dem ASiG in Verbindung mit § 22 SGB VII ist der Arbeitgeber mit regelmäßig mehr als 20 Arbeitnehmern verpflichtet einen Sicherheitsbeauftragten zu bestellen. Die Sicherheitsbeauftragten haben den Unternehmer bei der Durchführung der Maßnahmen zur Verhütung von Arbeitsunfällen und Berufskrankheiten zu unterstützen. Insbesondere haben sie sich von dem Vorhandensein und der ordnungsgemäßen Benutzung der vorgeschriebenen Schutzeinrichtungen und persönlichen Schutzausrüstungen zu überzeugen und auf Unfall- und Gesundheitsgefahren für die Versicherten aufmerksam zu machen. **144**

3. Umfang und Reichweite des Kündigungsschutzes

Das ASiG enthält keine ausdrückliche Regelung zum Kündigungsschutz. § 8 Abs. 1 S. 2 ASiG enthält nur ein allgemeines Benachteiligungsverbot. Daraus ergibt sich, dass der Arbeitnehmer nicht aufgrund seiner Tätigkeit als Betriebsarzt oder sonstige Fachkraft für Arbeitssicherheit gekündigt werden darf. **145**

Darüber hinaus folgt aus § 9 Abs. 3 ASiG, dass der Arbeitgeber vor der Kündigung von Betriebsärzten und sonstigen Fachkräften für Arbeitssicherheit die Zustimmung des Betriebsrates einholen muss. Dies gilt zumindest dann, wenn man davon ausgeht, dass die Kündigung gleichzeitig auch die Abberufung aus dem Amt beinhaltet, was in der Praxis regelmäßig der Fall sein dürfte. **146**

Praxistipp !

Der Antrag nach § 9 Abs. 3 ASiG kann im Schreiben zur Anhörung des Betriebsrats nach § 102 BetrVG enthalten sein. Dies muss allerdings für den Betriebsrat erkennbar sein.

II. Datenschutzbeauftragter

1. Pflicht zur Bestellung eines Datenschutzbeauftragten

Nach § 4f Bundesdatenschutzgesetz (BDSG) müssen Arbeitgeber einen Beauftragten für den Datenschutz schriftlich bestellen. Dies gilt, sofern der Arbeitgeber personenbezogene Daten automatisch verarbeitet und mehr als 9 Mitarbeiter beschäftigt oder unabhängig von der Form der Datenverarbeitung, wenn er mehr als 20 Personen beschäftigt. **147**

2. Umfang und Reichweite des Kündigungsschutzes

§ 4f Abs. 3 S. 3 BSDG regelt ein Benachteiligungsverbot zu Gunsten des Datenschutzbeauftragten. Dieses Benachteiligungsverbot soll die Unabhängigkeit des Datenschutzbeauftragten gegenüber dessen Arbeitgeber sichern und ihm damit die Möglichkeit eröffnen, die Interessen des Datenschutzgesetzes ungehindert zu vertreten. **148**

149 Direkt im Anschluss an das Benachteiligungsverbot ist konkret ein Ausschluss der ordentlichen Kündigung für den Datenschutzbeauftragten geregelt. Er kann nur außerordentlich, aus wichtigem Grund, gekündigt werden. Als wichtiger Grund kommen alle Gründe aus dem Arbeitsverhältnis in Betracht, die auch sonst eine Kündigung nach § 626 BGB rechtfertigen würden. Der Kündigungsschutz besteht sogar noch ein Jahr über die Abberufung hinaus. Auch in diesem Zeitraum besteht nur die Möglichkeit zur außerordentlichen Kündigung.

150 Vom persönlichen Anwendungsbereich der Norm sind nur solche Datenschutzbeauftragten erfasst, zu deren Bestellung der Arbeitgeber gesetzlich verpflichtet ist. Erfasst sind also nur solche Fälle, in denen die Schwellenwerte überschritten sind. In anderen Fällen soll der Arbeitgeber nicht durch den Sonderkündigungsschutz von der freiwilligen Bestellung eines Datenschutzbeauftragten abgehalten werden.[99]

151 Das allgemeine Benachteiligungsverbot des § 4f Abs. 3 BDSG findet hingegen auch auf den freiwilligen Datenschutzbeauftragten Anwendung.

152 Erfolgt eine ordentliche oder außerordentliche Kündigung des Beauftragten „wegen der Erfüllung seiner Aufgaben" bzw. aus Gründen, die mit der Amtsausübung in untrennbarem Sachzusammenhang stehen, ist sie bereits infolge des allgemeinen Benachteiligungsverbots unwirksam.[100]

III. Betriebsbeauftragter für den Abfall

1. Pflicht zur Bestellung eines Abfallbeauftragten

153 Der besondere Kündigungsschutz nach § 55 Absatz III Kreislaufwirtschafts- und Abfallgesetz (KrW-/AbfG) in Verbindung mit § 58 Abs. 2 Bundesimmigrationsschutzgesetz (BImSchG) setzt die Bestellung des Arbeitnehmers zum Betriebsbeauftragten für Abfall (Abfallbeauftragten) voraus[101].

154 Gemäß § 54 Abs. 1 S. 1 KrW-/AbfG haben Betreiber genehmigungspflichtiger Anlagen, insbesondere bei besonders überwachungsbedürftigen Anlagen im Sinne des § 26 KrW-/AbfG Beauftragte für den Abfall zu bestellen. Diese Personen beraten die Betreiber sowie die Arbeitnehmer in Angelegenheiten, die für die Kreislaufwirtschaft und Abfallbeseitigung bedeutsam sein können[102].

---

99 Ascheid/Preis/Schmidt/*Greiner*, § 4f BDSG Rn 3.

100 Ascheid/Preis/Schmidt/*Greiner*, § 4f BDSG Rn 20.

101 BAG, Urt. v. 26.3.2009 – 2 AZR 633/07 – DB 2009, 1653.

102 Münchener Anwaltshandbuch Arbeitsrecht/*Schulte*, § 45 Rn 204.

2. Umfang und Reichweite des Kündigungsschutzes

Ebenso wie für den Datenschutzbeauftragten besteht für den Abfallbeauftragten neben dem allgemeinen Benachteiligungsverbot einen besonderer Kündigungsschutz. Gegenüber diesen Beauftragen ist die ordentliche Kündigung ausgeschlossen. Dies gilt, sobald eine schriftliche Bestellung als Abfallbeauftragter erfolgt und diese nachgewiesen werden kann. Die schriftliche Bestellung wird in der Regel im Arbeitsvertrag dokumentiert. Auch hier gibt es eine Nachwirkung des Kündigungsschutzes bis zu einem Jahr nach Abberufung. 155

IV. Strahlenschutzverantwortlicher

Unternehmen die genehmigungspflichtige Anlagen betreiben müssen einen Strahlenschutzbeauftragten bestellen (§§ 29 Abs. 1, 30 Abs. 4 Strahlenschutzverordnung (StrlSchutzVO); §§ 5 Abs. 1, 14 Abs. 4 Röntgenverordnung (RöntgenVO). Für Strahlenschutzbeauftragte besteht nur ein allgemeines Benachteiligungsverbot aber kein besonderer Kündigungsschutz. 156

K. Politische Mandatsträger

I. Politisches Mandat

In § 2 Abgeordnetengesetz (AbgG) ist der Schutz der freien Mandatsausübung geregelt. 157

§ 2 Abs. 2 AbgG regelt spezifisch das Verbot der Benachteiligungen am Arbeitsplatz im Zusammenhang mit der Bewerbung um ein Mandat sowie dem Erwerb, der Annahme und Ausübung eines Mandats. 158

Nach § 3 Abs. 3 Europaabgeordnetengesetz (EuAbgG) ist eine Kündigung oder Entlassung wegen der Übernahme oder Ausübung des Mandats unzulässig. Nach § 7 S. 1 Bundespräsidentenwahlgesetz (BPräsWG) findet Art. 48 Abs. 2 GG auch entsprechende Anwendung auf Mitglieder der Bundesversammlung. 159

Länderregelungen können teilweise sogar weiter gefasst sein als das AbgG. Soweit keine spezielleren Vorschriften bestehen, gelten für Mitglieder in Landkreis- und Gemeindeparlamenten sowie den übrigen kommunalen Vertretungskörperschaften die Grundsätze des AbgG entsprechend. 160

II. Umfang und Reichweite des Kündigungsschutzes

Der Kündigungsschutz beginnt mit der Aufstellung des Bewerbers durch das dafür zuständige Organ der Partei oder mit der Einreichung des Wahlvorschlags. Er gilt ein Jahr nach Beendigung des Mandats fort. 161

Kapitel 10
Kündigungsschutzprozess

A. Einführung

Der Streit um die Wirksamkeit einer Kündigung (**Kündigungsschutzklage**) stellt den häufigsten Fall der Auseinandersetzungen vor dem Arbeitsgericht dar und ist somit in der betrieblichen Praxis für den Arbeitgeber von besonderer Bedeutung. Dies beruht vor allem darauf, dass nach **deutscher Rechtslage** die Kündigungsfreiheit des Arbeitgebers durch zahlreiche und unterschiedliche Regelungen eingeschränkt ist, insbesondere durch den allgemeinen Kündigungsschutz und einer Reihe von Schutzbestimmungen für besondere Personengruppen.[1] 1

Das wichtigste Gesetz, welches der Arbeitgeber im Rahmen einer Kündigung eines Arbeitnehmers zu beachten hat, ist das **Kündigungsschutzgesetz (KSchG)**. Dieses Gesetz sichert einen Bestands- und einen Vertragsinhaltsschutz des Arbeitsverhältnisses zugunsten des Arbeitnehmers. So ist für eine Kündigung nach deutschem Arbeitsrecht stets ein Kündigungsgrund nötig, welcher in der Person oder in dem Verhalten des Arbeitnehmers liegen kann oder aus betriebsbedingten Gründen erforderlich ist. 2

Im Gegensatz zu anderen europäischen Ländern herrscht in Deutschland das „Alles oder Nichts“-Prinzip vor. Das Kündigungsschutzgesetz sieht sowohl bei einer rechtmäßigen als auch bei einer unrechtmäßigen Kündigung in der Regel **keine Abfindung** vor. Einziger Durchbruch dieses Prinzips im Kündigungsschutzgesetz erfolgt durch die §§ 9 und 10 KSchG.[2] In Deutschland ist somit die Lösung des Arbeitgebers vom Arbeitsverhältnis mit dem Arbeitnehmer an hohe Voraussetzungen geknüpft und kann auch nicht durch Zahlung einer Abfindung vereinfacht werden. Dieses sehr strenge Kündigungsrecht, das in Deutschland gilt, findet sich in den europäischen Nachbarländern in dieser starken Ausprägung nicht wieder. Die Folgen einer ungerechtfertigten Kündigung werden in den Mitgliedsstaaten der Europäischen Union recht unterschiedlich behandelt, allerdings ist eine so schwere Loslösung vom Arbeitsverhältnis in keinem anderen europäischen Nachbarland mehr zu finden. In den meisten Ländern besteht bei Vorliegen einer ungerechtfertigten Kündigung oftmals nur ein Anspruch des Arbeitnehmers auf Schadensersatz und/oder eine Abfindung; den Arbeitsplatz erhält der Arbeitnehmer in diesen Ländern aber selten zurück. So ist z.B. die Kündigung in Frankreich an einen tatsächlichen und ernsthaften Grund geknüpft. Falls dieser jedoch nicht besteht, ist die 3

1 Siehe dazu ausführlich Kap. 4 Rn 25 ff.

2 Siehe dazu unten D II Rn 51 ff.

Kündigung dennoch wirksam, der Arbeitgeber aber **schadensersatzpflichtig**. Zudem kommt bei einer Beschäftigungsdauer ab zwei Jahren ein **Anspruch auf Abfindung** hinzu. Auch im Vereinten Königreich muss eine Kündigung gerechtfertigt sein. Falls dies nicht der Fall ist, sind auch hier Schadensersatzansprüche vom Arbeitgeber zu bezahlen. Nur in seltenen Ausnahmefällen kommt ein Weiterbeschäftigungs- oder Wiedereinstellungsanspruch in Betracht. Auch hier ist bei einer Kündigung aus wirtschaftlichen Gründen zusätzlich eine Abfindung zu zahlen. Unter Zugrundelegung dieser in Deutschland geltenden strengen Voraussetzungen eine Kündigung ist dem Arbeitgeber anzuraten, eine Kündigung ordnungsgemäß vorzubereiten, um im Kündigungsschutzprozess zu obsiegen bzw. eine Beendigung des Arbeitsverhältnisses zu erreichen.

4 Spricht der Arbeitgeber eine Kündigung aus, so muss der Arbeitnehmer nach **§ 4 Satz 1 KSchG innerhalb von drei Wochen nach Zugang** der schriftlichen Kündigung Kündigungsschutzklage beim Arbeitsgericht erheben, wenn er geltend machen will, dass eine Kündigung des Arbeitgebers sozial ungerechtfertigt oder aus anderen Gründen unwirksam ist. Versäumt er diese Frist, gilt die Kündigung als rechtswirksam gem. **§ 7 KSchG.**

5 Der Kündigungsschutzprozess gliedert sich im Wesentlichen in vier grobe Abschnitte: Klageeinreichung, Güteverhandlung, Kammerverhandlung, Urteil bzw. Abschluss des Verfahrens durch Vergleich. Im Nachfolgenden soll auf die Voraussetzungen einer ordnungsgemäßen Kündigungsschutzklage und die wesentlichen Verfahrensabschnitte näher eingegangen werden.

B. Verfahren und Voraussetzungen der Kündigungsschutzklage

I. Anrufung des Arbeitsgerichts

1. Klagefrist/Klageerhebung

a) Allgemeines

6 § 4 KSchG dient der Klarheit über den Fortbestand des Arbeitsverhältnisses. Die Drei-Wochen-Frist des § 4 Satz 1 KSchG gilt für **alle formwirksamen Kündigungen** des Arbeitgebers, somit bei einer ordentlichen und einer außerordentlichen Kündigung und einer Änderungskündigung. Besonders hervorzuheben ist der Umstand, dass die Einhaltung der Frist des § 4 KSchG auch für Kündigungsschutzklagen gilt, die Unwirksamkeitsgründe einer Kündigung erfassen, die außerhalt des KSchG liegen.[3] Dies ist insbesondere bei der Beschäftigung des Arbeitnehmers in einem

3 Siehe dazu Kap. 4 Rn 41 ff.

Kleinbetrieb (Beschäftigung von weniger als mindestens 10 Arbeitnehmer gemäß § 23 Abs. 1 KSchG) oder innerhalb der Wartezeit des § 1 Abs. 1 KSchG (Bestand des Arbeitsverhältnisses noch keine 6 Monate) relevant.

Die Kündigungsschutzklage wird durch Einreichung einer Klageschrift bei Gericht (§ 253 Abs. 5 ZPO) oder mündlich zum Protokoll der Geschäftsstelle des Arbeitsgerichts (§§ 46 Abs. 2 ArbGG, 496 ZPO) eingereicht und dadurch anhängig gemacht. 7

b) Fristberechnung

Für die Berechnung der Frist gelten die § 187–193 BGB. Bezüglich des Fristbeginns wird der Tag, an dem die Kündigung an den Arbeitnehmer zugegangen ist, gemäß § 187 BGB nicht mitgerechnet. Die Frist **beginnt** somit erst am darauffolgenden Tag um 0:00 Uhr. Die mit Zugang der Kündigung in Lauf gesetzte Frist **endet** nach § 188 Abs. 2 BGB mit dem Ablauf des gleichen Wochentages der dritten Woche. 8

Berechnungsbeispiel
Zugang der Kündigung am 10.3.2014 (Montag), Beginn der Drei-Wochen-Frist am 11.3.2014 (Dienstag) um 0:00 Uhr, Ablauf der Drei-Wochen-Frist am 31.3.2014 (Montag) um 24:00 Uhr.

Kalender für März 2014

Mo	Di	Mi	Do	Fr	Sa	**So**
					1	**2**
3	4	5	6	7	8	**9**
10	11	12	13	14	15	**16**
17	18	19	20	21	22	**23**
24	25	26	27	28	29	**30**
31						

Fällt das Ende der Frist auf einen Samstag, Sonntag oder gesetzlichen Feiertag, tritt an die Stelle eines solchen Tages der nächste Werktag gemäß § 193 BGB.

Berechnungsbeispiel
Zugang der Kündigung am 31.3.2014 (Montag), Beginn der Drei-Wochen-Frist am 1.4.2014 (Dienstag), grundsätzlich Ablauf der Drei-Wochen-Frist am 21.4.2014 um 24:00 Uhr. Dies ist allerdings Ostermontag, so dass der Fristablauf auf den 22.4.2014 24:00 Uhr verschoben wird.

Kalender für April 2014

Mo	Di	Mi	Do	Fr	Sa	**So**
	1	2	3	4	5	**6**
7	8	9	10	11	12	**13**
14	15	16	17	**18**	19	**20**
21	22	23	24	25	26	**27**
28	29	30				

Beachte
Im Gegensatz zur Ermittlung des Fristendes gemäß § 193 BGB ist es für den Fristbeginn unbeachtlich, ob er auf ein Wochenende oder einen staatlich allgemein anerkannten Feiertag fällt.

Fettnapf
Bei gesetzlichen Feiertagen ist die Feiertagsregelung maßgebend, die in dem Land gilt, in dem die Klage zu erheben ist, so dass zwingend auf die Feiertagsregelung in den einzelnen Bundesländern zu achten ist.

c) Prozessvertretung

9 In der 1. Instanz vor den Arbeitsgerichten ist die Vertretung durch einen Rechtsanwalt keine Pflicht, die Parteien können den Rechtsstreit auch selbst führen. Vor dem LAG (2. Instanz) und dem BAG (3. Instanz) ist die rechtliche Vertretung allerdings ein Muss. Dies ergibt sich aus der gesetzlichen Regelung in **§ 11 ArbGG.**

d) Geltendmachung aller Unwirksamkeitsgründe

10 Der Arbeitnehmer muss die Unwirksamkeit der Kündigung unabhängig vom Unwirksamkeitsgrund innerhalb der Drei-Wochen-Frist geltend machen. So muss sich der Arbeitnehmer auch bei einem Verstoß gegen die Vorschriften des Allgemeinen Gleichbehandlungsgesetzes (AGG), der Anzeigepflicht bei Massenentlassungen gem. § 17 KSchG, ein Verstoß gegen die Betriebsratsanhörung gem. § 102 BetrVG oder bei einem Verstoß gegen die Unterrichtungspflicht des Arbeitgebers bei einem Betriebsübergang gemäß § 613a Abs. 4 BGB, bei einem Verstoß gegen gesetzliche Verbote gem. § 134 BGB oder gegen die guten Sitten gem. § 138 BGB sowie einem Verstoß gegen Treu und Glauben gem. § 242 BGB innerhalb der Frist auf diese berufen.

e) Ausnahmen

Von dieser Grundregel, dass alle Unwirksamkeitsgründe einer Kündigung innerhalb der gesetzlichen Drei-Wochen-Frist geltend gemacht werden müssen, bestehen wenige Ausnahmen, die im Folgenden aufgezeigt werden sollen. 11

aa) Schriftformmangel

Wurde die Kündigung nicht schriftlich i.S.d. § 623 BGB ausgesprochen, so löst sie die Klagefrist nicht aus, da § 4 KSchG schon seinem Wortlaut nach nur für schriftliche Kündigungen gilt. Die Unwirksamkeit einer nicht schriftlichen Kündigung kann somit unter diesen Umständen bis zur Grenze der Verwirkung geltend gemacht werden.[4] So ist eine mündlich ausgesprochene Kündigung oder eine Kündigung per E-Mail oder Telefax nicht wirksam. 12

bb) Vollmachtloser Vertreter

Die Klagefrist des § 4 KSchG gilt auch nicht, wenn dem Arbeitgeber die Kündigung **nicht zurechenbar** ist, da sie durch einen vollmachtlosen Vertreter oder einen Nichtberechtigten erfolgt. Für den Beginn der Drei-Wochen-Frist ist in diesem Fall erst die Genehmigung des Arbeitgebers erforderlich.[5] 13

Praxistipp !

Diese beiden Beispiele zeigen auf, dass der Arbeitgeber bei bzw. vor Ausspruch einer ordnungsgemäßen Kündigung einige zwingende Voraussetzungen einhalten muss, damit die Kündigung ordnungsgemäß erfolgt und ihre Wirksamkeit entfalten kann. Für den Arbeitgeber ist somit in erster Linie eine **sorgfältige Kündigungsvorbereitung** von ausschlaggebender Bedeutung.[6]

---

cc) Nichteinhaltung der Kündigungsfrist

Verlangt der Arbeitnehmer lediglich die **Einhaltung der Kündigungsfrist** und greift dieser die Kündigung als solche gar nicht an, dann ist jedenfalls nach h.M. die 14

---

4 BAG, Urt. v. 9.2.2006 – 6 AZR 283/05 – NZA 2006, 1207; BAG, Urt. v. 28.6.2007 – 6 AZR 873/06 – NZA 2007, 972; BAG, Urt. v. 6.9.2012 – 2 AZR 858/11 – NZA 2013, 524; MünchArbR/*Wank*, § 97 Rn 85 f. m.w.N.

5 BAG, Urt. v. 26.3.2009 – 2 AZR 403/07 – NZA 2009, 1146; ErfK/*Kiel* § 4 KSchG Rn 6.

6 Siehe dazu ausführlich Kap. 23 Die richtige Kündigungsvorbereitung.

Drei-Wochen-Frist nicht beachtlich.[7] In diesem Fall bestehe keine Unsicherheit über den Bestand des Arbeitsverhältnisses, sondern nur über den **Zeitpunkt der Beendigung**. Die Frage, wie eine Kündigungserklärung des Arbeitgebers auszulegen ist, wenn dieser von einer falschen Kündigungsfrist ausgegangen ist, beurteilt die Rechtsprechung des BAG nicht einheitlich.

15 Nach Ansicht des 2. Senats des BAG muss eine Kündigungserklärung des Arbeitgebers **ausgelegt** werden und zwar auf die Weise, dass der Arbeitgeber das Arbeitsverhältnis grundsätzlich zum richtigen und somit zum nächstzulässigen Termin beenden will.[8] Nur in dem Fall, in dem Anhaltspunkte dafür vorliegen, dass der Arbeitgeber das Arbeitsverhältnis zu einem ganz bestimmten Termin kündigen will, scheidet eine Auslegung der Kündigungserklärung aus.[9]

16 Der 5. Senat des BAG geht noch weiter: Nach seiner Ansicht kann eine Kündigungserklärung aufgrund des Bestimmtheitsgebots **nicht ausgelegt** werden, so dass die Nichteinhaltung der Kündigungsfrist auch innerhalb der Frist des § 4 Satz 1 KSchG vom Arbeitnehmer geltend gemacht werden muss.[10]

Praxistipp
Aus Arbeitgebersicht ist zu empfehlen, dass die Kündigungserklärung klarstellen sollte, dass dieser das Arbeitsverhältnis in jedem Fall zum nächstmöglichen Kündigungstermin kündigen will.

Muster
Kündigungserklärung
„Hiermit kündigen wir Ihr Arbeitsverhältnis ordentlich und unter Einhaltung der vertraglichen/gesetzlichen Kündigungsfrist zum *[... Datum]*, hilfsweise zum nächstmöglichen Zeitpunkt."

f) Sonderregelung in § 4 Satz 4 KSchG

17 Wenn die Kündigung der Zustimmung durch eine Behörde bedarf (z.B. § 9 MuSchG, § 18 BEEG oder § 85 SGB IX), läuft die Klageerhebungsfrist erst ab **Bekanntgabe der Entscheidung** der Behörde. Dies kann dazu führen, dass bei

7 BAG, Urt. v. 15.12.2005 – 2 AZR 148/05 – NJW 2006, 2284; Ascheid/Preis/Schmitt/*Hesse*, § 4 KSchG Rn 10b; KR/*Friedrich*, § 13 Rn 289; *Genenger*, RdA 2010, 274, 280; *Hanau*, ZIP 2004, 1169, 1175; diff. *Raab*, RdA 2004, 321, 325 f.; a.A. *Bader*, NZA 2004, 65, 68; *Dewender*, DB 2005, 337 ff.; HaKo/*Gallner*, § 4 KSchG Rn 111 ff.

8 BAG, Urt. v. 15.12.2005 – 2 AZR 148/05 – AP KSchG 1969 § 4 Nr. 55.

9 BAG, Urt. v. 15.12.2005 – 2 AZR 148/05 – AP KSchG 1969 § 4 Nr. 55.

10 BAG, Urt. v. 1.9.2010 – 5 AZR 700/09 – EzA KSchG n.F. § 4 Nr. 90.

Kenntnis des Arbeitgebers z.B. von einer Schwerbehinderung und einer fehlenden Zustimmung des Integrationsamtes zur Kündigung, die Klagefrist des § 4 Satz 1 KSchG gar nicht erst zu laufen beginnt und somit eine Kündigungsschutzklage bis zur Grenze der Verwirkung auch außerhalb des Drei-Wochen-Zeitraums erhoben werden kann.[11]

Hat der Arbeitgeber **keine Kenntnis** von der Schwerbehinderung des Arbeitnehmers bzw. des Sonderkündigungsschutzes, greift § 4 Satz 4 KSchG nicht ein, der Arbeitnehmer ist dann gehalten, innerhalb der Drei-Wochen-Frist Klage zu erheben, um sich auf den Sonderkündigungsschutz zu berufen. Für die Frage des Ablaufs der Klageerhebungsfrist bei dem Erfordernis einer behördlichen Beteiligung ist somit die **Kenntnis des Arbeitgebers** bezüglich des bestehenden Sonderkündigungsschutzes von entscheidender Bedeutung. Des Weiteren hat dieser dem Arbeitgeber innerhalb bestimmter Fristen den bestehenden Sonderkündigungsschutz mitzuteilen. 18

Beispiel
- festgestellte oder zur Feststellung beantragte Schwerbehinderung: Anzeigepflicht 3 Wochen nach Zugang der Kündigung[12]
- Schwangerschaft gemäß § 9 Abs. 1 MuSchG: Anzeigepflicht binnen 2 Wochen nach Zugang der Kündigung

g) Rechtsfolgen bei Versäumung der Klagefrist

Wird die Klagefrist auf Seiten des Arbeitnehmers versäumt, so tritt die **Fiktionswirkung des § 7 KSchG** ein. Wird gem. § 7 KSchG die Rechtsunwirksamkeit einer Kündigung nicht rechtzeitig geltend gemacht, so gilt die Kündigung als von Anfang an rechtswirksam. Eine Überprüfung der Kündigung auf ihre Rechtmäßigkeit erfolgt nicht mehr. 19

2. Klageart/Streitgegenstand

a) Feststellungsklage

Bei der Kündigungsschutzklage handelt es sich um eine **besondere Feststellungsklage.** Diese ist auf Feststellung dahingehend gerichtet, dass eine bestimmte, durch den Arbeitgeber ausgesprochene schriftliche Kündigung das Arbeitsverhältnis nicht aufgelöst hat. 20

11 BAG, Urt. v. 13.2.2008 – 2 AZR 864/06 – NZA 2008, 1055.
12 BAG, Urt. v. 23.2.2010 – 2 AZR 659/08 – NZA 2011, 411.

b) Allgemeine Feststellungsklage

21 Bei der Erhebung einer Kündigungsschutzklage wird von Seiten des Arbeitnehmers zumeist der **sog. „Schleppnetz-Antrag"** mitaufgenommen. Dieser umfasst regelmäßig die Frage, ob ein Arbeitsverhältnis über den Beendigungszeitpunkt einer Kündigung hinaus zurzeit der letzten mündlichen Verhandlung in der Tatsacheninstanz fortbesteht.[13] Im Hinblick auf diesen Antrag wird von Seiten des Gerichts der Fortbestand des Arbeitsverhältnisses unter Einbeziehung eventueller zusätzlicher Beendigungsgründe geprüft.

c) Feststellungs- und Rechtschutzinteresse

22 Für eine Feststellungsklage wird regelmäßig ein **besonderes Feststellungs- und Rechtschutzinteresse** vorausgesetzt. Bei der Kündigungsschutzklage wird dieses gem. § 4 Satz 1 i.V.m. § 7 KSchG regelmäßig indiziert, da der Arbeitnehmer die Sozialwidrigkeit der Kündigung innerhalb der Drei-Wochen-Frist geltend machen muss, um den Eintritt der Fiktion und der unwiderlegbaren Vermutung des § 7 KSchG zu verhindern. Bei der allgemeinen Feststellungsklage allerdings ist ein besonderes Feststellungsinteresse vom Arbeitnehmer darzulegen. Wenn der Antrag gerechtfertigt sein soll, muss der Arbeitnehmer durch bestimmten Tatsachenvortrag die Möglichkeit weiterer Kündigungen und/oder Beendigungstatbestände in den Prozess einführen.

3. Sachliche und örtliche Zuständigkeit

23 Erstinstanzlich ist stets das **Arbeitsgericht sachlich zuständig.** Die Arbeitsgerichte sind zuständig in allen bürgerlich-rechtlichen Streitigkeiten zwischen Arbeitnehmer und Arbeitgeber (gem. § 2 Abs. 1 Nr. 3 ArbGG). Für die **örtliche Zuständigkeit** gelten gem. § 46 Abs. 2 ArbGG die §§ 12ff. ZPO.

a) Allgemeiner Gerichtsstand

24 Das Gericht, bei dem eine Person ihren allgemeinen Gerichtsstand hat, ist für alle gegen sie zu erhebenden Klagen zuständig, sofern nicht für eine Klage ein ausschließlicher Gerichtsstand begründet ist (§ 12 ZPO). Der allgemeine Gerichtsstand des Arbeitgebers ist bei einer natürlichen Person dessen **Wohnsitz** (§ 13 ZPO) und bei juristischen Personen der **Sitz des Unternehmens** (§ 17 ZPO).

---

13 Vgl. nur BAG, Urt. v. 10.10.2002 – 2 AZR 622/01 – NZA 2003, 684; BAG, Urt. v. 12.5.2005 – 2 AZR 426/04 – NZA 2005, 1259.

b) Besondere Gerichtsstände

Bei Klagen im Arbeitsverhältnis ist daneben insbesondere der besondere Gerichtsstand des **Erfüllungsortes** (§ 29 ZPO i.V.m. § 46 Abs. 2 ArbGG) oder der besondere Gerichtsstand des **gewöhnlichen Arbeitsortes** (§ 48 Abs. 1a Satz 1 ArbGG) von Bedeutung. In diesem Zusammenhang sind somit in der Regel der Betriebssitz des Arbeitgebers und der Arbeitsort des Arbeitnehmers zugrunde zu legen. Bei Außendienstmitarbeitern kommt es auf den örtlichen Schwerpunkt der Tätigkeit an.[14] 25

c) Sonstiges

Auch eine **rügelose Einlassung** gem. § 39 ZPO ist möglich. Dies bedeutet, dass die Zuständigkeit des ersten Rechtszuges auch dadurch begründet werden kann, dass der Beklagte ohne die Unzuständigkeit des Gerichts geltend zu machen zur Hauptsache mündlich verhandelt. Auch eine **Gerichtsstandsvereinbarung** zwischen den Parteien ist gem. § 38 ZPO möglich. Unter mehreren Gerichtständen hat der Kläger ein **Wahlrecht** gem. § 35 ZPO. Bei Unzuständigkeit kommt eine Verweisung gem. § 48 Abs. 1 ArbGG i.V.m. §§ 17–17b GVG in Betracht. 26

4. Inhalt der Klageschrift

Bezüglich des Inhalts der Klageschrift gelten die allgemeinen zivilprozessualen Anforderungen gem. § 253 Abs. 2 und 3 ZPO (genaue Bezeichnung der Parteien und des Gerichts, Angaben zum Streitgegenstand, Anträge). Im Folgenden soll der formale Aufbau einer Klageschrift aufgezeigt werden. 27

Muster
Kündigungsschutzklage

Arbeitsgericht Mannheim –
– Kammern Heidelberg –
Vangerowstr. 20
69115 Heidelberg

Klage
der Frau *[Name, Anschrift]*

– Klägerin –

Prozessbevollmächtigte: Rechtsanwälte *[Name, Anschrift]*
gegen
die A-GmbH, vertr. d. d. Geschäftsführer, *[Name, Anschrift]*

– Beklagte –

---

14 Germelmann/Matthes/Prütting/*Germelmann*, § 48 ArbGG Rn 36.

Namens und im Auftrag der Klägerin erheben wir Klage und beantragen,
1. festzustellen, dass das zwischen den Parteien bestehende Arbeitsverhältnis durch die ordentliche Kündigung der Beklagten vom *[... Datum]* nicht aufgelöst werden wird;
2. festzustellen, dass das Arbeitsverhältnis auch nicht durch andere Beendigungstatbestände endet, sondern über den *[... Datum]* hinaus andauert.

Die Parteien streiten um eine ordentliche, betriebsbedingte *[personenbedingte, verhaltensbedingte]* Kündigung.

I. Sachverhalt
1. Die am *[... Datum]* geborene Klägerin ist verheiratet und einem Kind zum Unterhalt verpflichtet. Bei der Beklagten ist sie seit dem *[... Datum]* beschäftigt, zuletzt als *[Tätigkeitsbeschreibung]*. Die Klägerin verdiente zuletzt *[... €]* brutto pro Monat.
   Beweis: Arbeitsvertrag vom *[... Datum]*, in Kopie anbei als **Anlage K 1**
2. Die Beklagte beschäftigt mehr als zehn Vollzeitarbeitnehmer, es gibt einen Betriebsrat. Mit Schreiben vom *[... Datum]*, der Klägerin am selben Tage zugegangen, kündigte die Beklagte das Arbeitsverhältnis zum *[...]*.
   Beweis: Kündigungsschreiben vom *[... Datum]*, in Kopie anbei als **Anlage K 2**
3. Es wird bestritten, dass betriebsbedingte, personen- oder verhaltensbedingte Gründe bestünden, welche die Kündigung rechtfertigen könnten. Vorsorglich wird bestritten, dass die Beklagte den Betriebsrat ordnungsgemäß zu der Kündigung angehört habe.

II. Rechtliche Würdigung
Die Klage ist begründet, da die Kündigung sozial nicht gerechtfertigt ist.
1. **Soziale Rechtfertigung der Kündigung**
   Die Kündigung ist sozial ungerechtfertigt. Sie ist weder durch dringende betriebliche Erfordernisse noch durch Gründe im Verhalten oder in der Person des Klägers gerechtfertigt.
2. **Allgemeiner Feststellungsantrag**
   Der Klagantrag zu Ziffer 2. beinhaltet eine selbständige allgemeine Feststellungsklage gem. § 256 ZPO. Der Klägerin sind zwar derzeit keine anderen möglichen Beendigungstatbestände außer der mit dem Klagantrag zu Ziffer 1. angegriffenen Kündigung vom *[... Datum]* bekannt, es besteht jedoch die Gefahr, dass die Beklagte im Verlaufe des Verfahrens weitere Kündigungen ausspricht. Es wird deshalb mit dem Klagantrag zu Ziffer 2. die Feststellung begehrt, dass das Arbeitsverhältnis auch durch solche weiteren Kündigungen nicht beendet wird.

Wir bitten, wie beantragt zu entscheiden.

Unterschrift Rechtsanwalt

---

5. Parteien

a) Aktivlegitimation

28 Grds. ist nur der von der Kündigung **betroffene Arbeitnehmer** aktivlegitimiert, da es sich um ein **höchstpersönliches Recht** handelt.

b) Passivlegitimation

29 Die Kündigungsschutzklage richtet sich gegen den **Arbeitgeber** als Vertragspartner.

II. Zulassung verspäteter Klagen

1. Allgemeines

Bei einer Versäumung der Klagefrist nach § 4 Satz 1 KSchG kann ein Antrag auf **nachträgliche Zulassung der Kündigungsschutzklage** in Betracht kommen. Dafür müssen die Voraussetzungen des § 5 KSchG vorliegen. 30

2. Voraussetzungen

Nach **§ 5 Abs. 1 Satz 1 KSchG** ist eine nachträgliche Zulassung möglich, wenn der Arbeitnehmer trotz Anwendung aller ihm nach Lage der Umstände zuzumutenden Sorgfalt verhindert war, die Klage innerhalb von drei Wochen nach Zugang der schriftlichen Kündigung zu erheben. Bei der Beurteilung dieser Anforderung ist ein **subjektiver Beurteilungsmaßstab** anzulegen. Bereits das Vorliegen von leichtester Fahrlässigkeit ist schädlich.[15] 31

Beispiele

- **Krankheit**: Rechtfertigt die nachträgliche Zulassung einer Kündigungsschutzklage nur ausnahmsweise, wenn rechtzeitige Klageerhebung durch die Erkrankung objektiv unmöglich gewesen ist. Maßgebend sind daher Schwere der Erkrankung und die persönlichen Verhältnisse des Arbeitnehmers; bejahend bei schweren physischen oder psychischen Erkrankungen.[16]
- **Rechtsrat**: Eine nachträgliche Zulassung der Klage kommt ebenfalls in Betracht, wenn der Arbeitnehmer falsch beraten wurde und er davon ausgehen durfte, dass der Berater hinreichend kundig war.[17] Als hinreichend kundig ist/sind insbesondere Arbeitsrichter in der Verhandlung, die Rechtsantragsstellen der Arbeitsgerichte, Rechtsanwälte und die Rechtsschutzstellen der Gewerkschaften, nicht dagegen Arbeitskollegen, Betriebs- oder Personalrat oder Vorgesetzte anzusehen.
- **Urlaub**: Bei urlaubsbedingter Ortsabwesenheit des Arbeitnehmers ist grundsätzlich die nachträgliche Zulassung der Kündigungsschutzklage geboten.[18]

3. Antrag/Form

Der Arbeitnehmer muss für die Geltendmachung einer nachträglichen Zulassung einen **entsprechenden Antrag** zusätzlich zu den Kündigungsschutzanträgen stellen. 32

Neben den bereits oben aufgeführten Feststellungsanträgen der Kündigungsschutzklage ist ein gesonderter Antrag aufzunehmen, der wie folgt lauten könnte: 33

15 Vgl. LAG Niedersachsen, Beschl. v. 8.11.2002 – 5 Ta 257/02 – NZA-RR 2003, 556; LAG Niedersachsen, Beschl. v. 28.1.2003 – 5 Ta 5507/02 – NZA-RR 2004, 17; ErfK/*Kiel*, § 5 KSchG Rn 2.

16 LAG Köln, Urt. v. 28.12.2007 – 8 Ta 355/07 – BeckRS 2008, 52846.

17 LAG Bremen, Urt. v. 31.10.2001 – 4 Ta 76/01 – NZA 2002, 580.

18 ErfK/*Kiel*, § 5 KSchG Rn 20; Ascheid/Preis/Schmidt/*Hesse*, § 5 KSchG Rn 48.

Muster
Antrag nachträglicher Zulassung
„Es wird beantragt, die Kündigungsschutzklage nachträglich zuzulassen."

34 Nach § 5 Abs. 2 KSchG muss der Antrag ferner auch die Angaben über die Tatsachen enthalten, welche die nachträgliche Zulassung begründen und zugleich die Mittel der Glaubhaftmachung.

35 Zu der Begründung gehören Angaben bezüglich des Zeitpunkts, an dem das Hindernis für die Klageerhebung beseitigt war, sowie Tatsachen, aus denen sich ergibt, dass kein Verschulden an der verspäteten Klageerhebung vorliegt.[19] Die Mittel der Glaubhaftmachung müssen angegeben werden, es genügt aber eine spätere Einreichung.

4. Antragsfrist

36 Gem. § 5 Abs. 3 KSchG ist der Antrag innerhalb von **zwei Wochen** nach Behebung des Hindernisses zu stellen. Entscheidend für die Berechnung der Zwei-Wochen-Frist ist der Zeitpunkt, in welchem der Arbeitnehmer erkennt oder erkennen kann, dass die Frist zur Erhebung der Kündigungsschutzklage möglicherweise versäumt ist.

5. Verfahren und Rechtsmittel

37 Das Verfahren über den Antrag auf nachträgliche Zulassung der Kündigungsschutzklage ist mit dem Verfahren über die Klage zu verbinden.[20] Wenn der Antrag auf nachträgliche Zulassung unzulässig oder unbegründet ist, ist die verspätete Klage abzuweisen, ansonsten wird die Kündigungsschutzklage unter Zugrundelegung der bisherigen Ausführungen durchgeführt. Da über die nachträgliche Zulassung stets durch Urteil zu entscheiden ist, kann unter den gesamten Voraussetzungen die Revision zum BAG eröffnet sein.[21]

C. Verfahrensablauf – arbeitsgerichtliches Verfahren

I. Einführung

38 Der Verfahrensablauf im Kündigungsrechtsstreit gliedert sich im Wesentlichen in vier Abschnitte. Klageeinreichung (unter II.), Güteverhandlung (unter III.), den

19 ErfK/*Kiel*, § 5 KSchG Rn 24.
20 *Lingemann*, Teil 10 Rn 88.
21 ErfK/*Kiel*, § 5 KSchG Rn 32; vgl. BR-Drucks 820/07, S. 35.

Kammertermin (unter IV.) und die Beendigung in der 1. Instanz (unter V.). Für den Arbeitgeber ist insbesondere eine ordnungsgemäße Verfahrensvorbereitung im Hinblick auf den Ausspruch der Kündigung von Bedeutung, da in diesem Stadium die entscheidenden Grundlagen für einen erfolgreichen Kündigungsschutzprozess gelegt werden.[22]

II. Zustellung der Kündigungsschutzklage

Die Kündigungsschutzklage wird vom Arbeitnehmer durch Einreichung einer Klageschrift an das zuständige Arbeitsgericht oder zu Protokoll der Geschäftsstelle innerhalb der Drei-Wochen-Frist des § 4 Satz 1 KSchG nach Zugang der Kündigung erhoben. Das Gericht stellt sodann die erhobene (anhängige) Klage an den Arbeitgeber zu (was zum Eintritt der Rechtshängigkeit führt). In der Regel wird die Zustellung der Kündigungsschutzklage des Arbeitnehmers mit einer Ladung des Gerichts versehen, in welcher das Gericht einen Termin zur Güteverhandlung bestimmt. Der Termin findet innerhalb weniger Wochen nach dem Eingang der Kündigungsschutzklage statt, da Kündigungsschutzsachen als besonders eilbedürftig behandelt werden müssen (vgl. § 61a ArbGG). Der Arbeitgeber kann bis zum Gütetermin mit einem entsprechenden Schriftsatz zu den Kündigungsgründen und der Kündigung an sich Stellung nehmen, ihm bleibt allerdings auch die Möglichkeit erstmals im Termin oder in einem späteren Schriftsatz zu den Kündigungsgründen Stellung zu nehmen. 39

Praxistipp !

In den meisten Fällen empfiehlt es sich, den Gütetermin durch Einreichung eines kurzen Schriftsatzes bezüglich der Kündigungsgründe vorzubereiten, damit ggf. der Rechtsstreit schon im Gütetermin durch Vergleich erledigt werden kann. In diesem Zusammenhang ist es auch von Bedeutung den Termin vor dem Arbeitsgericht ausreichend vorzubereiten, insbesondere wichtige Unterlagen und Dokumente zusammenzustellen (wie z.B. Arbeitsvertrag, Kündigungsschreiben, Betriebsratsanhörung, Stellungnahme des Betriebsrats etc.).

III. Güteverhandlung

Die mündliche Verhandlung beginnt mit einer Verhandlung vor dem Vorsitzenden zum Zwecke der gütlichen Einigung der Parteien (Güteverhandlung) (vgl. § 54 Abs. 1 ArbGG). 40

22 Siehe dazu ausführlich Kap. 23.

41 Zu Beginn der Güteverhandlung führt dieser in den Sach- und Streitstand ein, bevor die Möglichkeit einer einvernehmlichen Regelung zur Beendigung des Rechtsstreits zwischen den Parteien diskutiert wird. Kommt keine gütliche Einigung zustande, erklärt der Vorsitzende den Gütetermin für gescheitert und beendet die Sitzung, nachdem er eventuell bereits einen Termin zur weiteren Verhandlung vor der Kammer bestimmt hat. Ansonsten erfolgt eine Ladung zum Kammertermin im Anschluss durch Verfügung des Gerichts (sog. prozessleitende Verfügungen). In dieser werden auch meist die Schriftsatzfristen für die Parteien zur weiteren Stellungnahme unter Beweisantritt gesetzt.

IV. Kammertermin

42 Bis zum Kammertermin erhalten die Parteien dann meist nochmals im Wechsel die Möglichkeit zu dem Kündigungssachverhalt – an dieser Stelle mit ggf. weitergehenden Ausführungen – Stellung zu nehmen. Der Kammertermin (gemäß § 57 Abs. 1 ArbGG) findet einige Wochen, eventuell sogar Monate nach dem Gütetermin statt. Im Kammertermin unter der Leitung durch den Vorsitzenden Richter und unter Beisitz von zwei ehrenamtlichen Richtern wird erneut über die Sache verhandelt. Dieser Termin beginnt wiederum mit einer diesmal umfassenderen rechtlichen Erörterung wie im Gütetermin.

Hinweis
Bis zum Abschluss des Verfahrens besteht weiterhin **jederzeit** die Möglichkeit einer **gütlichen Einigung** durch die Parteien besteht (vgl. § 57 Abs. 2 ArbGG).

43 Kann in diesem Termin keine endgültige Klärung der notwendigen Tatsachen erreicht werden, ist ein weiterer Kammertermin erforderlich, in dem ggf. auch eine Beweisaufnahme durchzuführen ist. Der Kündigungsschutzprozess in der 1. Instanz kann sich deshalb schon auf (über) ein Jahr erstrecken. Das Risiko des Arbeitgebers auf Nachzahlung von Annahmeverzugslohn des Arbeitnehmers bei Unwirksamkeit der Kündigung, steigt mit steigender Verfahrensdauer stetig an.

44 In diesem Zusammenhang werden die eingangs erörterten Besonderheiten des deutschen Kündigungsschutzrechts deutlich.[23] Der deutsche Arbeitgeber kann, im Gegensatz zu unseren europäischen Nachbarn, eine Beendigung des Arbeitsverhältnisses – auch für einen gewissen finanziellen Ausgleich – nicht erzwingen.

23 Siehe hierzu unter A Rn 3.

Praxistipp

!

Unter Umständen kann es für den **Arbeitgeber von Vorteil** sein, eine vergleichsweise Regelung zu erzielen. Hierzu ist zu beachten, dass in dem Fall einer unwirksamen Kündigung der Arbeitgeber verpflichtet ist, das Gehalt des Arbeitnehmers für die Zeit des Rechtsstreits nachzuzahlen und bei einer Weiterbeschäftigung nach Obsiegen des Arbeitnehmers in der ersten Instanz auch für den kompletten Zeitraum der Weiterbeschäftigung. Je länger der Kündigungsschutzprozess dauert, umso höher wird der Vergütungsanspruch des Arbeitnehmers, wenn der Arbeitgeber den Prozess verliert. Das Risiko des Arbeitgebers steigt somit im Laufe des Prozesses stetig an, so dass der Abschluss eines Vergleiches durchaus günstiger für den Arbeitgeber sein kann. **Weitere Vorteile eines Vergleichs:**

- es fallen keine Gerichtskosten an
- sofortige Beendigung des Rechtsstreits
- Vollstreckungstitel durch einen protokollierten Vergleich.

V. Beendigung der 1. Instanz

Die 1. Instanz endet, wenn keine Einigung zwischen Arbeitnehmer und Arbeitgeber erzielt werden konnte, mit Erlass eines streitigen **Urteils.** 45

Ist die Kündigungsschutzklage des Arbeitnehmers erfolgreich stellt das Gericht fest, dass das **Arbeitsverhältnis** zwischen den Parteien nicht durch die Kündigung beendet worden ist und **fortbesteht.** Hält das Arbeitsgericht dagegen die Kündigung für wirksam, wird die Kündigungsschutzklage schlicht **abgewiesen.** 46

Ist die Kündigung wirksam, muss das Arbeitsverhältnis noch lediglich ordnungsgemäß abgewickelt werden.[24] 47

Ist die Kündigung dagegen wirksam und besteht das Arbeitsverhältnis somit fort, muss der Arbeitgeber den Arbeitnehmer zu den geltenden und bisherigen Vertragsbedingungen **weiterbeschäftigen** und weiterbezahlen. 48

Zudem hat der Arbeitgeber den entstandenen **Annahmeverzugslohn** des Arbeitnehmers (während des Zeitraums zwischen Ende der Kündigungsfrist und Beendigung des erstinstanzlichen Verfahrens) zu erstatten. Der Arbeitgeber stellt nach Ablauf der Kündigungsfrist seine Entgeltzahlungen gegenüber dem Arbeitnehmer ein. Nach der Feststellung der Unwirksamkeit der Kündigung war diese Einstellung der Zahlung nicht gerechtfertigt, so dass das Arbeitsentgelt in kompletter Höhe nachzuzahlen ist. 49

24 Siehe zu den Pflichten bei Beendigung des Arbeitsverhältnisses ausführlich Kap. 16.

D. Prüfungsmaßstab der Beendigungskündigung

I. Allgemeine Kriterien

50 Der Prüfungsmaßstab der Arbeitsgerichte bei einer Beendigungskündigung richtet sich danach, ob ein **wichtiger Grund** für eine außerordentliche und fristlose Kündigung des Arbeitnehmers vorliegt bzw. ob für den Ausspruch einer ordentlichen und fristgerechten Kündigung ein **Grund im Verhalten** oder in der **Person des Arbeitnehmers** gegeben ist oder ob **dringende betriebliche Erfordernisse eine Kündigung** bedingen. An dieser Stelle überprüft das Gericht somit das Vorliegen eines Kündigungsgrundes.[25]

II. Auflösung des Arbeitsverhältnisses durch Urteil

1. Sozialwidrigkeit der Kündigung

51 Ist die Kündigung sozial gerechtfertigt, ist die Klage kostenpflichtig abzuweisen. Ist die Kündigung des Arbeitgebers allerdings sozial ungerechtfertigt, so ist der Klage des Arbeitnehmers in vollem Umfang stattzugeben und der Arbeitnehmer ist weiterzubeschäftigen. Die Sozialwidrigkeit einer Kündigung führt zu deren Rechtsunwirksamkeit und zum Fortbestand des Arbeitsverhältnisses.[26] Dieser **Grundsatz wird durch § 9 KSchG durchbrochen**, denn trotz der Sozialwidrigkeit der Kündigung kann das Gericht das Arbeitsverhältnis auflösen und den Arbeitgeber zur Zahlung einer angemessenen Abfindung verurteilen.

2. Auflösungsanträge gemäß § 9 KSchG

52 Trotz der Feststellung des Gerichts, dass die angegriffene Kündigung sozial nicht gerechtfertigt ist, kann sowohl der Arbeitnehmer als auch der Arbeitgeber **nach § 9 KSchG die Auflösung des Arbeitsverhältnisses** beantragen. Das Gericht löst in einem solchen Fall das Arbeitsverhältnis auf und verurteilt den Arbeitgeber zur Zahlung einer **angemessenen Abfindung gem. § 10 KSchG.**

a) Außerordentliche und sittenwidrige Kündigung

53 Im Falle einer außerordentlichen Kündigung kann **nur** der Arbeitnehmer einen Auflösungsantrag gem. § 13 Abs. 1 Satz 3 KSchG stellen.

---

25 An dieser Stelle ist auf die einzelnen Kapitel zu den möglichen Kündigungsgründen des Arbeitgebers zu verweisen; siehe dazu Kap. 5ff.
26 Siehe Kap. 5ff.

b) Auflösungszeitpunkt

Gem. § 9 Abs. 2 KSchG hat das Gericht für die Auflösung des Arbeitsverhältnisses den genauen Zeitpunkt festzusetzen, an dem das Arbeitsverhältnis auch bei sozial gerechtfertigter Kündigung nach der vertraglichen oder gesetzlichen Frist (§ 622 BGB) geendet hätte.[27] Der Auflösungszeitpunkt entspricht somit dem Ende der Kündigungsfrist. 54

Bei dem Vorliegen einer außerordentlichen Kündigung ist Auflösungszeitpunkt der Termin, zu dem die ordentliche Kündigung ausgesprochen wurde (§ 13 Abs. 1 Satz 4 KSchG). 55

c) Der Auflösungsantrag des Arbeitnehmers

Ein Antrag des Arbeitnehmers auf Auflösung des Arbeitsverhältnisses ist begründet, wenn ihm die Fortsetzung des Arbeitsverhältnisses gem. § 9 Abs. 1 Satz 1 KSchG **nicht zuzumuten** ist. Der Begriff der Unzumutbarkeit entspricht nicht dem wichtigen Grund nach § 626 BGB. Der Antrag auf Auflösung des Arbeitnehmers nach § 9 KSchG stellt vielmehr geringere Anforderungen an die Zumutbarkeit der Fortsetzung des Arbeitsverhältnisses als die außerordentliche Kündigung. 56

Beispiel
Eine Unzumutbarkeit der Fortsetzung des Arbeitsverhältnisses ergibt sich aus den Umständen die mit der **Kündigung selbst einhergehen**:
- z.B. diskriminierende, ehrverletzende oder beleidigende Äußerungen des Arbeitgebers bei Ausspruch der Kündigung oder grob fehlerhaftes oder schikanöses Verhalten des Arbeitgebers.[28]

Die Unzumutbarkeit kann sich auch aus Umständen ergeben, die **nach Ausspruch der Kündigung** eingetreten sind:
- z.B. beleidigende Äußerungen des Arbeitgebers z.B. im Rahmen des Kündigungsschutzprozesses, Rückkehr des Arbeitnehmers führt zu erheblichen Spannungen mit den Kollegen, Verdacht, dass nach der Rückkehr eine unsachliche Behandlung erfolgt.[29]

d) Der Auflösungsantrag des Arbeitgebers

Nach § 9 Abs. 1 Satz 2 KSchG hat das Gericht nach erfolgreicher Kündigungsschutzklage des Arbeitnehmers auf Antrag des Arbeitgebers das Arbeitsverhältnis aufzulö- 57

27 BAG, Urt. v. 23.2.2010 – 2 AZR 554/08 – NZA 2010, 1123.
28 Vgl. dazu LAG Hamm, Urt. v. 27.5.1993 – 16 Sa 1612/92 – RzK I 11 b Nr. 12; LAG Schleswig-Holstein, Urt. v. 25.2.2004 – 3 Sa 491/03 – NZA-RR 2005, 132; LAG Niedersachsen, Urt. v. 18.4.2008 – 16 Sa 1249/07 – BeckRS 2011, 66900.
29 KDZ/*Zwanziger*, § 9 KSchG Rn 11; ErfK/*Kiel*, § 9 KSchG Rn 9.

sen, wenn Gründe vorliegen, die eine den **Betriebszwecken dienliche weitere Zusammenarbeit** zwischen Arbeitgeber und Arbeitnehmer **nicht erwarten lassen.** Als Auflösungsgründe für den Arbeitgeber gemäß § 9 Abs. 1 Satz 2 KSchG kommen solche Umstände in Betracht, die das persönliche Verhältnis zum Arbeitnehmer, die Wertung seiner Persönlichkeit, seiner Leistung oder seiner Eignung für die ihm gestellten Aufgaben und sein Verhältnis zu den übrigen Mitarbeitern betreffen.[30] Die Vertrauensbasis zwischen den Arbeitsvertragsparteien muss zerrüttet sein.[31]

Beispiele in der Rechtsprechung
Für eine **Verneinung** einer dem Betriebszweck dienlichen weiteren Zusammenarbeit:
- bewusste Äußerung wahrheitswidriger Tatsachen über den Arbeitgeber[32]
- ehrverletzende Äußerungen oder persönliche Angriffe des Arbeitnehmers gegen den Arbeitgeber, Vorgesetzte und Kollegen[33]
- ernsthafte und endgültige Weigerung von Arbeitskollegen, mit dem Arbeitnehmer zusammenzuarbeiten, wenn der Arbeitgeber die Spannungen nicht überwiegend selbst verursacht hat[34]
- Erstattung einer Strafanzeige (besonders wenn diese vorsätzlich und unberechtigt erfolgte), nicht bei Wahrnehmung berechtigter Interessen[35]

58 Ein Auflösungsantrag des Arbeitgebers kann auch bei einem lediglich bestehenden Verdacht einer schwerwiegenden Pflichtverletzung beantragt werden (**sog. Verdachtsauflösung**). Dieser muss aber unter Beachtung der strengen Voraussetzungen der BAG-Rechtsprechung an eine Verdachtskündigung erfolgen.[36]

e) Leitende Angestellte, § 14 Abs. 2 KSchG

59 Bezüglich des Auflösungsantrags eines leitenden Angestellten bestehen keine Besonderheiten. Gemäß § 14 Abs. 2 KSchG bedarf der Auflösungsantrag des Arbeitgebers im Kündigungsschutzprozess bei der Kündigung eines leitenden Angestellten **keiner besonderen Begründung.** Damit kann sich der Arbeitgeber – gegen Zahlung einer Abfindung – vom leitenden Angestellten trennen, wenn das erforderliche Vertrauensverhältnis nicht mehr besteht.[37]

---

30 BAG, Urt. v. 14.10.1954 – 2 AZR 34/53 – BAGE 1, 152; BAG, Urt. v. 24.5.2005 – 8 AZR 246/04 – NZA 2005, 1178.

31 BAG, Urt. v. 7.3.2002 – 2 AZR 158/01 – NZA 2003, 261.

32 BAG, Urt. v. 10.12.2009 – 2 AZR 534/08 – NZA 2010, 698.

33 Vgl. dazu BAG, Urt. v. 23.6.2005 – 2 AZR 256/04 – NZA 2006, 363.

34 LAG Rheinland-Pfalz, Urt. v. 13.12.2004 – 7 Sa 29/04 – BeckRS 2005, 43296; LAG Nürnberg, Urt. v. 9.12.2003 – 6 Sa 676/02 – NZA-RR 2004, 298.

35 BAG, Urt. v. 10.11.1994 – 2 AZR 207/94 – NZA 1995, 309.

36 ErfK/*Kiel*, § 9 Rn 17, vgl. BAG 29.11.2007 – 2 AZR 724/06 – AP BGB § 626 Verdacht strafbarer Handlung Nr. 40; siehe dazu auch ausführlich Kap. 6 Rn 28 ff. zur Verdachtskündigung.

37 ErfK/*Kiel*, § 14 KSchG Rn 19.

f) Maßgeblicher Zeitpunkt

Während es beim Ausspruch der Kündigung auf die objektiven Tatsachen zum Zeitpunkt des Ausspruchs der Kündigung ankommt, sind für den Auflösungsantrag auch solche Tatsachen heranzuziehen, die sich bis zum **Schluss der mündlichen Verhandlung** ereignet haben. Somit kommt als Grund für einen Auflösungsantrag auch das **Prozessverhalten** der Parteien in Betracht. 60

g) Unterrichtung des Betriebsrats

Eine Anhörung zu Tatsachen, die den Auflösungsantrag rechtfertigen sollen, ist gem. § 102 BetrVG nicht erforderlich. Der Gesetzeswortlaut in § 102 Abs. 1 Satz 2 BetrVG verpflichtet den Arbeitgeber lediglich die „Gründe für die Kündigung", nicht aber die Gründe für eine anderweitige Beendigung mitzuteilen. Nach Ansicht des BAG könnte allerdings eine Grenze erreicht sein, wenn die §§ 9,10 KSchG als Umgehung kollektivrechtlicher Informationspflichten missbraucht werden.[38] 61

h) Darlegungs- und Beweislast

Jede Partei ist für die Begründung ihres Auflösungsantrags darlegungs- und beweispflichtig. 62

i) Der von beiden Parteien gestellte Auflösungsantrag

Auch ein von beiden Parteien gestellter Auflösungsantrag ist denkbar. Nach h.M. ist der gemeinsame Wille beider Parteien, das Arbeitsverhältnis im Fall sozialwidriger Kündigung durch richterlichen Akt zur Auflösung zu bringen, für das Gericht bindend. 63

Praxistipp !

Stellt der Arbeitnehmer einen Auflösungsantrag, so kann es dem Arbeitgeber ggf. zu empfehlen sein, ebenfalls einen Auflösungsantrag zu stellen, allerdings lediglich hilfsweise für den Fall der Feststellung der Sozialwidrigkeit der Kündigung. Verliert der Arbeitgeber im Ergebnis den Kündigungsrechtsstreit, so liegt zumindest ein von beiden Parteien gestellter Auflösungsantrag vor, der auf jeden Fall eine Beendigung des Arbeitsverhältnisses herbeiführt.

---

38 BAG, Urt. v. 10.10.2002 – 2 AZR 240/01 – AP KSchG 1969 § 9 Nr. 45.

j) Rechtsfolgen des Auflösungsurteils

aa) Ende des Arbeitsverhältnisses zum Ablauf der ordentlichen Kündigungsfrist

64 Das Arbeitsverhältnis endet mit Ablauf der ordentlichen Kündigungsfrist, wenn das Gericht dem Auflösungsantrag stattgibt.[39] Erfolgen nach Ausspruch der Kündigung weitere schwerwiegende Pflichtverletzungen, so hat der Arbeitgeber ein **Wahlrecht**. Entweder spricht dieser eine weitere ordentliche oder außerordentliche Kündigung aufgrund dieser weiteren Pflichtverletzung aus oder die Pflichtverletzungen geben Anlass im bereits vorliegenden Kündigungsschutzverfahren als Gründe für die Stellung eines Auflösungsantrags zu fungieren.

Praxistipp
Die Stellung eines Auflösungsantrags kann in diesem Fall für den Arbeitgeber vorzugswürdiger sein, da bei Obsiegen das Arbeitsverhältnis mit Ablauf der Kündigungsfrist der zuerst ausgesprochenen Kündigung endet und nicht erst aufgrund der zweiten Kündigung, die in der Regel nur eine Beendigung zu einem späteren Zeitpunkt ermöglicht.

bb) Abfindung nach § 10 KSchG

65 Allerdings wird durch einen erfolgreichen Auflösungsantrag eine Abfindung nach § 10 KSchG ausgelöst, um die mit dem Verlust des Arbeitsplatzes verbundenen vermögensrechtlichen und immateriellen Nachteile des Arbeitnehmers auszugleichen.

66 Die **Höhe** der Abfindung ist in § 10 Abs. 1 KSchG geregelt und beträgt höchstens bis zu 12 Monatsverdienste. Für ältere Arbeitnehmer mit entsprechender Betriebszugehörigkeit kann sich der Abfindungsbetrag gemäß § 10 Abs. 2 KSchG erhöhen. Maßgebend ist das Bruttoentgelt des Monats, in welchem das Arbeitsverhältnis endet (vgl. § 10 Abs. 3 KSchG). Weitergehende Regelungen über die Höhe der Abfindung als die in § 10 Abs. 1 bis 3 KSchG sieht das Gesetz nicht vor. Die genaue Höhe der Abfindung steht im **pflichtgemäßem Ermessen** des Gerichts. Dieses orientiert sich bei seiner Entscheidung an gewissen Bewertungsfaktoren, wie die Dauer des Arbeitsverhältnisses, das Lebensalter des Arbeitnehmers, die Chancen auf dem Arbeitsmarkt sowie den Grad der Sozialwidrigkeit der Kündigung.[40]

Praxistipp
In der arbeitsgerichtlichen Praxis hat sich als Abfindungswert ein halbes Bruttomonatsgehalt pro bestehendem Beschäftigungsjahr des Arbeitnehmers eingebürgert (in Anlehnung an § 1a Abs. 2 KSchG).

39 Siehe BAG, Urt. v. 23.2.2010 – 2 AZR 554/08 – NZA 2010, 1123.

40 Vgl. BAG, Urt. v. 25.11.1982 – 2 AZR 21/81 – DB 1984, 883; BAG, Urt. v. 20.11.1997 – 2 AZR 803/96 – BeckRS 1997, 30772488.

k) Antragsformulierung

67

Muster
Antrag des Arbeitgebers
„Das Arbeitsverhältnis wird zum *[Datum]* aufgelöst und die Beklagte zur Zahlung einer Abfindung von nicht mehr als EUR *[...]* verurteilt."

Praxistipp
Die Benennung eines Höchst- bzw. Mindestbetrags ist ratsam, um im Falle einer abweichenden Festsetzung durch das Gericht eine Beschwer für das Berufungsverfahren begründen zu können. Eine Beschwer des Arbeitgebers liegt vor, wenn das Gericht dem Auflösungsantrag des Arbeitnehmers stattgibt, den Auflösungsantrag des Arbeitgebers zurückweist oder über die beantragte Höchstsumme hinausgeht.[41]

3. Sonderkündigungsrecht des Arbeitnehmers gem. § 12 KSchG

§ 12 KSchG gewährt dem Arbeitnehmer – nach Obsiegen im Kündigungsrechtsstreit 68
und trotz Feststellung des Gerichts, dass das Arbeitsverhältnis fortbesteht – ein **Sonderkündigungsrecht.**

Gemäß § 12 KSchG kann der Arbeitnehmer binnen einer Woche nach der Rechts- 69
kraft des Urteils, welches die Unwirksamkeit der Kündigung und somit das Fortbestehen des Arbeitsverhältnisses festgestellt hat, durch Erklärung gegenüber dem Arbeitgeber die Fortsetzung des Arbeitsverhältnisses verweigern, wenn dieser inzwischen ein neues Arbeitsverhältnis mit einem neuen Arbeitgeber eingegangen ist.

Praxistipp
Macht der Arbeitnehmer von diesem Recht Gebrauch, ist arbeitgeberseitig dringend darauf zu achten, dass dem Arbeitnehmer in einem solchen Fall Ansprüche aus Annahmeverzug nach § 615 BGB nur bis zum Eintritt in das neue Arbeitsverhältnis zustehen (vgl. § 12 Satz 3 KSchG).

Dem Arbeitnehmer verbleibt somit die Möglichkeit, auch wenn er bereits ein neues 70
Arbeitsverhältnis eingegangen ist, die Kündigungsschutzklage fortzusetzen. Allerdings muss er sich in diesem Fall den Verdienst beim neuen Arbeitgeber anrechnen lassen.

Für den Arbeitgeber ist es somit von Vorteil, wenn der Arbeitnehmer während 71
des Prozesses eine neue Beschäftigung eingeht, da unter Berücksichtigung der Anrechnung anderweitigen Verdienstes das Nachzahlungsrisiko des Arbeitgebers bei einer Feststellung der Unwirksamkeit der Kündigung minimiert wird.

41 ErfK/*Kiel*, § 9 KSchG Rn 32.

III. Sonstige Beendigungsmöglichkeiten des Rechtsstreits

1. Beendigung des Arbeitsverhältnisses durch Vergleich

72 Vorrangiger Zweck der Güteverhandlung ist die Erörterung der Sach- und Rechtslage sowie der Versuch einer gütlichen Einigung. Etwa 75%[42] der Kündigungsschutzverfahren enden mit einer gütlichen Einigung durch Vergleich. In einer vergleichsweisen Regelung werden sich die Parteien darüber einig, dass das Arbeitsverhältnis aufgrund der Kündigung zu einem bestimmten Zeitpunkt endet und der Arbeitgeber dem Arbeitnehmer als Ausgleich für den Verlust des Arbeitsplatzes eine Abfindung zahlt. Die **sog. Faustformel** eines Abfindungsbetrags richtet sich in solchen Fällen nach § 1a Abs. 2 KSchG und beträgt 0,5 Monatsverdienste für jedes Jahr des Bestehens des Arbeitsverhältnisses.[43]

73 Die Höhe der Abfindung ist aber grundsätzlich Verhandlungssache. Wie schon in der Einleitung dieses Kapitels erwähnt besteht bei der Beendigung des Arbeitsverhältnisses kein Anspruch des Arbeitnehmers auf Zahlung einer Abfindung. Auch kann der Arbeitgeber die Beendigung des Arbeitsverhältnisses nicht durch Zahlung einer Abfindung erzwingen. Dennoch wird wie eingangs beschrieben eine Vielzahl von Kündigungsschutzverfahren mit der Zahlung einer Abfindung durch den Arbeitgeber beendet. Dies ist unter anderem auch den strengen Voraussetzungen an eine wirksame Kündigung geschuldet. Arbeitgeber haben eine nicht unbeachtliche Menge allein an Formalien einzuhalten, damit die Kündigung Wirksamkeit entfaltet. Hat der Arbeitgeber z.B. die Kündigungsfrist nicht eingehalten, die Betriebsratsanhörung nicht ordnungsgemäß durchgeführt oder bestehen generelle Zweifel an dem Vorliegen eines Kündigungsgrundes, so kann der vom Arbeitgeber zu erbringende Abfindungsbetrag zur Erreichung einer Beendigung des Arbeitsverhältnisses stark ansteigen. Im Ergebnis sind somit für die Höhe der Abfindung in erster Linie die Erfolgsaussichten der Kündigungsschutzklage und das Verhandlungsgeschick der Parteien wichtige Faktoren.

2. Weitere Beendigungsmöglichkeiten

74 Das Verfahren kann durch **Klagerücknahme** des Arbeitnehmers, **Anerkenntnis** des Arbeitgebers, **Verzicht** oder **Erledigungserklärung** beendet werden. Eine einseitige Rücknahme der Kündigung durch den Arbeitgeber ist im Laufe des Prozesses nicht möglich, da eine Kündigung eine einseitige Willenserklärung darstellt und nach Zugang bei dem Arbeitnehmer automatisch wirksam wird. In einer solchen Erklärung ist ein Angebot des Arbeitgebers zu sehen, das Arbeitsverhältnis mit dem Arbeitnehmer fortzusetzen. Damit ist das Verfahren allerdings nicht beendet. Das

42 Statistisches Bundesamt, Fachserie 10, Reihe 2.8, 2012 S. 24 ff – www.destatis.de.

43 Siehe dazu auch Kap. 19 Rn 29 ff. Aufhebungsverträge.

Verfahren muss durch eine oben genannte prozessuale Beendigungsmöglichkeit zum Abschluss gebracht werden.

Praxistipp !

Es sind durchaus Fälle denkbar, in denen der Arbeitgeber durch die Ankündigung einer „Rücknahme" der Kündigung, durch formelles Anerkenntnis gegenüber dem Gericht, Druck auf den Arbeitnehmer aufbaut und dadurch eine vergleichsweise Regelung erzielt oder zumindest mit dem Arbeitnehmer doch wieder in Vergleichsverhandlungen einsteigen kann.
Häufig hat der Arbeitnehmer nämlich kein Interesse an einer Weiterbeschäftigung, so dass ein Anerkenntnis den Arbeitnehmer überrascht und zu Gegenmaßnahmen (Vergleichsverhandlungen) zwingt.

E. Darlegungs- und Beweislast

I. Allgemeines

Die Darlegungs- und Beweislast im Prozess ist von grundlegender Bedeutung für 75 den prozessualen Erfolg. Daher sollte der Arbeitgeber schon vor Ausspruch einer Kündigung sorgfältig prüfen, ob er im Falle eines Rechtsstreits die Tatsachen, welche dieser darzulegen und zu beweisen hat, auch darlegen und beweisen kann. Auch an dieser Stelle ist nochmals darauf hinzuweisen, dass eine hinreichende und sorgfältige Kündigungsvorbereitung für den Arbeitgeber und den Ausspruch einer erfolgreichen Kündigung grundlegend ist.

II. Anwendbarkeit des KSchG

Für die **Anwendbarkeit des KSchG** ist der Bestand eines Arbeitsverhältnisses zum 76 Zeitpunkt der Kündigung relevant. Dafür ist der **Arbeitnehmer beweispflichtig**. Ebenso hat er den Nachweis der Kündigungserklärung zu führen und dass die Wartezeit nach § 1 Abs. 1 KSchG (Sechs-Monatszeitraum) abgelaufen ist. Auch das Vorliegen der betrieblichen Voraussetzungen nach § 23 Abs. 1 KSchG[44] (Beschäftigung von mehr als 10 Arbeitnehmern – kein Kleinbetrieb) ist von Seiten des Arbeitnehmers darzulegen. In diesem Zusammenhang genügt allerdings von Seiten des Arbeitnehmers die Behauptung, dass das Arbeitsverhältnis länger als sechs Monate bestanden hat und der Arbeitgeber mehr als 10 Personen beschäftigt. Danach ist es Sache des Arbeitgebers dieser Behauptung entgegenzutreten.

---

44 BAG, Urt. v. 16.3.1989 – 2 AZR 407/88 – NJW 1989, 3034; BAG, Urt. v. 26.6.2008 – 2 AZR 264/07 – AP KSchG 1969 § 23 Nr. 42.

III. Beweislast für die ordentliche Kündigung

77 Der **Arbeitgeber** ist nach § 1 Abs. 2 Satz 4 KSchG gehalten, die **Gründe** für eine ordentliche Kündigung nach § 1 Abs. 2 KSchG darzulegen und zu beweisen. Eine Kündigung, die unter das KSchG fällt, gilt grundsätzlich als sozial ungerechtfertigt, es sei denn, der Arbeitgeber weist nach, dass die Kündigung (ausnahmsweise) doch sozial gerechtfertigt ist.

IV. Beweislast für eine fristlose Kündigung

78 Die Voraussetzungen einer **fristlosen Kündigung** – auch außerhalb des KSchG – muss der **Arbeitgeber** vortragen und beweisen. Der Arbeitgeber hat ebenfalls die ordnungsgemäße **Beteiligung des Betriebs- und Personalrats** bei entsprechender Rüge des Arbeitnehmers zu beweisen.

F. Weiterbeschäftigung

I. Einführung

79 Der Arbeitnehmer hat während des Bestandes des Arbeitsverhältnisses gegen den Arbeitgeber einen **Anspruch auf Beschäftigung**. Dieser Anspruch ist ein wesentliches Recht des Arbeitnehmers und eine wesentliche Pflicht des Arbeitgebers im Rahmen des Beschäftigungsverhältnisses. Das Recht auf Beschäftigung endet erst mit wirksamer Beendigung des Arbeitsverhältnisses. Während des bestehenden Arbeitsverhältnisses kann der Beschäftigungsanspruch lediglich entfallen, wenn die Arbeitsvertragsparteien eine sog. Freistellung der Beschäftigungspflicht für den konkreten Einzelfall vereinbart haben oder im Falle einer einseitigen Freistellung durch den Arbeitgeber. Eine solche einseitige Freistellung ist allerdings nur im Ausnahmefall zulässig und an strenge Voraussetzungen geknüpft.[45] Nur wenn Gründe vorliegen, die eine Weiterbeschäftigung unzumutbar erscheinen lassen und eine sofortige Reaktion des Arbeitgebers fordern, ist diese zulässig.[46]

45 Vgl. grundlegend BAG, Urt. v. 10.11.1955 – 2 AZR 591/94 – AP Nr. 2 zu § 611 BGB Beschäftigungspflicht.
46 BAG, Urt. v. 15.6.1972 – 2 AZR 345/71 – DB 1972, 1878; BAG, Urt. v. 19.8.1976 – 3 AZR 173/75 – DB 1976, 2308; Küttner/*Schlegel*, Personalbuch, Beschäftigungsanspruch Rn 7.

Praxisbeispiel
Nach dem Ausspruch einer außerordentlichen und fristlosen Kündigung durch den Arbeitgeber ist die Weiterbeschäftigung unzumutbar, da schon eine Voraussetzung des § 626 BGB die Tatsache ist, dass es dem Arbeitgeber nicht mehr zugemutet werden kann, den Arbeitnehmer bis zum Ablauf der Kündigungsfrist zu beschäftigen.

In Bezug auf ein bestehendes Kündigungsschutzverfahren stellt sich aber insbeson- 80
dere die Frage, ob dem Arbeitnehmer für den Zeitraum zwischen dem Ablauf der Kündigungsfrist bei der ordentlichen Kündigung bzw. dem Zugang der fristlosen Kündigung und der rechtskräftigen Entscheidung des gerichtlichen Verfahrens ein Weiterbeschäftigungsanspruch zusteht. Ganz konkret bedeutet dies für den Arbeitgeber, dass dieser unter Umständen verpflichtet sein kann, den Arbeitnehmer nach Ausspruch der Kündigung und nach Ablauf der Kündigungsfrist bis zur rechtskräftigen Entscheidung über die Wirksamkeit der Kündigung weiterhin zu beschäftigen, ihm Arbeit zuzuweisen und ihn vor allem zu bezahlen. In diesem Zusammenhang muss zwischen dem betriebsverfassungsrechtlichen Weiterbeschäftigungsanspruch gemäß § 102 Abs. 5 BetrVG und dem allgemeinen Weiterbeschäftigungsanspruch differenziert werden.

II. Betriebsverfassungsrechtlicher Weiterbeschäftigungsanspruch gemäß § 102 Abs. 5 BetrVG

Einen gesetzlich niedergelegten Weiterbeschäftigungsanspruch des Arbeitnehmers 81
sieht ausschließlich das Betriebsverfassungsrecht in **§ 102 Abs. 5 BetrVG** vor.

Gemäß § 102 Abs. 5 BetrVG muss der Arbeitgeber auf Verlangen des Arbeitneh- 82
mers diesen nach Ablauf der Kündigungsfrist bis zum rechtskräftigen Abschluss des Rechtsstreits bei unveränderten Arbeitsbedingungen weiterbeschäftigen, wenn der Betriebsrat einer ordentlichen Kündigung frist- und ordnungsgemäß widersprochen und der Arbeitnehmer nach dem Kündigungsschutzgesetz Klage auf Feststellung erhoben hat, dass das Arbeitsverhältnis durch die Kündigung nicht aufgelöst ist.[47]

1. Voraussetzungen des betriebsverfassungsrechtlichen Weiterbeschäftigungsanspruchs

Im Folgenden sollen die Voraussetzungen für den Weiterbeschäftigungsanspruch 83
nach § 102 Abs. 5 BetrVG in Kürze skizziert werden.

47 Grundsätzlich zum Weiterbeschäftigungsanspruch *Haas*, NZA-RR 2008, 57, *v. Hoyningen-Huene/Linck*, DB 1993, 1185.

a) Ordentliche Kündigung

84 Der betriebsverfassungsrechtliche Weiterbeschäftigungsanspruch ist dem Wortlaut nach ausdrücklich auf ordentliche Kündigungen beschränkt, so dass im Umkehrschluss bei Ausspruch einer außerordentlichen Kündigung keine Weiterbeschäftigungspflicht nach § 102 Abs. 5 BetrVG eingreift. § 102 Abs. 5 BetrVG ist nur in einem Ausnahmefall entsprechend anwendbar und zwar wenn einem ordentlich unkündbaren Arbeitnehmer eine außerordentliche Kündigung ausgesprochen wird.[48]

b) Widerspruch des Betriebsrats

85 Der Betriebsrat kann der ordentlichen Kündigung lediglich widersprechen, wenn einer der in § 102 Abs. 3 BetrVG genannten **Widerspruchsgründe** vorliegen (fehlende oder fehlerhafte Sozialauswahl, Verstoß gegen Auswahlrichtlinie, Weiterbeschäftigungsmöglichkeit auf einem anderen Arbeitsplatz, Umschulungs- und Fortbildungsmaßnahme, Weiterbeschäftigung nach Vertragsänderung) und er der Kündigung **form- und fristgerecht widersprochen** hat.

c) Erhebung der Kündigungsschutzklage/Weiterbeschäftigungsverlangen

86 Des Weiteren muss der Arbeitnehmer ordnungsgemäß Kündigungsschutzklage erhoben haben und ausdrücklich vom Arbeitgeber Weiterbeschäftigung **verlangt** haben. Dies bedeutet, dass der Arbeitnehmer binnen drei Wochen nach Zugang der Kündigung gemäß § 4 KSchG Klage auf Feststellung erhoben hat, dass sein Arbeitsverhältnis nicht durch die Kündigung aufgelöst worden ist. Es ist aber zu beachten, dass der Arbeitnehmer neben dem Klageantrag auch ausdrücklich eine vorläufige Weiterbeschäftigung verlangen muss.[49]

2. Rechtsfolge

87 Bei Vorliegen der Voraussetzungen des § 102 Abs. 5 BetrVG ist der Arbeitgeber verpflichtet den Arbeitnehmer bis zum rechtskräftigen Abschluss des Verfahrens zu **unveränderten Arbeitsbedingungen** weiter zu beschäftigen.

! Fettnapf

Der Arbeitgeber hat den Arbeitnehmer sowohl hinsichtlich der Tätigkeit als auch in Bezug auf das Arbeitsentgelt zu unveränderten Arbeitsbedingungen weiter zu beschäftigen. Eine Weiterbeschäfti-

48 BAG, Urt. v. 4.2.1993 – 2 AZR 469/92 – BeckRS 1993, 30743853; *Kania/Kramer*, RdA 95, 296.
49 *Fitting*, BetrVG § 102 Rn 106.

gung des „unliebsamen“ Mitarbeiters zu schlechteren Bedingungen (Weiterbeschäftigung in den Kellerräumen) sollte von Seiten des Arbeitgebers vermieden werden. Eine Umsetzung auf einen gleichwertigen Arbeitsplatz ist aber möglich.

III. Allgemeiner Weiterbeschäftigungsanspruch

Zudem ist durch die Rechtsprechung ein allgemeiner Weiterbeschäftigungsanspruch anerkannt worden. 88

Sind die Voraussetzungen des § 102 Abs. 5 BetrVG nicht erfüllt, z.B. da kein Betriebsrat besteht bzw. ein solcher der Kündigung nicht widerspricht, kann der Arbeitnehmer unter Umständen trotz allem seine Weiterbeschäftigung verlangen. 89

Die Grundsätze für diesen allgemeinen Weiterbeschäftigungsanspruch hat der **Große Senat des BAG in seinem Beschluss vom 27.2.1985**[50] aufgestellt. Nach diesem Beschluss des Bundesarbeitsgerichts ist der Weiterbeschäftigungsanspruch abhängig von der Interessenlage der Parteien. In diesem Zusammenhang ist somit eine Prüfung vorzunehmen, wessen Interessen im vorliegenden Einzelfall überwiegen. Grundsätzlich ist davon auszugehen, dass das Interesse des Arbeitgebers an der Nichtbeschäftigung des Arbeitnehmers bis zu einem der Kündigungsschutzklage stattgebenden erstinstanzlichen Urteil überwiegt.[51] 90

Ausnahmen von diesem Grundsatz bestehen zugunsten des Arbeitnehmers in zwei Fällen. In diesen beiden Fällen überwiegt das Weiterbeschäftigungsinteresse des Arbeitnehmers. Dies ist zum einen der Fall, wenn die Kündigung durch den Arbeitgeber **offensichtlich unwirksam** ist. Davon kann ausgegangen werden, wenn sich die Unwirksamkeit der Kündigung geradezu aufdrängt. Zum anderen kann der Arbeitnehmer sein **besonderes Interesse** an der Weiterbeschäftigung auch ausdrücklich darlegen, so dass in diesem Fall die pauschale Interessenabwägung des BAG nicht mehr durchzuführen, sondern auf die konkreten Umstände des Einzelfalles abzustellen ist.[52] 91

In diesem Zusammenhang ist zu beachten, dass sich die Interessenlage der Arbeitsvertragsparteien bei Abschluss des erstinstanzlichen Urteils ändert. **Obsiegt** der Arbeitnehmer in der **ersten Instanz**, wird regelmäßig vermutet, dass das Weiterbeschäftigungsinteresse des Arbeitnehmers nunmehr überwiegt. 92

Dieser allgemeine Weiterbeschäftigungsanspruch wird häufig bereits mit in die Klageanträge der Kündigungsschutzklage aufgenommen, so dass die Kündigungsschutzklage um folgenden Punkt ergänzt werden kann. 93

---

50 BAG, Urt. v. 27.2.1985 – GS 1/84 – NZA 1985, 702.

51 BAG, Urt. v. 27.2.1985 – GS 1/84 – NZA 1985, 702.

52 Grobys/Panzer/*Schumacher*, Weiterbeschäftigungsanspruch Rn 4 ff.

Muster
Antrag Weiterbeschäftigung
„3. festzustellen, die Beklagte zu verurteilen, die Klägerin bis zum rechtskräftigen Abschluss dieses Rechtsstreits zu unveränderten vertraglichen Bedingungen als *[... genaue Aufnahme der Tätigkeit]* weiter zu beschäftigen."

IV. Prozessbeschäftigung

94 Die Parteien können nach Ausspruch der Kündigung und während des laufenden Kündigungsschutzverfahrens auch eine Prozessbeschäftigung vereinbaren. Dies bedeutet, dass die Parteien einen Arbeitsvertrag abschließen, der befristet für die Dauer der Kündigungsschutzklage gelten soll.

95 Bietet der Arbeitgeber dem Arbeitnehmer nach der Zustellung der Kündigungsschutzklage eine Prozessbeschäftigung an, liegt der wirtschaftliche Vorteil des Arbeitgebers darin, dass der vom Arbeitgeber zu zahlende Annahmeverzugslohn bei Unwirksamkeit der Kündigung um einen zumutbaren Zwischenverdienst gemindert ist (gemäß § 615 Satz 2 BGB, § 11 KSchG). Damit ist für den Arbeitgeber, im Falle des Unterliegens im Kündigungsschutzprozess, das finanzielle Nachzahlungsrisiko abgemindert.

Praxistipp
Es kann dem Arbeitgeber zu empfehlen sein, nach Erhalt der Kündigungsschutzklage dem Arbeitnehmer eine Prozessbeschäftigung anzubieten, um die finanziellen Risiken zu minimieren.
Zusätzlicher taktischer Gesichtspunkt ist der Überraschungseffekt beim Arbeitnehmer, denn dieser rechnet damit in der Regel nicht bzw. ist an der Ausübung einer Prozessbeschäftigung nicht interessiert.

Fettnapf
Es ist allerdings darauf hinzuweisen, dass es sich bei der Prozessbeschäftigung um eine Befristung handelt, welche schriftlich und vor Arbeitsbeginn vereinbart werden muss. Es ist dringend darauf zu achten, die **formellen Voraussetzungen** einer Befristung einzuhalten.[53]
Zudem besteht das Risiko, dass die Gerichte durch das Angebot des Arbeitgebers auf Prozessbeschäftigung an dem generellen Erfordernis einer Kündigung bzw. der Unzumutbarkeit der Weiterbeschäftigung zweifeln.

53 Siehe dazu ausführlich Kap. 17.

G. Vollstreckung

Der Arbeitnehmer kann nach erfolgreicher Kündigungsschutzklage das auf Weiterbeschäftigung gerichtete Urteil, welches gem. § 62 Abs. 1 Satz 1 ArbGG vorläufig vollstreckbar ist, im Wege der Zwangsvollstreckung durchsetzen. Diese erfolgt gem. § 888 Abs. 1 Satz 1 ZPO durch Verhängung von Zwangsgeld bzw. Zwangshaft, da es sich bei der Weiterbeschäftigung um eine unvertretbare Handlung handelt.[54] Der Arbeitgeber muss nämlich durch die Zurverfügungstellung des vertragsgemäßen Arbeitsplatzes und die Zuweisung von Arbeit eine Mitwirkungshandlung vollbringen.[55] 96

Praxistipp !

Bei einer **Weiterbeschäftigung** des Arbeitnehmers aufgrund des (allgemeinen oder betriebsverfassungsrechtlichen) Weiterbeschäftigungsanspruchs sollte der Arbeitgeber dies **ausdrücklich klarstellen**, denn es besteht die Gefahr, dass die Erfüllung des Weiterbeschäftigungsanspruchs im Nachhinein als neuer Vertragsschluss ausgelegt wird.

Dem Arbeitgeber kann unter Zugrundelegung dieser Ausführungen nur empfohlen werden, den Weiterbeschäftigungsanspruch des Arbeitnehmers so lange zu verweigern, bis dieser den Anspruch gerichtlich durchgesetzt hat. Durch die drohende Zwangsvollstreckung kann der Arbeitgeber dann deutlich machen, dass er den Arbeitnehmer lediglich zur **Abwehr der Zwangsvollstreckung** weiterbeschäftigt und diesem Arbeit zuweist.

H. Kosten

In einem letzten Abschnitt soll eine kurze Darstellung der Kosten eines Kündigungsschutzverfahrens erfolgen. Dabei muss zwischen den Gerichtskosten, welche nach dem Gerichtskostengesetz (GKG) und den außergerichtlichen Kosten, insbesondere den Rechtsanwaltskosten, welche nach dem Rechtsanwaltsvergütungsgesetz (RVG) ermittelt, unterschieden werden. 97

I. Gerichtskosten

1. Kein Gerichtskostenvorschuss

Bei Einreichung einer Klage im arbeitsgerichtlichen Verfahren ist kein Gerichtskostenvorschuss zu zahlen (vgl. § 11 GKG). Diese fehlende Kostenvorschusspflicht gilt für alle Instanzen. 98

54 BeckOK/*Kerwer*, § 4 KSchG Rn 116.
55 Ascheid/Preis/Schmitt/*Koch*, § 102 BetrVG Rn 216.

2. Gerichtskosten im Urteilsverfahren

99 Die Gerichtskosten im Urteilsverfahren berechnen sich nach dem **Streitwert**[56] und unter Berücksichtigung der Gebührentabelle in § 34 GKG. In der ersten Instanz wird eine **Verfahrensgebühr von 2,0** berechnet.[57] Diese entfällt, wenn die Klage in der Güteverhandlung zurückgenommen oder der Rechtsstreit insgesamt durch Vergleich beendet wird. Gleiches gilt bei Erledigterklärung ohne streitige Verhandlung. Bei einem Anerkenntnis- und Verzichtsurteil erfolgt eine Kostenreduzierung auf eine 0,4-Gebühr. Für eine Klagerücknahme nach streitiger Verhandlung oder einen § 91a ZPO-Beschluss gelten die Grundsätze ebenfalls.

100 Die Verfahrensgebühren in zweiter und dritter Instanz betragen 3,2 für Berufungen und 4,0 für Revisionsverfahren. Bei einem Vergleich entfallen die Gebühren.

II. Rechtsanwaltskosten

101 Im ersten Rechtszug gilt gem. **§ 12a ArbGG** die Besonderheit, dass die außergerichtlichen Kosten jede Partei **selbst** zu tragen hat. Erst ab der 2. Instanz hat die jeweils unterliegende Partei nach § 91 ZPO die Kosten des Rechtsstreits zu tragen. Obsiegt der Arbeitnehmer mit seinem Auflösungsantrag, hat der Arbeitgeber die Kosten zu tragen. Wird dieser zurückgewiesen oder wird dem Auflösungsantrag des Arbeitgebers stattgegeben, sind die Kosten zu teilen. Haben beide Parteien einen Auflösungsantrag gestellt, hat der Arbeitgeber die Kosten des Rechtsstreits zu tragen.

102 Die Rechtsanwaltsgebühren in der ersten Instanz bemessen sich nach § 2 Abs. 2 RVG i.V.m. Anlage 1 Teil 3 des Vergütungsverzeichnisses. Wird ein Kündigungsschutzprozess gerichtlich geführt und kommt es zu mindestens einem Termin, so fallen eine **Verfahrens- und eine Terminsgebühr** an. Die Verfahrensgebühr beläuft sich auf 1,3 Gebühren[58] und die Terminsgebühr i.H.v. 1,2 Gebühren[59].

103 Schließen die Parteien einen Vergleich, welcher die Rechtsstreitigkeit beendet, wird zusätzlich eine Einigungsgebühr von 1,0 fällig.[60]

---

56 Siehe dazu unter Rn 104.

57 Siehe Nr. 8210 Kostenverzeichnis.

58 Nr. 3100 VV RVG.

59 Nr. 3104 VV RVG.

60 Nr. 1003 VV RVG.

III. Streitwert

1. Bestandsstreitigkeit

Der Streitwert für die Kündigungsschutzklage beträgt nach § 42 Abs. 2 GKG regelmäßig ein **Vierteljahreseinkommen** des gekündigten Arbeitnehmers, also höchstens der Betrag des für die Dauer eines Vierteljahres zu leistenden Arbeitsentgelts. Darunter fallen alle Leistungen, auf die der Arbeitnehmer nach dem Arbeitsvertrag Anspruch hat und die arbeitsleistungsbezogen sind. Als Arbeitsentgelt i.S.d. § 42 Abs. 2 Satz 1 GKG fallen somit nicht nur die monatlich anfallenden (Grund-)Vergütungsbestandteile (Gehalt, Zeitlohn, Fixum, Zuschläge, Prämien, Sachbezüge etc.), sondern auch in anderen Zyklen erfolgte Zuwendungen (wie etwa Urlaubsgeld, 13. Monatsgehalt), soweit diese nicht Gratifikations-, sondern Entgeltcharakter haben.[61] Der Streitwert ist umstritten, wenn mehrere Kündigungsschutzanträge in einem Verfahren zu bewerten sind. Nach Ansicht des BAG[62] gilt auch in einem solchen Fall lediglich die Höchstgrenze von § 42 Abs. 2 GKG. Der überwiegende Teil der Landesarbeitsgerichte[63] addiert allerdings die Streitwerte. 104

2. Allgemeiner Feststellungsantrag

Der allgemeine Feststellungsantrag wird nach h.M. **nicht werterhöhend** berücksichtigt.[64] 105

3. Auflösungsantrag

Auch der Antrag auf Auflösung des Arbeitsverhältnisses nach §§ 9, 10 KSchG erhöht den Streitwert nicht.[65] 106

---

61 Vgl. LAG Baden-Württemberg, Beschl. v. 1.2.2011 – 5 Ta 189/10 – BeckRS 2011, 68232.

62 BAG, Urt. v. 6.12.1984 – 2 AZR 754/79 – NZA 1985, 296.

63 LAG Berlin, Beschl. v. 2.11.2005 – 17 Ta (Kost) 6073/05 – EzA – SD 2005 Nr. 24.

64 LAG Düsseldorf, Beschl. v. 27.7.2000 – 7 Ta 249/00 – NZA 2001, 120; LAG Hamm, Beschl. v. 3.2.2003 – 9 Ta 190/03 – LAGE § 12 ArbGG 1979 Streitwert Nr. 128.

65 LAG Hamburg, Beschl. v. 1.4.2011 – 5 Ta 8/11 – BeckRS 2011, 73080; LAG Berlin, Beschl. v. 13.3.2001 – 17 Ta 6026/01 (Kost) – NZA-RR 2001, 436.

4. Weiterbeschäftigungsanspruch

107 Nach h.M. erhöht der Weiterbeschäftigungsantrag den Streitwert. Dieser wird nach überwiegender Meinung mit **einem Bruttomonatsgehalt** festgesetzt.[66]

IV. Beispielsberechnung

108 Die Berechnung des Streitwertes und die sich daraus ergebende Berechnung der Gerichts- und Rechtsanwaltskosten soll in einem nachfolgenden Beispiel aufgezeigt und erläutert werden.

Beispiel

Arbeitnehmer K erhebt Kündigungsschutzklage gegen die ordentliche Kündigung seines Arbeitgebers B. K erhält eine monatliche Bruttovergütung in Höhe von 2500 €, eine monatliche Prämie von 50 €, Urlaubsgeld i.H.v. einem Bruttomonatsgehalt und eine Jahreseinmalzahlung in Höhe von 500 €.

Der Streitwert errechnet sich in diesem Fall wie folgt:

Der Streitwert beträgt gemäß § 42 Abs. 2 GKG ein Vierteljahreseinkommen. Dabei ist nicht lediglich von drei Monatsgehältern auszugehen, sondern es ist der Durchschnitt im Jahresverdienst zu bilden. K erhält 12 × 2.500 €, 12 × 50 €, pro Jahr Urlaubsgeld i.H.v. einem Bruttomonatsgehalt und eine Jahreseinmalzahlung i.H.v. 500 €, somit ein Jahreseinkommen von 33.600 €. Dieser Wert wird durch 12 Monate geteilt und mit drei multipliziert um das Vierteljahreseinkommen zu erhalten.

Berechnung: 12 × 2.500 € + 12 × 50 € + 1 × 2.500 € + 500 €
= 33.600 (Jahreseinkommen)
: 12 = 2.800 (Monatsdurchschnitt)
× 3 (Vierteljahreseinkommen)
<u>= 8.400 € (Streitwert)</u>

Mit diesem Streitwert errechnet man die Gerichtskosten nach der Gebührentabelle (nach GKG) und die Rechtsanwaltskosten (RVG).

Die Rechtsanwaltskosten berechnen sich im vorliegenden Beispielsfall bei Durchführung eines **Termins** und bei Abschluss des Verfahrens durch ein **streitiges Urteil** wie folgt:

Gegenstandswert: 8.400,00 €		
Verfahrensgebühr § 13 RVG, Nr. 3100 VV RVG	1,3	659,10 €
Terminsgebühr § 13 RVG, Nr. 3104 VV RVG	1,2	608,40 €
Zwischensumme der Gebührenpositionen		1.267,50 €
Pauschale für Post und Telekommunikation Nr. 7002 VV RVG		20,00 €
Zwischensumme netto		1.287,50 €
19% Mehrwertsteuer Nr. 7008 VV RVG		244,63 €
zu zahlender Betrag		**1.532,13 €**

66 LAG Rheinland-Pfalz, Beschl. v. 2.6.2004 – 2 Ta 113/04 – NZA-RR 2005, 326; LAG Niedersachsen, Beschl. v. 17.4.2001 – 3 Ta 118/01 – NZA-RR 2001, 495.

Findet ein **Termin** statt und schließen die Parteien daraufhin einen **Vergleich** ab, so ist bei den Anwaltskosten zusätzlich die Einigungsgebühr zu berücksichtigen. Die Rechtsanwaltskosten berechnen sich wie folgt:

Gegenstandswert: 8.400,00 €		
Verfahrensgebühr § 13 RVG, Nr. 3100 VV RVG	1,3	659,10 €
Terminsgebühr § 13 RVG, Nr. 3104 VV RVG	1,2	608,40 €
Einigungsgebühr, gerichtliches Verfahren § 13 RVG, Nrn. 1003, 1000 VV RVG	1,0	507,00 €
Zwischensumme der Gebührenpositionen		1.774,50 €
Pauschale für Post und Telekommunikation Nr. 7002 VV RVG		20,00 €
Zwischensumme netto		1.794,50 €
19% Mehrwertsteuer Nr. 7008 VV RVG		340,96 €
zu zahlender Betrag		**2.135,46 €**

Kapitel 11
Änderungskündigung

A. Einführung

I. Begriff und Zweck

Das Instrument der Änderungskündigung hat seinen Niederschlag in **§ 2 KSchG** gefunden und wird in § 2 Satz 1 KSchG als Kündigung des Arbeitsverhältnisses durch den Arbeitgeber mit gleichzeitigem Angebot, das Arbeitsverhältnis zu geänderten Arbeitsbedingungen fortzusetzen, legal definiert. Eine Änderungskündigung besteht somit aus **zwei wesentlichen Elementen**: zum einen aus der (1) Kündigung des Arbeitsverhältnisses und zum anderen aus dem (2) Angebot des Arbeitgebers, das Arbeitsverhältnis unter geänderten Arbeitsbedingungen fortzusetzen. 1

Der gesetzliche Kündigungsschutz in den §§ 1ff. KSchG und in § 626 BGB ist nicht nur auf die Gewährleistung der Weiterbeschäftigung beschränkt (**Bestandsschutz**), sondern auch auf das Fortbestehen der Vertragsbedingungen (**Vertragsinhaltsschutz**).[1] Die Änderungskündigung bezweckt somit in erster Linie nicht die Beendigung des Arbeitsverhältnisses, vielmehr lediglich die Änderung der Arbeitsbedingungen. Dabei schützt § 2 KSchG indirekt den Arbeitsplatz des Arbeitnehmers, indem er dem Arbeitgeber durch das Instrument der Änderungskündigung die Möglichkeit gibt, das Arbeitsverhältnis mit dem Arbeitnehmer, wenn auch unter geänderten Arbeitsbedingungen, fortzusetzen.[2] 2

II. Abgrenzung der Änderungskündigung zu anderen Änderungsinstrumenten

1. Direktionsrecht

Für eine (einseitige) Änderung der Vertragsverhältnisse stehen dem Arbeitgeber mehrere Möglichkeiten zur Verfügung. Das wichtigste Änderungsinstrument besteht in der Ausübung des **Direktionsrechts**, welches dem Arbeitgeber allein aus dem Vorliegen eines Arbeitsverhältnisses zusteht. Dieses dem Arbeitsverhältnis immanente Direktionsrecht findet seine Grundlage in § 106 GewO. Gemäß § 106 Abs. 1 GewO kann der Arbeitgeber „Inhalt, Ort und Zeit der Arbeitsleistung nach billigem Ermessen näher bestimmen, soweit diese Arbeitsbedingungen nicht durch den Ar- 3

---

1 BAG, Urt. v. 7.6.1973 – 2 AZR 450/72 – AP Nr. 1 zu § 626 BGB Änderungskündigung; BAG, Urt. v. 23.6.2005 – 2 AZR 642/04 – NZA 2006, 92.

2 ErfK/*Müller-Glöge*, § 2 KSchG Rn 1.

beitsvertrag, Bestimmungen einer Betriebsvereinbarung, eines anwendbaren Tarifvertrags oder gesetzliche Vorschriften festgelegt sind".

4 Um Änderungen des Arbeitsverhältnisses zu erreichen, welche nicht von diesem arbeitgeberseitigen Weisungsrecht erfasst werden, muss der Arbeitgeber das Instrument der Änderungskündigung einsetzen und die arbeitsvertraglichen Änderungen auf diesem Weg durchsetzen.[3] Somit ist im Umkehrschluss grundsätzlich eine Änderungskündigung nur dann erforderlich, wenn die vom Arbeitgeber gewünschte Änderung der Arbeitsbedingungen nicht mehr durch sein generell bestehendes Weisungsrecht gemäß § 106 GewO gedeckt ist.[4]

a) Inhalt der Arbeitsleistung

5 Das Weisungsrecht erstreckt sich in erster Linie auf den Inhalt der Arbeitsleistungen. Je weiter die Tätigkeit im Arbeitsvertrag beschrieben ist, desto weiter reicht das Direktionsrecht.[5] Ist im Arbeitsvertrag eine Tätigkeitsbeschreibung des Arbeitnehmers enthalten, nach welcher dem Arbeitnehmer jede Arbeit unter Berücksichtigung der Befähigung, Ausbildung etc. zugemutet werden kann, so ist im Ergebnis die **Gleichwertigkeit** der Tätigkeit entscheidend.[6]

! **Praxishinweis**

Die Zuweisung einer geringerwertigen Tätigkeit als die vertraglich vereinbarte, auch wenn die bisherige Vergütung unverändert fortgezahlt wird, fällt nicht unter das Weisungsrecht, sondern bedarf einer Änderungskündigung.[7]

---

b) Ort der Arbeitsleistung

6 Ist im Arbeitsvertrag kein bestimmter Arbeitsort festgelegt und lässt sich ein solcher auch nicht durch eine Auslegung des Arbeitsvertrages entnehmen, so ist der Arbeitgeber kraft Direktionsrechts befugt, den Arbeitnehmer an unterschiedlichen Orten einzusetzen.[8] Diese Zuweisung eines anderen Arbeitsortes durch den Arbeitgeber unterliegt jedoch der Ausübungskontrolle gemäß § 106 Satz 1 GewO, § 315 Abs. 3 BGB. Die Leistungsbestimmung des Arbeitgebers muss somit **billigem Ermessen** entsprechen. Dabei müssen bei einer geplanten Änderung des Orts der Arbeitsleis-

---

3 Grobys/Panzer/*Juli*, Änderungskündigung Rn 1.

4 Zur Problematik einer überflüssigen Änderungskündigung siehe unter Rn 28.

5 Vgl. BAG, Urt. v. 13.3.2007 – 9 AZR 433/06 – AP Nr. 26 zu § 307 BGB.

6 ErfK/*Preis*, § 106 GewO Rn 11.

7 LAG Baden-Württemberg, Urt. v. 20.4.2009 – 4 Sa 4/09 – BeckRS 2009, 61246; BAG, Urt. v. 30.8.1995 – 1 AZR 47/95 – AP BGB § 611 Direktionsrecht Nr. 44.

8 BAG, Urt. v. 11.4.2006 – 9 AZR 557/05 – NZA 2006, 1149; BAG, Urt. v. 19.1.2011 – 10 AZR 738/09 – NZA 2011, 631.

tung durch den Arbeitgeber die wesentlichen Umstände des Einzelfalls abgewogen und die beiderseitigen Interessen angemessen berücksichtigt werden.[9]

Praxishinweis
Ist der Arbeitsort arbeitsvertraglich konkretisiert (z.B. der Arbeitnehmer wird in ... *[Ort]* eingesetzt), ist nach den oben genannten Grundsätzen eine Änderung des Einsatzortes nur mit einer Änderungskündigung durchzusetzen.

c) Arbeitszeit

Mit dem Direktionsrecht kann der Arbeitgeber auch die Arbeitszeit näher bestim- 7
men. Darunter fällt aber lediglich die **Lage** der Arbeitszeit und nicht deren Dauer.

Beispiel
Der Arbeitgeber kann dem Arbeitnehmer grundsätzlich auch im Wege des Direktionsrechts bestimmte Schichten zuweisen und diese Zuweisung später wieder ändern. Dies gilt auch, wenn mit der Veränderung Einkommensverschlechterungen einhergehen, weil zum Beispiel Nachtschichtzuschläge entfallen.[10]

d) Versetzungsklauseln

Das gesetzliche Direktionsrecht des Arbeitgebers wird häufig durch die Aufnahme 8
von sog. Versetzungsklauseln im Arbeitsvertrag erweitert. Versetzungsklauseln dienen somit der **Erweiterung des Direktionsrechts**. Somit ist auch die arbeitsvertragliche Ausgestaltung für die Frage relevant, ob eine Änderungskündigung durch den Arbeitgeber nötig ist, um eine Änderung der Arbeitsbedingungen zu erreichen. Kommt also eine Änderung der Arbeitsbedingungen weder durch das allgemeine Direktionsrecht des Arbeitgebers in Betracht, noch aufgrund einer Erweiterung durch das Bestehen einer wirksamen Versetzungsklausel im Arbeitsvertrag, so muss der Arbeitgeber die Änderung der Arbeitsbedingungen im Wege einer Änderungskündigung durchsetzen.

Muster einer Versetzungsklausel
„Der Arbeitgeber ist berechtigt, dem Mitarbeiter auch andere seiner Vorbildung und seiner Fähigkeit entsprechende gleichwertige und zumutbare Aufgaben zu übertragen oder ihn an einen anderen Arbeitsplatz oder Tätigkeitsort zu versetzen, soweit dies unter Berücksichtigung seiner Interessen zumutbar ist."

9 Vgl. BAG, Urt. v. 25.8.2010 – 10 AZR 275/09 – NJW 2011, 329.

10 BAG, Urt. v. 11.12.1998 – 5 AZR 472/97 – AP BGB § 611 Direktionsrecht Nr. 54; BAG, Urt. v. 23.9.2004 – 6 AZR 567/03 – AP BGB § 611 Direktionsrecht Nr. 64.

2. Teilkündigung

9 Eine Änderungskündigung ist von einer **Teilkündigung** zu unterscheiden. Unter einer Teilkündigung versteht man die Lösung des Arbeitgebers von lediglich einzelnen Arbeitsbedingungen. Die Teilkündigung ist im Gegensatz zur Änderungskündigung nicht auf die Beendigung des Arbeitsverhältnisses insgesamt ausgerichtet, sondern lediglich auf die Kündigung bestimmter einzelner Vertragsbestandteile.[11] Eine solche Teilkündigung wird grundsätzlich als unzulässig angesehen, da das Arbeitsverhältnis als Einheit zu betrachten ist und nur als Ganzes gekündigt werden kann.[12] Zudem würde in einem solchen Fall das Gleichgewicht von Leistung und Gegenleistung gefährdet werden.[13]

3. Widerrufsvorbehalt

10 Im Gegensatz zu der unzulässigen Teilkündigung kommt neben dem allgemeinen Direktionsrecht des Arbeitgebers als Grundlage für eine einseitige Abänderung der Arbeitsbedingungen ein **sog. Widerrufsvorbehalt** in Betracht.[14] Danach kann eine Änderung des Arbeitsvertrages auch aufgrund eines wirksam vereinbarten Widerrufsvorbehalts vorgenommen werden. Dieser Vorbehalt muss ausdrücklich im Vertrag vorgesehen sein. Dadurch kann ein Anspruch des Arbeitnehmers auf **eine bestimmte Leistung** durch einseitige Erklärung des Arbeitgebers **für die Zukunft widerrufen** werden. Bei der Vereinbarung solcher Klauseln im Arbeitsvertrag sind allerdings die Vorschriften der wirksamen Einbeziehung von Allgemeinen Geschäftsbedingungen (AGB-Kontrolle) gemäß den §§ 305ff. BGB zu beachten, d.h. dass der Arbeitgeber für die Vereinbarung eines wirksamen Widerrufsvorbehalts unter AGB-Gesichtspunkten einige von der Rechtsprechung aufgestellte Grundsätze zu beachten hat, die in jüngster Zeit deutlich verschärft worden sind.[15]

---

11 KR/*Rost*, § 2 KSchG Rn 51.

12 BAG in ständiger Rechtsprechung, vgl. etwa BAG, Urt. v. 14.11.1990 – 5 AZR 509/89 – EzA § 622 BGB Teilkündigung Nr. 5; BAG, Urt. v. 22.1.1997 – 5 AZR 658/95 – EzA § 622 BGB Teilkündigung Nr. 7; ErfK/*Oetker*, § 2 KSchG Rn 9.

13 KR/*Rost*, § 2 KSchG Rn 51.

14 KR/*Rost*, § 2 KSchG Rn 47.

15 Siehe insbesondere zu der Problematik Widerrufsvorbehalt bei Vergütungsbestandteilen und deren wirksame rechtliche Ausgestaltung unter Rn 32ff.

B. Bestandteile der Änderungskündigung

I. Zusammensetzung zwischen Kündigung und Änderungsangebot

Wie sich aus der Definition der Änderungskündigung gemäß § 2 KSchG ergibt, 11
besteht die Änderungskündigung immer aus **zwei Elementen.**[16] Bei der Änderungskündigung handelt es sich somit um ein zusammengesetztes Rechtsgeschäft bestehend aus zwei Willenserklärungen: Zum einen aus der Kündigung des Arbeitsverhältnisses und zum anderen aus dem Angebot des Arbeitgebers das Arbeitsverhältnis (zu geänderten Arbeitsbedingungen) mit dem Arbeitnehmer fortzusetzen.[17]

Muster
Änderungskündigung

„Sehr geehrte/r Frau/Herr ...,

1. hiermit kündigen wir das mit Ihnen bestehende Arbeitsverhältnis ordentlich unter Einhaltung der vertraglichen Kündigungsfrist von *[... Wochen/Monaten]* zum *[... Datum]*.
2. Wir bieten Ihnen aber gleichzeitig an, das Arbeitsverhältnis ab dem *[... Datum]* wie folgt fortzusetzen:
   Sie werden künftig in der Abteilung *[... genaue Bezeichnung]* bei einer Vergütung von *[... €]* tätig sein.
   Im Übrigen bleibt es bei den bisherigen Bedingungen Ihres Arbeitsverhältnisses.
   Wenn Sie mit der Fortsetzung Ihres Arbeitsverhältnisses zu den vorgenannten geänderten Bedingungen einverstanden sind, bitten wir Sie, uns dies bis spätestens zum *[... Datum – innerhalb von ... Wochen]* mitzuteilen.

Für den Fall, dass Sie die Änderung Ihrer Arbeitsbedingungen ablehnen, werden Sie ausdrücklich darauf hingewiesen, dass Sie gem. § 37b SGB III verpflichtet sind, sich spätestens drei Monate vor Beendigung des Arbeitsverhältnisses persönlich bei der Agentur für Arbeit arbeitssuchend zu melden. Liegen zwischen der Kenntnis des Beendigungszeitpunktes und der tatsächlichen Beendigung des Arbeits- oder Ausbildungsverhältnisses weniger als drei Monate, hat die Meldung innerhalb von drei Tagen nach Kenntnis des Beendigungszeitpunktes zu erfolgen. Kommen Sie dieser Verpflichtung nicht nach, so kann die Agentur für Arbeit über das Arbeitslosengeld eine Sperrzeit verhängen.
Darüber hinaus wird darauf hingewiesen, dass die Notwendigkeit eigener Aktivitäten bei der Suche nach einer anderen Beschäftigung besteht.

Mit freundlichen Grüßen

____

(Geschäftsführung)“

---

16 So zum Beispiel zuletzt BAG, Urt. v. 10.9.2009 – 2 AZR 822/07 – NZA 2010, 333, 335.
17 ErfK/*Oetker*, § 2 KSchG Rn 5.

II. Formelle Anforderungen und sonstige Wirksamkeitsvoraussetzungen

1. Schriftform

12 Die Änderungskündigung bedarf gemäß § 623 BGB der Schriftform. Das Schriftformerfordernis betrifft sowohl das **Änderungsangebot** als auch die **Kündigungserklärung** selbst, da diese beiden Elemente eine rechtliche Einheit bilden.[18] Was das Gesetz unter Schriftform versteht, ist in § 126 BGB aufgeführt. Um den Anforderungen der Schriftform zu genügen, muss die Urkunde vom Aussteller eigenhändig durch Namensunterschrift oder mittels notariell beglaubigten Handzeichens unterzeichnet werden.[19]

2. Einhaltung der Kündigungsfristen

13 Der Arbeitgeber hat auch bei einer Änderungskündigung die Kündigungsfristen des Arbeitnehmers, insbesondere die in § 622 BGB geregelten gesetzlichen Kündigungsfristen beim Ausspruch einer Änderungskündigung einzuhalten.[20]

3. Einhaltung der besonderen gesetzlichen Kündigungsschutzbestimmungen

14 Als Kündigung unterliegt auch die Änderungskündigung den besonderen gesetzlichen Kündigungsschutzbestimmungen wie § 9 MuSchG, § 18 BEEG, §§ 85ff. SGB IX, §§ 15 und 17 KSchG, § 5 PflegeZG, § 9 Abs. 3 FPfZG. Bei einer Änderungskündigung müssen auch die besonderen gesetzlichen Kündigungsschutzvorschriften zwingend durch den Arbeitgeber eingehalten werden, damit die Kündigung Wirksamkeit entfaltet.[21]

4. Bestimmtheit des Änderungsangebots

15 Bei dem Angebot des Arbeitgebers auf Änderung der Arbeitsbedingungen handelt es sich um ein Angebot im Sinne von § 145 BGB, welches eindeutig bestimmt bzw. bestimmbar sein muss.[22] Der Arbeitnehmer muss in der Lage sein, die künftige Ausgestaltung und Änderungen seines Arbeitsvertrages nachvollziehen zu können.[23] Es

---

18 BAG, Urt. v. 16.9.2004 – 2 AZR 628/03 – NZA 2005, 635.

19 Siehe dazu ausführlich Kap. 3 Die Aussprache der Kündigung.

20 Siehe dazu ausführlich Kap. 4 Rn 4ff.

21 Siehe dazu ausführlich Kap. 9 zum Sonderkündigungsschutz.

22 BAG, Urt. v. 29.9.2011 – 2 AZR 523/10 – NZA 2012, 628; BAG, Urt. v. 10.9.2009 – 2 AZR 822/07 – NZA 2010, 333; Grobys/Panzer/*Juli*, Änderungskündigung Rn 4.

23 BAG, Urt. v. 16.9.2004 – 2 AZR 628/03 – NZA 2005, 635; BAG, Urt. v. 10.9.2009 – 2 AZR 822/07 – NZA 2010, 333, 335; BAG, Urt. v. 29.9.2011 – 2 AZR 523/10 – DB 2012, 1042.

ist zulässig das Änderungsangebot nach den allgemeinen Regeln gemäß den §§ 133, 157 BGB auszulegen. Ist auch durch die Auslegung das Änderungsangebot des Arbeitgebers nicht hinreichend zu bestimmen, so führt dies zur **Unwirksamkeit** der Änderungskündigung.[24]

Trotz des Bestimmtheitsgebots ist es dem Arbeitgeber nicht unbenommen, dem Arbeitnehmer Alternativangebote vorzuschlagen, solange für den Arbeitnehmer eindeutig erkennbar ist, zu welchen (ggf. unterschiedlichen) wesentlichen Vertragsbedingungen er in Zukunft beschäftigt werden soll.[25] 16

Praxistipp

Aus diesem Grund ist dem Arbeitgeber zu empfehlen, mögliche Alternativen einer gesonderten Beschäftigung in **einem** Dokument anzubieten und die verschiedenen Alternativen **erkennbar hervorzuheben**, so dass der Arbeitnehmer diese eindeutig erkennen kann und ihm seine Möglichkeiten bewusst vor Augen geführt werden. !

5. Verhältnismäßigkeit

Neben der hinreichenden Bestimmtheit des Änderungsangebots ist auch die Verhältnismäßigkeit der angebotenen Änderungen zu beachten.[26] Nach dem Grundsatz der Verhältnismäßigkeit müssen die angebotenen Änderungen geeignet und erforderlich sein. Dem Arbeitnehmer ist somit nur eine Vertragsänderung anzubieten, welche diesem am ehesten zumutbar ist. Dem Arbeitnehmer sind ggf. Alternativangebote zu unterbreiten, um dem Grundsatz der Verhältnismäßigkeit gerecht zu werden.[27] 17

III. Rechtliche Gestaltung einer Änderungskündigung

Bezüglich der rechtlichen Gestaltung einer Änderungskündigung sind folgende zwei Varianten denkbar. Es ist möglich, dass der Arbeitgeber eine unbedingte Kündigung und die Fortsetzung des Arbeitsverhältnisses zu geänderten Bedingungen ausspricht (Alt. 1). Es ist aber auch möglich, dass der Arbeitgeber die Änderungen der Arbeitsbedingungen darstellt und gleichzeitig eine Kündigung unter der auflö- 18

24 BAG, Urt. v. 29.9.2011 – 2 AZR 523/10 – DB 2012, 1042, BAG, Urt. v. 10.9.2009 – 2 AZR 822/07 – NZA 2010, 333; BAG, Urt. v. 16.9.2004 – 2 AZR 628/03 – NZA 2005, 635; BAG, Urt. v. 17.5.2001 – 2 AZR 460/00 – NZA 2002, 54.

25 Grobys/Panzer/*Juli*, Änderungskündigung Rn 5.

26 BAG, Urt. v. 23.6.2005 – 2 AZR 642/04 – NZA 2006, 92.

27 BAG, Urt. v. 28.10.1999 – 2 AZR 437/98 – NZA 2000, 825; weitere Beispiele siehe Grobys/Panzer/*Juli*, Änderungskündigung Rn 6.

senden Bedingung ausspricht, dass der Arbeitnehmer das Änderungsgebot annimmt (Alt. 2).

C. Reaktionsmöglichkeiten des Arbeitnehmers

19 Der Arbeitnehmer hat grundsätzlich drei verschiedene Möglichkeiten auf eine Änderungskündigung zu reagieren. Er kann das Änderungsangebot des Arbeitgebers vorbehaltlos annehmen (siehe unter I.). Der Arbeitnehmer kann aber auch die Annahme der Vertragsänderungen unter dem Vorbehalt der gerichtlichen Überprüfung annehmen (siehe unter II.). Letztlich bleibt diesem auch die Variante das Änderungsangebot abzulehnen (siehe unter III.).

I. Vorbehaltslose Annahme des Änderungsangebots

20 Der Arbeitnehmer kann das Änderungsangebot **ausdrücklich** oder durch **schlüssiges Verhalten** annehmen.[28] Eine konkludente Annahme des Änderungsangebots kann in der widerspruchslosen Erbringung der Arbeitsleistung in den geänderten Bedingungen erfolgen. Allerdings müssen sich in dieser Hinsicht die Änderungen der Arbeitsbedingungen unmittelbar im Arbeitsverhältnis auswirken, so dass sie für den Arbeitnehmer erkennbar werden. Nur unter dieser Voraussetzung kann von einer Annahme des Änderungsangebots durch den Arbeitnehmer ausgegangen werden.[29]

21 Die Annahme des Änderungsangebots bei einer ordentlichen Änderungskündigung ist an keine Frist gebunden, der Arbeitgeber hat allerdings die Möglichkeit eine Frist gemäß § 148 BGB zu bestimmen.

! **Praxistipp**
Für den Arbeitgeber ist aus Gründen der Rechtssicherheit zu empfehlen eine **Annahmeerklärungsfrist von mindestens 3 Wochen** zu setzen, da die Fristenregelung des § 2 Satz 2 KSchG nicht unterschritten werden darf. Zu kurz bemessene Fristen sind unwirksam. Eine unwirksame Frist führt allerdings nicht zur Unwirksamkeit der Änderungskündigung, da in diesem Fall die gesetzliche Mindestfrist von 3 Wochen in Gang gesetzt wird.[30]

---

28 BAG, Urt. v. 19.6.1986 – 2 AZR 565/85 – NZA 1987, 94; KR/*Rost*, § 2 KSchG Rn 62f.
29 BAG, Urt. v. 1.8.2001 – 4 AZR 129/00 – AP Nr. 20 zu § 157 BGB.
30 BAG, Urt. v. 1.2.2007 – 2 AZR 44/06 – NZA 2007, 925; BAG, Urt. v. 18.5.2006 – 2 AZR 230/05 – NJW-Spezial 2006, 516; siehe auch unter B. I. Rn 11 Musterformulierung.

Im Gegensatz zu der Annahme des Änderungsangebots bei einer ordentlichen Änderungskündigung ist bei einer **fristlosen Änderungskündigung** eine unverzügliche (ohne schuldhaftes Zögern)[31] Erklärung gefordert, bei welcher in der Regel von einer **Annahmefrist von 3 Tagen** auszugehen ist.[32] 22

Durch die Annahme des Änderungsangebots durch den Arbeitnehmer tritt die Änderung des Arbeitsvertrages zu dem Zeitpunkt in Kraft, zu dem sie nach dem Änderungsangebot wirksam werden soll. 23

II. Annahme des Änderungsangebots unter Vorbehalt

Diese Konstellation ist durch § 2 S. 2 KSchG ausdrücklich geregelt. Nimmt der Arbeitnehmer das Angebot unter Vorbehalt einer gerichtlichen Überprüfung an, bewirkt dies kraft Gesetzes, dass der durch die Annahme zustande gekommene Änderungsvertrag unter der mit Rückwirkung ausgestatteten auflösenden Bedingung steht, dass die Sozialwidrigkeit der Änderung der Arbeitsbedingungen gerichtlich festgestellt wird.[33] Bei Annahme unter Vorbehalt werden somit zuerst einmal die geänderten Arbeitsbedingungen wirksam und der Arbeitnehmer hat diese einzuhalten. Erst wenn das Gericht später die Sozialwidrigkeit der Änderung der Arbeitsbedingungen feststellt, wird das Arbeitsverhältnis wieder in seiner ursprünglichen Form fortgeführt. Diese Vorgehensweise ermöglicht dem Arbeitnehmer die Änderungskündigung im Wege der Änderungsschutzklage anzugreifen, ohne der Gefahr ausgesetzt zu sein, den Arbeitsplatz vollständig zu verlieren. 24

III. Ablehnung des Änderungsangebots

Lehnt der Arbeitnehmer das Änderungsangebot des Arbeitgebers ab, so **wandelt** sich die Änderungskündigung in eine **Beendigungskündigung** um.[34] Der Arbeitnehmer kann in einem solchen Fall keine Änderungsschutzklage gemäß § 2 KSchG erheben, sondern muss sich gegen die nunmehr vorliegende Beendigungskündigung im Wege der Kündigungsschutzklage zur Wehr setzen. Bei dieser Fallkonstellation muss der Arbeitnehmer damit rechnen, im Falle des Unterliegens im Kündigungsschutzprozess sein Arbeitsverhältnis an sich zu verlieren. 25

---

31 BAG, Urt. v. 19.6.1986 – 2 AZR 565/85 – NZA 1987, 94.

32 KR/*Rost*, § 2 Rn 33.

33 BAG, Urt. v. 28.4.1982 – 7 AZR 1139/79 – AP KSchG 1969 § 2 Nr. 3; BAG, Urt. v. 27.9.1984 – 2 AZR 62/83 – AP KSchG 1969 § 2 Nr. 8.

34 Grobys/Panzer/*Juli*, Änderungskündigung Rn 36.

IV. Muster zu den Reaktionsmöglichkeiten des Arbeitnehmers

26

Muster

„Hiermit erkläre ich,

- die Änderungen des Arbeitsvertrages gemäß Schreiben vom *[... Datum]* anzunehmen.
- die Änderungen des Arbeitsvertrages gemäß Schreiben vom *[... Datum]* lehne ich ab.
- die Änderung der Arbeitsvertragsbedingungen gemäß Schreiben vom *[... Datum]* werde ich unter dem Vorbehalt ihrer sozialen Rechtfertigung (§ 2 KSchG) annehmen."

D. Besonderheiten der Änderungskündigung

27 Im Folgenden sollen einige spezifische Problemkreise, welche im Zusammenhang mit einer Änderungskündigung häufig auftreten, thematisiert werden.

I. Problematik der „überflüssigen Änderungskündigung"

28 In der Praxis stellt sich für den Arbeitgeber oft die Frage, ob dieser eine Änderung der Arbeitsvertragsbedingungen im Wege des Direktionsrechts einseitig vornehmen kann, oder ob eine Änderung der Arbeitsbedingungen einer Änderungskündigung bedarf. Eine **„überflüssige Änderungskündigung"** liegt vor, wenn der Arbeitgeber die Arbeitsbedingungen durch Ausübung seines Direktionsrechts ändern könnte, er aber dessen ungeachtet eine Änderungskündigung ausspricht.[35] Eine Änderungskündigung in diesem Fall ist nicht geeignet den gewollten Zweck zu erreichen, denn die Änderung der Arbeitsbedingungen ist schon ohne den Ausspruch einer Änderungskündigung eingetreten. Eine Umdeutung dieses unwirksamen Änderungsangebots in eine vom Direktionsrecht gedeckte Weisung ist jedoch nach zumindest herrschender Ansicht nicht möglich.[36]

29 Für den Arbeitgeber ist es somit entscheidend, ob er eine Änderung der Arbeitsbedingungen **einseitig**, z.B. eine Änderung des Arbeitsortes durch eine Versetzung erreichen kann oder ob eine **Änderungskündigung** dafür erforderlich ist.

---

35 Siehe dazu A. II. 1. Rn 3; BAG, Urt. v. 6.9.2007 – 2 AZR 368/06 – AP KSchG 1969 § 2 Nr. 135; BAG, Urt. v. 26.8.2008 – 1 AZR 353/07 – AP KSchG 1969 § 2 Nr. 139.

36 LAG Köln, Urt. v. 1.8.2007 – 3 Sa 906/06 – BeckRS 2007, 48918; LAG Niedersachsen, Urt. v. 2.12.2010 – 5 Sa 1183/10 – BeckRS 2011, 69355; a.A. *Hromadka*, NZA 2008, 1338, 1340; *Hunold*, NZA 2008, 860, 862f.; noch keine Entscheidung des BAG, siehe Urt. v. 28.5.2009 – 2 AZR 844/07 – BeckRS 2009 – 68460.

Praxistipp
Dem Arbeitgeber kann unter Zugrundelegung dieser Ausführungen nur zu einem **gestuften Vorgehen** geraten werden. Wenn der Arbeitgeber nicht sicher ist, ob das Direktionsrecht ausreicht um die Änderung der Arbeitsbedingungen herbeizuführen, ist zu empfehlen im ersten Schritt eine Versetzung im Rahmen des Direktionsrechts vorzunehmen und außerdem hilfsweise eine Änderungskündigung auszusprechen. Durch ein solches gestuftes Vorgehen kann eine Unwirksamkeit der Änderungskündigung vermieden werden.

II. Änderungskündigung zur Entgeltreduzierung

1. Einführung in die Problematik

In der Praxis stellt sich für den Arbeitgeber häufig die Frage, ob eine **einseitige Reduzierung der Vergütung** bei Arbeitnehmern durch den Arbeitgeber möglich ist und er somit in der Lage ist auf diesem Wege Geld einzusparen.[37] Eine allein zur Absenkung der bisherigen Vergütung ausgesprochene Änderungskündigung ist nach der Rechtsprechung des BAG nur unter Einhaltung **strenger Voraussetzungen** möglich.[38] Ohne Änderungs- oder Anpassungsvorbehalte des Arbeitgebers kann das Entgelt eines Arbeitnehmers, welches als Festgehalt vereinbart wurde, nur mittels einer Änderungskündigung verändert, insbesondere verringert, werden. 30

Eine Änderungskündigung zur Entgeltreduzierung wird in der Rechtsprechung lediglich dann als erfolgsversprechend angesehen, wenn ein Unternehmen längere Zeit nur Verluste erzielt, eine positive Veränderung aufgrund der bestehenden Marktlage nicht erkennbar ist und eine Änderung der wirtschaftlichen Situation zur Vermeidung der Insolvenz nur erreicht werden kann, wenn im Rahmen eines Sanierungskonzepts auch die Entgeltkosten gesenkt werden. Nur unter diesen Voraussetzungen lässt das BAG ausnahmsweise die Änderungskündigung zur Entgeltsenkung zu.[39] Geldmangel allein entlastet den Arbeitgeber nicht, weil dieser das Wirtschaftsrisiko zu tragen hat.[40] Die von der Rechtsprechung aufgestellten Voraussetzungen liegen in der Regel selbst in schweren wirtschaftlichen Unternehmenskrisen nicht vor oder können jedenfalls vom Arbeitgeber im Rahmen seiner Darlegungs- und Beweislast nicht schlüssig dargetan werden.[41] 31

37 Siehe zu dieser Thematik auch *Reiserer/Powietzka*, BB 2006, 1109 ff.

38 Dazu grundlegend BAG, Urt. v. 20.3.1986 – 2 AZR 294/85 – NZA 1986, 824; in jüngerer Zeit BAG, Urt. v. 16.5.2002 – 2 AZR 292/01 – NZA 2003, 147; *Reiserer*, NZA 2007, 1249; Maschmann/Sieg/Göpfert/*Reiserer*, Kap. 100 Rn 7.

39 Maschmann/Sieg/Göpfert/*Reiserer*, Kap. 100 Rn 6.

40 BAG, Urt. v. 12.1.2006 – 2 AZR 126/05 – NZA 2006, 587.

41 *Reiserer*, NZA 2007, 1249; jedenfalls hat das BAG – soweit ersichtlich – noch keine einzige Änderungskündigung zur Entgeltreduzierung für wirksam erklärt.

Praxistipp
Aufgrund der von der Rechtsprechung aufgestellten hohen Anforderungen empfiehlt es sich aus Arbeitgebersicht eine Änderungskündigung zur Entgeltsenkung möglichst zu vermeiden. Schon bei der Vertragsgestaltung sollte der Arbeitgeber einen möglichen Änderungsbedarf berücksichtigen, zum Beispiel durch Vorbehaltsklauseln in Arbeitsverträgen. In diesem Zusammenhang sind allerdings die §§ 305 ff. BGB (AGB-Kontrolle) zu beachten.

2. Der Widerrufsvorbehalt als Gestaltungsvariante

a) Widerrufsvorbehalte bezüglich Nebenleistungen

32 Widerrufsvorbehalte bezüglich Nebenleistungen, welche den **Kernbereich** des Arbeitsverhältnisses zwischen den Parteien **unberührt** lassen, werden generell von der Rechtsprechung als zulässig anerkannt. Dies betrifft insbesondere übertariflich gewährte Vergütungsbestandteile wie Gratifikationen, Treueprämien, Personalrabatte, Leistungszulagen oder Provisionen.[42]

33 Ein Widerrufsvorbehalt kann aber nach der Rechtsprechung des Bundesarbeitsgerichts mit Urteil vom 12.1.2005[43] nur wirksam vereinbart werden, wenn bereits in der Zusage der Leistung die **Gründe** für den Widerruf so konkret wie möglich enthalten sind. Um diese Voraussetzungen zu erfüllen, muss zum einen die **„Richtung“** angegeben werden, aus der ein Widerruf möglich sein soll. Dies können zum Beispiel wirtschaftliche Gründe sein oder Gründe, die die Leistung oder das Verhalten des Arbeitnehmers betreffen. Andererseits muss der **„Grad der Störung“** konkretisiert werden. Der 5. Senat des Bundesarbeitsgerichts fordert in einer Entscheidung vom 12.1.2005 einen Konkretisierungsgrad, der beispielsweise eine wirtschaftliche Notlage des Unternehmens, ein negatives wirtschaftliches Ergebnis der Betriebsabteilung, das Nichterreichen der erwarteten wirtschaftlichen Entwicklung oder ähnliches als Voraussetzungen des Widerrufs angibt. Allein die Formulierung „wirtschaftliche Gründe“ soll nach Ansicht des BAG nicht ausreichen, da die Gründe konkretisiert und für den Arbeitnehmer nachvollziehbar sein müssen.[44] Eine Formulierung des Arbeitgebers in der er selbst bestimmen kann, was als „wirtschaftlicher Grund“ angesehen wird, ist unzulässig. Das BAG hat mit einer Entscheidung vom 13.4.2010[45] erstmals Ausführungen zur möglichen Konkretisierung der wirtschaftlichen Gründe an einem Beispiel der Entziehung eines Dienstwagens gemacht. Dabei hat das Bundesarbeitsgericht ein verstärktes Gewinnstreben, den Ausgleich wirtschaftlicher Verluste, Kostensenkungsmaßnahmen oder den Wegfall

42 *Reiserer*, NZA 2007, 1249.
43 BAG, Urt. v. 12.1.2005 – NZA 2005, 465 – NJW 2005, 1820.
44 BAG, Urt. v. 13.4.2010 – 9 AZR 113/09 – NZA-RR 2010, 457.
45 BAG, Urt. v. 13.4.2010 – 9 AZR 113/09 – GWR 2010, 438.

des Interesses, bestimmte Arbeitnehmer durch die Überlassung eines Dienstwagens an das Unternehmen zu binden, als mögliche Widerrufsgründe genannt.[46]

Ein Widerrufsvorbehalt bezüglich einer Nebenleistung kann daher wie folgt ausgestaltet werden. 34

Formulierungsvorschläge
Widerrufsvorbehalt !

- „Die Zahlung der Sonderzuwendung erfolgt unter dem Vorbehalt des Widerrufs. Die Ausübung des Widerrufsrechtes kann erfolgen, wenn insbesondere einer der folgenden wirtschaftlichen Gründe vorliegt:
  - verstärktes Gewinnstreben des Arbeitgebers
  - Ausgleich wirtschaftlicher Verluste
  - Kostensenkungsmaßnahmen
  - Wegfall des Interesses, bestimmte Arbeitnehmergruppen durch die Sonderzuwendung an das Unternehmen zu binden.“[47]
- „Der Arbeitnehmer wird als *[... Tätigkeitsbeschreibung]* in Wechselschicht eingestellt. Während der Tätigkeit in Wechselschicht erhält er eine Wechselschichtzulage in Höhe von *[... €]*. Wird der Arbeitnehmer nicht mehr in Wechselschicht beschäftigt, kann der Arbeitgeber die Wechselschichtzulage widerrufen.“[48]

---

b) Widerruf bei leistungsabhängiger Vergütung

Der Widerrufsvorbehalt kann sich grundsätzlich auch auf Vergütungsbestandteile 35
beziehen, die im arbeitsvertraglichen **Synallagma** stehen und somit als Gegenleistung für die Tätigkeit des Arbeitnehmers gewährt werden. Nach der Rechtsprechung des BAG[49] kann ein Widerrufsvorbehalt, der auf echte, leistungsabhängige Vergütungsbestandteile bezogen ist, soweit **maximal 25% bis 30% der Vergütung** von dem Widerruf betroffen sind, wirksam zwischen den Parteien vereinbart werden. Für die Nennung der Widerrufsgründe gilt das bereits oben Ausgeführte.[50]

Formulierungsvorschlag
Widerrufsvorbehalt !

„Die Zahlung der Provision kann widerrufen werden, sofern insbesondere einer der folgenden wirtschaftlichen Gründe vorliegt:

- verstärktes Gewinnstreben des Arbeitgebers
- Ausgleich wirtschaftlicher Verluste.

---

46 Ausführlich hierzu *Gaul/Kaul*, BB 2011, 181, 183.
47 Maschmann/Sieg/Göpfert/*Reiserer*, Kapitel 100 Rn 13.
48 *Reiserer*, NZA 2007, 1249.
49 BAG, Urt. v. 12.1.2005 – 5 AZR 364/04 – NZA 2005, 465.
50 *Reiserer*, NZA 2007, 1249.

Der Arbeitgeber muss sicherstellen, dass die verbleibende Gesamtvergütung des Arbeitnehmers nach Ausübung des Widerrufs durch den Arbeitgeber um nicht mehr als 25% reduziert und dass das tarifliche Entgelt nicht unterschritten wird."[51]

III. Änderungskündigung zur Anpassung einer Nebenabrede

36 In den letzten Jahren hat das BAG versucht eine Lockerung der strengen Anforderungen (D. II.) einer Änderungskündigung zur Entgeltreduzierung herbeizuführen. Dies ist aber nur teilweise durch die Rechtsprechung umgesetzt worden.

37 Lediglich eine Änderungskündigung zur Anpassung einer Nebenabrede unterliegt nicht mehr den strengen Anforderungen, die das Bundesarbeitsgericht an die Änderungskündigung zur Entgeltsenkung entwickelt hat.[52] Eine Änderungskündigung zur Anpassung einer Nebenabrede soll unter **erleichterten Voraussetzungen** möglich sein. Diese Erleichterung tritt allerdings nur ein, wenn es sich nicht um echte Vergütungsbestandteile handelt, sondern lediglich um vertragliche Nebenabreden. Zwingende Voraussetzung ist, dass die Nebenabrede an Umstände anknüpft, die erkennbar nicht während der gesamten Dauer des Arbeitsverhältnisses gleichbleiben müssen.[53] Solche Nebenabreden können zum Beispiel die kostenlose Beförderung zum Betriebssitz, Miet- oder Fahrtzuschüsse, Mehrarbeitspauschalen oder übertarifliche Zulagen darstellen.

Beispiel
Ein vom BAG entschiedener Fall betraf die jahrelange kostenlose Beförderung zum Betriebssitz, die der Arbeitgeber auf Grund geänderter Verhältnisse durch Änderungskündigung mit gleichzeitigem Angebot eines Pauschalzuschusses für Fahrtkosten beseitigen wollte, was die Klägerin abgelehnt hat.[54] Zur Begründung hat sich der Arbeitgeber darauf berufen, dass die Anzahl der mit dem Buszubringerdienst beförderten Mitarbeiter erheblich abgesunken war und die Mitarbeiter – anders als noch bei Erteilung der Zusage – mittlerweile die Betriebsstätte in zumutbarer Weise mit öffentlichen Verkehrsmitteln erreichen konnten.
Von der in diesem Beispiel getroffenen Nebenabrede der kostenlosen Beförderung zum Betriebssitz kann sich der Arbeitgeber durch dringende betriebliche Erfordernisse lösen, denn trotz des Entgeltbezugs, welche auch diese Nebenabrede aufweist, besteht kein synallagmatisches Verhältnis, so dass eine Änderungskündigung grundsätzlich möglich ist.

51 *Reiserer*, NZA 2007, 1249.
52 BAG, Urt. v. 27.3.2003 – 2 AZR 74/02 – NZA 2003, 1029.
53 BAG, Urt. v. 23.11.2000 – 2 AZR 547/99 – NZA 2001, 492.
54 BAG, Urt. v. 27.3.2003 – 2 AZR 74/02 – NJW 2003, 3579.

IV. Vorrang der Änderungskündigung

Eine Änderungskündigung ist für den Arbeitgeber nicht nur auf Sachverhalte begrenzt, in denen dieser die Änderungen der Arbeitsbedingungen des Arbeitnehmers herbeiführen möchte. 38

Eine Änderungskündigung ist vielmehr insbesondere in den Fällen einer jeden Beendigungskündigung als **milderes Mittel** und zur Wahrung des **Verhältnismäßigkeitsgrundsatzes** von Bedeutung.[55] 39

Der Grundsatz der Verhältnismäßigkeit ist für das gesamte Kündigungsschutzrecht maßgeblich.[56] Eine Änderungskündigung stellt gegenüber einer Beendigungskündigung stets das mildere Mittel dar und ist somit eine Ausprägung dieses Grundsatzes.[57] Die Änderungskündigung hat gegenüber der Beendigungskündigung **grundsätzlich Vorrang**. Nach dem ultima-ratio-Grundsatz hat der Arbeitgeber dem Arbeitnehmer eine freie und geeignete Weiterbeschäftigungsmöglichkeit im Wege der Änderungskündigung anzubieten.[58] 40

Bestehen im Unternehmen „offene Stellen" bzw. hat der Arbeitgeber derzeit Stellen ausgeschrieben, ist eine Beendigungskündigung für den Arbeitgeber grundsätzlich nicht möglich. Aufgrund des Verhältnismäßigkeitsprinzips hat der Arbeitgeber in solchen Fällen vor Ausspruch einer Beendigungskündigung dem Arbeitnehmer diese offenen Stellen im Wege der Änderungskündigung anzubieten, sofern die betroffene Stelle keinen höherwertigen Arbeitsplatz betrifft. 41

In diesem Zusammenhang stellt sich lediglich die Frage, welche Arbeitsbedingungen von Seiten des Arbeitgebers angeboten werden müssen, um dem Verhältnismäßigkeitsgrundsatz zu genügen. Diese Problematik zeigt sich insbesondere bei der Frage, ob dem Arbeitnehmer zur Vermeidung einer Beendigungskündigung auch ein **geringerwertiger Arbeitsplatz** durch den Arbeitgeber anzubieten ist. Die Weiterbeschäftigung des Arbeitnehmers zu geänderten Arbeitsbedingungen muss sowohl für den Arbeitgeber als auch für den Arbeitnehmer objektiv möglich und zumutbar sein. Die frühere Rechtsprechung des BAG[59] ging dahingehend, dass eine **Unzumutbarkeit** vorliegen könne, wenn die neue Tätigkeit eine erheblich geringere Qualifikation erfordere und entsprechend niedriger vergütet werde. Diese Auffassung hat das BAG[60] inzwischen konkretisiert, indem vom Arbeitgeber auch in solchen Fällen der Ausspruch einer Änderungskündigung als mildes Mittel gefordert 42

55 Siehe dazu auch Kap. 4 Rn 59 f.

56 BAG, Urt. v. 30.5.1978 – 2 AZR 630/76 – AP Nr. 70 zu § 626 BGB.

57 BAG, Urt. v. 27.9.1984 – 2 AZR 62/83 – NZA 1985, 455; BAG, Urt. v. 21.4.2005 – 2 AZR 132/04 – NZA 2005, 1289.

58 Vgl. BAG, Urt. v. 3.4.2008 – 2 AZR 500/06 – NJW 2008, 2736.

59 BAG, Urt. v. 27.9.1984 – 2 AZR 62/83 – NZA 1985, 455.

60 BAG, Urt. v. 21.4.2005 – 2 AZR 244/04 – NZA 2005, 1294.

wird. Es sei dann in einem nächsten Schritt allein eine Sache des Arbeitnehmers zu entscheiden, ob er die Weiterbeschäftigung für zumutbar hält oder nicht.[61] Lediglich in ganz besonders krassen Fallkonstellationen kann von einer Änderungskündigung von Seiten des Arbeitgebers abgesehen werden.

Beispiel
Angebot einer Pförtnerstelle an den bisherigen Personalchef[62]

E. Prüfungsmaßstab der Änderungskündigung

I. Allgemeine Kriterien

43 Der Prüfungsmaßstab des BAG hinsichtlich der Änderungskündigung geht dahingehend, ob dringende betriebliche, personen- oder verhaltensbedingte Gründe das Änderungsangebot des Arbeitgebers nach § 1 Abs. 2 S. 1 bis 3 KSchG bedingt haben und ob der Arbeitgeber nur solche Änderungen vorschlägt, welche der Arbeitnehmer billigerweise hinnehmen muss.[63]

44 Im Ergebnis ist der Prüfungsmaßstab mit dem bei der Beendigungskündigung identisch und somit auch an dieselben hohen Voraussetzungen geknüpft, insbesondere was den Grund für die Änderung der Arbeitsbedingungen betrifft. Lediglich im Rahmen der Interessenabwägung sind die Anforderungen geringer, da die Änderungskündigung im Gegensatz zur Beendigungskündigung das mildere Mittel darstellt und die Verhältnismäßigkeit durch den Ausspruch einer Änderungskündigung regelmäßig gewahrt ist. Die Annahme, eine Änderungskündigung sei im Gegensatz zu einer Beendigungskündigung unter erleichterten Voraussetzungen möglich, ist somit nur bedingt richtig.

II. Soziale Rechtfertigung der Änderungskündigung nach § 2 KSchG

45 Für die Prüfung der sozialen Rechtfertigung einer Änderungskündigung ist auch hier der **Zeitpunkt des Zugangs der Änderungskündigung** beim Arbeitnehmer entscheidend. Des Weiteren ist die Unterscheidung maßgeblich, ob der Arbeitnehmer das Änderungsangebot abgelehnt oder angenommen hat. Hat der Arbeitnehmer

61 BAG, Urt. v. 21.9.2006 – 2 AZR 607/05 – NZA 2007, 431.
62 BAG, Urt. v. 21.4.2005 – 2 AZR 132/04 – NZA 2005, 1289; BAG, Urt. v. 21.4.2005 – 2 AZR 244/04 – NZA 2005, 1294.
63 BAG, Urt. v. 21.2.2002 – 2 AZR 556/00 – NZA 2002, 1416; BAG Urt. v. 16.12.2010 – 2 AZR 576/09 – EzA § 2 KSchG Nr. 81.

das Änderungsangebot abgelehnt, erfolgt eine Prüfung allein über den **Bestand des Arbeitsverhältnisses**, da sich die Änderungskündigung in diesem Moment in eine Beendigungskündigung umwandelt. Hat der Arbeitnehmer das Angebot, wenn auch unter Vorbehalt, angenommen, erfolgt eine Überprüfung dahingehend, ob die **Änderung der Arbeitsbedingungen** sozial gerechtfertigt ist.

III. Außerordentliche Änderungskündigung

Eine außerordentliche Änderungskündigung ist ebenso möglich, auch wenn diese nicht explizit in § 13 Abs. 1 S. 1 KSchG genannt wird.[64] Eine außerordentliche Änderungskündigung erfordert das Vorliegen eines **wichtigen Grundes gemäß § 626 BGB**. In diesem Fall erfolgt eine Prüfung dahingehend, ob die Fortsetzung des Arbeitsverhältnisses zu den bisherigen Arbeitsbedingungen für den Arbeitgeber unzumutbar ist. Im Übrigen sind die allgemeinen Grundsätze der außerordentlichen Kündigung auch in diesem Fall anzuwenden.[65] 46

IV. Ordentliche Änderungskündigung

1. Verhaltensbedingte Änderungskündigung

Eine verhaltensbedingte Änderungskündigung durch den Arbeitgeber erfordert wie auch eine verhaltensbedingte Beendigungskündigung eine **Pflichtverletzung des Arbeitnehmers**. Wenn mit der Änderungskündigung ein vertragswidriges Verhalten des Arbeitnehmers beseitigt werden kann, ist dieses Instrument heranzuziehen. Wie auch bei der Beendigungskündigung kommt vor Ausspruch einer Änderungskündigung als milderes Mittel eine **Abmahnung** des Arbeitnehmers mit ausreichender Warnfunktion in Betracht.[66] 47

Beispiel
Bei dauerhaften Streitigkeiten eines Arbeitnehmers mit einem Kollegen kommt im Rahmen einer Änderungskündigung – auch als milderes Mittel zu einer Beendigungskündigung – die Möglichkeit der Zuweisung eines anderen Arbeitsbereiches und/oder Arbeitsortes in Betracht, um künftige betriebliche Störungen zu vermeiden.[67]

---

64 BAG, Urt. v. 7.6.1973 – 2 AZR 450/72 – NJW 1973, 1819; BAG, Urt. v. 1.3.2007 – 2 AZR 580/05 – NZA 2007, 1445; BAG, Urt. v. 28.10.2010 – 2 AZR 688/09 – NZA-RR 2011, 155.
65 Siehe dazu Kap. 8 zur außerordentlichen Kündigung.
66 BAG, Urt. v. 21.11.1985 – 2 AZR 21/85 – NZA 1986, 713.
67 BAG, Urt. v. 22.7.1982 – 2 AZR 30/81 – AP KSchG 1969 § 1 Verhaltensbedingte Kündigung Nr. 5.

Beispiel
Die Herabstufung eines Arbeitnehmers in eine niedrigere Entgeltgruppe kann allerdings nur durchgeführt werden, wenn zwischen der „Herabgruppierung" und der Vertragsstörung ein Zusammenhang besteht.[68]

48 Des Weiteren kann in diesem Zusammenhang auf die Ausführungen zur verhaltensbedingten Kündigung verwiesen werden.[69]

2. Personenbedingte Änderungskündigung

49 Eine personenbedingte Änderungskündigung hat ihren Ursprung in den **persönlichen Verhältnissen des Arbeitnehmers** und betrifft im Wesentlichen die Fähigkeit und Eignung desselben. Wenn somit der Arbeitnehmer seine Tätigkeit nicht mehr wie bisher fortsetzen kann und ein anderer freier Arbeitsplatz gegeben ist, welcher der Arbeitnehmer besser im Stande wäre auszuüben, kommt der Ausspruch einer personenbedingten Änderungskündigung in Betracht.[70]

Beispiel
Die Abnahme der Leistungsfähigkeit des Arbeitnehmers wegen zunehmenden Alters ist hierfür ein Paradebeispiel. Aber auch als milderes Mittel zur krankheitsbedingten Beendigungskündigung kommt eine personenbedingte Änderungskündigung in Betracht.

50 An dieser Stelle wird auf die Darstellungen zur personenbedingten Kündigung verwiesen.[71]

3. Betriebsbedingte Änderungskündigung

51 Den größten Anwendungsbereich einer Änderungskündigung gemäß § 2 KSchG stellt die betriebsbedingte Änderungskündigung dar. Diese muss durch **dringende betriebliche Voraussetzungen** bedingt sein. Die allgemeinen Grundsätze der betriebsbedingten Kündigung[72] sind auch hier anzuwenden. Allerdings sind im Rahmen der Änderungskündigung einige Besonderheiten hervorzuheben, die im Folgenden kurz erläutert werden sollen.

---

68 LAG Nürnberg, Urt. v. 10.3.2009 – 7 Sa 31/08 – BeckRS 2009, 279963.
69 Siehe dazu Kap. 6 zur verhaltensbedingten Kündigung.
70 ErfK/*Oetker*, § 2 KSchG Rn 45.
71 Siehe Kap. 7 zur personenbedingten Kündigung.
72 Siehe Kap. 5 zur betriebsbedingten Kündigung.

a) Besonderheiten bei der Sozialauswahl

Der Verweis von § 2 Satz 1 KSchG auf § 1 Abs. 3 Satz 1 und 2 KSchG zeigt, dass auch bei einer betriebsbedingten Änderungskündigung eine Sozialauswahl vorzunehmen ist.[73] Bei der Änderungskündigung ist im Rahmen der Sozialauswahl entscheidend, welchem Arbeitnehmer die Änderung der Arbeitsbedingungen in sozialer Hinsicht am ehesten zuzumuten ist.[74] Bei der Beurteilung ist auch an dieser Stelle wieder zu beachten, dass nicht die soziale Schutzbedürftigkeit des Arbeitnehmers im Hinblick auf die Beendigungskündigung zu prüfen ist, sondern im Hinblick auf die Veränderung der Arbeitsbedingungen.[75] Unter Zugrundelegung dieser Ausführungen hat der Arbeitgeber zu prüfen, ob dieser, statt die Arbeitsbedingungen des gekündigten Arbeitnehmers zu ändern, er diese Änderung einem anderen vergleichbaren Arbeitnehmer hätte anbieten können, dem sie unter Berücksichtigung der in § 1 Abs. 3 Satz 1 KSchG genannten Gesichtspunkte eher zuzumuten wären.[76] 52

b) Änderung des Entgelts

Gerade in wirtschaftlich schwierigeren Zeiten für das Unternehmen spielt die Änderungskündigung zur Entgeltreduzierung eine Rolle. Durch die hohen Voraussetzungen, welche die Rechtsprechung an die Änderungskündigung für solche Fälle stellt, ist diese für den Arbeitgeber kaum durchführbar bzw. für den Arbeitgeber nicht zu empfehlen.[77] 53

c) Kürzung/Wegfall übertariflicher Lohnbestandteile und korrigierende „Rückgruppierung“

Ebenfalls unter den Inhaltsschutz des Arbeitsverhältnisses fällt die Auszahlung eines übertariflichen Lohns durch den Arbeitgeber. Auch in diesem Fall werden die strengen Voraussetzungen des BAG für eine Änderungskündigung zur Entgeltreduzierung angewendet.[78] Einen Sonderfall zur Reduzierung des Entgelts im Arbeitsverhältnis stellt allerdings das Instrument der **sog. korrigierenden Rückgruppierung** dar. Diese zielt auf die Korrektur einer fehlerhaften Eingruppierung eines Arbeitnehmers in eine tarifliche Lohngruppe und entspringt somit dem Tarifvertragsrecht. Ist der Arbeitnehmer nach einer bestimmten Vergütungsgruppe bezahlt 54

---

73 BAG, Urt. v. 18.10.1984 – 2 AZR 543/83 – AP KSchG 1969 § 1 Soziale Auswahl Nr. 6.
74 BAG, Urt. v. 18.1.2007 – 2 AZR 796/05 – AP KSchG 1969 § 1 Soziale Auswahl Nr. 89.
75 BAG, Urt. v. 18.10.1984 – 2 AZR 543/83 – AP KSchG 1969 § 1 Soziale Auswahl Nr. 6; BAG, Urt. v. 13.6.1986 – 7 AZR 623/84 – AP KSchG 1969 § 1 Soziale Auswahl Nr. 13.
76 BAG, Urt. v. 18.1.2007 – 2 AZR 796/05 – AP KSchG 1969 § 1 Soziale Auswahl Nr. 89; BAG, Urt. v. 12.8.2010 – 2 AZR 945/08 – NZA 2011, 460, 464.
77 Siehe dazu ausführlich Rn 30 ff.
78 Grobys/Panzer/*Juli*, Änderungskündigung Rn 17.

worden und ist der Arbeitgeber nunmehr der Auffassung, dass der Arbeitnehmer fehlerhaft zu hoch eingruppiert worden ist, so kann der Arbeitgeber unter bestimmten Voraussetzungen die Eingruppierung korrigieren und das Gehalt des Arbeitnehmers an seine tatsächlich ausgeübte Tätigkeit anpassen.

55 Die Annahme einer korrigierenden Rückgruppierung setzt zunächst das Bestehen eines **kollektiven Entgeltschemas** voraus. In diesem Zusammenhang ist von Bedeutung, dass eine Eingruppierung des Arbeitnehmers nicht nur in eine tarifliche, sondern auch in eine betriebliche Lohn- oder Vergütungsgruppe denkbar ist.[79] Des Weiteren ist für die Bewertung einer Eingruppierung zwingend erforderlich, dass der **Tätigkeitsbereich des Arbeitnehmers klar umgrenzt** ist. Denn nur in einem solchen Fall ist sowohl für den Arbeitgeber als auch für den Arbeitnehmer erkennbar, dass die tatsächlich geleisteten Arbeiten des Arbeitnehmers von den geforderten Tätigkeiten, der bestehenden Eingruppierung, abweichen. Wichtigste Voraussetzung für eine korrigierende Rückgruppierung ist zudem die Tatsache, dass der Arbeitgeber den Arbeitnehmer **irrtümlich** in eine zu hohe Vergütungsgruppe eingruppiert hat. Nur wenn diese Voraussetzung bejaht werden kann, kann der Arbeitgeber die Weiterzahlung einseitig ohne Änderungskündigung einstellen bzw. das Gehalt entsprechend anpassen.[80]

56 Ist jedoch im Arbeitsvertrag eine bestimmte Gehaltssumme **vereinbart**, besteht **keine** automatische und einseitige Anpassungsmöglichkeit für den Arbeitgeber. In einem solchen Fall ist dieser dann wiederum auf das Instrument der Änderungskündigung verwiesen. Die irrtümliche Eingruppierung eines einzelnen Arbeitnehmers in eine zu hohe Vergütungsgruppe kann aber dann zu einem **dringenden betrieblichen Erfordernis** für die Änderungskündigung zum Zwecke der Rückgruppierung in die richtige Vergütungsgruppe werden, so dass in diesem Fall eine korrigierende Rückgruppierung und die Anforderungen an eine Änderungskündigung geringer ausfallen und nicht den strengen Anforderungen unterliegen, wie unter D. II. ausgeführt.[81]

d) Massenänderungskündigung

aa) Begriff und Funktion

57 Unter einer Massenänderungskündigung versteht man den Ausspruch des Arbeitgebers von Änderungskündigungen gegenüber **allen** oder zumindest einer **größeren Anzahl von Arbeitnehmern**, verbunden mit dem Ziel bestimmte Arbeitsbedin-

---

79 Vgl. Münchener Handbuch Arbeitsrecht/*Hesse*, § 21 Rn 1.

80 Münchener Anwaltshandbuch Arbeitsrecht/*Hesse*, § 21 Rn 26.

81 BAG, Urt. v. 15.3.1991 – 2 AZR 582/90 – NZA 1992, 120; Münchener Anwaltshandbuch Arbeitsrecht/*Hexel* § 25 Rn 68.

gungen mit Wirkung für oder gegen alle Arbeitnehmer zu ändern.[82] Für eine solche Vorgehensweise durch den Arbeitgeber besteht in der betrieblichen Praxis häufig ein Bedürfnis, da es nicht fernliegend ist, dass der Arbeitgeber gegenüber allen Arbeitnehmern bestimmte Arbeitsbedingungen ändern möchte, wie z.B. die Verlängerung der Arbeitszeit oder eine Kürzung von bestimmten Lohnbestandteilen.[83]

bb) Anzeigepflicht von Massenänderungskündigungen gemäß §§ 17ff. KSchG

Nach der jüngeren Rechtsprechung des EuGH und des BAG ist unter einer Entlas- 58
sung im Sinne des § 17 Abs. 1 KSchG die Erklärung der Kündigung des Arbeitsverhältnisses zu verstehen.[84] Diese neue Rechtsaufassung ist im Hinblick auf den Ausspruch von Massenänderungskündigungen von Bedeutung, da der Arbeitgeber vor Ausspruch einer Änderungskündigung nicht weiß, ob das Arbeitsverhältnis zur Beendigung kommt, da es auf die Entscheidung des Arbeitnehmers ankommt, wie dieser auf das Angebot einer Änderungskündigung reagiert.[85] Aus diesem Grund ist der Ausspruch von Änderungskündigungen zunächst in die Berechnung der anzeigepflichtigen Entlassungen im Sinne von § 17 KSchG einzubeziehen.[86]

Praxistipp !
Der Arbeitgeber ist somit auch bei dem Ausspruch von Änderungskündigungen gegen eine Vielzahl von Arbeitnehmern verpflichtet, die Vorschriften des Massenentlassungsverfahrens gemäß den §§ 17ff. KSchG einzuhalten.

cc) Besonderheiten der Verhältnismäßigkeitsprüfung bei Massenänderungskündigungen

Aufgrund der zunächst bestehenden Unklarheit des Arbeitgebers bezüglich der Re- 59
aktion des Arbeitnehmers auf die ausgesprochene Änderungskündigung, stellt sich im Rahmen der Verhältnismäßigkeitsprüfung die Frage, ob der Arbeitgeber verpflichtet ist, Änderungskündigungen in **„mehreren Wellen"** auszusprechen.[87] Dies ist aber zu verneinen. Spricht der Arbeitgeber unter Berücksichtigung einer ordnungsgemäßen Sozialauswahl gegenüber mehreren Arbeitnehmern Änderungs-

82 Grobys/Panzer/*Juli*, Änderungskündigung Rn 18; Münchener Handbuch zum Arbeitsrecht/*Berkowsky*, § 123 Rn 1.
83 Münchener Handbuch zum Arbeitsrecht/*Berkowsky*, § 123 Rn 1.
84 EuGH, Urt. v. 27.1.2005 – C 188/03 – NZA 2005, 213; BAG, Urt. v. 23.3.2006 – 2 AZR 343/05 – NZA 2006, 971; siehe dazu ausführlich Kap. 27 Rn 16ff. Massenentlassungen.
85 Siehe zu den Reaktionsmöglichkeiten des Arbeitnehmers auf eine Änderungskündigung siehe Rn 19ff.
86 Münchener Handbuch zum Arbeitsrecht/*Berkowsky*, § 134 Rn 15f.
87 Grobys/Panzer/*Juli*, Änderungskündigung Rn 18.

kündigungen aus und gegen andere Arbeitnehmer Beendigungskündigungen, kann er dies zum gleichen Zeitpunkt tun. Der Arbeitgeber ist nicht verpflichtet, zuerst die Reaktion der Arbeitnehmer abzuwarten, gegenüber denen eine Änderungskündigung ausgesprochen wurde, damit er im Falle der Ablehnung des Änderungsangebots einem Arbeitnehmer, welcher eine Beendigungskündigung erhalten hat, aus den Grundsätzen der Verhältnismäßigkeit den vom anderen Arbeitnehmer ausgeschlagenen Arbeitsplatz bzw. die Arbeitsbedingungen anbieten kann oder muss.[88] Eine solche Vorgehensweise des Arbeitgebers kann nicht verlangt werden und ist auch in der Praxis nicht durchführbar. Bis zum Abschluss von Rechtsstreitigkeiten, die aufgrund der ausgesprochenen Änderungskündigungen entstehen können, sind die Sozialdaten der Mitarbeiter ständig im Wandel. Dem Arbeitgeber muss es ermöglicht werden, eine Sozialauswahl zu einem bestimmten Stichtag durchzuführen und im Anschluss daran seine im Rahmen der Neustrukturierung geplanten Änderungs- bzw. Beendigungskündigungen zeitgleich auszusprechen.

F. Besonderheiten bei der Beteiligung des Betriebsrats

I. Mitbestimmung nach § 102 BetrVG

60 Gemäß § 102 BetrVG ist der Betriebsrat vor **jeder** Kündigung zu hören. Die Anhörungspflicht besteht somit bei allen Arten der Kündigung, somit auch vor dem Ausspruch einer Änderungskündigung.[89]

II. Mitbestimmung nach § 99 BetrVG

61 Neben der Anhörungspflicht nach §102 BetrVG ist die Mitbestimmung (**Zustimmungserfordernis**) des Betriebsrats nach §99 BetrVG zu beachten. Diese Vorschrift greift ein, wenn die Änderungskündigung zur Versetzung oder Umgruppierung eines Arbeitnehmers führt. Nach §99 Abs. 1 BetrVG ist der Betriebsrat vor jeder Einstellung, Eingruppierung, Umgruppierung und Versetzung zu unterrichten. Der Arbeitgeber hat dem Betriebsrat unter Vorlage der erforderlichen Unterlagen **Auskunft** über die Auswirkungen der geplanten Maßnahme zu geben und die **Zustimmung** des Betriebsrats zu der geplanten Maßnahme einzuholen. Der Betriebsrat kann seine Zustimmung lediglich unter den in **§99 Abs. 2 Nr. 1–6 BetrVG genannten Gründen** (Verstoß gegen Rechtsvorschriften, Verstoß gegen eine Auswahlrichtlinie, Benachteiligung anderer

---

88 BAG, Urt. v. 22.9.2005 – 2 AZR 365/04 – NZA 2007, 1320.
89 Siehe dazu Kap. 23 Rn 36 ff. zur richtigen Kündigungsvorbereitung.

Arbeitnehmer, Benachteiligung des betroffenen Arbeitnehmers, unterbliebene Ausschreibung im Betrieb, Gefahr für den Betriebsfrieden) **verweigern**.

Praxistipp

Für den Arbeitgeber besteht ein **sog. Beschäftigungsverbot**, wenn der Arbeitnehmer das Änderungsangebot unter Vorbehalt annimmt, der Betriebsrat der geplanten Versetzung allerdings widerspricht. In diesen Fällen ist der Arbeitgeber daran gehindert, den Arbeitnehmer zu den geänderten Vertragsbedingungen weiter zu beschäftigen.

Die Beteiligung des Betriebsrats im Anhörungsverfahren nach § 102 BetrVG kann mit der Beteiligung des Betriebsrats nach § 99 BetrVG kombiniert werden. 62

Muster

„Wir beabsichtigen gegenüber der/m Mitarbeiter/in eine Änderungskündigung aus betrieblichen Gründen (alternativ: personen-, verhaltensbedingten Gründen) zum *[Datum]* auszusprechen. In diesem Zusammenhang beabsichtigen wir Herrn/Frau *[...]* in die Abteilung *[...]* zu versetzen.

[Begründung]

Wir bitten Sie der beabsichtigten Änderungskündigung und der damit verbundenen Versetzung zuzustimmen."

III. Mitbestimmung nach § 87 BetrVG

Bei dem Ausspruch einer Änderungskündigung können auch die Mitbestimmungsrechte des Betriebsrats nach § 87 BetrVG ausgelöst werden. Nach § 87 BetrVG hat der Betriebsrat in **sozialen Angelegenheiten** ein Mitbestimmungsrecht. So kann zum Beispiel die Einführung eines neuen Schichtmodells[90] oder von Saison-Kurzarbeit im Baugewerbe[91] im Rahmen von Änderungskündigungen die Mitbestimmungsrechte des Betriebsrats nach dieser Vorschrift auslösen. 63

---

90 LAG Berlin-Brandenburg, Urt. v. 21.5.2010 – 13 Sa 407/10 – BeckRS 2011, 66633.
91 LAG Berlin-Brandenburg, Urt. v. 9.10.2010 – 14 Sa 1173/09 – NZA-RR 2010, 244.

Kapitel 12
Kündigungsschutz bei Änderungskündigungen

A. Einführung

Die Änderungskündigung ist eine echte Kündigung, so dass sie alle rechtlichen Anforderungen zu erfüllen hat, die ebenso bei einer Beendigungskündigung zu beachten sind. Daher gelten die Ausführungen zum Kündigungsschutzprozess[1] im Wesentlichen auch für die Änderungskündigung. An die Stelle der Kündigungsschutzklage gemäß § 4 Satz 1 KSchG tritt nun gemäß § 4 Satz 2 KSchG die Änderungsschutzklage. Wie bereits in Kapitel 11 C. dargestellt, hat der Arbeitnehmer drei verschiedene Möglichkeiten auf eine Änderungskündigung des Arbeitgebers zu reagieren. (1) Wenn er die Änderungen ohne Vorbehalt annimmt, kommt es zu keinem prozessualen Verfahren. (2) Wenn der Arbeitnehmer allerdings das Angebot des Arbeitgebers auf Änderung der Arbeitsbedingungen ablehnt, wandelt sich die Änderungskündigung in eine Beendigungskündigung um, gegen welche der Arbeitnehmer vorgehen kann. (3) Nimmt der Arbeitnehmer die Änderung der Arbeitsbedingungen unter Vorbehalt an, kommt es ebenfalls zu einem Verfahren, da der Arbeitnehmer vor endgültiger Annahme der Änderungsbedingungen die soziale Rechtfertigung dieser durch ein Gericht überprüfen lassen will. 1

B. Klage des Arbeitnehmers nach Ablehnung des Änderungsangebots

Hat der Arbeitnehmer das Änderungsangebot des Arbeitgebers abgelehnt, so ergeben sich keine Besonderheiten gegenüber dem Kündigungsschutzverfahren.[2] In diesem Fall liegt eine normale **Beendigungskündigung** vor. Will der Arbeitnehmer die Rechtsunwirksamkeit dieser Kündigung geltend machen, muss er innerhalb von drei Wochen nach Zugang der Kündigung Kündigungsschutzklage gemäß § 4 Satz 1 KSchG erheben, mit dem Antrag auf Feststellung, dass das Arbeitsverhältnis nicht aufgelöst worden ist. 2

Muster: Antrag
„festzustellen, dass das zwischen den Parteien bestehende Arbeitsverhältnis durch die (ordentliche) Kündigung der/des Beklagten vom *[... Datum]* nicht aufgelöst worden ist."

---

1 Siehe Kap. 10 Rn 6 ff. zum Kündigungsschutzprozess.
2 Siehe hierzu ausführlich Kap. 10 Rn 6 ff. zum Kündigungsschutzprozess.

C. Klage nach Annahme unter Vorbehalt

3 Nimmt der Arbeitnehmer das Änderungsangebot auf Änderung der Arbeitsbedingungen unter Vorbehalt an (gem. § 2 KSchG), so kann er die Wirksamkeit dieser Änderungskündigung ebenfalls innerhalb einer **Drei-Wochen-Frist** überprüfen lassen und einen Klageantrag auf Feststellung, dass die Änderungen der Arbeitsbedingungen sozial ungerechtfertigt oder aus anderen Gründen rechtsunwirksam sind, einreichen. Wie bei der Kündigungsschutzklage führt auch hier das Verstreichenlassen der Drei-Wochen-Frist zu der Fiktion gemäß § 7 KSchG, so dass die Änderungskündigung als von Antrag an rechtswirksam gilt.[3]

Muster: Antrag

1. „festzustellen, dass die Änderung der Arbeitsbedingungen durch die Kündigung der/des Beklagten vom *[... Datum]* sozial ungerechtfertigt oder aus anderen Gründen rechtsunwirksam ist."

Dieser Antrag ist in der Regel verbunden mit dem Antrag:

2. „festzustellen, dass das Arbeitsverhältnis über den *[... Datum]* hinaus zu unveränderten Bedingungen fortbesteht."

---

4 In diesem Falle, in dem der Arbeitnehmer das Änderungsangebot unter Vorbehalt annimmt, scheidet eine Auflösung des Arbeitsverhältnisses nach §§ 9, 10 KSchG aus, da Streitgegenstand nicht die Beendigung des Arbeitsverhältnisses, sondern lediglich die Änderung der Arbeitsbedingungen ist.[4] Die Stellung eines Auflösungsantrags ist in diesem Fall nicht möglich.

D. Prüfungsmaßstab der Gerichte

I. Einführung

5 Die Änderungskündigung unterliegt, ebenso wie die Beendigungskündigung, den allgemeinen Kündigungsbeschränkungen, insbesondere auch den Sonderkündigungsschutzbestimmungen. Steht dem Arbeitnehmer Kündigungsschutz nach dem Kündigungsschutzgesetz (KSchG) zu, ist die Änderungskündigung nur zulässig, wenn die Änderung der Arbeitsbedingungen nach den Vorschriften des KSchG sozial gerechtfertigt ist (§§ 2, 1 KSchG).[5] Nach § 4 Satz 2 KSchG ist somit nicht nur die **Unwirksamkeit der Änderung der Arbeitsbedingungen**, sondern **alle Kündi-**

---

3 Siehe dazu ausführlich Kap. 10 Rn 19.

4 BAG, Urt. v. 29.1.1981 – 2 AZR 1055/78 – AP Nr. 6 zu § 9 KSchG 1969; ErfK/*Kiel*, § 9 KSchG Rn 4.

5 Siehe dazu ausführlich Kap. 4 Rn 57 ff.

gungsgründe in der Form und Frist der allgemeinen Kündigungsschutzklage bzw. Änderungsschutzklage geltend zu machen.[6] Bei der Änderungsschutzklage ist der **Prüfungsmaßstab der Kündigungsschutzklage** zu verwenden. Eine Änderungskündigung ist unter Zugrundelegung dieser Ausführungen somit nicht an erleichterte Voraussetzungen geknüpft. Die Prüfung der Sozialwidrigkeit erfolgt in einem zweistufigen Verfahren.[7]

II. Vorliegen eines (Änderungs-)Kündigungsgrundes

Auf der **ersten Stufe** erfolgt die Prüfung des (Änderungs-)Kündigungsgrundes. In 6
diesem Zusammenhang ist durch das Gericht festzustellen, ob für die Vertragsänderung ein **Grund in der Person** oder dem **Verhalten** des Arbeitnehmers liegt oder ob **dringende betriebliche Erfordernisse** das Änderungsangebot nach § 1 Abs. 2 KSchG bedingen.[8]

III. Interessenabwägung/Verhältnismäßigkeit

Liegt ein solcher Kündigungsgrund vor, ist in einem **zweiten Schritt** die Prüfung 7
anzuschließen, ob der Arbeitnehmer die Änderung der Arbeitsbedingungen billigerweise hinnehmen muss.[9] Diese zweite Stufe ist somit eine Ausprägung des **Verhältnismäßigkeitsgrundsatzes.** Danach müssen die geänderten Arbeitsbedingungen im Hinblick auf den Kündigungsgrund geeignet sowie erforderlich sein und dürfen sich nicht weiter vom bisherigen Inhalt des Arbeitsverhältnisses entfernen, als dies zur Erreichung des angestrebten Ziels erforderlich ist.[10] Einzig die Prüfung der Verhältnismäßigkeit ist im Rahmen einer Änderungskündigung, im Gegensatz zu einer Beendigungskündigung einfacher durchzuführen, da eine Änderungskündigung grundsätzlich Vorrang vor einer Beendigungskündigung hat und per se ein mildes Mittel darstellt und somit die Verhältnismäßigkeit wahrt.[11]

---

6 KR/*Rost*, § 2 KSchG Rn 179.

7 Siehe BAG, Urt. v. 23.6.2005 – 2 AZR 642/04 – AP KSchG 1969 § 2 Nr. 81; BAG, Urt. v. 2.3.2006 – 2 AZR 64/05 – AP KSchG 1969 § 2 Nr. 84.

8 ErfK/*Oetker*, § 2 KSchG Rn 42.

9 BAG, Urt. v. 21.9.2006 – 2 AZR 120/06 – AP KSchG 1969 § 2 Nr. 86.

10 BAG, Urt. v. 23.6.2005 – 2 AZR 642/04 – NJW 2006, 1307.

11 Siehe dazu Kap. 4 Rn 59 f. und Kap. 11 Rn 38 ff.

IV. Entscheidung des Gerichts

8 Ist die Änderung der Arbeitsbedingungen wirksam, ist die Klage durch das Gericht abzuweisen. Stellt das Gericht allerdings fest, dass die (beabsichtigten) Änderungen der Arbeitsbedingungen sozial ungerechtfertigt sind, so gilt gemäß § 8 KSchG die Änderungskündigung als von Anfang an rechtsunwirksam. Der Arbeitgeber hat ab diesem Zeitpunkt den Arbeitnehmer wieder zu den ursprünglich bestehenden Arbeitsbedingungen zu beschäftigen, muss ihm somit den ursprünglichen Arbeitsplatz wieder zuweisen und ggf. entstandene Vergütungsdifferenzen ausgleichen.[12]

E. Weiterbeschäftigung

I. Weiterbeschäftigung nach Ablehnung des Änderungsangebots

9 Ein Weiterbeschäftigungsanspruch zu den alten/ursprünglichen Arbeitsbedingungen besteht lediglich in dem Fall, in welchem der Arbeitnehmer die Änderungen der Arbeitsbedingungen ablehnt und Klage erhebt, da sich die Änderungskündigung in gerade dieser Konstellation in eine Beendigungskündigung umwandelt.[13]

II. Weiterbeschäftigung nach Annahme unter Vorbehalt

10 Der Arbeitnehmer hat, unter Erhebung der Änderungsschutzklage, bis zum rechtskräftigen Abschluss des Rechtsstreits zu den vom Arbeitgeber geänderten Bedingungen weiter zu arbeiten, da dieser mit der Annahme der Änderungsbedingungen unter Vorbehalt zum Ausdruck bringt, dass dem Arbeitnehmer bis zum Abschluss des Rechtsstreits die geänderten Arbeitsbedingungen zumutbar sind.[14] In der obergerichtlichen Rechtsprechung und Literatur ist es umstritten, ob dem Arbeitnehmer ein Weiterbeschäftigungsanspruch zu unveränderten Arbeitsbedingungen gem. § 102 Abs. 5 BetrVG (analog) zusteht, wenn die Änderungskündigung eine Zustimmung des Betriebsrats zu der personellen Einzelmaßnahme gemäß § 99 BetrVG voraussetzt und diese durch den Betriebsrat nicht erteilt wird. Das BAG hat diese Rechtsfrage ausdrücklich offen gelassen.[15] Auch in der Literatur besteht diesbezüg-

---

12 Schaub/*Linck*, Arbeitsrechtshandbuch, § 138 Rn 56.

13 Küttner/*Kania*, Personalbuch, Weiterbeschäftigungsanspruch Rn 3; siehe zu dem Weiterbeschäftigungsanspruch bei einer Beendigungskündigung Kap. 10 Rn 79 ff.

14 BAG, Urt. v. 28.5.2009 – 2 AZR 844/07 – AP Nr. 222 zu § 626 BGB.

15 Offen gelassen BAG, Urt. v. 18.1.1990 – 2 AZR 183/89 – NZA 1990, 734, befürwortend: *Lingemann*, Teil 5 Rn 31; a.A. ErfK/*Kania*, § 102 BetrVG Rn 32.

lich keine Einigkeit. Überwiegend wird aber das Bestehen eines Weiterbeschäftigungsanspruchs zu unveränderten Arbeitsbedingungen verneint.

F. Kosten/Streitwert

Nach welchen Kriterien der Streitwert einer Änderungsschutzklage festzusetzen ist, wird generell nicht einheitlich beurteilt. 11

I. Änderungskündigung nach Ablehnung des Änderungsangebots

Wenn der Arbeitnehmer Klage einreicht und zuvor das Änderungsangebot nicht unter Vorbehalt angenommen hat, handelt es sich um ein Verfahren um die Beendigung des Arbeitsverhältnisses, so dass der Streitwert identisch mit dem einer (reinen) Beendigungskündigung bemessen wird.[16] Der Streitwert richtet sich sodann nach § 42 Abs. 3 Satz 1 GKG und beträgt drei Monatsgehälter (**Vierteljahresverdienst**). 12

II. Änderungskündigung bei Annahme unter Vorbehalt

Nimmt der Arbeitnehmer die Änderungen der Arbeitsbedingungen unter Vorbehalt an, ist die Bemessung des Streitwertes umstritten. Der Streitwert im Änderungsschutzverfahren bemisst sich in der Regel nach der Differenz zwischen dem Wert der alten Arbeitsbedingungen und den geänderten Bedingungen.[17] Das BAG geht für die Wertberechnung gemäß § 42 Abs. 2 Satz 1 GKG i.V.m. § 3 ZPO grundsätzlich vom dreifachen Jahresbetrag des Wertes der Änderung aus.[18] Der Höchstbetrag sollte allerdings ein Vierteljahresentgelt nicht überschreiten. 13

Beispiel
Arbeitnehmer A hat einen Bruttomonatsverdienst i.H.v. 2.500 € brutto. Die Änderungskündigung durch den Arbeitgeber sah die Zuweisung einer anderen Tätigkeit und somit im Ergebnis lediglich die Zahlung einer monatlichen Vergütung in Höhe von 2.300 € brutto vor. Der Unterschiedsbetrag durch die Änderung der Arbeitsbedingungen beträgt somit 200 €. Der dreifache Jahresbetrag dieses Änderungswertes beträgt somit 7.200 € (36 × 200 €). Der Streitwert liegt somit bei 7.200 €.

16 Siehe Kap. 10 Rn 104 Kündigungsschutzprozess.
17 ErfK/*Oetker*, § 2 Rn 69.
18 BAG, Urt. v. 23.3.1989 – 7 AZR 527/85 – EzA § 12 ArbGG 1979 Streitwert Nr. 64.

Beispiel
Arbeitnehmer A hat einen Bruttomonatsverdienst von 2.500 € brutto. Infolge der Änderungskündigung beträgt sein monatliches Entgelt lediglich noch 2.000 €. Der Unterschiedsbetrag beläuft sich auf 500 €. Der dreifache Jahresbetrag würde somit 18.000 € (36 × 500 €) betragen. Die maximale Höhe des Streitwerts richtet sich allerdings nach dem Vierteljahresverdienst (3 × 2.500 €) i.H.v. 7.500 €, so dass der Streitwert auf diesen Betrag festzusetzen ist.

14 Aus dem seit Mai 2013 bestehenden (unverbindlichen) Streitwertkatalog für die Arbeitsgerichtsbarkeit ergibt sich bezüglich des Streitwertes einer Änderungskündigung Folgendes: Es wird zwischen einer Änderungskündigung **mit** und **ohne Vergütungsänderung** differenziert.

1. Änderungskündigung mit Vergütungsänderung

15 Der Streitwert einer Änderungskündigung mit Vergütungsänderung beträgt die 36-fache Monatsdifferenz, somit **maximal die Vergütung für ein Vierteljahr.**

2. Änderungskündigung ohne Vergütungsänderung

16 Der Streitwert einer Änderungskündigung ohne Vergütungsänderung soll nach dem Streitwertkatalog in der Regel **eine Monatsvergütung** betragen. Bei besonders schwerwiegenden Belastungen für den Arbeitnehmer kann der Streitwert bis zur Höhe von **maximal zwei Monatsvergütungen** festgesetzt werden.[19]

19 Aus dem Streitwertkatalog für die Arbeitsgerichtsbarkeit (Ergebnis der Arbeit der Streitwertkommission, vorgestellt im Mai 2013 in der Konferenz der Präsidentinnen und Präsidenten der Landesarbeitsgerichte).

Kapitel 13
Compliance – Unternehmensinterne Untersuchungen, Konfliktstoffsammlung und Sachverhaltsfeststellung[1]

A. Einleitung und generelle Überlegungen vor Beginn einer internen Untersuchung

Unter „Compliance" versteht man die Gesamtheit aller zumutbarer Maßnahmen, welche die Einhaltung der Gesetze und sonstiger Regeln durch das Unternehmen, seiner Organe und seiner Mitarbeiter sicherstellen, kurz ein rechts- und regeltreues Verhalten durch Führungskräfte und Mitarbeiter gewährleistet.[2] 1

Um dieses Ziel zu erreichen, muss das Unternehmen nicht nur präventiv derartige Rechtsverstöße verhindern, sondern vielmehr auch im Fall eines Verstoßes repressiv den Sachverhalt gerichtsverwertbar aufdecken und ermitteln. Eine anstehende unternehmensinterne Untersuchung[3] zur Aufklärung eines im Raume stehenden Verdachtes eines regelwidrigen Fehlverhaltens einzelner oder mehrerer Mitarbeiter wirft eine ganze Reihe von Fragen auf. Die nach wie vor im Fluss befindliche Diskussion beginnt damit, ob eine Pflicht zur Einleitung einer Untersuchung besteht und geht über die rechtlich zulässige Art, den Umfang sowie den Inhalt einer unternehmensinternen Untersuchung eines etwaigen Fehlverhaltens eines Mitarbeiters. Hierbei spielen nicht nur – wenngleich auch vor allem – rechtliche, insbesondere arbeits- und datenschutzrechtliche, sondern auch rechtspolitische Aspekte eine Rolle. So sehen manche bereits durch die zunehmende Anzahl unternehmensinterner Untersuchungen das Menetekel der „Privatisierung staatsanwaltschaftlicher Ermittlungen" heraufziehen und warnen vor einer Erosion des aus dem Legalitätsprinzip fließenden Ermittlungsmonopols der Staatsanwaltschaft gemäß §§ 152 Abs. 1, 160 Abs. 1 StPO.[4] 2

Die Aufklärung von Compliance-Verstößen sowie die Frage nach der gebotenen, angemessenen und geeignetsten, also nach einer verhältnismäßigen Reaktion hierauf, stellen für alle Unternehmensbeteiligten eine besondere Herausforderung dar. 3

1 Die nachfolgenden Ausführungen stellen keine vollständige Darstellung aller denkbar in Betracht kommender Untersuchungsmaßnahmen dar. Sie sollen vielmehr einen Überblick geben über die wesentlichen Problemstellungen, die rechtliche Betrachtung verbunden mit praktischen Ratschlägen.

2 *Momsen*, ZIS 2011, 508 ff. m.w.N.

3 Im Folgenden wird von „Untersuchungen" und nicht von „Ermittlungen" gesprochen, da manche Staatsanwaltschaften unter Berufung auf § 160 Abs. 3 StPO das Ermittlungsmonopol allein bei sich sehen.

4 *Theile*, StV 2009, 45 f.

Neben der bereits erwähnten Unsicherheit hinsichtlich des Umfangs einer Untersuchungspflicht spielt die Frage nach den Pflichten der Unternehmensleitung bei Hinweisen auf Compliance-Verstöße im Unternehmen eine erhebliche Rolle.[5] Zusätzlich sind bei der Vorbereitung und Durchführung interner Untersuchungsmaßnahmen organisatorische Herausforderungen sowie vor allem datenschutz- und arbeitsrechtliche Fallstricke[6] zu bewältigen, zumal der unternehmensinterne Untersuchungsprozess im Gegensatz zum staatlichen Ermittlungsverfahren nicht durch eine eindeutig beschriebene Prozessordnung geregelt ist.[7]

Praxistipp
Es empfiehlt sich vor diesem Hintergrund, nicht nur entsprechend qualifiziertes Personal für das Untersuchungsteam vorzuhalten, sondern zudem auch regelmäßige und umfassende Schulungen sowohl für die Unternehmensorgane, als auch für die für interne Untersuchungen zuständigen Mitarbeiter über ihr individuelles rechtliches Pflichtenprogramm und über die Folgen von Verstößen anzubieten.

I. Pflicht zur Einleitung interner Untersuchungen

4 Zu den ersten Fragestellungen im Vorfeld einer internen Untersuchung gilt es zu klären, inwieweit die Unternehmensleitung verpflichtet ist, einem Hinweis auf ein pflichtwidriges Verhalten nachzugehen, insbesondere, ob der Unternehmensleitung ein **Ermessen hinsichtlich des „Ob“ der Einleitung und Durchführung einer internen Untersuchung** zusteht. Es besteht weitgehend Einigkeit darüber, dass Compliance und damit einhergehend die rechtskonforme Aufklärung etwaiger Vertragspflicht, Verstöße und/oder Straftatbestände zu den grundlegenden Aufgaben und Verantwortungen der Unternehmensleitung gehört.[8] Unternehmensformunab-

---

5 Zur Frage der Einrichtung einer internen Untersuchungsabteilung und deren Prozesse vgl. *Moosmayer/Hartwig*, S. 101 ff. Zur Haftung des Vorstands bzw. eines Vorstandsmitglieds aufgrund eines unzureichenden Compliance-Systems: LG München I, Urt. v. 10.12.2013 – 5 HK O 1387/10.

6 Arbeitsrechtlich zählen hierzu vor allem Fragen der Auskunftspflichten von Arbeitnehmern und die Verwertungsverbote ihrer Aussagen, Videoüberwachungen und Zugriffe auf E-Mail Konten sowie Fragen der Mitbestimmungsrechte des Betriebsrates bei diversen Untersuchungsmethoden. Datenschutzrechtlich geht es insbesondere um den Anwendungsbereich der §§ 28, 32 BDSG bezüglich des Zugriffs und der Verwertung personenbezogener Daten, siehe hierzu zuletzt BAG, Urt. v. 20.6.2013 – 2 AZR 546/12 – NZA 2014, 143.

7 Empfohlen wird in diesem Zusammenhang die Einführung eines „Verhaltenskodex für Sachverhaltsfeststellungen“, um so unternehmensweit einheitliche Standards zu schaffen, vgl. *Moosmayer/Hartwig*, S. 5.

8 Rechtsgrundlage einer besonderen Sorgfaltspflicht der Geschäftsleitung sind für Aktiengesellschaften die §§ 76 Abs. 1, 91 Abs. 2, 93 Abs. 1 AktG, für die GmbH § 43 Abs. 1 GmbHG, für Wertpa-

hängig gelten die Haftungs- und Aufsichtsregelungen des Ordnungswidrigkeitengesetzes, namentlich die §§ 9, 30, 130 OWiG. Hieraus haben sich **Mindeststandards** entwickelt und zwar in Form von Organisations-, Kontroll- und Untersuchungspflichten der Unternehmen.[9] Ziel eines auf diesen Pflichten aufbauenden **Compliance Management Systems** („CMS") sind neben der Haftungsvermeidung, der Verbesserung lückenhafter interner Kontrollsysteme sowie der Verhinderung von Fehlverhalten durch Aufklärung vor allem das Aufdecken, Abstellen und Sanktionieren von Fehlverhalten. Insbesondere der Untersuchungspflicht kommt im Rahmen eines CMS maßgebliche Bedeutung zu. Auf Grundlage des § 130 OWiG gilt es daher als gefestigte Auffassung der überwiegenden Literatur sowie der hierzu einschlägigen Rechtsprechung, dass die Geschäftsführung rechtlich verpflichtet ist, unverzüglich und mit der erforderlichen Sorgfalt und Intensität im Raume stehenden konkreten Hinweisen und Verdachtsmomenten zügig nachzugehen und den entsprechenden Sachverhalt umfassend aufzuklären.[10]

Praxistipp **!**
Die Geschäftsführung hat kein Ermessen hinsichtlich des „Ob" der Einleitung einer Untersuchung, vielmehr besteht hierzu sogar die unbedingte Rechtspflicht.[11]

Ähnlich verhält es sich hinsichtlich des **„Wie" einer Untersuchung**, also des Umfangs der erforderlichen Aufklärungsmaßnahmen. Auch hier sind das Ermessen und die Entscheidungsspielräume begrenzt. So darf sie sich – auch und gerade im Hinblick auf die Erfolgschancen einer im Nachgang der Untersuchung ausgesprochenen Kündigung und eines sich daran anschließenden arbeitsrechtlichen Kündigungsschutzprozess – nicht mit einer unvollständigen und lückenhaften Sachverhaltsaufklärung zufrieden geben, zumal jede erfolgreiche Kündigung auf einer fundierten, rechtlich zulässigen und vollständig ermittelten Tatsachenbasis basiert. 5

---

pierdienstleistungsunternehmen § 33 WpHG in Verbindung mit der durch die Bundesanstalt für Finanzdienstleistungsaufsicht (BaFin) herausgegebenen Auslegungsrichtlinie MaComp v. 9.1.2014, abrufbar unter www.bafin.de.

9 Vgl. *Moosmayer/Hartwig*, S. 8. Instruktiv hierzu auch: LG München I, Urt. v. 10.12.2013 – 5 HK O 1387/10.

10 BGH, Urt. v. 8.10.1984 – II ZR 175/83 – GmbHR 1985, 143, 144; LG München I, Urt. v. 10.12.2013 – 5 HK O 1387/10; OLG Koblenz, Urt. v. 10.6.1991 – 6 U 1650/89 – ZIP 1991, 870, 871; *Reichert/Ott*, ZIP 2009, 2173, 2176; *Fleischer*, AG 2003, 291, 292ff.; *ders.*, CCZ 2008, 1, 2; *Bicker*, AG 2012, 542, 543f.; *Wagner*, CCZ 2009, 8, 14.

11 *Wagner*, CCZ 2009, 13ff.; *Reichert/Ott*, ZIP 2009, 2173, 2176.

II. Zusammenarbeit mit staatlichen Ermittlungsbehörden

6 Andererseits verfügt das Unternehmen hinsichtlich der Art der Aufklärungsmethode- und mittel, über ein recht weites Ausübungsermessen.[12] Auch die Entscheidung, wer die Untersuchungen durchführt, liegt im Ermessen der Unternehmensleitung.[13] Sie kann die Durchführung der Untersuchung entweder innerhalb der Unternehmenshierachie delegieren und hierbei auf interne Ressourcen (wie insbesondere die Interne Revision oder die Compliance-Abteilung) oder aber auf externe Rechtsanwälte und Wirtschaftsprüfer zurückgreifen.[14]

7 Nichtsdestotrotz sollten auch hier die Weichen rechtzeitig und richtig gestellt werden. Zu Beginn einer internen Untersuchung müssen zudem verschiedene rechtliche wie strategische Fragestellungen geklärt werden. Hierbei sind zunächst zwei mögliche Szenarien voneinander zu unterscheiden:

1. Die Untersuchung eines Sachverhaltes, welcher den Behörden bislang noch nicht bekannt ist und
2. Zusammenarbeit/Kooperation bei laufenden staatlichen Ermittlungsverfahren.

1. Durchführung interner Untersuchungen ohne Kenntnis der Staatsanwaltschaft

8

! **Praxistipp**

Als **Grundregel** kann vorneweg gesagt werden, dass es keine generelle[15] Pflicht zur pro-aktiven Kooperation mit staatlichen Ermittlungsbehörden gibt.

9 Außerhalb des Anwendungsbereiches von § 138 StGB (Nichtanzeige geplanter Straftaten), der bei wirtschaftsstrafrechtlichen Delikten keine Anwendung findet, sieht das deutsche Strafgesetzbuch keine Pflicht vor, bei Hinweisen auf bzw. nach Abschluss interner Ermittlungen festgestellten Straftaten eine Selbstanzeige zu erstatten und damit ein staatsanwaltliches (Vor-)Ermittlungsverfahren (§ 152 Abs. 2 StPO) auszulösen. Auch aus einer etwaigen Garantenpflicht von Geschäftsleitungs- oder Aufsichtsratsmitgliedern folgt keine Pflicht, bereits begangene Straftaten anzuzeigen.[16] Gleich-

---

12 *Reichert/Ott*, ZIP 2009, 2173, 2177.

13 *Reichert/Ott*, ZIP 2009, 2173, 2176; *Reichert*, ZIS 2011, 113, 117 f.; *Wybitul*, BB 2009, 606.

14 Eingehend zur Einrichtung einer internen Untersuchungsabteilung und deren Prozesse bei *Moosmayer/Hartwig*, S. 4 ff., 101 ff.

15 Eine entsprechende Informations(weitergabe)pflicht kann indes dann bestehen, wenn es ausnahmsweise eine entsprechende gesetzliche oder behördlich angeordnete Verpflichtung hierzu gibt (v.a. im Rahmen eines offiziellen Ermittlungsverfahrens).

16 Vgl. z.B. *Knauer*, ZWH 2012, 41, 45. Sofern es aber um Straftaten aus dem Unternehmen gegenüber Dritten kommt, dürfte eine Garanten- und damit Anzeigepflicht zu bejahen sein, vgl. BGH, Urt. v. 17.7.2009 – 5 StR 394/08 – BB 2009, 2059.

wohl ist es **dringend zu empfehlen**, bereits vor Beginn der internen Untersuchung und auch während ihres Fortlaufs immer wieder zu prüfen, ab welchem Zeitpunkt die Hinzuziehung der staatlichen Ermittlungsbehörde zweckmäßig und geboten ist. Daher kann es im Einzelfall empfehlenswert sein, freiwillig die Ermittlungsbehörden zu kontaktieren, um bspw. eine drohende Durchsuchung abzuwenden. Spätestens jedoch mit Abschluss der internen Untersuchung sollte unter Berücksichtigung aller Umstände des Falles und Interessen des Unternehmens nochmals sorgfältig erwogen werden, die Staatsanwaltschaft zu informieren und die Ergebnisse offen zu legen. Konnte man bislang davon ausgehen, dass es eine solche Offenlegungs- und Herausgabepflicht von Untersuchungsdokumenten nicht bzw. nur innerhalb eines laufenden Ermittlungsverfahrens gab (§§ 161, 161a StPO), könnte dies durch eine Rechtsprechungsänderung eingeleitet worden sein. Eine solche Offenlegungspflicht außerhalb eines Ermittlungsverfahrens hat – soweit ersichtlich bislang einmalig – ein Instanzgericht[17] für den Fall der Herausgabe von im Rahmen einer internen Untersuchung erstellten anwaltlichen Schriftstücke angenommen. Diese Entscheidung hat indes durch die Rechtsliteratur erhebliche Kritik erfahren, weil das Gericht die Geltung von Verwertungsverboten entgegen des gesetzlich gewährten „Nemo-tenetur-Grundsatzes" verneint hat.[18] Es bleibt daher abzuwarten, ob und wie sich diese Rechtssprechungsentwicklung fortsetzt.

2. Zusammenarbeit bei laufenden staatlichen Ermittlungsverfahren

10

Praxistipp !
Ist bereits ein staatsanwaltschaftliches Ermittlungsverfahren eingeleitet, wird eine Kooperation im Rahmen der StPO häufig zweckmäßig sein.[19]

11 Aufgrund der hierdurch signalisierten Kooperationsbereitschaft kann eine „Vertrauensgrundlage" geschaffen werden, die weitere öffentlichkeitswirksame Zwangsmaßnahmen vermeiden könnte. Nichtsdestotrotz ist stets zu beachten, dass ein bereits laufendes Ermittlungsverfahren allen parallel laufenden internen Untersuchungen vorrangig ist und tunlichst von den Unternehmen respektiert und beach-

17 LAG Hamburg, Beschl. v. 15.10.2010 – 608 Qs 17/10 – BeckRS 2011, 0165.

18 Eingehend dazu v. *Galen*, NJW 2011, 942 ff., 945 f.; gegen eine staatsanwaltschaftliche Verwertung von Aussagen, die innerhalb einer internen Untersuchung protokolliert wurden, spricht sich zudem unter Verweis auf die wechselseitige Fürsorgepflicht des Arbeitgebers *Woodson*, ZRFC 2010, 269 ff. aus. Generell zur Frage, ob und inwieweit die arbeitsrechtliche Auskunftspflicht im Rahmen interner Untersuchungen mit dem „Nemo-tenetur-Grundsatz" in Einklang zu bringen ist, *Schneider*, NZG 2010, 1201 ff., 1204 f.

19 Thesen der Bundesrechtsanwaltskammer zum Unternehmensanwalt im Strafrecht BRAK-Stellungnahme Nr. 35/2010, S. 7; *Momsen*, ZIS 2011, 508, 510; *Knauer*, ZWH 2012, 41, 48.

tet werden sollte. Dies gilt insbesondere dann, wenn die Ermittlungsbehörde auf ihre gesetzlich zugewiesene Rolle als „Herrin des Ermittlungsverfahrens“[20] verweist. Andernfalls könnte die Unternehmensleitung der Vorwurf treffen, hoheitliche Ermittlungen zu behindern oder gar den Tatbestand der Strafvereitelung (§ 258 StGB) zu erfüllen. Gegebenenfalls könnte sie aufgefordert werden, sogar eigene Ermittlungen zu unterlassen, um bspw. etwaig verdächtige Mitarbeiter nicht durch die interne Ermittlungsarbeit zu warnen. Aufgrund des staatlichen Ermittlungsmonopols sind daher auch auf Verlangen der Behörde eigene interne Untersuchungen einzustellen. In jedem Fall ist es dringend zu empfehlen, sich mit den Ermittlungsbehörden eng abzustimmen.[21]

B. Datenschutzrechtliche Rahmenbedingungen präventiver und repressiver Compliance Maßnahmen

I. Einleitung

12 Angesichts der massiven staatlichen sowie unternehmensinternen Datenschutzskandale in den letzten Jahren, hat die Frage der Datensicherheit eine bis dato ungeahnte Bedeutung und Sensibilität in der öffentlichen Wahrnehmung erlangt. Diese Datensensibilität setzt sich freilich auch im Arbeitsrecht und hier besonders bei Compliance-Untersuchungen fort. Und gerade in diesem Bereich kommt dem Datenschutz eine herausragende Bedeutung zu. Denn das Datenschutzrecht bildet einerseits eine Zulässigkeitsgrenze von Compliance-Untersuchungen, andererseits ist die Bedeutung von Compliance im Rahmen von datenschutzrechtlichen Abwägungsentscheidungen zu berücksichtigen, so dass sich Compliance und Datenschutz quasi wechselseitig bedingen.[22]

13 Verstöße gegen die einschlägigen Gesetze und Bestimmungen können nicht nur strafrechtlich relevant werden oder zu erheblichen Bußgeldern bis zu EUR 300.000,00 pro Fall führen, sondern auch die Marke des Unternehmens („Brand“) massiv und nachhaltig infolge negativer Berichterstattung beschädigen.[23]

---

20 Vgl. § 160 StPO, auch wenn sich daraus kein gesetzliches Erstermittlungsrecht der Staatsanwaltschaft ergibt.

21 Das bedeutet freilich nicht, jede Anordnung und/oder Verfügung der Ermittlungsbehörde ungeprüft zu befolgen. In jedem Fall sind Beschlage- und/oder Durchsuchungsanordnungen auf ihre formelle und materielle Richtigkeit gemäß den §§ 94 ff. StPO hin zu überprüfen.

22 *Schneider*, NZG 2010, 1201, 1205.

23 Vgl. FAZ vom 15.10.2011, „Opel schmiert seine Betriebsräte“, abrufbar unter http://www.faz.net/aktuell/wirtschaft/automobilindustrie/rechtswidrige-lohnzuschlaege-opel-schmiert-seine-betriebsraete-11494339.html.

Nicht gerade der Rechtssicherheit förderlich war und ist zudem der Umstand, dass das Gesetzgebungsverfahren zur Neuordnung des Beschäftigtendatenschutzes nach rund zweijähriger ausgiebig geführter Diskussionen im Februar 2013 gescheitert ist und abschließend aufgegeben wurde. Die bis dahin ohnehin bestehende Rechtsunsicherheit setzt sich daher fort, da die Erhebung, Verarbeitung und Nutzung von personenbezogenen Beschäftigtendaten bis auf weiteres anhand der Generalklausel des § 32 Abs. 1 Bundesdatenschutzgesetzes („BDSG") und die hierzu ergangene einzelfallbezogene Auslegung seitens der Rechtsprechung erfolgen muss. Dies ist insofern für den praktischen Unternehmensalltag nur bedingt hilfreich, da diese Generalklausel trotz der hierzu ergangenen Urteile einen recht weiten Interpretationsspielraum für die erforderlichen einzelfallbezogenen Interessenabwägungen bietet. Denn das Datenschutzrecht ist kein Subsumtionsrecht, sondern Abwägungsrecht.[24] Dies macht die Zulässigkeit von angewandten Compliance-Maßnahmen nicht weniger schwer prognostizierbar, insbesondere im Hinblick auf ihre spätere Verwertbarkeit in arbeitsrechtlichen Streitigkeiten.[25] Erschwerend kommen die stetig steigenden Anforderungen an die Zulässigkeit compliance-relevanter Untersuchungsmaßnahmen seitens der Rechtsprechung, aber auch aufgrund unklarer gesetzlicher Regelungen hinzu. 14

II. Genereller Überblick, insbesondere zum Beschäftigtendatenschutz nach § 32 BDSG

Das allgemeine Datenschutzrecht[26] sieht in § 4 Abs. 1 BDSG ein präventives Verbot mit Erlaubnisvorbehalt für die Datenerhebung im Unternehmen vor. Für interne Untersuchungen sind primär die Regelung zum Beschäftigtendatenschutz in Form des § 32 Abs. 1 Satz 1 und 2 BDSG relevant. Mit dieser seit 2009 bestehenden Regelung hat der Gesetzgeber eine Grundlage geschaffen, die dem Schutz des Persön- 15

24 *Schneider*, NZG 2010, 1201, 1205.

25 vgl. BAG, Urt. v. 15.11.2012 – 6 AZR 339/11 – BAGE 143, 343 in der das BAG eine Kündigung für unwirksam, ja sogar für nichtig erklärte, weil der Arbeitgeber die Kündigung auf datenschutzwidrig erhobene Tatsachen gestützt hatte. Ferner zur strafrechtlichen Beurteilung datenschutzwidriger erhobener Daten (hier GPS Daten), BGH, Urt. v. 4.6.2013 – 1 StR 32/13 – NJW 2013, 2530.

26 Zum **Allgemeinen Datenschutzrecht** zählen v.a. die EU-Datenschutzrichtlinie (abrufbar unter http://ec.europa.eu/justice/data-protection/), das Bundesdatenschutzgesetz (BDSG) sowie die Datenschutzgesetze der Länder. Hinzu kommt ein **Besonderes Datenschutzrecht**, bestehend aus bereichsspezifischen Regelungen wie bspw. die europäische Telekommunikations-Datenschutzrichtlinie oder bundesspezifische Gesetze wie das Telekommunikationsgesetz (TKG), das Gesetz über das Kreditwesen (KWG), das Strafgesetzbuch (StGB).

lichkeitsrechts der Beschäftigten bei der Datennutzung für Zwecke des Beschäftigtenverhältnisses gerecht werden soll.[27]

Praxistipp
Die primäre Regelung zum Datenschutz im Arbeitsverhältnis ist § 32 BDSG.

16 Bestimmt sich demnach die Datennutzung und -verarbeitung für Zwecke des Beschäftigungsverhältnisses ausschließlich nach § 32 BDSG, verbleibt es im Übrigen bei § 28 BDSG, der zentralen Datenschutznorm zur Erhebung, Verarbeitung und Nutzung von personenbezogenen Daten im nicht-öffentlichen Bereich. Dies wird regelmäßig der Fall sein, wenn die Datenverarbeitung keinen unmittelbaren Zusammenhang mit den Zwecken des Beschäftigungsverhältnisses hat[28] oder es sich von vornherein um kein Beschäftigungsverhältnis handelt[29]. Freilich bleibt die Möglichkeit der Datennutzung auf Grundlage einer freiwilligen Einwilligung gemäß §§ 4, 4a BDSG unverändert bestehen. In diesem Zusammenhang ist die Frage noch nicht abschließend geklärt, ob und inwieweit im Arbeitsverhältnis von einer „Freiwilligkeit" der Einwilligung ausgegangen werden kann.[30] Jedenfalls sollte die Zustimmung des Arbeitnehmers in einem vom Arbeitsvertrag entkoppelten und zeitlich nachgelagerten Dokument erfolgen.[31]

17 Die dem BDSG zugrunde liegende Systematik der Verbotstatbestände mit Erlaubnisvorbehalt[32] findet sich auch in der Spezialnorm des **§ 32 Abs. 1 S. 1 BDSG** wieder. Dieser enthält als Ausprägung des dem Datenschutzrecht immanenten Verhältnismäßigkeitsprinzips die Vorgabe, dass die Datenerhebung, -verarbeitung und -nutzung zum Zwecke, mithin zur **Durchführung** des Beschäftigungsverhältnis-

27 § 32 BDSG soll die bis dahin auch im Beschäftigtenverhältnis geltende allgemeine Regelung des § 28 Abs. 1 S. 1 Nr. 1, S. 2 BDSG konkretisieren und verdrängen, letztlich aber nicht zu einer materiellen Änderung der bis dato durch die Rechtsprechung geprägten Rechtslage führen, vgl. BT-Drucks 16/13657, S. 20. Insofern ist § 32 BDSG lex specialis zu § 28 BDSG, str. vgl. hierzu BeckOK/*Riesenhuber*, § 32 BDSG Rn 26 f.; *Gola/Schomerus*, § 32 BDSG Rn 33. Zudem sind das Verhältnis beider Normen und der Umfang der Verdrängung nach wie vor im Fluss, vgl. *Bierekoven*, CR 2010, 203, 204 ff.

28 So dürfte sich bspw. die Rechtmäßigkeit der Übermittlung personenbezogener Daten an einen potentiellen Erwerber im Rahmen einer (arbeitsrechtlichen) Due Diligence nach wie vor nach den §§ 3a, 28 Abs. 1 S. 1 Nr. 2, 28 Abs. 2 Nr. 2 BDSG richten, vgl. auch *Gola/Schomerus*, § 32 BDSG Rn 33.

29 Wer „Beschäftigte" sind, bestimmt sich nach der Legaldefinition des § 3 Abs. 11 BDSG. Das sind neben Arbeitnehmer(innen) u.a. auch Auszubildende, arbeitnehmerähnliche Personen, Bewerber(innen) sowie ehemalige Beschäftigte.

30 Vgl. BeckOK/*Riesenhuber*, § 32 BDSG Rn 35 ff.; *Kock/Francke*, NZA 2009, 646, 647; ferner BVerfG, Urt. v. 28.1.1992 – 1 BvR 1025/82, 1 BvL 16/83, 1 BvL 10/91 – NZA 1992, 270 f.

31 Vgl. Münchener Anwaltshandbuch IT Recht/*Hegewald*, Teil 8 Rn 40.

32 BeckOK/*Riesenhuber*, § 32 BDSG Rn 34.

ses[33] **„erforderlich“** sein muss. Lange war zweifelhaft, ob durch die Formulierung „erforderlich“ in § 32 BDSG eine Verschärfung des Prüfungsmaßstabes im Vergleich zu der bisherigen Generalklausel des § 28 Abs. 1 Nr. 1 BDSG bezweckt war, wonach die Datennutzung „dienlich“ sein musste.[34] Dieser Streit kann mittlerweile wohl als beendet betrachtet werden, nachdem § 28 Abs. 1 Nr. 1 BDSG sprachlich an § 32 BDSG angepasst wurde und nunmehr einheitlich von „erforderlich“ die Rede ist. Zudem gingen die Rechtsprechung und Rechtslehre auch bereits bei § 28 Abs. 1 Nr. 1 BDSG (a.F.) davon aus, dass die Erhebung, Verarbeitung oder Nutzung für die Erfüllung gesetzlicher, kollektivvertraglicher oder arbeitsvertraglicher Pflichten oder zur Wahrnehmung von Rechten aus dem Vertragsverhältnis geeignet und erforderlich, also verhältnismäßig sein musste.[35] Insofern bestätigt die sprachliche Anpassung des Wortlauts das bis dahin ohnehin angewandte Normverständnis.[36] Es empfiehlt sich zudem, den Erforderlichkeitsmaßstab nicht zu eng zu ziehen sondern ihn dahingehend anzuwenden, dass die Daten anhand der konkreten unternehmerischen Zwecksetzung zu messen sind, die Daten vernünftigerweise für die Zwecke des Beschäftigungsverhältnisses – ggf. auch erst künftig – benötigt und hierdurch dessen Entscheidung bzw. Durchführung erleichtert oder verbessert werden kann.[37] Insoweit haben sich auch gelegentlich erhobene Forderungen nach einer zu Beginn der Datenerhebung festzulegenden Zweckbestimmung, wodurch dem Unternehmen die Nutzung der Daten zu einem anderen als dem ursprünglichen Zweck untersagt wäre, bislang ebenso wenig durchgesetzt wie die Einführung eines gesetzlichen Katalogs bestimmter Datenerhebungszwecksetzungen.

Ferner sei darauf hingewiesen, dass die Regelung des § 32 BDSG ausweislich sei- 18
nes Absatzes 2 ohne Rücksicht auf die Form der Erhebung, Verarbeitung oder Nutzung der Daten gilt. Der Gesetzgeber hat daher sowohl die automatisierte Datenerfassung als auch jede andere Form der Datenerhebung, -verwendung und -nutzung für zulässig erachtet. Er weicht damit bewusst von § 1 Abs. 2 Nr. 3 BDSG ab, wonach die automatisierte Datennutzung als Voraussetzung für die Anwendbarkeit des BDSG auf nicht-öffentliche Stellen festgeschrieben ist.

Schließlich liegt dem Datenschutzrecht der in § 3a BDSG normierte **Grundsatz** 19
der Datenvermeidung und Datensparsamkeit inne. Dieser Grundsatz ist gerade für den Bereich des Arbeitnehmerdatenschutzes von besonderer Bedeutung. Die

33 *Gola/Schomerus*, § 32 BDSG Rn 10 f.

34 *Thüsing*, NZA 2009, 865, 866 f.; *Deutsch/Diller*, DB 2009, 1462 ff.; *Maier/Garding*, DB 2010, 559 ff.

35 BAG, Urt. v. 22.10.1986 – 5 AZR 660/85 – NZA 1987, 415 ff.; *Thüsing*, NZA 2009, 865, 868.

36 ErfK/*Franzen*, § 32 BDSG Rn 6 f.; *Wybitul*, BB 2010, 1085 ff.

37 BAG, Urt. v. 22.10.1986 – 5 AZR 660/85 – NZA 1987, 415 ff.; Bei der Verhältnismäßigkeitsprüfung kommt nach der Entscheidung des BVerfG, Urt. v. 27.2.2008 – 1 BvR 370/07 – NJW 2008, 822 zudem dem neuen „Grundrecht auf Gewährleistung der Vertraulichkeit und Integrität informationstechnischer Systeme“ besondere Bedeutung zu, vgl. ErfK/*Franzen*, § 32 BDSG Rn 7.

Unternehmens- und Konzernpraxis zeigt, dass die Vielzahl der (nicht-)automatisierten Datenerfassung durch unterschiedliche EDV-Systeme, die nunmehr von § 32 BDSG erfasst werden, kaum diesen Grundsätzen gerecht werden kann. Vielmehr ist eine mehrfache Erfassung und Verarbeitung der selben personenbezogenen Arbeitnehmerdaten der Regelfall. Insofern könnten die Arbeitnehmervertretungen, insbesondere der Betriebsrat, ihr Beteiligungsrecht gemäß § 80 Abs. 1 Nr. 1 BetrVG verstärkt geltend machen. Dies könnte unter Umständen einen erheblichen technischen und organisatorischen Mehraufwand für das Unternehmen zur Folge haben.

III. Rechtsgrundlage bei präventiven Compliance-Maßnahmen

20 Die Norm des § 32 Abs. 1 BDSG erfasst sowohl präventive als auch repressive Datenerhebungen. Präventive, also vorbeugend erhobene personenbezogene Mitarbeiterdaten zur Kriminalitätsbekämpfung regelt **§ 32 Abs. 1 S. 1** BDSG. Dies entspricht der Beschlussempfehlung des Innenausschusses, wonach „Maßnahmen zur Verhinderung von Straftaten oder sonstigen Rechtsverstößen“ nach der Generalklausel des § 32 Abs. 1 S. 1 BDSG zu beurteilen sein sollen.[38] Damit sind Datenerhebungen auch – und dies zeigt ein Vergleich des Wortlautes zu § 32 Abs. 1 S. 2 BDSG – schon ohne etwaigen Anfangsverdacht zulässig.

21 Fraglich ist, ob reine Präventionsmaßnahmen nur auf § 32 Abs. 1 S. 1 BDSG oder auch auf § 28 Abs. 1 S. 1 Nr. 2 BDSG gestützt werden können, wenn die Präventionsmaßnahme nicht dem vorausgesetzten engen Zweckzusammenhang des § 32 Abs. 1 S. 1 BDSG dient, sondern für Zwecke, die neben dem eigentlichen Beschäftigungsverhältnis stehen und im berechtigten Interesse des Arbeitgebers liegen.

! **Praxistipp**

Auf Grundlage des Gesetzestextes sowie der Gesetzesbegründung zu § 32 BDSG[39] gilt die **Grundregel**, dass § 32 Abs. 1 BDSG für die Datenerhebung und -verarbeitung für Zwecke des Beschäftigungsverhältnisses vollumfänglich an die Stelle von § 28 Abs. 1 BDSG tritt; bezüglich der Datenerhebung und -verarbeitung für andere Zwecke ist der Rückgriff auf § 28 Abs. 1 BDSG uneingeschränkt zulässig.[40]

22 Diese Sichtweise führt indes zu der Folgefrage, wie die Zwecke des Beschäftigungsverhältnisses (dann § 32 BDSG) von anderen Zwecken (dann § 28 BDSG) abzugrenzen sind. Das hierzu vertretene Meinungsspektrum ist weit. Es reicht von der eher

38 BT-Drucks 16/13657, S. 21.

39 BT-Drucks 16/13657, S. 20, 21.

40 *Franzen*, RdA 2010, 257, 260; *Bierekoven*, CR 2010, 203, 206; *Gola/Jaspers*, RDV 2009, 212, 213; a.A. *Thüsing*, NZA 2009, 865, 869.

engen Sichtweise, wonach sich die Zwecke des Beschäftigungsverhältnisses in der Erfüllung der beiderseitigen Hauptleistungspflichten des Arbeitsvertrags erschöpfen, bis hin zu einer weiten Auslegung, wonach alle Datenerhebungen und -verarbeitungen unter den Anwendungsbereich des § 32 BDSG fallen, die mit dem Beschäftigungsverhältnis in Zusammenhang stehen.[41] Vorzugswürdig erscheint eine vermittelnde Auffassung, wonach ein Rückgriff auf § 28 Abs. 1 Satz 1 Nr. 2 BDSG dann zulässig sei, wenn die beabsichtigte Datenerhebung/-verarbeitung der Erfüllung weiterer vom Beschäftigungsverhältnis unabhängiger Pflichten diene. Dies solle bspw. dann der Fall sein, wenn „im Rahmen der Erfüllung allgemeiner Compliance-Vorgaben unternehmensübergreifend Reportingstrukturen entstehen, über welche personenbezogene Informationen von Mitarbeitern über die Verletzung gesetzlicher oder betrieblicher Vorgaben erfasst bzw. zentral aufgeklärt und zentralen Entscheidungsstellen zugeleitet werden“.[42]

Praxistipp !

Nach der hier vertretenen Auffassung sind zahlreiche vorbeugende Compliance-Maßnahmen zur Kriminalitätsbekämpfung,[43] welche der Erfüllung von Pflichten dienen, die unabhängig vom Beschäftigungsverhältnis bestehen, datenschutzrechtlich gerade nicht am strengen Maßstab des § 32 Abs. 1 S. 1 BDSG zu messen, sondern an § 28 Abs. 1 S. 1 Nr. 2 BDSG.[44] Vorzunehmen ist danach lediglich eine Interessenabwägung ohne strenge Verhältnismäßigkeitsprüfung, auch wenn durch die Maßnahme mittelbar personenbezogene Arbeitnehmerdaten betroffen sind.[45]

IV. Rechtsgrundlage bei repressiven Compliance-Maßnahmen/Verdacht auf Straftaten

Durch **§ 32 Abs. 1 S. 2 BDSG** bezweckte der Gesetzgeber die gesetzliche Festschreibung der vom BAG entwickelten Grundsätze zur Zulässigkeit von Videoüberwachung.[46] 23

Praxistipp !

Zur Aufdeckung von Straftaten können personenbezogene Daten erhoben, verarbeitet oder genutzt werden, wenn zu dokumentierende tatsächliche Anhaltspunkte bestehen, dass die Datennutzung zur Aufdeckung von im Beschäftigtenverhältnis begangene Straftaten erforderlich ist und das

---

41 Zum Meinungsstreit vgl. die Nachweise bei *Franzen*, RdA 2010, 257, 260, Fn. 29 f.

42 *Gola/Jaspers*, RDV 2009, 212, 214; ErfK/*Franzen*, § 32 BDSG Rn 6.

43 Zu denken wären bspw. Maßnahmen der Korruptionsbekämpfung wie Screening, Scoring oder Whistleblowing.

44 Zum Prüfungsmaßstab des § 28 Abs. 1 S. 1 Nr. 2 BDSG: *Gola/Schomerus*, § 28 BDSG Rn 24 ff.; zum Prüfungsmaßstab des § 32 Abs. 1 BDSG: *Gola/Schomerus*, § 32 BDSG Rn 10 ff., 24 ff.

45 ErfK/*Franzen*, § 32 BDSG Rn 4.

46 So *Gola/Schomerus*, § 32 BDSG Rn 24 mit Verweis auf die Gesetzesbegründung.

schutzwürdige Interesse des Beschäftigten an der Datennutzung nicht überwiegt, insbesondere Art und Ausmaß im Hinblick auf den Anlass nicht unverhältnismäßig sind.[47]

24 Die Vorschrift gilt als Konkretisierung für den Umgang mit beschäftigungsrelevanten Mitarbeiterdaten im repressiven Bereich, also vornehmlich mit **Straftaten.**[48] Sie setzt einen begründeten Anfangsverdacht einer im Beschäftigungsverhältnis begangenen Straftat voraus. Eine Überwachung nach § 32 Abs. 1 S. 2 erfordert daher weiter, dass der konkrete Tatverdacht dokumentiert und aktenkundig gemacht wird, indem bspw. der eingetretene Schaden, der Kreis der Verdächtigten sowie die hierfür vorhandenen, den Verdacht begründeten Indizien schriftlich oder elektronisch fixiert werden. Neben dem Vorliegen des konkreten Tatverdachts sieht § 32 Abs. 1. S. 2 letzter HS BDSG für eine flächendeckende Überwachung zusätzlich eine Abwägung zwischen dem Aufklärungsinteresse des Arbeitgebers einerseits und der Persönlichkeitsbeeinträchtigung der Überwachten andererseits vor. Zu berücksichtigen im Rahmen dieser Abwägung ist die Dringlichkeit des Tatverdachts, die Zahl der (ggf. unschuldig) überwachten Beschäftigten, die Größe des Schadens sowie die Intensität der Überwachungsmaßnahme.[49]

C. Arbeitsrechtliche Rahmenbedingungen bei Compliance-Maßnahmen

25 Bei internen Untersuchungen bilden neben den zuvor dargestellten datenschutzrechtlichen Bestimmungen die arbeitsrechtlichen Vorgaben eine weitere, wesentliche Zulässigkeitsgrenze für die Ermittlungsmaßnahmen. Beides, Arbeitsrecht wie Datenschutz, gehen hierbei Hand in Hand und sind gleichermaßen zu berücksichtigen. Dies insbesondere, weil es eine ganze Bandbreite von möglichen Maßnahmen gibt, angefangen von öffentlichen Überwachungsmaßnahmen bis hin zur verdeckten Kontrolle verschiedenster Arbeits- und Verhaltensweisen von Arbeitnehmern, die sowohl arbeitsrechtlich als auch datenschutzrechtlich problematisch sind.

26 Die arbeitsrechtlichen „Problempunkte" im Rahmen einer internen Untersuchung sind vielfältig, auch wenn im Folgenden nur einige Problemfelder näher dar-

47 *Bierekoven*, CR 2010, 203, 204 f.

48 Ob sich der Anwendungsbereich neben Straftaten auch auf Ordnungswidrigkeiten und Vertragspflichtverstöße erstreckt, ist str., vgl. *Gola/Schomerus*, § 32 BDSG Rn 29; nicht ganz eindeutig: ErfK/*Franzen*, § 32 BDSG Rn 31; ablehnend: *Deutsch/Diller*, DB 2009, 1462, 1464, die sich in diesen Fällen für eine Anwendbarkeit von § 32 Abs. 1 S. 1 BDSG aussprechen.

49 ErfK/*Franzen*, § 32 BDSG Rn 32.

gestellt werden können. Zunächst geht es um die Frage der Mitwirkungspflicht der Mitarbeiter, vor allem die Auskunftspflicht des Arbeitnehmers bei der Sachaufklärung unter Berücksichtigung des „Nemo-tenetur-Grundsatzes".[50] Darüber hinaus werden verschiedene Zugriffs- und Überwachungsmethoden des Arbeitgebers dargestellt, bspw. solche per Videokameras oder die Überprüfung von E-Mail-Konten. Über all dem sind freilich stets die gesetzlich vorgegebenen Beteiligungs- und Mitwirkungsrechte der Arbeitnehmervertretungen und weiteren Arbeitnehmerschutzinstitutionen wie bspw. dem Datenschutzbeauftragten zu beachten.

Stets stehen sich jedoch bei internen Untersuchungsmaßnahmen grundrechts- 27
relevante Positionen von Arbeitnehmern und Arbeitgeber gegenüber, deren Abwägung gerade in etwaig sich anschließenden arbeitsgerichtlichen Kündigungsschutzverfahren eine bedeutsame Rolle spielen.[51]

Praxistipp !
Ob und inwieweit Erkenntnisse, die mittels einer Überwachungsmaßnahme erlangt wurden, in einem die Wirksamkeit einer darauf aufbauenden arbeitsrechtlichen Sanktionsmaßnahme überprüfenden Gerichtsverfahren prozessual verwertbar sind, hängt davon ab, ob und inwieweit die Überwachungsmaßnahme zulässigerweise in geschützte Rechtspositionen des Arbeitnehmers eingegriffen hat.[52]

Zu diesen **geschützten Grundrechtspositionen des Arbeitnehmers** gehören nicht 28
nur der Schutz von Leben, Körper und Gesundheit, sondern insbesondere auch sein allgemeines Persönlichkeitsrecht (Art. 1 Abs. 1, Art. 2 Abs. 1 GG). Es umfasst nicht nur die aktive Handlungs- und Entschließungsfreiheit des einzelnen, sondern insbesondere die für die Beurteilung von Maßnahmen der Arbeitnehmerüberwachung maßgeblichen Rechte auf die Vertraulichkeit des gesprochenen Wortes und der in-

50 Aus dem „nemo-tenetur-Grundsatz" (§§ 136 Abs. 1 Satz 2, 163a Abs. 4 Satz 2, 243 Abs. 5 Satz 1 StPO) folgt, dass der Beschuldigte in einem strafrechtlichen Ermittlungsverfahren nicht verpflichtet ist, aktiv die Sachaufklärung zu fördern und an seiner eigenen Überführung mitzuwirken, BGH, Urt. v. 21.1.2004 – 1 StR 364/03 – BGHSt 49, 56, 59. Dementsprechend darf ihm mangelnde Mitwirkung an der Sachaufklärung nicht strafschärfend angelastet werden, vgl. BGH, Beschl. v. 8.11.1995 – 2 StR 527/95 – BGHR StGB § 46 Abs. 2 Verteidigungsverhalten 17 m.w.N.

51 Anerkannt ist, dass die grundrechtlich geschützten Positionen von Arbeitgeber und Arbeitnehmer nicht nur im Verhältnis zwischen Bürger und Staat gelten (Art. 1 Abs. 3 GG), sondern sich als Bestandteil der objektiven Rechtsordnung über die zivilrechtlichen Generalklauseln, im Bereich der Persönlichkeitsrechte insbesondere über § 823 Abs. 1 BGB, auch im privatrechtlichen Bereich auswirken, und damit von allen Gerichten, auch den Arbeitsgerichten, zu beachten sind, vgl. Münchener Anwaltshandbuch Arbeitsrecht/*Dendorfer*, § 35 Rn 76.

52 Vgl. zuletzt BAG, Urt. v. 20.6.2013 – 2 AZR 546/12, Rn 19 ff. – NZA 2014, 143; BAG, Urt. v. 21.6.2012 – 2 AZR 153/11 – NZA 2012, 1025; BAG, Urt. v. 23.4.2009 – 6 AZR 189/08, Rn 26 – BAGE 130, 347; BAG, Urt. v. 10.12.1998 – 8 AZR 366/97, Rn 14 f. – juris.

formationellen Selbstbestimmung.[53] Allerdings besteht der Schutz des Persönlichkeitsrechts nicht unbeschränkt, sondern Eingriffe können durch überwiegende Interessen des Arbeitgebers gerechtfertigt sein.[54] Eine weitere Zulässigkeitsschranke von Überwachungsmaßnahmen bilden arbeitsrechtliche Fürsorge- und Schutzpflichten des Arbeitgebers, die er zum Schutz der Persönlichkeit des Arbeitnehmers zu berücksichtigen hat und die zwingender Bestandteil eines jeden Arbeitsverhältnisses sind.

29 Den Interessen der Arbeitnehmer am Schutz der Privatsphäre steht das wirtschaftliche **Interesse der Arbeitgeber** an der Verhinderung von finanziellen und organisatorischen Beeinträchtigungen entgegen, die durch wirtschaftskriminelle Handlungen von Arbeitnehmern oder durch die unerlaubte Privatnutzung des Arbeitgebereigentums entstehen. Zugunsten der Arbeitgeber sind dabei das Grundrecht auf unternehmerische Betätigungsfreiheit aus Art. 12 Abs. 1 GG, das Recht auf Eigentum aus Art. 14 Abs. 1 GG, sowie – subsidiär – die unternehmerische Handlungsfreiheit nach Art. 2 Abs. 1 GG zu berücksichtigen.[55]

! **Praxistipp**

Aus all dem ergibt sich, dass Compliance-Untersuchungen auf einen klar festgelegten Untersuchungsgegenstand beschränkt sein und in fairer, objektiver und professioneller Art und Weise durchgeführt werden müssen.[56]

30 Darüber hinaus haben die von einer Untersuchung betroffenen Mitarbeiter Anspruch auf eine faire Behandlung. Dies beinhaltet insbesondere das Recht auf Anhörung,[57] die Gewährleistung der Vertraulichkeit von erlangten Informationen (Anwendung des „need-to-know"-Prinzips) und die Vermeidung von Vorverurteilungen.

---

53 Zu den einzelnen Differenzierungen des Persönlichkeitsrechts vgl. BVerfG, Urt. v. 16.1.1957 – 1 BvR 253/56 – BVerfGE 6, 32, 41; BVerfG, Urt. v. 31.1.1973 – 2 BvR 454/71 – BVerfGE 34, 238, 245 f.; BVerfG, Beschl. v. 15.1.1975 – 2 BvR 65/74 – BVerfGE 38, 312, 320.

54 Vgl. BAG, Urt. v. 4.4.1990 – 5 AZR 299/89 – NZA 1990, 933 f.; BAG, Urt. v. 15. 7.1987 – 5 AZR 215/86 – NZA 1988, S. 53 f.

55 Im Einzelnen hierzu Münchener Anwaltshandbuch Arbeitsrecht/*Dendorfer*, § 35 Rn 85 ff.

56 *Moosmayer/Hartwig*, S. 1.

57 Im Vorfeld einer Verdachtskündigung ist die vorherige Anhörung des beschuldigten Mitarbeiters Wirksamkeitsvoraussetzung (sog. „Verdachtsanhörung"), vgl. BAG, Urt. v 11.4.1985 – 2 AZR 239/84 – NZA 1986, 674 f.; *Hunold*, NZA-RR 2012, 399 ff.

D. Repressive Compliance-Maßnahmen im Einzelnen unter arbeitsrechtlicher und datenschutzrechtlicher Sicht

Erlangt der Arbeitgeber Hinweise, die den (Anfangs-)Verdacht über ein etwaiges Fehlverhalten eines oder mehrerer Mitarbeiter begründen, ist neben einer gewissen Eile (bedingt durch arbeitsrechtliche, insbesondere kündigungsrechtliche Fristen) eine gründliche und umfassende Sachverhaltsermittlung notwendig. Hierzu stehen dem Unternehmen mehrere Möglichkeiten zur Wahl, bei der er im Einzelnen jedoch sowohl arbeitsrechtliche als auch datenschutzrechtliche Vorgaben zu beachten hat. 31

I. Mitarbeiterbefragung

Eine der wichtigsten Erkenntnisquellen im Rahmen einer Untersuchung sind Mitarbeiter, die Auskunft über bestimmte Vorgänge machen und insoweit die Sachverhaltsaufklärung vorantreiben können. Davon zu unterscheiden sind solche Mitarbeiter, die aufgrund bereits bekannter Erkenntnisse selbst im Verdacht stehen, an dem zu untersuchenden Vorgang beteiligt gewesen zu sein. 32

Individualarbeitsrechtlich werden verschiedene Fragestellungen diskutiert: 33

Zunächst stellt sich die Frage einer generellen **Teilnahmepflicht des Arbeitnehmers an einem Sachverhaltsaufklärungsgespräch**. Anerkannt ist, dass der Arbeitgeber aufgrund seines Direktionsrechts gemäß § 106 GewO einen Arbeitnehmer anweisen kann, an einem Sachverhaltsaufklärungsgespräch teilzunehmen.[58] Der Arbeitnehmer kann, je nach Fallbereich, zwar die Beantwortung einzelner Fragen verweigern, nicht aber die vollständige Mitwirkung an der Sachverhaltsaufklärung.[59] Dies gilt unabhängig davon, ob der Mitarbeiter nur als Zeuge oder als bereits Verdächtiger interviewt werden soll. 34

Praxistipp !
Der **Umfang der mitarbeiterseitigen Auskunftspflicht** hängt davon ab, ob die Auskünfte den unmittelbaren Arbeitsbereich des Befragten betreffen oder aber es um Informationen geht, die außerhalb davon liegen.

Betreffen die Fragen den **unmittelbaren Arbeitsbereich** des Befragten, d.h. stehen sie im unmittelbaren Zusammenhang mit der Tätigkeit im Unternehmen, ist der Be- 35

58 BAG, Urt. v. 7.9.1995 – 8 AZR 828/93 – NZA 1996, 637, 638; *Rudkowski*, NZA 2011, 612ff.; *Wisskirchen/Glaser*, DB 2011, 1447, 1448.

59 *Göpfert/Merten/Siegrist*, NJW 2008, 1703, 1706 auch im Hinblick auf etwaige Sanktionen gegenüber einem die Kooperation verweigernden Arbeitnehmer.

fragte aufgrund seiner dem Arbeitsverhältnis immanenten Treue- und Loyalitätspflicht[60] dem Arbeitgeber gegenüber zur **vollständigen und wahrheitsgemäßen Auskunft und Rechenschaft** verpflichtet.[61] Dem Mitarbeiter steht damit in diesem Bereich kein Schutz vor einer Selbstbezichtigung zu. Er kann sich hierbei auch nicht auf den Grundsatz „nemo tenetur" berufen, weil dieser nur im Strafverfahren gilt, nicht jedoch im Zivilrecht.[62] Gleiches gilt, wenn es sich um etwaige Missstände eines Mitarbeiters handelt, dessen Überwachung und/oder Kontrolle dem befragten Arbeitnehmer übertragen worden ist.[63]

36 Betreffen demgegenüber die erfragten Informationen einen **außerhalb des unmittelbaren Arbeitsbereiches** liegenden Umstand, hängt eine – ggf. auch selbstbelastende – Auskunftspflicht des Befragten von einer einzelfallbezogenen Interessenabwägung ab. Der Arbeitgeber muss einerseits ein schutzwürdiges Interesse an der Erlangung der Informationen haben. Andererseits darf die geforderte Auskunft keine übermäßige Belastung für den Arbeitnehmer darstellen.[64]

Praxistipp

Dem Mitarbeiter steht ein Auskunftsverweigerungsrecht – analog der Zeugnisverweigerungsrechte nach §§ 52, 55 StPO, §§ 383, 384 ZPO[65] – nur dann zu, wenn eine wahrheitsgemäße Auskunft unzumutbar ist.[66] Eine derartige Unzumutbarkeit soll dann gegeben sein, wenn der Arbeitnehmer sich selbst mit den Folgen einer behördlichen, zivil- oder strafrechtlichen Verfolgung belasten würde[67] oder sich der Arbeitgeber die begehrten Informationen in zumutbarer Weise anderweitig beschaffen könnte.[68]

---

60 Diese (unbeschränkte) Auskunftspflicht ergibt sich aus einer (analogen) Anwendung der §§ 675, 666 BGB, vgl. *Diller*, DB 2004, 313f.; a.A. *Maschmann*, NZA-Beil. 2012, 50, 55.

61 BAG, Urt. v. 7.9.1995 – 8 AZR 828/93 – NZA 1996, 637,638; LAG Düsseldorf, Beschl. v. 12.12.2005 – 10 TaBV 46/05 – DB 2006, 162; *Schürrle/Olbers*, CCZ 2010, 178; *Vogt*, NJOZ 2009, 4206, 4212; *Göpfert/Merten/Siegrist*, NJW 2008, 1703, 1705.

62 BGH, Urt. v. 30.11.1989 – III ZR 112/88 – NJW 1990, 510; LAG Hamm, Urt. v. 3.3.2009 – 14 Sa 1689/08 – CCZ 2010, 237, das darauf verweist, dass der Arbeitnehmer hinreichend durch ein strafrechtliches Verwertungsverbot geschützt sei; *Diller*, DB 2004, 313, 314; *Vogt*, NJOZ 2009, 4206.

63 Münchener Anwaltshandbuch Arbeitsrecht/*Dendorfer*, § 35 Rn 116.

64 BAG, Urt. v. 7.9.1995 – 8 AZR 828/93 – NZA 1996, 637,638; LAG Düsseldorf, Beschl. v. 12.12.2005 – 10 TaBV 46/05 – DB 2006, 162; *Schürrle/Olbers*, CCZ 2010, 178; *Vogt*, NJOZ 2009, 4206, 4212; *Göpfert/Merten/Siegrist*, NJW 2008, 1703, 1705.

65 Eine unmittelbare Geltung der Normen der StPO zur Beschuldigtenvernehmung bei internen Mitarbeiterbefragungen wird weitgehend verneint, vgl. nur die Stellungnahme Nr. 35/2010, S. 10f. des Strafrechtsausschusses der Bundesrechtsanwaltskammer.

66 Münchener Anwaltshandbuch Arbeitsrecht/*Dendorfer*, § 35 Rn 120.

67 Vgl. BGH, Urt. v. 23.2.1989 – IX ZR 236/86 – NJW-RR 1989, 614, 615 m. w. N.; *Maschmann*, NZA-Beil. 2012, 50, 55f.; *Wisskirchen/Glaser*, DB 2011, 1447, 1448; *Diller*, DB 2004, 313, 314; a. A. LAG Hamm, Urt. v. 3.3.2009 – 14 Sa 1689/08 – CCZ 2010, 237.

68 Bspw. durch Zeugenbefragungen oder datenschutzrechtlich zulässige technische Ermittlungsmaßnahmen, *Diller*, DB 2004, 313, 314.

Insofern besteht für den Befragten **grundsätzlich** keine, auch **keine pro-aktive Anzeigepflicht** für Umstände außerhalb seines unmittelbaren Tätigkeitsbereiches, aufgrund derer der Arbeitgeber arbeitsrechtliche oder gar strafrechtliche Maßnahmen gegen ihn einleiten könnte.[69] Dies gilt ausnahmsweise – aufgrund der dann in der Regel überwiegenden, weil billigens- und schutzwürdigen Arbeitgeberinteressen – dann nicht bei Kenntnis des Befragten über schwerwiegende Vertragspflichtverletzungen oder gar strafrechtlich relevante Handlungen Dritter, auch wenn diese sich außerhalb seines Arbeitsbereiches zugetragen haben.[70] 37

Ein strengerer Maßstab ist zudem bei **Arbeitnehmern in Führungspositionen** anzulegen. Diese sind aufgrund ihrer besonderen Vertrauensstellung und einer sich daraus ergebenden erhöhten Treuepflicht in besonderem Maße zur unaufgeforderten Anzeige von drohenden Schäden für das Unternehmen oder von Missständen in ihrem eigenen Verantwortungsbereich verpflichtet.[71] 38

Bei der **Ausgestaltung des Gesprächs** ist der Arbeitgeber sowohl in formaler als auch inhaltlicher Hinsicht frei. Abhängig von den Umständen des Einzelfalls (bspw. Gefahr vorheriger Absprachen unter den Befragten) und der Ermittlungstaktik ist es oftmals empfehlenswert, das Thema des Gesprächs nicht im Rahmen der Einladung zum Termin zu benennen. Aus denselben Erwägungen sollte die Einladung selbst ebenfalls nicht zu weit im Vorfeld des Termins versendet werden. 39

Generell empfiehlt es sich, das Gespräch durch mindestens zwei Arbeitgebervertreter führen zu lassen (**„Vier-Augen-Prinzip“**). Die Anfertigung eines **Protokolls** oder Gesprächsvermerke bietet sich schon allein zur Vermeidung späterer Informationsverluste sowie im Sinne einer gut dokumentierten Ermittlungsarbeit an. Bestimmte Verfahrens- oder Formerfordernisse bestehen hierbei nicht. Auch steht dem befragten Mitarbeiter kein Einsichts- oder gar Freigaberecht des Protokolls zu.[72] 40

Praxistipp !

Die praktische Erfahrung zeigt gleichwohl, dass es immer wieder zu (zutreffenden) Ergänzungen oder Richtigstellung durch den Befragten kommt, wenn der Protokollentwurf zum „Gegenlesen“ überlassen wird. Eine Verpflichtung des Arbeitgebers jedoch, bei unterschiedlichem Verständnis

69 BGH, Urt. v. 23.2.1989 – IX ZR 236/86 – NJW-RR 1989, 614, 619; BAG, Urt. v. 7.9.1995 – 8 AZR 828/93 – NZA 1996, 637 ff.; *Schneider*, NZG 2010, 1201, 1204; *Wisskirchen/Glaser*, DB 2011, 1447, 1448. Weitergehend und ein umfassendes Verweigerungsrecht bei repressiven Befragungen verneinend, *Rudkowski*, NZA 2011, 612, 613.

70 Vgl. hierzu BAG, Urt. v. 7.9.1995 – 8 AZR 828/93 – NZA 1996, 637 ff.; *Rudkowski*, NZA 2011, 612 ff., 614. Eine pro-aktive Anzeigepflicht bejahend bei Umständen, aufgrund derer der Arbeitgeber den Mitarbeiter auch kündigen könnte *Vogt*, NJOZ 2009, 4206, 4212; *Göpfert/Merten/Siegrist*, NJW 2008, 1703, 1705.

71 Vgl. BAG, Urt. v. 18.6.1970 – 1 AZR 520/69 – BB 1970, 1048; LAG Berlin, Urt. v. 9.1.1989 – 9 Sa 93/88 – BB 1989, 630; *Gach/Rützel*, BB 1997, 1959, 1961.

72 *Wisskirchen/Glaser*, DB 2011, 1447, 1449; a.A. *Maschmann*, NZA-Beil. 2012, 50, 56.

des Gesagten die Version des Befragten übernehmen zu müssen, existiert nicht. Bleibt es bei einem inhaltlichen Dissens, können die arbeitgeberseitigen Befrager im Rahmen einer gerichtlichen Auseinandersetzung als Zeugen benannt werden.

41 Zudem bedarf es **keiner gesonderten Rechtsbelehrung des Arbeitnehmers** hinsichtlich einer etwaigen strafrechtlichen Verwertung des Gesagten.[73] Aber auch hier zeigt die Unternehmenspraxis, dass eine Belehrung sowie der Hinweis, je nach Verlauf des Gesprächs ein Betriebsratsmitglied hinzuziehen zu können oder sich ggf. anwaltlich beraten zu lassen „als Zeichen des guten Tons im Unternehmen" empfehlenswert ist. Abhängig vom Ermittlungsstand und der Ermittlungstaktik kann es sich anbieten, das Gespräch offen zu gestalten, das eigentliche Thema sowie die Fragen nicht sofort zu präsentieren und den Befragten erst einmal seine Wahrnehmungen und Kenntnisse schildern zu lassen.

Praxistipp
Anders als im Rahmen einer **Verdächtigtenanhörung** im Vorfeld einer Verdachtskündigung, wo die Darlegung eines konkret greifbaren Sachverhalts zu Beginn des Gesprächs Wirksamkeitsvoraussetzung für eine spätere Verdachtskündigung ist[74], besteht bei bloßen Sachverhaltsermittlungsgesprächen eine solche Pflicht nicht.[75]

42 In **kollektivrechtlicher Hinsicht** besteht **kein Mitbestimmungsrecht des Betriebsrats** nach § 87 Abs. 1 Nr. 1 BetrVG, sofern das Auskunftsverlangen sich auf Informationen beschränkt, die sich auf das direkte Arbeitsgebiet des Mitarbeiters beziehen. Hier ist das reine, mitbestimmungsfreie Arbeitsverhalten betroffen.[76] Verwendet das Untersuchungsteam dagegen zusätzlich (standardisierte) Fragebögen, kann sich ein Mitbestimmungsrecht des Betriebsrats aus § 94 Abs. 1 BetrVG ergeben, selbst wenn es sich dabei um bloße Fragelisten handelt, welche der Arbeitnehmer nicht schriftlich, sondern in einem Gespräch beantworten muss.

43 Zudem sieht das Betriebsverfassungsgesetz keinen generellen Anspruch des Mitarbeiters vor, bei jedem seitens des Arbeitgebers initiierten Gesprächs ein **Betriebsratsmitglied** hinzuzuziehen.[77] Ein solches Teilnahmerecht ist gesetzlich nur

73 *Momsen/Grützner*, DB 2011, 1792, 1794; *Rudkowski*, NZA 2011, 612, 613. Die Frage der Zulässigkeit nachteiliger strafprozessualer Folgen ist allein im Rahmen eines etwaigen Strafverfahrens zu behandeln.

74 BAG, Urt. v. 13.3.2008 – 2 AZR 961/06 – NZA 2008, 809, 810; siehe auch Kap. 6 Rn 28 ff., 39 ff.

75 *Rudkowski*, NZA 2011, 612, 613.

76 Zur Abgrenzung von mitbestimmungspflichtigen Ordnungsverhalten und mitbestimmungsfreiem Arbeitsverhalten vgl. BAG, Beschl. v. 11.6.2002 – 1 ABR 46/01 – NZA 2002, 1299 ff.

77 BAG, Beschl. v. 16.11.2004 – 1 ABR 53/03 – NZA 2005, 416; weitergehend *Maschmann*, NZA-Beil. 2012, 50, 56, wonach der Mitarbeiter die Anwesenheit eines Betriebsratsmitglieds immer dann ver-

in bestimmten Fällen vorgesehen, insbesondere dann, wenn es um die Leistungen und die beruflichen Entwicklungen des Arbeitnehmers gehen soll (sog. „Beratungs- und Führungsgespräche"), vgl. § 82 Abs. 2 S. 2 BetrVG.[78] Ausreichend für einen entsprechenden Anspruch des befragten Mitarbeiters ist es allerdings, wenn die Gesprächsgegenstände zumindest teilweise mit den in § 82 Abs. 2 S. 1 BetrVG genannten Themen übereinstimmen.

Praxistipp !
Möchte man ein **Beteiligungsrecht des Betriebsrates** bei Mitarbeiterbefragungen im Rahmen interner Untersuchungen vermeiden, ist **dringend zu empfehlen**, Leistungsbeurteilungen und Möglichkeiten der beruflichen Entwicklung des befragten Mitarbeiters nicht zu thematisieren, sondern sich strikt auf die Sachverhaltsaufklärung zu fokussieren. Allerdings zeigt die Unternehmenspraxis, dass das zu Beginn des Gesprächs gemachte Angebot des Arbeitgebers an den befragten/verdächtigten Arbeitnehmer, ein Betriebsratsmitglied seines Vertrauens hinzuziehen, nicht nur aus „Waffengleichheitsgesichtspunkten", sondern auch unter dem Aspekt der transparenten und fairen Ermittlungsarbeit sowie der Förderung der „vertrauensvollen Zusammenarbeit" zwischen Betriebsrat und Arbeitgeber (vgl. §§ 2 Abs. 1, 74 BetrVG) sich als sinnvoll erwiesen hat.

Die selben praktischen und untersuchungstaktischen Erwägungen („Waffengleichheit") sowie die arbeitgeberseitige Rücksichtnahme- und Fürsorgepflicht greifen auch für die Frage, ob der Mitarbeiter zum Mitarbeitergespräch die **Hinzuziehung eines Rechtsanwaltes** verlangen kann.[79] Zwar kann der Arbeitgeber aufgrund seines Hausrechts dem arbeitnehmerseitigen Rechtsbeistand den Zutritt zu den Geschäftsräumen verweigern, zumal ein gesetzlicher Anspruch hierauf nicht besteht. Die Unternehmenspraxis zeigt indes, dass eine Verweigerung selten zu einer Beschleunigung des Sachverhaltsaufklärungsprozesses führt. [80] 44

Praxistipp !
Die Zulassung der Hinzuziehung eines Rechtsanwalts führt in der Regel zur Beschleunigung der Sachverhaltsaufklärung.

langen können soll, wenn das Gespräch über eine Sachverhaltsermittlung zu rein präventiven Zwecken hinausgeht.

78 Weitere gesetzlich normierte Fälle sind die §§ 81 Abs. 4 S. 2, 83 Abs. 1 S. 2, 84 Abs. 1, S. 2 BetrVG, vgl. hierzu auch BAG, Beschl. v. 20.4.2010 – 1 ABR 85/08 – NZA 2010, 1307.

79 Ein pauschales Anwesenheitsrecht von externen Rechtsbeiständen ablehnend LAG Hamm, Urt. v. 23.5.2001 – 14 Sa 497/01 – MDR 2001, 1361; *Moosmayer/Hartwig*, S. 52; *Mengel/Ullrich*, NZA 2006, 240, 244 für den Fall, dass sich ein Arbeitnehmer durch seine Aussagen strafrechtlich selbst belasten könnte; kritisch dagegen unter Berufung auf das Rücksichtnahmegebot und die Fürsorgepflicht des Arbeitgebers: ArbG Berlin, Urt. v. 28.7.2005 – 28 Ca 10016/05 – juris; *Sidhu/Saucken/Rumannseder*, NJW 2011, 881, 883.

80 *Mengel/Ullrich*, NZA 2006, 240, 243 f. bejahen einen Anspruch auf anwaltliche Teilnahme, wenn der befragte Arbeitnehmer sich ggf. strafrechtlich belasten würde.

II. Zugriff auf Mitarbeiterdaten und -dokumente

1. Arbeitsrechtliche Gesichtspunkte

45 **Individualrechtlich** gelten folgende Grundsätze:

Der Arbeitgeber kann aufgrund seines Hausrechts einen Mitarbeiter jederzeit aufsuchen und sein Büro in Augenschein nehmen. Die Inaugenscheinnahme des Büros ist auch ohne dessen Kenntnis und Zustimmung zulässig. Gleiches gilt für die Inaugenscheinnahme von in diesem Büro befindlichen, unverschlossenen Gegenständen.[81]

! **Praxistipp**

Der Arbeitgeber kann auf **dienstliche Dokumente in Papierform** (bspw. auch ausgedruckte E-Mails) des verdächtigten Mitarbeiters jederzeit durch Vorgesetzte oder entsprechend ermächtigte Kollegen/Dritte uneingeschränkt zugreifen oder sie dem Mitarbeiter entziehen, z.B. durch eine elektronische Zugangssperre oder die Wegnahme von dienstlich genutzten Computern.[82]

---

46 Der Arbeitnehmer, der in dieser Hinsicht lediglich Besitzdiener gemäß § 855 BGB ist,[83] darf die Einsichtnahme oder Herausgabe der Unterlagen nicht verweigern, geschweige denn diese vernichten. Ebenso wenig kann er den Zugriff unter Berufung auf sein Persönlichkeitsrecht ablehnen.

47 Soweit Arbeitnehmer **private Unterlagen am Arbeitsplatz** haben oder die dienstlich zur Verfügung gestellten **Computer/Einrichtungen privat nutzen dürfen**, sind für private Dateien die aus dem allgemeinen Persönlichkeitsrecht (Art. 1 Abs. 1, 2 Abs. 1 GG) abgeleitete Privatsphäre und das Briefgeheimnis zu beachten.[84] Grundsätzlich kann der Arbeitgeber auf solche – vor allem nach außen als „privat" erkennbare Dokumente und Dateien – nicht zugreifen. Ausnahmsweise kann etwas anderes gelten, wenn ein konkreter Verdacht auf bspw. eine unerlaubte (erhebliche) Privatnutzung der Dienstcomputer besteht.[85]

48 **Kollektivrechtlich** sind eine solche Inaugenscheinnahme und Zugriff auf dienstliche Dokumente unkritisch. Ein Mitbestimmungsrecht des Betriebsrates besteht nicht. Denn Regelungen und Weisungen, die sich auf die Erbringung der geschuldeten Arbeitsleistungen beziehen, betreffen das mitbestimmungsfreie Arbeitsverhalten.

---

81 *Klengel/Mückenberger*, CCZ 2009, 81, 85 m.w.N.

82 *Mengel/Ullrich*, NZA 2006, 240, 241.

83 LAG Sachsen, Urt. v. 17.1.2007 – 2 Sa 808/05 – LAGE § 1 KSchG Verhaltensbedingte Kündigung Nr. 96.

84 *Göpfert/Merten/Siegrist*, NJW 2008, 1703, 1705.

85 *Mengel*, BB 2004, 2014, 2019f. m.w.N.; sehr viel restriktiver dagegen *Weißgerber*, NZA 2003, 1005, 1008.

Praxistipp
Sämtliche arbeitgeberseitige Anordnungen zur Herausgabe dienstlicher Unterlagen sind mitbestimmungsfrei.[86] Anders ist dies, soweit auch private Dokumente, insbesondere private E-Mails, Gegenstand der Herausgabeweisung oder der Prüfung sind.[87]

In diesem Fall kann auch das mitbestimmungspflichtige Ordnungsverhalten der Mitarbeiter nach § 87 Abs. 1 Nr. 1 BetrVG betroffen sein, da durch die Durchsicht privater E-Mails der Umgang der Arbeitnehmer mit ihrem E-Mail-Speicher und ihr Verhalten in Bezug auf aufgestellte (betriebsinterne Regelungen zur E-Mail-Nutzung) Gegenstand der Überprüfung sind. 49

2. Datenschutzrechtliche Gesichtspunkte

Unter datenschutzrechtlichen Gesichtspunkten ist der Zugriff und die Auswertung von **geschäftlichen Unterlagen/Akten in Papierform** unkritisch, weil Akten oder Aktensammlungen keine „Dateien" im Sinne von § 1 Abs. 2 Nr. 3, § 3 Abs. 2 BDSG sind.[88] 50

Soweit jedoch auf **dienstliche Unterlagen in elektronischer Form** zugegriffen und diese ausgewertet werden sollen, sind datenschutzrechtlichen Vorschriften zu beachten, soweit personenbezogene Daten i.S.v. § 3 Abs. 1 BDSG geprüft werden sollen. 51

III. Zugriff auf E-Mail Konten

Für **E-Mails in elektronischer Form** kommt es für die Frage der Zulässigkeit eines Zugriffs auf das Postfach und einer Auswertung der E-Mails ebenfalls darauf an, ob es sich zum einen um dienstliche oder private E-Mails handelt, zum anderen, ob der Arbeitgeber auch die Privatnutzung des geschäftlichen E-Mail Accounts ausdrücklich erlaubt (bspw. mittels einer Gesamtzusage oder kraft individualvertraglicher Vereinbarung) oder jedenfalls stillschweigend geduldet hat.[89] Liegt eine solche Gestattung nicht vor, ist nur der ausschließliche dienstliche Gebrauch der Betriebsmittel (Hard- und Software) erlaubt; der Arbeitnehmer kann seinerseits nicht von einer stillschweigenden Erlaubnis des Arbeitgebers einer Privatnutzung ausgehen.[90] 52

---

86 BAG, Beschl. v. 23.1.1979 – 1 ABR 101/78 – DB 1981, 1144; BAG, Beschl. v. 24.11.1981 – 1 ABR 108/79 – DB 1982, 1116, 1117.

87 Siehe hierzu sogleich unter Rn 52 ff.

88 BAG, Urt. v. 4.4.1990 – 5 AZR 299/89 – NZA 1990, 933.

89 Zur Frage, ob der Anspruch für eine Privatnutzung aus einer betrieblichen Übung hergeleitet werden kann, ist fraglich und im Ergebnis abzulehnen, vgl. *Beckschulze*, DB 2007, 1526; *Mengel*, BB 2004, 1445, 1446 f.; *Waltermann*, NZA 2007, 529, 531.

90 LAG Hamm, Beschl. v. 7.4.2006 – 10 TaBV 1/06 – NZA-RR 2007, 20.

Praxistipp

Nach überwiegender Auffassung sind geschäftliche E-Mails dienstlichen Briefen gleichzustellen.[91] Das Ermittlungsteam kann demensprechend unter Berücksichtigung der datenschutzrechtlichen Bestimmungen[92] auf **dienstliche E-Mails** umfassend zugreifen, und zwar sowohl inhaltlich als auch auf die Verbindungsdaten, die Ziel- und Sendeadressen.[93]

53 Gestattet oder duldet der Arbeitgeber dagegen auch die **private Nutzung des dienstlichen E-Mail Accounts**, hängt die Zulässigkeit der Überprüfung von einer ganzen Reihe gesetzlicher Bestimmungen ab. Neben dem Telemediengesetz (TMG) mit seinen Erlaubnistatbeständen für Datenspeicherung, vgl. §§ 14, 15 TMG, dem Bundesdatenschutzgesetz (§§ 4a, 28, 32 BDSG), sollen zudem – nach noch herrschender Auffassung – auch die Vorschriften des Telekommunikationsgesetzes (TKG), insbesondere das §§ 88, 91 ff. TKG als Zulässigkeitsmaßstab für eine Zugriffskontrolle anwendbar sein.[94] Diese Meinungsgruppe geht davon aus, dass die gestattete Privatnutzung des geschäftlichen Internets und E-Mail-Accounts den Arbeitgeber zum geschäftsmäßigen Telekommunikationsanbieter i.S.v. § 3 Nr. 6 TKG mache. Damit unterfällt er dem Fernmeldegeheimnis nach Art. 10 Abs. 1 GG, welches in § 88 TKG seine einfachgesetzliche Normierung gefunden hat. Geschützt werden daher alle Daten des Arbeitnehmers, die seine Telekommunikation individualisieren. Die Verletzung des Fernmeldegeheimnisses erfüllt den Straftatbestand des § 206 StGB. Der Arbeitgeber kann daher nur unter den sehr engen Voraussetzungen des TKG auf das geschäftliche-private E-Mail-Account des Arbeitnehmers zugreifen.[95] Das Fernmeldegeheimnis nach § 88 TKG verdrängt als lex specialis wegen der Subsidiaritätsregel nach § 1 Abs. 1 BDSG die Regelung des § 32 BDSG. Ein Zugriff ist daher nur zulässig, wenn dies für die Erbrin-

---

91 *Wolf/Mulert*, BB 2008, 442, 443; *Dann/Gastell*, NJW 2008, 2945, 2947; *Klengel/Mückenberger*, CCZ 2009, 81, 83 m.w.N.

92 Ein Zugriff ist daher aufgrund der individuelle Einwilligung nach § 4a BDSG, nach Maßgabe der §§ 28, 32 BDSG oder aufgrund einer „anderen Rechtsvorschrift", vgl. § 4 Abs. 1 BDSG möglich. Eine „andere Rechtsvorschrift" in diesem Sinne kann auch eine mit dem zuständigen Betriebsverfassungsorgan vereinbarte Betriebsvereinbarung „Zugriff auf E-Mail Accounts" oder ein Tarifvertrag sein, vgl. BAG, Beschl. v. 7.5.1986 – 1 ABR 48/84 – BB 1986, 2333; BAG, Beschl. v. 27.5.1986 – 1 ABR 48/84 – NZA 1986, 643, 646; *Kappes*, NZA 1986, 643, 646.

93 *Wisskirchen/Glaser*, DB 2011, 1447 ff.; *Wolf/Mulert*, BB 2008, 442, 443.

94 Jedenfalls für die Dauer des Übermittlungsvorgangs VGH Hessen, Beschl. v. 19.5.2009 – 6 A 2672/08 – NJW 2009, 2470; ArbG Hannover, Urt. v. 28.4.2005 – 10 Ca 791/04 – NZA-RR 2005, 420; *Niemeyer*, CB 2013, 133, 135 *Sassenberg/Mantz*, BB 2013, 889; *Wolf*, NZA 2010, 1206, 1207 f.; *Vietmeyer/Beyers*, MMR 2010, 807, 808 m.w.N. Aus der älteren Rechtsprechung ist – soweit ersichtlich – kein verbindlicher Hinweis für diese die Anwendbarkeit des Fernmeldegeheimnisses bejahende Literaturmeinung zu entnehmen. Auch der Entscheidung des OLG Karlsruhe, Beschl. v. 1.1.2005 – 1 Ws 152/04 – MMR 2005, 178 ff. ist ein solcher Beleg nicht zu entnehmen. Einen umfassenden Überblick zur aktuellen Diskussion findet sich bei *Sassenberg/Mantz*, BB 2013, 889 ff.

95 Vgl. hierzu *Vietmeyer/Byers*, MMR 2010, 807, 808 f.

gung der Internetdienste und deren Abrechnung erforderlich ist (§ 97 TKG) oder in Fällen des begründeten Verdachts einer Straftat oder schweren Vertragsverletzung (bspw. die missbräuchliche Nutzung des Telekommunikationsdienstes).[96] Die Prüfung unterliegt dann jedoch insofern einem besonderen Maßstab, als dass sie sich auf konkrete Einzelfälle beziehen („Schlagworte") und die Auswertung verhältnismäßig sein muss. Zudem müssen E-Mails sofort geschlossen werden, wenn sie erkennbar privater Natur sind und nicht zur Aufklärung beitragen können.[97]

Dieser noch herrschenden (Literatur-)Meinung steht eine zunehmend stärker 54
werdende Meinungsgruppe entgegen, die eine Anwendbarkeit des TKG (und damit des Fernmeldegeheimnisses) ablehnt.[98] Ein Arbeitgeber werde nicht allein dadurch zum „Dienstanbieter" im Sinne des TKG, dass er seinen Beschäftigten gestatte, das dienstlichen E-Mail Account auch privat zu nutzen. Hierdurch werde die zur Verfügung gestellte Telekommunikationsdienstleistung (Übermittlung der E-Mail) nicht geschäftsmäßig durch den Arbeitgeber erbracht. Folgt man dieser Meinungsgruppe, ist ein Zugriff auf einen „gemischten" E-Mail-Account ungeachtet der Nichtgeltung des Fernmeldegeheimnisses nur dann zulässig, wenn einer der datenschutzrechtlichen Erlaubnistatbestände des BDSG erfüllt sind. Ein Zugriff ist daher nur zulässig, wenn entweder der Arbeitnehmer (wirksam)[99] bezüglich des Zugriffs auf seine empfangenen und gesendeten E-Mails eingewilligt hat (§ 4a BDSG), die Voraussetzungen des § 32 Abs. 1 BDSG vorliegen[100] oder dies ein Gesetz oder eine andere Rechtsvorschrift (bspw. Betriebsvereinbarung) erlaubt (§ 4 BDSG).[101]

Praxistipp !

Sollen die rechtlichen, mit einer erlaubten Privatnutzung verbundenen Risiken vermieden werden, kann letztlich jedem Arbeitgeber vor diesem Hintergrund nur **empfohlen** werden, die Privatnutzung gänzlich zu verbieten. Dies ist mitbestimmungsfrei möglich.
Soll jedoch aus „unternehmenskultureller" Sicht auch die Privatnutzung gestattet sein, kann diese unterschiedlich und risikominimierend ausgestaltet sein. So kann bspw. die Privatnutzung von der Einwilligung des Mitarbeiters in die Zugriffsmöglichkeit des Unternehmens abhängig gemacht werden.[102] Schließlich könnten die Mitarbeiter bei gewünschter erlaubter Privatnutzung des geschäftli-

96 *Wisskirchen/Glaser*, DB 2011, 1447, 1450.

97 *Vietmeyer/Byers*, MMR 2010, 807, 808 f.; *Beckschulze/Henkel*, DB 2001, 1494.

98 Vgl. LAG Berlin-Brandenburg, Urt. v. 16.2.2011 – 4 Sa 2132/10 – NZA-RR 2011, 342, 343; LAG Niedersachsen, Urt. v. 31.5.2010 – 12 Sa 875/09 – NZA-RR 2010, 406, 408; ArbG Berlin, Urt. v. 17.8.2010 – 36 Ca 235/10 – BeckRS 2011, 70280; VG Karlsruhe, Urt. v. 27.5.2013 – 2 K 3249/12 – BeckRS 2013, 51537; *Thüsing*, Rn 94–115; *Löwisch*, DB 2009, 2783; *Behling*, CB 2013, 265 ff.

99 Zur Frage der Freiwilligkeit im Arbeitsverhältnis s.o. Fn 30.

100 Ausführlich zu den unterschiedlichen Zwecksetzungen des E-Mail Zugriffs nach § 32 Abs. 1 BDSG *Behling*, CB 2013, 265, 267 f.

101 Siehe hierzu oben Fn 92.

102 Zur Frage, ob dies der „Freiwilligkeit" der Einwilligung nach §§ 4, 4a BDSG entgegensteht *Mengel*, BB 2004, 1445, 1452 (verneinend).

chen E-Mail Accounts dazu verpflichtet werden, eine eindeutige Unterscheidung zwischen der dienstlichen und privaten Nutzung vorzunehmen. Dies kann bspw. bei privaten E-Mails über private Maildienste, der Kennzeichnung im Betreff als „privat“ oder das Einloggen unter einem zweiten Passwort für ausschließliche Privatnutzung geschehen.

55 In jedem Fall sollten **vor dem Zugriff auf einen dienstlichen/gemischten E-Mail Account** sowohl der betriebliche Datenschutzbeauftragte (§ 4d Abs. 5, 6 BDSG) als auch die zuständige Mitarbeitervertretung involviert werden (vgl. §§ 80 Abs. 1, 87 Abs. 1 Nr. 1, 6 BetrVG; § 27 SprAuG).

! **Praxistipp**
Vor dem Hintergrund des zwingenden Mitbestimmungsrechtes des Betriebsrats nach § 87 Abs. 1 Nr. 1, 6 BetrVG empfiehlt es sich, eine (Konzern)Betriebsvereinbarung „E-Mail Zugriff“ mit dem zuständigen Betriebsverfassungsorgan, ggf. dem Konzernbetriebsrat, zu vereinbaren, aus welcher sich u.a. ein klar beschriebener Zugriffsprozess („Wer, wann, wie, wo, wie lange“) verbindlich ergibt.

IV. Überwachung von Telefongesprächen

56 Die Frage der Überwachung von Telefongesprächen ist ähnlich gelagert wie die Frage des zulässigen Zugriffs auf E-Mail Konten. Entscheidend dafür, in welchem rechtlichen Rahmen der Zugriff erfolgen kann, hängt bei der Telefonüberwachung zum einen davon ab, ob es sich um rein dienstliche oder um – erlaubte – Privatgespräche handelt. Zum anderen kommt es darauf an, ob der Betroffene sich auf das aus seinem Persönlichkeitsrecht abgeleitete Recht am gesprochenen Wort[103] berufen kann.

57 Sind **Privatgespräche mit dem Diensttelefon verboten**, richtet sich der Zulässigkeitsmaßstab für eine Gesprächskontrolle allein nach den datenschutzrechtlichen Vorschriften, insbesondere § 32 Abs. 1 BDSG bezüglich des betroffenen Arbeitnehmers.[104] Auch in diesem Zusammenhang gilt – ähnlich wie bei der E-Mail Nutzung – dass es einer individualvertraglichen oder kollektivrechtlichen Gestattung seitens des Arbeitgebers für die Privatnutzung bedarf. Ein Anspruch des Arbeitnehmers auf Privatnutzung der Betriebsmittel besteht grundsätzlich nicht, Ausnahmen sind denkbar in Notfällen, oder kurze Privatgespräche aus dienstlichem

103 BVerfG, Beschl. v. 19.12.1991 – 1 BvR 382/85 – NJW 1992, 815.

104 Im Verhältnis zum Angerufenen dürfte als Zulässigkeitsgrundlage § 28 Abs. 1 S. 1 Nr. 1, 2 BDSG in Betracht kommen, vgl. BeckOK/*Riesenhuber*, § 32 BDSG Rn 149.

Anlass.[105] Der Anwendungsbereich des TKG und damit des Fernmeldegeheimnis sind – auch nach herrschender Auffassung – gerade nicht eröffnet. Im Rahmen der datenschutzrechtlich durchzuführenden Erforderlichkeitsprüfung und Güterabwägung muss auch die grundrechtlich geschützte **Vertraulichkeit des gesprochenen Wortes** berücksichtigt werden.

Praxistipp !
Das **heimliche** Mithören bzw. das **Aufzeichnen von Telefongesprächen** in jeglicher Form ist daher grundsätzlich und ohne ausdrückliche Einwilligung des Betroffenen verboten.[106]

Gleiches gilt, wenn der Abgehörte über die Vertraulichkeit des Gesprächs getäuscht 58
wird[107] oder der Abgehörte die Vertraulichkeit des Gesprächs deutlich macht.[108] Die Interessen des abgehörten Arbeitnehmers am Schutz des gesprochenen Wortes treten nur dann hinter dem Aufklärungsinteresse des Arbeitgebers zurück, wenn der Eingriff aufgrund einer notwehr- bzw. notstandsähnlichen Lage, bspw. bei drohenden Straftaten oder bevorstehendem Verrat von Geschäftsgeheimnissen, erforderlich ist.[109] Der Arbeitgeber ist in diesem Zusammenhang berechtigt, sog. äußere Gesprächsdaten wie Tag, Datum, Uhrzeit, Dauer des Gesprächs sowie die gewählte Nummer zu erfassen.[110] Ein Zugriff oder gar eine Auswertung des Gesprächsinhalts ist aufgrund des massiven Eingriffs in das Recht am eigenen Wort stets unzulässig.[111]

Sind dagegen auch **private Telefongespräche erlaubt**, stellt sich dieselbe 59
Problematik wie bei der erlaubten Privatnutzung des geschäftlichen E-Mail Accounts. Insofern kann auf die entsprechenden Ausführungen oben verwiesen werden.[112] Sofern man der (noch) herrschenden Meinung folgt, richtet sich die datenschutzrechtliche Eingriffs- bzw. Abhörzulässigkeit insbesondere nach den Regelungen der §§ 91ff. TKG, unter Berücksichtigung des Fernmeldegeheimnisses nach § 88

105 Vgl. BAG, Beschl. v. 27.5.1986 – 1 ABR 48/84 – NZA 1986, 643, 645f.; *Waltermann*, NZA 2007, 529, 531.

106 BAG, Urt. v. 29.10.1997 – 5 AZR 508/96 – NZA 1998, 307, 309.

107 Bspw. durch den unterlassenen Hinweis, dass das Gespräch „auf Laut" geschaltet ist und ein Dritter mithört.

108 Nach höchstrichterlicher Rechtsprechung kommt es nicht einmal auf eine besondere Vertraulichkeitsvereinbarung an, vgl. BVerfG, Beschl. v. 9.10.2002 – 1 BvR 1611/96, 1 BvR 805/98 – WM 2002, 2290, 2293; BGH, Urt. v. 18.2.2003 – XI ZR 165/02 – AP BGB § 611 Persönlichkeitsrecht Nr. 38.

109 LAG Berlin, Urt. v. 15.2.1988 – 9 Sa 114/87 – DB 1988, 1024; ErfK/*Franzen*, § 32 BDSG Rn 25 m.w.N.

110 BAG, Beschl. v. 27.5.1986 – 1 ABR 48/84 – NZA 1986, 643, 645f.; *Thüsing*, Rn 332; einschränkend im Hinblick auf die Zulässigkeit, die gesamte Zielnummer zu speichern ErfK/*Franzen*, § 32 BDSG Rn 25.

111 ErfK/*Franzen*, § 32 BDSG Rn 25.

112 S.o. Rn 53ff.

Abs. 1 TKG. Danach darf der Arbeitgeber als Diensteanbieter die äußeren Telefonverbindungsdaten (Zielrufnummer, Gesprächsdauer, Anzahl der angefallenen Gebühreneinheiten) nur zum Zweck des Dienstangebots erheben, sei es nach entsprechender informativer Einwilligung gemäß §§ 93, 94 TKG oder gemäß § 96 Abs. 1 TKG dann, wenn die Verbindungsdaten für die Kostenabrechnung benötigt werden, bspw. weil die Privatnutzung nur gegen Kostenerstattung der Arbeitnehmer erlaubt ist.[113] Eine Datenerhebung kann zudem dann zulässig sein, wenn sie gem. § 100 Abs. 1 TKG zur Störungsbeseitigung an den Telekommunikationsanlagen oder nach § 100 Abs. 3 TKG bei begründetem Missbrauchsverdacht erfolgt.[114] Das (heimliche) Abhören und Aufzeichnen des Inhalts von Telefongesprächen ist jedoch aus denselben, oben dargelegten Erwägungen stets unzulässig, da dadurch schwerwiegend in das Recht am eigenen Wort eingegriffen wird.

V. Videoüberwachung

60 Eine Dauerkontrollmöglichkeit mittels Videoüberwachung der Mitarbeiter – auch mittels einer bloßen Videoattrappe – stellt für die Betroffenen aufgrund des damit erzeugten **Überwachungs- und Anpassungsdrucks** grundsätzlich einen massiven Eingriff in deren allgemeines Persönlichkeitsrecht, insbesondere das Recht am eigenen Bild, dar.[115]

Praxistipp
Das BAG setzt in ständiger Rechtsprechung der Überwachung von Arbeitnehmern strenge Grenzen und verlangt zudem eine einzelfallbezogene Interessens- und Güterabwägung.[116]

Praxistipp
Im Hinblick auf die Intensität ihres jeweiligen Eingriffs unterscheidet man thematisch zum einen zwischen einer **offenen** und **verdeckten Videoüberwachung**, zum anderen danach, ob die Videoüberwachung **in öffentlich zugänglichen Bereichen** (vgl. § 6b BDSG) oder **öffentlich nicht zugänglichen Bereichen** stattfindet.

Beispiel
Praktisch relevant für das Beschäftigtenverhältnis wird diese Überwachungsmethode vor allem bei Videoaufnahmen in **Schalterhallen** von Banken, auf **Bahnhöfen** oder an **Tankstellen**. Dabei geht es

113 *Heldmann*, DB 2010, 1235, 1239.

114 *Heldmann*, DB 2010, 1235, 1239; *Vietmeyer/Byers*, MMR 2010, 807, 809.

115 BAG, Urt. v. 27.3.2003 – 2 AZR 51/02 – NZA 2003, 1193, 1194 m.w.N.; BVerfG, Beschl. v. 9.10.2002 – 1 BvR 1611/96, 1 BvR 805/98 – AP Nr. 34 zu § 611 BGB Persönlichkeitsrecht.

116 BAG, Beschl. v. 29.6.2004 – 1 ABR 21/03 – NZA 2004, 1278, 1281, noch zur alte Gesetzeslage.

oft um den Schutz des Eigentums des Arbeitgebers, aber auch um die Sicherheit von Kunden oder Beschäftigten.

Gesetzlich geregelt ist lediglich die **offene Videoüberwachung öffentlich zugänglicher Räume**[117], vgl. § 6b Abs. 1 BDSG. Für eine Überwachung im Beschäftigungsverhältnis wird regelmäßig nur der Tatbestand von § 6b Abs. 1 Nr. 3 BDSG relevant sein. Eine Videoüberwachung ist danach nur zulässig, soweit sie zur Wahrnehmung berechtigter Interessen des Arbeitgebers für konkret festgelegte Zwecke erforderlich ist und keine Anhaltspunkte bestehen, dass schutzwürdige Interessen der Betroffenen überwiegen. Bei der hier vorzunehmenden Güterabwägung sind insbesondere die Anzahl der überwachten Personen, die Art, Dauer und Intensität der Überwachung, die Auswirkungen auf unbeteiligte Dritte sowie der Anlass der Überwachung von Bedeutung. Der Umstand der Beobachtung und die verantwortliche Stelle sind gemäß § 6b Abs. 2 BDSG „durch geeignete Maßnahmen", also etwa ein Hinweisschild, erkennbar zu machen. 61

Eine **verdeckte Videoüberwachung in öffentlich zugänglichen Räumen** wird teilweise generell für unzulässig gehalten.[118] Nach herrschender Auffassung ist sie indes unter strengen Voraussetzungen der allgemeinen Erlaubnistatbestände zulässig, im Beschäftigungsverhältnis also vor allem nach § 32 Abs. 1 S. 1, 2 BDSG.[119] 62

Checkliste !

Die verdeckte Videoüberwachung in öffentlich zugänglichen Räumen ist zulässig unter folgenden Voraussetzungen:

- konkreter Verdacht einer strafbaren Handlung oder einer anderen schweren Verfehlung zu Lasten des Arbeitgebers
- weniger einschneidende Mittel sind ausgeschöpft, sie ist das einzige Mittel zur Aufklärung
- der Verdacht beschränkt sich auf einen abgrenzbaren Bereich von Arbeitnehmern
- die Überwachung ist insgesamt nicht unverhältnismäßig

Die Videoüberwachung **in nicht öffentlich zugänglichen Räumen** ist gesetzlich nicht geregelt. Eine analoge Anwendung von § 6b BDSG kommt mangels vergleich- 63

117 Öffentlicher Raum sind entweder solche, die dem öffentlichen Verkehr gewidmet sind oder nach dem erkennbaren Willen des Berechtigten von Jedermann genutzt oder betreten werden kann, vgl. ArbG Jena, Urt. v. 20.11.2009 – 1 Ca 147/09 – BeckRS 2011, 65558.

118 ArbG Frankfurt a.M., Urt. v. 25.1.2006 – 7 Ca 3342/05 – RDV 2006, 214, 215; *Bayreuther*, NZA 2005, 1038, 1040; *Maschmann*, NZA 2002, 13, 17.

119 BAG, Urt. v. 21.6.2012 – 2 AZR 153/11 – NZA 2012, 1025 Rn 39 ff.; BAG, Urt. v. 27.3.2003 – 2 AZR 51/02 – NZA 2003, 1193; vor Einführung von § 6b BDSG LAG Hamm, Urt. v. 15.7.2011 – 10 Sa 1781/10 – BeckRS 2011, 79152; ArbG Düsseldorf, Urt. v. 3.5.2011 – 11 Ca 7326/10 – BeckRS 2011, 78947; ErfK/*Franzen*, § 6b BDSG Rn 2; *Helle*, JZ 2004, 340, 346; *Oberwetter*, NZA 2008, 609, 610; *Tinnefeld*/*Viethen*, NZA 2003, 468, 472.

barer Regelungstatbestände und der Eingriffsintensität bei öffentlich und nichtöffentlich zugänglichen Räumen nicht in Betracht.[120] Auch hier greifen als Zulässigkeitsgrenzen die allgemeinen Erlaubnistatbestände im Beschäftigungsverhältnis, mithin § 32 Abs. 1 S. 1, 2 BDSG.[121] Für die Konkretisierung der Erforderlichkeit bei der **offenen Videoüberwachung** kann auf die Wertungen von § 6b BDSG zurückgegriffen werden.[122] Die offene Videoüberwachung ist danach zulässig, wenn sie zur Wahrnehmung berechtigter Interessen für konkret festgelegte Zwecke erforderlich ist, keine Anhaltspunkte bestehen, dass schutzwürdige Interessen der Betroffenen überwiegen und im Rahmen der Interessenabwägung die besondere Eingriffsintensität berücksichtigt wird. Die **verdeckte Videoüberwachung im nicht-öffentlichen Raum** ist nicht per se ausgeschlossen und kann im Einzelfall als ultima-ratio in Betracht kommen, insbesondere kurzfristig als Notwehr gegen Straftaten.[123] Auf den Erlaubnistatbestand des § 32 Abs. 1 S. 2 BDSG kann die Überwachung nur dann gestützt werden, wenn sie ausschließlich den Verdächtigten aufgrund eines konkreten Tatverdachts erfasst.[124] In sonstigen Fällen wird die Maßnahme wohl auf § 32 Abs. 1 S. 1 BDSG gestützt werden können.

! **Praxistipp**

Die heimliche Videoüberwachung eines Arbeitnehmers ist nur dann zulässig, wenn der konkrete Verdacht einer strafbaren Handlung oder einer anderen schweren Verfehlung zu Lasten des Arbeitgebers besteht, weniger einschneidende Mittel zur Aufklärung des Verdachts ausgeschöpft sind, die verdeckte Video-Überwachung praktisch das einzig verbleibende Mittel darstellt und insgesamt nicht unverhältnismäßig ist.[125]

! **Achtung**

Bei all den genannten Einsatzmöglichkeiten der Videoüberwachung ist das zwingende Mitbestimmungsrecht des Betriebsrates nach § 87 Abs. 1 Nr. 1, 6 BetrVG zu berücksichtigen, was im Ergebnis in den Abschluss einer den Videoeinsatz regelnden Betriebsvereinbarung münden wird.

120 BAG, Beschl. v. 29.6.2004 – 1 ABR 21/03 – NZA 2004, 1278, 1282; *Däubler* NZA 2001, 874, 878.

121 *Thüsing*, Rn 368.

122 BeckOK/*Riesenhuber*, § 32 BDSG Rn 133.

123 BAG, Urt. v. 9.7.2003 – 5 AZR 305/02 – NZA 2003, 1191, 1193, 1195; *Thüsing*, Rn 369; a.A. *Bayreuther*, NZA 2005, 1038, 1041.

124 Zu den Voraussetzungen siehe oben Rn 23 ff.

125 BAG, Urt. v. 9.7.2003 – 5 AZR 305/02 – NZA 2003, 1191, 1193, 1195. Einen Überblick über die jeweiligen Abwägungsinteressen bei Münchener Anwaltshandbuch Arbeitsrecht/*Dendorfer*, § 35 Rn 176 ff.

E. Verwertungsverbote

Die beste und umfassendste Sachverhaltsermittlung ist letztlich wertlos, wenn die Erkenntnisse und Beweismittel nicht in einem sich der Ermittlung ggf. anschließenden Arbeits-, Zivil- oder Strafrechtsverfahren verwertet werden können. 64

Praxistipp

Die Kernfrage bei allen Aufklärungsmaßnahmen ist, ob und in welchem Umfang Daten, die unter Verstoß gegen datenschutz- und arbeitsrechtliche, insbesondere mitbestimmungsrechtliche Vorschriften erlangt wurden, **vor Gericht verwertet werden können.**

Die Frage eines (Sachvortrags-)**Verwertungsverbots im arbeitsgerichtlichen Verfahren** ist noch nicht abschließend geklärt. Die deutsche Zivilprozessordnung, auf die das Arbeitsgerichtsgesetz verweist, sieht ein generelles Beweisverwertungsverbot unrechtmäßig erlangter Beweismittel nicht vor. Zudem ist eine dem US-amerikanischen Recht vergleichbare „Fruit-of-the-poisonous-tree-Doctrine" sowohl dem deutschen Zivil- als auch Strafprozessrecht fremd.[126] Insofern reicht das hierzu vertretene Meinungsspektrum von einer generellen Verwertbarkeit bis hin zur Forderung eines generellen Beweisverwertungsverbots.[127] Die höchstrichterliche Rechtsprechung vertritt im Wesentlichen eine vermittelnde Meinung und entscheidet aufgrund des Schutzzwecks der verletzten Norm und einer darauf aufbauenden einzelfallbezogenen Interessenabwägung.[128] Danach kann sich eine Unverwertbarkeit dann ergeben, wenn der Schutzzweck der verletzten Norm eine solche Unverwertbarkeit zwingend gebietet. Dies kann bei schwerwiegenden Eingriffen (bspw. mittels einer unzulässigen Datenerhebung nach § 32 Abs. 1 BDSG) in Grundrechte, insbesondere des Persönlichkeitsrechts, der Fall sein, wenn eine einzelfallbezogene Güterabwägung ergibt, dass das allgemeine Persönlichkeitsrecht des Arbeitnehmers das sich aus Art.12, 14 GG ergebende Sachaufklärungsinteresse des Unternehmens bei schwerwiegenden Straftaten überwiegt.[129] 65

126 BVerfG, Beschl. v. 2.7.2009 – 2 BvR 2225/08 – NJW 2009, 3225; anders dagegen LAG Baden-Württemberg, Urt. v. 6.5.1999 – 12 Sa 115/97 – BB 1999, 1439 ff.

127 Vgl. hierzu die Nachweise bei Münchener Anwaltshandbuch Arbeitsrecht/*Dendorfer*, § 35 Rn 219 ff.

128 BAG, Urt. v. 27.3.2003 – 2 AZR 51/02 – NZA 2003, 1193, 1194; BGH, Urt. v. 4.12.1990 – XI ZR 310/89 – NJW 1991, 1180.

129 Das Persönlichkeitsrecht des betroffenen Arbeitnehmers betonend BAG, Urt. v. 20.6.2013 – 2 AZR 546/12 – NZA 2014, 143; demgegenüber das Interesse des Arbeitgebers an der Wahrheitsfindung betonend BAG, Urt. v. 21.6.2012 – 2 AZR 153/11 – NZA 2012, 1025; BAG, Urt. v. 13.12.2007 – 2 AZR 537/06 – NZA 2008, 1008.

Praxistipp
Die Frage der Verwertbarkeit von Sachverhaltsermittlungen im Arbeitsgerichtsprozess, insbesondere im Kündigungsschutzverfahren muss in jedem Einzelfall geklärt werden.

66 Ob sich insbesondere ein arbeitsgerichtliches Verwertungsverbot ergibt, wenn das Ermittlungsteam bei der Sachverhaltsfeststellung und Beweissicherung **Mitbestimmungsrechte des Betriebsrates** nicht oder nur unzureichend beachtet hat, wird kontrovers diskutiert.

Praxistipp
Nach gängiger, höchstrichterlicher Rechtsprechung führt ein Verstoß gegen betriebsverfassungsrechtliche Mitbestimmungsrechte, insbesondere dem aus § 87 Abs. 1 BetrVG, nicht automatisch zu einem Verwertungsverbot.[130]

67 Vielmehr müsse sich dies aus dem Schutzzweck der verletzten Norm ergeben, d.h. ein Verwertungsverbot kann sich nur dann ergeben, wenn in eine verfassungsrechtlich geschützte Position einer Prozesspartei eingegriffen wird.[131] Demgegenüber gewährleistet § 87 Abs. 1 Nr. 1 BetrVG lediglich einen kollektiv-rechtlich vermittelten Schutz der Persönlichkeitsrechte der Arbeitnehmer. Der Schutzzweck dieser Norm und die zivilprozessualen Grundsätze über ein mögliches (Beweis-)Verwertungsverbot sind identisch. Beschränkt sich daher ein Eingriff allein auf die Verletzung des Mitbestimmungsrechts, ist er aber nach allgemeinen Grundsätzen im Übrigen zulässig, kommt ein Informations- bzw. Beweisverwertungsverbot bei Missachtung des Mitbestimmungsrechts des Betriebsrats oder bei einer nicht ausreichenden Einhaltung eines betriebsverfassungsrechtlichen Verfahrens grundsätzlich nicht in Betracht.[132] Erst wenn durch die Verwertung einer rechtswidrig erlangten Information oder eines Beweismittels ein erneuter bzw. perpetuierender Eingriff in rechtlich erheblich geschützte Positionen der anderen Prozesspartei erfolgt, kann ein prozessuales Verbot einer Verwertung in Betracht kommen. Inwieweit der **Verstoß gegen datenschutzrechtliche Bestimmungen**, allen voran § 32 Abs. 1 BDSG, ein Verwertungsverbot nach sich zieht, ist – soweit ersichtlich – höchstrichterlich noch nicht abschließend und ausdrücklich entschieden.[133]

130 BAG, Urt. v. 13.12.2007 – 2 AZR 537/06 – NZA 2008, 1008; *Altenburg/Leister*, NJW 2006, 469, 470; *Lunk*, NZA 2009, 457; a.A. *Fitting*, § 87 BetrVG Rn 256 m.w.N.

131 BAG, Urt. v. 12.12.2007 – 2 AZR 537/06 – NJW 2008, 2732; BAG, Urt. v. 27.3.2003 – 2 AZR 51/02 – NZA 2003, 1193, 1194.

132 BAG, Urt. v. 13.12.2007 – 2 AZR 537/06 – NZA 2008, 1008, 1011.

133 BAG, Urt. v. 20.6.2013 – 2 AZR 546/12, Rn 19 ff. – NZA 2014, 143; zurückhaltend BAG, Urt. v. 21.6.2012 – 2 AZR 153/11 – NZA 2012, 1025.

Kapitel 14
Beendigung des Arbeitsverhältnisses durch Betriebsübergang

§ 613a BGB bezweckt den Schutz des Arbeitnehmers für den Fall, dass ein Betrieb oder Betriebsteil durch Rechtsgeschäft auf einen neuen Inhaber übergeht und sich der neue Inhaber „in ein gemachtes Bett legt“[1]. Um diese Vorschrift ranken sich viele verbreitete Irrtümer und es locken einige Fallstricke, auf die im Folgenden hingewiesen werden soll. 1

A. Begriff des Betriebsübergangs gemäß § 613a Abs. 1 Satz 1 BGB

Die Tatbestandsvoraussetzung „Betriebsübergang“ ist in § 613a Abs. 1 Satz 1 BGB geregelt. 2

I. Übergang eines Betriebes

Erforderlich ist, dass ein neuer Rechtsträger die wirtschaftliche Einheit unter Wahrung ihrer Identität fortführt.[2] 3

1. Begriff des Betriebes bzw. der wirtschaftlichen Einheit

Unter einem Betrieb im Sinne des § 613a BGB ist „eine organisierte Gesamtheit von Personen und Sachen zur Ausübung einer wirtschaftlichen Tätigkeit mit eigener Zielsetzung“ zu verstehen.[3] 4

Bei der Prüfung, ob eine Einheit übergegangen ist, werden laut BAG „sämtliche den betreffenden Vorgang kennzeichnenden Tatsachen berücksichtigt.“[4] 5

---

1 BAG, Urt. v. 6.4.2006 – 8 AZR 249/04 – NZA 2006, 1039, 1042.

2 Statt aller: BAG, Urt. v. 7.4.2011 – 8 AZR 730/09 – NZA 2011, 1231; BAG, Urt. v. 17.4.2003 – 8 AZR 253/02 – AP BGB § 613a Nr. 253; BAG, Urt. v. 8.8.2002 – 8 AZR 583/01 – NZA 2003, 315.

3 EuGH, Urt. v. 11.3.1997 – Rs. C-13/95 – NZA 1997, 433, 434; BAG, Urt. v. 6.4.2006 – 8 AZR 222/04 – NZA 2006, 723, 725.

4 Statt aller: EuGH, Urt. v. 24.1.2002 – Rs. C-51/00 – NZA 2002, 265, 266; EuGH, Urt. v. 11.3.1997 – Rs. C-13/95 – NZA 1997, 433, 434; BAG, Urt. v. 6.4.2006 – 8 AZR 222/04 – NZA 2006, 723, 725.

Checkliste
Zu berücksichtigen sind:
- die Art des Betriebs
- der etwaige Übergang der materiellen Betriebsmittel wie Gebäude und bewegliche Güter
- der Wert der immateriellen Aktiva im Zeitpunkt des Übergangs
- die etwaige Übernahme der Hauptbelegschaft
- der etwaige Übergang der Kundschaft
- der Grad der Ähnlichkeit zwischen den vor und den nach dem Übergang verrichteten Tätigkeiten
- die Dauer einer eventuellen Unterbrechung der Tätigkeiten

6 Negativ formuliert steht fest, dass eine wirtschaftliche Einheit nicht als bloße Tätigkeit verstanden werden darf.[5] Sie ergibt sich vielmehr „auch aus anderen Merkmalen wie ihrem Personal, ihren Führungskräften, ihrer Arbeitsorganisation, ihren Betriebsmethoden und gegebenenfalls den ihr zur Verfügung stehenden Betriebsmitteln. Den für das Vorliegen eines Übergangs maßgeblichen Kriterien kommt notwendigerweise je nach der ausgeübten Tätigkeit und selbst nach den Produktions- oder Betriebsmethoden, die in dem betreffenden Unternehmen, Betrieb oder Betriebsteil angewendet werden, unterschiedliches Gewicht zu."[6]

2. Wahrung der Identität einer wirtschaftlichen Einheit

7 Es hat eine **Gesamtbetrachtung** der Umstände zu erfolgen.

a) Art des Betriebes

8 Eine erste Weichenstellung bei der Bestimmung der Unternehmensidentität ist nach der Art des Betriebes zu treffen.

Praxistipp
Die Kernfrage lautet hier: handelt es sich um einen produzierenden Betrieb oder um ein Dienstleistungsunternehmen?

9 Das **Wesen eines produzierenden Unternehmens** wird durch die materiellen Betriebsmittel wie z.B. Gebäude, Maschinen, Produktionsanlagen, Werkzeuge, Rohstoffe, Halb- und Fertigfabrikate, Fahrzeuge und Transportgeräte geprägt. Demgegenüber wird der Wert von **Handels- und Dienstleistungsunternehmen** durch die

5 EuGH, Urt. v. 11.3.1997 – Rs. C-13/95 – NZA 1997, 433, 434; BAG, Urt. v. 13.11.1997 – 8 AZR 375/96 – NZA 1998, 249, 250; BAG, Urt. v. 22.5.1997 – 8 AZR 101/96 – NJW 1997, 3188, 3189.

6 BAG, Urt. v. 7.4.2011 – 8 AZR 730/09 – NZA 2011, 1231, 1232; BAG, Urt. v. 6.4.2006 – 8 AZR 222/04 – NZA 2006, 723, 725; BAG, Urt. v. 13.11.1997 – 8 AZR 375/96 – NZA 1998, 249, 250.

immateriellen Betriebsmittel wie Kundenlisten und -stamm, Dienstleistungsverträge, Konzessionen, das Know How, Warenzeichen, die konkreten Geschäftsräume oder Geschäftspapiere und Arbeitnehmer bestimmt.[7] Häufig sind diese Betriebe „betriebsmittelarm“, das heißt sie verfügen über kaum sachliche Betriebsmittel.

Praxistipp
Bei betriebsmittelarmen Betrieben kann bereits eine Gesamtheit von Arbeitnehmern eine wirtschaftliche Einheit ausmachen, während bei betriebsmittelgeprägten Betrieben ein Betriebsübergang auch ohne die Übernahme von Personal vorliegen kann.[8]

b) Ähnlichkeit der Tätigkeit vor und nach dem Übergang

Die erforderliche Identitätswahrung ergibt sich daraus, dass der neue Inhaber dieselbe oder eine gleichartige Geschäftstätigkeit weiterführt oder wiederaufnimmt.[9] Die bloße **Möglichkeit der Weiterführung genügt nicht.**[10] 10

c) Arbeitsorganisation vor und nach dem Übergang

Nach der neuen Rechtsprechung des EuGH kann[11] ein Betriebsübergang auch dann vorliegen, wenn die Organisationsstruktur in der wirtschaftlichen Einheit sich ändert. Ausreichend ist, dass die funktionelle Verknüpfung zwischen den übertragenen Produktionsfaktoren beibehalten wird und dies dem Erwerber erlaubt, derselben oder einer gleichartigen Tätigkeit nachzugehen.[12] Geklagt hatte ein Abteilungsleiter eines IT-Unternehmens. Die Muttergesellschaft seines früheren Arbeitgebers hatte u.a. Rechte an einer Software, den Patenten, den Patentanmeldungen und den die fraglichen Produkte betreffenden Erfindungen sowie an den Produktnamen und dem technischen Know-how, die Entwicklungs-Hardware, das Produktmaterial-Inventar und eine darauf bezogene Lieferanten- und Kundenliste erworben. Außerdem übernahm sie einige Angestellte. Diese Arbeitnehmer wurden jedoch in unterschiedliche Abteilungen eingegliedert. Dies stand, wie der EuGH entschieden hat, jedoch § 613a BGB nicht entgegen. 11

---

7 BAG, Urt. v. 14.8.2007 – 8 AZR 1043/06 – NZA 2007, 1431, 1433; BAG, Urt. v. 27.10.2005 – 8 AZR 568/04 – NZA 2006, 668, 670.

8 BAG, Urt. v. 13.12.2007 – 8 AZR 937/06 – NZA 2008, 1021, 1023; BAG, Urt. v. 14.8.2007 – 8 AZR 1043/06 – NZA 2007, 1431, 1433; BAG, Urt. v. 6.4.2006 – 8 AZR 222/04 – NZA 2006, 723, 725.

9 EuGH, Urt. v. 14.4.1994 – Rs. C-392/92 – NZA 1994, 545, 546.

10 BAG, Urt. v. 17.12.2009 – 8 AZR 1019/08 – NZA 2010, 499, 501; BAG, Urt. v. 6.4.2006 – 8 AZR 222/04 – NZA 2006, 723, 725.

11 BAG, Urt. v. 24.4.2008 – 8 AZR 268/07 – NZA 2008, 1314, 1317; BAG, Urt. v. 14.8.2007 – 8 AZR 1043/06 – NZA 2007, 1431, 1433; BAG, Urt. v. 6.4.2006 – 8 AZR 249/04 – NZA 2006, 1039, 1042.

12 EuGH, Urt. v. 12.2.2009 – Rs. C 466/07 – NZA 2009, 251, 253.

Praxistipp

Entscheidend ist nach der nachfolgenden Rechtsprechung der Arbeitsgerichte nunmehr die sog. funktionelle Verknüpfung der übernommenen Produktionsfaktoren. Dies heißt: Einerseits muss die organisatorische Einheit (etwa die Abteilung) nicht unverändert übernommen werden, so dass ein Betriebsübergang auch dann zu bejahen ist, wenn die Abteilung nunmehr bei dem Erwerber in dessen Betrieb eingegliedert und nicht gesondert fortgeführt wird. Andererseits reicht es aber für § 613a BGB nicht aus, dass einzelne Betriebsmittel übernommen und mit ihnen eine ähnliche oder gleichartige Tätigkeit ausgeübt wird (Beispiel: von einem Reinigungsunternehmen werden zwei Eimer und Schrubber erworben, die weiterhin zu Reinigungszwecken eingesetzt werden).[13]

d) Übernahme der materiellen/immateriellen Betriebsmittel

12 Die **Übertragung der Aktiva ist ein wesentliches Indiz**, jedoch kein notwendiges Merkmal für den Betriebsübergang.[14]

13 In betriebsmittelgeprägten Betrieben, d.h. vor allem im produzierenden Gewerbe, können allein die materiellen Betriebsmittel identitätsstiftend sein, so dass hier deren Übertragung einen Betriebsübergang auch ohne die Übernahme von Personal auslösen kann.[15] Materielle Betriebsmittel sind dann als wesentlich für den Betrieb anzusehen, wenn ihr Einsatz den eigentlichen Kern des zur Wertschöpfung erforderlichen Funktionszusammenhangs ausmacht.[16]

Beispiel

Verkauft also bspw. ein stahlverarbeitender Betrieb alle seine Rohstoffe, die Arbeitsgeräte und die Produktionsstätte, ohne dass Arbeitsverhältnisse übernommen werden, an einen Erwerber, der damit dann ebenfalls Stahlverarbeitung vornimmt, dann löst dies i.d.R. einen Betriebsübergang aus und die Beschäftigungsverhältnisse gehen gemäß § 613a BGB auf den Erwerber kraft Gesetzes über. In diesem Fall ist es unbedingt sinnvoll, bereits im Vorfeld der Veräußerung zu prüfen, ob § 613a BGB eingreift und dies dann aus Erwerbersicht ggfs. „miteinzupreisen" bzw. aktive Gestaltungen zur Vermeidung/Modifizierung der Rechtsfolgen des § 613a BGB zu wählen (siehe dazu unten unter F.).

---

13 BAG, Urt. v. 13.10.2011 – 8 AZR 455/10 – NZA 2012, 504, 507; siehe auch BAG, Urt. v. 7.4.2011 – 8 AZR 730/09 – NZA 2011, 1231, 1232 f.

14 EuGH, Urt. v. 2.12.1999 – Rs. C-234/98 – NZA 2000, 587, 588 f.; EuGH, Urt. v. 14.4.1994 – Rs. C-392/92 – NZA 1994, 545, 546.

15 EuGH, Urt. v. 20.11.2003 – Rs. C-340/01 – NZA 2003, 1385, 1386; BAG, Urt. v. 21.6.2012 – 8 AZR 181/11 – NZA-RR 2013, 6, 9; BAG, Urt. v. 28.5.2009 – 8 AZR 273/08 – NZA 2009, 1267, 1270; BAG, Urt. v. 15.2.2007 – 8 AZR 431/06 – NZA 2007, 793, 794.

16 BAG, Urt. v. 15.2.2007 – 8 AZR 431/06 – NZA 2007, 793, 795; BAG, Urt. v. 6.4.2006 – 8 AZR 222/04 – NZA 2006, 723, 726.

Die Übertragung der materiellen Betriebsmittel muss nicht durch Veräußerung geschehen; der Erwerber muss lediglich die Nutzungsmöglichkeit erhalten.[17] 14

Gerade im Dienstleistungsbereich kann eine wirtschaftliche Einheit ohne prägende Betriebsmittel auskommen. Hier kann eine Veräußerung der Geschäftsräume noch keinen Betriebsübergang darstellen, anders hingegen die Überlassung der wichtigsten Arbeitnehmer oder des wichtigen Know-Hows. Ebenso kann ein identitätswahrender Übergang allein dadurch ausgelöst werden, dass der Erwerber die betreffende Tätigkeit durch einen nach Zahl und Sachkunde wesentlichen Teil des vom Vorgänger übernommenen Personals weiterführt.[18] 15

Praxistipp !
Ausreichen können: die Übernahme von öffentlich-rechtlichen Genehmigungen,[19] Patent- und Gebrauchsmusterrechten,[20] Schutzrechten und Lizenzen.[21]

e) Übernahme von Führungskräften und Personal (Hauptbelegschaft)

Ein weiteres **Anzeichen** für § 613a BGB ist die **Übernahme** eines nach Zahl und Sachkunde wesentlichen Teils desjenigen **Personals**, das sein Vorgänger gezielt bei der Tätigkeit eingesetzt hatte.[22] Der übernommene Teil der Arbeitnehmer muss nicht zwingend besonderes Fachwissen repräsentieren. 16

Praxistipp !
Kommt es in der Praxis darauf an, welche Anzahl an Arbeitnehmern den wesentlichen Teil des Personals ausmacht, so gilt, dass je höher qualifizierte Arbeitnehmer übernommen werden, desto weniger zu übernehmen sind und umgekehrt.[23] Feste Quoten gelten nicht; in der Rechtsprechung wird tendentiell bei niedriger qualifizierten Arbeitnehmern ein Betriebsübergang im Falle der Übernahme von 85%[24] bejaht und von (unter) 75% abgelehnt.[25]

17 Siehe nur EuGH, Urt. v. 15.12.2005 – Rs. C-232, 233/04 – NZA 2006, 29, 30; EuGH, Urt. v. 20.11.2003 – Rs. C-340/01 – NZA 2003, 1385. Das Postulat der Überlassung zur eigenwirtschaftlichen Nutzung ist aufgegeben worden, BAG, Urt. v. 6.4.2006 – 8 AZR 222/04 – NZA 2006, 723.

18 BAG, Urt. v. 21.6.2012 – 8 AZR 181/11 – NZA-RR 2013, 6, 9; BAG, Urt. v. 28.5.2009 – 8 AZR 273/08 – NZA 2009, 1267, 1269.

19 LAG Köln, Urt. v. 4.2.1994 – 4 Sa 897/93 – juris.

20 BAG, Urt. v. 13.11.1997 – 8 AZR 375/96 – NZA 1998, 249, 251.

21 Vgl. BAG, Urt. v. 22.2.1978 – 5 AZR 800/76 – AP BGB § 613a Nr. 11.

22 EuGH, Urt. v. 11.3.1997 – Rs. C-13/95 – NZA 1997, 433, 434; BAG, Urt. v. 21.6.2012 – 8 AZR 181/11 – NZA-RR 2013, 6, 9; BAG, Urt. v. 28.5.2009 – 8 AZR 273/08 – NZA 2009, 1267, 1269.

23 BAG, Urt. v. 10.12.1998 – 8 AZR 676/97 – NZA 1999, 420, 421.

24 BAG, Urt. v. 11.12.1997 – 8 AZR 729/96 – NZA 1998, 534, 535.

25 BAG, Urt. v. 27.10.2005 – 8 AZR 568/04 – NZA 2006, 668: 50; BAG, Urt. v. 10.12.1998 – 8 AZR 676/97 – NZA 1999, 420, 422; siehe auch BAG, Urt. v. 14.5.1998 – 8 AZR 418/96 – NZA 1999, 483: 58.

17 Bei hoch qualifizierten Arbeitnehmern, die eine Schlüsselfunktion für das Unternehmen haben, kann bereits die Übernahme eines geringeren Anteils ausreichen.

Beispiel
Die Übernahme der drei Programmierer, die für die Erstellung einer Software unerlässlich sind, kann daher einen Betriebsübergang auslösen, selbst wenn neben ihnen noch zwei weitere Beschäftigte vorhanden sind, die sonstige Arbeiten verrichten (Buchhaltung, Verpackung, Werbung). Ein hoher Grad an Know How stellt zudem ein eigenständiges immaterielles Betriebsmittel dar.[26]

f) Übernahme der Kundschaft

18 Nach der Rechtsprechung ist der Übergang der Kundschaft (etwa durch Übertragung der Kundenkartei[27] oder Übergang einer Vertriebsberechtigung[28]) ein wichtiges Kriterium.

Beispiel
Die Fortführung von Arztpraxen oder Anwaltssozietäten erfüllt daher in aller Regel die Voraussetzungen des § 613a BGB.

19 Ausreichen kann auch die Fortsetzung einer ähnlichen Tätigkeit am gleichen Ort für den gleichen Kundenkreis.[29]

Praxistipp
Es kann bereits ein Betriebsübergang erwogen werden, wenn die Kunden gar keine andere Möglichkeit haben, als den Erwerber zu beauftragen (Beispiel: Bordbistro in Zügen, Bahnhofsgeschäfte).[30]

g) Unterbrechung der Betriebstätigkeit

20 Unerhebliche Unterbrechungen stehen nicht entgegen. Gleiches gilt für eine vorübergehende Schließung.

26 BAG, Urt. v. 9.2.1994 – 2 AZR 781/93 – NZA 1994, 612, 614.
27 LAG Düsseldorf, Urt. v. 29.2.2000 – 3 Sa 1896/99 – NZA-RR 2000, 353, 354.
28 EuGH, Urt. v. 7.3.1996 – Rs. C-171/94 und C-171/94 – NZA 1996, 413, 414 f.
29 BAG, Urt. v. 2.12.1999 – 8 AZR 796/98 – NZA 2000, 369, 370 f.
30 So LAG Hessen, Urt. v. 5.2.2004 – 9 Sa 935/03; offen gelassen von BAG, Urt. v. 6.4.2006 – 8 AZR 249/04 – NZA 2006, 1039.

Fettnapf
Eine Schließung verhindert nicht zwingend den Betriebsübergang. Nur eine Stilllegung steht ihm entgegen. Bei einer Teilstillegung kommt u.U. ein Teilbetriebsübergang in Betracht.[31]

h) Weitere Kriterien

Zwar ist die Fortführung des Firmennamens ein Indiz dafür, dass die Marktstellung des Veräußerers genutzt werden soll, jedoch soll die Änderung des Unternehmensnamens nach Betriebsübergang eine Identitätswahrung nicht verhindern.[32] Gleiches gilt für die Verlegung des Betriebes an einen anderen Ort.[33] 21

Checkliste
Bei der Prüfung, ob ein Betriebsübergang im Sinne des § 613a BGB vorliegt, sind danach vor allem folgende Prüfungspunkte relevant:
- Die **Art** des betreffenden Unternehmens oder des Betriebs,
- der Übergang oder Nichtübergang der **materiellen Vermögenswerte** (Gebäude, bewegliche Güter),
- der Wert der **immateriellen Vermögenswerte** zum Zeitpunkt des Übergangs,
- die Übernahme oder Nichtübernahme der **Hauptbelegschaft**,
- der Übergang oder Nichtübergang der **Kundschaft**,
- der Grad der Ähnlichkeit zwischen der vor und der nach dem Übergang **verrichteten Tätigkeit** und
- die Dauer einer eventuellen **Unterbrechung** dieser Tätigkeit.

3. Abgrenzung von der bloßen Funktionsnachfolge

Kein Betriebsübergang ist in der bloßen Funktionsnachfolge, d.h. der reinen Fortführung der Tätigkeit durch einen anderen Auftragnehmer, zu erblicken.[34] 22

Beispiel
Die Auslagerung der Buchhaltung, die Beauftragung eines Reinigungsunternehmens, wenn die Reinigung bisher durch eigene Angestellte wahrgenommen worden ist, oder die Einschaltung eines Caterers, der mit eigenen Angestellten und eigenen Betriebsmitteln die bisherige Betriebskantine ersetzt, reichen daher nicht aus.

31 BAG, Urt. v. 14.3.2013 – 8 AZR 154/12 – NJOZ 2013, 1990, 1992; BAG, Urt. v. 28.5.2009 – 8 AZR 273/08 – NZA 2009, 1267, 1268.

32 BAG, Urt. v. 21.8.2008 – 8 AZR 201/07 – NZA 2009, 29, 33.

33 BAG, Urt. v. 16.5.2002 – 8 AZR 319/01 – NZA 2003, 93, 98.

34 Siehe nur BAG, Urt. v. 21.6.2012 – 8 AZR 181/11 – NZA-RR 2013, 6, 9; BAG, Urt. v. 25.6.2009 – 8 AZR 258/08 – NZA 2009, 1412, 1415.

4. Teilbetrieb

23 Auch der Übergang eines Betriebsteils löst die Rechtsfolgen des § 613a BGB aus. Dies **wird in der Praxis häufig übersehen.**

Beispiel

Ein Möbelhaus lässt zunächst die Möbel von eigenen Mitarbeitern ausliefern und montieren, überträgt diese Tätigkeit später jedoch einer Fremdfirma, die Fahrzeuge und Werkzeuge übernimmt. Den bisherigen Auslieferungsfahrern wird durch das Möbelhaus gekündigt. Der Übernehmer bietet ihnen neue Arbeitsverhältnisse unter Ausschluss von Ansprüchen aus dem bisherigen Arbeitsverhältnis an. Die Klagen der Beschäftigten hatten in diesem Fall Erfolg: das Bundesarbeitsgericht bejahte einen Betriebsteilübergang. Die Arbeitnehmer mussten daher zu den alten, besseren Konditionen vom Erwerber weiterbeschäftigt werden.[35]

---

a) Begriff des Betriebsteils

24 Nach der Rechtsprechung des Bundesarbeitsgerichts ist ein Betriebsteil eine Teileinheit bzw. Teilorganisation eines Betriebs, bei der es sich um eine **selbstständige, abtrennbare organisatorische Einheit** handelt, die **innerhalb des betrieblichen Gesamtzwecks einen Teilzweck erfüllt.**[36] Es ist irrelevant, ob der verbleibende Betriebsteil fortgesetzt werden könnte oder noch lebensfähig ist.[37] In der Übernahme von Einzelgegenständen, denen einen organisatorische Zusammenfassung fehlt, liegt jedoch kein (Teil-)Betriebsübergang.[38]

Beispiel

In einem Taxiunternehmen stellen die einzelnen Taxen für sich genommen lediglich Betriebsmittel dar, nicht aber einen Betriebsteil. Auch die Zuordnung zu bestimmten Aufgaben und zu bestimmten Fahrten führt zu keinem anderen Ergebnis.

Praxistipp

Ein Betriebsteil muss nicht selbstständig am Markt auftreten können; die Verfolgung einer untergeordneten Hilfsfunktion ist ausreichend.[39] Der Betriebsteil muss auf Dauer angelegt und darf nicht nur zur Ausführung eines bestimmten Vorhabens tätig sein („Projekt-Team").[40]

---

35 BAG, Urt. v. 22.1.1998 – 8 AZR 623/96 – n.v.

36 Statt aller: BAG, Urt. v. 13.10.2011 – 8 AZR 455/10 – NZA 2012, 504, 507.

37 BAG, Urt. v. 8.8.2002 – 8 AZR 583/01 – NZA 2003, 315, 317; BAG, Urt. v. 16.5.2002 – 8 AZR 319/01 – NZA 2003, 93, 98.

38 LAG Köln, Urt. v. 28.3.2006 – 9 (13) Sa 1361/05 – juris.

39 BAG, Urt. v. 17.12.2009 – 8 AZR 1019/08 – NZA 2010, 499, 501; BAG, Urt. v 8.8.2002 – 8 AZR 583/01 – NZA 2003, 315, 317; BAG, Urt. v. 16.5.2002 – 8 AZR 319/01 – NZA 2003, 93, 98.

40 EuGH, Urt. v. 15.12.2005 – Rs. C-232, 233/04 – NZA 2006, 29, 30; BAG, Urt. v. 13.10.2011 – 8 AZR 455/10 – NZA 2012, 504, 507.

Entscheidend für die von der Rechtsprechung weiter geforderte Identitätswahrung 25
ist, dass die teilbetriebliche Organisation bereits beim Betriebsveräußerer vorlag.[41]

Praxistipp
Dies erlaubt Gestaltungen in der Praxis. Anknüpfungspunkt für diese sind zumeist entweder die Zuordnung der Arbeitnehmer zu einem Betrieb (F. I. Zuordnung der Arbeitnehmer) oder Änderungen in der Organisationsstruktur (F. III. Änderung der Arbeitsorganisation).

Es ist dem Erwerber gestattet, die erworbene Einheit in eine neue, andere Organisa- 26
tionsstruktur einzugliedern und zu nutzen, um derselben oder gleichartigen wirtschaftlichen Tätigkeit nachzugehen.[42]

b) Zuordnung der Arbeitnehmer

Durch einen Betriebsteilübergang sind grundsätzlich nur die Arbeitsverhältnisse 27
derjenigen **Arbeitnehmer** betroffen, **die für diesen Teil tätig sind.**[43] Unerheblich ist, ob der Rest stillgelegt wird oder alleine nicht lebensfähig ist.[44] Grundsätzlich nicht ausreichend ist die Tätigkeit in einem zentralen Unternehmensbereich wie der Buchhaltung, Personalabteilung oder sonstigen Verwaltung oder beispielsweise die Tätigkeit als Hausmeister, Pförtner oder Springer, selbst wenn die Tätigkeiten für den übertragenen Unternehmensteil verrichtet werden.[45] Anders wäre es nur, wenn die Tätigkeit ausschließlich oder wesentlich dem übergehenden Betriebsteil zu Gute kam und die Verbindung zwischen der Tätigkeit und dem Betriebsteil so eng war, dass infolge des Betriebsteilübergangs die Beschäftigungsmöglichkeit im verbleibenden Unternehmensbereich entfällt.

Praxistipp
Bei einer Tätigkeit des Arbeitnehmers in mehreren Betriebsteilen erfolgt eine Zuordnung zu einem bestimmten Betriebsteil
- zunächst aufgrund einer Zuordnung im Arbeitsvertrag,[46]

41 BAG, Urt. v. 13.10.2011 – 8 AZR 455/10 – NZA 2012, 504, 507; BAG, Urt. v. 7.4.2011 – 8 AZR 730/09 – NZA 2011, 1231; zurückhaltender EuGH, Urt. v. 12.2.2009 – C-466/07 – NZA 2009, 251.
42 EuGH, Urt. v. 12.2.2009 – C-466/07 – NZA 2009, 251; BAG, Urt. v. 7.4.2011 – 8 AZR 730/09 – NZA 2011, 1231, 1233; BAG, Urt. v. 17.12.2009 – 8 AZR 1019/08 – NZA 2010, 499, 500f.
43 BAG, Urt. v. 28.10.2004 – 8 AZR 391/03 – NZA 2005, 285, 286; BAG, Urt. v. 25.9.2003 – 8 AZR 446/02 – NJOZ 2004, 4518, 4522; BAG, Urt. v. 13.2.2003 – 8 AZR 102/02 – NJOZ 2003, 2631, 2634.
44 BAG, Urt. v. 25.9.2003 – 8 AZR 446/02 – NJOZ 2004, 4518, 4523; BAG, Urt. v. 13.2.2003 – 8 AZR 102/02 – NJOZ 2003, 2631, 2635.
45 BAG, Urt. v. 21.1.1999 – 8 AZR 298/98 – juris.
46 LAG Düsseldorf, Urt. v. 14.5.2004 – 9 (14) Sa 1691/03 – EzAÜG § 613a BGB 2002 Nr. 4.

- dann aufgrund einer Zuordnungsentscheidung durch den Veräußerer kraft seines Direktionsrechts, sofern der Arbeitsvertrag nicht entgegensteht,[47]
- ansonsten nach quantitativem Überwiegen der Tätigkeit.

28 Dies erlaubt in der Praxis wichtige Gestaltungsentscheidungen, siehe im Einzelnen F.I. Zuordnung der Arbeitnehmer. Übt der Arbeitnehmer sein Widerspruchsrecht aus, führt dies nicht zu einer Zuordnung zum Restbetrieb des Veräußerers.[48]

Beispiel

Die technische Abteilung eines Unternehmens wird auf einen neuen Rechtsträger übertragen, zurück bleibt allein der kaufmännische Bereich. Dieser arbeitet für sich genommen defizitär, der bisherige Arbeitgeber spricht daher betriebsbedingte Kündigungen aus. Arbeitnehmer wenden sich gegen diese mit der Behauptung, es läge auch bezogen auf ihre Arbeitsverhältnisse ein Fall des § 613a BGB vor.

Dies ist falsch. Die technische Abteilung ist organisatorisch verselbstständigt und stellt damit einen Betriebsteil im oben genannten Sinne dar. Arbeitnehmer aus dem kaufmännischen Bereich sind der technischen Abteilung grundsätzlich nicht zugeordnet und müssen die Kündigung daher hinnehmen. Etwas anderes könnte nur gelten, wenn zuvor die unterschiedlichen Abteilungen organisatorisch aufgelöst, zusammengefasst und die Arbeitnehmer der neuen Gesamtabteilung im Rahmen der Versetzung (oder der einvernehmlichen Vereinbarung, dazu sogleich) zuordnet worden wären oder wenn eine der oben genannten Ausnahmekonstellationen (besonders enge Verbindung, Tätigkeit nur für einen Bereich) vorläge.

Umgekehrt ist es aus Veräußerersicht auch möglich, bisher einheitliche Abteilungen aufzuspalten und die Arbeitnehmer diesen gemäß § 106 GewO zuzuordnen. Ein Teilbetriebsübergang lässt die übrigen Abteilungen dann unberührt.

Praxistipp

Ausnahmsweise kann die Zuordnung in Grenz- oder Zweifelsfällen nach objektiven Kriterien unterbleiben, wenn sich Veräußerer, Erwerber und Arbeitnehmer einig sind, zu welchem Betriebsteil der Arbeitnehmer gehört.[49] Im Übrigen ist nach der Funktion des Arbeitsplatzes, insbesondere danach zu entscheiden, für welchen Betriebsteil der Arbeitnehmer überwiegend tätig war.[50]

47 LAG Düsseldorf, Urt. v. 14.5.2004 – 9 (14) Sa 1691/03 – EzAÜG § 613a BGB 2002 Nr. 4; vgl. auch BAG, Urt. v. 13.2.2003 – 8 AZR 102/02 – NJOZ 2003, 2631, 2634.

48 BAG, Urt. v. 13.2.2003 – 8 AZR 102/02 – NJOZ 2003, 2631, 2634.

49 Siehe BAG, Urt. v. 21.2.2013 – 8 AZR 877/11 – BB 2013, 1853; BAG, Urt. v. 24.1.2013 – 8 AZR 706/11 – DB 2013, 1556.

50 BAG, Urt. v. 20.7.1982 – 3 AZR 261/80 – AP BGB § 613a Nr. 31.

II. Übergang durch Rechtsgeschäft

§ 613a BGB erfasst den Übergang „durch Rechtsgeschäft“. Unerheblich ist, ob dieses rechtlich wirksam[51], bedingt oder mit einem Rücktrittsrecht versehen ist,[52] da es nur auf die **tatsächliche Übernahme der Leitungsmacht** ankommt.[53] 29

1. Abgrenzung zu anderen Fallgestaltungen

Dieses Tatbestandsmerkmal ist **weit auszulegen.** Auszugrenzen sind der Übergang aufgrund von Gesamtrechtsnachfolge oder Hoheitsakten,[54] ferner die bloße Sicherungsübereignung nach §§ 929, 930 BGB.[55] Als Rechtsgeschäft im Sinne des § 613a Abs. 1 Satz 1 BGB qualifiziert aber bspw. eine Nutzungsvereinbarung (wie z.B. Pacht, Nießbrauch oder ein untypischer Vertrag), ein Kaufvertrag[56] oder ein Gesellschaftsvertrag im Falle der Einbringung eines Betriebes in eine neue gegründete Gesellschaft[57]. Ausreichend ist auch eine Anwachsung bei einem Gesellschafter nach § 738 BGB,[58] eine Schenkung, ein Vermächtnis oder ein Mietvertrag[59]. § 613a BGB findet mangels Übergang der Leitungsmacht keine Anwendung auf die Zusammenlegung von Betrieben nach § 111 Satz 3 Nr. 3 BetrVG ohne Betriebsinhaberwechsel, bei einem Gesellschafterwechsel (z.B. Share Deal), einer Umfirmierung oder einem Formwechsel. 30

2. Übertragungszeitpunkt

Die Inhaberschaft geht dann über, wenn der neue Betriebsinhaber die wirtschaftliche Einheit tatsächlich nutzt und fortführt.[60] Bei einer schrittweisen Übertragung ist der **Zeitpunkt** relevant, **in dem die wesentlichen, zur Fortführung des Betriebs** 31

---

51 BAG, Urt. v. 25.10.2007 – 8 AZR 917/06 – NZA-RR 2008, 367, 369; BAG, Urt. v. 15.12.2005 – 8 AZR 202/05 – NZA 2006, 597, 603.

52 BAG, Urt. v. 25.10.2007 – 8 AZR 917/06 – NZA-RR 2008, 367, 369.

53 BAG, Urt. v. 31.1.2008 – 8 AZR 2/07 – NJOZ 2009, 4361, 4369.

54 Statt aller: BAG, Urt. v. 28.5.2009 – 8 AZR 273/08 – NZA 2009, 1267, 1270; BAG, Urt. v. 21.2.2008 – 8 AZR 157/07 – NZA 2008, 815, 816.

55 BAG, Urt. v. 20.3.2003 – 8 AZR 312/02 – NZA 2003, 1338, 1340.

56 BAG, Urt. v. 31.1.2008 – 8 AZR 2/07 – NJOZ 2009, 4361, 4368 und 4370; BAG, Urt. v. 15.5.1985 – 5 AZR 276/84 – NZA 1985, 736.

57 BAG, Urt. v. 20.6.2002 – 8 AZR 459/01 – NZA 2003, 318, 321.

58 BAG, Urt. v. 21.2.2008 – 8 AZR 157/07 – NZA 2008, 815, 816.

59 BAG, Urt. v. 15.5.1985 – 5 AZR 276/84 – NZA 1985, 736.

60 BAG, Urt. v. 31.1.2008 – 8 AZR 2/07 – NJOZ 2009, 4361; BAG, Urt. v. 25.10.2007 – 8 AZR 917/06 – NZA-RR 2008, 367, 369; BAG, Urt. v. 15.12.2005 – 8 AZR 202/05 – NZA 2006, 597, 600f.; BAG, Urt. v. 20.6.2002 – 8 AZR 459/01 – NZA 2003, 318, 320.

erforderlichen Betriebsmittel übergegangen sind und die Entscheidung über den Betriebsübergang nicht mehr rückgängig gemacht werden kann.[61]

B. Übertragung gemäß §§ 324 UmwG, 613a BGB

32 Auch bei Verschmelzungen, Spaltungen und Vermögensübertragungen ist § 613a BGB anzuwenden.[62] Ein Widerspruchsrecht des Arbeitnehmers[63] besteht aber – sinnvollerweise – nur dann, wenn der frühere Rechtsträger noch existiert.[64]

C. Rechtsfolgen des Betriebsübergangs

I. Eintritt des Erwerbers in Rechte und Pflichten

33 Nach § 613a Abs. 1 Satz 1 BGB führt ein Betriebsübergang zu einem Eintritt des neuen Inhabers in alle Rechte und Pflichten aus den im Zeitpunkt des Übergangs bestehenden Arbeitsverhältnissen. Diese **Rechtsfolge ist zwingend.**[65]

Praxistipp

Von § 613a BGB profitieren nur „Arbeitnehmer". Dies erfasst auch gekündigte, freigestellte Arbeitnehmer bis zum Ablauf der Kündigungsfrist.[66]

34 Die bei dem Veräußerer erbrachten Beschäftigungszeiten bestehen für die Berechnung der Wartezeit nach § 1 Abs. 1 KSchG fort.[67]

II. Fortgeltung kollektiver Regelungen

35 Die Fortgeltung kollektiver Regelungen ergibt sich vorrangig aus allgemeinen Regelungen, subsidiär aus § 613a BGB.

61 BAG, Urt. v. 15.12.2005 – 8 AZR 202/05 – NZA 2006, 597, 601.

62 BAG, Urt. v. 6.10.2005 – 2 AZR 316/04 – NZA 2006, 990, 993; BAG, Urt. v. 25.5.2000 – 8 AZR 416/99 – NZA 2000, 1115, 1117.

63 BAG, Urt. v. 25.5.2000 – 8 AZR 416/99 – NZA 2000, 1115, 1117.

64 BAG, Urt. v. 21.2.2008 – 8 AZR 157/07 – NZA 2008, 815, 817 f.; siehe auch BT-Drs. 14/7760, S. 20.

65 BAG, Urt. v. 19.3.2009 – 8 AZR 722/07 – NZA 2009, 1091, 1093.

66 BAG, Urt. v. 22.2.1978 – 5 AZR 800/76 – AP BGB § 613a Nr. 11.

67 BAG, Urt. v. 27.6.2002 – 2 AZR 270/01 – NZA 2003, 145, 146.

1. Fortgeltung von Tarifverträgen und Betriebsvereinbarungen nach allgemeinen Regeln

Tarifverträge können kraft beiderseitiger Tarifbindung oder nach § 5 TVG fortgelten, wenn nicht der Erwerber aufgrund einer Änderung des Betriebszwecks aus dem fachlichen Geltungsbereich des Tarifvertrages oder aus der Zuständigkeit der bisher maßgeblichen Tarifvertragsparteien herausfällt.[68] 36

Die Fortgeltung von Betriebsvereinbarungen kann schon aufgrund der Nachfolge des Erwerbers in die betriebsverfassungsrechtliche Stellung normativ im Sinne des § 77 Abs. 4 Satz 1 BetrVG erfolgen. Zu keiner Fortgeltung kommt es aber, wenn der Betrieb aufhört zu bestehen.[69] Betriebsvereinbarungen gelten auch fort, wenn nur ein Betriebsteil übergeht und dieser als selbstständiger Betrieb fortgeführt wird.[70] Findet hingegen eine Eingliederung in einen bestehenden Betrieb oder eine Zusammenlegung statt, dann hört er auf zu existieren und die Weitergeltung scheidet aus.[71] 37

Streitig ist, ob auch Gesamtbetriebsvereinbarungen kollektivrechtlich weitergelten, wenn von ihnen erfasste Betriebe oder Betriebsteile ohne Verlust ihrer Identität vom Erwerber übernommen werden.[72] Unproblematisch gelten Konzernbetriebsvereinbarungen im übergehenden Betrieb weiter, wenn der Erwerber dem Konzern des Veräußerers angehört.[73] Sollte ein Betriebsvereinbarung des veräußerten Betriebs mit einer Gesamt- oder Konzernbetriebsvereinbarung des Erwerbers kollidieren, wird erstere regelmäßig verdrängt.[74] 38

2. Transformation gemäß § 613a Abs. 1 Satz 2–4 BGB

Kommt es nach allgemeinen Regelungen nicht zu einer Weitergeltung, dann ist die Auffangregelung des § 613a Abs. 1 Satz 2–4 BGB anzuwenden.[75] Die Fortgeltung bezieht sich auf den **normativen Teil der Regelungen**, soweit darin die Rechte und 39

68 BAG, Urt. v. 5.10.1993 – 3 AZR 586/92 – NZA 1994, 848, 850.

69 BAG, Beschl. v. 18.9.2002 – 1 ABR 54/01 – NZA 2003, 670, 673; BAG, Urt. v. 27.7.1994 – 7 ABR 37/93 – NZA 1995, 222; BAG, Beschl. v. 5.2.1991 – 1 ABR 32/90 – NZA 1991, 639, 641.

70 BAG, Beschl. v. 18.9.2002 – 1 ABR 54/01 – NZA 2003, 670, 675. Dies kann jedenfalls mit Blick darauf kritisch beurteilt werden, dass der bisherige Betriebsrat nach § 21a BetrVG nur übergangsweise im Amt bleibt.

71 Siehe auch Münchener Anwaltshandbuch Arbeitsrecht/*Cohnen*, § 54 Rn 32 und Rn 35.

72 Siehe BAG, Beschl. v. 18.9.2002 – 1 ABR 54/01 – NZA 2003, 670, 674 f.

73 Gleiches sollte für konzernexterne Betriebsübergänge gelten, Münchener Anwaltshandbuch Arbeitsrecht/*Cohnen*, § 54 Rn 32 und Rn 44; Ascheid/Preis/Schmidt/*Steffan*, § 613a BGB Rn 116.

74 BAG, Urt. v. 27.6.1985 – 6 AZR 392/81 – NZA 1986, 401, 402.

75 BAG, Beschl. v. 18.9.2002 – 1 ABR 54/01 – NZA 2003, 670, 673; BAG, Urt. v. 29.8.2001 – 4 AZR 332/00 – NZA 2002, 513, 515; BAG, Urt. v. 27.7.1994 – 7 ABR 37/93 – NZA 1995, 222, 225; BAG, Beschl. v. 5.2.1991 – 1 ABR 32/90 – NZA 1991, 639, 641.

Pflichten des im Zeitpunkt des Übergangs bestehenden Arbeitsverhältnisses geregelt werden.[76] Folge der Transformation ist nach § 613a Abs. 1 Satz 2 BGB eine einjährige **Änderungssperre, die jegliche – auch jede einvernehmliche – Änderung zulasten des Arbeitnehmers verhindert.**[77] Ausnahmen sieht § 613a Abs. 1 Satz 4 BGB vor.

Praxistipp

Häufige Irrtümer in der Praxis sind:

- Innerhalb eines Jahres nach Betriebsübergang dürften die Arbeitsbedingungen in keiner Weise abgeändert werden → dies ist falsch. Denn die einjährige Änderungssperre gilt nur bei nach § 613a Abs. 1 S. 2 BGB transformierten Regelungen!
- Binnen des Jahres dürften keine Kündigungen ausgesprochen werden → dies ist ebenfalls unzutreffend. § 613a Abs. 1 S. 2 BGB gewährt keinen besonderen Kündigungsschutz!
- Nach Ablauf der Jahresfrist seien Änderungen unbegrenzt möglich → auch dies ist falsch. Die Abänderungssperre soll lediglich die von dem Betriebsübergang betroffenen Arbeitnehmer besonders schützen, neben ihr gelten weiterhin die allgemeinen Anforderungen an die Rechtmäßigkeit einer abändernden Regelung (denkbar etwa durch Änderungsvertrag, Änderungskündigung, ggf. ist Mitbestimmung des Betriebsrates erforderlich, Verschlechterungen sind nur begrenzt zulässig[78]). Diese Änderungsvoraussetzungen müssen auch nach Ablauf der Jahresfrist stets gewahrt sein.

---

40 Die Fortgeltung erfolgt **statisch**, d.h. der Arbeitnehmer nimmt an der Weiterentwicklung der Rechte und Pflichten aus den transformierten Normen nicht mehr teil. Hierin kann ein Unterschied zu nach § 613a Abs. 1 Satz 1 BGB fortgeltenden Bezugnahmeklauseln liegen: Ergibt die **Auslegung der Bezugnahmeklausel**, dass nicht bloß eine Gleichstellungsklausel, die allein die etwaige fehlende Tarifbindung des Arbeitnehmers überwinden soll, sondern eine vom Bestehen der Tarifgebundenheit des Arbeitgebers unabhängige dynamische Verweisung auf einen Tarifvertrag gewollt ist, so nimmt der Arbeitnehmer an den Änderungen des in Bezug genommenen Tarifvertrags teil.[79]

3. Ablösung durch neue Betriebsvereinbarung gemäß § 613a Abs. 1 Satz 3 BGB

41 Im Erwerberbetrieb bereits bestehende oder später abgeschlossene Betriebsvereinbarungen mit gleichem Regelungsgegenstand gehen vor. **Das Günstigkeitsprinzip gilt nicht.**[80] Dass ein transformierter Tarifvertrag von einem anderen Tarifvertrag

---

76 Siehe BAG, Urt. v. 24.8.2011 – 4 AZR 566/09 – ZTR 2012, 92.

77 Siehe auch Ascheid/Preis/Schmidt/*Steffan*, § 613a BGB Rn 128; Münchener Anwaltshandbuch Arbeitsrecht/*Cohnen*, § 54 Rn 50.

78 Siehe hierzu im Einzelnen sogleich unter F. Gestaltungsmöglichkeiten beim Erwerber.

79 Siehe näher BAG, Urt. v. 14.12.2005 – 4 AZR 536/04 – NZA 2006, 607, 610 f.; hierzu auch jüngst: *Kleinebeck/Commandeur*, BB 2014, 181.

80 BAG, Urt. v. 14.8.2001 – 1 AZR 619/00 – NZA 2002, 276, 278.

verdrängt wird, ist unwahrscheinlich, da eine kongruente Tarifbindung erforderlich ist.[81] Transformierte Tarifverträge können grundsätzlich nicht von Betriebsvereinbarungen abgelöst werden.[82]

III. Gesamtschuldnerische Haftung gemäß § 613a Abs. 2 BGB

Der Veräußerer haftet gesamtschuldnerisch neben dem Erwerber für vor dem Betriebsübergang entstandene Verpflichtungen aus den übergegangenen Arbeitsverhältnissen, wenn diese spätestens vor Ablauf eines Jahres nach dem Übergang fällig werden. 42

Beispiel
Klassischer Anwendungsfall sind Entgeltansprüche binnen der Jahresfrist, Weihnachtsgeld, Sonderzahlungen etc., ebenso auch Versorgungsansprüche für Arbeitnehmer, die binnen der Jahresfrist in Rente gehen.

Praxistipp
Im Innenverhältnis zwischen Veräußerer und Erwerber können abweichende Regelungen getroffen werden. Dies empfiehlt sich zur Klarstellung grundsätzlich, insbesondere aber bei vorhersehbar hohen Verbindlichkeiten, für die § 613a Abs. 2 BGB eingreift.

D. Unterrichtungspflicht gemäß § 613a Abs. 5 BGB

Der Arbeitgeber hat den von einem Betriebsübergang betroffenen Arbeitnehmer von dem bevorstehenden Übergang zu unterrichten. Dies soll den Arbeitnehmer in die Lage versetzen, entscheiden zu können, ob er von seinem Widerspruchsrecht nach § 613a Abs. 6 BGB Gebrauch macht.[83] 43

Praxistipp
Das Widerspruchsrecht schützt den Arbeitnehmer davor, durch den gesetzlichen Übergang gemäß § 613a BGB einen neuen Arbeitgeber gegen seinen Willen „aufgedrängt" zu bekommen. Grundlage für die Ausübung des Widerspruchsrechts ist eine hinreichende Information durch den Arbeitgeber, an die strenge Anforderungen gestellt werden.

81 BAG, Urt. v. 3.7.2013 – 4 AZR 961/11 – NZA-RR 2014, 80; BAG, Urt. v. 21.2.2001 – 4 AZR 18/00 – NZA 2001, 1318, 1319.
82 BAG, Urt. v. 21.4.2010 – 4 AZR 768/08 – AP BGB § 613a Nr. 387; BAG, Urt. v. 6.11.2007 – 1 AZR 862/06 – NZA 2008, 542, 545.
83 BAG, Urt. v. 10.11.2011 – 8 AZR 430/10 – NJOZ 2012, 860, 863.

I. Verpflichtete und Berechtigter

44 Die Unterrichtungspflicht trifft sowohl den bisherigen als auch den neuen Inhaber.

Praxistipp
Es empfiehlt sich, sich rechtzeitig in Bezug auf die Unterrichtung abzustimmen, auch um etwaigen Schadensersatzansprüchen des Arbeitnehmers aus der Verletzung der Unterrichtungspflicht zu entgehen.

II. Umfang der Unterrichtungspflicht

45 Es ist zeitlich **vor dem Betriebsübergang in Textform gemäß § 126b BGB** zu unterrichten über die im Katalog des § 613a Abs. 5 BGB angegebenen Umstände.

Praxistipp
Weil der Arbeitgeber den Zugang der Unterrichtung beweisen muss, empfiehlt sich die Übergabe gegen Empfangsbekenntnis oder der Einwurf in den Briefkasten durch einen als Zeugen geeigneten Boten.[84] Wurde die Unterrichtung vor dem Betriebsübergang versäumt – etwa weil der Betriebsübergang erst im Nachhinein aufgefallen ist –, sollte diese alsbald nachgeholt werden, denn auch eine nachträgliche Unterrichtung setzt die Widerspruchsfrist nach § 613 Abs. 6 BGB in Gang.[85]

---

46 Inhaltlich stellt die Rechtsprechung hohe Anforderungen an die Unterrichtung. Sie muss präzise und juristisch fehlerfrei,[86] gleichzeitig aber auch für den juristischen Laien möglichst verständlich sein.[87] Sie hat eine konkrete betriebsbezogene Darstellung zu enthalten, weshalb eine bloße Wiederholung des Gesetzeswortlauts unzureichend ist. Unschädlich ist es allerdings, wenn alle betroffenen Arbeitnehmer das gleiche Standardschreiben erhalten, sofern etwaige Besonderheiten in den jeweiligen Arbeitsverhältnissen Berücksichtigung finden.[88]

Checkliste
Die Unterrichtung über die rechtlichen, wirtschaftliche und soziale Folgen des Betriebsübergangs umfasst eine umfassende Darstellung der im konkreten Fall gegebenen Rechtsfolgen des § 613a Abs. 1–4 BGB inklusive

---

84 Ähnlich Ascheid/Preis/Schmidt/*Steffan*, § 613a BGB Rn 205.
85 BAG, Urt. v. 13.7.2006 – 8 AZR 382/05 – NZA 2006, 1406, 1410; BAG, Urt. v. 13.7.2006 – 8 AZR 305/05 – NZA 2006, 1268, 1272.
86 BAG, Urt. v. 10.11.2011 – 8 AZR 430/10 – NJOZ 2012, 860, 864; BAG, Urt. v. 20.3.2008 – 8 AZR 1016/06 – NZA 2008, 1354, 1357.
87 BAG, Urt. v. 13.7.2006 – 8 AZR 305/05 – NZA 2006, 1268, 1271.
88 BAG, Urt. v. 13.7.2006 – 8 AZR 305/05 – NZA 2006, 1268, 1271.

- der individual- und kollektivrechtlichen Folgen für das Arbeitsverhältnis, die eine Erläuterung des Arbeitgeberwechsels und des Schicksals der tarif- und betriebsverfassungsrechtlichen Regelungen nach § 613a Abs. 1 Satz 2–4 BGB einschließt,
- des Widerspruchsrechts (einschließlich der Form, Frist und der Adressaten einer Widerspruchserklärung) und
- der Haftungsregelung des § 613a Abs. 2 BGB.[89]

III. Fehlerfolgen einer unterbliebenen oder fehlerhaften Unterrichtung

Eine unterbliebene, fehlerhafte oder unvollständige Unterrichtung löst nicht den Lauf der Widerspruchsfrist aus.[90] Sie kann **Schadensersatzansprüche** des Arbeitnehmers begründen.[91] Die Verletzung der Unterrichtungspflicht führt **aber nicht** zu einem **Kündigungsverbot** des bisherigen Arbeitgebers.[92] 47

E. Widerspruchsrecht der Arbeitnehmer gemäß § 613a Abs. 6 BGB

Nach § 613a Abs. 6 BGB können die von einem Betriebsübergang betroffenen Arbeitnehmer dem Übergang des Arbeitsverhältnisses widersprechen. Der Arbeitnehmer soll selbst entscheiden können, ob er einen Übergang des Arbeitsverhältnisses auf den neuen Arbeitgeber möchte oder nicht, der neue Arbeitgeber soll ihm nicht „aufgedrängt“ werden. 48

Praxistipp !

Das Widerspruchsrecht führt in der Rechtsfolge aber nur zum Verbleib des Arbeitnehmers bei dem bisherigen Arbeitgeber. Sein Arbeitsverhältnis wird – entgegen eines weit verbreiteten Irrtums – weder schwerer noch leichter kündbar, erst recht nicht erlischt es durch den Widerspruch. Vielmehr gelten die allgemeinen Regelungen: liegt demnach ein Kündigungsgrund vor, dann kann der Veräußerer die Kündigung erklären. Im Übrigen verbleibt der Arbeitnehmer bei ihm (siehe zur Sozialauswahl und zur Kündigung unten unter G. Betriebsübergang und Kündigung).

89 BAG, Urt. v. 20.3.2008 – 8 AZR 1016/06 – NZA 2008, 1354.

90 BAG, Urt. v. 10.11.2011 – 8 AZR 430/10 – NJOZ 2012, 860, 863; BAG, Urt. v. 20.3.2008 – 8 AZR 1016/06 – NZA 2008, 1354, 1356; BAG, Urt. v. 24.5.2005 – 8 AZR 398/04 – NZA 2005, 1302.

91 BAG, Urt. v. 31.1.2008 – 8 AZR 1116/06 – NZA 2008, 642, 644; BAG, Urt. v. 13.7.2006 – 8 AZR 382/05 – NZA 2006, 1406, 1411.

92 BAG, Urt. v. 24.5.2005 – 8 AZR 398/04 – NZA 2005, 1302, 1304f.

I. Ausübung des Widerspruchsrechts

49 Das Widerspruchsrecht wird nach § 613a Abs. 6 BGB durch Erklärung in Schriftform (§ 126 BGB) ausgeübt. Ein etwa durch Verweigerung der Arbeitsleistung konkludent erklärter und **nicht der Schriftform entsprechender Widerspruch ist nach § 125 Satz 1 BGB formunwirksam.**[93] Umgekehrt wird einem Schweigen und der Weiterarbeit beim Erwerber kein Verzicht auf das Widerspruchsrecht entnommen werden können.[94] Die Schriftform kann wohl auch durch die elektronische Form ersetzt werden.[95] Inhaltlich muss der Wille zum Ausdruck kommen, dass der Arbeitnehmer einen Übergang des Arbeitsverhältnisses zu verhindern sucht.[96] Eine Begründung ist nicht erforderlich.[97]

50 Der Widerspruch muss nach § 613a Abs. 6 Satz 1 BGB innerhalb eines Monats nach ordnungsgemäßer Unterrichtung dem Veräußerer oder dem Erwerber zugehen.[98]

! **Fettnapf**
Solange es keine korrekte Unterrichtung gibt, besteht ein unbefristetes Widerspruchsrecht. Wurde fehlerhaft unterrichtet, dann muss die Fehlerhaftigkeit für die Fristversäumung nicht kausal gewesen sein.[99] Arbeitnehmer profitieren damit – bis zur Grenze der Rechtsmissbräuchlichkeit (dazu sogleich) – von Fehlern bei der Unterrichtung.

II. Rechtsmissbrauch

51 Obwohl es eine absolute Höchstfrist für die Ausübung des Widerspruchs nicht gibt, kann das Widerspruchsrecht aufgrund des **Rechtsinstituts der Verwirkung** ausgeschlossen sein (Einwand der unzulässigen Rechtsausübung, § 242 BGB). Ob und wann Verwirkung eintritt, ist einzelfallabhängig. Neben einem **Zeitmoment**, d.h. der länger währenden Nichtgeltendmachung des Widerspruchsrechts, ist ein **Umstandsmoment** erforderlich, wonach der Arbeitnehmer den Eindruck erweckt haben muss, von seinem Recht keinen Gebrauch mehr zu machen. Hinsichtlich des Zeitmoments ist davon auszugehen, dass je schwieriger der Sachverhalt ist, eine desto längere Untätigkeit zu verlangen ist. Das Zeitmoment wird vom Umstandsmoment dergestalt beeinflusst,

---

93 Siehe auch ErfK/*Preis*, § 613a BGB Rn 98.
94 Siehe Ascheid/Preis/Schmidt/*Steffan*, § 613a BGB Rn 219; ErfK/*Preis*, § 613a BGB Rn 102.
95 So jedenfalls ErfK/*Preis*, § 613a BGB Rn 98, a.A. Ascheid/Preis/Schmidt/*Steffan*, § 613a BGB Rn 219.
96 BAG, Urt. v. 13.7.2006 – 8 AZR 382/05 – NZA 2006, 1406, 1408.
97 BAG, Urt. v. 19.2.2009 – 8 AZR 176/08 – NZA 2009, 1095, 1097.
98 Vgl. BAG, Urt. v. 19.2.2009 – 8 AZR 176/08 – NZA 2009, 1095, 1096.
99 BAG, Urt. v. 14.12.2006 – 8 AZR 763/05 – NZA 2007, 682.

dass je stärker das gesetzte Vertrauen ist, desto schneller der Anspruch verwirken kann.[100] Die Verwirkung tritt **einheitlich gegenüber dem Betriebsveräußerer und dem Erwerber** ein; dass ggfs. nur einer von beiden Kenntnis von den das Umstandsmoment begründenden Tatsachen hatte, ist unschädlich.[101]

Praxistipp !

Das **Umstandsmoment** ist in aller Regel – aber nicht nur dann – verwirklicht, wenn der Arbeitnehmer über den Bestand seines Arbeitsverhältnisses gegenüber dem Betriebserwerber disponiert hat. Hierfür reicht ein widerspruchsloses Weiterarbeiten beim Erwerber und die Entgegennahme des Lohns[102] genauso wenig aus wie Vereinbarungen, durch die einzelne Arbeitsbedingungen (wie z.B. Art und Umfang der du erbringenden Arbeitsleistung oder die Vergütungshöhe) geändert werden. Zu bejahen ist das Umstandsmoment, wenn ein Aufhebungsvertrag abgeschlossen wird[103], eine vom Betriebserwerber ausgesprochene Kündigung widerspruchslos hingenommen wird[104] oder das Arbeitsverhältnis z.B. durch Begründung eines Altersteilzeitarbeitsverhältnisses auf eine neue rechtliche Grundlage gestellt wird.[105] Auch ist Verwirkung zu erwägen, wenn der Arbeitnehmer die Weiterarbeit einstellt und eine Beschäftigung bei einem Dritten eingeht.

Auch ohne Disposition über das Arbeitsverhältnis ist die Annahme einer Verwirkung denkbar, so insbesondere dann, wenn der anwaltlich vertretene Arbeitnehmer unter ausdrücklicher Bezugnahme auf die gesamtschuldnerische Haftung nach § 613a Abs. 2 Satz 1 BGB Leistungen – sei es auch nur vom Veräußerer – einfordert[106] oder vom Erwerber aktiv Leistungen einfordert, die ihm beim Veräußerer nicht zustehen würden.[107] Auch die Erklärung des Arbeitnehmers, dass er „einem Betriebsübergang nicht widersprochen habe“, kann Verwirkung auslösen.[108]

Verneint wurde die Verwirkung aber in einem Fall, in dem der Arbeitnehmer vom Erwerber Lohn eingeklagt hat, aber zugleich in seiner Klagebegründung auf den bestehenden Streit zwischen dem Erwerber und dem Veräußerer über das Vorliegen eines Betriebsübergangs hingewiesen hatte.[109]

Auch abgesehen von dem Sonderfall der Verwirkung kann sich die Ausübung des Widerspruchsrechts als **rechtsmissbräuchlich** darstellen. Dies wird bspw. diskutiert für die Fälle des kollektiven Widerspruchs.[110] 52

---

100 BAG, Urt. v. 23.7.2009 – 8 AZR 357/08 – NZA 2010, 393, 396.

101 BAG, Urt. v. 23.7.2009 – 8 AZR 357/08 – NZA 2010, 393, 397; BAG, Urt. v. 27.11.2008 – 8 AZR 225/07 – AP BGB § 613a Nr. 364.

102 BAG, Urt. v . 27.11.2008 – 8 AZR 225/07 – AP BGB § 613a Nr. 364; BAG, Urt. v. 24.7.2008 – 8 AZR 175/07 – AP BGB § 613a Nr. 347.

103 BAG, Urt. v. 23.7.2009 – 8 AZR 357/08 – NZA 2010, 393, 397; BAG, Urt. v. 27.11.2008 – 8 AZR 174/07 – NZA 2009, 552, 556; BAG, Urt. v. 27.11.2008 – 8 AZR 225/07 – AP BGB § 613a Nr. 364.

104 BAG, Urt. v. 27.11.2008 – 8 AZR 225/07 – AP BGB § 613a Nr. 364; BAG, Urt. v. 24.7.2008 – 8 AZR 175/07 – AP BGB § 613a Nr. 347.

105 Siehe zum Ganzen BAG, Urt. v. 23.7.2009 – 8 AZR 357/08 – NZA 2010, 393, 397.

106 BAG, Urt. v. 24.7.2008 – 8 AZR 205/07 – NZA 2008, 1294, 1296.

107 So auch Münchener Anwaltshandbuch Arbeitsrecht/*Cohnen*, § 55 Rn 94.

108 BAG, Urt. v. 15.2.2007 – 8 AZR 431/06 – NZA 2007, 793, 798.

109 BAG, Urt. v. 13.7.2006 – 8 AZR 382/05 – NZA 2006, 1406, 1410.

110 Siehe BAG, Urt. v. 23.7.2009 – 8 AZR 538/08 – NZA 2010, 89, 93f.; BAG, Urt. v. 30.9.2004 – 8 AZR 462/03 – NZA 2005, 43, 48.

Praxistipp
Häufig droht der Betriebsrat oder die Belegschaft einen kollektiven Widerspruch bereits im Vorfeld an, um Druck aufzubauen. Hierauf sollte der Erwerber mit einem Hinweis auf die mögliche Rechtsmissbräuchlichkeit eines in einem solchen Fall ausgeübten Widerspruchs erwidern und zu bedenken geben, dass er Arbeitnehmer, die doch wirksam widersprechen sollten, von einer Abfindung aus dem geplanten Sozialplan ausnehmen wird.[111]

III. Folgen eines wirksamen Widerspruchs

53 Rechtsfolge einer wirksamen Ausübung des Widerspruchsrechts ist der Nichtübergang des Arbeitsverhältnisses nach § 613a Abs. 1 BGB. Konsequenz hiervon ist, dass das **Arbeitsverhältnis zum Veräußerer unverändert fortbesteht.**

Praxistipp
Der Arbeitgeber kann – und muss, wenn die Beendigung gewollt ist – das Arbeitsverhältnis kündigen. Der Widerspruch erleichtert die Kündigung nicht, erschwert sie aber auch nicht. Betriebsbedingt kann die Kündigung freilich häufig gelingen (siehe dazu sogleich E. Betriebsübergang und Kündigung).

F. Gestaltungsmöglichkeiten und Grenzen

54 Bei der Planung von Unternehmensumstrukturierungen sind die Gestaltungsmöglichkeiten im Bereich des Betriebsübergangs von zentraler Bedeutung. Dies gilt insbesondere bezüglich des Übergangs von Betriebsteilen.

I. Zuordnung der Arbeitnehmer

55 Der potentielle Erwerber eines Betriebsteils, der nur an der Übernahme und Fortführung bestimmter Teile eines Betriebs Interesse zeigt, kann arbeitsrechtlich nicht dazu gezwungen werden[112] ebenfalls in solche Arbeitsverhältnisse einzutreten, die zwar wirtschaftlich vom übernommen Betriebsteil abhängen, funktional und organisatorisch aber zu anderen Teilen des veräußerten Unternehmens gehören. Dies gilt unabhängig von der Lebensfähigkeit der verbleibenden Betriebsteile.[113]

---

111 Die Ausnahme ist zulässig, siehe BAG, Urt. v. 5.2.1997 – 10 AZR 553/96 – NZA 1998, 158.
112 Siehe zur Gestaltungsfreiheit: BAG, Urt. v. 13.11.1997 – 8 AZR 375/96 – NZA 1998, 249.
113 BAG, Urt. v. 24.8.2006 – 8 AZR 556/05 – DB 2006, 2818; BAG, Urt. v. 8.8.2002 – 8 AZR 583/01 – NZA 2003, 315.

Praxistipp
Die Tätigkeit „für" eine andere Einheit, aber nicht „in" dieser führt nicht zu einer Zuordnung. Arbeitnehmer, die demnach etwa in der Buchhaltung oder im kaufmännischen Bereich für eine andere eigenständige Abteilung (beispielsweise Technik oder Forschung) tätig werden, sind grundsätzlich nicht dieser Abteilung zuzuordnen (siehe eingehend oben unter A. I. 4. b) Zuordnung der Arbeitnehmer).

Voraussetzung ist, dass die ausgesparten Betriebsteile organisatorisch hinreichend verselbstständigt sind.[114] Einzelne Arbeitnehmer können nicht „ausgesondert" werden, sie sind vielmehr nach sachlichen Gesichtspunkten[115] dem einen oder anderen Teil zuzuordnen. 56

Praxistipp
In jedem Fall muss der Erwerber seinen Willen, nur bestimmte Betriebsteile zu übernehmen, deutlich zum Ausdruck bringen. Ist dies nicht der Fall, dann wird er Arbeitgeber aller Beschäftigten.[116]

II. Unterbrechung der Tätigkeit

In der Rechtsprechung ist anerkannt, dass eine **Unterbrechung** der Tätigkeit **für eine wirtschaftlich erhebliche Zeitspanne** der Annahme eines Betriebsübergangs entgegensteht. Kommt es allerdings zu einer alsbaldigen Wiedereröffnung oder einer Wiederaufnahme der wirtschaftlichen Tätigkeit durch den Erwerber, dann spricht eine tatsächliche Vermutung gegen die ernsthafte Absicht, den Betrieb stillzulegen.[117] Die Widerlegung obliegt dem Erwerber.[118] 57

Praxistipp
Der Tätigkeit, dem geschäftlichen Umfeld und dem angesprochenen Kundenkreis kommt maßgebliche Bedeutung zu. Unterbrechungen von weniger als sechs Monaten erachten die Gerichte tendenziell als nicht hinreichend.[119] Als nicht erheblich sind generell Unterbrechungen anzusehen, die

114 BAG, Urt. v. 8.8.2002 – 8 AZR 583/01 – NZA 2003, 315; BAG, Urt. v. 18.3.1999 – 8 AZR 190/98 – NZA 1999, 706.
115 Siehe BAG, Urt. v. 13.11.1997 – 8 AZR 375/96 – NZA 1998, 249.
116 Vgl. BAG, Urt. v. 10.12.1998 – 8 AZR 324/97 – NZA 1999, 422.
117 BAG, Urt. v. 22.5.1997 – 8 AZR 101/96 – NZA 1997, 1050; BAG, Urt. v. 27.4.1995 – 8 AZR 197/94 – NZA 1995, 1155.
118 BAG, Urt. v. 27.4.1995 – 8 AZR 197/94 – NZA 1995, 1155.
119 Nicht hinreichend: BAG, Urt. v. 22.5.1985 – 5 AZR 30/84 – NZA 1985, 775, 777: 14 Tagen Unterbrechung bei einem Möbelhersteller; BAG, Urt. v. 3.7.1986 – 2 AZR 68/85, NZA 1987, 123, 124: 4 Monate Unterbrechung bei einer Bowlingbahn. Hinreichend: BAG, Urt. v. 22.5.1997 – 8 AZR 101/96 – NZA 1997, 1050: 9 Monate Unterbrechung bei einem Modegeschäft; BAG, Urt. v. 11.9.1997 – 8 AZR 555/95 – NZA 1998, 31: 5 Monate Unterbrechung bei einem Restaurant in der Großstadt.

nichtmals die längste im konkreten Fall durch den bisherigen Inhaber einzuhaltende gesetzliche Kündigungsfrist erreichen.[120]

III. Änderung der Arbeitsorganisation

58 Die frühere Rechtsprechung des BAG, wonach kein Betriebsübergang vorlag, wenn die Organisationsstruktur des Veräußerers nicht genutzt, sondern der übernommene Betrieb(-steil) in die Organisation des Erwerbers integriert[121] oder wenn die übernommene Aufgabe in einer wesentlich anderen Organisationsstruktur durchgeführt wurde,[122] gilt nach der EuGH-Entscheidung „Klarenberg“[123] nur noch modifiziert. Demnach können im Rahmen der Gesamtbetrachtung wesentliche Änderungen in der Organisation, der Struktur und im Konzept einer Identitätswahrung entgegenstehen, die Vernichtung der organisatorischen Selbstständigkeit genügt jedoch für sich genommen nicht, um die Rechtsfolgen aus § 613a BGB zu vermeiden.[124]

IV. Transfergesellschaft – BQG

59 Ob die Überleitung der betroffenen Arbeitsverhältnisse in zwischengeschaltete Transfergesellschaften (sog. Beschäftigungs- und Qualifizierungsgesellschaften, kurz: BQG) eine **Alternative zur Vermeidung des § 613a BGB** darstellt, hängt stark von den Umständen des Einzelfalls ab. Das BAG hat bislang in solchen Fällen die Zwischenschaltung einer BQG nur gebilligt, wenn die Vereinbarung des (dreiseitigen) Vertrages, durch den das jeweilige Arbeitsverhältnis auf die Transfergesellschaft übertragen wird, darauf gerichtet ist, dass der betreffende Arbeitnehmer endgültig aus dem Betrieb ausscheidet. Eine unzulässige Umgehung des § 613a BGB ist dagegen anzunehmen, wenn zugleich oder in engem zeitlichen Zusammenhang ein neues Arbeitsverhältnis zwischen Arbeitnehmer und Erwerber vereinbart wird oder beim Wechsel des Arbeitnehmers in die Transfergesellschaft die Übernahme des Betriebs durch den Erwerber bereits „verbindlich in Aussicht gestellt“ wird.[125]

120 Siehe BAG, Urt. v. 22.5.1997 – 8 AZR 101/96 – NZA 1997, 1050.

121 BAG, Urt. v. 6.4.2006 – 8 AZR 249/04 – NZA 2006, 1039, 1041 f.

122 BAG, Urt. v. 14.8.2007 – 8 AZR 1043/06 – NZA 2007, 1431.

123 EuGH, Urt. v. 12.2.2009 – Rs. C-466/07 – NZA 2009, 251.

124 Siehe etwa BAG, Urt. v. 10.11.2011 – 8 AZR 546/10 – NZA 2012, 509, 510 ff.; BAG, Urt. v. 17.12.2009 – 8 AZR 1019/08 – NZA 2010, 499, 501 ff.

125 BAG, Urt. v. 25.10.2012 – 8 AZR 572/11 – ZInsO 2013, 946; BAG, Urt. v. 18.8.2011 – 8 AZR 312/10 – NZA 2012, 152.

V. Vertragsänderungen im Zusammenhang mit dem Betriebsübergang

Vertragsänderungen sind im Zusammenhang mit dem Betriebsübergang nur eingeschränkt möglich. Das Bundesarbeitsgericht hat für Verträge, die etwa den Erlass rückständiger Arbeitnehmeransprüche regeln oder Ansprüche/Anwartschaften betrieblicher Altersversorgung zu Lasten des Arbeitnehmers einschränken, die Auffassung vertreten, § 613a BGB gewähre einen Schutz vor einer Veränderung des Vertragsinhalts, **sofern kein sachlicher Grund** für die Regelung bestehe. 60

Beispiel
Bekannt geworden ist vor diesem Hintergrund insbesondere das sog. „**Lemgoer Modell**": der Betriebsveräußerer schließt mit den Arbeitnehmern Aufhebungsverträge, die die Arbeitsverhältnisse zum Zeitpunkt des Betriebsübergangs beenden. Mit dem Erwerber werden dann neue Arbeitsverhältnisse begründet. Diese Gestaltung ist als Umgehung von § 613a BGB nichtig gemäß § 134 BGB.[126] Ebenso unzulässig sind entsprechende Erlassverträge.[127]

Bestätigt hat das BAG jedoch die Wirksamkeit der nach einem Übergang des Arbeitsverhältnisses einzelvertraglich vereinbarten Neuregelung der Vergütung (auch ohne das Vorliegen eines sachlichen Grundes).[128] 61

Praxistipp
Für kollektiv-rechtliche Regelungen, die einzelvertraglich weitergelten gemäß § 613a Abs. 1 S. 2 BGB, ist die einjährige Änderungssperre zu bedenken. Diese
- gilt allerdings nur hinsichtlich des normativen Teils der Regelungen,
- verbietet nicht die Kündigung der Betroffenen (insoweit gelten die allgemeinen Voraussetzungen für die Erklärung von Kündigungen),
- gestattet nach Ablauf der Jahresfrist keineswegs jegliche Änderungen (auch insoweit gelten dann vielmehr die allgemeinen arbeitsrechtlichen Voraussetzungen für Änderungsmöglichkeiten).

G. Betriebsübergang und Kündigung

Wesentliche individualvertragliche Folge des Betriebsübergangs ist der **Übergang aller von § 613a BGB erfasster Arbeitsverhältnisse kraft Gesetzes.** Hieraus ergibt sich aus Sicht des Übernehmers die drängende Frage, ob im Zuge des Betriebsübergangs Kündigungen ausgesprochen werden können. 62

126 BAG, Urt. v. 25.10.2007 – 8 AZR 917/06 – NZA-RR 2008, 367, 370; siehe auch BAG, Urt. v. 27.6.2002 – 2 AZR 270/01 – NZA 2003, 145.
127 BAG, Urt. v. 19.3.2009 – 8 AZR 722/07 – NZA 2009, 1091.
128 BAG, Urt. v. 7.11.2007 – 5 AZR 1007/06 – NZA 2008, 530, 531 f.

I. Kündigungsverbot gem. § 613a Abs. 4 BGB

63 Ausgangspunkt ist dabei die Feststellung, dass gemäß § 613a Abs. 4 BGB die Kündigung eines Arbeitsverhältnisses **„wegen des Übergangs"** eines Betriebs oder Betriebsteils unwirksam ist.[129]

1. Anwendungsbereich

64 Von dem Kündigungsverbot erfasst werden **alle Arbeitsverhältnisse**, die vom Betriebsübergang betroffen sind, unabhängig vom Bestehen eines Kündigungsschutzes und der jeweiligen Art der Kündigung und ihrer Rechtsgrundlage, mithin insbesondere auch Änderungskündigungen[130] und durch den Insolvenzverwalter.[131]

2. Kündigung „wegen" des Betriebsübergangs

65 Die Kündigung ist verboten, wenn sich der Betriebsübergang als das **„tragende Motiv" der Kündigung** darstellt. Unwirksam sind daher etwa Kündigungen unter Verweis darauf, dass der Erwerber bestimmte Arbeitnehmer nicht übernehmen wolle, da diese „zu teuer" seien oder dass er von dem Veräußerer eine Verkleinerung der Belegschaft gefordert hat.[132] Zulässig ist es, die Kündigung auf Gründe zu stützen, die sie unabhängig vom Betriebsübergang rechtfertigen.[133]

a) Sachliche Reichweite

66 Es ist zu ermitteln, was der eigentliche Beweggrund für die Kündigung ist.[134]

! **Praxistipp**
Dies gilt auch für eine wegen des Betriebsübergangs erklärte Kündigung, für die sich im Nachhinein ein anderer sachlicher Kündigungsgrund finden lässt: Auch hier bleibt es bei der Unwirksamkeit der Kündigung.[135]

---

129 Siehe zur Regelungsintention BT-Drucks 6/1786, S. 59.
130 ErfK/*Preis*, § 613a BGB Rn 153.
131 BAG, Urt. v. 20.9.2006 – 6 AZR 249/05 – NZA 2007, 387, 388 f.; BAG, Urt. v. 26.5.1983 – 2 AZR 477/81 – NJW 1984, 627.
132 M.w.N. BAG, Urt. v. 20.9.2006 – 6 AZR 249/05 – NZA 2007, 387, 388 f.
133 BAG, Urt. v. 3.9.1998 – 8 AZR 306/97 – NZA 1999, 147; BAG, Urt. v. 26.5.1983 – 2 AZR 477/81 – NJW 1984, 627.
134 Vgl. BAG, Urt. v. 4.5.2006 – 8 AZR 299/05 – NZA 2006, 1096.
135 BAG, Urt. v. 19.5.1988 – 2 AZR 596/87 – NZA 1989, 461.

Als problematisch erweisen sich oftmals Fälle, in denen zunächst eine Betriebsstilllegung geplant war, es anschließend jedoch zu einem Betriebsübergang kam, oder ein zunächst geplanter Betriebsübergang doch scheitert und anschließend nun eine Betriebsstillegung erfolgt. Für die Beurteilung der Wirksamkeit ist auf den Zeitpunkt des Ausspruchs der Kündigung abzustellen. Wenn zu diesem Zeitpunkt eine Betriebsstilllegung geplant und der Betriebsübergang noch nicht absehbar war, ist sie wirksam.[136] Im Fall des zunächst geplanten – aber gescheiterten – Betriebsübergangs steht § 613a Abs. 4 BGB entgegen.[137] 67

b) Zeitliche Reichweite

Nach höchstrichterlicher Rechtsprechung ist eine Kündigung schon dann unzulässig ist, wenn der Betriebsübergang „greifbare Formen“ angenommen hat.[138] 68

Praxistipp !

Dabei **indiziert eine zeitliche Nähe der Kündigung zum Betriebsübergang das Vorliegen einer Kündigung „wegen des Betriebsübergangs“.**[139]

---

3. Umgehungstatbestände

Nach § 134 BGB unwirksam sind Gestaltungen, die das Kündigungsverbot umgehen sollen, etwa die Befristung des Arbeitsverhältnisses,[140] die Beendigung durch auflösende Bedingung[141] und Aufhebungsverträge.[142] 69

II. Kündigung des Veräußerers

Betrifft der Betriebsübergang nur einen Teil des Betriebs bzw. gehen Arbeitsverhältnisse aufgrund eines Widerspruchs nicht auf den Betriebserwerber über, stellt sich für den Veräußerer des Betriebs die Frage, ob und wie er mit Blick auf die bei ihm verblieben Arbeitsverhältnisse Kündigungen aussprechen kann. 70

---

136 BAG, Urt. v. 28.4.1988 – 2 AZR 623/87 – NZA 1989, 265, 267 f.
137 BAG, Urt. v. 19.5.1988 – 2 AZR 596/87 – NZA 1989, 461.
138 BAG, Urt. v. 26.8.1999 – 8 AZR 827/98 – NZA 2000, 371; BAG, Urt. v. 21.1.1999 – 8 AZR 264/98. – BeckRS 2008, 54839.
139 BAG, Urt. v. 18.3.1999 – 8 AZR 306/98 – AP § 4 KSchG 1969 Nr. 44.
140 BAG, Urt. v. 2.12.1998 – 7 AZR 579/97 – NZA 1999, 92.
141 Siehe auch HWK/*Willemsen*/*Müller-Bonanni*, § 613a BGB Rn 310.
142 Siehe jüngst BAG, Urt. v. 9.6.2011 – 2 AZR 418/10 – NZA-RR 2012, 129, 130.

1. Betriebsbedingte Kündigung bei Teilbetriebsübergang

71 In Betracht kommen insbesondere betriebsbedingte Kündigungen. Diese gelingen bei einem Gesamtbetriebsübergang in aller Regel unproblematisch, wenn dieser mit einer Betriebsstilllegung beim Veräußerer verbunden ist. Im Falle des Teilbetriebsübergangs sind sie möglich, wenn keine Weiterbeschäftigungsmöglichkeiten mehr bestehen.[143]

Praxistipp

In einer früheren Entscheidung hat das BAG den Arbeitgeber bei einem Teilbetriebsübergang für verpflichtet gehalten, für den Zeitraum der laufenden Widerspruchsfrist zumutbare Weiterbeschäftigungsmöglichkeiten für einen Arbeitnehmer, mit dessen Widerspruch er rechnen muss, anzubieten.[144] Diese Beschäftigungsmöglichkeit darf er demnach nicht durch die Neueinstellung eines Arbeitnehmers auf dem freien Arbeitsplatz beeinträchtigen.

72 Bei beabsichtigter Teilbetriebsstilllegung und Teilbetriebsübergang ist eine auf den gesamten Betrieb, einschließlich des später übergehenden Betriebsteils, bezogene Sozialauswahl durchzuführen.[145]

2. Sanierende Kündigung

73 Häufig wird im Vorgriff oder im Zusammenhang mit dem Betriebsübergang die Frage nach Personalmaßnahmen gestellt, sei es, dass der Veräußerer selbst auf diese Weise die Verkaufschancen erhöhen möchte, sei es, dass der Erwerber diese aktiv verlangt. Mit Blick auf § 613a Abs. 4 BGB ist hier Vorsicht und eine präzise rechtliche Gestaltung unbedingt erforderlich!

a) Eigenes Konzept

74 Kraft der unternehmerischen Entscheidungsfreiheit sind dem Veräußerer auch im Zusammenhang mit Betriebsübergängen Restrukturierungs- oder Sanierungsmaßnahmen erlaubt.[146] **Kündigungen sind zulässig, wenn sie nicht „wegen des Betriebsüberganges“ erfolgen.**

143 Zu den Einzelheiten der betriebsbedingten Kündigung siehe Kap. 6.

144 BAG, Urt. v. 15.8.2002 – 2 AZR 195/01 – NZA 2003, 430, 431 f.; kritisch zu Recht *Franzen*, AP Nr. 241 zu § 613a BGB; *Pornberg*, DB 2003, 2177.

145 BAG, Urt. v. 28.10.2004 – 8 AZR 391/03 – NZA 2005, 285, 286 ff.

146 BAG, Urt. v. 20.9.2006 – 6 AZR 249/05 – NZA 2007, 387.

Praxistipp

Die Abgrenzung hängt von Nuancen ab.

Nicht zulässig sind Kündigungen, die allein mit dem Ziel ausgesprochen werden, den Betriebsübergang vorzubereiten/zu erleichtern. Unzulässig ist daher bspw. eine Kündigung des bisherigen Arbeitgebers, die damit begründet wird, der neue Betriebsinhaber habe die Übernahme eines bestimmten Arbeitnehmers, dessen Arbeitsplatz erhalten bleibt, deswegen abgelehnt, weil er „ihm zu teuer sei".[147]

Ein Verstoß gegen § 613a Abs. 4 BGB liegt aber nicht vor, wenn die Maßnahme jeder Betriebsinhaber – unabhängig von der Veräußerung – aus notwendigen betriebsbedingten Gründen so hätte durchführen müssen. Dem Betriebsinhaber ist es erlaubt, auch wenn er seinen Betrieb veräußern will, zuvor ein eigenes Sanierungskonzept zu verwirklichen, insbesondere auch zur Steigerung der Verkaufschancen.[148] Unbedenklich ist das Konzept demnach, wenn es auf selbst von dem Veräußerer gewonnenen wirtschaftlichen Erkenntnissen beruht – und nicht auf den Vorgaben des potenziellen Erwerbers.[149]

b) Konzept des Erwerbers

Ebenso möglich – und vom Erwerber, der sich nicht mit dem Ausspruch von Kündigungen belasten will, häufig gewollt – ist, dass der Kündigung durch den Betriebsveräußerer ein Sanierungskonzept des Erwerbers zu Grunde gelegt wird. Dies ist nach Maßgabe der folgenden Anforderungen zulässig:[150] 75

Checkliste

Erforderlich ist ein konkretes Konzept mit hinreichender Detaildichte (BAG: „greifbare Formen"), das

- schriftlich dokumentiert,
- von Erwerber und Veräußerer verbindlich abzustimmen[151] ist und
- zur Sanierung geeignet und betriebswirtschaftlich plausibel ist.

Noch nicht abschließend höchstrichterlich entschieden ist, ob zudem zu fordern ist, dass dieses Konzept auch vom Veräußerer hypothetisch selbst hätte durchgeführt werden können (rechtlich, nicht finanziell). Dies ist vom BAG jedenfalls für die Insolvenz in Zweifel gezogen worden.[152]

---

147 BAG, Urt. v. 20.3.2003 – 8 AZR 97/02 – NZA 2003, 1027.

148 So auch ErfK/*Preis*, § 613a BGB Rn 167 f.

149 Eingehend BAG, Urt. v. 20.9.2006 – 6 AZR 249/05 – NZA 2007, 387.

150 Siehe BAG, Urt. v. 20.3.2003 – 8 AZR 97/02 – NZA 2003, 1027.

151 Auch wenn diese Voraussetzung in der jüngeren Judikatur nicht mehr ausdrücklich betont wird, vgl. BAG, Urt. v. 20.3.2003 – 8 AZR 97/02 – NZA 2003, 1027; BAG, Urt. v. 20.9.2006 – 6 AZR 249/05 – NZA 2007, 387, sollte aus Vorsichtsgründen eine Abstimmung erfolgen, die auch regelmäßig im Interesse aller Parteien liegt.

152 So BAG, Urt. v. 20.3.2003 – 8 AZR 97/02 – NZA 2003, 1027, die Verallgemeinerungsfähigkeit ist allerdings noch nicht abschließend geklärt, siehe m.w.N. ErfK/*Preis*, § 613a BGB Rn 170.

! **Praxistipp**
Wichtig: Ebenfalls gegenwärtig noch nicht abschließend geklärt ist, ob im Rahmen der Sozialauswahl alle Arbeitnehmer des Erwerberbetriebs einzubeziehen sind. Die Betriebsbezogenheit von Sozialauswahl und Sozialplan sprechen gegen diese Annahme, sodass es nur auf die vergleichbaren Arbeitnehmer des Veräußererbetriebes ankommt.[153]
Für die zu erteilende Zustimmung bei Maßnahmen im Sinne des § 111 BetrVG ist der Betriebsrat des Veräußerers zuständig.

3. Kündigung widersprechender Arbeitnehmer

76 Häufig wird der Arbeitgeber den widersprechenden Arbeitnehmer wegen Wegfalls des Arbeitsplatzes nicht mehr beschäftigen können und daher die betriebsbedingte Kündigung aussprechen. **Der Widerspruch beinhaltet einen Verzicht auf den Kündigungsschutz des § 613a Abs. 1 BGB.** Im Übrigen gelten die allgemeinen Regelungen.[154]

! **Praxistipp**
Eine nach § 1 Abs. 3 KSchG erforderliche Sozialauswahl bei späteren Kündigungen ist nach neuerer Rechtsprechung auf alle Arbeitnehmer des Betriebs – insbesondere auch diejenigen, die dem Betriebsübergang widersprochen haben – zu erstrecken. Ob es für den Widerspruch vertretbare Gründe gab, ist nunmehr im Grundsatz unbeachtlich.[155]
Ein Ausschluss der von dem Betriebsteilübergang nicht betroffenen Arbeitnehmer aus der Sozialauswahl über § 1 Abs. 3 S. 2 KSchG erscheint gleichwohl ausnahmsweise dann denkbar, wenn durch den Widerspruch etwa einer größeren Anzahl von Arbeitnehmern gegen einen Betriebsteilübergang und der in ihrer Folge vom Arbeitgeber durchzuführenden Sozialauswahl tief greifende Umorganisationen notwendig werden, die zu schweren betrieblichen Ablaufstörungen führen können.

III. Kündigung des Erwerbers

77 Auch im Rahmen von Rationalisierungsmaßnahmen des Betriebserwerbers stellt sich die Frage nach der Zulässigkeit von Kündigungen.

1. Keine Beschränkung des Kündigungsrechts

78 Ein ohnehin bestehendes Kündigungsrecht wird nicht durch Betriebsübergang eingeschränkt, soweit die Rechtsgrundlage fort gilt.[156] Gegebenenfalls ist eine Unter-

153 Siehe auch Münchener Anwaltshandbuch Arbeitsrecht/*Cohnen*, § 54 Rn 172 f.
154 Diese sind im Einzelnen dargestellt in Kap. 6.
155 Siehe BAG, Urt. v. 31.5.2007 – 2 AZR 276/06 – NZA 2008, 33.
156 BAG, Urt. v. 18.3.2010 – 2 AZR 337/08 – NZA-RR 2011, 18.

schreitung der Schwellenwerte des § 23 KSchG beim Erwerber möglich.[157] Arbeitnehmer, deren Arbeitsverhältnis nach § 613a BGB auf den Erwerber übergegangen sind, sind im Rahmen des § 1 Abs. 2 und 3 KSchG wie „eigene" Arbeitnehmer des Erwerbers zu behandeln.

Praxistipp **!**
Die Frist aus § 613a Abs. 1 S. 2 BGB steht einer Kündigung nie entgegen! Die zuweilen kolportierte „Mär vom einjährigen Schutz" ist falsch.

2. Sanierende Kündigung

Einen Sonderfall bildet die betriebsbedingte Kündigung durch den Erwerber im **79**
Zuge eines Sanierungskonzepts. Auch hier ist – wie bereits beim Veräußerer festgestellt – ein konkretes Konzept mit hinreichender Detaildichte erforderlich.[158] In diesem Fall ist die Sozialauswahl unstreitig im Betrieb des Erwerbers durchzuführen; zur Zustimmung ist der Betriebsrat des Erwerbers berufen.

H. Prozessuales

In der Praxis ist gerade im Zusammenhang mit Kündigungen oft problematisch, ob **80**
die Tatbestandsvoraussetzungen des § 613a BGB tatsächlich vorlagen. Dies führt zur Unsicherheit, wie mit Klagen des Arbeitnehmers richtig umzugehen ist. Ein vorausschauendes Handeln ist unbedingt notwendig, Veräußerer und Erwerber sollten dabei die folgenden Aspekte im Blick haben.

I. Passivlegitimation

In einem Prozess, in dem geklärt werden soll, ob das Arbeitsverhältnis ungekündigt **81**
auf den Erwerber übergegangen ist, ist grundsätzlich allein der bisherige Arbeitgeber passivlegitimiert.[159] **§ 325 Abs. 1 ZPO kommt nicht zur Anwendung.**[160] Hierbei ist gleichgültig, ob das Arbeitsverhältnis vor oder nach dem Betriebsübergang en-

157 BAG, Urt. v. 15.2.2007 – 8 AZR 397/06 – NZA 2007, 739.
158 BAG, Urt. v. 20.9.2006 – 6 AZR 249/05 – NZA 2007, 387.
159 BAG, Urt. v. 27.9.1984 – 2 AZR 309/83 – NZA 1985, 493; BAG, Urt. v. 26.5.1983 – 2 AZR 477/81 – NJW 1984, 627 f.
160 LAG Köln, Beschl. v. 16.12.1993 – 12 Ta 204/93; BAG, Urt. v. 18.3.1999 – 8 AZR 306/98 – NZA 1999, 706, 708; BAG, Urt. v. 18.2.1999 – 8 AZR 485/97 – NZA 1999, 648, 650; LAG Schleswig-Holstein, Beschl. v. 12.4.2005 – 1 Ta 85/04.

den soll oder ob der Betriebsübergang vor oder nach Rechtshängigkeit der Klage erfolgt ist.[161]

82 Die Rechtsprechung gesteht dem Arbeitnehmer zu, zusätzlich gegenüber dem Betriebserwerber die **Feststellung** zu beantragen, dass das Arbeitsverhältnis auf ihn übergegangen ist. Dies ist ebenso im Wege der isolierten Drittwiderklage durch den Veräußerer möglich.[162] Der Betriebsveräußerer und der Betriebserwerber können innerhalb eines Prozesses als (einfache) Streitgenossen verklagt werden.[163] Es besteht die Möglichkeit, das zuständige Gericht nach § 46 Abs. 2 Satz 1 ArbGG, § 36 Abs. 1 Nr. 3 ZPO bestimmen zu lassen.[164]

! **Praxistipp**
Ein Interesse an dieser isolierten Feststellung hat typischerweise vor allem der Arbeitnehmer, weniger der Arbeitgeber. Gleichwohl ist es aus Arbeitgeberperspektive unbedingt nötig, divergierende Ergebnisse zu vermeiden (siehe dazu sogleich).

II. Subjektive Rechtskraft – Gefahr widerstreitender Entscheidungen

83 Typischerweise wehrt sich der Arbeitnehmer entweder gegen die erwerberseitig ausgesprochene Kündigung oder gegen den Übergang des Arbeitsverhältnisses auf den Erwerber. Möglicherweise erkennt er jedoch auch nachträglich, dass der Verbleib beim Veräußerer eine wirksame betriebsbedingte Kündigung des Arbeitsverhältnisses nach sich zieht und beruft sich daher (ggfs. nachträglich) auf einen Betriebsübergang.

84 **Eine arbeitsgerichtliche Entscheidung bindet nur die jeweiligen Parteien.** Erfahrungsgemäß sind die Gerichte auch ausgesprochen zurückhaltend mit der „Ausrichtung" an den Entscheidungen anderer Kammern, ebenso kann die Verbindung der Verfahren kaum erreicht werden. Die Arbeitsgerichte lassen es zu, dass sich der Arbeitnehmer hilfsweise beispielsweise den Vortrag, es habe kein Betriebsübergang stattgefunden, zu eigen macht.[165] Die Verteidigungslinie des Veräußerers kann sich damit gegen den Erwerber richten und umgekehrt.

! **Praxistipp**
Widersprüchlicher Arbeitnehmervortrag ist bis zur Grenze der Rechtsmissbräuchlichkeit (§ 242 BGB) bzw. des Verstoßes gegen die zivilprozessuale Wahrheitspflicht (§ 138 ZPO) möglich. Aus Arbeitgebersicht ist es daher unerlässlich, dass sich Veräußerer und Erwerber eng abstimmen.

---

161 Siehe Ascheid/Preis/Schmidt/*Steffan*, § 613a Rn 249.
162 Siehe LAG Köln, Urt. v. 26.3.1998 – 5 Sa 1420/97 – NZA-RR 1998, 398.
163 BAG, Urt. v. 4.3.1993 – 2 AZR 507/92 – NZA 1994, 260, 261.
164 BAG, Beschl. v. 25.4.1996 – 5 AS 1/96 – NZA 1996, 1062.
165 Siehe auch BAG, Urt. v. 15.12.2005 – 8 AZR 202/05 – NZA 2006, 597, 600.

Fettnapf

!

Worst case aus Arbeitgebersicht ist etwa der Abschluss eines Vergleichs nur zwischen Arbeitnehmer und Veräußerer oder Erwerber. Für den Nichtbeteiligten geht der Rechtsstreit dann weiter, auch wenn der Arbeitnehmer sich in dem Vergleich bereits hinsichtlich der Sach- und Rechtslage „festgelegt" hatte. Im Extremfall bekommt der Arbeitnehmer dann beispielsweise in dem Verfahren mit dem Erwerber den Weiterbeschäftigungsanspruch zugesprochen/eine Abfindung versprochen, selbst wenn er sich bereits mit dem Veräußerer dahingehend geeinigt hatte, dass kein Betriebsübergang vorlag und er bereits für sein Ausscheiden gegenüber dem Veräußerer eine Abfindungszahlung erhalten hatte. Derartige Doppelzahlungen lassen sich durch eine enge Abstimmung der Verfahren und vor allem durch eine Beteiligung des Dritten an der Einigung kosteneffizient vermeiden!

III. Auflösungsantrag

Auflösungsanträge nach §§ 9, 10 KSchG sind unberührt des Betriebsübergangs möglich.[166] Im Falle des Betriebsübergangs ist grundsätzlich der Betriebsveräußerer passivlegitimiert.[167] Allerdings setzt das Gericht nach § 9 Abs. 2 KSchG als Auflösungszeitpunkt denjenigen Zeitpunkt fest, zu dem es bei unterstellt wirksamer Kündigung geendet hätte. Hieraus ist abzuleiten, dass das Arbeitsverhältnis zu diesem Zeitpunkt noch bestanden haben muss. Ausnahmsweise ist also der Betriebserwerber passivlegitimiert, wenn der Betriebsübergang vor dem vorgesehenen Kündigungszeitpunkt lag. Offengelassen hat das Bundesarbeitsgericht, ob der Betriebsveräußerer analog § 265 Abs. 2 ZPO als gesetzlicher Prozessstandschafter des hiernach passivlegitimierten Betriebserwerbers angesehen werden kann, wenn der Auflösungsantrag vor dem Betriebsübergang rechtshängig war.[168] Entsprechend dieser Grundsätze ist der Betriebsveräußerer für den Arbeitgeberantrag nach § 9 Abs. 1 Satz 2 KSchG noch aktivlegitimiert, wenn der Betriebsübergang dem Auflösungszeitpunkt nachfolgt.[169] Nach Auffassung des Bundesarbeitsgerichts erlaubt es § 9 Abs. 1 Satz 3 KSchG auch, den Auflösungsantrag erst nach der Beendigung des Arbeitsverhältnisses durch Betriebsübergang zu stellen.[170] 85

166 BAG, Urt. v. 24.5.2005 – 8 AZR 246/04 – NZA 2005, 1178, 1180.

167 BAG, Urt. v. 20.3.1997 – 8 AZR 769/95 – NZA 1997, 937, 939.

168 BAG, Urt. v. 24.5.2005 – 8 AZR 246/04 – NZA 2005, 1178, 1180; BAG, Urt. v. 20.3.1997 – 8 AZR 769/95 – NZA 1997, 937, 939.

169 BAG, Urt. v. 24.5.2005 – 8 AZR 246/04 – NZA 2005, 1178, 1180.

170 Für den Fall des Arbeitgeberantrags: BAG, Urt. v. 24.5.2005 – 8 AZR 246/04 – NZA 2005, 1178, 1180.

Kapitel 15
Betriebliche Altersversorgung

A. Einführung

I. Begriff der betrieblichen Altersversorgung

1. Allgemeines

Die Altersversorgung in Deutschland besteht aus **drei Säulen**, der gesetzlichen Rentenversicherung oder gleichgestellten berufsständischen Versorgungswerken wie der Versorgungswerke der Ärzte, Rechtsanwälte und anderer Freier Berufe, der privaten Altersvorsorge durch Lebens- und Rentenversicherung und privatem Vermögensaufbau und schließlich der betrieblichen Altersversorgung (bAV). 1

Aus Sicht des Arbeitnehmers stellt die bAV eine betriebliche Leistung dar, die ihm neben der originären Gegenleistung für seine Arbeit – dem Arbeitsentgelt – erbracht wird. Zweck der betrieblichen Altersversorgung ist die Absicherung des Arbeitnehmers in Fällen, in denen dieser keine Arbeitsleistung mehr erbringen kann, die bAV ist also eine Ausprägung des Fürsorgeprinzips des Arbeitgebers für den Arbeitnehmer. Die bAV ist die gewichtigste betriebliche Sozialleistung im Arbeitsverhältnis.[1] Vor diesem Hintergrund kann eine werthaltige bAV durchaus eine über ihren reinen wirtschaftlichen Wert hinausgehende positive Abgrenzung eines Arbeitgebers von anderen Arbeitgebern liegen. 2

Darüber hinaus kommt der bAV in Bezug auf **Führungskräfte** und andere Arbeitnehmer mit höheren Einkommen ein besonderer Stellenwert zu. Bei diesen Arbeitnehmern deckt die gesetzliche Rentenversicherung aufgrund der Beitragsbemessungsgrenze nur einen deutlich kleineren Teil des Einkommensverlusts bei Beendigung des Erwerbslebens ab. 3

Aus Arbeitgebersicht bedeutet die bAV daher nicht nur Kosten, sondern sie bietet, im Vergleich zu „normalem" Gehalt verschiedene Gestaltungsmöglichkeiten, die ihre Attraktivität erhöhen. Aufgrund von Steuerspareffekten ist ein Euro bAV für den Arbeitgeber regelmäßig billiger als ein Euro Netto-Gehalt, mit dem der Arbeitnehmer Eigenvorsorge betreibt. 4

Hinzu kommt bei einigen Durchführungswegen die Möglichkeit einer **Innenfinanzierung und Steigerung der Liquidität**, da Gehaltszahlungen im Ergebnis auf einen späteren Zeitpunkt verschoben werden. 5

1 Kemper/*Kisters-Kölkes*, Rn 5.

2. Freiwilligkeit der bAV

6 Die Entscheidung, ob ein Arbeitgeber Leistungen der bAV anbietet, steht grundsätzlich allein diesem zu.[2] Ausnahmen bestehen für die arbeitgeberfinanzierte bAV nur in Einzelfällen.[3] Anderes gilt bei der arbeitnehmerfinanzierten bAV.[4]

7 Wenn sich ein Arbeitgeber zur Gewährung von Leistungen der bAV entschließt, unterliegt diese den rechtlichen Regelungen und kann nur im Rahmen dieser ausgestaltet werden. Bei der Ausgestaltung des Leistungsplans ist dann besondere Sorgfalt zu wahren, da Auslegungszweifel zulasten des Formulierenden gehen.[5]

3. Entgeltumwandlung § 1a Abs. 1 S. 1 BetrAVG

8 Auch wenn sich der Arbeitgeber gegen die Einführung einer bAV entscheidet, hat der Arbeitnehmer einen Anspruch jedenfalls auf selbst finanzierte bAV mittels **Entgeltumwandlung**. Hierbei verzichtet der Arbeitnehmer auf einen Teil seines Gehalts, im Gegenzug ist der Arbeitgeber verpflichtet, eine wertgleiche Altersversorgung zu gewähren. Häufig wird der Arbeitgeber hierbei das eingesparte Entgelt in eine Direktversicherung, eine Pensionskasse oder einen Pensionsfonds einzahlen.

! **Fettnapf**

Auch bei der mittels der Entgeltumwandlung arbeitnehmerfinanzierten bAV handelt es sich um eine **vom Arbeitgeber zugesagte bAV**. Der Arbeitnehmer erwirbt einen Anspruch gegen den Arbeitgeber in gleicher Weise wie bei einer arbeitgeberfinanzierten bAV, den Arbeitgeber treffen also alle entsprechenden rechtlichen Pflichten. Auch eine Unterfinanzierung mit entsprechender Ausgleichsverpflichtung des Arbeitgebers ist möglich, wenn die erteilte Zusage nicht vollständig durch den Entgeltverzicht finanziert wird. Der Arbeitgeber sollte also nicht in den Gedanken verfallen, eine arbeitnehmerfinanzierte bAV führe zu keinen Verpflichtungen des Arbeitgebers.

---

4. Gesetzliche Definition, § 1 Abs. 1 BetrAVG

9 Der Gesetzgeber hat den Begriff der bAV in § 1 Abs. 1 BetrAVG definiert als **Leistungen der Alters-, Invaliditäts- oder Hinterbliebenenversorgung, die einem Arbeitnehmer aus Anlass seines Arbeitsverhältnisses vom Arbeitgeber zugesagt werden**. Das Gesetz nennt also verschiedene Merkmale, deren gemeinsame Erfüllung eine Leistung zu einer Leistung der bAV macht und somit zur Anwendbarkeit der entsprechenden Regelungen führt. Dies bedeutet, dass auch Leistungen, die

---

2 BAG, Urt. v. 10.3.1972 – 3 AZR 278/71 – BAGE 24, 177.

3 Bspw. für allgemeinverbindlich erklärte Tarifverträge, die eine Verpflichtung zur Gewährung von bAV enthalten oder Gesetze wie das Hamburger Ruhegeldgesetz.

4 bAV durch Entgeltumwandlung, siehe Rn 8.

5 BAG, Urt. v. 27.1.1998 – 3 AZR 444/96 – DB 1998, 1671.

nach den Vorstellungen der Vertragspartner **nicht als bAV gewollt** waren, unter die rechtlichen Regelungen der bAV fallen, wenn die Merkmale des § 1 Abs. 1 BetrAVG erfüllt sind,[6] was insbesondere vor dem Hintergrund der Regelungen zur Unverfallbarkeit der bAV für Arbeitgeber zu negativen Überraschungen führen kann.

a) Zusage aus Anlass eines Arbeitsverhältnisses

Ein Arbeitsverhältnis wird durch den Abschluss eines Arbeitsvertrags begründet 10
und mit Aufnahme der Arbeit in Vollzug gesetzt.[7] Aber auch ein **Dienstverhältnis** im Sinne von § 611 BGB, das kein Arbeitsverhältnis ist, oder ein Berufsausbildungsverhältnis kann Anlass für eine bAV sein.[8] § 17 Abs. 1 S. 2 BetrAVG dehnt den Schutzbereich des Betriebsrentenrechts daher auch auf **„Nichtarbeitnehmer"** wie **Fremdgeschäftsführer** oder andere **Organpersonen** aus.[9] Nicht unter den Schutzbereich des Betriebsrentenrechts fallen demgegenüber Unternehmer, die für ihr eigenes Unternehmen tätig sind. Dies bestimmt sich im Grundsatz danach, inwieweit der Betroffene weisungsgebunden ist. Der Mehrheitsgesellschafter einer GmbH, der gleichzeitig Geschäftsführer ist, unterfällt daher nicht dem Schutz des BetrAVG.[10] Im Ergebnis ist regelmäßig auf die **tatsächliche Leitungsmacht im Unternehmen** abzustellen.[11]

Die Leistung muss *aus Anlass* des Arbeitsverhältnisses zugesagt werden. **Zusa-** 11
gen, die einem Arbeitnehmer **aus anderen Gründen**, beispielsweise familiären, erteilt werden, sind demnach keine bAV. Eine Zusage einer GmbH nur an deren (mitarbeitenden) Gesellschafter ist dann keine bAV, wenn deren Art und Höhe bei anderen Beschäftigten wirtschaftlich nicht mehr vertretbar wäre.[12] Zur Vermeidung von Missbrauch ist eine entsprechende Abgrenzung auch bei Zusagen an Ehegatten etc. vorzunehmen.[13]

b) Biologisches Ereignis (Alter, Invalidität, Tod)

Die bAV dient der (teilweisen) Übernahme der biometrischen Risiken (Reduzierung 12
der Arbeitsfähigkeit im) Alter, Todesfall bei Hinterbliebenenversorgung und redu-

---

6 Kemper/*Kisters-Kölkes*, Rn 9.
7 Kemper/Kisters-Kölkes/Berenz/Huber/*Kemper*, § 1 BetrAVG Rn 44.
8 Vgl. § 17 Abs. 1 BetrAVG.
9 Kemper/Kisters-Kölkes/Berenz/Huber/*Kemper*, § 1 BetrAVG Rn 46.
10 OLG Köln, Urt. v. 21.2.1986 – 6 U 141/85 – DB 1986, 1063.
11 Vgl. Blomeyer/Rolfs/Otto/*Rolfs*, § 1 BetrAVG Rn 28 ff.
12 BAG, Urt. v. 25.1.2000 – 3 AZR 769/98 – DB 2001, 2102.
13 Förster/Cisch/Karst/*Cisch*, § 1 BetrAVG Rn 12.

zierte Arbeitsfähigkeit bei Invalidität.[14] Die zugesagte Leistung muss daher an eines der drei im Gesetz aufgeführten sogenannten biologischen Ereignisse anknüpfen.[15] **Andere Leistungen** wie beispielsweise Leistungen bei Krankheit **fallen daher nicht unter den Begriff der bAV.**[16]

13 Der Begriff des Alters ist – entsprechend dem normalen Verständnis – nicht jedes Alter, es muss sich vielmehr um ein Pensionsalter, zu dem mit einem endgültigen Ausscheiden aus dem Erwerbsleben gerechnet werden kann,[17] handeln. Bei einer Leistung frühestens ab Vollendung des 60. Lebensjahres soll dies regelmäßig der Fall sein,[18] bei einem früheren Leistungsbeginn bedarf es einer besonderen Rechtfertigung (bspw. Piloten). Noch ungeklärt ist, ob aufgrund der Erhöhung der Regelaltersgrenze in der gesetzlichen Rentenversicherung diese Grenze nunmehr auf 62. Jahre anzuheben ist. Jedenfalls aus steuerlicher Sicht ist dies bei Zusagen, die ab dem 1.1.2012 erteilt wurden anzuraten.[19]

c) Versorgungszweck – Übernahme der biologischen Risiken

14 Leistungen der bAV dienen der *Versorgung* des Arbeitnehmers bei Realisierung des biometrischen Risikos. Sie dürfen daher **keinem anderen Zweck** dienen. Eine Übernahme von Krankheitskosten wird also auch dann nicht zu bAV, wenn sie erst ab Beginn des Ruhestands gezahlt wird.[20] Gleichsam sind auch Leistungen, die als **Ausgleich für den Verlust des Arbeitsplatzes** eine Phase der Arbeitslosigkeit, möglicherweise sogar bis zum Eintritt in den Ruhestand, überbrücken sollen, **keine bAV.**[21] Gerade bei vermeintlichen **Übergangszahlungen** oder **Überbrückungsgeldern** kann es sich aber auch um bAV handeln, wenn es sich tatsächlich nicht um eine Überbrückung der Phase bis zum Ruhestandsbeginn, sondern um einen vorgezogenen Ruhestandsbeginn handelt.[22] Dem Leistungsbeginn kommt daher für die Frage, ob die Leistung für das Alter zugeschnitten ist oder, wie bei Überbrückungsgeldern, einem anderen Zweck dient, große Bedeutung zu.[23] An einer Überbrückungsleistung fehlt es, wenn der Arbeitnehmer mit dem Ausscheiden beim Arbeit-

---

14 BAG, Urt. v. 10.2.2009 – 3 AZR 652/07 – juris.

15 BAG, Urt. v. 8.5.1990 – 3 AZR 121/89 – DB 1990, 2375; BAG, Urt. v. 12.12.2006 – 3 AZR 476/05 – BAGE 120, 330.

16 BAG, Urt. v. 10.2.2009 – 3 AZR 652/07 – juris.

17 BAG, Urt. v. 28.10.2008 – 3 AZR 317/07 – BAGE 128, 199.

18 BAG, Urt. v. 17.9.2008 – 3 AZR 865/06 – BAGE 128, 1.

19 Vgl. *Rolfs*, NZA 2011, 540.

20 Vgl. Blomeyer/Rolfs/Otto/*Rolfs*, § 1 BetrAVG Rn 17.

21 BAG, Urt. v. 10.2.2009 – 3 AZR 783/07 – AP Nr. 58 zu § 1 BetrAVG; BAG, Urt. v. 26.4.1988 – 3 AZR 411/86 – DB 1988, 1671; BGH, Urt. v. 28.9.1981 – II ZR 181/80 – AP Nr. 12 zu § 7 BetrAVG.

22 BAG, Urt. v. 28.1.1986 – 3 AZR 312/84 – BAGE 51, 51.

23 Blomeyer/Rolfs/Otto/*Rolfs*, § 1 BetrAVG Rn 28.

geber insgesamt aus dem Erwerbsleben ausscheidet. Eine Zahlung bis zum Beginn der Zahlung der gesetzlichen Rente stellt in diesem Fall eine (befristete) bAV dar.[24]

d) Art der Leistung

Leistungen der bAV müssen keine Geldleistungen sein. Jede Leistung mit dem allgemeinen Ziel der (teilweisen) Aufrechterhaltung des Lebensstandards nach dem Ausscheiden aus dem Erwerbsleben ist bAV.[25] So können auch **Nutzungsrechte an Werkswohnungen,**[26] **Deputate**[27] oder **Personalrabatte** für Ruheständler[28] Leistungen der bAV mit den entsprechenden für den Arbeitgeber entstehenden Verpflichtungen sein. 15

Praxistipp !
Bei der Prüfung, ob eine bAV vorliegt, beispielsweise im Rahmen einer Due Diligence oder bei Abfindungsvereinbarungen, sind daher stets alle vom Arbeitgeber gewährten Leistungen im Blick zu haben. Eine „übersehene" bAV kann schnell zu unerwarteten Kosten führen.

II. Leistungsarten

Wie oben dargestellt, ist die bAV nicht auf bestimmte Arten der Leistung festgelegt. 16
Im Folgenden sollen daher lediglich die häufigsten Arten der Geldleistung dargestellt werden.

1. Einmal- oder Rentenzahlung

Geldleistungen der bAV können sowohl im Wege der – gegebenenfalls auch ratenweisen – Einmalzahlung oder aber als lebenslange monatliche Rente gewährt werden. Auch Zwischenformen sind möglich.[29] 17

2. Bestimmung der Leistung

Die Höhe der Geldleistung bestimmt sich in den meisten Fällen nach einer der folgenden Berechnungsmethoden: 18

---

24 BAG, Urt. v. 28.10.2008 – 3 AZR 317/07 – BAGE 128, 199.
25 Förster/Cisch/Karst/*Cisch*, § 1 BetrAVG Rn 28.
26 *Höfer*, ART BetrAVG Rn 45.
27 BAG, Urt. v. 2.12.1986 – 3 AZR 123/86 – EzA § 611 BGB Fürsorgepflicht Nr. 46; BAG, Urt. v. 16.3.2010 – 3 AZR 594/09 – DB 2010, 1834.
28 Förster/Cisch/Karst/*Cisch*, § 1 BetrAVG Rn 43.
29 Kemper/Kisters-Kölkes/Berenz/Huber/*Kemper*, § 1 BetrAVG Rn 206.

a) Festbetragszusage

19 Die unkomplizierteste Art der Zusage stellt die Zusage auf einen festen Geldbetrag bei Eintritt des Versorgungsfalls, entweder als Einmalzahlung oder als Rente, dar. In einer häufigen Form findet sich eine solche Zusage in Abhängigkeit der abgeleisteten Dienstzeit bis zum Versorgungsfall. Aus Arbeitgebersicht ist eine solche Zusage rechnerisch sehr einfach zu finanzieren, da die Höhe der zu erbringende Leistung allenfalls von der erbrachten Dienstzeit abhängt. Es besteht darüber hinaus bei der Bewertung der Verpflichtung nur noch ein Zinsrisiko.

20 Auf der anderen Seite ist eine solche Zusage aber häufig wenig sinnvoll, da nicht abzusehen ist, welche Kaufkraft die zugesagte Leistung zum häufig Jahrzehnte später liegenden Rentenbeginn haben wird.

Beispiel
Der Arbeitgeber sagt eine Einmalzahlung von 2.000 Euro pro Dienstjahr/eine monatliche Rente von 15 Euro pro Dienstjahr auf das 67. Lebensjahr zu. Nach 40 Dienstjahren erhält der Arbeitnehmer also eine Einmalzahlung von 80.000 Euro/eine monatliche Rente von 600 Euro.

---

b) Bausteinzusage

21 Bei einer sogenannten Bausteinzusage wird dem Arbeitnehmer jeweils für einen bestimmten Zeitraum (meistens Jahr) ein **Kapital- oder Rentenbaustein** gewährt. Der Aufwand für den Baustein ergibt sich regelmäßig aus der Höhe des Gehalts des Arbeitnehmers. Die spätere Leistung ergibt sich aus der Summe der Bausteine. Eine Bausteinzusage kann sowohl auf eine Renten- als auch eine Einmalzahlung gerichtet sein. Die Bausteinzusage hat den Vorteil, dass sie das Gehalt und die Gehaltsentwicklungen des Arbeitnehmers berücksichtigt.

Beispiel
Pro Jahr erhält der Arbeitnehmer einen monatlichen Rentenbaustein in Höhe von 0,2% seines Gehalts im entsprechenden Jahr. Bei einem Gehalt von 4.000 Euro hat der Arbeitnehmer mithin eine spätere Monatsrente in Höhe von 8 Euro verdient. Im Folgejahr hat der Arbeitnehmer ein Gehalt von 4.120 Euro, der weitere Rentenbaustein beträgt mithin 8,24 Euro, die erdiente Rente 16,24 Euro usw.

---

c) Dynamische Zusage

22 Bei einer dynamischen Zusage wird dem Arbeitnehmer ein gewisser Prozentsatz seines letzten Gehalts als Altersleistung zugesagt. Auch hier besteht sowohl die Möglichkeit einer Einmal- als auch einer Rentenzahlung.

23 Eine dynamische Zusage hat den Vorteil, dass sie die Gehaltsentwicklung in Bezug auf das zuletzt verfügbare Einkommen gut abbildet. Für die Pensionskosten des Arbeitgebers bedeutet dies jedoch, dass mit jeder Gehaltserhöhung auch die **bereits abgeleistete Betriebszugehörigkeit im Wert erhöht wird**.

Beispiel
Der Arbeitnehmer erhält eine Zusage über eine Rente in Höhe von 1% seines letzten Gehalts pro Dienstjahr. Geht er nach 40 Dienstjahren in Rente steht ihm mithin eine Rente in Höhe von 40% seines Gehalts bei Ausscheiden zu.

d) Gesamtversorgungszusage

Dem Arbeitnehmer wird keine reine Betriebsrente zugesagt, sondern eine Versorgung, bei der die gesetzliche Rente ebenfalls berücksichtigt wird. Eine solche Zusage kann in jeder Art der Leistungszusagen bestehen. Die Höhe der vom Arbeitgeber zu zahlenden Leistung hängt daher unmittelbar auch von der Höhe der gesetzlichen Rente ab. Die Anrechnung der gesetzlichen Rente stellt daher einen weiteren, gegebenenfalls erheblichen Unsicherheitsfaktor für den Arbeitgeber dar. 24

Beispiel
Der Arbeitnehmer erhält eine Zusage über eine Rente in Höhe von 2% seines letzten Gehalts pro Dienstjahr. Nach 40 Dienstjahren steht ihm mithin eine Rente in Höhe von 80% seines Gehalts bei Ausscheiden zu, wobei Zahlungen aus der gesetzlichen Rentenversicherung voll angerechnet werden.

3. Beitragsorientierte Leistungszusage § 1 Abs. 2 Nr. 1 BetrAVG

Der Arbeitnehmer erhält eine Zusage, nach der der Arbeitgeber sich verpflichtet gewisse Beiträge zu einer Versorgung zu leisten und er zudem eine gewisse **Verzinsung dieser Beiträge garantiert**, so dass der Rentenwert dieser Beiträge zum Rentenbeginn bekannt ist. Die beitragsorientierte Leistungszusage ist damit eine Unterart der Bausteinzusage. Die Höhe der Rente bestimmt sich nach der Höhe der Beiträge sowie nach dem Alter – und damit der noch möglichen Verzinsungsdauer – des Arbeitnehmers. 25

Beispiel
Pro Jahr werden 2% des Gehalts des Arbeitnehmers in einen Versorgungsbaustein umgewandelt. Es wird eine Verzinsung von 5% garantiert, so dass berechnet werden kann, welchen Wert das umgewandelte Kapital bei Erreichen des Rentenalters hat. Handelt es sich bei der Zusage zusätzlich um eine Rentenzusage, muss dieses Kapital bei Renteneintritt unter Hinzuziehung weiterer versicherungsmathematischer Annahmen zur Lebenserwartung und der weiteren erwarteten Verzinsung verrentet werden.

4. Beitragszusage mit Mindestleistung § 1 Abs. 2 Nr. 2 BetrAVG

Der Arbeitnehmer erhält eine Zusage, nach der der Arbeitgeber sich verpflichtet gewisse Beiträge an ein externes Versorgungswerk zu leisten, von dem diese investiert werden. Der **Arbeitgeber garantiert lediglich die Summe der Einzahlungen**, je- 26 doch keine Verzinsung. Im Gegenzug kommen erzielte (Zins-)Erträge aus den geleisteten Beiträgen allein dem Arbeitnehmer zugute.

5. Reine Beitragspläne

27 Dem Arbeitnehmer wird lediglich die Zahlung von Beiträgen in ein Versorgungswerk zugesagt, die Investitionsrisiken träge dieser allerdings selbst. Solche Zusagen sind im Geltungsbereich des BetrAVG allerdings **nicht zulässig**.

III. Finanzierung der Zusage – Durchführungswege

28 Für die Finanzierung einer solchen Zusage auf bAV kennt das Gesetz **fünf verschiedene Durchführungswege**, die sich in rechtlicher, aber auch in praktischer Hinsicht unterscheiden. Im Folgenden sollen diese in aller Kürze dargestellt werden, da sich die unterschiedlichen Durchführungswege nicht nur bei der Finanzierung von Versorgungszusagen, sondern auch bei der Beendigung von Arbeitsverhältnissen auswirken können.

1. Direktzusage

29 Der Arbeitgeber verspricht, die Leistung unmittelbar selbst zu erbringen, **ohne** dass im Verhältnis zum Arbeitnehmer ein **weiterer Versorgungsträger** eingeschaltet wird. Eine Finanzierung der Leistung erfolgt regelmäßig im Wege der **Bildung von Rückstellungen** in der Bilanz des Arbeitgebers. Dieser hat also bis zum Eintritt des Versorgungsfalls keinen Liquiditätsabfluss. Die Mittel werden mithin „beim Arbeitgeber" angelegt (**sogenannte Innenfinanzierung**). Zur Finanzierung können aber auch alle anderen Investmentmöglichkeiten genutzt werden. Der Arbeitgeber kann die Mittel also auch bspw. in einem Investmentfonds, einer Versicherung etc. anlegen.

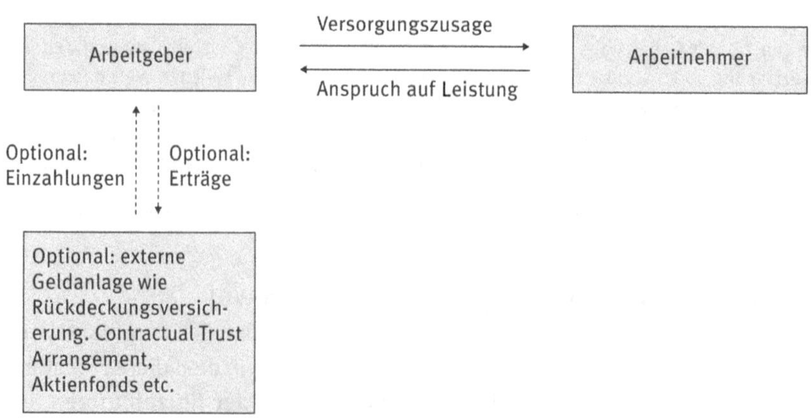

2. Unterstützungskasse

Bei einer Unterstützungskasse handelt es sich um eine vom Arbeitgeber rechtlich selbstständige Versorgungseinrichtung, die auf ihre Leistungen keinen Rechtsanspruch gewährt, § 1b Abs. 4 S. 1 BetrAVG, wobei der gesetzlich normierte **Ausschluss des Rechtsanspruchs** vom BAG als **bloßes Widerrufsrecht** der Unterstützungskasse aus wichtigem Grund angesehen wird,[30] so dass diesem Merkmal keine wesentliche Bedeutung zukommt. Die Unterstützungskasse verfügt über eigenes Vermögen, aus dem sie die Versorgungsleistungen erbringt. Als Rechtsform findet sich häufig der eingetragene Verein oder die GmbH, selten auch eine Aktiengesellschaft oder Stiftung. Der Arbeitgeber leistet Zuwendungen an die Kasse, aus diesen und den erwirtschafteten Erträgen werden die Leistungen erbracht. Die Unterstützungskasse kann die ihr zugeflossenen Mittel beliebig investieren (**reservepolsterdotierte Unterstützungskasse**), bspw. auch als Darlehen an das Unternehmen ausgeben oder aber eine Rückdeckungsversicherung abschließen (**rückgedeckte Unterstützungskasse**). Investiert die Unterstützungskasse ihr Kapital im Unternehmen, bleibt dem Unternehmen das für die Finanzierung der Versorgungsanwartschaften benötigte Kapital bis zum Leistungsfall erhalten, bei rückgedeckten Unterstützungskassen kommt es zu einem unmittelbaren Kapitalabfluss, allerdings verringert sich auch das Finanzierungsrisiko. Aufgrund des geringen steuerlich maximal zulässigen Kassenvermögens sind reservepolsterfinanzierte Unterstützungskassen stets unterdotiert.[31] 30

Sind im Leistungsfall nicht ausreichend Mittel vorhanden, muss der Arbeitgeber entweder die Kasse ausstatten oder selbst einstehen. 31

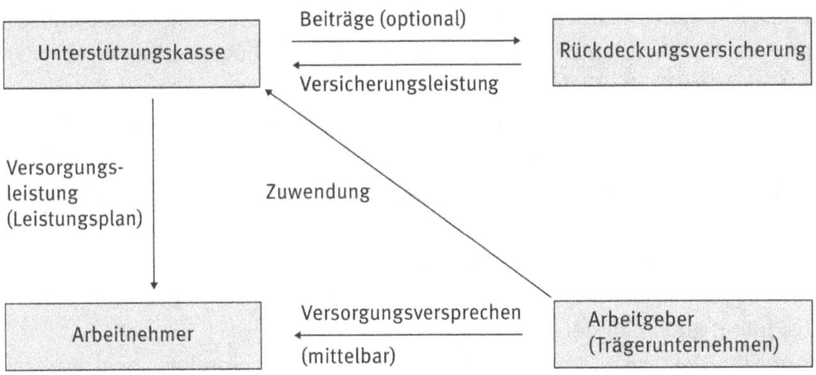

30 BAG, Urt. v. 11.12.2001 – 3 AZR 128/01 – BAGE 100, 105.

31 Kemper/*Kisters-Kölkes*, Rn 85.

3. Direktversicherung

32 Bei der Direktversicherung schließt der Arbeitgeber eine **Lebensversicherung auf das Leben des Arbeitnehmers** ab, dieser ist aber für die Versicherungsleistungen ganz oder teilweise **bezugsberechtigt**, erhält also im Versicherungsfall die Versicherungsleistungen. Die Versicherungsbeiträge übernimmt der Arbeitgeber. Reicht die Versicherungsleistung nicht aus, um die zugesagte Versorgung zu erbringen, haftet der Arbeitgeber selbst.

33 Aufgrund der Beitragspflicht führt die Versorgung über eine Direktversicherung zu einem **Liquiditätsabfluss beim Arbeitgeber**.

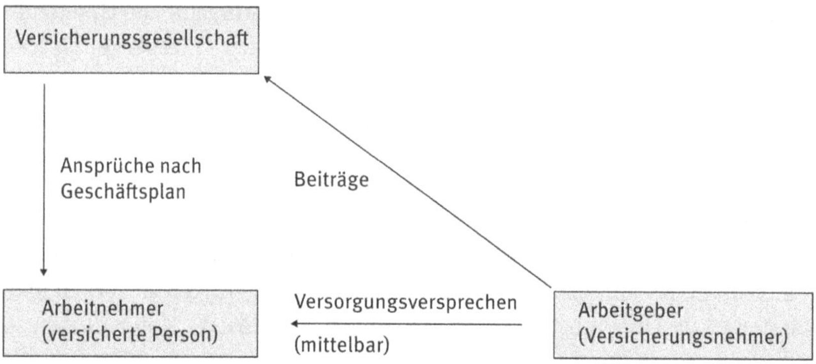

4. Pensionskasse

34 Die Pensionskasse stellt, ähnlich wie eine Unterstützungskasse, eine selbstständige juristische Person, meist einen Versicherungsverein auf Gegenseitigkeit (VVaG) oder eine Aktiengesellschaft, dar, die dem Arbeitnehmer einen Anspruch auf die zugesagte Versorgungsleistung gewährt. Die Beiträge zur Pensionskasse werden vom Arbeitgeber gezahlt, es besteht auch die Möglichkeit, dass der **Arbeitnehmer Eigenbeiträge** leistet. Pensionskassen betreiben ausschließlich betriebliche Altersversorgung und sind in den Anlagemöglichkeiten ihrer Mittel beschränkt, um so eine möglichst große Sicherheit zu gewähren.

35 Reichen die Mittel der Pensionskasse nicht zur Deckung der Pensionsverpflichtungen aus, haftet auch hier der Arbeitgeber.

36 Aufgrund der Beitragspflicht führt die Versorgung über eine Pensionskasse zu einem **Liquiditätsabfluss beim Arbeitgeber**.

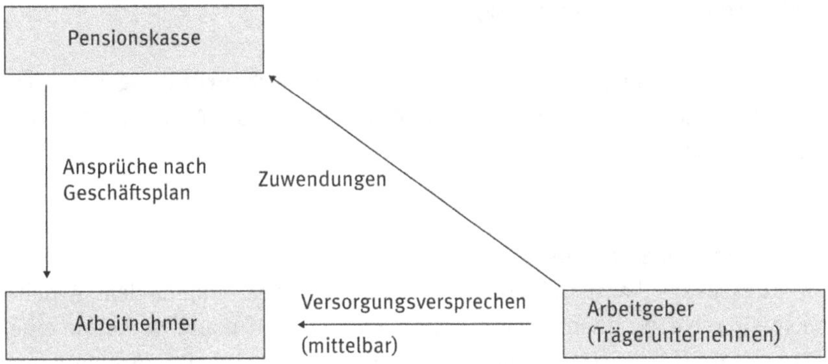

5. Pensionsfonds

Auch bei einem Pensionsfonds handelt es sich um eine selbstständige juristische Person, die dem Arbeitnehmer einen unmittelbaren Anspruch auf die Versorgungsleistung gewährt. Die Beiträge werden vom Arbeitgeber gezahlt, es besteht auch die Möglichkeit, dass der **Arbeitnehmer Eigenbeiträge** leistet. Der Pensionsfonds hat ebenfalls große Ähnlichkeit mit einer Direktversicherung oder einer Pensionskasse ist aber in seiner Geldanlage freier als Letztere. Ein Pensionsfonds muss immer (auch) Rentenleistungen gewähren, kann also nicht für reine Einmalzahlungen gewählt werden. 37

Reichen die Mittel des Pensionsfonds nicht zur Deckung der Pensionsverpflichtungen aus, haftet auch hier der Arbeitgeber. 38

Aufgrund der Beitragspflicht führt die Versorgung über einen Pensionsfonds zu einem **Liquiditätsabfluss beim Arbeitgeber**. 39

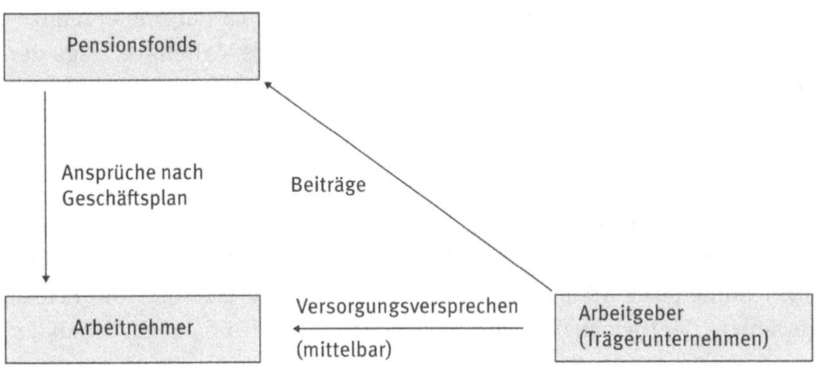

IV. Begründung einer Versorgungszusage

40 Versorgungszusagen können durch **verschiedene Rechtsbegründungsakte** begründet werden, die jeweils einen Einfluss auf Möglichkeiten der Änderung der Versorgungszusage haben.

1. Individualvertrag/Einzelzusage

41 Die Versorgungszusage kann individualvertraglich erfolgen, indem dem Arbeitnehmer beispielsweise in seinem Arbeitsvertrag oder einem Anhang zu diesem eine konkrete Zusage mit allen wesentlichen Inhalten gemacht wird. Die Zusage kann aber auch gesondert erteilt werden. Da die Versorgungszusage für den Arbeitnehmer nur mit Vorteilen verbunden ist, ist der **Zugang einer auch konkludent möglichen Annahmeerklärung des Arbeitnehmers entbehrlich.**[32]

2. Vertragliche Einheitsregelung/Gesamtzusage

42 Bei einer vertraglichen Einheitsregelung oder einer Gesamtzusage macht der Arbeitgeber einer Vielzahl von Arbeitnehmern ein Angebot auf eine Versorgung nach einem **einheitlichen Regelwerk**, die von dem jeweiligen Arbeitnehmer angenommen wird, wobei auch hier ein Zugang der auch konkludent möglichen Annahmeerklärung nicht erforderlich ist. Vertragliche Einheitsregelung und Gesamtzusage unterscheiden sich insoweit nur in ihrer Form; wird einer Vielzahl von Arbeitnehmern jeweils ein eigenes Angebot gemacht, beispielsweise, indem jeder ein entsprechendes Schreiben erhält, handelt es sich um eine vertragliche Einheitsregelung, wird einer Vielzahl von Arbeitnehmern ein einheitliches Angebot auf eine Versorgung nach einem einheitlichen Regelwerk, beispielsweise per Aushang einer Versorgungsordnung am „Schwarzen Brett" gemacht, handelt es sich um eine Gesamtzusage. In beiden Fällen wird die **Zusage Teil des individuellen Arbeitsvertrags der Arbeitnehmer.**[33]

3. Gleichbehandlung

43 Ein Anspruch auf Leistungen der bAV kann sich auch aus dem Gleichbehandlungsgrundsatz ergeben, vgl. § 1b Abs. 1 S. 4 BetrAVG.[34] Es besteht zwar grundsätzlich keine Verpflichtung eines Arbeitgebers, allen Arbeitnehmern eine oder die gleiche bAV zu gewähren. Der Gleichbehandlungsgrundsatz greift aber dann ein, wenn der

32 Vgl. BAG, Urt. v. 12.6.1957 – 4 AZR 5/55 – AP Nr. 24 zu § 242 Ruhegehalt.
33 BAG, Urt. v. 16.9.1986 – GS 1/82 – BAGE 53, 42.
34 BAG, Urt. v. 16.2.2010 – 3 AZR 216/09 – BAGE 133, 158.

Arbeitgeber nach einem gewissen System Versorgungszusagen erteilt und der Arbeitgeber in diesem zwischen verschiedenen Arbeitnehmergruppen unterscheidet.[35] Der Gleichbehandlungsgrundsatz ist verletzt, wenn sich **für die Ungleichbehandlung kein vernünftiger sachlicher Grund** finden lässt.[36]

Aus dem Gleichbehandlungsgrundsatz kann sich ein Anspruch des benachteiligten Arbeitnehmers nicht nur in Bezug auf die Frage ergeben, ob überhaupt eine bAV zu gewähren ist, sondern auch in Bezug auf die Höhe bzw. den Wert der Leistungen ist dieser anzuwenden.[37] Der Gleichbehandlungsgrundsatz gilt hierbei nicht nur für das unmittelbare Verhältnis zwischen Arbeitgeber und Arbeitnehmer, sondern auch in Bezug auf einen externen Versorgungsträger,[38] so dass beispielsweise auch der Leistungsplan einer Unterstützungskasse oder die Tarife eines Direktversicherers nicht **unterschiedliche Tarife**[39] oder **unterschiedliche Altersgrenzen**[40] für Frauen und Männer vorsehen dürfen. 44

4. Betriebliche Übung

Ansprüche auf bAV können, wie andere arbeitsvertragliche Rechte auch, durch ein **gleichförmiges wiederkehrendes Verhalten des Arbeitgebers**, aus dem die Arbeitnehmer schließen können, dass die entsprechende Leistung oder Vergünstigung auf Dauer gewährt werden soll, entstehen, vgl. § 1b Abs. 1 S. 4 BetrAVG. 45

Beispiel

Den Betriebsrentnern wird ein Weihnachtsgeld gezahlt, obwohl dies in der Versorgungsordnung nicht vorgesehen ist.[41] Ein Anspruch aus betrieblicher Übung kann aber insbesondere auch bei Deputaten entstehen, wenn beispielsweise Rentner eines Energieversorgers vergünstigte Energie erhalten; Betriebsrentner weiterhin kostenlose oder vergünstigte Mahlzeiten in der Kantine bekommen etc.

---

5. Betriebsvereinbarung

Betriebsvereinbarungen und Sprecherausschussvereinbarungen sind die **häufigste Form der Begründung einer Versorgungszusage**. Für sie gelten dieselben Rege- 46

35 BAG, Urt. v. 25.5.2004 – 3 AZR 15/03 – AP Nr. 5 zu § 1b BetrAVG.
36 BAG, Urt. v. 19.3.2002 – 3 AZR 229/01 – juris.
37 BAG, Urt. v. 17.2.1998 – 3 AZR 578/96 – BAGE 88, 32.
38 EuGH, Urt. v. 9.10.2001 – Rs. C-379/99 – NJW 2001, 3693.
39 Kemper/*Kisters-Kölkes*, Rn 114 ff.
40 Anders für Beschäftigungszeiten vor dem 17.5.1990, vgl. EuGH, Urt. v. 9.10.2001 – C-379/99 – NJW 2001, 3693.
41 Vgl. BAG, Urt. v. 19.7.2005 – 3 AZR 472/04 – AP Nr. 42 zu § 1 BetrAVG; BAG, Urt. v. 12.12.2006 – 3 AZR 57/06 – AP Nr. 77 zu § 242 BGB Betriebliche Übung.

lungen wie für Betriebs- oder Sprechausschussvereinbarungen auf anderen Gebieten des Arbeitsrechts. Bei einer Betriebsvereinbarung über bAV handelt es sich um eine **freiwillige Betriebsvereinbarung**, soweit es um die Begründung von Rechten und um den **Dotierungsrahmen** der bAV geht.[42] Die **Verteilungsgrundsätze** sind demgegenüber gemäß § 87 Abs. 1 Nr. 8, 10 BetrVG **mitbestimmungspflichtig.**[43]

6. Tarifvertrag

47 In seltenen Fällen werden Zusagen auf bAV auch durch Tarifvertrag gegeben. Fälle, in denen sich bereits unmittelbar aus einem Tarifvertrag ein Anspruch auf Leistungen der bAV ergibt, sind insbesondere im öffentlichen Dienst und der Bauindustrie anzutreffen. Andere Tarifverträge treffen zwar häufig Regelungen zur Gewährung von bAV, wie beispielsweise die Regelungen in der Chemischen Industrie und der Metallindustrie, die letztendliche Ausgestaltung wird aber den Betriebsparteien, regelmäßig mittels Betriebsvereinbarung, überlassen.

7. Gesetz

48 Ausnahmsweise können Zusagen auf bAV auch unmittelbar per Gesetz vorgegeben sein.[44]

8. Rangfolge

49 Es können verschiedene Versorgungszusagen nebeneinander bestehen. Bei Versorgungszusagen, die auf der gleichen Art des Rechtsbegründungsakts beruhen, gilt hierbei regelmäßige die **Zeitenkollisionsregel**, so dass eine jüngere Vereinbarung eine ältere ersetzt.[45] Inhaltliche Änderungen einer bestehenden Versorgungszusage sind aber nur eingeschränkt möglich,[46] so dass im Bereich der bAV nicht stets jede neue Betriebsvereinbarung eine ältere ersetzt.

50 Bei Zusammentreffen verschiedener Rechtsquellen, beispielsweise einer Individualzusage und einer Betriebsvereinbarung, gilt regelmäßig das **Günstigkeitsprinzip**,[47] es besteht aber auch die Möglichkeit, dass beide Zusagen kumulativ neben-

42 Kemper/*Kisters-Kölkes*, Rn 141.
43 Förster/Cisch/Karst/*Cisch*, § 1 BetrAVG Rn 94.
44 Vgl. Hamburger Ruhegeldgesetz.
45 Förster/Cisch/Karst/*Cisch/Rihn*, § 1 BetrAVG Rn 170.
46 S. hierzu unten unter Rn 128 ff.
47 Kemper/*Kisters-Kölkes*, Rn 155.

einander stehen sollen.[48] Eine Ausnahme vom Günstigkeitsprinzip besteht gemäß § 77 Abs. 3 BetrVG, wenn ein abschließender Tarifvertrag auf eine (bessere) Betriebsvereinbarung trifft.

B. Weitere Pflichten des Arbeitgebers

Neben der Verpflichtung zur Erbringung der zugesagten Leistung – unmittelbar oder durch einen externen Versorgungsträger – legt das Gesetz dem Arbeitgeber noch weitere Verpflichtungen auf, von denen die wesentlichsten hier genannt werden sollen. 51

I. Insolvenzsicherung, §§ 7 ff. BetrAVG

Der Arbeitgeber ist nach Maßgabe der §§ 7 ff. BetrAVG bei den Durchführungswegen Direktzusage, Unterstützungskasse und Pensionsfonds sowie bei der Direktversicherung, wenn dem Arbeitnehmer kein unwiderrufliches Bezugsrecht eingeräumt wurde, **zur Zahlung von Beiträgen an den Pensionssicherungsverein a.G.** (PSVaG) verpflichtet. 52

II. Anpassungsprüfungsverpflichtung, § 16 BetrAVG

Bei laufenden Leistungen schuldet der Arbeitgeber über die zugesagte Leistung hinaus gemäß § 16 BetrAVG die regelmäßige Prüfung, ob eine Anpassung der Leistungen erforderlich ist. **In der Praxis läuft dies auf regelmäßige Leistungserhöhungen hinaus.** 53

C. Vorzeitiges Ausscheiden

Da die bAV nach h.M. **Entgeltcharakter**[49] hat und somit **nachgelagerter** Teil der **Vergütung** ist, aber auch und insbesondere die Betriebstreue honoriert werden soll,[50] unterscheidet das Gesetz zwischen verfallbaren und unverfallbaren Anwartschaften. Bei Erreichen einer **unverfallbaren Anwartschaft** endet die Verpflichtung des Arbeitgebers nicht mit dem Ausscheiden des Arbeitnehmers, auch wenn dessen Arbeitsverhältnis vor Eintritt des Leistungsfalls endet. Verpflichtungen aus 54

48 Blomeyer/Rolfs/Otto/*Rolfs*, Anh zu § 1 Rn 105; *Höfer*, ART BetrAVG Rn 293 ff.
49 BAG, Urt. v. 10.3.1972 – 3 AZR 278/71 – BAGE 24, 177; BT-Drucks 7/1281; *Höfer*, § 1b BetrAVG Rn 45.
50 Kemper/*Kisters-Kölkes*, Rn 227.

einer Zusage auf bAV können also noch lange nach Beendigung des Arbeitsverhältnisses bestehen bleiben.

I. Gesetzliche Unverfallbarkeit, §§ 1b, 2 BetrAVG

55 Gemäß § 2 BetrAVG stehen Arbeitnehmern bei Erfüllung der Unverfallbarkeitsfristen auch nach Ausscheiden aus dem Arbeitsverhältnis bei Eintritt des Leistungsfalls die bereits erdienten Ansprüche aus der Versorgungszusage zu. Hierbei handelt es sich um eine **gesetzliche Mindestregelung**, so dass vertragliche Abreden, beispielsweise eine Verfallsklausel, soweit sie gegen die gesetzliche Regelung verstoßen, nichtig sind.[51] Umstritten ist, ob sich aus der gesetzlichen Regelung auch eine Verfallbarkeit der Anwartschaft ergibt, wenn die genannten Fristen nicht erfüllt sind,[52] oder ob die gesetzliche Regelung nur eine Begrenzung vertraglicher Verfallsklauseln darstellt, ohne eine solche Verfallsklausel die Anwartschaft also sofort (vertraglich) unverfallbar ist.[53]

1. Unverfallbarkeit dem Grunde nach, § 1b Abs. 1 BetrAVG

56 Die Unverfallbarkeit dem Grunde nach richtet sich nach der **Dauer des Bestands der Versorgungszusage** sowie dem **Lebensalter des Arbeitnehmers**.

Gemäß § 1b Abs. 1 S. 1 BetrAVG bleibt einem Arbeitnehmer seine Anwartschaft auf Leistungen der bAV erhalten, wenn das Arbeitsverhältnis vor Eintritt des Versorgungsfalls, jedoch nach **Vollendung des 25. Lebensjahres** endet und die Versorgungszusage zu diesem Zeitpunkt **mindestens fünf Jahre** bestanden hat.

Die erforderlichen Zeiten und Altersgrenzen wurden in der Vergangenheit mehrfach geändert, so dass Übergangsregelungen erforderlich waren, vgl. § 30f BetrAVG. Bei einem Ausscheiden des Arbeitnehmers nach dem 31.12.2013 spielen diese Übergangsregelungen jedoch in der Praxis keine Rolle mehr, da in allen Fällen, in denen die Voraussetzungen des § 1 Abs. 1 S. 1 BetrAVG erfüllt sind, auch Unverfallbarkeit gemäß § 30f BetrAVG besteht.

a) Beendigung des Arbeitsverhältnisses

57 Erste Voraussetzung des Erwerbs einer unverfallbaren Anwartschaft (UVA) ist gemäß § 1b Abs. 1 S. 1 BetrAVG die Beendigung des Arbeitsverhältnisses. Endet das

---

51 BGH, Urt. v. 18.3.1982 – I ZR 15/80 – NJW 1982, 2873.

52 So im Ergebnis *Höfer*, § 1b BetrAVG Rn 2694.

53 So Blomeyer/Rolfs/Otto/*Rolfs*, § 1b BetrAVG Rn 20; Förster/Cisch/Karst/*Löschhorn*, § 1b BetrAVG Rn 17.

Arbeitsverhältnis **mit Eintritt eines Versorgungsfalls**, besteht ein Anspruch unabhängig davon, ob die Unverfallbarkeitsvoraussetzungen erfüllt sind.[54]

Als Arbeitsverhältnis im Sinne des Gesetzes sind auch die in § 17 BetrAVG gleichgestellten Rechtsverhältnisse zu sehen.[55] Auch **der Übergang von einem Arbeits- in ein Dienstverhältnis** bei demselben Arbeitgeber, z.B. weil der Arbeitnehmer in die Geschäftsführung berufen wird, führen daher nicht zur Beendigung des Arbeitsverhältnisses im Sinne des BetrAVG, auch wenn in einem solchen Fall das Arbeitsverhältnis im engeren Sinne endet.[56]

Auch ein **Betriebsübergang** gemäß § 613a BGB führt zu einem Übergang des Arbeitsverhältnisses, so dass das Arbeitsverhältnis im Sinne des BetrAVG fortbesteht.[57]

b) Mindestalter

Eine unverfallbare Anwartschaft entsteht nur, wenn der Arbeitnehmer bei Aus- 58
scheiden das 25. Lebensjahr vollendet hat. Mit dieser Regelung wird **eine Benachteiligung junger Arbeitnehmer** in Kauf genommen, da diesen noch eine hinreichende Zeitspanne zur Verfügung steht, um eine befriedigende Altersversorgung aufzubauen.[58]

c) Bestand der Versorgungszusage

Als weitere Voraussetzung verlangt das Gesetz, dass die Versorgungszusage bei 59
Ausscheiden **mindestens fünf Jahre** bestanden hat. Es ist hier mithin regelmäßig nach dem Zusagebeginn sowie nach eventuellen Unterbrechungen des Zusagebestands zu fragen.

aa) Zusagebeginn

Der Zusagebeginn richtet sich grundsätzlich nach dem Rechtsbegründungsakt, frü- 60
hester Zusagebeginn ist aber stets der Beginn des Arbeitsverhältnisses.[59]

Änderungen der Versorgungszusage, selbst wenn diese die alte Versorgung „schließt" und eine neue, andere Versorgung gewährt wird, führen aufgrund der

54 Förster/Cisch/Karst/*Löschhorn*, § 1b BetrAVG Rn 6.
55 S.o. Rn 10.
56 BAG, Urt. v. 19.7.2007 – 6 AZR 774/06 – BAGE 123, 294; Kemper/Kisters-Kölkes/Berenz/Huber/*Kemper*, § 1b BetrAVG Rn 23.
57 Kemper/Kisters-Kölkes/Berenz/Huber/*Kemper*, § 1b BetrAVG Rn 23.
58 *Höfer*, § 1b BetrAVG Rn 2702.
59 *Höfer*, § 1b BetrAVG Rn 2718.

sogenannten Einheit der Versorgungszusage nicht zu einem neuen Zusagezeitpunkt;[60] anders kann dies beim **Zusammentreffen völlig verschiedener Zusagen**, beispielweise einer geringwertige tarifvertraglichen Zusage sowie eine vom Arbeitgeber zusätzlich gewährte neben dieser stehende betriebliche Zusage, sein.[61] Hier laufen die Fristen gegebenenfalls getrennt.

bb) Warte-/Vorschaltzeiten

61 Auch Regelungen, nach denen eine Versorgungszusage erst nach einer gewissen Betriebszugehörigkeit erteilt wird, führen zu einem Zusagebeginn bereits mit dieser **„Zusage auf die Versorgungszusage"**.[62]

Solche Zusagen auf eine Zusage können beispielsweise auch im Wege der **betrieblichen Übung** entstehen. Schließt ein Arbeitgeber mithin regelmäßig erst nach einer gewissen Betriebszugehörigkeit Direktversicherungen für seine Arbeitnehmer ab, können dennoch alle Arbeitnehmer bereits bei Eintritt in den Betrieb eine entsprechende Zusage auf diese spätere Versorgung im Wege der betrieblichen Übung erwerben, die Unverfallbarkeitsfristen laufen also ab Eintritt in den Betrieb.

In gleicher Weise hemmen sogenannte **Wartezeiten** nicht den Beginn der Versorgungszusage, sondern nur den Beginn der Gewährung des entsprechenden Risikoschutzes, § 1 Abs. 1 Satz 5 BetrAVG.

Fettnapf
Ist eine Wartezeit vereinbart, kann diese demnach auch **nach Beendigung des Arbeitsverhältnisses** noch erfüllt werden.

Beispiel
Der Arbeitnehmer erhält eine Zusage auf Leistungen im Falle der Invalidität, allerdings besteht eine 10-jährige Wartezeit. Schutz besteht also nur in Fällen, in denen die Invalidität nach Ablauf dieser Wartefrist eintritt. Nach 8 Jahren verlässt der Arbeitnehmer das Unternehmen. Er hat dennoch eine unverfallbare Anwartschaft auf Schutz nach Erfüllung der Wartezeit. Tritt also nach Ablauf der verbleibenden zwei Jahre der Wartezeit Invalidität ein, so hat der Arbeitnehmer Anspruch auf Leistungen.

cc) Unterbrechungen der Betriebszugehörigkeit

62 Auch wenn es das Gesetz in § 1b Abs. 1 S. 1 BetrAVG nicht mehr ausdrücklich nennt, ist der **Bestand der Versorgungszusage an den Bestand der Betriebszugehörig-**

60 Kemper/Kisters-Kölkes/Berenz/Huber/*Kemper*, § 1b BetrAVG Rn 67 ff.
61 Vgl. *Höfer*, § 1b BetrAVG Rn 2801 ff.
62 Förster/Cisch/Karst/*Löschhorn*, § 1b BetrAVG Rn 11.

keit geknüpft.[63] Unterbrechungen der Betriebszugehörigkeit unterbrechen daher auch die Dauer des Bestands der Zusage.

Die Betriebszugehörigkeit besteht grundsätzlich, solange das Arbeitsverhältnis besteht.[64] **Unterbrechungen der Beschäftigung**, beispielweise aufgrund von Krankheit, Urlaub etc. führen daher nicht zu einer Unterbrechung der Betriebszugehörigkeit.

Praxistipp !

Dies kann zu einem wesentlichen Unterschied der Folgen einer **bezahlten Freistellung** gegenüber einer Aufhebung des Arbeitsvertrags gegen Abfindung führen, wenn bei Freistellung die gesetzlichen Unverfallbarkeitsfristen erreicht werden, bei einer Aufhebung/Kündigung zu einem früheren Zeitpunkt jedoch nicht.[65]

Ruht das Arbeitsverhältnis, gleich ob aufgrund einer vertraglichen oder einer ge- 63
setzlichen (z.B. Elternzeit) Regelung, besteht die Betriebszugehörigkeit und damit die Versorgungszusage grundsätzlich fort, so dass auch diese Zeiten bei der Prüfung der Erfüllung der Unverfallbarkeitsfristen zu berücksichtigen sind.[66] Etwas Anderes kann bei einer entsprechenden vertraglichen **Ruhensvereinbarung, die auch eine Hemmung der Unverfallbarkeitsfrist vorsieht**, gelten.[67]

dd) Vordienstzeiten

Vertragliche Vereinbarungen zum Zusagezeitpunkt, beispielsweise die Anerken- 64
nung von Vordienstzeiten gleich ob bei demselben oder bei einem anderen Arbeitgeber sind für die gesetzliche Unverfallbarkeit dem Grunde nach **unerheblich.**[68] Eine Besonderheit besteht nach der Rechtsprechung aber dann, wenn Dienstzeiten bei einem Vorarbeitgeber angerechnet werden sollen, bei diesem bereits eine Versorgungszusage bestand, die noch nicht unverfallbar ist und die jeweiligen **Arbeitsverhältnisse unmittelbar aneinander angrenzen.**[69]

---

63 *Höfer*, § 1b BetrAVG Rn 2823, vgl. auch § 30f BetrAVG.

64 OLG Frankfurt, Urt. v. 29.10.1985 – 5 U 271/84 – BB 1986, 878.

65 Zu möglichen Hinweispflichten siehe unten Rn 65.

66 *Höfer*, § 1b BetrAVG Rn 2861 ff.

67 *Höfer*, § 1b BetrAVG Rn 2702; a.A. PSVaG.

68 Förster/Cisch/Karst/*Löschhorn*, § 1b BetrAVG Rn 10 – bei der Anerkennung von Vordienstzeiten kann aber eine vertragliche Unverfallbarkeit entstehen.

69 BAG, Urt. v. 3.8.1978 – 3 AZR 19/77 – BAGE 31, 45; BAG, Urt. v. 11.1.1983 – 3 AZR 212/80 – BAGE 44, 1; BAG, Urt. v. 27.2.1990 – 3 AZR 213/88 – AP Nr. 13 zu § 1 BetrAVG Vordienstzeiten.

d) Hinweispflichten des Arbeitgebers

65 Den Arbeitgeber treffen aus seiner Fürsorgepflicht **keine Hinweispflichten** gegenüber dem Arbeitnehmer, dass mit der Beendigung des Arbeitsverhältnisses gegebenenfalls ein Verlust verfallbarer Versorgungsanwartschaften einhergeht. Dies gilt auch dann, wenn die Unverfallbarkeit zeitlich kurz bevor steht.[70]

2. Unverfallbarkeit der Höhe nach

66 Die Feststellung, dass ein Arbeitnehmer eine UVA hat, bedeutet jedoch nicht, dass diesem auch die volle Versorgungsleistung zusteht.

a) Quotierungsverfahren: Grundsatz m/n-tel

67 Gemäß § 2 Abs. 1 BetrAVG gilt der Grundsatz: Die UVA besteht „mindestens in Höhe des Teils der ohne das vorherige Ausscheiden zustehenden Leistung, der dem Verhältnis der Dauer der Betriebszugehörigkeit bis zum Erreichen der Regelaltersgrenze [...] entspricht."

Es wird mithin danach gefragt, welche Leistung der Arbeitnehmer bei Verbleib im Unternehmen bis zum Erreichen der Regelaltersgrenze erhalten hätte. Zukünftige Veränderungen, sei es des Gehalts oder der Versorgungsordnung oder andere für die Versorgung relevante Änderungen, bleiben gemäß § 2 Abs. 5 BetrAVG außer Betracht.

Die sich nach diesem Grundsatz errechnete Leistung **ist bei Eintritt des Versorgungsfalls** (also nicht etwa schon bei Ausscheiden) nach den Regelungen der Versorgungszusage zu zahlen.

! **Praxistipp**
Zu beachten ist in diesem Zusammenhang, dass die **Anhebung des gesetzlichen Renteneintrittsalters** sich auch auf die Höhe einer unverfallbaren Anwartschaft auswirken kann. So soll nach Ansicht des BAG auch eine ausdrücklich auf die Vollendung des 65. Lebensjahrs abstellende Versorgungsordnung regelmäßig dahingehend auszulegen sein, dass damit auf die Regelaltersgrenze in der gesetzlichen Rentenversicherung nach §§ 35, 235 Abs. 2 Satz 2 SGB VI Bezug genommen wird.[71] Auch wenn das Urteil des BAG im Jahr 2012 ergangen ist, bezieht sich die Entscheidung auf das Inkraft-Treten der Erhöhung der Regelaltersgrenze zum 1.1.2008, so dass gegebenenfalls Unverfallbarkeitsberechnungen ab diesem Zeitpunkt (rückwirkend) unrichtig sein können. Wendet der Arbeitgeber bei der Berechnung von unverfallbaren Anwartschaften dennoch regelmäßig weiterhin ein Endalter von 65 Jahren an, besteht die Gefahr, dass hieraus eine betriebliche Übung entsteht.

---

70 BAG, Urt. v. 3.7.1990 – 3 AZR 382/89 – BB 1991, 142; *Höfer*, Rn 2714.1; a.A. *Reinecke*, DB 2006, 555.

71 BAG, Urt. v. 15.5.2012 – 3 AZR 11/10 – BAGE 141, 259.

Berechnung der Höhe der unverfallbaren Anwartschaft: 68

Beispiel

1. Nach der Versorgungsordnung ist eine monatliche Rente von 400 Euro ab Alter 65 zugesagt. Der Arbeitnehmer ist im Jahr Januar 1960 geboren und Januar 1985 in den Betrieb eingetreten. Im Januar 2015 tritt er aus.
   Es ist zunächst die zugesagte **Rente bei Verbleib im Unternehmen** zu berechnen – hier unschwer 400 Euro. Sodann ist die **tatsächliche Betriebszugehörigkeit** ins Verhältnis zur **möglichen Betriebszugehörigkeit** zu setzten. Aufgrund des Geburtsjahrgangs des Arbeitnehmers ist hier Renteneintrittsalter jedoch nicht wie in der Versorgungsordnung genannt die Vollendung des 65. Lebensjahres, sondern 65 Jahre und elf Monate.
   Der Arbeitnehmer hätte die Regelaltersgrenze mithin mit Ende Dezember 2025 erreicht (Januar 1960 plus 65 Jahre und 11 Monate). Die möglich Dienstzeit wäre mithin von Januar 1985 bis Ende Dezember 2025, also 40 Jahre und 11 Monate (= 491 Monate).
   Die Höhe der UVA bestimmt sich daher wie folgt:
   Tatsächliche Betriebszugehörigkeit (Januar 1985 bis Januar 2015 = 30 Jahre = 360 Monate)/mögliche Betriebszugehörigkeit (491 Monate) = 360/491 = 0,733. Die Höhe der UVA beträgt daher 400 Euro × 0,733 = 293,28 Euro Monatsrente.[72]
2. Dem Arbeitnehmer ist eine Versorgung nach folgender Formel zugesagt: 0,5% des letzten Gehalts pro Dienstjahr ab dem 30. Lebensjahr für Gehaltsbestandteile unterhalb der Beitragsbemessungsgrenze in der gesetzlichen Rentenversicherung (BBG) und 1% des letzten Gehalts pro Dienstjahr ab dem 30. Lebensjahr für Gehaltsbestandteile oberhalb der BBG. Das Dienstjahr des Renteneintritts wird als volles Dienstjahr gerechnet. Als Altersgrenze sieht die Versorgungsordnung die Regelaltersgrenze in der gesetzlichen Rentenversicherung vor. Er ist am 1. Mai 1963 geboren und im Januar 1991 in das Unternehmen eingetreten. Zum 30.9.2013 verlässt er das Unternehmen. Sein Gehalt bei Austritt beträgt 7.000 Euro monatlich. Die BBG im Jahr 2013 liegt bei monatlich 5.800 Euro.
   Erneut ist zu berechnen, welche Leistung der Arbeitnehmer bei Verbleib im Unternehmen bis zur in der Versorgungsordnung vorgesehenen Altersgrenze erreicht hätte. Gemäß § 2 Abs. 5 BetrAVG bleiben Veränderungen nach Austritt außer Betracht.
   Aufgrund der dienstzeitabhängigen Versorgungsregelung ist daher zunächst die maximal mögliche Dienstzeit zu bestimmen:
   Die Regelaltersgrenze beträgt bei einem im Jahr 1963 geborenen Arbeitnehmer 66 Jahre und 10 Monate. Der Arbeitnehmer hätte die Regelaltersgrenze mithin mit Ende März 2030 erreicht (Mai 1963 plus 66 Jahre und 10 Monate). Die möglich Dienstzeit wäre mithin von Januar 1991 bis Ende März 2030, mithin 39 Jahre und 3 Monate (= 471 Monate).
   Sodann ist die sich hieraus ergebende Leistung zu bestimmen:
   Aufgrund der Versorgungsregelung ist das letzte Dienstjahr voll zu bewerten, so dass sich insgesamt 40 mögliche Dienstjahre ergeben. Allerdings zählen laut der Versorgungsordnung erst Dienstjahre ab der Vollendung des 30. Lebensjahres. Für die mögliche Leistung relevant ist also die Spanne vom 1. Mai 1993 bis zum 31.3.2030, mithin 36 Jahre und 10 Monate. Die pensionsfähige Dienstzeit beträgt daher 37 Jahre.
   Das Gehalt unterhalb der BBG beträgt 5.800 Euro, das Gehalt oberhalb der BBG 1.200 Euro (7.000 Euro – 5.800 Euro).

72 Die Berechnung erfolgt monatsgenau, Eintritts-, Austritts-, und Geburtsdatum sind daher genau zu bestimmen.

Die Leistung bei Verbleib im Unternehmen wären mithin 1.073 Euro (37 × 0,5% × 5.800 Euro) + 444 Euro (37 × 1% × 1.200 Euro) = 1.517 Euro.
Sodann ist die tatsächliche Dienstzeit zu bestimmen:
Vom 1.1.1991 bis 30.9.2013 sind es 22 Jahre und 9 Monate (= 273 Monate).
Der Unverfallbarkeitsquotient beträgt mithin 273 Monate/471 Monate = 0,58.
Die Anwartschaft beträgt daher: 1.517 Euro × 0,58 = 879,28 Euro Monatsrente.

---

b) Quotierung bei externen Durchführungswegen

69 Bei den externen Durchführungswegen erwirbt der Arbeitnehmer seinen Versorgungsanspruch (unmittelbar bei Pensionskasse und Pensionsfonds, als Bezugsrecht bei der Direktversicherung oder als quasi-Anspruch gegen eine Unterstützungskasse) aufgrund der Beiträge des Arbeitgebers an den externen Versorgungsträger gegen diesen. Dementsprechend hat der mit einer UVA ausscheidende Arbeitnehmer regelmäßig bei Ausscheiden auch bereits einen entsprechenden sich aus den bereits gezahlten Beiträgen ergebenden Anspruch, vgl. § 2 Abs. 2 S. 1, Abs. 3 S. 1, Abs. 3a, Abs. 4 BetrAVG.

70 Auch bei externen Durchführungswegen ergibt sich die Höhe der UVA aber grundsätzlich nach dem Quotierungsverfahren.

71 Da bei der Durchführung der Altersversorgung mittels externer Versorgungsträger die Versorgungsleistung tatsächlich – und nicht im Wege der Bildung von Rückstellungen – angespart wird, gehen der **Wert der Anwartschaft und die Höhe des bereits angesammelten Kapitals nicht notwendigerweise Hand in Hand**. Die angesparten Mittel können also geringer- oder höherwertig sein als die UVA nach dem Quotierungsverfahren.

72 Der Versorgungsträger erbringt aber bei Eintritt des Versorgungsfalls nur eine Leistung entsprechend dem angesparten Kapital. Da die Art der Finanzierung vom Arbeitgeber bestimmt wird, hat der Gesetzgeber auch grundsätzlich ihm das entsprechende Risiko zugewiesen:

73 Der Anspruch des Arbeitnehmers richtet sich nach dem Quotierungsverfahren, auf die Art des Durchführungswegs kommt es nicht an.

Ist die Leistung aus dem (bei Ausscheiden beitragsfrei zu stellenden) Versicherungsvertrag geringer (man beachte die gegenwärtige Niedrigzinsphase!) besteht ein **Differenzanspruch unmittelbar gegen den Arbeitgeber**. Der Arbeitnehmer erhält also einmal aus seinem Bezugsrecht einen unmittelbaren Anspruch gegen den Versicherer und darüber hinaus einen weiteren Differenzanspruch gegen den Arbeitgeber.

Ist die Leistung aus dem Versicherungsvertrag höher als die UVA, steht der überschießende Betrag dem Arbeitgeber zu. Trotz dem Bezugsrecht des Arbeitnehmers „behält" der Arbeitgeber also einen Teil seines Anspruchs aus der Versicherung. Dies gilt jedoch nicht, wenn die Zusage von Anfang an nicht auf eine konkrete Leistung, sondern schlicht auf die Leistung aus dem Versicherungsvertrag im Zeitpunkt des Ausscheidens gerichtet war.

Praxistipp
Es sollte daher stets berücksichtigt werden, dass sich auch bei einer grundsätzlich **vollen Ausfinanzierung der Zusage mittels einer Direktversicherung** bei vorzeitigem Ausscheiden von Arbeitnehmern dennoch **unmittelbare Pensionsverpflichtungen des Arbeitgebers** ergeben können. Die Entwicklung des Wertes eines Finanzierungsinstruments erfolgt regelmäßig nicht parallel zur Entwicklung der UVA.

Sind dem Arbeitnehmer auch die **Überschussanteile** aus der Versicherung zugesagt, so berechnet sich die Höhe der UVA wie folgt: Bei der Quotierung werden die Überschussanteile nicht berücksichtigt, sie stehen dem Arbeitnehmer in voller Höhe zu, soweit sie von dem Versicherer während der Dauer des Arbeitsverhältnisses zugeteilt wurden. 74

c) Ausnahmen vom Quotierungsverfahren

Von diesem Grundsatz erlaubt der Gesetzgeber jedoch Ausnahmen: 75

aa) Beitragsorientierte Leistungszusage und Entgeltumwandlung, § 2 Abs. 5a BetrAVG

Bei beitragsorientierten Leistungszusagen,[73] deren Zusagedatum nach dem 31.12. 2000 liegt, gilt § 2 Abs. 5a BetrAVG, so dass hier nicht das Quotierungsverfahren Anwendung findet, sondern sich die **Leistung allein aus dem Wert der eingezahlten oder umgewandelten Beiträge** ergibt und so regelmäßig „ein gerechteres" Ergebnis erzielt werden soll. Bei Zusagen, die vor dem 1.1.2001 erteilt wurden, kann § 2 Abs. 5a BetrAVG gemäß § 30g BetrAVG im Einvernehmen zwischen Arbeitgeber und Arbeitnehmer angewandt werden. 76

Praxistipp
Bei beitragsorientierten Leistungszusagen oder Zusagen auf der Basis von Entgeltumwandlung, die **vor dem 1.1.2001** erteilt wurde, sollte daher stets geprüft werden, ob eine solche Vereinbarung infrage kommt. Sie müsste gegebenenfalls **individuell** zwischen Arbeitgeber und Arbeitnehmer vereinbart werden, eine Vereinbarung mittels Betriebsvereinbarung ist nicht möglich.[74]

bb) Beitragszusage mit Mindestleistung, § 2 Abs. 5b BetrAVG

Bei Beitragszusagen mit Mindestleistung[75] gilt das Quotierungsverfahren ebenfalls nicht. Vielmehr steht dem Arbeitnehmer gemäß § 2 Abs. 5b BetrAVG der Betrag zu, 77

---

73 Siehe oben Rn 25.
74 Kemper/Kisters-Kölkes/Berenz/Huber/*Kisters-Kölkes*, § 2 BetrAVG Rn 96.
75 Siehe oben Rn 26.

der sich aus der **Summe der geleisteten Beiträge** zuzüglich deren Erträge bis zum Leistungsfall ergibt. Sich nach dem Ausscheiden ergebende Erträge werden dem Arbeitnehmer mithin weiterhin gutgeschrieben, eventuelle Verluste bis zur Mindestleistung (Summe der eingezahlten Beiträge) verrechnet.[76]

cc) Besonderheit bei der Direktversicherung, § 2 Abs. 2 Satz 2 BetrAVG: Versicherungsförmige Lösung

78 Bei der Direktversicherung besteht für den Arbeitgeber unter den weiteren Voraussetzungen des § 2 Abs. 2 S. 2ff. BetrAVG die Möglichkeit, anstatt des Quotierungsverfahrens (auch arbeitsvertragliche Lösung genannt) die sogenannte **versicherungsförmige**[77] **Lösung** zu wählen.

Danach tritt an Stelle der sich bei Anwendung des Quotierungsverfahrens ergebenden Leistung die Leistung, die sich aus dem bei Ausscheiden des Arbeitnehmers beitragsfrei gestellten Versicherungsvertrag ergibt.

Mit der Wahl der versicherungsförmigen Lösung kann der Arbeitgeber mithin das Finanzierungsrisiko auch bereits in der Anwartschaftsphase auslagern.

79 Grundsätzlich ist hierbei jedoch zu beachten, dass der **Umfang der Versicherung und die arbeitsvertragliche Verpflichtung aus der Versorgungszusage sich entsprechen müssen.**[78] Sagt der Arbeitgeber in der Zusage eine Rente von 200 Euro zu, schließt aber nur einer Direktversicherung über eine garantierte Leistung von 150 Euro ab, so bleibt seine Einstandspflicht bestehen.

! **Praxistipp**

In der Praxis werden nicht selten Direktversicherungen angeboten und abgeschlossen, die nur inklusive der erwarteten Überschüsse die dem Arbeitnehmer vom Arbeitgeber zugesagte Leistung erbringen sollen. Aufgrund der gegenwärtigen Niedrigzinsphase besteht daher ein großes Risiko, dass die Versicherungen nicht den erwarteten Ertrag bringen und dementsprechend eine Einstandspflicht des Arbeitgebers zu erwarten ist. In diesem Fall ist die Bildung von Rückstellungen zu prüfen.

---

dd) Voraussetzungen für die Wahl der versicherungsförmigen Lösung

80 Die versicherungsförmige Lösung kann nur gewählt werden, wenn die in § 2 Abs. 2 S. 2ff. BetrAVG aufgeführten **sozialen Auflagen** erfüllt sind und der Versicherungsvertrag entsprechend ausgestaltet ist. Hiermit soll gewährleistet werden, dass der

76 Förster/Cisch/Karst/*Jumpertz*, § 2 BetrAVG Rn 41.

77 Auch als „Ersatzverfahren", „versicherungsrechtliche" oder „versicherungsvertragliche" Lösung bezeichnet.

78 Kemper/Kisters-Kölkes/Berenz/Huber/*Kisters-Kölkes*, § 2 BetrAVG Rn 123, 125.

Anwartschaftsanspruch des Arbeitnehmers nicht durch die Wahl des Versicherungsmodells entwertet werden kann.

Bei (wirksamer) Wahl der versicherungsförmigen Lösung gibt es bei der Direkt- 81
versicherung **keinen Auffüllanspruch** (s.o.),[79] so dass auf den Arbeitgeber grundsätzlich keine Ansprüche zukommen können. Völlig frei von jeglicher theoretischen Haftung, beispielsweise im Fall der Insolvenz des Versicherers, wird er jedoch nicht.

Wird eine Direktversicherung nicht unmittelbar mit Beginn des Arbeitsverhält- 82
nisses abgeschlossen, ist deren Deckungskapital regelmäßig nicht ausreichend, um einen nach dem Quotierungsverfahren berechneten Anspruch des Arbeitnehmers zu erfüllen, so dass die versicherungsförmige Lösung eine deutliche Entlastung des Arbeitgebers darstellen kann.

Praxistipp !

1. Die versicherungsförmige Lösung kann nur gewählt werden, wenn nach dem Versicherungsvertrag die **Überschüsse allein zur Verbesserung der Versicherungsleistung** zu verwenden sind und wenn der ausgeschiedene Arbeitnehmer nach dem Versicherungsvertrag das Recht hat, die Versicherung mit eigenen Beiträgen fortzusetzen. Soll mithin die versicherungsförmige Lösung eine Option darstellen, müssen diese Punkte **bereits bei Abschluss des Versicherungsvertrags** beachtet werden.
2. Der Zeitpunkt, zu dem die Direktversicherung abgeschlossen wird, spielt eine wichtige Rolle beim Wert der versicherungsförmigen Lösung im Vergleich zur arbeitsvertraglichen Lösung. Dementsprechend ist der betriebliche Gleichbehandlungsgrundsatz zu beachten. Wird die **Direktversicherung erst nach Beginn der Betriebszugehörigkeit abgeschlossen** (bspw. erst nach Erfüllen der Unverfallbarkeitsvoraussetzungen), muss diese Frist bei allen Arbeitnehmern gleich sein.

Für die Wahl der versicherungsförmigen Lösung ist gemäß § 2 Abs. 2 S. 3 BetrAVG 83
die Erklärung des Arbeitgebers erforderlich, diese Lösung nutzen zu wollen. Die Wahl muss **innerhalb von drei Monaten nach dem Ausscheiden des Arbeitnehmers** ausgeübt und dem Arbeitnehmer wie auch der Versicherung mitgeteilt werden.

d) Besonderheit Pensionskasse

Auch bei einer Zusage über eine Pensionskasse kann die versicherungsförmige Lö- 84
sung bei der Bestimmung der Höhe der unverfallbaren Anwartschaft gewählt werden. Im Vergleich zur Direktversicherung sieht das Gesetz bei der Pensionskassenzusage geringere Anforderungen in Bezug auf die sozialen Auflagen vor. Insbesondere besteht kein Erfordernis der Gewährung eines unwiderruflichen Bezugsrechts.

---

79 *Höfer*, § 2 BetrAVG Rn 2702.

Praxistipp
Gerade bei überbetrieblichen Pensionskassen, die als Aktiengesellschaft organisiert sind, ist eine solche Gestaltung mit dem Arbeitgeber als alleinigem Versicherungsnehmer üblich. Hier sollte daher bei Ausscheiden des Arbeitnehmers bewusst eine Entscheidung über die Widerruflichkeit des Bezugsrechts getroffen werden.

e) Besonderheit Pensionsfonds

85 Bei Pensionsfonds **kann zwar die versicherungsförmige Lösung nicht gewählt werden**, es bleibt grundsätzlich bei dem Quotierungsverfahren.[80] Dies gilt allerdings nur für den Fall, dass der Pensionsfonds nicht wie üblich eine Beitragszusage mit Mindestleistung[81] anbietet oder falls er gemäß § 112 Abs. 1 Nr. 2 VVG Altersversorgungsleistungen erbringt, wenn Beitragszahlungen des Arbeitgebers auch in der Rentenbezugszeit noch vorgesehen sind. Bei einer Beitragszusage mit Mindestleistung richtet sich die Höhe der Anwartschaft nach dieser Zusageart.[82]

f) Unterstützungskasse

86 Auch bei der Unterstützungskasse kann die versicherungsförmige Lösung nicht gewählt werden, es bleibt bei dem Quotierungsverfahren.[83]

Soll dem Arbeitnehmer bei der Unterstützungskasse zur Erfüllung der Anwartschaft die Rückdeckungsversicherung übertragen werden, ist dies nur in den Grenzen des § 3 BetrAVG bei betragsmäßig sehr kleinen Anwartschaften möglich.

Fettnapf
Hierin liegt daher ein großer praktischer Unterschied zwischen der Direktversicherung und der ebenfalls häufig gewählten Zusage über eine rückgedeckten Unterstützungskasse.[84] Rückgedeckte Unterstützungskassen werden ebenfalls häufig von Versicherern angeboten, so dass Unklarheiten bestehen können, welcher Durchführungsweg tatsächlich gewählt wurde.

II. Unverfallbarkeit bei Entgeltumwandlung

87 Gemäß § 1b Abs. 5 BetrAVG sind Zusagen auf bAV, die auf einer Entgeltumwandlung des Arbeitnehmers beruhen, **stets von Beginn an unverfallbar**.

---

80 Förster/Cisch/Karst/*Jumpertz*, § 2 BetrAVG Rn 36.
81 Siehe oben Rn 26.
82 Siehe oben Rn 77.
83 Förster/Cisch/Karst/*Jumpertz*, § 2 BetrAVG Rn 37.
84 Siehe oben Rn 30.

III. Vertragliche Unverfallbarkeit

Die **gesetzliche Unverfallbarkeit** stellt, sowohl in Bezug auf die Unverfallbarkeit dem Grunde nach als auch in Bezug auf die Höhe der unverfallbaren Anwartschaft eine **Untergrenze** dar.[85] Höhere vertragliche Leistungen, beispielsweise im Rahmen von Abfindungsregelungen können daher gewährt werden. Aufgrund der Langfristigkeit von Versorgungszusagen, sollten auch in diesen Fällen stets die bilanziellen und steuerlichen Effekte beachtet werden. Zu Abfindung von Versorgungsanwartschaften bei vorzeitigem Ausscheiden siehe den folgenden Abschnitt V. 88

Abweichungen von den gesetzlichen Regelungen des § 2 BetrAVG sind jedoch gemäß § 17 Abs. 3 BetrAVG durch **Tarifvertrag** bzw. die Bezugnahme von tarifvertraglichen Regelungen im Arbeitsvertrag möglich. Darüber hinaus soll nach Ansicht des BAG[86] auch die Vereinbarung von von § 2 BetrAVG **abweichenden Regelungen** bei Anstellungsverhältnissen von **Organpersonen** zulässig sein. Verhandlungen zwischen Arbeitgeber und Organperson fehle das übliche Über-/Unterordnungsverhältnis, das Verhandlungen zwischen Arbeitgeber und individuellem Arbeitnehmer innewohne, so dass die Tariföffnungsklausel auch auf Vereinbarungen mit Organpersonen übertragen werden könne. 89

Praxistipp !

Diese Rechtsprechung des BAG[87] ermöglicht mithin für den Arbeitgeber günstige Vereinbarungen mit Organpersonen. Dementsprechend können hier insbesondere bei Arbeitnehmern, die erst im Laufe ihres Arbeitsverhältnisses die Organstellung erlangen, die Unverfallbarkeitsregeln an die neuen Verhältnisse angepasst werden.[88]

IV. Widerruf der Versorgungszusage

In Fällen, in denen sich der Arbeitnehmer eine **besonders schwere Verfehlung gegenüber dem Arbeitgeber** hat zuschulden kommen lassen, kann auch eine unverfallbare Anwartschaft durch einen Widerruf der Versorgungszusage entfallen, wenn sich aufgrund der Verfehlung des Arbeitnehmers dessen **Betriebstreue im** 90

---

85 *Höfer*, § 1b BetrAVG Rn 3065.1.

86 BAG, Urt. v. 21.4.2009 – 3 AZR 285/07, Rn 45 – ZTR 2009, 657.

87 A.A. wohl OLG Stuttgart, Urt. v. 17.12.2008 – 14 U 34/08 – juris. Soweit ersichtlich war diese Frage nach der Entscheidung des BAG nicht mehr vor ordentlichen Gerichten. Streitigkeiten mit Organmitgliedern finden regelmäßig den Weg vor die ordentlichen Gerichte. Es kann nicht ausgeschlossen werden, dass diese aufgrund des strikten Gesetzeswortlauts des § 17 Abs. 3 BetrAVG der Argumentation des BAG nicht folgen und vom Gesetz abweichende Vereinbarungen als nichtig ansehen.

88 Vgl. Kemper/Kisters-Kölkes/Berenz/Huber/*Kisters-Kölkes*, § 2 BetrAVG Rn 198.

Nachhinein als wertlos erweist.[89] Nicht ausreichend ist eine Treuepflichtverletzung, die „nur“ eine fristlose Kündigung rechtfertigen würde.[90]

91 Betrifft die schwere Treuepflichtverletzung nur einen Teil der geleisteten Dienstzeit, ist auch der Widerruf allenfalls in Bezug auf den Zeitraum der Treuepflichtverletzung möglich.[91]

92 Der Arbeitnehmer darf allerdings nicht die **Unverfallbarkeit** durch seine Treuepflichtverletzung **erschlichen** haben,[92] indem er treuwidrig sein eine fristlose Kündigung rechtfertigendes Fehlverhalten verschleiert und so die fristlose Kündigung herauszögert, bis die Unverfallbarkeitsfristen erfüllt sind. In diesem Fall reichen auch die zur fristlosen Kündigung berechtigenden Verfehlungen zum Widerruf der Versorgungszusage aus.

! **Praxistipp**
Grundsätzlich muss der Widerruf **innerhalb einer kurzen Überlegungsfrist** ab zuverlässiger Kenntnis des Widerrufsgrunds erklärt werden.[93] Bei Ausspruch einer fristlosen Kündigung sollte daher stets auch der Status der Versorgungsanwartschaft geprüft werden.

V. Abfindung § 3 BetrAVG

93 Die betriebliche Altersversorgung hat, wie ihr Name sagt, den Zweck, die Versorgung der Arbeitnehmer im Alter (oder bei Eintritt eines anderen Versorgungsfalls) zu unterstützen und wird daher von staatlicher Seite insbesondere durch Steuervorteile im Vergleich zu sonstiger Vergütung bevorzugt. Aus diesem Grund sollen die zugesagten Leistungen dem Arbeitnehmer auch (erst und noch) bei Eintritt des Versorgungsfalls zur Verfügung stehen.[94] **Eine „Rückabwicklung“ der Versorgungszusage durch finanzielle Abfindung dieser bei vorzeitigem Ausscheiden ist daher nur in den engen Grenzen des § 3 BetrAVG möglich.** Die nicht selten gewünschte vollständige Beendigung aller arbeitsrechtlichen Beziehungen zwischen Arbeitgeber und Arbeitnehmer bei Ausscheiden des Arbeitnehmers wird daher im Bereich der betrieblichen Altersversorgung deutlich erschwert.

89 BAG, Urt. v. 8.2.1983 – 3 AZR 463/80 – BAGE 41, 333; Kemper/Kisters-Kölkes/Berenz/Huber/*Kemper*, § 1 BetrAVG Rn 362; Blomeyer/Rolfs/Otto/*Rolfs*, Anh § 1 Rn 527.
90 BGH, Urt. v. 25.11.1996 – II ZR 118/95 – NJW-RR 1997, 348.
91 Kemper/Kisters-Kölkes/Berenz/Huber/*Kemper*, § 1 BetrAVG Rn 365 f.
92 BAG, Urt. v. 8.2.1983 – 3 AZR 10/81 – BB 1983, 1100.
93 OLG Hamm, Urt. v. 14.11.1994 – 8 U 41/94 – ZIP 1995, 1281.
94 Förster/Cisch/Karst/*Jumpertz*, § 3 BetrAVG Rn 1.

1. Reichweite des Abfindungsverbots

Das Abfindungsverbot gemäß § 3 BetrAVG umfasst gesetzlich[95] **unverfallbare** Anwartschaften **ausgeschiedener**[96] Arbeitnehmer oder Leistungsempfänger aus allen Durchführungswegen und unabhängig von der Art der Zusage.[97] 94

a) Nur gesetzlich unverfallbare Anwartschaften

Dementsprechend können lediglich **vertraglich unverfallbar** gestellte Anwartschaften abgefunden werden. Dies gilt sowohl für eine vertragliche Unverfallbarkeit dem Grunde nach als auch der Höhe nach,[98] eine Abfindung ist also möglich, soweit die gewährte Anwartschaft über die nach dem Gesetz zu gewährende unverfallbare Anwartschaft hinausgeht. 95

Beispiel

Vertraglich unverfallbare Anwartschaften werden in der Praxis beispielsweise gewährt, wenn ein Konzern Arbeitnehmer vor Erfüllung der gesetzlichen Unverfallbarkeitsvoraussetzungen temporär zu einer ausländischen Tochter versetzt wird, eine Rückkehr nach Deutschland aber vorgesehen ist. Hier endet die Versorgungszusage aufgrund des Ausscheidens bei dem deutschen Arbeitgeber, so dass die bereits erdiente Anwartschaft verfallen würde. Da diese Folge bei einer **konzerninternen Versetzung** regelmäßig nicht gewollt sein wird – es fehlt tatsächlich gerade nicht an einer weiteren Betriebstreue – wird die erworbene Anwartschaft regelmäßig vertraglich unverfallbar gestellt, um die Versorgungszusage bei Rückkehr des Arbeitnehmers wieder fortführen zu können. Scheidet der Arbeitnehmer nunmehr aber vor seiner Rückkehr aus dem Konzern aus oder verbleibt er im Ausland, so dass eine Fortführung der Zusage in Deutschland ausscheidet, haben beide Parteien regelmäßig nur ein geringes Interesse am Fortbestand der zunächst gewährten Anwartschaft. Diese kann mithin trotz der zunächst beabsichtigten Unverfallbarkeit abgefunden werden.

b) Beendigung des Arbeitsverhältnisses

Gleichsam kann der Arbeitnehmer im **laufenden Arbeitsverhältnis** auf erdiente verfallbare oder unverfallbare Anwartschaften (ggf. gegen Abfindung) verzichten.[99] Zu beachten ist hierbei jedoch, dass das Abfindungsverbot bereits dann greift, wenn die Beendigung des Arbeitsverhältnisses bevorsteht und Abfindung **im Zusammenhang mit der Beendigung** steht.[100] 96

---

95 Blomeyer/Rolfs/Otto/*Rolfs*, § 3 BetrAVG Rn 19.

96 *Höfer*, § 3 BetrAVG Rn 3574; BAG, Urt. v. 14.8.1990 – 3 AZR 301/89 – DB 1991, 501; BAG, Urt. v. 11.12.2001 – 3 AZR 334/00 – DB 2002, 2335.

97 Kemper/Kisters-Kölkes/Berenz/Huber/*Kisters-Kölkes*, § 3 BetrAVG Rn 11.

98 *Höfer*, § 3 BetrAVG Rn 2702.

99 BAG, Urt. v. 21.1.2003 – 3 AZR 30/02 – DB 2003, 2130; BAG, Urt. v. 14.6.2005 – 3 AZR 185/04 – DB 2006, 959.

100 BAG, Urt. v. 11.12.2001 – 3 AZR 334/00 – DB 2002, 2335.

c) Erlass

97 Auch der Erlass, also der Verzicht auf die Anwartschaft **ohne Gegenleistung**, ist vom Abfindungsverbot des § 3 Abs. 1 BetrAVG umfasst.[101] Zwar bezieht sich der Wortlaut des § 3 Abs. 1 BetrAVG nur auf Abfindungen gegen eine Geldzahlung. Aufgrund des Zwecks der gesetzlichen Regelung zur Sicherstellung, dass die zugesagten Leistungen dem Arbeitnehmer bei Eintritt des Versorgungsfalls zur Verfügung stehen, kann aber (erst recht) nichts anderes gelten wenn der Arbeitnehmer ohne Gegenleistung auf seine Anwartschaft verzichtet.[102]

d) Abfindungsverbot und Ausgleichsklauseln/gerichtliche Vergleiche

98 Das Abfindungsverbot gilt **auch** im Falle von **Abfindungen wegen einer Kündigung**. Vereinbarungen über eine Verrechnung künftiger Rentenansprüche mit einer Abfindung gemäß den §§ 9, 10 KSchG sind nichtig, der Arbeitnehmer kann trotz einer solchen Vereinbarung im Versorgungsfall die volle Leistung verlangen.[103] Das Gleiche gilt bei der Abgeltung von unverfallbaren Versorgungsanwartschaften als Teil der Kündigungsabfindung in Sozialplänen.[104]

99 **Gesamterledigungsklauseln**, wie sie sich in Aufhebungsvereinbarungen oder gerichtlichen Vergleichen häufig finden, beziehen sich regelmäßig schon nicht auf die Abfindung von Versorgungsanwartschaften,[105] wenn diese **nicht ausdrücklich genannt** sind,[106] so dass sich die Frage nach der Zulässigkeit der Abfindung häufig gar nicht stellt und auch grundsätzlich abfindbare Bagatellanwartschaften von einer solchen Abfindung nicht umfasst sind.

100 Sind Versorgungsanwartschaften ausdrücklich umfasst, muss sich auch diese Vereinbarung an § 3 BetrAVG messen lassen.[107]

101 Möglich bleibt aber ein **tatsächlicher Vergleich** über das Nichtbestehen der Voraussetzungen des Versorgungsanspruchs, beispielsweise zu der Frage, ob überhaupt eine Zusage erteilt wurde, ob die erforderliche Betriebszugehörigkeit vorliegt etc.[108]

---

101 St. Rspr. vgl. BAG, Urt. v. 24.1.2006 – 3 AZR 484/04 – NZA 2007, 278 m.w.N.; BAG, Urt. v. 22.9.1987 – 3 AZR 194/86 – juris.

102 LAG Rheinland-Pfalz, Urt. v. 23.2.2012 – 2 Sa 635/11 – juris.

103 BAG, Urt. v. 19.3.1998 – 8 AZR 139/97 – BB 1998, 1422.

104 BAG, Urt. v. 7.8.1975 – 3 AZR 505/74 – DB 1975, 1991; BAG, Urt. v. 30.10.1980 – 3 AZR 364/79 – DB 1981, 699.

105 LAG Rheinland-Pfalz, Urt. v. 23.2.2012 – 2 Sa 635/11 – juris.

106 BAG, Urt. v. 9.11.1973 – 3 AZR 66/73 – BB 1974, 280; BAG, Urt. v. 3.5.1983 – 3 AZR 1263/79 – BB 1983, 1539.

107 BGH, Urt. v. 15.7.2002 – II ZR 192/00 – NJW 2002, 3632; Blomeyer/Rolfs/Otto/*Rolfs*, § 3 BetrAVG Rn 14.

108 BAG, Urt. v. 18.12.1985 – 3 AZR 125/84 – BAGE 47, 355; OLG Frankfurt, Urt. v. 22.2.2007 – 16 U 197/06 – NZR-RR 2007, 317.

e) Abfindungsverbot und Kapitalwahlklauseln

Nicht unter das Abfindungsverbot fallen sogenannte **Kapitalwahlklauseln**, bei denen der Versorgungsanwärter zwischen einer Rente oder einer (einmaligen) Kapitalabfindung entscheiden kann und er diese **Entscheidung zugunsten der Kapitalzahlung vor Eintritt des Versorgungsfalls** trifft. Zwar wird auch bei diesen eine (zunächst) zugesagte Rente mittels einer ein- oder mehrmaligen Kapitalzahlung abgelöst, hierbei wird aber nicht die Zusage abgelöst, sondern lediglich eine bereits in dieser angelegte **Option ausgeübt.**[109] Es liege daher keine Abfindung im Sinne des § 3 BetrAVG vor, sondern weiterhin eine Erfüllung der Zusage.[110] Nicht höchstrichterlich entschieden ist die Frage, ob ein Kapitalwahlrecht auch noch *nach* Eintritt des Versorgungsfalls ausgeübt werden kann. Auch hier dürfte es auf die Ausgestaltung der Zusage ankommen. Ist aus dieser zu entnehmen, dass bei Eintritt des Versorgungsfalls eine Rente zu zahlen ist, wenn nicht die Kapitaloption gewählt wurde, dürfte dies als Entscheidung zugunsten der Rente zu werten zu sein, so dass eine spätere Kapitalwahl nicht mehr von der Zusage gedeckt ist und eine eventuelle Zahlung unter § 3 BetrAVG fällt.[111] Im anderen Fall, in dem die Zusage auch ein Kapitalwahlrecht nach Beginn der (Renten-)Leistung enthält, die Option also nicht mit Beginn der Leistungsphase entfallen soll, ist nicht ersichtlich, warum aufgrund von § 3 BetrAVG dieses Recht dennoch entfallen soll. Liegt mit dem OLG Stuttgart bei der Ausübung des Kapitalwahlrechts schon keine Abfindung im Sinne des § 3 BetrAVG vor, da die Zusage wie optional vorgesehen erfüllt wird, spielt der Zeitpunkt der Ausübung keine Rolle.[112] 102

Voraussetzung ist jedoch stets, dass das **Kapitalwahlrecht** vor und auch **nicht im Zusammenhang mit dem Ausscheiden des Arbeitnehmers vereinbart wurde.** 103

Praxistipp !
Aufgrund der erheblichen Risiken[113] bei Zahlung einer Kapitalleistung nach Beginn der Rentenphase, sollte bei Zusagen mit Kapitalwahloption auf eine endgültige Wahl bereits vor Eintritt des Versorgungsfalls hingewirkt werden.

---

2. Folgen einer Verletzung des Abfindungsverbots

§ 3 BetrAVG ist ein Verbotsgesetz im Sinne des § 134 BGB, so dass **verbotswidrige Geschäft nichtig** ist.[114] Dies führt im Ergebnis dazu, dass der Arbeitgeber die Ver- 104

---

109 Vgl. OLG Stuttgart, Urt. v. 17.12.2008 – 14 U 34/08 – BeckRS 2009, 13831.
110 BGH, Urt. v. 28.9.2009 – II ZR 12/09 – BetrAV 2010, 89.
111 Blomeyer/Rolfs/Otto/*Rolfs*, § 3 BetrAVG Rn 35.
112 Vgl. *Powietzka/de Groot*, DB 2013, 400.
113 Siehe die folgende Rn 104.
114 BAG, Urt. v. 22.3.1983 – 3 AZR 499/80 – NZA 1985, 218.

sorgungsleistung dennoch erbringen muss, die Rückforderung der gezahlten Abfindung beim Arbeitnehmer jedoch gemäß § 817 Abs. 2 BGB ausgeschlossen sein kann oder der Arbeitnehmer dem Arbeitgeber nach Verbrauch des Geldes den Wegfall der Bereicherung gemäß § 818 Abs. 3 BGB entgegenhält. Auch eine Aufrechnung mit den zukünftig zu zahlenden Rentenleistungen ist nur eingeschränkt möglich.[115]

3. Ausnahmen vom Abfindungsverbot

105 Auch wenn der Anwendungsbereich des Abfindungsverbots eröffnet ist, besteht unter bestimmten Voraussetzungen dennoch die Möglichkeit der Abfindung der Anwartschaft.

a) Kleinstanwartschaften

106 Der Arbeitgeber kann gemäß § 3 Abs. 1 BetrAVG gesetzlich unverfallbare Anwartschaften des Arbeitnehmers gemäß § 3 Abs. 2 BetrAVG abfinden, wenn die bei Erreichen der vorgesehenen Altersgrenze maßgeblich Monatsrente 1% der monatlichen Bezugsgröße nach § 18 SGB IV[116] bzw. bei Kapitalleistungen das auszuzahlende Kapital 120% der Bezugsgröße nicht übersteigt.

107 Stehen dem Arbeitnehmer Anwartschaften aus verschiedenen Zusagen aus demselben Arbeitsverhältnis zu, so sind diese nach h.M.[117] zusammenzurechnen, **die Gesamtsumme muss also unterhalb des Schwellenwertes liegen.**[118]

108 Sind diese Voraussetzungen gegeben, liegt die **Entscheidung allein beim Arbeitgeber**, einer Zustimmung des Arbeitnehmers bedarf es nicht.[119]

109 Die Abfindung solcher Bagatellanwartschaft ist jedoch gemäß § 3 Abs. 2 S. 3 BetrAVG dann nicht zulässig, wenn der Arbeitnehmer von seinem **Recht zur Übertragung der Anwartschaft**[120] auf einen neuen Arbeitgeber Gebrauch macht.

110 Umstritten ist die sich hieraus ergebende Rechtsfolge für das Abfindungsrecht des Arbeitgebers:

111 Nach einer Ansicht[121] könne der Arbeitgeber durch eine schnelle Abfindungsentscheidung und -zahlung dieses Übertragungsbegehren umgehen. Wurde die Abfindung gezahlt, könne der Arbeitnehmer nicht mehr die Übertragung verlangen.

115 Vgl. Darstellung in *Powietzka/de Groot*, DB 2013, 400.

116 Im Jahr 2014 2.765 € (west)/2.345 € (ost).

117 *Höfer*, § 3 BetrAVG Rn 3594; Kemper/Kisters-Kölkes/Berenz/Huber/*Kisters-Kölkes*, § 3 BetrAVG Rn 49.

118 Für die Berechnungsmethodik in Zweifelsfällen siehe *Höfer*, § 3 BetrAVG Rn 3587 ff.

119 Kemper/Kisters-Kölkes/Berenz/Huber/*Kisters-Kölkes*, § 3 BetrAVG Rn 43.

120 Gemäß § 4 BetrAVG, siehe unten unter Rn 116 ff.

121 Blomeyer/Rolfs/Otto/*Rolfs*, § 3 BetrAVG Rn 61.

Die Gegenansicht[122] zieht aus § 3 Abs. 2 S. 3 BetrAVG den gegenteiligen Schluss, dass der Arbeitgeber sein Abfindungsrecht so lange nicht geltend machen könne, wie der Arbeitnehmer nach § 4 Abs. 3 BetrAVG das Recht hat, seinen Mitnahmeanspruch geltend zu machen, der Arbeitgeber mithin sein Abfindungsverlangen frühestens ein Jahr nach Ausscheiden des Arbeitnehmers geltend machen könne. Zahlt der Arbeitgeber zu einem früheren Zeitpunkt die Abfindung und entscheidet sich der Arbeitnehmer später, aber noch innerhalb der Jahresfrist des § 4 Abs. 3 BetrAVG, dazu, von seinem Mitnahmerecht Gebrauch zu machen habe dies zur Konsequenz, dass die Abfindung unwirksam war und der Arbeitgeber trotz Zahlung der Abfindung den Übertragungswert an den neuen Arbeitgeber zahlen müsse. Eine Rückforderung beim Arbeitnehmer steht sodann unter dem Risiko des Wegfalls der Bereicherung. 112

Praxistipp !

Da diese Frage höchstrichterlich nicht entschieden ist, sollte die Jahresfrist des § 4 Abs. 3 BetrAVG abgewartet werden. Da sowohl Abfindungsbetrag als auch Übertragungswert gemäß § 4 Abs. 5 BetrAVG berechnet werden, besteht für den Arbeitgeber jedenfalls aus finanzieller Sicht kein Anlass, möglichst früh eine Abfindung zu zahlen.

---

b) Erstattung der Beiträge zur gesetzlichen Rentenversicherung

Gemäß § 3 Abs. 3 BetrAVG ist auf Verlangen des Arbeitnehmers eine Abfindung auch von Anwartschaften oberhalb der Bagatellgrenze des § 3 Abs. 2 S. 1 BetrAVG zulässig, wenn der ausgeschiedene Arbeitnehmer gemäß § 210 SGV VI seine Beiträge zur gesetzlichen Rentenversicherung zurückerhält. Die Relevanz dieser Regelung für den Arbeitgeber ist insgesamt gering.[123] 113

c) Abfindung von während des Insolvenzverfahrens erworbenen Anwartschaften bei Liquidation des Unternehmens (§ 3 Abs. 4 BetrAVG)

Nach § 3 Abs. 4 BetrAVG kann der Insolvenzverwalter ohne Zustimmung des Arbeitnehmers die **während eines Insolvenzverfahrens** erdienten Anwartschaftsteile abfinden, wenn die Betriebstätigkeit eingestellt und das Unternehmen liquidiert wird. Anwartschaften, die bei demselben Arbeitgeber **vor Eröffnung des Insolvenzverfahrens** entstanden sind nicht von der Abfindungsmöglichkeit umfasst.[124] 114

---

122 Kemper/Kisters-Kölkes/Berenz/Huber/*Kisters-Kölkes*, § 3 BetrAVG Rn 66.

123 *Höfer*, § 3 BetrAVG Rn 3609.

124 Blomeyer/Rolfs/Otto/*Rolfs*, § 3 BetrAVG Rn 80.

4. Besonderheiten für Organpersonen

115 Nach Ansicht des BAG ist die Tariföffnungsklausel des § 17 Abs. 3 BetrAVG auch auf Verträge von Organpersonen anwendbar, da es bei diesen wie bei den Tarifparteien an dem regelmäßig zwischen Arbeitgeber und Arbeitnehmer bestehenden Über- und Unterordnungsverhältnis fehle.[125] Die Regelungen des § 3 BetrAVG sind daher zwischen Organpersonen vertraglich abdingbar.[126]

VI. Übertragbarkeit/Übernahme, § 4 BetrAVG

116 Von dem Grundsatz, dass einmal entstandene unverfallbare Anwartschaften in der Weise und in dem Rechtsverhältnis bestehen bleiben sollen, in dem sie entstanden sind, bietet § 4 BetrAVG eine Ausnahme. Dieser gestattet unter bestimmten Voraussetzungen die **Übertragung von unverfallbaren Anwartschaften** und laufenden Leistungen von demjenigen Arbeitgeber, bei dem sie entstanden sind, auf einen neuen Arbeitgeber, wobei der ehemalige Arbeitgeber bei wirksamer Übertragung von der Leistungspflicht frei wird. Außerhalb der in § 4 BetrAVG genannten Fälle ist eine Übertragung der Anwartschaft auf einen Dritten nicht zulässig, so dass § 4 BetrAVG gleichzeitig für diese anderen Fälle ein **Übertragungsverbot** enthält. Die Übertragungsmöglichkeiten bei Versorgungsanwartschaften sind daher im Ergebnis eingeschränkter, als dies bei Schuldnerwechseln bei anderen Verbindlichkeiten der Fall ist.[127]

117 Der Begriff der Übertragung von Anwartschaften ist in § 4 BetrAVG allein aus der Sicht des Arbeitgebers zu sehen, übertragen wird nicht die Anwartschaft des Arbeitnehmers – der Arbeitnehmer behält seine Anwartschaft – übertragen wird vielmehr die Verpflichtung des Arbeitgebers als Schuldner der Versorgung.

1. Reichweite des Übertragungsverbots

118 Das Übertragungsverbot des § 4 BetrAVG bezieht sich nur auf solche Anwartschaften, die der Insolvenzsicherung gemäß § 7 BetrAVG unterliegen.[128] Die Einschränkung der Übertragungsmöglichkeiten gemäß § 4 BetrAVG soll verhindern, dass insolvenzgeschützte Anwartschaften auf Schuldner übertragen werden, die nicht der Insolvenzsicherung des § 7 BetrAVG unterliegen. Unterliegt eine Anwartschaft aber bereits aus anderen Gründen nicht der Insolvenzsicherung, beispielsweise weil die

125 BAG, Urt. v. 21.4.2009 – 3 AZR 285/07 – juris, Rn 45; Blomeyer/Rolfs/Otto/*Rolfs*, § 4 BetrAVG Rn 26.

126 Kemper/Kisters-Kölkes/Berenz/Huber/*Kisters-Kölkes*, § 3 BetrAVG Rn 111.

127 Förster/Cisch/Karst/*Jumpertz*, § 4 BetrAVG Rn 2.

128 BAG, Urt. v. 4.8.1981 – 3 AZR 441/80 – BB 1982, 51.

Anwartschaft über den gesetzlich aufrechtzuerhaltenden Teil hinausgeht, bedarf es des Schutzes des § 4 BetrAVG nicht.

2. Voraussetzungen der Zulässigkeit der Übertragung

Da bei einer Übertragung im Sinne von § 4 BetrAVG der Schuldner der Versorgungsleistung ausgetauscht wird, ist eine Übertragung **in keinem Fall gegen den Willen des Arbeitnehmers** möglich. 119

a) Freiwillige Übernahme durch den neuen Arbeitgeber

Gemäß § 4 Abs. 2 BetrAVG kann nach Beendigung des Arbeitsverhältnisses die Versorgungszusage vom neuen Arbeitgeber übernommen werden. Der alte und der neue Arbeitgeber sowie der Arbeitnehmer treffen somit gemeinsam[129] die Übereinkunft, dass die beim alten Arbeitgeber gewährte Zusage vom neuen Arbeitgeber vollständig übernommen wird. 120

Einer besonderen **Form** bedarf eine solche Vereinbarung nicht,[130] auch ist nicht erforderlich, dass dem übernehmenden Arbeitgeber eine entsprechende Gegenleistung des alten Arbeitgebers zufließt.[131] Da die Entlassung eines bisherigen Schuldners für den Arbeitnehmer jedoch ein ungewöhnliches und bedeutsames Geschäft darstellt, muss der Arbeitnehmer diese Entlassung des alten Arbeitgebers deutlich zum Ausdruck bringen. Im Zweifel wird man die Zustimmung des Arbeitnehmers daher nur als bloße Zustimmung zu einem Schuldbeitritt des neuen Arbeitgebers werten können.[132] 121

Praxistipp !

Der Arbeitnehmer muss daher ausdrücklich darauf hingewiesen werden, dass der alte Arbeitnehmer aus der Versorgungszusage entlassen werden soll und gegen diesen keine Ansprüche mehr bestehen sollen. Aus Beweisgründen sollte der entsprechende Übernahmevertrag stets schriftlich abgefasst werden.

---

b) Übernahme der Versorgungszusage

Die Übernahme muss jedoch **vollständig und ohne inhaltliche Änderung** erfolgen, der neue Arbeitgeber tritt also anstelle des alten Arbeitgebers mit allen Rechten 122

129 Kemper/Kisters-Kölkes/Berenz/Huber/*Kisters-Kölkes*, § 4 BetrAVG Rn 14.
130 *Höfer*, § 4 BetrAVG Rn 3694.
131 Blomeyer/Rolfs/Otto/*Rolfs*, § 4 BetrAVG Rn 61.
132 BAG, Urt. v. 11.11.1986 – 3 AZR 194/85 – NZA 1987, 559.

und Pflichten in die Versorgungszusage ein.[133] Umstritten ist hierbei, ob der neue Arbeitgeber (nur) die UVA übernimmt,[134] oder ob die Zusage „laufend“ übernommen, also fortgeführt werden muss.[135] Spätere Änderungen der übernommenen Zusage bleiben aber in gleicher Weise wie bei originären Zusagen möglich.[136]

c) Mitnahme des Übertragungswerts und Gewährung einer wertgleichen Zusage

123 Die vollständige Übernahme einer (fremden) Zusage dürfte außerhalb eines Konzerns, bei dem die Konzernunternehmen allesamt über identische Versorgungssysteme verfügen, eher selten sein,[137] da der Übernehmer in alle – gegebenenfalls auch ihm unbekannte – Pflichten des Vorarbeitgebers eintritt.[138]

124 Daher ermöglicht § 4 Abs. 2 Nr. 2 BetrAVG die Übertragung einer Versorgungsanwartschaft auch, indem nicht die gesamte Zusage vom neuen Arbeitgeber übernommen, sondern lediglich der **Übertragungswert der Anwartschaft** vom alten zum neuen Arbeitgeber mitgenommen wird und dieser eine wertgleiche, nicht aber eine inhaltsgleiche Zusage erteilt, eine Integration der Anwartschaft in gegebenenfalls beim Übernehmer bestehende Versorgungssysteme daher möglich ist.

aa) Übertragungswert

125 Der Übertragungswert bestimmt sich gemäß § 4 Abs. 5 BetrAVG nach dem der Übertragungswert bei einer unmittelbar über den Arbeitgeber oder über eine Unterstützungskasse durchgeführten betrieblichen Altersversorgung dem **Barwert der nach § 2 bemessenen künftigen Versorgungsleistung im Zeitpunkt der Übertragung** entspricht; bei der Berechnung des Barwerts sind die Rechnungsgrundlagen sowie die anerkannten **Regeln der Versicherungsmathematik** maßgebend. Der Übertragungswert entspricht mithin **nicht** den gebildeten Pensionsrückstellungen oder dem zulässigen Reservepolster der Unterstützungskasse, sondern ist neu zu berechnen.[139]

126 Soweit die betriebliche Altersversorgung über einen Pensionsfonds, eine Pensionskasse oder eine Direktversicherung durchgeführt worden ist, entspricht der Übertragungswert dem gebildeten Kapital im Zeitpunkt der Übertragung, § 4 Abs. 5 S. 2 BetrAVG.

---

133 Kemper/Kisters-Kölkes/Berenz/Huber/*Kisters-Kölkes*, § 4 BetrAVG Rn 16.

134 So Förster/Cisch/Karst/*Jumpertz*, § 4 BetrAVG Rn 12.

135 So Kemper/Kisters-Kölkes/Berenz/Huber/*Kisters-Kölkes*, § 4 BetrAVG Rn 18; wohl auch *Höfer*, § 4 BetrAVG Rn 3695 ff.

136 *Höfer*, § 4 BetrAVG Rn 3698.

137 Förster/Cisch/Karst/*Jumpertz*, § 4 BetrAVG Rn 14.

138 Kemper/*Kisters-Kölkes*, Rn 328.

139 Kemper/*Kisters-Kölkes*, Rn 332.

Praxistipp
Die Bestimmung des Übertragungswerts birgt sowohl für den Alt- als auch für den Neuarbeitgeber erhebliche finanzielle Risiken und sollte nicht ohne fachkundige rechtliche und versicherungsmathematische Beratung erfolgen.

bb) Wertgleiche Zusage

Bei der Frage der Wertgleichheit ist auf die **Gesamtheit der Leistungsanwartschaften** abzustellen.[140] Einzige Voraussetzung ist, neben der Wertgleichheit, dass die **neue Zusage eine solche der bAV** ist.[141] Die neue Versorgungszusage darf also durchaus anders strukturiert sein und andere Leistungen bei den jeweiligen Risiken vorsehen, beispielsweise geringer Invaliditätsleistungen bei entsprechend höheren Altersleistungen etc. **Nicht berücksichtigungsfähig** bei der Frage der Wertgleichheit sind aber beispielsweise eine entsprechende **Erhöhung des Entgelts** oder die Gewährung anderer betrieblicher Leistungen. 127

VII. Änderungsmöglichkeiten

Eine Besonderheit der bAV gegenüber anderen betrieblichen Leistungen ist, dass 128
Leistungen der bAV nicht während, sondern regelmäßig erst nach Beendigung des Arbeitsverhältnisses gewährt werden und daher der Grund für die Leistungsgewährung – die Arbeitsleistung und Betriebstreue des Arbeitnehmers – und die Gegenleistung des Arbeitgebers zeitlich auseinander fallen. Aus diesem Grund ist bei geplanten Änderungen von Versorgungszusagen stets der **Schutz des Vertrauens des Arbeitnehmers** auf den Bestand der Zusage stärker zu beachten, als dies bei anderen Änderungen des Inhalts des Arbeitsverhältnisses der Fall ist.

Die Änderungsmöglichkeiten sind hierbei grundsätzlich abhängig vom Rechtsbegründungsakt.[142]

VIII. Ausschließliche Verbesserungen

Ausschließliche Verbesserungen der Versorgungsregelungen unterliegen **keinen** 129
besonderen Voraussetzungen. Für sie gelten dieselben Grundsätze wie für die Erteilung einer Zusage.[143]

140 Förster/Cisch/Karst/*Jumpertz*, § 4 BetrAVG Rn 14.
141 Blomeyer/Rolfs/Otto/*Rolfs*, § 4 BetrAVG Rn 99.
142 Kemper/*Kisters-Kölkes*, Rn 617.
143 *Höfer*, ART BetrAVG Rn 314.

IX. Änderung des Durchführungswegs

130 Eine Änderung des Durchführungswegs stellt nur dann eine Änderung der Versorgungszusage dar, wenn der Durchführungsweg in der Versorgungszusage festgelegt wird. **Wenn der Durchführungsweg in der Zusage festgelegt wird, erfordert eine Änderung die Zustimmung des anderen Teils**, bei Individualzusagen also grundsätzlich des einzelnen Arbeitnehmers, bei Betriebsvereinbarungen des Betriebsrats etc. Entsteht den Arbeitnehmern hieraus kein Nachteil, kann eine Pflicht zur Zustimmung bestehen.[144]

X. Schließung des Versorgungswerks für Neueintritte

131 Schließungen oder Änderungen eines Versorgungswerks für Neueintritte sind grundsätzlich möglich und verstoßen nicht gegen den Gleichbehandlungsgrundsatz.[145] Bei Änderungen für Neuzugänge sind jedoch die **Mitbestimmungsrechte des Betriebsrats** zu beachten.[146]

XI. Verschlechterungen

132 Verschlechterungen einer Versorgungszusage können, wie die Gewährung auch, individualvertraglich oder kollektiv erfolgen.

1. Individualvertrag

133 Individualrechtliche Vereinbarungen, durch die die Versorgungszusage verschlechtert wird, setzen stets das **ausdrückliche Einverständnis des Arbeitnehmers** voraus.[147] Eine **stillschweigende Annahme**, wie sie zur Begründung oder Verbesserung einer Versorgungszusage möglich ist, ist bei einer Verschlechterung **ausgeschlossen**. Auch eine schriftliche Erklärung, der Arbeitnehmer habe das verschlechternde Angebot zur Kenntnis genommen, kann regelmäßig nicht als Einverständnis aufgefasst werden.[148] Individuelle Zusagen können jedoch dann ohne Einverständnis des einzelnen Arbeitnehmers geändert werden, wenn sie über eine

144 Vgl. Kemper/Kisters-Kölkes/Berenz/Huber/*Kemper*, § 1 BetrAVG Rn 258 f.
145 BAG, Urt. v. 8.12.1977 – 3 AZR 530/76 – BB 1978, 558.
146 Kemper/Kisters-Kölkes/Berenz/Huber/*Kemper*, § 1 BetrAVG Rn 264, siehe oben Rn 46.
147 *Höfer*, ART BetrAVG Rn 318.
148 BAG, Urt. v. 17.7.1965 – 3 AZR 302/64 – AP Nr. 101 zu § 242 BGB Ruhegehalt.

sogenannte ***Jeweiligkeitsklausel*** einen dynamischen Verweis, an andere Regelungen anknüpfen.[149]

a) Regelungen mit Kollektivbezug

Weitergehende Änderungsmöglichkeiten ergeben sich dann, wenn die Zusage einen kollektiven Bezug hat,[150] die Zusage also zwar Bestandteil des jeweiligen Arbeitsvertrags ist, es sich aber nicht um eine individuelle Einzelzusage handelt, die Zusage mithin auf einer Gesamtzusage, einer vertraglichen Einheitsregelung, aus betrieblicher Übung oder aus Gleichbehandlungsgründen besteht und dem Arbeitnehmer dieser kollektive Bezug bekannt war. 134

Diese Regelungen können durch eine sogenannte **umstrukturierende Betriebsvereinbarung** abgelöst werden, wenn diese insgesamt mindestens den bestehenden Dotierungsrahmen wahrt, sie also kollektiv nicht ungünstiger ist (sog. **kollektives Günstigkeitsprinzip**). Verschlechterungen für einzelne Arbeitnehmer sind in diesem Fall grundsätzlich[151] zulässig.[152] 135

Praxistipp !
Auch bei vermeintlichen individualvertraglichen Regelungen sollte daher stets geprüft werden, ob es sich hierbei nicht doch um Regelungen mit einem kollektiven Bezug handelt.

---

b) Betriebsvereinbarungsoffenheit

Individualzusagen können auch dann durch kollektive Regelungen verschlechtert werden, wenn die Individualzusagen betriebsvereinbarungs- oder tarifvertragsoffen gestaltet sind, der Arbeitgeber sich also eine **spätere Abänderung durch Betriebsvereinbarung oder Tarifvertrag vorbehalten** hat.[153] 136

2. Kollektivregelungen

Betriebsvereinbarungen können zeitlich befristet sein, gekündigt oder durch eine neue Betriebsvereinbarung ersetzt werden. 137

---

149 Förster/Cisch/Karst/*Rihn*, § 1 BetrAVG Rn 297.
150 BAG, Urt. v. 16.9.1986 – GS 1/82 – BAGE 53, 42.
151 Unter den weiteren Voraussetzungen des Vertrauensschutzes, siehe unten Rn 141 ff.
152 *Höfer*, ART BetrAVG Rn 338.
153 BAG, Urt. 10.12.2002 – 3 AZR 92/02 – NZA 2004, 271.

a) Ablösende Betriebsvereinbarung/Tarifvertrag

138 Bei Kollektivregelungen, hier insbesondere Betriebsvereinbarungen, gilt das **Ablösungsprinzip**. Danach löst eine neue Betriebsvereinbarung eine ältere grundsätzlich auch dann ab, wenn die Neuregelung für den Arbeitnehmer ungünstiger ist.[154]

139 Die Wirkung einer ablösenden Betriebsvereinbarung setzt voraus, dass die betroffenen Arbeitnehmer auch **vom Betriebsrat vertreten** werden. Nicht erfasst sind daher Rentner, mit unverfallbarer Anwartschaft ausgeschiedene Arbeitnehmer[155] und leitende Angestellte.[156] Etwas anderes kann sich ergeben, wenn die Arbeitsverträge mit diesen Personen **Jeweiligkeitsklauseln** enthalten, die auf Betriebsvereinbarungen in ihrer jeweils gültigen Fassung verweisen.[157]

140 Dies bedeutet jedoch nicht, dass mittels einer neuen Betriebsvereinbarung jede beliebige Verschlechterung der Versorgungszusage möglich wäre. Soweit in **bestehende Besitzstände** eingegriffen wird, sind die Grundsätze des Vertrauensschutzes und der Verhältnismäßigkeit zu beachten.[158] Deshalb unterliegen Betriebsvereinbarungen, die Versorgungsansprüche aus einer früheren Betriebsvereinbarung einschränken, einer entsprechenden Billigkeitsprüfung.

aa) Besitzstände nach dem Drei-Stufen-Modell

141 Die bei Einschnitten in Versorgungsrechte zu beachtenden Grundsätze des Vertrauensschutzes und der Verhältnismäßigkeit hat das Bundesarbeitsgericht durch ein dreistufiges Prüfungsschema präzisiert.[159] Den abgestuften Besitzständen der Arbeitnehmer sind entsprechend abgestufte, unterschiedlich gewichtete Eingriffsgründe des Arbeitgebers gegenüberzustellen.[160] Je tiefgreifender die Einschnitte sind, desto gewichtiger müssen die Gründe des Arbeitgebers sein. Der unter der Geltung der bisherigen Ordnung und in dem Vertrauen auf deren Inhalt bereits erdiente und **entsprechend § 2 Abs. 1, Abs. 5 Satz 1 BetrAVG ermittelte Teilbetrag** kann hiernach nur in seltenen Ausnahmefällen entzogen werden. Das setzt zwingende Gründe voraus. Zuwächse, die sich – wie etwa bei endgehaltsbezogenen Zusagen – dienstzeitunabhängig aus variablen Berechnungsfaktoren ergeben (**erdiente Dynamik**), können nur aus triftigen Gründen geschmälert werden. Für Eingriffe in

154 St. Rspr. BAG, vgl. u.a. BAG, Urt. v. 15.5.2012 – 3 AZR 11/10 – BB 2012, 2630.
155 BAG, Urt. v. 17.8.2004 – 3 AZR 318/03 – BB 2005, 720.
156 Für diese bestehen aber ggf. entsprechende Vereinbarungen mit dem Sprecherausschuss.
157 BAG, Urt. v. 23.9.1997 – 3 AZR 529/96 – DB 1998, 318.
158 St. Rspr. BAG, vgl. u.a. BAG, Urt. v. 15.5.2012 – 3 AZR 11/10 – BB 2012, 2630.
159 St. Rspr. BAG, vgl. grundlegend BAG, Urt. v. 17.4.1985 – 3 AZR 72/83 – DB 1986, 228; BAG, Urt. v. 21.4.2009 – 3 AZR 674/07 – DB 2009, 2386; BAG, Urt. v. 15.5.2012 – 3 AZR 11/10 – BB 2012, 2630; Kemper/*Kisters-Kölkes*, Rn 631 m.w.N.
160 BAG, Urt. v. 9.12.2008 – 3 AZR 384/07 – AP Nr. 22 zu § 9 BetrAVG.

dienstzeitabhängige, also **noch nicht erdiente Zuwachsraten** genügen sachlich-proportionale Gründe.[161]

– Erste Stufe: Teilbetrag gemäß § 2 Abs. 1 BetrAVG

Die erste Besitzstandsstufe ist der am Änderungsstichtag gemäß § 2 Abs. 1 BetrAVG erdiente Teilbetrag, es wird mithin so getan, als wäre der Arbeitnehmer zum Änderungsstichtag mit einer unverfallbaren Anwartschaft ausgeschieden, wobei unerheblich ist, ob die Unverfallbarkeitsvoraussetzungen tatsächlich erfüllt wären.[162] Für die Berechnung gilt das oben unter Rn 55ff. Gesagte. 142

Beispiel
Wenn also bei dem Arbeitnehmer im obigen Beispiel[163] nach 25 Dienstjahren die Versorgungszusage verändert werden soll, errechnet sich die erste Besitzstandsstufe wie folgt: 0,5% × maximal mögliche Dienstzeit (39 Jahre und 3 Monate) × maximale Dienstzeit/Dienstzeit bis zur Änderung = 19,63% × 300 Monate/471 Monate = 12,5% × Gehalt unterhalb der Beitragsbemessungsgrenze und 1% × maximal mögliche Dienstzeit × maximale Dienstzeit/Dienstzeit bis zur Änderung = 39,25% × 300 Monate/471 Monate = 25% des Gehalts oberhalb der Beitragsbemessungsgrenze. Dieser Prozentsatz bezieht sich gemäß § 2 Abs. 5 BetrAVG (Festschreibeffekt) auf das Gehalt zum Änderungszeitpunkt und die Beitragsbemessungsgrenze zum Änderungszeitpunkt.

– Zweite Stufe: Schutz der erdienten Dynamik

Bei **dynamischen Versorgungssystemen**[164] ist zudem zu berücksichtigen, dass der Arbeitnehmer mit seiner bisherigen Betriebstreue nicht nur eine unverfallbare Anwartschaft erworben hat, sondern er auch darauf vertrauen durfte, dass sich seine bereits erdiente unverfallbare Anwartschaft mit weiteren Gehaltsentwicklungen erhöht. Der geschützte erdiente Besitzstand geht demensprechend über die aufgrund des Festschreibeffekts des § 2 Abs. 5 BetrAVG beschränkten unverfallbaren Anwartschaft hinaus.[165] 143

Beispiel
Wenn also bei dem Arbeitnehmer im obigen Beispiel[166] nach 20 Dienstjahren die Versorgungszusage verändert werden soll, ist für die zweite Besitzstandsstufe nicht das Gehalt zum Änderungsdatum zu berücksichtigen, sondern ist das Gehalt bei Ausscheiden maßgeblich. (Zukünftige) Gehaltserhöhungen erhöhen also den bereits erdienten Besitzstand.

---

161 St. Rspr. BAG, vgl. u.a. BAG, Urt. v. 15.5.2012 – 3 AZR 11/10 – BB 2012, 2630.
162 Kemper/*Kisters-Kölkes*, Rn 632.
163 Siehe oben Rn 68.
164 Siehe oben Rn 22.
165 Vgl. Blomeyer/Rolfs/Otto/*Rolfs*, Anh § 1 BetrAVG Rn 6.
166 Siehe oben Rn 68.

144 Zu beachten ist allerdings, dass ein **Eingriff** in die dargestellte zweite Besitzstandsstufe auch **durch zukünftige Zuwächse** der Versorgungsanwartschaft **ausgeglichen werden kann.** Wird die zukünftig zu erdienende Versorgung also nicht vollständig geschlossen, sondern durch eine andere, auch geringwertigere ersetzt, so kann erst bei Ausscheiden aus dem Arbeitsverhältnis festgestellt werden, ob in die erdiente Dynamik eingegriffen wurde.[167] Der Besitzstand aus einer erdienten Dynamik ist also bereits dann aufrechterhalten, wenn im Versorgungsfall zumindest der Wert aufrechterhalten wird, der zum Änderungszeitpunkt bei Beibehaltung der bisherigen Dynamik erreicht war.

– **Dritte Stufe: noch erdienbare Versorgung**

145 Die dritte Besitzstandsstufe bezieht sich auf die noch erdienbare Versorgung, mithin das Vertrauen des Arbeitnehmers darauf, dass er sich durch weitere Betriebstreue weitere Versorgungsansprüche nach der Zusage erdienen kann.

bb) Eingriffsmöglichkeiten

146 Eingriffe in diese Besitzstandsstufen erfordern bestimmte Gründe auf Seiten des Arbeitgebers.

– **Erste Stufe: Teilbetrag gemäß § 2 Abs. 1 BetrAVG**

147 Eingriffe in die erste Besitzstandsstufe sind nur bei Vorliegen sogenannter **„zwingender Gründe“** zulässig. Hierbei handelt es sich um Gründe, bei denen eine Störung der Geschäftsgrundlage gemäß § 313 BGB vorliegt.[168] Anerkannt ist ein solcher zwingender Grund in Fällen der absoluten oder planwidrigen Überversorgung.[169]

148 Von einer planwidrigen **Überversorgung** spricht man, wenn sich das ursprüngliche Versorgungsziel durch die Änderung externer Verhältnisse (Steuer- und Abgabenlast der aktiven Arbeitnehmer) so wesentlich verändert hat, dass die Zusage die unter den Gegebenheiten bei Erteilung der Zusage geplante Versorgung deutlich übersteigt, von einer absoluten, wenn die Gesamtversorgung höher ist als das letzte Nettoeinkommen.[170]

167 BAG, Urt. v. 10.9.2002 – 3 AZR 635/01 – DB 2003, 1525.

168 Blomeyer/Rolfs/Otto/*Rolfs*, Anh § 1 BetrAVG Rn 620.

169 BAG, Urt. v. 23.10.1990 – 3 AZR 260/89 – DB 1991, 449; BAG, Urt. v. 9.4.1991 – 3 AZR 598/89 – DB 1991, 2040; BAG, Urt. v. 28.7.1998 – 3 AZR 100/98 – DB 1999, 389; BAG, Urt. v. 24.1.2006 – 3 AZR 583/04 – DB 2006, 1621; BAG, Urt. v. 17.1.2012 – 3 AZR 555/09 – BB 2012, 1599.

170 Kemper/*Kisters-Kölkes*, Rn 642 f.

Beispiel
In den 1960er Jahren war die Steuer- und Abgabenquote des durchschnittlichen Arbeitnehmers deutlich geringer als heutzutage, so dass das Verhältnis von Netto- zu Bruttogehalt deutlich größer war. Eine (Gesamt-)Versorgung, die 75% des alten Bruttogehalts entsprach, führte zu einer Versorgung in Höhe von nahe am Nettogehalt als aktiver Arbeitnehmer.[171] Bei den heutigen Abzügen eines Arbeitnehmers im Vergleich zu einem Rentner ist aber zu erwarten, dass bei einer solchen Höhe der Versorgung der Rentner bei Renteneintritt ein höheres Nettoeinkommen erhält als während seiner aktiven Tätigkeit. Genau dies war aber nach der Versorgungsordnung nicht gewollt. Eine Versorgungszusage, die einen bestimmten Prozentsatz des letzten Bruttogehalts gewährt, muss sich also daran messen lassen, welchem Prozentsatz des Nettogehalts dies bei Zusageerteilung entsprach.

Ein zwingender Grund ergibt sich jedoch **nicht aus einer eventuellen wirtschaftlichen Notlage** des Arbeitgebers.[172] 149

– **Zweite Stufe: Schutz der erdienten Dynamik**

Eingriffe in diese Besitzstandsstufe sind nur bei Vorliegen sogenannter **„triftiger Gründe“** zulässig, die beispielsweise dann gegeben sind, wenn der Arbeitgeber eine Anpassung laufender Leistungen gemäß § 16 BetrAVG wegen einer schlechten wirtschaftlichen Lage verweigern kann.[173] Dies ist insbesondere dann anzunehmen, wenn bei unveränderter Fortgeltung der Versorgungszusage diese nicht aus den Erträgen des Unternehmens finanziert werden kann. Um dies prüfen zu können, muss sachkundig eine Prognose auf Grundlage der Entwicklung bis zum Änderungsstichtag erstellt werden,[174] wobei bei dieser Prognose auf einen längeren Zeitraum als auf den 3-Jahres-Zeitraum des § 16 BetrAVG abzustellen ist.[175] 150

Auch nichtwirtschaftliche Gründe können triftige Eingriffsgründe darstellen, wenn beispielsweise ein als ungerecht empfundenes Leistungsgefüge der alten Regelung durch eine als gerechter empfundene Struktur ersetzt werden soll.[176] 151

171 Vgl. BAG, Urt. v. 9.4.1991 – 3 AZR 598/89 – DB 1991, 2040.

172 Kemper/*Kisters-Kölkes*, Rn 646.

173 BAG, Urt. v. 23.4.1985 – 3 AZR 156/83 – DB 1985, 1642; BAG; Urt. v. 17.4.1985 – 3 AZR 72/83 – DB 1986, 228; BAG, Urt. 11.5.1999 – 3 AZR 21/98 – DB 2000, 525.

174 BAG, Urt. v. 12.12.2001 – 3 AZR 512/00 – DB 2003, 293; BAG, Urt. v. 11.12.2001 – 3 AZR 128/01 – DB 2003, 214, BAG, Urt. v. 10.9.2002 – 3 AZR 635/01 – DB 2003, 1525; BAG, Urt. v. 12.12.2005 – 3 AZR 217/05 – DB 2006, 1687.

175 BAG, Urt. v. 12.12.2005 – 3 AZR 217/05 – DB 2006, 1687; BAG, Urt. v. 9.12.2008 – 3 AZR 384/07 – DB 2009, 1548.

176 Vgl. BAG, Urt. v. 7.7.1992 – 3 AZR 522/91 – BAGE 71, 1.

– **Dritte Stufe: noch erdienbare Versorgung**

152 Hier genügen für die Zulässigkeit eines Eingriffs sachlich-proportionale Gründe, der **Eingriff** darf also insbesondere **nicht willkürlich** sein.[177] Ein wichtiger Anwendungsfall ist die **Harmonisierung verschiedener Versorgungsregelungen** innerhalb eines Unternehmens oder Konzerns,[178] aber auch wirtschaftliche Schwierigkeiten, die noch keine Eingriffe in die zweite Besitzstandsstufe rechtfertigen.[179]

153 Ein Indiz für das Bestehen von Eingriffsgründen ist regelmäßig die Bestätigung durch den Betriebsrat,[180] die sich aus dem Abschluss einer entsprechenden Betriebsvereinbarung ergibt.

b) Kündigung

154 Betriebsvereinbarungen können unter Beachtung der gesetzlichen (§ 77 Abs. 5 BetrVG) oder vereinbarten Frist gekündigt werden. Arbeitnehmer, die nach Ablauf der Kündigung eintreten, werden nicht mehr von der gekündigten Betriebsvereinbarung erfasst, eine Nachwirkung gemäß § 77 Abs. 6 BetrVG tritt nicht ein.[181]

155 Aber auch für bestehende Arbeitsverhältnisse ist die Kündigung einer Versorgungszusage möglich,[182] die **Besitzstände** der Arbeitnehmer sind aber in gleicher Weise wie bei verschlechternden Betriebsvereinbarungen **geschützt**.[183]

156 Da eine Absenkung des Dotierungsrahmens auf null aufgrund des Besitzstandsschutzes praktisch unmöglich sein dürfte, steht dem Betriebsrat bei der sich ergebenden Neuverteilung des verbleibenden Dotierungsrahmens ein **Mitbestimmungsrecht** zu.[184] Der Arbeitgeber muss also mit dem Betriebsrat gemeinsam eine Regelung zur Neuverteilung der bestehenden Mittel festlegen. Hierbei dürfen aber die geschützten Besitzstände nicht unterschritten werden, was je nach Umfang des verbleibenden Verfügungsrahmens die tatsächlichen Gestaltungsmöglichkeiten des Betriebsrats extrem einschränken kann.[185]

157 Im Ergebnis ist daher auch bei Kündigung einer Versorgungsvereinbarung der Abschluss einer neuen Betriebsvereinbarung erforderlich. Nach Ansicht des BAG ist

---

177 Kemper/*Kisters-Kölkes*, Rn 651.

178 Vgl. BAG, Urt. v. 29.7.2003 – 3 AZR 630/02 – AP Nr. 45 zu § 1 BetrAVG Ablösung; BAG, Beschl. v. 8.12.1981 – 3 ABR 53/80 – BAGE 36, 327.

179 BAG, Urt. v. 11.5.1999 – 3 AZR 21/98 – BB 2000, 525; BAG, Urt. v. 18.9.2001 – 3 AZR 728/00 – DB 2002, 1114.

180 BAG, Urt. v. 11.12.2001 – 3 AZR 128/01 – DB 2003, 214.

181 St. Rspr. BAG, vgl. BAG, Beschl. v. 19.9.2006 – 1 ABR 58/05 – NZA 2007, 1127; BAG, Urt. v. 18.4.1989 – 3 AZR 688/87 – DB 1989, 2232.

182 BAG, Urt. v. 11.5.1999 – 3 AZR 21/98 – BB 2000, 525.

183 Siehe oben Rn 140 ff.

184 BAG, Urt. v. 21.1.2003 – 3 AZR 30/02 – DB 2003, 2130.

185 Vgl. *Höfer*, ART BetrAVG Rn 1035.

daher aus praktischen Erwägungen die Kündigung lediglich das **letzte Mittel des Arbeitgebers**, seinen Betriebsrat zu Verhandlungen über eine Veränderung der bAV zu bewegen.[186]

D. Betriebliche Altersversorgung und Betriebsübergang

I. Eintritt des Erwerbers in Rechte und Pflichten gem. § 613a Abs. 1 BGB

Auch auf Ansprüche/Anwartschaften auf betriebliche Versorgungsleistungen ist § 613a BGB anzuwenden.[187] **158**

1. Personeller Anwendungsbereich

In persönlicher Hinsicht setzt die Anwendbarkeit von § 613a BGB voraus, dass es sich um aktive Arbeitnehmer handelt, die dem übergehenden Betrieb/Betriebsteil zugeordnet sind, die im Zeitpunkt des Betriebsübergangs noch nicht aus dem Unternehmen ausgeschieden sind und nicht bereits Versorgungsleistungen beziehen. Dem **Arbeitnehmerbegriff** im Sinne der Vorschrift unterfallen **auch leitende Angestellte und Teilzeitbeschäftigte**. Nicht erfasst sind: Rentner (dies meint auch sog. technische Rentner[188]), Heimarbeiter, arbeitnehmerähnliche Personen,[189] Organpersonen. **159**

Praxistipp **!**

Wird eine Person, die bei dem Veräußerer Arbeitnehmer war, mit dem Betriebsübergang zum Geschäftsführer der erwerbenden GmbH bestellt – oder auf andere Weise Organperson des Erwerbers –, dann ist nach Rechtsprechung des BAG § 613a Abs. 1 S. 1 BGB allerdings anwendbar.[190]

Ausgeschiedene Arbeitnehmer und Rentner verbleiben nach der Wertung des § 613a Abs. 1 S. 1 BGB beim Veräußerer. Dies gilt auch dann, wenn der Veräußerer seinen Betrieb nicht fortführt. **160**

---

186 BAG, Urt. v. 10.3.1992 – 3 ABR 54/91 – DB 1992, 1735.

187 Siehe zu den Voraussetzungen und Rechtsfolgen von § 613a BGB im Einzelnen Kap. 15.

188 BAG, Urt. v. 18.3.2003 – 3 AZR 313/02 – NZA 2004, 848. Technischer Rentner ist, wer zwar die Voraussetzungen für eine Versorgungsleistung erfüllt, diese aber nicht in Anspruch nimmt, sondern weiterarbeitet.

189 Auf diese findet zwar das Betriebsrentenrecht gemäß § 17 Abs. 1 S. 2 BetrAVG das Betriebsrentenrecht Anwendung, sie fallen aber nicht unter den Arbeitnehmerbegriff aus § 613a Abs. 1 S. 1 BGB.

190 BAG, Urt. v. 19.1.1988 – 3 AZR 263/86 – NZA 1988, 501.

2. Rechtsfolgen

161 § 613a Abs. 1 S. 1 BGB führt zu einem einheitlichen Arbeitsverhältnis, der **Erwerber tritt in sämtliche Rechte und Pflichten des Veräußerers ein**. Dies betrifft auch die Versorgungszusage – und zwar unabhängig davon, in welcher Form diese erteilt worden ist, so dass **auch Versorgungsverpflichtungen**, welche sich **aus betrieblicher Übung, aus dem Gleichbehandlgungsgrundsatz oder einer Gesamtzusage** ergeben, gemäß § 613a Abs. 1 S. 1 BGB auf den Erwerber übergehen.[191] Insbesondere die Unverfallbarkeitsfristen werden durch den Betriebsübergang nicht unterbrochen, wie § 1b Abs. 1 S. 3 BetrAVG klarstellt.[192]

a) Past and future service bzgl. Aktiver

162 Das Anwartschaftsverhältnis, welches kraft der Zusage[193] bisher zwischen dem Veräußerer und dem Arbeitnehmer bestand, geht in Gänze auf den Erwerber über. Dies betrifft sowohl den sog. past service – also das in der Vergangenheit bereits Erdiente – als auch den sog. future service – die zukünftigen Anwartschaften.

! **Fettnapf**

Eine **zeitanteilige Quotierung** oder anderweitige Aufteilung der späteren Rentenverpflichtungen zwischen Erwerber und Veräußerer ist in § 613a Abs. 1 S. 1 BGB **nicht vorgesehen**. Der Erwerber übernimmt damit auch Arbeitnehmer, die ein höheres Lebensalter haben, schon lange bei dem Veräußerer tätig waren und deren Renten möglicherweise unmittelbar bevorsteht. Dies kann erheblichen Finanzierungsbedarf auslösen.

---

163 Konsequenz des § 613a Abs. 1 S. 1 BGB ist, dass hinsichtlich der aktiven Arbeitnehmer, welche dem Betriebsübergang nicht nach § 613a Abs. 6 BGB widersprochen haben, der Erwerber so behandelt wird, als habe er an Stelle des Veräußerers die Zusage seinerzeit erteilt und sei der Arbeitnehmer in dem Veräußererbetrieb beschäftigt gewesen.

! **Checkliste**

Auswirkungen auf bestehende Versorgungszusagen aus § 613a Abs. 1 S. 1 BGB:

- Die Zusage besteht fort.
- Die **Dauer der Zusage** wird insgesamt (bezogen auf Veräußerer- und Erwerberbetrieb) ermittelt – insbesondere für den Eintritt der gesetzlichen Unverfallbarkeit, § 1b Abs. 1 S. 3 BetrAVG, aber auch für eine etwaige vertragliche Unverfallbarkeit.[194]

---

191 Vgl. etwa BAG, Urt. v. 22.6.1978 – 3 AZR 832/76 – AP Nr. 12 zu § 613a BGB; BAG, Urt. v. 24.3.1977 – 3 AZR 649/76 – NJW 1977, 1791.

192 Siehe auch BAG, Urt. v. 20.7.1993 – 3 AZR 99/93 – NZA 1994, 121; BAG, Urt. v. 8.2.1983 – 3 AZR 229/81 – NJW 1984, 1254.

193 Die einzelnen Zusageformen sind erläutert oben unter Rn 9 ff.

194 Siehe zu den Begrifflichkeiten oben unter Rn 55 ff.

- Auch die **Betriebszugehörigkeit** (wichtig für die zeitanteilige Berechnung nach § 2 Abs. 1 BetrAVG) wird addiert und zwar auch dann, wenn der Erwerber eine eigene abweichende oder bisher keine Versorgungsregelung hat.

Scheidet der übernommene Arbeitnehmer später aus dem Unternehmen des Erwerbers vor Renteneintritt aus, ist der Erwerber demnach – vollumfänglich[195] – leistungsverpflichtet, auch wenn unter Umständen erst durch die Fortführung des Beschäftigungsverhältnisses die Unverfallbarkeitsvoraussetzungen erfüllt worden sind. 164

Beispiel

Arbeitnehmer A tritt mit Lebensalter 27 in das Unternehmen V ein. Er erhält dort, als er 29 Jahre alt ist, eine arbeitgeberfinanzierte Versorgungszusage in Form der reinen Leistungszusage. Zwei Jahre nach Zusageerteilung wird V von E gekauft. A bleibt zunächst bei E, scheidet aber mit 37 Jahren aus. Wenn das Arbeitsverhältnis wirksam gemäß § 613a Abs. 1 S. 1 BGB auf E übergegangen ist, kann A seine möglichen Versorgungsansprüche allein gegenüber E geltend machen. Die Versorgungsanwartschaft ist dem Grunde nach unverfallbar, § 1b Abs. 1 BetrAVG, da sie insgesamt acht Jahre bestanden hat. Die Anwartschaftshöhe richtet sich nach § 2 Abs. 1 BetrAVG, für die demnach vorzunehmende zeitratierliche Quotierung ist auf die Betriebszugehörigkeitsdauer insgesamt abzustellen, so dass sich ein Faktor bei unterstelltem Renteneintrittsalter von 67 Jahren von 10/40 = $^1/_4$ ergibt.

Die **sachgerechte Erfassung** der bestehenden Anwartschaften, die demzufolge sachgerecht „eingepreist" werden müssen, stellt bei Unternehmensverkäufen und sonstigen Konstellationen des § 613a BGB eine **fundamentale Erwerberpflicht** dar. Denkbar sind: Abschläge auf den Kaufpreis, Ausgleichszahlungen, interne Freistellungs- und Erstattungsregelungen. 165

Praxistipp

Eine belastbare **due diligence**, die daran anknüpfende fundierte Analyse der Risiken und deren sorgfältige Gewichtung und Bewertung sind unverzichtbar. Keinesfalls darf unbesehen auf Rückstellungen nach § 6a EStG oder HGB abgestellt werden; diese lassen wesentliche Faktoren (Dynamik der Zusage, Verwaltungskosten, späterer Anpassungsbedarf nach § 16 BetrAVG) unberücksichtigt und haben vor allem bei langen Laufzeiten und endgehaltsorientierten Zusagen erhebliche Unterdeckungen (*funding gaps*) zur Folge.

Die Praxis hat diverse an dem Anwartschaftsbarwert der übergehenden Verpflichtungen orientierte Bewertungsansätze entwickelt (z.B. Bewertung nach IAS/IFRS/US-GAAP). Die Wahl des Verfahrens hat hier massive Auswirkungen auf die Höhe des Kaufpreisabschlages, der Erstattungspflicht etc. und kann daher über ein gutes oder schlechtes Verhandlungsergebnis entscheiden.

195 Es sei denn, es liegt ein Fall des § 613a Abs. 2 BGB vor, siehe dazu sogleich unter III. Gesamtschuldnerische Haftung gem. § 613a Abs. 2 BGB.

b) Kollektivrechtliche Fortgeltung/Transformation

166 Für kollektiv-rechtliche Regelungen gelten auch im Bereich der betrieblichen Altersversorgung §613a Abs. 1 S. 2–4 BGB: finden sich in einer Betriebsvereinbarung oder einem Tarifvertrag Regelungen zur betrieblichen Altersversorgung, dann gelten diese individualvertraglich zwischen Arbeitnehmer und Erwerber fort; es sei denn, ihre Fortgeltung ergibt sich bereits kollektivrechtlich aus der Wahrung der Identität des Betriebs/Betriebsteils – in diesem Fall findet keine Transformation nach §613a Abs. 1 S. 2 BGB statt.[196] Die Abänderung der transformierten Regelungen ist grundsätzlich erst nach Ablauf der Jahresfrist zulässig, sofern nicht einer der Fälle des S. 4 einschlägig ist.

Praxistipp

Häufige Irrtümer in der Praxis sind:

- Innerhalb eines Jahres nach Betriebsübergang dürfe die Versorgungsregelung nicht abgeändert werden → dies ist falsch. Denn die **einjährige Änderungssperre** gilt nur bei nach § 613a Abs. 1 S. 2 BGB transformierten Regelungen!
- Nach Ablauf der Jahresfrist seien Änderungen unbegrenzt möglich → auch dies ist falsch. Die Abänderungssperre soll lediglich die von dem Betriebsübergang betroffenen Arbeitnehmer besonders schützen, neben ihr gelten weiterhin die allgemeinen Anforderungen an die Rechtmäßigkeit einer abändernden Regelung (denkbar etwa durch Änderungsvertrag, Änderungskündigung, ggf. ist Mitbestimmung des Betriebsrates erforderlich, Verschlechterungen sind nur begrenzt zulässig[197]). Diese Änderungsvoraussetzungen müssen auch nach Ablauf der Jahresfrist stets gewahrt sein.

---

c) Mittelbare Versorgung

167 Alle mittelbaren Durchführungswege zeichnen sich dadurch aus, dass sich der Arbeitgeber eines Dritten zur Erfüllung des Versorgungsversprechens bedient, vgl. § 1 Abs. 1 S. 2 und 3 BetrAVG. Es entsteht ein Dreiecksverhältnis.

168 Dies wirft die Frage auf, auf welches Rechtsverhältnis sich die Rechtsfolgen aus § 613a Abs. 1 S. 1 BGB beziehen. Nicht selten übersehen wird, dass kein Übergang der mittelbaren Versorgung „kraft Gesetzes“ erfolgt und § 613a Abs. 1 S. 1 BGB allein die arbeitsrechtliche Beziehung zwischen Arbeitgeber und Arbeitnehmer („das Valutaverhältnis“) erfasst. Versicherungs- und sonstige Verträge, Mitgliedschaftsbeziehungen etc. werden durch den Betriebsübergang grundsätzlich nicht berührt, hier ist also eine **rechtsgeschäftliche Umsetzung und Harmonisierung** damit **unerlässlich**.

169 Der Erwerber tritt allerdings auch in die sog. **Subsidiärhaftung aus § 1 Abs. 1 S. 3 BetrAVG** und insbesondere in die sich hieraus nach Auffassung des Bundesar-

---

196 Siehe im Einzelnen Kap. 14.

197 Siehe hierzu im Einzelnen sogleich unter VI. Gestaltungsmöglichkeiten beim Erwerber.

beitsgerichts ergebende sog. Verschaffungspflicht des Arbeitgebers[198] ein. Ein Arbeitgeber, der bspw. eine Versorgung durch eine Direktversicherung zugesagt hat, ist danach nicht ohne weiteres dazu berechtigt, an Stelle der Versicherungsleistungen eigene Direktzahlungen an den Versorgungsberechtigten zu erbringen. Vielmehr gilt der sog. Vorrang des gewählten Durchführungsweges, das bedeutet der Arbeitnehmer soll nach Auffassung der Rechtsprechung verlangen können, die Leistungen von dem externen Träger zu erhalten. Die hiermit einhergehende Beitragszahlungspflicht des Arbeitgebers an den Träger ist wirtschaftlich für den Arbeitgeber keineswegs immer sinnvoll und auch rechtsdogmatisch und -systematisch sprechen gewichtige Argumente gegen die Auffassung des Bundesarbeitsgerichts, jedenfalls aber gegen die Verallgemeinerungsfähigkeit dieser Judikatur.[199]

aa) Versicherungsförmige Durchführungswege

Als versicherungsförmig werden die Durchführungswege **Direktversicherung** und Pensionskasse bezeichnet. Versicherungsnehmer ist bei der Direktversicherung stets der Arbeitgeber, der **Versicherungsvertrag** ist echter Vertrag zu Gunsten Dritter im Sinne des § 328 BGB. Dieser Vertrag **muss gesondert transferiert werden**,[200] um dem Erwerber die Fortführung der Versorgung zu ermöglichen. Der Erwerber kann den Versicherungsvertrag mit Zustimmung des Veräußerers und des Versicherungsunternehmens übernehmen, hierzu ist ggfs. die Teilung bei einer Gruppenversicherung erforderlich, nicht jedoch nach überwiegender Auffassung die Mitwirkung des Arbeitnehmers.[201] Alternativ ist auch der Abschluss eines neuen Versicherungsvertrages zu Gunsten des Arbeitnehmers, verbunden damit, dass der Veräußerer den bisherigen Versicherungsvertrag kündigt oder beitragsfrei stellt, möglich. Soll dies mit einer Übertragung des Bestandes der früheren Versicherung auf die neue Versicherung verbunden werden, dann ist hierzu die **Zustimmung der BaFin** einzuholen.[202] 170

Als „quasi versicherungsförmig" bezeichnet wird die **Pensionsfondsversorgung**, da der Pensionsfonds den Begünstigten zwar einen Rechtsanspruch auf die Leistungen einräumt, jedoch kraft der Legaldefinition[203] daran gehindert ist, seine Leistungen für alle Versorgungsfälle versicherungsförmig zu garantieren. Auch in seinem Fall muss der Arbeitgeber den Versorgungsvertrag schließen, so dass sich 171

---

198 BAG, Urt. v. 12.6.2007 – 3 AZR 186/06 – BB 2007, 2410, 2411 f.; BAG, Urt. v. 12.12.2006 – 3 AZR 388/05 – AP Nr. 67 zu § 1 BetrAVG Zusatzversorgungskassen.

199 Kritisch u.a. *Höfer*, § 1 BetrAVG Rn 2511 ff.; *de Groot*, S. 129 ff.; zurückhaltend auch Kemper/Kisters-Kölkes/Berenz/Huber/*Kemper*, § 1 BetrAVG Rn 257 ff.

200 BAG, Urt. v. 5.5.1977 – 3 ABR 34/76 – AP Nr. 7 zu § 613a BGB.

201 Siehe im Einzelnen Blomeyer/Rolfs/Otto/*Rolfs*, Anhang zu § 1 BetrAVG Rn 746 ff.

202 §§ 14, 44 VAG.

203 § 112 Abs. 1 S. 1 Nr. 2 VAG.

die Rechtsverhältnisse ebenso wie bei der Direktversicherung darstellen,[204] für bereits ausgeschiedene Arbeitnehmer bleibt das Versorgungsverhältnis zwischen Fonds und Versorgungsberechtigtem durch den Betriebsübergang unberührt.

! **Praxistipp**
Wegen § 112 Abs. 1 S. 1 Nr. 2 VAG sind bei der Fondsversorgung Divergenzen zwischen Zusage und Fondsleistungen denkbar und je nach Ausgestaltung unter Umständen auch wahrscheinlich. Aus Erwerbersicht muss daher genau geprüft werden, welchen Wert die Versorgungsanwartschaft aktuell hat und welche Leistungen voraussichtlich durch den Fonds erbracht werden. Gegebenenfalls ist ein Fondswechsel oder Wechsel der Anlagestrategie zu erwägen, um **Finanzierungslücken** zu vermeiden.

---

172 Bei der **Pensionskassenversorgung** kommt es für die Rechtsverhältnisse darauf an, ob es sich um eine **deregulierte** oder um eine **regulierte** Kasse handelt: bei ersterer liegt der Versorgung ebenfalls ein echter Vertrag zu Gunsten Dritter zu Grunde, so dass das oben zur Direktversicherung Ausgeführte entsprechend gilt. Abweichend ausgestaltet sind zumeist die Rechtsverhältnisse bei der regulierten Pensionskasse: wird hier der Arbeitnehmer (ggfs. neben dem Arbeitgeber) selbst Versicherungsnehmer, dann berührt der Betriebsübergang die Leistungspflicht der Kasse gegenüber dem Arbeitnehmer nicht, wenn er weiterhin Mitglied der Kasse sein kann.[205] Ob der Erwerber in die Stellung als Versicherungsnehmer eintreten kann, richtet sich nach der Satzung; ebenfalls nach dieser zu beurteilen ist die in praxi zumeist zu bejahende Frage, ob alternativ eine beitragsfreie Versicherung zugelassen ist. Auch in diesem Fall ist die sorgfältige Prüfung der übernommenen Versorgungsanwartschaften freilich unerlässlich.

bb) Unterstützungskassen

173 Unterstützungskassen stellen **Sondervermögen** des Arbeitgebers dar. Auch dieses geht durch den Betriebsübergang keines Wegs kraft Gesetzes auf den Erwerber über, sondern **muss gesondert übertragen werden**. Wie dies konkret erfolgt hängt von der gewählten Rechtsform ab.[206] Da der Erwerber in die Versorgungsanwartschaften eintritt, sind aus seiner Sicht zwei Handlungsoptionen denkbar: er gründet entweder eine eigene Unterstützungskasse, um den Anspruch der Begünstigten auf die (Unterstützungskassen[207]) Versorgung zu erfüllen, tritt alternativ ei-

---

204 Hierzu im Einzelnen *de Groot*, S. 107 ff.

205 Dies kann etwa bei Betriebspensionskassen nicht mehr der Fall sein, wenn der Arbeitnehmer seine Betriebszugehörigkeit verliert oder bei Branchenpensionskassen im Falle des Branchenwechsels. Eine beitragsfreie Mitgliedschaft ist gemäß § 165 Abs. 1 VVG möglich.

206 Siehe im Einzelnen *Höfer*, ART BetrAVG Rn 1280 ff.

207 Zum Vorrang des gewählten Durchführungswegs siehe bereits oben Fn 98, zu der Frage, unter welchen Voraussetzungen der Wechsel möglich ist, sogleich unter Rn 75.

ner bereits bestehenden Kasse neu bei oder aber das Kassenvermögen, welches der Veräußerer zur Bedeckung der Verbindlichkeiten gebildet hatte, wird auf ihn übertragen.

Fettnapf !

Auch dann, wenn der Erwerber die Unterstützungskasse übernimmt, sind nach der Rechtsprechung des BAG Haftungsrisiken für den Veräußerer nicht auszuschließen. Denn, so der dritte Senat in einer früheren Entscheidung, die übertragene Kasse bleibt danach gegenüber Ausgeschiedenen und Arbeitnehmern, die dem Betriebsübergang widersprochen haben, weiterhin leistungspflichtig. Der Veräußerer sei verpflichtet, hierfür die erforderlichen Mittel zur Verfügung zu stellen.[208] In der Literatur wird dies mit guten Argumenten anders gesehen;[209] eine klare vertragliche Regelung zwischen Veräußerer und Erwerber dahingehend, dass der **Status als Trägerunternehmen** auf Veräußererseite beendet wird, ist empfehlenswert.

cc) CTAs

Contractual Trust Agreements stellen keinen eigenen Durchführungsweg dar, sondern eine **Form der Besicherung einer Direktzusage**. Das richtige Vorgehen im Fall des Betriebsübergangs richtet sich nach der konkreten Ausgestaltung. Wurde das sog. **Pfandrechtsmodell** gewählt, dann erlischt dieses dem Arbeitnehmer gewährte Pfandrecht, die plan assets werden frei und können vom Erwerber durch Vereinbarung mit dem Veräußerer erworben werden. Alternativ sind Ausgleichszahlungen gebräuchlich, um das auf den Erwerber übergegangene Versorgungsrisiko abzudecken. Bei einer **Sicherungstreuhand** richtet sich das Schicksal des treuhänderischen Sicherungsanspruchs nach der Sicherungsabrede, insoweit besteht grundsätzlich Gestaltungsfreiheit. 174

dd) Wechsel des Durchführungsweges

Ein alternativ zu erwägender Wechsel des Durchführungsweges bedarf zumindest in vielen Fällen der **Zustimmung der Versorgungsberechtigten**[210] und ist daher zumeist nicht praktikabel. Die Frage, unter welchen Voraussetzungen der Arbeitgeber den gewählten Durchführungsweg einseitig ändern darf, ist gegenwärtig nicht abschließend geklärt. Das Bundesarbeitsgericht hat jedenfalls für den Fall einer beitragsorientierten Leistungszusage, die über eine Pensionskasse durchgeführt wor- 175

---

208 So BAG, Urt. v. 28.2.1989 – 3 AZR 29/88 – DB 1989, 1679; siehe auch *Höfer*, ART BetrAVG Rn 1277 ff.

209 Siehe *Powietzka*, DB 2008, 2593, 2595 f.

210 Siehe BAG, Urt. v. 12.6.2007 – 3 AZR 186/06 – BB 2007, 2410, 2411 f.; BAG, Urt. v. 12.12.2006 – 3 AZR 388/05 – AP Nr. 67 zu § 1 BetrAVG Zusatzversorgungskassen.

den ist, einen Anspruch des Arbeitnehmers auf Beibehaltung des gewählten Weges bejaht. In der Literatur ist dies zu Recht kritisiert worden.[211]

Praxistipp
Jedenfalls dann, wenn dem Arbeitnehmer durch den Wechsel Nachteile entstehen (etwa steuerlicher Art) plädieren einige Stimmen in der Literatur für ein Zustimmungserfordernis. Schon aus Vorsichtsgesichtspunkten sollte versucht werden, die Zustimmung zu erhalten. Die Ausführungen der Rechtsprechung lassen als weiteren Ausweg wohl die entsprechend offene Formulierung der Zusage zu, da allein auf Grund der arbeitsrechtlichen Zusage eine Festlegung auf einen bestimmten Durchführungsweg (ausdrücklich oder konkludent) erfolgen kann. Besondere Sorgfalt ist geboten bei Formularverträgen, einseitige Vorbehalte, den Durchführungsweg nachträglich zu ändern, können hier unwirksam sein. Ein Mitbestimmungsrecht des Betriebsrates besteht indes im Grundsatz hinsichtlich der Wechselentscheidung nicht.[212]

d) Besonderheiten in der Insolvenz

176 Besonderheiten sind zu beachten, wenn im Vorfeld des Betriebsüberganges oder nachträglich über das Betriebsvermögen ein Insolvenzverfahren eröffnet, die Eröffnung wegen Masseunzulänglichkeit abgelehnt oder das Verfahren eingestellt wird. Die Eröffnung des Insolvenzverfahrens bewirkt eine **zeitliche Zäsur**, der Erwerber haftet abweichend von § 613a Abs. 1 BGB für die vor der Verfahrenseröffnung entstandenen Ansprüche nicht.[213] Diese werden zu bloßen Insolvenzforderungen, Argument ist das Verbot der Gläubigerbenachteiligung. Ferner findet in diesem Fall **ausnahmsweise** eine **zeitanteilige Quotierung** statt: allein die Anwartschaften, welche nach dem Betriebsübergang erdient werden, sind durch den Erwerber zu erfüllen. Anwartschaften, die aus der Betriebszugehörigkeit vor Betriebsübergang resultieren, sind, wenn die gesetzlichen Unverfallbarkeitsvoraussetzungen vorliegen, von dem PSVaG zu erfüllen.[214]

Diese Zäsurwirkung wird nicht durch die spätere Einstellung des Insolvenzverfahrens mangels Masse tangiert, vgl. § 207 InsO.[215]

---

211 Siehe etwa *Höfer*, ART BetrAVG Rn 1297 ff.

212 Ebenso wie der Arbeitgeber auch den Durchführungsweg originär einseitig wählen kann, darf er seine Entscheidung auch revidieren; mitbestimmungspflichtig kann die Entscheidung aber sein, wenn der Arbeitgeber sich diesbezüglich freiwillig an die Zustimmung des Betriebsrates gebunden hat – hieran sind in der Praxis hohe Anforderungen zu stellen.

213 Siehe im Einzelnen *Höfer*, ART BetrAVG Rn 1285 ff.

214 BAG, Urt. v. 17.1.1980 – 3 AZR 160/79 – NJW 1980, 1124.

215 Vgl. BAG, Urt. v. 11.2.1992 – 3 AZR 117/91 – NZA 1993, 20; BAG, Urt. v. 3.7.1980 – 3 AZR 751/79 – NJW 1981, 187.

Praxistipp
Aus Erwerbersicht kann daher erwogen werden, den Massevorschuss selbst oder durch Dritte zu erbringen, um auf diese Weise die Verfahrenseröffnung herbeizuführen.[216]

Voll anwendbar ist § 613a BGB hingegen, wenn das Verfahren wegen Masseunzulänglichkeit überhaupt nicht eröffnet wird.[217] Findet erst der Betriebsübergang statt und wird hinterher das Insolvenzverfahren eröffnet, so verbleibt es grundsätzlich bei der vollen Anwendbarkeit von § 613a BGB; eine Ausnahme gilt nur dann, wenn es sich wirtschaftlich betrachtet bei dem Betriebsübergang bereits um die Verwertung der Masse gehandelt hat. 177

II. Veräußererhaftung

1. Anwartschaften und Ansprüche der Ausgeschiedenen und Rentner

Die Anwartschaften und Ansprüche der ausgeschiedenen Arbeitnehmer und Rentner verbleiben nach § 613a Abs. 1 S. 1 BGB im Grundsatz (vollumfänglich) bei dem Veräußerer. Bei den versicherungsförmigen Durchführungswegen erlauben es § 2 Abs. 2 S. 2 und Abs. 3 S. 2 BetrAVG unter den genannten Voraussetzungen, den Arbeitnehmer allein auf die Leistung, welche von der Direktversicherung oder von der Pensionskasse erlangt werden kann, zu verweisen. Der Arbeitgeber kann sein Einstandsrisiko damit faktisch begrenzen. 178

Fettnapf
Die subsidiäre Einstandspflicht aus § 1 Abs. 1 S. 3 BetrAVG bleibt jedoch auch in diesem Fall bestehen.

Eine solche Möglichkeit ist für die Pensionsfondsversorgung, die Unterstützungskassenversorgung und für Direktzusagen nicht gegeben. Der Arbeitgeber kann zwar sein Risiko rückdecken (etwa über eine Rückdeckungsversicherung), die Anwartschaftsberechnung richtet sich aber weiterhin nach den allgemeinen Vorgaben aus § 2 BetrAVG in voller Höhe gegen den Veräußerer. 179

2. Ausnahmen

Ausnahmen von der Veräußererhaftung sind vorgesehen im **Umwandlungsrecht.**[218] 180
Ferner haftet der Erwerber in voller Höhe nach Maßgabe von **§ 25 HGB** bei einer Fir-

216 Rechtsprechung hierzu liegt bislang nicht vor, die Literatur geht aber überwiegend von der Zulässigkeit eines solchen Vorgehens aus, siehe Blomeyer/Rolfs/Otto/*Rolfs*, § 7 BetrAVG Rn 184.
217 Siehe im Einzelnen Blomeyer/Rolfs/Otto/*Rolfs*, Anhang zu § 1 BetrAVG Rn 330 ff.
218 §§ 20 Abs. 1 Nr. 1, 131 Abs. 1 Nr. 1 UmwG. Einzelheiten siehe unten unter E. I. Zuordnungsfreiheit gem. § 126 Abs. 1 Nr. 9 UmwG.

menfortführung, sofern er nicht von der Möglichkeit der Haftungsbegrenzung nach § 25 Abs. 2 HGB Gebrauch gemacht hat.

III. Gesamtschuldnerische Haftung gem. § 613a Abs. 2 BGB

181 Unter bestimmten Voraussetzungen haften Erwerber und Veräußerer kraft Gesetzes gemeinsam. Dies setzt voraus, dass die **Versorgungsansprüche innerhalb eines Jahres nach dem Betriebsübergang fällig werden** und betrifft daher nur Arbeitnehmer, bei denen der Versorgungsfall binnen dieser Jahresfrist eintritt. Das bloße Ausscheiden aus dem Arbeitsverhältnis ist insoweit irrelevant.

IV. Unterrichtungspflicht gem. § 613a Abs. 5 BGB

182 Die von der Rechtsprechung für eine ordnungsgemäße Unterrichtung nach § 613a Abs. 5 BGB aufgestellten hohen Anforderungen zeigen sich eindrücklich auch im Falle der betrieblichen Altersversorgung.

! **Checkliste**
Rechtsprechung und Literatur haben folgende Mindestanforderungen herausgebildet:
- Die Haftung von Veräußerer und Erwerber ist exakt darzustellen (dies beinhaltet insbesondere die Rechtslage im Falle eines Widerspruchs nach § 613a Abs. 6 BGB).
- Nicht geschuldet ist allerdings eine Darstellung der Haftungssituation gegenüber ausgeschiedenen Arbeitnehmern.
- Eine etwaige vertraglich vereinbarte Haftungsübernahme des Erwerbers sollte jedenfalls der Vollständigkeit halber mit aufgeführt werden.
- Verlangt wird ferner die Darstellung der Folgen des Betriebsübergangs bei externen Durchführungswegen.

V. Abweichende Vereinbarungen

183 Häufig besteht das Bedürfnis, von der Regelung des § 613a BGB abzuweichen, beabsichtigt ist in der Praxis zuweilen insbesondere eine zeitanteilige Aufteilung der bereits erdienten Anwartschaften zwischen Erwerber und Veräußerer. Die Rechtslage lässt solche Abreden indes nur sehr eingeschränkt zu.

1. Aufhebungsverträge

184 Eine Zeit lang wurde versucht, die Rechtsfolgen des § 613a BGB dadurch zu umgehen/auszugestalten, dass Aufhebungsverträge mit den Arbeitnehmern geschlossen worden sind, welche den Erlass der betrieblichen Altersversorgung vorsehen, um so-

dann neue Arbeitsverhältnisse mit dem Erwerber zu begründen, sog. **Lemgoer Modell.** Derartige Konstruktionen sind indes **als Umgehungsgeschäfte nach § 134 BGB nichtig.**[219]

2. Übertragung nach § 4 BetrAVG/Abfindung gem. § 3 BetrAVG

Das Betriebsrentenrecht lässt unter bestimmten eingeschränkten Voraussetzungen 185
Übertragungen auf einen neuen Arbeitgeber bzw. Abfindungen zu.[220] § 4 BetrAVG ist indes tatbestandlich nicht anwendbar, da es sich bei dem Erwerber nicht um den „neuen Arbeitgeber" der Arbeitnehmer handelt, sondern der Erwerber in die Arbeitgeberstellung des Veräußerers kraft Gesetzes eintritt. Zudem ist fraglich und derzeit höchstrichterlich noch nicht abschließend geklärt, ob zu einer Übertragung ungeachtet des § 4 BetrAVG die Zustimmung des PSV erforderlich ist.[221] Die Abfindungsmöglichkeiten nach § 3 BetrAVG bestehen zwar dem Grunde nach, sind aber unzureichend.[222]

3. Schuldbeitritt

Zuweilen wurde in der Praxis alternativ ein Schuldbeitritt erwogen, um die Haftung 186
jedenfalls für die Altbestände bei dem Erwerber zu belassen. Auch dies führt indes nach höchstrichterlicher Rechtsprechung zu keiner völligen Abkehr von der Rechtsfolge des § 613a Abs. 1 S. 1 BGB. Denn ein alternativer Schuldbeitritt, der das Erlöschen der Schuld des Veräußerers zur Folge hätte, wäre wiederum als unzulässige Abbedingung nichtig nach § 134 BGB. Zulässig, aber weniger geeignet, um das gewünschte Ziel zu erreichen ist ein sog. **kumulativer Schuldbeitritt.** Dieser verschafft dem Versorgungsberechtigten lediglich einen weiteren Schuldner und berührt daher seine Rechtsposition nicht negativ, sondern verbessert sie vielmehr: **Erwerber und Veräußerer haften** dann kumulativ **als Gesamtschuldner, § 426 BGB.**

---

219 BAG, Urt. v. 19.3.2009 – 8 AZR 722/09 – NJW 2009, 3260; Urt. v. 12.5.1992 – 3 AZR 247/91 – NZA 1992, 1080; Blomeyer/Rolfs/Otto/*Rolfs*, Anhang zu § 1 BetrAVG Rn 316 m.w.N.

220 Siehe im Einzelnen oben unter Rn 93 ff.

221 Dies wurde früher teilweise so vertreten, siehe BAG, Urt. v. 12.5.1992 – 3 AZR 2447/91 – NZA 1992, 1080; Urt. v. 28.4.1987 – 3 AZR 75/86 – NZA 1988, 198, 199; bezog sich allerdings auf die Altfassung von § 4 BetrAVG.

222 Denn auch die Abfindungsbeschränkungen nach § 3 BetrAVG gelten, die in der Literatur zuweilen erwogene teleologische Reduktion wird in der Rechtsprechung überwiegend abgelehnt, siehe BAG, Urt. v. 29.10.1985 – 3 AZR 485/83 – AP Nr. 4 zu § 1 BetrAVG Betriebsveräußerung; LAG Hamm, Urt. v. 2.4.1991 – 6 Sa 1184/90 – DB 1991, 1079. Eingehend zum Streitstand Blomeyer/Rolfs/Otto/*Rolfs*, § 3 BetrAVG Rn 20.

4. Erfüllungsübernahme

187 Der Begriff der Erfüllungsübernahme bezeichnet eine nur interne Abrede zwischen Erwerber und Veräußerer, kraft derer **im Innenverhältnis**, d.h. ohne bindende Wirkung gegenüber dem Versorgungsberechtigten, bestimmt wird, wer (vorrangig) etwaige Versorgungsansprüche zu erfüllen hat. Diese Erfüllungsübernahme **kann mit dem (kumulativen) Schuldbeitritt kombiniert werden**. Sie stellt dann sicher, dass die vertragliche Gestaltung im Außenverhältnis wirksam (da zu Gunsten des Versorgungsberechtigten lediglich haftungserweiternd) ist und bestimmt zugleich die gewünschte Zuordnung im Innenverhältnis, etwa in der Weise, dass der Erwerber einen Teil der Verbindlichkeiten nach wie vor erfüllen muss.

VI. Gestaltungsmöglichkeiten beim Erwerber

188 Wie gezeigt führt die gesetzliche Rechtsfolge des § 613a Abs. 1 S. 1 BGB grundsätzlich zur vollumfänglichen Haftung des Erwerbers, die lediglich durch die angeführten Abreden begrenzt ausgestaltet werden kann. Aus Erwerberperspektive stellt sich daran anknüpfend gerade dann, wenn der Erwerber bereits über ein eigenes Versorgungswerk verfügt, die Frage nach Harmonisierungs- und Differenzierungsmöglichkeiten. Auch hier sind betriebsrentenrechtliche Besonderheiten zu beachten.

1. Kollisionsfälle

189 Treffen ein Versorgungswerk des Veräußerers und ein eigenes Versorgungswerk des Erwerbers aufeinander, so entscheidet die Rechtsform der Versorgungsregelungen maßgeblich über die Rechtsfolgen. War die **Zusage individualvertraglich** durch den Veräußerer erteilt worden, dann gilt diese grundsätzlich nach § 613a Abs. 1 S. 1 BGB weiter, **Ausnahmen** können sich über das **Günstigkeitsprinzip** ergeben, wenn die Erwerberregelung für die Arbeitnehmer günstiger und eine Erstreckung nicht ausdrücklich ausgeschlossen ist (dazu sogleich).[223] **Kollektiv-rechtliche Regelungen** des Erwerbers lösen gleichrangige frühere Regelungen des Veräußerers hingegen grundsätzlich ab. Sind die Normen nicht ranggleich, dann ergibt sich die Rangfolge aus **§ 613a Abs. 1 S. 3 BGB** ihre Fortgeltung (im Falle einer tarifvertraglichen Regelung des Veräußerers, die auf eine Betriebsvereinbarung des Erwerbers trifft)[224] bzw. ihre Verdrängung gemäß **§§ 77 Abs. 3 S. 1, 87 Abs. 1 BetrVG**[225].

---

223 Siehe Blomeyer/Rolfs/Otto/*Rolfs*, Anhang zu § 1 BetrAVG Rn 320.

224 Es findet keine sog. Überkreuzablösung statt, siehe statt aller BAG, Urt. v. 13.11.2007 – 3 AZR 191/06 – NZA 2008, 600.

225 Siehe *Rolfs*, NZA-Beil. 2008, 164, 168.

2. Differenzierungen zwischen Alt- und Neubestand

Gehen Arbeitsverhältnisse auf den Erwerber, der seinen Beschäftigten ebenfalls Leistungen der betrieblichen Altersversorgung zusagt („ein eigenes Versorgungswerk hat") über, dann führt dies grundsätzlich zum Fortbestand der Betriebszugehörigkeit. Dies gilt insbesondere für die Unverfallbarkeitsfristen nach § 30 BetrAVG a.F., nicht jedoch unbedingt für die **Leistungshöhe.** Diesbezüglich lässt die Rechtsprechung **Gestaltungsmöglichkeiten.**[226] 190

Checkliste !

Der Erwerber ist insbesondere nicht dazu verpflichtet,

- Arbeitnehmer, deren Arbeitsverhältnisse nach § 613a Abs. 1 S. 1 BGB übergehen, zwingend in sein eigenes Versorgungswerk aufzunehmen, wenn es beim Veräußerer keine Versorgungszusage gab[227] – auch der arbeitsrechtliche Gleichbehandlungsgrundsatz verpflichtet hierzu nur in Ausnahmefällen[228],
- die bei dem Veräußerer absolvierten Beschäftigungszeiten rentensteigernd oder in Anrechnung auf die Wartezeit anzuerkennen.[229]

Praxistipp !

Dies bedeutet aus Erwerbersicht auch, dass wenn diese Freiräume genutzt werden sollen, eine eindeutige Gestaltung unabdingbar ist, denn **Zweifel gehen** insoweit **zu Lasten des Erwerbers.** Ist die Aufnahme nicht ausgeschlossen beziehungsweise die Differenzierung nicht hinreichend verdeutlicht, dann verbleibt es bei der Gleichbehandlung und damit bei der umfassenden Eintrittspflicht des Erwerbers. Denn insoweit steht der Eintritt kraft Betriebsüberganges einem rechtsgeschäftlichen Eintritt gleich.

3. Verschlechternde Neuregelungen

Neuregelungen sind dem Erwerber grundsätzlich gestattet, es gelten aber besondere einschränkende Wirksamkeitserfordernisse. 191

a) Einzelvertragliche Abänderung

Einzelvertragliche Änderungen bestehender Versorgungszusagen sind nach allgemeinen Grundsätzen[230] mit Einverständnis des Arbeitnehmers möglich. 192

---

226 Siehe auch BAG, Urt. v. 24.7.2001 – 3 AZR 660/00 – NZA 2002, 520.

227 Eine Übernahme ist nach Auffassung der Literatur vielmehr nur dann geschuldet, wenn das Versorgungswerk für Neueintritte „offen" ist und die Aufnahme nicht ausdrücklich ausgeschlossen ist, siehe Blomeyer/Rolfs/Otto/*Rolfs*, Anhang zu § 1 BetrAVG Rn 329; *Höfer*, ART BetrAVG Rn 1238 f.

228 BAG, Urt. v. 31.8.2005 – 5 AZR 517/04 – NZA 2006, 265; *Höfer*, ART BetrAVG Rn 1236 ff.

229 BAG, Urt. v. 19.4.2005 – 3 AZR 469/04 – NZA 2005, 840; BAG, Urt. v. 30.8.1979 – 3 AZR 58/78 – NJW 1980, 416; BAG, Urt. v. 25.8.1976 – 5 AZR 788/75 – AP Nr. 41 zu § 242 BGB Gleichbehandlung; siehe auch Förster/Cisch/Karst/*Rihn*, § 1 BetrAVG Rn 212.

230 Siehe allgemein Rn 129 ff.

Nach früherer Rechtsprechung des BAG sollte für die Änderung ferner ein sachlicher Grund erforderlich sein, dies ist nunmehr jedenfalls für Vergütungsansprüche im Allgemeinen aufgegeben worden.[231]

b) Änderung durch Betriebsvereinbarung

193 Durch Betriebsvereinbarung abänderbar sind: frühere Betriebsvereinbarungen, Zusagen kraft betrieblicher Übung sowie Gesamtzusagen. Die Drei-Stufen-Theorie[232] wird indes durch § 613a Abs. 1 S. 3 BGB modifiziert, so dass bei Änderungen einer arbeitgeberfinanzierten Versorgung[233] durch ablösende Betriebsvereinbarung nach der Rechtsprechung des BAG[234] nur die Verpflichtung besteht, die **anteilig erdiente Anwartschaft aufrechtzuerhalten:**

- Die Höhe dieses Mindestschutzes richtet sich wiederum nach **§ 2 BetrAVG**[235]
- **Auch verfallbare Anwartschaften**, d.h. solche, für die die Voraussetzungen des § 1b BetrAVG (noch) nicht erfüllt waren, sind geschützt.
- Die bei dem Veräußerer zurückgelegten Dienstzeiten sind bei der Unverfallbarkeit zu berücksichtigen, § 1b BetrAVG, § 613a Abs. 1 BGB.
- Aber: **es sind keine Steigerungen bei dem Erwerber geschuldet**, d.h. die Dienstzeiten sind zwar bei der Ermittlung der Anwartschaft „dem Grunde nach“, aber nicht zwingend auch „der Höhe nach“ zu berücksichtigen.

Beispiel

Arbeitnehmer A ist mit 27 Jahren bei V eingetreten, als er 57 Jahre alt ist, findet ein Betriebsübergang auf E statt. Laut der bisher geltenden Betriebsvereinbarung erhält A von V eine Zusage einer monatlichen arbeitgeberfinanzierten Rente wegen Alters in Höhe von 5,– € pro Dienstjahr, vorgesehenes Renteneintrittsalter ist 67. Die Betriebsvereinbarung bei E enthält dieselben Parameter und dieselbe Leistungshöhe, sieht jedoch vor, dass „Alt-AN“, d.h. solche, die kraft des Betriebsüberganges tätig sind, keine über ihren Besitzstand hinausgehenden Zuwächse erhalten. Arbeitnehmer B arbeitet seit seinem 27. Lebensjahr bei E. Beide gehen mit 67 bei E in Rente.

A erhält: 5 € × 40 × $^3/_4$ = 150 € (aus Veräußerer-BV)

B erhält 5 € × 40 = 200 € (aus Erwerber-BV)

---

231 Für Betriebsrentenleistungen offen gelassen durch BAG 7.11.2007 – 5 AZR 1007/06 – NZA 2008, 530.

232 Siehe eingehend Rn 141 ff.

233 Die Rechtslage für arbeitnehmerfinanzierte Altersversorgung ist nicht abschließend geklärt, siehe näher Blomeyer/Rolfs/Otto/*Rolfs*, Anhang zu § 1 BetrAVG Rn 324 ff., Eingriffe sollten aus Vorsichtsgründen mit Blick auf das Wertgleichheitsgebot, § 1 Abs. 2 Nr. 3 BetrAVG, vermieden werden.

234 BAG, Urt. v. 24.7.2001 – 3 AZR 660/00 – DB 2002, 955; kritisch: *Höfer*, ART BetrAVG Rn 1261 ff.

235 Zur Berechnung siehe Rn 67 f.

In beiden Fällen schuldet Erwerber E – sofern nicht eine Ausnahme im Sinne des § 613a Abs. 2 BGB vorliegt – die Rente. Die ungleiche Höhe ist sachlich gerechtfertigt.[236]

Voraussetzung für eine solche – zulässige – Ungleichbehandlung ist eine ausdrückliche und klare Regelung. Fehlt sie, dann sind beide Arbeitnehmer gleichzubehandeln. 194

Praxistipp
Das Mitbestimmungsrecht des Betriebsrates ist zu wahren. !

E. Betriebliche Altersversorgung und Umwandlungen

Häufig wird in der Praxis statt des Betriebsübergangs eine Gestaltung nach Umwandlungsrecht vorgenommen, da hier in größerem Umfang Gestaltungsfreiheit besteht. 195

I. Zuordnungsfreiheit gem. § 126 Abs. 1 Nr. 9 UmwG

Bei einer Spaltung räumt § 126 Abs. 1 Nr. 9 UmwG bzgl. Ausgeschiedener und Rentner eine Wahlmöglichkeit ein; kraft der dort gesetzlich geregelten Zuordnungsfreiheit können auch Verbindlichkeiten einem der beteiligten Rechtsträger zugeordnet werden.[237] § 613a BGB gilt allerdings, wie § 324 UmwG klarstellt, auch hier,[238] so dass bezogen auf die betriebliche Altersversorgung allein **Ansprüche/Anwartschaften von ausgeschiedenen Arbeitnehmern und von Rentnern** Gegenstand einer Zuordnungsentscheidung sein können. Von Vorteil ist, dass hier **keine Widerspruchsmöglichkeit** der betroffenen Personen besteht und auch **keine Zustimmungserfordernisse** beachtet werden müssen. Weder Arbeitnehmer noch PSVaG können insoweit Einfluss nehmen. 196

Zu beachten ist § 133 Abs. 2 UmwG: demnach besteht eine **gesamtschuldnerische Haftung** des bisherigen und des zukünftigen Rechtsträgers für einen Zeitraum von **10 Jahren**. 197

236 Ob dies auch für unterschiedlich hohe Steigerungsraten gilt ist noch nicht abschließend geklärt, siehe *Kemper/Kisters-Kölkes*, Rn 770.

237 Dies bewirkt eine partielle Gesamtrechtsnachfolge, §§ 123, 131 UmwG.

238 Siehe BAG, Urt. v. 25.5.2000 – 8 AZR 416/99 – NZA 2000, 1155.

II. Gestaltungsmöglichkeiten und Grenzen

198 Gestaltungen, die sich diese Zuordnungsfreiheit zu Nutze machen, werden vom Bundesarbeitsgericht ausdrücklich gebilligt.

1. Rentner-/Abwicklungsgesellschaften

199 Sowohl im Zusammenhang mit Betriebsübergängen als auch im Übrigen zur Verringerung der Versorgungslasten besteht zuweilen das Bedürfnis, sich der bereits „aufgelaufenen“ Versorgungsverpflichtungen bzw. -anwartschaften zu entledigen. Dies kann insbesondere über sog. Rentner- bzw. Abwicklungsgesellschaften erfolgen: es wird ein neuer Rechtsträger geschaffen und sodann umwandlungsrechtlich kraft der Zuordnungsfreiheit diesem die Versorgungslast übertragen.[239] Ein **Zustimmungserfordernis besteht** auch in diesem – von der Rechtsprechung unter bestimmten Voraussetzungen gebilligten – Vorgehen **nicht.**[240]

2. Ausstattungspflicht Arbeitgeber

200 Um zu verhindern, dass sich Arbeitgeber über eine solche „Ausgliederung“ ihrer Haftung insbesondere aus § 1 Abs. 1 S. 3 BetrAVG entziehen, setzt die Rechtsprechung der Zuordnungsfreiheit allerdings an anderer Stelle Grenzen. Demnach ist es zwar Arbeitgebern nicht verwehrt, sich umwandlungsrechtlich ihrer Versorgungslast zu entledigen. Der **Arbeitgeber schuldet** aber aus einer arbeitsvertraglichen Nebenpflicht eine **hinreichende finanzielle Ausstattung** des die Verpflichtungen übernehmenden Rechtsträgers.[241] Kommt er dieser Pflicht nicht nach, können sich die Versorgungsberechtigten nach wie vor an ihn halten – Anspruchsgrundlage ist dann ein **Schadensersatzanspruch** gem. §§ 282, 241 Abs. 2 BGB.

! **Praxistipp**

Die Rechtssicherheit der gewählten Auslagerung steht und fällt daher mit einer sorgfältigen und angemessenen Bewertung der Versorgungslast, die übertragen werden soll. Insbesondere die Verpflichtung des Arbeitgebers zur Anpassungsprüfung nach § 16 BetrAVG[242] und zur Zahlung von Beiträgen an den PSVaG sind mit zu berücksichtigen,[243] hierfür müssen also erforderlichenfalls zusätzliche Mittel eingeplant werden.

---

239 Siehe zur steuerlichen und bilanziellen Abbildung: *Doetsch/Hagemann/Oecking/Reichenbach*, S. 164 ff.

240 BAG, Urt. v. 11.3.2008 – 3 AZR 358/06 – NZA 2009, 790; siehe auch *Kemper/Kisters-Kölkes*, Rn 748.

241 BAG, Urt. v. 11.3.2008 – 3 AZR 358/06 – NZA 2009, 790.

242 Siehe grundlegend Rn 53.

243 BAG, Urt. v. 11.3.2008 – 3 AZR 358/06 – NZA 2009, 790; *Kemper/Kisters-Kölkes*, Rn 748.

Kapitel 16
Pflichten bei der Beendigung des Arbeitsverhältnisses

A. Einführung

1 Sowohl aus Sicht des Arbeitnehmers als auch des Arbeitgebers bestehen bei Beendigung des Arbeitsverhältnisses einige Rechte und Pflichten, welche die **ordnungsgemäße Abwicklung des Arbeitsverhältnisses** betreffen. Erst wenn diese wechselseitigen Pflichten von den Arbeitsvertragsparteien bzw. den ehemaligen Arbeitsvertragsparteien erfüllt sind, ist das Arbeitsverhältnis vollständig beendet.

B. Pflichten des Arbeitgebers

I. Das Arbeitszeugnis

1. Rechtsgrundlage und Arten von Zeugnissen

2 Gemäß § 109 Abs. 1 GewO hat der Arbeitnehmer bei Beendigung des Arbeitsverhältnisses Anspruch auf ein schriftliches Zeugnis. Dabei hat er die Wahl zwischen einem **sog. einfachen Zeugnis**, welches lediglich Angaben zu Art und Dauer der Tätigkeit enthält und einem **sog. qualifizierten Zeugnis**, das sich darüber hinaus auch noch auf eine Leistungs- und Verhaltensbeurteilung des Arbeitnehmers erstreckt.

3 In der betrieblichen Praxis spielt auch die Erteilung eines **Zwischenzeugnisses** eine entscheidende Rolle. Ein gesetzlicher Anspruch des Arbeitnehmers auf die Erteilung eines Zwischenzeugnisses besteht nicht, doch ist dieser in der Rechtsprechung und Literatur allgemein anerkannt. Die Pflicht zur Erteilung eines Zwischenzeugnisses ergibt sich aus der arbeitsvertraglichen Fürsorgepflicht und ist in der Regel zu erteilen, wenn ein **berechtigtes Interesse** des Arbeitnehmers an der Erteilung eines Zwischenzeugnisses gegeben ist.[1] Ein berechtigtes Interesse wird z.B. bei einer vom Arbeitgeber in Aussicht gestellten Kündigung, bei einem eigenen Stellenwechsel, bei Versetzungen und einem Wechsel des Vorgesetzten bejaht.

2. Fälligkeit des Endzeugnisses

4 Nach dem Gesetzeswortlaut entsteht der Anspruch des Arbeitnehmers auf ein Endzeugnis bei **Beendigung des Arbeitsverhältnisses**. Da ein Zeugnis aber insbeson-

1 Vgl. BAG, Urt. v. 1.10.1998 – 6 AZR 176/97 – NZA 1999, 894; Küttner/*Poeche*/*Reinecke*, Zeugnis Rn 11.

dere für ein Bewerbungsverfahren von entscheidender Bedeutung sein kann, ist ein Verlangen des Arbeitnehmers auch legitim, wenn die Beendigung des Arbeitsverhältnisses **absehbar** ist.[2]

3. Form und Inhalt

a) Allgemeines

5 Für die ordnungsgemäße Erteilung des Zeugnisses sind einige **formale Anforderungen** zu beachten:

Checkliste
- Schriftform (inklusive eigenhändiger Unterschrift)
- optische Gestaltung (Firmenbogen, keine äußeren Mängel (Flecken oder „Eselsohren"))
- deutsche Sprache
- Datum
- persönliche Angaben (Vor- und Nachname, akademische Grade, Bezeichnung des Berufs)

Fettnapf
Die Verwendung eines Bleistifts oder die lediglich kopierte oder faksimilierte Unterschrift genügen ebenso wenig wie die Verwendung eines bloßen Namenszeichens.

6 Bezüglich des Zeugnisinhalts ist zwischen dem einfachen und dem sog. qualifizierten Zeugnis zu unterscheiden.

b) Einfaches Zeugnis

7 Bei dem einfachen Zeugnis sind neben den **Personalien** lediglich **Art und Dauer** der Beschäftigung aufzuführen.

Muster
„Herr/Frau *[...]*, geb. am *[...]*, *[Anschrift]*, war vom *[...]* bis zum *[...]* als *[...Tätigkeit]* bei uns beschäftigt. Während der Beschäftigung wurde er/sie mit *[...]* sowie *[...Aufgaben]* beschäftigt."

c) Qualifiziertes Zeugnis

8 Die Erteilung eines qualifizierten Zeugnisses stellt in der Praxis den Regelfall dar. Über die Art und die Dauer der Beschäftigung sind in einem qualifizierten Zeugnis zusätzliche Angaben bezüglich **Leistung und Verhalten** des Arbeitnehmers aufzu-

2 LAG Hamm, Urt. v. 13.2.2007 – 19 Sa 1589/06 – NZA-RR 2007, 486.

nehmen. Der Arbeitgeber hat die Leistungen des Arbeitnehmers **wohlwollend** aber zugleich auch **wahrheitsgemäß** zu beurteilen.[3]

Beispiel für Leistungsangaben
- Orientierung an der Tätigkeitsbeschreibung
- Qualität der Arbeit
- Belastbarkeit
- Fachkenntnisse
- Verhandlungsgeschick und Ausdrucksvermögen

Die Leistungsbeurteilung endet in der Regel mit einer **zusammenfassenden Leistungsbeurteilung.**[4] An dieser Stelle wird häufig auf die eingebürgerte Notenskala Bezug genommen.

Beispiel für Verhaltensbeurteilung
- Sozialverhalten gegenüber Vorgesetzten, Kollegen und Dritten (Kunden)
- Beachtung der betrieblichen Ordnung

Art und Grund der Beendigung sind in der Regel nicht Gegenstand des Zeugnisses, außer dies wird von Seiten des Arbeitnehmers ausdrücklich gewünscht.[5] 9

Nach einer jüngeren Entscheidung des BAG[6] hat der Arbeitnehmer **keinen** Anspruch auf eine **Schlussformel** im Zeugnis, in welcher der Arbeitgeber seinen Dank für die Zusammenarbeit ausspricht und dem Arbeitnehmer für seine berufliche Zukunft alles Gute wünscht. 10

d) Bindung von Zwischenzeugnissen

Hinsichtlich der Erteilung eines Zeugnisses steht dem Arbeitgeber grundsätzlich ein Beurteilungsspielraum zu. Allerdings entfaltet das Zwischenzeugnis **Bindungswirkung** für ein späteres Endzeugnis.[7] 11

Praxistipp
Bei der Erteilung eines Zwischenzeugnisses ist dem Arbeitgeber dringend zu empfehlen, die Verhaltens- und Leistungsbeurteilung des Arbeitnehmers sorgfältig zu bestimmen, da er an die Bewertung im Zwischenzeugnis zunächst gebunden bleibt.

3 BAG, Urt. v. 8.2.1972 – 1 AZR 189/71 – AP Nr. 7 zu § 630 BGB; BAG, Urt. v. 14.10.2003 – 9 AZR 12/03 – NZA 2004, 842; ErfK/*Müller-Glöge*, § 109 GewO Rn 17.

4 BAG, Urt. v. 14.10.2003 – 9 AZR 12/03 – NZA 2004, 842.

5 Vgl. BAG, Urt. v. 12.8.1976 – 3 AZR 720/75 – AP § 630 BGB Nr. 11; ErfK/*Müller-Glöge*, § 109 GewO Rn 26.

6 BAG, Urt. v. 11.12.2012 – 9 AZR 227/11 – NZA 2013, 324.

7 BAG, Urt. v. 16.10.2007 – 9 AZR 248/07 – NZA 2008, 298.

Eine Abweichung von einer Beurteilung des Zwischenzeugnisses in einem späteren Endzeugnis ist nur möglich, wenn die späteren Leistungen des Arbeitnehmers eine andere (negativere) Beurteilung rechtfertigen. In einem ggf. auftretenden Zeugnisstreit liegt die Darlegungs- und Beweislast diesbezüglich dann allerdings vollumfänglich beim Arbeitgeber.

! **Praxistipp**
Um Zeugnisstreitigkeiten von vornherein zu vermeiden, ist dem Arbeitgeber zu empfehlen, regelmäßige schriftliche Beurteilungen des Arbeitnehmers durch seinen Vorgesetzten zu erstellen und zu dokumentieren und ggf. auch im Rahmen eines Gesprächs mit dem Arbeitnehmer zu erläutern.

II. Erstellung und Herausgabe von Arbeitspapieren

12 Die Pflichten des Arbeitgebers in Bezug auf die ordnungsgemäße Abwicklung des Arbeitsverhältnisses bestehen des Weiteren in der Erstellung und Herausgabe der Arbeitspapiere. Diese Pflichten sind entweder gesetzlich ausdrücklich geregelt oder werden aus der nachwirkenden Fürsorgepflicht des Arbeitgebers hergeleitet.[8] Der Arbeitgeber hat folgende Arbeitspapiere zu erstellen bzw. an den Arbeitnehmer herauszugeben:

1. Arbeitsbescheinigung

13 Der Arbeitgeber muss nach § 312 Abs. 1 SGB III eine Arbeitsbescheinigung erteilen. Darin sollten alle Tatsachen enthalten sein, die für die Entscheidung über Anspruch auf Arbeitslosengeld und Übergangsgeld erforderlich sind. Des Weiteren soll die Art der Tätigkeit des Arbeitnehmers, Beginn, Ende, Unterbrechungen und Grund für die Beendigung des Beschäftigungsverhältnisses enthalten sein. Darüber hinaus sollte das Arbeitsentgelt und die sonstigen Geldleistungen, die der Arbeitnehmer erhalten oder zu beanspruchen hat, aufgenommen werden.[9]

2. Sonstiges

14 Neben der Erstellung und der Herausgabe der Arbeitsbescheinigung ist der Arbeitgeber u.a. zur Herausgabe der Lohnsteuerkarte, der Urlaubsbescheinigung nach § 6 Abs. 2 BUrlG und der Bewerbungsunterlagen verpflichtet.

---

8 ErfK/*Preis*, § 611 BGB Rn 752; Münchener Anwaltshandbuch Arbeitsrecht/*Eckhoff*, § 49 Rn 1.
9 Münchener Anwaltshandbuch Arbeitsrecht/*Eckhoff*, § 51 Rn 3.

III. Quittungen und Ausgleichsquittungen

1. Quittungen

Der Arbeitgeber kann nach § 386 BGB vom Arbeitnehmer bei der Herausgabe der Arbeitspapiere eine Quittung (**schriftliches Empfangsbekenntnis**) verlangen. In einer solchen bestätigt der Arbeitnehmer den Empfang z.B. des Zeugnisses, der Lohnsteuerkarte, etc., ggf. auch noch ausstehendes Arbeitsentgelt erhalten zu haben. In Fällen, in welchen der Arbeitnehmer den Empfang der Arbeitspapiere nicht nach § 386 BGB quittieren will, steht dem Arbeitgeber ein **Leistungsverweigerungsrecht** bezüglich der Herausgabe der Arbeitspapiere zu. Einer solchen Quittung kommt ausschließlich **Beweiswirkung** zu.[10] 15

2. Ausgleichsquittungen

Auch mit einer Ausgleichsquittung soll der Arbeitnehmer bestätigen, bei der Beendigung des Arbeitsverhältnisses alle Arbeitspapiere bekommen zu haben. Mit Unterzeichnung einer solchen Ausgleichsquittung sollen allerdings zumeist noch bestehende Ansprüche des Arbeitnehmers, sofern dieser auf sie verzichten kann, ausgeschlossen werden. Eine Ausgleichsquittung stellt somit eine Kombination von Empfangsbestätigung (Quittung) und Forderungsverzicht (Ausgleichsklausel) dar. Eine Ausgleichsquittung kann einen Erlassvertrag im Sinne von § 397 Abs. 1 BGB darstellen oder als negatives Schuldanerkenntnis im Sinne von § 379 Abs. 2 BGB zu bewerten sein. Wenn dem Arbeitgeber eine entsprechende Ausgleichsquittung als Formular vorliegt, sind die §§ 305ff. BGB (AGB-Kontrolle) zu beachten und insbesondere eine Inhaltskontrolle durchzuführen. Sie dürfen den Arbeitnehmer also nicht unangemessen benachteiligen. Beseitigen solche Ausgleichsklauseln z.B. nur Ansprüche des Arbeitnehmers, sind sie unangemessen.[11] 16

Praxistipp !

Ausgleichsquittungen sind aus Sicht des Arbeitgebers mit Vorsicht zu verwenden, da sie schnell als unangemessen und damit als unwirksam angesehen werden.

---

3. Abmeldungen

Bei Ende des versicherungspflichtigen Beschäftigungsverhältnisses muss der Arbeitgeber die Einzugsstelle benachrichtigen (§ 28a SGB IV). Nach § 28i SGB IV ist dies die zuständige **Krankenkasse**. Die erforderliche Meldung mit den in § 28a Abs. 3 Satz 1 und 2 Nr. 2 SGB IV aufgeführten Angaben ist innerhalb **von sechs Wo-** 17

10 Münchener Anwaltshandbuch Arbeitsrecht/*Eckhoff*, § 52 Rn 15.

11 BAG, Urt. v. 21.6.2011 – 9 AZR 203/10 – BeckRS 2011, 77582.

chen nach dem Ende des versicherungspflichtigen Beschäftigungsverhältnisses zu tätigen. Der Arbeitgeber hat zudem dem Arbeitnehmer den Inhalt der Meldung nach § 28a Abs. 5 SGB IV schriftlich mitzuteilen.

IV. Umgang mit personenbezogenen Daten des Arbeitnehmers

18 Aufgrund der zunehmenden Visualisierung und dem vermehrten Einsatz von digitalen Medien hat die Frage bezüglich des Umgangs mit elektronischen und/oder personenbezogenen Daten des Arbeitnehmers bei Beendigung des Arbeitsverhältnisses an Bedeutung gewonnen. Da gesetzliche Regelungen bisher fehlen, insbesondere ein Beschäftigtendatenschutzgesetz, bestehen zurzeit bezüglich dieser Thematik zahlreiche Fragen, welche in der juristischen Literatur umstritten und ungeklärt sind.

1. Überprüfung und Löschung des E-Mail-Kontos/des elektronischen Schriftverkehrs des Arbeitnehmers

19 Bei Beendigung des Arbeitsverhältnisses stellt sich für den Arbeitgeber zumeist die Frage, wie mit dem E-Mail-Konto bzw. dem elektronischen Schriftverkehr des gekündigten Arbeitnehmers verfahren wird. Für die Beantwortung der Frage ist in erster Linie entscheidend, ob durch den Arbeitgeber ausschließlich eine dienstliche Nutzung angeordnet wurde oder aber ob das E-Mail-Konto auch zu privaten Zwecken des Arbeitnehmers genutzt wurde.

20 Wird der E-Mail-Account ausschließlich zu **dienstlichen Zwecken** genutzt und ist auch ausschließlich durch den Arbeitgeber nur eine dienstliche Nutzung gestattet, ist sich die obergerichtliche Rechtsprechung und Literatur uneinig, ob auf dienstliche E-Mails zugegriffen werden und diese auch inhaltlich geprüft werden können. Überwiegend wird die Ansicht vertreten, dass der E-Mail-Verkehr mit dem Schriftverkehr gleichzustellen ist, das heißt jede aus- bzw. eingehende E-Mail durch den Arbeitgeber überprüft werden kann.[12]

21 Ist allerdings eine **private Nutzung** des E-Mail-Accounts durch den Arbeitgeber erlaubt bzw. durch diesen geduldet, ist für den Arbeitgeber äußerste Vorsicht geboten, da er den Inhalt privater E-Mails **nicht** zur Kenntnis nehmen darf bzw. eine Kenntnisnahme von privaten E-Mails eine Persönlichkeitsrechtsverletzung des Ar-

12 Dienstliche und private E-Mail und Internet-Nutzung am Arbeitsplatz v. 1.6.2012, S. 4, abrufbar unter: http://www.baden-wuerttemberg.datenschutz.de/wp-content/uploads/2013/03/Dienstliche-und-private-E-Mail-und-Internet-Nutzung-am-Arbeitsplatz-Juni-2012.pdf; *Wolf/Mulert*, BB 2008, 442; *Dann/Gastell*, NJW 2008, 2945; *Klenge/Mückenberger*, CCZ 2009, 81; siehe ausführlich dazu auch Kap. 13 Rn 52ff.

beitnehmers darstellen würde. Ein Zugriff auf den E-Mail-Account ist in diesen Fällen somit grundsätzlich ausgeschlossen.

Praxistipp !
Sofern der Arbeitgeber die private Nutzung erlauben will, ist zu empfehlen, die betriebliche und private Kommunikation durch technische Vorkehrungen oder durch ausdrückliche Anordnung zu trennen, um zulässigerweise Zugriff auf geschäftliche E-Mails, gerade in Situationen der Beendigung des Arbeitsverhältnisses, nehmen zu können.

Auch eine **Löschung des E-Mail-Accounts** durch den Arbeitgeber nach Beendigung des Arbeitsverhältnisses ist nicht ohne weiteres möglich. Der Arbeitgeber ist nach einem aktuellen Urteil des OLG Dresden[13] aufgrund seiner vertraglichen Nebenpflicht gehalten, zu warten bis klar ist, dass der Arbeitnehmer an der Nutzung des Accounts kein Interesse mehr hat, was insbesondere bei erlaubter privater Nutzung zu beachten ist. 22

Praxistipp !
In diesem Zusammenhang ist dem Arbeitgeber zu empfehlen, den E-Mail-Account erst nach erfolgter Zustimmung des Arbeitnehmers zu löschen bzw. dem Arbeitnehmer vorher zumindest die Möglichkeit einzuräumen, seine privaten Daten zu sichern.

2. Umgang mit Mitarbeiterfotos

Bezüglich des Umgangs mit Mitarbeiterfotos insbesondere im Intra- und/oder Internet ist zu unterscheiden, ob das Foto reinen Illustrationszwecken dient oder einen auf die individuelle Person des Arbeitnehmers bezugnehmenden Inhalt transportiert. Weist das Mitarbeiterfoto **keinen individuellen personenbezogenen** Bezug auf, ist davon auszugehen, dass das Einverständnis des Arbeitnehmers in Bezug auf die Veröffentlichung des Fotos **nicht** automatisch im Zeitpunkt der Beendigung des Arbeitsverhältnisses erlischt.[14] Hinsichtlich von **Mitarbeiterprofilen** ist demgegenüber davon auszugehen, dass der Arbeitgeber diese veröffentlichten Daten des Arbeitnehmers nach Ausscheiden des Arbeitnehmers aus dem Unternehmen umgehend zu löschen hat, wenn er das Persönlichkeitsrecht des Arbeitnehmers nicht verletzen will.[15] 23

---

13 OLG Dresden, Beschl. v. 5.9.2012 – 4 W 961/12 – NJW-RR 2013, 27.

14 LAG Köln, Beschl. v. 10.7.2009 – 7 Ta 126/09 – BeckRS 2009, 69589; LAG Schleswig-Holstein, Urt. v. 23.6.2010 – 3 Sa 72/10 – MMR 2011, 482.

15 LAG Hessen, Urt. v. 24.1.2012 – 19 Sa Ga 1480/11 – BeckRS 2012, 67214.

Beachte
An dieser Stelle ist schon jetzt darauf hinzuweisen, dass im Umkehrschluss der Arbeitgeber auch einen Anspruch gegenüber dem Arbeitnehmer geltend machen kann, dass ausgeschiedene Mitarbeiter ihre Zugehörigkeit zum Unternehmen ebenfalls als beendet darstellen, zum Beispiel in sozialen Netzwerken.[16]

C. Pflichten des Arbeitnehmers

I. Herausgabe- und Rückzahlungspflichten

1. Herausgabepflichten

a) Herausgabe von Eigentum des Arbeitgebers

24 Nach Beendigung des Arbeitsverhältnisses ist der Arbeitnehmer in erster Linie dazu verpflichtet, dem Arbeitgeber die ihm überlassenen **Arbeitsmittel** herauszugeben. Anspruchsgrundlage für eine solche Herausgabepflicht ist u.a. § 985 BGB, nach welchem der Eigentümer vom Besitzer die Herausgabe einer Sache verlangen kann. Dies betrifft insbesondere Geschäftsunterlagen, Werkzeuge, Computer, Arbeitskleidung, Schlüssel etc., welche im Eigentum des Arbeitgebers stehen und während des Bestands des Arbeitsverhältnisses im Besitz des Arbeitnehmers waren.

b) Herausgabe von Kontaktdaten

25 Im Vergleich mit den obigen Ausführungen bezüglich den Pflichten des Arbeitgebers bei Beendigung des Arbeitsverhältnisses in Bezug auf digitale Medien und personenbezogene Daten[17] kommt beim Arbeitgeber vermehrt die Frage auf, wie mit den **Kundendaten** des Arbeitnehmers zu verfahren ist, die dieser aufgrund seines Arbeitsverhältnisses z.B. in einem **sozialen Netzwerk** aufgebaut hat. Auch hier stellt sich die Frage, ob der Arbeitnehmer zur **Herausgabe** dieser Daten an den Arbeitgeber verpflichtet ist. Kommt der Arbeitnehmer dieser Herausgabepflicht nicht nach, so kann der Arbeitgeber auf Herausgabe klagen. In dringenden Fällen ist an dieser Stelle auch die Durchsetzung des Herausgabeanspruchs im Wege einer einstweiligen Verfügung denkbar. Der Arbeitgeber kann sich hier auf die Rechtsgrundlage des § 667 Alt. 2 BGB (analog) stützen. Danach hat im Rahmen eines Auftragsverhältnisses der Beauftragte dasjenige an den Auftraggeber herauszugeben, was er aus der Geschäftsbesorgung erlangt hat. Wenn der Arbeitnehmer seinen Account im sozialen Netzwerk im Auftrag des Arbeitgebers für geschäftliche Zwecke

16 Vgl. LAG Hessen, Urt. v. 24.1.2012 – 19 Sa Ga 1480/11 – BeckRS 2012, 67214.
17 Siehe dazu Rn 18 ff.

einsetzt und dabei Kontakte knüpft, können diese als „aus der Anstellung" erlangt angesehen werden und sind aus arbeitsrechtlicher Sicht herauszugeben.[18] Bei verspäteter oder unmöglich gewordener Rückgabe kommt die Geltendmachung von Schadensersatz in Betracht.

Des Weiteren stellt sich die Frage, ob der Arbeitnehmer zur **Löschung** dieser Daten verpflichtet ist. Dies wird eher zu verneinen sein, da es sich um einen persönlichen Account des Arbeitnehmers handelt und die Kontaktperson ihre Daten auch gerade gegenüber der Person des Arbeitnehmers, als individuelle Person, freigegeben hat.[19] 26

Praxistipp
Aufgrund der unsicheren Rechtslage in Bezug auf digitale Medien ist für den Arbeitgeber zu empfehlen, den Umgang mit personenbezogenen Daten/digitalen Medien, zum Beispiel durch eine **Betriebsvereinbarung**, ausdrücklich zu regeln, so dass die grundlegenden Strukturen dem Arbeitnehmer hinreichend verdeutlicht werden können und diesbezüglich klare Regeln bestehen.

2. Rückzahlungspflichten

Bei Beendigung des Arbeitsverhältnisses kann der Arbeitnehmer ggf. bestimmten Rückzahlungsverpflichtungen unterliegen. Häufig werden zwischen Arbeitgeber und Arbeitnehmer **sog. Rückzahlungsklauseln bzw. -vereinbarungen** geschlossen, welche insbesondere für den Fall des vorzeitigen Ausscheidens des Arbeitnehmers aus dem Arbeitsverhältnis, diesen verpflichten, diejenigen Kosten oder Leistungen zu erstatten, die der Arbeitgeber mit Rücksicht auf das Fortbestehen des Arbeitsverhältnisses über einen längeren Zeitraum aufgewendet hat. 27

Rückzahlungsklauseln werden durch die obergerichtliche Rechtsprechung grundsätzlich als **zulässig** angesehen. Da diese aber häufig in Formulararbeitsverträgen vorgesehen werden, unterliegen sie der **AGB-Kontrolle** gemäß §§ 305ff. BGB. Die Grenze für die Zulässigkeit solcher Klauseln stellt in erster Linie das Verbot dar, die Kündigung des Arbeitnehmers nicht unzulässig zu erschweren. 28

Aus diesem Grund sind an eine wirksame Rückzahlungsklausel einige formelle sowie materielle Anforderungen zu stellen, die der Arbeitgeber beachten sollte. In **formeller Hinsicht** ist zunächst darauf zu achten, dass die Klausel **klar und verständlich** und für den Arbeitnehmer **hinreichend transparent** ausgestaltet ist.[20] Dem Arbeitnehmer muss somit schon bei Unterzeichnung die Folgen einer ggf. aufkommenden Rückzahlungsverpflichtung konkret vor Augen geführt werden. 29

18 *Frik*, DB 2013, 1174ff.
19 *Frik*, DB 2013, 1174ff.
20 LAG Hamm, Urt. v. 10.9.2010 – 7 Sa 633/10 – BeckRS 2011, 67455; BAG, Urt. v. 6.8.2013 – 9 AZR 442/12 – NZA 2013, 1361.

30 In **materiell-rechtlicher Hinsicht** ist daneben von Bedeutung, den **Grund** der Rückzahlung in der Klausel aufzunehmen. Eine Rückzahlungsverpflichtung darf nur durch den Arbeitgeber vorgenommen werden, wenn die Gründe in der **Sphäre des Arbeitnehmers** liegen.[21]

31 Ein weiterer Grund für eine Rückzahlungsverpflichtung ist, dass der Arbeitgeber mit der ursprünglichen Leistung an den Arbeitnehmer die **Betriebstreue** erhalten will. Beendet der Arbeitnehmer das Arbeitsverhältnis vorzeitig, ist der ursprüngliche Zweck des Arbeitgebers somit verfehlt. Für den Arbeitgeber besonders zu beachten ist der Umstand, dass eine Rückzahlungsklausel die Kündigung des Arbeitnehmers selbst nicht erschweren darf. Grundsätzlich ist aber eine Klausel wirksam, die an eine arbeitnehmerseitige Kündigung anknüpft. Einzige Ausnahme ist, dass diese nicht auf ein Fehlverhalten des Arbeitgebers zurückzuführen sein darf.

Praxistipp
Eine Klausel, die für jeden Fall der Eigenkündigung eine Rückzahlungsverpflichtung vorsieht, ohne die Kündigung des Arbeitnehmers auszunehmen, die aus Gründen erfolgt, die der Sphäre des Arbeitgebers zuzurechnen sind, benachteiligt den Arbeitnehmer unangemessen und ist unwirksam.[22]

32 Zuletzt ist für die Vereinbarung einer wirksamen Rückzahlungspflicht eine **zeitanteilige Reduzierung** während der vereinbarten Bindungsdauer aufzunehmen.[23] In der Praxis ist zumeist eine ratierliche Kürzung in Monatsschritten vorzugswürdig.

Beispiel
In der betrieblichen Praxis sind Rückzahlungsklauseln insbesondere im Zusammenhang mit der **Gewährung von Sonderzahlungen** (Gratifikationen, Urlaubsentgelt oder Umzugskostenerstattung) sowie bei der Übernahme von **Fortbildungskosten** von Bedeutung.

Muster für eine Rückzahlungsklausel
„Der Arbeitnehmer ist zur Rückzahlung der für die Dauer der Fortbildungsmaßnahme empfangenen Bezüge und der von dem Arbeitgeber übernommenen Kosten der Fortbildungsmaßnahme verpflichtet, wenn er das Arbeitsverhältnis selbst kündigt oder wenn das Arbeitsverhältnis vom Arbeitgeber aus einem Grund gekündigt wird, den der Arbeitnehmer zu vertreten hat. Für jeden Monat der Beschäftigung nach Beendigung der Fortbildungsmaßnahme werden dem Arbeitnehmer $1/36$ ($1/6$; $1/12$; $1/24$) des gesamten Rückzahlungsbetrages erlassen."

21 BAG, Urt. v. 23.1.2007 – 9 AZR 482/06 – NJW 2007, 3018.

22 BAG, Urt. v. 11.4.2006 – 9 AZR 610/05 – NZA 2006, 1042; BAG, Urt. v. 28.5.2013 – 3 AZR 103/12 – NZA 2013, 1419.

23 BAG, Urt. v. 23.4.1986 – 5 AZR 159/85 – NZA 1986, 741; BAG, Urt. v. 30.11.1994 – 5 AZR 715/93 – NZA 1995, 727.

II. Nachvertragliches Wettbewerbsverbot

1. Einführung

Grundsätzlich unterliegt der Arbeitnehmer nach Beendigung des Arbeitsverhältnisses **keinen Wettbewerbsbeschränkungen**. Nachvertragliche Treuepflichten zur Wettbewerbsenthaltung existieren nicht. Will der Arbeitgeber sicherstellen, dass ein Mitarbeiter nach Beendigung jedweden Wettbewerb unterlässt, ist dies nur durch ein nachvertragliches Wettbewerbsverbot im Sinne der §§ 74 ff. HGB möglich. 33

Insbesondere ist aus Arbeitgebersicht zu beachten, dass die vertragliche Verpflichtung zur Verschwiegenheit, welche grundsätzlich auch nach Beendigung des Arbeitsverhältnisses noch Wirksamkeit entfaltet, nicht mit dem Verbot der Aufnahme einer Konkurrenztätigkeit verwechselt werden darf. 34

2. Voraussetzungen

Nachvertragliche Wettbewerbsverbote bedürfen der **ausdrücklichen Vereinbarung** und sind zu ihrer Wirksamkeit an einige formale und inhaltliche Anforderungen geknüpft, die vom Arbeitgeber zwingend zu beachten sind. 35

a) Formelle Voraussetzungen

In formeller Hinsicht hat der Arbeitgeber bei der Vereinbarung eines nachvertraglichen Wettbewerbsverbots die Einhaltung der **Schriftform** (§ 74 Abs. 1 HGB) zu beachten und dem Arbeitnehmer eine Vertragsurkunde mit Originalunterschrift **auszuhändigen.** 36

b) Inhaltliche Voraussetzungen

Wichtigste inhaltliche Voraussetzung ist die Vereinbarung einer **Karenzentschädigung.** § 74 Abs. 2 HGB verlangt für die Wirksamkeit eines nachvertraglichen Wettbewerbsverbots die Zahlung einer Karenzentschädigung des Arbeitgebers, die für jedes Jahr des Verbots mindestens die Hälfte der vom betreffenden Arbeitnehmer zuletzt bezogenen vertragsgemäßen Leistungen erreicht. 37

Fettnapf !

Eine fehlende Vereinbarung einer Karenzentschädigung oder eine zu niedrige Karenzentschädigung kann zur Nichtigkeit bzw. Unverbindlichkeit des nachvertraglichen Wettbewerbsverbots führen.[24] Vor allem in den Fällen, in denen die gesetzliche Mindestentschädigung unterschritten ist, ergeben sich Nachteile für den Arbeitgeber: Er kann auf das Wettbewerbsverbot nicht bestehen. Der Arbeit-

24 Vgl. schon BAG, Urt. v. 13.9.1969 – 3 AZR 138/68 – NJW 1970, 626.

nehmer hat aber ein Wahlrecht und kann somit das Verbot einhalten gegen Zahlung der Karenz oder sich vom Verbot lossagen.

38 Zudem wird ein **berechtigtes Interesse** des Arbeitgebers an der Vereinbarung eines nachvertraglichen Wettbewerbsverbots gefordert. Ein berechtigtes Interesse des Arbeitgebers ist in der Regel zu bejahen, soweit das Wettbewerbsverbot dem Schutz von Betriebsgeheimnissen dient oder den Einbruch in bestehende Kunden- oder Lieferbeziehungen verhindern soll.[25] Für die Bejahung eines berechtigten Interesses ist die Absicht des Arbeitgebers nicht ausreichend, die Abwerbung durch Konkurrenzunternehmen zu erschweren oder den Arbeitnehmer an den Arbeitgeber zu binden.[26]

39 Zudem darf die Vereinbarung eines nachvertraglichen Wettbewerbsverbots dem Arbeitnehmer das **berufliche Fortkommen** nicht in unbilliger Weise erschweren. Diese Voraussetzung ist im jeweiligen Einzelfall abzuwägen und im Hinblick auf Billigkeitsgesichtspunkte zu beurteilen, insbesondere dahingehend, ob die zugesagte Karenzentschädigung die Erschwernis des beruflichen Fortkommens kompensiert.

40 Ein nachvertragliches Wettbewerbsverbot kann zudem höchstens für die Dauer von **zwei Jahren** vereinbart werden.

Muster nachvertragliches Wettbewerbsverbot

(1) „Der Arbeitnehmer verpflichtet sich, für die Dauer von zwei Jahren nach der Beendigung des Arbeitsverhältnisses in Deutschland nicht für ein Konkurrenzunternehmen tätig zu sein, noch unmittelbar oder mittelbar an der Gründung oder an dem Betrieb eines solchen Unternehmens mitzuwirken.

(2) Für jedes Jahr des Wettbewerbsverbotes zahlt der Arbeitgeber dem Arbeitnehmer 50% der zuletzt bezogenen vertragsmäßigen Leistungen.

(3) Im Übrigen gelten die Vorschriften des §§ 74 ff. HGB.“[27]

3. Verzicht des Arbeitgebers auf das nachvertragliche Wettbewerbsverbot

41 Nach § 75a HGB hat der Arbeitgeber jederzeit die Möglichkeit auf das vereinbarte Wettbewerbsverbot zu verzichten. Der Verzicht kann allerdings nur bis zur Beendigung des Arbeitsverhältnisses ausgesprochen werden. Ein solcher stellt eine empfangsbedürftige Willenserklärung dar und bedarf der Schriftform.[28] Mit Zugang des Verzichts beim Arbeitnehmer ist dieser von der Verpflichtung zur Unterlassung des Wettbewerbs befreit, das heißt er kann ab sofort mit Beendigung des Arbeitsver-

25 Grobys/Panzer/*Middendorf*, Wettbewerbsverbot Rn 43.

26 BAG, Urt. v. 1.8.1995 – 9 AZR 884/93 – NZA 1996, 310.

27 Siehe hierzu Schaub/Schrader/Straube/Vogelsang/*Schrader*/*Klagges*, A. Teil 1 Rn 161.

28 Grobys/Panzer/*Middendorf*, Wettbewerbsverbot Rn 49.

hältnisses zum Arbeitgeber in Wettbewerb treten. Demgegenüber ist aber zu beachten, dass der Arbeitgeber noch für eine Übergangszeit an das nachvertragliche Wettbewerbsverbot gebunden ist. Die Pflicht zur Zahlung der Karenzentschädigung entfällt für den Arbeitgeber nämlich erst mit **Ablauf eines Jahres** nach Zugang der Verzichtserklärung.

Fettnapf

Dem Arbeitgeber bleibt es somit verwehrt, sich sofort durch einen einseitigen Verzicht von der Zahlung der Karenzentschädigung zu befreien.

4. Einvernehmliche Aufhebung von Wettbewerbsverboten

Ein nachvertragliches Wettbewerbsverbot kann zwischen den Arbeitsvertragsparteien auch jederzeit einvernehmlich aufgehoben werden.[29] Bei einer einvernehmlichen Aufhebung entfällt die beiderseitige Verpflichtung für beide Seiten sofort. 42

Beachte

Die Vereinbarung eines nachvertraglichen Wettbewerbsverbots ist für den Arbeitgeber die einzige Möglichkeit zu verhindern, dass ein Arbeitnehmer nach Beendigung des Arbeitsverhältnisses mit dem erworbenen Wissen unmittelbar für einen Wettbewerber tätig wird. Demgegenüber steht die sich aus dem nachvertraglichen Wettbewerbsverbot ergebende Verpflichtung des Arbeitgebers, eine Karenzentschädigung in Höhe von mindestens 50% der zuletzt bezogenen Vergütung zu zahlen.

Praxistipp

Der Arbeitgeber hat somit abzuwägen, ob der finanzielle Aufwand den Schutz vor Wettbewerbstätigkeiten rechtfertigt. Dem Arbeitgeber ist unter Zugrundelegung dieser Ausführungen zu raten, nur ein nachvertragliches Wettbewerbsverbot mit dem Arbeitnehmer zu vereinbaren, wenn er wirklich mit dem Eintritt von Nachteilen rechnet.

Muster

„Das zwischen den Parteien nachstehende Wettbewerbsverbot vom *[... Datum]* wird mit sofortiger Wirkung einvernehmlich aufgehoben. Die Verpflichtung zur Zahlung einer Karenzentschädigung durch das Unternehmen entfällt sofort ersatzlos."

29 Ständige Rechtsprechung, BAG, Urt. v. 10.1.1989 – 3 AZR 460/87 – NJW 1989, 2149; BAG, Urt. v. 22.10.2008 – 10 AZR 617/07 – NZA 2009, 139.

D. Weitere Hinweis- und Meldepflichten

I. Meldepflicht des Arbeitnehmers

43 Nach § 38 SGB III sind Arbeitnehmer, deren Beschäftigungsverhältnis endet, verpflichtet, sich spätestens **drei Monate** vor der Beendigung persönlich bei der Agentur für Arbeit arbeitsuchend zu melden. Liegen zwischen der Kenntnis des Beendigungszeitpunktes und der Beendigung weniger als drei Monate, hat sich der Arbeitnehmer innerhalb von **drei Tagen** nach Kenntnis des Beendigungszeitpunkts zu melden.

II. Hinweispflicht des Arbeitgebers

44 Gemäß § 2 Abs. 2 Satz 3 Nr. 3 SGB III soll der Arbeitgeber den Arbeitnehmer vor Beendigung des Arbeitsverhältnisses frühzeitig über die **Notwendigkeit eigener Aktivitäten** bei der Suche nach einer anderen Beschäftigung sowie über die **Meldeverpflichtung** gemäß § 38 SGB III **informieren**, den Arbeitnehmer hierzu freistellen und die Teilnahme an erforderlichen Qualifikationsmaßnahmen ermöglichen.

45 Diese Vorschrift konkretisiert die Pflicht des Arbeitgebers, auf einen möglichst nahtlosen Übergang des Arbeitnehmers in eine neue Beschäftigung oder in ein neues Beschäftigungsverhältnis hinzuwirken.[30] Im Gesetz nicht näher geregelt ist die Frage, was unter **frühzeitig** zu verstehen ist und welchen Zeitpunkt der Arbeitgeber bezüglich der Hinweispflicht in diesem Zusammenhang beachten sollte.

Praxistipp
Dem Arbeitgeber ist zu empfehlen, aufgrund der Unbestimmtheit des Rechtsbegriffs den Arbeitnehmer vorsorglich so früh wie möglich über die Meldepflicht in Kenntnis zu setzen. In der Praxis bietet es sich allerdings an, die Hinweispflicht in das Kündigungsschreiben bzw. den Aufhebungsvertrag mit aufzunehmen.

Muster
„Es wird ausdrücklich darauf hingewiesen, dass Sie gemäß § 38 SGB III verpflichtet sind, sich spätestens drei Monate vor Beendigung des Arbeitsverhältnisses persönlich bei der Agentur für Arbeit arbeitsuchend zu melden. Liegen zwischen der Kenntnis des Beendigungszeitpunktes und der tatsächlichen Beendigung des Arbeits- oder Ausbildungsverhältnisses weniger als drei Monate, hat die Meldung innerhalb von drei Tagen nach Kenntnis des Beendigungszeitpunktes zu erfolgen. Kommen Sie dieser Verpflichtung nicht nach, kann dies zu Nachteilen bei einem späteren Arbeitslosengeldbezug führen. Zudem weisen wir Sie auf die Notwendigkeit eigener Aktivitäten bei der Suche nach einer anderen Beschäftigung hin.“

30 BT-Drucks 15/25, S. 55.

Das BAG hat in diesem Zusammenhang entschieden, dass diese Vorschrift lediglich arbeitsmarktpolitischen Zielen dienen soll und keine Vorschrift zum Schutz des Arbeitnehmers darstellt. Der Arbeitgeber ist somit bei einem Verstoß **nicht** schadensersatzpflichtig.[31] 46

31 BAG, Urt. v. 29.9.2005 – 8 AZR 571/04 – NZA 2005, 1406.

Kapitel 17
Befristung von Arbeitsverhältnissen

A. Einführung

Die „Freiheit" der Arbeitgeber, Arbeitsverhältnisse einseitig durch Kündigung zu beenden, ist insbesondere durch das KSchG stark eingeschränkt. Dies führt vielfach zu der Überlegung, Arbeitsverhältnisse mit einer „automatischen Beendigung" durch Befristung zu versehen. Gemäß dem Statistischen Bundesamt wurden 2012 knapp 14% aller Arbeitnehmer auf Grundlage befristeter Arbeitsverträge beschäftigt.[1] Allerdings hat die Rechtsprechung die Möglichkeit, Arbeitsverträge zu befristen, schon früh im Hinblick auf die sonst drohende Umgehung gesetzlicher Kündigungsschutzvorschriften eingeschränkt, und die Wirksamkeit der Befristung vom Vorliegen eines sachlichen Grundes für die Befristung abhängig gemacht.[2] Seit dem 1.1.2001 ist die Zulässigkeit befristeter Arbeitsverträge in §§ 14 ff. TzBfG geregelt.[3] 1

B. Befristungsvereinbarung

I. Befristung

Befristet beschäftigt ist ein Arbeitnehmer mit einem auf bestimmte Zeit geschlossenen Arbeitsvertrag.[4] Ob ein auf bestimmte oder unbestimmte Zeit abgeschlossener Arbeitsvertrag vorliegt, ist durch Auslegung zu ermitteln. Entscheidend ist der wirkliche Wille der Vertragsparteien unter Berücksichtigung aller Begleitumstände. Dieser Wille muss darauf gerichtet sein, dass der Vertrag nach Ablauf der bestimmten Zeit „automatisch" enden soll, ohne dass es einer Kündigung bedarf.[5] 2

Fettnapf !

Die Regelung zur Vertragsdauer im Arbeitsvertrag eines Orchestermusikers lautet wie folgt:[6] „Das Vertragsverhältnis beginnt am 1.9.2012. Es endet mit Ablauf der Spielzeit am 31.8.2013. Wird der Vertrag am 31.3. von einem der beiden Vertragspartner nicht gekündigt, so ist er stillschweigend

---

1 Siehe www.destatis.de.

2 Grundlegend BAG, Beschl. v. 12.10.1960 – GS 1/59 – BAGE 10, 65.

3 Weitere Regelungen zur Befristung von Arbeitsverhältnissen enthalten z.B. § 8 Abs. 3 AltersteilzeitG, § 21 BEEG, das Wissenschaftszeitvertragsgesetz sowie das Gesetz über befristete Arbeitsverträge mit Ärzten in der Weiterbildung.

4 Vgl. § 3 Abs. 1 S. 1 TzBfG.

5 BAG, Urt. v. 12.10.1979 – 7 AZR 960/77 – BB 1980, 265.

6 Vgl. BAG, Urt. v. 12.10.1979 – 7 AZR 960/77 – BB 1980, 265.

um die darauf folgende Spielzeit verlängert." Aus der Verlängerungsklausel ergibt sich, dass das Arbeitsverhältnis um eine weitere Spielzeit verlängert wird, falls keine Kündigung erfolgt. Es liegt deshalb ein unbefristetes Arbeitsverhältnis mit einer Kündigungsmöglichkeit zu einem bestimmten Zeitpunkt vor.

Praxistipp
Die Regelungen zur Befristung und zur Kündigung befristeter Arbeitsverhältnisse[7] sollten nicht vermischt werden.

II. Kalendermäßige Befristung

3 Ein kalendermäßig befristeter Arbeitsvertrag liegt vor, wenn seine Dauer kalendermäßig bestimmt ist.[8] Die Dauer ist kalendermäßig bestimmt, wenn ein bestimmtes Datum als letzter Tag des Arbeitsverhältnisses oder ein Zeitraum ab dem Beginn des Arbeitsverhältnisses vereinbart wird. Darüber hinaus liegt, wenn Anfang- und Enddatum bei Vertragsschluss eindeutig feststehen, eine kalendermäßig bestimmte Dauer auch bei der Einstellung für ein bestimmtes Ereignis vor.[9] Die Zulässigkeit eines kalendermäßig befristeten Arbeitsvertrags kann sich sowohl aus einem sachlichen Grund (§ 14 Abs. 1 TzBfG) als auch aus § 14 Abs. 2 bis 3 TzBfG ergeben.

Beispiel
„Das Arbeitsverhältnis beginnt am 1.1.2014 und endet mit Ablauf des 31.12.2014."
„Das Arbeitsverhältnis beginnt am 1.1.2014 und wird für ein Jahr geschlossen."
„Das Arbeitsverhältnis wird für die Dauer der Semesterferien geschlossen."

III. Zweckbefristung

4 Ein befristeter Arbeitsvertrag liegt auch dann vor, wenn sich seine Dauer aus Art, Zweck oder Beschaffenheit der Arbeitsleistung ergibt. Das TzBfG bezeichnet einen entsprechend befristeten Arbeitsvertrag als zweckbefristeten Arbeitsvertrag.[10] Für die Zweckbefristung ist kennzeichnend, dass die Dauer des Arbeitsverhältnisses nicht kalendermäßig bestimmt ist, das Arbeitsverhältnis vielmehr mit Eintritt eines

7 Dazu Rn 74 f.
8 Vgl. § 3 Abs. 1 S. 2 Alt. 1 TzBfG.
9 Vgl. Ascheid/Preis/Schmidt/*Backhaus*, § 3 TzBfG Rn 4.
10 Vgl. § 3 Abs. 1 S. 2 Alt. 2 TzBfG.

von den Arbeitsvertragsparteien **als gewiss** (der Zeit nach aber als ungewiss) **angesehenen Ereignisses** enden soll.[11]

Beispiel

„Das Arbeitsverhältnis beginnt am 1.1.2014 und ist befristet bis zur Wiederaufnahme der Tätigkeit von Frau K."[12]

„Das Arbeitsverhältnis endet mit dem rechtskräftigen Abschluss des zum Zeitpunkt des Vertragsschlusses vor dem Arbeitsgericht Mannheim anhängigen Rechtsstreits zwischen den Vertragsparteien."[13]

Die **Zulässigkeit** einer Zweckbefristung kann sich – da § 14 Abs. 2, 2a und 3 TzBfG nur auf kalendermäßige Befristungen von Arbeitsverträgen Anwendung findet – **nur aus sachlichem Grund** im Sinne von § 14 Abs. 1 TzBfG[14] ergeben.

Praxistipp

Eine Zweckbefristung und eine auflösende Bedingung können auch mit einer Zeitbefristung als „Höchstbefristung" verbunden werden, sog. Doppelbefristung. Die Wirksamkeit der Zweckbefristung/auflösenden Bedingung einerseits und der Zeitbefristung andererseits sind rechtlich getrennt zu beurteilen.[15] Aus Gründen der Klarheit über den Beendigungstermin ist bei Zweckbefristungen und auflösenden Bedingungen die Aufnahme einer „Höchstbefristung" zu empfehlen.

Beispiel

„Das Arbeitsverhältnis beginnt am 1.1.2014 und ist befristet bis zur Wiederaufnahme der Tätigkeit von Frau K., längstens bis zum 31.12.2014."

IV. Auflösende Bedingung

Ein Arbeitsvertrag kann, wie jedes Rechtsgeschäft, unter einer auflösenden Bedingung im Sinne des § 158 Abs. 2 BGB vereinbart werden. Eine auflösende Bedingung liegt in Abgrenzung zur Zweckbefristung vor, wenn die Beendigung des Arbeitsverhältnisses vom Eintritt eines zukünftigen **ungewissen Ereignisses** abhängig gemacht wird.[16] 5

---

11 BAG, Urt. v. 26.3.1986 – 7 AZR 599/84 – NZA 1987, 238.

12 BAG, Urt. v. 26.6.1996 – 7 AZR 674/95 – NZA 1997, 200.

13 BAG, Urt. v. 22.10.2003 – 7 AZR 113/03 – BAGE 108, 191.

14 Dazu Rn 35 ff.

15 BAG, Urt. v. 15.8.2001 – 7 AZR 263/00 – DB 2002, 152; ausführlich zur Doppelbefristung z.B. ErfK/*Müller-Glöge*, § 3 TzBfG Rn 13.

16 BAG, Urt. v. 9.2.1984 – 2 AZR 402/83 – NZA 1984, 266.

Beispiel
Als auflösende Bedingungen wurden vom Bundesarbeitsgericht angesehen z.B. Vereinbarungen über die
- Beendigung des Arbeitsverhältnisses wegen Erwerbsunfähigkeit (insbesondere gemäß § 33 Abs. 2 TVöD)[17]
- Beendigung des Arbeitsverhältnisses bei Fluguntauglichkeit[18]
- Beendigung des Arbeitsverhältnisses bei Besetzung des Arbeitsplatzes mit einem anderen Arbeitnehmer[19]

6 Eine **Altersgrenzenregelung**, nach der das Arbeitsverhältnis mit der Vollendung eines bestimmten Lebensjahres enden soll, stellt keine auflösende Bedingung, sondern eine kalendermäßige Befristung dar.[20] Denn aus Sicht der Arbeitsvertragsparteien ist die Vollendung eines bestimmten Lebensjahres ein zukünftiges Ereignis, das sie als feststehend ansehen.

7 Nach § 21 TzBfG gelten § 4 Abs. 2, § 5, § 14 Abs. 1 und 4, § 15 Abs. 2, 3 und 5 sowie die §§ 16 bis 20 TzBfG für auflösend bedingte Arbeitsverträge entsprechend. Daraus ergibt sich, dass ein auflösend bedingter Arbeitsvertrag nur zulässig ist, wenn er durch einen **sachlichen Grund** im Sinne von § 14 Abs. 1 TzBfG gerechtfertigt ist.[21] § 14 Abs. 2 bis 3 TzBfG findet keine Anwendung.

V. Schriftform

8 Gemäß § 14 Abs. 4 TzBfG bedarf die Befristung eines Arbeitsvertrages zu ihrer Wirksamkeit der Schriftform. § 14 Abs. 4 TzBfG dient der Rechtsklarheit. Durch die schriftliche Vereinbarung der Befristung sollen Streitigkeiten über die Dauer des Arbeitsverhältnisses und den Zeitpunkt seiner Beendigung vermieden werden.[22] Der Schriftform bedürfen deshalb unabhängig von ihrer Dauer die kalendermäßige Befristung mit und ohne Sachgrund, die Zweckbefristung und über den Verweis in § 21 TzBfG auch die auflösende Bedingung von Arbeitsverträgen. § 14 Abs. 4 TzBfG gilt nicht nur für Erstbefristungen, sondern auch für Verlängerungen der Vertragslaufzeit, insbesondere nach § 14 Abs. 2 S. 1 TzBfG[23], Mehrfachbefristungen und nachträgliche Befristungen von un-

17 Vgl. BAG, Urt. v. 23.6.2004 – 7 AZR 440/03 – BAGE 111, 148.
18 Vgl. BAG, Urt. v. 14.5.1987 – 2 AZR 374/86 – NZA 1988, 67.
19 Vgl. BAG, Urt. v. 9.2.1984 – 2 AZR 402/83 – DB 1984, 2710.
20 So BAG, Urt. v. 19.11.2003 – 7 AZR 296/03 – BAGE 109, 6; anders noch BAG, Urt. v. 20.12.1984 – 2 AZR 3/84 – DB 1986, 281.
21 Dazu Rn 35 ff.
22 BAG, Urt. v. 22.10.2003 – 7 AZR 113/03 – BAGE 108, 191.
23 Dazu Rn 23 ff.

befristeten Arbeitsverträgen.[24] Der Schriftform bedarf schließlich auch die Vereinbarung über die befristete Weiterbeschäftigung eines gekündigten Arbeitnehmers bis zum rechtskräftigen Abschluss des Kündigungsschutzprozesses.[25]

Dem Schriftformerfordernis des § 14 Abs. 4 TzBfG unterliegt **nur die Befristungsabrede**,[26] was bei kalendermäßigen Befristung unproblematisch ist.

Beispiel
„Das Arbeitsverhältnis beginnt am 1.1.2014 und endet mit Ablauf des 31.12.2014."

Bei der Zweckbefristung und der auflösenden Bedingung muss das für die Beendigung des Arbeitsverhältnisses maßgebliche Ereignis hinreichend deutlich schriftlich vereinbart werden. Denn von dessen Eintritt hängt ab, ob und zu welchem Zeitpunkt das Arbeitsverhältnis beendet wird.[27]

Beispiel
„Das Arbeitsverhältnis beginnt am 1.1.2014 und ist befristet bis zur Wiederaufnahme der Tätigkeit von Frau K."
Dieser Klausel kann nicht zugleich die Vereinbarung entnommen werden, dass das Arbeitsverhältnis auch dann enden soll, wenn Frau K. vor Wiederaufnahme der Tätigkeit aus dem Arbeitsverhältnis ausscheidet,[28] weshalb, wie ausgeführt, eine Doppelbefristung zu empfehlen ist.

Die Anforderungen an die Schriftform ergeben sich aus § 126 BGB. Die Schriftform ist gewahrt, wenn die Urkunde „Befristungsvereinbarung" von beiden Parteien eigenhändig durch Namensunterschrift unterzeichnet wurde.[29] Ein Ersatz der Schriftform durch die elektronische Form ist gemäß §§ 126 Abs. 3, 126a BGB möglich. Wird die Schriftform des § 14 Abs. 4 TzBfG nicht eingehalten, so ist die Befristung gemäß § 125 S. 1 BGB nichtig. Der Arbeitsvertrag gilt dann nach § 16 S. 1 TzBfG als auf unbestimmte Zeit geschlossen.[30] 9

Das Schriftformerfordernis des § 14 Abs. 4 TzBfG gilt **nicht für den** der Befristung zu Grunde liegenden **sachlichen Grund**. Der sachliche Grund ist nur objektive Wirksamkeitsvoraussetzung für die Befristung, er muss nicht Vertragsinhalt geworden sein.[31] Dies gilt auch für Befristungen ohne Sachgrund gemäß § 14 Abs. 2 bis 3 10

24 Dazu Rn 13.
25 BAG, Urt. v. 22.10.2003 – 7 AZR 113/03 – BAGE 108, 191.
26 Vgl. BAG, Urt. v. 23.6.2004 – 7 AZR 636/03 – AP Nr. 12 zu § 14 TzBfG.
27 Vgl. BAG, Urt. v. 26.6.1996 – 7 AZR 674/95 – DB 1996, 2289.
28 Siehe BAG, Urt. v. 26.6.1996 – 7 AZR 674/95 – NZA 1997, 200.
29 Siehe § 126 Abs. 1 und 2 BGB.
30 Dazu Rn 73.
31 BAG, Urt. v. 23.6.2004 – 7 AZR 636/03 – NZA 2004, 1333.

TzBfG. Eine Befristung ohne Sachgrund ist wirksam, wenn die Voraussetzungen des § 14 Abs. 2 bis 3 TzBfG bei Vertragsschluss objektiv vorliegen. Eine Vereinbarung der Arbeitsvertragsparteien, die Befristung auf § 14 Abs. 2 bis 3 TzBfG zu stützen, ist nicht erforderlich.[32]

! **Praxistipp**
Auch wenn es aufgrund des Schriftformerfordernisses nicht erforderlich ist, den zu Grunde liegenden Sachgrund in die Befristungsvereinbarung aufzunehmen, kann dies in Einzelfällen dennoch sinnvoll sein, z.B. wenn die Befristung durch den Sachgrund der in der Person des Arbeitnehmers liegenden Gründe gerechtfertigt werden soll.[33] Allerdings könnte dadurch eine vom TzBfG abweichende Vereinbarung zu Gunsten des Arbeitnehmers getroffen werden.[34]

11 Eine nur **mündlich vereinbarte Befristung** ist nach § 14 Abs. 4 TzBfG, § 125 S. 1 BGB **nichtig**, so dass bei Vertragsbeginn nach § 16 S. 1 TzBfG ein unbefristetes Arbeitsverhältnis entsteht. Eine spätere schriftliche Niederlegung der zunächst nur mündlich vereinbarten Befristung führt nicht dazu, dass die zunächst formnichtige Befristung rückwirkend wirksam wird. Dadurch kann allenfalls das bei Vertragsbeginn entstandene unbefristete Arbeitsverhältnis nachträglich befristet werden, was bei Vorliegen eines die Befristung rechtfertigenden sachlichen Grundes zulässig ist.[35]

! **Praxistipp**
Aufgrund des Schriftformerfordernisses für die Befristungsabrede sollte bei befristeten Arbeitsverhältnissen der schriftliche Arbeitsvertrag unbedingt vor der Aufnahme der Tätigkeit unterzeichnet werden.

VI. Vom TzBfG abweichende Vereinbarungen

12 Im Rahmen der Befristungsvereinbarung ist zu beachten, dass die Vorschriften des **TzBfG**, wie sich aus § 22 Abs. 1 TzBfG ergibt, im Wesentlichen **einseitig zwingendes Recht** darstellen. Sie stehen in Folge dessen einer für den Arbeitnehmer günstigeren arbeitsvertraglichen Regelung nicht entgegen. So kann insbesondere die Anwendbarkeit des die Befristung ohne Sachgrund regelnden § 14 Abs. 2 bis 3 TzBfG ausdrücklich oder konkludent abbedungen werden. Die Benennung eines Sachgrundes reicht hierfür allein nach der Rechtsprechung allerdings nicht

32 BAG, Urt. v. 4.12.2002 – 7 AZR 545/01 – BAGE 104, 103.
33 Dazu Rn 61.
34 Dazu Rn 12.
35 BAG, Urt. v. 16.4.2008 – 7 AZR 1048/06 – NZA 2008, 1184; vgl. zur nachträglichen Befristung Rn 13.

aus.[36] Da das TzBfG – anders als z.B. die Anlage SR 2y zum BAT – kein Zitiergebot enthält, kann sich die Wirksamkeit der Befristung also auch dann aus § 14 Abs. 2 bis 3 TzBfG ergeben, wenn im Arbeitsvertrag ein Sachgrund angegeben ist.

Praxistipp !
Wird der zu Grunde liegende sachliche Grund in die Befristungsvereinbarung aufgenommen, sollte zugleich klar gestellt werden, dass dadurch die Anwendung von § 14 Abs. 2 bis 3 TzBfG nicht ausgeschlossen wird, z.B. durch nachfolgende Formulierung:
„Durch die Regelung zur Sachgrundbefristung wird die Anwendbarkeit von § 14 Abs. 2 TzBfG nicht ausgeschlossen."

VII. Zeitpunkt der Befristungsvereinbarung

Da § 14 TzBfG ohne weitere Differenzierung die „Befristung eines Arbeitsvertrages" 13
erfasst, fällt neben der Vereinbarung eines von Anfang an befristeten Arbeitsvertrages **auch die nachträgliche vertragliche Befristung** eines unbefristeten Arbeitsverhältnisses unter den Anwendungsbereich der Regelung. Die nachträgliche Befristung eines unbefristeten Arbeitsverhältnisses unterliegt denselben Anforderungen wie ein von Anfang an befristeter Arbeitsvertrag.[37] Da in einem solchen Fall keine Neueinstellung vorliegt,[38] bedarf die nachträgliche Befristung eines sachlichen Grundes im Sinne von § 14 Abs. 1 TzBfG. Abzugrenzen ist die nachträgliche Befristung eines unbefristeten Arbeitsverhältnisses vom Abschluss eines Aufhebungsvertrages. Dabei ist nach der Rechtsprechung nicht allein die Dauer der Fortsetzung maßgebend, sondern der sich aus einer Gesamtschau ergebende Regelungsgehalt. Enthält die Vereinbarung für einen Aufhebungsvertrag typische Regelungen, z.B. die Zusage einer Abfindung für den Verlust des Arbeitsplatzes, liegt regelmäßig ein Aufhebungsvertrag vor.[39]

Praxistipp !
Ist sich der Arbeitgeber gegen Ende der sechsmonatigen Wartezeit im Sinne des § 1 Abs. 1 KSchG nicht sicher, ob er den Arbeitnehmer dauerhaft weiterbeschäftigen will, könnte er zu folgendem „Trick" zur „Verlängerung" der Wartezeit greifen: Er bietet dem Arbeitnehmer als Alternative zur sofortigen Kündigung des Arbeitsverhältnisses den Abschluss eines Aufhebungsvertrags zu einem späteren Zeitpunkt an und stellt ihm für den Fall der Bewährung die Fortführung des Arbeitsverhält-

36 So BAG, Urt. v. 4.12.2002 – 7 AZR 545/01 – BAGE 104, 103 und BAG, Urt. v. 5.6.2002 – 7 AZR 241/01 – BAGE 101, 262; ErfK/*Müller-Glöge*, § 14 TzBfG Rn 84 f.

37 ErfK/*Müller-Glöge*, § 14 TzBfG Rn 9.

38 Zu dieser Voraussetzung des § 14 Abs. 2 TzBfG Rn 18.

39 BAG, Urt. v. 10.11.2011 – 6 AZR 357/10 – BAGE 139, 376; vgl. auch BAG, Urt. v. 15.2.2007 – 6 AZR 286/06 – NZA 2007, 614.

nisses in Aussicht. Dieser Trick funktioniert nur dann, wenn die angesprochene Abgrenzung zwischen nachträglicher Befristung eines unbefristeten Arbeitsverhältnisses und dem Abschluss eines Aufhebungsvertrages beachtet wird. Die Dauer der Fortsetzung sollte deshalb in einem angemessenen Verhältnis zum Erprobungszweck stehen und 6 Monate nicht überschreiten.

VIII. Exkurs: Befristung einzelner Vertragsbedingungen

14 Neben dem Arbeitsvertrag insgesamt können auch einzelne Arbeitsvertragsbedingungen befristet vereinbart bzw. eine befristete Änderung einzelner Arbeitsbedingungen vereinbart werden.

Beispiel
„Im Zeitraum vom 1.1.2014 bis 30.6.2014 beträgt die wöchentliche Arbeitszeit 30 Stunden. Danach beträgt sie wieder, wie im Arbeitsvertrag vereinbart, 20 Stunden in der Woche."
„Im Zeitraum vom 1.1.2014 bis 30.6.2014 erhält der Arbeitnehmer eine befristete Zulage in Höhe von 200,00 € im Monat."

15 Wie sich aus dem Wortlaut der §§ 3[40] und 14[41] TzBfG ergibt, versteht das TzBfG unter einem befristeten Arbeitsvertrag nur einen Vertrag, dessen Laufzeit insgesamt begrenzt ist. Das TzBfG, insbesondere § 14 TzBfG, ist deshalb auf die Befristung einzelner Arbeitsvertragsbedingungen nicht anwendbar.[42]

16 Die befristete Vereinbarung einzelner Arbeitsvertragsbedingungen unterfällt jedoch als allgemeine Geschäftsbedingung der gerichtlichen Kontrolle anhand der §§ 305ff. BGB.[43] Nach der Rechtsprechung sind die Umstände, die die Befristung eines Arbeitsvertrags insgesamt nach § 14 Abs. 1 TzBfG rechtfertigen könnten, bei der Interessenabwägung nach § 307 Abs. 1 BGB zu Gunsten des Arbeitgebers zu berücksichtigen. Liegt z.B. der Befristung einer Arbeitszeiterhöhung ein Sachverhalt zu Grunde, der die Befristung eines Arbeitsvertrags insgesamt mit dem Sachgrund der Vertretung nach § 14 Abs. 1 S. 2 Nr. 3 TzBfG rechtfertigen könnte, überwiegt in aller Regel das Interesse des Arbeitgebers an der nur befristeten Erhöhung der Arbeitszeit das Interesse des Arbeitnehmers an der unbefristeten Vereinbarung des Umfangs seiner Arbeitszeit.[44]

40 „Befristeter Arbeitsvertrag".
41 „Befristung eines Arbeitsvertrages".
42 BAG, Urt. v. 2.9.2009 – 7 AZR 233/08 – BAGE 132, 59 und BAG, Urt. v. 14.1.2004 – 7 AZR 213/03 – BAGE 109, 167.
43 Ausführlich zur Befristung einzelner Arbeitsbedingungen z.B. BeckOK/*Bayreuther*, § 14 TzBfG Rn 148ff.
44 So BAG, Urt. v. 2.9.2009 – 7 AZR 233/08 – BAGE 132, 59.

C. Befristung ohne Sachgrund

§ 14 Abs. 2 bis 3 TzBfG regelt Ausnahmen von dem in § 14 Abs. 1 TzBfG festgelegten Grundsatz, dass die Befristung eines Arbeitsvertrages der Rechtfertigung durch einen sachlichen Grund bedarf. Die größte Bedeutung hat Abs. 2 für Neueinstellungen, Abs. 2a und 3 enthalten weitergehende Privilegierungen für neu gegründete Unternehmen und ältere Beschäftigte. 17

Praxistipp !
Die Rechtfertigung einer Befristung ohne Sachgrund ist im Regelfall „sicherer" festzustellen als die Rechtfertigung einer Befristung mit Sachgrund und deshalb vorzugswürdig.

I. Neueinstellungen

Nach § 14 Abs. 2 S. 1 Hs. 1 TzBfG ist die kalendermäßige Befristung eines Arbeitsverhältnisses bis zur Dauer von 2 Jahren zulässig. § 14 Abs. 2 S. 1 TzBfG gilt **nur für kalendermäßige Befristungen**, nicht für Zweckbefristungen und auflösende Bedingungen.[45] 18

1. Anschlussverbot

Eine Befristung nach § 14 Abs. 2 S. 1 TzBfG ist gemäß § 14 Abs. 2 S. 2 TzBfG „nicht zulässig, wenn mit demselben Arbeitgeber bereits zuvor ein befristetes oder unbefristetes Arbeitsverhältnis bestanden hat". 19

Das Anschlussverbot des § 14 Abs. 2 S. 2 TzBfG ist nur verletzt, wenn zwischen den Parteien bereits zuvor ein **Arbeitsverhältnis** bestanden hat. Vorherige andere Vertragsverhältnisse mit dem späteren Arbeitgeber stehen der sachgrundlosen Befristung nach § 14 Abs. 2 S. 1 TzBfG nicht entgegen.[46] Nicht als Arbeitsverhältnisse im Sinne von § 14 Abs. 2 S. 1 TzBfG anzusehen sind deshalb Einsätze beim Arbeitgeber 20

- im Rahmen eines früheren Berufsausbildungsverhältnisses,[47]
- als freier Mitarbeiter oder
- im Rahmen von sonstigen Dienst- oder Werkverträgen.

45 Dazu Rn 4 und 7.
46 BAG, Urt. v. 19.10.2005 – 7 AZR 31/05 – NZA 2006, 154.
47 BAG, Urt. v. 21.9.2011 – 7 AZR 375/10 – BAGE 139, 213.

Praxistipp
In der Praxis ist sicher zu stellen, dass z.B. das als freie Mitarbeit bezeichnete Rechtsverhältnis tatsächlich kein „verdecktes" Arbeitsverhältnis darstellte. Gelingt dies nicht, und beruft sich der Arbeitnehmer später hierauf, greift § 14 Abs. 2 S. 2 TzBfG.

21 § 14 Abs. 2 S. 2 TzBfG schließt eine Befristung nach § 14 Abs. 2 S. 1 TzBfG nur aus, wenn das vorherige Arbeitsverhältnis **mit demselben Arbeitgeber** bestanden hat. Arbeitgeber im Sinne von § 14 Abs. 2 S. 2 TzBfG ist der Vertragsarbeitgeber, also diejenige natürliche oder juristische Person, die mit dem Arbeitnehmer den Arbeitsvertrag abgeschlossen hat.[48]

Beispiel
Eine Vorbeschäftigung liegt mangels Identität der Arbeitsvertragsparteien nicht vor, wenn der befristet eingestellte Arbeitnehmer
- zuvor bei einem anderen Konzernunternehmen beschäftigt war,[49]
- zuvor als Leiharbeitnehmer im gleichen Betrieb auf dem gleichen Arbeitsplatz gearbeitet hat,[50]
- beim Betriebserwerber eingestellt wird, aber vor dem Vollzug des Betriebsübergangs im Sinne von § 613a BGB ausgeschieden ist,[51] oder
- zuvor zwar im selben Gemeinschaftsbetrieb tätig war, aber bei einem anderen Vertragsarbeitgeber.[52]

22 Die ältere Rechtsprechung ist unter Berufung auf den Wortlaut des § 14 Abs. 2 S. 2 TzBfG davon ausgegangen, dass jedes in der Vergangenheit liegende Arbeitsverhältnis ein „bereits zuvor"-Arbeitsverhältnis im Sinne von § 14 Abs. 2 S. 2 TzBfG darstellt, und es auf den zeitlichen Abstand zwischen dem früheren Arbeitsverhältnis und dem nunmehr ohne Sachgrund befristeten Arbeitsverhältnis nicht ankommt.[53] Die neue Rechtsprechung folgert dagegen aus dem Gesetzeszweck, dass ein „bereits zuvor"-Arbeitsverhältnis nicht gegeben ist, wenn **das frühere Arbeitsverhältnis mehr als drei Jahre zurückliegt.**[54]

Praxistipp
Nach neuer Rechtsprechung stellt ein mehr als drei Jahre zurückliegendes Arbeitsverhältnis – rechtssicher – keine Vorbeschäftigung dar, bei kürzeren Unterbrechungen ist vom Gegenteil auszugehen.

48 BAG, Urt. v. 9.2.2011 – 7 AZR 32/10 – NZA 2011, 791.
49 BAG, Urt. v. 9.2.2011 – 7 AZR 32/10 – NZA 2011, 791.
50 BAG, Urt. v. 9.2.2011 – 7 AZR 32/10 – NZA 2011, 791.
51 BAG, Urt. v. 25.10.2012 – 8 AZR 572/11 – ZInsO 2013, 946.
52 ErfK/*Müller-Glöge*, § 14 TzBfG Rn 95.
53 So noch BAG, Beschl. v. 29.7.2009 – 7 AZN 368/09 – ZTR 2009, 544.
54 BAG, Urt. v. 6.4.2011 – 7 AZR 716/09 – BAGE 137, 275; so auch BAG, Urt. v. 21.9.2011 – 7 AZR 375/10 – BAGE 139, 213.

Vor Vertragsschluss sollte der Arbeitgeber klären, ob eine Vorbeschäftigung beim Arbeitgeber vorliegt, notfalls durch Befragung im Vorstellungsgespräch. Beantwortet der Bewerber eine entsprechende Frage unzutreffend, kommt eine Anfechtung des Arbeitsvertrages in Betracht.

2. Verlängerung

Gemäß § 14 Abs. 2 S. 1 Hs. 2 TzBfG ist bis zu einer Gesamtdauer von zwei Jahren auch 23
die höchstens dreimalige Verlängerung eines kalendermäßig befristeten Arbeitsvertrages zulässig. Unter einer Verlängerung ist die **einvernehmliche Abänderung des Endtermins** zu verstehen. Das befristete Arbeitsverhältnis wird über den zunächst vereinbarten Endtermin hinaus nahtlos bis zu dem neu vereinbarten Endtermin fortgesetzt.

Beispiel
„Das zwischen den Parteien bestehende befristete Arbeitsverhältnis wird über den im Arbeitsvertrag vom 26.10.2013 vereinbarten Endtermin hinaus fortgesetzt und endet mit Ablauf des 30.6. 2014."

Eine Verlängerung setzt voraus, dass sie noch während der Laufzeit des zu verlän- 24
gernden Vertrags vereinbart und **nur die Vertragsdauer geändert** wird, nicht aber die übrigen Arbeitsbedingungen.[55] Eine Erhöhung des Entgelts oder sonstige Änderungen der Arbeitsbedingungen dürfen deshalb grundsätzlich nicht zusammen mit der Verlängerung vereinbart werden. Kurz vor oder nach der Verlängerungsvereinbarung ist dies dagegen möglich.[56]

Praxistipp
Da die Verlängerung und die Änderung sonstiger Arbeitsbedingungen grundsätzlich nicht zusammen vereinbart werden dürfen, sollten die Änderung sonstiger Arbeitsbedingungen zu einem anderen Zeitpunkt in einer separaten Vereinbarung erfolgen.

Auf Verlängerungen im Sinne des § 14 Abs. 2 S. 1 Hs. 2 TzBfG ist das Anschlussverbot 25
des § 14 Abs. 2 S. 2 TzBfG nicht anwendbar, da ansonsten für Vertragsverlängerungen kein Anwendungsbereich verbliebe.[57]

55 BAG, Urt. v. 25.5.2005 – 7 AZR 286/04 – EzA § 14 TzBfG Nr. 19.
56 Vgl. BeckOK/*Bayreuther*, § 14 TzBfG Rn 95 mit weiteren Nachweisen.
57 BAG, Urt. v. 15.1.2003 – 7 AZR 346/02 – BAGE 104, 244.

3. Tariföffnungsklausel

26 Durch Tarifvertrag kann die Anzahl der Verlängerungen oder die Höchstdauer der Befristungen abweichend von § 14 Abs. 2 S. 1 TzBfG geregelt werden.[58] Die Tarifvertragsparteien können nicht nur entweder die Anzahl der Verlängerungen befristeter Arbeitsverträge oder die Höchstdauer der Befristung, sondern kumulativ beide Vorgaben abweichend von § 14 Abs. 2 S. 1 TzBfG regeln, und zwar zu Gunsten und zu Ungunsten der Arbeitnehmer.[59]

Beispiel
„Die kalendermäßige Befristung eines Arbeitsvertrags ohne Vorliegen eines sachlichen Grundes ist bis zur Dauer von 42 Monaten zulässig. Bis zu dieser Gesamtdauer ist die höchstens viermalige Verlängerung eines kalendermäßig befristeten Arbeitsvertrags zulässig."

27 Im Geltungsbereich eines solchen Tarifvertrages können nicht tarifgebundene Arbeitgeber und Arbeitnehmer die Anwendung der tariflichen Regelungen vereinbaren.[60]

Praxistipp
Im Betrieb anwendbare tarifvertragliche Regelungen zu befristeten Arbeitsverträgen sind zu beachten. Denn sie können über die in der Tariföffnungsklausel des § 14 Abs. 2 S. 3 TzBfG genannten Regelungen hinaus auch sonstige vom TzBfG abweichende Regelungen zu Gunsten der Arbeitnehmer enthalten.[61]

II. Befristungen in neu gegründeten Unternehmen

28 In den ersten vier Jahren nach der Gründung eines Unternehmens ist die kalendermäßige Befristung eines Arbeitsvertrages ohne Vorliegen eines sachlichen Grundes bis zur Dauer von vier Jahren zulässig.[62] Maßgebend für den Zeitpunkt der Gründung ist die Aufnahme einer Erwerbstätigkeit, die nach § 138 der Abgabenordnung der Gemeinde oder dem Finanzamt anzuzeigen ist.[63]

58 Vgl. § 14 Abs. 2 S. 3 TzBfG.
59 BAG, Urt. v. 15.8.2012 – 7 AZR 184/11 – DB 2012, 2697; ausführlich zur Öffnungsklausel vgl. ErfK/*Müller-Glöge*, § 14 TzBfG Rn 101 f.
60 Vgl. § 14 Abs. 2 S. 4 TzBfG.
61 Vgl. dazu in Bezug auf arbeitsvertragliche Regelungen auch Rn 12.
62 § 14 Abs. 2a S. 1 Hs. 1 TzBfG.
63 § 14 Abs. 2a S. 3 TzBfG.

Praxistipp

Da § 14 Abs. 2a TzBfG neu gegründeten Unternehmen bis zu ihrem „4. Geburtstag" erlaubt, befristete Arbeitsverträge mit einer Dauer von höchstens vier Jahren abzuschließen, kann die Privilegierung noch bis zum Ablauf des achten Jahres nach Gründung des Unternehmens wirken.[64]

Innerhalb der Vier-Jahres-Frist „ist auch die mehrfache Verlängerung eines kalendermäßig befristeten Arbeitsvertrages zulässig".[65] Eine Begrenzung der Anzahl der Verlängerungsmöglichkeiten wie in § 14 Abs. 2 S. 1 TzBfG besteht nicht. Da unter anderem § 14 Abs. 2 S. 2 TzBfG entsprechende Anwendung findet,[66] ist eine Befristung gemäß § 14 Abs. 2a Satz 1 TzBfG nur möglich, wenn zwischen dem Beschäftigten und dem Arbeitgeber nicht ein „bereits zuvor"-Arbeitsverhältnis bestanden hat.[67] 29

Eine Befristung kann **nicht** auf § 14 Abs. 2a Satz 1 TzBfG gestützt werden, wenn die Neugründung im Zusammenhang mit der rechtlichen **Umstrukturierung** von Unternehmen und Konzernen erfolgt.[68] 30

III. Befristungen mit älteren Arbeitnehmern

Die kalendermäßige Befristung[69] ohne Vorliegen eines sachlichen Grundes ist gemäß § 14 Abs. 3 S. 1 TzBfG bis zu einer Dauer von fünf Jahren zulässig, wenn der Arbeitnehmer 31
- bei Beginn des befristeten Arbeitsverhältnisses[70] das 52. Lebensjahr vollendet hat, und
- unmittelbar vor Beginn des befristeten Arbeitsverhältnisses beschäftigungslos im Sinne des § 138 Abs. 1 Nr. 1 SGB III gewesen ist, Transferkurzarbeitergeld bezogen[71] oder an einer öffentlich geförderten Beschäftigungsmaßnahme nach dem SGB II oder SGB III teilgenommen hat[72].

Mit der Verweisung auf die Beschäftigungslosigkeit im Sinne von § 138 Abs. 1 Nr. 1 SGB III stellt das TzBfG auf den gegenüber der Arbeitslosigkeit umfassenderen so- 32

64 ErfK/*Müller-Glöge*, § 14 TzBfG Rn 105.
65 § 14 Abs. 2a S. 1 Hs. 2 TzBfG.
66 Vgl. § 14 Abs. 2a S. 4 TzBfG.
67 Dazu Rn 19 ff.
68 Vgl. § 14 Abs. 2a S. 2 TzBfG.
69 Dazu Rn 3.
70 Nicht zum Zeitpunkt des Vertragsschlusses!
71 Dazu auch ErfK/*Müller-Glöge*, § 14 TzBfG Rn 111b.
72 Dazu auch ErfK/*Müller-Glöge*, § 14 TzBfG Rn 111c.

zialversicherungsrechtlichen Begriff der Beschäftigungslosigkeit ab. Es ist deshalb grundsätzlich möglich, dass Beschäftigungslosigkeit trotz fortbestehendem Arbeitsverhältnis gegeben ist, z.B. bei längerfristiger Beurlaubung ohne Arbeitsentgelt.[73]

Praxishinweis
In Fällen der Beschäftigungslosigkeit trotz fortbestehendem Arbeitsverhältnis erscheint die Wirksamkeit von auf § 14 Abs. 3 TzBfG gestützten Befristungsvereinbarungen risikobehaftet.

Praxistipp
Die Voraussetzungen Beschäftigungslosigkeit, Bezug von Transferkurzarbeitergeld und Teilnahme an einer öffentlich geförderten Beschäftigungsmaßnahme wird der Arbeitgeber im Regelfall nur durch Befragung des Arbeitnehmers feststellen können. Beantwortet der Arbeitnehmer eine entsprechende Frage bewusst falsch, kann der Arbeitgeber das Arbeitsverhältnis wegen arglistiger Täuschung nach § 123 BGB anfechten.

33 Abweichend von § 14 Abs. 2 S. 2 TzBfG schließt im Rahmen von § 14 Abs. 3 TzBfG ein früheres Arbeitsverhältnis zwischen Arbeitnehmer und Arbeitgeber die Befristungsmöglichkeit nicht aus.

34 Bis zu einer Gesamtdauer von fünf Jahren ist auch die **mehrfache Verlängerung** des Arbeitsvertrags **möglich.**[74] Die maximale Anzahl von Verlängerungen ist nicht vorgegeben. Unter einer Verlängerung ist im Rahmen von § 14 Abs. 3 TzBfG das Gleiche zu verstehen wie in § 14 Abs. 2 S. 1 TzBfG.[75]

D. Befristung mit Sachgrund

I. Einführung

35 Gemäß § 14 Abs. 1 S. 1 TzBfG ist die Befristung eines Arbeitsvertrages zulässig, wenn sie durch einen sachlichen Grund gerechtfertigt ist. Es bedarf also – vorbehaltlich abweichender gesetzlicher Regelungen wie z.B. § 14 Abs. 2 TzBfG – jede Befristung eines Arbeitsvertrages einer Rechtfertigung durch einen sachlichen Grund.

73 Vgl. Schaub/*Koch*, Arbeitsrechtshandbuch, § 39 Rn 22 und § 23 Rn 6.
74 § 14 Abs. 3 S. 2 TzBfG.
75 Dazu Rn 23 ff.

II. Maßgeblichkeit der letzten Befristung

Bei mehreren aufeinander folgenden befristeten Arbeitsverträgen unterliegt grundsätzlich **nur die zuletzt vereinbarte Befristung** der Befristungskontrolle. Denn durch den vorbehaltlosen Abschluss eines weiteren befristeten Arbeitsvertrages stellen die Arbeitsvertragsparteien ihr Vertragsverhältnis auf eine neue rechtliche Grundlage, die für ihre Rechtsbeziehungen künftig allein maßgeblich sein soll.[76] 36
Ausnahmsweise unterliegt auch ein früherer Vertrag der Befristungskontrolle, wenn
- die Arbeitsvertragsparteien dem Arbeitnehmer ausdrücklich oder konkludent das Recht vorbehalten haben, die Wirksamkeit einer vorangegangenen Befristung prüfen zu lassen,[77]
- oder wenn es sich bei dem letzten Vertrag um einen unselbständigen Annex zum vorherigen Vertrag handelt, mit dem das bisherige befristete Arbeitsverhältnis nur hinsichtlich seines Endzeitpunkts modifiziert werden sollte.[78]

Praxistipp !
Ein unselbständiger Annex zum vorherigen Vertrag liegt nur vor, wenn durch den Anschlussvertrag lediglich eine Anpassung der ursprünglich vereinbarten Vertragszeit an später eintretende, zum Zeitpunkt des vorangegangenen Vertragsabschlusses nicht vorhersehbare, Umstände vorgenommen wird. Durch Aufnahme weiterer Regelungen in den Anschlussvertrag kann dieser in Bezug auf die Maßgeblichkeit für die Befristung „auf eigene Füße gestellt" werden.

Eine Befristung eines Arbeitsvertrages, die nach § 14 Abs. 1 S. 1 TzBfG der Rechtfertigung durch einen sachlichen Grund bedarf, liegt **auch** dann vor, wenn ein unbefristeter Arbeitsvertrag **nachträglich befristet** wird. Von der nachträglichen Befristung eines unbefristeten Arbeitsvertrages ist der Abschluss eines Aufhebungsvertrages zu unterscheiden.[79] 37

III. Maßgeblicher Zeitpunkt

Zur Beurteilung der Wirksamkeit einer Befristung ist auf den **Zeitpunkt der Vereinbarung der Befristung** abzustellen.[80] Grundsätzlich führen nach der Vereinba- 38

---

76 BAG, Urt. v. 25.8.2004 – 7 AZR 7/04 – BAGE 111, 377; ausführlich zur Maßgeblichkeit der letzten Befristung vgl. ErfK/*Müller-Glöge*, § 14 TzBfG Rn 9 ff.

77 BAG, Urt. v. 13.10.2004 – 7 AZR 654/03 – NZA 2005, 469.

78 BAG, Urt. v. 25.8.2004 – 7 AZR 7/04 – BAGE 111, 377.

79 Dazu Rn 13.

80 BAG, Urt. v. 20.2.2002 – 7 AZR 748/00 – BAGE 100, 292; ständige Rechtsprechung seit BAG, Beschl. v. 12.10.1960 – GS 1/59 – BAGE 10, 65.

rung der Befristung eintretende Entwicklungen daher weder nachträglich zur Unwirksamkeit einer wirksamen Befristung, noch sind sie in der Lage, eine zunächst unwirksame Befristung zu heilen. Entfällt ein bei Vereinbarung der Befristung vorliegender Sachgrund während der Laufzeit des befristeten Arbeitsvertrags, wandelt sich das befristete Arbeitsverhältnis also nicht von selbst in ein unbefristetes Arbeitsverhältnis um.

39 Viele Sachgründe[81] setzen allerdings eine **Prognose** über den Wegfall des Beschäftigungsbedarfs zum Befristungsende voraus, die in diesen Fällen Teil des Sachgrunds ist. Da aus der nach der Vereinbarung der Befristung eingetretenen tatsächlichen Entwicklung Rückschlüsse auf die Tragfähigkeit der Prognose gezogen werden können, kann sie über diesen Umweg mittelbar Bedeutung erlangen.

! **Praxistipp**
Die tatsächliche Grundlage für die zum Zeitpunkt der Vereinbarung der Befristung vorgenommene Prognose sollten dokumentiert werden. Ansonsten dürfte es – insbesondere wenn sich die Prognose nachträglich als falsch erweist – schwierig werden, das Arbeitsgericht im Rahmen einer Entfristungsklage ggf. Jahre später von der Tragfähigkeit der Prognose zu überzeugen.

IV. Maßgeblicher Bezugspunkt

40 Der Rechtfertigung durch einen sachlichen Grund bedarf **nur die Befristung selbst**. Die vertraglich vereinbarte Befristungsdauer bedarf keiner eigenen sachlichen Rechtfertigung.[82] Die Befristungsdauer ist nur im Rahmen der Prüfung des sachlichen Befristungsgrundes selbst von Bedeutung. Sie muss sich am Sachgrund der Befristung orientieren und so mit ihm im Einklang stehen, dass sie nicht gegen das Vorliegen des Sachgrundes spricht. Aus der Befristungsdauer darf sich also nicht ergeben, dass der Sachgrund tatsächlich nicht besteht oder nur vorgeschoben ist.[83]

! **Praxistipp**
Der vorsichtige Arbeitgeber wird deshalb im Zweifel eher eine kürzere Befristungsdauer wählen und ggf. später bei fortbestehendem Beschäftigungsbedarf eine Verlängerung vereinbaren.

81 Z.B. der Sachgrund des vorübergehenden betrieblichen Bedarfs und der Sachgrund der Vertretung, dazu Rn 42ff. und Rn 52ff.

82 BAG, Urt. v. 13.10.2004 – 7 AZR 654/03 – NZA 2005, 469.

83 Vgl. BAG, Urt. v. 21.2.2001 – 7 AZR 200/00 – BAGE 97, 86.

V. Sachgründe

§ 14 Abs. 1 S. 2 TzBfG enthält einen – nicht abschließenden – Katalog von 8 Sachgründen. 41

1. Vorübergehender betrieblicher Bedarf

Gemäß § 14 Abs. 1 S. 2 Nr. 1 TzBfG liegt ein sachlicher Grund vor, wenn „der betriebliche Bedarf an der Arbeitsleistung nur vorübergehend besteht“. 42

Eine Befristung wegen eines nur vorübergehenden betrieblichen Bedarfs an der Arbeitsleistung setzt voraus, dass im Zeitpunkt des Vertragsschlusses **mit hinreichender Sicherheit** zu erwarten ist, dass nach dem vorgesehenen Vertragsende für die Beschäftigung des befristet eingestellten Arbeitnehmers in dem Betrieb **kein dauerhafter Bedarf** mehr besteht. Hierüber hat der Arbeitgeber bei Abschluss des befristeten Arbeitsvertrags eine Prognose zu erstellen, der konkrete Anhaltspunkte zu Grunde liegen müssen. Die Prognose ist Teil des Sachgrunds für die Befristung.[84] Der nur vorübergehende betriebliche Beschäftigungsbedarf kann sich aus einem vorübergehenden Mehrbedarf an Arbeitskräften im Betrieb und einem absehbaren Minderbedarf an Arbeitskräften im Betrieb ergeben. 43

Praxishinweis

Ein vorübergehender **Mehrbedarf** an Arbeitskräften im Betrieb kann sich ergeben
- aus einem zeitlich beschränkten Projekt[85] oder
- Saisonarbeit in Saisonbetrieben.[86]

Ein absehbarer **Minderbedarf** an Arbeitskräften im Betrieb kann vorliegen, wenn vor der Stilllegung eines Betriebs nur noch Abwicklungsarbeiten durchzuführen sind.[87]

Beispiel

Die Arbeitnehmerin A wurde im Rahmen eines Raumfahrtprojekts von Arbeitgeber B befristet als Projektassistentin beschäftigt. Mit dem Ende der ersten Projektphase, der Übergabe eines Satelliten in die Umlaufbahn, sollte des Arbeitsverhältnis enden, da die Projekttätigkeit während der sich anschließenden 8-jährigen Flugphase des Satelliten deutlich reduziert sei. A wendet sich gegen die Befristung des Arbeitsvertrages, da sie eine Daueraufgabe ausübe und in anderen Projekten beschäftigt werden könne.[88] – Das BAG betont, dass sich B zur Rechtfertigung der Befristung nur dann auf das Projekt berufen könne, wenn es sich bei den im Rahmen des Projekts zu bewältigenden Aufgaben der A um eine auf vorübergehende Dauer angelegte und gegenüber den Daueraufgaben

---

84 BAG, Urt. v. 17.3.2010 – 7 AZR 640/08 – BAGE 133, 319.
85 Vgl. BAG, Urt. v. 25.8.2004 – 7 AZR 7/04 – BAGE 111, 377.
86 Vgl. BAG, Urt. v. 29.1.1987 – 2 AZR 109/86 – NZA 1987, 627.
87 Vgl. BAG, Urt. v. 3.12.1997 – 7 AZR 651/96 – BAGE 87, 194.
88 Vereinfacht nach BAG, Urt. v. 7.11.2007 – 7 AZR 484/06 – NZA 2008, 467.

des B **abgrenzbare Zusatzaufgabe** handele. Die Prognose des B müsse sich bei einer Projektbefristung im Gegensatz zu anderen Fallgruppen des § 14 Abs. 1 S. 2 Nr. 1 TzBfG nur auf den durch die Beendigung des konkreten Projekts vorhersehbaren Wegfall des zusätzlichen Arbeitsbedarfs für A beziehen. Ob A auf einem freien Arbeitsplatz in einem anderen Projekt befristet oder unbefristet beschäftigt werden könne, sei deshalb unerheblich. Das BAG hat den Fall zur weiteren Aufklärung an das LAG zurückverwiesen, da tatsächliche Feststellungen dazu fehlten, ob es sich bei den Aufgaben der A um eine Daueraufgabe handelte und bei Vertragsschluss greifbare Anhaltspunkte dafür vorhanden waren, dass mit dem Ende der ersten Projektphase der Bedarf für die Beschäftigung der A entfällt.

44 § 14 Abs. 1 Satz 2 Nr. 1 TzBfG stellt auf den betrieblichen Bedarf ab. Entscheidend ist deshalb die **Situation im Beschäftigungsbetrieb**. Auf den Arbeitgeber oder das Unternehmen kommt es nicht an.[89]

45 Wird die **Prognose** des Arbeitgebers durch die nachfolgende Entwicklung bestätigt, besteht eine ausreichende Vermutung dafür, dass sie hinreichend fundiert erstellt worden ist. Es ist dann Aufgabe des Arbeitnehmers, Tatsachen vorzubringen, die die Richtigkeit der Prognose im Zeitpunkt des Abschlusses des befristeten Arbeitsvertrages in Frage stellen.[90] Die **bloße Unsicherheit** über die künftige Entwicklung des Arbeitskräftebedarfs **reicht** für eine hinreichende Prognose **nicht aus**. Denn sie gehört zum unternehmerischen Risiko des Arbeitgebers, das er nicht durch den Abschluss befristeter Arbeitsverträge auf seine Beschäftigten abwälzen kann.[91]

! **Praxistipp**
In Bezug auf die in der betrieblichen Praxis beliebte Projektbefristung ist zu beachten, dass ein vorübergehender betrieblicher Bedarf nur vorliegen kann, wenn
- die projektbezogene Tätigkeit den Arbeitnehmer voraussichtlich überwiegend beanspruchen wird, und
- das in Frage stehende Projekt nicht Teil einer Reihe von Projekten und damit Teil einer Daueraufgabe „Projektbearbeitung" ist.

2. Erstanstellung

46 Nach § 14 Abs. 1 S. 2 Nr. 2 TzBfG liegt ein sachlicher Grund vor, wenn „die Befristung im Anschluss an eine Ausbildung oder ein Studium erfolgt, um den Übergang des Arbeitnehmers in eine Anschlussbeschäftigung zu erleichtern". Da eine vorherige Beschäftigung im Rahmen eines Berufsausbildungsverhältnisses eine sachgrundlose Befristung gemäß § 14 Abs. 2 S. 2 TzBfG nicht ausschließt,[92] ermöglicht § 14 Abs. 1

89 LAG Schleswig-Holstein, Urt. v. 19.12.2006 – 5 Sa 264/06 – NZA-RR 2007, 221.
90 BAG, Urt. v. 25.8.2004 – 7 AZR 7/04 – BAGE 111, 377.
91 BAG, Urt. v. 22.3.2000 – 7 AZR 758/98 – NZA 2000, 881.
92 Dazu Rn 20.

S. 2 Nr. 2 TzBfG insbesondere die befristete Beschäftigung von Hochschulabsolventen, die vor oder während ihres Studiums bereits im Rahmen eines Arbeitsverhältnisses mit demselben Arbeitgeber beschäftigt wurden.

Zur **Ausbildung** im Sinne des § 14 Abs. 1 S. 2 Nr. 2 TzBfG zählt insbesondere die Berufsausbildung im Sinne des Berufsbildungsbildungsgesetzes, nicht aber innerbetriebliche Fort- oder Weiterbildungsmaßbildungsmaßnahmen oder Umschulungen.[93] 47

Praxistipp

Da die vorangegangene Ausbildung nicht beim Arbeitgeber absolviert worden sein muss, ermöglicht § 14 Abs. 1 S. 2 Nr. 2 TzBfG auch die befristete Wiedereinstellung von bereits zuvor beim Arbeitgeber beschäftigten Arbeitnehmern.

Studium im Sinne des § 14 Abs. 1 S. 2 Nr. 2 TzBfG ist jeder geordnete Ausbildungsgang an einer nach Hochschulrecht anerkannten Einrichtung (z.B. einer Universität oder Fachhochschule), die einen staatlichen oder staatlich anerkannten Abschluss vermittelt. Ein erfolgreicher Abschluss der Ausbildung oder des Studiums ist nicht erforderlich.[94] 48

Aus dem Tatbestandsmerkmal **„im Anschluss“** ergibt sich, dass es sich um die Befristung des ersten Arbeitsvertrags handeln muss, den der Arbeitnehmer nach dem Ende der Ausbildung oder des Studiums abschließt. Ein zwischenzeitliches Arbeitsverhältnis schließt daher eine Befristung nach § 14 Abs. 1 S. 2 Nr. 2 TzBfG aus.[95] Offen ist nach der Rechtsprechung, ob eine Ausnahme geboten sein kann, wenn der Arbeitnehmer nach Ausbildung oder Studium einem „kurzfristigen Gelegenheitsjob“ nachgegangen ist.[96] 49

Praxistipp

Die Voraussetzungen des Tatbestandmerkmals „im Anschluss“ wird der Arbeitgeber im Falle einer Ausbildung bei einem anderen Arbeitgeber oder im Falle eines Studiums im Regelfall nur durch Befragung des Arbeitnehmers feststellen können. Beantwortet der Arbeitnehmer eine entsprechende Frage bewusst falsch, kann der Arbeitgeber das Arbeitsverhältnis wegen arglistiger Täuschung nach § 123 BGB anfechten.

Die befristete Beschäftigung muss geeignet sein, den **Übergang** in eine Anschlussbeschäftigung zu **erleichtern.** Dies ist der Fall, wenn durch die befristete Beschäftigung die Vermittlungschancen auf dem Arbeitsmarkt verbessert werden. Anhand 50

93 BeckOK/*Bayreuther*, § 14 TzBfG Rn 36.
94 ErfK/*Müller-Glöge*, § 14 TzBfG Rn 31.
95 BAG, Urt. v. 10.10.2007 – 7 AZR 795/06 – BAGE 124, 196.
96 BAG, Urt. v. 24.8.2011 – 7 AZR 368/10 – EzA § 14 TzBfG Nr. 79.

dieses Übergangszwecks ist auch die maximale Befristungsdauer zu bestimmen, weshalb im Einzelfall Befristungen von mehr als zwei Jahren gerechtfertigt sein können.[97]

51 Daraus, dass es sich um die Befristung des ersten Arbeitsvertrags handeln muss, folgt schließlich, dass eine Vertragsverlängerung nicht auf § 14 Abs. 1 S. 2 Nr. 2 TzBfG gestützt werden kann.

Praxistipp
Wird ein Auszubildender im Anschluss an das Berufsausbildungsverhältnis ohne schriftliche Befristungsabrede weiterbeschäftigt, wird nach der Fiktion des § 24 BBiG ein unbefristetes Arbeitsverhältnis begründet.

---

3. Vertretung

52 Gemäß § 14 Abs. 1 S. 2 Nr. 3 TzBfG liegt ein sachlicher Grund vor, wenn „der Arbeitnehmer zur Vertretung eines anderen Arbeitnehmers beschäftigt wird". Der sachliche Rechtfertigungsgrund für die Befristung liegt in Vertretungsfällen darin, dass der Arbeitgeber bereits zu einem vorübergehend ausfallenden Arbeitnehmer in einem Rechtsverhältnis steht und mit der Rückkehr dieses Mitarbeiters rechnet. Damit besteht für die Wahrnehmung der an sich dem ausfallenden Mitarbeiter obliegenden Arbeitsaufgaben durch eine Vertretungskraft von vornherein nur ein zeitlich begrenztes Bedürfnis.[98]

Beispiel
Gründe für den vorübergehenden Ausfall des zu vertretenden Arbeitnehmer können z.B. sein:
- Krankheit
- Urlaub
- Beschäftigungsverbot nach dem MuSchG
- Elternzeit[99]
- Abordnung ins Ausland
- Freistellung nach den Bestimmungen des BetrVG

---

53 Teil des Sachgrundes der Vertretung ist eine **Prognose** des Arbeitgebers **über den voraussichtlichen Wegfall des Vertretungsbedarfs**. Diese Prognose muss sich nur auf den Wegfall des Vertretungsbedarfs durch die zu erwartende Rückkehr des zu vertretenden Arbeitnehmers, nicht aber auch auf den Zeitpunkt der Rückkehr und damit auf die Dauer des Vertretungsbedarfs erstrecken. Die Dauer des befristeten Arbeitsvertrages braucht deshalb nicht den gesamten Zeitraum, in welchem

97 ErfK/*Müller-Glöge*, § 14 TzBfG Rn 33.
98 BAG, Urt. v. 13.10.2004 – 7 AZR 654/03 – NZA 2005, 469.
99 Vgl. auch § 21 BEEG.

nach der Prognose ein Vertretungsbedarf besteht, abzudecken, sondern kann kürzer gewählt werden.[100]

Die Häufigkeit der Befristungen und die bisherige Gesamtbefristungsdauer können zwar Indizien für das Fehlen eines Sachgrundes sein, der Arbeitgeber kann aber auch bei mehrfachen Vertretungen davon ausgehen, dass die zu vertretende Stammkraft zurückkehren wird. Er muss nur dann vor Abschluss des befristeten Vertrags mit der Vertretungskraft Erkundigungen bei der Stammkraft einholen, wenn er aufgrund der ihm vorliegenden Informationen ausnahmsweise erhebliche Zweifel an der Rückkehr haben muss.[101] 54

Zwischen dem zeitweiligen Ausfall der Stammkraft und der Einstellung der Vertretungskraft muss ein vom Arbeitgeber darzulegender **kausaler Zusammenhang** bestehen. Dies ist der Fall, wenn der Vertreter die Aufgaben des vertretenen Mitarbeiters übernimmt (unmittelbare Vertretung). Da der Arbeitgeber den Ausfall der Stammkraft auch zum Anlass für eine Neuverteilung der Arbeit nehmen kann, können die Aufgaben der zeitweilig ausfallenden Stammkraft auch einem Dritten übertragen und für dessen bisherige Aufgaben eine Vertretungskraft eingestellt werden (mittelbare Vertretung). Der Arbeitgeber muss dann im Streitfall zusätzlich darlegen, wie die Arbeit umverteilt worden ist.[102] 55

Praxistipp !
Bei einer mittelbaren Stellvertretung sollte die Neuverteilung der Aufgaben dokumentiert werden.

§ 14 Abs. 1 S. 2 Nr. 3 TzBfG erfasst nach seinem Wortlaut nur die „Vertretung eines anderen Arbeitnehmers“. Die Rechtsprechung geht aber unter Berufung auf die Gesetzesbegründung zum TzBfG davon aus, dass die Vorschrift nach ihrem Zweck aber auch die befristete Beschäftigung zur Vertretung eines zeitweilig an der Dienstleistung verhinderten Beamten ermöglicht.[103] Es kann deshalb davon ausgegangen werden, dass § 14 Abs. 1 S. 2 Nr. 3 TzBfG auch die Vertretung freier Mitarbeiter erfasst.[104] 56

4. Eigenart der Arbeitsleistung

Nach § 14 Abs. 1 S. 2 Nr. 4 TzBfG liegt ein sachlicher Grund vor, wenn „die Eigenart der Arbeitsleistung die Befristung rechtfertigt“. Zu den von dieser Vorschrift erfass- 57

100 BAG, Urt. v. 13.10.2004 – 7 AZR 654/03 – NZA 2005, 469.

101 BAG, Urt. v. 13.10.2004 – 7 AZR 654/03 – NZA 2005, 469; vgl. zu den Anforderungen an die Rückkehrprognose auch BAG, Urt. v. 16.1.2013 – 7 AZR 661/11 – NZA 2013, 614.

102 BAG, Urt. v. 25.8.2004 – 7 AZR 32/04 – EzA § 14 TzBfG Nr. 11; zur sog. Gesamtvertretung im Schulbereich z.B. ErfK/*Müller-Glöge*, § 14 TzBfG Rn 38.

103 BAG, Urt. v. 25.3.2009 – 7 AZR 34/08 – NJW 2009, 3180.

104 MüKo-BGB/*Hesse*, § 14 TzBfG Rn 34.

ten Arbeitsverhältnissen, bei denen eine Befristung wegen der Art der Tätigkeit ohne Hinzutreten eines weiteren Sachgrunds vereinbart werden kann, zählen im Anschluss an die ständige Rechtsprechung zu der vor In-Kraft-Treten des TzBfG geltenden Rechtslage die Arbeitsverhältnisse der **programmgestaltenden Mitarbeiter** der Rundfunkanstalten.[105]

58 Darüber hinaus können unter diese – eng auszulegende – Vorschrift weitere sog. Verschleißtatbestände fallen, in denen ein vertragstypischer, das übliche Maß deutlich übersteigender Verschleiß vorliegt.[106]

Beispiel

§ 14 Abs. 1 S. 2 Nr. 4 TzBfG kann die Befristung von Arbeitsverhältnissen von

- programmgestaltenden Mitarbeitern der Rundfunkanstalten wie Regisseuren, Moderatoren und Kommentatoren,[107]
- Wissenschaftlern und Künstlern[108] sowie
- Sportlern und Trainern[109]

erfassen.

---

5. Erprobung

59 Gemäß § 14 Abs. 1 S. 2 Nr. 5 TzBfG liegt ein sachlicher Grund vor, wenn „die Befristung zur Erprobung erfolgt“. Da die Erprobung auch in der Probe- bzw. Wartezeit zu Beginn eines unbefristeten Arbeitsverhältnisses erfolgen kann, ist zunächst durch Auslegung festzustellen, ob die Erprobung in einem unbefristeten oder befristeten Arbeitsverhältnis erfolgen soll.[110] Soll die Erprobung in einem befristeten Arbeitsverhältnis erfolgen, kann, falls die Voraussetzungen für eine Befristung ohne Sachgrund wegen eines „bereits zuvor“-Arbeitsverhältnisses nicht vorliegen,[111] auf § 14 Abs. 1 S. 2 Nr. 5 TzBfG zurückgegriffen werden.

Praxistipp

Falls möglich, vorrangig auf die Befristung ohne Sachgrund zurückgreifen!

---

105 BAG, Urt. v. 26.7.2006 – 7 AZR 495/05 – BAGE 119, 138.
106 ErfK/*Müller-Glöge*, § 14 TzBfG Rn 44.
107 BAG, Urt. v. 26.7.2006 – 7 AZR 495/05 – AP Nr. 25 zu § 14 TzBfG.
108 Vgl. ErfK/*Müller-Glöge*, § 14 TzBfG Rn 46 und 47.
109 Vgl. Schaub/*Koch*, Arbeitsrechtshandbuch, § 40 Rn 31.
110 Dazu Rn 2.
111 Dazu Rn 19 ff.

Die Erprobung eines Arbeitnehmers war bereits vor Einführung des TzBfG als Sachgrund für den Abschluss eines Arbeitsvertrages anerkannt.[112] Die Befristung eines Arbeitsvertrags ist nicht gerechtfertigt, wenn die vereinbarte Dauer der Erprobungszeit in keinem angemessenen Verhältnis zu der in Aussicht genommenen Tätigkeit steht. Im Allgemeinen reichen **sechs Monate** Erprobungszeit aus.[113] Längere Befristungen zur Erprobung auf Grund besonderer Einzelfallumstände sind möglich, z.B. eine Erprobungszeit von bis zu 18 Monaten für den Konzertmeister eines Sinfonieorchesters.[114] Am Sachgrund der Erprobung fehlt es dann, wenn der Arbeitnehmer bereits ausreichende Zeit beim Arbeitgeber mit den von ihm zu erfüllenden Aufgaben beschäftigt war, und der Arbeitgeber die Fähigkeiten des Arbeitnehmers deshalb ausreichend beurteilen konnte.[115] 60

6. Gründe in der Person des Arbeitnehmers

Nach § 14 Abs. 1 S. 2 Nr. 6 TzBfG liegt ein sachlicher Grund vor, wenn „in der Person des Arbeitnehmers liegende Gründe die Befristung rechtfertigen". Unter diese Regelung kann, wie aus den nachfolgenden Beispielen ersichtlich, eine Vielzahl unterschiedlichster Sachverhalte fallen.[116] 61

Beispiel

- Vereinbarung von **Altersgrenzen**[117]: Eine Vereinbarung, nach der das Arbeitsverhältnis mit der Vollendung des 65. Lebensjahres beendet wird, ist nach der Rechtsprechung zulässig.[118] Die Befristung auf ein früheres als das 65. Lebensjahr dürfte, nachdem selbst die Altersgrenze „Vollendung des 60. Lebensjahres" für Piloten von Verkehrsflugzeugen als unverhältnismäßig eingestuft wurde,[119] vor dem Hintergrund des AGG nicht mehr möglich sein.
- **Befristete Aufenthaltserlaubnis** eines Arbeitnehmers: Eine befristete Aufenthaltserlaubnis kann eine Befristung rechtfertigen, wenn im Zeitpunkt des Vertragsschlusses eine hinreichend zuverlässige Prognose erstellt werden kann, dass eine Verlängerung der Aufenthaltserlaubnis nicht erfolgen wird.[120]
- **Wunsch** des Arbeitnehmers: Der Wunsch des Arbeitnehmers nach einer befristeten Beschäftigung kann eine Befristung rechtfertigen, wenn im Zeitpunkt des Vertragsschluss objektive Anhaltspunkte vorliegen, aus denen gefolgert werden kann, dass der Arbeitnehmer gerade ein Interesse an einer befristeten Beschäftigung hat.[121]

---

112 Vgl. BAG, Urt. v. 31.8.1994 – 7 AZR 983/93 – AP Nr. 163 zu § 620 BGB Befristeter Arbeitsvertrag.
113 BAG, Urt. v. 2.6.2010 – 7 AZR 85/09 – NZA 2010, 1293.
114 BAG, Urt. v. 12.9.1996 – 7 AZR 31/96 – AP Nr. 27 zu § 611 Musiker.
115 BAG, Urt. v. 23.6.2004 – 7 AZR 636/03 – AP Nr. 12 zu § 14 TzBfG.
116 Vgl. BeckOK/*Bayreuther*, § 14 TzBfG Rn 62ff.
117 Zur Einordnung von Altersgrenzen als Höchstbefristung Rn 6.
118 Vgl. BAG, Urt. v. 21.9.2011 – 7 AZR 134/10 – NZA 2012, 271.
119 BAG, Urt. v. 18.1.2012 – 7 AZR 112/08 – BAGE 140, 248.
120 BAG, Urt. v. 12.1.2000 – 7 AZR 863/98 – BAGE 93, 160.
121 BAG, Urt. v. 6.11.1996 – 7 AZR 909/95 – BB 1997, 1797.

Praxistipp
Falls die Befristung mit dem Wunsch des Arbeitnehmers nach einer befristeten Beschäftigung gerechtfertigt werden soll, sollte – möglichst im Arbeitsvertrag – festgehalten werden, dass der Arbeitnehmer unbefristet eingestellt worden wäre und die befristete Einstellung auf Wunsch des Arbeitnehmers erfolgt.

7. Haushaltsmittel für eine befristete Beschäftigung

62 Gemäß § 14 Abs. 1 S. 2 Nr. 7 TzBfG liegt ein sachlicher Grund vor, wenn „der Arbeitnehmer aus Haushaltsmitteln vergütet wird, die haushaltsrechtlich für eine befristete Beschäftigung bestimmt sind, und er entsprechend beschäftigt wird". Anknüpfungspunkte für eine Befristung nach dieser Vorschrift können sein

- der Bundeshaushalt,
- die Haushalte der Länder und
- alle sonstigen **nach öffentlichem Haushaltsrecht** durch demokratisch legitimierte Organe **aufgestellten Haushalte** von Gebietskörperschaften, also z.B. die Haushalte der Gemeinden.[122]

63 Nach der Rechtsprechung können haushaltsrechtliche Gründe die Befristung eines Arbeitsvertrags rechtfertigen, wenn der öffentliche Arbeitgeber zum Zeitpunkt des Vertragsabschlusses auf Grund konkreter Tatsachen die Prognose erstellen kann, dass für die Beschäftigung des Arbeitnehmers Haushaltsmittel nur vorübergehend zur Verfügung stehen. Die Ungewissheit über die künftige haushaltsrechtliche Entwicklung genügt hierfür nicht.[123] Eine ausreichende Prognose liegt vor, wenn

- die Vergütung aus einer Haushaltsstelle erfolgt, die von vornherein nur für eine bestimmte Zeitdauer bewilligt worden ist,[124]
- die Vergütung ausschließlich aus aufgrund Sonderurlaub vorübergehend freien Planstellenmitteln erfolgt,[125]
- ein sog. datierter kw-Vermerk[126] vorliegt und davon ausgegangen werden kann, dass die Stelle zu dem genannten Zeitpunkt fortfallen wird.[127]

Praxishinweis
In Wirtschaftsbereichen, die nicht dem öffentlichen Haushaltsrecht unterliegen, begründet die befristete Einplanung von Mitteln keinen Sachgrund für die Befristung von Arbeitsverhältnissen.

122 ErfK/*Müller-Glöge*, § 14 TzBfG Rn 71.
123 BAG, Urt. v. 24.10.2001 – 7 AZR 542/00 – BAGE 99, 217.
124 BAG, Urt. v. 7.7.1999 – 7 AZR 609/97 – BB 2000, 934.
125 BAG, Urt. v. 15.8.2001 – 7 AZR 263/00 – DB 2002, 152.
126 kw = künftig wegfallend.
127 BAG, Urt. v. 16.1.1987 – 7 AZR 487/85 – NZA 1988, 279.

8. Gerichtlicher Vergleich

Nach § 14 Abs. 1 S. 2 Nr. 8 TzBfG liegt ein sachlicher Grund vor, wenn „die Befristung auf einem gerichtlichen Vergleich beruht". Die Vorschrift erfasst – entgegen ihrem Wortlaut – nicht jede in einem gerichtlichen Vergleich vereinbarte Befristung oder auflösende Bedingung. Sie setzt nach der Rechtsprechung das Bestehen eines offenen Streits der Parteien über die Rechtslage hinsichtlich des zwischen ihnen bestehenden Rechtsverhältnisses zum Zeitpunkt des Vergleichsschlusses voraus.[128] Durch den Vergleich muss eine **Bestandsstreitigkeit beigelegt** werden.[129] 64

Ein **gerichtlicher Vergleich** ist jeder Prozessvergleich (§§ 160ff., 794 Abs. 1 Nr. 1 ZPO) sowie ein gemäß § 278 Abs. 6 S. 1 Alt. 2 ZPO geschlossener Vergleich, in welchem die Parteien einen schriftlichen Vergleichsvorschlag des Gerichts angenommen haben. Kein gerichtlicher Vergleich liegt dagegen vor, wenn die Parteien dem Gericht gemäß § 278 Abs. 6 S. 1 Alt. 1 ZPO einen schriftlichen Vergleichsvorschlag unterbreiten, dessen Zustandekommen dann nach § 278 Abs. 6 S. 2 ZPO vom Gericht protokolliert wird.[130] Außergerichtliche Vergleiche reichen – anders als nach der Rechtslage vor In-Kraft-Treten des TzBfG – nicht aus. 65

Hauptanwendungsfall ist die Vereinbarung der Weiterbeschäftigung bis zur rechtskräftigen (abweisenden) Entscheidung über eine Kündigungsschutzklage.[131] 66

Praxishinweis !
Durch die Aufnahme des Vergleichs in ein gerichtliches Protokoll wird gemäß §§ 126 Abs. 4, 127a BGB dem Schriftformerfordernis des § 14 Abs. 4 TzBfG Genüge getan.

9. Sonstige Sachgründe

§ 14 Abs. 1 S. 2 TzBfG enthält, wie sich aus dem Wort „insbesondere" ergibt, keine abschließende Aufzählung von Sachgründen. Die vor dem In-Kraft-Treten des TzBfG von der Rechsprechung entwickelten Sachgründe, die nicht unter § 14 Abs. 1 S. 2 Nr. 1 bis 8 TzBfG fallen, können deshalb grundsätzlich auch im Rahmen des TzBfG den Abschluss eines befristeten Arbeitsvertrages rechtfertigen, wobei für entsprechende Sachgründe nur ein schmaler Anwendungsbereich verbleibt.[132] 67

128 BAG, Urt. v. 26.4.2006 – 7 AZR 366/05 – AP Nr. 1 zu § 14 TzBfG Vergleich.
129 Vgl. BAG, Urt. v. 13.6.2007 – 7 AZR 287/06 – AP Nr. 7 zu § 17 TzBfG Rn 17.
130 BAG, Urt. v. 15.2.2012 – 7 AZR 734/10 – BAGE 140, 368.
131 Vgl. dazu BAG, Urt. v. 22.10.2003 – 7 AZR 113/03 – BAGE 108, 191.
132 ErfK/*Müller-Glöge*, § 14 TzBfG Rn 78.

Beispiel
Als nicht zuordenbare Befristungsgründe kommen z.B. in Betracht die Befristungsgründe
- Drittmittelfinanzierung[133] und
- Sicherung der personellen Kontinuität der Betriebsratsarbeit.[134]

E. Rechtsfolgen von Befristungen

I. Rechtfolgen wirksamer Befristungen

68 Ein rechtswirksam vereinbarter **kalendermäßig befristeter Arbeitsvertrag**[135] endet gemäß § 15 Abs. 1 TzBfG mit Ablauf der vereinbarten Zeit.

69 Ein **zweckbefristeter Arbeitsvertrag**[136] endet gemäß § 15 Abs. 2 TzBfG mit Erreichen des Zwecks, frühestens jedoch zwei Wochen nach Zugang der schriftlichen Unterrichtung des Arbeitnehmers über den Zeitpunkt der Zweckerreichung. Der Inhalt der Unterrichtung hängt von dem Ereignis ab, mit dessen Eintritt das Arbeitsverhältnis enden soll. Der Beschäftigte muss erkennen können, dass, warum und wann das Arbeitsverhältnis beendet sein wird.

Beispiel
„Sehr geehrter Herr F.,
wie Sie wissen, ist Ihr Arbeitsverhältnis bis zur Wiederaufnahme der Tätigkeit von Frau K. befristet. Frau K. hat uns mitgeteilt, dass sie ihre Tätigkeit am 1.4.2014 aufnehmen wird. Ihr Arbeitsverhältnis endet deshalb mit Ablauf des 31.3.2014. ..."

70 Stimmt der in der Unterrichtung angegebene Zeitpunkt mit dem Zeitpunkt der Zweckerreichung nicht überein, ist zu differenzieren: Liegt der angegebene Zeitpunkt nach der Zweckerreichung, ist die Unterrichtung, ansonsten die Zweckerreichung maßgeblich. Erfolgt keine Unterrichtung oder erfolgt diese nicht formgerecht, besteht das Arbeitsverhältnis als zweckbefristetes Arbeitsverhältnis fort, ggf. kommt der Arbeitgeber in Annahmeverzug.[137]

Praxistipp
Der Arbeitgeber sollte den betroffenen Arbeitnehmer frühzeitig unterrichten, um Annahmeverzug zu vermeiden.

133 Dazu BAG, Urt. v. 7.4.2004 – 7 AZR 441/03 – AP Nr. 4 zu § 17 TzBfG.
134 Dazu BAG, Urt. v. 23.1.2002 – 7 AZR 611/00 – BAGE 100, 204.
135 Zur kalendermäßigen Befristung Rn 3.
136 Zur Zweckbefristung Rn 4.
137 Vgl. ErfK/*Müller-Glöge*, § 15 TzBfG Rn 3f.

Nach § 21 TzBfG gilt § 15 Abs. 2 TzBfG für die Beendigung **auflösend bedingte Arbeitsverträge**[138] entsprechend. 71

Wird ein wirksam befristetes Arbeitsverhältnis **nach Vertragsende** mit Wissen des Arbeitgebers **fortgesetzt**, so gilt es nach § 15 Abs. 5 Hs. 1 TzBfG als auf unbestimmte Zeit verlängert. Voraussetzung ist, dass der Beschäftigte unmittelbar nach dem Vertragsende tatsächlich weiter arbeitet. Die Entgeltfortzahlung oder Urlaubserteilung über das Vertragsende hinaus genügen deshalb nicht, auch das Weiterarbeiten nach einer Unterbrechung von 10 Tagen genügt nicht.[139] Das Wissen des Arbeitgebers muss sich auf die tatsächliche Fortsetzung der Arbeit und die Vertragsbeendigung beziehen.[140] 72

Praxishinweis !

Bei juristischen Personen ist das Wissen der vertretungsberechtigten Organmitglieder und der Vertreter mit personalrechtlichen Befugnissen maßgebend, die Kenntnis des Fachvorgesetzten reicht nicht aus.

Der Arbeitgeber kann die **Verlängerung verhindern**, indem er der Fortsetzung der Arbeit unverzüglich nach Kenntnisnahme widerspricht oder dem Beschäftigten bei Zweckbefristungen die Zweckerreichung unverzüglich mitteilt.[141]

II. Rechtsfolgen unwirksamer Befristungen

Ist die Befristung rechtsunwirksam, so gilt der Vertrag gemäß § 16 S. 1 Hs. 1 TzBfG als auf unbestimmte Zeit geschlossen. Will der Arbeitnehmer geltend machen, dass die Befristung unwirksam ist, muss er innerhalb von drei Wochen nach dem vereinbarten Ende des befristeten Arbeitsvertrages Klage beim Arbeitsgericht auf Feststellung erheben, dass das Arbeitsverhältnis auf Grund der Befristung nicht beendet ist, § 17 Satz 1 TzBfG.[142] 73

F. Kündbarkeit befristeter Arbeitsverhältnisse

Ein befristetes Arbeitsverhältnis unterliegt nach § 15 Abs. 3 TzBfG „nur dann der **ordentlichen Kündigung**, wenn dies einzelvertraglich oder im anwendbaren Tarif- 74

138 Zur auflösenden Bedingung Rn 5.
139 BAG, Urt. v. 2.12.1998 – 7 AZR 508/97 – DB 1999, 694.
140 ErfK/*Müller-Glöge*, § 15 TzBfG Rn 28.
141 Vgl. § 15 Abs. 5 Hs. 2 TzBfG.
142 Vgl. dazu Kap. 18.

vertrag vereinbart ist“. Eine einzelvertragliche Bezugnahme auf einen Tarifvertrag, der eine entsprechende Regelung enthält, reicht aus, eine Regelung in einer Betriebsvereinbarung nicht.[143]

Beispiel

„Das befristete Arbeitsverhältnis kann von beiden Vertragsparteien unter Einhaltung der gesetzlichen Kündigungsfrist ordentlich gekündigt werden.“

Ist das Arbeitsverhältnis für die Lebenszeit einer Person oder für längere Zeit als fünf Jahre eingegangen, so kann es nach § 15 Abs. 4 S. 1 von dem Arbeitnehmer nach Ablauf von fünf Jahren gekündigt werden. Die Kündigunsfrist beträgt in diesem Fall sechs Monate.[144]

Praxishinweis

Der Arbeitgeber kann in entsprechenden Fällen, wenn im Arbeits- oder Tarifvertrag keine ordentliche Kündigungsmöglichkeit vorgesehen ist, ggf. eine außerordentliche Kündigung aussprechen.

---

75 Gemäß § 16 S. 1 Hs. 2 TzBfG kann ein Arbeitsvertrag, der nach § 16 S. 1 Hs. 1 TzBfG als ein unbefristeter Arbeitsvertrag gilt, vom Arbeitgeber **frühestens zum vereinbarten Ende** ordentlich gekündigt werden, sofern nicht nach § 15 Abs. 3 TzBfG die ordentliche Kündigung zu einem früheren Zeitpunkt möglich ist. Ist die Befristung nur wegen des Mangels der Schriftform unwirksam, kann der Arbeitsvertrag gemäß § 16 S. 2 TzBfG auch vor dem vereinbarten Ende ordentlich gekündigt werden.

---

143 BeckOK/*Bayreuther*, § 15 TzBfG Rn 14.
144 § 15 Abs. 4 S. 2 TzBfG.

Kapitel 18
Entfristungsklage

A. Einführung

Entfristungsklagen oder auch Befristungskontrollklagen haben an Bedeutung gewonnen, da in bestimmten Wirtschaftszweigen die Befristung von Arbeitsverhältnissen branchenüblich (z.B. öffentliche Verwaltung, bei wirtschaftlichen, wissenschaftlichen und freiberuflichen Dienstleistungen) ist. Teilweise werden Mitarbeiter über Jahre hinweg auf der Grundlage befristeter Verträge beschäftigt[1]. 1

Will der Arbeitnehmer geltend machen, dass die Befristung seines Arbeitsvertrages rechtsunwirksam ist, muss er Klage erheben. Diese Notwendigkeit der Klageerhebung und somit die prozessuale Geltendmachung ergibt sich aus § 17 TzBfG. Gem. **§ 17 Satz 1 TzBfG** ist der Arbeitnehmer gehalten, die Entfristung des Arbeitsverhältnisses **innerhalb von drei Wochen** nach dem vereinbarten Ende des befristeten Arbeitsverhältnisses geltend zu machen, d.h. Klage beim Arbeitsgericht auf Feststellung zu erheben, dass das Arbeitsverhältnis aufgrund der Befristung nicht beendet ist. § 17 TzBfG ist somit § 4 Satz 1 KSchG nachempfunden.[2] Nach § 17 Satz 2 TzBfG gelten die §§ 5–7 KSchG entsprechend, so dass bei fehlender rechtzeitiger Klageerhebung, wie auch im Rahmen einer Kündigung, die Fiktion des § 7 KSchG eingreift und eine rechtswirksame Befristung vorliegt.[3] Die Entfristungsklage kann entgegen dem eindeutigen Wortlaut des § 17 KSchG auch vor dem Ende des befristeten Arbeitsverhältnisses erhoben werden, allerdings lediglich im Falle einer zeitlichen Befristung.[4] Bei einer Zweckbefristung bzw. bei einer auflösenden Bedingung bedarf es der vorherigen Unterrichtung durch den Arbeitgeber nach § 15 Abs. 2 TzBfG, so dass eine vorzeitige Klageerhebung in solchen Fällen ausscheidet.[5] 2

Das Ziel einer Entfristungsklage besteht in erster Linie darin, Rechtsklarheit über die Beendigung des Arbeitsverhältnisses sowohl auf Seiten des Arbeitgebers als auch auf Seiten des Arbeitnehmers herbeizuführen. 3

1 *Reufels*, § 5 Rn 431.

2 Siehe dazu ausführlich Kap. 10 B. I. Rn 6.

3 Siehe dazu ausführlich Kap. 10 Rn 19.

4 BAG, Urt. v. 2.6.2010 – 7 AZR 136/09 – BeckRS 2010, 72014; BAG, Urt. v. 23.6.2010 – 7 AZR 1021/08 – NZA 2010, 1248; BAG, Urt. v. 18.1.2012 – 7 AZR 112/08 – NZA 2012, 575; Grobys/Panzer/*Müller*, Kap. 37 Rn 101.

5 BAG, Urt. v. 6.4.2011 – 7 AZR 704/09 – NJW 2011, 2748; BAG, Urt. v. 15.5.2012 – 7 AZR 35/11 – NZA 2012, 1366.

B. Klagefrist

I. Geltungsbereich des § 17 TzBfG

4 Die Klagefrist des § 17 TzBfG erfasst alle Arten von Zeit- und Zweckbefristungen, somit **alle befristeten Arbeitsverträge**, einschließlich der Befristungen, welche nicht auf § 14 TzBfG, sondern aufgrund anderer Gesetze bestehen (z.B. BEEG, WissZeitVG). Nur bei der Befristung des gesamten Arbeitsvertrags ist § 17 TzBfG anwendbar, bei Befristungen einzelner Vertragsbedingungen scheidet diese Vorschrift nach allgemeiner Ansicht aus.[6] Zudem gilt § 17 TzBfG für **alle Arbeitnehmer**. Im Gegensatz zum Kündigungsschutzgesetz ist die Klagefrist von der Dauer des Bestandes des Arbeitsverhältnisses sowie der Größe des Betriebs unabhängig.[7] Die Anwendbarkeit des § 17 TzBfG ist somit nicht an den 6-monatigen Bestand des Arbeitsverhältnisses oder an die Zahl der in der Regel im Betrieb Beschäftigten geknüpft.[8]

5 § 17 TzBfG ist gemäß § 22 TzBfG **nicht disponibel**, d.h. auf eine Entfristungsklage kann nicht im Voraus durch den Arbeitnehmer verzichtet werden.[9] Die Drei-Wochen-Frist gilt für sämtliche Unwirksamkeitsgründe, somit auch bei mangelnder Schriftform[10], also wenn gemäß § 14 Abs. 4 TzBfG die Befristung nicht schriftlich festgehalten wurde und wenn die ordentliche Kündigung gegen das Kündigungsverbot gem. § 15 Abs. 3 TzBfG verstößt[11]. Aufgrund des Verweises auf § 7 KSchG entspricht die Bedeutung der Frist der Klagefrist bei der Kündigung nach § 4 KSchG. Denn auch hier gilt die Befristung als wirksam, wenn die Klagefrist versäumt wurde.[12] Beruft sich der Arbeitnehmer auf das Zustandekommen der Fiktion nach § 15 Abs. 5 TzBfG, ist die Klagefrist des § 17 TzBfG nicht anwendbar.[13] Gleiches gilt, wenn zwischen den Arbeitsvertragsparteien streitig ist, ob überhaupt eine Befristung vorliegt, da in einem solchen Fall die Existenz einer Befristung an sich in Frage steht und nicht nur deren Wirksamkeit.[14] Gem. § 21 TzBfG gilt die Klagefrist des § 17 TzBfG auch für auflösende Bedingungen.

---

6 BAG, Urt. v. 4.6.2003 – 7 AZR 406/02 – NJOZ 2003, 3482; a.A. Annuß/Thüsing/*Maschmann*, § 17 TzBfG Rn 2.

7 *Zimmermann*, ArbRAktuell 2011, 632.

8 Siehe dazu ausführlich Kap. 4 Rn 25 ff.

9 BAG, Urt. v. 19.1.2005 – 7 AZR 115/04 – AP Nr. 260 zu § 620 Befristeter Arbeitsvertrag.

10 BAG, Urt. v. 4.5.2011 – 7 AZR 252/10 – NZA 2011, 1178.

11 BAG, Urt. v. 22.7.2010 – 6 AZR 480/09 – NZA 2010, 1142.

12 Siehe dazu Kap. 10 Rn 19.

13 BAG, Urt. v. 18.10.2006 – 7 AZR 749/05 – juris.

14 BAG, Urt. v. 20.2.2002 – 7 AZR 622/00 – EzA TzBfG § 17 Nr. 1, ErfK/*Müller-Glöge*, § 17 TzBfG Rn 4; a.A. LAG Hessen, Urt. v. 18.1.2000 – 9 Sa 964/99 – BB 2000, 1527.

II. Fristberechnung

Fristbeginn und Fristablauf berechnen sich nach § 222 ZPO i.V.m. §§ 187, 188 Abs. 2 BGB. Bei mehreren Befristungen beginnt die Klagefrist des § 17 TzBfG jeweils mit dem Ende der einzelnen Befristung und nicht erst mit dem Ablauf der letzten Befristung zu laufen.[15] 6

Beispiel
Gemäß dem Arbeitsvertrag endet das Arbeitsverhältnis aufgrund einer Befristung zum 31.12.2013. In dieser Konstellation hat der Arbeitnehmer bis zum 21.1.2014 Zeit, eine Entfristungsklage beim Arbeitsgericht einzureichen.

Kalender für Dezember 2013

Mo	Di	Mi	Do	Fr	Sa	So
						1
2	3	4	5	6	7	**8**
9	10	11	12	13	14	**15**
16	17	18	19	20	21	**22**
23	24	**25**	**26**	27	28	**29**
30	31					

Kalender für Januar 2014

Mo	Di	Mi	Do	Fr	Sa	So
		1	2	3	4	**5**
6	7	8	9	10	11	**12**
13	14	15	16	17	18	**19**
20	21	22	23	24	25	**26**
27	28	29	30	31		

1. Fristbeginn

a) Zeitliche Befristung

Bei der zeitlichen Befristung **beginnt** die Frist **„nach dem vereinbarten Ende des befristeten Arbeitsvertrages“**. 7

15 BAG, Urt. v. 24.10.2001 – 7 AZR 686/00 – NZA 2002, 1335.

Beispiel
Die Frist beginnt um 0.00 Uhr des auf das Ende der vereinbarten Befristung folgenden Tages, im obigen Beispiel somit am 1.1.2014.

Beachte
Im Gegensatz zur Ermittlung des Fristendes gemäß § 193 BGB ist es für den Fristbeginn unbeachtlich, ob er auf ein Wochenende oder einen staatlich allgemein anerkannten Feiertag fällt.[16]

b) Zweckbefristung und auflösende Bedingung

8 Im Falle der Zweckbefristung und der auflösenden Bedingung endet das Arbeitsverhältnis **frühestens zwei Wochen nach Zugang der schriftlichen Unterrichtung des Arbeitnehmers durch den Arbeitgeber** (gem. §§ 15 Abs. 2, 21 TzBfG).

9 Wenn der Arbeitgeber – mind. zwei Wochen vor dem Beendigungszeitpunkt – eine korrekte Mitteilung gegenüber dem Arbeitnehmer gemacht hat, beginnt die Klagefrist im Zeitpunkt der Zweckerreichung oder des Bedingungszeitpunkts zu laufen.[17]

Beispiel
Zweckerreichung am 30.9.2013, Mitteilung gem. § 15 Abs. 2 TzBfG am 16.9.2013 (Einhaltung der Zwei-Wochen-Frist); Fristbeginn am 1.10.2013 um 0.00 Uhr.

Kalender für September 2013

Mo	Di	Mi	Do	Fr	Sa	**So**
						1
2	3	4	5	6	7	**8**
9	10	11	12	13	14	**15**
16	17	18	19	20	21	**22**
23	24	25	26	27	28	**29**
30						

Kalender für Oktober 2013

Mo	Di	Mi	Do	Fr	Sa	**So**
	1	2	**3**	4	5	**6**
7	8	9	10	11	12	**13**

16 RG Recht 1937 Nr. 1915; BeckOK/*Henrich*, § 187 BGB Rn 2.
17 BAG, Urt. v. 6.4.2011 – 7 AZR 704/09 – FO-ArbR 2011, 321465.

Mo	Di	Mi	Do	Fr	Sa	**So**
14	15	16	17	18	19	**20**
21	22	23	24	25	26	**27**
28	29	30	31			

D.h. erst mit Zugang der Unterrichtung beginnt die Klagefrist zu laufen, auch wenn der Zweck schon zu einem früheren Zeitpunkt erreicht ist oder der Eintritt der auflösenden Bedingung früher erfolgt ist. 10

Beispiel
Mitteilung gem. § 15 Abs. 2 TzBfG am 23.9.2013; Zweckerreichung am 30.9.2013; Fristbeginn erst am 8.10.2013 um 0.00 Uhr.

Praxistipp
Nach § 15 Abs. 2 TzBfG ist für die Beendigung des Arbeitsverhältnisses aufgrund einer Zweckbefristung die **schriftliche Mitteilung** des Arbeitgebers an den Arbeitnehmer **zwei Wochen vor Zweckerreichung zwingend** erforderlich.

Fettnapf
Besondere Vorsicht ist dahingehend geboten, dass der Arbeitgeber die Unterrichtung nicht deutlich vor dem Zeitpunkt der Zweckerreichung vornimmt. In der Regel ist der Zeitpunkt der Zweckerreichung als Fristbeginn zu sehen, wenn die Unterrichtung durch den Arbeitgeber früher als zwei Wochen erfolgt. Bei zu frühzeitiger Unterrichtung wird aber eine erneute Unterrichtung erforderlich sein, damit der Arbeitnehmer auch in der Lage ist, den Fristenablauf zu bestimmen.

c) Fortsetzung des Arbeitsverhältnisses

Wird das Arbeitsverhältnis gem. § 17 Satz 3 TzBfG nach dem vereinbarten Ende fortgesetzt, beginnt die Frist nach § 17 Satz 1 TzBfG mit dem Zugang der schriftlichen Erklärung des Arbeitgebers, dass das Arbeitsverhältnis aufgrund der Befristung endet. Diese Regelung hat praktisch keinen Anwendungsbereich, da die Entfristung bereits gem. § 15 Abs. 5 TzBfG eintritt. Nach § 15 Abs. 5 TzBfG gilt das Arbeitsverhältnis, welches über die Befristung fortgesetzt wird, als auf unbestimmte Zeit verlängert, wenn der Arbeitgeber nicht unverzüglich widerspricht oder die Zweckerreichung unverzüglich mitteilt. Die Erklärung bedarf der Schriftform. § 17 Abs. 3 TzBfG enthält somit eine Sonderregelung für die Konstellation des § 15 Abs. 5 TzBfG.[18] 11

18 *Zimmermann*, ArbRAktuell 2011, 632.

d) Klagefrist bei Entfristungsklage eines Schwerbehinderten

12 Gemäß § 4 Satz 4 KSchG beginnt die dreiwöchige Klagefrist einer Kündigungsschutzklage nicht zu laufen, wenn der Arbeitgeber die für die Kündigung notwendige Zustimmung des Integrationsamtes nicht einholt.[19] Das BAG überträgt diese Rechtsprechung zur dreiwöchigen Klagefrist bei Fehlen der behördlichen Zustimmung zu einer Kündigung auf die Beendigung des Arbeitsverhältnisses schwerbehinderter Menschen durch eine auflösende Bedingung, obwohl die §§ 21, 17 Satz 2 TzBfG ausdrücklich nicht auf § 4 KSchG verweisen.[20]

! **Praxistipp**
Wenn das Arbeitsverhältnis eines schwerbehinderten Arbeitnehmers aufgrund einer auflösenden Bedingung bei Eintritt von Erwerbsminderung endet, bedarf es nach § 92 SGB IX ebenfalls der Zustimmung des Integrationsamtes.

---

e) Sonderfall: Streit über den Eintritt der auflösenden Bedingung

13 Das BAG wendet in Abkehr von seiner bisherigen Rechtsprechung die Klagefrist des § 17 TzBfG auch auf den **Streit über den Eintritt einer auflösenden Bedingung** an.[21]

! **Beachte**
Für den Arbeitgeber kann dies insbesondere bei der Gewährung einer unbefristeten Rente wegen – teilweiser oder voller – Erwerbsminderung mit der Zustellung des Rentenbescheides relevant werden. Dies ist insbesondere dann von Bedeutung, wenn ein solcher Beendigungstatbestand im Tarifvertrag oder im Arbeitsvertrag vereinbart wurde.

! **Tipp**
Dem Arbeitgeber ist zu raten, wie bei einer Kündigung, die Übergabe bzw. den Zugang der schriftlichen Mitteilung gemäß § 15 Abs. 2 TzBfG über den Bedingungseintritt in geeigneter Form zu dokumentieren.

---

2. Fristende

14 In den Fällen des § 187 Abs. 1 BGB **endet** eine Wochenfrist mit dem Ablauf des Tages, der durch seine Benennung demjenigen entspricht, in welchem das Ereignis oder der Zeitpunkt fällt.

---

19 Siehe dazu ausführlich Kap. 10 Rn 17 f.
20 BAG, Urt. v. 9.2.2011 – 7 AZR 221/10 – BeckRS 2011, 73486.
21 BAG, Urt. v. 6.4.2011 – 7 AZR 704/09 – BeckRS 2011, 74721.

Beispiel
Im obigen Beispiel ist das Befristungsende der 31.12.2013 (Dienstag), so endet die Frist auch mit einem Dienstag, den 21.1.2014 um 24.00 Uhr.[22]

3. Rechtsfolgen der Fristversäumung

Nach § 17 Satz 2 TzBfG sind die **§§ 5 bis 7 KSchG** entsprechend anwendbar.[23] Durch die Verweisung kann ausnahmsweise eine Entfristungsklage auch **nachträglich zugelassen** werden, wenn der Antrag in diesem Fall innerhalb von zwei Wochen nach Behebung des Hindernisses erhoben wird.[24] Beim Eingreifen von § 7 KSchG gilt die Befristung als **rechtswirksam**. Ebenso ist eine Berufung des Arbeitnehmers auf eine **verlängerte Anrufungsfrist** gemäß § 6 KSchG möglich.[25] 15

III. Verhältnis Kündigungsschutzklage – Entfristungsklage

Grundsätzlich unterliegt ein befristetes Arbeitsverhältnis **nicht der ordentlichen Kündigung**. Um das Recht der ordentlichen Kündigung auszuüben, muss die Möglichkeit dieser gemäß **§ 15 Abs. 3 TzBfG** zwischen den Arbeitsvertragsparteien einzelvertraglich vereinbart oder im anwendbaren Tarifvertrag vorgesehen sein. Ist die Möglichkeit einer ordentlichen Kündigung vorgesehen und wird eine ordentliche Kündigung während des befristeten Arbeitsverhältnisses vom Arbeitgeber ausgesprochen, so muss der Arbeitnehmer, will er sich gegen die Kündigung zur Wehr setzen, gemäß § 4 Satz 1 KSchG Kündigungsschutzklage erheben. Läuft während des Kündigungsschutzprozesses zugleich die Befristung des Arbeitsverhältnisses aus, so ist der Arbeitnehmer gehalten **zusätzlich** Entfristungsklage gemäß § 17 TzBfG innerhalb der Drei-Wochen-Frist zu erheben, wenn er sich auch gegen die Befristung zur Wehr setzen will. Die bereits rechtshängige Kündigungsschutzklage richtet sich ausschließlich gegen die ausgesprochene Kündigung und wird lediglich auf deren soziale Rechtfertigung hin durch die Gerichte überprüft, eine Überprüfung der Befristung erfolgt in diesem Zusammenhang nicht.[26] 16

22 Für Kalender vgl. Rn 6.
23 Siehe hierzu ausführlich Kap. 10 zum Kündigungsschutzprozess.
24 BAG, Urt. v. 6.10.2010 – 7 AZR 569/09 – NJW 2011, 1246.
25 BAG, Urt. v. 15.5.2012 – 7 AZR 6/11 – NZA 12, 1148.
26 Grobys/Panzer/*Müller*, Kap. 37 Rn 114.

C. Inhalt der Klage

I. Antrag des Arbeitnehmers

17 Die Klage auf Feststellung der Unwirksamkeit der Befristung ist eine **besondere Feststellungsklage**. Das Feststellungsinteresse ergibt sich wie bei der Kündigungsschutzklage aus der Präklusionswirkung des § 7 KSchG.[27] In dieser Konstellation kann der Arbeitgeber **keinen Auflösungsantrag** nach § 9 KSchG stellen, da § 9 KSchG weder direkt noch analog anwendbar ist[28].

Muster

Anträge einer Entfristungsklage

1. „festzustellen, dass das zwischen den Parteien bestehende Arbeitsverhältnis aufgrund der Befristungsvereinbarung (bzw. der vereinbarten Zweckbefristung/Eintritt der auflösenden Bedingung) im Arbeitsvertrag vom [... *Datum der Befristungsabrede*] nicht am [... *Datum des vereinbarten Endes des Arbeitsverhältnisses*] endet, sondern auf unbestimmte Zeit fortbesteht.“
2. „festzustellen, dass das zwischen den Parteien bestehende Arbeitsverhältnis auch nicht aufgrund anderer Beendigungstatbestände endet, sondern über den [...*Datum des vereinbarten Endes des Arbeitsverhältnisses*] hinaus fortbesteht.“
3. „Die Beklagte zu verurteilen, den Kläger über den [...*Datum des vereinbarten Endes des Arbeitsverhältnisses*] hinaus zu unveränderten Bedingungen in [...*Ort der Arbeitsleistung*] als [...*Tätigkeitsbezeichnung*] weiter zu beschäftigen.“

II. Darlegungs- und Beweislast des Arbeitgebers

18 Die Darlegungs- und Beweislast des Arbeitsgebers richtet sich nach den folgenden Ausführungen.

19 Derjenige der sich auf die Beendigung des Arbeitsverhältnisses beruft, hat den behaupteten Beendigungsgrund für sich darzulegen und zu beweisen. In den meisten Fällen ist dies der Arbeitgeber, der aus dem Auslaufen der Befristung Rechte herleiten möchte. Aus diesem Grund hat dieser den Abschluss der Befristungsabrede an sich und deren wirksames Zustandekommen darzulegen und zu beweisen. Bei einem Streit über die Dauer hat derjenige die Befristungsdauer zu beweisen, welcher sich auf eine frühere Beendigung beruft[29].

---

27 Siehe dazu Kap. 10.

28 Annuß/Thüsing/*Maschmann*, § 17 TzBfG Rn 15.

29 BAG, Urt. v. 12.10.1994 – 7 AZR 745/93 – AP Nr. 165 zu § 620 Befristeter Arbeitsvertrag.

D. Prüfung und Entscheidung des Gerichts

I. Verfahrensablauf

Bezüglich des Ablaufs des Verfahrens einer Entfristungsklage kann auf die Ausführungen zu dem Verfahrensablauf einer Kündigungsschutzklage verwiesen werden.[30] 20

II. Überprüfung der Rechtmäßigkeit der vereinbarten Befristung

1. Wirksamkeit der Befristung

Die Erfolgsaussicht der Entfristungsklage hängt von der Wirksamkeit der vereinbarten Befristung ab.[31] Die Befristung ist u.a. unwirksam, wenn es keinen sachlichen Grund für die Befristung gibt und die gemäß § 14 Abs. 2 TzBfG angeordnete Höchstdauer von zwei Jahren für Befristungen ohne Sachgrund überschritten wird. 21

2. Befristung einzelner Vertragsbedingungen

Die Unwirksamkeit der **Befristung einzelner Arbeitsbedingungen** kann Gegenstand einer **allgemeinen Feststellungklage** sein. Die Klagefrist des § 17 TzBfG findet in solchen Fällen keine Anwendung.[32] 22

3. Prüfung bei Kettenbefristungen

Bei mehreren aufeinanderfolgenden befristeten Arbeitsverträgen wird grundsätzlich **nur die Befristung des letzten Vertrages**[33] auf ihre Unwirksamkeit hin überprüft, denn durch den vorbehaltlosen Abschluss eines befristeten Arbeitsvertrages stellen die Parteien ihre vertraglichen Beziehungen auf eine neue Grundlage, die künftig allein maßgeblich sein soll. Damit wird zugleich ein etwaiges unbefristetes Arbeitsverhältnis aufgehoben.[34] 23

---

30 Siehe hierzu Kap. 10 C. Rn 38 ff.

31 Siehe zur wirksamen Vereinbarung einer Befristung Kap. 17.

32 BAG, Urt. v. 14.1.2004 – 7 AZR 213/03 – NZA 2004, 719; Schaub/*Koch*, § 39 Rn 83.

33 BAG, Urt. v. 14.2.2007 – 7 AZR 95/06 – NZA 2007, 803.

34 Münchener Anwaltshandbuch Arbeitsrecht/*Schulte*, § 41 Rn 172; BAG, Urt. v. 5.6.2002 – 7 AZR 205/01 – AP Nr. 236 zu § 620 Befristeter Arbeitsvertrag; St. Rspr. des BAG seit der Grundsatzentscheidung Urt. v. 8.5.1985 – 7 AZR 191/84 – BAGE 49, 73.

Praxistipp
Aus Arbeitgebersicht kann es sich daher anbieten, Arbeitnehmern deren Arbeitsverhältnis offensichtlich unwirksam befristet ist, durch das Anbieten einer weiteren Befristung eine Entfristungsklage zu verhindern, wenn die neue Befristung sodann sorgfältig auf eine wirksame Grundlage nach § 14 Abs. 1 TzBfG gestellt wird.

24 Eine Ausnahme ergibt sich lediglich dann, wenn die zuletzt vereinbarte Befristung unter der Bedingung vereinbart (ausdrücklich oder konkludent) wurde, dass nicht schon ein unbefristetes Arbeitsverhältnisses zwischen den Parteien vorliegt.

4. Sog. Annexantrag

25 Eine Ausnahme besteht des Weiteren beim sog. Annexvertrag. Die Befristungskontrolle erstreckt sich hier grundsätzlich nicht auf den zuletzt vereinbarten befristeten Arbeitsvertrag (Annexvertrag), sondern auf den vorherigen ursprünglich befristeten Vertrag.

26 Ein **unselbstständiger Annex** zu einem vorausgehenden Anstellungsvertrag liegt dann vor, sobald der Anstellungsvertrag lediglich eine **verhältnismäßig geringfügige Korrektur** des im früheren Vertrag vereinbarten Endzeitpunkts betrifft, diese Korrektur sich an dem Sachgrund für die Befristung des früheren Vertrages orientiert und allein in der Anpassung der ursprünglich vereinbarten Vertragszeit an später eintretende, zum Zeitpunkt des Vertragsschlusses nicht vorhersehbare Umstände anknüpft.[35]

Beispiel
Bei einem befristeten Arbeitsvertrag mit einer Vertragsdauer von einem Jahr stellt das Hinausschieben des Vertragsendes **um mehr als ein Drittel** des Ausgangsvertrages keine verhältnismäßig geringfügige Korrektur des Endzeitpunkts des vorangegangenen Vertrages dar.[36]

27 Es ist aber auch eine Überprüfung des unselbständigen Annexes möglich.[37]

III. Rücknahme der Entfristungsklage

28 Auch eine Entfristungsklage kann nach deren Einlegung vom Arbeitnehmer zurückgenommen werden. Mit der Rücknahme einer Entfristungsklage entfällt deren frist-

35 BAG, Urt. v. 1.12.1999 – 7 AZR 236/98 – NZA 2000, 374; BAG, Urt. v. 25.8.2004 – 7 AZR 7/04 – NZA 2005, 357.
36 BAG, Urt. v. 7.11.2007 – 7 AZR 484/06 – NZA 2008, 467.
37 BAG, Urt. v. 10.10.2007 – 7 AZR 795/06 – NZA 2008, 295.

wahrende Wirkung, so dass die Fiktion der §§ 7 KSchG, 17 TzBfG eintritt, sofern die Drei-Wochen-Frist bereits abgelaufen ist.

E. Wiedereinstellung nach dem Ende der Befristung

Unter dem Begriff der Wiedereinstellung versteht man, dass ein Arbeitsverhältnis, 29 das in der Vergangenheit bereits einmal bestanden hat und durch irgendeinen Grund seine Beendigung gefunden hat, erneut in Kraft gesetzt wird. In diesem Zusammenhang stellt sich die Frage, ob sich bei **nachträglicher Änderung der ursprünglichen Befristungsvoraussetzungen** ein Wiedereinstellungsanspruch des Arbeitnehmers ergibt. Dies ist zu verneinen.

Fällt der sachliche Grund für eine Befristung während der Befristungsdauer weg 30 oder besteht nachträglich doch die Möglichkeit den Arbeitnehmer dauerhaft zu beschäftigen, wird der Arbeitgeber **nicht verpflichtet**, den befristeten Arbeitsvertrag mit dem Arbeitnehmer nach Ablauf der Befristungsdauer fortzusetzen bzw. ihn wieder einzustellen.[38]

F. Weiterbeschäftigung

Im Gegensatz zur Wiedereinstellung ist mit Weiterbeschäftigung die vorübergehen- 31 de, d.h. vorläufige weitere Tätigkeit des Arbeitnehmers während der Zeit gemeint, in der unklar ist, ob das Arbeitsverhältnis aufgrund einer vom Arbeitgeber ausgesprochenen Kündigung oder aufgrund einer streitigen Befristung des Arbeitsverhältnisses noch besteht oder nicht. Der Anspruch auf **vorläufige Weiterbeschäftigung ist somit Bestandteil einer Entfristungsklage**.

Die vom Großen Senat des Bundesarbeitsgerichts entwickelten Grundsätze zu 32 dem allgemeinen Weiterbeschäftigungsanspruch bis zum rechtskräftigen Abschluss des Rechtsstreits nach Obsiegen in der ersten Instanz, gelten auch hier.[39]

Der Anspruch besteht allerdings nur vorübergehend und bis zum rechtskräfti- 33 gen Abschluss des Befristungskontrollprozesses.

38 BAG, Urt. v. 20.2.2002 – 7 AZR 600/10 – NZA 2002, 896.
39 Siehe dazu ausführlich Kap. 10 Rn 79 ff.

G. Kosten/Streitwert

34 Der Streitwert einer Entfristungsklage beträgt grundsätzlich **ein Vierteljahresverdienst**[40], auch wenn das Arbeitsverhältnis noch keine sechs Monate bestanden hat. Das TzBfG kennt im Gegensatz zum KSchG keine Wartezeit.[41] Bei Zusammentreffen von Entfristungs- und Kündigungsschutzklage wird **keine doppelte** Ausschöpfung des Streitwertrahmens vorgenommen.[42]

40 Siehe hierzu ausführlich Kap. 10 zum Kündigungsschutzprozess.

41 LAG Sachsen, Urt. v. 19.5.2011 – 4 Ta 91/11(3), 4 Ta 91/11 – BeckRS 2011, 73902.

42 LAG Köln, Urt. v. 21.9.2011 – 2 Ta 268/11 – BeckRS 2011, 77893.

Kapitel 19
Aufhebungsverträge

Eine große Rolle bei der Beendigung von Arbeitsverhältnissen spielt in der Praxis der Aufhebungsvertrag. Eine rechtssichere Gestaltung muss hier nicht nur die arbeitsrechtlichen Anforderungen, sondern auch die sozial- und steuerrechtlichen Folgen im Blick haben. 1

A. Begriff des Aufhebungsvertrages

Nicht jeder Aufhebungsvertrag, der als solcher überschrieben ist, stellt rechtlich tatsächlich einen solchen dar. 2

I. Abgrenzung

Ein **Aufhebungs- oder Auflösungsvertrag** beendet als „actus contrarius" zum Arbeitsvertrag das Arbeitsverhältnis. Im Unterschied dazu regelt ein bloßer **Abwicklungsvertrag** lediglich die Folgen einer arbeitgeberseitig erklärten und vom Arbeitnehmer hingenommenen Kündigung des Arbeitsverhältnisses.[1] 3

Praxistipp
Auch Abwicklungsverträge können zu einer Sperrzeit nach § 159 Abs. 1 Satz 2 Nr. 1 SGB III führen.[2]

Die Abgrenzung ist anhand der anerkannten Auslegungsmethoden gem. §§ 133, 157 BGB vorzunehmen. 4

Fettnapf
Bei der Auslegung kommt es nicht allein auf den Wortlaut der Vereinbarung an, sondern darauf, ob der Vertrag den Willen beider Parteien enthält, das Arbeitsverhältnis zu beenden oder ob die Parteien von einem bereits beendeten Arbeitsverhältnis ausgehen.[3]

---

1 Däubler/Hjort/Schubert/Wolmerath/*Däubler*, § 611 BGB Rn 591; Ascheid/Preis/Schmid/*Rolfs*, Aufhebungsvertrag Rn 25; Hümmerich/*Regh*, Arbeitsrecht, § 4 Rn 183; Küttner/*Voelzke*, Personalbuch, Aufhebungsvertrag Rn 30.

2 BSG, Urt. v. 18.12.2003 – B 11 AL 35/03 R – NZA 2004, 661.

3 BAG, Urt. v. 19.7.2007 – 2 AZR 208/06 – NZA 2007, 1227, 1228.

5 Der Arbeitnehmer befindet sich beim Aufhebungsvertrag also in keiner Drucksituation; er ist – anders als bei einem befristeten Arbeitsverhältnis – nicht darauf angewiesen, den Arbeitsplatz zu erlangen. Aufhebungsverträge sind grundsätzlich keiner kündigungsrechtlichen Kontrolle unterworfen.

! **Praxistipp**

Für beide Seiten bietet ein Aufhebungsvertrag **Vorteile**: der Arbeitgeber erspart sich ein u.U. langwieriges Kündigungsschutzverfahren, der Arbeitnehmer kann ein Bekanntwerden des Kündigungsgrundes vermeiden und unter Einsatz von unbezahlter Freistellung von der Arbeitspflicht „unverdächtige" Beendigungstermine erreichen.

Vorsicht ist geboten, wenn der vereinbarte Beendigungszeitpunkt sich nicht an den Kündigungsfristen orientiert, sondern diese um ein Vielfaches übersteigt. Dann besteht die Gefahr, dass der Vertrag als nachträgliche Befristung qualifiziert und der arbeitsrechtlichen Befristungskontrolle unterliegt, namentlich eines sachlichen Grundes nach § 14 Abs. 1 TzBfG bedarf.[4]

II. Mindestinhalt: Beendigung

6 Notwendiger, aber auch hinreichender Inhalt eines Aufhebungsvertrages ist der Konsens über die Beendigung des Arbeitsverhältnisses. Fehlt es an einer ausdrücklichen Vereinbarung über den Beendigungszeitpunkt, ist regelmäßig von einer sofortigen Beendigung auszugehen. Die freie Vereinbarkeit des Beendigungszeitpunktes findet nur dort ihre Grenze, wo eine **Rückwirkung** vorgesehen werden soll. Eine solche **ist nur für Zeiträume zulässig, in denen nicht gearbeitet wurde.**[5] Fehlerfolge einer unzulässigen Rückwirkung ist grundsätzlich die Unwirksamkeit des Aufhebungsvertrages, ggfs. kommt aber eine Umdeutung in eine zulässige Vereinbarung in Betracht.

! **Praxistipp**

Vorsicht ist auch bei **Rückdatierungen** geboten. Eine Rückdatierung mit dem Ziel, ein Ruhen des Arbeitslosengeldes nach § 158 SGB III zu vermeiden, ist sittenwidrig gemäß § 138 BGB und führt zur Unwirksamkeit des Vertrages.[6]

---

4 So vertreten von Schaub/*Link*, Arbeitsrechts-Handbuch, § 122 Rn 3; Ascheid/Preis/Schmid/*Rolfs*, Aufhebungsvertrag Rn 48 ff.; Däubler/Hjort/Schubert/Wolmerath/*Däubler*, § 611 BGB Rn 594.

5 BAG, Urt. v. 10.12.1998 – 8 AZR 324/97 – NJW 1999, 3577.

6 LAG Baden-Württemberg, Urt. v. 22.5.1991 – 12 Sa 160/90 – DStR 1992, 516.

III. Verhältnis zum Kündigungsschutzverfahren

Ein Aufhebungsvertrag **kann auch als Prozessvergleich** im Rahmen eines laufenden Kündigungsschutzverfahrens **geschlossen werden**. Dies erlaubt dann zugleich die zeitnahe Vollstreckung, da der Vergleich ein **Vollstreckungstitel gemäß § 794 Abs. 1 Nr. 1 ZPO** ist. 7

Der Arbeitnehmer kann im Falle der Beendigung des Arbeitsverhältnisses durch Prozessvergleich in aller Regel einen wichtigen Grund nach § 159 Abs. 1 Satz 1 SGB III für sich in Anspruch nehmen, eine Sperrzeit wird nicht verhängt. Zur Begründung wird darauf verwiesen, dass der Arbeitnehmer während des Kündigungsschutzverfahrens davon auszugehen hat, dass er die Beschäftigungslosigkeit nicht mehr verhindern kann, womit es ihm unzumutbar wäre, den eine Abfindung gewährenden Vergleich nicht anzunehmen,[7] und zum anderen zur Vermeidung einer Sperrzeit schon nicht verpflichtet war, Kündigungsschutzklage zu erheben.[8] Diese Erwägungen müssen auch dann Platz greifen, wenn die Parteien während eines laufenden Verfahrens lediglich einen außergerichtlichen Vergleich schließen. 8

B. Arbeitsrechtliche Anforderungen

I. Wirksamkeit

Der Aufhebungsvertrag unterliegt den allgemeinen Wirksamkeitserfordernissen, von denen die folgenden Aspekte von besonderer Wichtigkeit sind. 9

1. Schriftform

Für den Aufhebungsvertrag gilt – wie auch für die Kündigung – das Schriftformerfordernis des **§ 623 BGB**. Die elektronische Form nach § 126a BGB genügt nicht. Die Schriftform kann nach § 126 Abs. 4 BGB durch notarielle Beurkundung und nach § 127a BGB durch gerichtlichen Vergleich ersetzt werden. Ein unter Missachtung dieser Form zustande gekommener Aufhebungsvertrag ist im Ganzen, d.h. mit sämtlichen Nebenabreden, wozu auch Abfindungsklauseln zählen, nach § 125 Satz 1 BGB nichtig.[9] Allerdings kann eine Berufung auf das fortbestehende Arbeitsverhältnis insbesondere nach längerer Zeit rechtsmissbräuchlich sein. 10

7 BSG, Urt. v. 17.10.2007 – B 11a AL 51/06 – NZA-RR 2008, 383, 386.
8 BSG, Urt. v. 17.10.2007 – B 11a AL 51/06 – NZA-RR 2008, 383, 385.
9 Ausführlich hierzu Kap. 3 Rn 16 ff.

Praxistipp
Aus Vorsichtsgründen sollte auch ein dreiseitiger Vertrag zwischen Arbeitgeber, Arbeitnehmer und einem Dritten, mit dem das Arbeitsverhältnis mit dem bisherigen Arbeitgeber beendet und dem Dritten fortgesetzt werden soll (Vertragsübernahme) schriftlich geschlossen werden.[10]

11 Der **bloße Abwicklungsvertrag** hingegen unterliegt wohl nicht der Schriftform kann auch stillschweigend zu Stande kommen.[11] Dies gilt auch dann, wenn der Arbeitsvertrag eine einfache Schriftformklausel enthält,[12] eine doppelte Schriftformklausel scheitert in Formularverträgen an § 305b BGB, wenn sie nicht nach § 307 Abs. 1 BGB unwirksam ist.[13]

12 Enthält er allerdings – wie häufig – auch einen Verzicht des Arbeitnehmers auf die Kündigungsschutzklage, kann Schriftform nötig sein.[14]

2. Anfechtbarkeit

13 Ein Aufhebungsvertrag ist nach den allgemeinen Regeln anfechtbar. Eine wirksame Anfechtung führt zur Nichtigkeit des Aufhebungsvertrages. Für eine **Anfechtung wegen Inhaltsirrtums** nach § 119 Abs. 1 Var. 1 BGB ist es nicht ausreichend, wenn der Arbeitnehmer über die sozialrechtlichen oder steuerlichen Folgen irrt, beispielsweise davon ausgeht, ihm könne keine Sperrfrist auferlegt werden.[15] Genauso ist die bloße Unkenntnis des Arbeitnehmers von ihm zustehendem besonderem Kündigungsschutz (wie z.B. nach MuSchG) als bloßer Rechtsfolgenirrtum grundsätzlich unbeachtlich.[16]

14 Große Praxisrelevanz hat die **Anfechtung wegen widerrechtlicher Drohung** nach § 123 Abs. 1 BGB, bspw. dann, wenn der Arbeitgeber für den Fall, dass der Arbeitnehmer den Aufhebungsvertrag nicht annimmt, mit einer Kündigung droht. Die Rechtsprechung sieht eine solche Drohung dann als widerrechtlich an, wenn „ein verständiger Arbeitgeber eine [ordentliche oder außerordentliche] Kündigung nicht

---

10 Die Frage der Schriftform offen lassend BAG, Urt. v. 24.2.2011 – 6 AZR 626/09 – NZA-RR 2012, 148, 150 m. w. N. aus der Rechtsprechung von Landesarbeitsgerichten, die ein Schriftformerfordernis bejahen.

11 Küttner/*Eisemann*, Personalbuch, Aufhebungsvertrag Rn 6; LAG Hamm, Urt. v. 25.10.2001 – 8 Sa 956/01; offen gelassen in BAG, Urt. v. 23.11.2006 – 6 AZR 394/06 – NZA 2007, 466, 468.

12 Zur Abdingbarkeit: BAG, Urt. v. 20.5.2008 – 9 AZR 382/07 – NZA 2008, 1233, 1234; BAG, Urt. v. 28.10.1987 – 5 AZR 518/85 – NZA 1988, 425, 426.

13 BAG, Urt. v. 20.5.2008 – 9 AZR 382/07 – NZA 2008, 1233, 1236.

14 BAG, Urt. v. 19.7.2007 – 2 AZR 208/06 – NZA 2007, 1227, 1229.

15 BAG, Urt. v. 14.2.1996 – 2 AZR 234/95 – NZA 1996, 811; BAG, Urt. v. 10.3.1988 – 8 AZR 420/85 – NZA 1988, 837.

16 BAG, Urt. v. 16.2.1983 – 7 AZR 134/81 – NJW 1983, 2958; siehe auch Ascheid/Preis/Schmid/*Rolfs*, Aufhebungsvertrag Rn 91.

ernsthaft in Erwägung ziehen durfte".[17] Unerheblich ist, ob sich die angedrohte Kündigung in einem Kündigungsschutzprozess nicht als rechtsbeständig erwiesen hätte. Allerdings darf der Arbeitgeber eine Kündigung nicht androhen, wenn er davon ausgehen musste, dass die Kündigung mit hoher Wahrscheinlichkeit rechtswidrig wäre.[18]

Die **Drohung** muss nicht ausdrücklich ausgesprochen werden, sondern kann auch durch schlüssiges Verhalten etwa dergestalt erfolgen, dass angekündigt wird, Kündigungsgründe zusammenzutragen und bei zuständiger Stelle eine Kündigung anzuregen. Die Drohung kann dabei auch von Hilfsperson des Arbeitgebers ausgehen, selbst wenn diese selbst nicht kündigungsberechtigt sind, aber der Arbeitnehmer irrig annimmt, dass die Kündigung vom Willen des Drohenden abhängt. Unerheblich ist hierbei, ob der Arbeitgeber die Drohung der Hilfsperson kannte.[19] 15

Praxistipp !

Eine Androhung – oder auch nur eine Andeutung – einer Kündigung sollte aus Vorsichtsgründen nur dann unternommen werden, wenn eine Kündigung in Betracht kommen würde. Der Arbeitgeber ist auf der sicheren Seite, wenn er davon ausgehen darf, dass rechtlich beachtliche Kündigungsgründe vorliegen.

Wurde erst die Kündigung angekündigt oder ausgesprochen und dann ein Aufhebungsvertrag angeboten, so ist auf eine zeitliche Zäsur zu achten und die Freiwilligkeit der Unterzeichnung des Aufhebungsvertrages sicherzustellen und zu dokumentieren. Denn nach Ansicht des Bundesarbeitsgerichts kann eine Drohung fortwirken und zur Anfechtbarkeit des Aufhebungsvertrages führen, wenn die Kündigung in einem mit dem Abschluss des Aufhebungsvertrags eine Einheit bildenden Gespräch überreicht worden ist.[20]

Ausreichende **Bedenkzeit** beseitigt eine eventuell bestehende Anfechtbarkeit grundsätzlich nicht.[21] Bloßer Zeitdruck rechtfertigt aber andererseits auch nicht die Anfechtung des Aufhebungsvertrages.[22] 16

17 BAG, Urt. v. 18.5.2006 – 6 AZR 627/05 – NZA 2006, 1037, 1038; BAG, Urt. v. 5.12.2002 – 2 AZR 478/01 – NJOZ 2003, 2491, 2492; BAG, Urt. v. 6.12.2001 – 2 AZR 396/00 – NZA 2002, 731, 733; BAG, Urt. v. 30.9.1993 – 2 AZR 268/93 – NZA 1994, 209, 210; LAG Hamm, Urt. v. 26.4.2012 – 11 Sa 1788/11 – juris; LAG Hessen, Urt. v. 22.3.2010 – 17 Sa 1303/09 – NZA-RR 2010, 341, 342.

18 BAG, Urt. v. 5.12.2002 – 2 AZR 478/01 – NJOZ 2003, 2491, 2493; BAG, Urt. v. 6.12.2001 – 2 AZR 396/00 – NZA 2002, 731, 733; LAG Hamm, Urt. v. 26.4.2012 – 11 Sa 1788/11 – juris; LAG Hessen, Urt. v. 22.3.2010 – 17 Sa 1303/09 – NZA-RR 2010, 341, 342.

19 BAG, Urt. v. 15.12.2005 – 6 AZR 197/05 – NZA 2006, 841, 842f.; BAG, Urt. v. 6.12.2001 – 2 AZR 396/00 – NZA 2002, 731, 733; LAG Hamm, Urt. v. 9.6.2011 – 15 Sa 410/11 – LAGE § 123 BGB 2002 Nr. 8; LAG Hessen, Urt. v. 22.3.2010 – 17 Sa 1303/09 – NZA-RR 2010, 341, 342.

20 BAG, Urt. v. 12.8.1999 – 2 AZR 832/98 – NZA 2000, 27, 28.

21 Siehe auch Ascheid/Preis/Schmid/*Rolfs*, Aufhebungsvertrag Rn 98; näher zur Bedenkzeit gleich unter 3.

22 BAG, Urt. v. 16.2.1983 – 7 AZR 134/81 – NJW 1983, 2958, 2959.

3. Sittenwidrigkeit und Gebot des fairen Verhandelns

17 Vor dem Hintergrund eines etwaigen Schadensersatzanspruches aus §§ 280 Abs. 1, 241 Abs. 2, 311 Abs. 2 BGB wegen Verletzung vorvertraglicher Pflichten (culpa in contrahendo) besteht ein Gebot zu „fairem Umgang" während der Vertragsverhandlung.[23] In der Rechtsprechung wurden bereits konkrete Pflichten erörtert.

18 Der Arbeitgeber muss dem Arbeitnehmer **grundsätzlich keine Bedenkzeit** einräumen.[24] Jedoch wurde vom Landesarbeitsgerichts Hamm – in einer wohl nicht verallgemeinerungsfähigen Einzelfallentscheidung – erwogen, eine Bedenkzeit dann einräumen zu müssen, wenn der Arbeitnehmer ausdrücklich nach einer solchen nachsucht und der Arbeitgeber diese mit dem Hinweis darauf, dass man sich dann vor Gericht wiedersehe, ablehne.[25]

19 Zu weitgehend und mit den guten Sitten (§ 138 BGB) nicht vereinbar wäre es aber, den Arbeitnehmer unter einem Vorwand eines harmlosen Gespräches zum Vorgesetzten zu zitieren und dort mehrere Stunden lang in einer kreuzverhörähnlichen Situation ohne die Möglichkeit, dem Gespräch zu entgehen, festzuhalten.[26]

! **Praxistipp**

Wenn der Arbeitgeber selbst keine betriebsfremden Personen wie etwa Anwälte zu einem Personalgespräch hinzuzieht, hat der Arbeitnehmer aufgrund des streng personenbezogenen Charakters des Arbeitsverhältnisses **keinen Anspruch darauf, einen Anwalt** zum Personalgespräch **hinzuzuziehen.**[27] Auch ist der Arbeitgeber nicht gehalten, von sich aus dem Arbeitnehmer eine Prüfung des Aufhebungsvertrages durch einen Anwalt vorzuschlagen.[28]

---

4. Lösungsrechte

20 Ein Aufhebungsvertrag muss keine Widerrufs- oder Rücktrittsrechte vorsehen.[29] Die Einräumung solcher ist rechtsgestaltend möglich. Bei Formularverträgen ist § 308 Nr. 3 BGB zu beachten. Vorgesehen werden kann auch, dass der Vertragsschluss unter der aufschiebenden oder auflösenden **Bedingung** (§ 158 BGB) des Nichtwiderrufs erfolgt. Dies ist auch mit Blick auf die Gegenseitigkeit der Leistungen (andernfalls könnte eine Vorleistung des Arbeitnehmers vorliegen) günstig und im Kündigungsschutzverfahren typisch.

---

23 Däubler/Hjort/Schubert/Wolmerath/*Däubler*, § 611 BGB Rn 630.
24 BAG, Urt. v. 14.2.1996 – 2 AZR 234/95 – NZA 1996, 811, 812.
25 LAG Hamm, Urt. v. 9.6.2011 – 15 Sa 410/11 – LAGE § 123 BGB 2002 Nr. 8.
26 LAG Thüringen, Urt. v. 10.9.1998 – 5 Sa 104/97 – NZA-RR 1999, 399, 400.
27 LAG Hamm, Urt. v. 23.5.2001 – 14 Sa 497/01 – MDR 2001, 1361.
28 LAG Hamm, Urt. v. 9.6.2011 – 15 Sa 410/11 – LAGE § 123 BGB 2002 Nr. 8.
29 BAG, Urt. v. 14.2.1996 – 2 AZR 234/95 – NZA 1996, 811, 812.

Praxistipp
Das dem Arbeitnehmer grundsätzlich nach § 323 Abs. 1 BGB zustehende gesetzliche Rücktrittsrecht für den Fall, dass der Arbeitgeber einen vorgesehenen Abfindungsanspruch nicht rechtzeitig erfüllt, sollte wenn gewünscht ausdrücklich ausgeschlossen werden.[30] Ebenso empfiehlt sich eine Regelung zum Rücktrittsrecht aus § 323 Abs. 1 BGB.

Ein gesetzliches Widerrufsrecht der §§ 312 BGB. 1 Satz 1 Nr. 1 Var. 1, 355 BGB besteht nicht.[31] 21

Praxistipp
Vor Abschluss von Aufhebungsverträgen sind gegebenenfalls **einschlägige tarifvertragliche Regelungen durchzusehen.** Diese können ein Widerrufsrecht vorsehen, das nicht durch Verzicht abdingbar ist. Die Frist für ein Widerrufsrecht läuft auch dann, wenn der Arbeitgeber auf dieses nicht hingewiesen hat.[32]

5. AGB-Kontrolle

Auch Aufhebungsverträge unterliegen uneingeschränkt dem AGB-Recht der §§ 305ff. BGB.[33] Nach § 310 Abs. 4 Satz 2 Halbsatz 1 BGB sind die im Arbeitsrecht geltenden Besonderheiten angemessen zu berücksichtigen. § 305 Abs. 2 und Abs. 3 BGB gelten nach § 310 Abs. 4 Satz 2 Halbsatz 2 BGB nicht. Die Aufhebung selbst und die vereinbarte Abfindung sind nicht der Inhaltskontrolle der §§ 307–309 BGB unterworfen.[34] 22

6. Fortsetzung des Arbeitsverhältnisses bis zum Auflösungszeitpunkt

Ein Aufhebungsvertrag steht nach der Rechtsprechung des Bundesarbeitsgerichts regelmäßig unter der aufschiebenden Bedingung, dass das Arbeitsverhältnis bis zu dem vereinbarten Auflösungszeitpunkt fortgesetzt wird.[35] Wird das Arbeitsverhältnis zwischen dem Abschluss des Aufhebungsvertrages und dem Auflösungszeit- 23

30 Ob bei Fehlen einer ausdrücklichen Regelung ein konkludenter Ausschluss angenommen werden kann, so Ascheid/Preis/Schmid/*Rolfs*, Aufhebungsvertrag Rn 84, 105 und Rn 63f.; hat das BAG offen gelassen, siehe Urt. v. 10.11.2011 – 6 AZR 357/10 – NZA 2012, 205, 207.
31 BAG, Urt. v. 27.11.2003 – 2 AZR 135/03 – NJW 2004, 2401, 2403ff.
32 LAG Köln, Urt. v. 11.4.1990 – 7 Sa 67/90 – LAGE § 4 TVG Einzelhandel Nr. 11; vgl. auch BGH, Urt. v. 22.5.2012 – II ZR 88/11 – MDR 2012, 1079.
33 Statt aller: Graf von Westphalen/*Thüsing*, Arbeitsverträge Rn 62.
34 BAG, Urt. v. 22.4.2004 – 2 AZR 281/03 – NJOZ 2004, 4096, 4101; BAG, Urt. v. 27.11.2003 – 2 AZR 135/03 – NZA 2004, 597,603f.
35 BAG, Urt. v. 29.1.1997 – 2 AZR 292/96 – NZA 1997, 813, 816.

punkt außerordentlich gekündigt, dann wird der Aufhebungsvertrag einschließlich einer darin vereinbarten Abfindungszahlung gegenstandslos.[36]

24 Unschädlich – auch unter dem Gesichtspunkt des Wegfalls der Geschäftsgrundlage – ist eine nach dem Abschluss des Aufhebungsvertrages erklärte Kündigung, die das Arbeitsverhältnis zum Auflösungszeitpunkt beendet.[37]

II. Aufklärungs- und Hinweispflichten des Arbeitgebers

25 Auch beim Abschluss von Aufhebungsverträgen gilt der Grundsatz, dass jeder Vertragspartner selbst für die Wahrnehmung seiner Interessen zu sorgen hat. Hinweis- und Aufklärungspflichten können sich als vertragliche Nebenpflicht aus § 241 Abs. 2 BGB ergeben, wenn auf Seiten des Arbeitnehmers ein erkennbares Informationsbedürfnis und auf Seiten des Arbeitgebers Beratungsmöglichkeiten bestehen. Es ist eine **Abwägung der gegenseitigen Interessen** vorzunehmen. Gesteigerte Informationspflichten können vor allem dann gegeben sein, wenn die Beendigung des Arbeitsverhältnisses auf Arbeitgeberinitiative zustande kommt, wodurch er den Eindruck vermitteln kann, er werde bei vorzeitiger Beendigung des Arbeitsverhältnisses auch auf die Arbeitnehmerinteressen Rücksicht nehmen.[38] Die Rücksichtnahmepflicht geht jedoch grundsätzlich nicht so weit, dass der Arbeitgeber den Arbeitnehmer auf laufende Sozialplanverhandlungen hinzuweisen hätte.[39]

26 **Nicht informationsbedürftig ist der (fach-) anwaltlich beratene Arbeitnehmer.**[40]

27 Nur im Einzelfall kann der Arbeitgeber höchst ausnahmsweise verpflichtet sein, auf sozialversicherungsrechtlichen Folgen des Aufhebungsvertrages hinzuweisen. Beispielsweise wurde eine derartige Hinweispflicht in einem – kaum verallgemeinerungsfähigen – Fall bejaht, in dem auf Basis eines vom Arbeitgeber ausgehenden Aufhebungsvertrages für diesen aufgrund der Nähe des Arbeitnehmers zum Ruhestand erkennbare Versorgungsrisiken bestanden, die versprochene Abfindung zu diesen Versorgungsrisiken in einem krassen Missverhältnis stand und der Arbeitnehmer aufgrund seiner Vorbildung und Kenntnisse erkennbar nicht in der Lage war, die entste-

---

36 BAG, Urt. v. 5.4.2001 – 2 AZR 217/00 – NZA 2001, 837, 839.

37 BAG, Urt. v. 29.1.1997 – 2 AZR 292/96 – NZA 1997, 813, 816.

38 BAG, Urt. v. 16.11.2005 – 7 AZR 86/05 – NZA 2006, 535, 538; BAG, Urt. v. 29.9.2005 – 8 AZR 571/04 – NZA 2005, 1406, 1407; BAG, Urt. v. 17.10.2000 – 3 AZR 605/99 – NZA 2001, 206, 207; LAG Berlin, Urt. v. 13.1.2006 – 13 Sa 1957/05 – NZA-RR 2006, 327, 328.

39 Anders kann dies zu betrachten sein, wenn bereits Anhaltspunkte vorliegen, dass der Arbeitnehmer dem Sozialplan unterfallen und ein Ausscheiden aufgrund des Sozialplans für ihn günstiger sein würde, siehe BAG, Urt. v. 22.4.2004 – 2 AZR 281/03 – NJOZ 2004, 4096, 4099.

40 LAG Berlin, Urt. v. 13.1.2006 – 13 Sa 1957/05 – NZA-RR 2006, 327, 328: fachanwaltlich beratener Arbeitnehmer.

henden Risiken zu erkennen und zu bewerten. Auch in diesem Fall war es jedoch ausreichend, den Arbeitnehmer an den zuständigen Versicherungsträger zu verweisen.[41]

Praxistipp !

Bei Fragen, zu denen der Arbeitgeber zuverlässig selbst keine Auskunft zu erteilen vermag, **sollte** der Arbeitnehmer an die zuständige Stelle verwiesen und im Übrigen **keinerlei Auskunft erteilt werden.**[42]

Denn wenn Auskünfte erteilt werden, müssen diese richtig sein und dürfen nicht den falschen Eindruck auf Vollständigkeit vermitteln oder sonst irreführend sein. Andernfalls ist der Arbeitgeber – unabhängig davon, ob er die Auskunft schuldete – nach §§ 280 Abs. 1, 241 Abs. 2 BGB **schadensersatzpflichtig.**[43]

Darüber hinaus zeigt die Rechtsprechung deutlich, dass für Aufklärungspflichten regelmäßig zwei Voraussetzungen gegeben sein müssen: eine vom Arbeitgeber ausgehende Initiative zum Abschluss des Aufhebungsvertrages und ein für ihn erkennbares Informationsbedürfnis des Arbeitnehmers.[44]

Mittlerweile ist geklärt, dass ein Verstoß gegen die Pflicht aus § 2 Abs. 2 Satz 2 Nr. 3 28
SGB III keinen Schadensersatzanspruch gegen den Arbeitgeber wegen einer Verhängung einer Sperrzeit nach § 159 Abs. 1 Satz 2 Nr. 7 SGB III infolge einer verspäteten Arbeitssuchendmeldung begründet. § 2 Abs. 2 Satz 2 Nr. 3 SGB III schafft keine Nebenpflicht des Arbeitgebers, zumal sie nicht den Schutz des Arbeitnehmervermögens bezweckt, sondern nur allein der Arbeitsförderung dient.[45] Des Weiteren stellt § 2 Abs. 2 Satz 2 Nr. 3 SGB III kein Schutzgesetz im Sinne des § 823 Abs. 2 BGB dar.[46]

Praxistipp !

Gleichwohl sollte der Vorsicht halber ein **Hinweis auf die Meldepflicht nach § 38 Abs. 1 SGB III** in einen Aufhebungsvertrag aufgenommen werden. Die Rechtsprechung ist nämlich (wohl unschädlich) zu einer alten Gesetzesfassung ergangen.

III. Abfindung

Der Aufhebungsvertrag kann, muss aber nicht eine Abfindung vorsehen. Insofern 29
besteht **Vertragsfreiheit** und insbesondere die §§ 9, 10 KSchG sind nicht (analog)

---

41 BAG, Urt. v. 17.10.2000 – 3 AZR 605/99 – NZA 2001, 206, 208.

42 Vgl. BAG, Urt. v. 17.10.2000 – 3 AZR 605/99 – NZA 2001, 206, 208; BAG, Urt. v. 3.7.1990 – 3 AZR 382/89 – NZA 1990, 971.

43 BAG, Urt. v. 17.10.2000 – 3 AZR 605/99 – NZA 2001, 206, 207; BAG, Urt. v. 3.7.1990 – 3 AZR 382/89 – NZA 1990, 971f.

44 Vgl. etwa auch LAG Berlin, Urt. v. 13.1.2006 – 13 Sa 1957/05 – NZA-RR 2006, 327, 328.

45 BAG, Urt. v. 29.9.2005 – 8 AZR 571/04 – NZA 2005, 1406, 1407.

46 BAG, Urt. v. 29.9.2005 – 8 AZR 571/04 – NZA 2005, 1406, 1408.

anzuwenden.[47] Bei Verträgen, die der Klauselkontrolle nach §§ 305ff. BGB unterliegen, wird diskutiert, ob eine Abfindung vorgesehen werden muss, wenn das Arbeitsverhältnis auf Wunsch des Arbeitgebers früher als durch ordentliche Kündigung enden soll,[48] oder wenn der Aufhebungsvertrag als Reaktion auf eine angreifbare Arbeitgeberkündigung geschlossen wird.[49] Dies ist abzulehnen. Denn andernfalls würde der Aufhebungsvertrag als Instrument, einer fragwürdigen Kündigung de facto Wirksamkeit und dadurch beiden Vertragsparteien – also auch dem Arbeitnehmer – Sicherheit zu verschaffen, entwertet.

30 In der Mehrzahl der Aufhebungsverträge wird eine **Abfindung in Höhe von einem halben Monatsgehalt pro Jahr der Betriebszugehörigkeit** vorgesehen. Berücksichtigt werden können bei der Höhe auch: die Folgen einer Fortsetzung des Arbeitsverhältnisses für die eine oder andere Seite, die Kündbarkeit des Arbeitnehmers (z.B. im Falle eines Betriebsratsmitglieds oder eines Schwerbehinderten) sowie etwaige Erfolgsaussichten einer Kündigungsschutzklage.[50] Ging dem Aufhebungsvertrag eine Kündigung im Sinne des § 1a KSchG voraus, können die Vertragsparteien die Rechtsfolgen des § 1a KSchG modifizieren.[51] Praktisch wird es in diesem Fall aber schwierig sein, die Abfindungshöhe zu reduzieren.

31 Eine Klausel „brutto für netto“, nach der etwaige Steuern vom Arbeitgeber übernommen werden sollen, ist mehrdeutig und daher nicht empfehlenswert.[52] Der Arbeitgeber geht mit ihr – insbesondere dann, wenn auch die Einkommensteuer erfasst sein sollte – ein kaum vorhersehbares finanzielles Risiko ein.

! **Praxistipp**

Für den Arbeitnehmer kann es lohnenswert sein, den Auflösungszeitpunkt möglichst früh – allerdings frühestens auf denjenigen Zeitpunkt, an dem erstmals nicht mehr gearbeitet wurde – anzusetzen und im Gegenzug den entgehenden Lohn einer Abfindung zuzuschlagen. Auf diese Weise kann er weitestgehend in den Genuss der einkommensteuerlichen Tarifermäßigung nach § 34 EStG kommen.[53]

---

47 Ebenso Däubler/Hjort/Schubert/Wolmerath/*Däubler*, § 611 BGB Rn 596.

48 Eine Andeutung in diese Richtung findet sich bei LAG Hamm, Urt. v. 9.6.2011 – 15 Sa 410/11 – LAGE § 123 BGB 2002 Nr. 8.

49 So Däubler/Hjort/Schubert/Wolmerath/*Däubler*, § 611 BGB Rn 607.

50 Däubler/Hjort/Schubert/Wolmerath/*Däubler*, § 611 BGB Rn 596.

51 Siehe auch Ascheid/Preis/Schmid/*Rolfs*, Aufhebungsvertrag Rn 24.

52 Siehe zu den in der Rechtsprechung vorkommenden unterschiedlichen Auslegungsergebnissen LAG Bremen, Urt. v. 22.1.1988 – 4 Sa 94/87 – NZA 1988, 433f.; nach Hümmerich/*Regh*, Arbeitsrecht, § 4 Rn 370, ergibt sich hieraus kein Hinweis auf eine Nettolohnvereinbarung.

53 Vgl. Däubler/Hjort/Schubert/Wolmerath/*Däubler*, § 611 BGB Rn 596. Nach Auffassung des BFH stellt es keinen Missbrauch von Gestaltungsmöglichkeiten nach § 42 AO dar, die Höhe der Abfindung nach dem entgehenden Verdienst zu bemessen, siehe Urt. v. 10.10.1986 – VI R 178/83 – BB 1987, 457.

Der Abfindungsanspruch ist **vererblich**[54]**, abtretbar und pfändbar.** Die §§ 850, 850a, 850k ZPO sind anwendbar; die Pfändungsfreigrenzen des § 850c ZPO gelten aber nicht, da Abfindungen kein Arbeitseinkommen für einen fest umrissenen Zeitraum sind, stattdessen greift aber § 850i ZPO ein.[55] 32

Fettnapf
Tarifvertragliche Ausschlussfristen für die Geltendmachung von Lohnforderungen erfassen auch die Abfindung.[56] !

IV. Weitere Regelungen

Neben dem notwendigen Inhalt eines Aufhebungsvertrages, das Arbeitsverhältnis zu beenden, sind weitere Regelungen anzuraten. 33

1. Freistellung und Anrechnung von Urlaub und Zwischenverdiensten

Die Freistellung des Arbeitnehmers von seiner Arbeitsverpflichtung kann – auch in Formularverträgen[57] – im Aufhebungsvertrag einvernehmlich vereinbart werden. 34

Verweigert der Arbeitgeber demgegenüber einseitig die Weiterbeschäftigung bis zum vereinbarten Beendigungszeitpunkt, wird er hierdurch nicht von der Lohnzahlungspflicht befreit. Arbeitet der Arbeitnehmer infolge der „einseitigen Freistellung"[58] nicht, kann **nach § 615 BGB** der **Lohnzahlungsanspruch wegen Annahmeverzugs** des Arbeitgebers fortbestehen.[59] 35

54 BAG, Urt. v. 27.6.2006 – 1 AZR 322/05 – NZA 2006, 1238; ebenso, allerdings mit abweichender Auffassung zum Zeitpunkt der Entstehung des Abfindungsanspruchs BAG, Urt. v. 25.6.1987 – 2 AZR 504/86 – NZA 1988, 466; siehe zu ergänzenden Vererbbarkeitsklauseln Hümmerich/*Regh*, Arbeitsrecht, § 4 Rn 375.

55 Siehe näher Hümmerich/*Regh*, Arbeitsrecht, § 4 Rn 383 f.

56 BAG, Urt. v. 25.6.1987 – 2 AZR 504/86 – NZA 1988, 466, 468.

57 So wohl auch für einen Verzicht nicht schon im Arbeits-, sondern erst im Aufhebungsvertrag *Beckmann*, NZA 2004, 1131; anders Hümmerich/*Regh*, Arbeitsrecht, § 4 Rn 546, der davon ausgeht, dass eine Freistellungsklausel regelmäßig keine AGB darstellt. Eine bereits im Arbeitsvertrag vorgesehene Möglichkeit für den Arbeitgeber, den Arbeitnehmer einseitig freizustellen, hat jedenfalls das ArbG Frankfurt am Main, Urt. v. 19.11.2003 – 2 Ga 251/03 – NZA-RR 2004, 409, beanstandet; kritisch demgegenüber *Schrader/Schubert*, NZA-RR 2005, 225, 233; ablehnend LAG Köln, Urt. v. 20.2.2006 – 14 (10) Sa 1394/05 – NZA-RR 2006, 342.

58 Der Arbeitgeber kann nicht einseitig über die Arbeitsverpflichtung des Arbeitnehmers disponieren, BAG, Urt. v. 19.3.2002 – 9 AZR 16/01 – NJOZ 2003, 1319, 1321.

59 BAG, Urt. v. 6.9.2006 – 5 AZR 703/05 – NZA 2007, 36, 38; *Beckmann*, NZA 2004, 1131, 1133. Dies setzt aber Annahmebereitschaft und -fähigkeit des Arbeitgebers voraus; andernfalls ist der Fortbe-

36 Ob eine Freistellung (durch den Arbeitgeber) **widerruflich oder unwiderruflich** ist,[60] ist durch Auslegung zu ermitteln. Ohne Zusätze ist regelmäßig von einer widerruflichen Freistellung auszugehen; etwas anderes gilt nur dann, wenn Urlaubsansprüche angerechnet werden sollen, da ihre Anrechnung nur bei unwiderruflicher Freistellung möglich ist.[61] Ist eine unwiderrufliche Freistellung gewünscht, ist dies demnach grundsätzlich anzugeben.

Fettnapf

Eine falsche widerrufliche Freistellung unter Anrechnung von Urlaubsansprüchen wird von der Rechtsprechung als widerrufliche Freistellung ohne Urlaubsanrechnung ausgelegt.[62]

---

37 Die **Urlaubsanrechnung** ist zumeist interessengerecht. Andernfalls bliebe der Urlaubsanspruch erhalten und der Arbeitnehmer könnte infolgedessen Urlaubsabgeltung – selbst bei monatelanger Freistellung – verlangen.

38 Will der Arbeitgeber eine **Anrechnung eines etwaigen Zwischenverdienstes** – dies ist nur nach § 615 Satz 2 BGB möglich – erreichen, muss er widerruflich freistellen. Eine Urlaubsanrechnung kann dann nicht vorgesehen werden.[63]

Praxistipp

Der Arbeitgeber kann dies lösen, indem er sich im Rahmen einer Freistellungsklausel die Anrechnung eines etwaigen Zwischenverdienstes vorbehält.[64] Daneben kann die Anrechnung der Urlaubsansprüche für einen bestimmten Zeitraum bestimmt werden. Für diesen Zeitraum wird die Freistellung dann unwiderruflich; im Übrigen greift die Anrechnung des Zwischenverdienstes.[65]

Eine solche Aufteilung in unwiderrufliche und widerrufliche Freistellung ist auch sinnvoll, wenn der Arbeitgeber den erneuten Einsatz des Arbeitnehmers im Betrieb erwägt und daneben eine Urlaubsanrechnung erreichen möchte.[66]

---

stand des Vergütungsanspruchs nach Unmöglichkeitsrecht (§ 326 BGB) bzw. der Betriebsrisikolehre zu beurteilen, Rolfs/Giesen/Kreikebohm/Udsching/*Joussen*, § 615 BGB Rn 7 f.

60 Zu den sozialversicherungsrechtlichen Folgen siehe unten unter C.

61 BAG, Urt. v. 14.3.2006 – 9 AZR 11/05 – NJOZ 2006, 3100, 3102.

62 BAG, Urt. v. 19.5.2009 – 9 AZR 433/08 – NZA 2009, 1211, 1212.

63 BAG, Urt. v. 19.3.2002 – 9 AZR 16/01 – NJOZ 2003, 1319, 1320.

64 Es ist noch nicht geklärt, ob sich der Arbeitgeber die Anrechnung eines anderweitigen Verdienstes ausdrücklich vorbehalten muss oder ob eine solche Anrechnung, da gesetzliche Folge des § 615 BGB, automatisch immer schon dann eingreift, wenn die Freistellung widerruflich ist. Unklar ist insofern das BAG, Urt. v. 19.3.2002 – 9 AZR 16/01 – NJOZ 2003, 1319, 1321. Zur Sicherheit sollte sich der Arbeitgeber die Rechtsfolgen des § 615 BGB ausdrücklich vorbehalten.

65 BAG, Urt. v. 19.3.2002 – 9 AZR 16/01 – NJOZ 2003, 1319, 1322.

66 Siehe auch Hümmerich/*Regh*, Arbeitsrecht, § 4 Rn 568.

Ein zu beachtender Nachteil einer Freistellung unter Verdienstanrechnung kann die Nichtgeltung des vertraglichen Konkurrenzverbots sein.[67] 39

Klauselmuster
„Der Arbeitnehmer wird unter Anrechnung auf sämtliche bestehenden und noch entstehenden Urlaubsansprüche von der Arbeitsleistung bis zur Beendigung des Arbeitsverhältnisses freigestellt."
„Der Arbeitnehmer wird mit sofortiger Wirkung von der Pflicht zur Arbeitsleistung unter Fortzahlung der vereinbarten Vergütung freigestellt. Die Freistellung erfolgt zunächst unwiderruflich für die Dauer der noch offenen Urlaubs- und Freizeitausgleichsansprüche, die mit der Freistellung erledigt sind. Nach Abschluss des Urlaubs bleibt die Freistellung als widerrufliche Freistellung aufrechterhalten. Die Widerruflichkeit erfolgt, um im Zusammenhang mit der Abwicklung des Vertragsverhältnisses auftretende Fragen zu klären oder eine vorübergehend notwendig gewordene Tätigkeit des Arbeitnehmers aus betrieblichen Gründen zu ermöglichen. Soweit der Arbeitnehmer während seiner widerruflichen Freistellung anderweitigen Verdienst erzielt, ist dieser im Rahmen des § 615 BGB auf das Arbeitsentgelt anzurechnen."[68]

2. Wettbewerbsverbot

Das auf alle Arbeitsverhältnisse ausgedehnte Wettbewerbsverbot während eines bestehenden Arbeitsverhältnisses gilt auch in der Freistellungsphase.[69] 40

Soll im Aufhebungsvertrag ein nachvertragliches Wettbewerbsverbot vereinbart werden, gelten die gleichen Wirksamkeitsvoraussetzungen wie innerhalb des Arbeitsvertrages. Über § 110 GewO finden die §§ 74 ff. HGB Anwendung. 41

Wurde ein nachvertragliches Wettbewerbsverbot im Arbeitsvertrag vereinbart, ist im Aufhebungsvertrag eine Entscheidung darüber, ob das nachvertragliche Wettbewerbsverbot aufrechterhalten oder aufgehoben werden soll, wichtig, da andernfalls eine allgemeine Erledigungs- bzw. Ausgleichklausel grundsätzlich zur Aufhebung des nachvertraglichen Wettbewerbsverbot führen würde.[70] 42

Klauselmuster
„Das nachvertragliche Wettbewerbsverbot gemäß Vertrag vom (...) bleibt aufrechterhalten."
„Die Parteien heben ein etwaig bestehendes nachvertragliches [alternativ: das mit Vertrag vom (...) vereinbarte] Wettbewerbsverbot mit Wirkung zum (...) auf. Ansprüche des Arbeitnehmers auf Karenzentschädigung bestehen nicht."

67 BAG, Urt. v. 6.9.2006 – 5 AZR 703/05 – NZA 2007, 36, 38.

68 Anstelle des letzten Satzes, dem nur eine Klarstellungsfunktion zukommt, kann auch abgekürzt formuliert werden: „Während der Zeit der widerruflichen Freistellung findet § 615 BGB Anwendung.", Hümmerich/*Regh*, Arbeitsrecht, § 4 Rn 568.

69 BAG, Urt. v. 6.9.2006 – 5 AZR 703/05 – NZA 2007, 36, 38; BAG, Urt. v. 30.5.1978 – 2 AZR 598/76 – NJW 1979, 335.

70 BAG, Urt. v. 24.6.2009 – 10 AZR 707/08 (F) – NZA-RR 2010, 536, 538 f.; siehe zu den Schwierigkeiten bei der Bestimmung der Reichweite einer Erledigungsklausel: BAG, Urt. v. 19.11.2008 – 10 AZR 671/07 – NZA 2009, 318, 320 f.

3. Dienstwagen und Werkswohnung

43 Unproblematisch kann eine jederzeitige (entschädigungslose) Herausgabe des Dienstwagens verlangt werden, wenn dieser nur zur dienstlichen Nutzung überlassen worden ist. Ist der Arbeitnehmer aber auch zur privaten Nutzung befugt, ist das private Nutzungsrecht Teil des vom Arbeitnehmer beanspruchbaren Arbeitsentgelts. Infolgedessen ist der Arbeitgeber während einer bezahlten Freistellung auch zur Überlassung des Dienstwagens verpflichtet.[71]

44 Anders sieht es freilich aus, wenn der Arbeitsvertrag einen Widerrufsvorbehalt hinsichtlich der privaten Nutzung des Dienstwagens vorsieht und infolge eines wirksamen Widerrufs der Anspruch auf die Dienstwagenüberlassung entfällt. Solche Widerrufsvorbehalte sind allerdings mit größter Vorsicht zu genießen, da sie als einseitige Leistungsbestimmungsrechte der Inhaltskontrolle nach § 308 Nr. 4 BGB unterliegen und der Widerruf selbst der Ausübungskontrolle nach § 315 Abs. 1 BGB.[72]

! **Fettnapf**

Die Rückforderung des Dienstwagens ist als Ausfluss des Rücksichtnahmegebotes rechtzeitig durch den Arbeitgeber anzukündigen. Andernfalls besteht die Gefahr, dass sich der Arbeitgeber nach §§ 280 Abs. 1, 241 Abs. 2 BGB schadensersatzpflichtig macht. Erfasst sind etwa Mehrkosten für die spätere Buchung eines Mietwagens.[73]

Gibt der Arbeitnehmer den Dienstwagen auf unberechtigtes Verlangen des Arbeitgebers vor Beendigung des Arbeitsverhältnisses zurück, dann kann der Arbeitnehmer aus §§ 280 Abs. 1, Abs. 3, 283, 251 Abs. 1 BGB Anspruch auf Ersatz des Nutzungsausfallschadens,[74] der sich monatlich auf 1% des Listenpreises des Dienstwagens im Zeitpunkt der Erstzulassung beläuft, haben. Es handelt sich um einen Bruttoanspruch, der entsprechend zu versteuern ist.[75]

---

45 Regelmäßig erfasst eine Ausgleichs- bzw. Erledigungsklausel auch die Entschädigung für die entgangene private Nutzung des Dienstwagens.[76]

46 In Aufhebungsverträgen kann die Fahrzeugrückgabe vor der Beendigung des Arbeitsverhältnisses gegen Entschädigung der entgehenden Privatnutzung vereinbart werden. Anzuraten ist des Weiteren eine Vereinbarung über den Rückgabeort, andernfalls könnte der Wohnsitz des Arbeitnehmers der geschuldete Rückgabeort sein.[77] Es sollte daher wie folgt formuliert werden:

---

71 BAG, Urt. v. 14.12.2010 – 9 AZR 631/09 – NZA 2011, 569 f.

72 Siehe auch BAG, Urt. v. 21.3.2012 – 5 AZR 651/10 – NZA 2012, 616, 617.

73 Recht weitgehend: BAG, Urt. v. 14.12.2010 – 9 AZR 631/09 – NZA 2011, 569, 570 f.

74 BAG, Urt. v. 21.3.2012 – 5 AZR 651/10 – NZA 2012, 616, 617.

75 BAG, Urt. v. 21.3.2012 – 5 AZR 651/10 – NZA 2012, 616, 618.

76 BAG, Urt. v. 5.9.2002 – 8 AZR 702/01 – NZA 2003, 973, 975 f.

77 So jedenfalls für den Fall eines Außendienstmitarbeiters Hümmerich/*Regh*, Arbeitsrecht, § 4 Rn 520.

Klauselmuster
„Der Arbeitnehmer verpflichtet sich, den Dienstwagen mit dem amtlichen Kennzeichen (...), Marke (...), einschließlich der Fahrzeugpapiere, der [Anzahl] Fahrzeugschlüssel, der Tankkarte [ggfs. weiteres Zubehör] an den Arbeitgeber auf dessen Firmenparkplatz, [Adresse], zurückzugeben."

Wird eine Nutzung über den Beendigungszeitpunkt hinaus gewährt, ist diese in aller Regel als Entschädigung im Sinne des § 24 Nr. 1 Buchstabe 1 EStG zu qualifizieren.[78] 47

Fettnapf
Die auf diese Weise geleistete Naturalabfindung fließt dem Arbeitnehmer im Nutzungszeitpunkt zu. Ist dies nicht der gleiche Veranlagungszeitraum wie derjenige, in dem die Barabfindung zugeflossen ist, ist die Gesamtabfindung nicht zusammengeballt zugeflossen, so dass die Steuerermäßigung nach § 34 Abs. 1 EStG – jedenfalls für den im zweiten Veranlagungszeitraum zufließenden Teil der Entschädigung – gefährdet ist.[79]

Hatte der Arbeitnehmer einen Schadensfreiheitsrabatt auf die Versicherung des Dienstfahrzeugs übertragen, kann es gewünscht sein, diesen nach der Fahrzeugrückgabe wieder zurückzugewähren, damit der Arbeitnehmer den Rabatt bei einem eigenen privaten Fahrzeug oder einem Dienstfahrzeug seines neuen Arbeitgebers geltend machen kann. Ohne ausdrückliche Regelung ist der Arbeitgeber hierzu nicht ohne weiteres verpflichtet.[80] 48

Eine zur Verfügung gestellte **Werkdienstwohnung** im Sinne des § 576b Abs. 1 BGB stellt ebenso wie die Überlassung eines Dienstwagens zusätzliches Entgelt dar.[81] Damit unterscheidet sich die Werkdienstwohnung von der Werkmietwohnung nach §§ 576f. BGB. Anders als bei der Überlassung von Dienstwagen kann es für einen Rückgabeanspruch bei Werkdienstwohnungen nach § 576b Abs. 1 BGB nötig sein, entsprechend den mietrechtlichen Kündigungsvorschriften des BGB **zu kündigen.** Die Kündigung des Arbeitsvertrages ist für die Beendigung des Mietvertrages nicht ausreichend,[82] so dass die Kündigung der Wohnung im Aufhebungsvertrag ausdrücklich ausgesprochen werden muss.[83] 49

78 BMF, Schreiben v. 1.11.2013, IV C 4 – S 2290/13/10002, BStBl. I 2013, 1326 Rn 13.

79 Siehe zum Kriterium des zusammengeballten Zuflusses BMF, Schreiben v. 1.11.2013, IV C 4 – S 2290/13/10002, BStBl. I 2013, 1326 Rn 8 ff. Falsch ist hingegen die Auffassung von Hümmerich/*Regh*, Arbeitsrecht, § 4 Rn 536, wonach ein verteilter Zufluss die Steuerermäßigung stets ausschlösse.

80 Hümmerich/*Regh*, Arbeitsrecht, § 4 Rn 541.

81 Münchener Anwaltshandbuch Mietrecht/*Nies*, § 33 Rn 117 und Rn 120.

82 Blank/Börstinghaus/*Blank*, Miete, § 576b BGB Rn 14.

83 Vgl. zu den Rechtsverhältnissen Münchener Anwaltshandbuch Mietrecht/*Nies*, § 33 Rn 117 und Rn 128 f.

50 Hinsichtlich des geltenden Gerichtsstands kommt es darauf an, ob das Dienstverhältnis noch besteht. Bis zur Beendigung des Dienstverhältnisses sind für Streitigkeiten über die Werkdienstwohnung die Arbeitsgerichte, danach die Amtsgerichte zuständig.

4. Geschäftliche Dokumente und Arbeitsmittel

51 Gegenstände, die der Arbeitgeber dem Arbeitnehmer zur dienstlichen Benutzung überlassen hat, können genauso unproblematisch vom Arbeitgeber herausverlangt werden wie der nur zur dienstlichen Nutzung überlassene Dienstwagen. Nichts desto weniger sollten Herausgabevereinbarungen in einen Aufhebungsvertrag zu Konkretisierungs- und Klarstellungszwecken aufgenommen werden. Auch **kann** ein **Zurückbehaltungsrecht des Arbeitnehmers ausgeschlossen werden**.

Klauselmuster

„Der Arbeitnehmer verpflichtet sich bis zum (...) sämtliche im Eigentum des Arbeitgebers stehenden oder sonstigen, den Geschäftsbetrieb der Firma oder mit der Firma verbundene Unternehmen betreffenden Unterlagen und Gegenstände an den Arbeitgeber [Adresse], vollständig zurückzugeben. Zu den Unterlagen zählen sämtliche Geschäftspapiere, insbesondere die Kundenlisten, Hard- und Software inkl. CDs, sämtliche gespeicherten Daten und Informationen, Zeichnungen, Skizzen, Briefe, Besprechungsberichte, handschriftliche Notizen sowie Literatur einschließlich der Abschriften solcher Unterlagen. Zu den Gegenständen zählen ein Laptop der Marke (...), ein Mobiltelefon der Marke (...) und (...). Ein Zurückbehaltungsrecht besteht nicht."

5. Zeugnis

52 Mit einer Zeugnisklausel kann der Anspruch des Arbeitnehmers auf ein qualifiziertes Arbeitszeugnis klargestellt bzw. konkretisiert werden. Dabei kann ein bestimmter Wortlaut, der in der Anlage zum Aufhebungsvertrag angefügt werden kann, vereinbart werden.

Fettnapf

Wird dahingegen nur formuliert „Der Arbeitnehmer erhält ein wohlwollendes qualifiziertes Zeugnis, das ihn in seinem beruflichen Fortkommen nicht behindert." fehlt die Vollstreckungsfähigkeit hinsichtlich des Attributs „wohlwollend" und der Arbeitnehmer hat keine Sicherheit, ein gutes bzw. überdurchschnittliches Zeugnis zu erhalten.[84]

84 LAG Rheinland-Pfalz, Beschl. v. 25.3.2008 – 8 Ta 39/08 – LAGE § 888 ZPO 2002 Nr. 7.

Praxistipp
Wünscht der Arbeitnehmer eine Zusicherung, dass der Arbeitgeber keine anderslautenden Auskünfte an andere Arbeitgeber erteilen dürfe,[85] spricht zumeist nicht viel dafür, sich diesem Wunsch zu widersetzen. Das Zeugnis muss ohnehin der Wahrheit entsprechen[86], gleiches auch für die Auskunftserteilung.[87] Falsche Aussagen zu Lasten des Arbeitnehmers könnten sogar zur Strafbarkeit der Handelnden führen, so dass sie tunlichst unterbleiben sollten.

Auch ohne Zeugnisklausel besteht aus § 630 Satz 2 BGB bzw. § 109 Abs. 1 Satz 2 GewO ein **Anspruch** auf ein qualifiziertes Arbeitszeugnis. Dieses muss wahr und wohlwollend sein.[88] Dieser Anspruch wird von einer etwaigen allgemeinen und grundsätzlich weit auszulegenden Ausgleichsklausel regelmäßig nicht erfasst.[89] 53

6. Zurückbehaltungsrecht und Aufrechnung

Grundsätzlich steht beiden Vertragsparteien die Möglichkeit der Aufrechnung sowie der Geltendmachung von Leistungsverweigerungs- bzw. Zurückbehaltungsrechten zu. Der generelle Ausschluss dieser Möglichkeiten **empfiehlt sich** in der Regel nicht, vorzuziehen ist stattdessen eine **differenzierte Vorgehensweise.**[90] 54

Ein Ausschluss der Aufrechnungsmöglichkeit in Formularverträgen ist an § 309 Nr. 3 BGB zu messen, eine zu weitgehende Formulierung führt zur Unwirksamkeit. 55

Klauselmuster
„Die Aufrechnung des Arbeitnehmers gegen Forderungen des Arbeitgebers aus dieser Vereinbarung oder der Verletzung dieser ist ausgeschlossen, es sei denn die Gegenforderung ist unbestritten oder rechtskräftig festgestellt."

Die Beschränkung von Zurückbehaltungsrechten in Formularverträgen ist nur nach Maßgabe des § 309 Nr. 2 Buchstabe b BGB möglich. 56

Klauselmuster
„Etwaige Zurückbehaltungsrechte des Arbeitnehmers gegen Ansprüche des Arbeitgebers aus dieser Vereinbarung werden insoweit ausgeschlossen, als sie nicht auf demselben Vertragsverhältnis beruhen. Das Leistungsverweigerungsrecht nach § 320 BGB bleibt hiervon unberührt."

---

85 Eine Erteilung von Auskünften an andere Arbeitgeber ist grundsätzlich auch ohne Zustimmung des Arbeitnehmers zulässig, BAG, Urt. v. 25.10.1957 – 1 AZR 434/55 – NJW 1958, 1061.
86 Siehe BAG, Urt. v. 8.2.1972 – 1 AZR 189/71 – NJW 1972, 1214, 1215.
87 BAG, Urt. v. 25.10.1957 – 1 AZR 434/55 – NJW 1958, 1061.
88 BAG, Urt. v. 9.9.1992 – 5 AZR 509/91 – NZA 1993, 698, 699.
89 BAG, Urt. v. 16.9.1974 – 5 AZR 255/74 – NJW 1975, 407, 408.
90 Siehe auch oben Rn 51 zum Ausschluss des Zurückbehaltungsrechts betreffend die Herausgabe von Arbeitsmitteln und Unterlagen.

57 Bei Verwendung dieser Klausel kann der Arbeitnehmer kein Zurückbehaltungsrecht – etwa aus einem noch nicht erfüllten Zeugniserteilungsanspruch – gegen außervertragliche Ansprüche geltend machen. Dies umfasst vor allem Ansprüche aus Besitz oder Eigentum.[91] Darunter sind z.B. die Herausgabeansprüche des Arbeitgebers bezüglich der zur Verfügung gestellten Dokumente oder Arbeitsmittel wie dem rein dienstlich nutzbaren Dienstwagen zu fassen.[92]

C. Sozialversicherungsrechtliche Folgen

I. Sozialversicherungspflicht im Zusammenhang mit der Aufhebung des Arbeitsverhältnisses

58 Die Sozialversicherungspflicht knüpft nach § 25 Abs. 1 Satz 1 SGB III (Arbeitslosenversicherung), § 5 Abs. 1 Nr. 1 SGB V (Krankenversicherung), § 1 Satz 1 Nr. 1 SGB VI (Rentenversicherung), § 2 Abs. 1 Nr. 1 SGB VII (Unfallversicherung) und § 20 Abs. 1 Satz 2 Nr. 1 SGB XI (Pflegeversicherung) grundsätzlich an den **Bestand eines sozialrechtlichen Beschäftigungsverhältnisses** im Sinne des § 7 Abs. 1 Satz 1 SGB IV an. Mit der zivilrechtlichen Beendigung des Arbeitsverhältnisses endet auch das sozialversicherungsrechtliche Beschäftigungsverhältnis. Dies gilt selbst dann, wenn der Arbeitnehmer zuvor unwiderruflich von seiner Arbeitspflicht freigestellt worden ist. Der früheren Auffassung der Sozialversicherungsträger, wonach ab der Freistellung das Beschäftigungsverhältnisses im beitragsrechtlichen Sinne beendet sei, hat das Bundessozialgericht widersprochen,[93] woraufhin die Spitzenverbände der Sozialversicherungsträger ihre Auffassung an diejenige des Bundessozialgerichts angepasst haben.[94] In der Folge hat der Arbeitnehmer nicht mehr zu befürchten, ab der Freistellung selbst die vollständigen Beiträge zur Sozialversicherung leisten zu müssen. Ferner bleibt ihm der gesetzliche Krankenversicherungsschutz erhalten. Mit der unwiderruflichen Freistellung endet das Beschäftigungsverhältnis allein im unfallversicherungsrechtlichen Sinne.[95]

59 Weil sich eine Abfindung zeitlich nicht einer versicherungspflichtigen Tätigkeit zuordnen lässt, zählt sie nicht zum beitragspflichtigen Arbeitsentgelt nach § 14

91 *Lingemann/Groneberg*, NJW 2011, 2937, 2939.

92 LAG Berlin, Urt. v. 26.5.1986 – 9 Sa 24/86 – NJW 1986, 2528.

93 BSG, Urt. v. 24.9.2008 – B 12 KR 22/07 – NZA-RR 2009, 272, 273 f.

94 Niederschrift der Besprechung des GKV-Spitzenverbandes, der Deutschen Rentenversicherung Bund und der Bundesagentur für Arbeit über Fragen des gemeinsamen Beitragseinzugs am 30./31.3.2009, Seite 8.

95 Hümmerich/*Regh*, Arbeitsrecht, § 4 Rn 551; siehe auch BSG, Urt. v. 30.7.1981 – 8/8a RU 48/80, 8-8a RU 48/80, das zwar nach dem Sinn und Zweck der Unfallversicherung eine Versicherungspflicht, aber obiter dictum auch ein Beschäftigungsverhältnis nach § 7 Abs. 1 Satz 1 SGB IV verneint hat.

Abs. 1 Satz 1 SGB IV, soweit sie nicht während der Beschäftigung verdientes Entgelt umfasst.[96]

II. Arbeitslosenversicherung

Bei der Arbeitslosenversicherung sind für den Arbeitnehmer die Ruhenstatbestände der §§ 157 ff. SGB III von besonderer Bedeutung. Ruht der Anspruch auf Arbeitslosengeld, kann er nicht geltend gemacht werden. Wie sich aus § 148 Abs. 1 SGB III aber ergibt, verkürzt das Ruhen die Anspruchsdauer grundsätzlich nicht. 60

1. Ruhen bei Arbeitsentgelt oder Urlaubsabgeltung nach § 157 SGB III

Nach § 157 Abs. 1 SGB III ruht der Anspruch auf Arbeitslosengeld für diejenige Zeit, für die der Arbeitnehmer Arbeitsentgelt erhält oder beanspruchen kann. Bedeutsam kann dieser Tatbestand für die Zeit zwischen der faktischen und der rechtlichen Beendigung des Arbeitsverhältnisses werden.[97] 61

Beispiel
Arbeitnehmer A erhält eine arbeitgeberseitige Kündigung, er erscheint daraufhin nicht mehr zur Arbeit. Für den Anspruch auf Arbeitslosengeld kommt es nun darauf an, ob A seine Leistung angeboten hat – ist dies der Fall und bleibt sein Vergütungsanspruch nach § 615 BGB bestehen, dann ruht der Anspruch auf Arbeitslosengeld. Weigert sich der Arbeitgeber faktisch, den Entgeltanspruch zu erfüllen, dann erhält A das Arbeitslosengeld nur nach § 157 Abs. 3 Satz 1 SGB III (so genannte Gleichwohlgewährung).

Der Bezugszeitraum für das Arbeitslosengeld nach § 148 Abs. 1 Nr. 1 SGB III verringert sich um die Dauer der **Gleichwohlgewährung**. Diese Gleichwohlgewährung ist keine nur vorläufige, sondern eine endgültige Gewährung von Arbeitslosengeld.[98] Der Lohnanspruch des Arbeitnehmers geht nach § 115 Abs. 1 SGB X auf die Bundesagentur für Arbeit über. Zahlt der gutgläubige Arbeitgeber das Arbeitsentgelt nach diesem gesetzlichen Forderungsübergang an den Arbeitnehmer als vermeintlichen Forderungsinhaber oder genehmigt die Bundesagentur für Arbeit diese Zahlung, hat der Arbeitnehmer die Zahlungen des Arbeitgebers nach § 157 Abs. 3 Satz 2 SGB III an die Bundesagentur für Arbeit zu erstatten. Wird der Bundesagentur für Arbeit die 62

96 BSG, Urt. v. 21.2.1990 – 12 RK 20/88 – NZA 1990, 751 f.
97 BSG, Urt. v. 14.7.1994 – 7 RAr 104/93 – SozR 3-4100 § 117 Nr. 11; Küttner/*Voelzke*, Personalbuch, Aufhebungsvertrag Rn 40.
98 Siehe auch im Einzelnen ErfK/*Rolfs*, § 157 Rn 18 und § 158 Rn 38 f.

Gleichwohlgewährung (vom Arbeitgeber) ersetzt, entfällt die Minderung der Anspruchsdauer nach § 148 Abs. 1 Nr. 1 SGB III wieder.[99]

63 Die sich hiernach aufdrängende Gestaltung des Aufhebungsvertrages, den Beendigungszeitpunkt auf das Ende der faktischen Tätigkeit zu datieren, ist unbedenklich und für die Sozialversicherungsträger bindend, wenn das Ende des Arbeitsverhältnisses streitig ist.[100] Lediglich in Fällen des Rechtsmissbrauchs ist der vereinbarte Beendigungszeitpunkt durch die Sozialversicherungsträger überprüfbar. Rechtsmissbrauch in diesem Sinne kann vor allem dann vorliegen, wenn das Ende des Arbeitsverhältnisses schon vor den durch die Kündigung fixierten Termin gelegt wird. Dann nämlich fällt der Beendigungszeitpunkt in einen Zeitraum, in dem das Arbeitsverhältnis unstreitig noch bestanden hat.[101]

64 Der Anspruch auf Arbeitslosengeld ruht ferner, wenn der Arbeitnehmer eine **Urlaubsabgeltung** erhält oder beanspruchen kann. Beinhaltet die Urlaubsabgeltung auch **Urlaubsentgelt**, dann ist dieses zuvor in Abzug zu bringen und unterfällt nicht § 157 Abs. 2 SGB III, sondern Abs. 1.

2. Ruhen bei Entlassungsentschädigung nach § 158 SGB III

65 Hat der Arbeitnehmer eine Entlassungsentschädigung erhalten oder einen Anspruch auf eine Entlassungsentschädigung, dann ruht der Anspruch auf Arbeitslosengeld nach § 158 Abs. 1 Satz 1 SGB III nur dann, wenn das Arbeitsverhältnis ohne Einhaltung einer der ordentlichen Kündigungsfrist des Arbeitgebers entsprechenden Frist beendet worden ist.

Praxistipp

Wichtig: Für den Fristbeginn ist der Tag maßgeblich, an dem das Arbeitsverhältnis gekündigt worden ist; ist der Aufhebungsvertrag nicht als Reaktion auf eine Kündigung abgeschlossen worden, ist der Tag des Abschlusses des Aufhebungsvertrages entscheidend.

66 Der Ruhenszeitraum umfasst die Zeit zwischen der Beendigung des Arbeitsverhältnisses und demjenigen Zeitpunkt, zu dem das Arbeitsverhältnis infolge einer ordentlichen Kündigung des Arbeitgebers geendet hätte. Im Falle eines Aufhebungsvertrages infolge einer Eigenkündigung des Arbeitnehmers wird es also nur dann zu einem Ruhen des Arbeitslosengeldanspruchs kommen, wenn die Kündigungsfrist für den Arbeitnehmer kürzer ist als diejenige für den Arbeitgeber. Nach § 158 Abs. 2 Satz 1 SGB III ruht der Arbeitslosengeldanspruch maximal für die Dauer eines Jah-

99 BSG, Urt. v. 29.1.2008 – B 7/7a AL 58/06 R – SozR 4-4300 § 128 Nr. 2.

100 Küttner/*Voelzke*, Personalbuch, Aufhebungsvertrag Rn 40.

101 BAG, Urt. v. 9.10.1996 – 5 AZR 246/95 – NZA 1997, 376, 377; BSG, Urt. v. 14.7.1994 – 7 RAr 104/93 – SozR 3-4100 § 117 Nr. 11.

res. Er ruht nach § 158 Abs. 2 Satz 2 Nr. 1 SGB III aber nicht über den Tag hinaus, bis zu dem der Arbeitslose bei Weiterzahlung des während der letzten Beschäftigung kalendertäglich verdienten Arbeitsentgelts einen Betrag in Höhe von 60% der Abfindung als Arbeitsverdienst verdient hätte.

Zu einem Ruhen kommt es nach § 158 Abs. 2 Satz 2 Nr. 3 SGB III hingegen nicht, 67
wenn der Arbeitgeber das Arbeitsverhältnis außerordentlich und fristlos hätte kündigen können. Hier kommt allerdings ein Ruhen nach § 159 Abs. 1 Satz 2 Nr. 1 SGB III in Betracht.

Als Entlassungsentschädigung im Sinne des § 158 Abs. 1 Satz 1 SGB III zu qua- 68
lifizieren sind alle Leistungen des Arbeitgebers, die wegen der Beendigung des Arbeitsverhältnisses gewährt werden, d.h. die ohne die Beendigung nicht hätten beansprucht werden können. **Nicht erfasst** sind also etwa **Lohnansprüche für bereits geleistete Arbeit oder aus § 615 BGB wegen Annahmeverzugs** des Arbeitgebers.

Beispiel
Der Arbeitnehmer ist seit zwei Jahren beim Arbeitgeber beschäftigt und wird außerordentlich fristlos gem. § 626 BGB mit Erklärung vom 17.1.2014 gekündigt. Im Gütetermin des Kündigungsschutzprozesses wollen die Parteien die Zweifel über die Wirksamkeit der Kündigung beseitigen und schließen einen Vergleich mit dem Inhalt, dass das Arbeitsverhältnis zum Kündigungszeitpunkt geendet hat. Es wird eine Abfindung in Höhe von 10.000,00 € vereinbart.
Die wegen der Beendigung des Arbeitsverhältnisses vereinbarte Abfindung stellt eine Entlassungsentschädigung im Sinne des § 158 Abs. 1 Satz 1 SGB III dar. Weil der Beendigungszeitpunkt unter Missachtung der Frist einer ordentlichen Arbeitgeberkündigung festgesetzt worden ist, ruht der Arbeitslosengeldanspruch bis zum Ablauf dieser, d.h. bis zum 28.2.2014 (§ 622 Abs. 2 Satz 1 Nr. 1 BGB). Das Ruhen kann indes nach § 158 Abs. 2 Satz 2 Nr. 3 SGB III ausgeschlossen sein, wenn der Arbeitgeber etwaigenfalls fristlos hätte kündigen können. Die Möglichkeit zur außerordentlichen Kündigung kann der insofern darlegungsbelastete[102] Arbeitnehmer nämlich nicht beweisen.

§ 158 Abs. 4 Satz 1 SGB III ordnet wiederum eine **Gleichwohlgewährung** des Ar- 69
beitslosengeldes für den Fall an, dass die Entlassungsentschädigung nicht gezahlt wird. Auch in diesem Fall kommt es nach § 115 Abs. 1 SGB X zu einem Forderungsübergang auf die Bundesagentur für Arbeit, die nach § 158 Abs. 4 Satz 2 SGB III einen Erstattungsanspruch gegen den Arbeitnehmer hat, falls der Arbeitgeber doch noch mit befreiender Wirkung an den Arbeitnehmer leistet.

102 Das Vorliegen eines wichtigen Grundes ist zwar von Amts wegen durch die Arbeitsagentur zu prüfen, die Nichterweislichkeit (non liquet) geht aber zu Lasten des Arbeitnehmers, siehe BAG, Urt. v. 9.10.1996 – 5 AZR 246/95 – NZA 1997, 376, 377 m.w.N. aus Rechtsprechung und Literatur.

3. Sperrzeit bei Arbeitsaufgabe nach § 159 Abs. 1 Satz 2 Nr. 1 SGB III

70 Die einvernehmliche Beendigung des Arbeitsverhältnisses durch einen Aufhebungsvertrag kann nach § 159 Abs. 1 Satz 2 Nr. 1, Abs. 3 Satz 1 SGB III zu einem Ruhen des Anspruchs auf Arbeitslosengeld für die Dauer einer zwölfwöchigen Sperrzeit führen. Diese Sperrzeit **verkürzt** nach § 148 Abs. 1 Nr. 4 SGB III **die Dauer des Anspruchs auf Arbeitslosengeld.**

Praxistipp

Ob eine Sperrzeit verhängt wird hängt von den Modalitäten des Aufhebungsvertrages ab. Entscheidend sind: Anlass und Grund des Aufhebungsvertrags sowie die Abfindungshöhe.

71 Dieser Sperrzeittatbestand setzt die Lösung des Beschäftigungsverhältnisses durch den Arbeitnehmer und die dadurch vorsätzlich oder grob fahrlässig herbeigeführte Arbeitslosigkeit voraus, entfällt aber, wenn der Arbeitnehmer hierfür einen wichtigen Grund hatte.

Fettnapf

Die Sperrzeit ist zwar ab dem sozialversicherungsrechtlichen Ende des Beschäftigungsverhältnisses zu berechnen, dieses fällt aber auch bei unwiderruflicher Freistellung von der Arbeitsleistung mit der zivilrechtlichen Beendigung des Arbeitsverhältnisses zusammen. Infolgedessen erlangt der Arbeitnehmer – entgegen der mittlerweile aufgegebenen Auffassung der Sozialversicherungsträger – bei einer unwiderruflichen Freistellung keinen Sperrzeitvorteil dergestalt, dass die Sperrzeit bereits während der (bezahlten) Freistellung laufen würde.[103]

72 Unter die Lösung des Beschäftigungsverhältnisses im Sinne des § 159 Abs. 1 Satz 2 Nr. 1 SGB III fällt – neben der Eigenkündigung des Arbeitnehmers – **auch** der Abschluss eines Aufhebungsvertrages, wobei unerheblich ist, von wem die Initiative zum **Abschluss des Aufhebungsvertrages** ausgegangen ist.[104] Nicht hinreichend wäre demgegenüber die Hinnahme einer rechtswidrigen Kündigung.[105] Der Abschluss eines

103 A.A. Hümmerich/*Regh*, Arbeitsrecht, § 4 Rn 572.

104 Geschäftsanweisungen der Bundesagentur für Arbeit zu § 159 SGB III, Stand 12/2013, Rn 159.8; BSG, Urt. v. 2.5.2012 – B 11 AL 6/11 R – NZS 2012, 874, 875; BSG, Urt. v. 18.12.2003 – B 11 AL 35/03 R – NZA 2004, 661, 662; BSG, Urt. v. 17.10.2002 – B 7 AL 136/01 R – SozR 3–4300 § 144 Nr. 12; BSG, Urt. v. 25.4.2002 – B 11 AL 89/01 R – NZA-RR 2003, 162. Dies gilt auch, wenn der Aufhebungsvertrag im Rahmen eines gerichtlichen Vergleichs geschlossen wird, BSG, Urt. v. 17.10.2007 – B 11a AL 51/06 – NZA-RR 2008, 383, 384 f.

105 Geschäftsanweisungen der Bundesagentur für Arbeit zu § 159 SGB III, Stand 12/2013, Rn 159.16; BSG, Urt. v. 18.12.2003 – B 11 AL 35/03 R – NZA 2004, 661, 662; BSG, Urt. v. 25.4.2002 – B 11 AL 89/01 R – NZA-RR 2003, 162, 163. Anders kann dies nach Ansicht der Arbeitsverwaltung (Geschäftsanweisungen der Bundesagentur für Arbeit zu § 159 SGB III, Stand 12/2013, Rn 159.17) allerdings dann aussehen, wenn die Kündigung offensichtlich rechtswidrig sei.

Abwicklungsvertrages unter Verzicht auf eine Kündigungsschutzklage bedeutet allerdings eine Lösung des Beschäftigungsverhältnisses durch den Arbeitnehmer.[106] Dies gilt unabhängig davon, ob die Kündigung rechtswidrig ist oder nicht.[107]

Die Lösung muss für die anschließende Arbeitslosigkeit kausal gewesen sein. Daran fehlt es, wenn der Arbeitnehmer im nahtlosen Anschluss an das beendete Arbeitsverhältnis eine neue Dauerbeschäftigung aufnimmt,[108] er wird dann freilich auch in aller Regel kein Arbeitslosengeld beanspruchen. Bei einer von dem Arbeitnehmer veranlassten arbeitgeberseitigen Kündigung ist eine doppelte Kausalität verlangt: zum einen muss das pflichtwidrige Verhalten des Arbeitnehmers kausal für die Kündigung und zum zweiten die Kündigung kausal für die Arbeitslosigkeit gewesen sein. 73

Das für die Sperrzeit nötige **Verschulden des Arbeitnehmers** entfällt etwa, wenn er das Beschäftigungsverhältnis in der Erwartung eines sicheren Anschlussarbeitsplatzes gelöst hat oder hierfür konkrete Anhaltspunkte vorlagen.[109] 74

Die Lösung des Beschäftigungsverhältnisses durch den Abschluss eines Aufhebungsvertrages **kann durch einen wichtigen Grund gerechtfertigt sein.** Ein solcher liegt dann vor, wenn dem Arbeitnehmer ein anderes Verhalten als die Lösung des Beschäftigungsverhältnisses – nach objektiven Maßstäben – nicht zugemutet werden konnte.[110] Dies ist etwa dann der Fall, wenn der Arbeitnehmer objektiv davon ausgehen durfte, dass der Eintritt der Beschäftigungslosigkeit nicht mehr vermieden werden konnte.[111] Weiterhin sind Fälle denkbar, in denen die Fortsetzung der Beschäftigung dem Arbeitnehmer aus anderen Gründen nicht mehr zumutbar sein kann.[112] 75

Die Bezahlung einer Abfindung kann einen wichtigen Grund nicht begründen,[113] steht ihm aber auch nicht per se entgegen.[114] Ein wichtiger Grund liegt insbesondere 76

---

106 Geschäftsanweisungen der Bundesagentur für Arbeit zu § 159 SGB III, Stand 12/2013, Rn 159.14; BSG, Urt. v. 18.12.2003 – B 11 AL 35/03 R – NZA 2004, 661, 662. Übereinstimmend damit werden in der Rechtsprechung BSG, Urt. v. 25.4.2002 – B 11 AL 89/01 R – NZA-RR 2003, 162 Fälle erwogen, in denen eine Arbeitgeberkündigung als Scheingeschäft im Sinne des § 117 Abs. 1 BGB zur Verdeckung einer einverständlichen Lösung des Beschäftigungsverhältnisses erklärt wird.

107 BSG, Urt. v. 18.12.2003 – B 11 AL 35/03 R – NZA 2004, 661, 664, wonach allerdings ein wichtiger Grund anzunehmen sei, wenn die Kündigung objektiv rechtmäßig ist.

108 Geschäftsanweisungen der Bundesagentur für Arbeit zu § 159 SGB III, Stand 12/2013, Rn 159.27 f.

109 BSG, Urt. v. 12.7.2006 – B 11a AL 55/05 R – NZA 2006, 1362 f.

110 BSG, Urt. v. 2.5.2012 – B 11 AL 6/11 R – NZS 2012, 874, 876; BSG, Urt. v. 17.10.2007 – B 11a AL 51/06 – NZA-RR 2008, 383, 385.

111 BSG, Urt. v. 17.10.2007 – B 11a AL 51/06 – NZA-RR 2008, 383, 386.

112 So etwa diskutiert für Mobbing, Behinderung des beruflichen Fortkommens, private Gründe.

113 Geschäftsanweisungen der Bundesagentur für Arbeit zu § 159 SGB III, Stand 12/2013, Rn 159.111; BSG, Urt. v. 2.5.2012 – B 11 AL 6/11 R – NZS 2012, 874, 877; BSG, Urt. v. 17.10.2007 – B 11a AL 51/06 – NZA-RR 2008, 383, 386; LSG Nordrhein-Westfalen, Urt. v. 9.12.2009 – L 12 AL 6/09 – juris.

114 BSG, Urt. v. 2.5.2012 – B 11 AL 6/11 R – NZS 2012, 874, 877; BSG, Urt. v. 17.10.2007 – B 11a AL 51/06 – NZA-RR 2008, 383, 386.

dann vor, wenn der Arbeitgeber vor Abschluss des Aufhebungsvertrages eine betriebs- oder personenbedingte[115] Kündigung angedroht oder ausgesprochen hat. Die Frage, ob ein wichtiger Grund gegeben ist, ist sodann anhand der Rechtmäßigkeit der angedrohten oder ausgesprochenen Kündigung zu beurteilen. Wäre die Kündigung in einem fiktiven Kündigungsschutzprozess nicht mit Erfolg angreifbar, die Kündigung also objektiv rechtmäßig, ist ein wichtiger Grund gegeben.[116]

77 In bestimmten Konstellationen kann allerdings auf eine Rechtmäßigkeitsprüfung verzichtet werden – sofern die Kündigung nicht offensichtlich rechtswidrig ist.[117] Demgemäß **darf nach der Rechtsprechung des Bundessozialgerichts ein wichtiger Grund unterstellt werden, wenn** im Falle einer betriebsbedingten Kündigung die **Abfindungshöhe die Grenze des § 1a Abs. 2 KSchG nicht überschreite**, denn § 1a KSchG enthalte die gesetzgeberische Wertung, dass der Arbeitgeber dem Arbeitnehmer seinen Arbeitsplatz bei einer betriebsbedingten Kündigung „abkaufen" könne. Diese Rechtsprechung wurde generell auf den Abschluss von Aufhebungsverträgen ausgedehnt, so dass diese – ohne Überprüfung der Rechtmäßigkeit der zuvor angedrohten oder ausgesprochenen Kündigung[118] – einen wichtigen Grund begründen, wenn eine Abfindung vereinbart wird und diese sich an den Maßstäben des § 1a Abs. 2 KSchG orientiert.[119] Ein wichtiger Grund liegt ferner dann vor, wenn die Parteien einen Kündigungsschutzprozess mit einem arbeitsgerichtlichen Vergleich beenden.[120]

78 Wird durch die Arbeitsaufgabe eine ohnehin eintretende Arbeitslosigkeit lediglich vorverlagert, so berührt dies im Grunde die Sperrzeitverhängung nicht. Es kann jedoch eine Verkürzung der Sperrzeit gemäß § 159 Abs. 3 SGB III in Betracht kommen.

! **Checkliste**

1. Hat der Arbeitgeber eine betriebs- oder personenbedingte Kündigung in Aussicht gestellt oder ausgesprochen, liegt in dem Abschluss eines Aufhebungsvertrages
   - stets dann ein wichtiger, die Sperrzeit ausschließender Grund, wenn die Kündigung rechtmäßig wäre,
   - im Übrigen ist, falls die Kündigung nicht offensichtlich rechtswidrig wäre, dann ein wichtiger Grund anzunehmen, wenn sich die Höhe der Abfindung an § 1a Abs. 2 KSchG orientiert oder der Aufhebungsvertrag als gerichtlicher Vergleich geschlossen wird.

---

115 Im Falle einer rechtmäßigen verhaltensbedingten Kündigung ist schon der Ruhenstatbestand des § 159 Abs. 1 Satz 2 Nr. 1 Var. 2 SGB III gegeben.

116 BSG, Urt. v. 2.5.2012 – B 11 AL 6/11 R – NZS 2012, 874, 876.

117 BSG, Urt. v. 2.5.2012 – B 11 AL 6/11 R – NZS 2012, 874, 876 f.

118 Ausdrücklich offen gelassen wurde aber die Frage, wie zu entscheiden wäre, wenn vor Abschluss des Aufhebungsvertrages eine Kündigung schon gar nicht angedroht oder ausgesprochen worden wäre, vgl. BSG, Urt. v. 2.5.2012 – B 11 AL 6/11 R – NZS 2012, 874, 877.

119 BSG, Urt. v. 2.5.2012 – B 11 AL 6/11 R – NZS 2012, 874, 876.

120 BSG, Urt. v. 17.10.2007 – B 11a AL 51/06 R – NZA-RR 2008, 383, 385 f.

2. Im Falle einer verhaltensbedingten Kündigung scheidet ein wichtiger Grund grundsätzlich aus. Dies gilt nach Auffassung der Rechtsprechung auch dann, wenn eine tatsächlich verhaltensbedingte Kündigung (einvernehmlich) in eine betriebsbedingte umbenannt wird und zwar auch dann, wenn dies in einem laufenden arbeitsgerichtlichen Verfahren vereinbart worden ist.
3. Falls dem Aufhebungsvertrag keine arbeitgeberseitige Kündigung vorausgegangen ist, kann einzelfallbezogen ein wichtiger Grund für den Abschluss des Aufhebungsvertrages gegeben sein, wenn dem Arbeitnehmer das Festhalten an dem Beschäftigungsverhältnis nicht mehr zugemutet werden konnte.

D. Steuerliche Folgen

I. Materielle Steuerbarkeit

Aufgrund von Aufhebungsverträgen geleistete Abfindungen gehören – ebenso wie 79
die zuvor aufgrund des Dienstverhältnisses erlangten laufenden Einnahmen – zu den Einkünften aus nichtselbstständiger Arbeit nach §§ 2 Abs. 1 Satz 1 Nr. 4, 19 Abs. 1 EStG.[121] **Bis zum 31.12.2005 waren Abfindungszahlungen bis zu bestimmten Höchstbeträgen von der Einkommensteuer befreit. Heute gilt dies nicht mehr**! Eine Übergangsregelung für Altfälle findet sich in § 52 Abs. 4a Satz 2 EStG.

Innerhalb der Einkunftsart der nichtselbständigen Arbeit können Abfindungen 80
unter den Entschädigungsbegriff des § 24 Nr. 1 Buchstabe a EStG fallen. Nach § 34 Abs. 2 Nr. 2 i.V.m. Abs. 1 EStG kommt dann eine Tarifermäßigung in Betracht, wenn es sich – was indiziert ist – um außergewöhnliche Einkünfte handelt. Eine Entschädigung im Sinne des § 24 Nr. 1 EStG ist eine Ersatzleistung als Ausgleich für einen Schaden in Gestalt des Verlustes von Einnahmen. Dass der Steuerpflichtige an der Entstehung des Einnahmeausfalls, etwa in Form des Abschlusses des Aufhebungsvertrages, mitwirkt, schließt die Ermäßigung nicht ohne weiteres aus. Die Einnahmeverluste qualifizieren auch dann noch als unfreiwillig, wenn der Steuerpflichtige bei seiner Mitwirkung am Einnahmeausfall unter einem nicht unerheblichen rechtlichen, wirtschaftlichen oder tatsächlichen Druck seitens des Leistenden steht.[122]

Praxistipp !
Empfohlen werden kann, die jedenfalls nicht schädliche, die Finanzbehörden aber auch nicht bindende Formulierung „auf arbeitgeberseitige Veranlassung" als Motiv für die Beendigung des Arbeitsverhältnisses aufzunehmen.

121 H 24.1 EStR 2012.
122 H 24.1 EStR 2012; KR/*Vogt*, §§ 24–34 EStG Rn 12; Schmidt/*Wacker*, § 24 EStG Rn 6 und Rn 16.

Fettnapf

Die Tarifermäßigung wird oftmals verwehrt, wenn der Arbeitnehmer mit dem – nicht durch den Arbeitgeber hervorgerufenen – Wunsch, einen Aufhebungsvertrag zu schließen, an den Arbeitgeber herangetreten ist. Anders sieht es freilich aus, wenn der Arbeitgeber den Aufhebungsvertrag etwa durch eine Kündigung veranlasst hat.[123]

81 Die an die Stelle der entgehenden Einnahmen tretende Ersatzleistung nach § 24 Nr. 1 Buchstabe a EStG muss auf einer neuen Rechts- oder Billigkeitsgrundlage beruhen. Soweit die Entschädigung (zum Teil) zur Erfüllung eines bereits bestehenden Anspruchs geleistet wird, liegt insoweit keine Entschädigung vor;[124] denn diese muss der Kompensation des Schadens, d.h. des Einnahmeausfalls, dienen.[125]

82 Erhöhte Steuerbelastungen infolge des zusammengeballten Zuflusses von Entlassungsentschädigungen im Sinne des § 24 Nr. 1 während eines Veranlagungszeitraums können nach § 34 Abs. 1 EStG abzumildern sein.[126]

Praxistipp

Lässt sich der Arbeitgeber nur auf eine Ratenzahlung ein, die dazu führen würde, dass die Entschädigung in zwei Veranlagungszeiträumen verteilt zufließen würde, kann es für den Arbeitnehmer sinnvoll sein, in den Verhandlungen einer Einmalzahlung im späteren Veranlagungszeitraum den Vorzug zu geben.[127]

Wird bewusst die Fälligkeit in das nächste Jahr verlegt, kann erwogen werden, dass der Arbeitgeber für den dem Arbeitnehmer entstehenden Steuerschaden im Falle der vorzeitigen Zahlung haftet.[128] Vorsorge lässt sich treffen, indem in Abweichung von § 271 Abs. 2 BGB zugleich die Erfüllbarkeit in das nächste Jahr verlegt wird.

83 Ist eine Tarifbegünstigung nach § 34 Abs. 1 EStG durchzuführen, wird die Entschädigung mit demjenigen Steuersatz besteuert, der sich ergeben würde, wenn nur ein Fünftel der Entschädigung zugeflossen wäre. Dies mündet in den Effekt, dass die Entschädigung wirtschaftlich auf fünf Jahre verteilt wird, gleichwohl aber schon nach dem ersten Jahr die Einkommensteuer für die gesamte Entschädigung zu entrichten ist.[129]

---

123 Zur Veranlassung durch eine Arbeitgeberkündigung Schmidt/*Wacker*, § 24 EStG Rn 16; KR/*Vogt*, §§ 24–34 EStG Rn 14.

124 H 24.1 EStR 2012.

125 Siehe im Einzelnen Schmidt/*Wacker*, § 24 EStG Rn 6 und Rn 8 f.

126 Siehe im Einzelnen BMF, Schreiben v. 1.11.2013, IV C 4 – S 2290/13/10002, BStBl. I 2013, 1326; KR/*Vogt*, §§ 24–34 EStG Rn 25 ff.

127 Unschädlich ist nämlich der Zufluss der gesamten Entschädigung in einem anderen Veranlagungszeitraum als in demjenigen, in dem die Entschädigung vereinbart wurde, BMF, Schreiben v. 1.11.2013, IV C 4 – S 2290/13/10002, BStBl. I 2013, 1326 Rn 8.

128 So Hümmerich/*Regh*, Arbeitsrecht, § 4 Rn 364 m.w.N.

129 Siehe für Beispielsrechnungen H 34.2 EStR 2012; Hümmerich/*Regh*, Arbeitsrecht, § 4 Rn 209.

Steuerausländer sind mit Entschädigungen im Sinne des § 24 Nr. 1 EStG nach §§ 1 Abs. 4, 49 Abs. 1 Nr. 4 Buchstabe d EStG beschränkt steuerpflichtig. 84

II. Lohnsteuer

Der Lohnsteuer unterliegt nicht nur der laufende Arbeitslohn, sondern auch eine Entschädigung in Form einer Einmalzahlung. Sie ist sonstiger Bezug im Sinne des § 39b Abs. 3 Satz 1 EStG. Auch hier findet die für die materielle Steuerbarkeit geltende Fünftelregelung des § 34 Abs. 1 EStG Anwendung. Gleichwohl darf die so ermittelte Lohnsteuer nicht höher sein als ohne Berücksichtigung der Tarifglättung nach § 39b Abs. 3 Satz 9 EStG.[130] 85

Wurde die Lohnsteuer nach § 39b Abs. 3 Satz 9 EStG ermittelt, ist der Steuerpflichtige nach § 46 Abs. 2 Nr. 5 EStG verpflichtet, eine Einkommensteuererklärung abzugeben; die Lohnsteuer hat dann nach § 46 Abs. 4 Satz 1 EStG keine Abgeltungswirkung für die auf die Einkünfte aus nichtselbstständiger Arbeit entfallende Einkommensteuer. 86

---

130 Zu den Einzelheiten: BMF, Schreiben v. 1.11.2013, IV C 4 – S 2290/13/10002, BStBl. I 2013, 1326 Rn 12; KR/*Vogt*, §§ 24–34 EStG Rn 40.

Kapitel 20
Kündigung und Abberufung von Organmitgliedern

A. Doppelstellung von Organmitgliedern

1 Sowohl Geschäftsführer von GmbHs als auch Vorstandsmitglieder von Aktiengesellschaften stehen in einer **Doppelstellung**[1]. Sie sind einerseits Organ der jeweiligen Kapitalgesellschaft und damit ihr organschaftlicher Vertreter im Außenverhältnis. Von dieser organschaftlichen Ebene ist die anstellungsvertragliche Ebene zu unterscheiden. Geschäftsführer und Vorstandsmitglieder werden für die Kapitalgesellschaft in der Regel aufgrund von gesondert abgeschlossenen Anstellungsverträgen, häufig Dienstverträgen, tätig. Das Anstellungsverhältnis regelt das der Geschäftsführer- bzw. Vorstandstätigkeit zugrunde liegende Innenverhältnis zur Gesellschaft.

2 In rechtlicher Hinsicht sind die beiden Ebenen, die organschaftliche und die anstellungsvertragliche Ebene, klar voneinander zu trennen. Rechtlich relevante Überschneidungen in den wesentlichen Gestaltungsfragen – für dieses Kapitel von Relevanz namentlich insbesondere die Laufzeit und die Beendigungsmöglichkeiten – gibt es kraft Gesetzes grundsätzlich nicht. Während sich die Bestellung zum Vorstandsmitglied oder Geschäftsführer nach den Bestimmungen des Aktienrechts bzw. GmbH-Rechts richtet, unterliegt das Anstellungsverhältnis den Bestimmungen des Schuldrechts. Laufzeit und Beendigungsmöglichkeiten sind daher grundsätzlich für beide Rechtsverhältnisse getrennt zu betrachten. Allenfalls in Ausnahmefällen können gewillkürte Gestaltungen der Beteiligten eine Verknüpfung zwischen organschaftlicher und anstellungsvertraglicher Ebene herstellen, z.B. über sog. **Koppelungsklauseln.**

Praxishinweis !

Der Geschäftsführer einer GmbH und der Vorstand einer AG haben eine Doppelstellung: Sie sind Organ und gleichzeitig Dienstnehmer!

---

3 In der Praxis haben anwaltliche Berater ihre Schwerpunkte häufig so gesetzt, dass sie mit der Doppelstellung von Organmitgliedern und deren Folgen für Abberufungen und Kündigungen wenig in Berührung kommen. Während viele im Arbeitsrecht versierte Anwälte zwar intensiv mit Kündigungsschutzprozessen von Arbeitnehmern vertraut sind, stellt hingegen die anwaltliche Beratung und Vertretung von Organmitgliedern oder Kapitalgesellschaften bei Abberufung und Kündigung oftmals ungewohntes Terrain oder gar Neuland für sie dar. Letzteres gilt ebenso für

1 Ständige Rechtsprechung, vgl. BGH, Urt. v. 29.5.1989 – II ZR 220/88 – DB 1989, 1865; BGH, Urt. v. 28.10.2002 – II ZR 146/02 – DB 2002, 2705.

Anwälte, deren Schwerpunkt auf dem Gebiet des Handels- und Gesellschaftsrechts liegt. Sie mögen zwar in gesellschaftsrechtlichen Fragestellungen praxiserfahren sein, das Führen einer Auseinandersetzung über kündigungsrelevante Themen stellt für sie oftmals jedoch eine ungewohnte Herausforderung dar. Hinzu kommt, dass die Praxis des Führens von Auseinandersetzungen über Kündigungen und Abberufungen eine **Vielzahl themenspezifischer Facetten** mit sich bringen kann. Anwälte, die mit entsprechenden Auseinandersetzungen vertraut sind, dürften insoweit im Vorteil sein.

4 Nicht nur die Schwerpunktsetzung von Anwälten vernachlässigt häufig die in diesem Kapitel behandelte Thematik, sondern auch die juristische Literatur. Bereichsspezifische Literatur zu Abberufung und Kündigung von Organmitgliedern stellt eine Ausnahme dar. In umfassenderen arbeits- oder gesellschaftsrechtlichen Publikationen stellt die Thematik häufig allenfalls ein Annex dar, oftmals auch noch mit einer Schwerpunktsetzung entweder auf den arbeits- oder auf den gesellschaftsrechtlichen Bereich.

5 In den nachfolgenden Ausführungen dieses Kapitels soll ein praxisorientierter, in Anbetracht des beschränkten Umfangs jedoch zwangsweise inhaltlich beschränkter Überblick über wesentliche Themen im Zusammenfang mit Kündigungen und Abberufungen von Organmitgliedern gegeben werden. Eine allumfassende Darstellung sämtlicher Facetten würde den Rahmen dieses Kapitals bei Weitem sprechen. Nachfolgend soll zunächst auf die Kündigung von Anstellungsverhältnissen, sodann auf die Abberufung und zuletzt auf prozessuale Fragestellungen eingegangen werden.

B. Kündigung des Anstellungsverhältnisses

I. Allgemeines zum Anstellungsverhältnis

1. Rechtsnatur

6 Das Anstellungsverhältnis von Geschäftsführern und Vorstandsmitgliedern unterliegt den Bestimmungen des Schuldrechts.

7 Während das Gesetz bezüglich der Organstellung von Geschäftsführern und Vorstandsmitgliedern zahlreiche Regelungen enthält, fehlt es an entsprechenden Vorschriften über die rechtliche Einordnung der internen Rechtsbeziehungen zwischen einer GmbH und ihren Geschäftsführern bzw. einer Aktiengesellschaft und ihren Vorstandsmitgliedern.

8 Den Standardfall in der Praxis dürfte die Konstellation eines **Dienstvertrages im Sinne des § 611 BGB** darstellen, die Erbringung von Diensten gegen Entgelt. Diese Grundkonstellation liegt auch, soweit nichts Abweichendes dargestellt ist, den Ausführungen in diesem Kapitel zugrunde. Zahlreiche **Alternativgestaltungen** sind jedoch denkbar und in der Praxis durchaus verbreitet, darunter z.B. Gestaltungen in

Form von Auftragsverhältnissen oder Arbeitsverhältnissen mit Dritten. Beeinflusst, wenn nicht gar abhängig, sind entsprechende Gestaltung und Gestaltungsmöglichkeiten auch von den konkreten Unternehmensstrukturen, die beispielsweise im Rahmen einer GmbH & Co. KG oftmals zur Begründung einer Vertragsbeziehung zwischen dem Geschäftsführer der Komplementär-GmbH unmittelbar mit der KG oder in Konzernen häufig zur Begründung von Vertragsverhältnissen mit Muttergesellschaften, ggf. sogar (nur) in Ergänzung zu bereits bestehenden Vertragsverhältnissen, führen.

2. Arbeitnehmereigenschaft

Es fehlt an einer klaren gesetzlichen Aussage, ob ein Geschäftsführer oder Vor- 9
standsmitglied ein Arbeitnehmer im Sinne der arbeitsrechtlichen Schutzvorschriften ist oder sein kann. Allenfalls punktuell befassen sich arbeitsrechtliche Normen mit entsprechenden Organmitgliedern, dies jedoch allenfalls in Form eines expliziten Ausschlusses von arbeitsrechtlichen Schutzvorschriften[2]. Nach wohl herrschender Ansicht sind weder Geschäftsführer noch Vorstandsmitglieder in der Regel als Arbeitnehmer zu qualifizieren[3].

3. Zuständigkeit für Vertragsschluss

Beeinflusst durch die Rechtsnatur ist auch die Zuständigkeit für den Abschluss der 10
Anstellungsverträge. Beim „klassischen" Fall eines Geschäftsführer- bzw. Vorstandsdienstvertrages wird eine GmbH durch die Gesellschafterversammlung, vgl. § 46 Nr. 5 GmbHG, eine Aktiengesellschaft durch den Aufsichtsrat, § 112 AktG, vertreten. Werden die Rechtsverhältnisse mit einem Dritten eingegangen, z.B. einer Konzernmuttergesellschaft, wird der Dritte grundsätzlich wie bei einem „gewöhnlichen" Geschäft im Außenverhältnis vertreten, d.h. z.B. durch den eigenen Vorstand bzw. die eigene Geschäftsführung. Wird das Vertragsverhältnis hingegen in einer GmbH & Co. KG – Struktur mit der Kommanditgesellschaft begründet, muss für diese nicht die Geschäftsführung der Komplementär-GmbH, sondern die Gesellschafterversammlung handeln.

---

2 Vgl. u.a. §§ 5 Abs. 1 S. 3 ArbGG, 14 Abs. 1 Nr. 1 und 17 Abs. 5 Nr. 1 KSchG, 5 Abs. 2 Nr. 1 BetrVG und 1 Abs. 3 Nr. 1 VermBG.

3 Vgl. BGH, Urt. v. 26.3.1984 – II ZR 120/83 – DB 1984, 2238; für den stellvertretenden Geschäftsführer: BAG, Urt. v. 25.5.1999 – 5 AZR 664/98 – DB 1999, 1906; für Vorstandsmitglieder: BGH, Urt. v. 11.7.1953 – II ZR 126/52 – BGHZ 10, 187; Hümmerich/Spirolke/*Reiserer*, Das arbeitsrechtliche Mandat, § 4 Rn 5 und 151 m.w.N.

4. Zeitliche Dauer

11 Die Ausgestaltungen der zeitlichen Dauer der Anstellungsverträge von Organmitgliedern können in der Praxis vielfältig sein. Zu unterscheiden ist grundsätzlich zwischen unbefristeten und zeitlich befristeten Laufzeiten.

Praxishinweis
Das Gesetz über Teilzeitarbeit und befristete Arbeitsverträge (TzBfG) gilt grundsätzlich nur für Arbeitnehmer und findet daher in der Regel auf Verträge mit Organmitgliedern keine Anwendung. Die Laufzeit entsprechender Verträge unterliegt daher in der Regel nicht den Restriktionen des § 14 TzBfG. Es ist daher, vorbehaltlich der sogleich noch darzustellenden Restriktionen, möglich, Verträge ohne sachlichen Grund im Sinne von § 14 Abs. 1 TzBfG mit einer Laufzeit von über zwei Jahren – vgl. Restriktionen aus § 14 Abs. 2 TzBfG – abzuschließen.

12 Trotz grundsätzlich fehlender Anwendbarkeit des TzBfG gibt es dennoch gewisse Restriktionen für die Laufzeit von Anstellungsverträgen mit Organmitgliedern. Am deutlichsten ist die Restriktion aus § 84 Abs. 1 S. 5 AktG bezüglich der Laufzeit von Vorstandsverträgen. Diese dürfen allenfalls eine maximale Laufzeit von jeweils 5 Jahren haben. Auf Anstellungsverträge mit Geschäftsführern ist die Regelung weder direkt noch analog anwendbar.

13 Weitere Restriktionen der Laufzeit folgen aus allgemeinen Loyalitätspflichten von Organmitgliedern hinsichtlich der Konditionen ihrer Anstellungsverträge. Organmitglieder müssen ihre eigenen Interessen zwar nicht grundsätzlich hinter die Interessen der Gesellschaft zurückstellen und dürfen durchaus für sie günstige Konditionen in ihren Anstellungsverträgen aushandeln. Zumindest zu einer gewissen Loyalität gegenüber der Gesellschaft sind Organmitglieder diesbezüglich aber verpflichtet. Würde man eine solche Loyalitätspflicht gänzlich ausblenden, würde dies der Grundprämisse widersprechen, wonach die für Organmitglieder bestehenden allgemeinen Loyalitätspflichten sowohl auf das dienstliche als auch auf das außerdienstliche Verhalten ausstrahlen.[4] Die Loyalitätspflicht entfaltet daher Restriktionen durchaus auch in Bezug auf die vereinbarte Laufzeit von Anstellungsverträgen, dies jedoch allenfalls in absoluten Ausnahmefällen bei Vereinbarung unverhältnismäßig langer Laufzeiten.

14 In der Theorie bestehen im Wesentlichen vier Möglichkeiten der Beendigung von Anstellungsverträgen mit Organmitgliedern: a) Die einvernehmliche Vertragsaufhebung, b) die Beendigung befristeter Verträge durch Zeitablauf, c) die ordentliche Kündigung und d) die außerordentliche Kündigung. In diesem Kapitel sollen insbesondere die beiden Letztgenannten thematisiert werden, beginnend mit der ordentlichen Kündigung:

4 Vgl. zu Geschäftschancen: OLG Frankfurt, Urt. v. 13.5.1997 – 11 U (Kart) 68/96 – GmbHR 1998, 376; vgl. auch *Oppenländer/Trollitzsch*, Praxishandbuch der GmbH-Geschäftsführung, § 22 Rn 45.

II. Ordentliche Kündigung

1. Voraussetzungen der ordentlichen Kündbarkeit

Grundsätzlich gilt, dass eine ordentliche Kündigung von Anstellungsverträgen mit Organmitgliedern – in der Standardkonstellation als Dienstverhältnis und vorbehaltlich der sogleich noch darzustellenden Einschränkungen – jederzeit möglich ist, es denn, ein ordentliches Kündigungsrecht wurde vertraglich ausgeschlossen. 15

Unbefristete Anstellungsverträge mit Organmitgliedern können daher jederzeit ordentlich gekündigt werden, sofern das Recht zur ordentlichen Kündigung nicht vertraglich für einen bestimmten Zeitraum – ein unbefristeter Ausschluss der ordentlichen Kündigungsmöglichkeit unbefristeter Verträge kann keinen Bestand haben – ausgeschlossen ist. 16

Praxistipp !

Ist der Abschluss eines unbefristeten Anstellungsvertrages mit einem (künftigen) Organmitglied beabsichtigt (vgl. Rn 12f. zu etwaigen Laufzeitbeschränkungen), sollte jede Vertragspartei im Vorfeld stets sorgsam prüfen, ob sie ein Interesse an einem **zeitlich befristeten Ausschluss des ordentlichen Kündigungsrechts** zumindest für eine bestimmte „Anlaufzeit" hat.

Aus Sicht des Unternehmens könnte für einen beispielsweise auf zwei Anfangsjahre befristeten Ausschluss eines ordentlichen Kündigungsrechts des Organmitglieds sprechen, dass man das Organmitglied vertraglich in jedem Falle für eine entsprechende Dauer an das Unternehmen binden möchte. Ob dies dann in Bezug auf ein ausscheidenswilliges Organmitglied für das Unternehmen tatsächlich von Vorteil ist, kann nicht pauschal beantwortet werden.

Aus Sicht des Organmitglieds könnte der befristete Ausschluss des ordentlichen Kündigungsrechts in der Sicherung des Einkommens liegen.

Denkbar sind auch – hervorgerufen auch durch unterschiedliche Interessenlagen – Konstellationen, in welchen das ordentliche Kündigungsrecht für die Vertragsparteien für unterschiedlich lange Zeiträume oder gar nur für eine Vertragspartei ausgeschlossen ist.

Bei **befristeten** Anstellungsverträgen ergibt eine Vertragsauslegung in der Regel hingegen, dass das Recht zur ordentlichen Kündigung ausgeschlossen wurde. Etwas anderes gilt grundsätzlich nur, falls in dem Anstellungsvertrag ein Recht zur ordentlichen Kündigung ausdrücklich eingeräumt wird[5]. Denkbar wäre, abermals abhängig von der Interessenlage der Vertragsparteien, die Einräumung eines entsprechenden Rechts nur zugunsten einer Vertragspartei oder aber zugunsten beider Vertragsparteien. 17

5 BGH, Urt. v. 21.6.1999 – II ZR 27/98 – DB 1999, 2103; *Grobys/Glanz*, NJW-Spezial 2007, 129.

2. Kündigungsschutz

18 Organmitglieder genießen, sofern sie nicht ausnahmsweise Arbeitnehmer sind, **grundsätzlich keinen materiellen Kündigungsschutz** durch das KSchG, sondern allenfalls nach allgemeinen Vorschriften. Eine Anwendbarkeit des ersten Abschnitts des KSchG ist nach § 14 KSchG ausgeschlossen. Der Ausspruch einer ordentlichen Kündigung bedarf daher in materieller Hinsicht keiner sozialen Rechtfertigung; die Kündigung kann grundlos ausgesprochen werden. Die Möglichkeiten zum Ausspruch einer ordentlichen Kündigung richten daher sich in erster Linie nach den anstellungsvertraglichen Vereinbarungen (vgl. 1.).

19 Einer materiellen Wirksamkeit einer ordentlichen Kündigung steht jedoch entgegen, wenn es sich um eine sog. Kündigung zur Unzeit handeln würde. Materiell unwirksam ist eine ordentliche Kündigung auch, wenn sie gegen Treu und Glauben, § 242 BGB, verstößt oder sittenwidrig, § 138 BGB, ist.

20 Für eine **formelle Wirksamkeit** einer von dem Unternehmen ausgesprochenen ordentlichen Kündigung bedarf es eines Handelns des zuständigen Organs/der zuständigen Organe[6] sowie der Einhaltung der Schriftform der Kündigung, § 623 BGB.

3. Kündigungsfristen

21 Die Kündigungsfrist im Falle des Ausspruchs einer ordentlichen Kündigung durch die Gesellschaft richtet sich grundsätzlich nach den vertraglichen Vereinbarungen zwischen den Parteien. Haben sie im Anstellungsvertrag keine Regelung getroffen, gelten in GmbHs zumindest für Fremdgeschäftsführer und Geschäftsführer, die keinen beherrschenden Einfluss auf das Unternehmen ausüben, die Kündigungsfristen aus § 622 BGB bzw. § 622 BGB analog[7]. Handelt es sich um einen beherrschenden Gesellschafter-Geschäftsführer einer GmbH, kommen die Fristen aus § 621 BGB zur Anwendung[8]. Ein fehlender beherrschender Einfluss ist in der Regel u.a. dadurch

---

6 Vgl. Rn 45f.

7 BGH, Urt. v. 29.1.1981 – II ZR 92/80 – BGHZ 79, 291ff.; BAG, Urt. v. 9.5.1985 – 2 AZR 330/84 – DB 1986, 1474; BGH, Urt. v. 9.3.1987 – II ZR 132/86 – GmbHR 1987, 263; BGH, Urt. v. 26.3.1984 – II ZR 120/83 – DB 1984, 2238; OLG Hamm, Urt. v. 27.1.1992 – 8 U 200/91 – WM 1992, 914.

8 BGH, Urt. v. 9.3.1987 – II ZR 132/86 – WM 1987, 650; vgl. auch Wortlaut des § 621 BGB: Bei einem Dienstverhältnis, das kein Arbeitsverhältnis im Sinne des § 622 ist, ist die Kündigung zulässig, 1. wenn die Vergütung nach Tagen bemessen ist, an jedem Tag für den Ablauf des folgenden Tages; 2. wenn die Vergütung nach Wochen bemessen ist, spätestens am ersten Werktag einer Woche für den Ablauf des folgenden Sonnabends; 3. wenn die Vergütung nach Monaten bemessen ist, spätestens am 15. eines Monats für den Schluss des Kalendermonats; 4. wenn die Vergütung nach Vierteljahren oder längeren Zeitabschnitten bemessen ist, unter Einhaltung einer Kündigungsfrist von sechs Wochen für den Schluss eines Kalendervierteljahrs; 5. wenn die Vergütung nicht nach Zeitabschnitten bemessen ist, jederzeit; bei einem die Erwerbstätigkeit des Verpflichteten vollständig oder hauptsächlich in Anspruch nehmenden Dienstverhältnis ist jedoch eine Kündigungsfrist von zwei Wochen einzuhalten.

gekennzeichnet, dass der Geschäftsführer nicht oder nicht maßgeblich an dem Unternehmen beteiligt ist[9]. Auf Vorstandsmitglieder finden in der Regel die Kündigungsfristen aus § 622 BGB Anwendung[10].

Die Doppelstellung[11] von Geschäftsführern und Vorstandsmitgliedern und die damit verbundene separate Betrachtung von Organ- und Anstellungsverhältnis können dazu führen, dass die Dauer und das Bestehen von Organ- und Anstellungsverhältnis auseinanderfallen. Häufig entspricht dies nicht dem Willen der Beteiligten. Die Praxis behilft sich häufig damit, dass in den Anstellungsverträgen eine Koppelung an die Organstellung vereinbart wird. Die Zulässigkeit von **Koppelungsklauseln** und die entsprechende Anknüpfung sind in Rechtsprechung und Literatur grundsätzlich anerkannt[12]. Die Koppelung kann dabei sowohl für Fälle einer Abberufung durch die Gesellschaft als auch einer Amtsniederlegung durch den Geschäftsführer bzw. das Vorstandsmitglied vereinbart werden. Die Koppelung kann dergestalt erfolgen, dass das Anstellungsverhältnis als auflösende Bedingung zum nächstzulässigen Zeitpunkt die Beendigung der Organstellung beinhaltet. Erfolgt die Koppelung dergestalt, dass die Beendigung der Organstellung ein vertraglich vereinbarter wichtiger Grund für die Beendigung des Anstellungsverhältnisses ist, kann die gesondert auszusprechende Kündigung das Anstellungsverhältnis allenfalls zum Ablauf der Kündigungsfristen aus § 622 BGB beenden[13]. 22

Praxistipp !

Werden Koppelungsklauseln vereinbart, sollte in diesen unmissverständlich zum Ausdruck gebracht werden, ob die Beendigung der Organstellung auflösende Bedingung für das Anstellungsverhältnis oder ob sie lediglich ein zur Kündigung des Anstellungsverhältnisses berechtigender wichtiger Grund sein soll.

III. Außerordentliche Kündigung

Von der ordentlichen Kündigung zu unterscheiden ist die außerordentliche Kündigung, welche im Regelfall zu einer fristlosen Beendigung des Anstellungsverhält- 23

9 Vgl. BGH, Urt. v. 29.1.1981 – II ZR 92/80 – BGHZ 79, 291 ff.; BGH, Urt. v. 26.3.1984 – II ZR 120/83 – DB 1984, 2238.

10 Vgl. MüKo-BGB/*Hesse*, § 622 BGB Rn 13.

11 Ständige Rechtsprechung, vgl. BGH, Urt. v. 29.5.1989 – II ZR 220/88 – DB 1989, 1865; BGH, Urt. v. 28.10.2002 – II ZR 146/02 – DB 2002, 2705.

12 BGH, Urt. v. 21.6.1999 – II ZR 27/98 – NZG 1999, 1215; BGH, Urt. v. 29.5.1989 – II ZR 220/88 – DB 1989, 1865.

13 BGH, Urt. v. 29.5.1989 – II ZR 220/88 – DB 1989, 1865.

nisses führen soll. Einen Ausnahmefall stellt die **außerordentliche Kündigung mit sozialer Auslauffrist**[14] dar.

24 Während von Unternehmen ausgesprochene ordentliche Kündigungen in der Praxis selten mit viel Brisanz verbunden sind, häufig allenfalls in Bezug auf zu kurz bemessene Kündigungsfristen oder formelle Fehler, führt eine außerordentliche Kündigung der Anstellungsverträge mit Organmitgliedern oftmals zu zähen juristischen Auseinandersetzungen; hervorgerufen nicht zuletzt auch durch die Umstände, dass vielfach noch lange Laufzeiten mit beträchtlichen Gehaltsansprüchen im Raum stehen oder gar parallel gegen die gekündigten Organmitglieder Schadensersatzansprüche wegen schuldhafter Pflichtverletzungen geltend gemacht werden.

25 Außerordentliche Kündigungen von Organmitgliedern bedürfen für ihre materielle Wirksamkeit grundsätzlich der Einhaltung der Vorgaben aus § 626 BGB. Materiell haben außerordentliche Kündigungen damit eine zweistufige Prüfung zu bestehen. Sie erfordern einen wichtigen Grund im Sinne von § 626 Abs. 1 BGB und müssen einer Interessenabwägung Genüge tun. Darüber hinaus müssen sie innerhalb der 2-Wochen-Frist aus § 626 Abs. 2 BGB ausgesprochen werden.

26 Im Einzelnen:

1. Wichtiger Grund

27 Nach § 626 Abs. 1 BGB bedürfen außerordentliche Kündigungen eines wichtigen Grundes. Wie aus dem Wortlaut der Vorschrift geschlossen werden kann, handelt es sich dabei um Gründe „aufgrund derer dem Kündigenden unter Berücksichtigung aller Umstände des Einzelfalles und unter Abwägung der Interessen beider Vertragsteile die Fortsetzung des Dienstverhältnisses bis zum Ablauf der Kündigungsfrist oder bis zu der vereinbarten Beendigung des Dienstverhältnisses nicht zugemutet werden kann“. Es muss sich folglich um schwerwiegende Gründe handeln.

a) Einzelfälle

28 Obwohl es stets einer Betrachtung im Einzelfall bedarf, hat die Rechtsprechung zahlreiche Konstellationen entschieden, die man getrost als von der Rechtsprechung grundsätzlich anerkannte „wichtige Gründe“ im Sinne von § 626 Abs. 1 BGB bezeichnen kann. Darüber hinaus werden in der Literatur zahlreiche weitere Gründe als entsprechend „wichtige Gründe“ angesehen. Die Grenzen der in Rechtsprechung und Literatur anerkannten wichtigen Kündigungsründe untereinander sind zwar oft fließend, dennoch lassen sich gewisse Fallgruppen erkennen, nämlich insbesondere Pflichtverletzungen gegen a) **Legalitätspflichten**, b) **Leitungs- und Organisations-**

14 Vgl. *Picker*, GmbHR 2011, 629, 637.

pflichten oder c) **Loyalitätspflichten** – wobei die Grenzen sich wiederum teilweise überschneiden. Als wichtige Kündigungsgründe für eine Kündigung durch die Gesellschaft sind im Einzelnen in Rechtsprechung und/oder Literatur u.a. anerkannt[15]:

aa) Pflichtverstöße gegen Legalitätspflichten

- permanentes Widersetzen gegen Weisungen der Gesellschafter[16] 29
- Fehlende Einholung einer nach der innergesellschaftlichen Kompetenzverteilung erforderlichen Zustimmung der Gesellschafterversammlung; besondere Umstände, welche den Verstoß gegen die innergesellschaftliche Kompetenzverteilung in einem milderen Licht erscheinen lassen, können der fristlosen Kündigung jedoch entgegenstehen[17]
- Verletzung der Insolvenzantragspflicht[18]
- dringender Verdacht strafbarer Handlungen oder schwerer dienstvertraglicher Verfehlungen[19]

bb) Pflichtverstöße gegen Leitungs- und Organisationspflichten

- tiefgreifende Zerrüttung des Verhältnisses zwischen Geschäftsführern[20] 30

cc) Pflichtverstöße gegen Loyalitätspflichten

- schwerer Vertrauensbruch[21] 31
- beleidigende Äußerungen über die Gesellschafter[22]
- unberechtigte Amtsniederlegung[23]
- Annahme von Schmiergeldern[24]
- Verweigerung von Auskünften gegenüber den Gesellschaftern[25]
- Tätigen von Geschäften mit Verwandten, die für die Gesellschaft wirtschaftlich nachteilig sind[26]

---

15 Vgl. Baumbach/Hueck/*Zöllner*/*Noack*, § 35 GmbHG Rn 220.
16 OLG Düsseldorf, Urt. v. 15.11.1984 – 8 U 22/84 – ZIP 1984, 1476.
17 BGH, Urt. v. 10.12.2007 – II ZR 289/06 – DB 2008, 805.
18 BGH, Beschl. v. 15.10.2007 – II ZR 236/06 – NZG 2008, 148.
19 OLG Celle, Urt. v. 5.3.2003 – 9 U 111/02 – NZG 2003, 820.
20 LG Karlsruhe, Urt. v. 29.4.1998 – O 120/96 KfH – NZG 1998, 512.
21 BGH, Urt. v. 8.5.1967 – II ZR 126/65 – MDR 67, 820.
22 BGH, Urt. v. 15.6.1998 – II ZR 318/96 – BGHZ 139, 89.
23 BGH, Beschl. v. 19.6.1995 – II ZR 228/94 – DStR 1995, 1359.
24 BAG, Urt. v. 17.8.1972 – 2 AZR 415/71 – DB 1973, 481.
25 OLG Frankfurt, Urt. v. 24.11.1992 – 5 U 67/90 – DB 1993, 2324.
26 OLG Brandenburg, Urt. v. 13.7.1999 – 6 U 286/96 – NZG 200, 143.

- Nutzen von Gesellschaftsressourcen für eigene private Zwecke[27]
- gravierende Verstöße gegen das Wettbewerbsverbot[28]

32 Das kündigende Unternehmen trägt in der Praxis die Darlegungs- und Beweislast für das Bestehen eines wichtigen Kündigungsgrundes.

Praxistipp

Beweisprobleme dürften in der Praxis zu den häufigsten Gründen für ein Unterliegen des kündigenden Unternehmens im Prozess zählen.

Um etwaige Beweisschwierigkeiten im Rahmen einer gerichtlichen Auseinandersetzung mit dem gekündigten Organmitglieder zu verhindern oder einzudämmen, sollte das kündigende Unternehmen möglichst frühzeitig vorlegbare Beweise für den Kündigungsvorwurf sammeln und potentielle Zeugen befragen. Allein schon durch voranschreitenden Zeitablauf im Zuge einer gerichtlichen Auseinandersetzung könnte sich die tatsächliche Möglichkeit der Beweisbarkeit der Vorwürfe für das Unternehmen immer schwieriger gestalten; möglicherweise sind ursprünglich involvierte Personen auf Unternehmensseite gar nicht mehr im Unternehmen tätig oder Unterlagen nur noch schwer zugänglich oder gar in Vergessenheit geraten.

---

33 An späterer Stelle wird auf das Erfordernis eines wichtigen Grundes für die Abberufung von Vorstandsmitgliedern und, falls gesellschaftsvertraglich vorgesehen, von Geschäftsführern eingegangen werden.[29] Ein wichtiger Grund für eine Abberufung stellt nicht zwingend auch einen wichtigen Kündigungsgrund dar[30], nicht einmal ein rechtskräftiges und das Vorliegen eines wichtigen Grundes für eine Abberufung bejahendes Urteil[31]. Vice versa ist dies in der Regel allerdings der Fall; ein wichtiger Kündigungsgrund stellt gewöhnlich auch einen wichtigen Grund für eine Abberufung dar[32].

b) Vertraglich vereinbarte Kündigungsgründe

34 In Anstellungsverträgen mit Organmitgliedern finden sich häufig vertraglich vereinbarte wichtige Kündigungsgründe.

35 Umstritten ist die Zulässigkeit entsprechender vertraglich vereinbarter wichtiger Kündigungsgründe. Erkennt man die Zulässigkeit an, stellt sich immer noch die Frage, ob die vereinbarten Gründe zu einer fristlosen Beendigung oder nur zu einer Be-

---

27 BGH, Urt. v. 2.6.1997 – II ZR 101/96 – DStR 1997, 1338.
28 OLG Düsseldorf, Urt. v. 24.2.2000 – 6 U 77/99 – DB 2000, 1956.
29 Näher hierzu unter Rn 52ff.
30 Vgl. *Janzen*, NZG 2003, 468, 469; *Grumann/Gillmann*, DB 2003, 773.
31 Vgl. BGH, Urt. v. 28.5.1990 – II ZR 245/89 – GmbHR 1990, 345.
32 Vgl. *Janzen*, NZG 2003, 468, 473.

endigung mit sozialer Auslauffrist, einer der ordentlichen Kündigungsfrist entsprechenden Frist, führen können[33].

Praxistipp

Aus Unternehmenssicht sollte bei Abschluss der Anstellungsverträge mit Organmitgliedern stets in Erwägung gezogen werden, vertraglich wichtige Kündigungsgründe zu vereinbaren. Soll später nämlich das Anstellungsverhältnis beendet werden, könnte die Position des kündigenden Unternehmens bei Eintritt eines vertraglich vereinbarten Kündigungsgrundes erheblich besser sein.

2. Interessenabwägung

Bereits aus dem Wortlaut des § 626 Abs. 1 BGB geht der **zweistufige Aufbau** der Vorschrift, wonach Voraussetzung für die Wirksamkeit der fristlosen Kündigung ist, dass dem Kündigenden „unter Abwägung der Interessen beider Vertragsteile die Fortsetzung des Dienstverhältnisses bis zum Ablauf der Kündigungsfrist oder bis zu der vereinbarten Beendigung des Dienstverhältnisses nicht zugemutet werden kann“, hervor. 36

Selbst wenn grundsätzlich ein wichtiger Kündigungsgrund besteht, müssen im Rahmen einer erforderlichen Interessenabwägung sowohl die Belange des gekündigten Organmitgliedes als auch des kündigenden Unternehmens herausgearbeitet und gegeneinander abgewogen werden. Aus der Natur der Sache heraus sind die Interessen des Unternehmens umso beeinträchtigter, je schwerwiegender und verwerflicher der wichtige Kündigungsgrund ist. 37

Fettnapf

Nicht zuletzt bei der Interessenabwägung zeigt sich, dass sich bei der Prüfung der Wirksamkeit einer außerordentlichen Kündigung eine pauschale Betrachtung – gerade auch im Falle des Vorliegens eines in der Rechtsprechung oder der Literatur anerkannten Kündigungsgrundes – verbietet. Erfolgen muss stets eine Betrachtung der Interessen und Vornahme der Interessenabwägung im Einzelfall.

3. Zwei-Wochen-Frist aus § 626 Abs. 2 BGB

Neben der Erfüllung der Voraussetzungen des § 626 Abs. 1 BGB ist weitere Voraussetzung für die materielle Wirksamkeit einer fristlosen Kündigung die Einhaltung der Zwei-Wochen-Frist aus § 626 Abs. 2 BGB. Die Kündigung kann nur innerhalb von zwei Wochen nachdem „der Kündigungsberechtigte von den für die Kündigung maßgebenden Tatsachen Kenntnis erlangt“ erfolgen. 38

33 Vgl. *Reiserer*, BB 2002, 1199, 1200.

Fettnapf
In der Praxis stellt eine fehlende Einhaltung der Zwei-Wochen-Frist, bedingt z.B. durch weitere gesellschaftsinterne Abstimmungen, Unentschlossenheit, Hoffnungen auf einvernehmliche Lösungen oder taktisches Abwarten bestimmter Zeitpunkte, einen weit verbreiteten „Fallstrick" beim Ausspruch fristloser Kündigungen dar. Mag die Pflichtverletzung des Organmitgliedes noch so schwer sein, ein Verstreichen der Zwei-Wochen-Frist lässt sich nicht heilen. Etwas anderes gilt nur, wenn das Organmitglied weitere „Glieder der Kette" (dazu sogleich) oder gänzlich neue Kündigungsgründe setzt.

39 Die Bestimmung des Zeitpunktes des Beginns der Zwei-Wochen-Frist stellt sowohl die Beteiligten als auch Gerichte häufig vor Schwierigkeiten. Von immenser praktischer Bedeutung für Gerichtsprozesse ist dabei, dass das kündigende Unternehmen die Darlegungs- und Beweislast für die Einhaltung der Frist und damit auch für eine Kenntniserlangung innerhalb der Frist trägt.

Praxistipp
Unternehmen sollten daher stets darauf achten, dass sie in der Lage sind, die Einhaltung der Frist und die Kenntniserlangung innerhalb der Frist beweisen zu können. Zu diesem Zwecke sollte im Zusammenhang mit Kündigungsgründen stets in potentieller Beweisform dokumentiert werden, wer, wann, wen und worüber informiert hat.

40 Bezüglich des Fristbeginns stellt das Gesetz auf die Kenntnis der „für die Kündigung maßgeblichen Tatsachen" ab. Diese Kenntnis liegt erst vor, wenn alles in Erfahrung gebracht wurde, was als notwendige Grundlage für die Entscheidung über den Fortbestand oder die Auflösung des Dienstverhältnisses anzusehen ist[34]. Gründe, die zum Zeitpunkt des Kündigungsausspruchs bereits mehr als zwei Wochen zurückliegen, können nur dann zur Rechtfertigung der Kündigung herangezogen werden, wenn sie sich mit für sich genommen nicht verfristeten Gründen wie eine Kette zu einem Gesamtverhalten zusammenfassen lassen und die nicht verfristeten Gründe das **„letzte Glied der Kette"** darstellen[35].

41 Wie § 626 Abs. 2 BGB bereits ausdrückt, kommt es auf die Kenntnis des „Kündigungsberechtigten" an. Bei der GmbH ist dies in der Regel (Näheres dazu sogleich) die Gesellschafterversammlung. Bei der AG ist dies grundsätzlich der Aufsichtsrat bzw. der zuständige Ausschuss des Aufsichtsrates[36]. Auf den Zeitpunkt der Kenntniserlangung einzelner Mitglieder der Gesellschafterversammlung oder des Aufsichtsrates bzw. des zuständigen Ausschusses kommt es grundsätzlich nicht an. Haben einzelne Mitglieder jedoch Kenntnis erlangt, haben sie den Einberufungsbe-

34 Vgl. MüKo-BGB/*Henssler*, § 626 BGB Rn 297.
35 Vgl. MüKo-BGB/*Henssler*, § 626 BGB Rn 127 m.w.N.
36 Vgl. *Janzen*, NZG 2003, 468, 474.

rechtigten zu informieren. Der Einberufungsberechtigte muss, wie auch in Fällen eigenständig erlangter Kenntnis, unverzüglich eine Sitzung des für die Kündigung zuständigen Organs einberufen. Sollte eine solche Einberufung nicht erfolgen, beginnt die Zwei-Wochen-Frist zu dem Zeitpunkt, zu welchem unter gewöhnlichen Umständen eine einberufene Gesellschafterversammlung oder Sitzung des Aufsichtsrates bzw. Ausschusses des Aufsichtsrates stattgefunden hätte[37]; ein Zeitpunkt, bei welchem seine Umschreibung bereits verdeutlicht, dass er in der Praxis nur mit Rechtsunsicherheiten bestimmt werden.

4. Nachschieben von Kündigungsgründen

Besonderheiten gelten in Bezug auf die Zwei-Wochen-Frist beim sog. Nachschieben von Kündigungsgründen. Zulässig ist ein Nachschieben von Kündigungsgründen, sofern diese Gründe zum Empfangszeitpunkt der Kündigung bereits vorgelegen haben und bei Kündigungsausspruch nicht bereits länger als zwei Wochen bekannt waren. Ändert die Gesellschaft im Rahmen der Auseinandersetzung über die Kündigung ihre rechtliche Bewertung eines bekannten Verhaltens, stellt dies keinen Fall eines Nachschiebens von Kündigungsgründen dar[38]. Spricht die Gesellschaft hilfsweise eine weitere außerordentliche Kündigung aus, gilt für diese eine eigene Zwei-Wochen-Frist aus § 626 Abs. 2 BGB. 42

5. Kein Abmahnungs- oder Anhörungserfordernis

Vor Ausspruch einer außerordentlichen Kündigung muss die Gesellschaft die zu kündigenden Geschäftsführer oder Vorstandsmitglieder nach herrschender Ansicht grundsätzlich weder abmahnen noch anhören[39]. Dies gilt auch, wenn nach dem Anstellungsvertrag eine Anhörung an sich erforderlich wäre[40]. 43

IV. Zuständigkeiten, formale Aspekte

In Bezug auf die Zuständigkeiten und formale Aspekte bei ordentlichen und außerordentlichen Kündigungen ist zwischen dem Beschluss, eine Kündigung auszusprechen, einer etwaigen Bevollmächtigung für den Ausspruch der Kündigung und dem Kündigungsausspruch selbst zu trennen. 44

37 Vgl. *Hüffer*, § 84 AktG Rn 32; *Janzen*, NZG 2003, 468, 474.

38 Anm. *Goette* zu BGH, Beschl. v. 3.5.1999 – II ZR 35/98 – DStR 1999, 1537, 1538.

39 BGH, Urt. v. 10.9.2001 – II ZR 14/00 – DB 2001, 2438; BGH, Urt. v. 14.2.2000 – II ZR 218/98 – DB 2000, 964; a.A. *Janzen*, NZG 2003, 468, 472.

40 LG Berlin, Urt. v. 3.7.2002 – 2 O 358/01 – AG 2002, 682, 683.

45 Zuständig für die Kündigung von Geschäftsführern einer GmbH ist auf Gesellschaftsseite die Gesellschafterversammlung, sofern sich aus dem Gesellschaftsvertrag oder dem MitbestG nichts Abweichendes ergibt[41].

46 Bei der Aktiengesellschaft ist grundsätzlich der Aufsichtsrat für die Kündigung zuständig. Bei Vorstandsmitgliedern kann, im Gegensatz zum Beschluss über eine Abberufung, der Beschluss über die Kündigung einem Ausschuss übertragen werden[42]. Soll ein Ausschuss einen Beschluss über die Kündigung treffen, muss vorab ein Abberufungsbeschluss des für die Abberufung zuständigen Organs, des Aufsichtsrates, getroffen worden sein[43].

47 Der Beschluss über den Ausspruch der Kündigung sollte mit den gesetzlich bzw. gesellschaftsvertraglich/satzungsmäßig vorgesehenen Mehrheiten gefasst werden. Ohne abweichende Regelungen, insbesondere im Gesellschaftsvertrag oder der Satzung, bedarf es grundsätzlich eines Beschlusses mit einer Mehrheit der anwesenden Stimmen. Ist, bei der GmbH, der zu kündigende Geschäftsführers selbst Gesellschafter, hat er bei dem Gesellschafterbeschluss kein Stimmrecht.

! **Fettnapf**
An die formale Wirksamkeit des Kündigungsbeschlusses werden hohe Anforderungen gestellt.

---

48 Bei der Kündigung handelt es sich um eine **empfangsbedürftige Willenserklärung**, welche dem betroffenen Organmitglieder **zugehen** muss. Der Ausspruch der Kündigung kann einem Dritten überlassen werden[44]. Nicht selten beschließt das zuständige Organ daher in der Praxis, einen konkret Benannten, z.B. den Mehrheitsgesellschafter oder die Geschäftsführung/den Vorstand des Mehrheitsgesellschafters, für den Ausspruch der Kündigung zu bevollmächtigten. Dies trägt oftmals praktischen Erwägungen Rechnung, da eine Unterzeichnung eines Kündigungsschreibens bei mehreren Gesellschaftern bzw. Aufsichtsratsmitgliedern ggf. wenig praktikabel sein könnte.

49 Die Kündigung bedarf zu ihrer formellen Wirksamkeit der Schriftform, § 623 BGB.

---

41 Anm. *Goette* zu BGH, Beschl. v. 3.5.1999 – II ZR 35/98 – DStR 1999, 1537, 1537; *Reiserer*, BB 2002, 1199.

42 *Hüffer*, § 84 AktG Rn 38.

43 Vgl. BGH, Urt. v. 24.11.1980 – II ZR 182/79 – DB 1981, 308; BGH, Urt. v. 25.2.1982 – II ZR 145/80 – DB 1982, 534; *Janzen*, NZG 2003, 468, 472.

44 BGH, Urt. v. 1.2.1968 – II ZR 212/65 – WM 1968, 570; Anm. *Goette* zu BGH, Beschl. v. 3.5.1999 – II ZR 35/98 – DStR 1999, 1537, 1538.

Praxistipp
Aus Sicht der Gesellschaft empfiehlt es sich, den Zugang der Kündigung und den Zeitpunkt des Zugangs beim Organmitglied so detailliert wie möglich zu dokumentieren, sei dies z.B. durch eine ausdrückliche **Empfangsbestätigung** des Organmitglieds oder potentielle Zeugen.

C. Abberufung aus Organstellung

Die bereits angesprochene Doppelstellung[45] von Organmitgliedern hat zur Folge, dass die Beendigung des Organverhältnisses von der Beendigung des Anstellungsverhältnisses zu trennen ist. Beendet wird das Organverhältnis durch (eigene) Amtsniederlegung des Organmitglieds oder Abberufung aus der Organstellung durch das Unternehmen, oft auch als Widerruf der Bestellung bezeichnet. 50

Die rechtliche Trennung zwischen Organstellung und Anstellungsverhältnis führt dazu, dass diese auch rechtlich unabhängig voneinander existieren können. Will ein Unternehmen daher neben dem Anstellungsverhältnis auch noch das Organverhältnis mit dem Organmitglied beenden, bedarf es einer gesonderten Abberufung. 51

I. Abberufungsgründe

Die materiellen Voraussetzungen an eine Abberufung von Organmitgliedern hängen wesentlich davon ab, ob es sich um einen Geschäftsführer oder ein Vorstandsmitglied handeln. 52

Geschäftsführer können grundsätzlich jederzeit grundlos aus ihrer Organstellung abberufen werden, vgl. § 38 Abs. 1 GmbHG. Der Gesellschaftsvertrag kann jedoch abweichend vorschreiben, dass es für die Abberufung bzw. – synonym – den Widerruf der Bestellung eines wichtigen Grundes bedarf. 53

Enthält der Gesellschaftsvertrag dagegen eine Einschränkung der Abberufung durch das Erfordernis des Vorliegens eines wichtigen Grundes, muss für die materielle Wirksamkeit der Abberufung ein entsprechender wichtiger Grund vorliegen. 54

Praxistipp
Eine gesellschaftsvertragliche Einschränkung der freien Abberufbarkeit von Geschäftsführern ist vorrangig von Vorteil sowohl für Geschäftsführer selbst als auch Minderheitsgesellschafter. Letztere wären beim gesetzlichen Regelfall – im Falle einer freien Abberufbarkeit – grundsätzlich kaum in der Lage, eine Abberufung durch Mehrheitsentscheidung zu verhindern. Bei der Gestaltung und der

45 Ständige Rechtsprechung, vgl. BGH, Urt. v. 29.5.1989 – II ZR 220/88 – DB 1989, 1865; BGH, Urt. v. 28.10.2002 – II ZR 146/02 – DB 2002, 2705.

Verhandlung von Gesellschaftsverträgen sollte daher genau abgewogen werden, ob die freie Abberufbarkeit von Geschäftsführern eingeschränkt werden soll oder nicht.

55 Anders als bei Geschäftsführern sieht die Konstellation bei Vorstandsmitgliedern aus. Kraft der zwingenden Regelung in § 84 Abs. 3 S. 1 AktG bedarf es für die Abberufung eines Vorstandsmitglieds eines wichtigen Grundes. Eine grundlose Abberufung von Vorstandsmitgliedern ist nicht möglich. Beispielhaft nennt das Gesetz als Abberufungsgründe grobe Pflichtverletzung, Unfähigkeit zur ordnungsgemäßen Geschäftsführung und Vertrauensentzug durch die Hauptversammlung, falls dieser nicht aus unsachlichen Gründen erfolgte.

! **Praxishinweis**
Anders als beim GmbH-Geschäftsführer bedarf die Abberufung eines AG-Vorstandes grundsätzlich eines wichtigen Grundes.

56 Ein wichtiger Grund für die Abberufung liegt nach ganz herrschender Meinung vor, wenn die Fortsetzung des Organverhältnisses bis zum Ende der Amtszeit für die Gesellschaft unzumutbar ist[46]. Umstritten ist, ob dabei eine Abwägung der Interessen der Gesellschaft mit den Interessen des Vorstandsmitglieds (bzw. Geschäftsführers) erfolgen muss. Die Rechtsprechung nimmt ein entsprechendes Abwägungserfordernis an[47]. Ein Großteil der Literatur stimmt dem Erfordernis zwar zu, sieht jedoch eine stärkere Gewichtung der Interessen der Gesellschaft als zulässig an[48]. In der Literatur teilweise vertreten wird jedoch, dass es allein auf die Interessen der Gesellschaft ankomme und die Interessen des Vorstandsmitglieds (bzw. Geschäftsführers) allenfalls im Rahmen des Anstellungsverhältnisses von Relevanz seien[49].

57 Ist für die Abberufung ein wichtiger Grund erforderlich, ist dieser von dem für eine fristlose Kündigung erforderlichen wichtigen Grund grundsätzlich zu unterscheiden. Mag ein wichtiger Grund für eine Abberufung nicht zwingend einen wichtigen Kündigungsgrund darstellen, so stellt ein wichtiger Kündigungsgrund jedoch in der Regel auch einen wichtigen Grund für eine Abberufung dar[50].

---

46 BGH, Urt. v. 28.1.1985 – II ZR 79/84 – BB 1985, 567.

47 BGH, Beschl. v. 23.10.2006 – II ZR 298/05 – DB 2007, 158; BGH, Beschl. v. 7.6.1962 – II ZR 131/61 – DB 1962, 1042.

48 *Hüffer*, § 84 AktG Rn 26; *Gurmann/Gillmann*, D 2003, 770, 771.

49 Schmidt/Lutter/*Seibt*, § 84 AktG Rn 49; *Fleischer*, DStR 2006, 1507, 1509.

50 *Janzen*, NZG 2003, 468, 473.

1. Beispiele

In Rechtsprechung und Literatur sind u.a. folgende Gründe als wichtiger Grund für eine Abberufung durch die Gesellschaft anerkannt[51]: 58

- unredliches Verhalten gegenüber Mitgeschäftsführer[52]
- dauernder Streitigkeiten zwischen Geschäftsführern untereinander, die eine gedeihliche Zusammenarbeit gefährden[53]
- Tätlichkeiten gegenüber Mitarbeitern, Mitgeschäftsführern oder Gesellschaftern[54]
- Kompetenzüberschreitung in einer existentiell wichtigen Frage[55]
- unzureichende Buchführung[56]
- Fälschung von Abrechnungsbelegen[57]
- andauernde Krankheit[58]

Eine Vereinbarung wichtiger Abberufungsgründe ist nicht möglich, insbesondere nicht in der Satzung oder dem Anstellungsvertrag[59]. 59

2. Koppelungsklauseln

Die bereits mehrfach angesprochenen Koppelungsklauseln mögen für die Praxis zwar von besonderer Bedeutung sein. Diese Bedeutung wirkt sich jedoch in der Regel nicht auf die Abberufungsmöglichkeiten aus. Die Koppelungsklauseln knüpfen nämlich den Bestand des Anstellungsvertrages an die Fortdauer des Organverhältnisses an – und nicht umgekehrt. Ein Versuch der Koppelung dergestalt, dass die Beendigung des Anstellungsverhältnisses ein Ende der Organstellung zu Folge hat, wird in der Regel nicht unternommen; seine Zulässigkeit wäre ohnehin fraglich, u.a. aufgrund des angesprochenen Ausschlusses der Vereinbarkeit wichtiger Abberufungsgründe und – bei Vorstandsmitgliedern – aufgrund des zwingenden § 84 Abs. 3 AktG. Bei grundlos abrufbaren Geschäftsführern wäre eine Koppelung der Abberufung schon theoretisch von wenig Relevanz, da zusammen mit einem Beschluss über eine Kündigung auch ein Beschluss über die (grundlos mögliche) Abberufung getroffen werden könnte. 60

51 Vgl. Baumbach/Hueck/*Zöllner/Noack*, § 38 GmbHG Rn 13.
52 BGH, Urt. v. 26.3.1956 – II ZR 57/55 – NJW 1956, 906.
53 OLG Karlsruhe, Urt. v. 4.5.1999 – 8 U 153/97 – NZG 2000, 264.
54 OLG Stuttgart, Urt. v. 26.3.1956 – II ZR 57/55 – NJW 1956, 906; BGH, Beschl. v. 24.10.1994 – II ZR 91/94 – DStR 1994, 1746.
55 OLG Köln, Urt. v. 1.6.2010 – 18 U 72/09 – NZG 2011, 307.
56 BGH, Beschl. v. 12.1.2009 – II ZR 27/08 – WM 2009, 551.
57 OLG Hamm, Urt. v. 7.5.1984 – 8 U 22/84 – GmbHR 1985, 119.
58 OLG Zweibrücken, Urt. v. 5.6.2003 – 4 U 117/02 – NZG 2003, 931.
59 *Janzen*, NZG 2003, 468, 470.

3. Keine Frist

61 Eine der Frist aus § 626 Abs. 2 BGB entsprechende Frist für die Abberufung aus wichtigem Grund gibt es zwar nicht, in Ausnahmefällen kann der Abberufung jedoch die Einrede der Verwirkung entgegenstehen[60]. In Betracht kommt dies ausnahmsweise u.a., wenn die Gründe dem zuständigen Organ bereits über längere Zeit bekannt waren, dieses zunächst keinen Abberufungsbeschluss gefasst hat und das betroffene Organmitglieder darauf vertrauen durfte, dass keine Abberufung erfolgen würde[61].

62 In Fällen, in denen eine Abberufung auch grundlos erfolgen kann, kann ihrer Wirksamkeit das Schikaneverbot aus § 226 BGB oder Sittenwidrigkeit, § 138 BGB, in absoluten Ausnahmefällen entgegenstehen[62].

II. Zuständigkeiten, formale Aspekte

63 Zu den Voraussetzungen an die formelle Wirksamkeit von Abberufungsbeschlüssen gehört es, dass die Abberufung durch das zuständige Organ erfolgt ist.

1. Zuständigkeit bei der GmbH

64 Bei der GmbH fällt, sofern keine abweichenden Regelungen getroffen wurden, der Beschluss über die Abberufung grundsätzlich in die Zuständigkeit der Gesellschafterversammlung, § 46 Nr. 5 GmbHG. Diese Kompetenzverteilung ist weitgehend dispositiv[63]. Eine Abberufungskompetenz kann in der Regel sowohl ausschließlich als auch zusätzlich zur Gesellschafterversammlung gewährt werden[64]. Durch den Gesellschaftsvertrag kann beispielsweise eine Zuständigkeit eines fakultativen Aufsichtsrates oder Beirates angeordnet werden. Falls die Bestimmungen des MitbestG anwendbar sind, ist nach § 31 MitbestG der Aufsichtsrat zuständig[65].

2. Zuständigkeit bei der AG

65 Zuständig für die Abberufung von Vorstandsmitgliedern ist stets der Aufsichtsrat der Aktiengesellschaft, § 84 Abs. 3 S. 1 AktG[66]. § 107 Abs. 3 S. 2 AktG schließt die

---

60 BGH, Urt. v. 12.7.1993 – II ZR 65/92 – DB 1993, 1814; *Janzen*, NZG 2003, 468, 469.
61 Vgl. BGH, Urt. v. 14.10.1991 – II ZR 239/90 – BB 1992, 17.
62 Vgl. LG Frankfurt, Urt. v. 7.3.32011 – 3-13 O 78/00 – NZA-RR 2001, 298.
63 Roth/Altmeppen/*Altmeppen*, § 38 GmbHG Rn 12.
64 Vgl. *Fischer*, BB 2013, 2819, 2821 m.w.N.
65 Vgl. *Seibt*, NJW-Spezial 2004, 123.
66 Vgl. *Fleischer*, DStR 2006, 1507.

Übertragung der Beschlusskompetenz auf Ausschüsse aus. Sind die Bestimmungen des MitbestG anwendbar, ordnet § 31 Abs. 5 MitbestG das zweistufige Verfahren aus § 31 Abs. 2–4 MitbestG an.

3. Mehrheitserfordernisse

Der Abberufungsbeschluss bedarf grundsätzlich einer einfachen Mehrheit. Außer bei einer Abberufung aus wichtigem Grund[67] kann der Gesellschaftsvertrag jedoch auch andere Mehrheiten vorsehen[68]. Theoretisch denkbar aber praktisch wenig nachvollziehbar wäre es, andere Mehrheiten für eine Abberufung als für eine Kündigung vorzusehen. 66

Praxistipp
An die formale Wirksamkeit des Abberufungsbeschlusses werden hohe Anforderungen gestellt. !

4. Stimmrechtsausschluss

Umstritten ist, wann GmbH-Gesellschafter einem Stimmrechtsausschluss beim Abberufungsbeschluss unterliegen. Teilweise wird ein das Stimmrecht ausschließender Fall des **Richtens in eigener Sache** bereits angenommen, wenn substantiiert ein als wichtiger Grund anzusehender Sachverhalt vorgetragen wird, teilweise wird ein Stimmrechtsausschluss aber nur im Falle des tatsächlichen Vorliegens wichtiger Gründe angenommen[69]. Im Falle eines Stimmrechtsausschlusses ohne Grund besteht grundsätzlich kein Stimmrechtsausschluss des betroffenen Gesellschafter-Geschäftsführers[70]. 67

5. Trennung zwischen Abberufungsbeschluss und Abberufung

Zu trennen ist auch bei der Abberufung, wie bei der Kündigung, zwischen dem Abberufungsbeschluss und der Abberufung selbst. Letztere ist, ebenfalls wie die Kündigung, eine einseitige, empfangsbedürftige Willenserklärung. Die Abberufung muss erklärt werden und dem Geschäftsführer bzw. Vorstandsmitglied zugehen. Auch insoweit bedient sich die Gesellschaft häufig eines Dritten. 68

67 BGH, Urt. v. 20.12.1982 – II ZR 110/82 – NJW 1983, 938.
68 Vgl. Baumbach/Hueck/*Zöllner*/*Noack*, § 38 GmbHG Rn 29.
69 Vgl. *Fischer*, BB 2013, 2819, 2820 m.w.N.
70 Vgl. Baumbach/Hueck/*Zöllner*/*Noack*, § 38 GmbHG Rn 33.

D. Prozessuale Fragen

69 In prozessualer Hinsicht unterscheiden sich Streitigkeiten mit Organmitgliedern über Abberufungen und Kündigungen deutlich von Kündigungsstreitigkeiten mit Arbeitnehmern. Für Auseinandersetzungen mit Organmitgliedern gilt eine Vielzahl anderer „Spielregeln" und die Schwerpunkte in der Auseinandersetzung liegen häufig anders. Nicht selten kommt es vor, dass spezialisierte Arbeitsrechtler in Prozessen mit Organmitgliedern „Neuland" betreten und vor neue Herausforderungen gestellt werden. Reine Gesellschaftsrechtler werden ihrerseits oftmals mit neuen Frage- und Problemstellung konfrontiert, wenn es um die Vertretung von Organmitgliedern gegen Abberufungen und Kündigungen geht.

! **Praxistipp**
Auseinandersetzungen mit Organmitgliedern im Zusammenhang mit Abberufungen und Kündigungen sind für Unternehmen häufig von großer Bedeutung und für die rechtlichen Berater mit einer Vielzahl von Problemen und „Fallstricken" verbunden. Unternehmen sollten daher besonderes Augenmerk darauf legen, in entsprechenden Konstellationen einen qualifizierten rechtlichen Berater auszuwählen.

I. Gerichtliches Vorgehen im Zusammenhang mit einer Kündigung

1. Zuständiges Gericht

70 Für Auseinandersetzungen mit Organmitgliedern über Kündigungen ist grundsätzlich der ordentliche Rechtsweg, d.h. der Rechtsweg zu den Zivilgerichten, offen. Unabhängig davon, ob das Anstellungsverhältnis des betroffenen Organmitglieds im konkreten Fall als Arbeitsverhältnis einzuordnen ist, hat der Gesetzgeber Streitigkeiten von Geschäftsführern und Vorstandsmitgliedern gegen die Gesellschaften aus der Zuständigkeit der Arbeitsgerichte herausgenommen. Selbst eine Einordnung des Organmitglieds als arbeitnehmerähnliche Person i.S.d. § 5 Abs. 1 S. 2 HS 2 ArbGG ändert an der fehlenden Zuständigkeit der Arbeitsgerichte nichts[71].

71 Zuständig sind in erster Instanz die Landgerichte, funktional zuständig die Kammern für Handelssachen, § 95 Abs. 1 Nr. 4 a) GVG.

72 Beschreitet ein Organmitglied einen fehlerhaften Rechtsweg, indem es z.B. Klage vor einem Arbeitsgericht einreicht, hat das angerufene Gericht den Rechtsstreit an das zuständige Zivilgericht zu verweisen.

---

71 Vgl. BAG, Urt. v. 9.5.1985 – 2 AZR 330/84 – GmbHR 1986, 263; für den Geschäftsführer der Komplementär-GmbH einer KG: BAG, Beschl. v. 20.8.2003 – 5 AZB 79/02 – EWiR 2003, 1171 mit Anm. *Reiserer.*

Praxistipp
Nicht selten können missverständliche Ausgestaltungen von Anstellungsverhältnissen mit Geschäftsführern oder Vorständen zu Fragen der Rechtswegzuständigkeit führen. Da Unternehmen häufig kein gesteigertes Interesse an einer raschen Beilegung entsprechender Streitigkeiten haben, gekündigte Organmitglieder hingegen oftmals einen zeitnahen Verfahrensabschluss anstreben, kann es sich aus Unternehmensseite möglicherweise anbieten, bereits zu Anfang des Verfahrens eine häufig zeitaufwendige, zumindest verzögernde Debatte über die Rechtswegzuständigkeit einzuleiten. Die Vergleichsbereitschaft gekündigter Organmitglieder kann sich durchaus erhöhen, wenn das Organmitglied kein Voranschreiten der Auseinandersetzung – über Diskussionen über die **Rechtswegzuständigkeit** hinaus – erkennen kann.

2. Fristen

Ein weiterer grundlegender Unterschied von Kündigungsstreitigkeiten mit Organmitgliedern zu entsprechenden Streitigkeiten mit Arbeitnehmern liegt in den einzuhaltenden bzw. streitrelevanten Fristen. 73

Genießen Arbeitnehmer Schutz durch das KSchG, müssen sie eine fehlende soziale Rechtfertigung oder eine Rechtsunwirksamkeit der Kündigung aus anderen Gründen innerhalb von drei Wochen nach Zugang der Kündigungserklärung bei Gericht geltend machen, § 4 KSchG. 74

Anders sieht dies bei gekündigten Organmitgliedern aus. Die Drei-Wochen-Frist aus § 4 KSchG ist nicht einschlägig, vergleichbare Fristen gibt es nicht. Grundsätzlich besteht daher keine Notwendigkeit zur Fristwahrung oder gar Eile. Allenfalls in Ausnahmefällen bei erheblichem Zeitablauf könnte ein Zeitablauf einem Kläger nach den Grundsätzen von Treu und Glauben, § 242 BGB, entgegengehalten werden. Theoretisch in Betracht kommt, ebenfalls nur in Ausnahmefällen, auch eine Verwirkung. 75

Je nach der Art des Klageverfahrens, dazu sogleich, könnte sich Zeitablauf für Organmitglieder im Zusammenhang mit Verjährungsfristen nachteilig auswirken. Klagen gekündigte Organmitglieder beispielsweise Vergütung ein und unterliegen Vergütungsansprüche vertraglich vereinbarten kurzen Verjährungsfristen, so kann bei Fristablauf den Organmitgliedern die Einrede der Verjährung entgegengehalten werden. Enthalten die Anstellungsverträge keine Verjährungsbestimmungen, unterliegen Ansprüche von Organmitgliedern in der Regel den gesetzlichen Verjährungsfristen und somit der regelmäßigen Verjährungsfrist aus § 195 BGB. 76

3. Klagearten

Arbeitnehmer sind in der Regel gezwungen, im Rahmen einer Kündigungsschutzklage die **Feststellung** zu begehren, dass das Arbeitsverhältnis nicht durch eine bestimmte Kündigung beendet worden ist. Eine Ausnahme bildet insoweit der als zulässig angesehene sog. allgemeine Feststellungsantrag, wonach das Arbeitsverhältnis fortbestehen soll. Die Wirkungen des § 4 KSchG zwingen Arbeitnehmern als 77

Klageart die Bestandsschutzklage quasi auf. Allenfalls in Ausnahmefällen machen Arbeitnehmer auch Leistungsanträge auf Zahlung einer konkreten Vergütung geltend. Prozessbevollmächtigten wird in letztgenannten Konstellationen nicht selten ein „Hochtreiben“ der Gebühren vorgeworfen.

78 Organmitglieder sind hingegen bei der Wahl der Klageart deutlich freier:

a) Bestandsschutzklage

79 Organmitgliedern steht einerseits, wie auch Arbeitnehmern, die Bestandsschutzklage offen. In deren Rahmen können sie die Feststellung begehren, dass das Anstellungsverhältnis durch eine (oder mehrere) bestimmte Kündigungen nicht beendet wurde. Ebenso zulässig dürfte der allgemeine Feststellungsantrag sein, wonach festgestellt werden soll, dass das Anstellungsverhältnis fortbesteht.

80 Zu bedenken ist die materielle Rechtskraft eines Urteils im Bestandsschutzverfahren. Falls ein für das Organmitglied positives Urteil ergehen sollte, schließt dies allenfalls weitere Argumente des Unternehmens für die Wirksamkeit der Kündigung aus, nicht jedoch Argumente gegen das Bestehen oder die Höhe von Vergütungsansprüchen. Das Unternehmen wäre beispielsweise nicht daran gehindert, Gehaltsansprüchen den Einwand anderweitigen Erwerbs oder böswillig unterlassenen anderweitigen Erwerbs nach § 615 S. 2 BGB entgegenzuhalten.

! **Praxistipp**

Eine fehlende materielle Rechtskraft eines Urteils im „reinen“ Bestandsschutzverfahren im Hinblick auf die Höhe der dem klagenden Organmitglied zustehenden Vergütung können sich Unternehmen auch nach einem Unterliegen im Klageverfahren zunutze machen. Hat ein Organmitglied, möglicherweise erst nach einem mehrinstanzlichen und langwierigen Verfahren, im Bestandsschutzverfahren obsiegt und wird mit nicht aussichtslos erscheinenden Einwendungen des Unternehmens in Bezug auf die Höhe der Vergütung konfrontiert, hat es möglicherweise nicht mehr die Geduld und Ressourcen, aufwendige (weitere) Verfahren über die Höhe der Vergütung zu führen. Das Unternehmen könnte dies zum Zwecke eines auch durch Nachgeben des Organmitglieds gekennzeichneten Vergleichsabschlusses nutzen.

---

b) Leistungsklage

81 Von besonderer praktischer Relevanz bei Organmitgliedern ist neben der Bestandsschutzklage die Leistungsklage, gerichtet auf Leistung der Vergütung oder sonstiger Ansprüche aus dem Anstellungsverhältnis. Im Rahmen dieser Klageart würde das gekündigte Organmitglied konkret bezifferte Ansprüche, in der Regel Zahlungsansprüche, einklagen. Die Zahlungsansprüche könnten dabei z.B. Ansprüche auf Vergütung, Beitragszahlungen an eine Versicherung oder Krankenkasse oder Schadensersatz wegen Entzugs eines Dienstwagens, -telefons oder -laptops umfassen; in der Regel also laufende bzw. wiederkehrende Leistungen aus dem Anstellungsverhältnis.

aa) Einklagbarkeit künftig fällig werdender Ansprüche

Von besonderer praktischer Relevanz im Zusammenhang mit Leistungsklagen ist die Frage, ob auch künftig fällig werdende Ansprüche vom Organmitglied eingeklagt werden können, namentlich ist dies vorrangig künftige Vergütung. Es kann sich aber auch um künftige Schadensersatzansprüche z.B. wegen Entzugs eines Dienstwagens, -telefons oder -laptops handeln. Wäre ein Einklagen künftiger Ansprüche nicht zulässig, wäre u.a. die beschränkte materielle Rechtskraft ein deutlicher Nachteil reiner Leistungsklagen. Ob künftig fällige Ansprüche bis zum Ende der Vertragslaufzeit bzw. nächstmöglichen Zeitpunkt einer ordentlichen Kündigung oder stattdessen lediglich bereits fällige Ansprüche vom gekündigten Organmitglied eingeklagt werden können, ist immer noch umstritten[72]. 82

bb) Sonderfall Urkundenprozess

Bei der später noch darzustellenden Entscheidung des Organmitglieds über die Klageart spielt die Möglichkeit einer Leistungsklage im Wege eines Urkundenprozesses häufig eine wichtige Rolle. 83

Bei einem Urkundenprozess, geregelt in § 592 ZPO, handelt es sich um einen Sonderfall des Zivilprozesses. Der Urkundenprozess soll dazu dienen, dem Kläger, hier dem Organmitglied, schnell einen **vollstreckbaren Titel** zu bringen[73]. Dieser Anreiz ist in der Praxis besonders deshalb von großer Relevanz für gekündigte Geschäftsführer oder Vorstandsmitglieder, weil mit dem Ausspruch der fristlosen Kündigung in der Regel eine Einstellung der Vergütungszahlungen durch die Gesellschaft einhergeht. Nicht selten sind die gekündigten Organmitglieder auf die Vergütungszahlungen angewiesen und benötigen einen schnellen Titel, ohne z.B. ein langwieriges Bestandsschutzverfahren abwarten zu müssen. 84

Ein schneller Titel zugunsten des Gekündigten kann ihm nicht nur eine zeitnahe finanzielle Befriedigung oder Vollstreckung ermöglichen, sondern dem im sog. Vorerfahren obsiegenden Geschäftsführer oder Vorstandsmitglied auch eine günstige Verhandlungsposition für Vergleichsgespräche verschaffen. Ein Beschleunigungsinteresse des Organmitglieds kann darüber hinaus auch aus einer in Aussicht stehenden neuen Beschäftigung resultieren[74]. 85

Ein Urkundenprozess unterscheidet sich vom „gewöhnlichen" Zivilprozess dergestalt, dass die Instanz beim Urkundenprozess in ein **Vor- und ein Nachverfahren** getrennt ist. Die sogleich noch darzustellenden Beschränkungen des Urkundenprozesses wirken sich dabei nur auf das Vorverfahren aus. Das Vorverfahren endet im Falle des Unterliegens des beklagten Unternehmens in der Regel mit einem 86

72 Vgl. *Pesch*, NZA 2002, 957, 958; *Fischer*, NJW 2003, 333, 334.
73 Vgl. BGH, Urt. v. 8.1.2004 – III ZR 401/02 – NJW-RR 2004, 1000.
74 Vgl. *Pesch*, NZA 2002, 957.

Vorbehaltsurteil, in welchem dem Unternehmen die Geltendmachung der Rechte im Nachverfahren vorbehalten ist, § 599 Abs. 1 ZPO. Denkbar ist für das beklagte Unternehmen auch, im Vorverfahren ein Anerkenntnis unter Vorbehalt der Rechte im Nachverfahren zu erklären. Die Rechtsprechung sieht in entsprechenden Konstellationen den Erlass eines Anerkenntnis-Vorbehaltsurteils als zulässig an[75].

! **Praxistipp**
Mit dem Urkundenprozess kann das gekündigte Organmitglied sehr schnell einen Zahlungstitel bezüglich seiner Vergütung erwirken.

---

87 Ein Urkundenprozess ist nur zulässig, wenn es sich um einen auf die Zahlung einer bestimmten Geldsumme oder die Leistung einer bestimmten Menge anderer vertretbarer Sachen oder Wertpapiere gerichteten Anspruch handelt und sämtliche zur Begründung des Anspruchs erforderlichen Tatsachen durch Urkunden belegt werden können, § 592 S. 1 ZPO. Im Falle gekündigter Organmitglieder stellt der Anstellungsvertrag in der Regel diese Urkunde dar[76]. Weitere Urkunde von zentraler Relevanz für das Organmitglied ist in der Regel die schriftliche Kündigung durch das Unternehmen. Von dem Grundsatz „ohne Arbeit kein Lohn" aus § 614 BGB wird u.a. in Fällen eines Annahmeverzugs im Sinne der §§ 293ff. BGB eine Ausnahme gemacht. Im Falle eines Kündigungsausspruchs wird der Annahmeverzug der Gesellschaft in der Regel, sofern erforderlich, durch das Kündigungsschreiben belegt. Entweder bedarf es nach § 296 BGB wegen kalendermäßiger Bestimmung der von der Gesellschaft vorzunehmenden Handlung bereits keines wörtliches Angebot der Arbeitskraft des Organmitglieds[77] oder ein solches Angebot wäre zwar nach § 295 BGB erforderlich[78], aufgrund des Kündigungsausspruchs aber ausnahmsweise entbehrlich[79].

88 Im Arbeitsrecht versierte Anwälte beschreiten mit einem Urkundenprozess oftmals deshalb neue Wege, weil die Vorschriften über den Urkundenprozess nach § 46 Abs. 2 ArbGG in Verfahren vor den Arbeitsgerichten keine Anwendung finden.

(1) Statthafte Beweismittel im Urkundenprozess

89 Im Urkundenprozess ist die Statthaftigkeit von Beweismitteln eingeschränkt. Als Beweismittel sind neben Urkunden lediglich Parteivernehmungen zugelassen, § 595 Abs. 2 ZPO. Die Beschränkung der Beweismittel entfällt im Nachverfahren.

---

75 Vgl. OLG München, Urt. v. 7.3.1963 – 3 U 1874/62 – MDR 1963, 603.
76 Vgl. *Fischer*, NJW 2003, 333, 334.
77 BAG, Urt. v. 30.4.1987 – 2 AZR 299/86 – n.v.
78 Vgl. *Pesch*, NZA 2002, 957.
79 Vgl. OLG Rostock, Urt. v. 5.1.2005 – 6 U 122/04 – OLGR Rostock 2005, 804.

(2) Ausschluss der Widerklage im Urkundenprozess

Eine Widerklage des beklagten Unternehmens ist im Urkundenprozess nicht zulässig, § 595 Abs. 1 ZPO. Will das Unternehmen z.B. Schadensersatzansprüche wegen Pflichtverletzung des Organmitglieds widerklagend geltend machen, muss es das Nachverfahren abwarten oder die Ansprüche in einem gesonderten Verfahren einklagen. Erhebt das beklagte Unternehmen dennoch eine Widerklage im Urkundenprozess, muss diese wegen Unzulässigkeit abgewiesen werden. 90

(3) „Verteidigungsmöglichkeiten" der Gesellschaft

Faktisch sind die „Verteidigungsmöglichkeiten" der beklagten Gesellschaft im Urkundenprozess sehr beschränkt. Dem Unternehmen ist nicht nur die Erhebung der Widerklage verwehrt, sondern die **Einschränkung der Beweismittel** und die **Beweislastverteilung** an sich stellen für das Unternehmen oftmals hohe oder gar unüberwindbare Hürden dar. Will sich das Unternehmen gegen Ansprüche des klagenden Organmitglieds aus dem Anstellungsvertrag wenden, muss das Unternehmen die Wirksamkeit einer ausgesprochenen Kündigung sowohl in formeller als auch materieller Hinsicht beweisen. Das Unternehmen muss dabei u.a. die Kündigungsgründe beweisen – was sich in der Praxis aufgrund der Beschränkung der Beweismittel häufig als schwierig darstellt[80]. Erleichtert wird die Beweisführung des Unternehmens insoweit aber, wenn dem Organmitglied z.B. ein Verstoß gegen konkrete Regelungen aus dem Anstellungsvertrag, einer Geschäftsordnung oder des Gesellschaftsvertrages/der Satzung durch schriftlich dokumentierte Geschäfte vorgeworfen wird. Dennoch stellt sich, selbst in entsprechenden Konstellationen, die Beschränkung der Beweismittel häufig im Zusammenhang mit dem vom Unternehmen zu erbringenden Nachweis der Einhaltung der Zwei-Wochen-Frist aus § 626 Abs. 2 BGB bei außerordentlichen Kündigungen als unüberwindbare Hürde dar[81]. Oftmals wird es dem Unternehmen ohne Möglichkeit eines Zeugenbeweises nämlich nicht gelingen können, den Beweis für eine Kenntniserlangung durch den Kündigungsberechtigten innerhalb von zwei Wochen vor Kündigungsausspruch zu erbringen. 91

Anders sieht dies in der Praxis häufig jedoch bei Koppelungsklauseln aus. In entsprechenden Konstellationen wird die Gesellschaft, sofern mit der Abberufung die Einräumung einer Kündigungsmöglichkeit und keine auflösende Bedingung „gekoppelt" ist, oft auch mit den beschränkten Möglichkeiten im Urkundenprozess einen hinreichenden Beweis erbringen können; dies aber dann nicht, wenn die Abberufung von Geschäftsführern nur aus wichtigem Grund erfolgen durfte[82]. 92

---

80 Vgl. *Seidel/Schönhöft*, GmbHR 2005, 1113, 1114; *Pesch*, NZA 2002, 957, 958; *Fischer*, NJW 2003, 333, 334.

81 Vgl. OLG Rostock, Urt. v. 5.1.2005 – 6 U 122/04 – OLGR Rostock 2005, 804.

82 Vgl. *Pesch*, NZA 2002, 957, 959.

(4) Aussetzbarkeit des Urkundenprozesses

93 Ziel eines Urkundenprozesses soll es sein, wie ausgeführt, dem Kläger einen zeitnahen, vollstreckbaren Titel zu verschaffen. Dieser Grundgedanke spiegelt sich auch bei der Fragestellung wider, ob ein Urkundenprozess nach § 148 ZPO wegen **Vorgreiflichkeit** ausgesetzt werden kann.

94 Die im Rahmen eines Urkundenprozesses verklagte Gesellschaft sieht sich in der Praxis häufig einer misslichen Situation ausgesetzt: Auch im Falle schwerwiegender Pflichtverletzungen von Organmitgliedern lässt sich die Wirksamkeit der Kündigung, hervorgerufen insbesondere durch die beschränkten Beweismittel, im Urkundenprozess oft nicht nachweisen. Die beklagte Gesellschaft läuft Gefahr, sich einem zeitnahen vollstreckbaren Titels des gekündigten Organmitglieds ausgesetzt zu sehen. Die Gesellschaft zieht daher im Urkundenprozess häufig in Erwägung, einen Antrag auf Aussetzung zu stellen; auch und gerade, falls parallel eine Feststellungsklage in Bezug auf die Kündigung anhängig sein sollte.

95 In Rechtsprechung und Literatur herrschte ursprünglich die Auffassung, dass ein Urkundenverfahren generell nicht nach § 148 ZPO wegen Vorgreiflichkeit ausgesetzt werden könne[83]. Von dieser generellen Ablehnung fehlender Aussetzbarkeit ist jedoch durch Entscheidungen des OLG München vom 22.8.2002[84] und des BGH vom 8.1.2004[85] eine Abkehr erfolgt. Nach Ansicht der beiden Gerichte könne bei Vorliegen besonderer Gründe, z.B. der „konkreten Gefahr widersprechender Entscheidungen", im Einzelfall eine Aussetzung erfolgen. Dennoch darf und muss eine Aussetzung eines Urkundenprozesses ein absoluter Ausnahmefall bleiben[86].

96 Die Gesellschaft ist häufig nicht abgeneigt, gekündigten Organmitgliedern Pflichtverletzungen nicht nur zur Begründung einer Kündigung, sondern auch zur Begründung von Schadensersatzansprüchen vorzuwerfen. Auch wenn diese Schadensersatzansprüche im Rahmen einer Widerklage in einem parallel geführten Bestandsschutzstreits oder gar in einem von der Gesellschaft initiierten Schadensersatzprozesses geltend gemacht werden, werden sie dennoch häufig im Urkundenprozess von der Gesellschaft zur (hilfsweisen) Aufrechnung mit Ansprüchen der Organmitglieder herangezogen. Auch hierauf stützen sich häufig Anträge der Gesellschaft auf Aussetzung des Urkundenprozesses. In seiner bereits zitierten Entscheidung vom 8.1.2004 hat der BGH[87] für den Fall einer solchen sog. doppelten Prozessaufrechnung die Aussetzung des Urkundenprozesses zumindest für möglich gehalten.

83 Vgl. *Seidel/Schönhoft*, GmbHR 2003, 1113, 1114 m.w.N.
84 OLG München, Urt. v. 22.8.2002 – 14 W 150/02 – JurBüro 2003, 154.
85 BGH, Urt. v. 8.1.2004 – III ZR 401/02 – NJW-RR 2004, 1000.
86 Vgl. *Seidel/Schönhoft*, GmbHR 2004, 1113, 1117 f.
87 BGH, Urt. v. 8.1.2004 – III ZR 401/02 – NJW-RR 2004, 1000.

(5) Vollstreckbarkeit/Vollstreckung

Besonderheiten bestehen beim Urkundenprozess im Vergleich zum „gewöhnlichen“ Zivilprozess auch in Bezug auf die Vollstreckbarkeit bzw. Vollstreckung. Im Rahmen der Zweiteilung der Instanz in Vor- und Nachverfahren ergeht mit Abschluss des Vorverfahrens entweder ein klageabweisendes Urteils oder ein stattgebendes Vorbehaltsurteil oder zumindest Teil-Vorbehaltsurteil. In diesem wird dem beklagten Unternehmen die Geltendmachung der Rechte im Nachverfahren vorbehalten. Die Anordnung der Vollstreckbarkeit des Vorbehaltsurteils ergibt sich aus § 708 Nr. 4 ZPO. Das Vorbehaltsurteil ist damit im Regelfall für das klagende Organmitglied vorläufig vollstreckbar. Das beklagte Unternehmen hat eine Abwendungsbefugnis, wenn nicht das Organmitglied vor der Vollstreckung Sicherheit leistet. Dem Gedanken eines zeitnahen vollstreckbaren Titels Rechnung tragend, wird das Organmitglied somit in die Lage versetzt, eine Vollstreckung beispielsweise mithilfe einer Prozessbürgschaft anzustreben. Das beklagte Unternehmen kann diese Vollstreckung dann allenfalls durch einen erfolgreichen Antrag auf Einstellung der Zwangsvollstreckung nach § 707 ZPO abwenden. 97

Ein Organmitglied, welches ein zu seinen Gunsten ergangenes Vorbehaltsurteil vollstreckt, sollte sich bewusst sein, dass das Nachverfahren oder etwaige Berufungsverfahren durchaus negativ ausgehen könnten. Das Organmitglied wäre im Ergebnis nicht nur zur Rückzahlung etwaig vollstreckter Beträge verpflichtet, sondern auch zum Schadensersatz, § 717 Abs. 2 ZPO. 98

(6) Nachverfahren und Rechtmittel

Nach Erlass eines Vorbehaltsurteils im Vorverfahren geht das Verfahren unmittelbar in das Nachverfahren über und wird dort als „gewöhnliches“ Verfahren, u.a. ohne Beschränkung der Beweismittel und der Widerklagemöglichkeit, geführt. Einer gesonderten Beantragung oder Initiierung des Nachverfahrens bedarf es nicht. Bei dem Nachverfahren handelt es sich nicht um ein Rechtsmittelverfahren. Trotz Übergang vom Vor- in das Nachverfahren bleibt der Prozess in einer einheitlichen Instanz anhängig. 99

Praxistipp !

Mag das Verfahren zwar unmittelbar in das Nachverfahren übergehen, empfiehlt es sich für das beklagte und im Vorverfahren unterliegende Unternehmen in der Regel, das Nachverfahren aktiv zu betreiben, diesbezügliche Schriftsätze einzureichen und das Gericht aktiv zur Bestimmung eines Termins zur mündlichen Verhandlung zu bewegen. Nicht selten kommt es in der Praxis vor, dass Gerichte nämlich entsprechende Schritte des Unternehmens zunächst abwarten, bevor sie prozessleitende Maßnahmen im Nachverfahren erlassen.

Für Zwecke der Rechtsmittel ist ein ergangenes Vorbehaltsurteil als Endurteil zu behandeln, § 302 Abs. 3 ZPO. Dies hat zur Folge, dass das im Vorverfahren unter- 100 liegende Unternehmen – ebenso wie ein unterliegendes Organmitglied – gegen die Entscheidung im Vorverfahren in Berufung gehen kann. Legt das im Vorverfahren unterliegende beklagte Unternehmen Berufung ein, entsteht prozessual die Konstellation, dass parallel sowohl das Berufungsverfahren als auch das Nachverfahren anhängig sind und geführt werden können; es kommt zu einer Art Zweiteilung. Prozessuale Bedenken hiergegen gibt es nicht. Vielfältig sind die Facetten, wie sich eine rechtskräftige Entscheidung des einen auf den anderen Prozess auswirken kann. Hat ein Organmitglied beispielsweise im Vorverfahren obsiegt, unterliegt jedoch rechtskräftig in einem gegen das Vorbehaltsurteil initiierten Berufungsverfahren rechtskräftig, wird das Organmitglied keine Aussichten haben, im parallel noch anhängigen Nachverfahren zu obsiegen. Er wird vernünftigerweise insoweit eine Klagerücknahme in Erwägung ziehen müssen.

101 Die Möglichkeit des Führens eines Berufungsverfahrens gegen das Vorbehaltsurteil kann beispielsweise auch zu einer Konstellation führen, in welcher ein klagendes Organmitglied im Vorverfahren unterliegt, in einem gegen dieses Urteil geführten Berufungsverfahren ein Vorbehaltsurteil zu seinen Gunsten erlangt, der Rechtsstreit sodann vor dem erstinstanzlichen Gericht im Nachverfahren fortgeführt wird und gegen das das Nachverfahren abschließende Urteil wiederum ein Berufungsverfahren geführt wird. Kostenrechtlich wird in entsprechenden Konstellationen infolge der Einheitlichkeit von Vor- und Nachverfahren zwar nur ein erstinstanzliches Verfahren geführt, hingegen aber zwei Berufungsverfahren; ein aus Kostengesichtspunkten für das beklagte Unternehmen theoretisch durchaus nachteiliger Aspekt.

Praxistipp
Der Urkundenprozess bietet nach Abschluss des Vorverfahrens mehrere prozessuale Möglichkeiten. Nachverfahren und Berufungsverfahren sind nebeneinander denkbar. Für das Unternehmen gilt besondere Sorgfaltspflicht bei der Auswahl des taktisch richtigen Verfahrens.

c) Unmöglichkeit einer pauschalen Empfehlung der Klageart

102 Vorstehende Ausführungen haben die prozessuale Vielfältigkeit der Auseinandersetzung von Organmitgliedern über die Kündigung deutlich gemacht. Eine pauschale Empfehlung, ein „Patentrezept“, welchen Weg ein klagendes Organmitglied gehen sollte und wie sich ein beklagtes Unternehmen verteidigen sollte, gibt es nicht – zu unterschiedlich sind die Vor- und Nachteile und jeweiligen Einzelfälle.

103 Mangels einer §4 KSchG vergleichbaren Vorschrift für Organmitglieder, sind Organmitglieder nicht auf eine Bestandsschutzklage „angewiesen“. Gekündigten Organmitgliedern stehen sowohl rechtlich als auch aus praktischen Erwägungen sowohl die Bestandsschutz- als auch die Leistungsklage zur Verfügung, dies sowohl

alternativ als auch kumulativ[88]. Bereits diese Entscheidung zwischen Bestandsschutz- und Leistungsklage, **kumulativ** oder **alternativ**, lässt sich nicht pauschal treffen:

Ein grundsätzlicher Vorteil des Führens einer Leistungsklage für das Organmitglied ist die Klagemöglichkeit im Urkundenprozess und die damit verbundene **Aussicht auf einen zeitnahen vollstreckbaren Titel**. Darüber hinaus erlaubt die Leistungsklage dem Organmitglied, den Streitwert – Abweichendes kann sich durch Klageerweiterungen oder gar Widerklagen ergeben – und damit auch Prozesskostenvorschüsse zunächst selbst zu bestimmen. Ein im Rahmen einer z.B. auf ausgewählte Monate oder sonstwie beschränkten Leistungsklage beklagtes Unternehmen kann seinerseits jedoch – außer im Urkundenprozess – Widerklage gegen das Organmitglied erheben, gerichtet auf die Feststellung, dass das Anstellungsverhältnis durch eine bestimmte Kündigung beendet wurde. Mit dem entsprechenden Vorgehen kann das Unternehmen einerseits den Streitwert in die Höhe treiben und andererseits Klarheit in Bezug auf die Wirksamkeit der Kündigung erlangen. 104

Die Leistungsklage ermöglicht ferner grundsätzlich auch infolge einer vorherigen Anspruchsabtretung die Schaffung einer – im Urkundenverfahren erst im Nachverfahren relevanten – Zeugenstellung des Organmitglieds, falls die Leistungsklage durch den Abtretungsempfänger eingereicht wird. Dem beklagten Unternehmen steht in einer entsprechenden Konstellation – außer im Urkundenprozess – grundsätzlich die Möglichkeit der Drittwiderklage gegenüber dem Organmitglied offen; durch die daraus erzeugte Parteistellung des Organmitglieds würde die beabsichtigte „Schaffung" einer Zeugenstellung wiederum zunichte gemacht werden. 105

Andererseits ist jedoch die **Beschränkung der materiellen Rechtskraft** von Leistungsklagen auf die eingeklagten Leistungsansprüche zu bedenken. Die materielle Rechtskraft einer erfolgreichen Leistungsklage in Bezug auf z.B. die Vergütung ausgewählter Monate reicht nicht so weit, sich auch auf die übrigen Monate oder gar sämtliche Monate oder sonstige Ansprüche aus dem Anstellungsverhältnis zu erstrecken. 106

Die Bestandsschutzklage hat ihrerseits den Vorteil, dass sich ihre materielle Rechtskraft auf die (ausgebliebene) Beendigung des Anstellungsverhältnisses durch eine bestimmte Kündigung richtet und damit der Fortbestand des Anstellungsverhältnisses zumindest bis zu diesem Zeitpunkt feststehen würde. Eine erfolgreiche Bestandsschutzklage besagt jedoch nichts Verbindliches darüber aus, in welcher Höhe Vergütungsansprüche oder sonstige Ansprüche des Organmitglieds tatsächlich bestehen und ob den Ansprüchen dem Grunde und der Höhe nach Einwendungen entgegengehalten werden können. 107

Zieht das Organmitglied die kumulative Erhebung von Bestandsschutz- und Leistungsklage in Betracht, muss ihm bewusst sein, dass ein kumulatives Einklagen 108

88 Vgl. *Pesch*, NZA 2002, 957, 958.

im Wege des Urkundenprozesses nicht möglich ist – die Erhebung der Bestandsschutzklage im Urkundenprozess ist wegen der Voraussetzungen aus § 592 ZPO nicht zulässig.

Praxistipp
Vor dem Hintergrund der Vielzahl der Ausgestaltungen und individuellen Vor- und Nachteile sollte ein beklagtes Unternehmen großes Augenmerk darauf legen, wie mit der Klage eines Organmitglieds prozesstaktisch umgegangen werden soll. Die individuellen taktischen Möglichkeiten sollten gezielt und auf den konkreten Einzelfall bezogen erörtert und abgewogen werden. Ein schematisches Patentrezept kann Unternehmen nicht an die Hand gegeben werden.

II. Gerichtliches Vorgehen wegen Abberufung

109 Organmitglieder haben auch die Möglichkeit, im Klagewege gegen ihre Abberufung vorzugehen:

110 Insoweit ist bereits bei der Klageart grundlegend zwischen Geschäftsführern und Vorstandsmitgliedern zu unterscheiden:

1. Klagearten

a) Vorstandsmitglieder

111 Macht ein Vorstandsmitglied die Nichtigkeit bzw. das Fehlen eines Abberufungsbeschluss geltend, kann er dies im Rahmen eines Antrags auf Feststellung seiner Organstellung machen[89]. In dringlichen Fällen kommt insoweit auch die Inanspruchnahme einstweiligen Rechtsschutzes in Betracht[90].

112 Für Vorstandsmitglieder enthält § 84 Abs. 3 S. 4 AktG eine Regelung, wonach ein Widerruf der Organstellung solange als wirksam gilt, bis seine Unwirksamkeit gerichtlich festgestellt ist. Dem abberufenen Vorstandsmitglied bleibt daher, außer in den oben geschilderten Konstellationen, an Klagearten nichts anderes übrig, als im Rahmen einer Gestaltungsklage die Wiederherstellung der Organstellung zu beantragen, z.B. wegen Fehlens eines wichtigen Grundes für die Abberufung im Sinne von § 84 Abs. 3 AktG. Eine erfolgreiche Wiederherstellung der Organstellung würde ext tunc wirken. Einstweiligen Rechtsschutz kann das Vorstandsmitglied insoweit nicht beanspruchen[91].

89 *Hüffer*, § 84 AktG Rn 34.
90 *Janzen*, NZG 2003, 469, 471.
91 Vgl. *Janzen*, NZG 2003, 468, 471.

b) Geschäftsführer

Anders sieht die Konstellation bei Geschäftsführern aus: 113

aa) Rechtsbehelfe gegen den Abberufungsbeschluss

Von Bedeutung für Rechtsbehelfe gegen den Abberufungsbeschluss ist insbesondere die Frage, ob der klagende Geschäftsführer an der Gesellschaft beteiligt ist oder nicht: 114

(1) Gesellschafter-Geschäftsführer

Ein von einer Abberufung betroffener **Gesellschafter-Geschäftsführer** kann aus seiner Stellung als Gesellschafter gegen den Abberufungsbeschluss klagen[92]. Der Rechtsbehelf gegen den Abberufungsbeschluss hängt davon ab, ob das Beschlussergebnis förmlich festgestellt worden ist. 115

Wurde der Beschluss förmlich festgestellt, muss er in der Regel mit einer Anfechtungsklage analog §§ 243ff. AktG angegriffen werden[93]. Zu einer entsprechenden Anfechtbarkeit des Beschlusses führen z.B. eine Abberufung ohne wichtigen Grund, obwohl ein wichtiger Grund nach dem Gesellschaftsvertrag erforderlich gewesen wäre, oder eine unrechtmäßige Verwehrung des Stimmrechts[94]. 116

Besonders schwere Mängel des Abberufungsbeschlusses, insbesondere Mängel im Sinne von § 241 AktG, wie z.B. Einberufungsmängel, können ausnahmsweise zu seiner Nichtigkeit führen und von Gesellschafter(-Geschäftsführern) im Rahmen einer Nichtigkeitsklage, deren dogmatische Einordnung umstritten ist, geltend gemacht werden[95]. 117

Ist keine förmliche Beschlussfeststellung erfolgt und das Ergebnis des Beschlusses streitig, kann eine allgemeine Feststellungsklage nach § 256 ZPO erhoben werden[96]. Eine Anfechtungsklage ist auch geboten, falls die Abberufung durch ein fakultatives Organ der Gesellschaft erfolgt ist.[97] 118

In der mitbestimmten GmbH gelten weitere Besonderheiten bei der Wahl der Klageart gegen den Abberufungsbeschluss[98]. 119

92 Vgl. MüKo-GmbHG/*Stephan*/*Tieves*, § 38 GmbHG Rn 130; *Fischer*, BB 2013, 2819, 2824.
93 Vgl. Baumbach/Hueck/*Baumbach*/*Hück*/*Fastrich*/*Haas*/*Noack*/*Zöllner*, Anh. nach § 47 GmbHG Rn 118; *Fischer*, BB 2013, 2819, 2821 m.w.N.
94 Vgl. Baumbach/Hueck/*Zöllner*/*Noack*, § 38 GmbHG Rn 56; *Fischer*, BB 2013, 2819, 2822.
95 Vgl. *Fischer*, BB 2013, 2819, 2823f. m.w.N.
96 Vgl. BGH, Urt. v. 11.2.2008 – II ZR 187/06 – NZG 2008, 317, 318.
97 Vgl. *Fischer*, BB 2013, 2819, 2824.
98 Vgl. *Fischer*, BB 2013, 2819, 2824.

120 Enthält der Gesellschaftsvertrag keine abweichende Regelung, ist eine Anfechtungsklage innerhalb einer Regelfrist von einem Monat ab Kenntnis von der Beschlussfassung, vgl. § 246 Abs. 1 AktG, einzureichen[99].

121 Die Nichtigkeitsklage und die allgemeine Feststellungsklage unterliegen grundsätzlich keiner Frist. Ihnen kann allenfalls in Ausnahmefällen ein Verwirkungseinwand entgegengehalten werden[100].

(2) Fremdgeschäftsführer

122 Anders sieht es bei Fremdgeschäftsführern aus. Gegen die Abberufungsbeschlüsse an sich können sich Fremdgeschäftsführer nicht aus eigenem Recht wehren[101]. Ihnen steht jedoch die Möglichkeit offen, formelle Fehler wie z.B. einen fehlenden oder nichtigen Gesellschafterbeschluss im Rahmen einer allgemeinen Feststellungsklage nach § 256 ZPO geltend zu machen[102].

bb) Materielle Rügen gegen die Abberufung

123 Materielle Rügen gegen die Abberufung können vom abberufenen Geschäftsführer ebenfalls im Wege der allgemeinen Feststellungsklage auch § 256 ZPO geltend gemacht werden.

124 Erfordert die Abberufung von Geschäftsführern aufgrund des Gesellschaftsvertrages das Vorliegen eines wichtigen Grundes, kann sich der abberufene Geschäftsführer neben formellen Rügen insbesondere auf materielle Rügen in Form des Fehlens eines wichtigen Grundes stützen.

125 Handelt es sich um einen Geschäftsführer, der grundlos abberufen werden konnte, könnte er sich nur in Ausnahmefällen materiell auf einen Verstoß gegen Treu und Glauben, eine Sittenwidrigkeit der Abberufung oder darauf berufen, dass die Abberufung auf Druck eines Dritten erfolgt ist[103].

! **Praxistipp**
Klagende Organmitglieder sollten im Vorfeld eines Klageverfahrens gegen die Abberufung die Erfolgsaussichten sorgsam abwägen. Die Verteidigungsmöglichkeiten grundlos abrufbarerer Geschäftsführer sind beschränkt. Sind keine formellen Fehler der Abberufung offensichtlich, dürfte ihnen ein Klageverfahren, welches sich allein gegen die Abberufung richtet, außer in Ausnahmefällen kaum zu empfehlen sein.

---

99 Vgl. OLG Thüringen, Urt. v. 6.11.2001 – 8 U 517/01 – GmbHR 2002, 115f.

100 Vgl. Baumbach/Hueck/*Baumbach/Hück/Fastrich/Haas/Noack/Zöllner*, Anh. nach § 47 GmbHG Rn 69.

101 Vgl. *Fischer*, BB 2013, 2819, 2825 m.w.N.

102 Vgl. BGH, Urt. v. 11.2.2008 – II ZR 187/06 – NZG 2008, 317, 319.

103 Vgl. *Fleck*, ZGR 1988, 104.

cc) Einstweiliger Rechtsschutz

Von der Abberufung betroffenen Geschäftsführern steht die Möglichkeit einstweiligen Rechtsschutzes in der Regel offen[104]. 126

2. Zuständiges Gericht

Zuständig für Klagen von Organmitgliedern sind, ebenso wie bei Klagen im Zusam- 127
menhang mit Kündigungen, die ordentlichen Gerichte, vgl. auch § 5 Abs. 1 S. 3 ArbGG. In erster Instanz ist die Klage bei den Landgerichten einzureichen. Funktional zuständig sind dort nach § 95 Abs. 1 Nr. 4 lit. a) GVG die Kammern für Handelssachen.

3. Grundsätzlich keine Fristengebundenheit

Ebenso wie für Klagen im Zusammenhang mit Kündigungen besteht – außer in den 128
dargestellten bestimmten Fällen von Klagen von Gesellschafter-Geschäftsführern gegen den Abberufungsbeschluss – grundsätzlich keine Fristgebundenheit für das Einreichen von Klagen gegen Abberufungen. Allenfalls in Ausnahmefällen könnte Zeitablauf oder Verwirkung einer Klage entgegenstehen.

4. Prüfungsumfang

Das angerufene Gericht kann Abberufungen grundsätzlich sowohl auf ihre formelle 129
als auch materielle Wirksamkeit[105] überprüfen.

Die Beweislast für die Erfüllung der formellen und materiellen Voraussetzungen 130
trägt das beklagte Unternehmen. War für die Abberufung das Vorliegen eines wichtigen Grundes erforderlich, muss das Unternehmen daher auch diesen beweisen.

5. Schwebezeit

Bei abberufenen Vorstandsmitgliedern gilt nach § 84 Abs. 3 S. 4 AktG in der Regel, 131
dass der Abberufungsbeschluss bis zur rechtkräftigen Feststellung des Gegenteils wirksam ist.

Hinsichtlich der **Schwebezeit** zwischen Abberufung und rechtskräftiger ge- 132
richtlicher Entscheidung ist bei Geschäftsführern hingegen erneut zu differenzieren:

Die Abberufung von Geschäftsführern gilt, wie bei der Aktiengesellschaft, als 133
wirksam, falls es sich um eine Abberufung durch einen paritätisch mitbestimmten

104 Vgl. BGH, Urt. v. 20.12.1982 – II ZR 110/82 – NJW 1983, 938, 939.
105 Vgl. *Fleischer*, DStR 2006, 1507, 1512 m.w.N.

Aufsichtsrat einer GmbH handelt und ein wichtiger Grund in Frage gestellt wird[106]. Umstritten ist, wie dies in den sonstigen Fällen – der Mehrzahl der Fälle – ist. Die höchstrichterliche Rechtsprechung[107] lehnt eine vorläufige Wirksamkeit ab, wohingegen in der Rechtsprechung im Übrigen[108] und der Literatur zumindest teilweise – von der entsprechenden Rechtsprechung insbesondere in anderen als Zwei-Personen-GmbHs – eine analoge Anwendung von § 84 Abs. 3 S. 4 AktG und damit eine vorläufige Wirksamkeit angenommen wird[109].

106 Vgl. *Fischer*, BB 2013, 2819, 2826.
107 Vgl. BGH, Urt. v. 20.12.1982 – II ZR 110/82 – NJW 1983, 938, 939.
108 Vgl. OLG Hamm, Urt. v. 17.9.2001 – 8 U 126/01 – NZG 2002, 50, 51.
109 Vgl. Nachweise bei *Fischer*, BB 2013, 2819, 2826.

Kapitel 21
Beendigung atypischer Beschäftigungsverhältnisse

A. Freie Mitarbeit

I. Wesen der freien Mitarbeit

Als Alternative zum Arbeitsverhältnis kommt auch der Einsatz freier Mitarbeiter in Betracht. Für Unternehmen bietet die Zusammenarbeit mit freien Mitarbeitern vor allem Kosteneinsparungspotential und mehr Flexibilität generell oder in bestimmten Situationen, etwa dann, wenn auf besondere Unternehmenssituationen zu reagieren ist. So können freie Mitarbeiter nicht nur dauerhaft eingesetzt werden, sondern etwa auch um kurzfristigen Personalbedarf abzudecken, beispielsweise bei hohen Krankheits- und Fehlzeiten oder aber wegen saisonalen Mehrbedarfs. Auch kann der Arbeitgeber Arbeitsverhältnisse in freie Mitarbeiterverträge umstellen bzw. bestimmte Tätigkeiten, die bislang von Arbeitnehmern erbracht wurden auf freie Mitarbeiter auslagern.[1] Dies hat das Bundesarbeitsgericht in mehreren Entscheidungen bereits zum Ausdruck gebracht.[2] Umstellungen von abhängig Beschäftigten auf freie Mitarbeiterverhältnisse sind als freie Unternehmerentscheidung grundsätzlich zulässig und nicht offensichtlich unsachlich oder willkürlich. Allerdings setzt dies voraus, dass die Dienstleistung, um die es im Einzelfall geht, auch tatsächlich im Rahmen eines freien Mitarbeiterverhältnisses erbracht wird. Sollte es sich nämlich bei der Umstellung in freie Mitarbeiterverhältnisse nur um verschleierte Arbeitsverhältnisse handeln, so wären Beendigungskündigungen, welche in den der Entscheidungen des BAG zugrundeliegenden Fällen ausgesprochen wurden, unzulässig. 1

Praxishinweis !
Es unterliegt grundsätzlich der freien Unternehmerentscheidung, ob er Tätigkeiten im Rahmen eines Arbeitsverhältnisses oder als freie Mitarbeit erbringen lassen will. Die Vertragsverhältnisse müssen sodann aber auch entsprechend der gewählten Vertragsgrundlage gelebt und ausgestaltet werden.

Die Vertragsparteien können also inhaltlich frei entscheiden, ob sie die Tätigkeit auf 2
Basis eines freien Mitarbeiterverhältnisses ausgestalten wollen oder aber als Arbeitsverhältnis. In keinem Fall aber besteht ein Wahlrecht dahingehend, dass ein

1 Vgl. hierzu *Reiserer*, BB 2003, 1557 ff.
2 BAG, Urt. v. 9.5.1996 – 2 AZR 438/95 – WiB 1996, 1176 m. Anm. *Reiserer*; BAG, Urt. v. 13.3.2008 – 2 AZR 1037/06 – NZA 2008, 878.

Vertragsverhältnis als freies Mitarbeiterverhältnis deklariert wird, es aber als Arbeitsverhältnis ausgestaltet wird. Für die rechtliche Einordnung ist ausschließlich der Geschäftsinhalt maßgebend, nicht die gewünschte Rechtsfolge oder gar die Bezeichnung des Vertrags.[3]

3 Freie Mitarbeit ist dabei die selbständige unternehmerische Tätigkeit einer natürlichen Person für ein fremdes Unternehmen auf dienst- oder werkvertraglicher Grundlage. In der Praxis liegt zumeist ein Dienstvertrag nach §§ 611 ff. BGB vor, bei welchem sich der Dienstnehmer gegenüber dem Dienstgeber verpflichtet, die Dienste gegen Entgelt zu leisten. Die freie Mitarbeit zeichnet sich durch die Selbständigkeit aus, der freie Mitarbeiter unterliegt grundsätzlich keinerlei Weisungen hinsichtlich der zeitlichen Ausführung der Tätigkeit, der Art und Weise sowie auch hinsichtlich des Ortes. Eine freie Mitarbeit kommt für das Unternehmen insbesondere dann in Betracht, wenn der Unternehmer nicht an einer engen Führung der betreffenden Person interessiert ist, wenn es ihm also nicht darum geht, den Mitarbeiter insbesondere in zeitlicher und örtlicher Hinsicht eng zu führen. Dem freien Mitarbeiter muss im Ergebnis immer ein großes Maß an Selbständigkeit verbleiben.

! **Praxishinweis**

Die Vertragsparteien können den tatsächlichen Geschäftsinhalt des Vertrags einvernehmlich festlegen. Die Bezeichnung des Vertrags ist aber nicht entscheidend, zumindest dann nicht, wenn die tatsächliche Gestaltung den vertraglichen Vereinbarungen widerspricht. Zur Statusbeurteilung kommt es in einem solchen Fall entscheidend auf die tatsächliche Ausgestaltung des Vertragsverhältnisses an.[4]

II. Abgrenzung des freien Mitarbeiters zum Arbeitnehmer

4 Durch das Merkmal der Selbständigkeit unterscheidet sich der freie Mitarbeiter vom Arbeitnehmer. Der Arbeitnehmer ist nämlich in persönlicher Abhängigkeit bei einem Arbeitgeber tätig und erbringt seine Dienstleistung auf Weisung und Anweisung des Arbeitgebers. Arbeitnehmer leisten also **fremdbestimmte Arbeit**, sie unterscheiden sich vom freien Mitarbeiter durch ihre persönliche Abhängigkeit.[5] Eine gesetzliche Definition des Arbeitnehmers existiert trotz der weitreichenden Bedeutung nicht, so dass auf § 84 HGB zurückgegriffen werden muss. Dieser gilt unmittelbar zwar nur für die Abgrenzung des selbständigen Handelsvertreters zum abhängig beschäftigten Außendienstmitarbeiter. Nach ständiger Rechtsprechung enthält § 84

3 Hierzu näher auch *Reiserer/Freckmann*, NJW 2003, 180, 182; *Reiserer/Bölz*, Kap. 2 Rn 4.

4 Ständige Rechtsprechung des BAG, vgl. etwa BAG, Urt. v. 25.9.2013 – 10 AZR 282/12 – NZA 2013, 903; BAG, Urt. v. 29. 8. 2012 – 10 AZR 499/11 – NZA 2012, 1433.

5 BAG, Urt. v. 25.9.2013 – 10 AZR 282/12 – NZA 2013, 903.

Abs. 1 Satz 2 HGB aber einen allgemeinen Rechtsgrundsatz, der auch auf die Abgrenzung von Arbeitnehmer und Selbstständigen Anwendung findet.[6] § 84 Abs. 1 Satz 2 HGB besagt, dass selbständig derjenige ist, der im Wesentlichen frei seine Tätigkeit gestalten und seine Arbeitszeit bestimmen kann. Grundsätzlich kann jede Tätigkeit sowohl im Rahmen eines Arbeitsverhältnisses als auch im Rahmen einer selbständigen Tätigkeit erbracht werden, auch wenn in der Praxis aufgrund der Ausgestaltungsmöglichkeiten bei bestimmten Tätigkeiten hauptsächlich Arbeitsverhältnisse bevorzugt werden. Tätigkeiten, die aus rechtlicher Hinsicht per se nur im Rahmen eines Arbeitsverhältnisses oder im Rahmen einer selbständigen Tätigkeit erbracht werden können, gibt es hingegen grundsätzlich nicht, so dass die Abgrenzung zwischen Arbeitsverhältnis und selbständiger Tätigkeit in der Praxis entscheidende Bedeutung hat.

1. Statusbestimmung aufgrund von Abgrenzungsmerkmalen, Gesamtbetrachtung und Umstände des Einzelfalls

In der Praxis kann sich die Abgrenzung des Arbeitnehmers vom freien Mitarbeiter oft schwierig gestalten. Die Rechtsprechung hat deshalb zur Abgrenzung eine Vielzahl von Kriterien entwickelt, anhand derer die Beurteilung aufgrund einer Gesamtschau vorzunehmen und zu prüfen ist, welche Merkmale im Einzelfall überwiegen. Es kommt bei der Abgrenzung zwischen Arbeitnehmer und freiem Mitarbeiter immer auch auf die Eigenart der Tätigkeit sowie auf die Umstände des Einzelfalls an, da es keine abstrakten, für alle Vertragsverhältnisse gleichermaßen geltenden Kriterien gibt.[7] Dem der Tätigkeit zugrunde liegenden Vertrag kommt indizielle Bedeutung zu. Es ist allerdings zu beachten, dass allein die tatsächliche Ausübung der Tätigkeit für die Statusfeststellung entscheidend ist, wenn sich Vertragsgrundlage und tatsächliche Ausübung der Tätigkeit widersprechen. Das BAG stellt in seinen Entscheidungen immer wieder klar, dass es für die Abgrenzung von freien Mitarbeitern und Arbeitnehmern kein Einzelmerkmal gibt, welches aus der Vielzahl möglicher Kriterien unverzichtbar vorliegen muss. Nur im Rahmen einer wertenden Gesamtschau und einer Überprüfung vieler in Betracht kommender Abgrenzungskriterien kann entschieden werden, ob das zwischen zwei Parteien bestehende Vertragsverhältnis ein Arbeitsverhältnis oder ein freies Mitarbeiterverhältnis darstellt.[8] 5

---

6 BAG, Urt. v. 19.11.1997 – 5 AZR 653/96 – AP Nr. 90 zu § 611 BGB Abhängigkeit; BAG, Urt. v. 22.6.1994 – 7 AZR 286/93 – NZA 1995, 462 ff.; zu den Abgrenzungskriterien vgl. auch *Powietzka/Bölz*, KrV 2012, 137, 139 ff.

7 BAG, Urt. v. 11.3.1998 – 5 AZR 522/96 – AP Nr. 23 zu § 611 BGB Rundfunk; BAG, Urt. v. 20.9.2000 – 5 AZR 61/99 – NZA 2001, 551.

8 Ständige Rechtsprechung des BAG, vgl. etwa BAG, Urt. v. 29.8.2012 – 10 AZR 499/11 – NZA 2012, 1433; BAG, Urt. v. 15.2.2012 – 10 AZR 301/10 – NZA 2012, 731.

Praxishinweis
Die Abgrenzung von freiem Mitarbeiter und Arbeitnehmer erfolgt anhand einer Vielzahl von Abgrenzungskriterien im Rahmen einer Gesamtbetrachtung. Da es keine abstrakten, für alle Vertragsverhältnisse gleichermaßen geltenden Kriterien gibt, spielen auch immer der Einzelfall und die für die jeweilige Tätigkeit charakteristischen Merkmale eine große Rolle.

2. Die einzelnen Abgrenzungsmerkmale

6 Obgleich es keine allgemeinen, für alle Vertragsverhältnisse gleichermaßen geltenden Kriterien gibt, hat die Rechtsprechung zahlreiche Merkmale entwickelt, die bei der Abgrenzung des Arbeitnehmers vom freien Mitarbeiter herangezogen werden.

7 Entscheidend ist nach der höchstrichterlichen Rechtsprechung insbesondere, ob der Tätige **Weisungen in zeitlicher, örtlicher Hinsicht und hinsichtlich der Art und Weise** der Ausführung der Tätigkeit erhält.[9] Dann ist ein starkes Indiz für die Arbeitnehmereigenschaft gegeben, da eine fremdbestimmte Tätigkeit vorliegt. Darüber hinaus kommt es nach der Rechtsprechung auch darauf an, ob der Tätige im **Betrieb des Unternehmens eingegliedert** ist[10], also ob er beispielsweise in die Arbeitsabläufe des Unternehmens fest eingeplant wird und deshalb auch die Notwendigkeit besteht, ständig eng mit Arbeitnehmern des Unternehmens zusammenzuarbeiten. Ein Indiz für die Eingliederung liegt auch vor, wenn der Tätige für die Erfüllung seiner Aufgaben auf technische Apparate des fremden Unternehmens, sei es Büroräume, Telefon, Labor, Werkstatt oder Maschinen etc. angewiesen ist. Bedeutend ist auch, ob der Tätige verpflichtet ist, die Leistungen **in eigener Person** zu erbringen oder ob er berechtigt ist, sich zur Erfüllung des Vertrages der Hilfe Dritter zu bedienen. Schaltet der Tätige regelmäßig Dritte zur Leistungserbringung ein, schließt dies nach Auffassung des BAG im Regelfall von vornherein ein Arbeitsverhältnis aus.[11] Auch die Freiheit, ohne Sanktionen **einzelne Aufträge ablehnen** zu können, spricht für ein freies Mitarbeiterverhältnis, da der Arbeitnehmer verpflichtet ist, den Weisungen des Arbeitgebers Folge zu leisten.[12] Andernfalls muss der Arbeitnehmer mit arbeitsrechtlichen Sanktionen rechnen.

9 Vgl. BAG, Urt. v. 9.3.2005 – 5 AZR 493/04 – EzA § 611 BGB 2002 Arbeitnehmerbegriff Nr. 3.

10 BAG, Urt. v. 15.2.2012 – 10 AZR 301/10 – NZA 2012, 731; BAG, Urt. v. 20.1.2010 – 5 AZR 106/09 – EzA § 611 BGB 2002 Arbeitnehmerbegriff Nr. 17.

11 Vgl. BAG, Urt. v. 16.7.1997 – 5 AZR 312/96 – AP Nr. 4 zu § 611 BGB Zeitungsausträger; BAG, Urt. v. 20.1.2010 – 5 AZR 99/09 – DB 2010, 788.

12 BAG, Urt. v. 3.5.1989 – 5 AZR 158/88 – BB 1990, 779.

3. Checkliste

8

Checkliste zur Überprüfung der Abgrenzungskriterien

Arbeitsverhältnis	**Freies Mitarbeiterverhältnis**
☐ Weisungsrecht des Arbeitgebers hinsichtlich – Arbeitsort – Arbeitszeit – Fachlich (eingeschränkt)	☐ Kein Weisungsrecht des Auftraggebers
☐ Eingliederung in den Betrieb – Zuweisung eines Büros – Überlassung von Arbeitsgeräten – Gewährung von Darlehen für Anschaffung von Produktionsmitteln – Einordnung in Organisation und Hierarchie beim Arbeitgeber – Pflicht zur Vertretung von Kollegen	☐ Keine Eingliederung – Eigene Betriebsstätte – Eigene Betriebsmittel – Einsatz eigenen Kapitals
☐ Leistungserbringung in eigener Person	☐ Tatsächliche Beschäftigung von Mitarbeitern ☐ Vertraglich festgelegte Befugnis zum Einsatz von Hilfspersonen
☐ Verpflichtung, angebotene Aufträge anzunehmen	☐ Unternehmerisches Auftreten am Markt – Eigene Werbemaßnahmen und Kundenakquisitionen – Unternehmerisches Risiko
☐ Aufnahme in einen Dienstplan – Festlegung von echten Dienstplänen	
☐ Einheitliche Behandlung von freien Mitarbeitern und Arbeitnehmern – Wichtig bei Beauftragung unterschiedlicher Personengruppen mit gleichartigen Aufgaben – Aufnahme in Organisations- und Raumbelegungspläne	
☐ Berichterstattungspflichten	
☐ Gesamte Arbeitskraft geschuldet	
☐ Dauerrechtsverhältnis	
☐ Konkurrenzverbot	
☐ Festvergütung	☐ Projektbezogene Vergütung ☐ Stundenhonorar ☐ Ausweisen von Mehrwertsteuer
☐ Abführen von Lohnsteuer und Sozialversicherungsbeiträgen (durch den Arbeitgeber)	
☐ Führung von Personalakten	
☐ Entgeltfortzahlung im Krankheitsfall	

- ☐ Gewährung von Urlaub
- ☐ Entgeltfortzahlung im Urlaub
- ☐ Anmeldung eines Gewerbes

III. Scheinselbstständigkeit

9 Sofern der freie Mitarbeiter nur formal freier Mitarbeiter ist, seine Arbeit tatsächlich aber wie ein Arbeitnehmer verrichtet, liegt die **sog. Scheinselbstständigkeit** vor.[13] Nach der Bezeichnung des Vertrages ist der Tätige zwar als freier Mitarbeiter tätig, in Wahrheit handelt es sich aber um ein Arbeitsverhältnis, da der Tätige tatsächlich wie ein Arbeitnehmer seine Arbeit verrichtet. Die Folgen der Scheinselbstständigkeit sind für den Auftraggeber bzw. in tatsächlicher Hinsicht den Arbeitgeber in vielfacher Hinsicht schwerwiegend und ihn treffen eine Fülle von Konsequenzen, vor allem in arbeitsrechtlicher wie auch in sozialversicherungsrechtlicher und in strafrechtlicher Hinsicht.

1. Arbeitsrechtliche Konsequenzen

10 In arbeitsrechtlicher Hinsicht führt die Scheinselbstständigkeit dazu, dass der vermeintlich freie Mitarbeiter sich in vollem Umfang auf sämtliche Schutzvorschriften des Arbeitsrechts berufen kann[14], weshalb nicht selten in der Praxis aufgrund dieses Umstands ein Rechtsstreit bezüglich des Status vor den Gerichten geführt wird. Oftmals beruft sich der freie Mitarbeiter im Rahmen einer Beendigung des freien Mitarbeiterverhältnisses durch den Auftraggeber darauf, dass der freie Mitarbeiter in Wahrheit Arbeitnehmer sei und deshalb auch den Kündigungsschutz des Kündigungsschutzgesetzes genieße.

11 Sofern tatsächlich ein Arbeitsverhältnis und kein freies Mitarbeiterverhältnis vorliegt, kann sich der vermeintlich freie Mitarbeiter auch mit Erfolg auf diese Argumentation berufen und der Arbeitgeber muss die besonderen Bestimmungen zum Kündigungsschutz einhalten. Darüber hinaus sind auch sämtliche Bestimmungen des Arbeitsrechts anwendbar, wie etwa Sonderkündigungsschutz nach dem SGB IX sowie auch Regelungen zum Teilzeit- und Befristungsrecht. Der vermeintlich freie Mitarbeiter kann auch Ansprüche auf Entgeltfortzahlung im Krankheitsfall oder im Urlaub geltend machen, um hier nur einige wichtige Schutzbestimmungen zu nennen.

---

13 *Reiserer*, FS Arbeitsgemeinschaft Arbeitsrecht im deutschen Anwaltsverein 2006, S. 545; *Reiserer/Bölz*, Kap. 2 Rn 1ff.

14 Vgl. dazu etwa Münchener Anwaltshandbuch/*Reiserer*, § 7 Rn 2.

Praxishinweis
Der vermeintlich freie Mitarbeiter kann sich im Falle der Scheinselbstständigkeit auf sämtliche Arbeitnehmerschutzvorschriften des Arbeitsrechts berufen, insbesondere auch auf einen Kündigungsschutz nach dem KSchG bzw. nach sonstigen sonderkündigungsschutzrechtlichen Normen.

Insofern bringen bereits die arbeitsrechtlichen Konsequenzen einige einschneidende Rechtsfolgen für den Arbeitgeber mit sich. Noch schwerwiegender sind jedoch die sozialversicherungsrechtlichen Folgen der Scheinselbstständigkeit. 12

2. Sozialversicherungsrechtliche Folgen

In sozialversicherungsrechtlicher Hinsicht sind die Auswirkungen bereits deshalb besonders schwer, weil der Arbeitgeber für den tatsächlich tätigen Arbeitnehmer rückwirkend unter Berücksichtigung der Verjährungsvorschriften ab Beginn der Beschäftigung Sozialversicherungsbeiträge in vollem Umfang nachzuzahlen hat, § 28e Abs. 1 SGB IV. Der Nachentrichtungsanspruch bezieht sich dabei grundsätzlich auf alle Bereiche der Sozialversicherung sowie sowohl auf den Arbeitgeber- wie auch den Arbeitnehmeranteil. Damit haftet der Arbeitgeber gegenüber den Sozialversicherungsträgern für die Gesamtsozialversicherungsbeiträge alleine. 13

Gegenüber dem Arbeitnehmer besteht nach § 28g SGB IV nur eine begrenzte Rückgriffsmöglichkeit. Diese bezieht sich ausschließlich auf die Arbeitnehmeranteile und ist darüber hinaus auch nur zeitlich befristet möglich, nämlich mit den nächsten drei Lohn- und Gehaltszahlungen. Abweichende Vereinbarungen mit dem vermeintlich freien Mitarbeiter verstoßen gegen § 32 SGB I und sind damit nichtig. Im Ergebnis verbleibt somit das gesamte Risiko der Nachzahlungsverpflichtung beim Arbeitgeber. 14

3. Strafrechtliche Folgen

Auch in strafrechtlicher Hinsicht kann die Scheinselbständigkeit besonders schwere Sanktionen nach sich ziehen, weil dadurch Sozialversicherungsbeiträge vorenthalten werden, was nach § 266a StGB mit Freiheitsstrafe bis zu fünf Jahren oder mit Geldstrafe bestraft werden kann. Die Strafbarkeit trifft hier die für den Arbeitgeber handelnden Personen, namentlich die Organe der Gesellschaft, also hauptsächlich Geschäftsführer und Vorstände, je nach Rechtsform des Unternehmens. Eine Strafbarkeit nach § 266a StGB kommt aber nur bei vorsätzlichem Handeln in Betracht, wobei bedingter Vorsatz ausreichend ist. 15

IV. Kündigungsrechtliche Besonderheiten

1. Grundsätzlich normaler Dienstvertrag

16 Sofern tatsächlich ein freier Mitarbeitervertrag vorliegt, handelt es sich in rechtlicher Hinsicht zumeist um einen freien Dienstvertrag nach §§ 611 ff. BGB. Insofern sind die Kündigungsfristen des Dienstvertragsrechts zu beachten, hier insbesondere § 621 BGB bei Dienstverhältnissen auf unbestimmte Dauer. Da die Vergütung in der Regel nach Monaten bemessen ist, kann das Dienstverhältnis, welches kein Arbeitsverhältnis nach § 622 BGB ist, nach § 621 Nr. 3 BGB spätestens am 15. eines Monats für den Schluss des Kalendermonats gekündigt werden. Die Kündigungsfristen des § 621 BGB bestimmen sich dabei nach der Bemessung der Vergütung, nicht nach dem Auszahlungsmodus. Wird z.B. der Lohn nach Tagessätzen bemessen, aber wöchentlich oder monatlich ausbezahlt, handelt es sich trotzdem um einen Tageslohn i.S.v. § 621 Nr. 1 BGB.

17 Die Kündigungsfristen des § 621 sind abdingbar.[15] Sie können durch ausdrückliche oder stillschweigende Vereinbarung beliebig verkürzt oder in den Grenzen des § 624 BGB verlängert werden. Den Parteien steht es im Rahmen ihrer Vertragsfreiheit auch frei, die ordentliche Kündigung ganz auszuschließen oder besondere Kündigungsgründe zu vereinbaren.

2. Abweichende Kündigungsbestimmungen bei Scheinselbstständigkeit

18 Wie bereits oben erläutert, besteht beim Einsatz freier Mitarbeiter oftmals das Problem und das Risiko der Scheinselbstständigkeit. Sofern tatsächlich Scheinselbstständigkeit vorliegt, das freie Mitarbeiterverhältnis also in Wirklichkeit ein Arbeitsverhältnis ist, finden sämtliche Arbeitnehmerschutzvorschriften, insbesondere auch das Kündigungsschutzgesetz sowie etwaiger Sonderkündigungsschutz Anwendung.

19 In einem solchen Falle ist eine Kündigung nur nach den strengeren Voraussetzungen und unter Beachtung des Kündigungsschutzgesetzes möglich. Der vermeintlich freie Mitarbeiter genießt somit denselben Schutz wie jeder andere Arbeitnehmer und der Arbeitgeber hat dieses Vertragsverhältnis wie jedes andere Arbeitsverhältnis zu kündigen. Wenn das KSchG Anwendung findet, muss insbesondere auch ein Kündigungsgrund im Sinne von § 1 KSchG vorliegen.[16] Vor Ausspruch der Kündigung muss auch der Betriebsrat ordnungsgemäß nach § 102 BetrVG angehört werden, da die Kündigung andernfalls bereits deshalb unwirksam wäre.[17]

---

15 Vgl. bspw. MüKo-BGB/*Hesse*, § 612 Rn 29.

16 Siehe hierzu näher Kap. 4 Rn 50 ff.

17 Siehe hierzu näher Kap. 23 Rn 565 ff.

Praxishinweis
Im Falle der Scheinselbstständigkeit kann der vermeintliche Auftraggeber das Vertragsverhältnis nur unter Beachtung etwaiger Arbeitnehmerschutzvorschriften wie jedes andere Arbeitsverhältnis kündigen. Insofern ergeben sich starke Einschränkungen zur Vertragslösung im Vergleich zum echten Dienstvertrag.

B. Leiharbeitnehmer

I. Grundsätze zur Leiharbeit und Dreiecksverhältnis

Ein weiterer Bereich der atypischen Beschäftigungsverhältnisse stellt der Fremdpersonaleinsatz im Rahmen der Leiharbeit dar. Auch wenn die gesetzlichen Regelungen zur Leiharbeit besonders in den letzten Jahren verschärft wurden, spielt die Leiharbeit vor allem in größeren Unternehmen aus Flexibilitäts- und Kostengesichtspunkten nach wie vor eine große Rolle.[18] Das Besondere an der Leiharbeit ist die rechtliche Konstruktion des Leiharbeitsverhältnisses, das **sog. Dreiecksverhältnis.** Da es die Grundlage der gesamten Konstruktion darstellt, bedarf dieses zunächst einer näheren Betrachtung. 20

Arbeitnehmerüberlassung liegt dann vor, wenn ein Arbeitgeber (Verleiher) einem Dritten (Entleiher) aufgrund einer getroffenen Vereinbarung vorübergehend geeignete, bei ihm angestellte Arbeitskräfte (Leiharbeitnehmer) zur Verfügung stellt, die dieser nach seinen Vorstellungen und Zielen in seinem Betrieb wie seine eigenen Arbeitnehmer zur Förderung seiner Betriebszwecke einsetzt.[19] Die Arbeitnehmerüberlassung wird somit innerhalb eines Dreiecksverhältnisses „Verleiher-Entleiher-Leiharbeitnehmer" abgewickelt, in dem die Arbeitgeberstellung teilweise auf einen Dritten übertragen wird. Der Verleiher stellt dem Entleiher ausschließlich Arbeitskräfte zur Verfügung. Die Leiharbeitnehmer sind voll in den Betrieb des Entleihers eingegliedert und führen ihre Arbeiten allein nach dessen Weisungen aus. 21

Praxishinweis
Kennzeichnend für die Arbeitnehmerüberlassung ist das sog. Dreiecksverhältnis zwischen Verleiher – Entleiher – Leiharbeitnehmer.

Dieser Dreieckskonstellation liegen verschiedene Vertragsverhältnisse zugrunde. 22
Zum einen besteht ein **Arbeitnehmerüberlassungsvertrag** zwischen Entleiher und Verleiher, der inhaltlich den Anforderungen des § 12 AÜG entsprechen muss. Zum

18 Vgl. hierzu näher *Reiserer*, DB 2013, 2026 ff.
19 Vgl. etwa BAG, Urt. v. 18.1.2012 – 7 AZR 723/10 – NZA-RR 2012, 455.

anderen besteht ein **Leiharbeitsverhältnis** zwischen Verleiher und Leiharbeitnehmer. Der Verleiher bleibt bei der Arbeitnehmerüberlassung weiterhin Arbeitgeber des Leiharbeitnehmers, auch wenn die Weisungsrechte während des Einsatzes auf den Entleiher übergehen. Zwischen dem Leiharbeitnehmer und dem Entleiher besteht demnach kein Arbeitsverhältnis, aufgrund der Eingliederung in die Betriebsorganisation des Entleihers und dessen Weisungsrechte bestehen aber nach Auffassung des BAG gewisse „rechtliche Beziehungen mit arbeitsrechtlichem Charakter".[20] Der Verleiher überträgt dem Entleiher auf Zeit sein Direktionsrecht insoweit, als dass der Entleiher dem Leiharbeitnehmer in seinem Betrieb arbeitsrechtliche Weisungen zur Ausführung der Tätigkeit erteilen kann. Der Leiharbeitnehmer wird also auf Weisungen des Entleihers im Betrieb des Entleihers tätig.

! **Praxishinweis**

Der Verleiher bleibt bei der Arbeitnehmerüberlassung weiterhin Arbeitgeber des Leiharbeitnehmers, auch wenn der Entleiher gegenüber dem Leiharbeitnehmer Weisungsbefugnisse besitzt und der Leiharbeitnehmer in den Betrieb des Entleihers eingegliedert ist.

---

23 Gesetzliche Grundlage der Leiharbeit ist das Arbeitnehmerüberlassungsgesetz (AÜG), welches vor allem in den letzten Jahren deutlich verschärft worden ist, um dem Missbrauch der Leiharbeit entgegenzutreten. Die Leiharbeit ist generell nur unter Beachtung der gesetzlichen Regelungen des AÜG in rechtlich zulässiger Weise möglich. Für die Arbeitnehmerüberlassung ist deshalb insbesondere eine **Arbeitnehmerüberlassungserlaubnis** des Verleihers erforderlich und der wichtige Grundsatz des „equal-pay" zu beachten.[21] Weitere Verschärfungen des AÜG sind aufgrund der derzeit geführten politischen Diskussion um die Leiharbeit an sich und aber vor allem auch in Abgrenzung zum Werkvertrag zu erwarten. So liegen bereits mehrere Gesetzesentwürfe[22] vor, die eine Änderung des AÜG vorsehen und auch die aktuelle Bundesregierung hat in ihrem Koalitionsvertrag bereits angekündigt, die Arbeitnehmerüberlassung auf ihre Kernfunktionen hin orientieren zu wollen, so dass es Anpassungen des AÜG bedürfe.[23]

II. Beendigung der Leiharbeit

24 Die Leiharbeit erfolgt aufgrund des Arbeitnehmerüberlassungsvertrages zwischen Entleiher und Verleiher. Bei diesem Vertrag handelt es sich in rechtlicher Hinsicht

---

20 Vgl. BAG, Urt. v. 15.3.2011 – 10 AZB 49/10 – NZA 2011,653.
21 Boemke/Lembke/*Boemke*, § 1 AÜG Rn 11ff.; Boemke/Lembke/*Lembke*, § 3 AÜG Rn 55ff.
22 Zuletzt insbesondere der Gesetzesentwurf des Bundesrats, BT-Drucks 18/14.
23 Vgl. Koalitionsvertrag 2013, S. 69; näher hierzu *Reiserer/Bölz*, Kap. 3 Rn 22.

um einen gegenseitigen Vertrag eigener Art.[24] Dieser Dienstverschaffungsvertrag kann ohne weitere Besonderheiten beendet werden, wenn der Entleiher gegenüber dem Verleiher den Arbeitnehmerüberlassungsvertrag unter Berücksichtigung der im Vertrag geregelten Kündigungsfristen kündigt.

Praxistipp !
Dies macht die Arbeitnehmerüberlassung aus Sicht vieler Unternehmer bzw. Entleiher so attraktiv. Denn mit der Kündigung des Arbeitnehmerüberlassungsvertrages entfällt die Grundlage für die Tätigkeit der Leiharbeitnehmer beim Entleiher und damit endet auch seine Zahlungsverpflichtung.

Auch eine außerordentliche Kündigung ist gemäß § 314 Abs. 1 BGB sowohl von Seiten des Verleihers als auch von Seiten des Entleihers regelmäßig nach Abmahnung möglich, sofern ein wichtiger Grund in der Form einer erheblichen Pflichtverletzung vorliegt. 25

Wurde der Vertrag befristet geschlossen, endet der Arbeitnehmerüberlassungsvertrag ohne Kündigung mit Zeitablauf. 26

III. Beendigung des Leiharbeitsverhältnisses

Da der Verleiher nach wie vor Arbeitgeber des Leiharbeitnehmers ist und der Leiharbeitnehmer nur mit diesem in einem Arbeitsverhältnis steht, gilt im Verhältnis Verleiher Leiharbeitnehmer bei der Beendigung dieses Arbeitsverhältnisses das normale Kündigungsschutzrecht. Es sind darüber hinaus alle übrigen Regelungen zu beachten, die auch in einem sonstigen Arbeitsverhältnis gelten. Das Leiharbeitsverhältnis kann demnach von beiden Parteien unter Einhaltung der Bestimmungen des Kündigungsschutzgesetzes sowie der gesetzlichen bzw. vertraglichen Kündigungsfristen beendet werden. 27

Für den Verleiher gilt somit, dass er das Leiharbeitsverhältnis zum Leiharbeitnehmer nur unter Einhaltung der Voraussetzungen des Kündigungsschutzgesetzes ordentlich kündigen kann, vorausgesetzt der sachliche und persönliche Anwendungsbereich des KSchG ist eröffnet. Für die ordentliche Kündigung gelten die Fristen des § 622 BGB bzw. die arbeitsvertraglich oder in Bezug genommenen tarifvertraglichen Kündigungsfristen. § 622 Abs. 5 Nr. 1 BGB gilt für die Arbeitnehmerüberlassung hingegen nicht (vgl. § 11 Abs. 4 AÜG). Etwaiger Sonderkündigungsschutz des Leiharbeitnehmers ist ebenfalls zu beachten. Vor dem Ausspruch der Kündigung ist der Betriebsrat nach § 102 BetrVG anzuhören. 28

24 Schüren/Hamann/*Schüren*, Einleitung AÜG Rn 308.

29 Liegen schwerwiegende Pflichtverletzungen vor, kann auch eine fristlose Kündigung nach § 626 BGB in Betracht kommen. Für die Zwei-Wochen-Frist des § 626 Abs. 2 BGB kommt es regelmäßig darauf an, wann der Verleiher als Vertragsarbeitgeber von den, zum Ausspruch der Kündigung berechtigenden Gründen Kenntnis erlangt hat. Die Kenntnis des Entleihers kann dem Verleiher hingegen nicht zugerechnet werden.[25]

Praxishinweis
Das Leiharbeitsverhältnis kann nur unter Beachtung der Kündigungsvorschriften des Arbeitsrechts beendet werden. Es ist grundsätzlich wie jedes andere Arbeitsverhältnis zu kündigen.

IV. Besonderheiten bei den einzelnen Kündigungsgründen

30 Aufgrund des Dreiecksverhältnisses und der besonderen Konstellation der Leiharbeit unterscheidet sich das Leiharbeitsverhältnis jedoch gleichwohl in gewissen Punkten von einem „normalen“ Arbeitsverhältnis. Es sind demnach aufgrund der Natur der Arbeitnehmerüberlassung insbesondere bei den einzelnen Kündigungsgründen gewisse Besonderheiten zu beachten.

1. Verhaltens- und personenbedingte Kündigung

31 Eine Kündigung aus verhaltensbedingten Gründen kommt in Betracht, wenn sich der Leiharbeitnehmer im Entleiherbetrieb Pflichtwidrigkeiten (z.B. Schlechtleistungen) zu schulden kommen lässt, die sich auch nach einer Abmahnung wiederholen und deshalb der Entleiher berechtigte Gründe hat, vom Verleiher den Abzug des Leiharbeitnehmers zu verlangen.[26] Eine verhaltensbedingte Kündigung im Rahmen eines Leiharbeitsverhältnisses kann sich demnach sowohl auf Pflichtverletzungen des Arbeitnehmers im Rahmen seiner Tätigkeit im Entleiherbetrieb als auch auf solche im Verleiherbetrieb stützen.[27] Verhaltenspflichten, die nicht selbstverständlich sind, können aber nur eingefordert werden, wenn der Arbeitnehmer zuvor eindeutig auf diese hingewiesen wurde.[28]

32 Bei der verhaltensbedingten Kündigung ist zu beachten, dass etwaige **Abmahnungen** nur durch den Verleiher als Vertragsarbeitgeber, nicht jedoch durch den Entleiher ausgesprochen werden können, da es letzterem an der Kündigungsbefugnis fehlt. Dem Entleiher wird nur die Befugnis zur Ausübung der Weisungsrechte

25 Tschöpe/*Hiekel*, Teil 6 D Rn 39.
26 Vgl. beispielsweise LAG Hamburg, Urt. v. 18.3.1987 – 4 Sa 123/86 – Ez AÜG KSchG Nr. 8.
27 ErfK/*Wank*, Einleitung AÜG Rn 27.
28 Schüren/Hamman/*Schüren*, Einleitung AÜG Rn 289.

insoweit übertragen, als dass er dem Leiharbeitnehmer bei der Tätigkeit in seinem Betrieb Anweisungen erteilen kann. Im Falle der Pflichtverletzung durch einen Leiharbeitnehmer im Entleiherbetrieb kann der Entleiher den Leiharbeitnehmer aber auf die Pflichtverletzung hinweisen und den Verleiher über die entsprechende Pflichtverletzung informieren. Allein letzterer als Vertragsarbeitgeber kann dann die formale Abmahnung aussprechen.[29]

Praxishinweis !
Die Befugnis zum Ausspruch von Abmahnungen oder Kündigungen verbleibt immer beim Vertragsarbeitgeber, dem Verleiher. Dem Entleiher werden lediglich die Weisungsrechte übertragen, damit der Leiharbeitnehmer die Tätigkeit in seinem Betrieb ausüben kann.

Bei **krankheitsbedingten Kündigungen** als personenbedingtem Kündigungsgrund kommt es bei der Beurteilung, inwieweit Fehlzeiten negative betriebliche Auswirkungen haben, sowohl auf den Betrieb des Verleihers als auch auf den Betrieb des Entleihers an. Bei der Höhe der Fehlzeiten ist jedoch zumindest nach teilweise vertretener Ansicht[30] zugunsten des Arbeitnehmers zu berücksichtigen, dass höhere krankheitsbedingte Fehlzeiten beim Leiharbeitsverhältnis aus der Art der Tätigkeiten und der wechselnden Einsatzorte (mit-)resultieren können. Andere hingegen sind der Auffassung[31], dass der Verleiher zwar eine Personalreserve für übliche Ausfälle wegen Krankheit vorhalten muss. Für den deutlich überdurchschnittlichen Vertretungsbedarf eines besonders häufig kranken Arbeitnehmers sei eine Personalreserve aber wirtschaftlich unzumutbar. Einigkeit besteht, dass der Verleiher auch hier eine krankheitsbedingte Kündigung nur als ultima ratio aussprechen darf. Er muss also zunächst prüfen, ob er den Leiharbeitnehmer ggf. nicht sinnvoll anderweitig – auch bei einem anderen Entleiher – einsetzen kann.[32] 33

2. Betriebsbedingte Kündigung

Auch bei einer betriebsbedingten Kündigung des Leiharbeitnehmers sind in dieser Dreieckskonstellation einige Besonderheiten zu beachten. 34

Eine betriebsbedingte Kündigung des Leiharbeitnehmers kommt vor allem dann in Betracht, wenn der Verleiher den Arbeitnehmer mangels Überlassungsaufträge nicht beschäftigen kann. Die dabei wichtigste Frage ist, wie lange es dem Verleiher zuzumuten ist, den Leiharbeitnehmer ohne Überlassungsauftrag weiter 35

29 *Becker/Wulfgramm*, Art. 1 § 11 Rn 63a; Tschöpe/*Hiekel*, Teil 6 D Rn 39; Schüren/Hamann/*Schüren*, Einleitung AÜG Rn 290.
30 So Ulber/*Ulber*, § 1 AÜG Rn 118.
31 Schüren/Hamann/*Schüren*, Einleitung AÜG Rn 287.
32 Schüren/Hamann/*Schüren*, Einleitung AÜG Rn 288.

zu vergüten. Die Rechtsprechung hat hierzu bereits entschieden, dass der Verleiher in jedem Fall anhand der Auftrags- und Personalplanung darstellen muss, dass es sich um einen **dauerhaften und nicht nur um einen kurzfristen** Auftragsrückgang handelt. Das Vorliegen von möglicherweise nur kurzfristigen Auftragsschwankungen muss auszuschließen sein. Kurze Auftragslücken gehören nach der Vorstellung des BAG zum typischen Auftragsrisiko eines Verleihers und sind nicht geeignet, eine betriebsbedingte Kündigung sozial zu rechtfertigen.[33] Feste Zeitspannen gibt es dabei nicht, so dass diese im Einzelfall unter Berücksichtigung der Beschäftigungszeit des Leiharbeitnehmers und entsprechend den Bedürfnissen der Branche zu bestimmen ist. In der Literatur wird insoweit eine Zeit von drei bis zu 12 Monaten angenommen.[34]

Beispiel
Ist es für den Verleiher bei der Beendigung einer Überlassung absehbar, dass er den Arbeitnehmer innerhalb der nächsten **drei Monate** wirtschaftlich sinnvoll verleihen kann, scheidet eine betriebsbedingte Kündigung regelmäßig aus.[35]
Sind wirtschaftlich sinnvolle Anschlussaufträge innerhalb von drei Monaten nicht absehbar, soll es dagegen der unternehmerischen Disposition des Verleihers überlassen bleiben, ob er das Beschäftigungsverhältnis weiterführt oder kündigt.[36]

36 Liegt ein dringendes betriebliches Erfordernis vor, so ist eine Kündigung des Leiharbeitnehmers auch hier nur gerechtfertigt, wenn es keine anderweitigen Beschäftigungsmöglichkeiten mehr gibt und ihr eine korrekte Sozialauswahl vorhergeht.

C. Geringfügige Beschäftigung

37 Vielfach werden in Unternehmen auch geringfügig Beschäftigte eingesetzt, wie etwa Schüler und Studenten. Aber auch als Nebenbeschäftigung zu einer Hauptbeschäftigung kommt ein geringfügiges Beschäftigungsverhältnis oftmals in Betracht.

33 BAG, Urt. v. 18.5.2006 – 2 AZR 412/05 – DB 2006, 1962.
34 Vgl. ErfK/*Wank*, Einleitung AÜG Rn 27.
35 LAG Hessen, Urt. v. 17.3.1983 – 9 Sa 599/83 – juris; LAG Köln, Urt. v. 6.12.1998 – 6 Sa 493/98 – juris.
36 Schüren/Hamann/*Schüren*, Einleitung AÜG Rn 279; Boemke/Lembke/*Boemke*, § 11 AÜG Rn 127; a.A. Ulber/*Ulber*, § 1 AÜG Rn 116, der eine betriebsbedingte Kündigung nur zulassen will, wenn nach Ablauf der drei Monate in absehbarer Zeit keine Anschlussaufträge zu erwarten sind.

I. Grundsätze der geringfügigen Beschäftigung

1. Vollwertiges Arbeitsverhältnis

Das geringfügige Beschäftigungsverhältnis ist ein **vollwertiges, ggf. befristetes Arbeitsverhältnis**, worauf sämtliche arbeitsrechtlichen Vorschriften Anwendung finden. Es gelten somit grundsätzlich die gleichen Rechte und Pflichten wie in sonstigen Arbeitsverhältnissen. Die Unterscheidung der Geringfügigkeit hat lediglich in sozialversicherungsrechtlicher Hinsicht Auswirkungen. Die arbeitsrechtliche Stellung als Arbeitnehmer ist hingegen nicht betroffen. Das Arbeitsrecht unterscheidet also nicht zwischen geringfügiger und nicht geringfügiger Beschäftigung. Geringfügig Beschäftigte genießen demnach den vollen Kündigungsschutz, sofern der sachliche und persönliche Anwendungsbereich des KSchG eröffnet ist. Darüber hinaus ist ihnen auch Entgeltfortzahlung in Krankheitszeiten und Urlaub zu gewähren und sie sind im Übrigen auch an etwaigen Sozialleistungen des Betriebs zu beteiligen. Sie sind darüber hinaus Arbeitnehmer im Sinne des § 2 Abs. 2 TzBfG, so dass sämtliche Teilzeit- und Befristungsregelungen Beachtung finden müssen. Insbesondere gilt für sie auch das Benachteiligungsverbot, so dass sie grundsätzlich nicht anders behandelt werden dürfen als die übrigen Vollzeit- und Teilzeitkräfte. 38

Praxishinweis !

Auch geringfügig Beschäftigte sind Arbeitnehmer im Sinne des Arbeitsrechts, so dass grundsätzlich sämtliche Regelungen des Arbeitsrechts anwendbar sind. Auch bei der Berechnung etwaiger Betriebszugehörigkeitszeiten ist zu berücksichtigen, dass es sich bei dem geringfügigen Beschäftigungsverhältnis um ein vollwertiges Arbeitsverhältnis handelt!

2. Sozialversicherungsrecht

In **sozialversicherungsrechtlicher Hinsicht** gilt die Besonderheit für geringfügig Beschäftigte, dass diese grundsätzlich in der Sozialversicherung versicherungsfrei sind. Liegt eine nur geringfügige Beschäftigung im Sinne von § 8 SGB IV vor, ist diese in der gesetzlichen Kranken-, Pflege-, und Arbeitslosenversicherung versicherungsfrei (vgl. § 7 SGB V, § 27 Abs. 2 SGB III). 39

Früher bestand auch Versicherungsfreiheit in der gesetzlichen Rentenversicherung für **geringfügig entlohnte Beschäftigte**. Heute besteht diese nur noch für geringfügig entlohnte **Beschäftigungsverhältnisse, die vor dem 1.1.2013 aufgenommen wurden** und deren Arbeitsentgelt weiterhin maximal 400 Euro beträgt. Seit dem 1.1. 2013 besteht **Versicherungspflicht in der gesetzlichen Rentenversicherung** für geringfügig entlohnte Beschäftigte, die ihre Tätigkeit ab dem 1.1.2013 aufgenommen haben und für eine bereits vor dem 1. Januar 2013 aufgenommene geringfügig entlohnte Beschäftigung, wenn das monatliche Arbeitsentgelt auf einen Betrag von 400,01 Euro bis maximal 450,00 Euro angehoben wird. Es besteht aber 40 die **Möglichkeit der Befreiung von der Rentenversicherungspflicht**, sofern der geringfügig Beschäftigte dies beantragt.[37]

41 Bei der geringfügigen Beschäftigung ist zwischen dem geringfügig entlohnten Beschäftigungsverhältnis und der sog. kurzfristigen Beschäftigung zu unterscheiden. Beide Arten stellen geringfügige Beschäftigungen im Sinne des § 8 Abs. 1 SGB IV dar, jedoch mit gewissen Besonderheiten.

42 Während die **kurzfristige Beschäftigung** sowohl für den Arbeitgeber wie auch für den Arbeitnehmer **sozialversicherungsfrei** ist, muss der Arbeitgeber bei der geringfügig entlohnten Beschäftigung einen gewissen Pauschalbetrag an Abgaben für diese Tätigen abführen.[38] Bei der gesetzlichen Regelung, wonach der Arbeitgeber für geringfügig Beschäftigte pauschale Sozialversicherungsbeiträge zur Rentenversicherung und Krankenversicherung abzuführen hat, während der Arbeitnehmer – zumindest bei den Altfällen – ein Wahlrecht hat, ob er in der Rentenversicherung durch eigene zusätzliche Beiträge einen Leistungsanspruch der Rentenversicherung erwerben will, handelt es sich um zwingendes Recht. Abweichende Vereinbarungen sind gemäß § 32 SGB I unzulässig.

II. Geringfügig entlohnte Beschäftigung und kurzfristige Beschäftigung

43 Die Unterscheidung zwischen der geringfügig entlohnten Beschäftigung und der kurzfristigen Beschäftigung ist zwar nur in wenigen Punkten (u.a. im Sozialversicherungsrecht) entscheidend, gleichwohl soll im Folgenden kurz auf die Differenzierung eingegangen werden.

44 Entscheidendes Abgrenzungskriterium ist das der Regelmäßigkeit. Es kommt also darauf an, ob die Beschäftigung regelmäßig oder nur gelegentlich ausgeübt wird. Geht der Betreffende der Beschäftigung regelmäßig nach, so liegt eine geringfügig entlohnte Beschäftigung nach § 8 Abs. 1 Nr. 1 SGB IV vor. Übt er die Beschäftigung nicht regelmäßig, sondern nur gelegentlich aus, so ist eine kurzfristige Beschäftigung gemäß § 8 Abs. 1 Nr. 2 SGB IV gegeben.[39]

---

37 Weitere Hinweise dazu auch auf der Homepage der Minijob-Zentrale, abrufbar unter http://www.minijob-zentrale.de/DE/0_Home/01_mj_im_gewerblichen_bereich/node.html.

38 Vgl. zu den weiteren Einzelheiten insbesondere Küttner/*Schlegel*, Personalbuch, Geringfügige Beschäftigung Rn 63.

39 BSG, Urt. v. 11.5.1993 – 12 RK 23/91 – SozR 3 – 2400 § 8 Nr. 3; BSG, Urt. v. 23.5.1993 – 12 RK 60/93 – SozR 3 – 2400 § 8 Nr. 4.

1. Geringfügig entlohnte Beschäftigung, § 8 Abs. 1 Nr. 1 SGB IV

Eine geringfügig entlohnte Beschäftigung liegt vor, wenn das Arbeitsentgelt aus dieser Beschäftigung regelmäßig im Monat EUR 450,00 nicht übersteigt. Durch das Merkmal der „Regelmäßigkeit" kommt zum Ausdruck, dass die Beschäftigung nicht nur gelegentlich ausgeübt werden darf, damit eine Entgeltgeringfügigkeit vorliegt. Unter der Regelmäßigkeit ist nicht nur ein Dauerschuldverhältnis zu verstehen, es wird „eine auf ständige Wiederholung geplante Beschäftigung verstanden, die über mehrere Jahre hinweg ausgeübt werden soll". Aber dadurch wird nicht etwa eine Befristung ausgenommen, vielmehr fällt schon jeder befristete Vertrag hierunter, der den in § 8 Abs. 1 Nr. 2 SGB IV genannten 2-Monats-Zeitraum übersteigt. Es ist demnach unerheblich für die „Regelmäßigkeit" im Sinne des § 8 Abs. 1 Nr. 1 SGB IV, ob ein befristetes oder ein unbefristetes Beschäftigungsverhältnis vorliegt. Im Ergebnis muss aber eine Bereitschaft der Parteien bestehen, dass eine regelmäßige Zusammenarbeit erfolgt. 45

2. Kurzfristige Beschäftigung, § 8 Abs. 1 Nr. 2 SGB IV

Eine kurzfristige Beschäftigung liegt nach § 8 Abs. 1 Nr. 2 SGB IV dagegen dann vor, wenn die Beschäftigung innerhalb eines Kalenderjahres auf längstens zwei Monate oder 50 Arbeitstage nach ihrer Eigenart begrenzt zu sein pflegt oder im Voraus vertraglich begrenzt ist, es sei denn, dass die Beschäftigung berufsmäßig ausgeübt wird und ihr Entgelt EUR 450,00 im Monat übersteigt. 46

Die kurzfristige Beschäftigung hat sich demnach insbesondere an bestimmte zeitliche Grenzen zu halten und darf nicht berufsmäßig ausgeübt werden. Für die Begrenzung wird auf das Kalenderjahr abgestellt. 47

Wann der 2-Monatszeitraum und wann der 50-Tagezeitraum anzuwenden sind, richtet sich nach der Anzahl der wöchentlichen Arbeitstage. Die 2-Monatsfrist gilt, wenn die Beschäftigung an mindestens 5 Tagen in der Woche ausgeübt wird, andernfalls gilt der 50-Tagezeitraum. 48

Die kurzfristige Beschäftigung muss ferner nur **gelegentlich**, darf also nicht berufsmäßig ausgeübt werden. Berufsmäßig wird eine Beschäftigung ausgeübt, wenn sie nicht nur von untergeordneter wirtschaftlicher Bedeutung ist. Wird die Tätigkeit häufig und voraussehbar ausgeübt, so wird mit einer gewissen Regelmäßigkeit gearbeitet. Sowohl die Rechtsprechung als auch die Deutsche Rentenversicherung nimmt eine Regelmäßigkeit dann an, wenn eine Beschäftigung von vornherein **auf die ständige Wiederholung** gerichtet ist. Es reicht, wenn Dauer und Zeitpunkt der einzelnen Arbeitseinsätze hinreichend vorhersehbar sind. Der Begriff der Regelmäßigkeit betrifft damit „die Häufigkeit und Voraussehbarkeit des Arbeitseinsatzes und nicht die Dauer der täglichen Beanspruchung".[40] Es wird auch als ausreichend 49

40 Vgl. BSG 1.2.1979 – 12 RK 7/77 – SozR 2200 § 165 Nr. 36.

angesehen, dass der Beschäftigte zu den sich wiederholenden Arbeitseinsätzen auf Abruf bereitsteht, ohne verpflichtet zu sein, jeder Aufforderung zur Arbeitsleistung Folge zu leisten.

50 Mehrere kurzzeitige Beschäftigungen sind zusammenzurechnen. Bei der Prüfung der Frage, ob der kurze Zeitraum des § 8 Abs. 1 Nr. 2 SGB IV überschritten ist, sind die Zeiten mehrerer aufeinander folgender kurzfristiger Beschäftigungen im Laufe eines Kalenderjahres zusammenzurechnen. Sollte also bereits bei Aufnahme der Beschäftigung feststehen, dass sie zusammen mit weiteren kurzfristigen Beschäftigungen innerhalb des Jahreszeitraums den 2-Monatszeitraum oder die 50 Tage überschreitet, so stellt sie schon mit Beginn der Beschäftigungsaufnahme keine kurzfristige Beschäftigung mehr dar.

! **Praxishinweis**

Mehrere kurzfristige Beschäftigungen innerhalb eines Kalenderjahres werden zusammengerechnet. Bei Überschreiten der Zeitgeringfügigkeit tritt Sozialversicherungspflicht ein, sofern keine geringfügige Beschäftigung nach § 8 Abs. 1 Nr. 1 SGB IV vorliegt.

Sollten regelmäßige Arbeiten geplant sein, sollte daran gedacht werden, eine geringfügig entlohnte Beschäftigung nach § 8 Abs. 1 Nr. 1 SGB IV zu vereinbaren. Hierbei besteht allerdings nur eine geringe pauschale Versicherungspflicht in den Zweigen der Sozialversicherung.

III. Beendigung eines geringfügigen Beschäftigungsverhältnisses

1. Kündigungsschutz

51 Da es sich bei dem geringfügigen Beschäftigungsverhältnis um ein normales und vollwertiges Arbeitsverhältnis handelt, kann sich der Arbeitnehmer wie jeder andere auf den allgemeinen Kündigungsschutz nach dem KSchG sowie auf etwaigen Sonderkündigungsschutz berufen, sofern die entsprechenden Anwendungsvoraussetzungen erfüllt werden. Bei der Ermittlung der Beschäftigtenzahl im Sinne des § 23 Abs. 1 Satz 3 KSchG werden geringfügig Beschäftigte zumeist mit 0,5 gezählt.

52 Bei einer Kündigung sind von Seiten des Arbeitgebers demnach die Regelungen des KSchG und bei einer fristlosen Kündigung die Regelungen des § 626 BGB zu beachten.

2. Besonderheiten

a) Besondere Kündigungsfrist wegen Aushilfsarbeitsverhältnis, § 622 Abs. 5 Nr. 1 BGB

53 Bei der geringfügigen Beschäftigung kann es sich ggf. um ein **sog. Aushilfsarbeitsverhältnis** im Sinne von § 622 Abs. 5 Nr. 1 BGB handeln. Dies ist dann der Fall, wenn ein Arbeitnehmer nur zur vorübergehenden Aushilfe eingestellt ist; dies gilt nicht, wenn das Arbeitsverhältnis über die Zeit von drei Monaten hinaus fortgesetzt wird.

Sofern ein solches Aushilfsarbeitsverhältnis vorliegt, kann die kürzere Kündigungsfrist des § 622 Abs. 5 Nr. 1 BGB eingreifen. Nach dieser Regelung können einzelvertraglich kürzere Fristen als die Regelfristen des § 622 Abs. 1 BGB vereinbart werden.

b) Kündigungsgründe

Bei geringfügig Beschäftigten ist zu berücksichtigen, dass **kein Kündigungsgrund** 54
vorliegt, wenn aus einem sozialversicherungsfreien ein sozialversicherungspflichtiges Arbeitsverhältnis wird. Das Interesse des Arbeitgebers an der Aufrechterhaltung der Sozialversicherungsfreiheit ist kein rechtliches geschütztes Interesse, welches die Kündigung rechtfertigen könnte.[41]

Bei **betriebsbedingten Kündigungen** ist zu beachten, dass es grundsätzlich 55
nicht gerechtfertigt ist, ein Arbeitsverhältnis im Rahmen der Sozialauswahl nach § 1 Abs. 3 KSchG allein deshalb als sozial weniger schutzbedürftig einzustufen, weil das Arbeitsverhältnis lediglich eine Teilzeitbeschäftigung bzw. eine Nebentätigkeit darstellt. Das BAG macht die Notwendigkeit einer Sozialauswahl zwischen Vollzeit- und Teilzeitarbeitnehmer vom Inhalt der kündigungsbegründenden Unternehmerentscheidung abhängig.[42] Hat der Arbeitgeber eine Organisationsentscheidung getroffen, aufgrund derer für bestimmte Arbeiten Vollzeitkräfte vorgesehen sind, so kann diese Entscheidung als sog. freie Unternehmerentscheidung grundsätzlich nur darauf überprüft werden, ob sie offenbar unsachlich, unvernünftig oder willkürlich ist.[43] In der Praxis sind hieran aber hohe Anforderungen zu stellen. Das Erfordernis einer strengen Prüfung ergibt sich nicht nur aus den Wertungen des § 1 Abs. 2 Satz 2 KSchG, sondern insbesondere auch aus dem Diskriminierungsverbot des § 4 Abs. 1 TzBfG.Geht es dem Arbeitgeber hingegen nur darum, in einem bestimmten Bereich die Zahl der insgesamt geleisteten Arbeitsstunden abzubauen, ohne dass eine bestimmte Organisationsentscheidung vorliegt, wonach der Arbeitgeber zur Erledigung nur Vollzeitkräfte einsetzen möchte, so sind Teilzeit- und Vollzeitkräfte – soweit sie im Übrigen vergleichbar sind – ohne Rücksicht auf ihr Arbeitsvolumen vergleichbar und damit in die Sozialauswahl einzubeziehen.[44]

c) Geringfügiges Beschäftigungsverhältnis bei Minderjährigen

Nicht selten handelt es sich bei einem geringfügigen Beschäftigungsverhältnis auch 56
um Beschäftigungsverhältnisse mit Minderjährigen. Hier ist zu beachten, dass ein

41 BAG, Urt. v. 18.1.2007 – 2 AZR 731/05 – NZA 2007, 680.
42 ErfK/*Preis*, § 4 TzBfG Rn 52.
43 Vgl. BAG, Urt. v. 3.12.1998 – 2 AZR 341/98 – NZA 1999, 431.
44 Vgl. BAG, Urt. v. 3.12.1998 – 2 AZR 341/98 – NZA 1999, 431.

solches Beschäftigungsverhältnis nur abgeschlossen werden kann, wenn die Eltern dem zustimmen bzw. die Eltern das Beschäftigungsverhältnis auch mitunterzeichnen. Entsprechend muss dies auch bei der Kündigung beachtet werden, so dass die Kündigung gegenüber den Eltern ausgesprochen werden muss.[45]

45 Vgl. Kap. 3 Rn 40.

Kapitel 22
Der Arbeitgeber vor den Arbeitsgerichten

Der Unternehmer, der das erste Mal vor dem Arbeitsrichter steht und im Rahmen eines Kündigungsschutzprozesses seine Kündigung begründen muss, sollte wichtige Grundregeln beachten. Er muss in der Lage sein, dem Arbeitsgericht den Sachverhalt, der zur Kündigung geführt hat, klar und verständlich darzulegen. Nicht selten gibt es zu der ausgesprochenen Kündigung eine richtige Geschichte, die sich über einen längeren Zeitraum entwickelt hat. Das beste Beispiel hierfür ist die verhaltensbedingte Kündigung eines sogenannten Low-Performers. Im Zweifel hat auch dieser Arbeitnehmer irgendwann gute Arbeitsleistungen erbracht, sonst wäre er über die Probezeit nicht hinausgekommen. Nun ist es Aufgabe des Arbeitgebers den Leistungsabfall, aber auch die Qualifizierungsversuche und Unterstützungsmaßnahmen des Arbeitgebers dem Gericht genau zu erläutern[1]. Und dann muss der Arbeitgeber all das, was er zur Begründung seiner Kündigung anführt, auch noch beweisen können. Denn der Arbeitgeber trägt die umfassende Beweislast für den Kündigungsgrund und muss dabei auch Entschuldigungs- bzw. Rechtfertigungsgründe, die der betroffene Arbeitnehmer geltend macht, entkräften können[2]. 1

Zu guter Letzt muss sich der Unternehmer vergegenwärtigen, dass er beim Arbeitsgericht eine andere Situation vorfindet, als wenn er mit Geschäftspartnern zivilrechtliche Streitigkeiten vor dem Landgericht austrägt. Denn das Arbeitsrecht ist zwar ein Teil des besonderen Schuldrechts, da die Verbindung zwischen Arbeitgeber und Arbeitnehmer auf der Grundlage des Arbeitsvertrages begründet wird. Das Arbeitsrecht sieht sich aber auch als Schutzrecht für den einzelnen Arbeitnehmer, da der Arbeitnehmer persönlich und wirtschaftlich vom Arbeitgeber abhängig ist und insoweit eines Ausgleichs seiner schwächeren Position bedarf. Insofern ist es auch nicht selten, dass der Arbeitsrichter dem Unternehmer eher als Interessenvertreter des Arbeitnehmers erscheint. Das wird besonders deutlich, wenn der Arbeitnehmer anwaltlich nicht vertreten ist, sondern – was prozessual möglich ist – seine Rechte im Kündigungsschutzverfahren selbst wahrnimmt. 2

Praxishinweis !

Trägt man diesen Besonderheiten Rechnung, ist jeder Unternehmer gut beraten, den Ausspruch einer Kündigung vorher gut zu planen. Es gibt viele formelle Anforderungen, die ohne großen Aufwand, nur mit ausreichender Sorgfalt einhaltbar sind und die auf den Verlauf des Kündigungss-

---

1 Vgl. hierzu ausführlich Kap. 7 Rn 37 ff.

2 Die Besonderheiten zur Darlegungs- und Beweislast und die hier gestellten Anforderungen werden bei den jeweiligen Kündigungsgründen in den Kap. 5, 6 und 7 näher erläutert.

chutzverfahrens großen Einfluss haben können. Denn aus Sicht des Unternehmers gibt es keine ungünstigere Situation, als dass im Gerichtstermin die Kündigung schon an Fristen, Vertretungsfragen oder sonstigen Zulässigkeitsvoraussetzungen scheitert. All diesen formalen Kriterien ist gemein, dass eine nachträgliche Heilung in der Regel ausscheidet.

3 In den folgenden Kapiteln wird der Leser eingeführt mit Hinweisen zur richtigen Kündigungsvorbereitung und dann näher informiert über die einzelnen Prozessarten im Zusammenhang mit der Beendigung des Arbeitsverhältnisses.

Kapitel 23
Die richtige Kündigungsvorbereitung

A. Sachverhaltsfeststellung

I. Einführung

1 Die Kündigung durch den Arbeitgeber ist durch viele Arbeitnehmerschutzvorschriften und dazu ergangenen Gerichtsentscheidungen **in hohem Maße reglementiert**. Daher muss jede Kündigung gut vorbereitet sein. Denn der Arbeitgeber ist in einem eventuellen späteren Kündigungsschutzprozess verpflichtet, vor Gericht die Gründe für die Kündigung darzulegen und zu beweisen (§ 1 Abs. 2 Satz 4 KSchG). Das Arbeitsgericht prüft die Kündigung auf formelle wie materielle Fehler. Wird dabei die Unwirksamkeit der Kündigung festgestellt, muss der Arbeitgeber den Arbeitnehmer weiterbeschäftigen und das seit Ablauf der Kündigungsfrist aufgelaufene Entgelt nachzahlen, sog. Annahmeverzugsrisiko.

2 Zudem ist bei außerordentlichen („fristlosen") Kündigungen Eile geboten: die Kündigung muss dem Arbeitnehmer zwingend innerhalb von zwei Wochen nach Kenntnis des wichtigen Grundes durch den Kündigungsberechtigten zugehen (§ 626 Abs. 2 BGB).

3 Das A und O einer Kündigungsvorbereitung ist es, als Personalverantwortlicher den Kündigungssachverhalt („Kündigungsgrund") mit großer Sorgfalt aufzuklären. Jedoch hat dieser als derjenige, welcher die rechtliche Relevanz des Fehlverhaltens einschätzen kann, von dem Pflichtenverstoß des Arbeitnehmers in der Regel keine eigene Kenntnis. Vielmehr erfolgt die Information durch einen am Fehlverhalten Beteiligten, sei es ein Vorgesetzter, ein anderer Mitarbeiter oder ein Dritter. Deswegen sollten innerhalb eines Unternehmens klare Vorgaben bestehen, an wen sich Vorgesetzte und Mitarbeiter im Falle eines beobachteten oder durch Dritte mitgeteiltes Fehlverhalten zu wenden haben. Der Ansprechpartner in der Personalabteilung für den jeweiligen Arbeitnehmer muss allgemein bekannt sein, ebenso die Anweisung, dass arbeitsrechtlich relevante **Informationen zügig weitergegeben** werden müssen.

Praxistipp !
Hieran hapert es, besonders bei Abwesenheit des zuständigen Vorgesetzten, in der Praxis häufig. Durch **Schulungen** und regelmäßige Auffrischung wesentlicher Punkte kann eine Sensibilisierung erreicht werden.

---

4 Wurde die Personalabteilung auf einen Pflichtenverstoß hingewiesen, ist es deren Aufgabe, alle rechtlich wichtigen Tatsachen zusammenzutragen. Um sicherzustellen, dass der Sachverhalt von dem Personalverantwortlichen vollständig erfasst

wird, sind **Checklisten**[1] hilfreich. Da die rechtlichen Anforderungen bei den drei Kündigungsgründen (betriebs-, verhaltens- und personenbedingt) sehr unterschiedlich sind, sollte für jeden Kündigungsgrund eine eigene Checkliste vorhanden sein.

II. Allgemeine Checkliste für arbeitgeberseitige Kündigungen

5

! **Checkliste**

1. Schriftliche Zusammenstellung aller kündigungsrelevanten persönlichen Daten aus der Personalakte und den Entgeltunterlagen
   - Name, Vorname
   - Anschrift des zu Kündigenden
   - Geburtsdatum
   - Eintrittsdatum/Betriebszugehörigkeit (beachte: unmittelbar vorangegangene Ausbildungszeiten oder befristete Arbeitsverhältnisse bei demselben Arbeitgeber zählen mit, ebenso vertraglich anerkannte oder kraft Gesetzes anzurechnende Vordienstzeiten)
   - Familienstand, Anzahl unterhaltsberechtigter Personen
   - ausgeübte Tätigkeit, Beschäftigungsgrad (Wochenstunden oder % Vollzeit), Eingruppierung, ggf. Zusammensetzung des Entgelts
2. Prüfung eines evtl. besonderen Kündigungsschutzes
3. Bei außerordentlicher Kündigung: Prüfung der 2-wöchigen Ausschlussfrist, Sicherstellen der zur Fristwahrung notwendigen Schritte (z.B. rechtzeitige Einleitung der Betriebsratsanhörung)
   Bei ordentlicher Kündigung: Feststellung der maßgeblichen (vertraglichen, tariflichen, gesetzlichen) Kündigungsfrist
4. Bestimmung des Kündigungstyps und genaue Dokumentation der Gründe für die Kündigung
   - Änderungskündigung oder Beendigungskündigung: Bei Weiterbeschäftigungsmöglichkeit auf einem anderen Arbeitsplatz Prüfung, ob eine Versetzung kraft Direktionsrecht rechtlich zulässig ist oder eine Änderungskündigung (= Beendigungskündigung + Angebot eines Arbeitsplatzes nach Ablauf der Kündigungsfrist) erforderlich wird; für die Kündigung gelten im Übrigen die gleichen Anforderungen wie bei einer Beendigungskündigung; lediglich im Rahmen der abschließenden Interessenabwägung ist das Arbeitsplatzangebot zu berücksichtigen.
   - fristlos oder fristgerecht abhängig davon, ob die Weiterbeschäftigung bis zum Ablauf der ordentlichen Kündigungsfrist dem Arbeitgeber zumutbar ist
   - bei verhaltensbedingten Gründen z.B. durch Sichtung der Personalakte auf Vermerke, Gesprächsnotizen, Abmahnungen, ferner Protokollierung von Erklärungen des zu Kündigenden und/oder in Betracht kommender Zeugen
   - bei personenbedingten Gründen z.B. durch möglichst weit zurückreichende Zusammenstellung von Fehlzeiten und entstandenen Kosten für Entgeltfortzahlung, Zuschüsse und Zeitarbeit, Ergebnisse (werks-)ärztlicher Untersuchung(en), Dokumente von Störungen der Betriebsabläufe durch die Fehlzeiten

1 Diese Checkliste soll helfen, die für eine Kündigung relevanten Informationen möglichst vollständig zusammenzutragen, um eine Basis für die Entscheidung über eine Kündigung zu schaffen. Die Checkliste ersetzt nicht die Beratung über die rechtlichen Risiken, die mit einer Kündigung verbunden sind.

- bei betriebsbedingten Gründen z.B. durch genaue Dokumentation der getroffenen unternehmerischen Entscheidungen, die den Wegfall von Arbeitsplätzen nach sich ziehen, Zusammenstellung der miteinander vergleichbaren Arbeitnehmer und Ermittlung ihrer Sozialdaten für die Sozialauswahl nach § 1 Abs. 3 KSchG bzw. der Fakten zur Begründung für die Herausnahme anderer vergleichbarer Mitarbeiter aus der sozialen Auswahl

5. Prüfung der Erfolgsaussichten für die rechtliche Durchsetzbarkeit der Kündigung durch die Rechts-/Personalabteilung oder den Arbeitgeberverband; ggf. weitere Ermittlungen und/oder Sicherung von Beweisen
6. Ggf. Anhörung des zu kündigenden Mitarbeiters unter Zeugen; Hinzuziehung eines Mitglieds des Betriebsrats (und ggf. der Schwerbehindertenvertretung) anbieten
7. Ggf. vorgeschaltetes Verfahren bei besonderem Kündigungsschutz einleiten
8. Schriftliche Anhörung des Betriebsrats/Sprecherausschusses durch Information (mittels Anhörungsbogen) und Einholen seiner Stellungnahme (Zustimmung/Bedenken/Widerspruch); bei Nichtäußerung Ablauf der gesetzlichen Fristen abwarten
9. Bei fristgerechter Kündigung Prüfung einer möglichen Freistellung
10. Kündigungsberechtigung und Verfügbarkeit der die Kündigung unterzeichnenden Person(en) prüfen; Unterzeichnung der Kündigung möglichst nur durch einzelvertretungsberechtigte Organmitglieder (Geschäftsführer) und/oder Prokuristen (bei Gesamtvertretungsberechtigung Unterzeichnung durch zwei Berechtigte) oder ausdrücklich zur Kündigung berechtigter Unternehmensvertreter; wenn die Vollmacht nicht im Handelsregister ersichtlich oder im Betrieb bekannt gemacht wurde Beifügen der Vollmacht des Unterzeichnenden zum Kündigungsschreiben (zur Vermeidung einer Zurückweisung nach § 174 BGB) bei fristloser Kündigung ggf. auch Prüfung eines Hausverbots
11. Kündigungsschreiben ausfertigen, eigenhändig unterschreiben (lassen) und dem Arbeitnehmer übergeben bzw. bei Abwesenheit Zugang durch Boten veranlassen und dokumentieren lassen und sicherstellen dass Boten Kenntnis vom Inhalt der überbrachten Kündigung haben
12. Typische Abwicklungsfragen: Ermittlung des Resturlaubsanspruchs und eventueller Zeitguthaben; Prüfung der Ansprüche auf bzw. Rückforderungsansprüche von Jahresleistung, Urlaubsgeld; Prüfung auf nachvertragliches Wettbewerbsverbot, Arbeitgeberdarlehen, Entgeltvorschuss, Prüfung der Rückforderung eines überlassenen Dienstwagens und/oder anderen Firmeneigentums; Mitnahme der Handynummer bei privat genutztem Diensthandy; ggf. Berechnung einer Abfindung
13. Erforderlichenfalls Weiterbeschäftigung nach Ablauf der Kündigungsfrist während eines laufenden Kündigungsschutzverfahrens

Es gilt, die erste Aufklärung des Sachverhalts sehr zügig durchzuführen um abschätzen zu können, ob das Fehlverhalten einen Kündigungsgrund darstellt. Nur wenn der Sachverhalt bekannt ist, kann beurteilt werden, wie die Rechtslage ist. Es ist sinnvoll, möglichst frühzeitig die **rechtliche Einschätzung** durch einen Rechtsanwalt oder Arbeitgeberverband einzuholen, ob eine Kündigung ausgesprochen werden kann. 6

Praxistipp !
Sobald der Sachverhalt in groben Zügen bekannt ist Rechtsrat einholen, damit die weitere Aufklärung zielgerichtet erfolgt.

7 Liegt an sich ein verhaltens- oder personenbedingter Kündigungsgrund vor, empfiehlt es sich, als nächsten Schritt intern abzuklären, ob das „scharfe Schwert" der Kündigung eingesetzt werden soll, oder ob eine andere **Sanktion** gewollt ist. So ist es durchaus denkbar, aus anderen Erwägungen von einer Kündigung abzusehen, z.B. aufgrund der sehr langen Betriebszugehörigkeit, der persönlichen Situation, dem Vorliegen von Spezialkenntnissen oder Sonderkündigungsschutz oder aber weil zweifelhaft ist, ob die Gründe für eine Kündigung ausreichen. Stattdessen kann dann eine Versetzung, ggf. durch Änderungskündigung oder eine Abmahnung bzw. Ermahnung in Betracht kommen.

8 Auf betrieblicher Ebene muss daher entschieden werden, ob eine Trennung gewünscht ist. Wenn das der Fall ist, sind die weiteren Schritte einzuleiten.

9 Ist der betroffene Arbeitnehmer befristet beschäftigt, und läuft dessen befristeter Arbeitsvertrag demnächst aus, sollte der Kündigungsentschluss sorgfältig überlegt sein. Meist ist eine Kündigung im Verhältnis zu den „ersparten" Monaten zu aufwändig. Entscheidet man sich deswegen gegen eine Kündigung, sollte vorher nochmals geprüft werden, ob die Befristung wirksam ist.

10 Eine andere Möglichkeit der Trennung ist die **Anfechtung** wegen arglistiger Täuschung nach § 123 BGB. Wenngleich eine Anfechtung im Arbeitsrecht eher selten vorkommt, sollte dieser Aspekt dennoch geprüft werden. Eine Anfechtung erspart die Betriebsratsanhörung nach § 102 BetrVG und ist auch bei Kündigungsverboten, z.B. bei Schwangeren und Schwerbehinderten möglich.

11 Dringend zu empfehlen ist es, vor Ausspruch einer Kündigung zunächst die nicht streitige Beendigung des Arbeitsverhältnisses zu versuchen. Eine Alternative zur Arbeitgeberkündigung ist die Veranlassung des Arbeitnehmers zur **Eigenkündigung**. Dadurch vermeidet man die Risiken eines Kündigungsschutzprozesses, und erspart einem Arbeitnehmer, der schwere Vertragspflichtverletzungen begangen hat, ein „unehrenhaftes" Ausscheiden durch fristlose Kündigung.

12 Denkbar ist auch der Abschluss eines **Aufhebungsvertrages** oder Ausspruch einer Kündigung mit anschließendem Abwicklungsvertrag. Ob eine Abfindung angeboten werden sollte, richtet sich nach den Erfolgsaussichten einer auszusprechenden Kündigung. Eine einvernehmliche Beendigung des Arbeitsverhältnisses würde die Risiken eines Kündigungsschutzprozesses vermeiden. Eine einvernehmliche Trennung ist zudem empfehlenswert, wenn zweifelhaft ist, ob die Kündigungsgründe für ein Obsiegen in einem Kündigungsschutzverfahren ausreichen.

13 Kommt eine Einigung nicht zustande oder nicht in Betracht, ist zunächst der Sachverhalt, soweit erforderlich, noch weiter aufzuklären und zu ermitteln. Diese Informationen bilden auch die **Basis für die Betriebsratsanhörung**. Um ein möglichst vollständiges Bild vom Geschehen zu haben, sollte der Sachverhalt sehr sorgfältig ermittelt werden, unter Berücksichtigung der für den jeweiligen Kündigungsgrund erforderlichen Feststellungen.

14 Hat der Arbeitnehmer/Auszubildende besonderen Kündigungsschutz, ist anhand der jeweiligen Schutzvorschrift zu prüfen, welche zusätzlichen Voraussetzun-

gen für den Ausspruch einer Kündigung erfüllt sein müssen und was im Einzelnen zu veranlassen ist.

Handelt es sich bei dem Arbeitnehmer z.B. um einen Schwerbehinderten oder Gleichgestellten, ist vor Ausspruch einer Kündigung das Integrationsamt um Zustimmung zu ersuchen. Dies kann gleichzeitig oder vor der Betriebsratsanhörung erfolgen. Oft bietet es sich an, den Betriebsrat erst nach der Zustimmung des Integrationsamtes anzuhören, da während des Zustimmungsverfahren meist noch weitere Informationen gewonnen werden, die dem Betriebsrat ebenfalls mitgeteilt werden sollten. 15

III. Betriebsbedingte Kündigung

Die inhaltlichen Anforderungen an eine betriebsbedingte Kündigung sind oben ausführlich dargestellt worden.[2] In der Praxis sind betriebsbedingte Kündigungen hinsichtlich der Sachverhaltsaufklärung meist aufwändig. Dies resultiert aus den hohen Anforderungen, die die Rechtsprechung an die Darlegung der betrieblichen Gründe und Sozialauswahl stellt. Um den Entfall des Beschäftigungsbedürfnisses für den Betriebsrat oder auch im ggf. folgenden Kündigungsschutzprozess plausibel machen zu können, ist es hilfreich, auf folgende Fragen nachvollziehbare Antworten zu haben: 16

Was ändert sich im Betrieb/Abteilung?
Wann und durch wen wurden die Änderungen entschieden?
Wie sehen die Aufgaben der in diesem Bereich tätigen Arbeitnehmer vorher und nachher aus?
Warum besteht ein Arbeitskräfteüberhang?
Wie hoch ist der Arbeitskräfteüberhang und wie kann dieser nachgewiesen werden?
Wer ist betroffen, also welche und wie viele Personen?
Welche Stellenbezeichnung haben die Mitarbeiter und wie hoch ist der jeweilige Verdienst?
Wer ist innerhalb des Betriebes/Abteilung vergleichbar?
Wie sind die Sozialdaten sämtlicher Mitarbeiter in dem betroffenen Bereich?

Je nach Fallgestaltung stellen sich andere Fragen. Dies ist mit dem Rechtsberater abzuklären. Ein Personalabbau ist zumeist rechtlich komplex und bedarf einer sehr guten Vorbereitung. Deswegen sind **Besprechungen** zwischen dem Vorgesetzten, Personalabteilung und einem Rechtsanwalt/Verbandsvertreter sinnvoll. Dadurch kann der Rechtsberater gezielt Fragen zu rechtlich relevanten Aspekten stellen. Zu- 17

2 Vgl. hierzu Kap. 5 Rn 63–120.

dem erhalten der für ein etwaiges Klageverfahren zuständige Personalverantwortliche und der Rechtsberater ein umfassendes Bild vom Sachverhalt. Gemeinsam mit dem Rechtsberater kann ein rechtlich möglicher Weg/Wege ausgearbeitet werden, um das betrieblich gewünschte Ziel zu erreichen. Oder aber es zeichnet sich in der Besprechung ab, dass dieses Ziel, ggf. nicht vollständig, rechtlich umsetzbar ist. Da das Zusammentragen von Informationen, wie z.B. das Erstellen einer Liste mit allen Sozialdaten und Kündigungsfristen recht aufwändig sein kann, sollte von Unternehmensseite ein gewisser **zeitlicher Vorlauf** zum beabsichtigten Ausspruch der Kündigungen eingeplant werden.

18 Stellt der gewünschte Personalabbau eine **Betriebsänderung** i.S.d. § 111 BetrVG dar, müssen mit dem Betriebsrat Verhandlungen über eine Interessenausgleich und Sozialplan aufgenommen werden. Je nach Kooperationsbereitschaft des Betriebsrates dauern die Verhandlungen länger oder kürzer. In der Regel laufen solche Verhandlungen ein bis sechs Monate.

IV. Verhaltensbedingte Kündigung

19 Bei einer verhaltensbedingten Kündigung besteht oft die größte Schwierigkeit in der Sachverhaltsaufklärung. Teilweise muss die Personalabteilung oder, falls vorhanden, der Ermittlungsdienst aus unterschiedlichen Aussagen oder Hinweisen wie aus Puzzlestücken ein Bild zusammensetzen. Komplex und aufwändig in der Ermittlung sind zumeist z.B. Bestechlichkeit im geschäftlichen Verkehr oder Tätlichkeiten im Betrieb.

20 Die Sachverhaltsaufklärung gelingt oft am besten, wenn der Personalverantwortliche mit allen Beteiligten selbst spricht. Ob dies in Einzelgesprächen erfolgt oder mehrere Personen zusammen gehört werden, hängt z.B. von deren Beteiligung und dem Vertrauensverhältnis dieser Arbeitnehmer untereinander ab. Die **Gespräche** sollten möglichst im Beisein eines Betriebsratsmitgliedes erfolgen. Dies hat den Vorteil, dass eine vertrauensvolle Gesprächsatmosphäre entstehen kann und die beteiligten Arbeitnehmer die Sicherheit haben, sich ggf. mit dem Betriebsrat beraten zu können. Zudem kann bei der Betriebsratsanhörung auf diese Beteiligung und dadurch erlangten Kenntnisse dieses Betriebsratsmitgliedes verwiesen werden.

21 Von den Gesprächen mit den Zeugen oder Beteiligten sind **Protokolle** anzufertigen, die möglichst exakt die getroffenen Aussagen beinhalten. Wichtige Aspekte sollten wenn möglich wörtlich wiedergegeben werden. Um sich als Personalabteilung zu versichern, dass man die Aussage korrekt erfasst hat und um abzuklären, ob der Arbeitnehmer als Zeuge im Rahmen eines eventuellen Kündigungsschutzprozesses zur Verfügung steht, sollte der Zeuge das Protokoll idealerweise unterschreiben.

22 Es empfiehlt sich in jedem Fall, mit dem zu kündigenden **Arbeitnehmer zu sprechen** und ihn ebenfalls zum Sachverhalt anhören. Zu welchem Zeitpunkt dies

erfolgt, hängt von dem Vorfall und Kenntnisstand der Personalabteilung ab. Eine frühzeitige Anhörung bietet die Chance, dass die Auskünfte des Mitarbeiters noch keinen Verfälschungstendenzen unterliegen. Ggf. kann zu einem späteren Zeitpunkt, nach Abschluss der Sachverhaltsaufklärung, erneut mit dem Arbeitnehmer gesprochen werden. Bei einem solchen Gespräch kann dann auch eine einvernehmliche Trennung angeboten werden.

Praxistipp !

Von dem Gespräch mit dem Arbeitnehmer sollten möglichst Wortprotokolle angefertigt werden. Rechtlich kann es auf jede tatsächlich verwendete Formulierung des Arbeitsnehmers ankommen, um z.B. auf seinen Vorsatz zu schließen.

Bei **Vermögensdelikten** zulasten des Arbeitgebers erfolgt die Ermittlung meistens 23
im Geheimen, damit der Arbeitnehmer nicht Beweise vernichtet. Dann bietet es sich an, zunächst Informationen zusammentragen und bei einer gesicherten Kenntnis vom Kündigungssachverhalt den betroffenen Arbeitnehmer mit den Ergebnissen zu konfrontieren.

Die Anhörung des Mitarbeiters ist auch deswegen dringend anzuraten, um die 24
Einwendungen des Arbeitnehmers gegen die Kündigung zu erfahren. Etwaige Rechtfertigungsgründe, die der Arbeitnehmer vorbringt, sind unbedingt zu überprüfen. Dies erspart Fehlentscheidungen bei der Kündigung und Überraschungen im Kündigungsschutzprozess.

Praxistipp !

Bei überschaubaren Kündigungssachverhalten ist es empfehlenswert, den betroffenen Mitarbeiter innerhalb einer Woche ab Kenntnis der Kündigungsgründe anzuhören. Nach der Rechtsprechung läuft die Ausschlussfrist dann erst ab dem Tag der Anhörung. Erfolgt die Anhörung des Mitarbeiters dagegen nicht innerhalb der Wochenfrist, beginnt die Ausschlussfrist bereits mit dem Tag der ursprünglichen Kenntniserlangung, sofern nicht ausnahmsweise besondere Umstände vorliegen, die eine frühere Anhörung nicht zugelassen haben.

Zuweilen erkranken Mitarbeiter, die sich etwas zu schulden haben kommen lassen, 25
kurz nach dem Vorfall. In Falle einer **krankheitsbedingten Abwesenheit** sollte der Arbeitnehmer schriftlich zu den Vorwürfen angehört werden, auch wenn keine Verdachtskündigung vorliegt und nach der Rechtsprechung eine Anhörung mithin nicht zwingend ist. Da der Arbeitgeber jedoch alles ihm zumutbare zur Sachverhaltsaufklärung unternehmen soll und um etwaige Verteidigungseinlassungen im Kündigungsschutzprozess entgegenzuwirken, kann eine solche Anhörung sinnvoll sein. Die Antwortfrist sollte bei einer geplanten fristlosen Kündigung wegen der 14-Tage-Frist eher knapp bemessen sein.

Als weiteren Schritt ist die **Personalakte** durchzusehen, ob es in der Vergan- 26
genheit bereits Abmahnungen gab oder ob Gesprächsprotokolle über Mitarbeiterge-

spräche vorhanden sind, die Aufschluss über einen nicht störungsfreien Verlauf des Arbeitsverhältnisses geben. Ist dies der Fall, fließt dies bei der Interessenabwägung mit ein. Etwaige Störungen sind dem Betriebsrat mitzuteilen. Ansonsten kann sich der Arbeitgeber hierauf später nicht mehr berufen.

27 Ausnahmsweise kann der bloße **Verdacht** einer strafbaren Handlung oder einer schwerwiegenden Vertragspflichtverletzung zum Nachteil des Arbeitgebers eine außerordentliche Kündigung rechtfertigen. Voraussetzung hierfür ist, dass der Verdacht durch konkrete Tatsachen und nicht durch Gerüchte begründet ist. Insofern ist es Aufgabe der Personalabteilung, belastende Dokumente oder Zeugenaussagen zusammenzutragen.

28 Bei der Verdachtskündigung ist es eine Wirksamkeitsvoraussetzung für die Kündigung, dass der Arbeitnehmer zu dem Verdacht **befragt** wurde. Ist dies unterblieben, scheitert alleine daran die Verdachtskündigung.[3]

29 Eine weitere Besonderheit der Verdachtskündigung ist, dass der Arbeitgeber alles ihm zumutbare zur Sachverhaltsaufklärung getan haben muss und auch allen Entschuldigungsgründen des Arbeitnehmers nachzugehen hat. Insofern sind, sollte der Arbeitnehmer sich zur Sache eingelassen haben, nach der Anhörung weitere Ermittlungen zügig durchzuführen.

V. Personenbedingte Kündigung

30 Hat ein Arbeitnehmer über Jahre auffallend hohe Arbeitsunfähigkeitszeiten, so sind in einem ersten Schritt die Fehlzeiten der letzten fünf Jahre anzusehen, soweit das Arbeitsverhältnis bereits so lange besteht. Es bietet sich an, hierzu eine Excel-Tabelle oder **Übersicht** zu erstellen, und dabei den jeweiligen Fehlzeiten, und zwar nur den Arbeitstagen, die Entgeltfortzahlungskosten gegenüberzustellen.

31 Die **Personalakte** ist auf Gesprächsprotokolle, Wiedereingliederungsmaßnahmen etc. zu untersuchen um festzustellen, ob das Arbeitsverhältnis in der Vergangenheit störungsfrei war oder nicht. Dies ist bei der Interessenabwägung zu berücksichtigen.

32 Intern ist zu klären, ob **Informationen zum Gesundheitszustand** vorliegen. Dies kann durch ärztliche Atteste, Wiedereingliederungen in der Vergangenheit oder bereits erfolgte betriebliche Eingliederungsmanagements der Fall sein. Oft ist es so, dass der Vorgesetzte z.B. durch Krankenrückkehrgespräche Kenntnis von möglichen Krankheitsursachen hat. Dies hilft bei der Einschätzung, ob eine krankheitsbedingte Kündigung überhaupt ausgesprochen werden soll, entweder aus sozialen Aspekten oder wegen mangelnder Erfolgsaussichten einer Kündigung.

3 Siehe hierzu ausführlich Kap. 6 B Rn 128–136.

Nach der Rechtsprechung ist zwar ein **betriebliches Eingliederungsmanagement** (BEM) keine Wirksamkeitsvoraussetzung für eine krankheitsbedingte Kündigung, jedoch ist die Darlegungs- und Beweislast ohne ein solches für den Arbeitgeber so ungünstig, dass die Durchführung eines BEM dringend anzuraten ist.[4] 33

Bei **Schwerbehinderten** oder Gleichgestellten hilft die Kenntnis der bestehenden gesundheitlichen Einschränkungen, um einen etwaigen Zusammenhang mit der Schwerbehinderung beurteilen zu können. Besteht ein solcher, unterliegt die Kündigung einer strengeren Überprüfung. Zudem ist dies ein wesentlicher Aspekt, den das Integrationsamt bei der Erteilung der Zustimmung prüft. 34

Teilweise gibt es sog. **Mischfälle**, also die Kombination einer verhaltens- und personenbedingten Kündigung. Typisch hierfür sind Kündigungen von Alkoholkranken. Hier sollte der Betriebsrat immer sowohl unter dem Aspekt einer verhaltensbedingten, also auf steuerbarem Verhalten beruhenden Vertragsverletzung, als auch einer personenbedingten Kündigung, wenn das Verhalten durch den Arbeitnehmer nicht mehr gesteuert werden kann, angehört werden. Da die Abgrenzung, ob das Verhalten noch steuerbar war oder nicht oft schwierig ist, und eine Alkoholabhängigkeit therapierbar ist, bergen solche Kündigungen erhebliche Fallstricke. 35

B. Die Betriebsratsbeteiligung

I. Allgemeine Grundsätze zur Beteiligung des Betriebsrats- bzw. Sprecherausschusses

1. Formelle Wirksamkeitsvoraussetzung

Die Anhörung des Betriebsrates ist in § 102 BetrVG geregelt und stellt eine formelle Wirksamkeitsvoraussetzung für die Kündigung dar. Das bedeutet, Versäumnisse und Fehler bei der Anhörung machen die Kündigung unwirksam (§ 102 Abs. 1 Satz 3 BetrVG). Die ordnungsgemäße Anhörung des Betriebsrats ist damit die erste größere Hürde bei einer Kündigungsschutzklage. Soweit ein Betriebsrat besteht, ist dieser vor **jeder** vom Arbeitgeber beabsichtigten Kündigung unter Darlegung des Kündigungssachverhalts anzuhören und seine Stellungnahme einzuholen. Eine Zustimmung des Betriebsrats zur Kündigung ist dagegen – abgesehen von Ausnahmefällen (z.B. Kündigung eines Betriebsratsmitglieds, § 103 BetrVG) – nicht erforderlich. 36

4 Siehe hierzu Kap. 7 Rn 160.

2. Leitende Angestellte

37 Bei leitenden Angestellten i.S.d. § 5 Abs. 3 BetrVG ist statt dem Betriebsrat der Sprecherausschuss anzuhören, sofern ein solcher gebildet wurde (§ 31 Abs. 2 SprAuG). Auch diese Anhörung ist Wirksamkeitsvoraussetzung für die Kündigung.

38 Dem Betriebsrat ist die beabsichtigte Kündigung eines leitenden Angestellten nach § 105 BetrVG lediglich mitzuteilen. Vielfach ist jedoch zweifelhaft, ob der zu kündigende Arbeitnehmer nach den gesetzlichen Kriterien des § 5 Abs. 3 BetrVG tatsächlich leitender Angestellter ist.[5]

39 Aus praktischer Sicht ist dringend zu empfehlen, vor der Kündigung leitender Angestellter vorsorglich auch den Betriebsrat nach § 102 BetrVG anzuhören. Damit werden langwierige Streitigkeiten über den Status als leitender Angestellter im Kündigungsschutzprozess vermieden.

40 Aus der Mitteilung an den Betriebsrat muss sich eindeutig ergeben, ob durch sie der Betriebsrat nicht nur über die geplante Kündigung unterrichtet, sondern damit auch ein Anhörungsverfahren nach § 102 Abs. 1 BetrVG eingeleitet werden soll.[6]

Muster

Wir möchten Sie davon in Kenntnis setzen, dass wir das Arbeitsverhältnis mit Herrn/Frau ... ordentlich und fristgerecht zum ... (Alt.: außerordentlich und fristlos/außerordentlich und fristlos, hilfsweise ordentlich zum ...) kündigen möchten.

Herr/Frau ... ist nach unserer Rechtsauffassung leitende(r) Angestellte(r) i.S.d. § 5 Abs. 3 BetrVG. Zur Vermeidung etwaiger Streitigkeiten über den Status als leitender Angestellter hören wir Sie gleichwohl vorsorglich gem. § 102 BetrVG zu der beabsichtigten Kündigung an. (Es folgt die Darstellung der Sozialdaten und des Kündigungssachverhalts.)

---

41 Die nachfolgenden Ausführungen zum Anhörungsverfahren gegenüber dem Betriebsrat gelten grundsätzlich gleichermaßen entsprechend auch für die Anhörung des Sprecherausschusses, soweit nicht auf Besonderheiten ausdrücklich hingewiesen wird.

3. Kündigung in der Wartezeit

42 Der Betriebsrat ist unabhängig davon anzuhören, ob der Arbeitnehmer bereits die Wartezeit erfüllt hat und allgemeinen Kündigungsschutz nach § 1 Abs. 1 KSchG genießt. Auch bei einer Kündigung innerhalb der Probezeit bzw. vor Ablauf der Warte-

5 *Hromadka/Sieg*, § 31 SprAuG Rn 26; ErfK/*Oetker*, § 31 SprAuG Rn 7; *Wlotzke*, DB 1989, 178.
6 Vgl. BAG, Urt. v. 26.5.1977 – 2 AZR 135/76 – AP BetrVG 1972 § 102 Nr. 13; *Richardi*, § 102 BetrVG Rn 85.

zeit nach KSchG (sechs Monate Bestand des Arbeitsverhältnisses) ist daher der Betriebsrat anzuhören.[7]

4. Zuständiges Gremium

Adressat für die Anhörung ist die Arbeitnehmervertretung des Betriebs, in dem der zu kündigende Arbeitnehmer beschäftigt ist bzw. – z.B. bei einem ruhenden Arbeitsverhältnis – zuletzt beschäftigt war. Wurde der Arbeitnehmer z.B. vorübergehend in einem anderen Betrieb des Unternehmens eingesetzt, empfiehlt es sich, vorsorglich die Betriebsräte beider Betriebe anzuhören um Diskussionen darüber zu umgehen, welchem von mehreren Betrieben der Arbeitnehmer organisatorisch angehört hat und welcher Betriebsrat dementsprechend zuständig war. 43

Die Unterrichtung über eine beabsichtigte Kündigung erfolgt gegenüber dem **Betriebsratsvorsitzenden** oder im Falle seiner Verhinderung gegenüber seinem Stellvertreter (§ 26 Abs. 2 S. 2 BetrVG).[8] Ist ein für das Beteiligungsverfahren nach § 102 BetrVG zuständiger Personalausschuss nach § 28 BetrVG gebildet, wird deren Vorsitzender über die Kündigung unterrichtet. 44

5. Form der Anhörung

Die Unterrichtung des Betriebsrats unterliegt keiner besonderen Form. Die Anhörung kann **mündlich** (auch telefonisch) oder **schriftlich** (auch per Telefax oder E-Mail) erfolgen. Sie bedarf auch dann nicht der Schriftform bzw. der Übergabe vorhandener schriftlicher Unterlagen, wenn der Kündigungssachverhalt ungewöhnlich komplex ist.[9] In Hinblick auf die Darlegungs- und Beweislast des Arbeitgebers für die ordnungsgemäße Anhörung sollte die Betriebsratsanhörung aus Beweisgründen jedoch am besten schriftlich erfolgen. Zwingend ist dies nicht, da der Beweis auch über die Zeugenvernehmung des Betriebsratsvertreters, in der Regel des Vorsitzenden, und des jeweiligen Mitarbeiters der Personalabteilung geführt werden kann. Da Zeugenvernehmungen aufwändig sind und nicht bewiesene Tatsachen ggf. zum Prozessverlust führen, ist dieser Weg mit Risiken behaftet. 45

Um dem Einwand des Arbeitnehmers entgegen zu wirken, die Anhörung wäre nicht vollständig, sollte in der schriftlichen Anhörung ein Hinweis auf **ergänzende mündliche Erläuterungen** im Rahmen der Unterrichtung aufgenommen werden. 46

---

7 BAG, Urt. v. 3.12.1998 – 2 AZR 234/98 – NZA 1999, 477; BAG, Urt. v. 23.6.2005 – 2 AZR 193/04 – NZA 2005, 1233.
8 BAG, Urt. v. 7.7.2011 – 6 AZR 248/10 – NZA 2011, 1108.
9 BAG, Urt. v. 6.2.1997 – 2 AZR 265/96 – NZA 1997, 656.

II. Umfang der BR-Anhörung

47 Die Rechtsprechung hat durch zahlreiche zwingend mitzuteilende Informationen hohe formale Hürden aufgebaut. Es ist demzufolge ein besonderes Augenmerk auf die **Vollständigkeit** der Anhörung zu legen.[10]

48 Wann der Betriebsrat hinreichend beteiligt war, richtet sich nach dem sog. **Grundsatz der subjektiven Determination.** Der Arbeitgeber hat den Betriebsrat über den aus seiner Sicht maßgeblichen Kündigungssachverhalt so zu unterrichten, dass der Betriebsrat ohne eigene Nachforschungen die Stichhaltigkeit der Kündigungsgründe prüfen und ggf. auf den Kündigungsentschluss des Arbeitgebers noch Einfluss nehmen kann. Dagegen ist die Vorlage von Beweismaterial oder die Benennung von Zeugen nicht erforderlich, ebensowenig Rechtsausführungen zur Wirksamkeit der Kündigung. Der Arbeitgeber ist auch nicht gehalten, den Kündigungssachverhalt einem der gesetzlich anerkannten Kündigungsgründe zuzuordnen. Tut er dies dennoch, hindert ihn dies im späteren Prozess nicht, die Kündigung auch auf andere rechtliche Gesichtspunkte zu stützen, sofern der mitgeteilte Kündigungssachverhalt dies trägt.[11]

49 Eine nur pauschale, schlag- oder **stichwortartige Benennung** des Kündigungssachverhalts genügt nicht. Ferner darf der Arbeitgeber dem Betriebsrat den Sachverhalt nicht bewusst irreführend – auch durch Verschweigen wesentlicher Umstände – schildern, da dadurch die Anhörung unwirksam ist.[12] Aber auch dann, wenn die objektiven Daten mit der Information des Betriebsrats nicht übereinstimmen, muss der Arbeitgeber die Ordnungsgemäßheit der Anhörung darlegen.[13]

! **Praxistipp**
Die Betriebsratsanhörung ist der Grundstein für ein erfolgreiches Kündigungsschutzverfahren. Als Faustformel gilt: Was dem Betriebsrat im Rahmen seiner Anhörung nicht mitgeteilt worden ist, kann später im Kündigungsschutzprozess zur Rechtfertigung der Kündigung nicht verwertet werden.

---

50 Sollte die Anhörung **unterblieben** sein, heilt selbst eine nachträgliche Zustimmung des Betriebsrates die Unwirksamkeit einer fehlenden Anhörung nicht. Es bleibt bei der **Unwirksamkeit** der Kündigung, vgl. § 102 Abs. 1 Satz 3 BetrVG. Jedoch kann eine weitere Kündigung ausgesprochen werden, wobei eine fristlose Kündigung wegen Ablauf der 14-Tage Frist dann meist nicht mehr in Betracht kommt.

10 BAG, Urt. v. 26.1.1995 – 2 AZR 386/94 – NZA 1995, 672.
11 BAG, Urt. v. 24.2.2011 – 2 AZR 636/09 – NZA 2011, 1087.
12 BAG, Urt. v. 22.9.1994 – 2 AZR 31/94 – NZA 1995, 363.
13 BAG, Urt. v. 22.9.1994 – 2 AZR 31/94 – NZA 1995, 363.

1. Personalien

Zu den zwingend mitzuteilenden Informationen gehören der Name und Vorname des zu kündigenden Arbeitnehmers, dessen Alter, die Dauer der Betriebszugehörigkeit, etwaiger bestehender Sonderkündigungsschutz, der Familienstand und ggf. Kinderzahl sowie die Art der Beschäftigung. Bei größeren Unternehmen sollte auch der Betrieb/Abteilung/Einheit angegeben werden. Die Angabe weiterer Daten (z.B. Entgeltgruppe) richtet sich nach ihrer Bedeutung für die Kündigungsentscheidung des Arbeitgebers und die Art der beabsichtigten Kündigung. 51

Der Arbeitgeber kann sich auf die **ihm bekannten Daten** bspw. aus der Personalakte oder der „elektronischen" Lohnsteuerkarte berufen, es sei denn, der Kündigungsberechtigte hat abweichende Kenntnisse aus anderen Quellen.[14] 52

Es bietet sich an, einen schriftlichen Anhörungsbogen mit **standardisierten Personalinformationsblatt** (Name, Anschrift, Alter, Betriebszugehörigkeit, etc., ggf. Unterhaltspflichten) zu verwenden. Zum einen können dann die Standardinformationen nicht vergessen werden, zum anderen erleichtert es sowohl der Personalabteilung als auch dem Betriebsrat die Arbeit. 53

2. Art der Kündigung/Kündigungsfrist

Zudem ist dem Betriebsrat die Art der beabsichtigten Kündigung, also ob es eine verhaltens-, personen-, oder betriebsbedingte Kündigung ist, ob es sich um eine fristlose, eine fristgemäße oder eine fristlose, hilfsweise fristgemäße Kündigung handelt, eine Tat- oder Verdachtskündigung, Kündigung während der Probezeit etc. mitzuteilen. Soll neben einer außerordentlichen Kündigung vorsorglich auch eine ordentliche Kündigung ausgesprochen werden, muss sich die Anhörung auf beide Kündigungen beziehen. Dies gilt entsprechend auch, wenn sowohl eine Tat- als auch eine Verdachtskündigung ausgesprochen werden sollen.[15] 54

Bei einer **Änderungskündigung** gehört auch die Information über das Änderungsangebot zur nötigen Unterrichtung.[16] Sollte sich der Arbeitgeber nach der Anhörung zu einer Änderungskündigung umentscheiden und stattdessen eine Beendigungskündigung aussprechen möchten (oder umgekehrt), ist die Unterrichtung zu der letztlich beabsichtigten Kündigungsart erneut durchzuführen.[17] 55

Damit der Betriebsrat die Folgen der Kündigung für den Arbeitnehmer korrekt einschätzen kann, ist auch die einzuhaltende **Kündigungsfrist** mitzuteilen.[18] Zwar 56

---

14 BAG, Urt. v. 6.7.2006 – 2 AZR 520/05 – NZA 2007, 266.

15 BAG, Urt. v. 23.6.2009 – 2 AZR 474/07 – NZA 2009, 1136.

16 BAG, Urt. v. 10.3.1982 – 4 AZR 158/79 – AP Nr. 2 zu § 2 KSchG 1969.

17 BAG, Urt. v. 27.5.1982 – 2 AZR 96/80 – DB 1984, 620; BAG, Urt. v. 30.11.1989 – 2 AZR 197/89 – NZA 1990, 529.

18 BAG, Urt. v. 16.9.1993 – 2 AZR 267/93 – NZA 1994, 311.

genügt es darauf hinzuweisen, dass sich die Kündigungsfristen nach dem einschlägigen Tarifvertrag oder dem Gesetz richten, jedoch bietet die Mitteilung der Frist auch die Chance, dass die Personalabteilung dieses nochmals kontrolliert und prüft, welche Frist tatsächlich anzuwenden ist. Aus diesem Grund empfiehlt sich auch die Mitteilung des konkreten Kündigungstermins, also wann das Arbeitsverhältnis enden wird.

57 Ein vermeidbarer Fehler ist, mit **zu kurzer oder zu langer Frist** zu kündigen. Zwar führen etwaige Irrtümer des Arbeitgebers über die objektiv einschlägige Kündigungsfrist im Rahmen der Betriebsratsanhörung nicht zur Unwirksamkeit der Kündigung.[19]So kann eine Kündigung zu einem zu frühen Termin ausgelegt werden zu einer Kündigung für das korrekte Enddatum.[20] Umgekehrt kann aber eine aus Versehen mit zu langer Frist ausgesprochene Kündigung nicht in eine mit der korrekten Frist und dem früheren Enddatum ausgelegt werden. Hier ist der Ausspruch einer weiteren Kündigung mit korrekter Frist denkbar. Allerdings sollte dann klargestellt werden, dass nur die zweite Kündigung das Arbeitsverhältnis beenden soll.

3. Kündigungsgründe

58 Besonderes Augenmerk ist auf die Darstellung der konkreten Kündigungsgründe zu legen. § 102 Abs. 1 Satz 2 BetrVG schreibt vor, dass dem Betriebsrat die Kündigungsgründe mitzuteilen sind, und zwar **alle** Kündigungsgründe, diese detailliert und vollständig. Es empfiehlt sich, die schriftliche Anhörung möglichst umfangreich abzufassen und so zu schreiben, dass ein unbeteiligter Dritter, wie z.B. ein Richter, ein **genaues Bild vom Sachverhalt** bekommt. Es gilt: lieber zu viel als zu wenig mitteilen. In der Regel bietet sich bei der Betriebsratsanhörung ein chronologischer Aufbau an, bei dem die Vorgeschichte, bei verhaltensbedingten Gründen der eigentliche Tatverlauf und die Folgen des Verhaltens bzw. bei krankheitsbedingten Kündigungen die Folgen der Fehlzeiten geschildert wird.

59 Idealerweise nimmt ein **Betriebsratsmitglied** schon bei den Gesprächen mit am Kündigungssachverhalt Beteiligten oder dem betroffenen Arbeitnehmer teil. Dann kann in der schriftlichen Anhörung auf diese Gespräche verwiesen werden.

60 Der Umfang der Mitteilungspflicht hängt im Einzelnen von der **Art der beabsichtigten Kündigung** ab.

- Bei einer Kündigung während der sechsmonatigen **Wartezeit** des § 1 Abs. 1 KSchG genügt der Arbeitgeber nach den Grundsätzen der subjektiven Determination seiner Unterrichtungspflicht, wenn er die aus seiner Sicht fehlende Eignung des Mitarbeiters für eine weitere Beschäftigung deutlich macht.

---

19 BAG, Urt. v. 15.12.1994 – 2 AZR 327/94 – NZA 1995, 521.

20 BAG, Urt. v. 15.5.2013 – 5 AZR 130/12 – NZA 2013, 1076.

- Bei einer **krankheitsbedingten** (personenbedingten) Kündigung sind detaillierte Angaben über Fehlzeiten, Zukunftsprognose, wirtschaftliche Belastungen oder sonstige Beeinträchtigungen der betrieblichen Interessen aufgrund der Arbeitsunfähigkeitszeiten des Arbeitnehmers zu machen.
- Eine **betriebsbedingte** Kündigung erfordert insbesondere Ausführungen zur getroffenen unternehmerischen Entscheidung und ihrer Auswirkungen auf den Beschäftigungsbedarf, zu fehlenden Weiterbeschäftigungsmöglichkeiten sowie ggf. zur Sozialauswahl.
- Bei einer beabsichtigten **verhaltensbedingten** Kündigung ist über das Fehlverhalten des Arbeitnehmers und eventuell erteilte Abmahnungen zu unterrichten. Im Falle einer Verdachtskündigung muss die Unterrichtung auch das Ergebnis der Anhörung des Arbeitnehmers zu den ihm zur Last gelegten Vorwürfen beinhalten.

4. Kündigung in den ersten sechs Monaten

Während die Anhörung zu einer Kündigung in der Regel ausführlich sein sollte, 61
kann die zu einer Kündigung in der Probezeit oder in den ersten sechs Beschäftigungsmonaten („**Wartezeitkündigung**") knapp gefasst werden. Eine solche Kündigung unterliegt nicht dem KSchG. Zwar sind auch hier die Kündigungsgründe mitzuteilen, allerdings ist die Substantiierungspflicht gegenüber dem Betriebsrat nicht an den objektiven Merkmalen der (noch) nicht erforderlichen Kündigungsgründe nach § 1 KSchG, sondern daran zu messen, welche konkreten Umstände oder subjektiven Vorstellungen zum Kündigungsentschluss geführt haben.

Hat der Arbeitgeber keine Gründe oder wird sein Kündigungsentschluss allein 62
von subjektiven, durch Tatsachen nicht belegbaren Vorstellungen bestimmt, so reicht die Unterrichtung über sein subjektives (personenbezogenes) **Werturteil** über künftig zu erwartende (Nicht-)Fähigkeiten des Arbeitnehmers aus.[21] Insofern kann sich der Arbeitgeber auf Werturteile stützen. Eine Kündigung, die ausgesprochen werden soll, weil der Arbeitnehmer z.B. nicht ins Team passt oder weil zu ihm kein Vertrauen aufgebaut werden konnte, ist zulässig und verstößt nicht gegen das Willkürverbot.

Beispiel[22]

Zu der Entscheidung, das Arbeitsverhältnis zu kündigen, führt uns folgender Eindruck, den wir von Herrn ... gewonnen haben:

Herr ... hat die in ihn gesetzten Erwartungen nicht erfüllt. Er zeigt nur begrenzte Management-Fähigkeiten und kaum Führungsqualitäten im engeren Sinn. Er ist mehr wissenschaftlich-kontemplativ

21 BAG, Urt. v. 18.5.1994 – 2 AZR 920/93 – NZA 1995, 24.

22 Nach dem Sachverhalt der BAG-Entscheidung v. 18.5.1994 – 2 AZR 920/93 – NZA 1995, 24.

ausgerichtet, weniger handlungsorientiert-kreativ. Daher ist er nicht multifunktional einsetzbar, d.h. er verfügt nur über ein begrenztes Entwicklungspotential mit sehr begrenzten Einsatzmöglichkeiten. Herr .... ist wenig dynamisch, begrenzt belastbar und zeigt einen erkennbaren Mangel an Souveränität, Überzeugungskraft und Sicherheit im Auftreten. Er vermittelt den Eindruck einer gewissen Schwerfälligkeit, von Passivität und Temperamentlosigkeit. Über politisch-taktisches Gespür verfügt er nicht. Eine Fortsetzung des Arbeitsverhältnisses würde unserer Auffassung nach zu Konflikten führen.

63 Wird die Kündigung dagegen z.B. mit fehlender Fachkenntnis, unangemessenem Verhalten oder wiederholter Unpünktlichkeit begründet, sind dem Betriebsrat die Tatsachen detailliert zu schildern und müssen im Rahmen eines ggf. folgenden Kündigungsschutzprozesses bewiesen werden. Nur pauschal, schlag- oder stichwortartig vorgetragene Gründe („mangelhafte Arbeitsleistung", „kommt ständig zu spät", „ist häufig krank"), macht die Anhörung unwirksam.

Beispiel

Seit seiner Einstellung am 2.1.2013 fehlte Herr ... bereits in drei Fällen krankheitsbedingt. So war er vom 7.1. bis 11.1.2013 fünf Tage arbeitsunfähig. Am 16.1.2013, am 24. und 25.1.2013 nahm er Urlaub. Von 29.1.bis 1.2.2013 fehlte er erneut krankheitsbedingt. Am 15.2.2013 hatte er einen Tag Freistellung wegen Umzuges. Seit 20.2.2013 ist er erneut erkrankt. An den bisher 42 Arbeitstagen der Monate Januar und Februar 2013 fehlte er somit insgesamt an 16 Tagen. Auf Grund dieser erheblichen Fehlzeiten in dem noch jungen Arbeitsverhältnis möchten wir uns von Herrn ... bereits in der Probezeit trennen.

64 Auch bei einer Wartezeitkündigung gilt, dass dem Betriebsrat keine bewusst unrichtigen oder unvollständigen Sachdarstellungen mitgeteilt werden dürfen.

III. Ablauf des Anhörungsverfahrens

1. Anhörungsfristen

65 Die Anhörungsfrist des Betriebsrates beginnt, wenn eine schriftliche Unterrichtung der empfangsberechtigten Person (i.d.R. Betriebsratsvorsitzender) **zugeht** bzw. diese eine mündliche Unterrichtung gehört und verstanden hat.[23]

66 Der Betriebsrat (bzw. ein hierfür zuständiger Personalausschuss) hat seine Stellungnahme bei einer ordentlichen Kündigung spätestens innerhalb **einer Woche** abzugeben. Bei außerordentlichen Kündigungen hat der Betriebsrat unverzüglich, spätestens jedoch nach **drei Tagen** zu reagieren (§ 102 Abs. 2 BetrVG). Gleiches gilt für den Sprecherausschuss (§ 31 Abs. 2 SprAuG).

67 Äußert sich der Betriebsrat dahingehend, zu den Kündigungen keine Stellungnahme abgeben zu wollen, ist dies als abschließende Stellungnahme anzusehen;

23 BAG, Urt. v. 27.8.1982 – 7 AZR 30/80 – AP Nr. 25 zu § 102 BetrVG.

der Arbeitgeber kann dann auch vor Ablauf der gesetzlichen Fristen die Kündigung erklären.[24]

Die Fristen beginnen jeweils mit Zugang der Unterrichtung zu laufen, wobei der 68
Tag des Zugangs nicht mitgerechnet wird (§ 187 Abs. 1 BGB). Die Frist beginnt damit faktisch am Tag nach Zugang der Unterrichtung und endet bei der Drei-Tages-Frist mit Ablauf des dritten Tages, bei der Wochenfrist mit Ablauf des Tages mit der gleichen Benennung wie der Tag des Fristbeginns (§ 188 Abs. 1 und 2 BGB). Fällt das reguläre Fristende auf einen Sonnabend, Sonntag oder Feiertag, endet die Frist erst am nächsten Werktag (§ 193 BGB). Am Wochenende bzw. Feiertagen laufen die Fristen als solche weiter.

Beispiel
Zugang des Anhörungsschreibens zur außerordentlichen, hilfsweise ordentlichen Kündigung, beim Betriebsrat am Freitag, 17.5.2013. Fristbeginn ist Sonnabend, 18.5.2013.
Die Drei-Tages-Frist endet wegen des Feiertags am Montag, 20.5.2013 (Pfingstmontag), erst mit Ablauf des Dienstags, 21.5.2013. Die außerordentliche Kündigung kann am Mittwoch, 22.5.2013, ausgesprochen werden.
Die Wochenfrist endet mit Ablauf des Freitags, 24.5.2013. Die ordentliche Kündigung kann damit am Sonnabend, 25.5.2013, ausgesprochen werden.

Kalender für Mai 2013

Mo	Di	Mi	Do	Fr	Sa	**So**
		1	2	3	4	**5**
6	7	8	**9**	10	11	**12**
13	14	15	16	17	18	**19**
20	21	22	23	24	25	**26**
27	28	29	**30**	31		

Beispiel
Der Anhörungsbogen wird dem Betriebsratsvorsitzenden am Mittwoch, den 10.5.2012 übergeben. Die Anhörungsfrist endet dann am Mittwoch, den 17.5.2012 um 24 Uhr.

Fettnapf
Bei einer außerordentlichen Kündigung muss die Anhörung innerhalb der zweiwöchigen Ausschlussfrist des § 626 Abs. 2 BGB so rechtzeitig durchgeführt werden, dass die nachfolgende Kündigung noch fristgerecht zugehen kann.

24 BAG, Urt. v. 20.9.2012 – 6 AZR 155/11 – NZA 2013, 32.

Da das Gesetz für die Stellungnahme des Betriebsrats zur außerordentlichen und zur ordentlichen Kündigung unterschiedliche Fristen vorsieht, eine außerordentliche Kündigung aber innerhalb der zweiwöchigen Ausschlussfrist zugehen muss (§ 626 Abs. 2 BGB), kann dies zur Folge haben, dass mit ihrem Ausspruch nicht bis zu einer abschließenden Stellungnahme auch zur ordentlichen Kündigung bzw. bis zum Ablauf der gesetzlichen Wochenfrist abgewartet werden kann. In einem solchen Fall ist es notwendig, **zunächst nur außerordentlich** zu kündigen und die hilfsweise ordentliche Kündigung in einem nachfolgenden Schreiben zu erklären.

Bei der Kündigung eines schwerbehinderten Menschen kann die Anhörung des Betriebsrats auch bereits vor Durchführung des Zustimmungsverfahrens beim **Integrationsamt** nach §§ 85ff. Sozialgesetzbuch IX erfolgen.[25]

2. Reaktionsmöglichkeiten des Betriebsrats bzw. Sprecherausschusses

69 Der Betriebsrat bzw. Sprecherausschuss kann innerhalb der maßgeblichen Anhörungsfrist der Kündigung ausdrücklich zustimmen, schriftlich unter Angabe der Gründe Bedenken gegen die Kündigung äußern oder die Frist einfach verstreichen lassen. Der Betriebsrat kann einer ordentlichen Kündigung zudem aus bestimmten Gründen widersprechen (§ 102 Abs. 3 BetrVG). Erfolgt bei einer ordentlichen Kündigung innerhalb der Anhörungsfrist keine Äußerung des Betriebsrats, gilt die Zustimmung zur Kündigung als erteilt (**Zustimmungsfiktion**, § 102 Abs. 2 S. 2 BetrVG). Auch eine außerordentliche Kündigung kann ohne Äußerung des Betriebsrats nach Ablauf der Drei-Tages-Frist ausgesprochen werden. Für den Sprecherausschuss gilt bei unterbliebener Äußerung zu einer ordentlichen oder außerordentlichen Kündigung nach Ablauf der Anhörungsfrist ebenfalls eine Zustimmungsfiktion (§ 31 Abs. 2 S. 5 SprAuG).

70 Widerspricht der Betriebsrat nach § 102 Abs. 3 BetrVG frist- und ordnungsgemäß einer ordentlichen Kündigung, hindert dies den Arbeitgeber nicht daran, die Kündigung auszusprechen. Der **Widerspruch** führt lediglich dazu, dass der Arbeitgeber dem Arbeitnehmer mit der Kündigung eine Abschrift der Betriebsrats-Stellungnahme zuzuleiten hat (§ 102 Abs. 4 BetrVG). Die Verletzung dieser Pflicht führt allerdings nicht zur Unwirksamkeit der Kündigung.[26] Darüber hinaus kann der Arbeitnehmer ggf. einen Weiterbeschäftigungsanspruch nach Ablauf der Kündigungsfrist haben, falls er Kündigungsschutzklage erhebt (§ 102 Abs. 5 BetrVG).

71 Die Äußerung von sonstigen Bedenken durch Betriebsrat oder Sprecherausschuss hat keine weiteren rechtlichen Auswirkungen.

---

25 BAG, Urt. v. 23.10.2008 – 2 AZR 163/07 – AP Nr. 18 zu § 1 KSchG Namensliste.

26 *Fitting*, § 102 BetrVG Rn 100, wonach sich ein Arbeitgeber allerdings schadenersatzpflichtig machen können soll, wenn er ansonsten von einer Klageerhebung abgesehen hätte und er nunmehr die Prozess- und Anwaltskosten zu tragen hat.

Praxistipp
Die Kündigung kann erst ausgesprochen werden, wenn das **Anhörungsverfahren abgeschlossen** ist. Ob eine Stellungnahme des Betriebsrats abschließend ist, ist häufig nicht eindeutig (z.B. „Wir nehmen die Kündigung zur Kenntnis"). Wenn nicht zwingend zu wahrende Fristen entgegenstehen (Ausschlussfrist nach § 626 Abs. 2 BGB, Kündigungsfristen), empfiehlt es sich grundsätzlich, den Ablauf der jeweiligen Stellungnahmefrist nach § 102 BetrVG abzuwarten.

Hört der Arbeitgeber den Betriebsrat zu einer **außerordentlichen, hilfsweise ordentlichen** Kündigung an, ist zudem unbedingt darauf zu achten, ob sich die Stellungnahme auf eine oder beide Kündigungen bezieht und ob sie jeweils abschließend ist. 72

Kann bzw. soll wegen einzuhaltender **Ausschlussfristen** (§ 626 Abs. 2 BGB) oder Kündigungsfristen die Stellungnahmefrist des Betriebsrats nicht abgewartet werden, bleibt dem Arbeitgeber nur der Weg, den Betriebsrat zu einer abschließenden Stellungnahme vor Ablauf der Fristen zu bewegen. 73

Praxistipp
Der Arbeitgeber sollte in seinen Formularen zur Betriebsratsanhörung einen Abschnitt aufnehmen, der deutlich erkennen lässt, dass es sich um eine abschließende Stellungnahme des Betriebsrats handelt.

Standardmuster
Betriebsratsanhörung (an den Einzelfall anzupassen)

An den Betriebsrat über den Betriebsratsvorsitzenden Herrn/Frau

Wir beabsichtigen, den Arbeitnehmer ...,
geb.: ...
Familienstand: ...,
Kinder: ...
beschäftigt seit: ...,
derzeit tätig als ... in Abteilung ...
(evtl. Sonderkündigungsschutz bspw. aufgrund § 85 SGB IX, § 9 MuSchG, § 18 BEEG, § 15 KSchG)

- ☐ ordentlich unter Einhaltung der Kündigungsfrist von ... zum nächstzulässigen Kündigungstermin
- ☐ außerordentlich fristlos
- ☐ fristlos, vorsorglich ordentlich unter Einhaltung der Kündigungsfrist von ... zum nächstzulässigen Kündigungstermin

zu kündigen.
Die Kündigung ist aus folgenden Gründen erforderlich: ...
(s. → Kündigungssachverhalte)

Datum/Unterschrift Arbeitgeber

Dem Betriebsrat übergeben am ... (Datum/Uhrzeit) durch ...

Auf gesondertem Blatt:
Abschließende Stellungnahme des Betriebsrats:
☐ wir geben keine Stellungnahme ab
☐ wir stimmen zu
☐ wir haben Bedenken
☐ wir geben folgende sonstige Stellungnahme ab

Vom Betriebsrat zurück am ... (Datum/Uhrzeit)

---

74 Eine vor Ablauf der Frist ausgesprochene Kündigung führt zur Unwirksamkeit der Kündigung, da der Betriebsrat dann nicht hinreichend gehört worden ist, also keine Gelegenheit zur Stellungnahme hatte. Bei einer kommentarlosen Rückgabe des Anhörungsbogens, einem Verzicht auf eine Stellungnahme, einer Kenntnisnahme oder einem „Frist verstreichen lassen" als Reaktion des Betriebsrates ist nicht eindeutig, ob es sich um eine abschließende Stellungnahme handelt. Im Zweifel sollte der Arbeitgeber die Anhörungsfrist dann abwarten.

75 Der Betriebsrat ist nur vor einer **Kündigung** zu hören, nicht bei einer Vertragsbeendigung aus anderen Gründen, wie z.B. Aufhebungsvertrag, Anfechtung oder Ablauf eines befristeten Arbeitsvertrages.

3. Vorgehen nach Abschluss des Anhörungsverfahrens

76 Die Willensbildung erfolgt durch das Betriebsratsgremium, nicht durch den Vorsitzenden allein. Da der Arbeitgeber jedoch in aller Regel keine Kenntnis von der Beratung im Betriebsrat hat, wirken sich Fehler, die in den Zuständigkeits- bzw. Verantwortungsbereich des Betriebsrates fallen (z.B. fehlerhafte Beschlussfassung), nicht auf die Wirksamkeit der Kündigung aus. Dies gilt grundsätzlich selbst dann, wenn der Arbeitgeber hiervon weiß oder die fehlerhafte Behandlung im Betriebsrat erkennen kann.[27]

77 Nach einer wirksam durchgeführten Anhörung kann der Arbeitgeber – gleich, wie die Reaktion des Betriebsrats bzw. Sprecherausschusses aussah – die Kündigung aussprechen.

78 In einem nachfolgenden Kündigungsschutzprozess kann sich der Arbeitgeber nur auf solche Kündigungsgründe stützen, die **Gegenstand der Anhörung** waren. Ein späteres „Nachschieben" von Kündigungsgründen im Prozess ist nur in engen Grenzen zulässig. Diese müssen bei Ausspruch der Kündigung bereits vorgelegen haben, dem Arbeitgeber aber erst später bekannt geworden sein. Dann muss er den Betriebsrat wegen dieser Gründe allerdings erneut anhören.

---

27 BAG, Urt. v. 24.6.2004 – 2 AZR 461/03 – NZA 2004, 1330.

C. Sonstige häufige Fehler vor dem Prozess

I. Zusammenarbeit Personalabteilung, Vorgesetzter und Entscheider

Ohne die gute und intensive Zusammenarbeit zwischen der Personalabteilung, eventuell auch der Rechtsberatung, mit dem Vorgesetzten ist keine erfolgreiche Prozessführung möglich, da dieser für die **Sachverhaltsaufklärung** entscheidend ist. Oft kann nur der Vorgesetzte Detailfragen beantworten, die für die rechtliche Bewertung des Sachverhalts wichtig sind. Da die Darlegungs- und Beweislast des Arbeitgebers, unabhängig vom Kündigungsgrund, sehr umfangreich ist, sollte der Vorgesetzte von Anfang an eingebunden werden. Ihm ist der weitere Verlauf des Verfahrens und die von ihm benötigten Informationen zu beschreiben. Sollte dieser für die Sachverhaltsaufklärung nicht zur Verfügung stehen, aus welchen Gründen auch immer, ist darauf die Prozesstaktik auszurichten. Dann kann ggf. ein möglichst frühzeitiger Vergleich sinnvoll sein, auch wenn dies nicht der kostengünstigste Zeitpunkt hierfür sein sollte. Ansonsten besteht die Gefahr, dass der Arbeitgeber bei streitigen Fragen darlegungsfällig bleibt und deswegen den Prozess verliert. 79

Ebenso ist es seitens der Personalabteilung wichtig, den **Entscheider**, also denjenigen, der über die Beendigung des Verfahrens entscheidet, wie Geschäftsführer, Betriebsleiter etc., frühzeitig zu beteiligen. Dieser ist auf die rechtlichen Risiken hinzuweisen und es ist auf klare und realistische Vorgaben zu dringen. Es gilt, ein ausgewogenes Verhältnis von Erfolgsaussichten und Höhe einer möglichen Abfindung, um das Verfahren vergleichsweise zu beenden, zu erreichen. Die Konsequenzen eines mitunter mehrjährigen Verfahrens mit dem damit verbundenen Annahmeverzugsrisiko, die Außenwirkung, wenn der Arbeitnehmer nach obsiegendem Urteil tatsächlich in den Betrieb zurückkehrt, der hohe personelle Aufwand eines Kündigungsschutzverfahrens und etwaiger Folgeprozesse sollten von Anfang an besprochen werden. Es bietet sich an, die Vorgaben des Entscheiders kurz schriftlich zusammen zu fassen. 80

Der Prozessbevollmächtigte sollte die **Prozesstaktik** gleich zu Beginn mit dem Unternehmen abstimmen, wie z.B. ob ein Vergleich gewünscht ist, ob dieser möglichst bald erzielt werden soll, um die Mühe des Verfahrens zu vermeiden oder aus grundsätzlichen Erwägungen, oder ob zunächst das Verfahren ausgeschrieben wird, um überzogenen Vorstellungen des Arbeitnehmers entgegen zu wirken etc. Dadurch kann versucht werden, den Prozessverlauf auf die Vorstellungen des Unternehmens auszurichten. 81

II. Unzureichende Sachverhaltsaufklärung

Sollte der Sachverhalt nicht umfassend im Vorfeld einer Kündigung ermittelt worden sein, kann dies verschiedene Konsequenzen haben. So ist denkbar, dass ein 82

Zeuge bei der Kündigungsvorbereitung den Ablauf anders als der Arbeitnehmer im Prozess geschildert hat. Jedoch will dieser Zeuge nunmehr nicht vor Gericht aussagen. Möglich ist auch, dass der Arbeitnehmer im Rahmen des Kündigungsschutzprozesses einen neuen und bislang unbekannten Aspekt vorbringt, welcher die Erfolgsaussicht der Kündigung in Frage stellt. So kann z.B. ein angeblicher Diebstahl dann nicht vorliegen, wenn die Mitnahme der Sache durch den Vorgesetzten genehmigt wurde. Oder eine krankheitsbedingte Kündigung scheidet aus, weil die erheblichen Fehlzeiten auf einem Arbeitsunfall oder der betrieblichen Tätigkeit beruhen.

III. Versäumung der 14-Tage-Frist

83 Bei einem fristlosen Kündigungsgrund ist die 14-Tage-Frist des § 626 Abs. 2 BGB stets im Blick zu halten. Der Beginn der Frist setzt die zuverlässige und möglichst vollständige positive **Kenntnis** der für die Kündigung maßgebenden Tatsachen durch einen **Kündigungsberechtigten** voraus. Grob fahrlässige Unkenntnis ist für den Beginn der Frist nicht ausreichend. Allerdings muss sich der Kündigungsberechtigte bei einem Organisationsmangel nach Treu und Glauben die Kenntnis anderer Personen zurechnen lassen, die eine ähnlich selbstständige Stellung wie ein gesetzlicher oder rechtsgeschäftlicher Stellvertreter des Arbeitgebers haben.

84 Ein entscheidender Aspekt ist deswegen, dass die Personalabteilung unmittelbar nach Kenntnis eines möglichen Fehlverhaltens durch den Vorgesetzten informiert wird. Es sollte hierzu eine klare Anweisung bestehen, dass **Informationen sofort weitergegeben** werden müssen.

! **Fettnapf**

Da der Fristbeginn und die Wissenszurechnung ein häufiger Streitpunkt in den arbeitsgerichtlichen Verfahren ist, sollte bei der Kündigungsvorbereitung als Fristbeginn der Zeitpunkt der erstmaligen Kenntniserlangung im Betrieb (z.B. durch Meister, Schichtführer) abgestellt werden. Soweit irgendwie möglich, sollte das Kündigungsschreiben dem Arbeitnehmer innerhalb von 14 Tagen ab deren Kenntnis des Fehlverhaltens zugehen.

---

85 Sollte ein Kündigungsausspruch nicht innerhalb von 14 Tagen durchführbar sein, empfiehlt es sich, genau festzuhalten, wer wann welche Kenntnis hatte. In aller Regel wird nämlich die Nichteinhaltung der Frist bei mehr als 14 Tagen nach erstmaliger Kenntnis eines Vorgesetzten von der Gegenseite gerügt, so dass hierzu umfangreich vorgetragen werden muss. Idealerweise sollte deswegen für jeden Arbeitstag **dokumentiert** werden, welche Maßnahmen zur Sachverhaltsaufklärung durchgeführt und welche neuen Erkenntnisse gewonnen wurden.

86 Zwar beginnt die 14-Tage-Frist erst dann, wenn die kündigungsberechtigte Person eine **gesicherte Kenntnis** vom Fehlverhalten des Arbeitnehmers hat. Der Ar-

beitgeber hat also durchaus die Zeit, Ermittlungen anzustellen, um den Sachverhalt aufzuklären und den Betroffenen anhören, ohne dass die Frist zu laufen beginnt.[28] Trotzdem sollte eine grundsätzlich empfehlenswerte und bei der Verdachtskündigung zwingende Anhörung innerhalb einer kurzen Frist erfolgen, die nach der Rechtsprechung ohne Vorliegen besonderer Umstände eine Woche beträgt.[29]

Ein weiterer Fallstrick ist es, dass die Ermittlungen des Sachverhalts deswegen 87 nicht zügig erfolgten, weil z.B. keine Konzentration auf wesentliche Fragen erfolgte. Die Rechtsprechung hält den Arbeitgeber an, nicht nur zügig, sondern auch **zielgerichtet** Nachforschungen anzustellen.

Rechtsfolge des **Versäumens** der Ausschlussfrist ist die unwiderlegbare gesetz- 88 liche Vermutung, dass der Sachverhalt keinen wichtigen Grund für eine außerordentliche Kündigung (mehr) darstellt.[30] Ein gemäß § 626 Abs. 2 BGB „verfristeter" wichtiger Grund kann aber noch zum Anlass für eine ordentliche Kündigung genommen werden, denn die Ausschlussfrist greift bei der ordentlichen Kündigung nicht.[31]

IV. Fehlende Basis

1. Fehlende oder unzureichende Abmahnungen

Eine Kündigung kann auch daran scheitern, dass das Fehlverhalten des Arbeit- 89 nehmers zwar einen ordentlichen Kündigungsgrund darstellt, jedoch keine bzw. keine einschlägigen schriftlichen Abmahnungen vorliegen, auch wenn ein ähnlicher Pflichtenverstoß während des Arbeitsverhältnisses bereits stattgefunden hatte.

Möglicherweise gab es jedoch in jüngerer Vergangenheit **persönliche Gesprä-** 90 **che** des Vorgesetzten mit dem Arbeitnehmer, in dem mündlich eine Abmahnung ausgesprochen wurde. Dies ist intern abzuklären. Gab es Personalgespräche, ist der Vorgesetzte gehalten, möglichst konkret den Tag und Inhalt des Gesprächs mitzuteilen. Auch hier bewährt sich eine gute Dokumentation durch den Vorgesetzten.

Selbst wenn Abmahnungen erteilt wurden, ist zu prüfen, ob diese zum einen 91 einschlägig sind und zum anderen den Anforderungen der Rechtsprechung genügen. Diese sind hoch und erfordern eine genaue Kenntnis des von Richterseite geforderten Inhalts. Eine Abmahnung ist **einschlägig**, wenn sie wegen einer gleichar-

---

28 BAG, Urt. v. 25.11.2010 – 2 AZR 171/09 – NZA-RR 2011, 177; BAG, Urt. v. 17.3.2005 – 2 AZR 245/04 – BeckRS 2006, 44103.

29 BAG, Urt. v. 2.3.2006 – 2 AZR 46/05 – NZA 2006, 1211.

30 BAG, Urt. v. 25.11.2010 – 2 AZR 171/09 – NZA-RR 2011, 177.

31 BAG, Urt. v. 15.8.2002 – 2 AZR 514/01 – NZA 2003, 795.

tigen oder zumindest ähnlichen Verfehlung erteilt worden ist. Einschlägig ist sie dann, wenn das aktuelle Fehlverhalten in der gleichen Fallgruppe (Leistungsbereich, betriebliche Ordnung, Vertrauensbereich, Nebenpflicht) stattgefunden hat.

92 Sodann müssen die **drei Zwecke** einer Abmahnung, Dokumentationsfunktion, Hinweis- bzw. Rügefunktion und Warn- bzw. Androhungsfunktion hinreichend formuliert worden sein. So ist der Sachverhalt möglichst konkret zu schildern und dem Arbeitnehmer die Notwendigkeit vor Augen zu führen, dass er sein Verhalten ändern muss. Andernfalls gefährde er den Bestand des Arbeitsverhältnisses.

93 Darüber hinaus kann die Abmahnung auch deswegen nicht verwertbar sein, weil eine **nicht abmahnberechtigte Person** diese ausgesprochen hat. Die Rechtsprechung ist hier großzügig und lässt eine disziplinarische Führungsrolle ausreichen, ohne dass eine unmittelbare Zuständigkeit für den Arbeitnehmer gegeben sein muss. Nicht geeignet sind Rügen durch den Betriebsrat, gleichrangige Arbeitnehmer oder Kunden.

94 Eine erteilte Abmahnung kann auch deswegen nicht herangezogen werden können, weil diese nicht innerhalb eines Zeitraums erteilt wurde, in welcher der Arbeitnehmer noch mit einer Beanstandung durch den Arbeitgeber rechnen muss. Hier gibt es keine festen Vorgaben. Vielmehr richtet sich das nach dem sog. Zeit- und Umstandsmoment. Es ist zu prüfen, wieviel Zeit zwischen dem Pflichtenverstoß und dem Ausspruch der Abmahnung liegt und ob durch das Verhalten des Arbeitgebers der Arbeitnehmer davon ausgehen durfte, dass keine Rüge mehr erfolgen wird. Als Größenordnung kann von ca. drei Monaten beim Zeitmoment ausgegangen werden. Wenn dem Arbeitnehmer in einem Gespräch angekündigt wurde, dass eine Sanktion in schriftlicher Form folgen wird, kann der Arbeitnehmer nicht darauf vertrauen, dass eine solche unterbleibt. Eine konkrete Regelfrist zur Abmahnung gibt es jedoch nicht.

2. Nicht ausreichende Fehlzeiten der Vergangenheit

95 Nach der Rechtsprechung kommt eine personenbedingte Kündigung wegen **häufiger Kurzerkrankungen** zumeist dann in Betracht, wenn wiederholt Fehlzeiten von mehr als 30 Arbeitstagen pro Kalenderjahr bestanden haben. Üblicherweise werden die letzten drei Jahre betrachtet. Sollten über einen längeren Zeitraum jedoch erhebliche oder ein (stetiger) Anstieg der Fehlzeiten zu beobachten sein, empfiehlt es sich von Unternehmensseite, einen längeren Zeitraum darzulegen.

96 Kritischer sind die Fälle, in denen der Arbeitnehmer nicht drei Jahre lang über 30 Arbeitstage gefehlt hat, sondern beispielsweise in einem Jahr weniger als 30 Arbeitsunfähigkeitstage hatte. Dann wird ein Gericht in aller Regel keine ausreichenden Indizien für eine negative Gesundheitsprognose anerkennen.

97 Auch bei einer personenbedingten Kündigung wegen **langandauernder Erkrankung** sollte zunächst ein gewisser Zeitraum, etwas sechs Monate, die gesund-

heitliche Entwicklung des Arbeitnehmers beobachtet werden, um eine Prognose hinsichtlich weiterer Fehlzeiten treffen zu können. Ansonsten besteht das Risiko, dass die negative Gesundheitsprognose alleine dadurch widerlegt wird, dass der Arbeitnehmer alsbald wieder arbeitsfähig ist.

3. Kein betriebliches Eingliederungsmanagement durchgeführt

Eine personenbedingte Kündigung, ganz gleich welcher Art, ohne vorher ein betriebliches Eingliederungsmanagement (kurz: BEM) dem Arbeitnehmer zumindest angeboten, bzw. durchgeführt zu haben, ist nicht empfehlenswert. Das BEM hat aus Arbeitgebersicht den Vorteil, mit dem Arbeitnehmer ins Gespräch zu kommen und mögliche betriebliche Ursachen der Erkrankung herauszufinden. Zudem muss der Arbeitnehmer in einem BEM-Verfahren auf etwaige alternative Arbeitsplätze hinweisen, die er aus seiner Sicht trotz möglicher gesundheitlicher Beeinträchtigungen ausüben könnte. Unterlässt er dies, kann er sich hierauf im späteren Kündigungsschutzverfahren nicht berufen. 98

Führt der Arbeitgeber dagegen kein BEM durch, so ist er z.B. voll darlegungs- und beweisbelastet dafür, dass im gesamten Betrieb kein anderer leidensgerechter Arbeitsplatz zur Verfügung steht. Da dieser Beweis, gerade bei etwas größeren Betrieben, nur äußerst schwierig zu führen sein wird, sollte in jedem Fall zunächst ein BEM angeboten bzw. durchgeführt werden, auch wenn zu erwarten ist, dass dieses ergebnislos verläuft. 99

4. Keine ausreichende Dokumentation von Fehlverhalten

Bei einer verhaltensbedingten Kündigung ist bei der Interessenabwägung immer auch der bisherige Verlauf des Arbeitsverhältnisses zu berücksichtigen. Finden sich in der Personalakte keinerlei Hinweise auf ein Fehlverhalten, obwohl solches vorgelegen hat, ist die Beweisführung erheblich erschwert. Auch hier gilt: Dokumentation ist alles. Es ist Aufgabe des Vorgesetzten, zumindest für sich selbst **Notizen über Fehlverhalten** und daraufhin geführte Personalgespräche anzufertigen. Dass es sinnvoll ist, den dafür notwendigen Aufwand zu betreiben kann durch Schulungen im Vorfeld vermittelt werden. Auch durch ein verlorenes Kündigungsschutzverfahren kann hier ein Umdenken erfolgen. 100

Bei erheblicheren Verstößen gegen die arbeitsvertraglichen Pflichten sollte der Vorgesetzte auch zeitnah die **Personalabteilung** einschalten, damit diese etwaige rechtliche Schritte prüfen kann, z.B. ob eine Abmahnung oder Kündigung ausgesprochen werden soll. Unterbleibt dies, stellt sich aus Sicht eines betrieblichen Vorgesetzten das Arbeitsverhältnis zwar als belastet dar, weswegen der jüngste Pflichtenverstoß als untragbar angesehen wird, jedoch gestaltet sich dann eine Kündigung als schwierig. 101

5. Wegfall des Beschäftigungsbedarfs nicht darstellbar

102 Eine betriebsbedingte Kündigung kann nur dann ausgesprochen werden, wenn der Beschäftigungsbedarf für diesen Mitarbeiter weggefallen ist. Bei einem Arbeitsplatz im gewerblichen Bereich ist dies noch vergleichsweise einfach möglich, da hier mit Maschinen- oder Arbeitsstunden je bestimmter Produktionsmenge argumentiert werden kann.

103 Im kaufmännischen Bereich oder auch Außendienst gestaltet sich die Darlegung ungleich schwieriger. Hier empfiehlt es sich, von der Tätigkeitsbeschreibung auszugehen und die darin beschriebenen Aufgaben weiter zu detaillieren. Ggf. kann es sich anbieten, die Tätigkeiten zu clustern, also mehreren Oberbegriffen zuzuordnen.

Beispiel für Außendienst
1. Kundenbetreuung
2. Interne Besprechungen
3. Produktschulungen

104 Eine betriebsbedingte Kündigung kann auch daran scheitern, dass die Sozialauswahl grob fehlerhaft ist, da ein vergleichbarer Mitarbeiter weniger schutzbedürftig ist, diesem jedoch keine Kündigung ausgesprochen wurde. Sobald der gekündigte Arbeitnehmer die Ordnungsgemäßheit der Kündigung bestreitet, hat der Arbeitgeber diese vollumfänglich darzulegen und zu beweisen. Gelingt es ihm nicht, die Rechtmäßigkeit der Kündigung genau dieses Mitarbeiters darzulegen, ist die Kündigung unwirksam. Daher ist im Vorfeld sehr sorgfältig zu prüfen, wer vergleichbar ist, und ob ggf. eine Herausnahme bestimmter Mitarbeiter aus der Sozialauswahl gem. § 1 Abs. 3 Satz 2 KSchG in Betracht kommt.

V. Ungeschickter Zeitpunkt

105 Bei personenbedingten Kündigungen gilt es, den „richtigen" Zeitpunkt für den Ausspruch einer Kündigung zu wählen. Direkt nach der Rückkehr aus einer Kur/Therapie bzw. während der Kur/Therapie kann nicht von einer negativen Gesundheitsprognose ausgegangen werden. Vielmehr ist dann zunächst abzuwarten, ob die Kur/Therapie den erwarteten Genesungserfolg hat.

106 Da sowohl eine **Therapiebereitschaft**, beispielsweise bei alkoholkranken Mitarbeitern, erst nach einiger Zeit eintritt, als auch die Beantragung und Bewilligung einer **Reha-Maßnahme** durch die Krankenkasse einen gewissen zeitlichen Vorlauf hat, sollte bei auffallend hohen Fehlzeiten nicht jahrelang abgewartet werden, bis sich das Unternehmen zur Kündigung entschließt. Dies ist auch in Hinblick auf die Außenwirkung und die Mehrbelastung der Kollegen des erkrankten Mitarbeiters nicht empfehlenswert. Nach der EuGH-Entscheidung, dass Urlaubsansprüche nicht

verfallen, sammelten Langzeitkranke erhebliche Urlaubsansprüche mit der entsprechenden Kostenfolge für das Unternehmen an. Dies ist durch die Entscheidung des BAG, dass die Ansprüche 15 Monate nach ihrem Entstehen verfallen, derzeit entschärft.[32]

Bei einer personenbedingten Kündigung wegen häufiger Kurzerkrankungen müssen in den letzten drei Jahren Fehlzeiten über 30 Arbeitstage pro Kalenderjahr vorgelegen haben. Im aktuellen Jahr sollte möglichst so lange mit der Kündigung gewartet werden, bis erhebliche Fehlzeiten, ggf. sogar über 30 Arbeitstage, vorliegen. Hin und wieder kommt es vor, dass Arbeitnehmer nach dem Ausspruch der Kündigung wieder genesen, so dass keine weiteren Fehlzeiten auftreten. Ggf. können dadurch im Zeitpunkt des Ausspruchs der Kündigung keine hinreichenden Indizien für eine negative Gesundheitsprognose vorliegen. 107

VI. Ungünstige Faktenlage

Bei dem Ausspruch einer fristgemäßen verhaltensbedingten oder krankheitsbedingten Kündigung sollte mit dem Rechtsberater abgestimmt werden, ob eine Freistellung des Arbeitnehmers sinnvoll ist. Bleibt der Arbeitnehmer zur Arbeitsleistung verpflichtet und erbringt diese auch, kann dies dem Arbeitgeber eine günstige Ausgangslage verschaffen. So ist denkbar, dass während des Laufes der Kündigungsfrist ein fristloser verhaltensbedingter Kündigungsgrund entsteht. Oder aber es treten weitere Fehlzeiten auf. In beiden Fällen könnte dann eine erneute Kündigung ausgesprochen werden. Auch kann dann eine Freistellung im Rahmen einer einvernehmlichen Trennung vereinbart werden und dies ein Anreiz für den Arbeitnehmer zum Abschluss eines Vergleichs/Abwicklungsvertrages sein. Insofern kann es sich als ungünstig erweisen, wenn der Arbeitnehmer durch den Vorgesetzten ohne Rücksprache mit der Personalabteilung unmittelbar nach dem Vorfall freigestellt wird. 108

Ebenfalls für ein Obsiegen im Kündigungsschutzprozess nachteilig ist es, wenn bei einer betriebsbedingten Kündigung kurz vorher mit dem Arbeitnehmer ein Personalgespräch wegen **Schlechtleistung** geführt wurde. Dann könnte sich für das Gericht der Verdacht aufdrängen, dass die betriebsbedingten Kündigungsgründe nur vorgeschoben sind, um eine oft noch schwieriger zu gewinnende verhaltensbedingte Kündigung wegen Schlechtleistung zu vermeiden. Dies könnte zur Folge haben, dass das Gericht besonders kritisch auf das Vorliegen eines betriebsbedingten Kündigungsgrundes schaut. 109

---

32 BAG, Urt. v. 7.8.2012 – 9 AZR 353/10 – NZA 2012, 1216.

110 Immer wieder kommt es vor, dass der betriebliche Vorgesetzte eine betriebsbedingte Kündigung dazu nutzen möchte, sich von einem leistungsschwachen Mitarbeiter zu trennen, ohne dabei die Sozialauswahl zu berücksichtigen. Liegt jedoch eine offenkundige Vergleichbarkeit vor, wird der Arbeitnehmer mit seiner Klage obsiegen.

111 Der Wegfall des Beschäftigungsbedarfes lässt sich dann nicht darstellen, wenn in engem zeitlichem Zusammenhang mit der betriebsbedingten Kündigung über **Stellenausschreibungen** für eine vergleichbare Tätigkeit Personal gesucht wird. Gleiches gilt bei Neueinstellungen in diesem Bereich. Ein Kardinalfehler stellt es ebenfalls dar, den Arbeitnehmer auf seinem bisherigen Arbeitsplatz weiter zu beschäftigen, wenn nach dem eigenen Vortrag des Arbeitgebers der Beschäftigungsbedarf bereits entfallen sein soll. Deswegen empfiehlt es sich häufig, bei einer betriebsbedingten Beendigungskündigung den Arbeitnehmer unmittelbar nach Ausspruch der Kündigung freizustellen. Bei jeder Form der Weiterbeschäftigung, auch auf einem anderen Arbeitsplatz, besteht das Risiko, dass der Arbeitnehmer den sog. Ultima-ratio-Grundsatz als verletzt rügt. Die Beendigungskündigung als einziges und letztes Mittel darstellen zu können ist dann zumindest erschwert.

! **Fettnapf**
Bei einer betriebsbedingten Kündigung sollte der Arbeitnehmer nach Wegfall des Beschäftigungsbedarfs nicht mehr weiterbeschäftigt werden.

D. Die Wahl der richtigen Prozessvertretung

112 Ein Kündigungsschutzverfahren kann mehrere Jahre dauern, so dass der zuständige Mitarbeiter der Personalabteilung und der Vorgesetzte ggf. häufig mit dem Prozessbevollmächtigten zu tun haben wird. Zudem steigt das finanzielle Risiko des Arbeitgebers, je länger die Kündigungsfrist schon verstrichen ist, jedoch die Wirksamkeit der Kündigung noch nicht feststeht. Insofern sollte der Prozessvertreter sorgfältig gewählt werden. Dies sollte sich an mehreren Aspekten orientieren.

I. Spezialisierung

113 Bei einer arbeitsrechtlichen Streitigkeit ist es dringend zu empfehlen, einen **Fachanwalt für Arbeitsrecht** zu mandatieren. Dieser Titel setzt einen Fachanwaltslehrgang voraus, so dass fachliches Wissen unterstellt werden darf. Zudem kann man davon ausgehen, dass der Rechtsanwalt bereits über einen gewissen Erfahrungsschatz im Arbeitsrecht verfügt. Teilweise geben Rechtsanwälte an, dass sie auf Kündigungsschutzverfahren spezialisiert sind. Dies könnte auf eine langjährige Praxis hinweisen. Hier sollte nach einzelnen Beispielen gefragt werden.

Zudem ist es wichtig, **Empfehlungen einholen**. Positive Erfahrungen anderer Personaler mit einem Prozessvertreter sollten bei der Wahl die entscheidende Rolle spielen. Neben Fachwissen ist auch das taktische Geschick und die Fähigkeit, das Gericht für sich zu gewinnen, wichtig. Zudem ist die Prozessführung stark von der Persönlichkeit des Prozessvertreters geprägt. So gibt es z.B. eher vorsichtige Berater oder stark risikoorientierte, sowie alle Abstufungen dazwischen. Der Beratungsstil sollte zur Unternehmenskultur und zur eigenen Einstellung passen. 114

Neben allem fachlichen Können sollte die Wahl des Prozessbevollmächtigten aber auch von **persönlicher Sympathie** beeinflusst werden. Ein Verfahren kann über mehrere Jahre dauern, mit zahlreichen Gerichtsterminen und Besprechungen einhergehen, so dass es zu häufigen Kontakten kommen kann. Insofern sollte die Zusammenarbeit seitens des Personalverantwortlichen als nicht unangenehm empfunden werden. 115

Die Spezialisierung der Kanzleien erfolgt zumeist auch in Hinblick auf die von dieser **typischerweise vertretenen Unternehmen**. So vertreten Großkanzleien eher selten kleine Familienbetriebe mit wenigen Mitarbeitern, sondern größere, oft international tätige Unternehmen. Insofern sollte abgeklärt werden, welche Mandanten typischerweise vertreten werden, ob größere, mittelgroße oder kleine Unternehmen.

Im Arbeitsrecht ist es üblich, dass sich die Kanzlei zudem auf eine Vertretung entweder von Arbeitnehmer- oder von Arbeitgeberseite konzentriert. Teilweise werden aber auch sowohl Arbeitgeber als auch Arbeitnehmer vertreten. Sollte hier eine Präferenz bestehen, wäre auch dies im Vorfeld zu erfragen. 116

II. Kanzleigröße

Arbeitsrecht anbietende Kanzleien unterscheiden sich zuweilen erheblich in ihrer Größe. So gibt es kleine, ausschließlich arbeitsrechtliche Mandanten betreuende Kanzleien, sog. Boutiquen. Daneben gibt es mittelgroße Kanzleien mit ca. fünf bis ca. 20 Anwälten, sowie Großkanzleien mit zahlreichen Anwälten und internationaler Präsenz. Die Größe der Kanzlei bedingt eine bestimmte **Arbeitsweise**. Partner einer Großkanzlei haben oft Mitarbeiter, sog. Associates, die beispielsweise die Schriftsätze verfassen und ggf. auch vor Gericht auftreten. Je kleiner die Kanzlei, desto eher wird der Schriftsatz und die Termine von dem ausgewählten Rechtsanwalt selbst verfasst bzw. wahrgenommen. 117

Ein weiterer wichtiger Punkt ist die Höhe der Vergütung. Die **Vergütungssätze** unterscheiden sich erheblich. Stundenhonorare bewegen sich in der Regel in der Bandbreite von ca. 100,– bis zu ca. 600,– Euro. Die Kosten der anwaltlichen Vertretung sollten daher bei der Wahl des Prozessbevollmächtigten ebenfalls berücksichtigt werden. 118

Es empfiehlt sich, die Wahl des Prozessbevollmächtigten mit dem Entscheider (Geschäftsführer, Betriebsleiter, Personalleiter etc.) abzustimmen, um in den oben genannten Punkten einen Konsens zu erzielen. 119

E. Einigungsversuch vor dem Gütetermin

I. Vor- und Nachteile

120 Wenn der Arbeitnehmer Klage erhoben hat ist abzuwägen, ob ggf. noch vor dem Gütetermin mit dem Prozessbevollmächtigten des Arbeitnehmers das Gespräch mit dem Ziel einer außergerichtlichen Einigung gesucht werden soll.

121 Die **Vorteile** einer solchen Einigung sind die Vermeidung eines Rechtsstreits mit den damit verbundenen Kosten und Arbeit. Daneben kann ein streitig geführtes Verfahren für Unruhe im Betrieb sorgen, was man durch eine vorzeitige Einigung vermeiden kann. Auch erreicht man schnell Rechtssicherheit über die Wirksamkeit der Kündigung bzw. kann den Austritt des Arbeitnehmers sicher planen.

122 Man sollte aber auch bedenken, dass ein solcher Einigungsversuch auch **Nachteile** haben kann. So könnte der Arbeitnehmer durch das Angebot von Verhandlungen die Wirksamkeit der Kündigung noch stärker anzweifeln und deswegen die Einigungsbereitschaft nachlassen. Wenn von Arbeitgeberseite die tatsächlichen Kündigungsgründe noch nicht ausführlich dargelegt wurden, kann dies bei Gegenanwälten und Arbeitnehmern zuweilen zu hohen Abfindungsforderungen führen, was die Verhandlungen erschwert.

123 Ein Einigungsversuch vor dem Gütetermin kann, z.B. nach Ruhendstellen des Verfahrens, der Auftakt zu sehr langwierigen und zähen Verhandlungen sein, da die Einschätzung des Gerichts fehlt.

II. Einigungsbreite Arbeitnehmergruppen

124 Erfahrungsgemäß haben eher höhergestellte Mitarbeiter, insb. Leitende Angestellte oder Geschäftsführer, ein Interesse an einer außergerichtlichen Einigung. Diese möchten z.B. nicht ihren Ruf beschädigen, wissen um ihren ggf. beschränkten Kündigungsschutz oder wollen sich nicht streitig von dem Arbeitgeber trennen. Eine weitere Gruppe sind Spezialisten, die am Arbeitsmarkt gesucht sind und deswegen davon ausgehen können, dass sie bald eine neue Tätigkeit finden. Auch diese können den Wunsch haben, sich ohne Gerichtsverfahren einvernehmlich zu trennen, um beispielsweise zeitnah in der Verwertung ihrer Arbeitskraft frei zu werden und ein ggf. bestehendes Wettbewerbsverbot aufzuheben.

III. Vorbereitung einer Einigung im Gütetermin

125 Wenn ein Einigungsversuch vor dem Gütetermin nicht stattfinden soll, bleibt zu überlegen, ob ein Vergleich im Gütetermin angestrebt wird. Je nach Sachverhalt ist zu entscheiden, ob ein **vorbereitender Schriftsatz** zum Gütetermin in Betracht

kommt. Dies bietet sich immer dann an, wenn nach der Rechtsprechung relativ eindeutig eine wirksame Kündigung vorliegt. Wenn dem Richter die Kündigungsgründe vor dem Gütetermin mitgeteilt wurden, wird das Gericht üblicherweise versuchen auf einen Vergleichsabschluss hinzuwirken.

Es kann aber auch sinnvoll sein, den Sachverhalt nur mündlich vorzutragen. Im 126
Sinne einer „Überrumpelungstaktik“ kann dies dann in Betracht kommen, wenn der Prozessbevollmächtigte des Arbeitnehmers die Kündigungsgründe nicht kennt. Teilweise ist die Informationsweitergabe durch den Arbeitnehmer an den Prozessbevollmächtigten über den genauen Inhalt eines der Kündigung vorangegangenen Personalgesprächs nicht stark ausgeprägt. Hier kann dann der Hinweis auf die klare Sach- und Rechtslage einen Vergleichsabschluss fördern.

Ob ein **Unternehmensvertreter beim Gütetermin** dabei sein sollte, ist dann 127
zu entscheiden, wenn kein persönliches Erscheinen angeordnet ist. Handelt es sich um reine Rechtsfragen bei einem an sich unstreitigen Sachverhalt, ist eine Teilnahme nicht zwingend erforderlich. Anders hingegen dann, wenn Betriebsinterna relevant sind, z.B. bei einer betriebs- oder verhaltensbedingten Kündigung. Gerade bei verhaltensbedingten Kündigungen kann die Teilnahme des direkten Vorgesetzen sinnvoll sein, da dann etwaigen Behauptungen des Arbeitnehmers gleich entgegengetreten werden kann, ohne dass sich beim Gericht ein unzutreffender Eindruck vom Sachverhalt verfestigen kann.

Auch bei betriebsbedingten Kündigungen ist die Anwesenheit eines Unterneh- 128
mensvertreters vorteilhaft, sofern dieser zu den betrieblichen Gründen Auskunft geben kann. Dieser könnte den Wegfall des Arbeitsplatzes und die ordnungsgemäße Durchführung der Sozialauswahl zu erläutern.

Bei nicht einfach gelagertem Sachverhalt kann es sich dagegen anbieten, dass 129
der Gütetermin nur durch den Prozessbevollmächtigten wahrgenommen wird, um einer tiefergehenden, meist jedoch nicht erschöpfend möglichen, Erörterung des Sachverhalts im Termin auszuweichen. Vielmehr können dann durch den Prozessbevollmächtigten etwaige Rahmenbedingungen für einen möglichen Vergleich abgesprochen und die Vergleichsgespräche außergerichtlich fortgesetzt werden.

Kapitel 24
Zustimmungsersetzungsverfahren

A. Einführung

I. Bestandteil des Sonderkündigungsschutzes

Gemäß **§ 15 Abs. 1 KSchG** ist die Kündigung eines Mitglieds eines Betriebsrats, einer Jugend- und Auszubildendenvertretung, einer Bordvertretung oder eines Seebetriebsrats unzulässig, es sei denn, dass Tatsachen vorliegen, die den Arbeitgeber zur **Kündigung aus wichtigem Grund** ohne Einhaltung einer Kündigungsfrist berechtigen, und dass die nach **§ 103 BetrVG** erforderliche **Zustimmung des Betriebsrats** vorliegt oder durch gerichtliche Entscheidung ersetzt ist. Eine **ordentliche Kündigung** des in § 15 KSchG geschützten Personenkreises ist somit **ausgeschlossen**, grundsätzlich auch in der Insolvenz.[1] Lediglich § 15 Abs. 4 und 5 KSchG bilden von diesem Grundsatz bei Betriebs- und Betriebsteilstilllegungen Ausnahmen. 1

Sinn und Zweck des besonderen Kündigungsschutzes ist es, die **unbefangene Amtsausübung** der Arbeitnehmervertreter zu gewährleisten und die **Stetigkeit bzw. Funktionsfähigkeit des Betriebsrats** als Organ zur Vertretung der Arbeitnehmerinteressen und zur Wahrung der betrieblichen Mitbestimmung sicherzustellen.[2] Eine Behinderung der Betriebsratsarbeit soll nicht aufgrund von Befürchtungen vor Entlassungen eintreten.[3] In diesem Kapitel soll in erster Linie der ordnungsgemäße Ausspruch einer Kündigung gegenüber einem **Betriebsratsmitglied** und die damit einhergehenden Auswirkungen des besonderen Kündigungsschutzes dargestellt werden.[4] 2

II. Abgrenzung zu § 102 BetrVG

Durch das Vorliegen des besonderen Kündigungsschutzes bei Betriebsratsmitgliedern reicht eine nur ordnungsgemäße Anhörung gemäß § 102 BetrVG zur ordnungsgemäßen Beteiligung des Betriebsrates nicht aus. **§ 103 BetrVG** stellt einen **Sonderfall der Betriebsratsbeteiligung** dar. Wie auch schon in § 15 Abs. 1 KSchG angedeutet, sieht § 103 Abs. 1 BetrVG vor, dass die außerordentliche Kündigung von Mit- 3

---

1 BAG, Urt. v. 17.11.2005 – 6 AZR 118/05 – NZA 2006, 370.

2 Vgl. amtliche Begründung RdA 1951, 65; BAG, Urt. v. 24.4.1969 – 2 AZR 319/68 – AP KSchG § 13 Nr. 18 (Ls); BAG, Urt. v. 12.2.2004 – 2 AZR 163/03 – NZA 2005, 600; KR/*Etzel*, § 15 KSchG Rn 9.

3 ErfK/*Kiel*, § 15 KSchG Rn 1.

4 Siehe hierzu auch Kap. 9 zum Sonderkündigungsschutz.

gliedern des Betriebsrats der **ausdrücklichen Zustimmung des Betriebsrats** bedarf. Wird diese Zustimmung durch den Betriebsrat nicht erteilt, kann die Kündigung nicht (wirksam) ausgesprochen werden. Diese Voraussetzung ist somit **zwingende Wirksamkeitsvoraussetzung** für den Ausspruch einer außerordentlichen Kündigung gegenüber einem Mitglied des Betriebsrats.

4 Verweigert der Betriebsrat seine Zustimmung und will der Arbeitgeber dennoch eine Kündigung des Betriebsratsmitglieds erreichen, muss der Arbeitgeber in einem zweiten Schritt nunmehr die **Ersetzung der Zustimmung durch die Arbeitsgerichte** im Wege eines arbeitsgerichtlichen Beschlussverfahrens gemäß § 103 Abs. 2 BetrVG geltend machen. § 103 Abs. 2 BetrVG sieht ausdrücklich vor, dass wenn der Betriebsrat seine Zustimmung verweigert, das Arbeitsgericht auf Antrag des Arbeitgebers diese ersetzen kann, wenn die außerordentliche Kündigung unter Berücksichtigung aller Umstände gerechtfertigt ist.

5 Zusammenfassend ist hervorzuheben, dass an die Beteiligung des Betriebsrats zu einer Kündigung eines Betriebsratsmitglieds und somit einer Person, die nach § 15 KSchG einen besonderen Kündigungsschutz genießt, erheblich höhere Anforderungen gestellt werden, als bei einer Kündigung eines „normalen" Arbeitnehmers, bei welchem lediglich eine vorherige Anhörung des Betriebsrates nach § 102 BetrVG zum Kündigungsausspruch erforderlich ist.

B. Vorgehensweise des Arbeitgebers

I. Allgemeines

1. Geschützter Personenkreis

6 Zu dem geschützten Personenkreis nach § 15 Abs. 1 KSchG gehören die Mitglieder des **Betriebsrats (§§ 7 ff. BetrVG)**, einer Jugend- und Auszubildendenvertretung (§ 60 BetrVG), einer Bordvertretung (§ 115 BetrVG) und eines Seebetriebsrats (§ 116 BetrVG), Mitglieder eines Wahlvorstands (§ 16 BetrVG) und Wahlbewerber (§ 14 BetrVG).[5] Die nachfolgenden Ausführungen werden sich auf den häufigsten Fall und somit auf die Mitglieder des Betriebsrats erstrecken.

2. Beginn und Ende des Kündigungsschutzes

a) Betriebsratsmitglieder

7 Der besondere Kündigungsschutz für Betriebsratsmitglieder **beginnt** nach § 21 Satz 2 BetrVG mit der Bekanntgabe des Wahlergebnisses oder, wenn zu diesem Zeitpunkt noch ein Betriebsrat besteht, mit Ablauf von dessen Amtszeit. Der besondere

5 Siehe hierzu Kap. 9 Sonderkündigungsschutz Rn 114 ff.

Kündigungsschutz **endet** mit dem Ablauf der Amtszeit oder der Auflösung des Betriebsrats bzw. dem Ausscheiden des einzelnen Mitglieds aus dem Betriebsrat gemäß den §§ 21 bis 24 BetrVG.

b) Ersatzmitglieder

Die Ersatzmitglieder des Betriebsrats unterliegen grundsätzlich nicht dem besonderen Kündigungsschutz. Dieser besteht aber nach § 15 Abs. 1 Satz 1 KSchG, wenn das Ersatzmitglied wegen der zeitweiligen Verhinderung eines regulären Betriebsratsmitglieds nach § 25 Abs. 1 Satz 2 BetrVG tätig geworden ist, auch wenn dies im Gesetz nicht ausdrücklich erwähnt ist.[6] Im Falle einer Vertretung eines zeitweilig verhinderten Betriebsratsmitglieds steht dem Ersatzmitglied der besondere Kündigungsschutz nur für die **Dauer der Vertretung** einschließlich einer ausreichenden Vorbereitungszeit zu.[7] Nach Beendigung der Vertretung und dem Ausscheiden aus dem Betriebsrat steht diesem gemäß § 15 Abs. 1 Satz 2 KSchG lediglich der nachwirkende Kündigungsschutz zu.[8] Bei einem endgültigen Nachrücken in den Betriebsrat erhält das Ersatzmitglied gemäß § 25 Abs. 1 Satz 1 BetrVG den vollen Kündigungsschutz. 8

c) Personalvertretungsberechtigte Amtsinhaber

Den Schutz von personalvertretungsberechtigten Amtsinhabern regelt § 15 Abs. 2 KSchG. Dieser Schutz ist entsprechend dem Schutz der Betriebsratsmitglieder ausgestaltet. Auch in diesem Zusammenhang ist eine Zustimmung des Personalrats zur Kündigung eines personalvertretungsberechtigten Amtsinhabers gemäß § 108 BPersVG erforderlich. Bei einer Verweigerung der Zustimmung muss auch hier die Zustimmung des Personalrats ersetzt werden, in diesem Fall durch das Verwaltungsgericht. 9

II. Fristen

1. Kündigungserklärungsfrist gem. § 626 Abs. 2 BGB

Die Frist zur außerordentlichen Kündigung gem. § 103 Abs. 1 BetrVG ist von der 10
zweiwöchigen Ausschlussfrist des § 626 Abs. 2 BGB geprägt.[9] Die Kündigung

---

6 ErfK/*Kiel*, § 15 KSchG Rn 13.

7 BAG, Urt. v. 12.2.2004 – 2 AZR 163/03 – NZA 2005, 600; BAG, Urt. v. 5.11.2009 – 2 AZR 487/08 – NZA-RR 2010, 236.

8 ErfK/*Kiel*, § 15 KSchG Rn 13a.

9 BAG, Beschl. v. 22.8.1974 – 2 ABR 17/74 – AP BetrVG 1972 § 103 Nr. 1; Richardi/*Thüsing*, § 103 BetrVG Rn 57.

muss somit gegenüber dem Betriebsratsmitglied innerhalb von zwei Wochen ab Kenntnis der Kündigungsgründe ausgesprochen werden. Innerhalb dieser zwei Wochen ist auch die Anhörung des Betriebsrats zwingend vorzunehmen bzw. auch der Antrag auf Ersetzung der Zustimmung vor dem Arbeitsgericht zu stellen.

Berechnungsbeispiel
Kenntnis des Arbeitgebers von den außerordentlichen Kündigungsgründen am 10.3.2014.
Ablauf der zweiwöchigen Ausschlussfrist am 24.3.2014 um 24:00 Uhr.[10] Fristbeginn ist der 11.3. 2014.

Kalender für März 2014

Mo	Di	Mi	Do	Fr	Sa	**So**
					1	**2**
3	4	5	6	7	8	**9**
10	11	12	13	14	15	**16**
17	18	19	20	21	22	**23**
24	25	26	27	28	29	**30**
31						

Innerhalb dieses Zeitraums ist auch der Betrriebsrat zu informieren und die Zustimmung einzuholen (siehe dazu unter2.).

Praxistipp
Dem Arbeitgeber ist in diesem Zusammenhang zu empfehlen den Betriebsrat alsbald von der beabsichtigten außerordentlichen Kündigung unter genauer Angabe der Kündigungsgründe zu unterrichten und dessen Zustimmung zu beantragen. Der Arbeitgeber muss dies so rechtzeitig tun, da er bei Nichterteilung der Zustimmung noch innerhalb der Zwei-Wochen-Frist des § 626 Abs. 2 BGB die Ersetzung der Zustimmung beim Arbeitsgericht beantragen muss.

2. Anhörungsfrist entsprechend § 102 Abs. 2 Satz 3 BetrVG

11 Entgegen § 102 Abs. 2 Satz 3 BetrVG, in dem der Betriebsrat seine Bedenken gegen eine außerordentliche Kündigung unverzüglich, spätestens jedoch innerhalb von drei Tagen unter Angaben von Gründen schriftlich mitzuteilen hat, sieht § 103 BetrVG keine entsprechende Regelung bezüglich der Anhörungsfrist gegenüber dem Betriebsrat vor.

10 Siehe zur Fristberechnung allgemein insbesondere auch Kap. 10 zum Kündigungsschutzprozess Rn 8.

Nach Ansicht der Rechtsprechung des Bundesarbeitsgerichts wird in diesem Zusammenhang aber **§ 102 Abs. 3 Satz 3 BetrVG entsprechend** angewandt, so dass auch hier der Betriebsrat seine Bedenken gegen die außerordentliche Kündigung unverzüglich, spätestens innerhalb von drei Tagen gegenüber dem Arbeitgeber geltend machen muss.[11] Äußert sich der Betriebsrat innerhalb dieser Frist nicht, so **gilt seine Zustimmung**, entgegen § 102 Abs. 2 Satz 2 BetrVG, allerdings **als verweigert.** 12

Berechnungsbeispiel: Fortsetzung des Berechnungsbeispiels
Innerhalb des Zeitraums vom 11.3.2014–24.3.2014 ist die Zustimmung des Betriebsrats einzuholen. An dieser Stelle ist zu bedenken, dass diesem mindestens drei Tage Äußerungsfrist eingeräumt werden müssen, so dass zu empfehlen ist, spätestens am 18.3.2014 die Zustimmung zu beantragen.

3. Antragsfrist Arbeitsgericht

Bei der Verweigerung der Zustimmung durch den Betriebsrat ist es für den Arbeitgeber zwingend erforderlich auch **innerhalb der zweiwöchigen Ausschlussfrist** des § 626 Abs. 2 BGB das **Beschlussverfahren** vor dem Arbeitsgericht auf Ersetzung der Zustimmung **einzuleiten.** 13

Berechnungsbeispiel: Fortsetzung des Berechnungsbeispiels
Die Frist für die Anhörung und Zustimmung des Betriebsrats endet am 21.3.2014, so dass am letzten Tag der zweiwöchigen Ausschlussfrist (24.3.2014) noch die Zustimmungsersetzung beim Arbeitsgericht beantragt werden kann. Durch die Einleitung des Zustimmungsersetzungsverfahrens vor dem Arbeitsgericht ist die Kündigungserklärungsfrist des § 626 Abs. 2 BGB erst einmal gehemmt.

III. Antrag des Arbeitgebers

1. Antrag des Arbeitgebers auf Zustimmung gegenüber dem Betriebsrat

Der Arbeitgeber ist wie bei der Anhörung vor einer außerordentlichen Kündigung verpflichtet, dem Betriebsrat die **Kündigungsabsicht** und die **maßgeblichen Tatsachen** mitzuteilen, auf welche der Arbeitgeber die außerordentliche Kündigung stützt. Zu dem Inhalt und den notwendigen Informationen, die der Arbeitgeber dem Betriebsrat zur Verfügung stellen muss, kann auf die Grundsätze des Anhörungsverfahrens nach § 102 BetrVG verwiesen werden, da diese auch hier entsprechend anwendbar sind.[12] 14

11 BAG, Beschl. v. 18.8.1977 – 2 ABR 19/77 – NJW 1978, 661.
12 Siehe zur Betriebsratsbeteiligung Kap. 23 Rn 36 ff.

2. Antrag des Arbeitgebers auf Zustimmungsersetzung gegenüber dem Arbeitsgericht

15 Verweigert der Betriebsrat die Zustimmung zur außerordentlichen Kündigung, so hat der Arbeitgeber in einem zweiten Schritt das Zustimmungsersetzungsverfahren einzuleiten. Dies gilt nicht nur, wenn der Betriebsrat seine Zustimmung verweigert hat, sondern auch wenn diese nach Ablauf der Anhörungsfrist als verweigert gilt. Ein vorweggenommener Antrag des Arbeitgebers unter Aufstellung der Bedingung, dass der Betriebsrat seine Zustimmung verweigert, ist dagegen nicht zulässig.[13] Der Antrag gegenüber dem Arbeitsgericht auf Zustimmungsersetzung könnte wie folgt ausgestaltet werden:

Muster
Antrag auf Zustimmungsersetzung
„Die Zustimmung des Antragsgegners zur außerordentlichen Kündigung des Beteiligten zu 3) (im vorliegenden Fall des Betriebsratsmitglieds) wird gem. § 103 BetrVG ersetzt."

16 Im arbeitsgerichtlichen Beschlussverfahren wird entgegen dem Urteilsverfahren (wie im Kündigungsschutzprozess) nicht von Kläger und Beklagten, sondern von Beteiligten gesprochen. In einem Zustimmungsersetzungsverfahren ist der Arbeitgeber Beteiligter zu 1), der Betriebsrat, gegen den sich der Antrag richtet, Beteiligter zu 2) und das betroffene Betriebsratsmitglied Beteiligter zu 3).

C. Prüfung und Entscheidung des Gerichts

I. Prüfung der Voraussetzungen des § 626 BGB

1. Recht zur außerordentlichen Kündigung

17 Wenn der Betriebsrat seine Zustimmung zur Kündigung verweigert hat und diese durch das Arbeitsgericht ersetzt werden soll, ist weiter zu prüfen, ob das Recht zur außerordentlichen Kündigung eines Betriebsratsmitglieds gemäß § 626 BGB vorliegt.

18 Gemäß § 103 Abs. 2 Satz 1 BetrVG ersetzt das Gericht die Zustimmung zur außerordentlichen Kündigung lediglich dann, wenn dies unter Zugrundelegung des jeweiligen Einzelfalls unter Berücksichtigung aller Umstände **gerechtfertigt** ist. In dieser Hinsicht ist an dieser Stelle, wie bei jeder außerordentlichen Kündigung, das Vorliegen eines **wichtigen Grundes** erforderlich.[14] Ein Betriebsratsmitglied steht

13 BAG, Beschl. v. 7.5.1986 – 2 ABR 27/85 – BAGE 52, 50, 54 ff.

14 BAG, Beschl. v. 22.8.1974 – 2 ABR 17/74 – AP BetrVG 1972 § 103 Nr. 1, Richardi/*Thüsing*, § 103 Rn 69.

hinsichtlich der Beurteilung, ob ein wichtiger Grund im Sinne von § 626 Abs. 1 BGB vorliegt, grundsätzlich jedem anderen Arbeitnehmer gleich.[15]

Nach § 626 Abs. 1 BGB kann das Arbeitsverhältnis von jedem Vertragsteil, also auch vom Arbeitgeber aus wichtigem Grund ohne Einhaltung einer Kündigungsfrist gekündigt werden, wenn dem Kündigenden unter Berücksichtigung aller Umstände des Einzelfalls und unter Abwägung der beider Vertragsteile die Fortsetzung des Arbeitsverhältnisses selbst bis zum Ablauf der ordentlichen Kündigungsfrist oder bis zum vereinbarten Ende des Arbeitsverhältnisses nicht zugemutet werden kann. 19

2. Nachschieben von Kündigungsgründen

Das Gericht prüft somit in einem ersten Schritt, ob die vom Arbeitgeber geltend gemachten Kündigungsgründe einen wichtigen Grund im Sinne von § 626 Abs. 1 BGB darstellen und somit eine außerordentliche Kündigung rechtfertigen.[16] Gemäß § 83 Abs. 1 ArbGG erforscht das Gericht den Sachverhalt von Amts wegen nur im Rahmen der gestellten Anträge. Ein Nachschieben von Kündigungsgründen im Laufe des bereits eingeleiteten Beschlussverfahrens ist allerdings möglich. Um eine Verwertung dieser neuen Tatsachen herbeizuführen, muss der Arbeitgeber allerdings vorher dem **Betriebsrat erneut** die Gelegenheit geben, zu diesen neuen Tatsachen Stellung zu nehmen, der Arbeitgeber muss somit vergeblich versucht haben die Zustimmung des Betriebsrats zu diesen neuen Tatsachen einzuholen.[17] 20

Tauchen im Laufe des Beschlussverfahrens neue Kündigungsgründe auf bzw. Tatsachen, die ebenfalls eine Kündigung rechtfertigen, so ist auch in dieser Hinsicht für den Arbeitgeber die **Ausschlussfrist gemäß § 626 Abs. 2 BGB** zu wahren. Somit ist auch bei einem Nachschieben von Kündigungsgründen zwingend die zweiwöchige Ausschlussfrist zu beachten. 21

3. Ersetzung der Zustimmung zur beabsichtigten Kündigung

Geht das Gericht im Rahmen des Zustimmungsersetzungsverfahrens von dem Vorliegen eines wichtigen Grundes aus, wird die Zustimmung zur außerordentlichen Kündigung durch das Gericht ersetzt. Wichtig ist, dass der Ausspruch der Kündigung noch nicht erfolgt ist, da ansonsten der Antrag von Anfang an als unbegründet zurückzuweisen ist.[18] 22

---

15 LAG Köln, Urt. v. 28.11.1996 – 6 Sa 844/96 – LAGE § 15 KSchG Nr. 14.

16 In diesem Zusammenhang ist auf Kap. 8 Außerordentliche Kündigung zu verweisen.

17 Richardi/*Thüsing*, § 103 BetrVG Rn 71 f.

18 BAG, Beschl. v. 20.3.1975 – 2 ABR 111/74 – AP BetrVG 1972 § 103 Nr. 2.

II. Entscheidung durch Beschluss

1. Zustimmungsersetzung

23 Wird dem Antrag von Seiten des Gerichts stattgegeben, so wird die **Zustimmung** von diesem **ersetzt**. Die Entscheidung des Arbeitsgerichts über die Zustimmungsersetzung ergeht gemäß § 84 ArbGG durch **Beschluss**. Nach der Zustimmungsersetzung durch das Arbeitsgericht, kann der Arbeitgeber nach **formeller Rechtskraft** der Entscheidung nunmehr binnen zwei Wochen gemäß § 626 Abs. 2 Satz 1 BGB kündigen.[19]

2. Fälle einer Erledigung des Beschlussverfahrens

a) Bei Verlust der Rechtsstellung

24 Es sind auch Fälle denkbar, bei denen eine Erledigung des Beschlussverfahrens schon vor einer Entscheidung des Gerichts durch Beschluss einhergeht. Dies ist zum Beispiel dann der Fall, wenn das Betriebsratsmitglied seine Rechtsstellung verliert, da insoweit die materiell-rechtlichen Voraussetzungen für die richterliche Gestaltung entfallen sind und der Antrag in diesem Moment unbegründet wird. Das Beschlussverfahren ist in einem solchen Fall auf Antrag des Arbeitgebers gemäß § 83a ArbGG für erledigt zu erklären.

Beispiele

- Ablauf der Amtszeit, Niederlegung des Betriebsratsamtes, Ausschluss aus dem Betriebsrat oder Auflösung des Betriebsrats aufgrund gerichtlicher Entscheidung.

b) Beendigung des Arbeitsverhältnisses

25 Das Gleiche gilt im Falle der Beendigung des Arbeitsverhältnisses. Wird das Arbeitsverhältnis des Betriebsratsmitglieds, das gekündigt werden soll, im Laufe des Verfahrens beendet, so ist auch hier eine Erledigungserklärung von Seiten des Arbeitgebers auszusprechen, da auch in diesem Fall der Antrag ab diesem Zeitpunkt unbegründet wird.[20]

3. Rechtsmittel

26 Der Beschluss des Arbeitsgerichts ist mit der **Beschwerde gem. § 87 ArbGG** anfechtbar. Gegen den Beschluss des LAG findet die Rechtsbeschwerde an das BAG

---

19 Beachte ausführlichst dazu D. I. Rn 32.

20 Ascheid/Preis/Schmidt/*Linck*, § 103 BetrVG Rn 27a; BAG, Beschl. v. 27.6.2002 – 2 ABR 22/01 – AP BetrVG 1972 § 103 Nr. 47.

statt, wenn sie zugelassen wird. Diese Zulassung erfolgt durch das LAG oder infolge einer Nichtzulassungsbeschwerde durch das BAG gemäß § 92 Abs. 1 Satz 1 ArbGG.

III. Kosten/Streitwert

1. Gerichtskosten

Nach § 2 Abs. 2 GKG werden für Verfahren vor den Gerichten für Arbeitssachen nach § 2a Abs. 1 ArbGG (Beschlussverfahren) **keine Gerichtskosten** erhoben. 27

2. Anwaltskosten

a) Kosten des Betriebsrats

Die dem Betriebsrat für seine Beteiligung am Zustimmungsersetzungsverfahren entstandenen Kosten (z.B. Anwaltskosten) stellen Kosten der Betriebsratstätigkeit dar und sind daher vom Arbeitgeber nach **§ 40 Abs. 1 BetrVG** zu tragen, soweit sie **„erforderlich“** waren.[21] Dies betrifft auch die Verpflichtung zur Kostenübernahme, wenn der Rechtsanwalt zugleich den Betriebsrat und das zu kündigende Betriebsratsmitglied vertritt.[22] 28

b) Kosten des beteiligten Arbeitnehmers

Sind dem zu kündigenden Arbeitnehmer Kosten entstanden, handelt es sich bei diesen nicht um Kosten, die durch die Tätigkeit des Betriebsrats entstanden sind.[23] Eine Kostenerstattung durch den Arbeitgeber gemäß § 40 Abs. 1 BetrVG scheidet somit an dieser Stelle aus.[24] Von diesem Grundsatz gebietet allerdings das Benachteiligungsverbot des § 78 Satz 2 BetrVG **eine Ausnahme**. Eine Kostenerstattungspflicht des Arbeitgebers greift in dem Zeitpunkt ein, wenn ein Zustimmungsersetzungsantrag des Arbeitgebers, dem das Arbeitsgericht in erster Instanz stattgegeben hatte, auf die Beschwerde des beteiligten Betriebsratsmitglieds vom LAG in 2. Instanz rechtskräftig abgewiesen worden ist.[25] 29

---

21 *Fitting*, § 40 BetrVG Rn 62.
22 BAG, Beschl. v. 25.8.2004 – 7 ABR 60/03 – NZA 2005, 168.
23 Ascheid/Preis/Schmidt/*Linck*, § 103 BetrVG Rn 48.
24 BAG, Beschl. v. 31.1.1990 – 7 ABR 39/89 – NZA 1991, 152.
25 BAG, Beschl. v. 31.1.1990 – 7 ABR 39/89 – NZA 1991, 152; *Besgen*, NZA 2011, 133 ff.

c) Streitwert

30 Der Streitwert für ein Zustimmungsersetzungsverfahren ist nicht bestimmt und umstritten. Nach der überwiegenden Auffassung der obergerichtlichen Rechtsprechung ist der Gegenstandswert bei Zustimmungsersetzungsverfahren nach § 103 BetrVG entsprechend § 42 Abs. 3 Satz 1 GKG festzusetzen, denn das Zustimmungsersetzungsverfahren stellt praktisch den vorweggenommenen Kündigungsschutzprozess dar, so dass der Gegenstandswert der anwaltlichen Tätigkeit auf **ein Vierteljahresverdienst** festzusetzen ist.[26]

D. Fallstricke und Risiken für den Arbeitgeber

31 Der Ausspruch einer außerordentlichen Kündigung gegen ein Mitglied des Betriebsrats und ein ggf. durch den Arbeitgeber einzuleitendes Zustimmungsersetzungsverfahren ist mit einigen Fallstricken und Risiken für den Arbeitgeber verbunden, welche im Folgenden aufgezeigt werden sollen.

I. Wegfall des Kündigungsgrundes

32 Das Zustimmungserfordernis des Betriebsrats besteht nur, solange der betroffene Arbeitnehmer Betriebsratsmitglied ist. Somit ist das Zustimmungserfordernis ausdrücklich an das **Amt des Betriebsratsmitglieds** angeknüpft.[27] Verliert der Arbeitnehmer im Laufe des Prozesses sein Betriebsratsamt, egal auf welche Weise, ist **sofortiges Handeln** erforderlich. Der Arbeitgeber muss nun **unverzüglich** die Kündigung aussprechen.[28] Unverzüglich bedeutet „ohne schuldhaftes Zögern". Allerdings ist in diesem Zusammenhang zu beachten, dass die Beendigung des Betriebsratsamtes rechtssicher sein muss. In diesen Fällen ist dem Arbeitgeber zu raten, nicht voreilig zu handeln, sondern den Wegfall des Kündigungsgrundes genau zu überprüfen.

! Fettnapf

Handelt der Arbeitgeber in solchen Fällen zu voreilig und stellt sich heraus, dass der Kündigungsgrund gar nicht weggefallen ist, da der Arbeitnehmer noch immer Betriebsratsmitglied ist, kann das

---

26 Vgl. LAG Hessen, Beschl. v. 26.11.2009 – 5 Ta 603/09 – BeckRS 2011, 71480; LAG Baden-Württemberg, Beschl. v. 2.11.2009 – 5 Ta 113/09 – NZA-RR 2010, 102; LAG Rheinland-Pfalz, Beschl. v. 30.3.2004 – 2 Ta 69/04 – NZA-RR 2004, 373; LAG Hamburg, Beschl. v. 20.5.2011 – 4 Ta 14/11 – NZA-RR 2011, 488; vgl. auch Germelmann/Matthes/Prütting/*Müller-Glöge*, § 12 ArbGG Rn 145; siehe dazu ausführlich Kap. 10 Kündigungsschutzprozess Rn 104.

27 Richardi/*Thüsing*, § 103 BetrVG Rn 21.

28 Vgl. BAG, Beschl. v. 8.6.2000 – 2 AZN 276/00 – NZA 2000, 899.

Verfahren nach der einmal ausgesprochenen Kündigung nicht mehr fortgesetzt werden. Das Verfahren wird durch den Kündigungsausspruch gegenstandslos.

Praxistipp !
Unter Zugrundelegung dieser Ausführungen ist dem Arbeitgeber zu empfehlen, genaue Recherchen durchzuführen und mit dem Betriebsrat in Kontakt zu bleiben, um solche Fehlinformationen, welche das Verfahren gefährden könnten, auszuschließen.

II. Nachträgliche Zustimmung des Betriebsrates

Dem Betriebsrat ist es unbenommen im Laufe des Zustimmungsersetzungsver- 33
fahrens jederzeit nachträglich seine Zustimmung zur Kündigung zu erteilen. Das Verfahren nach § 103 BetrVG endet somit in diesem Moment.[29] Auch in dieser Konstellation sind die Ausführungen zum Wegfall des Sonderkündigungsschutzes[30] entsprechend anzuwenden. Der Arbeitgeber ist auch in diesem Fall verpflichtet, **unverzüglich** die Kündigung auszusprechen.

III. Fehler bei der Beschlussfassung des Betriebsrats

Für den Arbeitgeber stellt sich zudem die Frage, wie sich Fehler bei der Beschluss- 34
fassung des Betriebsrats auf die Kündigung auswirken.

Im Rahmen der Anhörung des Betriebsrats nach **§ 102 BetrVG** führen Fehler, die 35
im Verantwortungsbereich des Betriebsrats entstehen, grundsätzlich **nicht zur Unwirksamkeit der Kündigung** wegen fehlender Anhörung. Diese Grundsätze sind auch dann anzuwenden, wenn der Arbeitgeber im Zeitpunkt der Kündigung weiß oder erkennen kann, dass der Betriebsrat die Angelegenheit nicht fehlerfrei behandelt hat.[31] Die Fehler gehören grundsätzlich zur Sphäre des Betriebsrats und fallen somit in dessen Zuständigkeits- und Verantwortungsbereich (**Sphärentheorie**).[32] Bei § 102 BetrVG gilt somit, dass Fehler im Rahmen der Beschlussfassung des Betriebsrats über die Zustimmung zur außerordentlichen Kündigung nicht zur Unwirksamkeit der Kündigung führen, da der Arbeitgeber solche Fehler nicht zu vertreten hat.[33]

---

29 BAG, Urt. v. 17.9.1981 – 2 AZR 402/79 – NJW 1982, 2891.
30 Siehe unter D. I. Rn 32.
31 BAG, Urt. v. 16.1.2003 – 2 AZR 707/01 – NZA 2003, 927; BAG, Urt. v. 24.6.2004 – 2 AZR 461/03 – NZA 2004, 1330.
32 BAG, Urt. v. 4.8.1975 – 2 AZR 266/74 – AP Nr. 4 zu § 102 BetrVG 1972; BAG, Urt. v. 24.3.1977 – 2 AZR 289/76 – NJW 1978, 122; BAG, Urt. v. 16.1.2003 – 2 AZR 707/01 – NZA 2003, 927.
33 ErfK/*Kania*, § 102 BetrVG Rn 26; *Fitting*, § 102 BetrVG Rn 53.

36 Eine Übertragung dieser Grundsätze auf das Verfahren nach § 103 BetrVG lehnt das BAG allerdings ab.[34] Die **ausdrückliche und positive Zustimmung des Betriebsrats** im Rahmen des § 103 BetrVG ist keineswegs nur eine Formalie, sondern **Wirksamkeitsvoraussetzung für die Kündigung**. Wenn der Arbeitgeber erkennen kann oder hätte erkennen müssen, dass der Beschluss des Betriebsrats unwirksam ist, verdiene er keinen Vertrauensschutz.[35]

Beispiele

- Eine ordnungsgemäße Beschlussfassung ist zu verneinen, wenn beispielsweise der Vorsitzende allein entscheidet, Ersatzmitglieder nicht einberufen wurden oder die Betriebsratsmitgliederanzahl nicht gegeben war.

Praxistipp

Dem Arbeitgeber ist es somit im Rahmen des Verfahrens nach § 103 BetrVG zu empfehlen, Zweifel an der Beschlussfassung des Betriebsrats nachzugehen und zu prüfen, ob eventuell die Zustimmung unwirksam zustande gekommen ist. Eine ausdrückliche Erkundungspflicht des Arbeitgebers gibt es nach Ansicht des Bundesarbeitsgerichts zwar nicht, dennoch können Mängel an der Beschlussfassung auch dem Arbeitgeber bekannt werden.

IV. Rechtskraft

37 Die Zustimmungsersetzung des Arbeitsgerichts durch Beschluss wird erst mit **Rechtskraft des Beschlusses** wirksam.[36] Von der Rechtskraft des Beschlusses ist auszugehen, wenn dieser **unanfechtbar** ist, also alle Rechtsmittel ausgeschöpft wurden.[37] Solange keine Rechtskraft vorliegt, kann dem Betriebsrat nicht gekündigt werden.

Fettnapf

Der sofortige Ausspruch einer außerordentlichen Kündigung gegenüber dem Betriebsrat nach Obsiegen in der ersten Instanz ist dringlichst zu unterlassen. In diesem Moment ist durch den Ausspruch der Kündigung der Kündigungsgrund verbraucht, obwohl formal die Voraussetzungen noch nicht vorliegen, da der Beschluss des Arbeitsgerichtes zur Zustimmungsersetzung noch nicht in Rechtskraft erwachsen ist.

34 BAG, Urt. v. 23.8.1984 – 2 AZR 391/83 – NZA 1985, 254.
35 *Besgen*, NZA 2011, 134.
36 BAG, Urt. v. 11.11.1976 – 2 AZR 457/75 – NJW 1978, 72; Ascheid/Preis/Schmidt/*Linck*, § 103 BetrVG Rn 36.
37 Siehe hierzu C. II. 3 Rn 26.

V. Lohnansprüche während des Verfahrens

1. Freistellung von der Arbeitspflicht

Der Arbeitgeber ist **grundsätzlich berechtigt** den Arbeitnehmer von der **Arbeitspflicht freizustellen**. Dies entbindet den Arbeitgeber allerdings nicht von seiner Verpflichtung zur Zahlung des Entgelts, denn die Befugnis zur Freistellung lässt den Anspruch des Arbeitnehmers auf das Arbeitsentgelt nicht entfallen.[38] Diese Grundsätze führen den Arbeitgeber in einen nicht auflösbaren Konflikt. Einerseits wirft er dem Betriebsratsmitglied eine schwerwiegende Pflichtverletzung vor, die den Ausspruch einer außerordentlichen Kündigung seinerseits rechtfertigt, auf der anderen Seite muss dieser das Zustimmungsersetzungsverfahren abwarten, so dass bei einer Freistellung der Arbeitgeber über viele Monate, vielleicht sogar Jahre verpflichtet ist die Vergütung des Betriebsratsmitglieds fortzuzahlen, bis das Verfahren endgültig abgeschlossen ist.[39] Eine Weiterbeschäftigung des Betriebsratsmitglieds ist aufgrund der erheblichen Pflichtverletzung, welcher eine weitere vertrauensvolle Zusammenarbeit grundsätzlich entgegensteht, äußerst schwierig. 38

2. Freistellung bezüglich der Amtsausführung

Der Arbeitgeber kann das Betriebsratsmitglied **nicht** von der Ausübung seines **Betriebsratsamtes freistellen.**[40] Die soeben erörterten Grundsätze sind in diesem Fall nicht anwendbar. In dieser Konstellation ist strikt zwischen dem Arbeitsverhältnis und der Arbeitspflicht des Betriebsratsmitglieds und seinem Betriebsratsamt zu unterscheiden. 39

VI. Sonstiges

Der in diesem Kapitel behandelte Sonderkündigungsschutz des Betriebsratsmitglieds nach § 103 BetrVG in Verbindung mit § 15 KSchG bezieht sich allein auf das **Betriebsratsamt**. Unter Umständen kann aber auch ein **weiterer Sonderkündigungsschutz** hinzutreten. Dies wäre zum Beispiel bei einem schwerbehinderten Betriebsratsmitglied oder bei einer Schwangerschaft eines Betriebsratsmitgliedes der Fall. Tritt ein solcher Sonderkündigungsschutz zu dem bereits bestehenden Sonderkündigungsschutz hinzu, so sind auch dessen Voraussetzungen zwingend 40

---

38 LAG Hessen, Urt. v. 11.6.2008 – 18 SaGa 553/08 – AuR 2008, 321; Richardi/*Thüsing*, § 103 BetrVG Rn 95.
39 *Besgen*, NZA 2011, 135.
40 LAG München, Beschl. v. 28.9.2005 – 9 TaBV 58/05 – ArbuR 2006, 213; *Fitting*, § 103 BetrVG Rn 44; Richardi/*Thüsing*, § 103 BetrVG Rn 96.

neben dem Schutz des § 103 BetrVG einzuhalten.[41] Der Arbeitgeber muss somit auch in solchen Fällen die jeweils notwendigen rechtlichen Voraussetzungen für eine Kündigung herstellen, also zum Beispiel die Zustimmung des Integrationsamts einholen oder weitere Spezialvorschriften dieser Sonderkündigungstatbestände einhalten.

41 Siehe hierzu ausführlich Kap. 9 zum Sonderkündigungsschutz.

Kapitel 25
Der Personalabbau

In den zurückliegenden Kapiteln beschäftigten sich die Autoren vor allem mit dem wichtigsten Beendigungsfall für das Arbeitsverhältnis, der Arbeitgeberkündigung. Dem Unternehmer werden die Grundregeln, die für den Ausspruch der Arbeitgeberkündigung zu beachten sind, dargestellt. Daneben werden viele Fallstricke aufgezeigt, um unwirksame Kündigungen und damit verlorene Kündigungsrechtsstreitigkeiten zu vermeiden. Bisher ging es jedoch immer um die Kündigung eines einzelnen Arbeitsverhältnisses, das Auslaufen der Befristung eines einzelnen Arbeitsvertrages oder aber die Änderungskündigung verbunden mit dem Angebot auf einen neuen Arbeitsvertrag. 1

Der zweite Teil des Unternehmerhandbuchs soll nun Einblick gewähren in den Personalabbau, der die **ganze Belegschaft** oder aber jedenfalls **Teile der Belegschaft** betrifft. Dies ist denkbar, wenn ein ganzer Betrieb stillgelegt werden soll oder wenn einzelne Bereiche, eine Abteilung etwa oder verschiedene Betriebsteile geschlossen werden. In diesen Fällen warten weitere Aufgaben auf den Unternehmer: Er muss nicht nur die einzelnen Kündigungen vorbereiten, in dem er nach den Kriterien des § 1 KSchG die Auswahl der zu kündigenden Arbeitnehmer – insbesondere die Sozialauswahl – gestaltet. Er muss daneben auch den kollektiven Schutz der vom Personalabbau betroffenen Mitarbeiter berücksichtigen, indem er den **Betriebsrat** in die Personalabbaumaßnahme rechtzeitig miteinbezieht. 2

Praxishinweis !
Wenn die Kündigung mehrerer Arbeitnehmer geplant ist, muss der Unternehmer nicht nur die Regelungen des Kündigungsschutzgesetzes beachten, sondern regelmäßig prüfen, ob der Betriebsrat zu beteiligen ist.

Das deutsche Arbeitsrecht hat im ersten Schritt die Aufgabe, den persönlich und wirtschaftlich vom Arbeitgeber abhängigen Arbeitnehmer zu schützen. Diesen Schutz gewährleistet das Arbeitsrecht mit bestimmten Schutzregelungen, die neben den Bereichen des Lohnschutzes, des Persönlichkeitsschutzes, des Gesundheitsschutzes und des Arbeitsschutzes vor allem die Sicherheit des Arbeitsplatzes, also den Kündigungsschutz betreffen. Neben diesem individuellen Arbeitnehmerschutz stellt das Arbeitsrecht aber auch einen sogenannten kollektiven Schutz zur Verfügung: So haben zum einen die Gewerkschaften nach Art. 9 Abs. 3 GG mit den Arbeitgeberverbänden die Aufgabe, sich für die Wahrung und Förderung der Arbeits- und Wirtschaftsbedingungen einzusetzen und diese in Tarifverträgen zu regeln. Dieser Bereich des Tarifrechts spielt für die Kündigung und den Personalabbau in der Regel keine maßgebliche Rolle. Tarifliche Regelungen im Bereich des Kündigungsschutzes 3 betreffen üblicherweise nur Klauseln zu Kündigungsfristen oder aber Bestimmungen zum tariflichen Sonderkündigungsschutz.[1]

! **Praxishinweis**

Das Tarifrecht bzw. die Tarifverträge spielen im Bereich des Personalabbaus in der Regel keine maßgebliche Rolle.

---

4 Von großer Bedeutung für den Personalabbau ist dagegen der Schutz der Arbeitnehmer, der sich aus den Mitbestimmungsrechten des Betriebsrates ergibt. In allen Betrieben mit mindestens 5 Arbeitnehmern können, müssen aber nicht, Betriebsräte gewählt werden. Auf dem Grundgedanken der Demokratie aufbauend haben diese Betriebsräte Beteiligungsrechte bei betrieblichen Maßnahmen, die von bloßen Unterrichtungs- und Informationsrechten über Antragsbefugnisse und Vetorechte bis hin zu eigentlichen Mitbestimmungsrechten reichen, die sogar über den Spruch der Einigungsstelle erzwungen werden können.

5 Im Bereich des Personalabbaus ist in Kapitel 23 bereits näher dargestellt worden, dass der Betriebsrat nach § 102 BetrVG vor jeder Arbeitgeberkündigung zu beteiligen ist. Betrifft der Personalabbau nicht nur einen Arbeitnehmer, sondern eine Gruppe oder gar eine Vielzahl von Arbeitnehmern, kommt zu diesem individuellen Mitbestimmungsrecht des Betriebsrates auch ein kollektives Mitbestimmungsrecht hinzu, welches sich aus den Grundregeln der sogenannten Betriebsänderung[2] ergibt. Der Arbeitgeber muss also neben seinen individuellen Kündigungsvorbereitungen im Falle des Personalabbaus dem Betriebsrat auch im Hinblick auf die Verhandlung des **Interessenausgleichs und Sozialplans** rechtzeitig miteinbeziehen. Der wichtigste Gesichtspunkt für den Unternehmer ist in diesem Zusammenhang der Umstand, dass die Wirksamkeit der einzelnen Kündigung noch nicht ausreicht, um den Personalabbau einer Arbeitnehmergruppe durchzuführen. Und im Umkehrschluss gilt: Die ordnungsgemäße Beteiligung bzw. gar die Einigung mit dem Betriebsrat auf Interessenausgleich und Sozialplan rechtfertigt an sich noch nicht den Ausspruch der einzelnen Kündigung. Oder anders ausgedrückt: Auch wenn Arbeitgeber und Betriebsrat sich über den Personalabbau eines bestimmten Arbeitnehmerkreises einig sind und die Einzelheiten hierzu im Interessenausgleich und Sozialplan festlegen, steht es jedem von der Kündigung betroffenem Arbeitnehmer frei, die Wirksamkeit seiner individuellen Kündigung im Wege des Kündigungsschutzprozesses überprüfen zu lassen.

---

1 Vgl. hierzu im Einzelnen Kap. 9.

2 Einzelheiten hierzu ab Kap. 26.

Praxistipp

Die Einigung zwischen Arbeitgeber und Betriebsrat im Fall des Personalabbaus in Form eines Interessenausgleichs und Sozialplans hindert den einzelnen von der Kündigung betroffenen Arbeitnehmer nicht daran, die Wirksamkeit seiner Kündigung im Rahmen eines Kündigungsschutzprozesses überprüfen zu lassen.

In den folgenden Kapiteln werden Sie eingeführt in die Beteiligungsrechte des Betriebsrates bei Personalabbaumaßnahmen in größerem Maße. Der Gang der Unterrichtung und Verhandlung mit dem Betriebsrat wird dargestellt, die Besonderheiten von Interessenausgleich und Sozialplan erörtert und last but not least, die Sicherung und Durchsetzung der Beteiligungsrechte des Betriebsrates erörtert. 6

Kapitel 26
Beteiligungsrechte des Betriebsrats und anderer Gremien bei Betriebsänderungen

Ist von Seiten des Unternehmens, welches mehr als 20 Arbeitnehmer hat, eine Betriebsänderung geplant und besteht ein Betriebsrat im Unternehmen, so sollten bereits frühzeitig die Beteiligungsrechte des Betriebsrats sowie etwaiger weiterer Gremien in die Planung miteinbezogen werden, da diese die Umsetzung insbesondere in zeitlicher Hinsicht stark beeinflussen können. 1

A. Grundlagen der Betriebsänderung

I. Begriff und Gründe einer Betriebsänderung

Die Betriebsänderung stellt einen Teil der wirtschaftlichen Angelegenheiten im Sinne des Betriebsverfassungsgesetzes dar. Aufgrund der grundrechtlich geschützten unternehmerischen Entscheidungsfreiheit sind die Beteiligungsrechte des Betriebsrats in wirtschaftlichen Angelegenheiten zwar grundsätzlich schwächer ausgeprägt als in sozialen und personellen Angelegenheiten. Es bestehen aber umfangreiche Unterrichtungspflichten, beispielsweise gegenüber dem Wirtschaftsausschuss gemäß § 106 BetrVG. Viel bedeutender ist aber die Verpflichtung zur Verhandlung eines Interessenausgleichs und zum Abschluss eines Sozialplans im Falle einer Betriebsänderung im Sinne von § 111 BetrVG. Es gibt in diesen Fällen spezialgesetzliche Unterrichtungs- und Informationspflichten, die gegenüber dem Betriebsrat vom Unternehmer einzuhalten sind. 2

Unter einer **Betriebsänderung** ist jede Änderung der betrieblichen Organisation zu verstehen. Dies gilt sowohl für qualitative als auch für quantitative Änderungen des Betriebs als organisatorische Einheit. Zu unterscheiden sind davon rechtliche Änderungen auf der Unternehmensebene, wie etwa der Zusammenschluss oder die Spaltung von Unternehmen als solche. Das Gleiche gilt für reine Betriebsveräußerungen, die zu einem Betriebsübergang im Sinne von § 613a BGB führen. Solche unternehmensrechtlichen Veränderungen sind immer von organisatorischen Veränderungen auf betrieblicher Ebene zu unterscheiden, auch wenn diese in der Praxis oft in einem Zusammenhang stehen. 3

Gründe für eine Betriebsänderung im Sinne von § 111 BetrVG kann es für den Unternehmer in vielerlei Hinsicht geben. Insbesondere in größeren Unternehmen, bei denen mehrere Betriebe bestehen, kommt es häufig zu Betriebsänderungen, da auch die Betriebe und die Betriebsstruktur an die Bedürfnisse und Bedingungen des Marktes angepasst werden müssen und das Beschäftigungsvolumen einem konstan- 4 ten Rückgang ausgesetzt ist. Zumeist kann ein Gewinn auch nur durch Reduktion der Personalkosten erwirtschaftet werden, so dass in dieser Hinsicht ebenfalls eine Betriebsänderung vorliegen kann.

II. Anwendungsbereich, Besonderheiten bei Tendenzbetrieben und Verwaltungen bzw. Körperschaften des öffentlichen Rechts

5 Die §§ 111ff. BetrVG finden nach § 130 BetrVG **keine Anwendung** auf Verwaltungen und Betriebe des Bundes, der Länder, der Gemeinden und sonstigen Körperschaften, Anstalten und Stiftungen des öffentlichen Rechts.

6 **Nicht anwendbar** sind die Normen des BetrVG auch auf Religionsgemeinschaften und ihre karitativen erzieherischen Einrichtungen unbeschadet deren Rechtsform (vgl. § 118 Abs. 2 BetrVG). Nach § 118 Abs. 1 S. 2 BetrVG sind die Vorschriften über Betriebsänderungen in Tendenzbetrieben **nur eingeschränkt anwendbar**. Sie sind nur insoweit anzuwenden, als sie den Ausgleich oder die Milderung wirtschaftlicher Nachteile für die Arbeitnehmer infolge von Betriebsänderungen regeln. Im **Tendenzbetrieb** hat der Betriebsrat im Rahmen des § 111 BetrVG aber Informationsrechte, um gemäß § 112 BetrVG einen Sozialplan herbeiführen zu können.[1]

! **Praxistipp**
Bei Tendenzbetrieben und Verwaltungen bzw. Betriebe des Bundes, der Länder etc. finden die §§ 111ff. BetrVG nur eingeschränkt bzw. überhaupt keine Anwendung.

B. Allgemeine Voraussetzungen einer Betriebsänderung gemäß § 111 S. 1 BetrVG

7 Damit die Beteiligungsrechte des Betriebsrats ausgelöst werden, müssen zunächst die gesetzlichen Voraussetzungen einer Betriebsänderung vorliegen.

8 Die allgemeinen Voraussetzungen für das Eingreifen der Beteiligungsrechte des Betriebsrats bei Betriebsänderungen ergeben sich aus § 111 Satz 1 BetrVG: „In Unternehmen mit in der Regel mehr als 20 wahlberechtigten Arbeitnehmern hat der Unternehmer den Betriebsrat über geplante Betriebsänderungen, die wesentliche Nachteile für die Belegschaft oder erhebliche Teile der Belegschaft zur Folge haben können, rechtzeitig und umfassend zu unterrichten und die geplanten Betriebsänderungen mit dem Betriebsrat zu beraten.“

---

1 Vgl. BAG, Urt. v. 30.3.2004 – 1 AZR 7/03 – DB 2004, 1511.

I. Die allgemeine Unternehmensgröße

1. Unternehmen

Zu beachten ist bei § 111 BetrVG, dass es für dessen Anwendbarkeit auf die **Größe des Unternehmens** ankommt, nicht hingegen wie früher auf die Größe des Betriebs bzw. dessen regelmäßige Beschäftigtenzahl. Gemäß den Ausführungen in der Gesetzesbegründung ist Ziel der Entscheidung, den Schwellenwert von mehr als 20 Arbeitnehmern zukünftig auf das Unternehmen zu beziehen, die Gewährleistung, „dass der Schutzzweck der Norm, kleinere Unternehmen vor zu starken finanziellen Belastungen durch Sozialpläne zu schützen, auch tatsächlich nur diesen Unternehmen zugute kommt. Allein entscheidend ist die Gesamtzahl der Arbeitnehmer des Unternehmens, unabhängig davon, ob die Arbeitnehmer in einer oder mehreren Betriebseinheiten eingesetzt werden. Denn die Frage der wirtschaftlichen Belastbarkeit eines Unternehmens ist nicht von der organisatorischen Gliederung des Unternehmens in einzelne Betriebseinheiten abhängig.“[2] 9

Praxistipp !

Für die Ermittlung der Beschäftigtenzahl kommt es ausschließlich auf die Unternehmensgröße, nicht hingegen auf die Betriebsgröße an.

Bezüglich der Frage, ob eine beteiligungspflichtige Betriebsänderung vorliegt, ist aber weiterhin auf die betrieblichen Gegebenheiten abzustellen.

Entscheidend für § 111 BetrVG ist somit, dass **im Unternehmen** in der Regel mehr als 20 wahlberechtigte Arbeitnehmer tätig sind. 10

2. In der Regel Beschäftigte

Häufig schwierig gestaltet sich die Feststellung, ob in den von der Umstrukturierungsmaßnahme betroffenen Unternehmen **in der Regel mehr als 20 wahlberechtigte Arbeitnehmer** beschäftigt sind. Grundsätzlich ist dabei auf die Personalstärke abzustellen, die für den Betrieb **im Allgemeinen kennzeichnend** ist. Dabei ist auf den Zeitpunkt abzustellen, in dem die Beteiligungsrechte der §§ 111, 112 BetrVG entstehen, also auf den Zeitpunkt der Unterrichtungspflicht.[3] 11

Entscheidend ist die Zahl der „in der Regel“ im Unternehmen beschäftigten Arbeitnehmer. Zur Bestimmung ist in diesem Zusammenhang auf die zu § 7 BetrVG entwickelten Grundsätze zurückzugreifen.[4] Somit sind bei der Ermittlung der maß- 12

2 BT-Drucks 14/5741, S. 51 re.Sp.
3 Fitting, § 111 BetrVG Rn 28 f.
4 BeckOK/*Besgen*, § 111 BetrVG Rn 2.

geblichen Unternehmensgröße in § 111 S. 1 BetrVG auch Leiharbeitnehmer, die länger als drei Monate im Unternehmen eingesetzt sind, mitzuzählen.[5] Die Berechnung erfolgt anders als im KSchG **nach Kopfzahlen**, so dass es unbeachtlich ist, ob es sich bei den Arbeitnehmern um Teilzeit- oder Vollzeitbeschäftigte handelt. Auch ist es unerheblich, ob die Arbeitnehmer befristet oder unbefristet eingestellt sind, sofern die von ihnen besetzten Arbeitsplätze die regelmäßige Größe des Unternehmens prägen. Die Belegschaftsstärke im Unternehmen ist auf Grund einer wertenden Gesamtwürdigung zu bestimmen, die grundsätzlich auch eine Prognose der weiteren Entwicklung des Unternehmens einschließt.

! **Praxishinweis**
Mehr als 20 wahlberechtigte Arbeitnehmer sind im Unternehmen beschäftigt, wenn mindestens 21 Arbeitnehmer, die das 18. Lebensjahr vollendet haben (§ 7 BetrVG) tatsächlich dort arbeiten. Maßgeblich ist hierbei allerdings nicht die Zahl der Beschäftigten an einem bestimmten Stichtag, sondern die Anzahl derjenigen Arbeitnehmer, die in der Regel in dem Unternehmen beschäftigt sind. Abzustellen ist demnach auf diejenige Personalstärke, die im Allgemeinen für das Unternehmen kennzeichnend ist. Auch wenn die Zahl der Beschäftigten unter 21 gesunken ist, jedoch feststeht, dass die Arbeitnehmerzahl in absehbarer Zeit wieder über 20 ansteigen wird, gelangt § 111 BetrVG zur Anwendung.[6]

13 Bei der Berechnung der Arbeitnehmerzahl in einem **gemeinsamen Betrieb** mehrerer Unternehmen ist **umstritten**, wie sich diese bestimmt, wenn der Schwellenwert nach § 111 Satz 1 BetrVG nur durch Zusammenzählung beider Unternehmen überschritten wird, die beteiligten Arbeitgeber also jeweils nicht mehr als 20 wahlberechtigte Arbeitnehmer beschäftigen. Aufgrund des Umstands, dass der Gemeinschaftsbetrieb im Gesetz ausdrücklich in § 1 Abs. 2 BetrVG anerkannt wurde und das BAG auch bereits entschieden hat, dass ein Wirtschaftsausschuss auch dann zu bilden ist, wenn bei einem Gemeinschaftsbetrieb keines der beteiligten Unternehmen für sich allein die notwendige Beschäftigtenzahl nach § 106 BetrVG erreicht[7], wird in der Literatur von einem Teil[8] vertreten, dass bei einem Gemeinschaftsbetrieb die Beschäftigtenzahl insgesamt für die Schwellenwerte im Sinne von § 111 BetrVG maßgebend ist. Andere hingegen sind der Ansicht, dass es bei einem gemeinsamen Betrieb aufgrund des Umstandes, dass es ausschließlich auf die Anzahl der Arbeitnehmer im Unternehmen ankommt, maßgebend ist, ob in dem **jeweiligen Unternehmen**, das den gemeinsamen Betrieb bildet, mehr als 20 wahlberechtigte Arbeit-

5 BAG, Urt. v. 18.10.2011 – 1 AZR 335/10 – NZA 2012, 211.

6 Vgl. DKK/*Däubler*, § 111 BetrVG Rn 37; *Fitting*, § 111 BetrVG Rn 27; zu weiteren Problembereichen diesbezüglich vgl. auch Willemsen/Hohenstatt/Schweibert/Seibt/*Schweibert*, Teil C Rn 12 ff.

7 BAG, Beschl. v. 1.8.1990 – 7 ABR 91/88 – NZA 1991, 643.

8 So etwa BeckOK/*Besgen*, § 111 BetrVG Rn 3; DKK/*Däubler*, § 111 BetrVG Rn 33.

nehmer beschäftigt sind.[9] In rechtlicher Hinsicht hat dies nach dieser Ansicht zur Folge, dass im Falle einer Betriebsänderung, bei der nur ein Unternehmen mehr als 20 Arbeitnehmer beschäftigt und damit in den Anwendungsbereich des § 111 BetrVG fällt, auch nur für dieses Unternehmen die Beteiligungspflichten nach § 111 BetrVG gegenüber dem Betriebsrat des gemeinsamen Betriebs eingreifen. Für das Unternehmen, das weniger als 20 Arbeitnehmer hat, bestehen diese Pflichten nicht, so dass ein etwaiger Interessenausgleich und Sozialplan für diese Arbeitnehmer nicht zu verhandeln ist.

II. Existenz eines Betriebsrats

Die Beteiligungsrechte des Betriebsrats werden nur ausgelöst, wenn im entscheidenden Zeitpunkt auch **tatsächlich ein Betriebsrat** für den betroffenen Bereich besteht. Maßgeblicher Zeitpunkt ist nach der Rechtsprechung der **Abschluss der unternehmerischen Planungsphase.**[10] Das BAG hat hierzu entschieden, dass jedenfalls dann, wenn bei Abschluss der unternehmerischen Planungsphase und Beginn der Durchführung der Betriebsänderung kein Betriebsrat besteht, die Betriebsänderung ohne den Versuch eines Interessenausgleichs und ohne Abschluss eines Sozialplans durchgeführt werden kann. Das BAG hat dies damit begründet, dass andernfalls die Kalkulationsgrundlage des Arbeitgebers nachträglich erheblich verändert würde, was diesem aber nicht zuzumuten sei.[11] Ist die Planung also noch im Fluss oder ändert ein Unternehmen beispielsweise nach der erstmaligen Konstituierung eines Betriebsrats nochmals grundlegend das Konzept der Restrukturierungsmaßnahme, so ist der neu gebildete Betriebsrat zu beteiligen.[12] 14

Bei betriebsratslosen Betrieben, die zu einem Unternehmen mit mehreren Betrieben gehören, ist der Gesamtbetriebsrat nur dann zu beteiligen, wenn er nach § 50 Abs. 1 Satz 1, HS. 1 BetrVG originär zuständig ist. Andernfalls kann dieser die Beteiligungsrechte nicht in Angelegenheiten ausüben, die in die Zuständigkeit des Einzelbetriebsrats fallen.[13] 15

9 So etwa Richardi/*Annuß*, § 111 BetrVG Rn 26; *Fitting*, § 111 BetrVG Rn 21; ErfK/*Kania*, § 111 BetrVG Rn 5.

10 *Fitting*, § 111 BetrVG Rn 33; Richardi/*Annuß*, § 111 BetrVG Rn 27.

11 Vgl. BAG, Beschl. v. 20.4.1982 – 1 ABR 3/80 – DB 1982, 1727.

12 Richardi/*Annuß*, § 111 BetrVG Rn 27.

13 Richardi/*Annuß*, § 111 BetrVG Rn 29.

III. Wesentliche Nachteile für die Belegschaft oder erhebliche Teile der Belegschaft

16 Ein Mitbestimmungsrecht nach § 111 BetrVG wird darüber hinaus auch nur dann ausgelöst, wenn eine Betriebsänderung vorliegt, die **wesentliche Nachteile** für die Belegschaft oder erhebliche Teile der Belegschaft zur Folge haben kann. Wichtig ist hierbei, dass bei der Beurteilung der wesentlichen Nachteile für die Belegschaft nicht auf die Unternehmensebene, sondern auf die **Betriebsebene** abgestellt wird.

1. Wesentliche Nachteile

17 Bei den in § 111 Abs. 1 Satz 3 BetrVG genannten gesetzlichen Fällen einer Betriebsänderung wird unwiderleglich gesetzlich vermutet, dass die dort genannten Betriebsänderungen wesentliche Nachteile für die Belegschaft oder erhebliche Teile der Belegschaft zur Folge haben. In diesen Fällen ist damit die Frage, ob es wirklich zu ausgleichspflichtigen Nachteilen kommt, erst bei der Aufstellung eines Sozialplans zu prüfen, nicht hingegen bei der Frage, ob eine beteiligungsrechtliche Betriebsänderung im Sinne von § 111 BetrVG vorliegt oder nicht. Außerhalb der gesetzlich geregelten Fälle muss die Betriebsänderung immer wesentliche Nachteile mit sich bringen, wobei streitig ist, ob die in § 111 BetrVG genannten Katalogtatbestände nicht etwa abschließend sind. Da die Tatbestände des § 111 Satz 3 BetrVG ohnehin so weit gefasst sind, ist der Streit aber eher von theoretischer Natur, weil in der Praxis zumeist sämtliche Maßnahmen von den Tatbeständen des § 111 Satz 3 BetrVG umfasst werden und kaum eine Fallgestaltung denkbar ist, die nicht unter einen der in Nr. 1 bis 5 aufgeführten Tatbestände zu subsummieren ist. Insofern sind in der Praxis die in § 111 Satz 3 BetrVG genannten Fallgestaltungen maßgebend.

! **Praxistipp**
Bei den in § 111 Abs. 1 Satz 3 BetrVG genannten Fällen der Betriebsänderung wird gesetzlich vermutet, dass diese wesentliche Nachteile für die Belegschaft oder erhebliche Teile der Belegschaft zur Folge haben.

---

18 Solche wesentlichen Nachteile können sowohl materieller wie auch immaterieller Art sein.[14]

Beispiele
Verlust von Arbeitsplätzen; Minderung des Arbeitsentgelts; höhere Fahrtkosten; Beeinträchtigungen und Belastungen durch Leistungsverdichtung, Qualifikationsverluste durch geringere Anforderungen an die Arbeit etc.

---

14 ErfK/*Besgen*, § 111 BetrVG Rn 9.

Aus dem Wortlaut von § 111 BetrVG ist außerdem zu entnehmen, dass für die Betriebsänderung nicht Voraussetzung ist, dass die Nachteile tatsächlich auch eintreten. Es ist vielmehr ausreichend, wenn der **Eintritt dieser Nachteile nicht ausgeschlossen** werden kann. Einer konkreten Prüfung, ob und ggf. welche Nachteile eintreten können, bedarf es daher im Rahmen der Feststellung des Vorliegens einer Betriebsänderung nicht. Diese spielen erst später im Rahmen des Sozialplans gemäß § 112 BetrVG eine Rolle, da hier nur konkrete wirtschaftliche Nachteile der von der Betriebsänderung betroffenen Arbeitnehmer ausgeglichen werden. 19

2. Erhebliche Teile der Belegschaft

Die Nachteile müssen sich für die gesamte Belegschaft, zumindest aber für erhebliche Teile der Belegschaft ergeben. 20

Bei dem **erheblichen Teil der Belegschaft** kann in Anlehnung an § 17 KSchG, welchen die Rechtsprechung hier grundsätzlich zur Bestimmung der erheblichen Arbeitnehmerzahl heranzieht[15], wie folgt differenziert werden: 21

Betriebsgröße	Erhebliche Teile der Belegschaft
21 bis 29 Arbeitnehmer	6 Arbeitnehmer
60 bis 499 Arbeitnehmer	entweder 10% oder mehr als 25 Arbeitnehmer
500 bis 599 Arbeitnehmer	30 Arbeitnehmer
600 und mehr Arbeitnehmer	5% der Arbeitnehmer

In **Kleinbetrieben** versagt die Heranziehung des § 17 KSchG allerdings, so dass die Rechtsprechung hierbei unter Berücksichtigung des Zwecks des § 111 S. 1 BetrVG, kleinere Unternehmen vor einer finanziellen Überforderung durch Sozialpläne zu schützen, ausführt, dass in Kleinbetrieben mit bis zu 20 Arbeitnehmern eine Betriebsänderung durch alleinigen Personalabbau nur angenommen werden kann, wenn hiervon mindestens **sechs Arbeitnehmer** betroffen sind.[16] 22

Umstritten ist, ob eine interessenausgleichspflichtige Betriebsänderung auch dann vorliegt, wenn die Schwellenwerte des § 17 KSchG nur **geringfügig unterschritten** werden.[17] Man wird aber im Ergebnis auch aufgrund der Regelung in § 112a Abs. 1 Satz 1 Nr. 1 BetrVG davon ausgehen können, dass die Zahlenwerte des § 17 KSchG maßgebend sind und demnach bei Unterschreiten der Schwelle keine 23

15 BAG, *Urt.* v. 7.8.1990 – 1 AZR 445/89 – AP BetrVG 1972 § 111 Nr. 34.
16 BAG, Urt. v. 9. 11. 2010 – 1 AZR 708/09 – NZA 2011, 466.
17 Vgl.etwa BeckOK/*Besgen*, § 111 BetrVG Rn 11a.

Betriebsänderung vorliegt, es sei denn, es sprechen weitere Gesichtspunkte für eine Betriebsänderung.[18]

24 Entscheidender Zeitpunkt für die Beurteilung, ob erhebliche Teile der Belegschaft betroffen sind, ist auch hier wieder der Zeitpunkt, in dem die Beteiligungsrechte des Betriebsrats entstehen. Problematisch kann die Bestimmung dann werden, wenn sich Veränderungen über einen längeren Zeitraum hinweg erstrecken. Dann stellt sich immer die Frage, ob diese unabhängige Maßnahmen darstellen, die getrennt voneinander zu betrachten sind oder ob es sich um eine einheitliche Maßnahme handelt. Liegt eine **einheitliche Planung** zugrunde, dann wird es sich um eine einheitliche Betriebsänderung, abgestuft in mehreren Schritten handeln und demnach um eine einheitliche Maßnahme, so dass § 111 BetrVG auf den gesamten Sachverhalt Anwendung findet. Die Beweislast dafür, dass es sich um unterschiedliche und unabhängige Maßnahmen handelt, trägt der Unternehmer.[19] Ein naher zeitlicher Zusammenhang von mehreren „Kündigungswellen" kann dabei Indiz für eine einheitliche Planung sein.[20]

C. Betriebsänderungen gemäß § 111 S. 3 BetrVG

25 In § 111 Satz 3 BetrVG werden einzelne Betriebsänderungstatbestände explizit aufgelistet. In der Praxis liegt oftmals nicht nur einer der genannten Tatbestände vor, sondern häufig sind die Sachverhalte kombiniert oder eine Maßnahme folgt aus der anderen. Eine geplante Maßnahme kann somit auch mehrere Einzeltatbestände des § 111 Satz 3 BetrVG erfüllen.

! **Praxishinweis**
Bei der Prüfung, ob eine Betriebsänderung vorliegt, ist auf die betrieblichen Gegebenheiten abzustellen. Die Frage nach der Unternehmensgröße spielt nur bei den allgemeinen Voraussetzungen im Sinne von § 111 Satz 1 BetrVG eine Rolle.

I. Betriebsstilllegung und -einschränkung, § 111 Satz 3 Nr. 1 BetrVG

26 Die Betriebseinschränkung und Betriebsstilllegung nach § 111 Satz 3 Nr. 1 BetrVG ist die wohl einschneidendste und für die Belegschaft am stärksten relevante Maßnahme im Sinne von § 111 BetrVG.

18 Vgl. auch LAG Hamm, Beschl. v. 28.6.2010 – 13 Ta 372/10 – BeckRS 2010, 72270.
19 BeckOK/*Besgen*, § 111 BetrVG Rn 10.
20 BAG, Beschl. v. 28.3.2006 – 1 ABR 5/05 – NZA 2006, 932.

1. Betriebsstilllegung

Unter einer Stilllegung des Betriebs wird die Aufgabe des Betriebszwecks unter Auflö- 27
sung der Betriebsorganisation durch Beschluss des Unternehmers für unbestimmte Zeit verstanden. Entscheidend für die Stilllegung ist die Einstellung der Produktion oder Dienstleistung unter **Auflösung der Betriebsorganisation** bei Beendigung der Arbeitsverhältnisse.[21] Erforderlich ist eine **ernste Stilllegungsabsicht**. Wird der Betrieb alsbald nach einer Unterbrechung wiedereröffnet, spricht das gegen eine ernste Stilllegungsabsicht. Die Betriebsstilllegung setzt demnach die Auflösung der zwischen Arbeitgeber und Arbeitnehmern bestehenden Betriebs- und Produktionsgemeinschaft voraus.[22] Betriebsstilllegung und Betriebsübergang nach § 613a BGB schließen sich deshalb gegenseitig aus. Eine Betriebsänderung liegt also nicht vor, wenn der Betrieb als Ganzes auf einen Erwerber übergeht und nicht zugleich ein weiterer Tatbestand des § 111 BetrVG erfüllt ist.

a) Voraussetzungen einer Betriebsstilllegung

Für eine Betriebsstilllegung müssen im Wesentlichen die folgenden zwei Vorausset- 28
zungen vorliegen: Es ist zum einen ein **unternehmerischer Entschluss** erforderlich, den verfolgten Betriebszweck auf unbestimmte Zeit einzustellen. Zum anderen bedarf es der **Auflösung der Einheit der den Betrieb gestaltenden Organisation** im Ganzen. Die Weiterbeschäftigung von wenigen Arbeitnehmern zur Abwicklung des Betriebs – also mit Abwicklungsarbeiten – steht der Stilllegung des Betriebs allerdings nicht entgegen.[23]

Praxishinweis !
Die Betriebsstilllegung erfordert zum einen den unternehmerischen Entschluss, den Betrieb auf unbestimmte Zeit einzustellen und zum anderen die Auflösung der Einheit der den Betrieb gestaltenden Organisation im Ganzen.

Für eine Betriebsstilllegung reichen reine Betriebsunterbrechungen nicht aus. Auch 29
wenn die Betriebsunterbrechung oder Betriebsschließung nur für einen bestimmten Zeitraum von vornherein geplant ist bzw. der Betrieb von vornherein nur für einen vorübergehenden Zeitraum geführt wird, wie etwa bei Kampagnen- oder Saisonbetrieben der Fall, so findet § 111 Satz 3 Nr. 1 BetrVG keine Anwendung.

Auch die Eröffnung eines Insolvenzverfahrens ist nicht mit einem Stilllegungs- 30
entschluss gleichzusetzen, da hier ohne Weiteres die Möglichkeit besteht, dass der

21 Vgl. BAG, Urt. v. 22.10.2009 – 8 AZR 766/08 – NZA-RR 2010, 660, 663; BAG, Urt. v. 19.6.1991 – 2 AZR 127/91 – NZA 1991, 891.

22 BAG, Urt. v. 27.9.1984 – 2 AZR 309/83 – NZA 1985, 493.

23 BAG, Urt. v. 14.10.1982 – 2 AZR 568/80 – NJW 1984, 381.

Insolvenzverwalter sich zur Fortführung des Betriebs bis zu seiner Veräußerung entschließt.[24]

31 Die Fragestellung, ob ein ernstlicher Stilllegungsentschluss vorliegt, kann in der Praxis erhebliche Schwierigkeiten bereiten. Die Rechtsprechung stellt für die Frage, ob eine Stilllegung tatsächlich vorliegt, darauf ab, ob zusätzlich zu dem Stilllegungsentschluss mit der Durchführung der Stilllegung auch tatsächlich begonnen wurde. Begründet wird dies unter anderem damit, dass die Ernsthaftigkeit des Stilllegungsbeschlusses für sich betrachtet nicht feststellbar ist. Wurde aber mit der Durchführung der Stilllegung bereits begonnen, so sollen die Durchführungsmaßnahmen die Ernsthaftigkeit des Stilllegungsentschlusses indizieren. Das BAG führt hierzu aus, dass in der Regel bei Kündigung aller Arbeitsverhältnisse ein sicheres Anzeichen gegeben sei, dass ein Betrieb stillgelegt wird, sofern nicht deren Wiedereinstellung für einen späteren Zeitpunkt ausdrücklich vereinbart wurde.[25] Zu beachten ist dabei allerdings, dass es sich nicht lediglich um eine **Scheinstilllegung** handeln darf, etwa wenn der Unternehmer parallel zu den Kündigungsaussprüchen nachweislich Vorkehrungen trifft, den Betrieb nach Wirksamwerden der Kündigung mit einer neuen Belegschaft fortzuführen.

b) Stilllegung eines wesentlichen Betriebsteils

32 Eine Betriebsänderung liegt auch vor, wenn nur **wesentliche Betriebsteile** stillgelegt werden. Erforderlich ist hier aber eine **betriebswirtschaftlich oder technologisch abgrenzbare Organisationseinheit** innerhalb des Betriebs, die stillgelegt werden soll. Der abgrenzbare Betriebsteil muss für den ganzen Betrieb **wesentlich** sein, wobei sich die Wesentlichkeit sowohl auf die wirtschaftliche Bedeutung des Betriebsteils, als auch auf die Erheblichkeit des betroffenen Betriebsteils in Relation zu der Gesamtbelegschaft des Betriebs erstrecken kann.[26] Letzteres ist der Fall, wenn die Zahlenwerte des § 17 KSchG erreicht werden. Dabei müssen in größeren Betrieben in dem Betriebsteil mindestens 5% der Belegschaft betroffen sein.[27] Dies bedeutet also, dass mehr als fünf Arbeitnehmer in dem betroffenen Betriebsteil beschäftigt sein müssen, wenn in dem Betrieb 21 bis 59 Arbeitnehmer tätig sind. Die in § 112a Abs. 1 S. 1 BetrVG angegebene Staffel ist hingegen nicht maßgeblich. Diese gilt

24 Richardi/*Annuß*, § 111 Rn 35, 64; Willemsen/Hohenstatt/Schweibert/Seibt/*Schweibert*, Teil C Rn 28.

25 Vgl. BAG, Urt. v. 16.6.1987 – 1 AZR 528/85 – NZA 1987,858.

26 BAG, Urt. v. 7.8.1990 – 1 AZR 445/89 – NZA 1991, 113; BAG, Urt. v. 9.11.2010 – 1 AZR 708/09- NZA 2011, 466, 467.

27 BAG, Urt. v. 9.11.2010 – 1 AZR 708/09 – NZA 2011, 466, 467; BAG, Beschl. v. 28.3.2006 – 1 ABR 5/05 – NZA 2006, 932.

vielmehr allein für die speziellere Frage der Erzwingbarkeit eines Sozialplans beim bloßen Personalabbau.

Aber auch wenn die Schwellenwerte des § 17 KSchG nicht erreicht werden, kann 33 bei einer **qualitativen Betrachtung** dennoch ein wesentlicher Betriebsteil vorliegen. Die Grenzen sind hier allerdings noch nicht abschließend geklärt. Das BAG hat es bislang jedenfalls nicht ausgeschlossen, auch die wirtschaftliche oder sonstige Bedeutung eines Betriebsteils in die Prüfung mit einzubeziehen.[28]

2. Einschränkungen des Betriebs oder eines wesentlichen Betriebsteils

Die Einschränkung des Betriebs im Sinne von § 111 BetrVG bedeutet die Herabset- 34 zung der Leistungsfähigkeit des Betriebs, die sowohl durch die Verringerung der Betriebsmittel als auch durch Einschränkungen in der Belegschaftsgröße zum Ausdruck kommen kann.[29] Der Betriebszweck wird also weiterhin verfolgt, jedoch ist die Betriebsleistung herabgesetzt, zum Beispiel durch Stilllegung von Maschinen und Anlagen oder Reduzierung der Belegschaft. Zu beachten ist dabei, dass eine nur zeitliche Einschränkung (Verkürzung der Arbeitszeit) ohne Entlassung von Mitarbeitern noch keine Betriebseinschränkung darstellt. Die früher hochumstrittene Frage, ob es sich bei einem reinen Personalabbau ebenfalls um eine Betriebseinschränkung im Sinne des § 111 Satz 3 Nr. 1 BetrVG handelt, ist zwischenzeitlich vom Gesetzgeber beantwortet worden, da in § 112a Abs. 1 Satz 1 BetrVG nun ausdrücklich der Fall geregelt ist, dass eine geplante Betriebsänderung im Sinne des § 111 Satz 2 Nr. 1 BetrVG auch „allein in der Entlassung von Arbeitnehmern" besteht. Eine beteiligungspflichtige Betriebseinschränkung durch reinen Personalabbau liegt allerdings nach der Rechtsprechung nur vor, wenn ein erheblicher Teil der Belegschaft betroffen ist. Das BAG stellt auch hier bei der Frage des Vorliegens eines erheblichen Personalabbaus grundsätzlich auf § 17 Abs. 1 KSchG ab, jedoch mit der Einschränkung, dass von dem Personalabbau mindestens fünf Prozent der Belegschaft betroffen sein müssen.[30]

Da es bei den einzelnen Tatbeständen des § 111 Satz 3 BetrVG nicht auf die Un- 35 ternehmensgröße, sondern auf die betriebliche Größe ankommt, richten sich die einschlägigen Schwellenwerte zur Bestimmung, ob bei einer Einschränkung eines wesentlichen Betriebsteils „erhebliche Teile der Belegschaft" betroffen sind, bei einem **Gesamtbetrieb** nach der Zahl der im Gesamtbetrieb, nicht aber nach der Zahl der in dem betroffenen Betriebsteil tätigen Arbeitnehmer. Von einer Einschränkung eines wesentlichen Betriebsteils i. S. des § 111 S. 3 Nr. 1 BetrVG kann vielmehr nur ausgegangen werden, wenn sie wesentliche Nachteile für erhebliche Teile der Be-

28 BeckOK/*Besgen*, § 111 BetrVG Rn 13.
29 BAG, Urt. v. 9.11.2010 – 1 AZR 708/09 – NZA 2011, 466, 467.
30 BAG, Urt. v. 9.11.2010 – 1 AZR 708/09 – NZA 2011, 466 f.

legschaft des Gesamtbetriebs zur Folge haben kann, ohne dass es darauf ankommt, ob die hiervon betroffenen Arbeitnehmer solche des eingeschränkten Betriebsteils sind oder in anderen Teilen des Gesamtbetriebs beschäftigt sind.[31]

Beispiel

- Ein Betriebsteil wird nicht allein deswegen wesentlich, weil in ihm ein notwendiges Vorprodukt gefertigt wird[32].
- Bei einem Unternehmen, welches in der Metallbearbeitung, der Kraftfahrzeugzubehörfertigung und der Herstellung von Wohnmobilen tätig ist, stellt die Einschränkung der Lackiererei (14 von 309 AN) als eine von 7 unselbstständigen Abteilungen kein wesentlicher Betriebsteil dar[33].

II. Betriebsverlegung, § 111 Satz 3 Nr. 2 BetrVG

36 Unter einer Betriebsverlegung ist **jede wesentliche Veränderung der örtlichen Lage** des Betriebs oder von wesentlichen Betriebsteilen unter Weiterbeschäftigung der Belegschaft zu verstehen. Nur geringfügige Veränderungen der örtlichen Lage oder solche ohne wirtschaftliche Auswirkung auf die betroffenen Arbeitnehmer scheiden aus, so beispielsweise der Umzug in einem Gebäude oder in ein Gebäude in der Nähe der alten Betriebsstätte.[34]

Beispiele

Eine Betriebsverlegung liegt nach der Rechtsprechung beispielsweise vor bei einem Umzug vom Zentrum einer Großstadt an den Stadtrand mit 4,3 km Entfernung.[35]
Eine Betriebsverlegung kommt aber von vornherein nur bei **ortsgebundenen Betrieben** in Betracht, also nicht etwa bei Baustellen o.ä.

37 Die Betriebsverlegung ist manchmal auch von einer Betriebsstilllegung zumindest formal abzugrenzen. So stellt nach der Rechtsprechung eine erhebliche räumliche Verlegung des Betriebs eine Betriebsstilllegung dar, wenn die alte Betriebsgemeinschaft aufgelöst wird und der Aufbau einer im Wesentlichen neuen Betriebsgemeinschaft am neuen Betriebssitz erfolgt.[36] Für die Anwendung des § 111 BetrVG ist der

31 BAG Urt. v. 9.11.2010 – 1 AZR 708/09 – NZA 2011, 466f.; BAG Urt. v. 19.7.2012 – 2 AZR 386/11 – BeckRS 2013, 66461.
32 BAG, Urt. v. 7.8.1990 – 1 AZR 445/89 – NZA 1991,113.
33 BAG, Urt. v. 6.6.1978 – 1 AZR 495/75 – AP BetrVG 1972 § 111 Nr. 2.
34 ErfK/*Besgen*, § 111 BetrVG Rn 14.
35 BAG, Beschl. v. 17.8.1982 – 1 ABR 40/80 – AP BetrVG 1972 § 111 Nr. 11.
36 BAG, Urt. v. 12.2.1987 – 2 AZR 247/86 – NZA 1988, 170.

Unterschied zwischen Schließung und Verlegung allerdings weitgehend irrelevant, da entweder § 111 Satz 3 Nr. 1 und/oder § 111 Satz 3 Nr. 2 BetrVG betroffen ist.

III. Zusammenschluss und Spaltung von Betrieben, § 111 Satz 3 Nr. 3 BetrVG

Beim Zusammenschluss und der Spaltung von Betrieben ist zunächst zu beachten, dass es für die Beurteilung nach § 111 BetrVG allein darauf ankommt, ob Änderungen auf **betrieblicher Ebene** vorgenommen werden. Änderungen auf Unternehmensebene wie dies häufig beim Zusammenschluss und der Spaltung der Fall ist, sind nicht ausschlaggebend, auch wenn diese häufig mit dem Betrieblichen zusammenfallen. 38

Praxishinweis !
Rein unternehmensbezogene Zusammenschlüsse und Spaltungsvorgänge sind für § 111 Satz 3 Nr. 3 BetrVG nicht relevant. Diese fallen aber zumeist mit Zusammenschlüssen und Spaltungen auf betrieblicher Ebene zusammen.

Ein **Zusammenschluss zweier Betriebe** kann zum einen dadurch erfolgen, dass aus den bisherigen Betrieben eine **neue Einheit**, also ein neuer Betrieb, entsteht oder aber auch dadurch, dass ein **Betrieb** einen anderen Betrieb unter Aufgabe von dessen arbeitstechnischer Selbständigkeit **aufnimmt**. Ausreichend ist dabei, dass sie unter einer **einheitlichen unternehmerischen Leitung** stehen. Der Betriebszusammenschluss kann auch unternehmensübergreifend erfolgen durch Bildung eines sog. **Gemeinschaftsbetriebs.** 39

Wenn **Betriebsteile** gemäß § 4 BetrVG als selbständige Betriebe gelten, dann unterfällt auch der Zusammenschluss von Betriebsteilen § 111 Satz 3 Nr. 3 BetrVG. 40

Bei der **Aufspaltung von Betrieben** ist es rechtlich unerheblich, ob sie aufgrund von Unternehmensspaltung oder ohne Spaltung auf Rechtsträgerebene erfolgt. Erfasst wird von der Vorschrift sowohl die unternehmensinterne Betriebsaufspaltung durch Änderung der Organisationsstrukturen als auch die unternehmensübergreifende Betriebsaufspaltung durch Übertragung eines Betriebsteils auf einen anderen Inhaber. Nicht erfasst ist die in §§ 133 UmwG, 1 II Nr. 2, 106 BetrVG geregelte Aufspaltung von Unternehmen insbesondere in Besitz- und Betriebsgesellschaft. Irrelevant ist dabei auch, ob sich die Übertragung des Betriebsteils im Wege der Einzelrechtsnachfolge unmittelbar gem. § 613 a BGB oder im Wege der Gesamtrechtsnachfolge nach dem UmwG (Spaltung gem. §§ 123 ff. UmwG) vollzieht.[37] 41

37 Erfk/*Kania*, § 111 BetrVG Rn 16.

IV. Grundlegende Änderung der Betriebsorganisation, des Betriebszwecks oder der Betriebsanlagen, § 111 Satz 3 Nr. 4 BetrVG

42 Eine grundlegende Änderung der Betriebsorganisation liegt bei einer vollständigen Änderung des Betriebsaufbaus bzw. der Gliederung des Betriebes oder der Zuständigkeiten vor.

43 Unter einer **Betriebsorganisation** versteht man das bestehende Organisationsgefüge für die Verbindung von Betriebszweck, der im Bereich arbeitenden Personen und der Betriebsanlagen mit dem Ziel der Erfüllung der Betriebsaufgaben. Eine Betriebsorganisation ist dann **grundlegend**, wenn sie **erhebliche Auswirkungen auf den Betriebsablauf** hat oder **einen Sprung in der technisch-wirtschaftlichen Entwicklung** darstellt.

Beispiel
Einführung von Großraumbüros, Übergang zur Gruppenarbeit, Errichtung von umfassenden IT-Anlagen.[38]

44 Die **grundlegende Änderung des Betriebszwecks** setzt eine nachhaltige Veränderung der arbeitstechnischen und nicht nur wirtschaftlichen Zwecksetzung des Betriebes voraus. Dabei ist der Betriebszweck der mit dem Betrieb verfolgte **arbeitstechnische Zweck**, also mit welchen Produktions- oder Dienstleistungen Einnahmen erzielt werden sollen.

Beispiel
Eine Spielbank ändert den Betriebszweck grundlegend, wenn sie neben dem herkömmlichen Glücksspiel an Spieltischen (Spiel nach Art „Monte Carlo") in einem besonderen Saal mit eigenem Zugang das Spiel an Automaten (Spiel nach Art „Las Vegas") anbietet.[39]

Die grundlegende Änderung der Betriebsanlagen betrifft die Betriebsmittel im weiteren Sinne.

Beispiel
Einführung völlig neuer Maschinen, der Übergang zur Selbstbedienung in einem Einzelhandelsgeschäft oder die Schaffung von Bildschirm- und Telearbeitsplätzen.

38 Tschöpe/*Clemenz*, Teil 4 A Rn 861.
39 BAG, Beschl. v. 17.12.1985 – 1 ABR 78/83 – NZA 1986,804.

V. Einführung grundlegend neuer Arbeitsmethoden und Fertigungsverfahren, § 111 Satz 3 Nr. 5 BetrVG

Die Abgrenzung von § 111 Satz 3 Nr. 5 BetrVG zu § 111 Satz 3 Nr. 4 BetrVG kann im Einzelfall schwierig sein. Ersterer stellt in erster Linie auf die Verwertung der menschlichen Arbeitskraft ab. Bei § 111 Satz 3 Nr. 5 BetrVG kommen insofern auch Maßnahmen der Rationalisierung und der Einsatz neuer Technologien in Betracht, soweit es sich hierbei nicht nur um die übliche laufende Anpassung der Arbeitsmethoden und Fertigungsverfahren handelt. Ob eine Arbeitsmethode oder ein Fertigungsverfahren **grundlegend neu** ist, richtet sich nach den Verhältnissen im einzelnen Betrieb oder in der betroffenen Betriebsabteilung, nicht dagegen nach dem technischen oder organisatorischen Standard in der Branche.[40] 45

D. Streitigkeiten

Besteht Streit über die Frage, ob eine Betriebsänderung im Sinne von § 111 BetrVG vorliegt, kann der Betriebsrat die gerichtliche Feststellung beantragen, dass die geplante Maßnahme eine Betriebsänderung sei, die den Unternehmer zu Verhandlungen über einen Interessenausgleich und Sozialplan verpflichte. Dieser gerichtliche Beschluss bindet sodann nicht nur den Arbeitgeber und den Betriebsrat, sondern entfaltet darüber hinaus auch Bindungswirkung im Verhältnis zu den einzelnen Arbeitnehmern, die einen Anspruch auf Nachteilsausgleich nach § 113 BetrVG geltend machen.[41] 46

E. Abgrenzung von anderen Maßnahmen und Besonderheiten

Die Betriebsänderung ist grundsätzlich von anderen Maßnahmen abzugrenzen bzw. sind die Besonderheiten im Zusammenspiel mit anderen Maßnahmen zu berücksichtigen. 47

I. Betriebsübergang gemäß § 613a BGB

Ein Betriebsübergang gemäß § 613a BGB **ist grundsätzlich keine Betriebsänderung**, da nur ein Arbeitgeberwechsel erfolgt und der neue Arbeitgeber in die bestehenden Arbeitsverhältnisse eintritt. 48

40 ErfK/*Kania*, § 111 BetrVG Rn 20.

41 Fitting, § 111 BetrVG Rn 143; BAG, Urt. v. 10.11.1987 – 1 AZR 360/86 – NZA 1988, 287.

49 Ob die geplante Maßnahme einen Betriebsübergang im Sinne des § 613a BGB darstellt und die weitere Frage einer möglichen Betriebsänderung im Sinne von § 111 BetrVG sind grundsätzlich getrennt voneinander zu betrachten, denn Betriebsübergang und Betriebsstilllegung schließen sich grundsätzlich aus. Gleichwohl kann die Veräußerung eines Betriebs bzw. Betriebsteils im Sinne von § 613a BGB mit einer Betriebsänderung im Sinne von § 111 BetrVG verbunden sein.

1. Abgrenzung zur Betriebsstilllegung

50 Ein Betriebsübergang nach § 613a BGB liegt grundsätzlich dann vor, wenn ein Betrieb oder Betriebsteil durch Rechtsgeschäft auf einen anderen Inhaber übergeht. Dann tritt dieser in die Rechte und Pflichten aus den im Zeitpunkt des Übergangs bestehenden Arbeitsverhältnissen ein, § 613a Abs. 1 Satz 1 BGB.[42]

Es muss also im Einzelfall geprüft werden, ob es sich um einen Fall von § 111 BetrVG im Sinne einer Betriebsstilllegung handelt oder ob die Arbeitsverhältnisse gemäß § 613a BGB auf den Erwerber übergehen, ohne dass es eines Interessenausgleichs und Sozialplans im Hinblick auf die Stilllegung bedarf. Die Abgrenzung muss in jedem Fall getroffen werden, da sich eine Betriebsstilllegung und ein Betriebsübergang grundsätzlich gegenseitig ausschließen.[43]

2. Kombination von Betriebsübergang und Betriebsstilllegung

51 Es ist denkbar, dass nach der Umsetzung des Stilllegungsbeschlusses (doch noch) eine Betriebsveräußerung erfolgt. In diesem Fall gehen die durch betriebsbedingte Kündigungen rechtswirksam beendeten Arbeitsverhältnisse nicht mehr gemäß § 613a BGB auf den Erwerber über. Für die Beurteilung der sozialen Rechtfertigung einer betriebsbedingten Kündigung ist vielmehr auf die Situation zum Zeitpunkt des Kündigungsausspruchs abzustellen, so dass die im Hinblick auf die geplante Betriebsstilllegung ausgesprochene Kündigung sozial gerechtfertigt ist, auch wenn der Betrieb sodann von einem Erwerber fortgeführt wird. Diese für die Arbeitnehmer unbefriedigende Situation hat das BAG allerdings entschärft: Wenn der Erwerber „alsbald“ nach der Stilllegung des Betriebs die Produktion wiederaufnimmt, spricht eine **tatsächliche Vermutung** gegen die ernsthafte Absicht des Veräußerers, den Betrieb stillzulegen.[44] Es obliegt demnach dem Veräußerer der Nachweis, den Kontakt zu dem Erwerber erst nach erfolgter Stilllegung herbeigeführt zu haben. Zum

---

42 Zum Betriebsübergang, vgl. Kap. 14 Rn 1ff.

43 Vgl. etwa BAG, Urt. v. 16.5.2002 – 8 AZR 319/01 – NZA 2003, 93.

44 BAG, Urt. v. 27.9.1984 – 2 AZR 309/83 – NZA 1985, 493.

Teil wird auch diskutiert, ob der gekündigte Mitarbeiter einen Wiedereinstellungsanspruch gegenüber dem Betriebserwerber hat.[45]

Praxistipp
In der Praxis gibt es Fallgestaltungen, in denen Betriebsübergang und Betriebsstilllegung kombiniert sind. Die Rechtsprechung hat deshalb hierzu bereits anerkannt, dass § 613a BGB die Mitbestimmungsrechte nach §§ 111ff. BetrVG dann nicht ausschließt, wenn es anlässlich eines Betriebsübergangs zu einer damit verbundenen Betriebsänderung kommt.[46] Denkbar ist etwa, dass Veräußerer und Erwerber anlässlich eines Betriebsübergangs grundsätzlich neue Arbeitsmethoden einführen wollen (§ 111 Satz 3 Nr. 5 BetrVG) oder einen Personalabbau durchführen (§ 111 Satz 3 Nr. 1 BetrVG).

II. Umwandlung

Zusammenschlüsse von Unternehmen (Fusionen) oder Umwandlung juristischer Personen nach dem UmwG sind **grundsätzlich keine Betriebsänderung**, da sich diese Vorgänge auf Unternehmensebene abspielen und Betriebe grundsätzlich unverändert bleiben. Diese Maßnahmen sind also frei von den Beteiligungsrechten des Betriebsrats nach § 111 BetrVG. Der Betriebsrat ist nach den gesetzlichen Regelungen des UmwG lediglich von der Maßnahme zu unterrichten. 52

Sobald sich Vorgänge der Zusammenschlüsse oder Umwandlung aber auch auf den Betrieb auswirken, kann zugleich auch eine Betriebsänderung gegeben sein.[47] 53

III. Insolvenz

Die Vorschriften über Betriebsänderungen gelten auch in der Insolvenz des Unternehmers. Es ist nämlich unerheblich, weshalb die Betriebsänderung notwendig ist. Nach Eröffnung des Insolvenzverfahrens tritt lediglich an die Stelle des Unternehmers der Insolvenzverwalter und es können sich aus §§ 121ff. InsO Modifikationen des Beteiligungsverfahrens ergeben. 54

45 Vgl. hierzu DKK/*Däubler*, § 111 BetrVG Rn 56; auch *Meier*, NZA 2000, 298, 300.
46 BAG, Beschl. v. 25.1.2000 – 1 ABR 1/99 – NZA 2000,1069.
47 Schaub/*Koch*, Arbeitsrechtshandbuch, § 244 Rn 9.

Kapitel 27
Massenentlassungen

A. Zweck und Bedeutung des Verfahrens

Die im dritten Abschnitt des KSchG in den §§ 17 bis 22 normierte Regelung von Massenentlassungen dient in erster Linie arbeitsmarktpolitischen Zielen.[1] 1

So müssen Arbeitgeber, die die Entlassung einer Anzahl von Arbeitnehmern oberhalb bestimmter Schwellenwerte planen, ein gesetzlich vorgegebenes Verfahren einhalten. Neben der Sicherstellung der Einbindung des Betriebsrats[2] soll es der Arbeitsverwaltung damit frühzeitig ermöglicht werden, eine Massenarbeitslosigkeit „auf einen Schlag" zu vermeiden – unter anderem durch die Unterstützung des Unternehmers oder der rechtzeitigen Vorsorge für eine anderweitige Vermittlung der betroffenen Arbeitnehmer.[3] 2

Die speziellen Bestimmungen für Massenentlassungen sind neben den übrigen Kündigungsschutzvorschriften des KSchG anzuwenden.[4] 3

B. Anwendungsbereich des Massenentlassungsverfahrens

Nach § 17 Abs. 1 KSchG greift das Beteiligungsverfahren bei einer geplanten Massenentlassung in Betrieben mit mehr als 20 regelmäßig Beschäftigten. Der Arbeitgeber ist verpflichtet, Anzeige bei der Agentur für Arbeit zu erstatten, wenn er in einem Zeitraum von 30 Kalendertagen eine Anzahl von Mitarbeitern entlässt, die über den gesetzlich festgelegten Schwellenwerten liegt. 4

I. Betrieblicher Geltungsbereich

Die §§ 17ff. KSchG gelten für alle Betriebe und Verwaltungen des privaten Rechts sowie für Betriebe, die von einer öffentlichen Verwaltung zur Erreichung wirtschaftlicher Zwecke geführt werden, vgl. § 23 Abs. 2 KSchG. Insbesondere bei letzteren ist eine Erwerbsabsicht nicht zwingend erforderlich.[5] Die Verfahrensvorschriften bei 5

---

1 *Schaub/Linck*, Arbeitsrechtshandbuch, § 142 Rn 1.

2 Grobys/Panzer/*Langer*, Kap. 111 Rn 1.

3 BAG, Urt. v. 11.3.1999 – 2 AZR 461/98 – NZA 1999, 761; *Schaub/Linck*, Arbeitsrechtshandbuch, § 142 Rn 1.

4 BAG, Urt. v. 6.12.1973 – 2 AZR 10/73 – AP Nr. 1 zu § 17 KSchG 1969.

5 *Schaub/Linck*, Arbeitsrechtshandbuch, § 142 Rn 3.

Massenentlassungen greifen daher bei allen Betrieben der öffentlichen Verwaltung, die auch von einer Person des Privatrechts geführt werden könnten (z.B. Gas- oder Wasserwerke), hingegen nicht bei Betrieben der Hoheitsverwaltung oder bei solchen, die spezifische öffentlich-rechtliche Aufgaben der Fürsorge durchführen (z.B. Universitäten).[6]

6 Für das Privatrecht ist dagegen vor allem der Begriff des *„Betriebs"* von Bedeutung: Denn zum einen orientiert sich die Berechnung der Schwellenwerte an der jeweiligen Betriebsgröße. Zum anderen ist der Betriebssitz für die Zuständigkeit der einzubeziehenden Agentur für Arbeit wesentlich.

7 Da eine allgemeine gesetzliche Begriffsbestimmung fehlt[7], ist der Begriff des Betriebs in allen Rechtsquellen eigenständig auszulegen. Allgemein anerkannt ist folgende betriebsverfassungsrechtliche

Definition

Ein **Betrieb** ist die organisatorische Einheit, in der ein Unternehmer allein oder in Gemeinschaft mit seinen Mitarbeitern mithilfe von sachlichen oder immateriellen Mitteln fortgesetzt bestimmte arbeitstechnische Zwecke verfolgt, die über die Befriedigung seines Eigenbedarfs hinausgehen.[8]

8 Wesentliche Merkmale des Betriebsbegriffs sind somit eine einheitliche Organisation und eine einheitliche Leitung, die zur Verfolgung des arbeitstechnischen Zwecks eingesetzt werden. Durch die arbeitstechnische Zwecksetzung unterscheidet sich der Begriff des Betriebs von dem des Unternehmens, in dem vor allem wirtschaftliche Zwecke verfolgt werden.[9]

9 Die Rspr. des BAG zum Betriebsbegriff wird jedoch teilweise durch die des EuGH überlagert und ist daher richtlinienkonform anzupassen.[10] Nach der Rspr. des EuGH genügt es, wenn eine unterscheidbare Einheit von gewisser Dauer und Stabilität vorliegt, der die betroffenen Arbeitnehmer angehören. Eine wirtschaftliche oder rechtliche Autonomie ist also nicht zwingend erforderlich – ebenso wenig wie eine eigene Leitung, die selbstständig Massenentlassungen vornehmen können muss.[11] Unter einem Betrieb ist danach also auch jede unabhängige Produktionseinheit einer Gesellschaft zu verstehen, die über eigene Ausstattung und eigenes Fachpersonal verfügt und die einen Produktionsleiter hat, der die ordnungsgemäße Durch-

---

6 Ascheid/Preis/Schmidt/*Moll*, § 17 KSchG Rn 5; *Schaub/Linck*, Arbeitsrechtshandbuch, § 142 Rn 3.

7 *Schaub/Linck*, Arbeitsrechtshandbuch, § 18 Rn 1.

8 Vgl. hierzu den allgemeinen Betriebsbegriff i.R.d. Kap. „Betriebsbedingte Kündigung", den das BAG und die h.L. in der Literatur auch im Falle des § 17 KSchG anwenden.

9 *Schaub/Linck*, Arbeitsrechtshandbuch, § 18 Rn 1.

10 Ascheid/Preis/Schmidt/*Moll*, § 17 KSchG Rn 8.

11 EuGH, Urt. v. 7.12.1995 – Rs. C-449/93 – NZA 1996, 471.

führung der Arbeit und die Kontrolle des Gesamtbetriebs der Einrichtungen der Einheit sowie die Lösung technischer Probleme sicherstellt.[12]

Beispiele[13]

- *Der gemeinsame Betrieb:* Hier bilden mehrere Unternehmen einen gemeinsamen Betrieb im Sinne des § 1 Abs. 2 BetrVG. Es erfolgt ein gemeinsamer Einsatz von Betriebsmitteln und Arbeitnehmern unter (zumindest stillschweigend) vereinbarter einheitlicher Leitung.
- *Nebenbetriebe: Sie s*ind zwar organisatorisch selbstständig, unterstützen unter eigener Leitung aber den Betriebszweck des Hauptbetriebs. Ihre Arbeitnehmer sind dem Hauptbetrieb ausnahmsweise dann zuzuordnen, wenn die nach § 1 BetrVG erforderliche Anzahl an Arbeitnehmern im Hauptbetrieb andernfalls nicht erreicht wird.[14]
- *Betriebsteile:* Sie sind als **selbstständig** anzusehen, wenn sie selbst die Voraussetzungen des § 1 Abs. 1 BetrVG erfüllen oder räumlich weit vom Hauptbetrieb entfernt bzw. durch Aufgabe und Organisation hinreichend verselbstständigt sind, § 4 Abs. 1 BetrVG. Hierbei ist die Ausübung der Leitungsmacht entscheidend; sie muss sich im jeweiligen Betriebsteil auf alle wesentlichen Funktionen des Arbeitgebers in personellen und sozialen Angelegenheiten erstrecken.[15]

Unter die §§ 17ff. KSchG fallen nicht:

- *Kleinbetriebe:* Betriebe, die regelmäßig 20 Arbeitnehmer oder weniger beschäftigen.
- *Kampagnen- und Saisonbetriebe*: Betriebe nach § 22 KSchG, wenn bereits die Eigenart des Betriebs die (Massen-)Entlassungen bedingt.
- *Seeschiffe*: Hochseeschiffe nach § 23 Abs. 2 KSchG, die keine Binnenschifffahrt betreiben.

II. Betriebsgröße

Der in den §§ 17ff. KSchG vorgesehene Massenentlassungsschutz gilt für alle regel- 10
mäßig beschäftigten Arbeitnehmer.

1. Der Arbeitnehmerbegriff im KSchG

Auch wenn eine gesetzesübergreifende Definition der „Arbeitnehmer" nicht immer 11
einfach ist, wird anerkannt, dass auch im Rahmen der §§ 17ff. KSchG der **allgemeine Arbeitnehmerbegriff** gilt. Von ständiger Rspr. ausgehend hat sich dabei folgende gefestigte Definition entwickelt:

---

12 EuGH, Urt. v. 15.2.2007 – Rs. C-270/05 – NZA 2007, 319; *Schaub/Linck*, Arbeitsrechtshandbuch, § 142 Rn 5.

13 Vgl. Grobys/Panzer/*Langer*, Kap. 111 Rn 8.

14 BAG, Urt. v. 13.4.2000 – 2 AZR 215/99 – NZA 2001, 144.

15 BAG, Beschl. v. 9.12.2009 – 7 ABR 38/08 – NZA 2010, 906.

Definition
Arbeitnehmer ist, wer sich in Folge eines privatrechtlichen Vertrags zur Dienstleistung für einen anderen in persönlicher Anhängigkeit verpflichtet hat.[16] Kennzeichnend sind insb. die weisungsgebundene, in eigener Person zu erbringende Arbeit und die Eingliederung in die Organisation des Arbeitgebers.[17] Berücksichtigt werden in diesem Zusammenhang auch Auszubildende und Beschäftigte in der Probezeit.[18]

12 Nicht als Arbeitnehmer im Sinne der §§ 17ff. KSchG gelten freilich die in § 17 Abs. 5 KSchG ausdrücklich ausgeschlossenen Personengruppen:

Checkliste
- in Betrieben einer juristischen Person die **Mitglieder des Organs**, das zur gesetzlichen Vertretung berufen ist (wie etwa der Geschäftsführer einer GmbH oder der Vorstand einer AG),
- in Betrieben einer Personengesamtheit die durch Gesetz, Satzung oder Gesellschaftsvertrag zur **Vertretung berufenen Personen**,
- sowie Geschäftsführer, Betriebsleiter und ähnlich leitende Personen, soweit sie zur selbstständigen Einstellung oder Entlassung von Arbeitnehmern berufen sind (sog. **leitende Angestellte**).

13 Letzteres dürfte zwar Art. 1 Abs. 1 lit. a der Richtlinie 98/59/EG nicht vereinbar sein, weil die Richtlinie insoweit keine Ausnahme für **leitende Angestellten** vorsieht. Gleichwohl ist § 17 Abs. 5 KSchG weiter anzuwenden, weil die Richtlinie zwischen Bürgern nicht unmittelbar gilt,[19] sondern der Umsetzung in innerstaatliches Recht bedarf. Insofern gilt § 17 Abs. 5 Nr. 3 vorerst weiter.[20] Auch leitende Angestellte sind daher **nicht mitzurechnen**, obwohl sie Arbeitnehmer sind.[21] Ferner gilt § 17 KSchG nicht für Handelsvertreter, Heimarbeiter und andere arbeitnehmerähnliche Personen sowie Familienangehörige des Arbeitgebers, es sei denn, dass sie aufgrund Arbeitsvertrags tätig werden. Der genannte Personenkreis darf daher weder bei der Berechnung der Gesamtzahl der Arbeitnehmer noch bei der Zahl der zu Entlassenden einberechnet werden.[22]

16 Grobys/Panzer/*Langer*, Kap. 111, 156 Rn 3.
17 BAG, Urt. v. 29.6.2010 – 5 AZR 332/09 – NZA 2010, 2455.
18 BeckOK/*Volkening*, § 17 KSchG Rn 6.
19 *v. Hoyningen-Huene/Linck*, § 17 KSchG Rn 17; *Schaub/Linck*, Arbeitsrechtshandbuch, § 142 Rn 8.
20 KR/*Weigand*, § 17 KSchG Rn 30; *v. Hoyningen-Huene/Linck*, § 17 KSchG Rn 17.
21 ErfK/*Kiel*, § 17 KSchG Rn 10; Ascheid/Preis/Schmidt/*Moll*, § 17 KSchG Rn 15; KR/*Weigand*, § 17 KSchG Rn 30.
22 *Schaub/Linck*, Arbeitsrechtshandbuch, § 142 Rn 8.

2. Regelmäßig Beschäftigte

Sind die Arbeitnehmer des Betriebs bestimmt, bleibt zu prüfen, inwieweit es sich um **regelmäßig Beschäftigte** handelt. Denn die für die geplante Massenentlassung maßgebliche Berechnung der Schwellenwerte richtet sich nur nach der Anzahl der regelmäßig im Betrieb beschäftigten Arbeitnehmer.[23] 14

Hierbei handelt es sich gerade nicht um die konkrete Anzahl der Beschäftigten im Zeitpunkt der geplanten Entlassung. Vielmehr ist ein Rückblick auf die bisherige und eine Prognose der zukünftigen Belegschaftsstärke vorzunehmen. Entscheidend ist also die Anzahl der im Normalfall beschäftigten Arbeitnehmer; damit ist diejenige Personalstärke gemeint, die den Betrieb im Allgemeinen kennzeichnet.[24] Wenn die Anzahl der Arbeitnehmer im Betrieb **schwanken** sollte, kommt es darauf an, ob die erhöhte Zahl der Beschäftigten gerade in der Eigenart des Betriebs liegt oder durch Zufälligkeiten begründet wurde.[25] Nicht einzubeziehen sind solche Arbeitnehmer, die nur vorübergehend und begrenzt aufgrund einer kurzfristigen Vermehrung des Arbeitsbedarfs (zum Beispiel wegen des Weihnachtsgeschäfts) eingestellt worden sind.[26] 15

Praxistipp
Eine Ausnahme gilt für die Betriebsstillegung: Naturgemäß kommt hier nur ein Rückblick auf die bisherige Belegschaftsstärke in Betracht.[27] !

III. Entlassung

Schließlich ist zu fragen, ob es sich bei der Beendigung der Arbeitsverhältnisse um Entlassungen nach § 17 Abs. 1 S. 1 bzw. S. 2 KSchG handelt. 16

Die Entlassung wurde vom BAG zunächst von der Kündigung unterschieden.[28] Die Kündigung war die auf die Beendigung des Arbeitsverhältnisses gerichtete rechtsgestaltende Willenserklärung, die Entlassung dessen tatsächliche Beendigung.[29] Der EuGH hat jedoch am 27.1.2005 entschieden, die Richtlinie 98/59/EG sei dahingehend auszulegen, dass bereits die Kündigungserklärung des Arbeitgebers als Entlassung zu werten ist.[30] Im Anschluss an diese Entscheidung des EuGH geht das BAG nun davon 17

23 Grobys/Panzer/*Langer*, Kap. 111 Rn 11.
24 BAG, Urt. v. 13.4.2000 – 2 AZR 215/99 – AP Nr. 13 zu § 17 KSchG 1969.
25 *v. Hoyningen-Huene/Linck*, § 17 KSchG Rn 19.
26 Ascheid/Preis/Schmidt/*Moll*, § 17 KSchG Rn 21.
27 BAG, Urt. v. 18.9.2003 – 2 AZR 79/02 – NZA 2004, 375.
28 *Schaub/Linck*, Arbeitsrechtshandbuch, § 142 Rn 9.
29 BAG, Urt. v. 18.9.2003 – 2 AZR 79/02 – NZA 2004, 375.
30 EuGH, Urt. v. 27.1.2005 – Rs. C-188/03 – NZA 2005, 213.

aus, dass unter einer Entlassung i.S.d. § 17 Abs. 1 KSchG die **Erklärung der Kündigung des Arbeitsverhältnisses** zu verstehen ist.[31] Diese richtlinienkonforme Auslegung hält das BAG mit Blick auf den Wortlaut von § 17 Abs. 1 KSchG für zulässig. Denn der dort verwendete Begriff der „Entlassung" sei im allgemeinen Sprachgebrauch gleichbedeutend mit dem einer Kündigung. Als Entlassung im Sinne des § 17 I KSchG ist daher nicht mehr die tatsächliche Beendigung des Arbeitsverhältnisses, sondern der Ausspruch der Kündigung bzw. jeder sonstigen Beendigungserklärung von Relevanz zu verstehen (wie etwa im Falle eines Aufhebungsvertrages).[32]

18 Dagegen sind die §§ 17 ff. KSchG nicht anzuwenden, wenn Arbeitnehmer aufgrund sonstiger Beendigungstatbestände aus dem Betrieb ausscheiden. Hierzu zählt etwa der Fall eines befristeten oder auflösen bedingten Arbeitsverhältnisses.

IV. Anzahl der betroffenen Arbeitnehmer

19 Das Beteiligungsverfahren ist durchzuführen, wenn die Anzahl der Entlassungen innerhalb von **30 Kalendertagen** folgende Schwellenwerte des § 17 Abs. 1 S. 1 Nr. 1–3 KSchG überschreitet:

! **Checkliste**

- bei 20 bis 60 in der Regel Beschäftigten eine Anzahl von mehr als 5 zu entlassende Arbeitnehmer,
- bei mindestens 60, höchstens aber 500 Beschäftigten eine Anzahl von 10% oder aber mehr als 25 zu entlassende Arbeitnehmer,
- und bei Betrieben mit mehr als 500 Beschäftigten mindestens 30 zu entlassende Arbeitnehmer.

20 Der Arbeitgeber kann die Erreichung der Schwellenwerte und damit die Anzeigepflicht vermeiden, wenn er die Kündigungen zeitlich über 30 Kalendertage hinaus staffelt. Die 30-Tagesfrist kann an jedem Tag zu laufen beginnen.[33] Die Anzeigepflicht entsteht, wenn der Schwellenwert in einem beliebigen 30-Tages-Zeitraum überschritten wird. Keinen Einfluss auf die Berechnung der Schwellenwerte hat die Frage, ob der Arbeitgeber an Stelle der Entlassenen die Neueinstellung anderer Arbeitnehmer vornimmt.[34]

31 BAG, Urt. v. 23.3.2006 – 2 AZR 343/05 – NZA 2006, 971.

32 EuGH, Urt. v. 27.1.2005 – Rs. C-188/03 – NZA 2005, 213; BAG, Urt. v. 23.3.2006 – 2 AZR 343/05 – NZA 2006, 971.

33 ErfK/*Kiel*, § 17 KSchG Rn 17; Schaub/*Linck*, Arbeitsrechtshandbuch, § 142 Rn 18.

34 BAG, Urt. v. 13.3.1969 – 2 AZR 157/68 – AP Nr. 10 zu § 15 KSchG; Grobys/Panzer/*Langer*, Kap. 111 Rn 15.

C. Beteiligung des Betriebsrats nach § 17 KSchG

Die Pflicht zur Beteiligung des Betriebsrats entsteht, wenn der Arbeitgeber eine strategische oder betriebswirtschaftliche Entscheidung getroffen hat, in deren Folge er gezwungen ist, Massenentlassungen in Betracht zu ziehen – ohne dass diese bereits konkret feststehen müssen.[35] 21

I. Zweck und Bedeutung des Beteiligungsverfahrens

Hintergrund des Beteiligungsverfahrens ist, für Arbeitgeber und Betriebsrat eine Beratungsmöglichkeit zu schaffen, wie Entlassungen vermieden, eingeschränkt oder zumindest ihre Folgen für die Beschäftigten gemildert werden können.[36] 22

Als Nachweis über die Beteiligung hat der Arbeitgeber der Agentur für Arbeit der Anzeige[37] einer geplanten Massenentlassung eine Abschrift der Mitteilung an den Betriebsrat und dessen Stellungnahme beizufügen. Wird dies versäumt, ist die Anzeige unwirksam – die korrekte Durchführung des Beteiligungsverfahrens ist somit für die Wirksamkeit der Kündigungen unerlässlich.[38] 23

II. Inhalt und Zeitpunkt der Unterrichtung

Inhalt der Unterrichtung des Betriebsrats ist die rechtzeitige und zweckdienliche Erteilung von schriftlichen Auskünften über die wesentlichen Details der in Rede stehenden Massenentlassung. Nötig sind nach § 17 Abs. 2 KSchG Angaben über 24

Checkliste !
- die Gründe der geplanten Massenentlassung,
- die Anzahl und die Berufsgruppen der zu entlassenden und regelmäßig beschäftigten Arbeitnehmer,
- den Entlassungszeitraum und die Auswahlkriterien,
- sowie die Kriterien für die Berechnung etwaiger Abfindungen.

Dabei ist zu beachten, dass sich allein mit Interessenausgleichsverhandlungen und einem Interessenausgleich (ohne Namensliste), der zwischen einer Muttergesellschaft und dem Konzernbetriebsrat abgeschlossen wird, die Konsultationspflichten 25

35 EuGH, Urt. v. 10.9.2009 – Rs. C-44/08 – NZA 2009, 1083.
36 *Pulte*, NZA 1996, 913, 919.
37 Zur Massenentlassungsanzeige bei der Agentur für Arbeit vgl. Rn 30 ff.
38 HaKo/*Pfeiffer*, § 17 KSchG Rn 53.

des Arbeitgebers aus § 17 Abs. 2 S. 2 KSchG noch nicht erfüllen bzw. ersetzen lassen.[39] Die Pflichtinformationen sollten dem Betriebsrat daher – schon zu Beweiszwecken – schriftlich erteilt worden sein.

26 **Zeitlich** muss die Beteiligung des Betriebsrats rechtzeitig erfolgen. Dabei ist zu einer möglichst frühzeitigen Beteiligung des Betriebsrats zu raten, damit dessen Vorschläge und Bedenken bei der Planung der Entlassung berücksichtigt werden können, vgl. § 90 Abs. 2 S. 1 BetrVG. Die Beteiligung muss mindestens **zwei Wochen** vor der Erstattung der Massenentlassungsanzeige bei der Agentur für Arbeit erfolgen. Denn die Anzeige ist entweder nur mit der beigefügten Stellungnahme des Betriebsrats oder der Versicherung des Arbeitgebers über dessen ordnungsgemäße Beteiligung mindestens 2 Wochen zuvor wirksam, § 17 Abs. 2, Abs. 3 KSchG.[40] In der Praxis erfolgt die Beteiligung meist erheblich früher, schon weil die regelmäßig erforderlichen Verhandlungen über Interessenausgleich und Sozialplan (so Kap. 31, C) nicht innerhalb von zwei Wochen abzuschließen sind.

III. Beratung mit dem Betriebsrat

27 Das Beteiligungsverfahren dient zwar dazu, Arbeitgeber und Betriebsrat eine Beratungsmöglichkeit zu schaffen, wie Entlassungen vermieden, eingeschränkt oder ihre Folgen für die Beschäftigten gemildert werden können. Eine *Pflicht zur Einigung* – etwa über einen Interessenausgleich oder Sozialplan – lässt sich daraus aber weder aus nationalem Recht, noch nach Art. 2 Abs. 1 und Abs. 2 der Richtlinie 98/59/EG ableiten.[41] Der Arbeitgeber muss den Betriebsrat also unterrichten und mit ihm beraten, sich aber nicht unbedingt mit ihm über die Durchführung der Massenentlassung einigen.

! **Praxistipp**
Ungeklärt ist bislang aber, ob der Arbeitgeber ein Ende der Beratungen mit dem Betriebsrat abwarten muss, bevor er die geplanten Massenentlassungen bei der Agentur für Arbeit anzeigt. Das BAG hat das – wie auch die Notwendigkeit der Durchführung eines vorherigen Einigungsstellenverfahrens – abgelehnt.[42] Dem ist mit Verweis auf die strenge Trennung der Handlungspflichten des Arbeitgebers nach § 17 KSchG und der betriebsverfassungsrechtlichen Beteiligungsvorschriften nach den § 111 BetrVG zu folgen.[43]

---

39 LAG Düsseldorf, Urt. v. 25.4.2013 – 15 Sa 1892/12 – LAGE § 17 KSchG Nr. 9.

40 Grobys/Panzer/*Langer*, Kap. 111 Rn 19.

41 BAG, Urt. v. 21.5.2008 – 8 AZR 84/07 – NZA 2008, 753; insoweit bestätigt durch BVerfG, Beschl. v. 25.2.2010 – 1 BvR 230/09 – NZA 2010, 439.

42 BAG, Urt. v. 13.7.2006 – 6 AZR 198/06 – AP Nr. 22 zu § 17 KSchG 1969.

43 Ebenso *v. Hoyningen-Huene/Linck*, § 17 KSchG Rn 70; KR/*Weigand*, § 17 KSchG Rn 62; Grobys/Panzer/*Langer*, Kap. 111 Rn 20.

Praxistipp !
Wann die Beratungen mit dem Betriebsrat als gescheitert anzusehen sind, liegt in der Beurteilungskompetenz des Arbeitgebers.[44]

Zur Erfüllung der Konsultationspflichten ist also weder nach dem KSchG noch nach der Richtlinie 98/95/EG erforderlich, nach dem Scheitern der Verhandlungen der Betriebsparteien noch einen unparteiischen Dritten einzuschalten, wie dies etwa § 112 Abs. 2 BetrVG vorsieht. 28

Praxistipp !
Zur Wahrung der **Form** muss eine schriftliche Unterrichtung des Betriebsrats erfolgen (Schriftform: § 126 BGB). Eine nur mündliche Unterrichtung ist also unzureichend – etwas anderes gilt nur bei Einverständnis des Betriebsrats.[45] Wird dieses nicht erteilt, kann der Betriebsrat die Abgabe seiner Stellungnahme verweigern. Ein Anspruch der betroffenen Arbeitnehmer auf einen Nachteilsausgleich nach § 111 BetrVG lässt sich hieraus aber nicht ableiten.[46]
Die schriftliche Unterrichtung des Betriebsrats nach § 17 Abs. 2 S. 1 KSchG wird selbst dann nicht entbehrlich, wenn die Vorlage eines Interessenausgleichs mit Namensliste nach § 125 Abs. 2 InsO die Stellungnahme des Betriebsrats gegenüber der Agentur für Arbeit ersetzt.[47]

IV. Konzernklausel, § 17 Abs. 3a KSchG

Die Einhaltung des Verfahrens der § 17 Abs. 1–Abs. 3 KSchG ist auch dann erforderlich, wenn die Entscheidung über Massenentlassungen in einem Konzern vom beherrschenden (Mutter-)Unternehmen getroffen wird, § 17 Abs. 3a KSchG. Dies gilt selbst dann, wenn dem Arbeitgeber von der Konzernleitung im Mutterunternehmen keine konkreten Auskünfte über die geplanten Massenentlassungen erteilt worden sind. Der Arbeitgeber kann sich in diesem Fall also nicht auf seine eigene Unkenntnis berufen. Für die Frage, wann eine solche Abhängigkeit zwischen Unternehmen vorliegt, ist auf die §§ 17, 18 AktG zurückzugreifen.[48] 29

D. Massenentlassungsanzeige bei der Agentur für Arbeit

Neben der Betriebsratsbeteiligung fordert das Massenentlassungsverfahren der §§ 17ff. KSchG die Einbeziehung der zuständigen Arbeitsagentur. Dabei hat der Ar- 30

44 *Franzen*, ZfA 2006, 437, 451.
45 *Schaub/Linck*, Arbeitsrechtshandbuch, § 142 Rn 20.
46 BAG, Urt. v. 30.3.2004 – 1 AZR 7/03 – AP Nr. 47 zu § 113 BetrVG 1972.
47 BAG, Urt. v. 18.1.2012 – 6 AZR 407/10 – NZA 2012, 817.
48 KR/*Weigand*, § 17 KSchG Rn 98b.

beitgeber selbst oder durch seinen bevollmächtigten Vertreter eine schriftliche, unterschriebene Anzeige (vgl. § 126 BGB) bei der Arbeitsagentur zu erstatten, in deren Bezirk sein Betrieb (und nicht etwa der Sitz des Unternehmens) liegt, § 17 Abs. 1 KSchG.

Praxistipp
Dies gilt nicht bei Betrieben, die in den Wirtschaftsbereichen Verkehr, Post und Telekommunikation tätig sind. Für sie ist gemäß § 21 KSchG in bestimmten Fällen die *Bundes*agentur für Arbeit zuständig.

Fettnapf
Die Anzeigepflicht des Arbeitgebers ist zwar nicht mit Strafandrohung bewehrt. § 17 KSchG ist auch kein Schutzgesetz im Sinne des § 826 Abs. 2 BGB, auf dass sich Arbeitnehmer berufen können, um Schadensersatzansprüche zu begründen.[49] Bei Nichtbeachtung erleidet der Arbeitgeber allerdings erhebliche Rechtsnachteile (vgl. IV.).

I. Abschrift der Unterrichtung des Betriebsrats

31 Der Arbeitgeber hat der Agentur für Arbeit eine Abschrift der Unterrichtung sowie eine Stellungnahme des Betriebsrats zu der Massenentlassung zuzuleiten. Die Abschrift der Mitteilung an den Betriebsrat muss zumindest die Angaben enthalten, die gesetzlich für die Unterrichtung des Betriebsrats vorgeschrieben sind (vgl. § 17 Abs. 2 Nr. 1–5 KSchG).[50]

II. Erstattung der Massenentlassungsanzeige

32 Zudem hat der Arbeitgeber die geplante Massenentlassung bei der Arbeitsagentur anzuzeigen. Der Mindestinhalt der Anzeige ist in § 17 Abs. 3 S. 4 KSchG geregelt. Er umfasst:

Checkliste
- den Namen, Sitz und die Art des Betriebs des Arbeitgebers,
- die Entlassungsgründe, Anzahl und Berufsgruppen der zu entlassenden und regelmäßig beschäftigten Arbeitnehmer,
- den Entlassungszeitraum und
- die Auswahlkriterien für die Entlassungen.

---

49 *Schaub/Linck*, Arbeitsrechtshandbuch, § 142 Rn 21, Fn. 43.
50 Vgl. hierzu Rn 24 ff.: Inhalt und Zeitpunkt der Unterrichtung des Betriebsrats.

Fettnapf

!

Zu beachten ist, dass schon das **Fehlen** einer einzelnen Angabe zur Unwirksamkeit der gesamten Massenentlassungsanzeige führt.[51] Der Arbeitgeber muss dann eine erneute – vollständige – Anzeige vornehmen, um die anstehenden Massenentlassungen wirksam durchzuführen.[52]

In § 17 Abs. 3 S. 5 KSchG wird zudem ein *Soll-Inhalt* der Anzeige angesprochen. Danach sollen im Einvernehmen mit dem Betriebsrat Angaben zu Geschlecht, Alter, Beruf und Staatsangehörigkeit der jeweils zu entlassenden Arbeitnehmer aufgenommen werden. Im Gesetzgebungsverfahren war die Aufnahme dieser Angaben in die Entlassungsanzeige umstritten, weil damit gerade in kleinen und mittleren Betrieben die für die Entlassung in Betracht kommenden Arbeitnehmer der Person nach quasi feststehen und es dadurch zu einer Belastung der Verhandlungen zwischen Arbeitgeber und Betriebsrat kommen kann.[53] 33

In der Praxis führt die „Soll-Regelung" dazu, dass solche Angaben nur dann in der Anzeige aufgenommen werden, wenn Arbeitgeber und Betriebsrat sich darüber einig sind, dass sie überhaupt, und wenn ja mit welchem Inhalt angegeben werden sollen. Das Fehlen der Angaben ist für die Wirksamkeit der Anzeige bei der Arbeitsagentur freilich ohne Bedeutung.[54] 34

Praxistipp

!

Wenn die in § 17 Abs. 3 S. 5 KSchG genannten Angaben in der Massenentlassungsanzeige erfolgen sollten, lässt sich aus dem zwischen Arbeitgeber und Betriebsrat erzielten Einvernehmen jedoch für keinen der beiden eine Bindungswirkung für die späteren Kündigungen ableiten – weder bezüglich der konkreten Auswahl des zu entlassenden Arbeitnehmers noch mit Blick auf das Mitwirkungsverfahren nach § 102 BetrVG bei der einzelnen Kündigung, welches einem anderen Schutzzweck dient.[55]

1. Formular der Agentur für Arbeit

In der Praxis ist für die Anzeige geplanter Massenentlassungen die Verwendung der Formulare der Agentur für Arbeit zu empfehlen: 35

51 ErfK/*Kiel*, § 17 KSchG Rn 29 f.; *v. Hoyningen-Huene/Linck*, § 17 KSchG Rn 93.
52 Vgl. hierzu Rn 48: Rechtsfolgen der unwirksamen Massenentlassungsanzeige.
53 *v. Hoyningen-Huene/Linck*, § 17 KSchG Rn 94.
54 HaKo/*Pfeiffer*, § 17 KSchG Rn 69.
55 *Schaub/Linck*, Arbeitsrechtshandbuch, § 142 Rn 25.

Formularmuster

Bitte Zutreffendes ausfüllen bzw. ☒ ankreuzen

An die Agentur für Arbeit	**Anzeige von Entlassungen** gemäß § 17 Kündigungsschutzgesetz (KSchG)	Bundesagentur für Arbeit

1	**Angaben zum Betrieb**	**Wird von der Agentur für Arbeit ausgefüllt**
11	Firmenname	Eingangsstempel
12	Anschrift	
13	Betriebsart	
14	Rückfragen beantwortet Name — Tel.-Nr.	
15	Betriebsrat ist vorhanden ☐ ja ☐ nein Wenn ja: Betriebsratsvorsitzender Name — Tel.-Nr.	Lfd. Nr. — WKl. des Betriebes
16	Die Anzeige bezieht sich auf ☐ Hauptbetrieb ☐ Zweigbetrieb → Standort	**Bitte beachten !** Nr. 4.1 des Merkblattes
2	**Angaben zur Beschäftigungssituation**	
21	Zahl der in der Regel beschäftigten Arbeitnehmer — Insgesamt	Nr. 4.3 des Merkblattes Maßgebend ist die Zahl der beschäftigten Arbeitnehmer bei **normaler** Geschäftstätigkeit. Zu den Auszubildenden gehören auch Praktikanten und Volontäre.

22 Zum Zeitpunkt der Anzeige werden beschäftigt

	Arbeiter m	Arbeiter w	Angestellte m	Angestellte w	Auszubildende m	Auszubildende w	Summe
Insgesamt							
darunter über 45jähr.							
darunter ausl. Arbeitnehmer.							
darunter Schwb./Gleichg.							

(Zahl der Arbeitnehmer)

Hier sind **alle** beschäftigte Arbeitnehmer anzugeben. Dazu zählen auch Arbeitnehmer, die nur vorübergehend aus Anlass einer außergewöhnlichen Arbeitshäufung oder als Ersatz für in Urlaub befindliche oder erkrankte Arbeitnehmer beschäftigt werden. Die Angabe dieser Zahlen ist jedoch ohne rechtliche Verpflichtung.

3 **Angaben zu den Entlassungen**

31 Es sollen entlassen werden

	Arbeiter m	Arbeiter w	Angestellte m	Angestellte w	Auszubildende m	Auszubildende w	Summe
Insgesamt							
davon am (Datum)							
davon am (Datum)							
davon am (Datum)							
davon am (Datum)							
davon am (Datum)							
darunter über 45jähr.							
darunter ausl. Arbeitn.							
darunter Schwb./Gleichg.							

(Zahl der Arbeitnehmer)

Nr. 4.5 des Merkblattes
Maßgeblich ist der Tag, an dem die Kündigung ausgesprochen werden soll.

Nr. 3.1, 5.1 u. 5.3 des Merkblattes
Voraussetzung für die Wirksamkeit der Anzeige sind die Angaben über die **Gesamtzahl** der zu entlassenden Arbeitnehmer und den **Zeitraum**, in dem die Kündigungen ausgesprochen werden sollen. Die übrigen Angaben können nachgereicht werden.

32 Entlassungsgründe:

Bitte eingehend erläutern;
ggf. zusätzliches Blatt verwenden.

33 Vorgesehene Kriterien für die Auswahl der zu entlassenden Arbeitnehmer:

BA-KSchG 2 06/2005 - 1 -

			Bitte beachten !
34	Eine im Einvernehmen mit dem Betriebsrat (soweit vorhanden) erstellte Liste mit Alters-, Berufs-, Staatsangehörigkeits- und sonstigen Angaben	☐ ist beigefügt ☐ wird nachgereicht	Nr. 3.2 des Merkblattes Vordruck KSchG 3 bitte verwenden.
	Erklärung Die Aufgliederung der Zahl der Entlassungen unter Nr. 31 nach Geschlecht und Arbeitnehmereigenschaft sowie die Angaben in der Liste - falls beigefügt - stehen unter dem Vorbehalt etwaiger noch eintretender Änderungen	☐ ja ☐ nein	
35	In den letzten 30 Kalendertagen vor den angezeigten Entlassungen sind bereits Arbeitnehmer gekündigt worden	☐ ja ☐ nein	Nr. 4.5 und 4.6 des Merkblattes Diese Angaben sind zur Prüfung der Anzeigepflicht erforderlich.

Wenn ja:	Datum	Zahl der AN
Kündigungserklärung am		
...		

4	**Antrag auf Abkürzung der Entlassungssperre** Für die vor Ablauf der einmonatigen Entlassungssperre geplanten Entlassungen wird die Zustimmung zur Abkürzung nach § 18 Abs. 1 KSchG beantragt - siehe unter 31 -	☐ ja ☐ nein	Nr. 6.2 des Merkblattes
	Wenn ja: Begründung:		Bitte eingehend erläutern; ggf. zusätzliches Blatt verwenden. Auf die Frage, weshalb die Entlassungen nicht früher angezeigt wurden, ist besonders einzugehen.
5	**Sonstige Angaben** Die Stellungnahme des Betriebsrates zu den angezeigten Entlassungen ist beigefügt	☐ ja ☐ nein	Nr. 1.1, 1.2, 2.1 und 5.1 bis 5.3 des Merkblattes Bitte nur ausfüllen, soweit ein Betriebsrat vorhanden ist. Fehlt die Stellungnahme des Betriebsrates, sollten Sie mit der Anzeige auch den Stand der Beratungen darlegen.
	Wenn nein: Der Betriebsrat wurde gemäß § 17 Abs. 2 KSchG über die Entlassungen schriftlich unterrichtet	☐ ja ☐ nein	
	Wenn ja: Eine Abschrift dieser Mitteilung wurde der Agentur für Arbeit zugeleitet	☐ ja ☐ nein	
	Wenn nein: Eine Abschrift der Mitteilung ist beigefügt	☐ ja ☐ nein	

Prüfen Sie bitte noch einmal, ob Sie alle Felder ausgefüllt bzw. X angekreuzt und die erforderlichen Unterlagen beigefügt haben. Fehlen Angaben oder Unterlagen der unter 11, 12, 13, 21, 31, 32, 33 und 5 bezeichneten Art ganz oder teilweise, wird die Anzeige erst nach Eingang dieser vollständigen Angaben bzw. Unterlagen wirksam. Weitere Voraussetzungen für die Wirksamkeit der Anzeige sind die Angaben zu den Berufsgruppen der zu entlassenden und in der Regel beschäftigten Arbeitnehmer (siehe Vordruck „Anlage zur Anzeige von Entlassungen").

Ort und Datum	Firmenstempel und Unterschrift	Anlagen ☐ Vordruck „Anlage zur Anzeige von Entlassungen" ☐ Liste ☐ Stellungnahme d. Betriebsrates ☐ Sonstige (bitte erläutern)

BA-KSchG 2 06/2005 - 2 -

[Quellennachweis: www.arbeitsagentur.de → Formulare → Formulare für Unternehmen → Entlassungen, Streik → Anzeige Entlassungen nach KSchG]

2. Stellungnahme des Betriebsrats

36 Gemäß § 17 Abs. 3 S. 2 KSchG ist der Anzeige der Massenentlassung zusätzlich eine Stellungnahme des Betriebsrats beizufügen. Besondere Formvorschriften bestehen zwar grundsätzlich nicht, jedoch werden bloße Verlautbarungen des Betriebsrats, die keinen näher bestimmbaren Zusammenhang zur Anzeige der Massenentlassung aufweisen, regelmäßig nicht genügen.[56]

37 Zu beachten ist, dass die Stellungnahme des Betriebsrats **Voraussetzung für die Wirksamkeit** der Anzeige bei der Agentur für Arbeit ist. Wird sie erst nach dem Eingang der Anzeige abgegeben, wird die gesamte Anzeige erst mit der Nachreichung der Stellungnahme wirksam – die Entlassungssperre des § 18 Abs. 1 KSchG (s. Rn 42ff.) beginnt dann auch erst mit der Nachreichung zu laufen.[57]

Praxistipp
Liegt eine Stellungnahme des Betriebsrats (noch) nicht vor, ist ihr Vorliegen bei der Massenentlassungsanzeige zunächst **entbehrlich**. Zur Wirksamkeit der Anzeige muss der Arbeitgeber aber *glaubhaft* machen, dass er den Betriebsrat mindestens zwei Wochen vor der Erstattung der Anzeige unterrichtet hat. Daneben ist der vorläufige Stand der Beratungen mitzuteilen.[58] Sind diese Voraussetzungen erfüllt, kann eine ggf. später erfolgte Stellungnahme nachgereicht werden.[59]

38 Eine Glaubhaftmachung liegt vor, wenn der Arbeitgeber der Anzeige eine Abschrift der Unterrichtung mit einem Empfangsbekenntnis des Betriebsratsvorsitzenden beifügt.[60] Alternativ ist auch die Abgabe einer eidesstattlichen Versicherung möglich. Versäumt der Arbeitgeber, den vorläufigen Stand der Beratungen darzulegen, ist dies für die Glaubhaftmachung unschädlich, wenn sich die zuständige Arbeitsagentur dennoch ein Bild von den Entlassungen machen kann und die Mitteilung des Beratungsstands daher nicht für zwingend erforderlich hält.[61]

39 Ein Interessenausgleich mit Namensliste nach § 1 Abs. 5 KSchG ersetzt gemäß § 1 Abs. 5 S. 3 KSchG die Stellungnahme des Betriebsrats. Existiert im betreffenden Betrieb kein Betriebsrat, hat der Arbeitgeber in der Anzeige darauf hinzuweisen.

56 Grobys/Panzer/*Langer*, Kap. 111 Rn 32.
57 BAG, Urt. v. 21.5.2008 – 8 AZR 84/07 – NZA 2008, 753.
58 Grobys/Panzer/*Langer*, Kap. 111 Rn 28.
59 BAG, Urt. v. 21.5.2008 – 8 AZR 84/07 – NZA 2008, 753.
60 BAG, Urt. v. 28.5.2009 – 8 AZR 273/08 – NZA 2009, 1267.
61 BAG; Urt. v. 28.5.2009 – 8 AZR 273/08 – NZA 2009, 1267.

3. Formale Voraussetzungen

In formaler Hinsicht ist die Anzeige der Massenentlassung bei der zuständigen Arbeitsagentur einzureichen (s.o. Rn 30). Dabei ist die Schriftform zu wahren (§ 126 BGB), wobei im Regelfall allerdings auch ein Fax genügt.[62] 40

III. Rechtsfolgen wirksamer Anzeige

Erstattet der Arbeitgeber eine wirksame Anzeige der Massenentlassung bei der Agentur für Arbeit, bringt das besondere Rechte und Pflichten mit sich. Sie sind in den §§ 18ff. KSchG näher geregelt. 41

1. Entlassungssperre

Wichtigste Rechtsfolge ist die Entlassungssperre – die **Sperrfrist**, § 18 Abs. 1 KSchG. 42

Praxistipp !

Infolge der Entlassungssperre werden Massenentlassungen regelmäßig erst **einen Monat** nach Eingang der Anzeige bei der Arbeitsagentur wirksam.

Sinn und Zweck der Regelung ist, dass das überraschende Auftreten einer größeren Anzahl von Arbeitslosen vermieden werden soll. Die Arbeitsagentur soll stattdessen die Gelegenheit haben, koordinierte Maßnahmen zur Stellenvermittlung einzuleiten, um möglichst viele der betroffenen Arbeitnehmer schnell einer neuen Beschäftigung zuführen zu können.[63] 43

Die Sperrfrist setzt daher einen einmonatigen *Mindestzeitraum* fest, welcher zwischen der Erstattung der Anzeige und der tatsächlichen Beendigung der Arbeitsverhältnisse liegen muss. Hiervon unberührt bleibt der Beginn der gesetzlichen Kündigungsfristen – Kündigungen können also innerhalb der Entlassungssperre wirksam erklärt werden, solange die folgende Beendigung des Arbeitsverhältnisses außerhalb der Monatsfrist des § 18 Abs. 1 KSchG liegt[64]. Die Sperrfrist hat daher angesichts der meist ohnehin längeren Kündigungsfristen in der Praxis keine große Bedeutung. 44

Praxistipp !

Auf Antrag des Arbeitgebers kann die **Dauer** der Sperrfrist nach pflichtgemäßer Ermessensentscheidung der Agentur für Arbeit bis auf den Tag der Antragstellung verkürzt werden. Es ist aller-

62 ErfK/*Kiel*, § 17 KSchG Rn 28; Grobys/Panzer/*Langer*, Kap. 111 Rn 34.
63 Grobys/Panzer/*Langer*, Kap. 111 Rn 33.
64 BAG, Urt. v. 6.11.2008 – 2 AZR 935/07 – NZA 2009, 1013.

dings auch möglich, dass sie die Arbeitsagentur nach pflichtgemäßem Ermessen auf eine Dauer von bis zu zwei Monaten verlängert, § 18 Abs. 1, Abs. 2 KSchG.

2. Entscheidung der Agentur für Arbeit

45 Diese in § 18 Abs. 1, Abs. 2 KSchG vorgesehene Entscheidungsmöglichkeit wird von der Arbeitsagentur je nach Anzahl der geplanten Entlassungen entweder in der Geschäftsführung oder von einem siebenköpfigen Kontrollausschuss getroffen, § 20 Abs. 1, Abs. 2 KSchG. Diese sollen nach pflichtgemäßen Ermessen sowohl die Arbeitgeberinteressen als auch das öffentliche Interesse und die jeweilige Situation auf dem Arbeitsmarkt miteinander in Einklang bringen, § 20 Abs. 4 KSchG.

! **Praxistipp**
Vor der Entscheidung der Arbeitsagentur über eine Abweichung von der Regeldauer der Entlassungssperre ist neben dem Arbeitgeber auch der Betriebsrat anzuhören. Außerdem hat der Arbeitgeber gemäß § 20 Abs. 3 KSchG die von der Agentur für Arbeit geforderten Auskünfte zu erteilen (vgl. Kap. D. II.).

3. Kurzarbeit

46 In der Praxis kann die einmonatige Entlassungssperre den Arbeitgeber vor das Problem stellen, dass die tatsächliche Beendigung der Arbeitsverhältnisse zwar erst einen Monat nach Anzeige der Massenentlassungen eintritt, er die Arbeitnehmer in diesem Zeitraum aber nicht mehr voll beschäftigen kann. Nach § 19 Abs. 1 KSchG besteht daher die Möglichkeit, dass die Arbeitsagentur – wenn eine Fristverkürzung wegen der Arbeitsmarktlage nicht in Betracht kommt – für die Dauer der Monatsfrist auch *Kurzarbeit* zulassen kann.

! **Praxistipp**
Voraussetzung hierfür ist, dass eine Vollbeschäftigung dem Arbeitgeber **wirtschaftlich** nicht mehr zugemutet werden kann.[65]

4. Freifrist

47 Nach wirksamer Anzeige hat der Arbeitgeber die Entlassungen innerhalb von 90 Tagen vorzunehmen. Nutzt er diese sog. *Freifrist* nicht, wird nach § 18 Abs. 4 KSchG eine erneute Anzeige bei der Arbeitsagentur erforderlich. Für die Einhaltung der Freifrist ist die Kündigung innerhalb von 90 Tagen nach Erstattung der Anzeige aus-

65 Grobys/Panzer/*Langer*, Kap. 111 Rn 38.

zusprechen; die tatsächliche Beendigung eines Arbeitsverhältnisses nach Ablauf der 90-Tages-Frist ist also unschädlich.[66]

Praxistipp **!**
Steht die Notwendigkeit von Entlassungen noch nicht sicher fest, ist es auch möglich, eine **vorsorgliche** Massenentlassungsanzeige bei der Arbeitsagentur zu erstatten. Diese sog. „Vorratsanzeige" setzt die Sperrfrist wie die der regulären Anzeige entsprechend in Lauf.[67]

IV. Rechtsfolgen unterlassener oder unwirksamer Anzeige

In § 18 KSchG ist nicht ausdrücklich geregelt, welche Rechtsfolgen eintreten, wenn **48**
der Arbeitgeber Massenentlassungen ohne (ordnungsgemäße) Anzeige bei der Agentur für Arbeit vornimmt.

Das BAG vertrat früher die Auffassung, bei fehlender oder fehlerhafter Massen- **49**
entlassungsanzeige nach §§ 17, 18 KSchG sei die Kündigung nicht unwirksam, sondern nur die **Entlassung des jeweiligen Mitarbeiters** (also die Durchführung der tatsächlichen Beendigung des Arbeitsverhältnisses) unzulässig. Sei die Entlassung nicht möglich, weil der Arbeitgeber etwa die Massenentlassungsanzeige vor der tatsächlichen Entlassung nicht erstattet und auch später nicht nachgeholt habe, könne sie auch nicht vollzogen werden. Die Kündigung als einseitiges Rechtsgeschäft sei dagegen – unter Vorbehalt der übrigen Voraussetzungen – wirksam.[68]

Von Bedeutung war diese Unterscheidung, wenn die Kündigungsfrist länger als **50**
die Sperrfrist war und die Anzeige nachgeholt oder die Genehmigung rückwirkend erteilt wurde.[69] Auch ergaben sich hieraus Unterschiede für die Reaktionsmöglichkeiten des Arbeitnehmers, der nämlich nicht gegen eine unwirksame Kündigung, sondern nur gegen eine unzulässige Entlassung vorgehen konnte.[70]

Praxistipp **!**
Diese Rspr. hat das BAG inzwischen aufgegeben. Nunmehr geht es aufgrund der richtlinienkonformen Gleichsetzung der Begriffe „Entlassung" und „Kündigungserklärung" (vgl. Kap. B. III.) in ständiger Rspr. davon aus, dass eine Kündigung dann **rechtsunwirksam** ist, wenn sie vor (oder ohne) eine nach § 17 Abs. 1 KSchG erforderliche und den gesetzlichen Anforderungen entsprechende Massenentlassungsanzeige ausgesprochen wurde.[71]

---

66 BAG, Urt. v. 23.2.2010 – 2 AZR 720/08 – BeckRS 2010, 72803.
67 *v. Hoyningen-Huene/Linck*, § 18 KSchG Rn 108.
68 BAG, Urt. v. 4.3.1993 – 2 AZR 451/92 – NZA 1993, 840.
69 *Schaub/Linck*, Arbeitsrechtshandbuch, § 142 Rn 40.
70 *v. Hoyningen-Huene/Linck*, § 18 KSchG Rn 27.
71 BAG, Urt. v. 20.9.2009 – 6 AZR 219/06 – AP Nr. 24 zu § 17 KSchG 1969; BAG, Urt. v. 28.5.2009 – 8 AZR 273/08 – NZA 2009, 1267.

51 Besteht der Fehler des Arbeitgebers darin, dass er eine fehlerhafte Angabe über die Anzahl der Arbeitnehmer nach § 17 Abs. 3 S. 4 KSchG tätigt, können sich hierauf nur die entlassenen Arbeitnehmer berufen, die von der Massenentlassungsanzeige nicht erfasst waren.[72] Dagegen ist der Fehler für Arbeitnehmer, deren Entlassung angezeigt wurde, ohne Relevanz.

Praxistipp

Hintergrund ist, dass die Möglichkeiten der Arbeitsverwaltung zur Prüfung und Reaktion auf die Massenentlassungsanzeige mit Blick auf die Arbeitnehmer, deren Entlassung ihr angezeigt wurde, weder positiv noch negativ durch die zu niedrige Anzeige der Entlassungen beeinflusst worden sind.[73]

52 Wenn die in Rede stehende Entlassung ohne die erforderliche Anzeige durchgeführt wurde, ist ein **Nachholen** der Anzeige nicht möglich (vgl. Kap. D.II. und D.III.1.)). Die der Entlassung zu Grunde liegende Kündigung bleibt also unwirksam, was durch den Arbeitnehmer durch rechtzeitige Klageerhebung geltend gemacht werden kann.[74]

72 BAG, Urt. v. 28.6.2012 – 6 AZR 780/10 – NZA 2012, 1029; ErfK/*Kiel*, § 17 KSchG Rn 29.

73 *v. Hoyningen-Huene/Linck*, § 18 KSchG Rn 28.

74 BAG, Urt. v. 13.4.2000 – 2 AZR 215/99 – NZA 2001, 144.

Kapitel 28
Unterrichtung und Verhandlung

A. Zuständigkeiten einzelner Gremien

Vor allem in größeren Unternehmen oder Konzernstrukturen stellt sich die Frage, wer zuständiger Ansprechpartner des Unternehmers ist, den er bei der geplanten Betriebsänderung zu beteiligen hat. 1

I. Betriebsrat

Nach § 111 BetrVG ist grundsätzlich der Betriebsrat zu beteiligen. Dies stellt in der Praxis dann kein Problem dar, wenn das Unternehmen nur einen Betrieb hat. Auch wenn das Unternehmen mehrere Betriebe hat, lässt sich die Zuständigkeit noch relativ einfach bestimmen, da grundsätzlich derjenige Betriebsrat zuständig ist, dessen Betrieb von der geplanten Maßnahme betroffen ist. Dies ist allerdings nur dann eindeutig, wenn lediglich einer der Betriebe von der geplanten Maßnahme betroffen ist. 2

II. Gesamtbetriebsrat

Sind mehrere Betriebe von der geplanten Maßnahme betroffen, so kann auch die Zuständigkeit des Gesamtbetriebsrats begründet sein. Diese ist regelmäßig immer dann anzunehmen, wenn es sich um eine Maßnahme handelt, die das gesamte Unternehmen oder mehrere Betriebe betreffen und **notwendigerweise nur einheitlich oder betriebsübergreifend** geregelt werden kann.[1] Maßgeblich ist insoweit Inhalt und Reichweite der geplanten Betriebsänderung. 3

Im Einzelfall kann die Zuständigkeit für die Verhandlung von Interessenausgleich einerseits und Sozialplan andererseits auseinanderfallen, da es sich dabei **nicht um dieselben Angelegenheiten** im Sinne von § 50 Abs. 1 Satz 1 BetrVG handelt. Interessenausgleich und Sozialplan sind vielmehr Rechtsinstitute, die sich nach Inhalt und Ausgestaltung wesentlich unterscheiden. Daraus ergibt sich, dass aus der Zuständigkeit des Gesamtbetriebsrats für den Abschluss eines Interessenausgleichs nicht zugleich ohne weiteres folgt, dass seine Zuständigkeit auch für den Abschluss eines Sozialplans gegeben ist. Es ist vielmehr gesondert zu prüfen, ob der Ausgleich oder die Abmilderung der durch die Betriebsänderung entstehenden 4

1 BAG, Beschl. v. 3.5.2006 – 1 ABR 15/05 – NZA 2007, 1245.

Nachteile zwingend unternehmenseinheitlich oder betriebsübergreifend geregelt werden muss. Die Rechtsprechung führt hierbei weiter aus, dass der Umstand, dass die Mittel für den Sozialplan von ein und demselben Arbeitgeber zur Verfügung gestellt werden müssen, allein nicht genügt, um die Zuständigkeit des Gesamtbetriebsrats für den Abschluss des Sozialplans zu begründen. Etwas anders gelte nur dann, wenn ein mit dem Arbeitgeber im Rahmen eines Interessenausgleichs vereinbartes, das gesamte Unternehmen betreffende Sanierungskonzept nur auf der Grundlage eines bestimmten, auf das gesamte Unternehmen bezogenen Sozialplanvolumens realisiert werden kann.[2]

Praxistipp
Die Zuständigkeit von Interessenausgleich und Sozialplan muss nicht zwingend einheitlich sein, weil es sich grundsätzlich um unterschiedliche Rechtsinstitute handelt. In der Praxis wird aber zumeist auch der Gesamtbetriebsrat zuständig sein, weil oftmals ein auf das gesamte Unternehmen bezogenes Sozialplanvolumen im Raume steht bzw. auch das ganze Unternehmen einbezogen wird.

III. Konzernbetriebsrat

5 Sind mehrere Unternehmen innerhalb eines Konzerns von der Betriebsänderung betroffen, so ist der Konzernbetriebsrat zuständig, wenn die Maßnahme von den Vertretungen der einzelnen Unternehmen nicht geregelt werden kann, weil eine einheitliche konzernweite Regelung erforderlich ist.

Beispiel
- Alle Vertriebsabteilungen oder Forschungs- und Entwicklungsabteilungen der Unternehmen des Konzerns sollen zusammengelegt werden.
- Konzernweit soll ein vernetztes Computer- und Kommunikationssystem eingeführt werden.
- Mehrere Unternehmen sollen verschmolzen werden, was zu einer Zusammenlegung von Betrieben führt.[3]

IV. Streitigkeiten über die Kompetenzen

6 Oftmals kann in der Praxis auch Unklarheit über die Zuständigkeit des jeweiligen Gremiums bestehen oder es kommen Streitigkeiten über die eine oder andere Zuständigkeit auf.

2 BAG, Beschl. v. 3.5.2006 – 1 ABR 15/05 – NZA 2007, 1245.
3 Münchener Anwaltshandbuch Arbeitsrecht/*Liebers*, § 56 Rn 115.

Das Risiko einer Verhandlung mit der unzuständigen Interessenvertretung, beispielsweise mit dem Gesamtbetriebsrat statt mit dem Betriebsrat, **trägt allein der Unternehmer.** Bei Zweifeln über den zuständigen Verhandlungspartner muss der Arbeitgeber deshalb die in Betracht kommenden Arbeitnehmervertretungen zur Klärung der Zuständigkeitsfrage auffordern. Einigen sich die Arbeitnehmervertretungen nicht und trifft der Arbeitgeber daraufhin eine Entscheidung, die unter Berücksichtigung der Entscheidungssituation nachvollziehbar erschien, greifen die Sanktionen des § 113 BetrVG nicht ein.[4] 7

Praxistipp !
Dem Unternehmer ist es aufgrund seiner Initiativlast anzuraten, bei Zweifeln über den zuständigen Ansprechpartner die Arbeitnehmervertretungen zur Klärung der Zuständigkeitsfrage aufzufordern. Führt der Arbeitgeber mit einem unzuständigen Verhandlungspartner die Verhandlungen über einen Interessenausgleich und Sozialplan, so wird er so behandelt, als hätten keine Verhandlungen stattgefunden.

Da der Unternehmer das Risiko trägt, ist bei der Vorgehensweise auf eine **schriftliche Dokumentation** zu achten, damit die Argumentationsgrundlage des Arbeitgebers für das eine oder andere Gremium nachweisbar ist. 8

B. Beteiligung anderer Gremien

Neben dem Betriebsrat kann auch die Pflicht bestehen weitere Gremien zu beteiligen. 9

I. Beteiligungsrecht des Wirtschaftsausschusses gemäß § 106 BetrVG

Der Begriff der wirtschaftlichen Angelegenheiten gemäß § 106 Abs. 1 S. 2 BetrVG umfasst auch Betriebsänderungen gemäß § 111 BetrVG, so dass der Wirtschaftsausschuss zu unterrichten ist, sofern die entsprechenden Voraussetzungen vorliegen. Seine Kompetenz betrifft allerdings nicht nur Betriebsänderungen, sondern alle wirtschaftlichen Angelegenheiten des Unternehmens. Der Wirtschaftsausschuss ist kein eigenes Mitbestimmungsorgan, sondern **Hilfsorgan des Betriebsrats.** Aufgabe des Wirtschaftsausschusses ist es, über wirtschaftliche Angelegenheiten zu beraten und den Betriebsrat darüber zu informieren. 10

4 BAG, Urt. v. 24.1.1996 – 1 AZR 542/95 – NZA 1996, 1107.

1. Notwendige Unternehmensgröße

11 Ein Wirtschaftsausschuss kann vom Betriebsrat nur in Unternehmen mit **in der Regel mehr als 100 ständig beschäftigten Arbeitnehmern** gebildet werden. Die Beteiligungsrechte des § 106 BetrVG greifen allerdings nur, wenn **tatsächlich** auch ein Wirtschaftsausschuss gebildet wurde und mindestens 101 Arbeitnehmer ständig beschäftigt sind. Bei der Bestimmung der „in der Regel"-Beschäftigten ist wie bei § 111 BetrVG auf Kopfzahlen abzustellen, wobei streitig ist, ob die in § 7 Satz 2 BetrVG wahlberechtigten Arbeitnehmer eines anderen Arbeitgebers hier auch berücksichtigt werden.[5] Nach den neueren Entwicklungen in der Rechtsprechung wird dies mit besseren Argumenten zu bejahen sein, zumindest dann, wenn Leiharbeitnehmer normalerweise während des größten Teils eines Jahres dort beschäftigt sind.

12 Der Wirtschaftsausschuss ist dem Unternehmen als Rechtsträger, nicht aber einem oder mehreren Betrieben zugeordnet. Bilden mehrere Unternehmen gemeinsam einen einheitlichen Betrieb mit zusammen mehr als 100 Arbeitnehmern, so ist ein Wirtschaftsausschuss zu bilden, obwohl die Unternehmen rechtlich selbstständig sind.[6]

2. Existenz eines Wirtschaftsausschusses

13 Es muss tatsächlich im Unternehmen ein Wirtschaftsausschuss bestehen, dieser muss also – vom Betriebsrat – gebildet sein. Andernfalls entfallen die Beteiligungsrechte auf Unterrichtung und Beratung nach § 106 BetrVG, sie gehen also nicht etwa auf den Betriebsrat über.

3. Wirtschaftliche Angelegenheiten gemäß § 106 Abs. 3 BetrVG

14 Bei der Aufzählung der wirtschaftlichen Angelegenheiten in § 106 BetrVG handelt es sich lediglich um Beispiele und nicht um eine abschließende Regelung. Dies ergibt sich zum einen bereits aus dem Wortlaut der Norm („insbesondere") und zum anderen aus der beschränkten Generalklausel in § 106 Abs. 3 Nr. 10 BetrVG. Anders als bei § 111 BetrVG ist es hier nicht gefordert, dass die wirtschaftlichen Angelegenheiten wesentliche Nachteile für die Arbeitnehmer haben. Für die beschränkte Generalklausel in § 106 Abs. 3 Nr. 10 BetrVG ist es allerdings erforderlich, dass die Interessen der Arbeitnehmer des Unternehmens wesentlich berührt werden. Beispiele für wirtschaftliche Angelegenheiten ergeben sich also aus den gesetzlichen Rege-

---

5 Richardi/*Annuß*, § 106 BetrVG Rn 11 m.w.N.; Ablehnend: *Hanau*, RdA 2001, 65, 75; *Rieble*, NZA 2012, 485.

6 BAG, Beschl. v. 1.8.1990 – 7 ABR 91/88 – NZA 1991, 643; a.A. Richardi/*Annuß*, § 106 BetrVG Rn 8.

lungen des § 106 Abs. 3 BetrVG, so dass darunter insbesondere folgende Tatbestände fallen:

Beispiel
- die wirtschaftliche und finanzielle Lage des Unternehmens (Nr. 1)
- die Produktions- und Absatzlage (Nr. 2)
- das Produktions- und Investitionsprogramm (Nr. 3)
- Rationalisierungsvorhaben (Nr. 4)
- Fabrikations- und Arbeitsmethoden, insbesondere die Einführung neuer Arbeitsmethoden (Nr. 5)
- Fragen des betrieblichen Umweltschutzes (Nr. 5a)
- die Einschränkung oder Stilllegung von Betrieben oder von Betriebsteilen (Nr. 6)
- die Verlegung von Betrieben oder Betriebsteilen (Nr. 7)
- der Zusammenschluss oder die Spaltung von Unternehmen oder Betrieben (Nr. 8)
- die Änderung der Betriebsorganisation oder des Betriebszwecks (Nr. 9)
- die Übernahme des Unternehmens, wenn hiermit der Erwerb der Kontrolle verbunden ist (Nr. 9a)
- sonstige Vorgänge und Vorhaben, welche die Interessen der Arbeitnehmer des Unternehmens wesentlich berühren können (Nr. 10).

Teilweise entsprechen die Beispiele den Regelungen des § 111 Satz 3 BetrVG, so etwa § 106 Abs. 3 Nr. 6, 7, 8 BetrVG. 15

4. Zeitpunkt und Umfang der Unterrichtung

Der Unternehmer hat den Wirtschaftsausschuss nach § 106 Abs. 2 BetrVG rechtzeitig und umfassend über die wirtschaftlichen Angelegenheiten des Unternehmens unter Vorlage der erforderlichen Unterlagen zu **unterrichten**, soweit dadurch nicht die Betriebs- und Geschäftsgeheimnisse des Unternehmens gefährdet werden, sowie die sich daraus ergebenden Auswirkungen auf die Personalplanung darzustellen. 16

a) Zeitpunkt der Unterrichtung

Der Unternehmer hat den Wirtschaftsausschuss unaufgefordert und **rechtzeitig** zu unterrichten, d. h. die Unterrichtung hat so frühzeitig zu geschehen, dass die Angelegenheit mit dem Unternehmer noch in einer Sitzung des Wirtschaftsausschusses beraten werden und der Betriebsrat von dem Ergebnis unterrichtet werden kann, damit die Ausübung der Mitwirkungs- und Mitbestimmungsrechte möglich ist, bevor die geplante Maßnahme durchgeführt wird.[7] Der Wirtschaftsausschuss muss 17

7 BAG, Beschl. v. 11.7.2000 – 1 ABR 43/99 – NZA 2001, 402.

daher denknotwendig **vor** dem Betriebsrat unterrichtet werden, da er ihn sonst nicht wie gesetzlich vorgesehen informieren kann. Der zeitliche Abstand der Unterrichtung kann sich aber auch nach der Dringlichkeit der Maßnahme sowie der Geheimhaltungsbedürftigkeit richten, so dass Wirtschaftsausschuss und Betriebsrat oftmals am gleichen Tage unterrichtet werden.

b) Umfang der Unterrichtung

18 Die Unterrichtung muss **umfassend** sein. Dem Wirtschaftsausschuss müssen also alle Informationen mitgeteilt werden, die er benötigt, um den Betriebsrat sinnvoll bei der Angelegenheit zu beraten. Gegenstand der Unterrichtung ist die Maßnahme selbst und ihre Auswirkungen auf die Personalplanung. Zu den erforderlichen Unterlagen gehören in den Fällen des § 106 Abs. 3 Nr. 9a BetrVG beispielsweise insbesondere die Angabe über den potentiellen Erwerber und dessen Absichten im Hinblick auf die künftige Geschäftstätigkeit des Unternehmens sowie die sich daraus ergebenden Auswirkungen auf die Arbeitnehmer. Die Unterrichtung muss in jedem Fall wahrheitsgemäß und verständlich erfolgen. Auch hier ist Schriftform nicht erforderlich, aber ratsam, da der Unternehmer im Streitfall den Unterrichtungsstand nachweisen können muss. Dem Wirtschaftsausschuss sind relevante Unterlagen vorzulegen, die der Unternehmer selbst auch für die Planung benutzt hat. Extra Anfertigen lassen muss er hingegen keine Unterlagen für den Wirtschaftsausschuss. Damit soll letztlich nur sichergestellt werden, dass Wirtschaftsausschuss und Unternehmer über dieselben relevanten Informationen bzgl. der geplanten Maßnahme verfügen. Wichtig ist insbesondere, dass dem Wirtschaftsausschuss auch die Auswirkungen der unternehmerischen Planung auf die Personalplanung und die gesamte Personalsituation dargestellt werden.

5. Betriebs- und Geschäftsgeheimnisse als Beschränkung der Auskunftspflicht

19 Die Pflicht zur Unterrichtung besteht gemäß § 106 Abs. 2 BetrVG nur, soweit durch Auskunft über die wirtschaftlichen Angelegenheiten Betriebs- und Geschäftsgeheimnisse nicht **gefährdet** werden. Grund hierfür ist, dass der Wirtschaftsausschuss in der Regel früher als der Betriebsrat zu unterrichten ist und sich die Unterrichtung auch auf die wirtschaftliche Seite von Transaktionen bezieht, die in der Unterrichtung des Betriebsrats normalerweise nicht enthalten sind. Durch diese Regelung sollen die sensiblen Interessenlagen gegeneinander abgewogen werden.

a) Beurteilung der Gefährdung und Streitigkeiten

20 Die Regelung ist allerdings sehr restriktiv, so dass eine Gefährdung, die das Unterlassen der Unterrichtung rechtfertigt, nur in wenigen Fällen in Betracht kommt:

Beispiel

- Liegt eine Gefährdung von Betriebs- und Geschäftsgeheimnissen nicht vor, so hat der Unternehmer auch über solche zu unterrichten.
- Eine Gefährdung kann bestehen, wenn konkrete Anhaltspunkte für die Unzuverlässigkeit einzelner Mitglieder des Wirtschaftsausschusses bestehen.
- Unabhängig von der Zuverlässigkeit der informierten Personen müsste es aber auch genügen, wenn durch die Offenbarung des Betriebs- oder Geschäftsgeheimnisses der Bestand und die Entwicklung des Unternehmens gefährdet sind.[8]

b) Prüfung der Gefährdung und Streitigkeiten

Der Unternehmer hat also in jedem Fall **nach pflichtgemäßem Ermessen** zu prüfen, ob durch die Mitteilung etwaiger Betriebs- und Geschäftsgeheimnisse diese gefährdet sind. Bezweifelt der Wirtschaftsausschuss, dass ein Betriebs- oder Geschäftsgeheimnis der Auskunft entgegensteht, so hat er den Betriebsrat bzw. Gesamtbetriebsrat mit der Angelegenheit zu befassen. Wenn zwischen Unternehmer und Betriebsrat bzw. Gesamtbetriebsrat keine Einigung darüber zustande kommt, ob die geforderte Unterrichtung des Wirtschaftsausschusses Betriebs- und Geschäftsgeheimnisse gefährdet, entscheidet die Einigungsstelle nach § 109 BetrVG. Die Einigungsstelle beurteilt hier eine Rechtsfrage. 21

II. Mitwirkung des Sprechausschusses der leitenden Angestellten

Leitende Angestellte sind vom Betriebsverfassungsgesetz ausgenommen, so dass für sie nicht der Betriebsrat zuständig ist, sondern der Sprecherausschuss. Das SprAuG sieht aber im Falle von Betriebsänderungen **keine eigenen Mitbestimmungsrechte** vor. Die Mitwirkung erfolgt hier vor allem durch **Information und Beratung**. Voraussetzung für diese Beteiligungsrechte ist aber wiederrum, dass ein solcher tatsächlich besteht. 22

Nach § 1 SprAuG kann ein Sprecherausschuss in Betrieben mit in der Regel mindestens zehn leitenden Angestellten im Sinne des § 5 Abs. 3 BetrVG gebildet werden. Der Unternehmer sollte bei der Planung einer Betriebsänderung prüfen, ob ein Sprecherausschuss besteht, der ggf. ebenfalls beteiligt werden müsste. 23

Die Beteiligung des Sprecherausschusses bei Betriebsänderungen kommt in zweierlei Hinsicht in Betracht: Zum einen besteht bei Vorliegen von wirtschaftlichen Angelegenheiten nach § 106 Abs. 3 BetrVG i.V.m. § 32 Abs. 1 SprAuG eine regelmäßi- 24

8 So auch Richardi/*Annuß*, § 106 BetrVG Rn 34.

ge halbjährliche Unterrichtungspflicht und zum anderen besteht eine Unterrichtungspflicht bei geplanten Betriebsänderungen nach § 111 BetrVG i.V.m. § 32 Abs. 2 SprAuG, die bei Entstehen von wirtschaftlichen Nachteilen zu einer Beratungspflicht verstärkt wird.

Praxistipp
Der Unternehmer sollte bei Beginn der Planungen über eine Betriebsänderung auch prüfen, ob ggf. ein bestehender Sprecherausschuss bei der geplanten Maßnahme zu beteiligen ist. Es bestehen aber nur Unterrichtungs- bzw. ggf. auch Beratungspflichten.

III. Beteiligungsrechte des Europäischen Betriebsrates

25 Sofern ein Unternehmen unionsweit mit mindestens 1000 Arbeitnehmern in den Mitgliedsstaaten operiert, von denen jeweils 150 Arbeitnehmer in mindestens zwei Mitgliedsstaaten angestellt sind, können sich auch auf europäischer Ebene Beteiligungspflichten ergeben, § 3 Abs. 1 EBRG. Dessen Rechte beschränken sich aber nur auf Unterrichtungs- und Anhörungsrechte, es bestehen hingegen keine echten Mitwirkungsrechte. Seine Funktion ähnelt somit dem des Wirtschaftsausschusses nach § 106 BetrVG.[9]

C. Anforderungen an die Unterrichtung des Betriebsrats

I. Sinn und Zweck der Unterrichtung

26 Der Unternehmer ist nach § 111 BetrVG verpflichtet, den Betriebsrat **rechtzeitig** und **umfassend** über die geplante Betriebsänderung zu unterrichten und diese mit ihm zu beraten mit dem **Ziel**, einen **Interessenausgleich** herbeizuführen. Letztlich entscheidet der Unternehmer jedoch allein, wenn es nach Ausschöpfung aller Verständigungsmöglichkeiten nicht zu einem Interessenausgleich kommt. Der Betriebsrat kann also keine verbindliche Lösung „erzwingen". Durch die Beteiligung des Betriebsrats sollen die dem Arbeitnehmer durch die Betriebsänderung entstehenden Nachteile im Übrigen ausgeglichen oder jedenfalls gemildert werden. Solche Regelungen finden sich in einem Sozialplan wieder.[10]

9 Weitergehend hierzu auch Münchener Anwaltshandbuch Arbeitsrecht/*Liebers*, § 56 Rn 186 ff.
10 Ausführlich zu Interessenausgleich und Sozialplan vgl. Kap. 29 Rn 1 ff. und Kap. 30 Rn 1 ff.

II. Zeitpunkt der Unterrichtungsphase

Die Unterrichtung des Betriebsrats muss **rechtzeitig** erfolgen, d.h. sie muss jedenfalls vor Umsetzung der Betriebsänderung beginnen. Denn nur die rechtzeitige Unterrichtung ermöglicht es dem Betriebsrat, auf das Ob und Wie der geplanten Betriebsänderung Einfluss zu nehmen. 27

1. Vorgeschaltete Planungs- und Konzeptionsphase des Unternehmers

Vor der Unterrichtung des Betriebsrats besteht die **Planungs- und Konzeptionsphase** des Unternehmers. Hier ist der Betriebsrat noch nicht zu beteiligen. In der Konzeptionsphase muss sich der Unternehmer darüber klar werden, welche Maßnahme geboten ist und wie und wann sie umgesetzt werden soll. Darüber hinaus sollte sich der Unternehmer auch über die Folgen der Maßnahme für die Belegschaft Klarheit verschaffen. Es ist also ein schlüssiges Konzept von Seiten des Unternehmers erforderlich, welches sorgfältig ausgearbeitet werden sollte. 28

Praxistipp

Die Unterrichtung des Betriebsrats sollte erst bei Vorliegen eines schlüssigen und vorbereiteten Konzepts erfolgen. Hierfür sind sorgfältige Vorarbeiten und Analysen notwendig, sowie auch eine nachvollziehbare Darstellung der Maßnahmen. Auch ihre Gründe und Folgen sind zu bedenken, so dass ein möglichst vollständiges Bild der juristischen und wirtschaftlichen Anforderungen besteht, um den betriebsverfassungsrechtlichen Gremien eine verlässliche Informationsbasis zu verschaffen.

Während der Konzeptions- und Planungsphase darf der Unternehmer also nicht die Belegschaft oder gar die Medien informieren, sofern er die betriebsverfassungsrechtlichen Gremien noch nicht unterrichtet hat.[11] 29

2. Unterrichtung des Betriebsrats

Die Konzeptions- und Planungsphase kann als abgeschlossen angesehen werden, wenn für die beabsichtigte Maßnahme aus Sicht des Arbeitgebers die **optimale Lösung** zwar **ausgewählt**, aber mit deren Umsetzung noch nicht begonnen worden ist. Sobald diese Phase abgeschlossen ist, **muss** der Unternehmer den Betriebsrat **unverzüglich unterrichten**, um den Sanktionen des § 121 Abs. 1 BetrVG und dem Nachteilsausgleich aus § 113 Abs. 3 BetrVG zu entgehen. Gerade die Modalitäten der Betriebsänderung, also etwa der Zeitpunkt, zu dem Kündigungen ausgesprochen 30

11 Münchener Anwaltshandbuch Arbeitsrecht/*Liebers*, § 57 Rn 5.

werden sollen, die Durchführung von Umsetzungen u.a. berühren die Belange der Belegschaftsangehörigen, so dass der Betriebsrat hierbei zu beteiligen ist.

31 Die Betriebsänderung darf also noch nicht begonnen haben, wobei nach der Rechtsprechung mit der Durchführung der Betriebsänderung begonnen wird, wenn er **unumkehrbare Maßnahmen** ergreift und damit **vollendete Tatsachen** schafft.[12] Der Unternehmer muss den Betriebsrat also davor beteiligen, so dass es in der Praxis oftmals schwer zu beurteilen ist, wann eine Beteiligung noch als rechtzeitig anzusehen ist.

Praxishinweis
Der Unternehmer darf mit der Maßnahme noch nicht begonnen haben, da sonst in jedem Fall eine verspätete Unterrichtung vorliegt. Die Unterrichtung des Betriebsrats muss also zu einem Zeitpunkt erfolgen, bevor unumkehrbare Maßnahmen ergriffen werden und der Unternehmer damit vollendete Tatsachen schafft.

III. Umfang und Form der Unterrichtung

32 Der Unternehmer muss den Betriebsrat auch **umfassend** über die Betriebsänderung unterrichten. Die Unterrichtung muss den Umfang der Maßnahme **in sachlicher und zeitlicher Hinsicht**, die **Gründe für die Zweckmäßigkeit** der Maßnahme sowie die zu **erwartenden Auswirkungen der Maßnahme auf die betroffenen Arbeitnehmer** erkennen lassen. Der Betriebsrat muss sich durch die Unterrichtung ein vollständiges Bild von der geplanten Maßnahme und deren Auswirkungen machen können.[13]

33 Zwar enthält § 111 BetrVG anders als § 106 BetrVG keine Regelungen, dass dem Betriebsrat auch Unterlagen zur Verfügung gestellt werden müssen, jedoch kann der Betriebsrat nach den Voraussetzungen des § 80 Abs. 2 BetrVG auch im Rahmen von § 111 BetrVG in gewisser Weise die **Vorlage von notwendigen Unterlagen** verlangen.[14] In jedem Fall muss sich die Erforderlichkeit aber auf die geplante Betriebsänderung beziehen. Die Notwendigkeit der Geheimhaltung ist kein Grund für die Einschränkung der Unterrichtungspflicht.

34 Eine bestimmte **Form** ist nicht vorgeschrieben, so dass die Unterrichtung auch mündlich erfolgen kann. Es empfiehlt sich jedoch neben einer mündlichen Erläuterung der Betriebsänderung auch eine schriftliche Unterrichtung an den Betriebsrat zu Beweiszwecken.

12 BAG, Urt. v. 30.5.2006 – 1 AZR 25/05 – NZA 2006, 1122.
13 ErfK/*Kania*, § 111 BetrVG Rn 23.
14 Richardi/*Annuß*, § 111 BetrVG Rn 151.

D. Beratungsphase mit dem Betriebsrat

Das Gesetz regelt neben der Unterrichtung auch weiter, dass der Unternehmer die geplante Maßnahme mit dem Betriebsrat zu beraten hat. In der Praxis sind die Unterrichtungs- und Beratungsphase oftmals ineinander verwoben bzw. schließen sich unmittelbar aneinander an. 35

I. Zeitpunkt der Beratung

Wie der Begriff schon ausdrückt, ist unter der Beratung nicht lediglich eine Anhörung des Betriebsrats zu verstehen, sondern der Unternehmer muss auf den Betriebsrat zugehen mit dem Ziel einer Einigung und Diskussion über die geplante Betriebsänderung. Die Beratungsphase hat nach den gesetzlichen Regelungen mit dem ernsten Willen zur Verständigung zu erfolgen (§ 74 I BetrVG) und darf vom Betriebsrat nicht mutwillig verzögert werden.[15] Dies stellt sich in der Praxis aber oftmals anders dar, da die zeitliche Verzögerung häufig eine Taktik der Betriebsräte ist. Einen vorgeschriebenen **Zeitpunkt** gibt es für die Beratungen nicht, dieser hängt allein von der Entscheidung zwischen Arbeitgeber und Betriebsrat ab. Aus diesem Grund ist auch immer die zeitliche Komponente vom Unternehmer bei der Planung mit einzubeziehen und zu berücksichtigen. 36

II. Gegenstand der Beratung

Mit dem Betriebsrat ist über die geplante Betriebsänderung zu beraten. Aus § 112 Abs. 1 BetrVG ergibt sich dabei, dass dies nicht nur die unternehmerische Entscheidung betrifft, also ob und wie die Betriebsänderung durchgeführt wird, sondern vielmehr auch die Regelung, ob und in welchem Umfang Nachteile für die Arbeitnehmer auszugleichen oder zu mildern sind. Ziel der Beratung sind der Versuch eines Interessenausgleichs sowie der Abschluss eines Sozialplans. Der Interessenausgleich bezieht sich dabei auf die Frage, ob und wie die Betriebsänderung durchgeführt werden soll, wohingegen der Sozialplan Regelungen zum Ausgleich oder der Milderung wirtschaftlicher Nachteile, die die Arbeitnehmer durch die geplante Maßnahme erleiden, zum Gegenstand hat. 37

15 Schaub/*Koch*, Arbeitsrechtshandbuch, § 244 Rn 27.

Kapitel 29
Interessenausgleich

Sobald die Voraussetzungen für das Vorliegen einer Betriebsänderung erfüllt sind und der Betriebsrat über die geplante Betriebsänderung informiert wurde, beginnt das Verfahren zur Herbeiführung eines Interessenausgleichs und eines Sozialplans. Die gesetzlichen Regelungen hierzu finden sich in §§ 112, 112a BetrVG. 1

A. Gegenstand des Interessenausgleichs

Mit dem Instrument des Interessenausgleichs soll versucht werden, zwischen Unternehmer und Betriebsrat eine Einigung zu erzielen, ob, wann und in welcher Form die vom Unternehmer vorgesehene Betriebsänderung durchgeführt wird[1], oder anders ausgedrückt: Zu welchem Zeitpunkt, in welchem Ausmaße und in welcher Form die geplante Betriebsänderung vonstattengeht. Sinn und Zweck des Interessenausgleichsverfahrens liegt also darin, dass möglichst ein Einvernehmen zwischen Betriebsrat und Unternehmer über Art und Ausmaß der vom Unternehmer beabsichtigten Betriebsänderung herbeigeführt wird. Unternehmer und Betriebsrat sollen ihre unterschiedlichen Meinungen und Lösungswege verhandeln, dem Betriebsrat soll insbesondere die Möglichkeit gegeben werden, dem Unternehmer im Hinblick auf die geplante Betriebsänderung die Interessen der Belegschaft aufzuzeigen und mit dem potentiell gegenteiligen Interessen des Unternehmers in Einklang zu bringen. Die Regelungen, die nach Abschluss des Interessenausgleichsverfahrens vom Unternehmer und Betriebsrat übereinstimmend niedergelegt werden, werden deshalb als **Interessenausgleich** bezeichnet. 2

B. Besonderheit des Interessenausgleichsverfahrens

I. Keine Verpflichtung für den Arbeitgeber

Der zentrale Punkt des Interessenausgleichsverfahrens ist, dass der Betriebsrat die vom Unternehmer geplante Betriebsänderung letztlich nicht verhindern kann. Der Arbeitgeber ist nach Durchlaufen des vorgeschriebenen Interessenausgleichsverfahrens in der Durchsetzung seiner unternehmerischen Entscheidung frei. Er muss 3

1 *Gaul*, § 28 Rn 130; siehe auch BAG, Urt. v. 9.7.1985 – 1 AZR 323/83 – AP Nr. 13 zu § 113 BetrVG 1972; BAG, Beschl. v. 27.10.1987 – 1 ABR 9/86 – AP Nr. 41 zu § 112 BetrVG 1972; BAG, Urt. v. 20.4.1994 – 10 AZR 186/93 – AP Nr. 27 zu § 113 BetrVG 1972.

keinen Interessenausgleich abschließen, sondern nur das ordnungsgemäße Verfahren durchlaufen.

Praxishinweis
Der Betriebsrat kann den Abschluss eines Interessenausgleichs nicht erzwingen, er kann auch die Durchführung der Betriebsänderung – etwa der Betriebsstilllegung – nicht verhindern. Der Arbeitgeber ist vielmehr frei, die geplante Maßnahme umzusetzen. Der Betriebsrat hat beim Interessenausgleich also kein Mitbestimmung- sondern nur ein Mitwirkungsrecht!

II. Versuch eines Interessenausgleichs – Einigungsstelle

4 Der Gesetzgeber hat den Unternehmer bei der Betriebsänderung nur verpflichtet, diese mit dem Betriebsrat umfassend zu beraten. Feste Zeitangaben über die Dauer der Beratungen enthält das BetrVG nicht, letztlich hängt sie vom Inhalt und der Komplexität der geplanten Betriebsänderung ab. Entgegen der früheren Rechtslage, wonach die Verhandlungsphase nach längstens 3 Monaten als beendet angesehen wurde, ist das Interessenausgleichsverfahren nach Vorstellung des Bundesarbeitsgerichts erst beendet, wenn der **Versuch des Interessenausgleichs gescheitert** ist. Hier gilt: Kommen Betriebsrat und Unternehmer im Rahmen des Interessenausgleichsverfahrens zu keiner gütlichen Einigung, ist der Unternehmer verpflichtet, von sich aus die sogenannte **Einigungsstelle** anzurufen. Im Rahmen des Einigungsstellenverfahrens wird der Versuch, einen Interessenausgleich herbeizuführen, dann unter Vorsitz des Einigungsstellenvorsitzenden fortgesetzt.[2] Gelingt auch im Rahmen des Einigungsstellenverfahrens keine gütliche Einigung, darf die Einigungsstelle jedoch keinen Spruch fällen, das Interessenausgleichsverfahren ist dann abgeschlossen.

Praxishinweis
Der Versuch eines Interessenausgleichs ist aus Sicht des BAG erst dann abgeschlossen, wenn auch im Rahmen des Einigungsstellenverfahrens keine gütliche Einigung zwischen Betriebsrat und Unternehmer hergestellt werden kann.[3]

---

2 Vergleiche hierzu ausführlich Kap. 31 Rn 19 ff.
3 Richardi/*Annuß*, § 112 BetrVG Rn 14.

C. Formelle Wirksamkeitsvoraussetzungen

I. Schriftform, Zuständigkeit

Kommen Unternehmer und Betriebsrat im Rahmen des Interessenausgleichsverfahrens zu einer Einigung, so ist der Interessenausgleich schriftlich zu verfassen, § 112 Abs. 1 S. 1 BetrVG. Er muss von den Vertretern des Unternehmens sowie des Betriebsrates unterzeichnet werden. Für den Betriebsrat ist **vertretungsberechtigt**: Betriebsratsvorsitzender oder im Fall dessen Verhinderung dessen Vertreter nach § 26 Abs. 2 S. 1 BetrVG. Für das Unternehmen ist für die Unterzeichnung vertretungsberechtigt: Der Vorstand oder der Geschäftsführer, bzw. mit Prokura ausgestattete Vertreter wie Personalchef oder Leiter der Rechtsabteilung. 5

Fettnapf !
Es gilt die Nichtigkeitsdoktrien des § 125 Abs. 1 BGB[4]. Dies bedeutet, dass bei fehlender Unterzeichnung durch die Betriebsparteien der Interessenausgleich nichtig ist.

II. Ausreichender Versuch

Für den Fall, dass Unternehmer und Betriebsrat nicht zu einer gütlichen Einigung über einen Interessenausgleich kommen, bedarf auch die entsprechende Feststellung, dass das Interessenausgleichsverfahren gescheitert ist, der Schriftform. 6

III. Wirkung des Interessenausgleichs

Der Interessenausgleich ist keine Betriebsvereinbarung, sondern wird überwiegend als eine **kollektiv-rechtliche Vereinbarung besonderer Art**[5] gesehen, deren Rechtsqualität nicht abschließend geklärt ist. 7

Diese Unterscheidung ist bedeutsam, denn Betriebsvereinbarungen sind privatrechtliche Normverträge, die sowohl eine normative (= gesetzesgleiche) wie auch eine schuldrechtliche Wirkung und damit unmittelbare und zwingende Wirkung auf das Arbeitsverhältnis haben und für den Arbeitgeber eine Durchführungspflicht beinhalten. Dies bedeutet, dass sich die für den Arbeitnehmer günstige Betriebsvereinbarung direkt auf das einzelne Arbeitsverhältnis beziehen kann und er gegenüber dem Arbeitgeber einen Anspruch auf Durchführung hat. 8

4 Zum Verfahren bei der Einigungsstelle vgl. Kap. 31 Rn 19 ff.
5 BAG, Urt. v. 14.11.2006 – 1 AZR 40/06 – NZA 2007, 339.

Praxishinweis
Dem Interessenausgleich kommt keine direkte und zwingende Wirkung auf die Einzelarbeitsverhältnisse zu.[6]

9 Durch Abschluss des Interessenausgleichs werden aber dennoch Unternehmer und Betriebsrat an dessen Inhalt gebunden. Der Unternehmer hat die geplante Betriebsänderung in dem Umfang und zu dem Zeitpunkt durchzuführen, wie es im Interessenausgleich vereinbart wurde. Der Betriebsrat hat seine Mitwirkungsrechte bezüglich der Durchführung der Betriebsänderung wie im Interessenausgleich festgelegt auszuüben.[7]

D. Inhaltliche Ausgestaltung

I. Rubrum und Präambel

10 Bei der inhaltlichen Ausgestaltung des Interessenausgleichs empfiehlt es sich zunächst in einem Rubrum die beteiligten Betriebsparteien zu bezeichnen und anschließend in einer Präambel die Beweggründe für diesen Interessenausgleich aufzuzeigen. Erst danach erfolgt dann die Darstellung des eigentlichen Inhalts eines Interessenausgleichs.

Klauselmuster: Rubrum und Präambel
Zwischen
der XYZ GmbH, Hauptstraße 1, 1001 Hauptstadt, vertreten durch die Geschäftsführer, Herrn Dr. Max Müller und Herrn Dr. Moritz Schmitt,
(im Folgenden XYZ genannt)

und

dem Betriebsrat der XYZ GmbH, Hauptstraße 1, 1001 Hauptstadt, vertreten durch den Betriebsratsvorsitzenden, Herrn Friedrich Bauer
(im Folgenden BR genannt)

wird anlässlich der Stilllegung des Vertriebs des Unternehmens folgender Interessenausgleich abgeschlossen:

Interessenausgleich

6 So nach der Rechtsprechung BAG, Urt. v. 20.4.1994 – 10 AZR 186/93 – AP Nr. 27 zu § 113 BetrVG 1972; BAG, Urt. v. 23.9.2003 – 1 AZR 576/02 – BAGE 107, 347; BAG, Urt. v. 14.11.2006 – 1 AZR 40/06 – AP Nr. 181 zu § 112 BetrVG 1972; ebenso LAG Düsseldorf, Beschl. v. 16.12.1996 – 18 TaBV 75/96 – LAGE § 112 BetrVG 1972 Nr. 41.

7 *Hromadka/Maschmann*, § 16 Rn 616.

Präambel
Aufgrund der sich ständig verschlechternden Konjunktur im Wirtschaftsbereich X und die hierdurch notwendig gewordene Sicherung des Fortbestands des Unternehmens, zusammen mit dem berechtigten Interesse des Betriebsrats, möglichst viele Arbeitsplätze insbesondere durch Umschulung und die Schaffung von Teilzeitplätzen zu erhalten, vereinbaren die Betriebsparteien nach langen, zum Teil streitigen und mit großem Ernst geführten Verhandlungen folgenden Interessenausgleich.

[... Inhalt des Interessenausgleichs ...]

Der eigentliche Inhalt des Interessenausgleichs wird dann anschließend in gewöhn- 11
licher Art und Weise eines Vertrages dargestellt. Bei den vereinbarten Regelungen ist zwischen Organisationsregelungen, eingeschränkten Organisationsregelungen und Folgeregelungen zu unterscheiden.

1. Unterbleiben der Betriebsänderung

Das eigentliche Verhandlungsziel des Betriebsrates wird es regelmäßig sein, im In- 12
teressenausgleich zu regeln, dass die vom Arbeitgeber geplante Betriebsänderung gänzlich unterbleibt. Dies gilt sowohl für Stilllegungsabsichten als auch für die Planung, einen Betrieb oder einen Betriebsteil an einen anderen Ort zu verlegen.

2. Modifizierung der geplanten Betriebsänderung

Häufiger finden sich im Interessenausgleich modifizierende Regelungen in Abgren- 13
zung zu der ursprünglich vom Unternehmer geplanten Betriebsänderung. Dies kann sich sowohl auf Modifizierungen in zeitlicher als auch in quantitativer oder qualitativer Hinsicht erstrecken.

Beispiel
- Teilstilllegung statt geplante Totalstilllegung
- Verlagerung nur eines Betriebsteils statt der geplanten Verlagerung des gesamten Betriebes
- Reduzierung des geplanten Personalabbaus
- Zeitliche Streckung des geplanten Personalabbaus
- Personelle Einzelmaßnahmen wie Umschulung des Personals für neue Tätigkeiten, Fortbildung zur Anpassung an neue Anforderungen etc.

II. Folgeregelungen

Neben Regelungen zur Betriebsänderung selbst können auch Folgeregelungen im 14
Interessenausgleich aufgenommen werden. Hier handelt es sich um Sachverhalte, deren Regelungsbedürftigkeit nicht unmittelbar auf die eigentliche Betriebsänderung zurückgeht, sondern deren mittelbare Folge sind.

Beispiel
- Vereinbarungen über die Auswirkungen der geänderten Betriebsstruktur auf die Personalplanung
- Besetzung von neu geschaffenen Arbeitsplätzen und das darauf bezogene Auswahlverfahren
- Einführung von konjunktureller oder struktureller Kurzarbeit
- Allgemeiner Einstellungsstopp
- Untersagung und/oder Einschränkung von Leiharbeit

III. Namensliste gem. § 1 Abs. 5 KSchG

15 Ein wichtiger Teil eines Interessenausgleichs kann die sogenannte Namensliste nach § 1 Abs. 5 KSchG sein. In einer Namensliste sind diejenigen Arbeitnehmer aufzulisten, die für eine betriebsbedingte Kündigung vorgesehen sind.

Beispiel: Wirksame Namensliste
- Namensliste der zu Kündigenden im Interessenausgleich selbst
- nicht unterschriebene (Namensliste-)Anlage, die mit dem Interessenausgleich bspw. mittels Heftmaschine fest verbunden ist[8]
- unterzeichnete Namensliste, die zwar vom Interessenausgleich getrennt ist, aber auf diesen Bezug nimmt[9]
- „zeitnahe“ Ergänzung des Interessenausgleichs mittels unterzeichneter Namensliste.[10]

16 Die Rechtsfolge einer wirksamen Einbeziehung der Namensliste ist die **Vermutung**, dass die Kündigungen der sich auf der Namensliste befindenden Arbeitnehmer durch **dringende betriebliche Erfordernisse bedingt** sind und die vom Unternehmer getroffene Sozialauswahl kann nur **auf grobe Fehler hin** überprüft werden. Auch **ersetzt** ein Interessenausgleich mit Namensliste die **Stellungnahme des Betriebsrats** nach § 17 Abs. 3 S. 2 KSchG.

Praxishinweis
Aus Sicht des Arbeitgebers ist die Vereinbarung einer Namensliste als Anhang zum Interessenausgleich für die spätere Durchführung betriebsbedingter Kündigungen von großem Vorteil. Denn dann sind die Kündigungen vom Arbeitsgericht nur auf grobe Fehlerhaftigkeit zu überprüfen.

8 BAG, Urt. v. 6.12.2001 – 2 AZR 422/00 – juris.
9 BAG, Urt. v. 21.2.2002 – 2 AZR 581/00 – EzA § 1 KSchG Interessenausgleich Nr. 10.
10 BAG, Urt. v. 22.1.2004 – 2 AZR 111/02 – AP Nr. 1 zu § 112 BetrVG 1972 Namensliste; so auch KR/*Etzel*, § 1 KSchG Rn 703 h; *Schiefer* DB1998, 925, 927.

E. Rechtsfolgen bei Verletzung der Mitwirkungsrechte des Betriebsrates

I. Nachteilsausgleichsansprüche

Setzt ein Unternehmer eine Betriebsänderung ohne den Versuch eines Interessenausgleichs um, entstehen für die von der Betriebsänderung betroffenen Arbeitnehmer gem. § 113 Abs. 3 BetrVG individualvertragliche Ansprüche auf **Nachteilsausgleich**. Die betroffenen Arbeitnehmer können dann vom Arbeitgeber finanzielle Abfindungen als Ausgleich für die wirtschaftlichen Nachteile verlangen, was der Gesetzgeber als sogenannten Nachteilsausgleich bezeichnet hat. Nach der ständigen Rechtsprechung des BAG ist der Unternehmer verpflichtet, den Versuch eines Interessenausgleichs mit dem Betriebsrat zu gestalten. Diesem Versuch ist erst dann genüge getan, wenn auch vor der Einigungsstelle über einen Interessenausgleich verhandelt worden ist. So lange muss der Unternehmer mit der Durchführung des Interessenausgleichsverfahrens warten.[11] Dabei entsteht der Nachteilsausgleichsanspruch auch dann, wenn der Arbeitgeber die Verhandlungen zum Interessenausgleich mit dem „falschen“ Betriebsrat verhandelt hat, also etwa mit dem Gesamtbetriebsrat, obwohl ein Einzelbetriebsrat zuständig ist. 17

II. Abweichen von einem Interessenausgleich

Der Nachteilsausgleichsanspruch entsteht für die betroffenen Arbeitnehmer auch dann, wenn der Unternehmer von dem mit dem Betriebsrat vereinbarten Interessenausgleich abweicht. Nur wenn zwingende Gründe vorliegen, die letztlich über die ursprünglich geplante Betriebsänderung hinausgehen, darf der Unternehmer ausnahmsweise von dem gefundenen Interessenausgleich abweichen. 18

III. Höhe des Nachteilsausgleichsanspruchs

Der Nachteilsausgleich besteht in einem Anspruch auf Abfindung, wobei für die Höhe § 10 KSchG Anwendung findet. Als Abfindung ist daher ein Betrag von bis zu 12 Monatsverdiensten festzusetzen. Dieser Betrag erhöht sich ab dem 50. Lebensjahr und einer Betriebszugehörigkeit von mindestens 15 Jahren auf bis zu 15 Bruttomonatsgehälter und ab dem 55. Lebensjahr und mindestens 20 Jahren Betriebszugehörigkeit auf bis zu 18 Bruttomonatsverdiensten. Innerhalb dieser Grenzen kann das 19

---

11 BAG, Urt. v. 18.12.1984 – 1 AZR 176/82 – AP Nr. 11 zu § 113 BetrVG 1972.

Arbeitsgericht die Abfindung nach pflichtgemäßem Ermessen festsetzen. Ähnlich wie bei der Abfindung für den Verlust des Arbeitsplatzes für Leitende Angestellte hat das Gericht dabei die Dauer der Betriebszugehörigkeit und die wirtschaftlichen Folgen der Entlassung für den Arbeitnehmer einerseits und die wirtschaftliche Lage des Unternehmens anderseits zu berücksichtigen. Nicht selten orientieren sich die Arbeitsrichter bei der Höhe der Abfindung für den Nachteilsausgleich an den sogenannten Faustformeln, die im Kündigungsschutzverfahren möglich sind.[12]

IV. Verrechnung mit Sozialplanabfindungsansprüchen

20 In den meisten Fällen von Betriebsänderungen wirkt sich das Risiko eines Nachteilsausgleichsanspruchs für den Unternehmer nicht negativ aus. Denn das BAG geht in ständiger Rechtsprechung davon aus, dass der Nachteilsausgleichsanspruch mit etwaigen Sozialplanabfindungen voll zu verrechnen ist.[13] Obwohl diese Auffassung nicht unumstritten ist wird diese Handhabung letztlich auch von der neueren Rechtsprechung des BAG insoweit unterstützt als die Funktion des Sozialplans nicht (mehr) in einer Entschädigung für den Verlust des Arbeitsplatzes gesehen wird, sondern in einer Überbrückungs- und Ausgleichsfunktion.[14]

! **Praxishinweis**
Abfindungszahlungen eines Sozialplans sind auf den Nachteilsausgleichsanspruch anzurechnen.

V. Einstweilige Verfügung zur Vermeidung von Kündigungen?

21 Für die Praxis von größter Bedeutung ist die Frage, ob der Arbeitgeber mit der Betriebsänderung bereits beginnen kann, obwohl die Verhandlungen zum Interessenausgleich noch nicht abgeschlossen bzw. nicht ausreichend versucht sind. Hierbei geht es vor allem um die Frage, ob der Betriebsrat im Wege einer einstweiligen Verfügung den Ausspruch von Kündigungen im Fall der Betriebsstilllegung oder -teilstilllegung verhindern kann. Einstweilige Unterlassungsverfügungen des Betriebsrates kommen auch dann in Betracht, wenn die Verlagerung von Betriebsmitteln oder Betriebsteilen an einen anderen Ort verhindert werden soll. Der Unternehmer

12 Zur Höhe der möglichen Abfindungsempfehlungen bei Kündigungsrechtsstreitigkeiten vgl. oben Kap. 10 Rn 65 f.

13 BAG, Beschl. v. 13.12.1978 – GS 1/77 – BB 1979, 267; BAG, Urt. v. 13.6.1989 – 1 AZR 819/87 – NZA 1989, 894.

14 BAG, Urt. v. 9.11.1994 – 10 AZR 281/94 – NZA 1995, 644, 646; siehe auch Kap. 30 Rn 5.

hat insbesondere im Fall des geplanten Personalabbaus regelmäßig das Interesse, seine Kündigungen fristgerecht aussprechen zu können, um den Lauf der Kündigungsfristen zu starten. Der Betriebsrat wird demgegenüber versuchen, die Verhandlungen zu „strecken", um die nächsten Kündigungstermine zu erreichen. Die hier aufgeworfene Frage, ob der Erlass einer einstweiligen Unterlassungsverfügung durch den Betriebsrat möglich ist, ist in der Rechtsprechung[15] und Literatur[16] heftig umstritten. Nach hier vertretener Auffassung ist diese Frage zu verneinen. Das BAG selbst hat die Frage des Bestehens eines Unterlassungsanspruchs für den Betriebsrat zur Vermeidung von Kündigungsaussprüchen vor Abschluss der Interessenausgleichsverhandlungen bisher ausdrücklich offengelassen.[17]

Praxishinweis **!**

Die Frage, ob der Arbeitgeber vor Abschluss der Verhandlungen zum Interessenausgleich Kündigungen aussprechen kann ist in der Rechtsprechung heftig umstritten. Unternehmern ist dringend zu empfehlen, die aktuelle Rechtsprechung des zuständigen Arbeitsgerichtes bzw. Landesarbeitsgerichtes im Hinblick auf die Zulassung von einstweiligen Unterlassungsverfügungen für den Betriebsrat zu überprüfen. Dabei ist in der Praxis allerdings zu berücksichtigen, dass zum Teil verschiedene Kammern eines Landesarbeitsgerichtes unterschiedliche Auffassungen vertreten, sodass die Rechtsprechung der Instanzgerichte häufig nicht vorhersehbar ist.

VI. Ordnungswidrigkeiten

Nach § 121 BetrVG kann die Verletzung der Aufklärungs- und Unterrichtungspflichten gegenüber dem Betriebsrat als Ordnungswidrigkeit mit einer Geldbuße von bis zu € 10.000,00 geahndet werden. 22

15 Unterlassungsanspruch verneint ausdrücklich LAG Baden-Württemberg, Beschl. v. 28.8.1985 – 2 TaBV 8/85 – DB 1986, 805; LAG Düsseldorf, Beschl. v. 14.11.1983 – 12 TaBV 88/83 – BB 1984, 511; LAG Düsseldorf, Beschl. v. 19.11.1996 – 8 TaBV 80/96 – NZA-RR 1997, 297; LAG Rheinland-Pfalz, Beschl. v. 28.3.1989 – 3 TaBV 6/89 – LAGE § 111 BetrVG 1972 Nr. 10; LAG Schleswig-Holstein, Beschl. v. 13.1.1992 – 4 TaBV 54/91 – DB 1992, 1788; LAG Baden-Württemberg, Beschl. v. 21.10.2009 – 20 TaBVGa 1/09 – BeckRS 2010, 66550.
Unterlassungsanspruch bejaht: LAG Hamburg, Beschl. v. 8.6.1983 – 6 TaBV 9/83 – DB 1983, 2369; LAG Hamburg, Beschl. v. 27.6.1997 – 6 TaBV 5/97 – NZA-RR 1997, 296; Hessisches Landesarbeitsgericht, Beschl. v. 6.4.1993 – 4 TaBVGA 45/93 – LAGE § 111 BetrVG 1972 Nr. 12; LAG Berlin, Beschl. v. 7.9.1995 – 10 TaBV 5/95 und 9/95, 10 TaBV 5/95, 10 TaBV 9/95 – AP Nr. 36 zu § 111 BetrVG 1972.

16 Unterlassungsanspruch bejaht: *Fauser/Nacken*, NZA 2006, 1136; *Fischer*, ArbuR 1997, 177; Münchener Handbuch Arbeitsrecht/*Matthes*, § 269 Rn 49.
Unterlassungsanspruch verneint: Richardi/*Annuß*, § 111 BetrVG Rn 166; *Fitting*, § 111 Rn 131 ff. m.w.N.

17 BAG; Beschl. v. 3.5.1994 – 1 ABR 24/93 – BB 1994, 2273.

F. Laufzeit und Beendigung eines Interessenausgleichs

23 Die **Erledigung** des Interessenausgleichs tritt **grundsätzlich mit Beendigung der Durchführung der Betriebsänderung** ein. Sinnvoll ist es deshalb im Fall eines zum Interessenausgleich korrespondierenden Sozialplans die jeweiligen Laufzeiten aufeinander abzustimmen.

24 Weiter kann die Erledigung des Interessenausgleichs aufgrund von Zweckerreichung, Befristung oder Kündigung eintreten.

25 Beinhaltet der Interessenausgleich lediglich Organisationsregelungen, so tritt die Erledigung des Interessenausgleichs mit der **Zweckerreichung** ein.

Klauselmuster: Inkrafttreten und Laufzeit

§ 5 Inkrafttreten und Laufzeit

Die Parteien sind sich einig, dass die Verhandlungen abgeschlossen sind und das Verfahren zur Herbeiführung eines Interessenausgleichs beendet ist.

Der Interessenausgleich tritt mit Unterzeichnung in Kraft und endet mit der vollständigen Umsetzung der Betriebsänderung.

26 Im Fall von umfangreichen Folgeregelungen im Rahmen eines Interessenausgleichs ist es üblich, sofern die Dauer nicht bereits in den Folgeregelungen selbst enthalten ist, zumindest eine **Befristung** in den Laufzeitvereinbarungen für den Interessenausgleich aufzunehmen.

Klauselmuster bei Befristung

Der Interessenausgleich tritt mit Unterzeichnung in Kraft und gilt bis zum Abschluss aller darin bezeichneten personellen Einzelmaßnahmen, längstens jedoch bis zum 31. Dezember 2013.[18]

27 Eine **ordentliche Kündigung** des Interessenausgleichs ist grundsätzlich ausgeschlossen, da durch den Abschluss eines Interessenausgleichs die Meinungsverschiedenheiten zwischen Betriebsrat und Unternehmer abschließend geklärt werden sollen.

28 Eine Ausnahme hiervon gilt für den Abschluss eines **Interessenausgleichs als freiwillige Betriebsvereinbarung**, jedoch sollte auch hier zur Klarstellung eine ordentliche Kündigungsregelung in die Vereinbarung mit aufgenommen werden.

18 Beispiel nach Münchener Anwaltshandbuch Arbeitsrecht/*Liebers*, § 58 Rn 36.

Klauselmuster: Inkrafttreten und ordentliche Kündigung

§ 5 Inkrafttreten und ordentliche Kündigung

Der Interessenausgleich tritt mit Unterzeichnung in Kraft und kann mit einer Frist von 3 Monaten ordentlich gekündigt werden.[19]

Grundsätzlich möglich ist die **außerordentliche Kündigung** des Interessenausgleichs aus wichtigem Grund und der **Wegfall der Geschäftsgrundlage** (vgl. §§ 1 V 2 KSchG, 125 S. 2 InsO). 29

19 Beispiel nach Münchener Anwaltshandbuch Arbeitsrecht/*Liebers*, § 58 Rn 38.

Kapitel 30
Sozialplan

Mit Hilfe eines Sozialplans sollen die wirtschaftlichen Nachteile der von der Betriebsänderung betroffenen Arbeitnehmer ausgeglichen bzw. abgemildert werden. Nach der **gesetzlichen Definition** des Sozialplans in § 112 Abs. 1 S. 2 BetrVG stellt der Sozialplan eine Einigung über den Ausgleich oder die Milderung der wirtschaftlichen Nachteile, die den Arbeitnehmer infolge der geplanten Betriebsänderung entstehen, dar. 1

Der Sozialplan wird üblicherweise vor Durchführung der Betriebsänderung zwischen dem Unternehmer und dem Betriebsrat abgeschlossen. Der Abschluss eines Sozialplans ist jedoch auch noch nach Durchführung der Betriebsänderung erzwingbar.[1] Ein **Anspruch des Betriebsrats auf Abschluss eines Sozialplans** entsteht im gleichen Moment wie der Anspruch des Betriebsrats auf Beratung der Betriebsänderung, also am Ende des Planungsstadiums des Unternehmers. 2

Praxishinweis !
Anders als der Interessenausgleich ist der Abschluss eines Sozialplans durch den Betriebsrat erzwingbar. Wenn sich aber Unternehmer und Betriebsrat über den Inhalt des Sozialplans nicht einigen, entscheidet die Einigungsstelle über den Inhalt verbindlich. Anders als der Interessenausgleich ist der Sozialplan ferner regelmäßig mit nicht unerheblichen Kosten für das Unternehmen verbunden.

A. Zweck des Sozialplans

Der Zweck des Sozialplans unterlag in den letzten Jahren einem großen Wandel in der Rechtsprechung des Bundesarbeitsgerichts. 3

I. Frühere Ansicht des BAG

Ursprünglich wurde der Zweck von Sozialplänen **vergangenheitsbezogen** gesehen, denn der Sozialplan diente nach Ansicht des Bundesarbeitsgerichts zur **Entschädigung** des Arbeitnehmers für den Verlust des Arbeitsplatzes.[2] 4

---

1 Münchener Anwaltshandbuch Arbeitsrecht/*Liebers*, § 58 Rn 43.
2 Schaub/*Koch*, Arbeitsrechtshandbuch, § 244 Rn 45.

II. Ansicht der neueren Rechtsprechung

5 Inzwischen wurde die Entschädigungsfunktion des Sozialplans von der Rechtsprechung aufgegeben und vielmehr die **Überbrückungseigenschaft** des Sozialplans anerkannt. Zweck eines Sozialplans ist nun vielmehr, dass mit einem begrenzten Volumen möglichst allen von der Entlassung betroffenen Arbeitnehmern eine verteilungsgerechte Überbrückungshilfe bis zu einem ungewissen neuen Arbeitsverhältnis oder längstens bis zum Bezug von Altersrente ermöglicht wird.[3]

B. Formen des Sozialplans

6 Bei den unterschiedlichen Formen des Sozialplans ist vor allem zwischen dem erzwingbaren und freiwilligen Sozialplan zu differenzieren.

I. Erzwingbarer Sozialplan

7 Wie oben bereits dargestellt entsteht grundsätzlich ein Anspruch des Betriebsrats auf Abschluss eines Sozialplans, sobald der Unternehmer eine **Betriebsänderung gemäß § 111 BetrVG** oder einen **Personalabbau gemäß § 112a BetrVG** plant und diesen durchführt. Kommt der Unternehmer dem Verlangen des Betriebsrats auf Abschluss eines Sozialplans nicht nach oder kann keine Einigung erzielt werden, so kann diese Einigung durch eine Entscheidung der Einigungsstelle nach § 112 Abs. 4, Abs. 5 BetrVG ersetzt werden. Ein solcher Sozialplan wird daher auch als erzwingbarer Sozialplan bezeichnet.

8 Der Betriebsrat kann die Aufstellung eines Sozialplans auch dann verlangen, wenn der Unternehmer die **geplante Betriebsänderung bereits durchgeführt** hat[4], es sei denn im Zeitpunkt des Beginns der Betriebsänderung bestand kein Betriebsrat[5]. Auch bei Abschluss eines Sozialplans nach Durchführung der Betriebsänderung können nach Ansicht des BAG die vor der Durchführung bestehenden Verhältnisse als Beurteilungsgrundlage herangezogen werden. Die zum Zeitpunkt

---

3 Schaub/*Koch*, Arbeitsrechtshandbuch, § 244 Rn 45; BAG, Urt. v. 19.10.1999 – 1 AZR 838/98 -NZA 2000, 732; BAG, Beschl. v. 1.4.1998 – 10 ABR 17/97 – AP Nr. 123 zu § 112 BetrVG; BAG, Urt. v. 5.2.1997 – 10 AZR 553/96 – NZA 1998, 158; BAG, Urt. v. 9.11.1994 – 10 AZR 281/94 – AP Nr. 85 zu § 112 BetrVG 1972; BAG, Urt. v. 23.8.1988 – 1 AZR 284/87 – NZA 1989, 28.

4 BAG, Beschl. v. 27.6.2006 – 1 ABR 18/05 – AP Nr. 14 zu § 112a BetrVG 1972; BAG, Beschl. v. 15.10.1979 – 1 ABR 49/77 – DB 1980, 549.

5 So zumindest Richardi/*Annuß*, § 112 BetrVG Rn 67 mit Verweis auf BAG, Beschl. v. 20.4.1982 – 1 ABR 3/80 – BAGE 38, 284; BAG, Beschl. v. 28.10.1992 – 10 ABR 75/91 – AP Nr. 63 zu § 112 BetrVG 1972.

nach der Durchführung tatsächlich nicht eingetretenen Nachteile sind unschädlich und führen nicht zu einer wirtschaftlichen Entlastung des Unternehmers.[6]

II. Befreiung von der Sozialplanpflicht gemäß § 112a BetrVG

In bestimmten Ausnahmefällen kann der Sozialplan nicht vom Betriebsrat über die Einigungsstelle erzwungen werden. Diese Ausnahmefälle sind in §§ 112, 112a BetrVG normiert. 9

1. Bei Personalabbau

Besteht eine **Betriebsänderung** gemäß § 111 S. 3 Nr. 1 BetrVG **allein in der Entlassung von Arbeitnehmern**, so entfällt die Sozialplanpflicht nach § 112 Abs. 4 und Abs. 5, wenn 10

Checkliste !

- in Betrieben mit in der Regel weniger als 60 Arbeitnehmern 20% der regelmäßig beschäftigten Arbeitnehmer, aber mindestens 6 Arbeitnehmer
- in Betrieben mit in der Regel mindestens 60 Arbeitnehmern und weniger als 250 Arbeitnehmern 20% der regelmäßig beschäftigten Arbeitnehmer oder mindestens 37 Arbeitnehmer
- in Betrieben mit in der Regel mindestens 250 und weniger als 500 Arbeitnehmern 15% der regelmäßig beschäftigten Arbeitnehmer oder mindestens 60 Arbeitnehmer
- in Betrieben mit in der Regel mindestens 500 Arbeitnehmern 10% der regelmäßig beschäftigten Arbeitnehmer, aber mindestens 60 Arbeitnehmer

aus betriebsbedingten Gründen entlassen werden sollen. Das veranlasste Ausscheiden des Arbeitnehmers durch **Aufhebungsvertrag** oder **Vergleich** sowie durch veranlasste **Eigenkündigung** kann ebenfalls als Entlassung des Arbeitgebers aufgrund von Betriebsänderung gesehen werden.[7]

In der Praxis wird häufig übersehen, dass die Ausnahmeregelungen des § 112a BetrVG nur den **reinen** Personalabbau betrifft. Dies wäre etwa dann der Fall, wenn eine prozentuale Reduzierung des Personals über alle Bereiche beschlossen wird. Meist sind Personalabbaumaßnahmen aber mit Betriebsänderungen verbunden. Dies gilt etwa dann, wenn der Personalabbau sich auf einen Teil des Unternehmens beschränkt und damit eine Teilbetriebsstilllegung verbunden ist. Alternativ kommt auch der Personalabbau im Zusammenhang mit organisatorischen Umstrukturierungen in Betracht wie etwa Austausch des Maschinenparks oder ähnliches. Auch 11

6 BAG, Beschl. v. 23.4.1985 – 1 ABR 3/81 – BAGE 48, 294; BAG, Beschl. v. 27.6.1989 – 1 ABR 27/88 – juris.
7 *Gaul*, § 28 Rn 160.

in diesem Fall würde zu dem Personalabbau eine Betriebsänderung im Sinne des § 111 Abs. 1 (**Nr. 1 oder 4 BetrVG**) hinzukommen, sodass der Ausnahmetatbestand des reinen Personalabbaus nach § 112a BetrVG nicht mehr gegeben ist.

Fettnapf
Die Ausnahmevorschrift des § 112a BetrVG erfasst nur den sehr engen Bereich des **reinen** Personalabbaus. Der Unternehmer ist deshalb gehalten, zu prüfen, ob seine Maßnahme nicht darüber hinaus auch eine Betriebsänderung im Sinne des § 111 Abs. 1 BetrVG darstellt mit der Folge, dass Sozialpflicht zu bejahen ist.

Praxishinweis
Vorsicht: Bei dem **stufenweisen Abbau von Personal** ist der Plan maßgeblich, der im Rahmen einer **einheitlichen Unternehmensentscheidung** getroffen wurde.[8] Das bedeutet, auch bei einem stufenweisen Abbau von Personal über einen längeren Zeitraum kann eine Pflicht zum Abschluss eines Sozialplans entstehen, sofern dieser auf einer einheitlichen Unternehmerentscheidung beruht.

2. Bei Neugründungen

12 Ebenso befreit von der Sozialplanpflicht sind gemäß § 112a Abs. 2 S. 1 BetrVG Betriebe eines Unternehmens in den **ersten vier Jahren nach Gründung des Unternehmens**. Die Ausnahmeregelung gilt für alle Formen der Betriebsänderung. Der maßgebliche **Zeitpunkt für Gründung** des Unternehmens ist die Aufnahme einer Erwerbstätigkeit, die hingegen innerhalb eines Monats dem Finanzamt mitzuteilen ist (§ 112a Abs. 2 S. 3 BetrVG, § 138 AO).

III. Freiwilliger Sozialplan

13 Ist der **Abschluss** eines Sozialplans **gesetzlich nicht vorgeschrieben** kann dessen ungeachtet zwischen Unternehmer und Betriebsrat ein sog. freiwilliger Sozialplan abgeschlossen werden.

1. Vorsorglicher Sozialplan

14 Nach Ansicht des BAG kann für eine noch nicht geplante, aber in groben Umrissen schon abschätzbare Betriebsänderung ein **vorsorglicher Sozialplan in Form einer freiwilligen Betriebsvereinbarung** (§ 77 Abs. 3, § 88 BetrVG) aufgestellt werden.[9]

8 *Gaul*, § 28 Rn 160.

9 BAG, Beschl. v. 26.8.1997 – 1 ABR 12/97 – AP Nr. 117 zu § 112 BetrVG 1972; BAG, Urt. v. 19.1.1999 – 1 AZR 342/98 – NZA 1999, 949; BAG, Urt. v. 11.12.2001 – 1 AZR 193/01 – BAGE 100, 60.

Die Betriebsänderung muss also noch nicht geplant, aber zumindest **in groben Umrissen berechenbar** sein. Ein vorsorglicher Sozialplan regelt dabei präzise und abschließend diejenigen Konditionen, nach welchen die Arbeitnehmer im Falle einer Betriebsänderung aus dem Arbeitsverhältnis ausscheiden. Für den Unternehmer sinnvoll erscheint ein vorsorglicher Sozialplan daher, wenn in naher Zukunft mehrere Betriebsänderungen vorgesehen sind oder aber zumindest betriebsbedingte Kündigungen beträchtlicher Zahl anstehen.

Praxistipp !

Der Vorteil des Abschlusses eines vorsorglichen Sozialplans für den Unternehmer liegt zum einen darin, dass er bereits bei der konkreten Planung der Betriebsänderung eine verlässliche Kalkulationsgrundlage zur Berechnung der Umstrukturierungskosten hat und zudem durch die Existenz eines solchen vorsorglichen Sozialplans der Belegschaft ein Gefühl der sozialen Absicherung gegeben wird.[10]

Nach Ansicht des BAG[11] handelt es sich bei dem Abschluss eines vorsorglichen Sozialplans nicht um einen Verzicht des Betriebsrats auf die Ausübung der Beteiligungsrechte in § 112 BetrVG, sondern er nimmt ihre Ausübung vorweg. Die Vorwegnahme von Mitbestimmungsrechten im Vorgriff auf denkbare künftige Fälle sei zulässig und nicht unüblich. Zudem stelle ein vorsorglicher Sozialplan nur dann ein Instrument für die betriebliche Praxis dar, wenn hierdurch beide Parteien und nicht nur eine Partei (die Arbeitgeberseite) gebunden werden. Außerdem sei zu bedenken, dass ein vorsorglicher Sozialplan in der Regel nicht die Beratung und Verhandlung eines Interessenausgleichs über eine spätere konkretisierte Betriebsänderung ausschließt. 15

Fettnapf !

Trotz der grundsätzlichen Bindung der Betriebsparteien an den vorsorglichen Sozialplan ist im Hinblick auf eine Sperrwirkung des Sozialplans gegen Nachverhandlungen Vorsicht geboten. Denn nach Ansicht des BAG[12] entfaltet ein vorsorglicher Sozialplan dann keine Sperrwirkung, wenn zum Zeitpunkt seines Abschlusses die bevorstehende Betriebsänderung (Vornahme, Gegenstand, Ausmaß und Rahmenbedingungen) noch völlig ungewiss ist.

2. Dauersozialplan

Inhalt eines Dauersozialplans sind die von einer konkreten Betriebsänderung unabhängige, **unbefristete** oder **für eine bestimmt Dauer** vorgesehene **Abfindungsre-** 16

10 BAG, Beschl. v. 26.8.1997 – 1 ABR 12/97 – AP Nr. 117 zu § 112 BetrVG 1972; Willemsen/Hohenstatt/Schweibert/Seibt/*Schweibert*, Teil C Rn 209.

11 BAG, Beschl. v. 26.8.1997 – 1 ABR 12/97 – AP Nr. 117 zu § 112 BetrVG 1972.

12 BAG, Beschl. v. 26.8.1997 – 1 ABR 12/97 – AP Nr. 117 zu § 112 BetrVG 1972.

gelungen für alle betriebsbedingt gekündigten Arbeitnehmer.[13] Der Vorteil eines solchen Dauersozialplans für den Unternehmer ist, dass dieser nicht fortlaufend mit dem Betriebsrat in zeit- und oft auch kostenintensive Sozialplanverhandlungen eintreten muss.

Praxishinweis
Der durch den Abschluss eines Dauersozialplans gewonnene Vorteil muss sorgsam mit der möglichen längerfristigen finanziellen Belastung des Unternehmens durch den Dauersozialplan abgewogen werden.

---

3. Rahmensozialplan

17 Der Abschluss eines Rahmensozialplans kann in Betracht gezogen werden, wenn noch **nicht alle Details zu Beginn** einer Verhandlung als regelbar erscheinen, aber zumindest **gewisse Eckdaten festgelegt** werden können. Dies erscheint vor allem bei komplexeren Sachverhalten, die relativ lange Umsetzungszeiten erfordern, sinnvoll.[14] Der Rahmensozialplan steckt daher im Gegensatz zum vorsorglichen Sozialplan grundsätzlich nur die Leitlinien für einen künftigen Sozialplan ab.[15]

Praxistipp
Durch den Abschluss eines Rahmensozialplans ist es also möglich bereits mit Umsetzungsmaßnahmen zu beginnen während deren wirtschaftlicher Ausgleich noch überschaubar ist. Im Gegenzug sind die Personalmaßnahmen im Einzelnen noch nicht verbindlich festgelegt und daher noch verhandelbar.

IV. Sozialplan in der Insolvenz

18 Für den Abschluss eines Sozialplans in der Insolvenz sind zunächst die allgemeinen Vorschriften anwendbar und es gilt grundsätzlich das hierzu ausgeführte. Besonderheiten ergeben sich jedoch aus §§ 123, 124 InsO bezüglich des Sozialplanvolumens. So besteht für Sozialpläne, die nach Eröffnung des Insolvenzverfahrens aufgestellt wurden, eine absolute Obergrenze darin, dass das Sozialplanvolumen höchstens 2 ½ Monatsgehälter der von den Entlassungen betroffenen Arbeitnehmer betragen darf. Diese Obergrenze betrifft das Gesamtvolumen der Abfindungen, hindert Insolvenzverwalter und Betriebsrat also nicht daran, die Verteilung des Volumens auf die betroffenen Arbeitnehmer nach allgemeinem Beurteilungsermessen

---

13 Willemsen/Hohenstatt/Schweibert/Seibt/*Schweibert*, Teil C Rn 209.
14 Münchener Anwaltshandbuch Arbeitsrecht/*Liebers*, § 58 Rn 52.
15 Willemsen/Hohenstatt/Schweibert/Seibt/*Schweibert*, Teil C Rn 209.

vorzunehmen. Zum anderen ist gesetzlich geregelt, dass das Gesamtvolumen des Sozialplans 1/3 der Masseforderungen nicht übersteigen darf.

Ist der Sozialplan bereits vor Eröffnung des Insolvenzverfahrens abgeschlossen 19
worden und liegt dies nicht länger als drei Monate zurück, können sowohl der Betriebsrat als auch der Insolvenzverwalter den Sozialplan mit der Folge widerrufen, dass er unwirksam wird. Die Betriebspartner müssen dann gem. § 124 Abs. 2 InsO einen neuen Sozialplan nach den Regelungen der §§ 123, 124 InsO abschließen.

C. Formelle Wirksamkeitsvoraussetzungen

Der Sozialplan ist gem. § 112 Abs. 1 S. 2 BetrVG schriftlich niederzulegen und vom 20
Unternehmer und Betriebsrat zu unterschreiben. Ein Verstoß gegen diese Formvorschriften führt zur Unwirksamkeit des Sozialplanes (§ 125 BGB).

D. Inhaltliche Ausgestaltung

Der Aufbau des Sozialplans besteht vergleichbar wie der des Interessenausgleichs 21
aus einem Rubrum, Präambel und anschließend dem eigentlichen Inhalt des Sozialplans. Bezüglich der Anforderungen an die Zuständigkeiten gilt das zum Interessenausgleich Gesagte[16].

I. Rubrum und Präambel

22

Muster
Sozialplan
Zwischen
der XYZ GmbH, Hauptstraße 1, 1001 Hauptstadt, vertreten durch die Geschäftsführer, Herrn Dr. Max Müller und Herrn Dr. Moritz Schmitt,
(im Folgenden XYZ genannt)

und

dem Betriebsrat der XYZ GmbH, Hauptstraße 1, 1001 Hauptstadt, vertreten durch den Betriebsratsvorsitzenden, Herrn Friedrich Bauer
(im Folgenden BR genannt)

kommt folgender

16 Siehe Kap. 29 Rn 10.

Sozialplan
für die betroffenen Bereiche im Zusammenhang mit der Reorganisation
„Wachstumssteigerung 2013“

zustande:

Sozialplan

I. Präambel
Zum Ausgleich bzw. zur Milderung der wirtschaftlichen Nachteile, die den Mitarbeitern und Mitarbeiterinnen durch die im Interessenausgleich vom XX.XX.2013 geregelten Betriebsänderung entstehen, wird folgender Sozialplan zwischen den Betriebsparteien vereinbart.

II. Materielle Regelungen

23 Die Betriebspartner und die Einigungsstelle sind nicht verpflichtet alle denkbar wesentlichen oder gar unwesentlichen Nachteile auszugleichen. Bei der inhaltlichen Ausgestaltung des Sozialplans können daher viele unterschiedliche Aspekte aufgegriffen werden. Dabei sind durch den Abschluss eines Sozialplanes nur wirtschaftliche Nachteile ausgleichsfähig, nicht dagegen immaterielle Nachteile. Unter wirtschaftlichen Nachteilen sind solche Nachteile zu verstehen, die sich vermögensrechtlich auswirken, das heißt zahlenmäßig beschreibbar sind.

Beispiel
- Abfindungen für den Verlust des Arbeitsplatzes
- Finanziellen Ausgleich für Versetzung auf geringer vergütete Arbeitsplätze
- Finanziellen Ausgleich bei Verlegung von Arbeitsplätzen, z.B. Erstattung der Umzugskosten, Fahrtkosten, Trennungsgeld, Mietbeihilfen
- Finanzielle Unterstützung für Umschulungs- und Fortbildungsmaßnahmen
- Sonderkonditionen für die Rückführung von Arbeitgeberdarlehen

III. Die Sozialplanabfindung

24 Das Herzstück eines jeden Sozialplanes ist die Festlegung der Berechnungskriterien für die Sozialplanabfindung.

25 Um herauszufinden, ob ein Verhandlungsangebot einer Abfindungsregelung im Sozialplan industrie- und branchenüblich ist, wird ein erster Richtwert mit Hilfe einer Sozialabfindungsformel ermittelt. Die Abfindungsformel ist meist als pauschalisierende Formel ausgestaltet, bei der das Alter, die Betriebszugehörigkeit und die Monatsvergütung des Arbeitnehmers berücksichtigt werden. Weiter wird dann mit Hilfe eines speziell ausgehandelten Faktors oder Teilers versucht, die wirtschaftli-

che Leistungsfähigkeit des Arbeitgebers, die Arbeitsmarktsituation und die Branchenüblichkeit der Abfindung miteinander ins Verhältnis zu setzten. Zusätzlich zu den Kriterien des Alters, der Betriebszugehörigkeit und der Monatsvergütung sowie dem speziellen Faktor können weitere Merkmale wie Kinderzahl, Schwerbehinderung und lineare Mindest- oder Sockelbeiträge für die Berechnung der Abfindungsregelung hinzugezogen werden.[17]

Oft ist zum Zeitpunkt des Abschlusses eines Sozialplans noch nicht klar, welche konkreten Nachteile den Arbeitnehmern durch die geplante Betriebsänderung drohen. Daher basiert die Höhe der Abfindungsregelungen meist auf einer Prognose der für den Arbeitnehmer zu erwartenden Nachteile der geplanten Betriebsänderung.[18] 26

1. Berechnungsmethoden

Für die geplanten Abfindungsregelungen steht eine Vielzahl von Berechnungsmöglichkeiten zur Verfügung. Die nachfolgendend dargestellten Methoden (Schaubsche Formel, Stufenmethode, Punktemodell) stellen häufig verwendete Berechnungsformeln der Praxis dar. 27

Formulierungsvorschlag Abfindungszahlung[19]
Die Abfindung für den Verlust des Arbeitsplatzes setzt sich wie nachfolgend ermittelt zusammen:

Berechnung mit Schaubscher Formel

$$\frac{\text{Alter} \times \text{Betriebszugehörigkeit} \times \text{Bruttomonatsgehalt}}{\text{Teiler (Divisor)}}$$

Divisor schwankt in der Praxis zwischen 25 und 150, Alter und Dienstzeit werden üblicherweise in vollen Jahren angegeben.

Berechnung mit Stufenmethode
Die Höhe der Abfindung beträgt bei Ausscheiden:

- bis zum vollendeten 30. Lebensjahr Faktor 0,7
- ab vollendetem 30. Lebensjahr Faktor 0,9
- ab vollendetem 35. Lebensjahr Faktor 1,1
- ab vollendetem 40. Lebensjahr Faktor 1,2
- ab vollendetem 45. Lebensjahr Faktor 1,4

17 Vgl. hierzu Münchener Anwaltshandbuch Arbeitsrecht/*Liebers*, § 58 Rn 60.
18 Willemsen/Hohenstatt/Schweibert/Seibt/*Schweibert*, Teil C Rn 232.
19 Formulierungs- und Berechnungsmethoden nach Münchener Anwaltshandbuch Arbeitsrecht/*Liebers*, § 58 Rn 67 ff.

– ab vollendetem	50. Lebensjahr bis	
– vollendetem	55. Lebensjahr	Faktor 1,6

des letzten Bruttomonatseinkommens pro Dienstjahr

Berechnung mit Punktwertmethode

1. Jeder Arbeitnehmer erhält folgende Punkte:
   1 Punkt pro Lebensjahr
   2 Punkte pro Dienstjahr
   3 Punkte pro Kind
   4 Punkte pro Schwerbehinderung
2. Die Gesamtpunktzahl aller betroffenen Arbeitnehmer wird durch Addition ermittelt.
3. Das Sozialplanvolumen von 5 Mio. € wird durch die Gesamtpunktzahl dividiert. Der sich ergebende Punktwert wird mit der Punktezahl des betroffenen Arbeitnehmers multipliziert, woraus sich der Abfindungsanspruch ergibt.

---

2. Zuschläge

28 Sozialpläne sehen regelmäßig neben dem Grundbetrag der Abfindung Zuschläge bzw. Zulagen nach sozialen Gesichtspunkten vor. Die wichtigsten Beispiele sind Zuschläge für unterhaltspflichtige Kinder und Zulagen für Schwerbehinderte.

Muster

Die Abfindung erhöht sich für jedes zum Zeitpunkt des Inkrafttretens dieses Sozialplans auf der Steuerkarte eingetragene unterhaltspflichtige Kind um € 1.000,00.

---

29 Bei anerkannten Schwerbehinderten erhöht sich die Abfindung um € 3.000,00, bei Gleichgestellten um € 1.500,00.

3. Höchstgrenzen/Sockelbeträge

30 Eine gesetzliche Regelung für die Begrenzung einzelner Sozialplanabfindungen ist ebenso wenig vorgesehen wie Sockel- oder Grundbeträge, die der Basissicherung der betroffenen Arbeitnehmer dienen sollen. Die Betriebspartner nehmen entsprechende Regelungen aber häufig in den Sozialplan auf, was von der Rechtsprechung anerkannt wird.[20]

---

20 BAG, Urt. v. 19.10.1999 – 1 AZR 838/98 – DB 2000, 930.

4. Steuerrechtliche Behandlung

Für die steuerrechtliche Behandlung der Sozialplanabfindung gelten dieselben Grundregeln wie für individuell ausgehandelte Abfindungen für den Verlust des Arbeitsplatzes im Rahmen von Kündigungsschutzverfahren, sodass auf die dortigen Ausführungen verwiesen werden kann.[21] 31

5. Vorzeitige Beendigung des Arbeitsverhältnisses

Viele Sozialpläne enthalten auch Regelungen zur vorzeitigen Beendigung des Arbeitsverhältnisses. Der Arbeitnehmer wird regelmäßig dann eine vorzeitige Beendigung des Arbeitsverhältnisses anstreben, wenn er einen neuen Arbeitsplatz gefunden hat. Bei den meisten Betriebsänderungen ist es auch im Interesse des Arbeitgebers, dass einzelne Mitarbeiter früher aus dem Unternehmen ausscheiden, da wegen der geplanten Betriebsänderung ohnehin nicht für alle Mitarbeiter Beschäftigungsmöglichkeit mehr besteht. In diesem Fall sind im Sozialplan häufig auch Regelungen anzutreffen, wonach sich die Abfindung des betroffenen Mitarbeiters sogar noch erhöht um die dann eingesparte Bruttomonatsvergütung. Wenn der Anreiz nicht besonders groß sein soll, muss nicht 100% der ausstehenden Brutto-Monats-Gehälter sondern nur ein prozentualer Anteil gewährt werden. 32

Ist der Unternehmer dagegen auf die Mitarbeiter bestimmter Know-How-Träger bis zum Abschluss der Betriebsänderung noch angewiesen, wird er sich lediglich bereiterklären, einer vorzeitigen Beendigung zuzustimmen, soweit keine betrieblichen Gründe entgegenstehen. 33

Muster

Vorzeitige Beendigung: Jeder Mitarbeiter ist berechtigt, sein Arbeitsverhältnis unter Einhaltung einer Ankündigungsfrist von 14 Tagen durch schriftliche Erklärung vorzeitig zu beenden. In diesem Fall erhöht sich die Sozialplanabfindung um ...% bis zum Ende der ordentlichen Kündigungsfrist noch ausstehenden Brutto-Monatsgehälter.

6. Turboprämien

Der Unternehmer befindet sich nach Abschluss des Sozialplans regelmäßig in dem Dilemma, dass er nun zwar eine Einigung mit dem Betriebsrat für die geplante Betriebsänderung erzielt hat. Den von der Betriebsänderung betroffenen Arbeitnehmern steht es aber unabhängig von der Wirksamkeit des Sozialplans frei, gegen ausgesprochene Beendigungskündigungen oder Änderungskündigungen sich mit Klagen zum Arbeitsgericht zur Wehr zu setzen. Die Betriebspartner sind deshalb 34

21 Vgl. hierzu Kap. 10 Rn 65f.

dazu übergegangen, neben der reinen Abfindung sogenannte Turboprämien für den Verzicht auf Kündigungsschutzklagen zu vereinbaren. Nach der Rechtsprechung des Bundesarbeitsgerichts ist die Vereinbarung eines Verzichts auf die Erhebung einer Kündigungsschutzklage als Voraussetzung für den Erhalt von Sozialplanleistungen generell unzulässig.[22] Die Vereinbarung einer sogenannten Turboprämie für den Verzicht auf Kündigungsschutzklagen ist dagegen nach einer Entscheidung des BAG[23] zulässig. Allerdings wird nach Vorstellung des Bundesarbeitsgerichts vorausgesetzt, dass die Turboprämien nicht im Rahmen des Sozialplans, sondern in einer getrennten Vereinbarung festgelegt werden.

Muster

Der Arbeitgeber zahlt jedem Arbeitnehmer, dessen Arbeitsverhältnis im Zusammenhang mit der Betriebsänderung (Interessenausgleich vom XX.XX.XXXX) betriebsbedingt gekündigt wird, eine zusätzliche Prämie in Höhe von ……. Voraussetzung ist, dass der Arbeitnehmer keine Kündigungsschutzklage gegen die Kündigung erhebt und auch sonst nicht gerichtlich gegen die Beendigung seines Arbeitsverhältnisses vorgeht.

IV. Regelungsgrenzen

1. Allgemeine Ermessensgrenzen

35 Gemäß § 75 BetrVG müssen Regelungen den Grundsätzen nach Recht und Billigkeit und den Vorschriften des Allgemeinen Gleichbehandlungsgesetzes genügen. Meist entscheidend ist, ob der Gleichbehandlungsgrundsatz gewahrt wurde.

Checkliste

- Unzulässig ist die Missachtung der in § 75 BetrVG ausdrücklich genannten Differenzierungsverbote
- Als willkürlich gilt die Ungleichbehandlung generell, wenn daraus folgt, dass im Wesentlichen gleichliegende Fälle aus unsachlichen oder sachfremden Gründen verschieden behandelt werden.[24] Entscheidend für die Beurteilung ist der Zweck der betroffenen Leistung.[25]

---

22 BAG, Urt. v. 20.12.1983 – 1 AZR 442/82 – NZA 1984, 53, 54; BAG, Urt. v. 31.5.2005 – 1 AZR 254/04 – NZA 2005, 997, 998.

23 BAG, Urt. v. 31.5.2005 – 1 AZR 254/04 – NZA 2005, 997, 999.

24 BAG, Urt. v. 17.4.1996 – 10 AZR 606/95 – AP Nr. 101 zu § 112 BetrVG 1972; BAG, Urt. v. 28.7.1992 – 3 AZR 173/92 – BAGE 71, 29; BAG, Urt. v. 25.4.1995 – 3 AZR 446/94 – DB 1995, 1868.

25 BAG, Urt. v. 17.4.1996 – 10 AZR 606/95 – AP Nr. 101 zu § 112 BetrVG 1972; BAG, Urt. v. 5.3.1980 – 5 AZR 881/78 – BAGE 33, 57.

Fettnapf

!

- Vorsicht: Arbeitnehmer sind auch dann in die Überlegungen zur Gleichbehandlung mit einzubeziehen, wenn ihr Arbeitsverhältnis zum Zeitpunkt der Vereinbarung des Sozialplans bereits beendet wurde. Argument: Erfolgt die Entlassung im Rahmen der Betriebsänderung, die durch Sozialplan erfasst wird, ist die Schlechterstellung der bereits ausgeschiedenen Arbeitnehmer nur aus sachlichem Grund zulässig.[26]
- Aber das BAG betont, dass betriebliche Sozialpartner in ihrer Entscheidung, welche Nachteile und in welchem Umfang ausgeglichen oder gemildert werden, grundsätzlich frei sind[27].

2. Begrenzung durch § 112 Abs. 5 BetrVG

Wichtige Hinweise für das Volumen des Sozialplans insgesamt und damit für die 36
Ausübung des Ermessens der betrieblichen Sozialpartner enthält § 112 Abs. 5 BetrVG. Diese gesetzliche Vorgabe gilt zwar grundsätzlich nur für die Einigungsstelle, sodass es den betrieblichen Sozialpartnern freisteht, die Vorgaben zu berücksichtigen. Dessen ungeachtet werden die Kriterien des § 112 Abs. 5 BetrVG auch von den Betriebspartnern als Argumentationshilfe herangezogen, wenn es um die Größe des gesamten Sozialplanvolumens geht.

Praxishinweis

!

§ 112 Abs. 5 BetrVG verpflichtet die Einigungsstelle, bei der Entscheidung über die Aufstellung eines Sozialplans sowohl die sozialen Belange der betroffenen Arbeitnehmer als auch die wirtschaftliche Vertretbarkeit ihrer Entscheidung für das Unternehmen zu achten. Im Rahmen billigen Ermessens hat sich die Einigungsstelle dabei von folgenden Grundsätzen leiten zu lassen.

Checkliste für das Sozialplanvolumen

!

- Der Sozialplan soll beim Ausgleich oder bei der Milderung wirtschaftlicher Nachteile, insbesondere durch Einkommensminderung, Wegfall von Sonderleistungen oder Verlust von Anwartschaften auf betriebliche Altersversorgung, Umzugskosten oder erhöhte Fahrtkosten, Leistungen vorhersehen, die in der Regel den Gegebenheiten des Einzelfalles Rechnung tragen.
- Der Sozialplan hat die Aussichten der betroffenen Arbeitnehmer auf dem Arbeitsmarkt zu berücksichtigen. Er soll Arbeitnehmer von Leistungen ausschließen, die in einem zumutbaren Arbeitsverhältnis im selben Betrieb oder in einem anderen Betrieb oder in einem anderen Betrieb des Unternehmens oder eines zum Konzern gehöhrenden Unternehmens weiterbeschäftigt werden können und die Weiterbeschäftigung ablehnen; die mögliche Weiterbeschäftigung an einem anderen Ort begründet für sich allein nicht die Unzumutbarkeit.
- Er soll ferner insbesondere die im Dritten Buch des Sozialgesetzbuches vorgesehenen Förderungsmöglichkeiten zur Vermeidung von Arbeitslosigkeit berücksichtigen.

---

26 So auch *Gaul*, § 28 Rn 188 mit Verweis auf BAG, Urt. v. 11.2.1998 – 10 AZR 22/97 – AP Nr. 121 zu § 112 BetrVG 1972.

27 BAG, Urt. v. 31.7.1996 – 10 AZR 45/96 – NZA 1997, 165; BAG, Urt. v. 31.11.1996 – 10 AZR 340/96 – DB 1997, 936.

- Schließlich ist bei der Bemessung des Gesamtbetrags der Sozialplanleistungen darauf zu achten, dass der Fortbestand des Unternehmens oder die nach Durchführung der Betriebsänderung verbleibenden Arbeitsplätze nicht gefährdet werden.

E. Wechselwirkung zwischen Interessenausgleich und Sozialplan

I. Verschiedene Regelungsbereiche

37 Interessenausgleich und Sozialpan haben auf den ersten Blick völlig unterschiedliche Regelungsbereiche. Mit dem Instrument des Interessenausgleichs soll versucht werden, zwischen Unternehmer und Betriebsrat eine Einigung zu erzielen, ob, wann und in welcher Form die vom Unternehmer vorgesehene Betriebsänderung durchgeführt werden soll. Mit Hilfe des Sozialplanes sollen dagegen die wirtschaftlichen Nachteile der von der Betriebsänderung betroffenen Arbeitnehmer ausgeglichen bzw. abgemildert werden. Einerseits ist es für den Unternehmer von großer Bedeutung, das Interessenausgleichsverfahren möglichst schnell abschließen zu können, da er erst dann mit der Betriebsänderung und damit mit dem Kündigungsausspruch beginnen kann. Anderseits hat der Unternehmer regelmäßig ein Interesse daran, schon zu Beginn der Betriebsänderung den finanziellen Aufwand zu kennen, der mit den Sozialplanabfindungen auf ihn zukommt. Dies führt dazu, dass Interessenausgleichs- und Sozialplanverhandlungen regelmäßig gemeinsam geführt und abgeschlossen werden.

38 Im Einzelfall kann aber auch einmal eine getrennte Verhandlung für den Unternehmer sinnvoll sein, wenn er den Beginn der Betriebsänderung und damit letztlich den Ausspruch der Kündigungen beschleunigen möchte.

II. Muster für Interessenausgleich und Sozialplan

39 Das folgende Muster enthält Regelungen sowohl zum Interessenausgleich als auch zum Sozialplan, was in der Praxis die übliche Vorgehensweise darstellt. Das Muster betrifft die Schließung eines Betriebes und die sich daraus ergebenden Kündigungen.

Muster: Interessenausgleich und Sozialplan
zwischen

[Name]

– Gesellschaft –

und

[Name]

– Betriebsrat –

Präambel

Die Gesellschaft beabsichtigt, das Unternehmen aus Altersgründen nicht länger fortzuführen und somit den Betrieb in .... zum .... stillzulegen. Die Gesellschaft hat den Betriebsrat vollständig unterrichtet und mit ihm die beabsichtigten Maßnahmen besprochen und verhandelt. *Der Betriebsrat nimmt die Betriebsaufgabe zur Kenntnis/stimmt ihr zu.* Dies vorausgeschickt wird folgender Interessenausgleich und Sozialplan geschlossen:

I. Teil Interessenausgleich

§ 1
Geltungsbereich

Diese Vereinbarung gilt sachlich für die Durchführung der in § 2 beschriebenen Maßnahmen, räumlich für den Betrieb in ____, persönlich für alle Arbeitnehmer des oben genannten Betriebes mit Ausnahme der leitenden Angestellten im Sinne des § 5 Abs. 3 BetrVG und zeitlich bis zum Abschluss der Durchführung der Maßnahmen.

§ 2
Maßnahmen und Durchführung

(1) Der Betrieb in *[Ort]* wird unter Auflösung der Produktionsgemeinschaft zum *[Zeitpunkt] [ggf: oder einem späteren von der Gesellschaft festzulegenden Zeitpunkt]* endgültig geschlossen und stillgelegt sein, die Schließung erfolgt sukzessive. Die Arbeitsverträge der von der Stilllegung betroffenen Mitarbeiter werden spätestens zum *[Zeitpunkt]* einvernehmlich abgeändert, aufgelöst oder von der Gesellschaft unter Einhaltung der gesetzlichen oder einzelvertraglichen Kündigungsfrist gekündigt. Die infolge der Stilllegung erforderlichen Kündigungen erfolgen aufgrund eines dringenden betrieblichen Erfordernisses im Sinne von § 1 Abs. 2 KSchG.

(2) Der Betrieb in *[Ort]* hat derzeit insgesamt *[Anzahl]* Arbeitnehmer (ausschließlich der leitenden Angestellten). Die zum Betrieb gehörenden Arbeitnehmer sind in der Anlage 1, insbesondere unter Angabe des jeweiligen Namens, Tätigkeit, Geburtsdatums, Alters, Eintrittsdatums, Gehalts, Familienstands und Zahl der unterhaltspflichtigen Kinder aufgeführt.

(3) Bis zum *[Zeitpunkt]* wird der Aufgabenbereich *[näher bezeichnen]* auslaufen. Aus diesem Grund beginnt ab diesem Zeitpunkt sukzessive die Betriebsaufgabe, so dass bereits zu diesem Zeitpunkt betriebsbedingte Beendigungen bestimmter Arbeitsverhältnisse erforderlich sein werden. Aufgrund des Wegfalls gewisser Aufgaben entfällt der Beschäftigungsbedarf von fünf Arbeitnehmern, so dass grundsätzlich fünf Arbeitsverhältnisse beendet werden müssen. Da ein Arbeitnehmer bis zu diesem Zeitpunkt in den Ruhestand eintreten wird, sind konkret vier Arbeitnehmer von der ersten Phase betroffen.
Der Betriebsrat und die Gesellschaft legen die zu kündigenden Arbeitnehmer der ersten und zweiten Phase gemeinsam unter Berücksichtigung ihrer entsprechenden Sozialdaten in einer als Anlage zu diesem Interessenausgleich beigefügten und von den Parteien gesondert unterzeichneten Namensliste fest. Die Namensliste – mit ausdrücklicher Bezugnahme auf diesen Interessenausgleich – ist mit diesem Interessenausgleich fest verbunden.

Mit dem Wegfall der Aufgaben zum *[Zeitpunkt]* können auch Versetzungen einzelner Arbeitnehmer erforderlich werden.

(4) Allen Mitarbeitern des Betriebes der Gesellschaft in *[Ort]*, die in Anlage 1 namentlich bezeichnet sind, wird unter Beachtung der jeweils geltenden Kündigungsfrist spätestens zum *[Zeitpunkt]* betriebsbedingt gekündigt. Die Gesellschaft ist berechtigt, von betriebsbedingten Kündigungen abzusehen und mit den betroffenen Arbeitnehmern einvernehmliche Regelungen über die Beendigung des Arbeitsverhältnisses zu schließen.

(5) Die Gesellschaft ist nach erfolgter Stilllegung berechtigt, die von einer Kündigung betroffenen Arbeitnehmer vor Ablauf der ordentlichen Kündigungsfrist ganz oder teilweise von der Erbringung weiterer Arbeitsleistungen unter Fortzahlung der vertragsgemäßen Vergütung freizustellen und/oder Arbeitnehmer mit anderen zumutbaren Arbeiten zu beschäftigen, insbesondere im Zusammenhang mit der Abwicklung der Schließung.

(6) Die Berechtigung der Gesellschaft, Kündigungen aus anderen Gründen, insbesondere aus wichtigem Grund oder aus personen- oder verhaltensbedingten Gründen, auch vor dem oben genannten Zeitpunkt auszusprechen, wird hiervon nicht eingeschränkt.

§ 3

Maßnahmen zur Unterstützung der Arbeitnehmer

Die Arbeitnehmer werden von der Gesellschaft in Abstimmung mit dem Betriebsrat und der zuständigen Agentur für Arbeit bei der Suche nach einem neuen Arbeitsplatz unterstützt. Zur Stellensuche wird solchen Arbeitnehmern nach Zustimmung des jeweiligen Vorgesetzten bezahlte Freizeit gewährt. Der Zeitpunkt der Freistellung wird einvernehmlich zwischen den betroffenen Arbeitnehmern und dem jeweiligen Vorgesetzten festgelegt.

§ 4

Beteiligungsrechte des Betriebsrats

(1) Die Betriebsräte sind bei der Umsetzung der Maßnahmen im Sinne von § 2 des Interessenausgleichs entsprechend ihrer Beteiligungsrechte nach dem BetrVG zu beteiligen.

(2) Weitere Rechte des Betriebsrates, insbesondere aus den §§ 99, 102 BetrVG werden durch diesen Interessenausgleich nicht berührt. Der Betriebsrat wird aber den für die Stilllegung erforderlichen Einzelmaßnahmen (Versetzungen, Änderungs- oder Beendigungskündigungen) zustimmen. Soweit zu Kündigungen die Zustimmung von Behörden notwendig ist, wird der Betriebsrat erklären, dass er gegen die Kündigung keine Einwendungen erhebt.

§ 5

Massenentlassungsanzeige gem. § 17 KSchG

Der Betriebsrat wurde im Rahmen der Interessenausgleichsverhandlungen rechtzeitig schriftlich nach § 17 Abs. 2 KSchG unterrichtet. Die nach § 17 Abs. 2 S. 2 KSchG erforderlichen Beratungen wurden im Rahmen der Interessenausgleichsverhandlungen durchgeführt. Das Konsultationsverfahren nach § 17 Abs. 2 KSchG ist mit Abschluss dieses Interessenausgleichs beendet. Der Interessenausgleich gilt als Stellungnahme des Betriebsrates iSd § 17 Abs. 3 S. 2 KSchG. Der Betriebsrat verzichtet auf die Abgabe einer weiteren Stellungnahme.

§ 6
Sozialplan

Zum Ausgleich und zur Milderung der wirtschaftlichen Nachteile der von der Stilllegung betroffenen Mitarbeiter haben die Parteien im zweiten Teil einen Sozialplan abgeschlossen.

§ 7
Abschluss der Verhandlungen

(1) Die Parteien sind sich darüber einig, dass mit Unterzeichnung dieser Vereinbarung die Verhandlungen abgeschlossen und das Verfahren zur Herbeiführung eines Interessenausgleichs beendet ist.
(2) Der Interessenausgleich tritt mit seiner Unterzeichnung in Kraft. Er gilt ausschließlich für die darin geregelten Maßnahmen und endet mit Durchführung dieser Maßnahmen.

II. Teil Sozialplan

Zur Milderung der Nachteile, die den Arbeitnehmern infolge der im Interessenausgleich in Ziff. I § 2 beschriebenen Maßnahmen (Betriebsstilllegung) entstehen, wird gemäß § 112 BetrVG der folgende Sozialplan geschlossen.

§ 8
Geltungsbereich des Sozialplans

(1) Leistungen nach den Bestimmungen dieses Sozialplans erhalten Mitarbeiter der Gesellschaft im Sinne von § 5 Abs. 1 BetrVG, die am *[Zeitpunkt]* in einem ungekündigten Arbeitsverhältnis standen und deren Arbeitsplatz von der geplanten Betriebsstilllegung betroffen ist.

§ 9
Allgemeine Regelungen

(1) Leistungen, die aus diesem Sozialplan gewährt werden, werden grundsätzlich einen Monat nach Ausscheiden des Mitarbeiters fällig.
(2) Soweit Mitarbeiter Kündigungsschutzklage erheben, werden nach diesem Sozialplan zu zahlende Abfindungen oder sonstige Leistungen erst nach Vorliegen einer rechtskräftigen Entscheidung oder nach Klagerücknahme fällig. Dies gilt auch dann, wenn der Mitarbeiter Klage erhebt und sich auf das Kündigungsverbot des § 613a BGB beruft.
(3) Sämtliche Leistungen aus dieser Vereinbarung sind Bruttobeträge und sämtliche Steuer hierauf sowie die Arbeitnehmeranteile zur Sozialversicherung sind vom Mitarbeiter unter Beachtung zwingender gesetzlicher Regelungen zu tragen.
(4) Ausscheidende Mitarbeiter werden in angemessenem Umfang zur Stellensuche unter Fortzahlung ihres Verdienstes von der Arbeitsleistung freigestellt.
(5) Mitarbeiter, deren Kündigungsfrist erst nach Stilllegung des Betriebs abläuft, werden grundsätzlich mit der Stilllegung unter Fortzahlung des Verdienstes von der Arbeitsleistung freigestellt. Sie können jedoch bis zum Ablauf der Kündigungsfrist mit Abwicklungsarbeiten beschäftigt werden, soweit ihnen dies zumutbar ist.

(6) Ansprüche, Zahlungen und sonstige Leistungen aus dieser Vereinbarung, insbesondere Abfindungen, werden mit etwaigen sonstigen Ansprüchen der Mitarbeiter im Zusammenhang mit der Betriebsstilllegung, insbesondere aufgrund Kündigung nach § 1a KSchG, gerichtlichen oder außergerichtlichen Vergleich, individueller Vereinbarung oder nach §§ 9, 10 KSchG bzw. § 113 BetrVG i.V.m §§ 9, 10 KSchG oder aus sonstigem Rechtsgrund verrechnet.

§ 10
Abfindung

(1) Mitarbeiter, die nicht auf einem anderen Arbeitsplatz weiterbeschäftigt werden können und infolge der Stilllegung aus der Gesellschaft ausscheiden, erhalten eine Abfindung für den Verlust ihres Arbeitsplatzes.

(2) Keinen Anspruch auf eine Abfindung nach diesem Sozialplan haben:
- Mitarbeiter, deren Arbeitsverhältnis aus personen- oder verhaltensbedingten Gründen beendet wird oder bei denen das Arbeitsverhältnis aus diesen Gründen einvernehmlich beendet wird;
- Mitarbeiter, deren befristetes Arbeitsverhältnis ausläuft;
- Mitarbeiter, die aus Gründen ausscheiden, die nicht mit der Stilllegung des Betriebes zusammenhängen, insbesondere Mitarbeiter,
  - bei denen die Voraussetzungen für die Inanspruchnahme des Altersruhegeldes aus der gesetzlichen Rentenversicherung vorliegen oder
  - deren Arbeitsverhältnis aufgrund einer Erwerbsminderung oder Berufsunfähigkeit endet;
- Mitarbeiter, deren Arbeitsverhältnis zum Zeitpunkt der Kündigung noch keine sechs Monate bestanden hat;
- Mitarbeiter, die ein Angebot eines zumutbaren Arbeitsplatzes von der Gesellschaft erhalten;
- Mitarbeiter, die ein Angebot eines zumutbaren Arbeitsplatzes von der Gesellschaft ablehnen;
- Auch ausgeschlossen von einem Abfindungsanspruch sind solche Mitarbeiter, deren Arbeitsverhältnis aufgrund eines möglichen Betriebsüberganges gemäß § 613a BGB auf ein anderes Unternehmen übergeht oder die sich auf einen Betriebsübergang nach § 613a BGB berufen.
- Mitarbeiter, die durch Eigenkündigung ausscheiden, es sei denn, der Arbeitgeber hatte dem Mitarbeiter zuvor schriftlich den Wegfall seines Arbeitsplatzes mitgeteilt und/oder ihm eine Weiterbeschäftigung auf einem unzumutbaren Arbeitsplatz angeboten.

(3) Der Gesellschaft steht ein Rückforderungsanspruch zu, wenn die Abfindung ausbezahlt wurde, sich der Mitarbeiter aber danach auf den Übergang seines Arbeitsverhältnisses nach § 613a BGB beruft oder das Arbeitsverhältnis nach § 613a BGB auf *[Gesellschaft]* übergegangen ist.

§ 11
Abfindungshöhe

(1) Grundbetrag
Der Grundbetrag errechnet sich wie folgt:

$$\frac{\text{Alter} \times \text{Betriebszugehörigkeit} \times \text{Bruttomonatsgehalt}}{\text{Teiler (Divisor)}}$$

Stichtag für die Berechnung des Lebensalters und der Betriebszugehörigkeit ist der Tag, an dem diese Vereinbarung unterzeichnet wird. Das Lebensalter und die Betriebszugehörigkeit bestimmen sich nach den zum Zeitpunkt der Beendigung des Arbeitsverhältnisses vollendeten Jahren. Bruttomonatsgehalt ist das letzte Monatsgrundgehalt auf der Basis der vertraglichen regulären Arbeitszeit.

Der Grundbetrag nach Absatz 1 ist auf einen Höchstbetrag von € ... begrenzt.

(2) Steigerungsbeträge

Über den Grundbetrag hinaus erhalten Mitarbeiter unter den nachfolgend genannten Voraussetzungen Bruttozuschläge auf den Grundbetrag

a) unterhaltspflichtige Kinder

für jedes zum Zeitpunkt der rechtlichen Beendigung des Arbeits-verhältnisses auf der Lohnsteuerkarte eingetragene unterhaltspflichtige Kind € ...;

b) Schwerbehinderung

Schwerbehinderte oder Gleichgestellte, die zum Zeitpunkt der rechtlichen Beendigung des Arbeitsverhältnisses Kündigungsschutz nach §§ 68ff. SGB IX besitzen, für je 10 Grad der Behinderung € ...;

(3) Die Abfindung ist vererblich. Verstirbt ein Mitarbeiter vor dem Ausscheiden aus dem Arbeitsverhältnis, so wird die Abfindung in voller Höhe an die Erben ausgezahlt.

§ 12
Teilzeitbeschäftigte

Bei teilzeitbeschäftigten Mitarbeitern bemisst sich die Höhe der Abfindung, soweit im Folgenden nichts Abweichendes geregelt ist, anteilig nach ihrer letzten individuellen regelmäßigen wöchentlichen Arbeitszeit. Die Zuschläge gemäß § 11 Abs. 2 a) und b) erhalten die Teilzeitbeschäftigten in voller Höhe.

§ 13
Verfallklausel

Die Ansprüche auf Zahlung der Abfindung gemäß §§ 10,11 aus der Vereinbarung verfallen mit Ablauf von 3 Monaten ab Fälligkeit, wenn sie nicht innerhalb dieser Frist von dem Arbeitnehmer schriftlich gegenüber der Gesellschaft geltend gemacht worden sind. Lehnt die Gesellschaft die Ansprüche schriftlich ab oder erklärt er sich nicht innerhalb von einem Monat nach der Geltendmachung der Ansprüche, so verfallen diese, wenn sie nicht innerhalb von drei Monaten nach der Ablehnung oder dem Fristablauf gerichtlich geltend gemacht werden.

§ 14
Meldepflichten

Mitarbeiter, die Ansprüche aus diesem Sozialplan besitzen, sind verpflichtet, jede tatsächliche Änderung in ihren persönlichen Verhältnissen, die Bedeutung für die Leistungen nach dieser Betriebsvereinbarung hat, unverzüglich schriftlich dem Unternehmen mitzuteilen.

III. Teil Schlussbestimmungen

(1) Die Parteien sind sich einig, dass mit Abschluss dieser Vereinbarung die Mitbestimmungsrechte des Betriebsrats nach §§ 111, 112 BetrVG gewahrt und die hierin beschriebenen Maßnahmen mit der vorliegenden Vereinbarung abschließend geregelt sind.
(2) Sollten einzelne Bestimmungen dieser Vereinbarung unwirksam sein oder werden, so bleiben die übrigen Bestimmungen in Kraft. Beide Seiten verpflichten sich in einem solchen Falle anstelle der unwirksamen Bestimmung eine solche Regelung zu finden, die der unwirksamen Bestimmung wirtschaftlich am nächsten kommt.
(3) Entsprechendes gilt im Falle einer Regelungslücke wie auch im Fall der Nichtdurchführbarkeit einer in dieser Vereinbarung enthaltenen Regelung.
(4) Für die Unterzeichnung dieses Interessenausgleichs und des Sozialplans wurde ein wirksamer Beschluss des Betriebsrats gefasst, welcher der Gesellschaft vorzulegen ist.
(5) Diese Vereinbarung tritt mit Unterzeichnung in Kraft und endet mit Abschluss der im Interessenausgleich beschriebenen Maßnahmen bzw. mit der Erledigung sämtlicher Ansprüche. Eine Nachwirkung ist ausgeschlossen.

Checkliste
Zeitplan für eine Betriebsänderung am Beispiel der Betriebsschließung

1. Unterrichtung des Betriebsrats über die geplante Betriebsschließung und ggf. anzeigepflichtige Entlassungen (bestenfalls bereits inklusive Terminvorschläge zur Beratung und Verhandlung mit dem Betriebsrat)
   - aus Beweisgründen schriftliche Unterrichtung empfehlenswert
   - erforderliche Unterlagen:
     - Unterrichtungsschreiben mit Empfangsbekenntnis
     - Anlage Mitarbeiterzahlen und -daten
     - Anlage Berufsgruppen (hier kann bereits die Anlage der Massenentlassungsanzeige verwendet werden)
     - ggf. bereits als Anlage Entwurf eines Interessenausgleichs und Sozialplans
2. Gleichzeitig mit der Unterrichtung des Betriebsrats Abschrift der Unterrichtung des Betriebsrats an die zuständige Agentur für Arbeit (bestenfalls vorab per Telefax)
   - Unterlagen:
     - Unterrichtungsschreiben an den Betriebsrat inklusive unterschriebenem Empfangsbekenntnis
     - bei Vertretung durch einen Rechtsanwalt: Unterzeichnete Vollmacht
   - erste Kontaktaufnahme mit der Agentur für Arbeit empfehlenswert
3. Im Falle der Befürchtung, dass der Betriebsrat gegen die geplante Betriebsänderung mit einer einstweiligen Verfügung vorgehen könnte: Einreichung einer Schutzschrift an das zuständige Arbeitsgericht
   - Unterlagen:
     - Schriftsatz der Schutzschrift
     - Anlage in jedem Fall: Unterrichtungsschreiben an den Betriebsrat und damit Aufzeigen der ordnungsgemäßen Unterrichtung und Verhandlungsbereitschaft des Arbeitgebers
4. Unverzüglicher Beratungsbeginn mit dem Betriebsrat über Interessenausgleich und Sozialplan; ebenfalls ggf. Beratungen nach § 17 KSchG (diese können miteinander verbunden werden)
   - die Beratungen sollten frühestmöglich mit dem Betriebsrat aufgenommen werden, da der Betriebsrat in der Praxis oftmals auf Zeit spielt

5. Mindestens zwei Wochen seit der Unterrichtung des Betriebsrats: Massenentlassungsanzeige bei der Agentur für Arbeit nach Durchführung des erforderlichen Beteiligungsverfahrens mit dem Betriebsrat
   - Unterlagen:
     - schriftliche Massenentlassungsanzeige (Vordruck der Bundesagentur für Arbeit)
     - im Einvernehmen mit dem Betriebsrat: Angaben über die Arbeitnehmer (Vordruck)
     - Anlage der Berufsgruppen (Vordruck, diese wurde auch schon dem Betriebsrat mitgeteilt)
   - wenn der Betriebsrat eine Stellungnahme abgegeben hat: Beifügung der Stellungnahme des Betriebsrats
   - wenn der Betriebsrat keine Stellungnahme abgegeben hat:
     - ggf. abgeschlossener Interessenausgleich mit dem Passus, dass mit der Vereinbarung die Beteiligung des Betriebsrats abgeschlossen ist, der Arbeitgeber diesen Interessenausgleich der zuständigen Agentur für Arbeit zuleiten wird und er als Stellungnahme des Betriebsrats im Sinne von § 17 KSchG gilt, genügt
     - andernfalls Glaubhaftmachung, dass der Betriebsrat mindestens zwei Wochen vor Anzeigenerstattung nach § 17 Abs. 2 KSchG unterrichtet wurde
     - im Übrigen Glaubhaftmachung des Standes der Beratungen mit dem Betriebsrat (wenn keine Beratungen stattgefunden haben, sollte glaubhaft gemacht werden, dass Termine von Seiten des Arbeitgebers zumindest angeboten wurden)
     - die Glaubhaftmachung erfolgt in der Praxis ggf. durch eidesstattliche Versicherung; in der Regel reicht aber die Bezugnahme auf das Unterrichtungsschreiben mit dem unterschriebenen Empfangsbekenntnis
     - die Anzeige ist bei Glaubhaftmachung auch wirksam, wenn der Betriebsrat keine Stellungnahme abgegeben hat
6. Gleichzeitig mit der Massenentlassungsanzeige soll dem Betriebsrat eine Abschrift dieser Massenentlassungsanzeige überreicht werden (vgl. § 17 Abs. 3 S. 6 KSchG)

Vor Ausspruch der Kündigungen muss in jedem Fall der Betriebsrat nach § 102 BetrVG angehört werden (dies kann auch bereits vor der Massenentlassungsanzeige erfolgen).

7. Ausspruch der Kündigungen zum Zeitpunkt der Betriebsstilllegung bzw. unter Beachtung der jeweiligen Kündigungsfristen (in jedem Fall kann der Ausspruch der Kündigungen erst nach erfolgter Massenentlassungsanzeige erfolgen und nach der ordnungsgemäßen Anhörung des Betriebsrats zu den Kündigungen)

Kapitel 31
Einigungsstellenverfahren und Beschlussverfahren vor dem Arbeitsgericht

A. Sicherung und Durchsetzung der Beteiligungsrechte

Recht haben und Recht bekommen. Das eine bedingt in einem sich rechtsstaatliche nennenden Gemeinwesen auch das andere, nämlich die staatliche Bereitstellung eines Gerichtswesens zur Realisierung der gesetzlich verbrieften Beteiligungsrechte des Betriebsrats. 1

I. Durchsetzungsweg Gerichte für Arbeitssachen oder Einigungsstelle

Allgemein gilt der Grundsatz: 2

Rechtsfragen entscheiden die Gerichte für Arbeitssachen, Regelungsfragen begründen die Zuständigkeit der Einigungsstelle. 3

Das BetrVG ist in Bezug auf die dem Betriebsrat zustehenden Beteiligungsrechte dahin konzipiert, dass die Zuständigkeit der erzwingbaren Einigungsstelle im Falle der Mitbestimmung ausdrücklich bestimmt ist, z.B. § 112 Abs. 4 BetrVG (Sozialplan). Andernfalls sind die Gerichte für Arbeitssachen, teilweise sogar gesetzlich festgelegt, z.B. § 99 Abs. 4 BetrVG, zuständig. 4

II. Zuständigkeit der Gerichte für Arbeitssachen

Die **Gerichte für Arbeitssachen** sind nach Maßgabe des vorstehenden Grundsatzes ausschließlich zuständig für Angelegenheiten aus dem BetrVG. Insoweit findet das Beschlussverfahren statt. 5

1. Durchsetzung des Unterrichtungs- und Beratungsanspruchs

Diese Rechte des Betriebsrats werden mittelbar durch **individualrechtliche Sanktionen** nach § 113 BetrVG gesichert.[1] Die Missachtung der Beteiligungsrechte des Betriebsrats führt nicht zur Unwirksamkeit der Betriebsänderung, sondern begründet einen Anspruch auf Nachteilsausgleich. Dem Betriebsrat steht es jedoch frei, 6

1 *Fitting*, § 111 BetrVG Rn 129; *Weyand*, Teil 4 Rn 156.

seine Ansprüche auf Unterrichtung und Beratung erfüllungsweise gegen den Unternehmer geltend zu machen.[2]

a) Arbeitsgerichtliches Beschlussverfahren in der Hauptsache

7 Das Arbeitsgericht ist für den jeweiligen **Erfüllungsanspruch** des Betriebsrats im Beschlussverfahren gemäß § 2a Abs. 1 Nr. 1, Abs. 2 ArbGG zuständig. Das Beschlussverfahren richtet sich nach den §§ 80 ff. ArbGG. Örtliche zuständig ist das ArbG, in dessen Bezirk der Betrieb liegt, § 82 Abs. 1 S. 1 ArbGG. Ist der Gesamt- oder Konzernbetriebsrat zuständig dann ist das ArbG örtlich zuständig, in dessen Bezirk das Unternehmen seinen Sitz hat, § 82 Abs. 1 S. 2 ArbGG.

b) Einstweilige Verfügung

8 Der Durchsetzung **effektiven Rechtsschutzes** dient das einstweilige Verfügungsverfahren.[3] Die materiell-rechtlichen Ansprüche des Betriebsrats auf **Unterrichtung** und **Beratung** können Gegenstand einer einstweiligen Verfügung sein, die im Beschlussverfahren nach § 85 Abs. 2 S. 1 ArbGG statthaft ist.[4] Nach § 85 Abs. 2 S. 2 ArbGG sind die Vorschriften der ZPO modifiziert anwendbar. Gemäß § 935 ZPO sind einstweilige Verfügungen in Bezug auf den Streitgegenstand zulässig, wenn zu besorgen ist, dass durch die Veränderung des bestehenden Zustandes die Verwirklichung des Rechts einer Partei vereitelt oder wesentlich erschwert werden könnte. Sofern der Unternehmer im Begriff ist, die beabsichtigte Betriebsänderung ohne Beteiligung des Betriebsrats durchzuführen, liegen die tatbestandlichen Voraussetzungen für die, ein besonderes Dringlichkeitsbedürfnis (**sog. Verfügungsgrund**) erfordernde einstweilige Verfügung vor. Nach § 938 Abs. 1 ZPO bestimmt das ArbG nach freiem Ermessen, welche Anordnungen zur Erreichung des Zwecks erforderlich sind. § 938 Abs. 2 ZPO gestattet, dem Unternehmer auch in Bezug auf die Durchführung einer Betriebsänderung eine Handlung zu verbieten, z.B. den Abtransport von Produktionsmitteln.[5]

c) Zwangsvollstreckung

9 Die Zwangsvollstreckung, im einstweiligen Verfügungsverfahren auch Vollziehung genannt, bestimmt sich nach den §§ 704 ff. ZPO, auf die § 85 Abs. 1 S. 3 bzw. § 85

---

2 *Fitting*, § 111 BetrVG Rn 130.

3 Hinsichtlich der Zulässigkeit der einstweiligen Verfügung zur Vermeidung von Kündigungen vgl. auch Kap. 29 Rn 21.

4 *Fitting*, § 111 BetrVG Rn 130, 138.

5 Vgl. Düwell/Lipke/*Koch*, § 85 ArbGG Rn 30; *Fitting*, § 111 BetrVG Rn 138.

Abs. 2 S. 2 ArbGG i.V.m. §§ 936, 928 ZPO verweist. Ein entsprechender Beschluss auf Unterrichtung und/oder Beratung wird nach § 888 ZPO vollstreckt.[6]

d) Verfahren nach § 23 Abs. 3 BetrVG

Bei **schweren Verstößen** des Unternehmers gegen die Unterrichtungs- und Bera- 10
tungspflicht kommt auch ein Verfahren nach § 23 Abs. 3 BetrVG in Betracht. Das setzt einen **groben Verstoß** voraus, mithin eine erhebliche und offensichtlich schwerwiegende Verletzung von Rechten des Betriebsrats. Ein solcher Verstoß liegt bei schwierigen und ungeklärten Rechtsfragen, in denen der Unternehmer eine vertretbare Rechtsansicht für sich in Anspruch nimmt, nicht vor.[7]

e) Ordnungswidrigkeit nach § 121 Abs. 1 BetrVG

Danach handelt der Unternehmer ordnungswidrig, wenn er die **Unterrichtungs-** 11
pflicht nach § 111 S. 1 BetrVG nicht, wahrheitswidrig, unvollständig oder verspätet erfüllt.[8] Die Ordnungswidrigkeit kann mit einer Geldbuße bis zu 10.000,00 € geahndet werden. Zur Anzeigenerstattung bei der zuständigen Verfolgungsbehörde sind der Betriebsrat und/oder die im Betrieb vertretene Gewerkschaft befugt.

2. Durchsetzung des Anspruchs auf Hinzuziehung eines Beraters

Anders als bei der Inanspruchnahme von Sachverständigen durch den Betriebsrat 12
nach § 80 Abs. 3 BetrVG bedarf es bei der Hinzuziehung eines **Beraters** nach Maßgabe des § 111 S. 2 BetrVG **keiner vorherigen Vereinbarung**. Liegen die Voraussetzungen vor, ist der Betriebsrat berechtigt auf der Grundlage eines **Beschlusses** einen Berater zu beauftragen. Von daher bedarf es keiner vorher ggf. vom Arbeitsgericht einzuholenden ersetzenden Zustimmung des Unternehmers. Der Betriebsrat schließt, vertreten durch den durch einen wirksamen Beschluss ermächtigten Vorsitzenden, einen Geschäftsbesorgungsvertrag mit dem Berater ab. Dessen **Honorierung** ergibt sich aus einer ggf. bestehenden einschlägigen Vergütungsordnung (z.B. RVG), ansonsten ist das marktübliche Honorar nach § 612 Abs. 2 BGB geschuldet. Lässt sich ein solches nicht ermitteln, setzt der Berater sein Honorar nach §§ 316, 315 Abs. 1 BGB fest.[9]

---

6 *Fitting*, § 111 BetrVG Rn 130.
7 BAG, Beschl. v. 19.1.2010 – 1 ABR 55/08 – NZA 2010, 659; BAG, Beschl. v. 9.3.2011 – 7 ABR 137/09 – NZA 2011, 871.
8 *Fitting*, § 111 BetrVG Rn 140.
9 *Fitting*, § 111 BetrVG Rn 125.

13 In der **Praxis** kommt es dann zur arbeitsgerichtlichen Auseinandersetzung im Beschlussverfahren, wenn der Unternehmer „zur Kasse" gebeten wird und er mit der Honorierung des Beraters nicht einverstanden ist. Der Unternehmer hat nämlich den Betriebsrat von seiner Honorarverpflichtung gegenüber dem Berater **freizustellen**, er hat die Kosten der Heranziehung des Beraters nach § 40 Abs. 1 BetrVG zu tragen. Sofern der Betriebsrat seinen Freistellungsanspruch gegen den Unternehmer abtritt, wandelt sich dieser Anspruch in einen Zahlungsanspruch des Beraters um.[10] Diese rechtlichen Konstruktionen setzen jedoch voraus, dass der vom Betriebsrat gefasste Beschluss zur Heranziehung des Beraters der arbeitsgerichtlichen Kontrolle standhält. Sowohl die Erforderlichkeit der Heranziehung als auch die mit diesem geschlossene Honorarvereinbarung unterliegen der Prüfung, ob nach Maßgabe der Umstände des konkreten Falles die beiderseitigen Interessen, Kostenbegrenzung einerseits und Nutzen für die Belegschaft andererseits, bei der Beschlussfassung hinreichend berücksichtigt wurden.

3. Einschaltung des Vorstands der Bundesagentur für Arbeit

14 Kommt eine Einigung der Betriebsparteien über den Interessenausgleich oder über den Sozialplan nicht zustande, so können der Unternehmer oder der Betriebsrat nach § 112 Abs. 2 S. 1 BetrVG den Vorstand der Bundesagentur für Arbeit um Vermittlung ersuchen.

a) Ausgestaltung des Rechts

15 Jeder Betriebspartei steht das **Recht** zu, um Vermittlung zu ersuchen.

b) Pflicht zur Vermittlungstätigkeit der BA

16 Ergeht an den Vorstand der Bundesagentur für Arbeit ein Ersuchen, ist dieser zur Vermittlung **verpflichtet.**[11] Von der ihm eingeräumten Delegationsbefugnis hat er durch Beschluss Nr. 53/2004 vom 23.8.2004 Gebrauch gemacht und die Aufgaben auf die Geschäftsführungen der Regionaldirektionen übertragen sowie diesen die Möglichkeit der weiteren Delegation auf andere Bedienstete der BA eröffnet.

c) Einlassungszwang für Gegenseite?

17 Eine **Verpflichtung**, sich auf das Vermittlungsverfahren einzulassen, besteht für keine der Betriebsparteien; ein **Einlassungszwang** besteht also nicht, sofern nur

10 *Fitting*, § 111 BetrVG Rn 124; vgl. BAG, Beschl. v. 24.10.2001 – 7 ABR 20/00 – NZA 2003, 53.
11 *Fitting*, § 112a BetrVG Rn 30; GK/*Oetker*, §§ 112, 112a BetrVG Rn 261.

eine Seite um Vermittlung ersucht. Etwas anderes gilt nur dann, wenn sich beide Betriebsparteien auf das Vermittlungsverfahren eingelassen haben. Dann besteht unter dem Gesichtspunkt der **vertrauensvollen Zusammenarbeit** die Pflicht, dieses ernsthaft zu betreiben.[12] Der Vermittlungsversuch ist jedoch keine Voraussetzung für die Anrufung der Einigungsstelle. Jede Seite kann unabhängig vom Vermittlungsersuchen die Einigungsstelle anrufen.

d) Besonderheiten in der Insolvenz

Im Insolvenzverfahren über das Vermögen des Unternehmers können der Insol- 18
venzverwalter und der Betriebsrat gemäß § 121 InsO nur **gemeinsam** um eine Vermittlung ersuchen.

B. Einigungsstellenverfahren

Die **Einigungsstelle** ist ein **institutionalisiertes betriebsverfassungsrechtliches** 19
Schlichtungs- und Entscheidungsorgan. Sie dient der Beilegung von Meinungsverschiedenheiten durch verbindliche Entscheidung als betriebliche Zwangsschlichtung und dem vorgelagert der Hilfestellung zu einer Einigung der Betriebspartner.[13] Dabei ist ein **freiwilliges** und ein **erzwingbares Einigungsstellenverfahren** zu unterscheiden. § 76 Abs. 1, 6 BetrVG eröffnet den Betriebspartnern im Rahmen des freiwilligen Verfahrens auf übereinstimmenden Antrag den Weg zur Einigungsstelle zur Beilegung sämtlicher Meinungsverschiedenheiten in Regelungs- und auch Rechtsstreitigkeiten. **Rechtstreitigkeiten** betreffen das Bestehen, den Inhalt oder Umfang gesetzlicher oder vertraglicher Ansprüche. **Regelungsstreitigkeiten** betreffen Meinungsverschiedenheiten der Betriebspartner über die Gestaltung einer betrieblichen Regelung. Geht es um **Rechtsstreitigkeiten**, führt die Tatsache, dass die Betriebspartner über den Gegenstand der Rechtsstreitigkeit nicht verfügen können, nicht zur Unzuständigkeit der freiwillig errichteten Einigungsstelle, sondern nur dazu, dass der Spruch der Einigungsstelle für die Betriebspartner **nicht verbindlich** ist und gegebenenfalls in einem nachfolgenden arbeitsgerichtlichen Beschlussverfahren aufzuheben ist. Haben die Betriebsparteien daher vereinbart, dass zunächst die Einigungsstelle entscheiden soll, ist ein vorher eingeleitetes arbeitsgerichtliches Beschlussverfahren unzulässig. In **Regelungsstreitigkeiten** ist bei einem freiwilligen Einigungsstellenverfahren die Zuständigkeit der Einigungsstelle unbeschränkt. Es kann daher auch durchgeführt werden in Angelegenheiten, in denen dem Betriebsrat kein Beteiligungsrecht zusteht.

---

12 *Fitting*, § 112a BetrVG Rn 31.
13 DLW/*Wildschütz*, Kap. 13 Rn 1320.

20 Dem gegenüber ist die Einigungsstelle im Rahmen des **erzwingbaren Einigungsstellenverfahren** in allen gesetzlich bestimmten Fällen zuständig, in denen ihr Spruch die Einigung von Arbeitgeber und Betriebsrat ersetzt und sie deshalb bereits auf Antrag von nur einer Seite tätig werden kann, § 76 Abs. 5 BetrVG. Eine solche kompetenzzuweisenden Einzelvorschriften ist insbesondere § 112 Abs. 4 BetrVG (Aufstellung Sozialplan). In diesem gesetzlichen Rahmen kann die Einigungsstelle angerufen werden, nachdem zuvor erfolglose Verhandlungen stattgefunden haben oder sich eine Seite auf Verhandlungen überhaupt nicht einlässt. Ob die Verhandlungen zwischen Arbeitgeber und Betriebsrat als gescheitert zu betrachten sind, steht im Beurteilungsermessen der Betriebspartner, sodass dann, wenn diese Annahme nicht ohne jeglichen Anlass erfolgt, die Bildung der Einigungsstelle betrieben werden kann. Der Anwendungsbereich des erzwingbaren Einigungsstellenverfahrens kann durch Tarifvertrag erweitert werden, sofern dieser festlegt, dass der Spruch der Einigungsstelle die Einigung zwischen Arbeitgeber und Betriebsrat in einer Angelegenheit, in der nach dem BetrVG an sich kein Mitbestimmungsrecht besteht, die Einigung zwischen Betriebsrat und Arbeitgeber ersetzt. Die folgenden Ausführungen betreffen im Folgenden grundsätzlich das erzwingbare einigungsstellenverfahren.

I. Bestellung durch das Arbeitsgericht

1. Einleitung

21 Nach § 76 Abs. 1 S. 1 BetrVG ist zur Beilegung von Meinungsverschiedenheiten zwischen Arbeitgeber und Betriebsrat, Gesamtbetriebsrat oder Konzernbetriebsrat **bei Bedarf** eine Einigungsstelle zu bilden. Die Einigungsstelle besteht aus einer **gleichen Anzahl von Beisitzern** und einem **unparteiischen Vorsitzenden**, § 76 Abs. 2 S. 1 BetrVG. Kommt eine Einigung über die Person des Vorsitzenden oder über die Zahl der Beisitzer nicht zustande, so entscheidet hierüber auf Antrag einer Seite das ArbG. Das als besonderes Beschlussverfahren ausgekleidete sog. **Bestellungsverfahren** nach § 98 ArbGG sichert letztlich das Recht, die Einigungsstelle anzurufen.[14] Dabei ist es unerheblich, ob es sich um eine Einigungsstelle im Rahmen der erzwingbaren Mitbestimmung (§ 76 Abs. 5 S. 1 BetrVG) oder um ein freiwilliges Einigungsstellenverfahren (§ 76 Abs. 6 S. 1 BetrVG) handelt. Ebenso ist § 98 ArbGG einschlägig, wenn es um den Abschluss eines **Interessenausgleichs** geht. Zwar handelt es sich nicht um einen Fall der erzwingbaren Mitbestimmung, da die fehlende Einigung zwischen den Betriebsparteien letztlich aus verfassungsrechtlichen Gründen nicht ersetzt werden kann (vgl. § 76 Abs. 5 S. 1 i.V.m. § 112 Abs. 2 und 3

---

14 SW/*Walker*, § 98 ArbGG Rn 1; Spengler/Hahn/Pfeiffer/*Pfeiffer*, § 4 Rn 1.

BetrVG). Jedoch sieht § 112 Abs. 2 S. 2 BetrVG das Recht für beide Betriebsparteien vor, die Einigungsstelle anzurufen, so dass von Rechts wegen auch die Möglichkeit bestehen muss, im Bedarfsfalle das Bestellungsverfahren einzuleiten.

Das Verfahren über die Besetzung der Einigungsstelle ist in § 98 ArbGG unter dem 22 Titel **Beschlussverfahren in besonderen Fällen** geregelt. Dementsprechend ordnet § 98 Abs. 1 S. 3 ArbGG die entsprechende Geltung der erstinstanzlichen Vorschriften über das Beschlussverfahren nach §§ 80 bis 84 ArbGG an. Für das Verfahren vor dem LAG gegen Entscheidungen des Vorsitzenden im erstinstanzlichen Bestellungsverfahren verweist § 98 Abs. 2 S. 3 ArbGG folgerichtig auf abschließend aufgelistete Vorschriften des allgemeinen zweitinstanzlichen Beschlussverfahrens. Die Besonderheiten dieses Beschlussverfahrens bestehen in seiner auf **Verfahrensbeschleunigung** angelegten Verfahrensausgestaltung.[15] Die erst- wie auch die zweitinstanzliche Entscheidung trifft der Vorsitzende ohne die ehrenamtlichen Richter (§ 98 Abs. 1 S. 1, Abs. 2 S. 3 ArbGG) aufgrund einer mündlichen Anhörung der Beteiligten oder ohne mündliche Anhörung im Einverständnis der Beteiligten. Daneben sind die Einlassungs- und Ladungsfristen auf 48 Stunden verkürzt, der Beschluss des Vorsitzenden soll binnen zwei Wochen und muss binnen vier Wochen ergehen und zugestellt werden, die Beschwerde muss innerhalb von zwei Wochen eingelegt und begründet werden und eine Rechtsbeschwerde gegen die Entscheidung des LAG zum BAG ist ausgeschlossen.

Praxistipp !

Taktische und strategische Überlegungen bewirken vielfach eine Verfahrensverzögerung. Zur Beschleunigung des Verfahrens ist es bisweilen dienlich, die Vorschläge der Gegenseite über die Person des Vorsitzenden und/oder die Anzahl der jeweiligen Beisitzer zu akzeptieren.

---

2. Verfahren erster Instanz

a) Der Antrag

Das als besonderes Beschlussverfahren ausgekleidete Bestellungsverfahren setzt 23 entsprechend den gleichwohl geltenden allgemeinen Bestimmungen für das arbeitsgerichtlich Beschlussverfahren einen das Verfahren einleitenden Antrag voraus (§ 98 Abs. 1 S. 2 i.V.m. § 81 Abs. 1 1. Hs. ArbGG).

Dabei muss der **Regelungsgegenstand der Einigungsstelle** so genau bezeich- 24 net sein, dass in einem nachfolgenden Einigungsstellenverfahren und einer evtl. gerichtlichen Überprüfung der Zuständigkeit der Einigungsstelle oder des Spruchs der Einigungsstelle eindeutig ist, für welche Regelungsfrage sie eingesetzt wurde. Schlagwortartige Umschreibungen wie z.B. Sozialplan oder Interessenausgleich genügen nicht. Insoweit muss die anlassbezogene Betriebsänderung näher bestimmt mitgeteilt werden.

15 GK/*Dörner*, § 98 ArbGG Rn 2; *Hennige*, S. 76 f.

25 Für den Antrag ist **keine besondere Form** vorgeschrieben. Neben der schriftlichen Einreichung beim Arbeitsgericht kann der Antrag auch mündlich zur Niederschrift bei seiner Geschäftsstelle angebracht werden (§ 98 Abs. 1 S. 3 i.V.m. § 81 Abs. 1 2. Hs. ArbGG).

26 Für die Einleitung des Beschlussverfahrens nach § 98 ArbGG ist grundsätzlich **keine Frist** zu beachten. Eine Ausnahme sieht § 38 Abs. 2 S. 3 BetrVG vor. Sofern danach der Arbeitgeber die Einigungsstelle anruft, weil er die Auswahl der freizustellenden Mitglieder für sachlich nicht vertretbar hält, hat er für die Anrufung der Einigungsstelle eine Zwei-Wochen-Frist zu beachten. Insofern ist der Arbeitgeber auch gehalten, innerhalb der Zwei-Wochen-Frist das gerichtliche Verfahren zur Bestimmung des Einigungsstellenvorsitzenden oder zur Festlegung der gleichen Anzahl seiner Beisitzer einzuleiten. Geschieht dies nicht, entfaltet der Beschluss des Betriebsrats für den Arbeitgeber bindende Wirkung.

27 Auf Seiten der Arbeitnehmerrepräsentanzen ist im Rahmen der Antragsbefugnis zu prüfen, wem (Betriebsrat, Gesamtbetriebsrat oder Konzernbetriebsrat) das beanspruchte Mitbestimmungsrecht zusteht. Insofern handelt es sich nicht um eine Frage der offensichtlichen Unzuständigkeit. Beansprucht z.B. der Betriebsrat ein Mitbestimmungsrecht in Bezug auf eine unternehmensweit einzuführende Technologie i.S.d. § 87 Abs. 1 Nr. 6 BetrVG, so ist der Antrag mangels Antragsbefugnis des Betriebsrats als unzulässig zurückzuweisen, da allein der Gesamtbetriebsrat vorliegend für die Wahrnehmung des Mitbestimmungsrechts nach § 87 Abs. 1 Nr. 6 BetrVG originär zuständig ist (§ 50 Abs. 1 S. 1 BetrVG).

! **Praxistipp**
Um Streit darüber zu vermeiden, ob dem Betriebsrat oder dem Gesamtbetriebsrat das Mitbestimmungsrecht zusteht, empfiehlt es sich, vorsorglich den Gesamtbetriebsrat gemäß § 50 Abs. 2 BetrVG zu beauftragen.

28 Das **Arbeitsgericht** ist örtlich zuständig, in dessen Bezirk der Betrieb liegt, in dem die Einigungsstelle gebildet werden soll, § 98 Abs. 1 S. 3 i.V.m. § 82 Abs. 1 S. 1 ArbGG. Sofern der Gesamtbetriebsrat oder der Konzernbetriebsrat beteiligt ist, kommt es auf den Sitz des Unternehmens an, § 98 Abs. 1 S. 3 i.V.m. § 82 Abs. 1 S. 2 ArbGG.

29 Wie für jedes andere gerichtliche Verfahren bedarf es auch für das Bestellungsverfahren eines **Rechtsschutzinteresses**. Ein solches ist dann gegeben, wenn zwischen den Betriebsparteien ein nicht gelöster Regelungsstreit besteht (insoweit muss nach dem Verständnis des Gesetzgebers ein „Bedarf" bestehen; § 76 Abs. 1 S. 1 BetrVG)[16] und ein Einvernehmen über die Besetzung der Einigungsstelle nicht vor-

---

16 ErfK/*Kania*, § 76 BetrVG Rn 3.

liegt. Damit („**Bedarf**") wird die **Subsidiarität der Einigungsstelle** betont.[17] Mit anderen Worten: Das Rechtsschutzinteresse fehlt mit der Folge, dass der Antrag als unzulässig zurückzuweisen ist, wenn vor Anrufung der Einigungsstelle eine gütliche Einigung nicht versucht worden ist.

Praxistipp
Um den Bedarf der Bildung einer Einigungsstelle, und damit das Rechtsschutzinteresse dokumentieren zu können, sollte die initiative Betriebspartei die Gegenseite sowohl unter angemessener Fristsetzung als auch unter Ankündigung der Anrufung der Einigungsstelle zu Verhandlungen über den bestimmt mitgeteilten Regelungsstreit schriftlich auffordern.

b) Muster einer Antragsschrift

30

Muster

An das
Arbeitsgericht ...

Antrag im Beschlussverfahren mit den Beteiligten

1. **Betriebsrat der Firma ...** **– Antragsteller –**
   vertreten durch den Betriebsratsvorsitzenden ...
2. **Die Firma ...**
   vertreten durch den Geschäftsführer ...

wegen Errichtung einer Einigungsstelle.

Namens und in Vollmacht des Antragstellers leiten wir ein Beschlussverfahren ein und beantragen:
1. **Zum/Zur Vorsitzenden einer Einigungsstelle mit dem Regelungsgegenstand ... wird Frau/Herr Richter/in am Arbeitsgericht ... bestellt.**
2. **Die Zahl der von den Beteiligten jeweils zu benennenden Beisitzer wird auf ... festgesetzt.**

Begründung:
Der Antragsteller ist der in X gebildete Betriebsrat. Die Arbeitgeberin unterhält in X einen Betrieb zur Herstellung von ... (ratsam: Skizzierung des Betriebszwecks) mit ... Arbeitnehmern.

Zu Antrag 1:
Die Arbeitgeberin beabsichtigt, den Betrieb in X stillzulegen. Auf das beigefügte Unterrichtungsschreiben der Arbeitgeberin vom ... wird Bezug genommen. Der Antragsteller hat die Arbeitgeberin mit Schreiben vom ... aufgefordert, in Verhandlungen über den Abschluss eines Interessenausgleichs einzutreten. Die Arbeitgeberin hat mit Schreiben vom ... Verhandlungen mit der Begründung

17 *Clemenz* in: FS Arbeitsgemeinschaft Arbeitsrecht 2006, S. 815, 825.

abgelehnt, die Entscheidung sei Ausdruck unternehmerischer Freiheit und von daher mitbestimmungsfrei.
Der Antragsteller hat aufgrund der Reaktion der Arbeitgeberin mit Schreiben vom ... mitgeteilt, die Einigungsstelle anzurufen. Über die von ihm vorgeschlagene Person des/der Vorsitzenden der Einigungsstelle konnten sich die Beteiligten nicht einigen. Auf den insoweit gewechselten Schriftverkehr vom ... und vom ... wird Bezug genommen und hiermit auch zum Gegenstand des Verfahrens gemacht.

Zu Antrag 2:
Aus dem vorgenannten Schriftverkehr ergibt sich auch, dass sich die Beteiligten nicht über die jeweilige Anzahl der Beisitzer einigen konnten. Hinsichtlich der Anzahl der Beisitzer ist davon auszugehen, dass es sich bei dem Regelungsgegenstand um existentielle Fragen handelt, die rechtlichen und betriebswirtschaftlichen Sachverstand erfordern. Von daher ist es auch erforderlich, die Anzahl der Beisitzer auf jeweils drei festzusetzen.

Unterschrift

c) Verfahren

31 Entsprechend der Überschrift des 4. Unterabschnitts des Arbeitsgerichtsgesetzes ist das Bestellungsverfahren systematisch ein spezielles Beschlussverfahren mit der Folge, dass entsprechend dem Grundsatz „Lex specialis derogat legi generali“ vorrangig sein spezifisches Verfahrensrecht gilt und im Übrigen gem. § 98 Abs. 1 S. 3 ArbGG das allgemeine Verfahrensrecht des Beschlussverfahrens entsprechende Anwendung findet. Aufgrund der entsprechend anwendbaren §§ 80 bis 84 ArbGG kann der Antragsteller z.B. den **Antrag ändern** (§ 81 Abs. 3 ArbGG) oder die **Hauptsache für erledigt** erklären (§ 83a Abs. 2 ArbGG). Die Beteiligten können sich auch in einem **gerichtlichen Vergleich** einigen (§ 83a Abs. 1 ArbGG). Wegen der entsprechenden Anwendung (Gesetzesanalogie) ist jedoch stets die besondere Verfahrensausgestaltung des § 98 ArbGG bei Anwendung der einzelnen Vorschriften zu berücksichtigen.

32 Obgleich § 98 Abs. 1 S. 3 auch auf § 80 Abs. 2 S. 3 i.d.F. vom 10.12.2001 verweist, ist die Anordnung einer vorherigen **Güteverhandlung** unstatthaft.[18] Insoweit kann die gesetzliche Verweisung als gesetzliches Redaktionsversehen bewertet werden.

33 Die Entscheidungen nach § 98 ArbGG trifft sowohl erst- als auch zweitinstanzlich der **Vorsitzende** der durch den Geschäftsverteilungsplan bestimmten Kammer (§ 98 Abs. 1 S. 1, Abs. 2 S. 3 ArbGG).

34 Aufgrund der Verweisung in § 98 Abs. 1 S. 3 ArbGG, aber auch aufgrund der systematischen Einordnung des Bestellungsverfahrens findet der **Untersuchungs-**

18 *Clemenz* in: FS Arbeitsgemeinschaft Arbeitsrecht 2006, S. 815, 820; Spengler/Hahn/Pfeiffer/*Pfeiffer*, § 4 Rn 34 m.z.N.

grundsatz Anwendung (§ 83 Abs. 1 S. 1 ArbGG). Daraus folgt, dass der Vorsitzende unter Mitwirkung der Beteiligten den Sachverhalt im Gegensatz zum Urteilsverfahren von Amts wegen aufzuklären und ggf. eine Beweisaufnahme durchzuführen hat.

Abweichend vom Zivilprozess beträgt im arbeitsgerichtlichen Urteilsverfahren 35
und damit auch im Beschlussverfahrens die **Einlassungsfrist** kraft der Verweisung in § 80 Abs. 2 ArbGG lediglich eine Woche (§ 47 Abs. 1 ArbGG). Für die Ladungsfrist gilt in Übereinstimmung mit dem Zivilprozess sowohl für das Urteils- als auch für das Beschlussverfahren die allgemeine Frist von mindestens drei Tagen (§ 217 ZPO i.V.m. §§ 46 Abs. 2 S. 1, 80 Abs. 2 ArbGG). Sowohl die **Einlassungs- als auch die Ladungsfrist** sind nach den allgemeinen Vorschriften der §§ 187 ff. BGB i.V.m. §§ 46 Abs. 2 S. 1, 80 Abs. 2 ArbGG i.V.m. § 222 ZPO zu berechnen.

Demgegenüber beträgt im Bestellungsverfahren sowohl die **Einlassungs- als** 36
auch die Ladungsfrist gem. § 98 Abs. 1 S. 4 ArbGG 48 Stunden. Durch die durch das Job-AQTIV-Gesetz vom 10.12.2001 vorgenommene Verkürzung soll die beschleunigte Bildung der Einigungsstelle ermöglicht werden.

Das Bestellungsverfahren kann nicht im Wege der **einstweiligen Verfügung** 37
durchgeführt werden, da § 98 Abs. 1 S. 3 ArbGG nicht auf § 85 Abs. 2 ArbGG verweist. Die gesetzliche Ausklammerung des einstweiligen Verfügungsverfahrens ist insofern nachvollziehbar, als die streitige Einsetzung der Einigungsstelle in einem ohnehin speziell beschleunigten Verfahren zu bewerkstelligen ist.[19]

d) Verfahrensbeendigung durch die Beteiligten

Die vom **Vorsitzenden allein** zu treffende Entscheidung ergeht durch schriftlich 38
abzufassenden Beschluss (§§ 98 Abs. 1 S. 3, 84 ArbGG), für dessen Verkündung § 60 entsprechend gilt (§§ 98 Abs. 1 S. 3, 84 S. 3 ArbGG).

Nach allgemeiner Auffassung in Rechtsprechung und Literatur ist im Rahmen 39
des erzwingbaren Einigungsstellenverfahrens eine **offensichtliche Unzuständigkeit** der Einigungsstelle nur dann gegeben, wenn unter keinem denkbaren rechtlichen Gesichtspunkt die Zuständigkeit der Einigungsstelle als möglich erscheint, weil sich die beizulegende Streitigkeit erkennbar nicht unter einen Mitbestimmungstatbestand fassen lässt.[20] Mit anderen Worten: Besteht die tatsächliche und rechtliche Möglichkeit eines Mitbestimmungsrechts, kommt eine Zurückweisung nicht in Betracht.[21]

---

19 LAG Niedersachsen, Beschl. v. 29.9.1988 – 14 TaBV 84/88 – AuR 1989, 290; ArbG Düsseldorf, Beschl. v. 24.6.1992 – 4 BVGa 14/92 – NZA 1992, 907.

20 LAG Niedersachsen, Beschl. v. 2.11.2006 – 1 TaBV 83/06 – juris; LAG Rheinland-Pfalz, Beschl. v. 6.3.1989 – 7 TaBV 72/88 – NZA 1989, 943; LAG München, Beschl. v. 14.3.1989 – 2 TaBV 53/88 – LAGE § 98 ArbGG 1979 Nr. 18.

21 LAG Düsseldorf, Beschl. v. 21.12.1981 – 20 TaBV 92/81 – EzA § 98 ArbGG 1979 Nr. 4.

Folgende die offensichtliche Unzuständigkeit der Einigungsstelle bejahende Beispielsfälle aus der Rechtsprechung sollen der Orientierung dienen:[22]

- Das Mitbestimmungsrecht wurde bereits durch Abschluss einer Betriebsvereinbarung ausgeübt und dieses wurde weder gekündigt noch für unwirksam erklärt;
- das Nichtbestehen des Mitbestimmungsrechts ist bereits zwischen den Betriebsparteien rechtskräftig entschieden;
- Erstellung eines Sozialplanes in einem Betrieb mit weniger als 20 Arbeitnehmern;
- Herbeiführung eines Interessenausgleichs über eine noch nicht geplante Betriebsänderung;
- Streit über die Verpflichtung des Arbeitgebers, eine Zuwendung auch an Streikteilnehmer zu zahlen;
- Streit über das Ob einer betrieblichen Bildungsmaßnahme;
- Streit über einen Interessenausgleich in einem Tendenzbetrieb;
- Herbeiführung eines Interessenausgleichs, sofern die Betriebsänderung zum Zeitpunkt der Entscheidung der Beschwerdekammer bereits abgeschlossen war.

40 Nach § 76 Abs. 2 S. 2 BetrVG hat das Arbeitsgericht im Falle des fehlenden Einverständnisses der Betriebsparteien die Person des **Vorsitzenden** zu bestellen. Er muss **unparteiisch** im Sinne von neutral sein (§ 76 Abs. 2 S. 1 BetrVG). Die Unparteilichkeit im Sinne von Neutralität bedingt eine Unvoreingenommenheit der Person gegenüber den Betriebsparteien. Negativ gewendet: Eine Unvoreingenommenheit, die Grundlage für eine erforderliche Vertrauensbasis der Betriebsparteien zum Vorsitzenden ist, besteht dann nicht, wenn jedenfalls die tatbestandlichen Voraussetzungen einer **Befangenheit** vorliegen. Von einer fehlenden Unvoreingenommenheit ist aber schon dann auszugehen, wenn die Person aus einem der beiden Lager der Betriebsparteien kommt oder aber Funktionär eines Arbeitgeberverbandes oder einer Gewerkschaft ist.[23] Ebenso spricht gegen eine Unvoreingenommenheit ein Eigeninteresse an der Durchführung und/oder am Ausgang des Einigungsstellenverfahrens. Ein partei- und gesellschaftspolitisches Engagement allein reicht indessen nicht aus, eine Voreingenommenheit zu begründen.[24] Gründe für eine Parteilichkeit liegen auch vor, wenn der designierte Vorsitzende in dem Regelungsstreit bereits zuvor gutachterlich tätig war. Denn insofern hat er sich jedenfalls rechtlich positioniert. Auch eine von der konkreten Regelungsfrage losgelöste frühere gutachterliche Tätigkeit für eine der Betriebsparteien kann im Einzelfall eine Voreingenommenheit rechtfertigen. Einzelheiten hierzu unter B II 5g.

---

22 Vgl. die Übersicht in Spengler/Hahn/Pfeiffer/*Pfeiffer*, § 4 Rn 54.

23 *Fitting*, § 76 BetrVG Rn 37; SW/*Walker*, § 98 ArbGG Rn 34.

24 ArbG Wiesbaden, Beschl. v. 12.2.1974 – 5 BV 1/74 – AuR 1974, 249; *Heilmann*, AiB 1989, 68 ff.

§ 76 BetrVG nennt keine weiteren Voraussetzungen für die persönliche Eignung des Vorsitzenden. Insbesondere wird darin keine Sach- und Rechtskunde verlangt. Das setzt der Gesetzgeber ersichtlich stillschweigend voraus. Ebenso wenig ist die vorherige Bereitschaft, den Vorsitz zu übernehmen, Voraussetzung der Bestellung. 41

Praxistipp !
Um dem Zweck, möglichst zügig eine Einigungsstelle einzurichten, Rechnung zu tragen, sollte der Antragsteller jedoch vor Einleitung des Bestellungsverfahrens jeweils das Einverständnis der von ihm vorgeschlagenen Vorsitzenden einholen.

In der Praxis entspricht es dem Regelfall, dass **Richter aus der Arbeitsgerichtsbarkeit** regelmäßig zu Vorsitzenden der Einigungsstelle bestellt werden. Das ist deshalb naheliegend, weil sie kraft ihres Richteramtes die gesetzliche Voraussetzung der Unparteilichkeit per se mitbringen und im Übrigen auch regelmäßig über Sach- und Rechtskunde verfügen.[25] 42

Gem. § 98 Abs. 1 S. 5 ArbGG darf ein **Richter** nur dann zum Vorsitzenden der Einigungsstelle bestellt werden, wenn aufgrund der Geschäftsverteilung ausgeschlossen ist, dass er mit der Überprüfung, der Auslegung oder der Anwendung des Spruchs der Einigungsstelle **befasst** wird. Die Regelung betrifft nicht nur das Beschlussverfahren aus Anlass der Anfechtung des Spruchs, sondern auch sonstige Beschluss- und Individualverfahren, in denen die Wirksamkeit des Spruchs Vorfrage ist. Daraus wird gefolgert, dass Richter aus dem Bezirk des ArbG bzw. des LAG, in dem der Betrieb liegt, für den die Einigungsstelle angerufen ist, und auch des BAG wegen der Zuständigkeits- und Vertretungsregelungen in den Gerichten nicht mehr in Betracht kommen. 43

Dem Anliegen des § 98 Abs. 1 S. 5 ArbGG ist jedoch dann Rechnung getragen, wenn in den **Geschäftsverteilungsplänen** der Gerichte Regelungen enthalten sind, mit denen sichergestellt ist, dass der im Gesetz vorausgesetzte mögliche Interessenwiderstreit ausgeschlossen ist.[26] Das kann dadurch geschehen, dass der Geschäftsverteilungsplan einen Verhinderungsfall annimmt, wenn der Richter in der Sache als Einigungsstellenvorsitzender tätig war. Im Übrigen ist § 98 Abs. 1 S. 5 ArbGG **verfassungskonform** auszulegen. Ein lediglich theoretischer Vertretungsfall genügt nicht im Hinblick auf das auch dem Richter zustehende grundgesetzlich in Art. 2 Abs. 1 GG verbriefte Recht, seine Arbeitskraft in der Freizeit gegen Entgelt zu verwerten. 44

Sofern das Gericht abweichend vom Vorschlag des Antragstellers eine dritte Person zum Vorsitzenden einsetzt, bedarf dies jedenfalls der vorherigen Anhörung 45

25 *Francken*, NJW 2007, 1792, 1795: über 90%; *Fischer*, DB 2000, 217, 218; *Bauer*, NZA 1992, 433, 434.
26 Vgl. dazu LAG Schleswig-Holstein, Beschl. v. 22.6.1989 – 6 TaBV 23/89 – LAGE § 98 ArbGG 1979 Nr. 17; LAG Hamburg, Beschl. v. 7.3.1985 – 1 TaBV 1/84 – NZA 1985, 604.

der Beteiligten.[27] Dies ist insbesondere in Bezug auf die persönliche Eigenschaft der Unparteilichkeit notwendig.

46 Erhebt die Gegenseite gegen die vom Antragsteller vorgeschlagene Person keine Einwendungen und ergibt die Prüfung des Gerichts, dass der Vorgeschlagene die tatbestandlichen Voraussetzungen erfüllt, gibt es, auch wenn keine Bindung des Gerichts besteht, gleichwohl keinen sachlichen Anlass, den Vorschlag des Antragstellers zu missachten. Da eine gesetzliche Pflicht des Vorgeschlagenen bzw. des durch das Gericht bestellten Vorsitzenden nicht besteht, das Amt als Vorsitzender einer Einigungsstelle anzunehmen, liegt es im Interesse des Antragstellers, dass er vorher das Einverständnis der vorgeschlagenen Person einholt und dieses auch dem Gericht mitteilt.

! **Praxistipp**

Obgleich der Personalvorschlag keine Bindung des Gerichts bewirkt, sollte der Antragsteller gleichwohl in gestaffelter Form seine „Wunschkandidaten" benennen.

47 Nach §76 Abs. 2 S. 1 BetrVG besteht die Einigungsstelle aus einer **gleichen Anzahl von Beisitzern**, die jeweils vom Arbeitgeber und Betriebsrat bestellt werden. Sofern die Betriebsparteien hierüber kein Einverständnis erzielen, hat das Arbeitsgericht gem. §98 Abs. 1 S. 1 ArbGG i.V.m. §76 Abs. 2 S. 3 BetrVG im Falle eines Antrags die Zahl der Beisitzer zu bestimmen. Der Antrag kann und wird auch in der Praxis zugleich mit dem Antrag auf Bestellung des Vorsitzenden gestellt. §76 BetrVG verhält sich zur Anzahl der Beisitzer nur insofern, als es eine gleiche Anzahl je Betriebspartei vorsieht und die persönliche Bestellung in die Hände der jeweiligen Betriebspartei legt.

48 Die vom Gericht festzulegende Anzahl der Beisitzer je Betriebspartei hängt nach dem Sinn und Zweck ihrer Funktion sowohl von den betrieblichen Gegebenheiten als auch von dem dem Bestellungsverfahren zugrunde liegenden Regelungsstreit ab. Das Gericht hat den streitigen Regelungsgegenstand in seiner tatsächlichen und rechtlichen Dimension und die zu seiner Beilegung notwendigen Fachkenntnisse und betriebspraktischen Erfahrungen, sowie die Auswirkungen auf die Betroffenen und die auch damit verbundene Kostenlast eingehend zu würdigen, um die Anzahl der insoweit notwendigen Beisitzer festlegen zu können. Ein Richtwert (**Regelbesetzung**) besteht nicht.[28] In der **gerichtlichen Bestellungspraxis** werden vielfach zwei Beisitzer bestellt. Damit wird erreicht, dass neben einem externen auch ein interner Beisitzer die jeweilige Betriebspartei vertreten kann, um sowohl betriebsfremde als auch interne Kenntnisse in die Einigungsstelle einzubringen. Sind jedoch z.B. schwierige tarifliche Rechtsfragen in der Einigungsstelle vorab zu klären oder

---

27 LAG München, Beschl. v. 31.1.1989 – 3 TaBV 62/88 – LAGE § 98 ArbGG 1979 Nr. 14; Fitting, § 76 BetrVG Rn 38.

28 Beispiele in Spengler/Hahn/Pfeiffer/*Pfeiffer*, § 4 Rn 66, 84.

geht es um komplexe technische Zusammenhänge, so bedarf es diesbezüglich auf Seiten der Beisitzer entsprechenden Sachversand. Dementsprechend kann es erforderlich sein, sowohl gewerkschaftlichen Sachverstand als auch für die sonstigen Rechtsfragen anwaltlichen Rat und für die interne Anbindung ein Betriebsratsmitglied und somit drei Beisitzer je Betriebspartei zu bestimmen.

Ebenso wenig wie das Gericht an die vorgeschlagene Person des Antragstellers gebunden ist, besteht gem. § 308 Abs. 1 S. 1 ZPO **keine Bindung** an die vom Antragsteller vorgeschlagene Anzahl von Beisitzern je Betriebspartei. Auch insoweit handelt es sich lediglich um eine **Anregung**, die es dem Gericht nicht verwehrt, hiervon abweichend eine geringere Anzahl von Beisitzern zu bestimmen, ohne den Antrag insoweit im Übrigen zurückweisen zu müssen.[29] Umgekehrt besteht jedoch auch kein Hindernis, eine höhere Anzahl von Beisitzern als begehrt zu bestimmen. 49

Dem Gericht kommt **keine Auswahlbefugnis** über die Person der Beisitzer zu.[30] Darüber entscheidet der jeweilige Betriebspartner autonom. Dementsprechend ist es dem Gericht auch verwehrt, darüber Erwägungen anzustellen, ob durch die Zahl der Beisitzer ermöglicht werden soll, dass nicht dem Betrieb angehörige Personen, Gewerkschaftsfunktionäre oder Vertreter des Arbeitgeberverbandes oder Rechtsanwälte als Beisitzer bestellt werden sollen. Die von der Gegenseite in die Einigungsstelle entsandten Personen kann die andere Seite nicht ablehnen. Die Autonomie der Bestellung seiner eigenen Beisitzer beinhaltet auch, dass die jeweilige Betriebspartei ihre Beisitzer jederzeit ohne Begründung abberufen und durch andere ersetzen kann. 50

Die **Beisitzer** unterfallen der **Geheimhaltungspflicht** nach § 79 BetrVG, deren Verletzung nach § 120 BetrVG strafbar ist. 51

Ebenso wie im Fall des bestellten Vorsitzenden der Einigungsstelle können die Betriebsparteien sich auch noch nach Rechtskraft des Beschlusses des Gerichts nachträglich auf eine abweichende Anzahl je Seite einigen.[31] 52

Im Wege des Umkehrschlusses ergibt sich aus § 4 Abs. 2 Nr. 5 DRiG, dass einem Richter die Tätigkeit als Beisitzer einer Einigungsstelle verwehrt ist. 53

Soweit der Antrag unzulässig oder unbegründet ist, ist er zurückzuweisen. Soweit das Gericht dem Antrag entspricht, jedoch eine andere Person als die vorgeschlagene Person zum Vorsitzenden der Einigungsstelle bestellt, ist insoweit keine Zurückweisung im Übrigen geboten. Entsprechendes gilt auch für den Fall, dass das Gericht eine geringere Anzahl von Beisitzern als gewünscht bestimmt. 54

---

29 LAG Baden-Württemberg, Beschl. v. 26.6.2002 – 9 TaBV 3/02 – NZA-RR 2002, 523 f.; LAG Hamm, Beschl. v. 6.12.1976 – 3 TaBV 65/76 – LAGE Nr. 9 zu § 76 BetrVG 1972; *Hennige*, S. 86 ff.

30 *Fitting*, § 76 BetrVG Rn 21.

31 LAG Frankfurt, Beschl. v. 13.8.1987 – 12 TaBV 21/87 – LAGE Nr. 28 zu § 76 BetrVG 1972; *Fitting*, § 76 BetrVG Rn 21.

55 Soweit das Gericht dem Antrag stattgibt, lautet der Tenor wie folgt:

1. **Herr XY, Richter am Arbeitsgericht Z, wird zum Vorsitzenden der Einigungsstelle mit dem Regelungsgegenstand „Sozialplan aus Anlass der Betriebsschließung in Y" bestellt.**
2. **Die Zahl der von den Beteiligten jeweils zu bestellenden Beisitzer wird auf ... festgesetzt.**

56 Nach § 98 Abs. 1 S. 6 ArbGG soll der Beschluss des Vorsitzenden den Beteiligten innerhalb von **zwei Wochen** nach Eingang des Antrags zugestellt werden. Der Beschluss ist den Beteiligten spätestens jedoch innerhalb von **vier Wochen** nach diesem Zeitpunkt zuzustellen. Damit wird das gesetzgeberische Bestreben erkennbar, ein beschleunigtes Verfahren zur Bildung einer Einigungsstelle zur Verfügung zu stellen. Obgleich die Zwei-Wochen-Frist als Sollvorschrift ausgekleidet ist, stellt sie eine **Dienstpflicht** dar, die es einzuhalten gilt. Hiervon kann nur berechtigterweise abgewichen werden, wenn Gründe vorliegen, die außerhalb des Verantwortungsbereichs des Richters liegen. Demgegenüber ist die Vier-Wochen-Frist als Muss-Vorschrift formuliert. Der Gesetzgeber ging davon aus, dass die Einhaltung dieser Frist unabhängig von der jeweiligen Gerichtsorganisation möglich ist.[32]

57 Mit der **rechtskräftigen Entscheidung** des Gerichts im Bestellungsverfahren ist die Einigung der Beteiligten über die Person des Einigungsstellenvorsitzenden und/oder die Zahl seiner Beisitzer ersetzt. Damit liegt es allein in der Hand des bestellten Vorsitzenden, ob er durch Annahmeerklärung das Amt annimmt. Eine Ablehnung seiner Person durch die Beteiligten ist von Rechts wegen nicht möglich (Ausnahme Ablehnung wegen Befangenheit im Laufe des Einigungsstellenverfahrens). Jedoch können sich die Betriebsparteien im Rahmen ihrer **Autonomie** auf eine andere Person als Vorsitzenden der Einigungsstelle verständigen. Solange dies nicht der Fall ist, bleibt der gerichtlich bestellte Vorsitzende im Amt.

3. Verfahren zweiter Instanz

a) Rechtsmittel

58 Nach § 98 Abs. 2 S. 1 ArbGG findet gegen die Entscheidungen des Vorsitzenden des ArbG die **Beschwerde** an das LAG statt. Insoweit besteht Übereinstimmung mit der Statthaftigkeit des Rechtsmittels im allgemeinen Beschlussverfahren, § 87 Abs. 1 ArbGG.

32 BT-Drucks 14/3747, S. 85.

b) Beschwerdebefugnis

Befugt, eine Beschwerde einzulegen, sind nach allgemeinen Grundsätzen sowohl derjenige, der einen Antrag gestellt hat, als auch derjenige, gegen den ein Antrag gestellt wurde. Allgemein gilt, derjenige ist **beschwerdebefugt**, der durch die Entscheidung in seiner betriebsverfassungsrechtlichen Rechtstellung unmittelbar betroffen ist. Daraus folgt, dass lediglich die im Bestellungsverfahren beteiligten Betriebsparteien beschwerdebefugt sind. Dabei sind die Beteiligten erster Instanz auch Beteiligte zweiter Instanz. 59

c) Fristen

Abweichend von der gesetzlichen Regelung für die Einlegung und für die Begründung der Beschwerde im allgemeinen Beschlussverfahren ist gem. § 98 Abs. 2 S. 2 ArbGG die Beschwerde innerhalb einer Frist von zwei Wochen einzulegen und zu begründen. Auch dies ist Ausdruck der dem Bestellungsverfahren insgesamt zugrunde liegenden Beschleunigungskonzeption. Dem Beschwerdeführer bleibt es jedoch überlassen, ob er zunächst lediglich Beschwerde einlegt und erst danach mit einem weiteren Schriftsatz die Beschwerde begründet. Entscheidend ist allein, dass innerhalb von zwei Wochen die Beschwerde eingelegt und begründet ist. 60

d) Verfahrensgesichtspunkte

Hinsichtlich der vom ArbG in Bezug auf die Person des Einigungsstellenvorsitzenden und der Zahl seiner Beisitzer getroffenen Ermessensentscheidung ist das LAG nicht befugt, an die Stelle der Ermessensentscheidung des ArbG eine eigene Ermessensentscheidung zu treffen. Wegen des Überprüfungscharakters der Beschwerde kann das LAG eine andere Entscheidung über die Person des Einigungsstellenvorsitzenden bzw. der Zahl der Beisitzer nur treffen, wenn Rechtsfehler der Ermessensentscheidung oder auf Rechtsfehlern beruhende Irrtümer gegeben sind.[33] 61

Für die Entscheidung über die Beschwerde ist seit der Neufassung des § 98 durch das Job-AQTIV-Gesetz vom 10.12.2001 der Vorsitzende der Beschwerdekammer allein zuständig. 62

e) Entscheidung

Die Beschwerdeentscheidung ergeht durch zu begründenden und den Beteiligten zuzustellenden Beschluss (§ 98 Abs. 2 S. 3 ArbGG i.V.m. § 91 Abs. 1 S. 1, S. 3 ArbGG i.V.m. § 94 S. 2, Abs. 2 S. 1 ArbGG). Im Falle der **Unzulässigkei**t der **Beschwerde** ist 63

33 ErfK/*Koch*, § 98 ArbGG Rn 7; SW/*Walker*, § 98 ArbGG Rn 67; a.A. GMP/*Matthes*/*Schlewing*, § 98 ArbGG Rn 40.

sie zu **verwerfen**, im Falle ihrer **Unbegründetheit zurückzuweisen**. Hat die Beschwerde Erfolg, ist auf die Beschwerde der Beschluss des Arbeitsgerichts abzuändern und je nach Beschwerderichtung entweder der bzw. die Anträge zurückzuweisen oder aber auf Bestellung eines Vorsitzenden und/oder der Bestimmung der Anzahl der Beisitzer zu erkennen.

f) Rechtsmittelausschluss

64 Gegen die Entscheidung des LAG findet gem. § 98 Abs. 2 S. 4 ArbGG **kein Rechtsmittel** statt. Das entspricht wiederum der Beschleunigungskonzeption, die dem Bestellungsverfahren zugrunde liegt. Selbst dann, wenn das LAG rechtsfehlerhaft die Rechtsbeschwerde an das BAG zugelassen hat, ist das BAG wegen der insoweit bestehenden Gesetzeswidrigkeit hieran nicht gebunden.

g) Gerichtskosten und Gegenstandswert

65 Das Bestellungsverfahren ist als Beschlussverfahren **gerichtskostenfrei** (Auslagen und Gebühren, § 2 Abs. 2 GKG).

66 Der Streitgegenstand des Bestellungsverfahrens betrifft eine **nicht vermögensrechtliche** Angelegenheit. Es ist gleichsam ein Vorschaltverfahren für die Ausübung eines Mitbestimmungsrechts, dem nicht vermögensrechtlichen Charakter beigemessen wird.[34] Der **Gegenstandswert** für die Vergütung des Rechtsanwalts richtet sich nach § 23 Abs. 3 RVG mit der Folge, dass der Hilfswert derzeit **5.000,00 €** beträgt. Es bestehen unterschiedliche Auffassungen darüber, ob davon Abstriche zu machen sind.[35] Anderer Ansicht nach ist der Gegenstandswert unter Berücksichtigung des dem Einigungsstellenverfahren zugrunde liegenden Regelungsstreits festzusetzen.[36]

II. Verfahren vor der Einigungsstelle

67 Das Verfahren vor der Einigungsstelle ist **nur punktuell** geregelt. Nach § 76 Abs. 4 BetrVG können weitere Einzelheiten des Verfahrens vor der Einigungsstelle durch **Betriebsvereinbarung** geregelt werden. Hiervon wird in der Praxis kaum Gebrauch gemacht. Das Verfahren der Einigungsstelle lässt sich in Vorbereitung und Ablauf

---

34 LAG Hessen, Beschl. v. 11.2.2004 – 5 Ta 510/03 – LAGE § 8 BRAGO Nr. 57; LAG Hamburg, Beschl. v. 24.7.2003 – 4 TaBV 1/02 – MDR 2003, 338.

35 LAG München, Beschl. v. 1.9.1993 – 3 TaBV 67/93 – DB 1993, 2604; LAG Schleswig-Holstein, Beschl. v. 19.12.2005 – 2 TaBV 20/01 – LAGE § 8 BRAGO Nr. 19.

36 LAG Hamm, Beschl. v. 6.4.1972 – 8 TaBV 1/72 – DB 1972, 880.

der mündlichen Verhandlung, Entscheidungsfindung und den abschließenden Spruch strukturieren.

1. Verfahrensrecht nach § 76 BetrVG

§ 76 Abs. 3 BetrVG sieht **zwingend** ein **unverzügliches Tätigwerden** der Einigungsstelle vor, eine mündliche Beratung, einen näher ausgestalteten Abstimmungsmodus sowie Formvorschriften für den Einigungsstellenspruch. 68

a) Unverzügliches Tätigwerden

Die Einigungsstelle hat unverzüglich („ohne schuldhaftes Zögern", § 121 BGB) tätig zu werden, § 76 Abs. 3 S. 1 BetrVG. Dieser Grundsatz bindet alle Einigungsstellenmitglieder, insbesondere den Vorsitzenden.[37] Ihm obliegt die Verfahrensleitung. Es ist seine Aufgabe, das Verfahren vor der Einigungsstelle in Gang zu bringen. Dazu muss er einen, je nach Regelungsgegenstand auch zugleich mehrere Termine einschließlich des Orts der Verhandlung festsetzen und hierzu laden. 69

Praxistipp !
Es empfiehlt sich, telefonisch oder elektronisch mehrere Terminvorschläge zu unterbreiten, um einvernehmlich einen Termin zu finden. Terminstreitigkeiten fördern Blockadehaltungen. Je nach Dringlichkeit und prognostizierter Verfahrensdauer sollten die Betriebsparteien ggf. auch Ersatzbeisitzer bestimmen.

Sofern sich jedoch kein Termin zeitnah finden lässt, steht es dem Vorsitzenden frei, im Lichte der Verfahrensbeschleunigung und der Dringlichkeit der Erledigung des Regelungsstreits einerseits und der mitgeteilten Hinderungsgründe andererseits **einseitig einen Termin** festzusetzen. Eine zügige Verfahrensgestaltung erfordert regelmäßig auch eine **sachdienliche Vorbereitung der Sitzung.**[38] Der Vorsitzende hat deshalb die notwendigen Informationen über den Sach- und Streitstand vorab einzuholen, um die Sitzung vorzubereiten. Ebenso hat er darauf hinzuwirken, dass alle erforderlichen Unterlagen im Termin vorliegen. 70

b) Mündlichkeitsgrundsatz

§ 76 Abs. 3 S. 2 BetrVG sieht als Grundlage für die Beschlussfassung eine **mündliche Beratung der Einigungsstelle** vor. Dieser Grundsatz bezieht sich auf das Ver- 71

---

37 *Fitting*, § 76 BetrVG Rn 63; Spengler/Hahn/Pfeiffer/*Tischer*/*Hahn*, § 5 Rn 5.
38 SW/*Kliemt*, Das Einigungsstellenverfahren Rn 152; *Fitting*, § 76 BetrVG Rn 63; *Pünnel*, AuR 1973, 257, 262.

fahren in der Einigungsstelle und nicht etwa auf das Verfahren vor der Einigungsstelle.[39]

aa) Mündliche Beratung in der Einigungsstelle

72 Die Einigungsstelle hat **vor der Beschlussfassung** mündlich zu beraten. Ihre **Mitglieder** müssen alle gleichzeitig an einem festgesetzten Ort zur Beratung und ggf. Beschlussfassung **anwesend**[40] sein. Das schließt sowohl ein schriftliches Umlaufverfahren[41] als auch eine Telefon- oder Videokonferenz[42] aus. Nach dem Wortlaut aber auch nach dem Sinn und Zweck der Regelung sieht das Gesetz eine sich unmittelbar an die Beratung anschließende Abstimmung vor. Die Mitglieder der Einigungsstelle sollen aus dem Inbegriff der mündlichen Beratung ihre Entscheidung treffen.

bb) Mündliche Beratung vor der Einigungsstelle

73 Eine **mündliche Beratung vor der Einigungsstelle** mit den Betriebsparteien ist gesetzlich nicht bestimmt. In der Praxis findet jedoch regelmäßig eine mündliche Verhandlung der Betriebsparteien vor der Einigungsstelle statt. Während einerseits die Ansicht vertreten wird, der Gesetzgeber gehe ungeschrieben von einer mündlichen Verhandlung aus, die betriebliche Konfliktlösung erfordere einen direkten Austausch der Argumente in Rede und Gegenrede, weist die Gegenansicht darauf hin, dass sich ein allgemeiner Mündlichkeitsgrundsatz weder aus § 76 Abs. 3 BetrVG noch aus grundgesetzlichen Erwägungen ergebe. Der Grundsatz des rechtlichen Gehörs erfordere keine mündliche Verhandlung[43], ein schriftliches Verfahren sei ausreichend. Es liegt neben der fehlenden ausdrücklichen Festschreibung des Mündlichkeitsprinzips vor der Einigungsstelle auch im Wesen der Einigungsstelle selbst begründet. Die Einigungsstelle ist kein Justizorgan, ihr Verfahren soll **flexibel selbstbestimmt** gestaltet sein, um ihrem funktionellen Regelungsauftrag gerecht zu werden, unter Beachtung des vorgegeben Rechtsrahmens eine zügige, praktikable und ausgewogene Konfliktlösung zu bewirken. Nach der hier vertretenen Meinung besteht eine generelle Pflicht zur mündlichen Verhandlung nicht. Maßgebend ist jeweils der konkrete Regelungsanlass, ein Verzicht auf eine mündliche Verhandlung vor der Einigungsstelle kann vielfach ermessensfehlerhaft sein.

---

39 Spengler/Hahn/Pfeiffer/*Tischer/Hahn*, § 5 Rn 10.

40 Spengler/Hahn/Pfeiffer/*Tischer/Hahn*, § 5 Rn 11; SW/*Kliemt*, Das Einigungsstellenverfahren Rn 128.

41 GK/*Kreutz*, § 76 BetrVG Rn 108; *Hanau/Reitze*, in: FS Kraft, S. 167, 177.

42 Spengler/Hahn/Pfeiffer/*Tischer/Hahn*, § 5 Rn 11.

43 BVerfG, Beschl. v. 26.11.2008 – 1 BvR 3135/07 – AnwBL- 2009, 150.

c) Mehrheitsgrundsatz und Abstimmungsmodus

Die Einigungsstelle fasst ihre Beschlüsse mit **Stimmenmehrheit**, § 76 Abs. 3 S. 1 BetrVG. § 76 Abs. 3 S. 3 BetrVG schreibt eine **zweistufige Beschlussfassung** vor. Die erste Abstimmung findet ohne den Vorsitzenden statt. Nur wenn eine Stimmenmehrheit nicht zustande kommt, nimmt er nach weiterer Beratung an der zweiten (erneuten) Abstimmung teil. 74

d) Formvorschriften für den Einigungsstellenspruch

Gem. § 76 Abs. 3 S. 4 BetrVG sind die Beschlüsse der Einigungsstelle **schriftlich niederzulegen**, vom Vorsitzenden zu **unterschreiben** und dem Arbeitgeber und Betriebsrat **zuzuleiten.** Die Einhaltung der Formvorschriften für den Spruch der Einigungsstelle wahrt auch die Formvorschriften der Betriebsvereinbarung gem. § 77 Abs. 2 BetrVG.[44] 75

aa) Schriftform

Das **Schriftformerfordernis** des § 76 Abs. 3 S. 4 BetrVG ist **zwingend.**[45] Die zwingende und damit gesetzliche Schriftform ist in § 126 BGB definiert. Danach muss eine Urkunde vorliegen, die eigenhändig durch Namensunterschrift oder mittels notariell beglaubigten Handzeichens unterzeichnet wurde. Die Frage der **elektronischen Form** für Einigungsstellensprüche bestimmt sich nach § 126 Abs. 3 BetrVG. Die schriftliche Form kann durch die elektronische Form ersetzt werden, wenn sich nicht aus dem Gesetz ein anderes ergibt. Anders als z.B. in § 623 BGB schließt § 76 BetrVG die elektronische Form nicht aus.[46] Die nach der Regelungssystematik für Einigungsstellensprüche zulässige elektronische Form ist in § 126a BGB definiert. Dieser verlangt, dass der Aussteller der Erklärung dieser seinen Namen hinzufügen und das elektronische Dokument mit einer qualifizierten elektronischen Signatur nach dem Signaturgesetz versehen muss. 76

bb) Unterzeichnung des Einigungsstellenspruches

Der Einigungsstellenspruch ist vom Vorsitzenden zu unterschreiben, andernfalls ist er unwirksam.[47] Eine nachträgliche rückwirkende Heilung ist nicht möglich.[48] Eine 77

---

44 Spengler/Hahn/Pfeiffer/*Tischer/Hahn*, § 5 Rn 18.

45 BAG, Beschl. v. 5.10.2010 – 1 ABR 31/09 – NZA 2011, 420; *Fitting*, § 76 BetrVG Rn 128.

46 Spengler/Hahn/Pfeiffer/*Tischer/Hahn*, § 5 Rn 19; a.A. BAG, Beschl. v. 5.10.2010 – 1 ABR 31/09 – NZA 2011, 420: § 76 Abs. 3 S. 4 BetrVG ist eine auf dem Normcharakter des Einigungsstellenspruchs beruhende Sonderregelung; ebenso *Fitting*, § 76 BetrVG Rn 129.

47 BAG, Beschl. v. 5.10.2010 – 1 ABR 31/09 – NZA 2011, 420; *Fitting*, § 76 BetrVG Rn 128.

48 BAG, Beschl. v. 5.10.2010 – 1 ABR 31/09 – NZA 2011, 420.

Unterschrift der Beisitzer ist von Gesetzes wegen nicht erforderlich. Im Verfahren über **Interessenausgleich und Sozialplan** sieht § 112 Abs. 3 S. 2 BetrVG die zusätzliche Unterschrift von Arbeitgeber und Betriebsrat vor.

cc) Zuleitung des Spruchs

78 Der Spruch ist den Betriebsparteien gem. § 76 Abs. 3 S. 4 BetrVG **zwingend zuzuleiten**. Einer förmlichen Zustellung, z.B. durch Postzustellungsurkunde, bedarf es nicht. Durch die Verwendung des „untechnischen" Begriffs der Zuleitung wird jedoch ersichtlich, dass den Betriebsparteien eine schriftliche Ausfertigung des Spruchs der Einigungsstelle tatsächlich zur Verfügung gestellt werden muss. Denn nur sie sind berechtigt, den Spruch anzufechten. Insoweit ist der Zeitpunkt der Zuleitung wegen der Frist des § 76 Abs. 5 S. 4 BetrVG von entscheidender Bedeutung. Die Zwei-Wochen-Frist wird vom Tage der Zuleitung an in Lauf gesetzt.

! **Praxistipp**
Der Vorsitzende sollte ggf. durch Nachfrage bei den Betriebsparteien den Zeitpunkt der Zuleitung zum Zwecke der Beweissicherung erfragen und festhalten. Die Übergabe des vom Vorsitzenden unterschriebenen Spruchtenors kann auch unter Vermerk im Protokoll bereits am Ende der Sitzung erfolgen.

---

dd) Begründung

79 Der Wortlaut des § 76 Abs. 3 S. 4 BetrVG beinhaltet **keine Pflicht** zur Begründung des Spruchs.[49] Allgemeine rechtsstaatliche Erwägungen gebieten auch keine schriftliche Spruchbegründung.[50] Eine Begründungspflicht kann jedoch im Rahmen der Festlegung des Verfahrens von der Einigungsstelle zu Beginn oder während des Verfahrens beschlossen werden. Das BAG hat festgestellt, dass ein Einigungsstellenspruch nicht deshalb unwirksam ist, weil ihm eine schriftliche Begründung fehlt. Sofern eine Spruchanfechtung zu erwarten ist, mag eine Begründung zweckmäßig sein.[51]

---

49 BVerfG, Beschl. v. 18.10.1986 – 1 BvR 1426/83 – NJW 1988, 1135; BAG, Beschl. v. 30.10.1979 – 1 ABR 112/77 – AP Nr. 9 zu § 112 BetrVG 1972.

50 BVerfG, Beschl. v. 18.10.1986 – 1 BvR 1426/83 – NJW 1988, 1135.

51 Vgl. *Fitting*, § 76 BetrVG Rn 131.

ee) Weitere Formerfordernisse

Der Einigungsstellenspruch muss **keine Rechtsmittelbelehrung** enthalten.[52] Teilweise wird eine Belehrung durch einen klaren, verständlichen Hinweis aus Gründen der Fairness angeregt. Der Hinweis könnte folgendermaßen lauten[53]: 80

„Dieser Spruch kann im Rahmen eines Beschlussverfahrens vom zuständigen Arbeitsgericht (Ort ergänzen) auf Antrag jeder der Parteien überprüft werden. Eine Überschreitung der Ermessensgrenzen durch die Einigungsstelle kann nur innerhalb einer Frist von zwei Wochen ab dem Tag der Zuleitung des Beschlusses geltend gemacht werden; diese Frist gilt nicht für sonstige Rechtsverstöße und Verstöße gegen wesentliche Verfahrensvorschriften.“ 81

In Fällen, in denen der Spruch der Einigungsstelle die Einigung zwischen Arbeitgeber und Betriebsrat ersetzt, ist als formelle Bestimmung auch § 77 Abs. 2 S. 3 BetrVG zu beachten und der Spruch an geeigneter Stelle im Betrieb **auszulegen.**[54] Dies ist jedoch keine Wirksamkeitsvoraussetzung. 82

2. Ergänzende Regelungen durch Betriebsvereinbarung

Gem. § 76 Abs. 4 BetrVG können durch Betriebsvereinbarung weitere Einzelheiten des Verfahrens vor der Einigungsstelle geregelt werden. Die verwendete Begrifflichkeit **„weitere Einzelheiten“** begrenzt die Kompetenz der Betriebsparteien auf **ergänzende Verfahrensvorschriften.** Die in § 76 BetrVG bestimmten Verfahrensregelungen unterliegen wegen ihrer zwingenden Wirkung nicht der Disposition der Betriebsparteien.[55] Die Betriebsparteien haben dabei höherrangiges Recht zu beachten, insbesondere auch tarifliche Verfahrensregelungen. Die Rechtskontrolle durch das Arbeitsgericht im Rahmen der Spruchanfechtung erfasst auch die ergänzend gesetzten Regelungen. Der Anwendungsbereich ist sprachlich auf das Verfahren vor der Einigungsstelle begrenzt. Allgemeiner Ansicht nach ist jedoch ein weiter Begriff des „Verfahrens vor der Einigungsstelle“ der Ergänzungskompetenz zu Grunde zu legen. Mögliche Verfahrensregelungen könnten Folgende sein: 83

- Erfordernis schriftlicher Anträge
- Vorschriften über die Protokollierung
- Ladungs- und Einlassungsfristen
- die Aufbewahrung von Unterlagen der Einigungsstelle
- Vorgabe einer Frist, innerhalb derer die Einigungsstelle einzuberufen ist bzw. tätig zu werden/zu entscheiden hat

52 *Fitting*, § 76 BetrVG Rn 131; SW/*Kliemt*, Das Einigungsstellenverfahren Rn 287.
53 Vgl. Spengler/Hahn/Pfeiffer/*Tischer*/*Hahn*, § 5 Rn 27.
54 *Fitting*, § 76 BetrVG Rn 128; Spengler/Hahn/Pfeiffer/*Tischer*/*Hahn*, § 5 Rn 28.
55 GK/*Kreutz*, § 76 BetrVG Rn 119.

- Zahl der Beisitzer
- zwingende mündliche Verhandlung

84 Die Praxis macht jedoch von der Regelungskompetenz kaum Gebrauch.

85 Eine **Erweiterung der Zuständigkeit der Einigungsstelle** ist ebenfalls durch eine Betriebsvereinbarung regelbar. In der Praxis finden sich vereinzelt Regelungen über die Zuweisung von Rechtsfragen (**z.B. Auslegungsstreitigkeiten**) an die Einigungsstelle. Dadurch wird erreicht, dass vor der nicht ausschließbaren Anrufung der Arbeitsgerichte zunächst ein Einigungsstellenverfahren durchzuführen ist. Erst nach Durchführung des Einigungsstellenverfahrens ist ein Beschlussverfahren zulässig. Im Übrigen ist ein Ausschluss der Arbeitsgerichtsbarkeit nicht zulässig.[56] § 4 ArbGG erfasst nur einen Ausschluss der Arbeitsgerichtsbarkeit für das Urteilsverfahren nach Maßgabe der §§ 101 bis 110 ArbGG.

3. Weitere Verfahrensgrundsätze

86 Das Verfahren vor der Einigungsstelle ist gesetzlich weitgehend ungeregelt. § 76 BetrVG beinhaltet lediglich die Beschleunigung des Verfahrens, die Mündlichkeit der Beratung und die Kompetenz der Einigungsstelle zur flexiblen Gestaltung des Verfahrens. Als **weitere Elemente** des Einigungsstellenverfahrens werden in Literatur und Rechtsprechung die Grundsätze der Nichtöffentlichkeit, der Beteiligtenöffentlichkeit, des rechtlichen Gehörs, der Unmittelbarkeit, der Dispositionsmaxime und der Amtsermittlung genannt.

a) Nichtöffentlichkeit, Beteiligtenöffentlichkeit

87 Die Sitzungen der Einigungsstelle sind **nicht öffentlich**.[57] Neben den Mitgliedern der Einigungsstelle steht nur den Betriebsparteien das Recht zur Teilnahme zu.

! Praxistipp
Um eine Überladung der Verhandlungsrunde zu verhindern, empfiehlt es sich, dass jeweils einer der Beisitzer pro Seite zugleich die Verfahrensvertretung seiner Betriebspartei übernimmt. Das entspricht auch der gelebten Praxis.

88 Die Rechtfertigung der Nichtöffentlichkeit ist dem Schutz von Betriebs- und Geschäftsgeheimnissen, des Datenschutzes und der Persönlichkeitsrechte Betroffener geschuldet. Die Anwesenheit Dritter bedarf eines berechtigten Grundes, z.B. gela-

56 BAG, Beschl. v. 20.11.1990 – 1 ABR 45/89 – AP Nr. 43 zu § 76 BetrVG 1972.
57 ErfK/*Kania*, § 76 BetrVG Rn 18; *Fitting*, § 76 BetrVG Rn 73.

dene Zeugen und Sachverständige oder die angeordnete Anwesenheit eines Protokollführers.

b) Grundsatz des rechtlichen Gehörs

Obgleich das Einigungsstellenverfahren kein gerichtliches Verfahren ist, gilt der sich aus Art. 103 Abs. 1 GG ergebende Grundsatz entsprechend. Das BAG hatte ursprünglich die Geltung dieses Grundsatzes mit der Überlegung nur auf die Beisitzer bezogen, dass die von jeder Betriebspartei entsandten Mitglieder der Einigungsstelle deren Vertreter seien.[58] Indessen besteht kein **„imperatives Mandat"** für die Beisitzer. Dementsprechend hat das BAG seine Ansicht korrigiert.[59] Soweit es in der Einigungsstelle um Interessenausgleich und Sozialplan geht, sollen die Betriebsparteien gemäß § 112 Abs. 3 S. 1 BetrVG der Einigungsstelle sogar Vorschläge zur Beilegung des Regelungsstreits unterbreiten. Im Übrigen können die von der Einigungsstelle zu berücksichtigenden Belange des Betriebes der vom Regelungsgegenstand betroffenen Arbeitnehmer nur in den Entscheidungsfindungsprozess einfließen, wenn sie von den Betriebsparteien der Einigungsstelle zur Kenntnis gebracht werden. Ein Verstoß gegen diesen Grundsatz hat die Unwirksamkeit des Spruches zur Folge. 89

c) Unmittelbarkeitsgrundsatz

Der Grundsatz der Unmittelbarkeit ist eine Konkretisierung des rechtlichen Gehörs. 90
Er beinhaltet, dass die **Verhandlung** und eine ggf. durchzuführende **Beweisaufnahme vor** der **Einigungsstellenbank** zu erfolgen hat.[60] Damit werden die eigene Wahrnehmung aller Mitglieder der Einigungsstelle und der gleiche Kenntnisstand aller sichergestellt. Ein Verstoß hiergegen ist ein erheblicher Verfahrensfehler, der die Unwirksamkeit des Spruches zur Folge hat. Sofern eine Seite keine Mitglieder in die Einigungsstelle entsendet oder die von einer Seite benannten Mitglieder trotz rechtzeitiger Ladung der Sitzung fernbleiben, ist dies kraft gesetzlicher Regelung (§ 76 Abs. 5 S. 2 BetrVG) unschädlich.

d) Dispositionsmaxime

Der Grundsatz bringt zum Ausdruck, dass **Herr des Verfahrens** die Betriebspartei- 91
en selbst sind. Sie bestimmen, ob und in welchem Umfang eine ungelöste Mei-

58 BAG, Beschl. v. 11.2.1992 – 1 ABR 51/91 – NZA 1992. 702.

59 BAG, Beschl. v. 29.1.2002 – 1 ABR 18/01 – AP Nr. 19 zu § 76 BetrVG 1972 Einigungsstelle; *Fitting*, § 76 BetrVG Rn 69; Spengler/Hahn/Pfeiffer/*Tischer*/*Hahn*, § 5 Rn 50.

60 *Heintze*, RdA 1990, 262, 267; Spengler/Hahn/Pfeiffer/*Tischer*/*Hahn*, § 5 Rn 51.

nungsverschiedenheit vor der Einigungsstelle geklärt werden soll. Dafür ist ein **Antrag nebst Begründung** notwendig, der sich an die gebildete Einigungsstelle richtet. Er beschreibt das Regelungsanliegen und beinhaltet vielfach einen Lösungsvorschlag. Für Interessenausgleich und Sozialplan ist das sogar in § 112 Abs. 3 S. 1 BetrVG gesetzlich bestimmt. Ausfluss der Dispositionsmaxime ist, dass der Antrag bei der erzwingbaren Einigungsstelle jederzeit einseitig zurückgenommen werden kann.[61] Das Verfahren ist dann vorbehaltlich einer ggf. erforderlichen Zustimmung beendet. Ist die Einigungsstelle bereits angerufen, kann der Antrag nur mit Zustimmung der anderen Betriebspartei zurückgenommen werden. Handelt es sich um eine freiwillige Einigungsstelle, hat die einseitige Rücknahme des Antrags stets die Beendigung des Verfahrens zur Folge. Weitere Folge der Dispositionsmaxime ist, dass ein gestellter **Antrag erweitert** werden kann. Bei der erzwingbaren Einigungsstelle bedarf es aber der Zustimmung der anderen Seite, weil hinsichtlich der Erweiterung zuvor die betrieblichen Verhandlungen gescheitert sein müssen. Bei der freiwilligen Einigungsstelle müssen beide Seiten gemäß § 76 Abs. 6 BetrVG einverstanden sein.

e) Amtsermittlungs- und Beibringungsgrundsatz

92 In Abgrenzung zur Dispositionsmaxime geht es beim Amtsermittlungs- und Beibringungsgrundsatz nicht um das Ob des Verfahrens, sondern um das Wie der **Ermittlung des Sachverhalts**. Im Gegensatz zum **Beibringungsgrundsatz** (Parteimaxime), wonach es den Parteien selbst obliegt, den Tatsachenstoff für die Entscheidungsfindung zu unterbreiten (z.B. im arbeitsgerichtlichen Klageverfahren), hat nach dem **Amtsermittlungsgrundsatz** (Offizialmaxime), der für das arbeitsgerichtliche Beschlussverfahren gilt, das Gericht den Sachverhalt im Rahmen der gestellten Anträge zu erforschen (§ 83 Abs. 1 ArbGG). Für das Einigungsstellenverfahren fehlt es an einer gesetzlichen Regelung. Dementsprechend werden unterschiedliche Ansichten vertreten.[62] Der Zweck der Einigungsstelle besteht darin, als betriebsverfassungsrechtliches, ohne gerichtliche Kompetenzen ausgestattetes Hilfsorgan den Regelungsstreit zu befrieden. Von daher und auch mangels gesetzlicher Regelung steht es der Einigungsstelle frei, sich selbst im Lichte ihrer innerbetrieblichen Konfliktlösungsfunktion zu organisieren.[63] Sie ist berechtigt, im Rahmen des Regelungsgegenstandes und der Mitwirkung der Betriebsparteien, den Sachverhalt festzustellen, zu hinterfragen und Beweise zu erheben, sofern rechtliche Grenzen (z.B. Eingriffe in fremde Rechtskreise) beachtet werden. Für weitergehende Maßnahmen fehlt es der Einigungsstelle an einer gesetzlichen Grundlage, z.B. Beeidigung von Zeugen.

---

61 SW/*Kliemt*, Das Einigungsstellenverfahren Rn 135.

62 Übersicht in *Fitting*, § 76 BetrVG Rn 65.

63 *Hennige*, S. 191; Spengler/Hahn/Pfeiffer/*Tischer*/*Hahn*, § 5 Rn 61; a.A. Fitting, § 76 BetrVG Rn 65.

4. Verfahren bis zur mündlichen Verhandlung

Nach personeller Bildung der Einigungsstelle, hat sie unverzüglich tätig zu werden, 93
§ 76 Abs. 3 S. 1 BetrVG.

a) Zuständigkeit für Verfahrensregelungen, Verfahrensmaßnahmen

Bis zur Sitzung der Einigungsstelle hat der Vorsitzende allein, die Einigungsstelle 94
in Gang zu bringen. Ihm obliegen bis dahin die sog. **Geschäftsführungsmaßnahmen.**[64] Er hat den Sitzungstermin und -ort zu bestimmen, die Beisitzer und die Betriebsparteien zu laden sowie auch zu entscheiden, ob nach dem Sach- und Streitstand ein früher Termin anzuberaumen oder zunächst schriftsätzliches Vorbringen der Betriebsparteien einzufordern ist. Ebenso kann der Vorsitzende, die Vorlage von Unterlagen anfordern, sofern er es für zielführend hält. Zwangsmittel bestehen dafür nicht. Den Betriebsparteien obliegt jedoch eine **Mitwirkungslast**, der Einigungsstelle Auskünfte zu erteilen und erforderliche Unterlagen vorzulegen, die sich aus dem Grundsatz der vertrauensvollen Zusammenarbeit ergibt, § 2 Abs. 1 BetrVG. Für die Anberaumung eines Termins ist eine **Ladungsfrist** einzuhalten, die entsprechend den Regelungen für das gerichtliche Verfahren drei Tage zwischen Zugang der Ladung und Durchführung des Termins betragen sollte. Eine Frist von wenigen Stunden ist nach Ansicht des BAG verfahrensfehlerhaft.[65] Für die Ladungen ist keine bestimmte Form vorgeschrieben. Aus **Beweisgründen** sollte diese jedoch schriftlich oder per Fax erfolgen. In der Praxis erfolgt die Ladung meist in elektronischer Form. Sofern der Vorsitzende die Ladung der Betriebsparteien über einen Beisitzer veranlasst, dieser jedoch die Ladung nicht weiterleitet, fehlt es an einer ordnungsgemäßen Ladung, es sei denn die Betriebspartei hat diesen Beisitzer als Ladungs- und/oder Zustellungsbevollmächtigten benannt. Liegt keine ordnungsgemäße Ladung der Beisitzer vor, kann ein Säumnisverfahren nicht durchgeführt werden, § 76 Abs. 5 S. 2 BetrVG. Eine gesonderte Ladung ist dann entbehrlich, wenn in einer vorausgehenden Sitzung der oder die weiteren Termine unter Anwesenheit aller Beisitzer abgesprochen wurden. Verfahrensmaßnahmen, die nicht das Verfahren bis zur mündlichen Verhandlung betreffen, obliegen der Einigungsstelle als Kollegialorgan (z.B. Vertagung, Aussetzung, Beweisaufnahme etc.).[66]

---

64 *Fitting*, § 76 BetrVG Rn 57; GK/*Kreutz*, § 76 BetrVG Rn 99.

65 BAG, Beschl. v. 27.6.1995 – 1 ABR 3/95 – AP Nr. 1 zu § 76 BetrVG 1972 Einigungsstelle.

66 LAG Köln, Beschl. v. 26.7.2005 – 9 TaBV 5/05 – NZA-RR 2006, 197; *Fitting*, § 76 BetrVG Rn 58; *Hennige*, S. 212; Spengler/Hahn/Pfeiffer/*Tischer*/*Hahn*, § 5 Rn 105.

b) Sachanträge

95 Die Einigungsstelle wird nur **auf Antrag** einer Betriebspartei tätig, nicht von Amts wegen. Im Anwendungsbereich des erzwingbaren Einigungsstellenverfahrens genügt der **Antrag einer Partei** (§ 76 Abs. 5 S. 1 BetrVG), im Übrigen (freiwilliges Einigungsstellenverfahren) wird die Einigungsstelle nur tätig, wenn **beide Betriebsparteien** es beantragen oder mit ihrem Tätigwerden einverstanden sind (§ 76 Abs. 6 S. 1 BetrVG). Der Antrag dient dazu, das Einigungsstellenverfahren einzuleiten und seinen Gegenstand zu bestimmen. Der sich aus dem Antrag ergebende **Verfahrensgegenstand**, ein förmlicher Antrag ist insoweit nicht erforderlich, zeigt den Regelungsstreit auf, begrenzt ihn und legt damit fest, über welche Streitigkeit die Einigungsstelle eine Entscheidung zu treffen hat.

96 Der Antrag kann, sobald der Vorsitzende sein Mandat angenommen hat, gestellt werden. Mit Ausnahme der Fälle der §§ 37 Abs. 6 S. 5, 38 Abs. 2 S. 4 BetrVG ist der Antrag nicht fristgebunden. Er muss von einer Antragsberechtigung getragen sein. Antragsberechtigt sind die in § 76 Abs. 1 BetrVG genannten Betriebsverfassungsorgane (Arbeitgeber, Betriebsrat, Gesamtbetriebsrat, Konzernbetriebsrat).[67] Der Vorsitzende ist nicht antragsberechtigt, er unterbreitet jedoch vielfach den Betriebsparteien neben einem Einigungsvorschlag auch einen Spruchtext, den sich jedoch die Betriebsparteien im Rahmen der Abstimmung zu eigen machen.[68]

c) Rücknahme des Antrags vor und in der mündlichen Verhandlung

97 Die Einigungsstelle wird nur auf Antrag tätig. Die Disposition über das Ob der Einleitung des Einigungsstellenverfahrens beinhaltet im Grundsatz die Logik, im Wege des Umkehrschlusses auch die **Rücknahme des Antrags** zuzulassen. Das Antragserfordernis für die Einleitung des Verfahrens spiegelt die Subsidiarität der Einigungsstelle wider.

98 Soweit die Einigungsstelle auf Antrag allein einer **bestimmten Betriebspartei** tätig wird, korrespondiert die Befugnis, diesen Antrag einseitig zurückzunehmen. Das betrifft den Anwendungsbereich des verbindlichen Einigungsstellenverfahrens nach den §§ 37 Abs. 6 S. 5, 38 Abs. 2 S. 4, 95 Abs. 1 S. 2 BetrVG, in denen allein der Arbeitgeber antragsberechtigt ist.

99 Anders verhält es sich, sofern **beide Betriebsparteien antragsberechtigt** sind. Letzteres gilt sowohl für den erzwingbaren Abschluss eines **Sozialplans** nach § 112 Abs. 4 BetrVG als auch für den vorgelagerten **Interessenausgleich** nach § 112 Abs. 2 S. 2 BetrVG, obschon insofern für letzteren eine Sonderregelung besteht, als ein die fehlende Einigung ersetzender Spruch trotz beiderseits gegebener Antragsberechtigung aus verfassungsrechtlichen Vorgaben nicht möglich ist. Obgleich beide Be-

---

67 *Fitting*, § 76 BetrVG Rn 59.

68 Spengler/Hahn/Pfeiffer/*Tischer*/*Hahn*, § 5 Rn 110.

triebsparteien antragsberechtigt sind, ersetzt der Spruch der Einigungsstelle die Einigung der Betriebsparteien, wenn eine Betriebspartei einen Antrag gestellt hat. Trotz des beiderseitigen Antragsrechts genügt bereits ein Antrag für die Einleitung und Durchführung des Einigungsstellenverfahrens. Dementsprechend kann die antragstellende Betriebspartei auch über ihren Antrag disponieren. Demgegenüber ist jedoch zu berücksichtigen, dass auch die andere Betriebspartei jederzeit einen Antrag auf Errichtung einer Einigungsstelle und Durchführung des Einigungsstellenverfahrens stellen kann. Eine endgültige Beendigung des Verfahrens ist von daher nur **mit Zustimmung** der anderen Betriebspartei möglich.[69] Denn nur dann erklären beide Betriebsparteien den Verzicht auf das Recht, die Einigungsstelle einzuschalten und erklären darüber hinaus die Erledigung des Regelungsstreites. Ohne ihre Zustimmung würde die andere Betriebspartei weiterhin über ihr Antragsrecht verfügen. Der Wechsel von der passiven in die aktive Beteiligtenrolle wäre nicht ausgeschlossen.

Die Rücknahmeerklärung beinhaltet neben dem Verzicht auf das Recht, die Einigungsstelle einzuschalten bzw. fortzuführen, auch die Erledigungserklärung des Regelungsstreits. Damit entfallen zugleich die Voraussetzungen eines bestehenden Bestellungsbeschlusses. **100**

Die Rücknahme des Antrags im Rahmen des Einigungsstellenverfahrens bedarf entsprechend dem Grundsatz der Formfreiheit mangels anderweitiger gesetzlicher Regelung **keiner Form**. Entsprechendes gilt für die Zustimmung der anderen Betriebspartei. **101**

Sie ist von der antragsberechtigten Betriebspartei vor der mündlichen Verhandlung dem Vorsitzenden gegenüber, der die Erklärung der anderen Betriebspartei zur Kenntnis zu bringen hat, und nach ihrer Konstituierung der Einigungsstelle gegenüber zu erklären. Ebenso verhält es sich mit einer erforderlichen Zustimmung der Gegenseite. **102**

Die Rücknahmeerklärung der antragsberechtigten Betriebspartei hat unmittelbare **verfahrensbeendende Wirkung**, sofern keine Zustimmung erforderlich ist. Im Anwendungsbereich des Interessenausgleichs und des Sozialplans bedarf es jedoch der Zustimmung mit der Folge, dass die Verfahrensbeendigung erst dann eintritt, wenn sie dem Adressaten gegenüber erteilt worden ist. Einer konstitutiven Einstellung des Einigungsstellenverfahrens bedarf es nicht; gegen eine deklaratorische Einstellung des Einigungsstellenverfahrens bestehen von Rechts wegen keine Bedenken.[70] **103**

---

69 *Fitting*, § 76 BetrVG Rn 60; SW/*Kliemt*, Das Einigungsstellenverfahren Rn 263.

70 Pünnel/Wenning/*Morgenthaler*, Teil A Rn 359; Spengler/Hahn/Pfeiffer/*Tischer*/*Hahn*, § 5 Rn 157.

5. Ablauf der mündlichen Verhandlung

a) Präsenzfeststellung und Verfahrensvertretung

104 Nach Eröffnung der Sitzung durch den Vorsitzenden **konstituiert** sich die Einigungsstelle, in dem die **Präsenz** der geladenen Beisitzer mit ihren Personalien festgestellt wird. Fehlen die Beisitzer einer Seite trotz korrekter Ladung unentschuldigt, kann gleichwohl im Rahmen des erzwingbaren Einigungsstellenverfahrens die Verhandlung durchgeführt und ggf. eine Spruchentscheidung getroffen werden, § 76 Abs. 5 S. 2 BetrVG (**Säumnisverfahren**). Darüber hinaus ist die Präsenz weiterer Personen nach Personalien und Funktion festzustellen. Dabei können Personen als Verfahrensbevollmächtigte für die Betriebsparteien auftreten oder aber die Betriebspartei durch ihre Mitglieder selbst anwesend sein. In der Praxis ist es üblich, dass einer der Beisitzer zugleich die Verfahrensvertretung der Betriebspartei übernimmt. Das ist festzuhalten. Der Vorsitzende muss prüfen, ob für die neben den Beisitzern anwesenden Personen jeweils ein Anwesenheitsrecht besteht. Sofern das nicht der Fall ist, muss im Streitfall über die Anwesenheit durch Beschluss entschieden werden. Es ist sinnvoll, für weitere Ladungen und die Zuleitung des Spruches ladungs- und zuleitungsbevollmächtige Bevollmächtigte zu bestimmen.

b) Protokollführung

105 Eine gesetzliche Regelung über die Protokollführung besteht nicht. Die für gerichtliche Verfahren insoweit geltenden Bestimmungen sind nicht anwendbar.[71] Eine sich aus allgemeinen Verfahrensgrundsätzen ergebende Pflicht zur Protokollierung besteht ebenfalls nicht.[72] Die Einigungsstelle sollte nach Konstituierung und Sitzungsbeginn die Frage der Protokollführung hinsichtlich des Ob und Wie (Verlaufsprotokoll, Wortprotokoll) ansprechen und abklären. Möglich ist auch, sich auf einen Protokollführer zu verständigen.

! **Praxistipp**
Unabhängig davon ob Protokoll geführt wird, sollte sich jeder Beisitzer Notizen machen, die ggf. auch für später geführte Rechtsstreite von Bedeutung sein können.

c) Prüfung der Zuständigkeit der Einigungsstelle

106 Die Einigungsstelle muss sich **vorab**, sofern hierüber Zweifel bestehen, mit der Frage ihrer Zuständigkeit befassen. Ohne das Bestehen eines erzwingbaren Mitbestimmungsrechts ist die Einigungsstelle im erzwingbaren Verfahren unzuständig. Die

71 SW/*Kliemt*, Das Einigungsstellenverfahren Rn 165.

72 BAG, Beschl. v. 11.9.2001 – 1 ABR 5/01 – AP Nr. 15 zu § 76 BetrVG 1972 Einigungsstelle; Spengler/Hahn/Pfeiffer/*Tischer*/*Hahn*, § 5 Rn 174.

Einsetzung der Einigungsstelle im Verfahren nach § 98 ArbGG entbindet nicht von der Zuständigkeitsprüfung.[73] In diesem Verfahren wurde nämlich nur über die „offensichtliche Unzuständigkeit" der Einigungsstelle entschieden.[74] Nur im Rahmen eines rechtskräftigen Mitbestimmungsfeststellungsverfahrens, in dem ein erzwingbares Mitbestimmungsrecht rechtskräftig bejaht wurde, lässt die Prüfung der Zuständigkeit der Einigungsstelle entfallen. Im freiwilligen Einigungsstellenverfahren ist die Zuständigkeit gegeben, wenn beide Seiten es beantragen oder mit ihrem Tätigwerden einverstanden sind, § 76 Abs. 6 S. 1 BetrVG. Im letzteren Fall ist zwar eine Spruchzuständigkeit der Einigungsstelle gegeben, eine Verbindlichkeit tritt indessen nur ein, wenn beide Seiten sich dem Spruch im Voraus unterworfen oder ihn nachträglich gebilligt haben. Zur Frage der Zuständigkeit der Einigungsstelle gilt Folgendes:

Die **Zuständigkeit der Einigungsstelle** folgt nicht daraus, dass sie sich mit ei- 107
nem **Zwischenbeschluss** für zuständig erklärt hat und eine Anfechtung dieses Beschlusses unterblieben ist.[75] Ein solcher Zwischenbeschluss der Einigungsstelle, mit dem diese ihre Zuständigkeit bejaht, stellt keine die Einigung der Betriebsparteien ersetzende und diese bindende Regelung dar.[76] Die Frage der Zuständigkeit der Einigungsstelle unterliegt vielmehr der uneingeschränkten gerichtlichen Kontrolle im Rahmen der Überprüfung der Wirksamkeit des abschließenden Beschlusses der Einigungsstelle. Eine Pflicht der Einigungsstelle, vor einer Sachentscheidung förmlich und gesondert über ihre Zuständigkeit zu befinden, kennt weder das Gesetz, noch wird eine solche Vorabentscheidung von Grundsätzen des Einigungsstellenverfahrens gefordert. Zwar hat die Einigungsstelle, bevor sie eine Regelung in der Sache trifft, ihre Zuständigkeit als Vorfrage zu prüfen. **Verneint** sie ihre Zuständigkeit, hat sie das Verfahren durch Beschluss **einzustellen.**[77] **Bejaht** sie sie dagegen, steht es in ihrem freien Ermessen, ob sie dies mit einem Zwischenbeschluss förmlich feststellt oder durch einen Spruch in der Sache inzidenter zum Ausdruck bringt. Selbst bei dem entsprechenden Antrag einer der Betriebsparteien ist die Einigungsstelle zu einem förmlichen Zwischenbeschluss nicht verpflichtet. Das könnte sie nur sein, wenn andernfalls schützenswerte Interessen der Betriebsparteien verletzt würden. Diese könnten nur in der frühzeitigen und kostengünstigeren Erlangung rechtlicher Gewissheit über die Zuständigkeit der Einigungsstelle bestehen. Sie herbeizuführen, ist ein entsprechender Zwischenbeschluss jedoch nicht geeignet. Als Entscheidung über eine Rechtsfrage stellt er keine die Betriebsparteien **bindende Regelung** i.S. z.B. des

73 BAG, Beschl. v. 15.5.2001 – 1 ABR 39/00 – NZA 2001, 1154; *Hunold*, NZA 1999, 785, 789.

74 SW/*Kliemt*, Das Einigungsstellenverfahren Rn 179.

75 BAG, Beschl. v. 23.2.2010 – 1 ABR 65/08 – AP Nr. 100 zu § 77 BetrVG 1972.

76 BAG, Beschl. v. 22.11.2005 – 1 ABR 50/04 – NZA 2006, 803.

77 *Fitting*, § 76 BetrVG Rn 113.

§ 112 Abs. 4 BetrVG dar. Aus diesem Grunde ist zweifelhaft, ob er überhaupt isoliert angefochten werden kann.[78] Hinzu kommt, dass die Einigungsstelle im Interesse einer effektiven Ausübung der Beteiligungsrechte des Betriebsrats das weitere Verfahren **nicht aussetzen** darf, sondern zügig eine Sachregelung herbeizuführen hat.[79] Die Betriebspartei, die einen Spruch der Einigungsstelle nicht gelten lassen will, muss sich gegen diesen ohnehin gerichtlich zur Wehr setzen. Im Rahmen eines solchen Verfahrens ist auch über die Zuständigkeit der Einigungsstelle zu entscheiden.

! **Praxistipp**

Oft erscheint es sinnvoll, die Frage der Zuständigkeit der Einigungsstelle vorerst auszuklammern. Sofern beide Betriebsparteien eine einvernehmliche Lösung des Regelungsstreits anstreben, wird sich für dieses Vorgehen auch eine Mehrheit finden. Die Zuständigkeitsfrage wird vielfach taktisch nutzbar gemacht, um seine Position zu stärken. Um den Druck auf die Gegenseite zu erhöhen, will eine Seite gerne die Rechtsansicht des Vorsitzenden zu dieser Frage in Erfahrung bringen.

d) Beweisaufnahme

108 Neben dem Streit der Betriebsparteien über rechtliche Gesichtspunkte, sind oftmals auch einzelne entscheidungserhebliche Aspekte des Sachverhalts nach Ausschöpfung der den obliegenden Betriebsparteien Mitwirkungslast **streitig**. Die Aufklärung dieser bestrittenen Tatsachen ist rechtlich geboten und dient im Übrigen der Befriedung der Betriebsparteien. Dementsprechend wird die Einigungsstelle, sofern einfachere Erkenntnisquellen mehrheitlich nicht genutzt werden wollen, auf der **Grundlage eines Beschlusses** eine Beweisaufnahme durchführen. Vor Beschlussfassung sollte der Einigungsstelle bewusst sein, dass ihr **keine Zwangsmittel**[80] zur Verfügung stehen, um Zeugen oder Sachverständige zu ihrem Erscheinen und zur Aussage vor der Einigungsstelle zu bewegen. Daneben muss von der Einigungsstelle, aber auch von den Betriebsparteien der Kosten- und Zeitfaktor (z.B. Erstellung eines Gutachtens über die „wirtschaftliche Leistungsfähigkeit“ des Unternehmens im Rahmen von Sozialplanverhandlungen) berücksichtigt werden. Im Hinblick auf die Kostentragungslast durch die von der Einigungsstelle verursachten Beweismittelkosten wird auf die Ausführungen unter C VI 2 verwiesen.

---

78 BAG, Beschl. v. 22.1.2002 – 3 ABR 28/01 – DB 2002, 1839, jedenfalls dann keine gesonderte gerichtliche Anfechtbarkeit, wenn bereits vor der gerichtlichen Anhörung erster Instanz der abschließend regelnde Spruch der Einigungsstelle vorliegt; zum Streitstand *Fitting*, § 76 BetrVG Rn 116 m.w.N.

79 BAG, Beschl. v. 28.5.2002 – 1 ABR 37/01 – NZA 2003, 171; BAG, Beschl. v. 17.9.1991 – 1 ABR 74/90 – DB 1992, 435; *Fitting*, § 76 BetrVG Rn 115; SW/*Kliemt*, Das Einigungsstellenverfahren Rn 181 m.w.N.

80 *Fitting*, § 76 BetrVG Rn 67; SW/*Kliemt*, Das Einigungsstellenverfahren Rn 226.

Als Beweismittel kommen in Betracht: 109
- Augenschein (z.B. Besichtigung des Maschinenparks)
- Sachverständigengutachten
- Parteivernehmung
- Urkundenvorlage
- Zeugenvernehmung

Praxistipp !

Die Ankündigung, insbesondere ein Sachverständigengutachten einzuholen, bewirkt vielfach eine zuvor nicht bestandene Kompromissbereitschaft. Zur Vermeidung von Kosten- und Zeitrisiken sollte vorher eine seriöse und ernsthafte Kosten-Nutzen-Analyse sowohl von der jeweiligen Betriebspartei als auch von der Einigungsstelle durchgeführt werden.

---

e) Einvernehmliche Einigung

aa) Rechtsnatur

Entsprechend der Bezeichnung des betrieblichen Konfliktlösungsorgans ist die **Einigung** der Betriebsparteien das Ziel des Verfahrens. Sie kann jederzeit im Laufe des Einigungsstellenverfahrens erfolgen. Die Rechtsnatur (Rechtsqualität) der Einigung der Betriebsparteien hängt vom Inhalt ihrer Vereinbarung ab.[81] Entsprechend des in § 77 Abs. 1 S. 1 BetrVG verwendeten Oberbegriffs „Vereinbarungen" kann ihr Inhalt die Rechtsnatur einer Betriebsvereinbarung oder einer Regelungsabrede (Regelungsabsprache) haben. Für diese Beurteilung der Vereinbarung kommt es nicht darauf an, ob sie im erzwingbaren oder aber im freiwilligen Einigungsstellenverfahren erzielt wurde. Die Frage der Rechtsnatur der Vereinbarung ist insofern von Bedeutung, als lediglich die Betriebsvereinbarung in ihrem normativen Teil kraft Gesetzes (§ 77 Abs. 4 S. 1 BetrVG) unmittelbar und zwingend auf die Arbeitsverhältnisse der Arbeitnehmer einwirkt, während die Regelungsabrede nur grundsätzlich schuldrechtliche Wirkung zwischen den Vertragsparteien entfaltet. Nach § 112 Abs. 1 S. 3 BetrVG hat der **Sozialplan** die Wirkung einer Betriebsvereinbarung mit der Folge, dass er unmittelbar und zwingend auf die Arbeitsverhältnisse der Arbeitnehmer einwirkt und ihnen einklagbare Rechte, z.B. auf Abfindung einräumt. Demgegenüber kommt dem vereinbarten **Interessenausgleich**, der das Ob, Wann und Wie der Betriebsänderung regelt keine unmittelbare und zwingende Wirkung zu; er ist eine Kollektivvereinbarung besonderer Art.[82] 110

---

81 GK/*Kreutz*, § 76 BetrVG Rn 106; Richardi/*Richardi*, § 76 BetrVG Rn 111.

82 BAG, Urt. 20.4.1994 – 10 AZR 186/93 – NZA 1995, 89; *Fitting*, § 112a BetrVG Rn 44.

bb) Formbedürftigkeit

111 Handelt es sich bei der Vereinbarung tatbestandlich um eine Betriebsvereinbarung wie im Falle des **Sozialplans**, bedarf es zu ihrer Wirksamkeit der Unterschrift beider Betriebsparteien, § 77 Abs. 2 S. 2 BetrVG. Anderenfalls ist die Betriebsvereinbarung unwirksam. Darüber hinaus hat auch der Vorsitzende der Einigungsstelle den vereinbarten Sozialplan zu unterschreiben, § 112 Abs. 3 S. 3 BetrVG. Entsprechendes gilt trotz seines fehlenden Betriebsvereinbarungscharakters für den **Interessenausgleich** gemäß § 112 Abs. 3 S. 3 BetrVG. Demgegenüber ist die Regelungsabrede an keine bestimmte Form gebunden.

cc) Abschlusskompetenz

112 Die Wirksamkeit der Vereinbarung setzt auf beiden Seiten entsprechende Abschlusskompetenz voraus. Entsprechend der Rechtsform des Arbeitgebers ist der jeweilige gesetzliche Vertreter abschlusskompetent. Dies gilt ebenso für einen **Prokuristen** kraft des gesetzlich typisierten Umfangs seiner Prokura, § 49 HGB. Anders verhält es sich bei einem **Handlungsbevollmächtigten**. Insoweit kommt es auf den Inhalt der Vollmacht an, § 54 Abs. 1 HGB. Ist diese Person z.B. zur Wahrnehmung von betriebsverfassungsrechtlichen Angelegenheiten bevollmächtigt, schließt die auch den Abschluss einer Vereinbarung im Rahmen eines Einigungsstellenverfahrens ein. Allein die Funktion eines **Personalleiters** ohne entsprechende Vollmacht genügt nicht. Anders verhält es sich dann, wenn der Personalleiter oder aber ein sonstiger Dritter des Arbeitgebers über eine entsprechende Abschlussvollmacht verfügt. Eine so genannte **Verhandlungsvollmacht** ist für den Abschluss der Vereinbarung unergiebig.

! **Praxistipp**
Zu Beginn der Verhandlungen sollte sich jede Betriebspartei über die Status der Bevollmächtigung vergewissern.

---

113 Es ist auch denkbar, dass auf der Grundlage der so genannten Rechtsscheinvollmacht vermittels einer **Anscheins- und Duldungsvollmacht** die Abschlusskompetenz gegeben ist.

114 Auf Seiten des **Betriebsrats** erfordert der Abschluss einer Vereinbarung entweder eine vorausgegangene Beschlussfassung oder eine entsprechende Bevollmächtigung der anwesenden Betriebsratsmitglieder.[83] Fehlt es an einer vorherigen oder jedenfalls an einer ordnungsgemäßen Beschlussfassung, ist die Vereinbarung nach § 177 Abs. 1 BGB schwebend unwirksam, die jedoch durch eine spätere ordnungs-

83 Pünnel/Wenning/*Morgenthaler*, Teil A Rn 300.

gemäße Beschlussfassung nach § 184 Abs. 1 BGB genehmigt werden kann. § 177 BGB gilt für alle Rechtsgeschäfte, die von einem Vertreter ohne Vertretungsmacht vorgenommen werden. Von daher findet die Vorschrift nicht nur auf die gewillkürte Vertretung, sondern auch dann Anwendung, wenn ein gesetzlicher Vertreter außerhalb der ihm eingeräumten Vertretungsmacht handelt.[84] Genehmigt der Betriebsrat das zunächst ohne Vertretungsmacht abgeschlossene Rechtsgeschäft, wirkt die Genehmigung nach § 184 Abs. 1 BGB auf den Zeitpunkt der Vornahme des Rechtsgeschäfts zurück, soweit nichts anderes bestimmt ist. § 184 Abs. 1 BGB ist einschlägig („Rechtsgeschäft"), da sich die nachträgliche Zustimmung auf einen ohne Vertretungsmacht im Namen des Betriebsrats abgeschlossenen Vertrag bezieht (vgl. § 177 Abs. 1 BGB „Vertrag").[85]

In der Praxis ist es vielfach anzutreffen, dass das restliche Betriebsratsgremium 115 sich in der Nähe der Einigungsstelle aufhält, um Schritt für Schritt den Fortgang des Einigungsstellenverfahrens mit zu begleiten und eventuell erforderliche Beschlüsse umgehend fassen zu können.

dd) Durchführungspflicht

Nach § 77 Abs. 1 S. 1 BetrVG führt der Arbeitgeber Vereinbarungen zwischen Be- 116 triebsrat und Arbeitgeber durch, es sei denn, dass im Einzelfall etwas anderes vereinbart ist. Die Verwendung des Begriffs der **Vereinbarungen** schließt sowohl die Betriebsvereinbarung als auch die Regelungsabrede ein.

Ebenso wenig wie der Spruch der Einigungsstelle **ein Vollstreckungstitel** ist, 117 ist die im Rahmen des Einigungsstellenverfahrens geschlossene Vereinbarung erst recht keine Grundlage für eine Zwangsvollstreckung.[86] § 77 Abs. 1 S. 1 BetrVG enthält nicht nur das Recht des Arbeitgebers auf Durchführung von gemeinsamen Vereinbarungen, sondern begründet auch eine entsprechende Durchführungspflicht. Dementsprechend hat der Betriebsrat einen Anspruch gegen den Arbeitgeber auf Durchführung der getroffenen Vereinbarung und auf Unterlassung vereinbarungswidriger Maßnahmen. Diesen **Anspruch** kann er ggf. im Wege einer einstweiligen Verfügung verfolgen. Ausnahmsweise ist der Betriebsrat zur Durchführung einer Vereinbarung berechtigt, wenn dies im Einzelfall vereinbart ist. So kann ihm auf der Grundlage der im Einigungsstellenverfahren geschlossenen Vereinbarung die Verwaltung einer Sozialeinrichtung, z.B. einer Kantine, übertragen werden.

Sofern der Arbeitgeber die in der Vereinbarung zu Gunsten der Arbeitnehmer 118 begründeten Rechte nicht erfüllt, kann auch der einzelne Arbeitnehmer im Wege des Urteilsverfahrens die Durchführung der Vereinbarung gleichsam erzwingen.

84 BAG, Beschl. v. 10.10.2007 – 7 ABR 51/06 – NZA 2008, 369.
85 BAG, Beschl. v. 10.10.2007 – 7 ABR 51/06 – NZA 2008, 369.
86 Spengler/Hahn/Pfeiffer/*Pfeiffer*, § 7 Rn 31.

f) Auswechseln von notwendigen Beteiligten, Befangenheit

119 Ein **Wechsel der Mitglieder der Einigungsstelle** kann sowohl den Vorsitzenden als auch die Beisitzer betreffen. Als Gründe dafür kommen neben der geltend gemachten Befangenheit auch die Mandatsniederlegung des Vorsitzenden oder seine einvernehmliche Abberufung durch die Betriebsparteien[87] sowie der Austausch der Beisitzer durch die jeweilige Betriebspartei in Betracht. Wegen der Einzelheiten zur Thematik der Befangenheit wird auf die nachstehenden Ausführungen unter B II 5 g verwiesen. Die **Mandatsniederlegung** durch den Vorsitzenden ist formlos möglich und beendet gleichsam das Geschäftsbesorgungsverhältnis gemäß §§ 675, 611 BGB zu den Betriebsparteien durch Kündigung.[88] Sofern der Vorsitzende eine **unzeitige Kündigung** ausspricht, kommen im Einzelfall Schadenersatzansprüche gemäß § 671 Abs. 2 BGB in Betracht, es sei denn dass ein wichtiger Grund für die unzeitige Kündigung vorliegt. Das Kündigungsrecht besteht sowohl bei der einvernehmlichen Bestellung des Vorsitzenden als auch bei der Bestellung durch die Gerichte für Arbeitssachen. Die Betriebsparteien sind jederzeit berechtigt, ihre entsandten Beisitzer abzuberufen und durch neue zu ersetzen.

g) Befangenheit der Mitglieder der Einigungsstelle

aa) Einleitung

119a Im Rahmen von gerichtlichen Verfahren kann die Prozessführung der Richterinnen und Richter auf Seiten der Verfahrensbeteiligten im Einzelfall den Eindruck der Befangenheit hervorrufen. Entsprechendes kann sich auch **während des Einigungsstellenverfahrens** ereignen. Unbedachte Äußerungen des Einigungsstellenvorsitzenden oder auch entsprechende Verhaltensweisen von Beisitzern können im Einzelfall die Frage aufwerfen, ob sie noch in ihrer Funktion tragbar sind. Dementsprechend ist auch der Frage nachzugehen, ob und ggf. wie mit Befangenheitserklärungen verfahrensrechtlich und auch inhaltlich umzugehen ist.

bb) Besorgnis der Befangenheit von Beisitzern

119b Nach § 76 Abs. 2 S. 1 BetrVG besteht die Einigungsstelle aus einer gleichen Anzahl von Beisitzern, die vom Arbeitgeber und Betriebsrat bestellt werden. Die jeweilige Betriebspartei bestimmt **autonom** ihre Beisitzer für die Einigungsstelle. Die Betriebspartei wird diejenigen Personen zu Beisitzern der Einigungsstelle berufen, zu denen sie ein besonderes Nähe- und Vertrauensverhältnis hat. Auch wenn den ausgewählten Beisitzern rechtlich **keine Vertretungsfunktion** zukommt, so ist doch

87 *Fitting*, § 76 BetrVG Rn 40; SW/*Kliemt*, Das Einigungsstellenverfahren Rn 211.
88 *Schönfeld*, DB 1988, 1996, 2002.

durch das Gesetz eine **Interessengebundenheit** vorgezeichnet.[89] Die mehr oder weniger in der Praxis zum Ausdruck kommende Interessengebundenheit steht zwar vielfach einer konstruktiven und zielführenden Lösung des Regelungskonflikts entgegen. Sie ist jedoch kraft Gesetzes gewollt und kann von daher von der anderen Betriebspartei von Rechts wegen nicht beanstandet werden. Dementsprechend ist die Ablehnung eines Beisitzers ausgeschlossen.[90]

cc) Besorgnis der Befangenheit des Vorsitzenden

Während die Beisitzer nicht über die Eigenschaft der Unparteilichkeit verfügen müssen, das gesetzliche Bestellungsverfahrens sogar eine Interessengebundenheit vorzeichnet, kann nur eine unparteiische Person zum Vorsitzenden der Einigungsstelle bestellt werden. Diese Eigenschaft muss nicht nur im Zeitpunkt seiner Bestellung, sondern während des **gesamten Einigungsstellenverfahrens** gegeben sein. Daraus folgt, dass die durch Tatsachen belegte Besorgnis, der Vorsitzende einer Einigungsstelle werde sein Amt nicht unparteilich i.S.d. § 76 Abs. 2 S. 1 BetrVG ausüben, von den Betriebsparteien eingewandt werden kann. Insoweit besteht Konsens. **119c**

Streit besteht allein darüber, auf welche Art und Weise dieser Einwendung Rechnung zu tragen ist. Zunächst ist festzustellen, dass der, wenngleich rudimentär, das Einigungsstellenverfahren regelnde § 76 BetrVG keine Vorschriften über die Ablehnung von Einigungsstellenvorsitzenden wegen Besorgnis der Befangenheit enthält.[91] Ebenso fehlt ein Verweis auf eine entsprechende Anwendung von Regelungen des ArbGG bzw. der ZPO. Das BAG schließt die seiner Ansicht nach bestehende Regelungslücke durch die Anwendungen der Vorschriften der ZPO über das schiedsgerichtliche Verfahren.[92] **119d**

Das BAG geht davon aus, dass der Vorsitzende der Einigungsstelle während des gesamten Verfahrens und nicht erst am Schluss des Einigungsstellenverfahrens abgelehnt werden kann. Mangels eigenständiger gesetzlicher Regelung über die Ablehnung des Vorsitzenden der Einigungsstelle sind die strukturell vergleichbaren Vorschriften über das **schiedsgerichtliche Verfahren** entsprechend anzuwenden. **119e**

Dementsprechend kann der Vorsitzende der Einigungsstelle gem. § 1036 Abs. 2 S. 1 ZPO nur abgelehnt werden, wenn Umstände vorliegen, die **berechtigte Zweifel** an seiner Unparteilichkeit oder Unabhängigkeit aufkommen lassen. **119f**

---

89 *Hennige*, S. 233; Pünnel/Wenning/*Morgenthaler*, Teil A Rn 278.
90 LAG Düsseldorf, Beschl. v. 3.4.19881 – 8 TaBV 11/81 – BB 1981, 733; *Fitting*, § 76 BetrVG Rn 46; *Heintze*, RdA 1990, 262, 272; *Schönfeld*, S. 86.
91 *Bertelsmann*, NZA 1996, 234, 235.
92 BAG, Beschl. v. 9.5.1995 – 1 ABR 56/94 – AP Nr. 2 zu § 76 BetrVG 1972 Einigungsstelle; a.A. *Bertelsmann*, NZA 1996, 234, 235 ff.

119g Das Recht, einen **Befangenheitsantrag** gegen den Einigungsstellenvorsitzenden zu stellen, kommt nur den Betriebsparteien selbst zu.[93] Ein Befangenheitsgesuch gegen den Vorsitzenden kann nicht ein anderes Mitglied der Einigungsstelle anbringen. Nur die Rechtsstellung der Betriebsparteien wird von einem Spruch der Einigungsstelle betroffen. Die Funktion eines Beisitzers schließt es aus, dass er im Zusammenhang mit Befangenheitsgesuchen die einseitige Parteirolle annimmt und, sei es im eigenen Namen, sei es namens und in Vollmacht einer Betriebspartei, einen Antrag auf Ablehnung des Einigungsstellenvorsitzenden stellt, über den er anschließend selbst zu entscheiden hat. Bedenkenfrei ist es jedoch, wenn ein Beisitzer ein Ablehnungsgesuch einer Betriebspartei als Bote überbringt.[94]

119h Das **Ablehnungsgesuch** ist dem Vorsitzenden zuzuleiten, der es an die weiteren Beisitzer zu übermitteln hat. Der Ablehnungsantrag bedarf gem. § 1037 Abs. 2 S. 1 ZPO der **Schriftform**. Die Ablehnungsgründe sind darin darzulegen. Eine Ablehnung zu Protokoll des Vorsitzenden der Einigungsstelle ist unzulässig.[95]

119i Nach § 1037 Abs. 2 S. 1 ZPO hat die ablehnende Partei die Ablehnungsgründe innerhalb von **zwei Wochen** schriftlich geltend zu machen. Die Frist beginnt ab Kenntnis der maßgebenden Umstände für die Ablehnung zu laufen. Nach Fristablauf sind die Ablehnungsgründe verfristet. Eine Wiedereinsetzung in den vorigen Stand ist nicht vorgesehen, da es sich nicht um eine Notfrist handelt. Im Übrigen folgt aus dem Rechtsgedanken des § 43 ZPO, dass sich ein Beteiligter, der sich in Kenntnis eines Ablehnungsgrundes auf die weitere Verhandlung einlässt, diesen Grund später nicht mehr geltend machen kann.[96]

119j Über den **Ablehnungsantrag entscheidet** entsprechend § 1037 Abs. 2 S. 2 ZPO die **Einigungsstelle**. Einer Entscheidung der Einigungsstelle bedarf es dann nicht, wenn sich der Vorsitzende für befangen erklärt. Dann müssen sich die Betriebsparteien auf einen neuen Vorsitzenden einigen oder ein neuer Vorsitzender muss durch das Gericht bestellt werden. Aufgrund der eigenständigen Regelungen über das Abstimmungsverfahren nach § 76 Abs. 3 S. 3 BetrVG findet § 1037 Abs. 2 S. 2 ZPO keine Anwendung. Für die Abstimmung über einen Ablehnungsantrag steht im Einigungsstellenverfahren nur **ein Abstimmungsgang** zur Verfügung.[97] Der abgelehnte Einigungsstellenvorsitzende kann nicht „Richter in eigener Sache sein. Wird der Ablehnungsantrag **mehrheitlich** unterstützt, ist der Vorsitzende abgelehnt. Die Betriebsparteien müssen sich auf einen neuen Vorsitzenden einigen oder ein neuer Vorsitzender muss durch das Gericht bestellt werden.

93 BAG, Beschl. v. 29.1.2002 – 1 ABR 18/01 – AP Nr. 19 zu § 76 BetrVG 1972 Einigungsstelle.
94 BAG, Beschl. v. 11.9.2001 – 1 ABR 5/01 – AP Nr. 15 zu § 76 BetrVG 1972 Einigungsstelle.
95 *Schaub*, NZA 2000, 1087, 1088.
96 BAG, Beschl. v. 9.5.1995 – 1 ABR 56/94 – AP Nr. 2 zu § 76 BetrVG 1972 Einigungsstelle.
97 BAG, Beschl. v. 11.9.2001 – 1 ABR 5/01 – AP Nr. 15 zu § 76 BetrVG 1972 Einigungsstelle.

Findet der Ablehnungsantrag unter den Beisitzern der Einigungsstelle **keine Mehrheit**, entscheidet die Einigungsstelle unter Beteiligung des für befangen gehaltenen Vorsitzenden darüber, ob sie das **Verfahren fortsetzt** und durch Spruch auch abschließt oder es ggf. bis zur gerichtlichen Entscheidung über die geltend gemachten Ablehnungsgründe **aussetzt**, § 1037 Abs. 3 S. 1 und 2 ZPO. Soweit die Anrufung des staatlichen Gerichts innerhalb der von § 1037 Abs. 3 ZPO vorgesehenen Frist wegen des durch Spruch erledigten Einigungsstellenverfahrens nicht möglich ist, sind die gegenüber der Einigungsstelle erklärten Ablehnungsgründe ausnahmsweise in einem nachfolgenden Anfechtungsverfahren zu prüfen. 119k

Bleibt das Ablehnungsgesuch erfolglos, besteht die Möglichkeit, der ablehnenden Betriebspartei **innerhalb eines Monats**, nachdem sie von der Entscheidung, mit der die Ablehnung verweigert wurde, Kenntnis erlangt hat, bei Gericht eine Entscheidung über die Ablehnung zu beantragen, § 1037 Abs. 3 S. 1 ZPO analog. Die **Anfechtung des Beschlusses** erfolgt nicht im Verfahren nach § 98 ArbGG, sondern durch eine Analogie zu §§ 1036 ff. ZPO.[98] 119l

Danach ist das ArbG und nicht das LAG in erster und letzter Instanz entsprechend § 1037 Abs. 3 S. 1, § 1062 Abs. 1 Nr. 1 Var. 2, § 1065 Abs. 1 S. 2 ZPO in der vollen Kammerbesetzung im Beschlussverfahren für die Entscheidung über das Ablehnungsgesuch zuständig. Das ArbG entspricht sowohl bei der Entscheidung über die Anfechtung des Einigungsstellenspruchs als auch bei der Entscheidung über die Ablehnung des Einigungsstellenvorsitzenden dem in einem schiedsrichterlichen Verfahren tätigen Oberlandesgericht.[99] 119m

h) Zwischenbeschlüsse

Auf dem Weg zur abschließenden Sachentscheidung sind regelmäßig auch Verfahrensfragen durch Beschluss der Einigungsstelle zu entscheiden. Solche **Verfahrensfragen** betreffen z.B. die Anordnung einer Beweisaufnahme, Aussetzung der Verhandlung oder ihre Vertagung. Insoweit ergeht durch die Einigungsstelle im **einstufigen Abstimmungsmodus** ein Zwischenbeschluss. Ein solcher in der Praxis relevanter Zwischenbeschluss ergeht vielfach, wenn zwischen den Betriebsparteien Streit über die **Zuständigkeit der Einigungsstelle** besteht, d.h. ein erzwingbares Mitbestimmungsrecht im Streite ist. Ergeht ein Zwischenbeschluss stellt sich die Frage nach der Anfechtbarkeit des Beschlusses. Gesetzlich ist nur die Anfechtung des abschließenden Einigungsstellenspruches geregelt. Nach allgemeiner Ansicht sind Zwischenbeschlüsse über verfahrensleitende Maßnahmen wie z.B. Auflagen-, Beweis- oder Vertagungsbeschlüsse **nicht isoliert anfecht-** 120

98 BAG, Beschl. v. 17.11.2010 – 7 ABR 100/09 – NZA 2011, 940.
99 BAG, Beschl. v. 17.11.2010 – 7 ABR 100/09 – NZA 2011, 940.

bar.[100] In Bezug auf einen Zwischenbeschluss über die Frage der Zuständigkeit der Einigungsstelle wird auf die vorstehenden Ausführungen unter B II 5 c verwiesen.

i) Entscheidungsfindung

121 Sofern weder eine einvernehmliche Regelung der Betriebsparteien zustande kommt noch eine Antragsrücknahme erklärt wird, ist das Einigungsstellenverfahren bei Entscheidungsreife **durch Spruch** abzuschließen. Eine solche Entscheidung ist aber im Einigungsstellenverfahren über den Abschluss eines **Interessenausgleichs** von Rechts wegen nicht möglich. Aus § 113 Abs. 3 BetrVG ergibt sich, dass der Unternehmer den Interessenausgleich mit dem Betriebsrat nur versucht haben muss. Nichts anderes gilt für die Einigungsstelle. Auch in ihr kann sich der Vorsitzende nur bemühen, eine Verständigung herbeizuführen. Dementsprechend gibt es auch nur eine Abstimmungsrunde. Der Vorsitzende kann mit seiner Stimme also keine streitige Entscheidung bewirken. Der Interessenausgleich betrifft das Ob, Wann und Wie der geplanten Unternehmerentscheidung, die nach der grundgesetzlich verbrieften unternehmerischen Freiheit allein in die **Entscheidungskompetenz** des für das Unternehmen verantwortlichen Arbeitgebers fällt. Er muss zwar mit dem ernsthaften Willen verhandeln, einen Interessenausgleich mit dem Betriebsrat zu verabschieden, aber gegen seinen Willen kann der Betriebsrat weder alleine noch mit Hilfe der Einigungsstelle die geplante Betriebsänderung verhindern oder modifizieren. Deshalb ist das Einigungsstellenverfahren einzustellen, wenn die Abstimmung der allein stimmberechtigten Beisitzer keine Mehrheit für die zur Abstimmung gestellten Regelungstexte ergibt.[101] Anders verhält es sich, soweit es um das erzwingbare Mitbestimmungsrecht für die Aufstellung eines **Sozialplanes** geht, § 112 Abs. 4 BetrVG.

aa) Vollständige Streitentscheidung

122 Die Aufgabe der Einigungsstelle besteht darin, den ihr als Regelungsstreit unterbreiteten Sachverhalt **vollständig** zu erfassen und einer Spruchentscheidung zu unterwerfen.[102] Sie darf wesentliche von den Betriebsparteien aufgeworfene Fragen nicht unbeantwortet lassen. Sie muss eine Lösung des Konflikts im Sinne einer **positiven Sachentscheidung** finden, eine bloße Zurückweisung eines Antrags genügt nicht.

---

100 BAG, Beschl. v. 22.1.2002 – 3 ABR 28/01 – AP Nr. 16 zu § 76 BetrVG 1972 Einigungsstelle; BAG, Beschl. v. 4.7.1989 – 1 ABR 40/88 – NZA 1990, 29; Spengler/Hahn/Pfeiffer/*Tischer/Hahn*, § 5 Rn 257.

101 *Friedemann*, Rn 384, 410; Pünnel/Wenning/*Morgenthaler*, Teil B Rn 905; *Weyand*, Teil 4 Rn 142.

102 BAG, Beschl. v. 11.2.1990 – 1 ABR 51/91 – NZA 1992, 702; BAG, Beschl. v. 30.1.1990 – 1 ABR 2/89 – AP Nr. 41 zu § 87 BetrVG 1972 Lohngestaltung; *Hennige*, S. 171.

bb) Antragsbindung

Zunächst ist nochmals festzuhalten, dass die Einigungsstelle nur aufgrund eines **Antrags** einer der Betriebsparteien tätig wird. Der **Dispositionsgrundsatz** bewirkt auch eine Bindung der Einigungsstelle an den Regelungsauftrag. Ihr ist es z.B. verwehrt, eine Regelung über Urlaubsfragen zu treffen, wenn ihr Tätigwerden aus Anlasses der Aufstellung eines Sozialplans initiiert wurde. Jedoch ist die Einigungsstelle nicht an die **Fassung der Anträge** gebunden.[103] Der Initiator der Einigungsstelle stellt insoweit einen Antrag, als er das Tätigwerden der Einigungsstelle wünscht verbunden mit der Inanspruchnahme eines Mitbestimmungsrechts über z.B. die Aufstellung eines Sozialplans aus Anlass einer bestimmten Betriebsänderung. Diesen Antrag begründet er und unterbreitet insoweit einen Sachverhalt. Es ist für die erfolgreiche Durchsetzung der Interessen hilfreich zugleich einen Text über den Entwurf eines ausformulierten Sozialplans vorzulegen (vgl. § 112 Abs. 3 S. 1 BetrVG „soll" im Bereich Interessenausgleich und Sozialplan), den die Betriebspartei vorbehaltlich der Dynamik der Verhandlungen und der Veränderung einzelner Regelungspunkte im Falle einer Spruchlage zur Entscheidung stellt. An diesen **vorgelegten Spruchtext** im Sinne des konkreten Antrags ist die Einigungsstelle nicht gebunden. Dagegen ist die Einigungsstelle sehr wohl an den „Streitgegenstand" besser **Regelungsgegenstand** gebunden.[104] Der Regelungsgegenstand „Abschluss eines Sozialplans" aus Anlass einer bestimmten Betriebsänderung **begrenzt die Zuständigkeit** der Einigungsstelle und damit bindet er auch die Spruchkompetenz. 123

Eine **einseitige Erweiterung** des Reglungsgegenstandes „Sozialplan" um z.B. „Videoüberwachung" ist im laufenden Verfahren nicht möglich.[105] Dadurch würde z.B. das Recht der anderen Seite über die Person des Vorsitzenden und der Anzahl der Beisitzer mitzubestimmen, umgangen werden. **Einvernehmlich** ist eine Erweiterung jedoch ohne weiteres zulässig.[106] 124

In der betrieblichen Praxis wird regelmäßig die Einigungsstelle **gemeinsam** für die Regelungsgegenstände Interessenausgleich und Sozialplan beantragt. 125

Eine **Änderung des Regelungsgegenstandes** (z.B. Sozialplan anstatt Videoüberwachung) ist einseitig nicht möglich. 126

---

103 BAG, Beschl. v. 30.1.1990 – 1 ABR 2/89 – AP Nr. 41 zu § 87 BetrVG 1972 Lohngestaltung; Fitting, § 76 BetrVG Rn 88; Spengler/Hahn/Pfeiffer/*Tischer/Hahn*, § 5 Rn 334; SW/*Kliemt*, Das Einigungsstellenverfahren Rn 138.

104 *Fitting*, § 76 BetrVG Rn 88; GK/*Kreutz*, § 76 BetrVG Rn 114; *Hennige*, S. 158 f., 170 f.; Spengler/Hahn/Pfeiffer/*Tischer/Hahn*, § 5 Rn 334; SW/*Kliemt*, Das Einigungsstellenverfahren Rn 138.

105 BAG, Beschl. v. 27.10.1992 – 1 ABR 4/92 – NZA 1993, 607; SW/*Kliemt*, Das Einigungsstellenverfahren Rn 282.

106 SW/*Kliemt*, Das Einigungsstellenverfahren Rn 281.

cc) Rechtliche Vorgaben

127 **Angemessene Berücksichtigung der Belange des Betriebes und der Arbeitnehmer; Bindung an höherrangiges Recht; Gesetzliche Vorgaben**

128 § 76 Abs. 5 S. 3 BetrVG nennt als Vorgabe des Spruchs der Einigungsstelle die Beschlussfassung nach **billigem Ermessen** unter angemessener Berücksichtigung der Belange des Betriebs und der betroffenen Arbeitnehmer. Weitere Vorgaben enthält das Gesetz nicht. Solche ergeben sich jedoch aus allgemeinen Rechtssätzen.

129 Der Spruch kann nur das regeln, was auch die Betriebsparteien hätten regeln können. Der Spruch ersetzt nämlich die fehlende Einigung der Betriebsparteien. Daraus folgt, die Einigungsstelle kann im Anwendungsbereich des erzwingbaren Verfahrens nur solche Inhalte regeln, die von einem **erzwingbaren Mitbestimmungsrecht** getragen sind.[107] **Jede Regelung** ist daraufhin zu bewerten.

130 Dementsprechend muss die **Zuständigkeit** der Einigungsstelle insoweit auch gegeben sein, mithin muss als ein erzwingbares Mitbestimmungsrecht Gegenstand der Einigungsstelle sein.

131 Der Spruch der Einigungsstelle darf die **Grenze** des Regelungsgegenstandes nicht überschreiten.

132 Im Übrigen muss der Spruch mit **höherrangigem zwingendem Recht** vereinbar sein, z.B. Grundrechte, AGG-Recht, Arbeitszeitrecht etc.[108]

133 Daneben muss die gesetzliche Vorgabe „angemessene Berücksichtigung“, „Billigkeit“ und „Ermessen“ beachtet werden. Daraus ist eine **Berücksichtigung, Gewichtung und Abwägung der beiderseitigen Interessen** zu verstehen.

j) Abstimmung

134 Nach § 76 Abs. 3 S. 2 BetrVG fasst die Einigungsstelle ihre Beschlüsse mit **Stimmenmehrheit.** Damit ist der Entscheidungsmodus der Abstimmung zu Grunde gelegt. Die Beschlüsse der Einigungsstelle können in einem **einstufigen** oder in einem **zweistufigen Verfahren** ergehen. Jedes Mitglied der Einigungsstelle hat eine **Stimme**, die **persönlich** abzugeben und nicht übertragbar ist.[109] Zulässig ist jedoch eine sog. **Pairing-Absprache**, wonach zur Wiederherstellung der Parität in der Sitzung bei z.B. einem kurzfristig verhinderten Beisitzer ein Beisitzer der vollständig erschienenen Seite sich der Stimme enthält.[110]

---

107 Spengler/Hahn/Pfeiffer/*Tischer/Hahn*, § 5 Rn 341.

108 SW/*Kliemt*, Das Einigungsstellenverfahren Rn 283.

109 *Fitting*, § 76 BetrVG Rn 79; Spengler/Hahn/Pfeiffer/*Tischer/Hahn*, § 5 Rn 390.

110 ErfK/*Kania*, § 76 BetrVG Rn 19; Fitting, § 76 BetrVG Rn 78; Spengler/Hahn/Pfeiffer/*Tischer/Hahn*, § 5 Rn 390; a.A. *Hennige*, S. 182.

aa) Ein- und zweistufige Abstimmung

Gesetzlich ist nur das **zweistufige Abstimmungsverfahren** geregelt, § 76 Abs. 3 S. 3 BetrVG. Gleichwohl ergehen auch Beschlüsse im **einstufigen Verfahren**. Das **zweistufige Verfahren** findet nur für die **abschließende Sachentscheidung**, nicht für Entscheidungen in **Verfahrensfragen** Anwendung, z.B. Unterbrechung, Vertagung, Beiziehung von Unterlagen etc. Das ergibt sich aus der Regelungssystematik in § 76 Abs. 3 BetrVG, der das zweistufige Verfahren ausweislich seines Satzes 4 auf den abschließenden Spruch erstreckt.[111] 135

Beim **einstufigen Abstimmungsverfahren** nimmt der Vorsitzende zusammen mit den Beisitzern an der (einzigen) Beschlussfassung teil. Demgegenüber stimmen im **zweistufigen Verfahren** zunächst nur die Beisitzer ab, der Vorsitzende hat sich der Stimme zu enthalten. Kommt bei der ersten Abstimmung **keine Mehrheit** zustande, hat die Einigungsstelle erneut zu beraten (**„nach weiterer Beratung“**), § 76 Abs. 3 S. 3 BetrVG. Die gesetzlich vorgeschriebene **Zwischenberatung**, die eine nochmalige Gelegenheit zum Austausch der Argumente mit dem Ziel der Verhinderung der zweiten Abstimmungsrunde unter Einschluss des Vorsitzenden bezweckt und an der nur die Mitglieder der Einigungsstelle teilnehmen, ist **disponibel.**[112] Verzichten alle Mitglieder der Einigungsstelle auf eine weitere Beratung ausdrücklich oder konkludent, folgt die zweite Abstimmung, bei der der Vorsitzende mitstimmt. Das Unterlassen der weiteren Beratung, führt als **Verfahrensfehler**, soweit auf sie nicht von allen Mitgliedern verzichtet wurde, zur Unwirksamkeit des Einigungsstellenspruchs.[113] 136

Sofern auch die zweite Abstimmungsrunde keine Entscheidung ergibt, weil sich z.B. ein Beisitzer seiner Stimme enthalten hat, muss das Verfahren fortgesetzt werden, bis ein **neuer Antrag** zur Beschlussfassung gestellt und mehrheitlich angenommen wird. 137

bb) Stimmenmehrheit

Beschlüsse werden mit Stimmenmehrheit gefasst. Der Vorsitzende darf sich bei der zweiten Abstimmungsrunde **nicht der Stimme enthalten.**[114] Das folgt aus der Konzeption, wonach er mit seiner Stimme in der zweiten Abstimmung gerade den Ausschlag geben soll. Demgegenüber sind die Beisitzer berechtigt, sich ihrer Stimme zu enthalten. Gegenteiliges lässt sich aus dem Gesetz nicht entnehmen (vgl. § 76 Abs. 3 BetrVG). 138

---

111 GK/*Kreutz*, § 76 BetrVG Rn 112; *Fitting*, § 76 BetrVG Rn 87; SW/*Kliemt*, Das Einigungsstellenverfahren Rn 251.

112 BAG, Beschl. v. 30.1.1990 – 1 ABR 2/89 – AP Nr. 41 zu § 87 BetrVG Lohngestaltung; *Fitting*, § 76 BetrVG Rn 83; Spengler/Hahn/Pfeiffer/*Tischer*/*Hahn*, § 5 Rn 378 f.

113 LAG Hamburg, Beschl. v. 5.5.2000 – 3 TaBV – AuR 2000, 356.

114 ErfK/*Kania*, § 76 BetrVG Rn 20; GK/*Kreutz*, § 76 BetrVG Rn 113; *Fitting*, § 76 BetrVG Rn 86.

139 Stimmenmehrheit bedeutet Mehrheit der **abgegeben Stimmen**, d.h. die einfache, relative Mehrheit.[115] Ein Antrag ist angenommen, wenn er die Mehrheit der abgegeben Stimmen erhält. Die absolute Mehrheit ist nicht bestimmt, dafür ergibt sich nichts aus dem Gesetz. Dementsprechend findet der vom Wortsinn „Stimmenmehrheit" getragene Regeltatbestand der einfachen Mehrheit Anwendung.

140 **Stimmenthaltungen** sind bei der Berechnung der Stimmenmehrheit nicht zu berücksichtigen.[116] Stimmenthaltungen sind also nicht als Nein-Stimmen zu werten. Daraus folgt, dass ein Antrag angenommen ist, wenn die Zahl der Ja-Stimmen größer ist als die der Nein-Stimmen.

cc) Offene oder geheime Abstimmung

141 In der Praxis ist die **offene Abstimmung** durch Handheben üblich. Das Gesetz enthält über die Abstimmungsart keine Angaben. Sofern jedoch ein Beisitzer die geheime Abstimmung beantragt, ist hierüber im einstufigen Verfahren abzustimmen.

dd) Reihenfolge der Abstimmung

142 Sofern **mehrere Anträge** zur Abstimmung gestellt werden, muss die Abstimmungsreihenfolge bedacht werden. Zunächst muss über alle Anträge eine erste Abstimmung durchgeführt werden, wobei mit dem am **weitesten gefassten Antrag** zu beginnen ist, weil er im Zweifel die anderen Anträge mitumfasst und damit gegenstandslos macht. Neben einem Sachantrag kann auch ein Verfahrensantrag, z.B. auf Durchführung einer Zeugenvernehmung, zur Entscheidung gestellt werden. Durch die vorgeschlagene Vorgehensweise der Abstimmung ist sichergestellt, dass zuerst über den Verfahrensantrag abgestimmt wird bevor die zweite Abstimmungsgrunde über den Sachantrag durchgeführt wird. Damit ist einem eventuellen unterschiedlichen Abstimmungsverhalten Rechnung getragen.

6. Der Spruch

a) Anwendungsbereich

143 Nach der gesetzlichen Konzeption endet das Einigungsstellenverfahren vorbehaltlich einer **einvernehmlichen Regelung** oder der Verfahrensbeendigung durch **Antragsrücknahme** durch eine Entscheidung in der Sache, die vom Gesetzgeber in § 76 BetrVG uneinheitlich als Beschluss oder Spruch bezeichnet wird. Neben dem gesetzlich vorgesehenen (streitigen) **Spruch** hat die Praxis des Einigungsstellenverfahrens auch ein

115 BAG, Beschl. v. 17.9.1991 – 1 ABR 23/91 – AP Nr. 59 zu § 112 BetrVG 1972.

116 BAG, Beschl. v. 17.9.1991 – 1 ABR 23/91 – AP Nr. 59 zu § 112 BetrVG 1972; *Fitting*, § 76 BetrVG Rn 86.

Bedürfnis für einen sog. **einvernehmlichen Spruch**[117] entwickelt. Ebenso entspringt es der praktischen Nachfrage, in Eilfällen bis zur endgültigen Entscheidung der Einigungsstelle einen **vorläufigen bzw. vorübergehenden Spruch** zu erlassen.

b) Einvernehmlicher Spruch

Die Praxis des Einigungsstellenverfahrens trägt auch den Bedürfnissen der Beteiligten Rechnung. Einem solchen Bedürfnis entspringt der sog. **einvernehmliche Spruch**, der kein Widerspruch in sich ist, sondern eine Ausgangslage aufgreift, die eine einvernehmliche Erledigung des Regelungsgegenstandes durch Abschluss einer Betriebsvereinbarung nicht zulässt. Zum einen ist immer wieder anzutreffen, dass eine Betriebspartei nur über eine Verhandlungs-, nicht aber über eine Abschlussbefugnis verfügt, die Beteiligten gleichwohl das ausgehandelte Ergebnis hier und jetzt verbindlich abschließen wollen. Zum anderen stehen der Unterschriftleistung psychologische und kosmetische Gründe (z.B. aktuell laufende Betriebsratswahlen, Ausstrahlwirkung auf andere Betriebe des Unternehmens) entgegen. Außerdem verspricht sich zumindest eine Betriebspartei durch einen Spruch eine höhere Akzeptanz der gefundenen Lösung (z.B. Rechtfertigung des Ergebnisses gegenüber der Konzernleitung). In all diesen Fällen lässt sich durch das Instrument des einvernehmlichen Spruches das inhaltlich von beiden Seiten gewollte Ergebnis mit einem Spruch erreichen. 144

Dementsprechend stimmen die **Beisitzer** in der ersten Abstimmungsgrunde entweder geschlossen für das gewollte Ergebnis, so dass sich eine zweite Abstimmungsrunde erübrigt, oder aber sie enthalten sich geschlossen im ersten und zweiten Abstimmungsgang, so dass die Stimme des Vorsitzenden den Ausschlag gibt. Als weitere Variante ist in der Praxis anzutreffen, dass sich die Beisitzer der einen Seite enthalten oder gar dagegen stimmen. 145

Obgleich in der Sache Konsens besteht, ist die Entscheidung **formal** ein Spruch, der angefochten werden kann. Konsequenterweise sollte das „Einvernehmen" die Beteiligten zu einem Verzicht des Anfechtungsrechts veranlassen. 146

c) Vorläufiger Spruch

Es ist allgemein anerkannt, dass die Einigungsstelle bis zu ihrer endgültigen Entscheidung auch eine **vorläufige Regelung** im Wege eines Spruchs treffen kann.[118] Im Zusammenhang mit der Meinungsverschiedenheit über die Installierung und Inbetriebnahme von Videokameras kann durchaus ein praktisches Bedürfnis beste- 147

---

117 Pünnel/Wenning/*Morgenthaler*, Teil A Rn 305; Spengler/Hahn/Pfeiffer/*Tischer*/*Hahn*, § 5 Rn 400 ff.; Spengler/Hahn/Pfeiffer/*Pfeiffer*, § 7 Rn 34 ff.

118 *Friedemann*, Rn 324; Spengler/Hahn/Pfeiffer/*Tischer*/*Hahn*, § 5 Rn 411; SW/*Kliemt*, Das Einigungsstellenverfahren Rn 302 f.

hen (z.B. Dauer des Einigungsstellenverfahrens bei jedoch konkret verdichteter Gefahr des weiteren Warenschwunds), eine solche vorläufige Regelung der Inbetriebnahme der Kameras bis zur endgültigen Sachentscheidung im Wege des vorläufigen Spruchs zu treffen. Wenngleich die Gefahr einer gewissen Präjudizierung nicht von der Hand zu weisen ist, bestehen von Rechts wegen keine Bedenken gegen eine solche vorläufige Regelung im Wege des Spruchs. Er unterliegt der uneingeschränkten gerichtlichen Kontrolle.

d) Rechtsnatur des Spruchs

148 Die Rechtsnatur des Spruchs, davon ist die Frage seiner Rechtswirkungen zu trennen, hängt wie bei der einvernehmlichen Regelung der Betriebsparteien von seinem Inhalt ab. Entsprechend des in § 77 Abs. 1 S. 1 BetrVG verwendeten Oberbegriffs „**Vereinbarungen**“ kann sein Inhalt, dem ein Regelungsstreit zu Grunde liegt, die Rechtsnatur einer Betriebsvereinbarung oder einer Regelungsabrede (Regelungsabsprache) haben. Für diese Beurteilung des Spruchs kommt es nicht darauf an, ob er im erzwingbaren oder aber im freiwilligen Einigungsstellenverfahren erzielt wurde. Die Frage der Rechtsnatur der Vereinbarung ist insofern von Bedeutung, als lediglich die Betriebsvereinbarung in ihrem normativen Teil kraft Gesetzes (§ 77 Abs. 4 S. 1 BetrVG) unmittelbar und zwingend auf die Arbeitsverhältnisse der Arbeitnehmer einwirkt (z.B. Abfindungsanspruch aus Sozialplan), während die Regelungsabrede nur grundsätzlich schuldrechtliche Wirkung zwischen den Vertragsparteien entfaltet. Hat der Spruch dagegen eine Rechtsfrage zum Gegenstand, hat er eine streitentscheidende sowie rechtsfeststellende Bedeutung.

aa) Betriebsvereinbarung

149 Der Spruch ist gemäß § 77 Abs. 4 S. 1 BetrVG tatbestandlich dann eine Betriebsvereinbarung, wenn durch ihn Rechte und Pflichten der Arbeitnehmer begründet oder geändert werden.

bb) Regelungsabrede

150 Demgegenüber wirkt eine Regelungsabrede mangels gesetzlicher Anordnung nicht unmittelbar und zwingend auf die Arbeitsverhältnisse der Arbeitnehmer ein (fehlende Normwirkung), sondern bindet die Betriebsparteien nur schuldrechtlich, sich entsprechend dem Inhalt des Spruchs zu verhalten.

e) Rechtswirkungen des Spruchs

151 Die Rechtswirkungen, die ein Spruch der Einigungsstelle entfaltet, hängen davon ab, ob die Einigungsstelle die Kompetenz zur Zwangsschlichtung hat (erzwingbares

Einigungsstellenverfahren) oder ob ihr das freiwillige Einigungsstellenverfahren zu Grunde liegt.[119]

aa) Erzwingbares Einigungsstellenverfahren

In diesem Fall ersetzt der Spruch die fehlende Einigung zwischen Arbeitgeber und Betriebsrat, § 76 Abs. 5 S. 1 i.V.m. z.B. § 112 Abs. 4 BetrVG. Er hat die Wirkung, die auch eine Einigung zwischen Arbeitgeber und Betriebsrat gehabt hätte (Bindungswirkung). Es ist also zu fragen, welche Rechtsnatur (Betriebsvereinbarung oder Regelungsabrede) die ersetzte Einigung zwischen Arbeitgeber und Betriebsrat hätte. Die ist wiederum davon abhängig, worüber die Betriebsparteien streiten und sich nicht einigen konnten. Da der Spruch die nicht zustande gekommene Betriebsvereinbarung ersetzt, ist er als Betriebsvereinbarung vom Arbeitgeber an geeigneter Stelle im Betrieb auszulegen, § 77 Abs. 2 S. 3 BetrVG. 152

Hat der Spruch eine Rechtsfrage zum Gegenstand (z.B. im Fall der § 109 BetrVG), hat er streitentscheidende sowie rechtsfeststellende Wirkung.[120] 153

bb) Freiwilliges Einigungsstellenverfahren

Im Bereich des freiwilligen Einigungsstellenverfahrens kommt dem Spruch nicht von Gesetzes wegen eine die Betriebsparteien bindende Wirkung zu. Der Spruch der Einigungsstelle ist nur bindend, wenn sich beide Parteien dem Spruch **im Voraus** unterworfen haben oder ihn **nachträglich** annehmen, § 76 Abs. 6 S. 2 BetrVG.[121] Das ist jeweils formlos möglich. Die Einigungsstelle kann eine Frist für die Erklärung der Parteien über die Annahme setzen. Liegen entsprechende übereinstimmende Erklärungen der Betriebsparteien vor, hat der Spruch dieselben Rechtswirkungen wie ein solcher im erzwingbaren Einigungsstellenverfahren. Andernfalls gilt das freiwillige Einigungsstellenverfahren als gescheitert. 154

Hat der Spruch im Rahmen des freiwilligen Einigungsstellenverfahrens eine Rechtsfrage zum Gegenstand (z.B. die Auslegung eines unbestimmten Rechtsbegriffs), so ist er nur bindend, wenn die Betriebsparteien über den Gegenstand verfügen können. Nehmen die Betriebsparteien den Spruch an, kann dem Spruch die Wirkung eines außergerichtlichen Vergleiches zukommen. Der Spruch ist verbindlich, solange nicht das Arbeitsgericht eine ersetzende Entscheidung trifft. 155

119 Vgl. *Fitting*, § 76 BetrVG Rn 132 f.

120 *Fitting*, § 76 BetrVG Rn 136.

121 BAG, Beschl. v. 28.2.1984 – 1 ABR 37/82 – NZA 1984, 230; *Fitting*, § 76 BetrVG Rn 132.

f) Durchsetzung des Spruchs

aa) Durchführungspflicht

156 Der Arbeitgeber ist verpflichtet, den Inhalt des Spruchs so durchzuführen, wie es der Spruch der Einigungsstelle festlegt. Das folgt aus § 77 Abs. 1 S. 1 BetrVG. Danach ist der Arbeitgeber **berechtigt**, Vereinbarungen der Betriebsparteien, auch soweit sie auf einem Spruch der Einigungsstelle beruhen, durchzuführen. Dem Recht des Arbeitgebers entspricht zugleich eine **Durchführungspflicht**, d.h. infolge der Wechselbezüglichkeit dieses Rechts steht dem Betriebsrat sowohl ein Anspruch gegen den Arbeitgeber auf Durchführung des Spruchinhalts als auch ein Anspruch auf Unterlassung spruchwidriger Maßnahmen zu.

bb) Fehlende Titelwirkung und gerichtliches Vorgehen

157 Der Spruch der Einigungsstelle ist auch im erzwingbaren Verfahren **kein Vollstreckungstitel.**[122] Die Einigungsstelle ist kein Gericht i.S.v. Art. 92 GG. Soweit der Spruch als Betriebsvereinbarung Rechte und Pflichten der Arbeitnehmer begründet, sind diese im Urteilsverfahren vom Arbeitnehmer und umgekehrt vom Arbeitgeber geltend zu machen. In einem Rechtsstreit der Arbeitsvertragsparteien unterliegt die Rechtswirksamkeit des Spruches der **inzidenten Kontrolle**. Ein Urteilsverfahren ist gemäß § 148 ZPO jedoch auszusetzen, wenn der Spruch der Einigungsstelle im Beschlussverfahren angefochten ist.

7. Überprüfung des Spruchs durch die Gerichte für Arbeitssachen

158 Der Spruch der Einigungsstelle kann auf seine Rechtmäßigkeit zum einen **inzident** in einem anderen arbeitsgerichtlichen Beschluss- oder Urteilsverfahren geprüft werden, sofern die Entscheidung in diesem Verfahren von der Rechtswirksamkeit des Spruchs abhängt (z.B. Geltendmachung einer Sozialplanabfindung deren Berechnung nach dem AGG zweifelhaft ist).[123] Zu beachten ist aber, dass eine Überschreitung der Grenzen des Ermessens nur von Arbeitgeber und Betriebsrat in einem Beschlussverfahren und unter Wahrung der Ausschlussfrist von zwei Wochen geltend gemacht werden kann und somit nicht Gegenstand einer Inzidentprüfung sein kann.

159 Zum anderen kann die Frage der Rechtswirksamkeit des Einigungsstellenspruches auch selbst zum Verfahrensgegenstand eines arbeitsgerichtlichen Beschlussverfahrens gemacht werden. Der Antrag ist auf die Feststellung zu richten, dass der Spruch (ganz oder teilweise) rechtsunwirksam ist, da die gerichtliche Entscheidung

---

122 *Fitting*, § 76 BetrVG Rn 137; *Friedemann*, Rn 320; GK/*Kreutz*, § 76 BetrVG Rn 139; SW/*Kliemt*, Das Einigungsstellenverfahren Rn 292.

123 *Fitting*, § 76 BetrVG Rn 140; Spengler/Hahn/Pfeiffer/*Spengler*/*Herbert*, § 9 Rn 3.

nur **feststellende**, keine rechtsgestaltende **Wirkung** hat.[124] Die Anfechtung des Spruchs hat keine **aufschiebende Wirkung**, er bleibt solange in Kraft bis rechtskräftig ggf. feststeht, dass er unwirksam ist.[125] Ggf. kommt bei **schwerwiegenden und offensichtlichen Rechtsfehlern** eine Aussetzung des Vollzugs der Rechtswirkungen des Spruchs im Wege einer einstweiligen Verfügung bis zur rechtskräftigen Entscheidung im Hauptsacheverfahren in Betracht.[126] Umgekehrt ist auch eine einstweilige Verfügung auf **Vollziehung** des Spruchs möglich, wenn der Arbeitgeber sich weigert, den Spruchinhalt durchzuführen.[127]

Praxistipp !
Alternativ zur Anfechtung des Spruchs sollte deshalb im Einzelfall überlegt werden, ob nicht eine Kündigung der durch Spruch zustande gekommenen Betriebsvereinbarung der effizientere Schritt ist.

Ein **rechtliches Interesse** an der Feststellung, dass ein Spruch der Einigungsstelle unwirksam ist, besteht nur, soweit und solange diesem ein betriebsverfassungsrechtlicher Konflikt zugrunde liegt und fortbesteht. **Antragsbefugt** sind Betriebsrat und Arbeitgeber, nicht aber Gewerkschaften und Arbeitgeberverbände und die Einigungsstelle selbst. Auch der Betriebsrat kann den Antrag auf Feststellung der Unwirksamkeit zulässigerweise darauf stützen, dass die Einigungsstelle zu Unrecht vom Bestehen eines Mitbestimmungsrechts ausgegangen sei. Einzelne Arbeitnehmer können beteiligungsbefugt sein, wenn sie durch die Feststellung der Unwirksamkeit des Spruchs der Einigungsstelle unmittelbar betroffen werden, wie z.B. Betriebsratsmitglieder in den Fällen der §§ 37 Abs. 6 und 38 Abs. 2 BetrVG. Im Verfahren der Überprüfung eines Spruchs der Einigungsstelle im Beschwerdeverfahren nach § 85 Abs. 2 BetrVG ist der beschwerdeführende Arbeitnehmer nicht Beteiligter. 160

Eine Frist zur Überprüfung der Rechtmäßigkeit eines Einigungsstellenspruchs besteht grds. nicht. Uneingeschränkt gilt dies aber nur für reine Rechtsfehler des Beschlusses (z.B. fehlende Zuständigkeit der Einigungsstelle, Verletzung grundlegender Verfahrensanforderungen, Verstoß gegen höherrangiges Recht). Die **Überschreitung der Grenzen des Ermessens** muss hingegen binnen einer **Frist von 2 Wochen**, deren Nichteinhaltung von Amts wegen zu berücksichtigen ist und die mit Zuleitung des Spruchs beginnt (§§ 187ff. BGB), beim Arbeitsgericht geltend gemacht werden. Es handelt sich nicht um eine prozessuale, sondern um eine **materiell-rechtliche Ausschlussfrist**, die nicht verlängert werden kann. Ihre Versäu- 161

124 BAG, Beschl. v. 14.9.2010 – 1 ABR 30/09 – NZA-RR 2011, 526; BAG, Beschl. v. 9.11.2010 – 1 ABR 75/09 – NZA-RR 2011, 354.

125 *Fitting*, § 76 BetrVG Rn 164 m.w.N.; Spengler/Hahn/Pfeiffer/*Spengler/Herbert*, § 9 Rn 8.

126 *Fitting*, § 76 BetrVG Rn 165; Spengler/Hahn/Pfeiffer/*Spengler/Herbert*, § 9 Rn 9.

127 *Fitting*, § 76 BetrVG Rn 165 m.w.N.

mung führt dazu, dass die Überschreitung der Grenzen des Ermessens gerichtlich nicht mehr, auch nicht in einem anderen Verfahren, in dem die Frage der Wirksamkeit des Spruchs Vorfrage ist, geprüft werden kann. Zur Wahrung der Frist ist es erforderlich, dass der Antrag auch entsprechend begründet wird. Eine nach Ablauf der Frist **nachgeschobene Begründung** für den Feststellungsantrag heilt den Mangel nicht.[128]

162 Wird eine **Ermessensüberschreitung** rechtzeitig geltend gemacht, unterliegt arbeitsgerichtlicher Überprüfung nur die Frage, ob die Grenzen des Ermessens überschritten sind. Eine **Zweckmäßigkeitskontrolle** findet nicht statt. Als Rechtsfrage ist die Einhaltung der Grenzen des Ermessens auch durch das Rechtsbeschwerdegericht uneingeschränkt überprüfbar; ein Beurteilungsspielraum der Tatsacheninstanzen besteht insoweit nicht. Maßgeblich ist dabei allein, ob die getroffene Regelung die Belange des Betriebes und der betroffenen Arbeitnehmer angemessen berücksichtigt und billigem Ermessen entspricht, nicht aber, welche Überlegungen die Einigungsstelle selbst angestellt hat und von welchen Tatumständen sie sich bei ihrer Entscheidung hat leiten lassen. Auch die Frage, ob die Einigungsstelle verfahrensfehlerhaft gehandelt hat, ist nicht Gegenstand der gerichtlichen Überprüfung. Beurteilungszeitpunkt ist der Zeitpunkt der Beschlussfassung der Einigungsstelle.

163 Die **Grenzen des Ermessens** sind gewahrt, wenn der Spruch einmal die Belange des Betriebs und der getroffenen Arbeitnehmer angemessen berücksichtigt hat und er zum anderen der Billigkeit entspricht. Bei der Überprüfung ist der Zweck des jeweiligen Mitbestimmungsrechts zu beachten: Die von der Einigungsstelle getroffene Regelung muss auch denjenigen Interessen Rechnung tragen, um deren Willen dem Betriebsrat ein Mitbestimmungsrecht zusteht; die getroffene Regelung muss sich als Wahrnehmung dieses Mitbestimmungsrechts darstellen.

164 Deshalb muss z.B. ein Spruch der Einigungsstelle die Frage, in welchem Verhältnis die Provisionssätze der einzelnen Vertriebsrepräsentanten zueinander stehen sollen, jedenfalls insoweit selbst regeln, als die Festsetzung unterschiedlicher Provisionssätze sich an bestimmten Kriterien zu orientieren hat. Er darf die Festlegung nicht ohne solche Kriterien dem Arbeitgeber allein überlassen. Ein Spruch über die Regelung einer zusätzlichen Jahressondervergütung muss die Frage, in welchem Verhältnis die Vergütungen der einzelnen Arbeitnehmer zueinander stehen sollen, jedenfalls insoweit selbst regeln, als die Festsetzung unterschiedlich hoher Jahressondervergütungen sich an bestimmten Kriterien zu orientieren hat.

165 Im Rahmen der gerichtlichen Überprüfung sind die Belange des Betriebes, der betroffenen Arbeitnehmer und die tatsächlichen Umstände, die das für die Abwä-

128 SW/*Kliemt*, Das Einigungsstellenverfahren Rn 315; Spengler/Hahn/Pfeiffer/*Spengler*/*Herbert*, § 9 Rn 6.

gung maßgebliche jeweilige Gewicht dieser Belange begründen, gegebenenfalls im Rahmen der Amtsermittlung (§ 83 Abs. 1 ArbGG) durch Beweisaufnahme festzustellen, unabhängig davon, ob sie von den Betriebspartnern im Einigungsstellenverfahren vorgetragen worden sind.

Das Arbeitsgericht stellt entweder die **Unwirksamkeit des Einigungsstellenspruches** fest oder **weist** den **Antrag zurück**, kann aber den Spruch weder abändern noch die Meinungsverschiedenheit durch eine eigene Regelung beilegen.[129] Bei einer Entscheidung der Einigungsstelle in einer reinen Rechtsfrage stellt hingegen das Arbeitsgericht nicht nur die Unwirksamkeit des rechtsfehlerhaften Spruches fest, sondern entscheidet die Rechtsfrage selbst abschließend. 166

Sind bei einer Gesamtregelung nur einzelne Teile des Spruches unwirksam, führt entgegen § 139 BGB die **Teilunwirksamkeit** nicht zur Unwirksamkeit des gesamten Spruchs, wenn der wirksame Teil auch ohne die unwirksame Bestimmung eine sinnvolle und in sich geschlossene Regelung enthält.[130] 167

Ist der Spruch unwirksam und beruht diese Unwirksamkeit nicht darauf, dass die Einigungsstelle unzuständig war, sondern beispielsweise auf einer Überschreitung des Ermessens, ist nach überwiegender Ansicht das Verfahren vor der bereits bestehenden Einigungsstelle fortzusetzen; der Bildung einer neuen Einigungsstelle bedarf es nicht.[131] 168

C. Kosten des Einigungsstellenverfahrens

I. Rechtsgrundlagen

1. Grundsätze

Durch das am 1.1.1989 in Kraft getretene Gesetz zur Änderung des Betriebsverfassungsgesetzes vom 20.12.1988 (BGBl. I S. 2312ff.) ist die Kostenregelung des § 76a BetrVG eingefügt worden. Nach dessen Abs. 1 trägt der Arbeitgeber die Kosten der Einigungsstelle. Dazu gehören der **Vergütungsanspruch** des Vorsitzenden und der außerbetrieblichen Beisitzer sowie der durch die Einigungsstelle verursachte **Sachaufwand**, z.B. für Arbeitsmaterialien, Reise- und Verpflegungskosten. Die Kostentragungspflicht des Arbeitgebers wird durch den **Grundsatz der Erforderlichkeit und Angemessenheit** begrenzt. 169

129 *Fitting*, § 76 BetrVG Rn 161; GK/*Kreutz*, § 76 BetrVG Rn 173; SW/*Kliemt*, Das Einigungsstellenverfahren Rn 321.
130 BAG, Beschl. v. 28.5.2002 – 1 ABR 37/01 – NZA 2003, 171; GK/*Kreutz*, § 76 BetrVG Rn 175.
131 BAG, Beschl. v. 30.1.1990 – 1 ABR 2/89 – DB 1990, 1090; *Fitting*, § 76 BetrVG Rn 162.

2. Fehlende Rechtsverordnung

170 Nach § 76a Abs. 4 BetrVG kann das Bundesministerium für Arbeit und Soziales durch Rechtsverordnung die Vergütung des Vorsitzenden und der nicht betriebsangehörigen Beisitzer regeln. Eine solche Rechtsverordnung fehlt bis zum heutigen Tage.

3. Honorarregelungen insb. in Tarifverträgen

171 Nach § 76a Abs. 5 BetrVG kann von der gesetzlichen Vergütungsregelung des § 76a Abs. 3 und Abs. 4 BetrVG durch **Tarifvertrag** oder im Falle einer tariflichen Öffnungsklausel oder einer nicht bestehenden tariflichen Regelung durch nicht erzwingbare **Betriebsvereinbarung** abgewichen werden. Damit kann die Vergütung des Vorsitzenden und/oder der vergütungsberechtigten Beisitzer eigenständig auch unter Abweichung in § 76a Abs. 4 S. 3 bis 5 BetrVG bestimmten Berechnungsvorgaben bestimmt werden. Nicht abgewichen werden kann von der Kostentragungspflicht des Arbeitgebers nach Abs. 1 und der Entgeltregelung der betriebsangehörigen Beisitzer nach Abs. 2.[132] Günstigere individuelle Vergütungsabreden zwischen dem Arbeitgeber und den vergütungsberechtigten Beisitzern sind nach dem vorgehenden Grundsatz der Vertragsfreiheit zulässig.

172 Offensichtlich sehen die Tarifvertragsparteien für solche Regelungen keinen Handlungsbedarf, da die Vorschrift in der Praxis kaum eine Bedeutung hat. In § 76a Abs. 3 des Tarifvertrags Personalvertretung für das Cockpitpersonal der Eurowings Flug vom 3.7.2011 ist abweichend von den Berechnungskriterien des § 76a Abs. 4 S. 3 bis 5 BetrVG bestimmt: „Die Höhe der Vergütung wird zwischen Vorsitzendem und Arbeitgeber vereinbart."

II. Honorar des Einigungsstellenvorsitzenden

1. Vergütung

173 Der Vorsitzende hat nach § 76a Abs. 3 S. 1 BetrVG einen **gesetzlichen Vergütungsanspruch** gegen den Arbeitgeber.[133] Dies gilt auch, wenn er dem Betrieb angehört. Solange eine Rechtsverordnung auf der Grundlage des § 76a Abs. 4 BetrVG nicht besteht, ist die Vergütung im Einzelfall festzulegen. Dabei ist zwischen einer **Honorarvereinbarung** mit dem Arbeitgeber und einer **einseitigen Bestimmung** des Honorars durch den Vorsitzenden zu unterscheiden.

---

132 *Fitting*, § 76a BetrVG Rn 30; SW/*Kliemt*, Das Einigungsstellenverfahren Rn 399; Spengler/Hahn/Pfeiffer/*Spengler*/*Herbert*, § 10 Rn 6.

133 SW/*Kliemt*, Das Einigungsstellenverfahren Rn 338; Spengler/Hahn/Pfeiffer/*Spengler*/*Herbert*, § 10 Rn 8.

Für eine solche Honorarvereinbarung gilt der Grundsatz der Vertragsfreiheit.[134] Daraus folgt, dass der Vorsitzende auf sein Honorar auch ganz oder teilweise verzichten kann, ohne dass dadurch der Honoraranspruch eines vergütungsberechtigten Beisitzers berührt wird. Auch ohne eine im Wege der Rechtsverordnung erlassene Vergütungsordnung richtet sich gemäß § 76a Abs. 3 S. 2 BetrVG die Höhe der Vergütung jedoch nach den Grundsätzen der § 76a Abs. 4 S. 3 bis 5 BetrVG. Ein Höchstbetrag besteht mangels Vergütungsordnung nicht.[135] 174

Kommt eine Vergütungsvereinbarung mit dem Arbeitgeber nicht zustande, hat der Vorsitzende ein **einseitiges Bestimmungsrecht** i.S.v. § 315 Abs. 1 BGB. Danach setzt der Vorsitzende seine Vergütung nach Maßgabe der Kriterien des § 76a Abs. 4 S. 3 bis 5 i.V.m. Abs. 3 S. 2 BetrVG nach billigem Ermessen einseitig fest. Auch insoweit gilt kein Höchstbetrag. Die Überprüfung der Höhe des einseitig bestimmten Honorars erfolgt im arbeitsgerichtlichen Beschlussverfahren. Sind die Grenzen billigen Ermessens überschritten, setzt das ArbG die Höhe der Vergütung fest (vgl. § 315 Abs. 3 S. 2 BGB). 175

Die **Bemessung der Höhe** der Vergütung bestimmt sich nach den Kriterien des § 76a Abs. 4 Satz 3 bis 5 BetrVG. Danach sind **insbesondere** der erforderliche Zeitaufwand, die Schwierigkeit der Streitigkeit sowie ein Verdienstausfall zu berücksichtigen. Die Aufzählung der Bemessungsfaktoren ist nicht abschließend („insbesondere“).[136] Deshalb können auch andere Kriterien wie Haftungsrisiko des Vorsitzenden, besondere Fachkunde des Vorsitzenden, wirtschaftliche Bedeutung des Regelungsgegenstandes zu Grunde gelegt werden. 176

Die **Art der Berechnung** der Vergütung als einmaliges **Pauschalhonorar** oder auf **Tages- oder Stundensatzbasis**, kombiniert mit oder ohne Deckelung ist ebenfalls Gegenstand der Vereinbarung oder der einseitigen Festsetzung durch den Vorsitzenden. Angesichts der nunmehr geltenden Bemessungskriterien scheidet das Rechtsanwaltsvergütungsgesetz als Berechnungsgrundlage sowie eine am Streitwert orientierte Berechnung aus. Ebenso wenig kommt eine Orientierung an den Stundensätzen für Sachverständige nach dem Justizvergütungs- und Entschädigungsgesetz in Betracht.[137] Tätigkeit und Funktion eines Vorsitzenden sind mit der eines Sachverständigen nicht vergleichbar. **Tagessätze** einschließlich Vor- und Nachbereitung sind in der Größenordnung von 2.000,00 € bis 4.000,00 € anzutreffen.[138] 177

134 SW/*Kliemt*, Das Einigungsstellenverfahren Rn 341.
135 BAG, Beschl. v. 28.8.1996 – 7 ABR 42/95 – DB 1997, 283.
136 *Bauer/Röder*, DB 1989, 223; *Fitting*, § 76a BetrVG Rn 19; a.A. GK/*Kreutz*, § 76a BetrVG Rn 43.
137 Vgl. BAG, Beschl. v. 28.8.1996 – 7 ABR 42/95 – NZA 1997, 222; *Fitting*, § 76a BetrVG Rn 24; Spengler/Hahn/Pfeiffer/*Spengler/Herbert*, § 10 Rn 14.
138 Spengler/Hahn/Pfeiffer/*Spengler/Herbert*, § 10 Rn 20.

Bisweilen werden auch Abschläge für die weiteren Sitzungstage vereinbart. Die **Stundensätze** belaufen sich nach einer Untersuchung auf durchschnittlich 221,00 € bis 306,00 €.[139]

Praxistipp
Der Vorsitzende sollte mit der Honorarfrage auch im Hinblick auf die niedriger zu bemessende Vergütung der Beisitzer transparent umgehen und die vergütungsberechtigten Beisitzer insoweit in die Gespräche mit dem Arbeitgeber einbeziehen. Dadurch kann auch der Befürchtung vorgebeugt werden, es gäbe Absprachen mit dem Arbeitgeber, die seine Verhandlungsleitung beeinflussen könnten. Ob die Honorarfrage zu Beginn oder nach Beendigung des Einigungsstellenverfahrens abgeklärt wird, ist eine Frage des Fingerspitzengefühls.

178 Der Vergütungsanspruch des Vorsitzenden **entsteht** mit der Annahme des Amtes.[140] Die Vergütung wird grundsätzlich mit der Beendigung des Verfahrens **fällig** (§ 614 S. 1 BGB), es sei denn, der vereinbarten Vergütung liegt ein Stunden- oder Tageshonorar zu Grunde.[141] In diesem Fall ist die Vergütung vorbehaltlich einer anderen Vereinbarung nach dem Ablauf der einzelnen Zeitabschnitte zu entrichten, § 614 S. 2 BGB. Bei langwierigen Verfahren oder bei hohen Aufwendungen besteht ein Anspruch auf Vorschuss oder Abschlagszahlung.[142]

179 Der **mehrwertsteuerpflichtige** Vorsitzende hat auch einen, sich seit Inkrafttreten des § 76a BetrVG unmittelbar aus dem Gesetz ergebenden Anspruch auf Erstattung der Mehrwertsteuer.[143] Einer gesonderten Vereinbarung mit dem Arbeitgeber bedarf es nicht; die Mehrwertsteuer ist gesetzlicher Teil des vereinbarten Honorars und separat auszuweisen.

2. Aufwendungsersatz

180 Der Vorsitzende hat Anspruch auf Ersatz aller ihm im Zusammenhang mit der Einigungsstelle entstehenden erforderlichen Aufwendungen und Auslagen. Insoweit handelt es sich um Kosten der Einigungsstelle nach § 76a Abs. 1 BetrVG, die der Ar-

139 JUVE Rechtsmarkt 11/2005, S. 14.
140 SW/*Kliemt*, Das Einigungsstellenverfahren Rn 370.
141 SW/*Kliemt*, Das Einigungsstellenverfahren Rn 370.
142 BAG, Beschl. v. 14.2.1996 – 7 ABR 24/95 – AP Nr. 6 zu § 76a BetrVG 1972; *Fitting*, § 76a BetrVG Rn 18.
143 SW/*Kliemt*, Das Einigungsstellenverfahren Rn 375; Spengler/Hahn/Pfeiffer/*Spengler*/*Herbert*, § 10 Rn 21.

beitgeber zu tragen hat. Solche können sein, Reise-, Übernachtungs- und Verpflegungskosten, Telefon-, Fax- und Fotokopierkosten.[144]

Praxistipp
Zur Vermeidung von Streitigkeiten sollte bei notwendigen auswärtigen Übernachtungen vorab die Frage des Reisemittels und der Übernachtungskategorie abgeklärt werden. Ggf. mag eine Pauschale vereinbart werden.

III. Honorar der Beisitzer

§ 76a BetrVG unterscheidet zwischen betriebsangehörigen und betriebsfremden Beisitzern. 181

1. Betriebsangehörige Beisitzer

Betriebsangehörige Beisitzer, egal ob vom Arbeitgeber oder vom Betriebsrat bestellt, üben in der Einigungsstelle ein **unentgeltliches Ehrenamt** aus. Ihnen steht für ihre Tätigkeit als Beisitzer gemäß § 76 Abs. 2 S. 1 BetrVG keine gesonderte Vergütung zu. Sie sind für die Zeit der Tätigkeit als Beisitzer von ihrer Verpflichtung zur Arbeitsleistung freizustellen und vertragsgemäß zu vergüten (Lohnausfallprinzip), § 76a Abs. 2 S. 1 Hs. 2 i.V.m. § 37 Abs. 2, 3 BetrVG. Die Fortzahlung der Vergütung ist im arbeitsgerichtlichen Urteilsverfahren geltend zu machen. Durch den Verweis auf § 37 Abs. 2, 3 BetrVG ist klargestellt, dass die Grundsätze gelten wie für Betriebsratsarbeit. Tagt die Einigungsstelle außerhalb der individuellen Arbeitszeit besteht ein Anspruch auf Freizeitausgleich, ggf. ist die aufgewendete Zeit wie Mehrarbeit zu vergüten. Die gesetzliche Regelung ist zwingend, hiervon abweichende Vereinbarungen sind nichtig. Nichts anderes gilt für Beisitzer in Einigungsstellen auf Ebene des Gesamt- oder Konzernbetriebsrats, sofern der Beisitzer einem Betrieb des Unternehmens oder eines Konzernunternehmens angehört, § 76a Abs. 2 S. 2 BetrVG. Hiervon ausgenommen ist jedoch ein Beisitzer einer Einigungsstelle auf Betriebsebene, der zwar dem Unternehmen oder Konzern, jedoch einem anderen Betrieb angehört. Diesem steht als betriebsfremden Beisitzer ein Vergütungsanspruch zu. 182

Betriebsangehörige Beisitzer haben jedoch ggf. einen Anspruch auf **Erstattung von Auslagen.** Dieser Anspruch ist nicht Teil der Vergütung, sondern gehört zu den Kosten der Einigungsstelle nach § 76a Abs. 1 BetrVG. 183

144 BAG, Beschl. v. 14.2.1996 – 7 ABR 24/95 – NZA 1996, 1225.

2. Betriebsfremde Beisitzer

184 Dem **betriebsfremden Beisitzer** steht nach § 76a Abs. 3 S. 1 BetrVG gegen den Arbeitgeber ein **gesetzlicher Vergütungsanspruch** zu. Voraussetzung ist die wirksame Bestellung zum Mitglied der Einigungsstelle. Für vom Betriebsrat entsandte betriebsfremde Beisitzer setzt dies einen wirksamen **Betriebsratsbeschluss** voraus.[145] Auf eine Zustimmung des Arbeitgebers kommt es ebenso wenig an wie auf die Erforderlichkeit der Bestellung eines betriebsfremden Beisitzers. Ein unwirksamer Beschluss kann durch einen nachträglichen Beschluss, der sogar noch nach Beendigung des Einigungsstellenverfahrens gefasst werden kann, geheilt werden.[146]

185 Der Vergütungsanspruch steht auch **Verbandsvertretern**, insbesondere auch **Gewerkschaftsfunktionären**, zu, wenn sie als Beisitzer in der Einigungsstelle tätig werden. Dies gilt für Gewerkschaftsfunktionäre unabhängig davon, ob sie verpflichtet sind, ihr Honorar teils oder in voller Höhe an die Gewerkschaft abzuführen. Darin liegt keine den koalitionsrechtlichen Grundsatz der Gegnerunabhängigkeit verletzende **Gegnerfinanzierung**.[147]

186 Aus dem **Prinzip der Parität** in der Einigungsstelle ist die Vergütung für alle betriebsfremden Beisitzer gleich hoch, es sei denn sachliche Gründe rechtfertigen eine unterschiedliche Höhe. Zum Zwecke der Überprüfung der paritätischen Vergütungshöhe haben die Beisitzer gegen den Arbeitgeber einen **Auskunftsanspruch** über die anderen Beisitzer und an den Vorsitzenden gezahlte Vergütung.[148] Im Verhältnis zur Höhe der Vergütung des Vorsitzenden gilt jedoch das **Abstandsgebot** des § 76a Abs. 4 S. 4 BetrVG. Danach ist die Vergütung für betriebsfremde Beisitzer zwingend niedriger zu bemessen. Die vor dem Inkrafttreten des § 76a BetrVG geltenden Grundsätze von $^{7}/_{10}$ des Vorsitzendenhonorars werden nach wie vor regelmäßig als angemessene Vergütung bewertet. Durch das Abstandsgebot wird dem **höheren Aufwand des Vorsitzenden**, z.B. Vorbereitung, Sitzungsleitung, Abfassung des Spruchs Rechnung getragen.[149] Gleichwohl kann im Einzelfall bis zur Grenze des § 76a Abs. 4 S. 4 BetrVG eine $^{7}/_{10}$ übersteigende Vergütung gerechtfertigt sein (z.B. Beisitzer verfügt über nützliches Sachverständigenwissen). Die Durchsetzung der Vergütung erfolgt im arbeitsgerichtlichen Beschlussverfahren, der Arbeitgeber hat dabei auch die sog. **Honorardurchsetzungskosten** zu tragen.

145 BAG, Beschl. v. 19.8.1992 – 7 ABR 58/91 – NZA 1991, 710.
146 BAG, Beschl. v. 10.10.2007 – 7 ABR 51/06 – NZA 2008, 369; *Fitting*, § 76a BetrVG Rn 14a.
147 BAG, Beschl. v. 14.12.1988 – 7 ABR 73/87 – NZA 1989, 515.
148 SW/*Kliemt*, Das Einigungsstellenverfahren Rn 395.
149 *Fitting*, § 76a BetrVG Rn 25; SW/*Kliemt*, Das Einigungsstellenverfahren Rn 389.

3. Rechtsanwalt als Beisitzer

Ist ein Rechtsanwalt Beisitzer in der Einigungsstelle, ergeben sich keine vergütungsrechtlichen Besonderheiten. Er wird nicht in seiner Funktion als Anwalt tätig, sondern nimmt ein **betriebsverfassungsrechtliches Amt** wahr.[150] Dementsprechend richtet sich sein Vergütungsanspruch nicht nach dem RVG, sondern bemisst sich ausschließlich nach den Kriterien des § 76a Abs. 3 S. 2 BetrVG. Hinsichtlich der Mehrwertsteuer gelten die Ausführungen zum Honorar des Vorsitzenden entsprechend. **187**

4. Rechtsanwalt als Verfahrensbevollmächtigter

Streit besteht in der Praxis oftmals dann, wenn sich der Betriebsrat vor der Einigungsstelle durch Rechtsanwälte als Verfahrensbevollmächtigte vertreten lässt. Die **Vergütung** des Rechtsanwalts richtet sich in diesem Fall allein nach dem **RVG**. Insoweit handelt es sich nicht um Kosten der Einigungsstelle, sondern um Kosten des Betriebsrats i.S.d. § 40 BetrVG.[151] Dementsprechend muss die Hinzuziehung eines Verfahrensbevollmächtigten auf Betriebsratsseite bei verständiger Würdigung aller Umstände erforderlich sein. Das mag dann gegeben sein, wenn der Vorsitzende die Betriebsparteien zur schriftsätzlichen Darlegung des Sach- und Streitstands vor Beginn der Sitzung der Einigungsstelle aufgefordert hat und eigener juristischer Sachverstand nicht gegeben ist. Ebenso kann der Grundsatz der Waffengleichheit auch eine Verfahrensvertretung durch einen Rechtsanwalt auf Betriebsratsseite rechtfertigen. Eine Deckelung des nach der RVG ermittelten Honorars nach § 76a Abs. 3 S. 2 BetrVG besteht nicht.[152] **188**

Praxistipp **!**

Der Vorsitzende muss bei der Präsenzfeststellung der Anwesenden in der Sitzung der Einigungsstelle die Funktion des Rechtsanwalts abklären und festhalten. Bereits aus Gründen der Berechnung des Honorars, einerseits Beisitzer oder andererseits Verfahrensbevollmächtigter, ist eine klare Definition der Funktion des Rechtsanwalts geboten.

---

5. Aufwendungsersatz

Betriebsangehörige wie betriebsfremde Beisitzer haben Anspruch auf Ersatz von Aufwendungen und Auslagen, die durch die Teilnahme an der Sitzung entstanden sind. Der Anspruch zählt nicht zur Vergütung, sondern zu den allgemeinen Kosten der Einigungsstelle nach § 76a Abs. 1 BetrVG. **189**

---

150 Spengler/Hahn/Pfeiffer/*Spengler/Herbert*, § 10 Rn 38.
151 BAG, Beschl. v. 14.2.1996 – 7 ABR 25/95 – NZA 1996, 1225.
152 BAG, Beschl. v. 14.2.1996 – 7 ABR 25/95 – NZA 1996, 1225.

IV. Sachkosten

1. Sachaufwand

190 Neben den Vergütungen hat der Arbeitgeber gemäß § 76a Abs. 1 BetrVG auch die Kosten für den Sachaufwand der Durchführung der Einigungsstelle zu tragen. Dazu können Kosten für angemietete Räume und für sonstige Arbeitsmittel der Einigungsstelle einschließlich Kosten für eine Protokollierungshilfe gehören.

2. Beweismittelkosten

191 Führt die Einigungsstelle eine Beweisaufnahme durch, sind die dadurch entstandenen Kosten nach § 76a Abs. 1 BetrVG vom Arbeitgeber zu tragen. Das können Kosten für Zeugen und Sachverständige sein. Für letztere ist nicht § 80 Abs. 3 BetrVG einschlägig, sondern allein § 76a Abs. 1 BetrVG.[153] Die von der Einigungsstelle insoweit ausgelösten Kosten unterliegen auch dem Grundsatz der Erforderlichkeit und Angemessenheit der durchgeführten Beweisaufnahme.

V. Insolvenz

192 **In der Insolvenz** sind die Kosten der Einigungsstelle einschließlich der Vergütungsansprüche **Masseschulden**, wenn das Verfahren von dem Insolvenzverwalter oder gegen ihn betrieben wird, hingegen **einfache**, nicht bevorrechtigte **Insolvenzforderungen**, wenn die Einigungsstelle ihre Tätigkeit bereits vor Insolvenzeröffnung beendet hat und damit der die Kostenerstattung verursachende Vorgang zum Zeitpunkt der Eröffnung bereits völlig abgeschlossen ist.[154]

---

153 BAG, Beschl. v. 13.11.1991 – 7 ABR 70/90 – NZA 1992, 459.
154 DLW/*Wildschütz*, Kap. 13 Rn 1439.

Stichwortverzeichnis

Die Zahlen und Buchstaben in Fettdruck beziehen sich auf die Kapitel des Werkes, die Ziffern beziehen sich auf die Randnummern innerhalb der Kapitel.

www.ingramcontent.com/pod-product-compliance
Lightning Source LLC
LaVergne TN
LVHW080850300926
849162LV00003B/387